Klaus Stüwe · Stefan Rinke (Hrsg.)

Die politischen Systeme in Nord- und Lateinamerika

Klaus Stüwe · Stefan Rinke (Hrsg.)

Die politischen Systeme in Nord- und Lateinamerika

Eine Einführung

VS VERLAG FÜR SOZIALWISSENSCHAFTEN

Bibliografische Information Der Deutschen Nationalbibliothek
Die Deutsche Nationalbibliothek verzeichnet diese Publikation in der
Deutschen Nationalbibliografie; detaillierte bibliografische Daten sind im Internet über
<http://dnb.d-nb.de> abrufbar.

1. Auflage 2008

Alle Rechte vorbehalten
© VS Verlag für Sozialwissenschaften | GWV Fachverlage GmbH, Wiesbaden 2008

Lektorat: Frank Schindler

Der VS Verlag für Sozialwissenschaften ist ein Unternehmen von Springer Science+Business Media.
www.vs-verlag.de

Umschlaggestaltung: KünkelLopka Medienentwicklung, Heidelberg
Druck und buchbinderische Verarbeitung: Krips b.v., Meppel
Gedruckt auf säurefreiem und chlorfrei gebleichtem Papier
Printed in the Netherlands

ISBN 978-3-531-14252-4

Inhalt

Vorwort

Bei den Amerikas handelt es sich um eine äußerst heterogene und politisch stark untergliederte Weltregion, deren politische Traditionen sich aus ganz unterschiedlichen Quellen und historischen Erfahrungen speisen. Dennoch gibt es vielfältige Überschneidungspunkte, die über die bloße Zugehörigkeit zu der einst von Europäern so benannten „Neuen Welt" hinausgehen. Immer wieder hat die Frage nach den Gründen für die unterschiedlichen Entwicklungswege in den Amerikas die komparative historische und politikwissenschaftliche Forschung inspiriert. Neuerdings stellt sich diese Frage angesichts der verstärkten Integrationsbemühungen und der vielfältigen Wandlungsprozesse im Rahmen der neuen Globalisierung (Migrationen, kultureller Wandel etc.) mit erhöhter Relevanz, denn durch diese Prozesse verändern sich die Lebenswelten im Doppelkontinent nachhaltig. Im Wissenschaftsdiskurs spiegeln sich solche Entwicklungen etwa in neuen Studiengängen und in Institutsgründungen wider. Die Neuansätze zeichnen sich dadurch aus, dass sie die unterschiedlichen Perspektiven der Amerikas vergleichend und/oder in ihren Beziehungen zueinander in den Blick nehmen wollen und damit einen Schritt über die bisherige Beschränkung auf eine einzige Sichtweise hinaus machen. An dieser Stelle setzt dieser Band an und liefert aufbauend auf den Lehrerfahrungen und Forschungsinteressen der Herausgeber und Autoren ein Werkzeug für die Vertiefung dieser Ansätze. Das Buch erfasst die politischen Systeme der Amerikas erstmals in systematischer Art als Lehrbuch.

Die uns heute so unterschiedlich anmutenden politischen Systeme in den Amerikas weisen in ihrer Entstehungsgeschichte viele Gemeinsamkeiten auf. So teilten die Vereinigten Staaten mit Kanada und den lateinamerikanischen Republiken die Erfahrung der Lösung von einer europäischen Kolonialmacht und den damit verbundenen Problemen der Konstruktion politischer Legitimität. Von Beginn an wurden die USA zum politischen Vorbild für Lateinamerika: Alle politischen Systeme sind präsidial verfasst. Gleichzeitig sahen und sehen politische Führer in Lateinamerika die Notwendigkeit, sich vom großen Nachbarn im Norden abzugrenzen. Ähnliches gilt für die Beziehungen zwischen den USA und Kanada. Umgekehrt bemühen sich die Vereinigten Staaten spätestens seit den 1960er Jahren verstärkt um den Export ihres politischen Systems vor allem in die südlichen Nachbarländer. In einem komparativ angelegten Einleitungskapitel werden diese Zusammenhänge reflektiert.

Dem besonderen Charakter des Gegenstands wird durch eine spezifische Konzeption des Bandes entsprochen, denn dieses Projekt will einen Beitrag sowohl zur vergleichenden Politikwissenschaft als auch zur vergleichenden Geschichtsschreibung leisten. Die spezifische historische Dimension der politischen Systeme spiegelt sich in der inhaltlichen Struktur der einzelnen Beiträge wider. Aufgrund der besonderen Gewichtung der historischen Ebene, die für die Vergleichbarkeit der Gegenstände und damit für das Konzept des Bandes konstitutiv ist, wird jeder Beitrag mit einem historischen Überblick zur politischen Entwicklung seit der Unabhängigkeit beginnen. Diese Darstellung kann von den Entwicklungen im Rahmen der neuen Politikgeschichtsschreibung profitieren. In der systematischen Abhandlung der Einzelkategorien wie „Verfassungsentwicklung", „Staatsoberhaupt" etc. wird die historische Entwicklung dieser Faktoren weiter ausgeführt.

Wie bei allen interamerikanischen Vergleichsstudien, egal welcher Disziplin, besteht die grundsätzliche Gefahr, das US-amerikanische Modell zu verabsolutieren und die Vergleichsfälle nur auf das Abweichen davon zu reduzieren. Eine solche Perspektive will dieses Projekt vermeiden. Daher wurden für die Einzelbeiträge jeweils Länderexperten gewonnen, die zwar eine Liste von vorher festgelegten Kategorien abarbeiten sollen, diese Liste aber je nach Notwendigkeit durch die Darstellung der genuinen Eigenarten der politischen Strukturen ergänzen konnten. Im Einzelnen galt folgendes Gliederungsschema als Richtschnur:

- Überblick zur historischen Entwicklung seit der Unabhängigkeit
- Verfassungsentwicklung
- Staatsoberhaupt
- Parlament
- Regierung und Verwaltung
- Gesetzgebung
- Wahlsystem und -verhalten
- Parteien
- Militär
- Interessenverbände und Kirchen
- Massenmedien
- Politische Kultur und Partizipation
- Rechtssystem
- Regionen und Kommunen
- Integration, Interamerikanische Beziehungen, Beziehungen zu Europa

Aus arbeitsökonomischen und methodischen Gründen ist der Band auf die Länder begrenzt, die zwischen dem späten 18. und frühen 20. Jahrhundert ihre Unabhängigkeit von den europäischen Kolonialmächten erlangt haben, sowie Kanada, das einen Sonderfall darstellt. Das zentralamerikanische Belize, Guayana, Surinam, Französisch Guayana sowie die zahlreichen Kleinstaaten und Inseln der Karibik, die erst nach dem Zweiten Weltkrieg ihre Unabhängigkeit erlangt haben bzw. noch immer staatsrechtlich in der einen oder anderen Form mit Europa verbunden sind, bleiben in diesem Band unberücksichtigt, obwohl sie in geographischer Hinsicht natürlich auch zum Großraum der Amerikas gehören. Ferner wurden die Autoren gebeten, Quellenbelege im Text auf das Notwendigste zu begrenzen und stattdessen ein umfangreiches Literaturverzeichnis anzufügen.

Die Herausgeber sind allen, die einen Beitrag zur Entstehung dieses Bandes geleistet haben, zu großem Dank verpflichtet. Zu danken ist in erster Linie den Autorinnen und Autoren, die bereitwillig auf unsere inhaltlichen Vorgaben eingegangen sind und mit Geduld das Erscheinen des Buches erwartet haben. Frank Schindler danken wir für die kompetente Unterstützung von Seiten des VS-Verlags. Danken möchten wir auch Eveline Hermannseder, Christian Ruf, Madeleine Mahrla, Sebastian Grundberger und Niklaas Hofmann, die in den verschiedenen Entstehungsphasen dieses Buches zuverlässig das Korrekturlesen übernommen haben.

Stefan Rinke   *Klaus Stüwe*

Politische Systeme Amerikas: Ein Vergleich

Stefan Rinke und Klaus Stüwe

Seit dem 19. Jahrhundert haben einheimische und auswärtige Beobachter die Ursachen für die unterschiedlichen Entwicklungswege der Amerikas gesucht, die dazu führten, dass die Vereinigten Staaten in steigendem Maß als Hort der Demokratie und politischen Stabilität und damit auch als das eigentliche „Amerika" galten, während das „erste Amerika" (Brading 1991) im Süden als geradezu endemischer Krisenherd und Sinnbild der Instabilität und des Autoritarismus gesehen wurde. Bereits zur Zeit eines Thomas Jefferson und Simón Bolívar fiel die problematische politische Desintegration Lateinamerikas auf, die im Gegensatz zur Einheit der Vereinigten Staaten zu stehen schien. Daraus hat sich dann in den Interpretationen der Komparatisten von Alexis de Tocqueville bis zur heutigen vergleichenden Geschichts- und Politikwissenschaft die Betonung der gegensätzlichen Entwicklungswege der Amerikas entwickelt, die im Gegensatzpaar von Erfolg und Misserfolg gipfelt, wobei der eine Zustand die Projektionsfläche des anderen war und ist. Oft war die Darstellung der lateinamerikanischen historischen Erfahrungen nichts anderes als eine Liste von Defiziten, die vom „Normalfall" des angloamerikanischen Erfolgsmodells abwichen, was dann nicht selten zur Diagnose eines spezifischen „Morbus Latinus" führte. Überspitzt gesagt sei Lateinamerika aufgrund seiner „schlechten Geschichte" zur Wiederholung verdammt gewesen, während die USA aufgrund ihrer „guten Geschichte" immer das Neue hätten suchen können (Hartz 1955).[1]

In der folgenden vergleichenden Einleitung soll diese Engführung vermieden werden. Die Problematik und Grenzen eines Vergleichs zwischen einem so heterogenen Gegenstand wie den Staaten Lateinamerikas einerseits und den Vereinigten Staaten andererseits liegen auf der Hand, doch folgt dieser Versuch einer Tradition der historischen Komparatistik, die die beiden Großregionen lange Zeit als historische Ableger Europas im Prozess der europäischen Expansion verstanden und die Ähnlichkeiten in den Ablösungsprozessen von den jeweiligen Mutterländern betont hat. Trotz der Unterschiede in Verständnis und Wirklichkeit politischer Schlüsselkonzepte wie z.B. des Staates ist ein solcher Vergleich auch mit Blick auf die lateinamerikanischen Gesellschaften sinnvoll, da auch hier seit der Rückkehr zur Demokratie Fragen des politischen Systems und seiner Institutionen wieder stärker in den Mittelpunkt des Interesses getreten sind. Vergleiche erlauben es, die spezifischen Besonderheiten zumindest einzelner Teilaspekte der politischen Systeme genauer herauszuarbeiten. Dabei handelt es sich zunächst um historische Perspektiven, das so genannte „koloniale Erbe" sowie die Unabhängigkeitsbewegungen, die in den Länderkapiteln nicht zur Sprache kommen, allerdings eine wichtige Grundlage für das Verständnis des Gesamtzusammenhangs bilden. Im zweiten Schritt geht es dann um ausgewählte Einzelfragen wie die Verfassungsgeschichte des 19. und 20. Jahrhunderts, Verfassungsänderung und Verfassungssicherung, Stellung des Staatsoberhaupts, Parlamente und Gesetzgebung etc. Im Mit-

---

[1] Hartz versuchte seine These durch einen systematischen Vergleich mit anderen Siedlergesellschaften der europäischen Expansion abzusichern (Hartz 1964). Aus lateinamerikanischer Sicht Octavio Paz (Paz 1950).

telpunkt steht dabei die Frage nach Kontinuität und Wandel von Demokratie und Demokratieverständnis sowie der präsidentiellen Regierungssysteme, die die politischen Systeme in den Amerikas seit der Unabhängigkeit prägen und in den Länderkapiteln spezifisch vertieft werden.

1   Koloniale Grundlagen

Um die unterschiedlichen politischen Entwicklungen in den Amerikas des 19. und 20. Jahrhunderts zu verstehen, müssen die Grundlinien der Kolonialherrschaft Englands, Spaniens und Portugals skizziert und miteinander verglichen werden. Das ist wichtig, um die These von der Bedeutung der jeweiligen kolonialen Vergangenheit für die unabhängigen Republiken zu überprüfen. Handelte es sich um „koloniale Erblasten", die dann im 19. und 20. Jahrhundert mehr oder weniger automatisch in Unterschiede mündeten?

Das spanische Kolonialreich in Amerika wurde trotz des Vorhandenseins einer gemeinsamen Sprache und Religion, einer relativ einheitlichen weißen Oberschicht von Spaniern bzw. deren in Amerika geborenen Nachfahren, den sogenannten Kreolen, trotz einheitlicher Verwaltungsinstanzen sowie der Integrationskraft der Krone von Beginn an selbst aus der spanischen Perspektive als vielgestaltiger Herrschaftsraum angesehen, was sich schon an der offiziellen Bezeichnung „Reino de las Indias" ablesen lässt. Diese Heterogenität war zum einen durch naturgeographische Gegebenheiten vorbestimmt, die eine flächendeckende Besiedlung behinderten und eine städtische Punktkolonisation vor allem in Hochländern und Küstenzonen, seltener im Innenraum begünstigten, was zu einer ungleichmäßigen Bevölkerungsverteilung und einer starken Isolierung der von einzelnen Städten geprägten Räume führte. Hinzu kamen vorkoloniale Strukturen, die mit ganz unterschiedlichen autochthonen Kulturen Räume vorprägten, in denen sich dann die spanische Kolonialherrschaft entfalten sollte. In manchen Räumen wie dem heutigen Mexiko und Peru blieb die indigene Bevölkerung das bei weitem wichtigste Element, während sich in anderen Regionen nach dem Verdrängen oder der Überlagerung der indianischen Urbevölkerung Misch-, Sklavenhalter- oder Einwanderungsgesellschaften herausbildeten. Innerhalb dieser Gesellschaften führten klientelistische Herrschaftsstrukturen zur Fragmentierung und Regionalisierung von sozialen Schichtungsmustern. Auch das System der spanischen Kolonialherrschaft mit seinen innerhalb Amerikas unverbundenen und – zumindest theoretisch – einseitig auf Spanien ausgerichteten Verwaltungs- und Wirtschaftsräumen mit ihren Handelsverboten und Zollschranken, der Dualismus der politisch-administrativen Ansprüche des Mutterlands einerseits und der wirtschaftlichen Bedürfnisse Amerikas andererseits waren der Integration des riesigen Raums nicht förderlich. Für Lateinamerika wurde daraus oft eine bereits vom Beginn der Kolonialzeit an feststehende, unüberbrückbare Fehlentwicklung abgeleitet. Diese Interpretation verkennt aber die Dynamik innerhalb Amerikas, wo insbesondere im 17. und 18. Jahrhundert durch soziale Faktoren wie das Patronagesystem oder das Bevölkerungswachstum, durch wirtschaftliche Verflechtungen, durch politische Bindungen und durch kulturelle Netze auf informelle Art und Weise politische Prozesse im regionalen Rahmen einem starken Wandel unterlagen.

Mit Blick auf die sozioökonomischen Strukturen fallen zunächst die Unterschiede zwischen den Amerikas auf. Während im englischen Amerika die Herstellung und Vermarktung von Massengütern wie Tabak, Zucker, Indigo und Reis zum vorherrschenden

Wirtschaftszweig wurde, herrschte in den iberischen Reichen lange Zeit die einseitige Konzentration auf den Bergbau von Edelmetallen vor. Handelte es sich bei den angloamerikanischen Handelsinteressen nicht nur um Zwischenhändler mit Loyalitäten gegenüber Europa, so beherrschte insbesondere im spanischen Reich eine abgeschlossene Händlerschicht mit engen Beziehungen zum Mutterland den Kommerz. Dem vergleichsweise offenen englischen Handelssystem, stand ein zumindest in der Theorie abgeschlossenes Flottensystem iberischer Prägung gegenüber. Hinzu kam ein lebhafter intrakolonialer Handel in den englischen Kolonien, wohingegen im Süden ein Austausch zwischen einzelnen Regionen und Vizekönigreichen nicht vorgesehen war. Landwirtschaftliche Produktion und Handelsnetze waren in Angloamerika also für über den lokalen Rahmen hinausgehende Märkte ausgelegt, während sie in Lateinamerika eng begrenzt blieben. Es herrschte hier in weiten Teilen eine indianische Subsistenzlandwirtschaft vor, die auf vorspanischen Strukturen basierte und marginalisiert blieb.

In Lateinamerika entstanden seit der Eroberung Gesellschaften, in der eine mehr oder weniger kleine europäische Elite die große Mehrheit der indigenen, mestizischen und schwarzen Bevölkerung in Abhängigkeit hielt. Diese Gesellschaft war geprägt von tiefen sozialen Gegensätzen, die durch ethnische Unterscheidungsfaktoren noch zusätzlich verstärkt wurden. Es kam zu einer Überlagerung der indigenen Gesellschaften, die ebenso zur untergeordneten Schicht der neuen Kolonialgesellschaft abstiegen wie die zahlreichen Castas, d.h. die ethnischen Mischformen und afroamerikanischen Sklaven. Verstärkt wurde diese Entwicklung durch das Fortbestehen des Tributsystems. Hans-Jürgen Puhle hat diese Überlagerungs- und Mischgesellschaft mit ihrer hohen ethnischen und sozialen Heterogenität treffend als „Ausbeutungskolonie" bezeichnet (Puhle, 2000: 16). Zwar war auch die angloamerikanische Gesellschaft durch tiefe soziale Gegensätze geprägt, allerdings entstand hier eine reine Siedlergesellschaft aus europäischen Einwanderern, also eine „neue" Gesellschaft mit einer vergleichsweise hohen sozialen Homogenität zumindest in Neuengland. Im Vergleich zu den rigiden sozialen Strukturen in Lateinamerika gab es in Angloamerika eine relativ hohe soziale Mobilität und trotz der durchaus vorhandenen Ansätze zur Reaktivierung feudaler Dienste, existierte hier kein Tributsystem. Die relative Homogenität und Mobilität der englischen Kolonien stand in engem Zusammenhang mit einer Wirtschaftsstruktur, die sich durch die weite Verbreitung kleiner Landbesitzer auszeichnet. Der Zugang zu Landbesitz war von enormer Bedeutung für die gesellschaftliche und auch politische Entwicklung. In Lateinamerika fand sich nichts dergleichen. Stattdessen dominierte hier schon frühzeitig der ausgeprägte Großgrundbesitz sowie eine flächendeckende Verbreitung der Sklavenhaltung, die in Angloamerika regional eng begrenzt blieb. Darüber hinaus zeichnete sich die angloamerikanische Gesellschaft durch die gewaltsame Verdrängung und Vernichtung der indigenen Ureinwohner und durch die Ausgrenzung der zwangsweise verschleppten Afrikaner aus. Während die ausgegrenzten Ethnien in Angloamerika völlig am Rande standen und sich eine relativ homogene weiße Unterschicht herausbildete, blieben die Unterschichten in Lateinamerika durch die Wirksamkeit der ethnischen Unterschiede heterogen. Zusammengefasst lässt sich festhalten, dass der gewaltsamen Verdrängung der indigenen Bevölkerung und der Sklaven in einer von europäischen Auswanderern und deren Nachkommen geprägten und dominierten angloamerikanischen Gesellschaft in Lateinamerika eine soziale Struktur gegenüberstand, in der die indigenen und anderen nichtweißen ethnischen Gruppierungen zur Unterschicht wurden.

Die sozioökonomischen Entwicklungen standen in engem Zusammenhang mit der Herausbildung politischer Strukturen und Kulturen in den Amerikas. Bereits einem Beobachter wie Tocqueville fielen wichtige Unterschiede auf. Als Tocqueville 1831 den Erfolg der Demokratie in den Vereinigten Staaten erklären wollte, griff er auf einen Vergleich zurück. Demnach hätten nicht die natürlichen Gegebenheiten des Landes wie das Fehlen eifersüchtiger Nachbarn oder das Vorkommen reicher Bodenschätze über Erfolg oder Misserfolg demokratischer Institutionen entschieden, denn laut Tocqueville verfügte Lateinamerika über ähnlich günstige Voraussetzungen, und dennoch meinte er feststellen zu müssen, dass es „keine unglücklicheren Völker auf Erden als diejenigen Südamerikas" gab. Für Tocqueville lag der entscheidende Vorteil der USA im Vergleich zu Lateinamerika eher in den „Sitten" der Bevölkerung in Beziehung zu den Gesetzen begründet (Tocqueville 1976: 354). Was Tocqueville damit meinte, waren bestimmte Prädispositionen und Mentalitäten oder eine bestimmte politische Kultur, über die die Nordamerikaner im Gegensatz zu den Lateinamerikanern verfügten und die in den Vereinigten Staaten das Entstehen einer stabilen Demokratie ermöglichten, während ihr Fehlen im Süden des Subkontinents zu Instabilität, Diktaturen und Bürgerkriegen geführt hatte. In der Tat haben viele der sich mit der lateinamerikanischen Geschichte beschäftigenden Sozialwissenschaftler immer wieder argumentiert, dass die Probleme der Region zum Teil auf das Überleben traditioneller mit der Modernisierung inkompatibler soziokultureller Strukturen zurückzuführen waren. Aus dieser Perspektive trugen traditionalistische Einstellungen und Mentalitäten dazu bei, eine politische Kultur zu verewigen, die sich von Beginn an als Hindernis auf dem Weg zur Demokratie erwies.

Die Untersuchungen zu Angloamerika gingen vor allem von Neu-England aus, wo eine freie Bauernkolonie mit relativ egalitären Strukturen existierte. Trotz der durchaus unterschiedlichen Arten von Kolonien war hier die Herrschaft auf Vertragsbasis üblich. Dabei waren die traditionellen Vorstellungen von den Freiheiten eines Engländers und die englische Parlamentskultur von hoher Bedeutung. In begrenztem Umfang ließ sich also eine Verfassungsmäßigkeit von Herrschaft erkennen. Auch eine eingeschränkte Form der Selbstregierung durch gewählte Gremien in mehr oder weniger einheitlichen politischen Institutionen war vorhanden, die von einer Wählerschaft bestimmt wurden, die teilweise immerhin rund 50% der weißen Bevölkerung umfasste. Grundlage für die Organisation politischer Interessen, die Diskussion die Allgemeinheit betreffender Fragen und die politische Mobilisierung war der vergleichsweise hohe Alphabetisierungsgrad in den englischen Kolonien. Selbst Kleinlandwirte waren häufig politisch und religiös organisiert, was durch die verhältnismäßig engen Kontakte zwischen und innerhalb der Kolonien begünstigt wurde. Ferner entwickelte sich durch die Wahlkreisbindung ein starker Repräsentanzgedanke. Auf dieser Grundlage konnte auf regionaler Ebene ein Selbstbewusstsein als eigenständige Einheiten entstehen.

Diesem politischen Entfaltungsprozess standen in Iberoamerika durch Autokratie und Zwang geprägte Gemeinwesen gegenüber. Zwar existierte auch im spanischen Raum durchaus die Idee der Repräsentation, aber verfassungsähnliche Gesellschaftsverträge wie die angloamerikanischen Charters gab es hier nicht. Darüber hinaus fehlten Erfahrungen in der Regierung und stabile Strukturen der Mitbestimmung, die über den Stadtrat (cabildo, senados da câmara) als repräsentatives Organ hinausgegangen wären. Des weiteren waren, bedingt durch die enorme geographische Ausdehnung, Kontakte zwischen den Verwaltungseinheiten viel seltener. Die Spitzen der Verwaltung kamen zur Ausübung ihrer Ämter und für begrenzte Zeiträume direkt aus Spanien. Anstelle der angloamerikanischen Selbstregierung stand in Lateinamerika ein Geflecht informeller Beziehungen sowie des Klientelismus. Ein weiterer Unterschied zu Angloamerika, der in einer engen Wechselbeziehung zu den erwähnten Faktoren stand, war der verbreitete Analphabetismus. Schließlich ist die nicht zuletzt auf ethnischen Faktoren basierende Desintegration der Bevölkerung der iberischen Reiche zu nennen, wenngleich hier die katholische Religion ein gewisser Ersatzfaktor gewesen ist. Pointiert zugespitzt lässt sich festhalten, dass die heterogenen Regionen der iberischen Reiche schwer an der Last autoritärer, feudaler, merkantilistischer und scholastischer Traditionen trugen, während die viel später entstandenen angloamerikanischen Kolonien bestimmte Faktoren wie frühkapitalistische Wirtschaftsweise, Aufstieg der Mittelschichten, rechtlich abgesicherte Ausübung von Herrschaft, religiöser Pluralismus mit auf den Weg bekamen, die zur Grundlage einer lange Zeit bestimmenden Version der Moderne werden sollten.

Dennoch gilt es, einen aus der These von der kolonialen Erblast abgeleiteten historischen Determinismus zu vermeiden, denn bei allen Unterschieden dürfen die Gemeinsamkeiten nicht übersehen werden, die nicht zuletzt aus der den Amerikas gemeinsamen Erfahrung der europäischen Kolonisation und den Versuchen der Zivilisierung und Missionierung resultierten. Die demographische Katastrophe der indigenen Bevölkerung wiederholte sich überall, wo die Europäer auftauchten. In mehr oder weniger großem Umfang reagierten die Kolonialherren darauf, indem sie ihre Formen von Vieh- und Plantagenwirtschaft sowie des Bergbaus einführten und die Versklavung von Afrikanern als Ausweg aus dem allgemeinen Arbeitskräftemangel vorantrieben. Aus dieser Grundsituation ergab sich die an den Metropolen orientierte Außenwirtschaft, die in sozioökonomischer Hinsicht prägend war. In beiden Fällen war die Unterordnung unter eine europäische Kolonialmacht konstitutiv, wobei der Grad der effektiven Kontrolle zumal im 18. Jahrhundert den Ansprüchen der Europäer nicht mehr entsprach. Gesamtwirtschaftlich gesehen blieben aber viele Regionen geprägt von der Subsistenzlandwirtschaft. Gemeinsam waren den Amerikas auch die enormen Entfernungen nach Europa. Daher hatten Kronbeamte weitgehende Vollmachten. Aus dieser Konstellation ergaben sich vielfältige Reibungspunkte mit den in Amerika geborenen Kreolen, die gegen Ende des 18. Jahrhunderts Ursache der Unabhängigkeitsbewegungen werden sollten.

2 Die Unabhängigkeitsbewegungen in den Amerikas

In der komparatistischen Forschung ist umstritten, ob die Phase der amerikanischen Unabhängigkeitsrevolutionen nur eine Vertiefung der ohnehin schon vorhandenen kolonialen Unterschiede mit sich brachte (McFarlane 1984: 131), ob sie eine Wegscheide markiert, von der an die Entwicklungen in unterschiedliche Richtungen liefen (Countryman/Deans 1983: 145; Fernández-Armesto 2003: 95), oder ob gar über sie hinaus Kontinuitäten der Gemeinsamkeit erkennbar werden, die sich erst zu einem späteren Zeitpunkt auflösten (Rinke 2001: 107).

Blickt man auf die Phase von 1750 bis ca. 1826, dann lassen sich in Nord und Süd einzelne Prozesse des politischen Umbruchs erkennen, die viele Ähnlichkeiten aufweisen und sich als Kettenreaktion lesen lassen. Auf den Gesamtzusammenhang eines „Zeitalters der demokratischen Revolution" hat schon Robert Palmer (Palmer 1970) hingewiesen. Allerdings ist hinsichtlich Lateinamerika bestritten worden, dass es sich tatsächlich um demokratische Revolutionen gehandelt habe. Neuerdings ist die Begrifflichkeit der „transatlantischen Revolution" (Morrison/Zook 2004) hinzugetreten, die den Zusammenhang einer transnationalen räumlichen Verflechtung betont, der allerdings noch nicht genug erforscht ist. Demnach wäre der US-amerikanische Unabhängigkeitskrieg von 1775-83 das erste Glied einer Kettenreaktion, die das Ende des alten Kolonialsystems in den Amerikas mit sich brachte. Nach dieser Argumentation bestand ein enger Kausalzusammenhang zwischen dem Ende der englischen Herrschaft, dem Bankrott des Ancien Régime, der Französischen Revolution, den Sklavenaufständen und der Unabhängigkeit Haitis (1804), dem napoleonischen Einmarsch in Spanien (1808) und schließlich der mehrphasigen Unabhängigkeitsbewegung in Lateinamerika (1810-1826).

Die Ähnlichkeiten zwischen den Amerikas lagen zunächst in der Reformpolitik der jeweiligen Mutterländer im Rahmen des aufgeklärten Absolutismus in der zweiten Hälfte des 18. Jahrhunderts begründet. In Lateinamerika sprach man auch von einer „zweiten Conquista" durch die bourbonische Dynastie, die die de jure gleichberechtigten Überseegebiete durch Zentralisierung und Ausrichtung auf die spanische Krone nun auch offiziell zu „Kolonien" umformen wollte. Das rief massive Proteste in Amerika hervor, die sich sowohl gegen die neuartige wirtschaftliche Ausbeutung als auch gegen die politische Diskriminierung richteten. Parallel zur zunehmenden Erschütterung der spanischen Herrschaft durch die Niederlage im Siebenjährigen Krieg und spätere außen- und innenpolitische Probleme wuchs die Loyalität der Kreolen zur jeweiligen Heimatregion in Amerika und die Entfremdung vom Mutterland. Zunehmend kam in diesem Zusammenhang auch die Forderung nach Gleichberechtigung und Teilhabe an der politischen Macht auf, die mit der Erkenntnis einer von den Kreolen für bestimmte Regionen definierten amerikanischen Identität einherging. Dieses Identitätsbewusstsein bildete die Grundlage für den Drang zur Unabhängigkeit. Paradoxerweise trugen also die Reformen, die ja dazu gedacht waren, die Kolonialherrschaft zu stärken, den Keim der Überwindung der iberischen Herrschaft in sich.

Die englische Reformpolitik des 18. Jahrhunderts war wie die iberische nur vor dem Hintergrund der internationalen Konflikte dieser Zeit zu verstehen. Ab den 1750er-Jahren wurden die kolonialen Auseinandersetzungen immer mehr in die europäischen Kriege hineingezogen und die französische Gefahr in Nordamerika erschien immer bedrohlicher. Gleichzeitig war es bereits zwischen 1720 und 1748 zu Eigenmächtigkeiten der Kolonien gekommen, die die Kontrolle Londons erschütterten. Da die Bedeutung der Kolonien aufgrund des enormen Bevölkerungs- und Wirtschaftswachstums gleichzeitig stieg, änderte sich die Haltung Londons entscheidend. Man ging nun zu einer Politik der strikten Überwachung der Kolonien durch straffere Wirtschaftsgesetze und Truppenaufgebote über. Trotz des Sieges im Siebenjährigen Krieg sollte dieser auch für die englische Kolonialherrschaft in Amerika einen Wendepunkt bedeuten. Denn die Hoffnung der Kolonisten in Nordamerika auf Öffnung des Westens wurde durch die Proclamation Line von 1763 enttäuscht, die den weiteren Vormarsch der weißen Siedler ins Land der Indianer aufhalten sollte. Darüber hinaus kam es zur Erhöhung der Steuerlast der Kolonien, die sich der neuen Konkurrenz durch die kanadischen Provinzen bei der Verfolgung ihrer Interessen in London ausgesetzt sahen. Mit der neuen Gesetzgebung der 1760er-Jahre beanspruchte das englische Parlament weitgehende exklusive Rechte über die Kolonien. Damit forderte es das politische Rechtsverständnis der Kolonisten, deren Elite sich derjenigen des Mutterlands gleichberechtigt fühlte, direkt heraus. Die an politische Mitbestimmung gewöhnten

Amerikaner diskutierten die Probleme in einer interessierten und zunehmend erregten Öffentlichkeit. Die grundlegende Konfliktlinie, die sich dabei herausschälte, war wie in Hispanoamerika die zwischen Amerikanern und Europäern.

Der Impuls für die Unzufriedenheit und Rebellion kam also in beiden Fällen von Außen – von den europäischen Mutterländern, die aus Sicht der amerikanischen Kreolen unzumutbare Härten produzierten. Er kam zu einem Zeitpunkt als sich unter den gebildeten Kreisen in den Amerikas aus dem Geist der Aufklärung gemeinsame Vorstellungen von Volkssouveränität, natürlichen Menschen- und Bürgerrechten sowie von den Vorzügen des republikanischen Regierungssystems verbreiteten. Auch hinsichtlich der Loslösung vom Mutterland sind die Ähnlichkeiten der Erfahrungen in Nord und Süd auffallend. In beiden Fällen stand eine umwälzende und zerstörerische Kriegserfahrung vor der Unabhängigkeit. Identitätsbildung ergab sich durch den Kampf gegen das Mutterland und die sich nun vertiefende Abgrenzung, ja Abwendung von den Mutterländern. Die Ausgangssituation am Ende der Kriege weist weitere Übereinstimmungen auf. So bestand überall die Notwendigkeit der Schaffung neuer Identitäten und Legitimitäten als grundlegendes Problem der neuen Republiken. Man reagierte darauf mit Verfassungen, die zumindest in der Theorie die Ideen der Repräsentation und Partizipation, der Freiheit des Individuums und das Gleichheitsprinzip beinhalteten.

Ebenso deutlich wie die Ähnlichkeiten müssen auch die Unterschiede in den Erfahrungen der Unabhängigkeitsperiode benannt werden. In Nordamerika spielten vor allem die dezentralen politischen Strukturen der Kolonialzeit mit ihren Wahlprozessen nun eine wichtige Rolle, indem sie die Beteiligung der (weißen) Unterschichten an den Protesten und später ihre aktive Teilnahme am Krieg ermöglichten. Besonders wichtig war dabei die tiefe Verwurzelung einer politischen Kultur mit dem Glauben an Freiheit als Symbol und Handlungsorientierung, die nun als sozialer Zement wirkte, indem die durch die Metropole hervorgerufenen Probleme breitenwirksam vermittelbar waren. Die Grundlage dafür bildete die Alphabetisierung und rege Publikationstätigkeit, die alle 13 Kolonien gleichermaßen ansprach. In Iberoamerika stand dem, wie gesehen, zumindest in der Theorie ein zentralistisches und durch absolutistischen Autoritarismus geprägtes Kolonialreich gegenüber. An eine Beteiligung der entrechteten Massen der ethnisch stigmatisierten Unterschichten war hier nicht zu denken. Im Gegenteil, einzelne Proteste vor 1808, insbesondere der Aufstand der Indigenen unter Túpac Amaru in Peru und Hochperu (1780/81), führten zu Abwehrreaktionen der Oligarchie, die den fehlenden Zusammenhalt unterstreichen. Aus Sicht der kreolischen Oberschicht hatte diese Bewegung einen bedrohlichen Charakter, da sie die soziale Ordnung und die ethnische Hierarchie potenziell in Frage stellte. Daher stellten sich die Kreolen auf die Seite der Spanier, und gemeinsam schlug man die Rebellion nieder. Einen organisierten politischen Massenprotest wie etwa in den Vereinigten Staaten bereits ab 1765 gab es vor 1808 in Lateinamerika nicht. Eine gemeinsame über die lokale bzw. regionale Ebene hinausgehende politische Öffentlichkeit war nicht vorhanden. Zwar führten die lateinamerikanischen Kreolen in ihren Klagen gegen das Kolonialsystem auch die Begriffe Freiheit und Gleichheit im Munde, meinten damit aber eine privilegierte und exklusive Freiheit, die bestimmte soziale Schichten bewusst ausschließen sollte.

Unterschiede werden auch mit Blick auf den Verlauf der Unabhängigkeitskriege deutlich. Die Gruppierungen, die diese Kämpfe austrugen, waren in Nordamerika nicht monolithisch, sondern veränderten sich unter den sich wandelnden Konstellationen wiederholt. Dennoch lässt sich langfristig die Koalition von Unter- und Oberschichten in Organisationen wie den Sons of Liberty und den Volkskomitees im gemeinsamen Kampf gegen die Kolonialmacht England erkennen. In Iberoamerika kam es dagegen erneut nicht zu schichtenübergreifenden Koalitionen. Es handelte sich hier vielmehr um kleine konspirative Gruppen, die keine allgemeine Anerkennung fanden. Das Militär errang die Unabhängigkeit, während die Masse der Bevölkerung passiv blieb. Wenn es wie in Neu-Spanien Ausnahmen gab, und die Unterschichten aktiv in den Krieg eingriffen, wiederholte sich das bekannte Schema und die Kreolen schlugen sich auf die Seite der Kolonialherren. Diese grundlegende Schwäche begünstigte nicht zuletzt die vorübergehende Rückeroberung durch Spanien nach der Restauration der bourbonischen Monarchie 1814. Mit der Rückkehr der Spanier verschärfte sich darüber hinaus die Dimension der Gewalt. War die kriegsbedingte Gewaltanwendung in Angloamerika vergleichsweise begrenzt und gezielt, so war sie in Iberoamerika, vom Ausnahmefall Brasilien abgesehen, wesentlich intensiver und länger andauernd, zumal sie häufig direkt in Bürgerkriege mündete.

Schließlich bestätigt auch das Ergebnis der Unabhängigkeitskriege die Bedeutung der Unterschiede zwischen Nord und Süd. Im Gegensatz zu den Angloamerikanern fehlte den iberoamerikanischen Oberschichten die praktische Erfahrung in Regierung und Selbstverwaltung. Sie sahen sich daher im Augenblick der Unabhängigkeit völlig neuen Erwartungen und Anforderungen gegenüber. Durch den zeitversetzten Verlauf konnten sie beim Versuch der Schaffung neuer Staatswesen auf US-amerikanische (und europäische) Vorbilder zurückgreifen. Jedoch zeigten sich, wie Peter Waldmann herausgearbeitet hat, grundlegende Unterschiede bereits in den Verfassungsideen (Waldmann 2001). In den Vereinigten Staaten gingen die Väter der Verfassung von einem grundsätzlich kritischen Menschenbild aus, das ein Austarieren der Individual- und Gruppeninteressen notwendig erscheinen ließ. Die Verfassung sollte daher eine über allen Partikularinteressen stehende unantastbare Garantie darstellen. Durch die Überführung der kolonialen Assemblies in staatliche Legislativen, konnte ein neuer Staat entstehen, der starke Kontinuitätslinien zur Kolonialzeit aufwies. In Lateinamerika dagegen waren die Schöpfer der Verfassungen dem Idealismus Rousseau'scher Prägung verbunden. Nach ihrer Auffassung sollte die Verfassung die Menschen erziehen und die Entwicklung der Gesellschaft vorantreiben. Daher waren die zahlreichen frühen Verfassungen nur Mittel zum Zweck und keineswegs unantastbar.

In der Verfassungswirklichkeit der jungen lateinamerikanischen Staaten spiegelte sich das wider. Grundsätzlich herrschte auf Seiten der nach wie vor bestimmenden Oligarchien Angst vor der Umsetzung des Geistes der neuen Verfassungen. Trotz der republikanischen Regierungsform sollte eine Ausweitung der Partizipation etwa durch Alphabetisierung und Umverteilung vermieden werden. So kam es zu konstitutionellen Ausnahmebestimmungen und Sondergesetzen, durch die der Exekutive besondere Rechte zur Gewaltanwendung zuerkannt wurden. Daher bestand von Beginn an ein starker Widerspruch zwischen Verfassungsanspruch und der Realität, die am Erhalt des sozialen Status Quo orientiert war. Dominante Eliten bedienten sich immer wieder der Verfassungsgesetzgebung um Bestimmungen durchzusetzen, die ihnen Vorteile brachten. Folgen waren in Lateinamerika die Militarisierung des öffentlichen Lebens, die sich in Kämpfen um Grenzen, um politische Grundsätze, um Wirtschaftspolitik, um die Vorherrschaft von Stadt oder Land niederschlug und in der Regel durch das Streben nach persönlichen Vorteilen motiviert war. Damit einher ging der Hang zu autoritären Regimes, die zunächst keine Anstalten machten, die bestehenden Antagonismen regionaler oder sozialer Art abzubauen. Starke wirtschaftliche, ethnische und gesellschaftliche Ungleichheiten blieben auf diesem Nährboden bestehen. Zweifellos kann man von einem grundlegenden Misstrauen zwischen den sozialen Gruppen sprechen. Stabile Institutionen konnten vor diesem Hintergrund nicht entstehen, vielmehr herrschte chronische Instabilität. Verstärkt wurde dieser Trend – durch neue außenwirtschaftliche Abhängigkeiten von Großbritannien, die auch dazu beitrugen, dass sich das Problem der fehlenden regionalen – ganz zu schweigen von der nationalen – Integration weiter vertiefte.

In den USA dagegen schuf die relative politische Stabilität und Rechtssicherheit die Grundlagen für die beginnende Kapitalakkumulation und Industrialisierung. Aufbauend auf vorrevolutionären Landbesitz-, Handels- und Schifffahrtsstrukturen konnte daher schon früh eine vergleichsweise starke wirtschaftliche Autonomie erreicht werden. Dabei nutzten die nordamerikanischen Händler die napoleonischen Kriege als wirtschaftliche Chance. Auch der Aufbau einer effizienten Infrastruktur wurde vorangetrieben. Vor diesem Hintergrund konnte sich eine Schicht von dynamischen einheimischen Unternehmern entwickeln. Insgesamt wird man feststellen können, dass in den jungen Vereinigten Staaten – die strukturellen Faktoren, die den schichtenübergreifenden Zusammenhalt im Krieg gegen die Metropole sichergestellt hatten, auch die Grundlage für die spätere Entwicklung bildeten.

Als Fazit für diese formative Periode der amerikanischen Demokratien lässt sich festhalten, dass die Unterschiede die Gemeinsamkeiten auf den ersten Blick in den Schatten stellen. Oft führte dies zur Formulierung von Gegensatzpaaren:

- Nationale Integration in den Vereinigten Staaten – Desintegration und Separation in Lateinamerika (mit Ausnahme Brasiliens);
- starke Institutionen, stabiler Staat mit Steuerungsfunktion in den USA – informelle Ersatzmechanismen, Klientelismus und Gewalt in Lateinamerika;
- aktive politische Partizipation in den USA – Exklusivität in Lateinamerika;
- reformfähige Demokratie in den USA – defekte Demokratien und autoritäre Regimes in Lateinamerika.

Allerdings übergehen derartige Pauschalurteile die durchaus vorhandenen starken interregionalen Spannungen und Konflikte in den USA, die schließlich zum Bürgerkrieg führten, ebenso wie die Ansätze und Bemühungen zur Schaffung nationaler Identitäten in manchen lateinamerikanischen Staaten. Ferner – und das ist in diesem Zusammenhang besonders wichtig – waren die Emanzipation an sich, die Berufung auf das Prinzip der Volkssouveränität, die Einführung von sich zumindest in der Theorie stark ähnelnden Verfassungen und demokratischen Institutionen verbindende Elemente, die vor allem dann ins Auge fallen, wenn man die Situation in den Amerikas mit der im Europa der Restaurationszeit vergleicht.

3 Verfassungsgeschichte seit der Unabhängigkeit

Mit der Ratifikation der U.S. Constitution im Jahr 1789 entstand nicht nur die erste Verfassung eines unabhängigen Staates auf dem amerikanischen Kontinent, sondern das erste einheitliche, schriftlich fixierte Verfassungsdokument der Welt überhaupt. Sie bildete mit ihrer Grundstruktur, die neben der Regelung der Staatsorganisation (Artikel 1-7) einen Katalog von Grundrechten (Amendments 1-10) enthält, das Vorbild für die meisten liberalen Verfassungsschöpfungen bis in unsere Tage.

Die politischen und ideengeschichtlichen Wurzeln der Verfassung der USA werden in der Politikwissenschaft heftig diskutiert. Seit den Tagen Alexis de Tocquevilles wurde der Liberalismus allgemein als die wichtigste ideengeschichtliche Quelle der US-amerikanischen Verfassung angesehen. Louis Hartz stellte 1955 die bekannte These auf, in den USA triumphiere ein gleichsam „natürlicher Liberalismus" (Hartz 1955: 16) ohne den sozialen Antagonismus Europas. Der Liberalismus sei nicht nur die Grundlage der demokratischen Entwicklung der US-amerikanischen Verfassungsgeschichte, sondern zugleich eine Quelle nationaler Identität. Neben Zustimmung fanden Hartz' Thesen auch Widerspruch. So hat John G. A. Pocock auf die Bedeutung der republikanischen Tradition auf das amerikanische politische Denken hingewiesen (Pocock 1975). Auch Bernard Bailyn und Gordon Wood argumentierten, dass die „founding fathers" stärker von republikanischen als von liberalen Ideen beeinflusst gewesen seien. Rogers Smith schließlich machte in seinen Arbeiten auf den „ascriptive Americanism" und den mit ihm verbundenen Rassismus und protestantischen Nativismus aufmerksam, einer oft unterschlagenen, gleichwohl ebenfalls wirkmächtigen anti-liberalen Strömung innerhalb der amerikanischen politischen Kultur, die als eigenständige persistente ideologische Tradition angesehen werden müsse. Die Tocqueville-These, so Smith, versäume es, die inegalitären Ideologien und Bedingungen der Gründungsgeschichte der USA zu berücksichtigen, welche die Revolution mindestens ebenso tief beeinflusst hätten wie der Liberalismus. Bei der Gründung der USA sei die vergleichsweise große materielle und politische Gleichheit der weißen Eliten von einer Vielzahl fixierter Ungleichheitssysteme umgeben gewesen, die von den Verfassungsvätern nicht in Frage gestellt wurden. Und in mindestens zwei Dritteln der Geschichte der USA sei der Mehrheit der erwachsenen Bevölkerung nur aufgrund ihrer Rasse, ihrer Herkunft oder ihres Geschlechts das volle Bürgerrecht vorenthalten worden (Smith 1993: 549). Smith zeigte damit, dass die Reduktion der Diskussion um die Verfassungsgeschichte der USA auf die Alternative „Liberalismus oder Republikanismus?" der Komplexität der historischen Verhältnisse nicht gerecht wird.

Die Genialität der Verfassung von 1787 bei der Organisation des Staatsapparates gab den Vereinigten Staaten im Verlauf von zwei Jahrhunderten Verfassungsgeschichte eine außerordentliche politische Stabilität. Die Grundstrukturen der Republik, die auf den Prinzipien der Volkssouveränität, Repräsentation, Gewaltenteilung und Bundesstaatlichkeit beruhen, sind bis heute unverändert geblieben. Gleichwohl ermöglichte die Verfassung große Spielräume für eine spätere Neuinterpretation und Weiterentwicklung politischer Strukturen und Prozesse. Dies wurde zum Teil von erheblichen sozialen und politischen Konflikten begleitet.

Das Prinzip der Volkssouveränität prägt die neue Verfassung in zweifacher Weise. Denn einerseits stellte bereits der Ratifikationsprozess, der die Zustimmung gewählter Konvente vorsah, die zentrale Legitimationsgrundlage der Verfassung dar; andererseits gelten Wahlen als wesentliche organisatorische Grundlage der Republik. Die politischen Partizipationsrechte waren ursprünglich auf einen relativ kleinen Kreis der weißen, protestantischen, männlichen Eliten beschränkt. Die indigene und afroamerikanische Bevölkerung war anfangs ebenso vom Wahlrecht ausgeschlossen wie die Frauen. Erst im weiteren Verlauf der Verfassungsgeschichte der USA wurde der Bürgerbegriff und damit das Wahlrecht auf die gesamte erwachsene Bevölkerung ausgedehnt. Dieser konfliktreiche Prozess begann mit der Einführung des allgemeinen Wahlrechts für weiße Männer in den 1830er Jahren im Zeitalter der „Jacksonian Democracy" und endete erst in den 1960er Jahren mit der Bürgerrechtsgesetzgebung, die der afroamerikanischen Minderheit die Ausübung des Wahlrechts ermöglichte.

Das Repräsentationsprinzip bildet die zweite Verfassungsgrundlage der USA. Danach werden politische Sachentscheidungen nicht durch das Volk selbst, sondern ausschließlich durch Volksvertreter (Abgeordnete und Senatoren) und Amtsträger (den Präsidenten) getroffen. Eine direkte Demokratie rousseau'scher Prägung lehnte die große Mehrheit der Verfassungsväter konsequent ab. Die „Federalist Papers", der von den Autoren Hamilton, Madison und Jay verfasste erste Verfassungskommentar der USA, nennt ein historisches, ein praktisches und ein philosophisch-anthropologisches Argument gegen die direkte politische Partizipation der Bürger. Erstens habe die Geschichte der attischen Demokratie (des 4. Jahrhunderts v. Chr.) gezeigt, dass Demokratien eine Quelle von Unruhen und politischer Instabilität seien. Zweitens sei, da die Demokratien in klassischer Zeit nur in Kleinstaaten möglich gewesen waren, das Repräsentationsprinzip die einzig praktikable Lösung, eine republikanische Regierung auf einen großen Territorialstaat auszudehnen. Drittens sei der Volkswillen leicht verführbar und oft irrational, sodass dieser durch Repräsentanten gefiltert werden sollte, die ein ausreichendes Maß an Erfahrung und Ruhe besitzen. Das Repräsentationsprinzip der Verfassung blieb bis heute unangetastet. In der politischen Praxis ist es jedoch trotzdem zu einer Plebiszitarisierung politischer Prozesse gekommen. So wurde im Zeitalter der Mediendemokratie von den politischen Akteuren zunehmend die Öffentlichkeit im Prozess der staatlichen Willensbildung funktionalisiert.

Das Konzept einer Dreiteilung der Staatsgewalten und deren gegenseitiger Kontrolle als System der „checks and balances", wie es als drittes Prinzip in der amerikanischen Verfassung verwirklicht wurde, hatte sich schon lange vor dem Verfassungskonvent von 1788 nicht nur in den staatsphilosophischen Vorstellungen der Gründerpersönlichkeiten, sondern auch in der politischen Struktur vieler Kolonien gezeigt. Obwohl die Gewaltenteilung nach wie vor das Verhältnis zwischen Präsident, Kongress und Oberstem Gerichtshof bestimmt, ist es im Verlauf der Verfassungsgeschichte mehrmals zu Gewichtsverlagerungen gekommen. Im Verlauf des 20. Jahrhunderts entwickelte sich das Präsidentenamt zum entscheidenden Machtfaktor im politischen System der USA. Der Bedeutungszuwachs der Außenpolitik, das Wachstum vor allem der sozialpolitischen Staatsaufgaben sowie die Personalisierung von Politik in der Mediendemokratie führten allmählich zu einer Allokation politischer Funktionen beim Präsidentenamt, der der Kongress nur wenig entgegenzusetzen hat. Vor allem die Entwicklung zur „Rhetorical Presidency" (Tulis 1988) verschaffte dem Präsidenten Vorteile gegenüber der Legislative. In Zeiten nationaler Krisen (Vietnam, 9/11) stimmte der Kongress einer einseitigen Kompetenzverlagerung zugunsten der Exekutive freilich auch freiwillig zu.

Mit der Bundesstaatlichkeit schließlich fanden die US-Amerikaner ein Staatsorganisationsprinzip, das eine Balance schuf zwischen dem Souveränitätswillen der Einzelstaaten und der nötigen Kompetenzausstattung des Zentralstaats. Die Zuständigkeiten des Bundes wurden zunehmend erweitert, was im Verlauf der weiteren Verfassungsentwicklung immer wieder zu spannungsreichen Konflikten führte, bis hin zum Sezessionskrieg (1861-1865). Aus dem ursprünglich angelegten „Dual Federalism" mit seiner strikt angelegten Zuständigkeitstrennung zwischen Bund und Einzelstaaten entwickelte sich – befördert u.a. durch ein wachsendes Engagement des Bundes in der Wirtschafts-, Sozial- und Bürgerrechtspolitik – eine Form des kooperativen Föderalismus, der die Gliedstaaten politisch und finanziell immer enger an die Zentrale in Washington band. Erst unter den Präsidenten Nixon und

Reagan begann eine partielle Rückverlagerung von Kompetenzen auf die Einzelstaaten („New Federalism").

Neben diesen politischen Veränderungen hat sich die Interpretation der Verfassung auch aufgrund von Gerichtsurteilen des Obersten Gerichtshofs geändert. Wie in Common-Law-Systemen üblich, sind dessen Entscheidungen als Präzedenzfälle von großer juristischer Bedeutung. Zudem entwickelte sich der Supreme Court durch das Prüfungsrecht gegenüber einfacher Gesetzgebung auch zu einem mächtigen politischen Faktor, dessen Urteile das politische System insgesamt beeinflussten. Im Laufe der Geschichte der USA haben Gerichtsfälle wiederholt Veränderungen der Interpretation eines Verfassungsabschnitts hervorgerufen, z.B. in der Frage der Bürgerrechte.

Die US-amerikanische Verfassung bildete ein Vorbild für Lateinamerika, als dort die ersten Verfassungen diskutiert wurden und in Kraft traten. Besonders wichtig war außerdem der spanische Konstitutionalismus, der in der liberalen Verfassung von Cádiz von 1812, welche auch die Beziehungen zwischen Amerikanern und Europaspaniern auf eine neue Grundlage stellen sollte, seinen Ausdruck fand. Doch auch in dieser Verfassung flossen unterschiedliche europäische, US-amerikanische und altspanische Strömungen zusammen, so dass sich die Frage, welcher Einfluss bestimmend war, letztlich kaum eindeutig beantworten lässt. In jedem Fall bildeten die Prinzipien der Volkssouveränität, der politischen Repräsentation und der Gewaltenteilung auch die Ausgangsbasis für die frühen lateinamerikanischen Verfassungen. Die erste lateinamerikanische Verfassung, die von Haiti aus dem Jahr 1801, die mit dem Verbot der Sklaverei als völkerrechtlicher Meilenstein anzusehen ist, zeigte bereits den so typischen Kontrast zwischen aufgeklärter Theorie und politischer Wirklichkeit, denn sie sah einen Gouverneur auf Lebenszeit vor, der seinen Nachfolger selbst bestimmen konnte. Ehe die erste Verfassung in Hispanoamerika, die der Vereinigten Provinzen von Neu-Granada – der späteren Staaten Kolumbien und Venezuela – vom Dezember 1811, in Kraft trat, wurde dort eine Erklärung über die Rechte des Volkes erlassen, in der die Gleichheit aller vor dem Gesetz festgestellt aber gleichzeitig eine Einteilung in Wahlberechtigte und Nicht-Wahlberechtigte getroffen wurde. Das Wahlrecht hing vom Besitz und von der Lese- und Schreibfähigkeit ab. Diese Bestimmung begünstigte die Oligarchie, deren Vertreter sie auch mit der Absicht verfasst hatten, die sozialen und v.a. auch ethnischen Hierarchien in den multiethnischen nordandinen Gesellschaften aufrechtzuerhalten. Die Verfassung an sich sah dann eine schwache Exekutive, bestehend aus einem Triumvirat, und eine dominante Legislative vor. Ferner schuf sie eine Nationalgarde, deren Aufgabe eine striktere Überwachung der Sklaven und Unterschichten war, was entscheidend dazu beitrug, dass sich diese auf die Seiten der Royalisten schlugen. Schon 1812 war dieses erste Experiment durch den Sieg der Royalisten hinfällig. Die Zweite Republik von 1814 unter Simón Bolívar wollte den offensichtlichen Fehler der Favorisierung föderaler Prinzipien nicht wiederholen, sondern verfolgte einen ausgeprägten Zentralismus. Bolívar schwang sich zum Diktator auf. Dieses Schwanken zwischen Föderalismus und Zentralismus und der Hang zu autokratischen Regimes beim gleichzeitigen Versuch der Wahrung des sozialen Status quo sollte für die weitere Verfassungsgeschichte Lateinamerikas prägend sein.

Ein weiteres Charakteristikum vieler lateinamerikanischer Verfassungen während des 19. Jahrhunderts war ihre Kurzlebigkeit. Tabelle 2 zeigt, dass in diesem Jahrhundert insgesamt 115 Verfassungen in den 18 Staaten in Kraft traten. Den höchsten Verschleiß im kürzesten Zeitraum weist die Dominikanische Republik auf. Pauschalurteile sind dennoch nicht angebracht, denn mit Uruguay und Paraguay kamen immerhin zwei Staaten mit nur einem Grundgesetz aus. Brasilien und Guatemala sowie Argentinien und Nicaragua mit zwei beziehungsweise drei Verfassungen lagen ebenfalls deutlich unter dem Durchschnitt. Allerdings sagt diese Statistik wenig über die Wirklichkeit aus, denn Paraguay erhielt seine erste Verfassung erst 1870, d.h. rund 60 Jahre nach der Unabhängigkeit. Hier wie auch in vielen anderen Staaten waren die Verfassungen aufgrund von Diktaturen und Bürgerkriegen immer wieder ausgesetzt. Die kriegerischen Auseinandersetzungen resultierten oft aus dem Streit um die Verfassungsprinzipien, wobei es neben der Kontroverse zwischen Föderalisten und Zentralisten zunehmend auch um den Gegensatz von Konservativen und Liberalen ging, der sich vor allem an der Frage der politischen Rolle der Katholischen Kirche entzündete. Bis zum Ende des 19. Jahrhunderts hatte sich der Zentralismus aber fast überall durchgesetzt. Nur in Argentinien, Mexiko und Venezuela waren noch Restbestände des Föderalismus in den Verfassungen erkennbar.

Tabelle 1: Die Verfassungen Lateinamerikas im 19. Jahrhundert

Land	Anzahl	Jahr
Argentinien	3	1819, 1826, 1853
Bolivien	11	1826, 1831, 1834, 1839, 1843, 1851, 1861, 1868, 1871, 1878, 1880
Brasilien	2	1824, 1891
Chile	5	1818, 1822, 1823, 1828, 1833
Costa Rica	6	1844, 1847, 1848, 1859, 1869, 1871
Dominikan. Rep.	15	1844, 1854, 1854, 1858, 1866, 1872, 1874, 1875, 1877, 1878, 1879, 1880, 1881, 1887, 1896
Ekuador	11	1830, 1835, 1843, 1845, 1851, 1852, 1861, 1869, 1878, 1884, 1897
El Salvador	7	1841, 1864, 1871, 1872, 1880, 1883, 1886
Guatemala	2	1851, 1879
Haiti	12	1801, 1804, 1805, 1806, 1807, 1811, 1816, 1843, 1849, 1874, 1879, 1889
Honduras	6	1839, 1848, 1865, 1873, 1880, 1894
Kolumbien	8	1811, 1832, 1843, 1853, 1858, 1861, 1863, 1886
Mexiko	6	1814, 1822, 1824, 1836, 1843, 1857
Nicaragua	3	1838, 1858, 1893
Paraguay	1	1870
Peru	8	1823, 1826, 1828, 1834, 1839, 1856, 1860, 1867
Uruguay	1	1830
Venezuela	10	1811, 1819, 1830, 1857, 1858, 1864, 1874, 1881, 1891, 1893

(Loveman 1993: 370) und eigene Erhebungen.

Fast alle lateinamerikanischen Verfassungen in diesem Zeitraum enthielten Grundrechtserklärungen, die der US-amerikanischen Bill of Rights wenn nicht nachempfunden waren, so doch ähnelten. Allerdings enthielten sie auch Restriktionen, die z.B. das Recht auf freie Meinungsäußerung einschränkten. Auch die Religionsfreiheit blieb bis zum Ende des 19. Jahrhunderts in einem Großteil der Staaten begrenzt. In der Regel war der Katholizismus die Staatsreligion, die öffentliche Ausübung anderer Bekenntnisse war häufig verboten. Gerade an dieser Frage ließ sich das grundsätzliche Problem der Legitimation eines politischen Systems erkennen, das sich erst jüngst aus der vermeintlich göttlich legitimierten monarchischen Staatsform gelöst hatte. Das größte Land Lateinamerikas, Brasilien, behielt die Monarchie – in einer konstitutionellen Form – sogar noch bis 1889 bei. Die Rückkehr zur Monarchie etwa in Haiti und Mexiko oder zu quasi-monarchischen, bonapartistischen Präsidentschaften auf Lebenszeit etwa im Argentinien des Juan Manuel Rosas, im Guatemala des Rafael Carrera oder im Mexiko des Porfirio Díaz lag daher immer im Bereich des möglichen. Dort, wo es nicht dazu kam, machte die Exekutive häufig von der in den Verfassungen verbrieften Möglichkeit Gebrauch, mit diversen Notstandsgesetzen wie z.B. der Erklärung des Belagerungszustands äußere und innere Bedrohungen abzuwenden, aber eben auch politische Gegner auszuschalten. Dies hieß, dass es immer wieder zu diktaturähnlichen Situationen kam, die zwar nicht dem Buchstaben der Verfassungen widersprachen, ihrem Geist aber sehr wohl zuwiderliefen. Erst gegen Ende des Jahrhunderts wurden die drakonischen Sonderrechte der Exekutive zugunsten der Legislative abgemildert. Die gesetzgebende Gewalt war in Lateinamerika bis zu diesem Zeitpunkt in vielen Fällen ohnehin in einer schwachen Position, trat sie doch nach Maßgabe einiger Verfassungen nur alle zwei Jahre oder sogar seltener zusammen. Demgegenüber ist die Rolle des Militärs als quasi vierter Gewalt im Staat zu erwähnen. In über 80% der hispanoamerikanischen Verfassungen des 19. Jahrhunderts hatte das Militär Verfassungsrang (Loveman 1993: 399). Nach den Unabhängigkeitskriegen oftmals die einzige noch intakte Institution, kamen die Verfassungsväter, selbst wenn sie gewollt hätten, nicht um eine prominente Rolle für das Militär herum. Expressis verbis wurde den Bewaffneten in vielen Fällen die Aufrechterhaltung von innerer Ruhe und Ordnung, ja teils sogar die Überwachung der Wahlen und die Rückgängigmachung von Gesetzen, die unter dem Druck der Masse zustande gekommen waren, als Aufgaben übertragen. Diese Bestimmungen lieferten den Militärs immer wieder geeignete Vorwände, um in die Politik einzugreifen.

Auch im 20. Jahrhundert repräsentierten die lateinamerikanischen Verfassungen eher einen anzustrebenden Idealzustand denn eine nicht hinterfragbare Norm. In der Regel handelte es sich um Dokumente mit einer großen Zahl an sehr spezifischen Artikeln, die häufige Veränderungen und Streichungen erforderlich machten, so dass die Macht der Exekutive letztlich wichtiger blieb als die geduldigen Buchstaben der Verfassung. Bis in die Gegenwart hinein haben Präsidenten immer wieder Verfassungsänderungen durchgesetzt, nicht zuletzt, um ihre eigene Amtszeit zu verlängern. Zwar gab es einzelne Staaten wie Chile, Costa Rica und Uruguay, in denen über längere Zeiträume hinweg Verfassungstreue gewahrt wurde, doch waren diese eher die Ausnahme als die Regel.

David S. Palmer hat in seiner Studie „Peru: The Authoritarian Tradition" 1980 einen Vergleich des Grads der Instabilität sowie des Autoritarismus in den Ländern Hispanoamerikas von der Unabhängigkeit bis in die 1970er-Jahre vorgelegt. In Abbildung 1 sind diese Parameter graphisch dargestellt. Palmer maß den Grad der Instabilität am Vorkommen von gewaltsamen Umstürzen, grundlegenden Verfassungsänderungen und nicht verfassungsmäßigen Wechseln in der Exekutive. Aus der Gesamtzahl dieser Faktoren in einer Dekade wurde dann der Durchschnitt für die hispanoamerikanischen Staaten errechnet. Die Abbildung zeigt, dass die Höhepunkte im 20. Jahrhundert eindeutig in der Phase der Weltwirt-schaftskrise liegen und dass der stetige Rückgang der 1940er- und 50er-Jahre in den 1960ern erneut unterbrochen wurde. Deutlicher werden die Brüche in der Abbildung unten.

Abbildung 1: Grad der Instabilität sowie Grad des Autoritarismus in Hispanoamerika 1810-1970er-Jahre

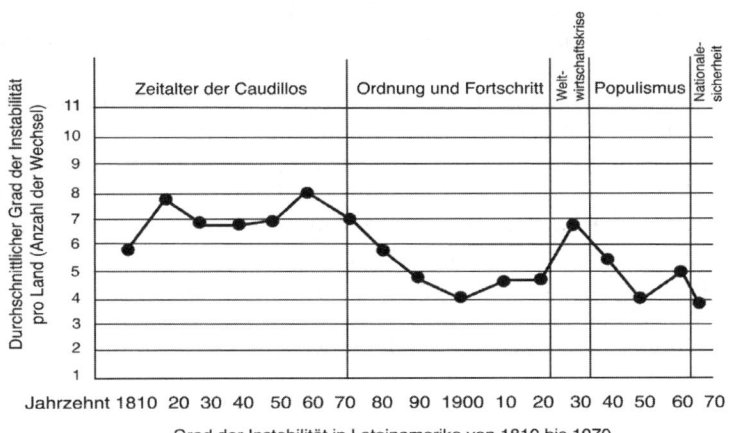

Grad der Instabilität in Lateinamerika von 1810 bis 1970

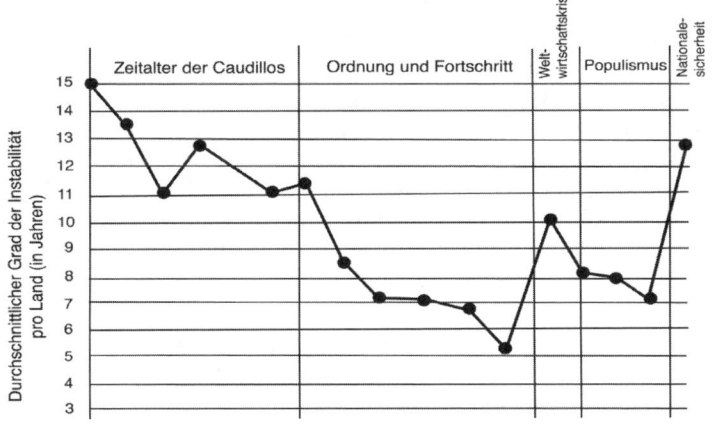

Hier wurde die Intensität autoritärer Herrschaft auf Basis der Anzahl der Jahre berechnet, in denen in Hispanoamerika das Militär herrschte, die Legislative entmachtet war oder eine verfassungswidrige Regierung an der Macht war, wobei ein Maximalwert von 30 die Grundlage bildete. So zeigt die Graphik z.B., dass in den 1930ern bei einem Wert von 10 rund ein Drittel, in den 1970ern bei einem Wert von 13 gar fast die Hälfte der Zeit autoritäre Regimes in der Gesamtheit des spanischsprachigen Lateinamerika regierten. Die Kurven korrelieren darüber hinaus mit den in der politischen Historiographie üblichen Periodisierungen nach einem Zeitalter des klassischen Caudillismus von 1810 bis ca. 1870, einer Ära der Weltmarktintegration unter dem Motto „Ordnung und Fortschritt" von ca. 1870 bis 1930, der Weltwirtschaftskrise der 1930er, einer Periode der klassischen Populismen von den 1940ern bis 1960ern und der Ära der neuen autoritären Regimes der 1970er. Würde man die Graphik bis in die Gegenwart des beginnenden 21. Jahrhunderts hinein verlängern, würden sich die Werte stark reduzieren, und ein Trend zur Verstetigung der Demokratie v.a. seit 1990 würde erkennbar. Jedoch zeigt das Auf und Ab der Kurven deutlich die Unbeständigkeit der politischen Entwicklung in Lateinamerika insgesamt.

An der Veränderlichkeit der Verfassungen spiegelt sich die nach wie vor übermächtige Stellung der Exekutive im demokratischen Prozess wider. Das lässt sich auch an der Frage der Wahrung der Grundrechte erkennen, die mittlerweile in fast allen lateinamerikanischen Verfassungen kodifiziert sind, wobei auch die Sonderrechte bestimmter gesellschaftlicher Gruppen (Frauen, Senioren, Kinder, Arbeiter und neuerdings ethnische Minderheiten) auffallen. Nach wie vor sind Notstandsgesetze und Sonderregelungen beim Belagerungszustand verfassungsmäßig vorgesehen, die der Exekutive – nun allerdings in der Regel mit Zustimmung der Legislative und auf eine bestimmte Dauer befristet – das Recht geben bestimmte Grundrechte zu suspendieren und durch Dekrete zu regieren. Auf diesem Weg kam es auch in jüngerer Zeit wiederholt zur Übernahme diktatorischer Gewalt durch einzelne Präsidenten. Darüber hinaus blieb die verfassungsmäßige Rolle des Militärs im 20. Jahrhundert problematisch, denn dieses hatte in vielen Fällen weiterhin die Aufgabe eines Hüters der Verfassung und der inneren Ordnung inne. In den 1960er und 1970er Jahren als eine Welle von Putschen die Region erschütterte, konnten sich die Militärs auf diese Bestimmungen berufen. Auch wenn sich die Militärdiktaturen und autoritären Regimes dieses Zeitraums von denen des 19. Jahrhunderts und frühen 20. Jahrhunderts erheblich unterschieden, standen sie doch in einer langen Tradition der Legitimation militärischer Gewaltherrschaft. Seit der Rückkehr zur Demokratie um 1990 hat sich in Lateinamerika allgemein eine Tendenz zur Konsolidierung verfassungstreuer Regierungen herausgebildet, auch wenn die zahlreichen „failed presidencies" des vergangenen Jahrzehnts und der neue Populismus die weiterhin bestehende Fragilität der Verfassungswirklichkeit dokumentieren. Der vermeintliche „Linksrutsch" Lateinamerikas im Wahljahr 2006 lässt für die nährere Zukunft in einigen andinen Ländern grundlegende Verfassungsänderungen erwarten.

4   Verfassungsänderung

Fast alle Staaten auf dem amerikanischen Kontinent haben in ihren gegenwärtigen Verfassungen hohe Hürden für Verfassungsreformen errichtet. Dies gilt im Prinzip auch für die postautoritären Verfassungen derjenigen lateinamerikanischen Staaten, die seit dem Beginn der 1990er Jahre die Rückkehr zur Demokratie eingeleitet haben. Beispielgebend für die meisten Staaten südlich des Rio Grande war die Regelung des Artikels 5 der US-Verfassung, wonach Verfassungsänderungen den Beschluss einer Zweidrittelmehrheit in beiden Häusern des Kongresses voraussetzen. Die Mehrzahl der Staaten Lateinamerikas sieht in ihren jeweiligen Konstitutionen für Verfassungsänderungen ebenfalls Zweidrittelmehrheiten im unikameralen bzw. bikameralen Parlament vor. In den Fällen, bei denen niedrigere Mehrheiten erforderlich sind (z.B. in Panama, Venezuela oder Paraguay), wird zusätzlich die Durchführung eines Referendums verlangt. Besonders hohe formale Anforderungen für Verfassungsänderungen existieren neben den USA auch in Mexiko, wo ein zusätzliches positives Votum der einzelstaatlichen Parlamente erforderlich ist, in den USA sogar mit einer ¾-Mehrheit. Die in der verfassungsrechtlichen Tradition des britischen Mutterlands stehende kanadische Verfassung von 1982 kann hingegen bereits mit einfacher Mehrheit im Parlament geändert werden.

Eine ganze Reihe von Verfassungen errichtet einer Verfassungsreform auch inhaltliche Schranken. Bereits 1787/89 hatten die Einzelstaaten der USA durchsetzen können, dass keine künftige Verfassungsänderung die Stimmrechte im Senat berühren dürfe. Damit war der künftige verfassungsändernde Gesetzgeber bereits im Akt der Verfassungsgebung inhaltlich eingeschränkt worden. Gerade die seit dem Anfang der 1990er Jahre neu entstandenen postautokratischen Verfassungen Lateinamerikas formulieren vielfach ebenfalls inhaltliche Änderungsschranken, wie z.B. in Paraguay, wo die Abschaffung zentraler Verfassungsprinzipien ausgeschlossen wird. Solche Regelungen sind das Ergebnis früherer Verfassungskonflikte, die durch die Festschreibung unabänderlicher Prinzipien ausgeschlossen werden sollen. Ein Beispiel hierfür ist auch die Verfassung Kanadas, die den Provinzen im Falle eines Verfassungskonflikts Vetorechte oder gar abweichende Regelungen ermöglicht.

In einigen Ländern Lateinamerikas gibt es im Unterschied zu den USA die Möglichkeit, Verfassungsänderungen im Wege einer Volksinitiative zu beantragen. In Peru können bereits 0,3 Prozent der Wahlberechtigten ein solches Verfahren in Gang setzen, andere Länder sehen höhere Quoren (z.B. Ecuador 1%, Kolumbien 5%, Venezuela 15%) oder feste Mindestzahlen vor (Paraguay: 30000 Wahlberechtigte). Einige Länder ermöglichen darüber hinaus auch dem Präsidenten oder dem Obersten Gerichtshof ein Initiativrecht zur Verfassungsreform. Ein Vetorecht des Präsidenten gegen formell beschlossene Verfassungsänderungen wird hingegen meistens ausgeschlossen.

Dass formale und inhaltliche Schranken die Gefahr einer weitergehenden Verfassungsrevision in der politischen Praxis nicht verhindern können, zeigen die autoritären Relikte, mit denen sich einige südamerikanische Demokratien auch heute noch konfrontiert sehen, sowie die Umdeutung von einzelnen Verfassungen im Rahmen des neuen Populismus. So erfuhr z.B. die Verfassung Venezuelas, die eine Änderung ihrer Grundstruktur („sin alterar su estructura fundamental") eigentlich verbietet, unter der Präsidentschaft von Hugo Chavez in der politischen Praxis eine fundamentale Neuinterpretation.

Tabelle 2: Regelungen zur Änderung der Verfassung

Land	Verfassung	Art.[2]	Entscheidungsgremium	Mehrheitserfordernis	Schranken
Argentinien	1853	30	Antrag durch Kongress; Bestätigung; Entscheidung durch Nationalversammlung	2/3-Mehrheit für Antrag im Kongress	Keine
Bolivien	1995[3]	231	Antrag durch 1/3 der Abgeordneten einer Parlamentskammer, den Präsidenten oder durch Regionalparlamente; Entscheidung durch die beiden Parlamentskammern	Jeweils 2/3-Mehrheit in beiden Kammern	Änderungen der Amtszeit des Präsidenten dürfen erst in der nächsten Amtsperiode angewandt werden
Brasilien	1988	60	Vorschlagsrecht für 1/3 der Mitglieder beider Kammern, den Präsidenten und 50% der Legislativen der Gliedstaaten; Entscheidung durch beide Parlamentskammern	2/3-Mehrheit in beiden Kammern in je zwei Abstimmungen	Keine Abschaffung des föderativen Prinzips, der Grundrechte und der Gewaltenteilung
Chile	1980	116	Antrag durch beide Kammern; Entscheidung durch Kongress; im Konfliktfall mit dem Präsidenten: Entscheidung durch Volksabstimmung.	Antragsrecht in beiden Kammern: 3/5-Mehrheit bzw. 2/3-Mehrheit in zentralen Fragen; Entscheidung im Kongress mit absoluter Mehrheit	Keine
Costa Rica	1949	195	Entscheidung durch das Parlament	2/3-Mehrheit	Generalrevision nur durch Verfassungskonvent möglich
Dominikanische Republik	1966	117	Antrag durch 1/3 der Abgeordneten einer Kammer; Entscheidung durch beide Parlamentskammern	2/3-Mehrheit in beiden Parlamentskammern	Keine Änderung des zivilen, republikanischen, demokratischen und repräsentativen Charakters der Regierung
Ecuador		280	Antrag durch 2/3 der Abgeordneten des Parlaments, den Präsidenten, den Obersten Gerichtshof, das Verfassungsgericht 1% der Wahlberechtigten; Entscheidung durch den Kongress oder Volksabstimmung	2/3-Mehrheit im Kongress	Keine
El Salvador	1983	248	Antrag durch das Parlament mit Entscheidung in der nachfolgenden Legislaturperiode	2/3-Mehrheit im Parlament	Keine Veränderung der Staatsform, des Territoriums und der Kompetenzen des Präsidenten möglich

---

[2] Gelistet wurde nur der erste Artikel, der Verfassungsänderungen regelt.
[3] Seit 2006 wird an einer Totalrevision der Verfassung gearbeitet.

Guatemala	1986	278	Einberufung eines Verfassungskonvents oder einer Volksabstimmung durch den Kongress	2/3-Mehrheit im Kongress	Keine
Honduras	1982	373	Entscheidung durch den Kongress in 2 aufeinanderfolgenden Legislaturperioden	2/3-Mehrheit in beiden Abstimmungen	Keine Veränderung der Staatsform, des Territoriums und der Amtszeit des amtierenden Präsidenten möglich
Kanada	1982	38	Entscheidung durch beide Parlamentskammern und 2/3 der Provinzlegislativen, die mindestens 50% der Bevölkerung repräsentieren	Einfache Mehrheit in den Kammern	Bestimmte Änderungen (z.B. zur Rolle der Krone oder zu den Sprachgemeinschaften) benötigen Zustimmung aller Provinzialparlamente
Kolumbien	1991	374	Antrag durch die Regierung, 10 Kongressabgeordnete, 20% der Abgeordneten einer Kammer oder 5% der Wahlberechtigten; Entscheidung durch Kongress, Verfassungskonvent oder Volksabstimmung	Mehrheit der Abgeordneten beider Kammern in 2 aufeinanderfolgenden Legislaturperioden; 50% der Abstimmenden im Referendum, mindestens aber 25% der Abstimmungsberechtigten	Keine
Kuba	1976	137	Entscheidung durch das Parlament	2/3-Mehrheit	Generalrevision nur durch Volksabstimmung möglich
Mexiko	1917	135	Entscheidung durch Kongress und Parlamente der Bundesstaaten	2/3-Mehrheit im Parlament und Mehrheit der Parlamente der Bundesstaaten	Keine
Nicaragua	1987	193	Antrag durch den Präsidenten oder 1/3 der Abgeordneten des Parlaments; Entscheidung durch das Parament bei Teilrevision, durch die Verfassunggebende Nationalversammlung bei Totalrevision	60% der Abgeordneten des Parlaments (Teilrevision); 2/3-Mehrheit für Initiative zur Totalrevision	Keine
Panama	1972	308	Parlament, Regierung oder Oberster Gerichtshof	Absolute Mehrheit im Parlament in zwei aufeinanderfolgenden Legislaturperioden oder (alternativ) absolute Mehrheit im Parlament und Referendum	Keine
Paraguay	1992	289	Antrag durch 25% der Abgeordneten einer Parlamentskammer, den Präsidenten oder 30000 Wahlberechtigte;	Absolute Mehrheit in beiden Parlamentskammern; Einberufung eines Referendums durch den Tribunal Superior de Justicia Electoral	Verbot der Verfassungsänderung innerhalb von 3 Jahren; keine Veränderung zentraler Verfassungsregeln (z.B. Wahlverfahren, Legislaturperiode, Kompetenzen der Staatsgewalten etc.)

Peru	1993	206	Antrag durch Präsident (mit Zustimmung des Kabinetts), Kongressabgeordnete oder 0,3% der Wahlberechtigten.	Entscheidung mit absoluter Mehrheit im Kongress; anschließendes Referendum oder (alternativ) 2/3-Mehrheit im Kongress in 2 aufeinanderfolgenden Legislaturperioden	Keine
USA	1789	5		2/3-Mehrheit in beiden Parlamentskammern und ¾-Mehrheit der einzelstaatlichen Parlamente oder Verfassungskonvente	Keine Verfassungsänderung darf das gleiche Stimmrecht aller Einzelstaaten im Senat abschaffen
Uruguay	1967	331	Antrag durch 10% der Wahlberechtigten, Abgeordnete beider Kammern oder die Regierung; Entscheidung durch Verfassunggebende Nationalversammlung, Referendum oder das Parlament	2/3-Mehrheit im Parlament	Keine
Venezuela	1999	340	Antrag durch Mehrheit der Nationalversammlung, den Präsidenten, oder 15% der Wahlberechtigten	Mehrheit in der Nationalversammlung und anschließendes Referendum	Grundstruktur der Verfassung darf nicht verändert werden

5   Realisierungsformen des präsidentiellen Regierungssystems in den Amerikas

5.1 Der US-amerikanische Präsidentialismus

Mit Ausnahme Kanadas, das ein parlamentarisches Regierungssystem nach dem Vorbild Großbritanniens besitzt, haben alle Demokratien auf dem amerikanischen Kontinent präsidentielle Regierungssysteme nach dem Muster der USA. Das präsidentielle Regierungssystem der Vereinigten Staaten wird nach den gängigen Typologien (Steffani 1979, Stepan/Krach 1994) primär durch die relative Unabhängigkeit der Regierung, insbesondere des Präsidenten, vom Parlament gekennzeichnet. Er kann im Unterschied zu einer parlamentarischen Demokratie nicht durch das politische Misstrauensvotum einer Parlamentsmehrheit abgesetzt werden, sondern nur aufgrund rechtlicher Verfehlungen nach einem Amtsenthebungsverfahren (Impeachment). Zu diesem primären Kennzeichen kommen einige sekundäre bzw. supplementäre Merkmale. Während in parlamentarischen Systemen nur das Parlament direkt vom Volk gewählt wird und die Regierung aus ihm hervorgeht, werden im präsidentiellen System das Parlament und der Präsident in zwei Volkswahlen unabhängig voneinander gewählt. Die Amtszeit des Präsidenten ist auf höchstens zwei Perioden von je vier Jahren beschränkt. Der Präsident ist im präsidentiellen System zugleich Staatsoberhaupt und Regierungschef in einer Person (Lijphart 1994: 92), während in parlamentarischen Systemen eine doppelte Exekutive vorherrscht. Dem Präsidenten der Vereinigten Staaten ist formal die Möglichkeit der Gesetzesinitiative verschlossen, wobei ihm die Praxis allerdings leicht gangbare Umwege bietet. Verfassungsrechtlich besitzt er nur die Möglichkeit, Gesetzesbeschlüsse des Kongresses mit seinem Veto zu belegen. Dieses präsidentielle Veto kann allerdings mit einer 2/3-Mehrheit in beiden Häusern des Kongresses überstimmt werden. Typisch für präsidentielle Systeme ist darüber hinaus ein strenges Inkompatibilitätsgebot, das z.B. die gleichzeitige Übernahme eines Regierungs- und Parlamentsmandats verbietet. Da die Regierung in parlamentarischen Systemen von einer Parlamentsmehrheit getragen wird, herrscht dort in der Regel eine große Fraktionsdisziplin. Im präsidentiellen System der USA kann der Präsident hingegen nicht unbedingt mit der Unterstützung durch das Parlament rechnen. Zwar ist in den vergangenen Jahrzehnten die Zahl der „party votes" bei Abstimmungen im Kongress gestiegen, aber nicht selten stellen sich selbst Abgeordnete, die der gleichen Partei wie der Präsident angehören, den politischen Initiativen des Präsidenten entgegen. Im Gegensatz zu parlamentarischen Regierungssystemen, in denen die Regierung (unter Mitwirkung des Staatsoberhaupts) ein Recht zur Auflösung des Parlaments hat, kennt das präsidentielle System der USA keine Disziplinierungsinstrumente des Präsidenten gegenüber dem Kongress. Verstärkt wird diese relative Unabhängigkeit der Kongressabgeordneten durch das seit den Anfängen der Republik vorherrschende Zweiparteiensystem, das auf der Ebene des Bundes nur eine verhältnismäßig geringe Integrationskraft besitzt. Die Abgeordneten fühlen sich – auch aufgrund des praktizierten Mehrheitswahlrechts – nicht selten stärker ihren regionalen Parteiorganisationen und einer lokalen Wählerklientel als den politischen Initiativen des Präsidenten verpflichtet.

Aufgrund dieser großen Unabhängigkeit der Abgeordneten stellt der Kongress als politisches Organ einen echten Gegenspieler des Präsidenten dar. Im System der „checks and balances" begegnet der Kongress dem Präsidenten vor allem im Bereich der Innenpolitik auf Augenhöhe. Dies gilt umso mehr, wenn man die Kompetenzen des Kongresses im Rahmen seiner Legislativ-, Finanz- und Kontrollrechte betrachtet, die kein Regieren am Kongress vorbei erlauben. Der Präsident muss sich folglich bei der Verfolgung seiner Politikvorhaben stets versuchen, über Verhandlungen und Kompromisse mit den Abgeordneten, parlamentarische Mehrheiten für seine Politik zu erlangen.

5.2 Der lateinamerikanische Präsidentialismus

Die präsidentiellen Systeme Lateinamerikas entstanden alle nach dem US-amerikanischen Vorbild. Dennoch sind sie keine Kopie des US-Systems, sondern haben – in Detailfragen oftmals in Anlehnung an parlamentarische oder auch semipräsidentielle Regierungssysteme (Duverger 1980) – ganz eigene Ausformungen gefunden.

Das zentrale Kennzeichen der meisten lateinamerikanischen präsidentiellen Systeme ist der klare Machtvorsprung des Präsidentenamtes gegenüber den anderen Verfassungsorganen, insbesondere dem Parlament. Hierin liegt ein entscheidender Unterschied zum Prototyp des präsidentiellen Systems in den USA. Die Praxis, den Präsidenten mit breiten konstitutionellen Kompetenzen auszustatten, begann in Lateinamerika bereits im 19. Jahrhundert in der ersten Phase der Konsolidierung der jungen Republiken, als die militärischen Caudillos mit politischer Macht ausgestattet wurden. Machtvolle Präsidenten haben demnach in Lateinamerika eine verfassungsrechtliche Tradition.

Deutlich wird das „Primat der Exekutive" (Fernández/Nohlen 1991: 42) z.B. in weitreichenden legislativen Kompetenzen lateinamerikanischer Präsidenten. Anders als beim

Idealtypus des präsidentiellen Regierungssystems gestehen die lateinamerikanischen Verfassungen dem Präsidenten in der Regel ausdrücklich das Recht zur Gesetzesinitiative zu. Viele lateinamerikanische Verfassungen geben dem Präsidenten in bestimmten Fragen sogar eine ausschließliche Initiativkompetenz, z.B. in Brasilien in Bezug auf die Streitkräfte (Art. 61) sowie – in allen Ländern Südamerikas – bei der Erstellung des Haushaltsgesetzes. In einigen Ländern, z.B. in Chile (Art. 64) oder in Uruguay (Art. 133) ist es dem Kongress darüber hinaus nur begrenzt erlaubt, präsidentielle Gesetzesvorschläge abzuändern.

Immerhin können präsidentielle Gesetzesinitiativen nur zu Gesetzen werden, wenn das jeweilige Parlament seine Zustimmung gibt. Das Verordnungsrecht einzelner lateinamerikanischer Präsidenten reicht viel weiter. Einige Verfassungen (z.B. Brasilien, Peru, Honduras) räumen den Präsidenten das Recht ein, Dekrete mit Gesetzeskraft (decreto ley) auszufertigen, die solange Gesetzeskraft besitzen, bis das Parlament sie widerruft. In Peru z.B. darf der Präsident solche Gesetzesdekrete in Finanz- und Steuerangelegenheiten erlassen. Die größte Dekretvollmacht hat der Präsident in Kolumbien, wo Dekrete erst nach einem Jahr durch den Kongress geändert werden können. In einigen Ländern kann auch das Parlament den Präsidenten ermächtigen, Gesetzesdekrete auszufertigen. So entäußerte sich z.B. in Venezuela das Parlament häufig gerade in kritischen Situationen seiner Gesetzgebungskompetenz, indem es den Präsidenten (mit qualifizierter Mehrheit) autorisierte, in den Bereichen Wirtschaft und Finanzen Gesetze per Dekret zu erlassen. Zu diesen Gesetzesdekreten kommt in allen Staaten Lateinamerikas noch das auch in den USA übliche Verordnungsrecht des Präsidenten im Bereich der Verwaltung.

Wie in den USA besitzen alle Präsidenten Lateinamerikas ein suspensives Vetorecht in der Gesetzgebung. In den USA darf der Präsident Gesetze allerdings nur in ihrer Gesamtheit ablehnen. Ein „line item veto" in Form eines Einspruchs gegen Teile von Gesetzen, wie es Präsident Bill Clinton in den 1990er Jahren praktizieren wollte, wurde den US-Präsidenten durch Rechtsprechung des Supreme Courts verwehrt. In Lateinamerika ist hingegen – außer in Guatemala und Honduras – auch ein partielles Veto der Präsidenten gegen einzelne Artikel oder sogar einzelne Wörter einer Gesetzesvorlage möglich. Damit sind die lateinamerikanischen Präsidenten in die Lage versetzt, Gesetze nicht nur zu blockieren, sondern auch in Teilen zu korrigieren. Die präsidentielle Vetokompetenz reicht damit weiter als in den USA. Allerdings können präsidentielle Vetos in den meisten Ländern (analog zu den USA) mit einer Zweidrittelmehrheit zurückgewiesen werden. Einige Verfassungen sehen sogar kleinere Mehrheiten vor: In Brasilien, Kolumbien, Nicaragua, Peru, Uruguay und Paraguay genügt eine absolute Mehrheit, in Venezuela sogar nur eine relative Mehrheit beider Kammern des Kongresses. Damit ist das präsidentielle Veto in diesen Ländern kein so wirkungsvolles Instrument mehr.

Angesichts der beschriebenen Kompetenzen hat die These vom „Primat der Exekutive" (Fernández/Nohlen 1991: 42) in Lateinamerika nach wie vor ihre Berechtigung. Lateinamerikanische Präsidenten besitzen vor allem im Bereich der Gesetzgebung Machtbefugnisse, die zum Teil weit über die des US-amerikanischen Staatsoberhaupts hinausgehen. Gleichwohl gibt es in den lateinamerikanischen Verfassungen auch eine Reihe von Regelungen, die zu einer Begrenzung präsidentieller Macht führen sollen. Viele dieser Regelungen erinnern an entsprechende Bestimmungen in parlamentarischen Regierungssystemen. So verzichtet etwa die Hälfte der Verfassungen darauf, den Präsidenten wie in den USA als alleinigen Träger der exekutiven Gewalt zu definieren. In zehn Ländern wird die Exekutive stattdessen auf das gesamte Kabinett ausgeweitet. Zumindest theoretisch ist dies als Versuch einer verfassungsrechtlichen Machtverteilung innerhalb der Regierung zu interpretieren (Schultz 2000: 46). Im Gegensatz zu den USA werden die Mitglieder des Kabinetts in fast allen Ländern nicht als „Sekretäre", sondern wie im parlamentarischen System als „Minister" bezeichnet (Ausnahmen: Mexiko, Dominikanische Republik, Honduras).

Anders als in den USA gestehen einige Verfassungen dem Parlament ein Misstrauensvotum bzw. ein Abberufungsrecht gegenüber der Regierung aus politischen Gründen zu. So kennt die Verfassung Perus ein Misstrauensvotum des Kongresses – zwar nicht gegen den Präsidenten selbst, aber gegen das gesamte Kabinett einschließlich den vom Präsidenten eingesetzten Kabinettchef (Art. 133). In Peru, Kolumbien, Guatemala und Ekuador kann der Kongress mit absoluter Mehrheit auch einzelnen Ministern das Misstrauen aussprechen und sie zum Rücktritt zwingen. In Argentinien kann der Kabinettchef ebenfalls mit absoluter Mehrheit in beiden Kammern des Kongresses gestürzt werden, was automatisch den Rücktritt des gesamten Kabinetts zur Folge hat (Art. 101). In Uruguay, Panama und Venezuela sind Zweidrittelmehrheiten in den Parlamenten für Misstrauensanträge gegen Minister erforderlich.

Außer in Ekuador und der Dominikanischen Republik können Akte des Präsidenten nur dann wirksam werden, wenn sie die Unterschrift eines oder mehrerer zuständiger Minister aufweisen. Bei dieser Gegenzeichnungspflicht wird häufig zwischen Akten unterschieden, in denen der Präsident als Staatsoberhaupt handelt, und solchen, in denen er als Regierungschef tätig wird. Letztere benötigen generell eine Gegenzeichnung, erstere hingegen nicht. Das Problem, dass eine solche Regelung eigentlich der Funktionslogik des präsidentiellen Systems widerspricht, das von einer Personalunion beider Ämter gekennzeichnet ist, umgehen einige Verfassungen dadurch, dass die Kompetenzen des Präsidenten als Staatsoberhaupt und als Regierungchef getrennt aufgelistet werden. So handelt beispielsweise der costaricanische Präsident explizit als Staatoberhaupt, wenn er als Oberbefehlshaber der Streitkräfte agiert oder Minister ernennt (Art. 139). Angesichts der Möglichkeit, zeichnungsunwillige Minister zu entlassen und loyale Kabinettsmitglieder zu ernennen, stellt die Gegenzeichnungspflicht in den meisten Fällen freilich kein effektives Kontrollinstrument gegenüber dem Präsidenten dar.

Als wichtigste Begrenzung präsidentieller Macht in Lateinamerika sehen viele Wissenschaftler das Verbot einer Wiederwahl des Präsidenten an. Entsprechende Regelungen fanden sich bereits in einigen lateinamerikanischen Verfassungen des 19. Jahrhunderts (z.B. in Peru 1832, Uruguay 1830), also viel früher und auch restriktiver als in den USA, wo erst im Jahr 1951 das 22. Amendment eine einmalige Wiederwahl des Präsidenten festschrieb. In Lateinamerika erlauben derzeit nur einzelne Verfassungen – z.B. Brasiliens (Art. 82), Argentiniens (Art. 90) Perus (Art. 112) und Venezuelas (Art. 230) – ausdrücklich eine einmalige unmittelbare Wiederwahl des Präsidenten. Die meisten lateinamerikanischen Verfassungen verbieten jedoch eine direkte Wiederwahl des Amtsinhabers. Die Amtszeiten der Präsidenten variieren zwischen vier, fünf und sechs Jahren. Der costaricanische Präsident bleibt demnach lediglich vier Jahre im Amt (Art. 134), während Präsidenten in Argentinien wie in den USA im Falle einer Wiederwahl höchstens acht Regierungsjahre erreichen können, in Venezuela sogar zwölf.

Zusammenfassend lässt sich festhalten, dass in vielen Staaten Lateinamerikas der Versuch gemacht wird, durch die Einführung von Regelungen parlamentarischer Regierungssysteme die erheblich ausgeweiteten Kompetenzen der Präsidenten zumindest partiell zu begrenzen. Aus dieser Verknüpfung zweier Regierungssysteme entstehen nicht selten institutionell bedingte Probleme. Zudem leben beide Systeme, das präsidentielle ebenso wie das parlamentarische, von sozioökonomischen, kulturellen und politischen Voraussetzungen, die in vielen lateinamerikanischen Ländern nicht gegeben sind. So sind z.B. fragmentierte Vielparteiensysteme in präsidentiellen Demokratien kaum in der Lage, in Parlamenten eine handlungsfähige Mehrheit zu erzeugen, die einem Präsidenten kontrollierend gegenübertreten könnte. Kulturen, in denen ein populärer Führertypus Bewunderung findet, haben oft Schwierigkeiten mit der Anerkennung legitimer parlamentarischer Opposition. In der Konsequenz führte dies in vielen Ländern zu erheblichen Konflikten, die entweder zu einer weiteren Stärkung des Präsidentenamts, zu gegenseitigen Blockaden oder gar – wie z.B. in Kolumbien – zu anarchischen Verhältnissen führten.

Ein starker Präsident, dem als Oberbefehlshaber des Militärs auch physische Repressionsmechanismen zur Verfügung stehen, könnte im Konfliktfall ein oppositionelles Parlament ausschalten und seine Politik – wie 1992 im Falle Perus unter Fujimori – unter Notstandsrecht fortsetzen. Bis in die Gegenwart hinein konnten Präsidenten immer wieder Verfassungsänderungen durchsetzen, nicht zuletzt um ihre eigene Amtszeit zu verlängern. Andererseits können schwache Präsidenten mit ständigen parlamentarischen Blockaden konfrontiert werden und vor der Obstruktionspolitik der Opposititon resignieren (Martínez Ocamica 1996: 449). „The fundamental weakness of presidential government is the frequent failure of presidents to secure cooperative legislative majorities" brachte es Arturo Valenzuela treffend auf den Punkt (Valenzuela 1993: 5). Beides ist der Konsolidierung von Demokratien abträglich.

5.3 Die Präsidentialismusdebatte

Die Konsolidierungsprobleme vieler Demokratien Lateinamerikas führten zu einer politikwissenschaftlichen Debatte über die Frage, ob die vorherrschenden präsidentiellen Regierungssysteme die Chancen der Demokratiekonsolidierung negativ beeinflussen (Krumwiede 1997a: 86). Der Politikwissenschaftler Juan Linz vertrat die These vom Scheitern des präsidentiellen Systems (Linz 1994). Als ein institutionelles Problem des Präsidentialismus sieht er vor allem jene doppelte Legitimation an, die durch zwei zeitlich und personell getrennte Wahlen entsteht. Sowohl der Kongress als auch der Präsident könnten sich im Konfliktfall darauf berufen, demokratische Legitimation zu besitzen. Wenn die Partei des Präsidenten im Kongress der Opposition angehört, könne es, auch wenn die parteipolitischen Loyalitäten in der Regel weniger stärk ausgeprägt seien als in parlamentarischen Systemen, zu Blockaden im Entscheidungsprozess führen. Andererseits verfüge der Präsident durch den Oberbefehl über die Armee über Schlüsselkompetenzen und könne seine Macht ausbauen. Sein Kabinett werde von ihm selbst bestellt und sei somit loyal. Der einzige potentielle „Vetoplayer" (Tsebelis 2002) sei der Kongress, wenn die Gesetzesvorschläge des Präsidenten dort keine Unterstützung fänden. Wenn er jedoch durch die Mehrheit im Kongress unterstützt werde, könne der Präsident seine politische Agenda ohne weitere Hürden durchsetzen. Linz hält deshalb parlamentarische Systeme für besser geeignet, um den noch vorherrschenden Strukturproblemen in den Ländern Lateinamerikas entgegenzuwirken.

Ein weiteres Argument gegen das präsidentielle System ist, dass parlamentarische Regierungssysteme mit Verhältniswahl das Gebot der Inklusion und Effizienz angemessener als präsidentielle Systeme erfüllten (Merkel 1995: 6). Parlamentarische Regierungssysteme mit Verhältniswahlrecht hätten in der Regel mehr Parteien als präsidentielle Systeme mit Mehrheitswahlrecht. Dies ermögliche inklusivere und flexiblere Koalitionsbildungen in Gesellschaften, die eine komplexe ethnische, ökonomische und ideologische Konfliktstruktur aufweisen. Parlamentarische Regierungssysteme verfügten zudem in der Regel über stabilere Mehrheiten im Parlament. In präsidentiellen Systemen regiere der Präsident häufig mit Ad-hoc-Mehrheiten. Fehlten diese oft in bilateralen Verhandlungen „ertauschten" Mehrheiten, sei die Versuchung groß, mit präsidentiellen Dekreten am Rande der Verfassung zu regieren. Die enge wechselseitige Abhängigkeit von Legislative und Exekutive in parlamentarischen Systemen berge hingegen konstitutionelle Verfahrensweisen, um wechselseitige Entscheidungsblockaden aufzulösen, die die Gewaltenteiligkeit präsidentieller Systeme nicht bereithielten.

Einige Studien legten den Schluss nahe, dass parlamentarische Systeme auch in der Frage der demokratischen Stabilität dem Präsidentialismus überlegen seien: Von den stabilen Demokratien sei die Mehrzahl parlamentarisch (vgl. z.B. Stepan/Skach 1994). Parlamentarische Systeme brächen nach ihrer Etablierung weniger häufig zusammen und tendierten dazu „democratic overachievers" zu sein, während präsidentielle Systeme oft „democratic underachievers" seien (Stepan/Skach 1994; vgl. Shugart/Mainwaring 1997: 18 f.).

Die Kritik am präsidentiellen System blieb nicht unwidersprochen. Mainwaring und Shugart (Mainwaring/Shugart 1997) vertraten eine Position, die das präsidentielle System bei aller kritischer Distanz eher befürwortete. So werten sie z.B. die getrennten Wahlen von Präsident und Kongress als positiv. Bei der Wahl einer Person zum Präsidenten habe der Wähler eine klare Alternative zwischen den Kandidaten. Es gebe eine große Identifikationsmöglichkeit mit dem Präsidenten („identifiability"), der vom Wähler politisch direkt verantwortlich gemacht werden könne. Dies komme dem „Personalismo" Lateinamerikas entgegen. In präsidentiellen Systemen hätten Wähler außerdem häufiger die Möglichkeit, aktiv durch Wahlen am politischen Entscheidungsprozess mitzuwirken, nämlich im Schnitt alle zwei Jahre. Im parlamentarischen System habe der Wähler hingegen weniger Partizipationschancen (z.B. in Großbritannien nur alle sechs Jahre). Auch die Kompetenzausstattung lateinamerikanischer Präsidenten sehen Mainwaring/Shugart nicht generell als problematisch an: Eine mächtige Exekutive könne Stabilität erzeugen.

Viele vergleichende Studien zur Performanz parlamentarischer und präsidentieller Systeme berücksichtigen indessen zu wenig, dass die meisten präsidentiellen Systeme unter schwierigeren sozioökonomischen Bedingungen existieren als die parlamentarischen Demokratien Europas. Die Staaten Lateinamerikas sind fast alle von großer ethnischer Heterogenität, kultureller Fragmentierung und extremen sozialen Disparitäten geprägt. Die stabilen parlamentarischen Demokratien hingegen existieren in der Regel in reichen Ländern mit relativ ausgeglichener Einkommensverteilung und erheblicher ethnischer sowie kultureller Homogenität. Dies legt den Schluss nahe, dass es in den erfolgreichen parlamentarischen Systemen einen Startvorteil gegeben hat. Das präsidentielle System kommt hingegen als Regierungsform in Lateinamerika unter Bedingungen vor, die für jegliche Regierungsform schwierig erscheinen.

Der wissenschaftliche Vergleich präsidentieller und parlamentarischer Regierungssysteme fand in der politischen Praxis wenig Resonanz. Wie gezeigt, führten zwar eine ganze Reihe lateinamerikanischer Verfassungen parlamentarische Strukturelemente ein, bislang ist es jedoch in keinem Land der Region zu einem kompletten Systemwechsel von einem Präsidialsystem zu einem parlamentarischen System gekommen. Zwei Staaten Lateinamerikas – Argentinien und Peru – führten hingegen semipräsidentielle Strukturen nach dem Modell der Fünften Französischen Republik ein.

In Argentinien wurde mit der Verfassungsreform von 1994 nach dem Vorbild des französischen Premierministers das Amt des Kabinettschefs im Rang eines Ministers neu geschaffen. Der Kabinettschef wird vom Präsidenten ernannt, kann jedoch durch ein Misstrauensvotum mit absoluter Mehrheit in beiden argentinischen Kammern abgesetzt werden (Art. 100 und 101). Dem Präsidenten steht es zudem frei, ihn jederzeit zu entlassen. Die Regierungsführung bleibt ausdrücklich in den Händen des Präsidenten (Art. 99), während die Aufgaben und Kompetenzen des Kabinettschefs weitgehend von der Bereitschaft des Präsidenten zum Delegieren von Regierungsfunktionen abhängen. Die Reform konnte allerdings nicht verhindern, dass Präsidenten wie Menem zu fast diktatorischen Mitteln griffen, welche die mit der Verfassungsreform verbundenen Bemühungen zur Reduktion exekutiver Macht in ihr Gegenteil verkehrten. Ähnliches gilt für Peru; auch dort brachte die Einführung eines gegenüber dem Parlament verantwortlichen „Präsidenten des Ministerrats" durch die Verfassung von 1993 keine wesentlichen Fortschritte im Demokratisierungsprozess. Die Debatte um die beste Regierungsform für die Staaten Lateinamerikas geht damit weiter.

6   Funktionen und Stellung der Parlamente

Als Ort der Gesetzgebung, Kontrollinstanz gegenüber der Regierung und Zentrum der politischen Diskussion kommt dem Parlament in allen Demokratien der Amerikas eine wichtige Rolle im politischen Institutionengefüge zu. Nur neun Staaten – Costa Rica, Ecuador, El Salvador, Guatemala, Honduras, Nicaragua, Panama, Peru und Venezuela besitzen unikamerale Parlamente. Alle anderen Länder Lateinamerikas besitzen nach dem Vorbild der USA einen aus zwei Kammern bestehenden Kongress, der sich in der Regel aus einem Abgeordnetenhaus und einem Senat zusammensetzt. In den föderativen Systemen stellt der Senat die Vertretung der Einzelstaaten bzw. Provinzen dar.

Hinsichtlich der verfassungsrechtlich festgeschriebenen Kompetenzaufteilungen zwischen Regierung und Parlament gibt es in den Amerikas eine weite Spannbreite. Kanada besitzt als einziges Land ein parlamentarisches System, in dem das Unterhaus das Recht hat, die Regierung zu bestimmen. Das kanadische Parlament orientiert sich in der Struktur und der Arbeitsweise stark am britischen Vorbild. Der Premierminister ist nicht nur Regierungschef, sondern auch Mitglied des Parlaments und Vorsitzender seiner Partei. Dies erweitert und sichert seine ohnehin schon große Machtfülle.

Die verfassungsrechtlichen Kompetenzen und normativen politischen Funktionen der Parlamente in den präsidentiellen Regierungssystemen orientieren sich hingegen weitgehend am US-Kongress. Danach ist dem Präsidenten als Chef der Exekutive eine Mitgliedschaft im Kongress verfassungsrechtlich verboten. Eine parlamentarische Kreationsfunktion, d. h. ein Recht des Kongresses zur Bestellung der Regierung, fehlt. Statt dessen nehmen die Parlamente in präsidentiellen Systemen in erster Linie Legislativ-, Kontroll- und Kommunikationsfunktionen wahr. Die Reichweite dieser Funktionen differiert freilich in der Realität von Land zu Land erheblich. In den USA tagt mit dem Kongress eines der mächtigsten Parlamente der Welt in der nunmehr 110. kontinuierlichen Legislaturperiode. In Lateinamerika hingegen ist der Parlamentarismus meist von historischen Brüchen und einem Machtgefälle gegenüber der Exekutive gekennzeichnet. In den USA machen das Zwei-parteiensystem, eine funktionierende Parlamentsorganisation und -ausstattung und nicht zuletzt die hohe Professionalität und das Selbstbewusstsein der US-amerikanischen Kon-gressmitglieder den US-Kongress zu einem handlungsfähigen Gegenspieler des Präsidenten im System der „checks and balances". Für eine Reihe von lateinamerikanischen Parlamen-ten sind dagegen fragmentierte Parteilandschaften, Partikularismus, klientelistische Prakti-ken und Korruption charakteristisch. Das Fehlen allseits akzeptierter Kommunikationsme-chanismen zwischen den politischen Akteuren und unzureichende technische Kapazitäten wirken sich zusätzlich nachteilig auf die Arbeit lateinamerikanischer Parlamente aus. In einigen Ländern versuchen die Parlamente jedoch, u.a. über eine Reform der Geschäftsord-nungen und Stärkung der Beratungsdienste, ihre Wirkungsmöglichkeiten zu verbessern (Krumwiede/Nolte 2000).

Was die Kritik- und Kontrollkompetenzen betrifft, sind diese in Lateinamerika teilwei-se sehr stark ausgebaut, nicht selten sogar stärker als im US-amerikanischen Prototyp des präsidentiellen Systems. So können in einigen lateinamerikanischen Ländern zwar nicht die Präsidenten, aber Mitglieder der Exekutive (Minister) vom Parlament aus politischen Gründen einem Misstrauensvotum unterworfen oder sogar entlassen werden. Analog zum US-amerikanischen Vorbild gibt es in allen Ländern eine Form des „Impeachments", das den Präsidenten wegen schwerer krimineller oder verfassungsfeindlicher Verfehlungen aus dem Amt entfernen kann.

Umgekehrt ist in den meisten Ländern eine Auflösung des Parlaments durch den Prä-sidenten nicht möglich. Ausnahmen bilden hier Peru und Uruguay. In Peru kann der Präsi-dent das Parlament auflösen, wenn es zweimal den Rücktritt von Kabinettsmitgliedern verlangt hat und der Präsident trotzdem an ihnen festhält. Auch in Uruguay kann das Par-lament nach einem Misstrauensvotum aufgelöst werden, jedoch nur, wenn weniger als drei Fünftel aller Parlamentarier am Absetzungsbeschluss festhalten und der Präsident sich dem widersetzt.

Als auffälliges Merkmal vieler lateinamerikanischer Systeme gilt die zersplitterte Par-teienlandschaft und die seltene Bildung stabiler Koalitionen. Fraktions- und Parteibündnis-se werden häufig nur aus wahltaktischen Gründen ad hoc gebildet und sind dadurch meist kurzlebig. Durch willkürliche Koalitionsbildungen wird es mitunter auch Kandidaten von Minderheitsparteien ermöglicht, bei Präsidentschaftswahlen eine Mehrheit zu erringen. Zerbrechen diese Ad-hoc-Bündnisse, steht ein Präsident ohne parlamentarische Mehrheit da. Dies kann entweder zu gegenseitigen Blockaden oder auch (wie z.B. in Peru unter Fu-jimori) zu quasi-autoritären Aktionen des Präsidenten führen.

Trotz dieser Probleme bedarf die Klischeevorstellung, die lateinamerikanischen Präsi-denten seien allmächtig und regierten mit Dekreten an ohnmächtigen Parlamenten vorbei, einer Korrektur (Krumwiede/Nolte 2000). Obwohl sich das Zusammenspiel zwischen Prä-sident und Parlament in einigen Ländern Südamerikas als schwierig darstellt und es verein-zelt, etwa in Nicaragua, zu langwierigen „Deadlock"-Situationen kam, konnten die Regie-rungen meist auch dann ohne Blockaden regieren, wenn sie über keine Mehrheit im Parla-ment verfügten (Krennerich 2003). Die Mehrheit der lateinamerikanischen Präsidenten re-giert auch nicht permanent mittels Gesetzesdekreten am Parlament vorbei. Mit Recht sieht Detlef Nolte sogar in den Krisen einiger lateinamerikanischer Systeme, die in „failed presi-dencies" mündeten, einen positiven Aspekt. In der Vergangenheit führten nämlich Kon-fliktsituationen zwischen Präsident und Parlament häufig zu einer Intervention des Militärs zugunsten eines der Akteure bzw. gegen beide Verfassungsorgane. Dieses Interventionsrisiko ist im Verlauf der Demokratisierung deutlich zurückgegangen. „Durch die geringere Wahrscheinlichkeit einer Intervention des Militärs hat sich das Kräfteverhältnis zugunsten der Parlamente verschoben, die über mehr legale Möglichkeiten verfügen – z.B. über ein Amtsenthebungsverfahren – den Präsidenten abzusetzen" (Nolte 2005: 57). Die Regelung der präsidentiellen Nachfolge liegt dann meist in den Händen des Parlaments. Über die These, dass man darin bereits eine „Parlamentarisierung" der betroffenen lateinamerikanischen Systeme erkennen könne, lässt sich streiten. Immerhin lässt sich aber festhalten: Zwar ist die Gestaltungsmacht der lateinamerikanischen Parlamente, mit Ausnahme vielleicht Chiles und Uruguays, eher gering, doch nehmen diese – im Sinne der Gewaltenteilung – durchaus eine Kontrollfunktion wahr und sind politisch weniger ohnmächtig, als ihr schlechter Ruf unterstellt (Vgl. ausführlich Krumwiede/Nolte 2000).

7   Wahlen und die Demokratisierung des Wahlrechts

Sieht man vom Sonderfall Kuba ab, gilt heute überall in den Amerikas ein allgemeines Wahlrecht. In fast allen Staaten der Region wird regelmäßig und häufig gewählt, was durchaus als ein Indikator für die Ausbreitung der Demokratie gedeutet werden muss. Die Ausbreitung des allgemeinen Wahlrechts war freilich überall ein langer und komplexer Prozess, der in allen Staaten von zeitweisen Rückschlägen geprägt war und bis in die Gegenwart mit Defiziten behaftet ist.

In den englischen Kolonien Nordamerikas hatten Wahlen schon vor der Revolution und der Gründung der USA eine zentrale Rolle gespielt. Wie im Mutterland existierte in den Kolonien bereits im 17. Jahrhundert ein funktionierendes parlamentarisches Repräsentationssystem, das von den Inhabern öffentlicher Ämter und ihren Wählern zwar einen Mindestgrundbesitz verlangte, aber sowohl von der kolonialen Bürgerschaft als auch von der Krone als legitime politische Interessenvertretung akzeptiert wurde. Der Streit über die Repräsentationsrechte der Kolonisten war es letztendlich auch, der 1776 zum Bruch mit England führte. Die englische Parlamenttradition, die von den nun unabhängigen 13 Einzelstaaten fortgeführt wurde, bahnte in Verbindung mit den aufgeklärten politischen Ideen der Gründerelite einer Verfassungskonstruktion den Weg, die ihre Legitimität ebenfalls auf Wahlen stützte. Die Verfassung von 1787 setzte jedoch der Volkssouveränität – zumindest vom heutigen Standpunkt aus betrachtet – enge Schranken. Diese Schranken, die sich z.B. in einer indirekten Wahl des Präsidenten und des Senats manifestierten, waren Ausdruck der Furcht der politischen Eliten vor unkontrollierter Mehrheitsherrschaft und Populismus. Ursprünglich wurden lediglich die Abgeordneten des Repräsentantenhauses in unmittelbarer Wahl gewählt. Die Ausgestaltung des Wahlrechts selbst überließ die US-Constitution (Art. 1 sec. 2) der Gesetzgebungshoheit der Einzelstaaten, was in der Folge zu einer starken Fragmentierung führte. In den meisten Staaten war das Wahlrecht zunächst an bestimmte ökonomische Bedingungen, z.B. Eigentum und Grundbesitz oder Steuerzensus, gebunden. Die indigene Bevölkerung war ebenso vom Wahlrecht ausgeschlossen wie die afrikanischen Sklaven und die Frauen.

Substanzielle Veränderungen der ursprünglichen Ausgestaltung des US-amerikanischen Wahlrechts im Sinne einer stufenweisen Entwicklung zum allgemeinen Wahlrecht wurden dann seit den 1830er Jahren mit dem Beginn der „Jacksonian Revolution" vorgenommen. Auslöser waren meist Ergänzungen der Bundesverfassung, denen zuweilen Entscheidungen des Supreme Courts vorausgingen. Ende der 1850er Jahre galt bereits weitgehend das allgemeine Wahlrecht für weiße Männer. Im Gefolge des Sezessionskriegs erwarb die afroamerikanische Bevölkerung das Wahlrecht (14. und 15. Amendments). Mit dem 17. Verfassungszusatz wurde 1913 die Volkswahl des Senats festgeschrieben und mit den 19. im Jahr 1920 das Frauenwahlrecht verankert. 1924 erhielten die Indigenen durch den „Indian Citizenship Act" das Bürger- und damit auch das Wahlrecht. Durch den 24. Verfassungszusatz (1964) und eine Reihe von Bürgerrechtsgesetzen, z.B. dem „Voting Rights Act" von 1965, konnten Diskriminierungen der afroamerikanischen Bürger erheblich reduziert werden. Heute werden in keinem anderen Land der Welt mehr Amtsträger und Repräsentanten durch Wahlen bestimmt als in den USA. Schätzungen gehen davon aus, dass die US-Bürger rund 525000 öffentliche Ämter durch Wahlen besetzen. In der Regel gilt das relative Mehrheitswahlrecht („first-past-the-post"). Es gibt keine automatische Wählerregistrierung, und die Wahlbeteiligung ist, im internationalen Vergleich betrachtet, ziemlich niedrig. Bei den Präsidentschaftswahlen liegt sie im Schnitt bei 50 Prozent.

Das Wahlsystem ist eine der wenigen politischen Institutionen, die in den USA und Kanada identisch sind. Auch in Kanada gilt auf Bundesebene das relative Mehrheitswahlrecht (in Einerwahlkreisen). Gemeinsam ist beiden Ländern gemäß der angelsächsischen Tradition auch, das die Wahl vorwiegend als individuelles Recht verstanden wird. Von daher ist die Teilnahme an Wahlen sowohl in Kanada als auch in den USA freiwillig. In Lateinamerika hingegen wird das Wählen als bürgerliche Pflicht betrachtet und von den meisten Verfassungen als obligatorisch vorgeschrieben.

In den iberischen Reichen gab es im Gegensatz zu den englischen Besitzungen in Nordamerika keine ausgeprägte koloniale Tradition politischer Partizipation und Repräsentation, die über die Wahl zu Korporationen wie z.B. den Gilden oder zum Stadtrat hinausgegangen wäre. Wie im Vorlauf zur nordamerikanischen Revolution wurde auch in Hispanoamerika der Streit über die Repräsentation der Kolonien zum Schlüsselelement für den Bruch mit dem Mutterland. Zu Beginn der Unabhängigkeitsbewegungen stand die Aufforderung zur allgemeinen Wahl der Abgeordneten zur antinapoleonischen Junta Central in Spanien, die das Machtvakuum angesichts der Absetzung des Königs durch die französischen Invasoren füllen wollte. Wie die neuere Forschung gezeigt hat, ergab sich mit diesem Wahlaufruf eine bis dahin nicht da gewesene politische Mobilisierung in ganz Hispanoamerika. Zum zentralen Streitpunkt zwischen Amerika- und Europa-Spaniern wurde die Frage der Abgeordnetenzahl zur 1809 einberufenen Ständeversammlung, den Cortes Generales von Cádiz. Die Verfassung von Cádiz (1812) setzte dann mit ihren liberalen Bestimmungen eines Wahlrechts frei von Zensus- und Altersbeschränkungen eine wichtige Präzedenz. Sehr bald nach der Unabhängigkeit zogen die jungen lateinamerikanischen Republiken mit einem Wahlrecht für alle Staatsbürger (ciudadanos) nach. Im Gegensatz zu den Vereinigten Staaten hatte das Wahlrecht in Lateinamerika also einen revolutionären Ursprung. Im Einzelnen unterschieden sich die Wahlrechtsbestimmungen von Staat zu Staat, ja teilweise von Region zu Region. So schloss man Frauen aus, führte wie in Europa in zahlreichen Staaten Besitzkriterien ein und band das Wahlrecht an Lese- und Schreibkenntnisse. Aufgrund dieser Bestimmungen konnte insbesondere ein Großteil der indigenen Bevölkerung und der weiteren Unterschichten nicht am demokratischen Prozess teilhaben. Dennoch stieg die politische Partizipation bereits im Lauf des 19. Jahrhunderts kontinuierlich. Trotz der konstitutionellen Instabilität wurden Wahlen auf allen Ebenen regelmäßig durchgeführt. Ge-

waltanwendung spielte bei Regierungswechseln eine zentrale Rolle und in manchen Fällen
wie z.B. in Kolumbien musste das Militär die Rolle eines schlichtenden Schiedsrichters bei
Wahlen übernehmen. Jedoch kam es in einigen Ländern wie z.B. Argentinien und Brasilien
gegen Ende des Jahrhunderts zunehmend zu friedlichen Regierungswechseln. Damit einher
ging die steigende Bedeutung der Wahlkämpfe, die in der wachsenden und sich rasch modernisierenden Presse dokumentiert und kommentiert wurden.

Im 20. Jahrhundert ergab sich eine schrittweise Demokratisierung des Wahlrechts, die
sich in zwei Phasen einteilen lässt: Zwischen 1910 und 1930 wurde zunächst das Wahlrecht
für Männer entscheidend erweitert, was den Aufstieg der Mittelschichten widerspiegelte.
Waren um 1900 nur rund 2-3% der Bevölkerung wahlberechtigt, so konnten gegen Ende
dieses Zeitraums bereits rund 15% an den Urnengängen teilnehmen (Werz 2005: 320). Die
zweite Phase umfasste den Zeitraum von 1940 bis 1960. In diesen Jahren stieg der Anteil
der Wahlberechtigten durch die flächendeckende Einführung des Frauenwahlrechts sowie
die Abschaffung noch bestehender Einschränkungen und die Herabsetzung des Wahlalters
weiter. Was die Wahlbeteiligung betrifft, so ergab sich bis ca. 1960 ein relativ gleichmäßi-
ger Anstieg, der dann durch die Militärdiktaturen noch einmal abgebrochen wurde. Nach
der Rückkehr zur Demokratie kam es zunächst zu einer starken Mobilisierung der Bevölkerung bei den Wahlen. Seitdem ist jedoch aufgrund der andauernden Krisen vielerorts Er-
nüchterung eingekehrt und die Zahl der Wähler ist nicht zuletzt unter den jüngeren Alters-
gruppen wieder leicht rückläufig.

Die Wahlsysteme Lateinamerikas unterscheiden sich zum Teil erheblich von einander,
jedoch lassen sich einige Gemeinsamkeiten erkennen. In den meisten Fällen gilt das Verhältniswahlrecht, das über starre Kandidatenlisten ausgeübt wird, die zumeist vom Parteiführer (und Präsidentschaftskandidaten) stark beeinflusst werden. Innerhalb des Verhält-
niswahlsystems gibt es einige Varianten; Uruguay hat ein reines Verhältniswahlrecht, meistens wird jedoch die Verhältniswahl in Mehrpersonenwahlkreisen praktiziert (Nohlen
2005). Von diesem in der Region traditionellen Wahlsystemtyp sind in den 1990er Jahren
verschiedene Länder abgewichen. Bolivien und Venezuela führten die personalisierte Verhältniswahl (mit Wahlkreisen) ein, in Chile wurde noch unter dem Militärregime das Zwei-
erwahlkreissystem („sistema binominal") errichtet. Mexiko, das einzige lateinamerikanische Land, das den früheren Wechsel von der relativen Mehrheitswahl zur Verhältniswahl
nicht mitgemacht hatte, ging seit Ende der 1970er Jahre langsam mittels steter Wahlrefor-
men zu einem segmentierten Wahlsystem über.

Das Verhältniswahlrecht hat den Vorteil, dass es die verschiedenen sozialen Gruppen
und Interessen optimal im Parlament repräsentiert. Dies ermöglicht inklusivere politische
Institutionen in Gesellschaften, die eine komplexe ethnische, ökonomische und ideologische Konfliktstruktur aufweisen. Insofern hat das Verhältniswahlrecht gerade in Lateinamerika seine Berechtigung. Andererseits führt das Verhältniswahlrecht regelmäßig zu Mehr-
oder gar fragmentierten Vielparteiensystemen, was eine Mehrheitsbildung im Parlament
erschwert. Dies stellt vor allem in präsidentiellen Systemen ein zentrales Problem dar. Ein
Mehrheitswahlrecht hingegen begünstigt Zwei-Parteien-Systeme, die, wie das Beispiel der
USA zeigt, eine bessere Basis für eine stabile Präsidialdemokratie darstellen. Auch Chiles
politische Stabilität, die ihr Pendant in der Stabilität der Parteienlandschaft findet, verweist
auf die Vorteile des Mehrheitswahlrechts.

Tabelle 3:   Wahlsysteme für die Wahl der Abgeordnetenhäuser in den Amerikas

Relative Mehrheitswahl	Binominales System	Segmentiertes Wahlsystem	Personalisierte Verhältniswahl	Verhältniswahl in Mehrpersonenwahlkreisen	Reine Verhältniswahl
Kanada USA	Chile	Mexiko	Bolivien Venezuela	Argentinien Brasilien Costa Rica Dominikanische Republik Ecuador El Salvador Guatemala Honduras Kolumbien Panama Paraguay	Nicaragua Peru Uruguay

Quelle: Nohlen 2005

Der Präsident wird in Lateinamerika direkt vom Volk – zumeist nach dem Prinzip der absoluten Mehrheit – gewählt, wobei eine direkte Wiederwahl in den meisten Fällen ausgeschlossen ist. Angesichts der dominanten Rolle des Präsidenten im politischen System sind die Wahlkämpfe entsprechend personalisiert und werden heute vor allem als Medienspektakel inszeniert. Nicht immer waren Wahlen im Lateinamerika des 20. Jahrhunderts kompetitiv und konnten rechtsstaatlichen Standards standhalten. So haben z.B. einige Diktatoren regelmäßig Wahlen abhalten lassen. Wahlfälschungen gaben wiederholt Anlass zu bewaffneten Auseinandersetzungen. Bereits in den 1920er-Jahren und dann wieder im Zuge der Redemokratisierung gegen Ende des 20. Jahrhunderts ist man daher in vielen Staaten zur Einführung von unabhängigen Wahlgerichten übergegangen, denen die Überwachung des Wahlablaufs übertragen wird.

8   Direktdemokratische Verfahren

In den USA haben direktdemokratische Verfahren auf lokaler und einzelstaatlicher Ebene eine lange Tradition. In der Neu-Englandregion gibt es seit dem 18. Jahrhundert das „town meeting", in dem die Bewohner einer Gemeinde einmal jährlich über bestimmte Sachfragen entscheiden. Im 19. Jahrhundert führten einige US-Bundesstaaten wie Kalifornien und Oregon nach dem Vorbild der Schweiz direktdemokratische Verfahren auf Staatsebene ein. Heute spielen plebiszitäre Entscheidungen in der Mehrzahl der Einzelstaaten eine große Rolle. Auf der Ebene des Bundes sind direktdemokratische Verfahren in den USA hingegen von der Verfassung nicht zugelassen.

Kanada erlaubt Volksentscheide auf allen Regierungsebenen, auf der Ebene des Zentralstaats gibt es jedoch lediglich die Möglichkeit eines Verfassungsreferendum das bislang dreimal durchgeführt wurde. Der zuletzt durchgeführte Volksentscheid, das Referendum von 1992 über den „Charlottetown Acccord", einem Konzept zur Stärkung der Provinzen und zur Schaffung eines Sonderstatus für Québec, wurde von 54 Prozent der Kanadier abgelehnt.

Lateinamerika hat zwar keine lange Geschichte direkter plebiszitärer Beteiligung. Nur wenige Länder, wie z.B. Uruguay, das 1934 die Möglichkeit von Volksentscheiden einführte, verfügen über eine längere direktdemokratische Praxis. Dafür erlangten plebiszitäre

Verfahren bei der Wiedereinführung der Demokratie in vielen Ländern jedoch eine große Bedeutung. Fast alle Länder, die ihre Verfassungen seit den 1990ern Jahren neu schufen oder reformierten, führten Elemente direkter Demokratie ein: Argentinien (1994), Bolivien (2004), Costa Rica (2002), Ecuador (1998), Honduras (2004), Kolumbien (1991), Paraguay (1992), Peru (1993) und Venezuela (1999). Der Hauptgrund für diese Innovation liegt einerseits in der Krise des Repräsentationsprinzips im allgemeinen sowie des Parteiensystems im besonderen (Nohlen 2005: 49). Aufgrund eines fast überall zu beobachtenden Vertrauensverlusts in die politischen Eliten stoßen in vielen Ländern Lateinamerikas die Entscheidungen repräsentativer Organe auf geringe Akzeptanz. Andererseits sind mit direktdemokratischen Verfahren auch die Hoffnungen zivilgesellschaftlicher Akteure auf eine größere Einwirkung im politischen Prozess verbunden.

Ein Blick auf Tabelle 4 zeigt, dass mit Ausnahme Mexikos inzwischen alle lateinamerikanischen Länder Formen direktdemokratischer Entscheidung kennen. Dazu gehört in erster Linie der Volksentscheid (Referendum), in dem die stimmberechtigten Bürger über eine Verfassungs- oder Gesetzesänderung abstimmen können. Es entscheidet hierbei die einfache oder eine qualifizierte Mehrheit über Annahme oder Ablehnung des Gesetzentwurfs. Etwas seltener ist die Möglichkeit der Volksinitiative, mittels derer das Volk unmittelbar auf die Einführung, Aufhebung oder Änderung eines Gesetzes oder – in Einzelfällen – der Verfassung hinwirken kann. Nur wenige Länder ermöglichen schließlich einen sogenannten „Recall". Ein Recall ist das Recht eines bestimmten Quorums von Stimmbürgern, einen Urnenentscheid über die vorzeitige Abberufung eines gewählten Amtsträgers herbeizuführen. In Kolumbien, Nicaragua und Venezuela sind solche Recalls auf der gesamtstaatlichen Ebene möglich. Alle anderen Staaten Amerikas kennen dieses Mittel direkter Partizipation nicht (allerdings gibt es Recall-Verfahren in 18 Bundesstaaten der USA sowie in der kanadischen Provinz British Columbia). Im Jahre 2004 kam es in Venezuela zum weltweit ersten Versuch, einen Staatschef durch das Volk vorzeitig abwählen zu lassen. Der Recall gegen den amtierenden Präsidenten Hugo Chávez verfehlte mit 41% der abgegebenen Stimmen jedoch eine Mehrheit.

Die Praxis direktdemokratischer Verfahren ist ambivalent zu bewerten. Einerseits werden durch plebiszitäre Elemente ohne Zweifel die Beteiligungschancen der Bürgerschaft erhöht. Dies kann zu einer Verstärkung des öffentlichen politischen Diskurses, zur Stärkung zivilgesellschaftlichen Engagements und auch zu größerer Akzeptanz politischer Entscheidungen führen. Gerade bei der Konsolidierung von Demokratien sind diese Aspekte von großer Bedeutung. Auf der anderen Seite besteht die Gefahr, dass direktdemokratische Verfahren zu Zwecken missbraucht werden, die eigentlich nicht Gegenstand der Abstimmung sind. So werden Referenden in Lateinamerika manchmal nicht so sehr als Entscheidungsinstrument über konkrete Politikvorhaben genutzt, sondern eher um eine generelle Unzufriedenheit mit der Regierung auszudrücken. Umgekehrt nutzen manche Präsidenten das Mittel des Referendums, um ihre schwache Legitimationsbasis zu verstärken oder um durch eine Polarisierung der Öffentlichkeit Druck auf andere politische Organe auszuüben.

Tabelle 4:   Direktdemokratische Verfahren in den Amerikas

Land	Volksinitiative	Volksentscheid	Recall
Argentinien	X	X	-
Bolivien	X	X	-
Brasilien	X	X	-
Chile	-	X	-
Costa Rica	X	X	-
Dominikanische Republik	-	-	-
Ecuador	X	X	-
El Salvador	X	X	-
Guatemala	X	X	-
Honduras	-	X	-
Kanada	-	X	-
Kolumbien	X	X	X
Mexiko	-	-	-
Nicaragua	X	X	X
Panama	-	X	-
Paraguay	X	X	-
Peru	X	X	-
Urugua	X	X	-
USA	-	-	-
Venezuela	X	X	X

Quelle: Zovatto 2005 und eigene Studien.

Hinzu kommt, dass in vielen Fällen direktdemokratische Verfahren unter sehr geringen Beteiligungsquoten leiden. Als der kolumbianische Präsident Alvaro Uribe im Oktober 2003 seinem Volk im ersten Referendum seit einem halben Jahrhundert insgesamt fünfzehn Vorschläge zu politischen und wirtschaftlichen Reformen vorlegte, erreichte keiner der zur Abstimmung stehenden Punkte das erforderliche Quorum von einem Viertel der Stimmen aller Wahlberechtigten. Mangelnde Beteiligung ist freilich nicht nur ein lateinamerikanisches Problem. Auch Referenden in den US-Bundesstaaten haben mit diesem Problem zu kämpfen, weswegen dort die Abstimmungen meist auf den Tag einer Wahl von allgemeinerem Interesse gelegt werden.

9   Rechtssystem und Gerichtsbarkeit

Das Rechtsstaatsprinzip gilt formal als konstitutives Element aller Demokratien in den Amerikas. Alle Staaten der Region besitzen schriftliche Verfassungen mit Grundrechtskatalogen sowie ein ausgebautes Gerichtswesen. Allerdings kann man in kaum einem lateinamerikanischen Staat von einem funktionstüchtigen Rechtsstaat und einem uneingeschränkten Herrschaftsmonopol in den Händen demokratischer Herrschaftsträger sprechen. Nicht nur die Reichweite der Rechtssicherheit, sondern auch die Rechtstraditionen, die Strukturen der Gerichtsbarkeit und der Rechtssysteme unterscheiden sich zum Teil erheblich.

Die USA und Kanada[4] folgen der angelsächsischen Tradition des Gewohnheitsrechts (common law), das keine an der Systematik des römischen Rechts orientierten Gesetzes- und Rechtskodifikationen kennt, sondern aus früheren Gerichtsentscheidungen (Präzedenzfällen) aktuelles Recht herleitet. Trotzdem ist heute in beiden Ländern sowohl das bundesstaatliche als auch das einzelstaatliche Recht größtenteils kodifiziert.

Die Rechtssysteme Lateinamerikas fußen hingegen im Wesentlichen auf kodifizierten Rechtnormen in der Tradition des Code Napoléon. Haiti führte bereits 1825 ein Bürgerliches Gesetzbuch ein, das faktisch eine Kopie des französischen Originals war. Ähnlich gingen die Länder Bolivien (1830), Costa Rica (1841) und die Dominikanische Republik (1845) vor. Peru entwarf 1852 einen eigenen Code Civile, der keine bloße Kopie des französischen war, sondern von eigenständiger Substanz auf der Basis spanisch-kastilischen Rechts war. Auch Chiles „Código Civil" von 1855 stellte einen originellen Neuentwurf dar. Der Schöpfer des Textes, Andrés Bello, orientierte sich vielfach am Code Napoléon, in einigen Rechtsgebieten, z.B. dem Eigentumsrecht, stützte er sich jedoch fast ausschließlich auf römisches Recht. Chiles Rechtskodex war wiederum Vorbild für eine Reihe anderer Gesetzbücher in Lateinamerika (z.B. Ecuador 1858, El Salvador 1859, Nicaragua 1867, Kolumbien 1887). Aufgrund dieser gemeinsamen Wurzeln ist das lateinamerikanische Recht bis heute von großer Homogenität. Darüber hinaus soll die im Jahr 2004 gegründete „Comunidad Sudamericana de Naciones", der alle Länder der Region beigetreten sind, nach dem Vorbild der Europäischen Union auf eine weitere Vereinheitlichung der Rechtssysteme und die Etablierung supranationalen Rechts hinwirken.

Im Zuge politischer Reformen nach dem Ende der Militärregime und stärkerer internationaler Kooperation im Bereich der Justiz- und Verfassungsrechtsreformen knüpfen die Reformstaaten Lateinamerikas seit den 1980er Jahren zunehmend an die kontinentaleuropäische Verfassungsrechtstradition an. Im Bereich der Organisation der Obersten Gerichtsbarkeit hatte lange Zeit der Supreme Court der USA, dem seit dem berühmten Urteil „Marbury v. Madison" von 1803 die Kontrolle der Verfassung obliegt, eine Vorbildfunktion in Lateinamerika. Inzwischen orientieren sich viele Staaten jedoch an kontinentaleuropäischen Modellen, die eine eigenständige Verfassungsgerichtsbarkeit vorsehen. So wurden seit 1985 in sechs Ländern Lateinamerikas spezialisierte Verfassungsgerichte eingeführt, unter anderem in Chile, Peru und in Bolivien. In fünf weiteren Ländern wurden im gleichen Zeitraum innerhalb bestehender Oberster Gerichte eigene Senate eingerichtet, die sich ausschließlich mit Prüfungen von Verfassungsmäßigkeit befassen. Nur sechs Länder – darunter Mexiko, Argentinien und Brasilien – behielten ihren traditionellen „Corte Suprema" bei.

Nicht allen der neuen Verfassungsgerichtsorgane wurden freilich konsequent die Kompetenzen zugeordnet, die für eine Verfassungskontrolle nach kontinentaleuropäischem Muster zu erwarten wären. So hat Paraguay für Verfassungsstreitigkeiten eigens einen exklusiv zuständigen Verfassungssenat eingeführt, aber seinen Verfassungswidrigkeitserklärungen Wirkung nur für einen speziellen Fall, nicht jedoch für die zugrunde liegenden Gesetze, zugebilligt. Hintergrund dieser Regelung war wohl vor allem die Angst, eine zu mächtige Gegengewalt zum Parlament zu errichten. Problematisch ist darüber hinaus, dass in vielen Ländern Lateinamerikas nicht nur das Verfassungsgericht Fälle auf Verfassungs-

---

[4] Lediglich Quebec besitzt mit dem „Civil Code of Quebec" ein Bürgerliches Gesetzbuch nach dem Vorbild des Code Napoléon.

mäßigkeit prüfen darf. Dies steht auch erstinstanzlichen Gerichten zu, deren fachliche Kompetenz für diese Aufgabe oft unzulänglich ist. In einigen lateinamerikanischen Ländern haben sich die Verfassungsgerichte trotz nicht ausbleibender Konflikte mit den anderen Verfassungsorganen konsolidiert und genießen ein hohes Ansehen, so z.B. in Kolumbien, Costa Rica oder Chile. In anderen Ländern hingegen ist ihre Unabhängigkeit wieder akut gefährdet oder bereits nicht mehr vorhanden, wie im Falle des Obersten Gerichtshofs von Venezuela.

Zudem wichen und weichen die Normen oft von der Realität ab, sind die Defizite der Rechtsstaatlichkeit unverkennbar. In Lateinamerika waren im 19. Jahrhundert trotz der verfassungsmäßigen Garantien der Bürgerrechte z.B. willkürliche Verhaftungen an der Tagesordnung. Ein Rechtsschutz des Bürgers gegen Übergriffe des Staates war kaum vorhanden. Da die Richter in der Regel von den Regierenden ernannt und im Falle ungenehmer Urteile eingeschüchtert wurden, konnte von einer Unabhängigkeit der Justiz nicht die Rede sein. Die Versuche einiger Staaten, die Autonomie des Obersten Gerichtshofs nach dem Vorbild der Vereinigten Staaten zu garantieren, schlugen letztlich fehl, weil sich die Judikative nicht aus dem Schatten der Exekutive lösen konnte. Eine unabhängige richterliche Überprüfung legislativer und exekutiver Maßnahmen ließ sich daher nicht durchsetzen, was sich nicht zuletzt während der Militärdiktaturen als äußerst problematisch erwies. Seit der Rückkehr zur Demokratie in den 1980er- Jahren ist man vielerorts darum bemüht, rechtsstaatliche Reformen zu implementieren. Dazu gehören etwa die Abschaffung militärischer Sondergerichtsbarkeit, die Schaffung von Menschenrechtsbeauftragten sowie die Reform des Verfahrensrechts. Doch auch in der Gegenwart hat sich die klassische liberale Vorstellung vom Schutz des Individuums gegen staatliche Willkür nur langsam durchgesetzt, bleibt insbesondere auch die Korruption des Staatspersonals selbst ein ungelöstes Problem.

Parallel zur fehlenden Rechtssicherheit auf der Makroebene ist die Unsicherheit ein steter Begleiter im Alltagsleben breiter Bevölkerungsschichten in Lateinamerika, die sich sowohl auf dem Land sowie in den stetig wachsenden Megastädten Gewalt und Kriminalität ausgesetzt sehen. Auch dieser Zustand hat eine lange historische Dimension. Zum einen gab es in Lateinamerika traditionell große staatsferne Räume im Hinterland, in denen das Faustrecht dominierte und lokale Caudillos auf der Basis eigener Normordnungen herrschten. Diese Räume haben im Lauf der Zeit expandiert und sich in die Städte hinein verschoben. Zum anderen gibt es eine bis in die Kolonialzeit zurückreichende Tradition des „passiven Widerstands" gegen obrigkeitliche Anordnungen durch Kenntnisnahme bei gleichzeitiger Nichtbeachtung. Daher haben sich in weiten Teilen Lateinamerikas Ersatzmechanismen informeller Art herausgebildet, die den Menschen einen gewissen Halt geben. D.h., dass man es hier nur scheinbar mit rechtsfreien Räumen zu tun hat, die aber durch gewohnheitsrechtliche, auf breiter sozialer Akzeptanz beruhende Regeln gefüllt werden. Der Schutz und die Sicherheit, die der Staat und seine Institutionen und Bediensteten nicht bieten können und, was den Gleichheitsgrundsatz betrifft, vor allem den unterprivilegierten Schichten auch nicht bieten wollen, werden etwa im Kontext von Nachbarschaft, Familie und Freundeskreis oder in klientelistischen Beziehungen gesucht und gefunden. Da der Staat weiterhin bestimmte Regeln aufstellt, diese aber nicht geltend machen und durchsetzen kann, werden sie häufig missachtet, wodurch die staatliche Souveränität weiter ausgehöhlt wird. Die Durchsetzungsschwäche vieler – nicht aller – lateinamerikanischer Staaten ist nicht zuletzt auf das fehlende Gewaltmonopol zurückzuführen. Wie auch in den USA ist es in Lateinamerika vielerorts nicht gelungen, die Bürger zu „entwaffnen" und zum Verzicht auf gewaltsame Selbstjustiz zu bewegen. Ein großes Problem ist ferner, dass in vielen Staaten Staatsbedienstete häufig selbst in kriminelle Machenschaften vor allem in Korruptionsdelikte verwickelt sind. So bleibt die defizitäre Rechtsstaatlichkeit das größte Manko der Demokratieentwicklung in Lateinamerika.

10 Parteien und Konfliktlinien

Wie alle repräsentativen Demokratien der Moderne sind auch die politischen Systeme in den Amerikas stark von politischen Parteien geprägt. Die Politikwissenschaft hat fünf zentrale Funktionen herausgearbeitet, welche die Parteien erfüllen sollen: Parteien wählen Personen aus und präsentieren sie bei Wahlen zur Besetzung politischer Ämter (Rekrutierungsfunktion), sie formulieren öffentliche Erwartungen und Forderungen gesellschaftlicher Gruppen und Kräfte an das politische System (Interessenfunktion), Parteien integrieren unterschiedliche Interessen in ein politisches Programm, für das sie um Zustimmung und um Mehrheit werben (Programmfunktion) und sie ermöglichen politische Beteiligung von einzelnen und Gruppen mit Aussicht auf Erfolg (Partizipationsfunktion). Indem Parteien die Verbindung herstellen zwischen Bürgern, gesellschaftlichen Gruppen und dem politischen System, tragen sie schließlich zur Verankerung der politischen Ordnung im Bewusstsein der Bürger und bei den gesellschaftlichen Kräften bei (Legitimationsfunktion). Die real existierenden politischen Parteien (oder Parteiensysteme) erfüllen diese Systemfunktionen allerdings nicht im gleichen Umfang. Im Unterschied zu den parlamentarischen Demokratien zeichnen sich die Parteiensysteme präsidentieller Demokratien durch eine stärkere Betonung der Rekrutierungsfunktion aus, was sich insbesondere bei der Wahl des Präsidenten manifestiert.

Die USA gelten als Geburtsstätte moderner Parteien (Wasser/Eilfort 2004: 319), obwohl die Verfassung von 1787 nach dem Willen ihrer Schöpfer ein erkennbares Antiparteiensentiment aufwies – von Richard Hofstadter pointiert als „Constitution against Parties" charakterisiert (Hofstadter 1969: 40 ff.). Die Federalists, die aus Misstrauen gegen die Urteilsfähigkeit des Volkes für ein striktes Repräsentationssystem eintraten, standen politischen Parteien äußerst skeptisch gegenüber. Die Antifederalists vertraten demgegenüber einen radikaleren Republikanismus und befürworteten unter den Vorzeichen lokaler Selbstregierung eine stärkere politische Beteiligung des Volkes. Politische Parteien sahen sie als das praktikabelste Mittel gegen die Zersetzung des Vertrauens zwischen Regierenden und Regierten an. Im Zuge dieser Auseinandersetzung begann sich das Zweiparteiensystem der USA zu etablieren, dessen Grundzüge sich bis heute erhalten haben.

Weltanschauliche oder ständische Konstitutionsprinzipien spielten in den USA bei der Formierung der Parteien kaum eine Rolle. Die Überwindung extremer sozialer und ökonomischer Privilegien machte im weiteren Verlauf der Verfassungsgeschichte auch die Bildung von Parteien mit emanzipatorischem Charakter (z.B. Arbeiterparteien) faktisch überflüssig. Dies ist ein entscheidender Unterschied zur Parteienentwicklung Lateinamerikas. Das weitgehende Fehlen religiöser und soziokultureller Konfliktlinien (cleavages) begünstigte stattdessen in den USA die Herausbildung eines Zweiparteiensystems, dessen Pole nicht allzu weit voneinander entfernt sind. Zwar haben die beiden großen US-amerikanischen Parteien im Laufe der Geschichte der USA jeweils unterschiedliche historische Mythen und damit verbundene programmatische Schwerpunkte entwickelt, tiefe ideologische

Gräben trennen Republikaner und Demokraten jedoch nicht. Mehrmals vollzogen sich zudem Machtverschiebungen (realignments) im etablierten Parteiengefüge, wenn etwa neue Streitfragen zu sozialen Spannungen führten und in der Folge traditionelle Parteiprogramme und -gefolgschaften veränderten. Dies galt etwa für den Konflikt um die Sklavenfrage, aus dem in den 1860er Jahren die Republikanische Partei als dominierende Kraft hervorging. Ende der 1920er Jahre verursachte die große Wirtschaftskrise ein neues *realignment*, als der demokratische Präsidentschaftskandidat Franklin D. Roosevelt für eine aktivere Rolle des Staates in der Wirtschaft eintrat und mit der New-Deal-Coalition jahrzehntelang die Demokraten eine mehrheitsfähige Machtbasis erlangten. Ob danach die Vorherrschaft der Demokraten von einer Dominanz der Republikaner abgelöst wurde (erneutes realignment) oder eine generelle Auflösung traditioneller Parteibindungen stattgefunden hat (dealignment), ist unter Politikwissenschaftlern umstritten.

Trotz dieser Veränderungen sind die Parteistrukturen von Demokraten und Republikanern dezentral und föderalistisch geblieben. Obwohl sich in den letzten Jahren einige Tendenzen zu einer gewissen Stärkung der nationalen Parteienstrukturen erkennen lassen (erkennbar u.a. an der Zunahme der „party votes" im US-Kongress), ist die programmatische und ideologische Rolle der Parteien auf Bundesebene vergleichsweise schwach. Wie in vielen anderen Demokratien geht auch in den USA die Parteibindung der Wähler tendenziell zurück. In diesem Punkt besteht eine Parallele mit den Parteiensystemen Lateinamerikas, die freilich zum Teil von noch größerer Volatilität geprägt sind.

In Kanada entwickelte sich, begünstigt durch das relative Mehrheitswahlrecht, nach 1867 zunächst ebenfalls ein Zweiparteiensystem. Von 1867 bis 1921 waren nur die *Liberal Party* und die *Conservative Party* im Unterhaus vertreten. Erst im Zuge der Herausbildung von starken regionalen Interessen insbesondere in Folge der Weltwirtschaftskrise zu Beginn des 20. Jahrhunderts gelang es Drittparteien, auf Bundesebene Sitze im Parlament zu gewinnen. Nach dem Zusammenschluss der konservativen Parteien bildet sich derzeit ein „Zwei-plus-Zwei" Parteiensystem auf Bundesebene heraus.

Einige Autoren sind der Ansicht, dass das Zweiparteiensystem der USA positive Auswirkungen auf die Stabilität des präsidentiellen Regierungssystems gehabt habe (z.B. Mainwaring 1993). Der Umkehrschluss, wonach die Konsolidierungsprobleme einiger präsidentieller Systeme in Lateinamerika die Folge der dort vorherrschenden Mehrparteiensysteme seien, ist jedoch höchst fragwürdig. Auch in parlamentarischen Systemen sind Stabilität und Erfolg nicht an die Struktur des Parteiensystems gebunden. Zudem bietet die Parteienlandschaft in Lateinamerika ein komplexes Bild, das keine Pauschalurteile zulässt. Seit dem Beginn der Transition waren umfassende Veränderungen in den Parteiensystemen zu verzeichnen, die aber weder synchron noch uniform verliefen, wodurch Verallgemeinerungen erschwert werden. Insofern ist dem Urteil von Coppedge zuzustimmen: „Most Latin American party systems are changing often, in several dimensions at once, all on staggered timetables. There is often, therefore, considerable uncertainty about what, if anything, is 'typical' of the party system in any given country" (Coppedge 1998: 550). Die allfällige Beobachtung vom Bedeutungs- und Funktionsverlust politischer Parteien kann jedenfalls nicht auf Lateinamerika beschränkt werden. Auch die Parteiensysteme in anderen Ländern und Regionen sind seit einigen Jahren erheblichen Wandlungen unterworfen.

Die Vorläufer der lateinamerikanischen Parteien entstanden ähnlich wie die US-amerikanischen im frühen 19. Jahrhundert im Zuge der Unabhängigkeitsbewegungen, als sich mit der Freimaurerei auch die ersten deutlich unterscheidbaren politischen Lager formierten. Nach der Unabhängigkeit gründeten sich bis ca. in die 1840er-Jahre hinein vielerorts die ersten Parteien der Konservativen und der Liberalen. Standen die Konservativen für einen zentralistischen Staat und eine starke Rolle der Kirche als Ordnungsfaktor, so vertraten die Liberalen den Föderalismus und plädierten für die Säkularisierung von Staat und Gesellschaft, waren allerdings nicht im selben Maß dem politischen Liberalismus mit seiner Betonung der Meinungsfreiheit verpflichtet wie z.B. der Liberalismus in den USA. Gegensätze zwischen Konservativen und Liberalen gab es auch in wirtschaftspolitischen Fragen, wobei man zwischen Protektionismus und Freihandel schwankte und die Fronten nicht immer klar gesteckt waren. Anders als in Europa ging es im Interessenkonflikt zwischen Konservativen und Liberalen aber nicht um Erhalt oder Abschaffung oligarchischer Privilegien oder um die Änderung der Besitz- und Sozialstruktur. Insbesondere ging es nicht um die Frage des Grundbesitzes oder der Marginalisierung breiter Bevölkerungsschichten aufgrund von ethnischen Kriterien. In dieser Hinsicht zogen beide Lager durchaus an einem Strang, entstammten sie doch häufig demselben sozioökonomischen Milieu. Organisatorisch handelte es sich um Honoratiorenparteien mit einer eher geringen Mitgliederzahl, deren Strukturen vor allem im lokalen, weniger im nationalen Rahmen verwurzelt waren. Die ältere Politikgeschichtsschreibung ist davon ausgegangen, dass sich die Konservativen in der Regel aus dem Lager der traditionellen ländlichen Großgrundbesitzer rekrutiert hätten, während die Liberalen vor allem die aufstrebenden neuen Oberschichten der städtischen Handelsbourgeoisie repräsentiert hätten. Die neuere Historiographie hat diese Aussage relativiert. Weder die Herkunft der Parteiführungen noch die der Parteibasis sind eindeutig definierbar, sondern wesentlich heterogener als bislang angenommen. Ähnelten diese Elemente der frühen Parteienentwicklung in Lateinamerika durchaus der US-amerikanischen, so gab es ein für die Region spezifisches Element, dass sich aus dem Verlauf der Unabhängigkeitskriege ergab: der Einfluss des Caudillismus. In vielen Fällen wurden nämlich die Parteien zur Basis militärischer Auseinandersetzungen in Bürgerkriegen, bei denen sich zwar scheinbar die politischen Lager der Konservativen und Liberalen unversöhnlich gegenüberstanden, es aber eigentlich um die Macht eines Kriegsherrn ging, der, wie zahlreiche Beispiele belegen, durchaus auch die Parteifronten wechseln konnte. Allerdings gab es neben der bewaffneten Konfrontation durchaus auch den friedlichen Parteienwettbewerb in Wahlen, wobei allerdings klientelistische Strukturen, Patronage und Stimmenkauf seitens der Parteien wie in den USA und Europa im selben Zeitraum lange Zeit die Regel blieben.

Bereits seit ca. Mitte des 19. Jahrhunderts ließ sich zumal im Süden Lateinamerikas eine stärkere politische Mobilisierung erkennen, die zur Formierung politischer Clubs und im letzten Drittel des Jahrhunderts zu regelmäßigen nationalen Wahlkampfveranstaltungen und Parteitagen führten. Daran zeigt sich eine Modernisierung der Parteien, die sich nun immer deutlicher von den frühen Honoratiorenclubs unterschieden. In Chile und Argentinien formierten sich bereits im 19. Jahrhundert (1857 bzw. 1891) „Radikale" Parteien als Abspaltungen von den Liberalen. Bereits diese frühen „Radikalen" waren Vorboten dessen, was mit dem in vielen Ländern zu verzeichnenden Anstieg der Einwanderung, dem Aufstieg städtischer Mittelschichten und der damit einhergehenden Formierung sozialer Interessengruppen auch aus den Unterschichten und Verbreiterung der Wählerschaft als Herausforderung auf die klassische Zweiparteienstruktur in ganz Lateinamerika zukommen sollte. Nur in wenigen Ländern wie z.B. Kolumbien und Honduras gelang es den beiden traditionellen von den Oligarchien geführten Parteien, Einfluss auf die neuen Wahlberechtigten in Stadt und Land zu gewinnen und bis auf den heutigen Tag ihren Machterhalt zu sichern. In anderen Fällen wie z.B. in Chile fusionierten die Konservativen und Liberalen schließlich, um dem sozialen Wandel zu widerstehen. Doch führte diese Strategie nicht zum erhofften Erfolg.

Eine Differenzierung der Parteienlandschaft ergab sich in den meisten Ländern Lateinamerikas dann im größeren Maßstab nach der Wende zum 20. Jahrhundert und es kam zum Aufstieg von neuartigen modernen Massenparteien unterschiedlichster Ausprägung. Zunächst sind dabei die bereits erwähnten „Radikalen" Parteien sowie die uruguayischen „Colorados" zu nennen, die ab diesem Zeitpunkt an politischer Relevanz gewannen bzw. sich wie im Fall der „Colorados" in eine moderne Reformpartei verwandelten. Diese Parteien setzten sich für die Erweiterung des Wahlrechts, öffentliche Sozialmaßnahmen besonders im Bildungssektor und den Schutz der ländlichen und städtischen Arbeiter ein. Ihre Wähler entstammten denn auch in der Regel den Mittelschichten bzw. – je nach Lage der Wahlgesetzgebung – auch bereits den Unterschichten. Insgesamt entzogen die Radikalen vor allem den Liberalen Wählerstimmen. In einigen Fällen führte dies dazu, dass die Radikalen an die Stelle der Liberalen im politischen Kampf gegen die Konservativen traten. Damit änderte sich die alte Konstellation nur unwesentlich, da sich die Radikalen in vielerlei Hinsicht den alten Parteien annäherten und etwa das Patronagesystem übernahmen, während die Konservativen nun häufig von ehemaligen Liberalen unterstützt wurden.

In der Phase zwischen dem Ersten Weltkrieg und der Weltwirtschaftskrise setzte sich der Differenzierungsprozess nicht zuletzt aufgrund internationaler Entwicklungen wie der Mexikanischen und Russischen Revolution, der vom argentinischen Córdoba ausgehenden Universitätsreformbewegung und der zunehmenden Nordamerikanisierung (Rinke 2004) sowie aufgrund des sozialen Wandels, der sich mit der wachsenden Verstädterung einstellte, weiter fort. Parteien mit explizit antiimperialistischer Ausrichtung wie insbesondere die „Alianza Popular Revolucionaria Americana" (APRA) in Peru (1924) entstanden in diesem Zeitraum. In ihren sozialreformerischen Forderungen wurden sie von den neuen sozialistischen und kommunistischen Parteien vor allem in den Ländern mit einem bedeutenden Einwandereranteil an der Bevölkerung übertroffen. Bereits seit Ende des 19. Jahrhunderts hatten Einwanderer neue Ideologien wie Anarchismus und Sozialismus aus Europa nach Lateinamerika gebracht und dort in der Arbeiterschaft hoffähig gemacht. Sie legten damit die Grundlage für die Arbeiterbewegungen in Lateinamerika. 1918/19 entstanden dann in Argentinien und in Mexiko kommunistische Parteien, die sich bald der Dritten Internationale anschlossen. 1929 nahmen an der ersten Konferenz lateinamerikanischer Kommunisten in Buenos Aires bereits Delegierte von Parteien aus 15 Ländern teil. Allerdings hatten die Kommunisten in dieser Frühphase u.a. wegen der brutalen Unterdrückung durch Militär und Polizei nur begrenzten Erfolg.

Unter dem Eindruck der Weltwirtschaftskrise kam es in den 1930er- und 40er-Jahren zum Aufstieg populistischer Bewegungen vor allem im Süden Lateinamerikas aber auch in Mexiko. Die erfolgreichen Populismen organisierten sich um einen charismatischen Kopf wie z.B. Getúlio Vargas in Brasilien, Juan Perón in Argentinien oder – wenn auch anders gelagert – Lázaro Cárdenas in Mexiko. Im Gegensatz zum US-amerikanischen Populismus des späten 19. Jahrhunderts, der seine Wurzeln in spezifisch ländlichen Problemen hatte, basierte der lateinamerikanische Populismus auf der in diesem Zeitraum im Zuge der neuen Industrialisierungspolitik rasch wachsenden städtischen Arbeiterschaft. Durch ihren stark personalistischen Zug spielte die Parteiorganisation zunächst nur eine untergeordnete Rolle.

Der Aufbau von stabilen Strukturen wurde dann aber z.B. vom argentinischen Peronismus und von der mexikanischen Partei der Institutionalisierten Revolution (PRI) massiv und erfolgreich betrieben. Das Fortbestehen dieser Parteien als wichtige Elemente im politischen Leben Argentiniens und Mexikos ist ein Beweis dafür. Die lateinamerikanischen Populismen zeichneten sich unter anderem dadurch aus, dass sie die Repräsentanten der alten Ordnung heftig angriffen, ohne jedoch revolutionäre Ideologien zu vertreten. Gleichzeitig übernahmen sie die antiimperialistisch-nationalistische Ausrichtung, die sich insbesondere in der Wirtschaftspolitik niederschlug. Außerdem waren sie überzeugte Verfechter des Staatsinterventionismus, mittels dessen sie ihre sozialistischen und kommunistischen Konkurrenten aus dem Felde schlagen wollten.

Ebenfalls in den 1930er und 40er-Jahren entstanden die demokratischen Reformparteien sozialdemokratischer und christdemokratischer Prägung in Lateinamerika, die ihren ersten Höhepunkt erst in den 1950er und 60er-Jahren erlebten. Gemeinsam war ihnen die Ablehnung der Demagogie und Gewaltbereitschaft der Populisten und Revolutionäre sowie die Herrschaft der Militärs. Gleichzeitig vertraten sie sozialreformerische Programme. Erfolgreiche sozialdemokratisch orientierte Parteien wie die 1941 gegründete „Acción Democrática" in Venezuela sowie der 1951 gegründete „Partido Liberación Nacional" in Costa Rica prägen bis heute die Politik ihrer Länder. Christdemokratische Parteien entstanden vor dem Hintergrund der katholischen Soziallehre nach dem Zweiten Weltkrieg vor allem dort, wo sich populistische Strömungen nicht durchsetzen konnten wie z.B. in Chile, Costa Rica, Venezuela und El Salvador. Auf der Linken sahen sich diese Parteien nach dem Sieg der Kubanischen Revolution in den 1960er- und 70er-Jahren zunehmend radikalen revolutionären Guerrilla-Bewegungen gegenüber, die teils die kommunistische Ideologie übernahmen und sich zu Parteien weiterentwickelten. Im Fall Kubas übernahmen die Revolutionäre den alten „Partido Comunista Cubano" und machten ihn zur Staatspartei. Eine wichtige Rolle spielten in den 1980er-Jahren die nationalen Befreiungsfronten in Nicaragua und El Salvador. Im südlichen Lateinamerika dagegen führte die Welle der Militärdiktaturen vielerorts zum Verbot politischer Parteien.

Seit der Rückkehr zur Demokratie sind die meisten Parteien wieder auf die politische Bühne zurückgekehrt. Allerdings hat sich ihre Ausrichtung in den letzten anderthalb Jahrzehnten sehr gewandelt. Radikale Strömungen sind vielfach zugunsten pragmatischerer Ansätze zurückgetreten oder verdrängt worden. Die verbeitete Akzeptanz des liberalen Wirtschaftsmodells hat zumindest in diesem Punkt zu einer Annäherung der Rechten und der Linken geführt. Allerdings lassen sich in jüngster Zeit mit dem Linksrutsch in Brasilien, Argentinien und Uruguay und den neuen Populismen in Venezuela und Bolivien wieder aggressivere Töne vernehmen, deren gemeinsamer Nenner vor allem die Kritik an den negativen Auswirkungen des Neoliberalismus und der Globalisierung sowie an der Vormachtstellung der Vereinigten Staaten in den Amerikas ist. Die Schwäche des Parteiensystems ist in einigen Andenländern sowie in Guatemala unübersehbar. Tendenzen der neueren Parteienentwicklung in Lateinamerika sind bei allen Unterschieden im einzelnen der Bedeutungsverlust von Traditionsparteien beim gleichzeitigen Aufstieg des Neopopulismus und zunehmender Bedeutung indigenistischer Bewegungen in einigen Ländern.

11 Politische Kultur und Partizipation

Viele Beobachter der USA meinen, die politische Kultur des Landes habe sich nach dem 11. September 2001 grundlegend verändert. Traumatisiert von den terroristischen Angriffen auf New York und Washington, führten sie einen „war on terrorism", demonstrierten einen hypertrophen Patriotismus, und gebärdeten sich als arrogante Supermacht (Vgl. Vorländer 2004: 288). Zugleich würden Regierung und Politik der USA von einem religiösen Fundamentalismus geprägt, der die weltweite Mission der Amerikaner als Vorkämpfer für die Demokratie notfalls mit Gewalt durchsetzen wolle. Kritiklos stünden die meisten Amerikaner hinter ihrem Präsidenten, der durch die Gründung des Heimatschutzministeriums und die Initiierung des „Patriot Acts" beträchtliche Einschränkungen der bürgerlichen Freiheiten durchsetzte. Dieses Bild ist nicht nur eine Überzeichnung, sondern auch eine Fehldeutung. Genau genommen sind die beschriebenen Phänomene nämlich seit langem in der politischen Kultur der USA grundgelegt. Schon immer spielte der Glaube an die eigene Nation, von manchen als „American Exceptionalism" beschrieben, eine große Rolle. Bereits seit den Tagen der frühen Republik wird das demokratische Ideal nicht bloß als lokale Erfindung der USA, sondern als politische Idee mit universalem Anspruch empfunden. Noch ältere Wurzeln hat die Religiosität vieler US-Bürger, die sich seit der Gründung des Staates auch in der Politik und der politischen Rhetorik manifestierte (Stüwe 2004: 164 f.). Und schon immer scharten sich die US-Amerikaner in Kriegs- und Krisenzeiten hinter ihrem Präsidenten. Nach dem Schock des 11. September mögen diese Elemente der politischen Kultur der USA besonders ausgeprägt gewesen sein, neu waren sie jedoch nicht.

Mittlerweile lässt sich feststellen, dass sich der 9/11-Effekt verbraucht hat. Die Zustimmungsrate des Präsidenten George W. Bush nahm in der zweiten Amtszeit rapide ab. Im Februar 2007 beurteilten 67 Prozent der US-Bürger Bushs Amtsführung negativ (Harris Poll # 12, 2007). Im November 2006 gewannen die oppositionellen Demokratien in den Kongresswahlen erstmals seit langem wieder eine Mehrheit in Senat und Repräsentantenhaus. Und auch die Außenpolitik der US-Regierung stößt angesichts der Probleme bei der Konsolidierung des Irak zunehmend auf Kritik und öffentlichen Protest. In diesen Veränderungen offenbart sich ein weiterer Grundzug der politischen Kultur der USA: Zwar sind die meisten US-Bürger zutiefst von der Demokratie als der besten politischen Ordnungsform überzeugt, aber viele begegnen staatlicher Politik im allgemeinen und dem Agieren politischer Akteure im besonderen mit großem Misstrauen. Nach einer Harris Poll Umfrage Anfang 2007 hatten nur 10 Prozent der befragten Amerikaner volles Vertrauen in die Mitglieder des Kongresses, 44 Prozent gaben an, sie hätten überhaupt kein Vertrauen in das Weiße Haus (Harris Poll # 19, 2007). Viele Umfragen lassen erkennen, dass die ungelösten sozialen, ökonomischen und ethnischen Probleme der USA zu einer tiefen Vertrauenskrise geführt haben. Die Wählerregistrierungsquote von nur 70 Prozent und die niedrigen Partizipationsgrade bei den Wahlen (durchschnittlich rund 50 Prozent) sind unter anderem auch Ausdruck eines gewissen Desinteresses erheblicher Bevölkerungsteile gegenüber der Politik. Dass diese Vertrauenskrise zu einer politischen Krise oder gar zu einer Systemkrise wird, ist nicht ausgeschlossen. Immerhin war das politische System der USA in den vergangenen 220 Jahren so flexibel, dass auch die tiefsten Krisen überwunden werden konnten. Gerade aus diesem Grund zählt das Demokratiemodell der USA zu den stabilsten der Welt.

Was Lateinamerika betrifft, hat sich seit den Tagen Tocquevilles vielerorts eine Vorstellung gehalten, wonach sich die Vereinigten Staaten und Lateinamerika in erster Linie durch ihre politische Kultur also durch ihre Werte und Einstellungen vor allem in bezug auf die Demokratie von einander unterscheiden. Demnach seien freiheitlich-demokratische Neigungen eher den Angloamerikanern in die Wiege gelegt, während die „Seele Lateinamerikas" (Wiarda 2001) aufgrund des iberisch-katholischen Erbes zum Autoritarismus neige. Die moderne kulturwissenschaftliche Forschung lehnt einen derartigen völkerpsychologischen Erklärungsansatz ab und verweist statt dessen auf die Heterogenität und Hybridität lateinamerikanischer Kulturen, die sich heute unter dem Eindruck der neuen Globalisierung durch das Nebeneinander unterschiedlicher Lebensformen auszeichnen und somit einen eigenständigen Weg innerhalb der Moderne eingeschlagen haben. Das Beispiel der Demokratisierung Spaniens und Portugals im Rahmen der EU zeigt ferner, dass es eine spezifische, unüberwindbare, eine quasi in der als essentiell verstandenen „iberischen Kultur" angelegte Erblast nicht gibt.

Ein anderer, sozialwissenschaftlicher Ansatz zur Erforschung politischer Kultur ist die empirische Untersuchung durch Umfragen. Aufgrund der Quellenlage ist es sehr schwierig, die politische Kultur des 19. und langer Phasen des 20. Jahrhunderts in Lateinamerika zu beschreiben. Wie wir wissen, war die aktive politische Partizipation zunächst nur einem sehr kleinen Anteil der männlichen und in der Regel weißen Bevölkerung möglich. Allerdings hat die neuere politikhistorische Forschung gezeigt, dass bereits im 19. Jahrhundert eine größere politische Mobilisierung stattfand, als man bislang angenommen hatte. Punktuell seit Mitte und in größerem Umfang insbesondere seit Ende des 19. Jahrhunderts kam es vielerorts zu einer aktiveren Teilnahme am politischen Prozess, was sich nicht zuletzt daran ablesen lässt, dass sich Parteien in diesem Zeitraum zunehmend national organisierten. Wichtig war aber vor allem die zivilgesellschaftliche Organisation in Vereinen und nachbarschaftlichen Selbsthilfegruppen. In einem Land wie Mexiko beispielsweise, das bis in die 1870er-Jahre als Sinnbild politischer Instabilität und des ungebremsten Caudillismus galt, übten sich Bürger bereits um 1840 in demokratischen Praktiken, indem sie an regelmäßigen Treffen teilnahmen, über gemeinsame Interessen diskutierten, Mitgliedsbeiträge zahlten und dafür sorgten, dass bestimmte Regeln eingehalten wurden. Mit dem Ende des klassischen Caudillismus und dem Aufstieg der Massenbewegungen und –parteien sowie des Populismus nahm die Politisierung aller sozialen Schichten im frühen 20. Jahrhundert dann neue Dimensionen an, die sich beispielsweise in der umfangreichen Presseberichterstattung widerspiegeln. Bis in die 1960er-Jahre erreichte Lateinamerika einen Grad der Politisierung, der zur Polarisierung ganzer Gesellschaften führte. Militärdiktaturen erstickten diesen Prozess und führten zu einem Rückzug in die Privatsphäre, womit allerdings die vollständige Entpolitisierung der Bevölkerung, die die Militärs anstrebten, keineswegs erreicht wurde. Im Gegenteil stürzten die Militärs vielerorts aufgrund eines neuen zivilgesellschaftlichen Widerstands von Menschenrechtsgruppen in den 1980er-Jahren, wobei auch die Rolle der Katholischen Kirche nicht zu unterschätzen ist.

Seit 1995 gibt es mit dem „Latinobarómetro" eine Einrichtung, die regelmäßige Umfragen zur Einstellung der Bürger gegenüber den politischen Systemen in allen hier interessierenden lateinamerikanischen Staaten bis auf Kuba und Haiti durchführt. Die Ergebnisse sind auf den ersten Blick ernüchternd. So ist die Zahl derjenigen, die die Demokratie grundsätzlich befürworten in 14 von 18 Staaten im Zeitraum zwischen 1996 und 2004 zurückgegangen, teilweise wie in Paraguay und Nicaragua um 20%. Der Gesamtwert der

Zustimmung lag aber beispielsweise 2004 immer zwischen 39% (Nicaragua) und 74% (Venezuela) und im Durchschnitt bei 53% (Werz 2005: 355). Interessant ist, dass die Befürwortung autoritärer Systeme, die ebenfalls abgefragt wurde, nicht in einer direkten Beziehung dazu steht. So lag der Wert der Zustimmung zum Autoritarismus im Durchschnitt aller lateinamerikanischen Staaten 2002 nur bei 15,8%.

An den angeführten Indizien lässt sich trotz aller notwendigen Differenzierungen im einzelnen das Vorhandensein einer grundsätzlichen Wertschätzung und Bejahung der Demokratie in Lateinamerika von der Unabhängigkeit bis heute ablesen, die nicht zuletzt auch daran deutlich wird, dass immer wieder ausgedehnte Phasen der Gewaltherrschaft überwunden wurden und der Ruf nach dem Militär in jüngster Zeit trotz neopopulistischer Demagogie und defekter Demokratie kaum noch zu vernehmen ist. Eine demokratiebejahende politische Kultur war in Lateinamerika also stets vorhanden, nur war sie nicht immer auf staatliche Institutionen ausgerichtet, sondern existierte vielmehr trotz der immanenten Schwäche des Staates und des Mangels an Vertrauen in das politische System als solchem. Daher kann man auch die jüngsten Entwicklungen der Demokratie in Lateinamerika durchaus als vielversprechend bezeichnen, wenngleich die Bedrohungen, die nicht zuletzt aus der fehlenden Überwindung der Armut und der sozialen Ungleichheit sowie aus den institutionellen Defiziten defekter Demokratien resultieren, nicht zu übersehen sind.

12 Demokratie in den Amerikas – Regierungssysteme im Wandel

Zu Beginn des 21. Jahrhunderts scheint sich die Demokratie als vorherrschende politische Ordnungsform auf dem ganzen amerikanischen Doppelkontinent ausgebreitet zu haben. In der Freedom House-Analyse des Jahres 2007 werden 25 Länder in den Amerikas als „free", neun als „partly free" und nur ein Land (Kuba) als „not free" bewertet.

Vor allem das demokratische Element der Wahl wird heute überall in den Amerikas praktiziert. Allein im Jahr 2006 wurden in sechs Ländern Lateinamerikas (Bolivien, Ecuador, Brasilien, Peru, Kolumbien, Mexiko und Nicaragua) kompetitive und faire Wahlen durchgeführt. Daraus gingen linke Populisten, Konservative und Kandidaten mit gemäßigten Mitte/Links-Programmen als Wahlsieger hervor. Jedes dieser Länder wird mit ernsten internen Problemen konfrontiert, die in vielen Fällen die Substanz ihrer demokratischen Institutionen schwächen. Alle leiden unter hohen Kriminalitätsraten, wirtschaftlicher Instabilität, extremer Ungleichheit und Korruption. Unter diesen Umständen ist die Tatsache, dass kompetitive und faire Wahlen durchgeführt wurden, in denen auch Oppositionsparteien und Minderheiten partizipieren konnten, ein großer Erfolg. In der Rechtsstaatsdimension der Demokratie haben indessen viele Länder Lateinamerikas große Probleme. Die demokratischen Strukturen sind gefährdet, wenn Regierungen es versäumen, die Korruption nachhaltig zu bekämpfen, die Rechtssicherheit zu stärken und die Rechte von Minderheiten und Indigenen zu fördern. In einigen Staaten Lateinamerikas tendieren politische Akteure darüber hinaus dazu, die Ergebnisse demokratischer Wahlen nicht zu akzeptieren. Dies drückt sich in politischen Blockaden oder der Stärkung klientelistischer außerparlamentarischer Bewegungen aus. Seit 1993 mussten nicht weniger als 14 gewählte Präsidenten Lateinamerikas vorzeitig aus dem Amt ausscheiden, in nicht wenigen Fällen wurden sie von Massenprotesten vertrieben. Dies ist Ausdruck der Unzufriedenheit mit den politischen

Institutionen wie den Parlamenten, Parteien, der öffentlichen Verwaltung und der Justiz, die
in den meisten Ländern ein denkbar schlechtes Ansehen genießen.

Tabelle 5:   Freedom House 2007 Global Survey of Political Rights and Civil Liberties

Country	Trend Arrow	Political Rights	Civil Liberties	Freedom Rating
Argentina	↓	2	2	Free
Bolivia		3	3	Partly free
Brazil	↓	2	2	Free
Canada		1	1	Free
Chile		1	1	Free
Colombia		3	3	Partly free
Costa Rica		1	1	Free
Cuba		7	7	Not free
Ecuador		3	3	Partly free
El Salvador		2	3	Free
Guatemala		3	4	Partly free
Haiti		4	5	Partly free
Honduras		3	3	Partly free
Mexico		2	3	Free
Nicaragua		3	3	Partly free
Panama		1	2	Free
Paraguay		3	3	Partly free
Rep. Dominica		2	2	Free
Peru		2	3	Free
Uruguay		1	1	Free
USA		1	1	Free
Venezuela		4	4	Partly free

Quelle: Freedom House 2007 (Auswahl)

Aber auch die politischen Systeme der USA und Kanadas sind nicht frei von Problemen.
Obwohl beide Länder von Freedom House die höchstmöglichen Bewertungen erhielten –
eine 1 sowohl bei den politischen Rechten als auch bei den bürgerlichen Freiheiten – gab
und gibt es auch dort Gefährdungen demokratischer Standards. So schwelt in Kanada nach
wie vor die Unzufriedenheit der französischsprachigen Bevölkerung, die sich von der englischsprachigen Mehrheit majorisiert fühlt. In den USA führte die Antiterrorpolitik der
Bush-Administration nach dem 11. September 2001 zu problematischen Einschränkungen
bürgerlicher Freiheiten. Die fortgesetzte Inhaftierung von Terrorverdächtigen auf dem Ma-
rinestützpunkt Guantánamo Bay auf Kuba, denen juristischer Beistand und ein ordentliches
Gerichtsverfahren verweigert werden, führt zu einem erheblichen Imageverlust nicht nur
für die USA allein, sondern für die Idee der freiheitlichen Demokratie insgesamt.
   Aus einer historischen Perspektive betrachtet, hat sich in den Staaten Lateinamerikas
der institutionalisierte liberale Konsens, der gemeinsame Glaube an Demokratie und Freiheit nicht so herausgebildet wie in den Vereinigten Staaten, wo er konstitutiv war. Grund-

legend für die politische Entwicklung der USA war ihre Vorreiterrolle bei der Durchsetzung der Prinzipien der Repräsentation und Souveränität des Volks, das freilich zunächst nur aus einer beschränkten Zahl Wahlberechtigter bestand. Zeichnet sich die US-amerikanische Geschichte durch das weitgehende Fehlen beziehungsweise die Marginalität extrem linker oder rechter politischer Gruppierungen aus, so haben diese in Lateinamerika immer wieder und oft auf gewaltsame Weise versucht, die Gesellschaft nach ihren Dogmen radikal umzugestalten. Allerdings entwickelte sich auf einer anderen Ebene auch in Lateinamerika schon im 19. Jahrhundert ein Demokratieverständnis, das sich grundlegend vom US-amerikanischen unterschied. Wie Carlos A. Forment herausgearbeitet hat (Forment 2003) zeichnete sich die Demokratie in Lateinamerika durch ihre horizontale Ausrichtung aus, d.h. die Bürger vertrauten nicht den staatlichen Institutionen, sondern den Vereinen und Vereinigungen, die sie in der Sphäre der Zivilgesellschaft selbst erfanden. Trotz der Last des kolonialen Erbes mit seiner kulturellen und ethnischen Hybridität und sozialen Fragmentierung schufen sich die Lateinamerikaner ein eigenes durchaus nationalistisches Demokratieverständnis, das die Herausforderungen der Armut, des Caudillismus, der Diktaturen, des bürokratischen Autoritarismus und der staatlichen Korruption überlebte. Es basierte auf dem Vertrauen in die Zivilgesellschaft und stellte damit schon früh, nämlich schon im ersten Jahrhundert nach der Unabhängigkeit, eine Form der Politik dar, die sich von europäischen und US-amerikanischen Wegen in die Moderne radikal unterschied. Dies vertiefte sich im 20. Jahrhundert und nicht zuletzt in dessen Ausgangsphase mit der zunehmenden Schwächung des Staates durch neoliberale Reformen und außerstaatliche Gewaltakteure. Vor dem Hintergrund aktueller Entwicklungen wird deutlich, dass gerade der Staat in Lateinamerika anders zu verstehen ist, als nach einem „westlichen" Demokratieverständnis üblich, dass vermeintlich „staatsferne" oder gar „staatsfreie" Räume durchaus in einer engen Wechselbeziehung zum politischen System als ganzem stehen. Gerade aufgrund der grundsätzlich unterschiedlichen Vorstellungen von politischen Schlüsselkonzepten greift ein kontrastierender Vergleich, der sich am Idealbild einer „westlichen Demokratie" als tertium comparationis orientiert und daraus Mängel bzw. Stärken ableitet, für die Amerikas zu kurz. Im globalen Vergleich der Transformationsländer erreicht die demokratische Entwicklung in Lateinamerika auch im frühen 21. Jahrhundert trotz der vielen offensichtlichen Probleme eine führende Position. Das zähe zivilgesellschaftliche Festhalten an und die wiederholte Rückkehr zur demokratischen Regierungsform über deren vielfache Krisen und Zusammenbrüche im Lauf der zurückliegenden knapp 200 Jahre hinweg stellt den genuinen Beitrag Lateinamerikas zur Geschichte der Demokratie dar.

Literatur

Adelman, Jeremy (1999): Colonial Legacies: The Problem of Persistence in Latin American History, London.

Alcántara Sáez, Manuel, (1989-1990): Sistemas políticos de América Latina, 2 Bde. Madrid.

Alcántara Sáez, Manuel/Freidenberg, Flavia (Hrsg.) (2001): Partidos políticos de América Latina – Cono Sur. Salamanca.

Alcántara Sáez, Manuel/Freidenberg, Flavia (Hrsg.) (2001): Partidos políticos de América Latina – Países Andinos. Salamanca.

Alcántara Sáez, Manuel et al. (Hrsg.) (2005): El poder legislativo en América Latina a través de sus normas. Salamanca.

Annino, Antonio et al. (Hrsg.) (1995): Historia de las elecciones en Iberoamérica, siglo XIX: De la formación del espacio nacional. Buenos Aires.

Bailyn, Bernard (1967): The Ideological Origins of the American Revolution. Cambridge.

Bendel, Petra/Krennerich, Michael (Hrsg.), (2002): Soziale Ungerechtigkeit: Analysen zu Lateinamerika. Frankfurt a.M.

Bernecker, Walther L. et al. (Hrsg.) (1992-1996): Handbuch der Geschichte Lateinamerikas, 3 Bde. Stuttgart.

Bernecker, Walther L./Tobler, Hans-Werner (Hrsg.) (1993): Development and Underdevelopment in America: Contrasts of Economic Growth in North and Latin America in Historical Perspective. Berlin.

Bertelsmann-Stiftung (Hrsg.) (2006): Bertelsmann Transformation Index 2006: Auf dem Weg zur marktwirtschaftlichen Demokratie. Gütersloh.

Brading, David A. (1991): The First America: The Spanish Monarchy, Creole Patriots and the Liberal State 1492-1867. Cambridge.

Bryce, James (1888): The American Commonwealth, 3 Bde. New York (deutsch 1924 unter dem Titel „Amerika als Staat und Gesellschaft").

Carey, J. M. (2002): Legislatures and political accountability, in: Harvard Review of Latin America, 2(1), 32-34.

Carr, Barry (1993): The Latin American Left – From the fall of Allende to Perestroika. Boulder.

Casas, Juan Carlos (1991): Nuevos Políticos y Nuevas Políticas en América Latina – Los cambios, los razones, los protagonistas. Buenos Aires.

Chalmers, Douglas A. et. al. (Hrsg.) (1992): The Right and Democracy in Latin America. New York.

Colomer, Josep M./Negretto, Gabriel L. (2005): Can Presidentialism Work Like Parliamentarism? Government and Opposition 40, no. 1: 60-89.

Conniff, Michael L. (Hrsg.) (1999): Populism in Latin America. Tuscalosa.

Coppedge, Michael (1998): The Dynamic Diversity of Latin American Party Systems, in: Party Politics 4:4, 547-568.

Corporación Latinobarómetro (2004): Informe-Resumen Latinobarómetro 2004: Una década de mediciones, veröffentlicht unter der URL: http://www.latinobarometro.org, abgerufen am 10.09. 2005

Countryman, Edward/Deans, Susan (1983): Independence and Revolution in the Americas, in: Radical History Review 27, 144-172.

Demélas, Danielle (2003): La invención política: Bolivia, Ecuador, Perú en el siglo XIX. Lima.

Di Tella, Torcuato S. (1993): Historia de los partidos políticos en América Latina, siglo XX. Buenos Aires.

Di Tella, Torcuato S. (2001): Latin American Politics: A Theoretical Approach. Austin.

Diamond, Larry et al. (Hrsg.) (1999): Latin America – Democracy in Developing Countries. Boulder.

Dominguez, Jorge I. (Hrsg.) (1998): Democratic Politics in Latin America and the Caribbean. Baltimore.

Duverger, Maurice (1980), A New Political System Model: Semi-Presidential Government, in: European Journal of Political Research 8, 165-187.

Edelmayer, Friedrich et al. (Hrsg.) (2000): Die vielen Amerikas: Die Neue Welt zwischen 1800 und 1930. Frankfurt a.M.

Elliot, J. H. (2007): Empires of the Atlantic World: Britain and Spain in America 1492-1830. New Haven.

Fernández Baeza, Mario/Nohlen, Dieter (1991): El presidencialismo latinoamericano. Evolución y perspectivas, in: Dies.: Presidencialismo vs. Parlamentarismo.Caracas, 37-50.

Fernández-Armesto, Felipe (2003): The Americas: The History of a Hemisphere. London.

Fischer, Thomas (Hrsg.) (2000): Politische Gewalt in Lateinamerika. Frankfurt a.M.

Fitch, John Samuel (1998): The Armed Forces and Democracy in Latin America. Baltimore.

Fitzgibbon, Russell H. (Hrsg.) (1948): The Constitutions of the Americas. Chicago.

Forment, Carlos A. (2003): Democracy in Latin America 1760-1900. Chicago.

Fowler, Will (1996): Authoritariansm in Latin America since Independence. Westport.

Freedom House (2007): Annual Global Survey of Political Rights and Civil Liberties. New York.

Fuchs, Ruth/Nolte, Detlef (2004): Politikfeld Vergangenheitspolitik: Zur Analyse der Aufarbeitung von Menschenrechtsverletzungen in Lateinamerika, in: Lateinamerika Analysen 9, 59-92.

Gargarella, Roberto (2005): Los fundamentos legales de la desigualdad: El constitucionalismo en América (1776-1860). Madrid.

Garretón, Manuel A. (Hrsg.) (2001): Democracy in Latin America: (Re)Constructing Political Society. Tokio.

Goodman, Louis W. et al (Hrsg.) (1992): Political Parties and Democracy in Central America. Boulder.

Gottschalk, Ricardo (2006): Overcoming Inequality in Latin America: Issues and Challenges for the Twenty-First Century. London.

Guerra, François-Xavier (1994): The Spanish American Tradition of Representation and its European Roots, in: Journal of Latin American Studies 26, 1-35.

Gwynne, Robert N./Cristobal, Kay (Hrsg.) 2004: Latin America Transformed – Globalization and Modernity. London.

Halperín Donghi, Tulio (1994): Geschichte Lateinamerikas von der Unabhängigkeit bis zur Gegenwart. Frankfurt a.M.

Hanke, Lewis (Hrsg.) (1964): Do the Americas Have a Common History? New York.

Hansis, Randall (1997): The Latin Americans: Understanding their Legacy. New York.

Hartz, Louis (1955): The Liberal Tradition in America: An Interpretation of American Liberal Thought since the Revolution. New York.

Hartz, Louis (1964): The Founding of New Societies: Studies in the History of the United States, Latin America, South Africa, Canada, and Australia. New York.

Hofmeister, Wilhelm (1996): Der Wandel politischer Systeme in Lateinamerika. Frankfurt.

Hofstadter, Richard (1969): The Idea of a Party System: The Rise of Legitimate Opposition in the United States, 1780-1840. Berkeley.

Junker, Detlef et al. (Hrsg.) (1994): Lateinamerika am Ende des 20. Jahrhunderts. München.

Kaplan, Marcos (1976): Formación del estado nacional en América Latina. Buenos Aires.

König, Hans-Joachim (2006): Kleine Geschichte Lateinamerikas. Stuttgart.

Konetzke, Richard (1967): Einige Grundzüge der geschichtlichen Besonderheit Lateinamerikas auf der westlichen Hemisphäre, in: Historische Zeitschrift 204, 1-78.

Krakau, Knud (Hrsg.) (1992): Lateinamerika und Nordamerika: Gesellschaft, Politik und Wirtschaft im historischen Vergleich. Frankfurt a.M.

Krennerich, Michael (2003): Demokratie in Lateinamerika. Eine Bestandsaufnahme nach der Wiedergeburt vor 25 Jahren, in: Aus Politik und Zeitgeschichte B 38-39, 6-13.

Krumwiede, Heinrich W./Detlef Nolte (2000): Die Rolle der Parlamente in den Präsidialdemokratien Lateinamerikas. Hamburg.

Lijphart, Arend (1999): Patterns of Democracy. New Haven.

Lijphart, Arend (1994): Presidentialism and Majoritarian Democracy: Theoretical Observations, in: Linz, Juan/Valenzuela, Arturo: The Failure of Presidential Democracy. Baltimore/London, 91-105.

Linz, Juan (1994): Presidential or parliamentary democracy: Does it make a difference?, in: Linz, Juan/Valenzuela, Arturo (Eds.): The failure of presidential democracy: The case of Latin America, 3-87. Baltimore.

Linz, Juan (2002): Parties in Contemporary Democracies: Problems and Paradoxes, in: Gunther, Richard/Montero, José Ramón/Linz, Juan J. (Hrsg.): Political Parties: Old Concepts and New Challenges: Oxford (u.a.), 291-317.

López Alves (2000): State Formation and Democracy and Latin America, 1810-1900. Durham.

Loveman, Brian (1993): The Constitution of Tyranny: Regimes of Exception in Spanish America. Pittsburgh.

Magallón Anaya, Mario (2003): La democracia en América Latina. Mexiko.

Mainwaring, Scott (1993): Presidentialism, Multipartism, and Democracy: The Difficult Combination, in: Comparative Political Studies 26:2, 198-228.

Mainwaring, Scott et al. (Hrsg.) (1992): Issues in Democratic Consolidation – The New South American Democracies in Comparative Perspective. Notre Dame.

Mainwaring, Scott/Shugart, Matthew (Hrsg.) (1997): Presidentialism and Democracy in Latin America. Cambridge.

Malamud, Carlos (1992): América Latina; Siglo XX – La búsqueda de la democrazia. Madrid.

Malamud, Carlos (2000): Legitimidad, representación y alternancia en España y América Latina: Las reformas electorales (1880-1930). México.

Martínez Ocamica, Gutenberg (1996): Politische Regime in Lateinamerika – Ein Semipräsidentialsystem als Lösung?, in: Hofmreister, Wilhelm/Thesing, Josef: Der Wandel politischer Systeme in Lateinamerika. Frankfurt/M.

McFarlane, Anthony (1984): Independence and Revolution in the Americas, in: History Today 34, 40-49.

Merkel, Wolfgang (1995): Transformationsstrategien. Probleme, Erfahrungen und Grenzen, in: Internationale Politik 6, 3-8.

Mols, Manfred (1985): Demokratie in Lateinamerika. Stuttgart.

Morrison Michael A./Zook, Melinda S. (Hrsg.) (2004): Revolutionary Currents: Nation Building in the Transatlantic World. New York.

Morse, Richard M. (1989): New World Soundings: Culture and Ideology in the Americas. Baltimore.

Nohlen, Dieter (Hrsg.) (2005): Elections in the Americas. A Data Handbook. Vol I, II. Oxford.

Nohlen, Dieter (Hrsg.) (1993): Handbuch der Wahldaten Lateinamerikas und der Karibik. Opladen.

Nohlen, Dieter/Nuscheler, Franz (Hrsg.) (1995): Handbuch der Dritten Welt, Band 2: Südamerika, Band 3: Mittelamerika und Karibik. Bonn.

Nohlen, Dieter/Fernández, Mario (1998): El presidencialismo renovado – Instituciones y cambio político en América Latina. Caracas.

Nolte, Detlef (2005): Lateinamerika: Politische Institutionen in der Krise?, in: Brennpunkt Lateinamerika 8, 89-103.

Nolte, Detlef (1996): Von der „langen Agonie des peronistischen Argentiniens" zur „menemistischen Rekonversion", in: Hofmeister, Wilhelm/Thesing, Josef (Hrsg.): Der Wandel der politischen Systeme in Lateinamerika. Frankfurt a.M.,15-71.

Palmer, Robert (1970): Das Zeitalter der demokratischen Revolution: Eine vergleichende Geschichte Europas und Amerikas von 1760 bis zur Französischen Revolution. Frankfurt a.M.

Paz, Octavio (1959): El laberinto de la soledad, 2. Aufl. Mexiko.

Peeler, John (2004): Building Democracy in Latin America, 2. Aufl. Boulder.

Pérez Díaz, Víctor Miguel (2005): Sueño y razón de América Latina: Política, cultura y sociedad civil en la gran transición. Madrid.

Pérez-Liñán, Anibal (2005): Democratization and Constitutional Crises in Presidential Regimes. Toward Gongressional Supremacy?, in: Comparative Political Studies, Vol. 38, No. 1, 51-74.

Philip, George (2003): Democracy in Latin America: Surviving Conflict and Crisis? Cambridge.

Pocock, John Greville Agard (1975): The Machiavellian Moment: Florentine Political Thought and the Atlantic Republican Tradition. New York (new ed. 2003).

Posada Carbó, Eduardo (Hrsg.) (1995): Wars, Parties and Nationalism: Essays and the Politics and Society of Nineteenth Century Latin America. London.

Posada Carbó, Eduardo (Hrsg.) (1996): Elections Before Democracy: The history of Elections in Europe and Latin America. Basingstoke, Hampshire.

Puhle, Hans-Jürgen (2000): Muster gesellschaftlicher Entwicklung in Nordamerika und Lateinamerika, in: Edelmayer, Friedrich et al. (Hrsg.): Die vielen Amerikas: Die neue Welt zwischen 1800 und 1930. Frankfurt a.M., 15-33.

Ramos Jímenez, Alfredo (1995): Los partidos políticos en las democracias latinoamericanas. Mérida.

Reinhard Wolfgang (Hrsg.) (1992): Nord und Süd in Amerika: Gemeinsamkeiten, Gegensätze, europäischer Hintergrund. Freiburg.

Rinke, Stefan (2001): Pillars of the Republics: Early Monuments and the Politics of Memory in the Post-Colonial Americas, in: Iberoamericana 1/4, 91-111.

Rinke, Stefan (2004): Begegnungen mit dem Yankee: Nordamerikanisierung und soziokultureller Wandel in Chile, 1898-1990. Köln.

Sabato, Hilda (Hrsg.) (1999): Ciudadanía política y formación de las naciones: Perspectivas históricas de América Latina. Mexiko.

Sabato, Hilda (2001): The Many and the Few: Political Participation in Republican Buenos Aires. Stanford.

Schmidt, Peer (2000): Wahlen und Parteien in Anglo- und Lateinamerika im Vergleich, in: Edelmayer, Friedrich et al. (Hrsg.): Die vielen Amerikas: Die neue Welt zwischen 1800 und 1930. Frankfurt a.M., 69-88.

Schultz, Judith (1999): Präsidentielle Demokratien in Lateinamerika. Eine Untersuchung der präsidentiellen Regierungssysteme von Costa Rica und Venezuela. Frankfurt/M.

Skidmore, Thomas/Smith, Peter (1994): Modern Latin America. New York.

Smith, Rogers M. (1993): Beyond Tocqueville, Myrdal, and Hartz: The Multiple Traditions in America, in: The American Political Science Review, Vol. 87, No. 3, 549-566.

Steffani, Winfried (1979): Parlamentarische und präsidentielle Demokratie. Strukturelle Aspekte westlicher Demokratien. Opladen.

Stepan, Alfred/Skach, Cindy (1993): Presidentialism and Parliamentarism in Comperative Perspective, in: Linz, Juan/Valenzuela, Arturo (Hrsg.): The Failure of Presidential Democracy, Bd. 1, Comparative Perspectives. Baltimore/London, 119-136.

Stüwe Klaus/Stüwe, Birgit (2005): American Political Speeches. Stuttgart.

Suter, Christian (1999): Gute und schlechte Regimes: Staat und Politik Lateinamerikas zwischen globaler Ökonomie und nationaler Gesellschaft. Frankfurt.

Schwenn, Benjamin (2003): Lateinamerika und der Begriff der politischen Kultur – Ein Beitrag zur Dezentrierung der Demokratietheorie. Frankfurt.

Thibaut, Bernhard (1996): Präsidentialismus und Demokratie in Lateinamerika: Argentinien, Brasilien, Chile und Uruguay im historischen Vergleich. Opladen.

Thompson Kenneth W. (Hrsg.) (1993): The U.S. Constitution and the Constitutions of Latin America. Lanham.

Tobler, Hans-Werner (2000): Die Staatsentwicklung in den USA und Lateinamerika, in: Edelmayer, Friedrich et al. (Hrsg.): Die vielen Amerikas: Die neue Welt zwischen 1800 und 1930. Frankfurt a.M., 53-68.

Tocqueville, Alexis de (1976): Über die Demokratie in Amerika. München.

Tsebelis George (2002): Veto Players. How Political Institutions Work. New York.

Tulis, Jeffrey K (1988): The Rhetorical Presidency. Princeton.

United Nations Development Program (2004): La democracia en América Latina: Hacia una democracia de ciudadanas y ciudadanos. Buenos Aires.

Valenzuela, Arturo (1993): Latin America: Presidentialism in crisis, in: The Journal of Democracy, Vol. 4, No. 4.

Vanden, Harry E./Prevost, Gary (2002): Politics of Latin America – The Power Game. Oxford.

Véliz, Claudio (1994): The New World of the Gothic Fox: Culture and Economy in English and Spanish America. Berkeley.

Vorländer, Hans (2004): Politische Kultur, in: Lösche, Peter/Loeffelholz, Dietrich von (Hrsg.): Länderbericht USA. Bonn (4. Aufl.).

Waldmann, Peter (2001): La relevancia de la constitución durante la fase de la creación de los Estados Unidos y de los Estados latinoamericanos, in: Iberoamericana 1/4, 69-89.

Waldmann, Peter (2002): Der anomische Staat: Über Recht, öffentliche Sicherheit und Alltag in Lateinamerika. Opladen.

Werz, Nikolaus (1992): Das neuere politische und sozialwissenschaftliche Denken in Lateinamerika. Freiburg.

Werz, Nikolaus (2003): Alte und neue Populisten in Lateinamerika, in: ders. (Hrsg.): Populismus – Populisten in Übersee und Europa. Opladen, 45-64.

Werz, Nikolaus (2005): Lateinamerika: Eine Einführung. Baden Baden.

Wiarda, Howard et al. (Hrsg.) (2000): Latin American Politics and Development. Boulder.

Wiarda, Howard (2001): The Soul of Latin America: The Cultural and Political Tradition. New Haven.

Wood, Gordon S. (1991): The Radicalism of the American Revolution. New York.

Yeatts, Guillermo M. (2005): The Roots of Poverty in Latin America. Jefferson.

Zovato, Daniel (2004): Dinero y política en América Latina: Una visión comparada. San José de Costa Rica.

Zovato, Daniel (2005): Instituciones de democracia directa, in: Nohlen, Dieter et al. (Hrsg.): Tratado de derecho electoral comparado de América Latina. Mexico City (2nd. ed.).

Das politische System Argentiniens[1]

Lars Hänsch und Michael Riekenberg

1 Geschichtlicher Überblick

Nach allgemeiner Auffassung steht der Staat im Zentrum neuzeitlicher politischer Systeme. Zwar hatte der spanische Staat in Amerika im Zuge der Bourbonenreformen nach 1770 einen beachtlichen Ausbau der eigenen Organisation betrieben. So wurde 1776 in Buenos Aires eine neue Regierungs- und Verwaltungseinheit geschaffen, das Vizekönigreich La Plata, wodurch der Staat in der Region an Gewicht gewann. In der Unabhängigkeitskrise nach 1808 und im Zuge der Kriege, die folgten, kam es in Lateinamerika jedoch zu Schwächungen, mitunter zu Auflösungen des Staates in der Gesellschaft. Dabei ist zu unterscheiden, ob diese Vorgänge durch lokale, verhältnismäßig mächtige Gemeinwesen bewirkt wurden, die den Staat auf Distanz hielten, oder ob sie daher rührten, dass der Staat und seine Idee in einer nur lose strukturierten Gesellschaft keinen Rückhalt fanden. Beispiele für den ersten Fall ließen sich in den Kernzonen der spanischen Herrschaft in Amerika, in den Hochländern Mexikos und Perus, finden, während der zweite Fall vor allem in den bevölkerungsarmen Randzonen (*frontiers*) des spanischen Kolonialstaates vorkam. Das Gebiet des heutigen Argentinien zählte zu diesem zweiten Fall.

Als im frühen 19. Jahrhundert die politische Trennung von Spanien erwirkt wurde, prägte eine Reihe von Strukturmerkmalen die Entwicklung im Gebiet des heutigen Argentinien. Als die wichtigsten sind die Bedeutung der *frontier,* die dünne Demographie sowie die regionalen Konflikte zwischen Buenos Aires und dem Landesinnern zu nennen. Beginnen wir mit dem ersten Punkt. Das Gebiet des heutigen Argentinien war damals im Westen und Süden eine *frontier.* Der Begriff bezeichnet einen weder juristisch noch territorial genau eingegrenzten, in seiner Lage sich verändernden Übergangsraum zwischen staatlich und nicht staatlich verfassten Gemeinwesen. Im Gebiet des heutigen Argentinien machten die *frontiers* im 19. Jahrhunderts große Teile des eigentlich vom Staat beanspruchten Territoriums aus. Von einer festen Inbesitznahme des gesamten nationalen Territoriums durch den argentinischen Staat konnte noch Mitte des 19. Jahrhunderts keine Rede sein. In den *frontiers* trat der Staat oftmals nur als Nomade auf. Das Refugium des Staates war dagegen die Stadt, besonders die Hafenstadt Buenos Aires. Buenos Aires profitierte von seiner Lage an der Mündung des La Plata-Flusses. Seine Regierung kontrollierte die Zolleinnahmen des Landes, die in Argentinien im 19. Jahrhundert den Großteil der Staatseinkünfte ausmachten. Dies verschaffte der Stadt bzw. Provinz Buenos Aires sowohl in politischer wie militä-

[1] Die Autoren dieses Beitrags haben sich die Arbeit geteilt. Lars Hänsch hat die systematischen, politikwissenschaftlichen und zeitgeschichtlichen Teile dieses Beitrags bearbeitet, Michael Riekenberg die explizit historischen Abschnitte. Der Charakter dieses Textes als Handbuchbeitrag bringt es mit sich, dass die Anzahl der Literaturhinweise und Fußnoten so gering wie möglich gehalten wurde, obwohl natürlich alle Informationen aus der Literatur zusammengestellt wurden. Nur an wenigen Stellen schien es aber notwendig, dies ausdrücklich kenntlich zu machen. Für die Überprüfung der Literaturhinweise und Zitatstellen danken wir Frau Andrea Kaden, Universität Leipzig.

rischer Hinsicht entscheidende Wettbewerbsvorteile gegenüber den Provinzen im Landesinnern. Die Frage, wer das Handelsaufkommen und die Zolleinkünfte kontrollierte, wurden
deshalb zum Zankapfel und mündeten im frühen 19. Jahrhundert mehrfach in Kriegen zwischen den Provinzen. Die Zolleinkünfte machten den Bonarenser Staat dabei auch in Zeiten
finanzierbar, in denen andernorts in der Region Staatlichkeit aufgrund kriegsbedingter
Verwüstungen und der Verödungen ganzer Landstriche verschwand.

Anfang des 19. Jahrhunderts war das La Plata-Gebiet an Menschen arm. Zwischen der
Atlantikküste und den Anden, zwischen dem Hochland Boliviens und Patagonien lebten
insgesamt etwa 300.000 Menschen, in der Provinz Buenos Aires waren es wohl knapp
60.000. Weil im La Plata-Gebiet aufgrund der dünnen Demografie keine Gesellschaft existierte, sondern, wie der argentinische Historiker Halperin Donghi (Donghi 1996: 19)
schreibt, nur deren „Entwurf", waren die Gruppen, die ein staatliches Leben organisieren
wollten, von dem Zwang befreit, besondere Rücksicht auf eine Gesellschaft zu nehmen, die
so recht nicht existierte. Dies versetzte die Anhänger des europäischen Staatsverständnisses
– zuerst die Kinder einer in Spanisch-Amerika utilitaristisch gewendeten Aufklärung, später
dann die sogenannten Jakobiner in der Stadt Buenos Aires und schließlich die liberale politische Klasse des Landes – in die Lage, sich ganz ihren Modernisierungsfantasien hingeben
zu können. Dabei orientierten sie sich an Europa, während das eigene Landesinnere als
barbarisch definiert wurde. Keine andere Vision entfaltete dabei in der politischen Öffentlichkeit Argentiniens eine derart große Wirkung wie jene der Modernisierung des Landes
durch Zuwanderung. Die Förderung der Zuwanderung aus Europa wurde im 19. Jahrhundert zu einem der obersten Ziele staatlicher Politik. Durch die Migration von über sechs
Millionen Menschen im Zeitraum von 1870 bis 1914, von denen die meisten aus Italien und
Spanien stammten, kam es zu einem starken Bevölkerungsanstieg. Weil der Grossteil der
Zuwanderer entgegen der ursprünglichen politischen Absicht jedoch in die Städte ging
anstelle aufs Land, kam es zu kräftigen Urbanisierungen, die sich auf Buenos Aires und die
Städte im argentinischen Litoral konzentrierten. 1917 zählte Argentinien knapp 8 Millionen
Einwohner. Die Stadt Buenos Aires überschritt bereits 1905 die Millionengrenze. Zuwan-
derung und Verstädterung lösten den Charakter Argentiniens als eine rudimentäre Gesell-
schaft der *frontier* auf. Gleichzeitig bildeten sich in den Städten massive Ordnungs- und
Entwicklungsprobleme, auf welche die politischen Führungsgruppen des Landes teils durch
Repressionen, teils durch politische Reformen zu reagieren versuchten.

Im frühen 20. Jahrhundert galt Argentinien nicht allein innerhalb Lateinamerikas, sondern am Weltmaßstab gemessen als reich und dynamisch. Die Basis für den wirtschaftlichen Wohlstand des Landes bildete seit der späten Kolonialzeit der Handel mit Rinder- und
Schafprodukten sowie im 19. Jahrhundert zunehmend der Getreideanbau. Die enorme Bedeutung der Vieh- und Agrarwirtschaft verlieh dem politischen System Argentiniens oligarchische Züge. Große Getreideproduzenten sowie Vieh- und Schafzüchter (*estancieros*)
waren in sozialer Hinsicht mächtig und politisch einflussreich. Ihre Familien bildeten das
Gerüst der so genannten „konservativen Ordnung" Argentiniens, die bis zum Militärputsch
von 1930, unterschwellig länger, Bestand hatte. Häufig in der Stadt ansässig, prägten die
estancieros auch die Kultur der städtischen Oberschicht. Die urbane Elite charakterisiert
Johns (1993) deshalb als eine „Rentier-Klasse", die eine konservative Grundstimmung
besaß, agrarisch-kommerziell orientiert war und in ihrer Mentalität als provinzialistisch
galt. Diese Gruppe kontrollierte zugleich die politische Klasse des Landes, in der besonders
Angehörige freier Berufe vertreten waren. Die politische Klasse war am engsten mit dem

Schicksal des Staates verbunden. Sie drängte darauf, die staatlichen Institutionen und Kompetenzen auszuweiten, weil sie davon am meisten zu profitieren hoffte. Kräftige Ausweitungen der Staatstätigkeit fanden zuerst Mitte der 1880er Jahre statt, als die Zivilehe, die allgemeine Schulpflicht sowie die Wehrpflicht eingeführt wurden, sowie neuerlich nach 1930, als der Staat damit begann, sich für die Lenkung der Wirtschaft zu interessieren.

Der Wandel der argentinischen Gesellschaft vollzog sich vor allem in den Städten. Das Bildungswesen, das gerade Einwanderergruppen als Instrument des sozialen Aufstiegs betrachteten, wurde ausgebaut. Pro Schulkind gab Argentinien im frühen 20. Jahrhundert etwa das Doppelte dessen aus, was Preußen oder England für Bildungszwecke verausgabten (Vogel 1992: 706), obgleich die Effektivität dieser Maßnahmen im Nachhinein durchaus als zweifelhaft zu bezeichnen ist. Unruhen an den Universitäten um 1920 waren die Folge. Auch die Medienlandschaft erweiterte sich zu dieser Zeit zusehends. Seit der Einrichtung des obligatorischen Schulunterrichts im Jahr 1884 nahm der Umfang des städtischen Lesepublikums zu. Presseorgane und Verlage entstanden. Seit 1913 erschien die Abendzeitung *Crítica*. 1920 kam es zur Ausstrahlung der ersten Radiosendung in Buenos Aires, während der erste argentinische Fernsehsender im Oktober 1951 gegründet wurde. In politischer Hinsicht bewirkte der soziale Wandel seit dem frühen 20. Jahrhundert die Entstehung neuer Gesellschaftsgruppen wie eines städtischen Proletariats sowie einer quantitativ umfangreichen urbanen Mittelschicht. 1916 gewann die *Unión Cívica Radical* (UCR) die Parlamentswahlen und stellte 1918 mit Hipólito Yrigoyen den Staatspräsidenten. Sie regierte von 1916 bis 1930. Obgleich die UCR nicht einfach als eine Partei des Mittelstands definiert werden kann, weil gerade in ihren Führungsgremien Angehörige der Oligarchie anzutreffen waren, besaß sie dort doch viele Anhänger. Zudem schuf die Partei sich im Mittelstand eine eigene politische Klientel, indem sie während ihrer Regierungszeit den Ausbau der öffentlichen Verwaltungen vorantrieb. Dadurch stellte sie ihren Anhängern Arbeitsplätze und Karrieren im öffentlichen Dienstleistungssektor zur Verfügung und trug so wiederum ihren Teil zur Entwicklung der urbanen Mittelschicht bei. In den 1940er Jahren machten die alten und neuen Mittelschichten in Argentinien mehr als 40% der städtischen Bevölkerung aus (Carreras 2002: 18).

Durch die Weltwirtschaftskrise von 1929/30 geriet auch die argentinische Vieh- bzw. Agrarexportwirtschaft in Not. Als Reaktion auf diese Entwicklung forcierte der Staat die importsubstituierende Industrialisierung. Vor allem das Militär unterstützte diese Politik, weil in den Reihen des Offizierskorps der Aufbau einer eigenen, vom Ausland unabhängigen Rüstungsindustrie, besonders erwünscht war. Dieses ökonomische Krisenmanagement war relativ erfolgreich, so dass die schwersten Auswirkungen der Weltwirtschaftskrise in Argentinien bereits Mitte der 1930er Jahre überstanden waren. Zwischen 1935 und 1939 wuchs der Anteil der in der Industrie Beschäftigten dann um etwa ein Drittel (Zettl 1990: 50). John M. Keynes lobte die Wirtschaftspolitik Argentiniens 1936 ausdrücklich für ihre Erfolge (Donghi 1996: 22), was immer ein solches Lob eines „Wirtschaftsweisen" für die Nöte und Sorgen der breiten Bevölkerung auch zu bedeuten hatte. Schwerwiegender als die ökonomischen Folgen der Weltwirtschaftskrise waren jedenfalls die politischen Reaktionen. Die Depression von 1929/30 führte auch unter dem Eindruck der politischen Entwicklungen in Europa (Faschismus in Italien) zur Suche nach offen autoritären Politiklösungen und zum direkten Eingreifen des Militärs in die Staatsführung (Militärputsch vom 06. September 1930). Durch den Putsch übernahm das Militär eine zentrale Rolle im politischen System des Landes. Es setzte eine Zerrüttung des demokratischen Systems ein, wozu systematischer Wahlbetrug, der in den 1930er Jahren praktiziert wurde, seinen Teil beitrug. Nach 1930 gewannen zudem nationalistische Strömungen in der politischen Öffentlichkeit Argentiniens stark an Gewicht.

Der Peronismus, der auf die Geschichte Argentiniens in der zweiten Hälfte des 20. Jahrhunderts großen Einfluss nahm, war Teil dieser Entwicklungen. Die erste peronistische Regierung (1946-1955) betrieb die politische Mobilisierung der Arbeiterschaft und unterer Gesellschaftsgruppen, führte 1947 das Frauenwahlrecht ein und stärkte die Gewerkschaften. Jedoch geschah diese Mobilisierung breiter Bevölkerungsschichten zumeist mit autoritären Mitteln, wovon auch die Beschränkung der Presse- und Meinungsfreiheit sowie die politische Verfolgung Oppositioneller Zeugnis ablegten. Mediale Inszenierungen charismatischer Führerfiguren, insbesondere der ersten Frau Juan Domingo Peróns, Evita, trugen populistisch-autoritäre Züge. In Bezug auf die Wirtschaft setzte der Peronismus nicht zuletzt aus militärischer Rivalität mit Brasilien die Industrialisierungspolitik der 1930er Jahre fort. Vor allem aber schuf und alimentierte er durch seine sozialen Reformen eine regimetreue Arbeiterklasse. Die Arbeiterschaft gewann als Folge der peronistischen Sozialreformen einen innerhalb Lateinamerikas überdurchschnittlich hohen Grad sozialer Absicherung. Eine wichtige Stütze des Regimes waren staatstreue Gewerkschaften, die mit dem Peronismus erst zu ihrer Bedeutung heranwuchsen. Die Präsidentschaftswahlen von 1945 hatte Perón noch mit etwa 1,5 Millionen gegen 1,2 Millionen Stimmen für sich entschieden. In den Parlamentswahlen von 1948, in denen die politische Opposition unter Verfolgungen und Benachteiligungen litt, gewann die peronistische Partei dann zwei Drittel der Abgeordnetensitze. Dabei half der Politik Peróns zunächst eine für ihre Anliegen günstige Wirtschaftskonjunktur. Diese flaute allerdings nach 1950 ab und entzog dem Regime die ökonomischen Grundlagen dafür, seine politische Klientel durch kostenintensive soziale Reformen an sich zu binden.

Der Sturz der ersten Regierung Perón durch das Militär im September 1955 führte zu einer „dauernden Krise" (Szawofal 1994: 106) des politischen Systems in Argentinien. Das Land war fortan tief in Peronisten und Anti-Peronisten gespalten. Das zeitweilige Verbot für die Peronisten, an Wahlen teilzunehmen, förderte diese Spaltung zusätzlich. Das Militär regierte direkt in den Jahren 1955 bis 1958, 1966 bis 1973 und 1976 bis 1983. Jedoch konnte es keine Stabilisierung des Landes bewirken. Im Gegenteil, die Krise des politischen Systems wurde durch die Ausbreitung von Gewalt in der Gesellschaft, an der sowohl der Staat wie Guerillagruppen Anteil hatten, verschärft. Die Guerilla, die sich seit 1969 bildete, zerfiel dabei in zwei Hauptströmungen, zum einen die aus dem linken Peronismus kommenden *montoneros*, zum anderen die trotzkistisch gesonnene Revolutionäre Volksarmee (ERP). Beide Strömungen rekrutierten sich in erster Linie aus Angehörigen mittelständischer Gruppen, vor allem aus Schülern, Studenten und Freiberuflern (Waldmann/Krumwiede 1992: 27). Zwischen 1966 und 1973 errichtete das Militär ein in der Literatur als bürokratisch-autoritär bezeichnetes Regime. Dessen Ziel war im Unterschied zur vorrangegangenen Militärherrschaft nicht mehr, die Regierungsgewalt zu einem späteren Zeitpunkt an eine demokratisch legitimierte Obrigkeit zurückzugeben, sondern eine planmäßige Umgestaltung von Staat und Gesellschaft zu betreiben (Waldmann 1996: 942). Als Mittel zu diesem Zweck sollten u.a. das Verbot politischer Parteien, die Auflösung des Kongresses und der Provinzparlamente sowie die Intervention der Universitäten durch das Militär dienen. Im Zuge dieser Vorgänge wurde 1969 ein Protest von Studenten und Arbeitern in der Stadt Córdoba und in anderen Provinzstädten gewaltsam unterdrückt. Unter der dritten

Militärherrschaft von 1976 bis 1983 erreichte der staatliche Griff zur Gewalt dann eine neue Dimension. In der Literatur ist bezüglich dieser Jahre vom Staatsterrorismus die Rede. In einem „Schmutzigen Krieg", den das Militär in Argentinien im Innern der Gesellschaft führte, gab es nach Schätzungen bis zu 30.000 Opfer der Gewalt. Erst die Niederlage gegen Großbritannien im Falkland/Malvinen-Krieg 1982 machte den Weg zur Wiedererrichtung einer verfassungsmäßigen Ordnung frei.

2   Verfassungsgrundlagen

Während der Unabhängigkeitsbewegung im frühen 19. Jahrhundert setzten sich wie in anderen Teilen Lateinamerikas auch im La Plata-Raum neue Vorstellungen von Herrschaftslegitimation und politischer Repräsentation durch. Allerdings befassten sich nur kleine Teile der Gesellschaft, in der Regel urbane Gruppen mit einem höheren Bildungsstand, mit diesen Fragen. Sie konstituierten die damalige politische Öffentlichkeit. Ins Zentrum des politischen Denkens rückte in der Unabhängigkeitsbewegung die Idee der souveränen Nation. Dabei galt die Nation als Verband von Staatsbürgern, nicht als Herkunftsgemeinschaft mit gleichen kulturellen oder ethnischen Merkmalen. Dies lag in erster Linie an den kulturellen wie rassischen Vorbehalten, welche die urbanen Eliten Lateinamerikas, die sich in der Regel auf eine europäische Herkunft beriefen, gegenüber den Bevölkerungen vorspanischer oder afrikanischer Herkunft empfanden. Im La Plata-Gebiet wurden seminomadisierende indigene Völker trotz mitunter gegenteiliger politischer Rhetorik nicht als Teil der Nation begriffen.

Im politischen Sprachgebrauch des frühen 19. Jahrhunderts ging der Begriff der Nation Vermengungen mit anderen Begriffen wie dem des *pueblo* ein. Dies ist vormalig durch Anklänge an ein überkommenes politisches Gedankengut, das bis in die spanische Spätscholastik zurückverfolgt werden kann, zu erklären. Danach wurde das Volk als korporative Größe definiert, nicht als Verbund autonomer Bürger. Mitunter wurde die Vorstellung des Volks in diesem Zusammenhang auch mit jener der Gemeinde oder der Stadt gleichgesetzt. Zusätzlich begünstigt wurde dies durch die mehrdeutige Semantik des Begriffs *pueblo* (Volk; Dorf) im Spanischen. In der politischen Öffentlichkeit des La Plata-Raumes sprach man im Sinne dieses Verständnisses in den ersten Verfassungen nicht selten Gemeinden und Städten das Souveränitätsrecht zu, so dass diese sich selbst als Souverän betrachteten (Guerra 1994). Spätscholastisches Gedankengut aus Spanien begünstigte somit den politischen Regionalismus, der im La Plata-Gebiet großes Gewicht hatte, und trug zu vorübergehend fast völliger Auflösung des Staates in der Region in den 1820er Jahren bei. Kern dieses Regionalismus war allerdings nicht kulturelles Brauchtum oder ethnische Divergenz, sondern die Ausbildung von Regionalwirtschaften. Regionen konstituierten sich als „funktionale Vernetzungen" auf der Basis wirtschaftlicher Interessen sowie von Familien- und Freundesbanden (Ibold 1997: 15). Die gesamtstaatliche Organisation Argentiniens litt im 19. Jahrhundert stark unter den Gegensätzen zwischen den verschiedenen Regionen bzw. Provinzen. Zwischen 1820 und 1862 nahmen diese Konflikte häufig die Gestalt kriegerischer Auseinandersetzungen an. Oftmals verlief die Gegnerschaft dabei zwischen Buenos Aires und flussaufwärts gelegenen Provinzen, deren Führungsgruppen sich durch die Bonarenser Handels- und Zollpolitik benachteiligt und durch den politischen Führungsanspruch aus Buenos Aires übergangen fühlten.

Am 09. Juli 1816 erklärten die „Vereinigten Provinzen am Rio de la Plata" – von denen sich 1811 bereits Paraguay losgesagt hatte, während die *Banda Oriental* (Uruguay) diesen Schritt 1828 vollzog – die politische Unabhängigkeit von Spanien. Ende 1824 trat in Buenos Aires ein verfassungsgebender Kongress zusammen, der die Regierung der Provinz Buenos Aires ermächtigte, für die Außenpolitik aller Provinzen die Verantwortung zu tragen. Die Verfassung von 1826, die während des Krieges mit Brasilien (1824-1826) entstand, wurde jedoch von den Provinzen im Landesinnern nicht anerkannt, weil sie als zu zentralistisch galt. Eine feste rechtliche Grundlage erhielt der argentinische Staat erst mit der Verfassung vom Mai 1853. Diese erreichte eine im lateinamerikanischen Vergleich seltene Stabilität und Dauerhaftigkeit. Sie ist bis heute in Kraft. Zuletzt überarbeitet wurde sie 1994. Laut dieser Verfassung ist Argentinien ein repräsentativer und republikanischer Bundesstaat. Auch die Provinzverfassungen haben dem Rechnung zu tragen. Die Verfassung von 1853 überträgt „den Provinzen das Recht auf die autonome Regelung ihrer internen Angelegenheiten durch Verfassungen und Gesetze" (Haldenwang 2002: 386). Im Konfliktfall hat die nationale Gesetzgebung den Vorrang. Artikel 6 der Verfassung gibt dem Zentralstaat zudem das Recht, gegebenenfalls in den Provinzen zu intervenieren, um die verfassungsmäßige Ordnung zu sichern. Das Regierungssystem Argentiniens ist deutlich angelehnt an die Verfassung der USA und das dortige Präsidialsystem. Die Verfassung von 1853 wurde in „laizistischem Geist" geschrieben, respektierte die katholische Kirche – über 80% der Bevölkerung Argentiniens sind bis heute katholischen Glaubens – aber als vom Staat „unterstützt" (Walter 1998: 958).

3   Staatsoberhaupt

Die Republik Argentinien (*República Argentina*) ist eine repräsentative, präsidiale Bundesrepublik. Ihre institutionelle Struktur ist hauptsächlich in der Verfassung von 1853 begründet. Diese Verfassung sieht eine föderale Präsidialdemokratie vor, innerhalb derer dem Staatspräsidenten eine äußerst starke Stellung zukommt. Der Präsident steht an der Spitze der nationalen Exekutive. Er ist Staatsoberhaupt und Regierungschef. Um zum Präsidenten der Nation Argentinien gewählt werden zu können, muss ein Bewerber mindestens 30 Jahre alt und Argentinier durch Geburt sein. Die Väter der Verfassung von 1853 waren der Ansicht, eine starke Exekutive in Person des Präsidenten sei vor allem als Gegengewicht gegen das Machstreben von Ministern, Provinzgouverneuren und regionalen Machthabern vonnöten. Daneben wünschten sie sich eine „effektive" ausführende Gewalt, die unbehindert von den aus ihrer Sicht zwangsläufigen Streitigkeiten eines Kollegialorgans die Politik bestimmen und die Nation führen sollte. Dies realisierten sie in der Person eines machtvollen Staatspräsidenten.

Neben seinen Obliegenheiten als Staats- und Regierungschef ist der Präsident Oberbefehlshaber der Streitkräfte und oberster Verwaltungsbeamter des Landes. Der Präsident führt die Gesetze aus und stellt dazu nötige Vorschriften aus, er hat das Recht, dem Kongress Gesetzesentwürfe vorzulegen, er kann verfassungsmäßige Garantien aufheben, den Notstand ausrufen und die Provinzen unter Bundesverwaltung stellen. Er eröffnet jährlich die Sitzungen des Kongresses und kann diese im Notfall einberufen. Er kann mit dem Einverständnis des Senats Posten in der Exekutive besetzen und von jedem ihrer Angehörigen Arbeitsberichte einfordern. Des weiteren kann er per Dekret und Notverordnung regieren.

Diese Form der Machtausübung ist bis heute vielleicht die folgenreichste für die praktische Machtverteilung im Staat. Sie gibt dem Chef der Exekutive die Möglichkeit, nach Dafürhalten seine Anordnungen unmittelbar zu rechtlich verbindlichen Vorschriften werden zu lassen, die keiner Beratung durch das Parlament unterliegen.

Was im Laufe des 19. Jahrhunderts als wichtig und notwendig betrachtet wurde, stieß im 20. Jahrhundert zunehmend auf Kritik. Das Amt sei kaum zu kontrollieren und ermögliche dem Amtsinhaber durch die Konzentration aller exekutiven Gewalt auf seine Person viel Willkür. Die weitreichenden Kompetenzen der Exekutive ließen die politischen Akteure des Landes den Verfassungsrahmen seit Beginn des 20. Jahrhunderts oberflächlich respektieren. Während des Staatsstreichs von 1930 zeigte sich jedoch darin, wie schnell sich Kongress und Justiz den neuen Herrschern unterwarfen, dass die Treue zur Verfassung mitnichten in jedem staatlichen Akteur tief verwurzelt war und die Macht des Staatsoberhauptes allein die Nation nicht zusammenhalten konnte. Damit begann eine Legitimitätskrise, die das politische System Argentiniens bis in die 1980er Jahre prägte. Zwar behielt man das Gerüst der Verfassung während dieser Jahre weitgehend bei, verstieß aber sowohl in Perioden der autokratischen Regierung durch das Militär als auch in demokratischen Zeitabschnitten auf jeder Stufe staatlicher Institutionen ständig gegen ihren Geist. Mehrere Staatspräsidenten nutzte ihre Macht oftmals über alle Gebühr hin aus. Schon 1955, nach dem Ende der Ära Perón, mit Nachdruck aber 1984 entstand deshalb der Plan, die Kompetenzen des Staatsoberhauptes zu reformieren.

Vor allem sah man sich veranlasst, die aus der Zentralisierung von politischen Erwartungen auf die Person des Staatspräsidenten resultierende Personalisierung der Macht zu unterbinden. Man wollte keinem Staatsoberhaupt mehr die Möglichkeit in die Hand geben, zur Erfüllung von an seine Person gerichteten Hoffnungen Vorgaben der Verfassung zu überschreiten. Eine Aufteilung der Gewalt auf mehrere Personen sollte das Dilemma lösen. Seit der Rückkehr zur Demokratie 1983 fand eine deutlich spürbare Festigung der Verfassungsstrukturen und des demokratischen Gedankens innerhalb der Bevölkerung statt. Bereits Präsident Raúl Alfonsíns Regierung versuchte, nach dem Ideal parlamentarischer Regierungssysteme die Macht des Präsidenten durch einen Ministerpräsidenten zu beschränken, hatte damit jedoch noch keinen Erfolg. Erst 1993 konnten sich Präsident Carlos Menem und er auf diesen Schritt einigen. Die Position eines dem Präsidenten und dem Kongress gleichermaßen verantwortlichen, mit verschiedenen exekutiven Aufgaben betrauten Kabinettschefs entstand.

Präsident Raúl Alfonsín trat 1983 als Führer der ersten demokratischen Regierung nach der Epoche der Militärdiktaturen die schwere Aufgabe an, zur gleichen Zeit eine Lösung für die desolate wirtschaftliche Lage des Landes zu finden, in der die Militärs Argentinien zurückgelassen hatten, der Gesellschaft und dem politischen System neues Leben einzuhauchen, die Streitkräfte ziviler Hoheit zu unterwerfen und während der Militärdiktatur geschehene Verbrechen aufzuarbeiten. In Bezug auf die Gesellschaft und das politische System war seine Arbeit von einigem Erfolg gekrönt. Der Sieg der lange marginalisierten UCR über einen vorübergehend diskreditierten und unorganisierten Peronismus eröffnete eine neue Phase in der argentinischen Politik, die bis heute gekennzeichnet ist von der Beachtung der Verfassung, dem friedlichen Zusammenleben der politischen Kräfte und der Konsolidierung eines Systems mehrerer Parteien (Nohlen 1993: 31). *Radicalismo* (UCR) und *Justicialismo* (Peronismus) konnten und können bei nationalen Wahlen eine große Mehrheit der Wählerschaft auf sich vereinigen. Neben ihnen entwickeln sich sowohl links als auch rechts weitere Kräfte. Alfonsín musste sich allerdings auch zu einigen Kompromissen bereit erklären. Infolge einer schweren Wirtschaftskrise musste er bereits 1989 zurücktreten, und das Amt seinem Nachfolger fünf Monate früher als geplant überlassen. Nun kam mit Carlos Saúl Menem Akil die peronistische Partei erneut an die Macht. Menems sehr liberale Wirtschaftspolitik und die 1:1-Bindung des argentinischen Peso an den US-Dollar liefen den Grundsätzen klassischer peronistischer Politik staatsdirigistischer und binnenorientierter Natur entgegen, konnten das Land während seiner ersten Amtszeit aber stabilisieren und Argentinien Selbstvertrauen und neues Ansehen verschaffen. Die rasend wachsende Inflation wurde gestoppt, große Teile staatlich geleiteter Wirtschaft privatisiert, das Land öffnete sich, ins besondere in Richtung der USA. Der politische Prozess konsolidierte sich und die durch die wirtschaftliche Not in Aufruhr geratene Bevölkerung ließ sich beruhigen. Im Laufe der zweiten Legislaturperiode verkehrte sich dieser Entwicklungsgang jedoch teilweise wieder in sein Gegenteil. Zwischen 1998 und 2002 fiel Argentinien erneut in eine schwere Wirtschaftskrise. 1999 wurde Menem durch eine Koalition unter Fernando de la Rúa abgelöst. De la Rúa und weitere Interimspräsidenten lösten sich ab, bis 2003 Nestor Kirchner zum Staatspräsident gewählt wurde. Trotz eines zuerst niedrigen Wahlergebnisses ist Kirchner heute in der Bevölkerung sehr beliebt, da er echte Reformen anpackt, welche die Situation des Landes auf lange Sicht verbessern könnten. Seit 2005 befindet sich die Wirtschaft beispielsweise auf Erholungskurs. Aber auch Kirchner greift speziell in jüngster Zeit zu fast autokratischen Mitteln, die jede Bemühung zur Reduktion exekutiver Macht in ihr Gegenteil verkehren. Die Opposition kann sich nach wie vor nicht konsolidieren, der Peronismus steht gespalten da und das politische System leidet weiterhin unter zahlreichen Informalitäten.

4   Parlament

Die gesetzgebende Gewalt Argentiniens ist der Kongress. Er besteht aus zwei Kammern. Diese sind die das Volk direkt vertretende Abgeordnetenkammer mit 257 Deputierten und der Senat, der die Interessen der Provinzen repräsentiert und sich aus 72 Mitgliedern zusammensetzt.

Die Anzahl der Abgeordneten bemisst sich nach der Zahl der Einwohner Argentiniens. Pro 33.000 Einwohner wird ein Deputierter entsandt. Um zur Wahl um die Abgeordnetenkammer antreten zu können, muss ein Kandidat mindestens 25 Jahre alt sein, seit vier Jahren über die argentinische Staatsbürgerschaft verfügen und in der Provinz, für die er oder sie antritt, geboren sein oder die letzten zwei Jahre vor der Wahl am Stück in ihr gelebt haben (Artikel 48, Teil 2). Ein Abgeordneter ist nach Ablauf seiner vierjährigen Amtszeit wieder wählbar. Die Anzahl der Senatoren beträgt drei pro Provinz plus drei für die Stadt Buenos Aires. Die Verfassungsreform von 1994 hat ihre Zahl um einen Senator je Provinz angehoben. Um Senator werden zu können, muss ein Kandidat 30 Jahre alt sein. Ein Senator muss im Fall von Zuwanderung seit mindestens sechs Jahren Staatsangehöriger Argentiniens sein, muss über ein festes Einkommen von wenigstens 2.000 Pesos verfügen, und muss in der Provinz, für die er oder sie antritt, geboren sein beziehungsweise zwei Jahre vor der Wahl in ihr gelebt haben. Senatoren sind unbegrenzt wieder wählbar. Laut Verfassung kommt den Kammern das Recht zu, Kandidaten für zu vergebende Parlamentssitze auszusuchen. In der Praxis wird die Bestimmung der Kandidaten jedoch von den Parteien übernommen.

Eine parlamentarische Sitzung findet nur in Anwesenheit einer absoluten Mehrheit der Deputierten einer Kammer statt. Die absolute Mehrheit der Stimmen ist zur Entscheidungsfindung in beiden Kammern notwendig. Eine Minderheit Abgeordneter kann nur über disziplinarische Maßnahmen gegen nicht anwesende Deputierte entscheiden. Der Kongress schafft Gesetze durch Wahlen und Abstimmungen. Die Deputierten sind dabei verpflichtet, mit ja oder nein zu stimmen, die Verfassung kennt keine Enthaltungen. Daneben können die Kammern für bestimmte Entscheidungen ein gesondertes Abstimmungsverhalten festlegen. Die Vorbereitung parlamentarischer Entscheidungen in Ausschüssen ist heute unumgänglich. Diese Ausschüsse können sowohl permanent existieren als auch zu besonderem Zweck einberufen sein. Permanent eingerichtete Ausschüsse haben hauptsächlich beratende Funktion. Unter ihnen befindet sich beispielsweise der Ausschuss für parlamentarische Arbeit. Spezielle Ausschüsse werden nach Notwendigkeit einberufen. Die *comisión bicameral permanente* zeichnet sich unter anderem für Kontrolle und Revision innerhalb des Kongresses zuständig. Angehörige des Kongresses genießen besonderen Schutz ihrer Meinungsfreiheit, Unantastbarkeit ihrer Person sowie Schutz vor Strafverfolgung. Beide Kammern können zu jeder Zeit Minister der Exekutive vorladen und sie um Arbeitsberichte ersuchen. Eine solche Einladung kann auch an den Staatspräsidenten selbst ergehen. Daneben ist es dem Kongress erlaubt, jede zur Erfüllung seiner Aufgaben benötigte Information einzuholen. Das Parlament hat so breit gefächerte Möglichkeiten, sich beispielsweise bis hin zur Amtsführung politischer Köpfe zu informieren und im Zweifelsfall gegen Angehörige der Exekutive Verfahren zu eröffnen (Artikel 53/59, Teil 2). Privatpersonen sind im Rahmen ihrer persönlichen Freiheit vor der Informationsbeschaffung des Kongresses geschützt. Der Senat autorisiert den Präsidenten zudem, den nationalen Verteidigungszustand zu proklamieren.

Der Kongress kann Minister mit Hilfe der Ministeranklage ihres Amtes entheben. Das Mittel eines konstruktiven Misstrauens hat die Volksvertretung Argentiniens nicht. Für beide Kammern haben zum letzten Mal am 23. Oktober 2005 Wahlen stattgefunden. Aus diesen Wahlen gingen die Anhänger des Staatspräsidenten Kirchner mit 40 Prozent Stimmenanteil in beiden Kammern klar als Sieger hervor. Präsident Kirchner wurde damit sehr gestärkt und kann sich nun auf eine breite Mehrheit auch innerhalb der eigenen Partei stützen.

5 Regierung und Verwaltung

An der Spitze der Regierung Argentiniens steht der Staatspräsident. Dem Präsidenten zur Seite steht ein Vizepräsident, dem die Aufgabe zukommt, ihn im Fall von Amtunfähigkeit, Krankheit oder Tod zu vertreten oder zu ersetzen. Der Vizepräsident ist Präsident des Senats, hat hier aber nur im Fall von Stimmenpatt das Recht zur Abstimmung. Zudem kann der Staatspräsident ihm nach eigener Vorstellung Aufgaben übertragen. Das Kabinett wird vom Präsidenten ernannt, wofür er die Zustimmung des Senats benötigt.

Die Position des Kabinettschefs wurde durch die Verfassungsreform von 1994 angedeutet, das Dekret Nr. 909/95 des selben Jahres setzte sie in die Tat um. Dieser hat den Rang eines Ministers. Seine hauptsächliche Aufgabe, ist die einer koordinierenden Instanz zwischen den Ministerien, dem Präsidenten und dem Parlament. Er leitet die Verwaltung des Landes. Er bereitet jährlich einen Bericht zur Lage der Nation vor. Daneben kann alles in seinen Arbeitsbereich fallen, was ihm vom Präsidenten zugewiesen wird. Der Kabinettschef ist dem Präsidenten wie dem Senat gleichermaßen verantwortlich. Vor dem Plenum des Kongresses muss der Kabinettschef einmal im Monat erscheinen und jeden vom Kongress erbetenen Bericht abliefern. Der Kabinettschef ist jedoch vom Präsidenten abhängig, da der Präsident ihn in sein Amt beruft und jederzeit daraus entlassen kann. Eine besonders wichtige Aufgabe, die dem Kabinettschef zukommt, ist die Planung und Ausführung des Bundeshaushalts. Der Kongress muss den Plänen der Exekutive bezüglich des Haushalts jährlich zustimmen, aufgrund der hierarchischen Anordnung der beteiligten Institutionen ist jedoch politische Praxis, dass Planung und Investition des Bundeshaushalts in den Aufgabenbereich der Exekutive fallen. Dort werden sie unter Aufsicht des Präsidenten vom Kabinettschef koordiniert, der Kongress berät.

Die Exekutive Argentiniens ist unipersonal, sie konzentriert sich auf die Person des Staatspräsidenten. Auch praktisch wird sie nach wie vor vom Präsidenten bestimmt. Das Aufbrechen der Konzentration exekutiver Macht auf die Person des Präsidenten ist mit der Verfassungsreform 1994 nicht gelungen. Die Minister sind am ehesten beratende Ressortleiter. Sie besitzen keine völlig eigenständige Verantwortung. Die Verhältnisse der Minister untereinander und zum Präsidenten sind komplex, da sie auf präsidentielle Initiative hin und auf Anweisung des Kabinettschefs agieren. Dem Staatsoberhaupt und dem Kabinettschef sind sie verantwortlich (Colautti 1998: 263). Der Präsident übergibt dem Kabinettschef Anweisungen und Aufträge, welche dieser an die Minister weiterleitet.

Mit der Zustimmung des Kabinetts führt der Kabinettschef die Aufgaben aus, die der Präsident an ihn delegiert hat. Er ernennt beispielsweise diejenigen Beamten der Bundesverwaltung, die der Präsident nicht selbst ernennt.

Den Ministern kommt seit 1994 ein Teil an der Aufgabe zu, die Konzentration exekutiver Gewalt in der Hand des Präsidenten zu verringern. Das Staatsoberhaupt benötigt seither sowohl für den Erlass von Dekreten ihre Zustimmung, als auch zur Bekanntmachung und Verbreitung von Gesetzen. Exekutive Gesetzesinitiativen und der jährliche Haushaltsplan müssen vor ihrer Übersendung an den Kongress die Zustimmung des Kabinettschefs und der Minister gefunden haben. Praktisch sind aber auch sie vom Präsidenten abhängig und arbeiten ihm zu. Ein Minister hat das Recht, Verbindungen zum Parlament aufrecht zu erhalten. Er oder sie darf Sitzungen beider Häuser des Kongresses besuchen, und darf an Debatten teilnehmen. Es ist ihnen jedoch nicht erlaubt, abzustimmen. Der Kabinettschef ist dem Senat verantwortlich. So wird nicht nur eine Institutionalisierung des Kontakts zwischen Parlament und Verwaltung erreicht, vor allem ist ersterem eine bessere Kontrolle der nationalen Verwaltung möglich. Dem Kabinettschef kommt dabei rein formal als Koordinator eine Schlüsselrolle zu, in der Praxis hängt er jedoch von der präsidentiellen Ausgestaltung seiner Aufgaben ab.

6   Gesetzgebung

Artikel 77 der reformierten Verfassung legt fest, dass der Gesetzgebungsprozess der Initiative eines oder mehrerer Angehöriger des Kongresses so wie einer exekutiven Gesetzesinitiative entspringen kann. Da der Staatspräsident die Politik leitet, ist er diejenige Institution, welche politische, wirtschaftliche und gesellschaftliche Lagen und aus ihnen resultierende notwendige Gesetzgebungen zunächst am besten beurteilen kann. Aus dieser Situation heraus handelt das eine Staatsoberhaupt, das andere erweitert seine Machtbasis im legislativen Raum sehr bewusst, um Widerstände für seine Politik auszuräumen. In der Praxis scheint es deshalb oft so, als ginge eine überwiegende Mehrheit an Gesetzesinitiativen von der Exekutive aus. Statistisch lässt sich das nicht belegen. Sie teilen sich zwischen Exekutive und Legislative etwa zu jeweils 50 Prozent auf. Da der Präsident jedoch zusätzlich per Dekret und Notverordnung regieren kann, was er trotz erhoffter gegenteiliger Entwicklung bis heute tut, mag auf den ersten Blick der Eindruck eines exekutiven Übergewichts im Gesetzgebungsprozess entstehen.

Artikel 84 der Verfassung bestimmt, dass „Senat und Abgeordnetenkammer der Nation Argentinien, ... im Kongress vereint, durch die ihnen obliegende Gewalt Gesetze erlassen." (zit. nach Colautti 1998: 176). Zumeist geht die Gesetzesinitiative aus einer der beiden Kammern, hier initiierend genannt, hervor. Hat sie sich positiv ausgesprochen, wird das Projekt an die andere Kammer, welche als Kontrollinstanz fungiert, weitergereicht. Entscheidet diese positiv, verabschiedet der Kongress das Gesetz einstimmig. Hat die Exekutive keine Einwände, verkündet diese das Gesetz, publiziert es und verleiht ihm damit seine Gültigkeit. Das Votum kann sich jedoch auch teilen. Wenn das Projekt bei der Abstimmung als Gesamttext durchfällt, kann eine erneute Debatte angesetzt werden. Ist das Gesetz dann in einer Kammer erfolgreich, so beginnt die Abstimmung bezüglich der einzelnen Teile.

Beide Kammern müssen im Endeffekt dem Gesetzestext in seiner Gesamtheit sowie den einzelnen Artikeln zugestimmt haben, damit er an die Exekutive weitergereicht werden kann. Ein Projekt, das auf dauerhafte Ablehnung stößt, kann während eines parlamentarischen Jahres nicht wiederholt werden. Eine Ausnahme besteht darin, dass die als Kontrollinstanz fungierende Kammer das Gesetzesprojekt postwendend an die ausführende Gewalt übersenden kann, um es ohne Verzögerungen dem Urteil des Staatsoberhauptes zu unterwerfen. Hat die kontrollierende Kammer Korrekturen oder Änderungen mit 2/3-Mehrheit beschlossen, kann die initiierende Kammer diese annehmen oder ablehnen. Nimmt sie an, wird das Gesetz der Exekutive verändert vorgelegt. Nimmt sie sie nicht an, kann ihre Mehrheit die kontrollierende Kammer überstimmen und das Projekt wird ohne Änderungen weitergeleitet.

Der Staatspräsident wird das Gesetz nun begutachten und sich ein Urteil bilden. Legt der Präsident kein Veto ein, so publiziert er. Weder die Verfassung noch sonstige Quellen gebrauchen den Begriff Veto, praktisch hat der Präsident jedoch ein solches Recht. Er kann das Gesetz insgesamt und in seinen Teilen ablehnen, kann damit jedoch allein die Rückkehr ins Parlament und die erneute Abstimmung bewirken. Das absolute wie das partielle Veto des Präsidenten ist suspensiv. Hat die Exekutive einen Gesetzestext abgelehnt, so wird im Parlament neu beraten. Zunächst wird erneut in der Initiativkammer abgestimmt, darauf folgt die neue Abstimmung in der als Kontrollinstanz fungierenden Kammer. Werden beide Kammern sich zum gleichen Text wieder einig, wird das Gesetz erneut dem Präsidenten übersandt. Dieser hat nun die Pflicht, es ohne weitere Möglichkeiten des Einwandes zu verkünden. Wird der Gesetzestext auf Wunsch des Präsidenten hin verändert, so unterliegt er erneut dem bereits skizzierten Prozess.

Der Staatspräsident und seine Repräsentanten handeln internationale Verträge aus, der Kongress lehnt sie ab oder er lässt sie zu nationalem Recht werden. Der Unterschied besteht darin, dass der Wortlaut internationaler Verträge nicht verändert werden darf und diese nationalem Recht voran zu stellen sind. Eine handvoll Eigenheiten des Gesetzgebungsprozesses sind zudem zu beachten. Der Abgeordnetenkammer steht das alleinige Recht zu, Gesetze zur Finanzierung und Aufstellung von Truppen auf den Weg zu bringen (Artikel

52, Teil 2). Sie ist das Organ der Repräsentation des Volkswillens, und hat damit das Vorrecht, über das Volk direkt betreffende Abgaben zu entscheiden. Da der Senat primär die Interessen der Provinzen repräsentiert, kommt ihm das alleinige Recht zu, Gesetzesvorschläge bezüglich finanzieller Ressourcen für die Provinzen zu machen. Die Reform eines Gesetzes kann von beiden Kammern initiiert werden. Seit 1994 haben auch die Bürger das Recht, Gesetzesvorschläge einzubringen. Um den Prozess der Gesetzgebung nicht unnötig in die Länge zu ziehen, hat man sich 1949 darauf verständigt, die Zeit zur Behandlung einer Gesetzesinitiative auf ein Jahr zu beschränken. Speziell in Bezug auf den Haushalt, formal eines der wichtigsten Gesetzgebungsrechte des Parlaments, in der Praxis jedoch immer mehr von der Exekutive übernommen, werden Macht Kontrolle des Parlaments beschränkt.

7   Wahlsystem und Wahlrecht

Ein allgemeines Wahlrecht für Männer galt in Argentinien bereits im 19. Jahrhundert. Die von den örtlichen Behörden erstellten Wahlverzeichnisse erleichterten jedoch die Manipulation der Wahlen und verhinderten die Teilnahme von Minderheiten.

Instabile politische Gruppierungen und starke Klientelstrukturen innerhalb dieser machten systematischen Wahlbetrug zur Grundlage der Erhaltung des Systems. 1912 mündete eine unter der Präsidentschaft *Saenz Peña* geführte Kampagne in eine Wahlrechtsreform. 1916 räumte Argentinien mit Inkrafttreten dieser Reform seinen männlichen Einwohnern über 18 Jahre das gleiche und geheime Wahlrecht ein. 1947 erhielten die Frauen ihr Wahlrecht. Jeder geborene oder eingebürgerte Argentinier verfügt nach Einschreibung in das Wahlregister in Ausübung seiner Staatsbürgerschaft über das allgemeine, geheime und verpflichtende Wahlrecht. Angehörige der Sicherheits- und Streitkräfte haben kein Wahlrecht, über 70-jährige Bürger sind von der Wahlpflicht ausgenommen.

Die Grundlagen des argentinischen Wahlrechts sind in der Verfassung und im Gesetz Nr. 8871, sowie im *Código Electoral* von 1983 niedergelegt. Vom Mehrheitswahlrecht (bis 1962) wechselte man im Laufe der Jahrzehnte über das Verhältniswahlrecht (1963) zurück zum Mehrheitswahlrecht (1973). Ähnliches gilt für die indirekte (1853), direkte (1949), indirekte (1957) und schließlich wieder direkte Wahl von Präsident, Vizepräsident und Senatoren. Wahlen funktionieren über das Prinzip der starren Liste, jeder Wähler verfügt über eine Stimme. Seit 1983 gibt es eine Sperrklausel, die bei drei Prozent der eingeschriebenen Wähler liegt.

Präsident Alfonsín führte das in der Originalfassung der Konstitution vorgesehene proportionale Listenwahlrecht wieder ein, das allerdings durch die Anwendung des d'Hondtschen Verfahrens modernisiert wurde. Der Staatspräsident kann seit 1994 einmal wiedergewählt werden. Seine Amtszeit beträgt vier Jahre. Die Verfassung von 1853 verbot die Wiederwahl von Präsident und Vizepräsident aus Furcht vor der Institutionalisierung einer Person an der Macht ausdrücklich. Seit der Reform von 1994 ist eine Wiederwahl beider Mandatsträger sowie ihre erneute Kandidatur nach einer weiteren Legislaturperiode möglich.

Zum einen haben moderne Überlegungen zu dem Schluss geführt, dass auch die bis 1994 praktizierte präsidentielle Legislaturperiode von sechs Jahren zu Erstarrung um den Amtsinhaber oder persönlicher Machtwillkür führen kann. Bei veränderten politischen Mehrheitsverhältnissen erschwerte sie den institutionellen Ausweg aus der Regierungskrise erheblich (Nolte/Werz 1996: 127). Dem entgegen geben seit 1994 vier Jahre mit einer der Wiederwahl dem Volk nicht nur die Möglichkeit an die Hand, unfähige Mandatsträger nach kürzerer Zeit als zuvor zu entlassen. Sondern fähige Amtsträger können für weitere vier Jahre und damit eine längere Periode als davor im Amt bestätigt werden. Der befürchteten Verfestigung präsidentieller Macht sollte auch auf diesem Weg begegnet werden. Zum anderen war Expräsident Alfonsín 1993 in Vorverhandlungen zur Verfassungsreform mit der peronistischen Partei unter Präsident Carlos Menem nicht dazu bereit, dem Amtsinhaber weitere sechs Jahre im höchsten Amt im Staat einfach zuzugestehen. Deshalb einigte man sich auf die Möglichkeit der Wiederwahl des Staatschefs, jedoch unter der Bedingung einer Verkürzung seiner Amtszeit. Nach Ablauf seiner Amtszeit hat der Präsident seinen Stuhl zu räumen, es sei denn, er ist wiedergewählt worden oder ein Notfall nötigt ihn, seine Amtszeit später beenden.

Der Staatspräsident wird in zwei Wahlgängen direkt gewählt. Bis 1994 geschah dies mit Hilfe eines Wahlmännergremiums aus doppelt so vielen Personen wie die Provinz Abgeordnete und Senatoren in den Kongress entsandte. Diese Wahlmänner kamen vier Monate vor Ablauf der Amtszeit des Staatschefs, um Präsident und Vizepräsident getrennt von einander zu wählen. Heute werden beide gemeinsam direkt vom Volk bestimmt. Das siegreiche Kandidatenpaar muss dabei mindestens 45 Prozent der abgegebenen Stimmen erreichen, oder mindestens zehn Prozentpunkte Vorsprung vor ihren Mitbewerbern haben, um in der ersten Runde die Wahl für sich entscheiden zu können. Annullierte oder zu annullierende Stimmen werden nicht gezählt. Erreicht kein Bewerberpaar im ersten Wahlgang die erforderliche Mehrheit, so ist innerhalb von dreißig Tagen eine Stichwahl zwischen den beiden erfolgreichsten Bewerberpaaren oder ein zweiter Wahlgang abzuhalten.

Eine Hälfte der Abgeordneten wird alle zwei Jahre für eine Legislaturperiode von vier Jahren gewählt. Die Provinzen bildeten bis 1994 die Wahlkreise. Seither wird die Republik als ein Wahlkreis gehandhabt. Die Verfassung von 1949 legte eine Amtszeit von sechs Jahren für die Deputierten fest, 1957 kehrte man zu vier Jahren zurück. Alle zwei Jahre wird so jeweils die Hälfte der Abgeordneten sämtlicher Parlamente, vom Gemeinderatsparlament über die Provinzlegislatur bis hin zum nationalen Kongress ausgetauscht. Alle vier Jahre werden Gouverneure und Bürgermeister ausgesucht. In den Provinzen gelten jedoch teilweise andere Wahlsysteme als auf Bundesebene. Hier bedient man sich zumeist eines einfachen Mehrheitswahlrechts. Ein Drittel der Mitglieder des Senats werden alle zwei Jahre für eine Amtszeit von sechs Jahren gewählt. Zuvor betrug ihre Amtszeit neun Jahre mit unbeschränkter Möglichkeit zur Wiederwahl. Die Verfassungsreform von 1994 legte ihre Legislatur auf sechs Jahre fest. Zwei Senatssitze erhält je Provinz die Partei mit Stimmenmehrheit, einen die zweitplazierte Partei. Auch die Wahlen zum Senat sind seit 1994 direkte Volkswahlen und geschehen nach dem Prinzip der Mehrheitswahl. Zuvor wählten die Provinzparlamente ihre Senatoren.

Seit 2000 ist in Bezug auf die Wahlen die Debatte um Reform aufgekommen. Das heutige Wahlsystem sei ungünstig, da es Personenkult und Korruption begünstige. Zunächst würden mehrere Wahlen zeitgleich ausgetragen, was zu Verzerrungen im Ergebnis führe. In Argentinien gibt jede Partei ihre eigenen Stimmzettel aus (*Listas Sabanas*, etwa: *Bettuchgroße Listen*, so genannt wegen ihres beträchtlichen Ausmaßes), und der Wähler stimmt durch die Auswahl des richtigen Stimmzettels ab. Man kann bei gleichzeitigen Wahlen seine Stimme dadurch aufteilen, dass man den Wahlzettel in seine Abschnitte zerschneidet und diese in die jeweilige Urne wirft. Da dies aber nur wenige Menschen täten, führe das Verfahren bei Häufungen von vielen Wahlen an einem Tag zu Verzerrungen. Auf der anderen Seite führe die Möglichkeit des *Stimmensplittings* bei nationalen Wahlen zur Verkomplizierung des Prozesses, da der Wähler verschiedenen Parteien bei der Präsidentenwahl und den Wahlen zum Kongress seine Stimme geben könne. Zur angestrebten Dynamisierung der Regierungsgeschäfte haben die Reformen am Wahlmodus währenddessen nicht geführt, denn sie ändern weder etwas an der Vormacht des Präsidenten, noch garantieren sie ihm über die populäre Zustimmung hinaus eine brauchbare Mehrheit. Im Gegenteil, die hohe Zunahme des *Stimmensplittings* lässt auf Kritik des Wählers am bestehenden Wahlmodus schließen (Nolte/Werz 1996: 130).

8   Parteien und Verbände

Die Bildung politischer Parteien stand im 19. Jahrhundert in Argentinien unter dem Eindruck der regionalen Konflikte. Zur Benennung der politischen Parteien bzw. Gruppierungen waren deshalb anfänglich die Begriffe „Föderalisten" und „Unitaristen" (Anhänger eines starken Zentralstaats) gebräuchlich. Erst später verbreitete sich der Begriff des Liberalismus in der politischen Öffentlichkeit, während der Konservatismusbegriff nahezu keine Verwendung fand. Die Bonarenser Liberalen waren meist zentralistisch gesonnen und dem Einheitsstaat verpflichtet. In den 1860er Jahren zerfielen sie in die so genannten „Nationalisten", welche Buenos Aires zur Bundeshauptstadt machen wollten, und „Autonomisten", die auf die Autonomie der Provinz Buenos Aires setzten. Die politischen und sozialen Führungsgruppen in den Provinzen betonten die jeweiligen Eigenrechte ihrer Region. 1880 wurde die Stadt Buenos Aires aus der gleichnamigen Provinz ausgegliedert. Sie bildete fortan als Sitz der Bundesregierung ein gesondertes Territorium. Die neu erbaute Stadt La Plata wurde stattdessen zur Hauptstadt der Provinz Buenos Aires. Reminiszenzen an die alten Regionalkonflikte leben bis heute eventuell in der generellen Abneigung gegenüber dem *porteño*, dem Hauptstädter, fort.

Bei den politischen Parteien, die im 19. Jahrhundert entstanden, handelte es sich anfänglich eher um lose „Gruppierungen" (Soyke 1975: 65), weniger um feste Organisationsstrukturen mit eigenen Programmen oder Ideologien. Das Parteienwesen spiegelte im 19. Jahrhundert noch deutlich den oligarchisch geprägten Charakter des politischen Systems wider. Die agrarisch-kommerziellen Oberschichten des Landes gruppierten sich im *Partido Autonomista Nacional* PAN (Autonomistisch Nationale Partei), einem lockeren Zusammenschluss politischer Gruppierungen mit ähnlichen Interessen (Zettl 1990: 45). 1890 wurde die *Unión Cívica* (Bürgerliche Union) gegründet, die besonders für die Bekämpfung der Korruption sowie gegen den Verlust moralischer Werte in der Politik eintrat. Ferner forderte sie eine breitere politische Teilhabe der Bevölkerung sowie Respekt vor der Autonomie der Provinzen. Insoweit stand diese Partei in der Tradition des politischen Föderalismus in Argentinien. Sie spaltete sich in der Folgezeit auf, was unter anderem an ihrer sehr heterogenen Anhängerschaft lag. Eine Nachfolgerin, die *Unión Cívica Radical* (UCR), gewann 1916 die Parlamentswahlen. Staatspräsident wurde Hipólito Yrigoyen. Während der Regierungszeit der UCR wurden Staat und Verwaltung vorrangig zur Versorgung der Parteienklientel benutzt. In den 1920er Jahren kam es abermals zu einer Spaltung des Radikalismus in Anhänger und Gegner Yrigoyens.

Mit der Zuwanderung aus Europa kam neues politisches Gedankengut nach Argentinien. Zu erwähnen sind in diesem Zusammenhang insbesondere die Ideen des Anarchismus bzw. Anarchosyndikalismus, deren Anhänger vor allem spanische und italienische Zuwanderer waren, die in der Agrarwirtschaft und in den frühen Industrien tätig wurden. Im späten 19. und frühen 20. Jahrhundert waren anarchistische bzw. anarchosyndikalistische Organisationen und Verbände in Argentinien verhältnismäßig stark. Sie prägten das Gesicht der organisierten Arbeiterbewegung. Zum Beispiel entstand die Sozialistische Partei, die 1894 gegründet wurde, aus der Vereinigung verschiedener Zuwandererorganisationen, darunter dem von Deutschen gebildeten „Vorwärts". Die Sozialisten waren im Gegensatz zu den Anarchisten, die auf Protest und Streiks als Mittel der Politik vertrauten, reformerisch gesonnen und setzten sich für soziale Verbesserungen wie die Einführung des Acht-Stunden-Tags ein. Im Jahr 1904 wurde der erste sozialistische Abgeordnete in den Kongress gewählt. Die Kommunistische Partei Argentiniens entstand 1920 aus einer Abspaltung der Sozialistischen Partei. Ihre politische Bedeutung war gering. Jedoch vermochte sie in Teilen der Gewerkschaften und unter „neuen" Arbeitergruppen, insbesondere Arbeitsmigranten aus dem Landesinnern, an Einfluss zu gewinnen. Zur wichtigsten politischen Neugründung Argentiniens wurde dagegen in den 1940er Jahren die Peronistische Partei, die als Stütze des Regimes von Juan Domingo Perón fungierte und eine korporative, populistisch gefärbte Ideologie des sogenannten *justicialismo* vertrat. Seit der Rückkehr zur verfassungsmäßigen Ordnung 1983 hat sich das Parteienspektrum in Argentinien neuerlich gewandelt. Die heutigen Parteien haben mit den ideologischen Grundanschauungen ihrer Vorgänger wenig gemein. Sowohl die Peronisten wie die Radikalen haben sich von korporativem Gedankengut ab- und wirtschaftsliberalen Vorstellungen zugewandt. Auch üben die Parteien im Vergleich zu früher kaum mehr eine identitätsbildende Funktion aus und wirken kaum mehr als Kristallisationspunkte politischer Subkulturen, so Carreras (1996: 247).

Gewerkschaften bildeten sich im letzten Drittel des 19. Jahrhunderts, als auf dem Hintergrund der Zuwanderungen erste anarchistische und sozialistische Verbände aufkamen. Ein erstes Medium der Arbeiter entstand 1863 mit der Zeitung *El Artesano* (Der Handwerker), 1872 erschien erstmalig eine Zeitung der Druckerarbeiter. Erste Arbeiterstreiks gab es 1878 in Buenos Aires. 1894 kam es dann zur Gründung der *Federación Obrera Argentina* (Argentinische Arbeiterföderation), die nach inneren Spaltungen 1901 als anarchistischer Verband neu gegründet wurde und seit 1904 *Federación Obrera Regional Argentina* FORA (Regionale Argentinische Arbeiterföderation) hieß. Die FORA avancierte relativ schnell zur zeitweilig größten Arbeiterorganisation und zählte vor dem Ersten Weltkrieg etwa 20.000 Mitglieder. 1903 bildete sich die sozialistische *Unión General de Trabajadores* (Allgemeine Union der Arbeiter). Nach dem Ersten Weltkrieg verlor die anarchistische Gewerkschaftsbewegung als Folge politischer Repressionen und aufgrund der Entstehung neuer Arbeitergruppen an Gewicht. Anfang der 1930er Jahre schlossen sich sozialistische und syndikalistische Gewerkschaften zum Dachverband *Confederación General del Trabajo* CGT zusammen. Ab 1935 übernahmen zunehmend die Sozialisten die Führung der CGT. Kommunistisch orientierte Gewerkschaftsverbände erzielten nach 1930 vor allem Einfluss unter „neuen" Industriearbeitern.

Zu einem wirklichen politischen Machtfaktor wurden die Gewerkschaften dann in den 1940er Jahren, als Perón Teile von ihnen zur Stütze seiner Bewegung und seines Regimes machte (Grewe 1996: 197). Die Zahl der gewerkschaftlich organisierten Arbeiter stieg von 350.000 im Jahr 1943 auf knapp vier Millionen im Jahr 1948. Der Staat übernahm im Peronismus eine zentrale Rolle bei der Regelung der Arbeitsbeziehungen. Zu diesem Zweck gewährte er beispielsweise ausgesuchten Verbänden ein Vertretungsmonopol in Tarif- und Arbeitskonflikten.

Grewe meint, der Peronismus habe damit in den Gewerkschaften eine Mentalität der Bindung an den Staat erzeugt: „Die argentinische Gewerkschaftsbewegung war seit Perón immer auf den Staat fixiert und deshalb hochgradig politisiert" (Grewe 1996: 201). Zugleich erwuchs eine Identifikation von großen Teilen der Arbeiterbewegung mit dem Regime Peróns, die bis in die jüngste Vergangenheit des Landes andauerte. Unter der Regierung des Peronisten Carlos Menem, der 1989 zum Staatspräsidenten gewählt wurde, kam es dann jedoch zu Spaltungen der peronistischen Gewerkschaftsbewegung. 1992 bildete sich gegen den Gewerkschaftsdachverband CGT die *Central de los Trabajadores Argentinos* (Zentrale der argentinischen Arbeiter). 1994 entstand der ebenfalls dissidente *Movimiento de Trabajadores Argentinos* (Birle 2002: 167). Ursächlich dafür war u.a. die Regierungspolitik in den 1990er Jahren, welche die Privatisierung fast aller großen staatlichen Industrien und Dienstleistungsunternehmen sowie Deregulierungen des Binnenmarkts vorantrieb. Als Folge dessen stieg die Arbeitslosenquote von etwa 6% in den 1980er Jahren auf fast 20%. Argentinien durchlebte zuerst Ende der 1980er Jahre (Hyperinflation), dann erneut in den 1990er Jahren eine tiefe Wirtschaftskrise. 2001 erklärte die Regierung den Staatsbankrott. Die neoliberale Politik sowie ökonomische Depressionen führten zur politischen Schwächung der Gewerkschaften. Die Mitgliederzahl der meisten Verbände nahm ab, wenngleich diese Entwicklung nicht überall gleich verlief (Birle 2002: 165).

Im letzten Drittel des 19. Jahrhunderts bildeten sich in Argentinien erste Unternehmerverbände (d.F. zit.n. Birle 1996). 1866 wurde die *Sociedad Rural Argentina* SRA (Ländliche Argentinische Gesellschaft) gegründet, in der sich wohlhabende Viehzüchter und Schaf-Farmer zusammenschlossen. Die SRA war dabei eher ein „Club", weniger ein organisierter Interessenverband (Birle 1996: 206). Weil Mitglieder der SRA aber bis in die Mitte des 20. Jahrhunderts und teils darüber hinaus in wichtigen Regierungsämtern saßen, verfügten sie über einen unmittelbaren Zugang zu den politischen Machtzentren. Für die Artikulation der Interessen der gesellschaftlichen Eliten des Landes war die SRA deshalb mitunter wichtiger als die politischen Parteien. Hinzu kam, dass die agrarischen Produzenten und ihre Interessen in der Regierungspolitik lange Zeit unangefochtene Priorität genossen: Bis zur ersten peronistischen Regierung war das Verhältnis zwischen den großen Agrarunternehmern und der politischen Klasse eng und „harmonisch" (Birle 1996: 210). 1912 kam es dann zur Bildung der *Federaciones Agrarias Argentinas* (Agrarische Argentinische Föderationen), einem Verband, in dem sich kleine und mittlere agrarische Produzenten bzw. Pächter zusammenschlossen, die ihre Interessen in der SRA nicht repräsentiert sahen.

Der Industriellenverband *Unión Industrial Argentina* UIA (Argentinische Industrielle Union) wurde 1887 gegründet. Sein Einfluss war jedoch im Vergleich zu dem der Agrarierverbände eher unbedeutend. Zudem akzeptierten zahlreiche Industrielle der UIA das politische Übergewicht der Agrarexportökonomie (Birle 1996: 206). Viele dieser Unternehmer waren Migranten aus Europa. Sie besaßen nicht die argentinische Staatsbürgerschaft, ihr „(...) politisches Engagement war dementsprechend gering" (Zettl 1990: 47). 1924 war gerade ein Kongressabgeordneter der Gruppe der Industriellen zuzurechnen. Im Jahr 1953 kam es zur Gründung der *Confederación General de la Industria*, die nun deutlich als Konkurrenz gegen die traditionellen Unternehmerverbände fungierte und ihren Rückhalt in der binnenmarktorientierten Kleinindustrie sowie im Landesinnern suchte (Bir-

le 1996: 207). Diese Gegensätze zwischen Etatisten und Liberalen, welche die Wirtschaftspolitik in Argentinien nach 1930 durchzogen, sind heute abgeklungen (Birle 1996: 207). Es
überwiegen wirtschaftsliberale Anschauungen.

Allerdings stoßen die Politik des Wirtschaftsliberalismus und die so genannte Globalisierung wie in gesamt Lateinamerika so auch in Argentinien auf zunehmende Kritik. Ferner
ist zu konstatieren, dass die Agrarunternehmer lange nicht mehr die hegemoniale Rolle
ausüben, die sie vor 1946 in Staat und Gesellschaft Argentiniens innehatten, wenngleich
auch heute noch knapp 70% der Exporte Argentiniens aus der Landwirtschaft stammen
(Birle 1996: 210; Birle 2002: 159f.).

9   Die Streitkräfte

Die Streitkräfte Argentiniens wurden seit Mitte der 1980er Jahre stark verkleinert. Von den
drei Waffengattungen kam traditionell dem Heer die größte Bedeutung zu. Bis 1930 hatte
die Truppen sich unter dem Einfluss europäischer, speziell deutscher Vorbilder und Instruk-
teure nach professionellen Kriterien ausgerichtet und sich nicht in die Politik eingemischt.
Der verfassungsmäßigen Ordnung verpflichtet und seiner eigentlichen Aufgaben gewidmet
genossen sie hohes Ansehen und Vertrauen in der Bevölkerung (Tau Anzoátegui/Martiré
2005: 825). Militärs trugen im Rahmen ihrer Verteidigungsaufgaben zum industriellen und
wissenschaftlichen Fortschritt bei. Nach dem ersten erfolgreichen Staatsstreich 1930 entwickelte sich das Militär jedoch immer mehr zu einer Kraft, die in Zukunft eine bedeutende
Rolle in der Politik des Landes spielen sollte. Die Streitkräfte begannen, das Verständnis
ihrer Aufgaben von der Verteidigung der Grenzen auf die Sicherung der nationalen Einheit
auszuweiten. In den Jahren zwischen 1955 und 1973 sah sich das Land vom Militär selbst
mehr oder minder direkt beeinflusst. Es übte Druck bei politischen Entscheidungen aus, es
setzte sein Veto gegen die Ernennung von Ministern ein oder entfernte missliebige Personen aus ihren Ämtern. Aber obwohl es seinen Einfluss kontinuierlich ausbaute, gelang es
ihm nie, seine Herrschaft unangefochten auszuüben.

Es kam zu keiner Institutionalisierung der politischen Rolle des Militärs. Das gilt auch
für die Jahre, in denen die Armee die politische Herrschaft direkt usurpierte. Die Streitkräfte stellten nie einen stabilen Gegenpol zur unruhigen Parteienlandschaft dar, sondern spiegelten die instabile Lage des Landes selbst wieder. Die mit pompöser Rhetorik und über-
spannten Plänen beginnenden Perioden militärischer Machtausübung endeten regelmäßig
mit dem beschämten Rückzug der Streitkräfte aus der politischen Arena. Die Streitkräfte
trifft die Verantwortung für die Übernahme politischer Funktionen indessen nicht immer
allein, da sie beizeiten ermuntert oder geradezu gedrängt wurden (zit. nach Nohlen/Nusche-
ler: 172). In den Jahren von 1976 bis 1983 fielen annähernd 30.000 Menschen dem Kampf
des Militärs gegen die „Subversion" zum Opfer, welcher die Streitkräfte und ihre Helfer
moralisch völlig diskreditierte. Das desolate Finanzgebaren der Machthaber in Uniform
führte Argentinien an den Rand einer wirtschaftlichen Katastrophe. Zu Beginn der 1980er
Jahre fügte zudem der schlecht geführte Krieg um die Malwinen-Inseln dem Ansehen des
Militärs größten Schaden zu. Als Argentinien zu seiner verfassungsmäßigen Ordnung zurückkehrte, mussten die Streitkräfte ihre politische Rolle ändern.

Präsident Raúl Alfonsín wollte zunächst erreichen, dass sich die Verantwortlichen des
„schmutzigen Krieges" der 1970er Jahre vor Gericht verantworteten. Er bemühte sich dar-

um, die Militärs unter zivile Oberhoheit zu bringen, und die Truppe rückzubesinnen auf die Verteidigung des nationalen Territoriums. Immer wieder mussten während seiner Amtszeit jedoch Aufstandversuche niedergeschlagen werden. Speziell junge Offiziere, die mit den Verbrechen der Militärdiktatur nichts zu tun hatten, sahen den Ruf ihrer Institution und ihre Ehre in Gefahr und revoltierten. So musste Präsident Alfonsín sich schließlich auf zwei Gesetze zur Begrenzung der Verfahren bezüglich der Menschenrechtsverbrechen der 1970er Jahre einlassen. Menem schien die Truppen weit besser unter Kontrolle zu haben. Ende 1990 erließ er eine Generalamnestie für alle Angehörigen des Militärs und der Militärregierungen, die jede Art von rechtlicher Konsequenz für die Gewalttaten der 1970er Jahre stoppte. Für die Regierung Menem waren zuerst wirtschaftliche Probleme zu lösen. Die Streitkräfte ließen sich besänftigen und gaben ihre abwehrende Haltung auf. Dann führte Menem aber eine Militärreform durch, welche die Bedeutung der Streitkräfte im staatlichen Kontext noch sehr viel weiter herunterschraubte, als dies unter seinem Vorgänger der Fall war.

Durch einige tiefgreifende Maßnahmen versetzte er die Armee in eine Lage, wie alle anderen Akteure mit der Exekutive um ihre Ressourcen verhandeln zu müssen und sich der Suprematie von Carlos Menem zu ergeben. 1999 betrugen die Ausgaben für die Streitkräfte beispielsweise noch 62 Prozent der Ausgaben von 1983, während im gleichen Zeitraum die gesamten Staatsausgaben auf 152 Prozent von 1983 stiegen. Etwa sieben Prozent des Bundeshaushalts, 2000 etwa 4.3 Milliarden US-Dollar, werden heute pro Jahr für die Streitkräfte aufgebracht. Seit dem neuen Jahrtausend wird mit dem „Plan 2000" daran gearbeitet, die Streitkräfte leichter und flexibler zu gestalten und sie modernen wehrtechnischen Gegebenheiten anzupassen. Bis heute ist das Verhältnis der argentinischen Gesellschaft zu ihren Streitkräften jedoch von Problemen geprägt. Autoritäre Legate innerhalb der Gedankenwelt der Soldaten konnten nicht entgültig entfernt werden, die Verbrechen von Militärs gegen die Menschenrechte in den 1970er Jahren sind nicht aufgearbeitet, und die Streitkräfte haben sich mit ihrer Situation zwar abgefunden und werden wahrscheinlich nicht mehr putschen, tatsächliche zivile Suprematie über sie ist jedoch nicht hergestellt (Birle/Carreras 2002: 338).

10 Kirchen

Artikel zwei der Verfassung von 1853 legte für die Beziehungen zwischen Staat und Kirche fest, dass die Regierung die Glaubensausübung römisch-katholischer Ausrichtung unterstützen soll, die Reform von 1994 bekräftigte dies. Man war der Ansicht, so in generellster möglicher Art und Weise die christliche Religion römisch-katholischer Konfession als Religion des Staates festzulegen. Wie in den übrigen Staaten Lateinamerikas auch, spielte die katholische Kirche in Argentinien seit der Kolonialzeit sowohl im Leben des einzelnen Menschen, als auch in Politik und Gesellschaft eine wichtige Rolle. Tendenziell eher den konservativen Kräften der Gesellschaft zugeneigt und in scharfem Gegensatz zu kommunistischen Entwicklungen, vollzog sich vor allem im Laufe der 1930er Jahre eine Annäherung der Kirche an das Militär. Zu Beginn der 1940er Jahre wurde der Klerus Argentiniens dann verstärkt aufmerksam auf die sozialen Probleme der Arbeiterschaft. Vorschläge von Kirchenmännern zur Behandlung verschiedener sozialer Probleme gingen beispielsweise in das Programm der Regierung von 1943 ein, und selbst mit dem *Peronismo* konnte man sich zu Anfang in einigen Punkten identifizieren (Tau Anzoátegui/Martiré 2005: 817). Schnell gab es aber auch Streit mit Oberst Perón, der nach einer langen Epoche gegenseitigen Respekts und Verständnisses zwischen Staat und Kirche, Argentinien und dem Heiligen Stuhl, und beiderseitigem Wachsen 1954 schließlich in einer antiklerikalen Kampagne des Regimes Perón gipfelte.

Während der 1960er Jahre kam es zu einer neuen Annäherung zwischen Argentinien und dem Heiligen Stuhl, vor allem da das Land Rom Stück für Stück sein Patronatsrecht zur Besetzung von religiösen Posten zurückgab. 1966 einigten sich beide Parteien in einem Abkommen darauf, dass nicht nur das Recht zur Besetzung von religiösen Ämtern, sondern auch jenes zur Einteilung von Diözesen nun dem Vatikan zukäme, allerdings unter der Bedingung der vorherigen Absprache mit der Regierung Argentiniens. Seit 1957 kennt Argentinien zudem eine nationale Bischofskonferenz (*Conferencia Episcopal Argentina*), die mit der Leitung der Landeskirche beauftragt ist. Innerhalb Argentiniens kam es seit Ende der 60er Jahre im Zuge der „Theologie der Befreiung" währenddessen immer wieder zu erheblichen innerkirchlichen Spannungen zwischen traditionellen, dem hohen Klerus angehörenden, und progressiveren, eher der niederen Geistlichkeit angehörenden Kräften. Letztere sammelten sich schließlich in der Bewegung der „Priester der Dritten Welt", die sich für ein aktiveres soziales Engagement einsetzte. Sie sympathisierten offen mit den Linksperonisten und leisteten soziale Hilfe in der Stadt und auf dem Land.

Die Verfassungsreform von 1994 modifizierte erneut Aspekte des Staatsgebarens im Zusammenhang mit der Religion. Beispielsweise wurde die Forderung abgeschafft, um Staatspräsident werden zu können, römischen-katholischen Glaubens sein zu müssen. Damit wurde auch die Verpflichtung aus der Verfassung gelöscht, während der Vereidigung auf ein staatliches Amt auf „Gott und die heiligen Evangelien" zu schwören (Artikel 79, heute 93). Seit 1994 verzichtet Argentinien auch formal in seiner Verfassung auf das bis hierhin ihm zustehende Patronatsrecht zur Besetzung von Bischofsstühlen und Priesterposten. Heute unterstützt die Regierung den katholischen Glauben vor allem mit finanziellen Zuwendungen. Die argentinische Bevölkerung weist im Blick auf Religion und Konfession eine hohe Homogenität auf.

Über 90 Prozent der Argentinier sind meist spanischen oder italienischen Ursprungs, über 90 Prozent sind Katholiken, die Kirche bleibt einflussreich. Einen sehr geringen Einfluss hat die protestantische Kirche. Dagegen ist die jüdische Gemeinde mit mehr als 300.000 Angehörigen die größte Lateinamerikas. Die Religiosität der Bevölkerung nimmt trotz dieser Umstände in moderner Zeit aber speziell in mittleren und unteren sozialen Schichten kontinuierlich ab.

11 Massenmedien

In Argentinien existiert kein explizit ausformuliertes Presserecht. Das Recht auf Pressefreiheit ist im ersten Teil der Verfassung als individuelles Recht der Gedankenfreiheit, somit Bürgerrecht, und Recht auf Freiheit der Institution Presse garantiert. Dass es kein Presserecht gibt, beeinträchtigt sowohl die Rechte des Lesers, beispielsweise auf eine angemessene Gegendarstellung, als auch die Arbeit der Medien, da mögliche Delikte im Rahmen des *Código Penal* (Strafgesetzbuch) geahndet werden. Das Strafgesetzbuch bezieht sich jedoch nur selten konkret auf Vergehen der Presse. Hauptsächlich stellt es den Angriff gegen einen

Amtsträger, die Verbreitung von geheimen Informationen, so wie die Bekanntmachung von subversiven Inhalten unter Strafe. Zusammengenommen stellen sie den Journalisten im Zweifelsfall völlig der subjektiven Interpretation eines sich angegriffen fühlenden Amtsträgers und des Richters anheim (Wilke 1992: 27).

Am 4. Januar 1870 gründete Bartolomé Mitre die Zeitung *La Nación*. Bis Mitte der 1940er Jahre florierte die Presse in Argentinien, so dass die größten Zeitungen zusammen auf Auflagen von 700.000 Exemplaren kamen. Unter dem Regime Perón wurde die Presse gleichgeschaltet und der Staatsführung untergeordnet. *La Nación* und der 1945 gegründete *Clarín* konnten sich mit Perón arrangieren und sein Regime überdauern, andere Zeitungen konnten dies nicht. Durch Unterordnung und Selbstzensur geprägt gingen die einst wegen ihrer Unabhängigkeit geschätzten Zeitungen aus der Ära Perón hervor, und verhielten sich auch unter folgenden Regimes unterwürfig. Für die späteren Militärregierungen wurde die Presse zu einem Instrument, mit Hilfe dessen sie die Öffentlichkeit auf ihre Linie bringen konnten. 2005 werden in Argentinien mehr als 160 Tageszeitungen publiziert, davon elf in Buenos Aires. Zu den wichtigsten Blättern der Hauptstadt zählen *Clarín*, *La Nación* und *Crónica*. *Clarín* und *La Nación* sind qualitativ sehr hochwertige Organe, *Crónica* hat Boulevardniveau, wird dafür aber mindestens zweimal am Tag herausgegeben.

Als weitere wichtige Tageszeitungen des Landes sind *La Capital* aus Rosario, *La Voz del Interior* aus Córdoba und *La Gaceta* aus Tucumán zu nennen. Daneben gibt es eine große Zahl von Zeitschriften, als deren bekannteste und wichtigste Vertreter *Noticias* und *Veintitres* anzusehen sind. Seit der Wirtschaftskrise 2001 haben zudem kostenlose Zeitungen an Bedeutung erlangt (*La Razón*, *El Diario del Bolsillo*).

Bereits 1940 gab es in Argentinien 50 Radiosender, davon 14 in der Hauptstadt. Der Eingriff Peróns in das Rundfunkwesen war noch stärker als im Fall der Printmedien. Er überführte den privaten Hörfunk in Staatsbesitz. Dies wurde bis 1972 dann teilweise rückgängig gemacht. 1951 gründeten sich in Buenos Aires der staatliche Fernsehsender Canal 7, in den 1960er Jahren Canal 9, Canal 11 und Canal 13. Das Radio ist ein sehr beliebtes Medium in Argentinien. Es gibt eine große Menge staatlicher und privater Radiosender. Nahezu 200 waren zu Beginn der 1990er Jahre lizenziert, insgesamt wird von einer Zahl von mehr als 1.000 Stationen ausgegangen. Eine Kalkulation von 1997 geht von fast 25 Millionen Radiogeräten aus, bei einer Gesamtbevölkerung von knapp 39 Millionen Menschen eine beeindruckende Zahl. Nahezu die Hälfte aller Radiosender befindet sich in den zentralen Provinzen des Landes. Die Qualität, Ausstattung und personelle Besetzung der Sender variiert stark. Der private Hörfunk sticht durch seinen Servicecharakter hervor. Allerdings ist festzustellen, dass die Qualität der Informationsaufbereitung oft dem Verkauf untergeordnet wird.

Unwichtig wie rückständig manche Region sein mag, in nahezu jedem Haushalt steht ein Fernsehgerät. Argentinien verfügt über etwa 50 freie Fernsehstationen und 150 Kabelsender. Dazu kommen nationale und ausländische Stationen. Die Hälfte aller Sender konzentriert sich auf die zentralen Provinzen. Diese Konzentration lässt sich wie im Hinblick auf das Radio aus der Ansässigkeit der werbeaktiven Bevölkerung in diesen Provinzen erklären. Neben dem staatlichen Fernsehkanal, *Canal 7*, gibt es eine Vielzahl von nationalen, regionalen und lokalen Fernsehsendern, die über Kabel, Satellit oder Antenne zu empfangen sind, und ihre Zuschauer mit jeder Art von Fernsehunterhaltung versorgen. Die bekanntesten privaten Kabelsender sind *Telefé*, *Azul TV* und *Canal 13*, die in vielen Regionen auch lokale Programme ausstrahlen. Mit dem Ziel, eine stärkere Integration Lateinamerikas speziell über die Medien zu erreichen, ist Argentinien zusammen mit Uruguay, Venezuela und Kuba an dem Satellitensender *teleSur* beteiligt, der im Sommer 2005 seinen Betrieb aufgenommen hat und ein Gegengewicht zu den dominierenden US-amerikanischen Sendern bilden möchte. Trotzdem bleibt festzustellen, dass zum einen bis heute die Provinzen stark von den Fernsehsendern der Hauptstadt bestimmt werden und gerade in traditionell geprägten Gegenden die Inhalte der Programme mitunter besonders amerikanisch sind, zum anderen ist nach wie vor in den Inhalten vieler Programme eine starke Ausrichtung auf Kommerz und Sensation überwiegend. Eine die Monopolisierung in den Medien beschränkende Gesetzgebung existiert nicht.

Eines großen Zuspruches erfreut sich das Internet in Argentinien. Ende der 1990er Jahre waren bereits mehr als 10 Millionen Nutzer online, allerdings aufgrund der hohen Kosten zum überwiegenden Teil über Internetcafés.

Die Massenmedien Argentiniens befinden sich 2005 in einer problematischen Situation zwischen Abhängigkeit und Verantwortung. Sie arbeiten in einem politischen System, das formal von einer starken Exekutive geprägt ist, und von Präsidentenpersönlichkeiten wie Menem im Sinne ihrer Machtausweitung bestimmt wurde. So finden die Medien sich wie andere Akteure in einem Netz von informellen Verhandlungsstrukturen wieder, innerhalb derer es sehr zu ihrem Vorteil sein kann, keine offene Konfrontation mit bestimmten Persönlichkeiten einzugehen. Auf der anderen Seite müssen sie dritte und vierte Gewalt Argentiniens in einem sein. Die Bevölkerung traut die Aufgaben vieler Sicherheitskräfte eher den Medien zu und überantwortet sie ihnen. Einige Medienvertreter gehen auf diese Forderung ein und laden sich eine Verantwortung auf, mit der die meisten von ihnen nicht umzugehen wissen. Sie kämpfen so in Zeiten schneller werdenden Wandels immer mehr um den Boden, auf dem sie stehen sollen (Birle/Carreras 2002: 279 ff.).

12   Die politische Kultur

In Lateinamerika existiert generell und bis in heutige Tage eine starke Tradition der außerstaatlichen Regulierung gesellschaftlichen Lebens. Dies galt im besonderen für die *frontiers*, die große Teile des La Plata-Raumes ausmachten, staatsferne Gebiete, in denen die Menschen gezwungen waren, auf die eigene Kraft zu vertrauen. Soziale Sicherungssysteme funktionierten hier allein auf der Grundlage verwandtschaftlicher oder klientelarer Bindungen. Der teilweise Staatszerfall im frühen 19. Jahrhundert verstärkte die Staatsferne dieser lokalen Gesellschaften zusätzlich. Die Errichtung von Staatlichkeit gestaltete sich vor diesem Hintergrund in Lateinamerika zumeist als ein konfliktreicher Vorgang. Dabei war im La Plata-Gebiet allerdings wieder von Vorteil, dass der Provinzstaat Buenos Aires im 19. Jahrhundert reich genug war, um klientelare Bindungen mit Gemeinschaften, die keiner staatlichen Ordnung unterlagen, zu unterhalten. Weil Menschen von den Ressourcen des Staates profitierten, wandten sie sich ihm zu. Ebenso bildete die Alimentierung der eigenen politischen Klientel, welche die Radikale Partei in Argentinien nach 1916 in besonders großem Umfang betrieb, einen wichtigen Baustein in der staatlichen Organisation des Landes. Gleiches gilt für die Sozialpolitik Peróns nach 1946.

Das Aufkommen des Radikalismus im späten 19. und frühen 20. Jahrhundert illustriert dazu die Bedeutung, welche der Klientelismus in Gesellschaft und Politik Argentiniens besitzt. Das Klientelwesen ist ein fester Bestandteil der neuzeitlichen Gesellschaftsge-

schichte Lateinamerikas. Auch in Argentinien war das Klientelwesen seit der frühen Kolonialzeit verbreitet und hatte sich zu einer wichtigen Institution des sozialen wie politischen
Lebens entwickelt. So setzte durch die Reform des politischen Systems im frühen 20. Jahrhundert dieses System keineswegs außer Kraft. Vielmehr vollzog sich die Veränderung des
politischen Systems, die mit dem Machtaufstieg der UCR 1916 zusammenfiel, auf der
Grundlage eben jener klientelaren Strukturen (Rock 1972). Die UCR bediente sich dieser
Strukturen und organisierte selbst klientelistische Praktiken im urbanen Raum.

Lokale Bosse, die *caudillos de barrio*, kontrollierten ganze Straßenzüge und Wohn-
blöcke. Sie boten ihrer jeweiligen Klientel aus Arbeiterschaft und niederen sozialen Gruppen Unterstützung und Hilfe an, z.B. bei der Arbeitsvermittlung, bei medizinischer Betreu-
ung oder in Rechtsstreitigkeiten. Diese lokalen Bosse bildeten das organisatorische Gerüst
der UCR an der Basis: „Im Unterschied zu den alten lokalen Bossen, die sich von oligarchischen Politikern engagieren ließen, aber ihre Dienste nur denjenigen anboten, die sie am
besten bezahlten, wurden die *caudillos de barrio* zum festen Bestandteil der UCR-Partei-
struktur" (Carreras 2002: 21). Die Machtübernahme des Militärs nach 1930 schwächte die
Parteien und deren Klientelbeziehungen für einige Zeit. Mit der Rückkehr des Landes zur
verfassungsmäßigen Ordnung nach 1983 ist aber ein Wiederaufleben klientelarer Politik zu
beobachten (Carreras 2002: 22). Der Boom des Neoliberalismus seit den frühen 1990er
Jahren nährt das Klientelwesen zudem, weil klientelistische Netzwerke die Funktionen oder
Dienstleistungen erfüllen, aus denen der Staat sich aus Kostenerwägungen und unter dem
Druck internationaler Geld- und Währungsinstitutionen zurückzieht.

Eng verbunden mit diesem Klientelwesen ist die politische und soziale Bedeutung personaler Bindungen und Loyalitäten. Im 19. Jahrhundert zeigte sich dies besonders stark in
verschiedenen caudillistischen Herrschaftsgefügen. In modifizierter Form fielen ferner die
populistischen Politikströmungen zu Beginn und in der Mitte des 20. Jahrhunderts in diese
Tradition personaler Herrschaft. Eine frühe Form von Populismus bildete der Radikalismus
unter Hipólito Yrigoyen. Der Peronismus der 1940er und 1950er Jahre gilt dann als die
idealtypische Ausformung des Populismus in Lateinamerika. „Der Populismus ist das Ergebnis der Mobilisierung neuer Sektoren der Gesellschaft oder er fällt zumindest zeitlich
mit ihr zusammen. Man könnte generell sagen, er habe sich mitten in der Partizipationskri-
se entwickelt. Sein Hauptziel ist es, dem *pueblo* organische Einheit zu geben und es zu
lenken. Der Begriff *pueblo*, der nicht klar definiert ist, bezeichnet im wesentlichen die arbeitenden Teile der Bevölkerung, die der Populismus vorzugsweise zu vertreten bean-
sprucht" (Cifuentes 1983: 215). Der Begriff des Populismus wird dabei sowohl auf die
Ideologie, als auch auf die institutionelle Ordnung einer Bewegung oder Partei angewandt,
wobei das Konzept einer charismatischen Führerschaft sowie die Unterstützung durch stark
mobilisierte Massen hinzu gerechnet werden müssen.

Aus der Beziehung von Gesellschaft und Staat resultierte in Argentinien eine „unbe-
festigte institutionelle Ordnung" (Carreras 2002: 26). Dies äußerte sich im Laufe der Geschichte Argentiniens in relativ häufigen Regierungskrisen, in Wahlmanipulationen, im
direkten Eingreifen des Militärs in die Staatsgeschäfte sowie nicht zuletzt im Gebrauch
physischer Gewalt als Mittel der Politik. Der Griff zur Gewalt, in der Revolutionsrhetorik
des frühen 19. Jahrhunderts wie im Selbstbild des Staatsbürgers als Milizionär noch positiv
bewertet, steht heute in der politischen Öffentlichkeit Argentiniens für Negatives. Erheblich
dazu hat die Praxis des Staatsterrorismus zwischen 1976 und 1983 beigetragen, welche die
Grundrechte der Menschen außer Kraft setzte und illegale Gewalt gegen Gegner und Opfer

des Militärregimes praktizierte oder tolerierte. Zu diesen Praktiken zählte beispielsweise das berüchtigte „Verschwindenlassen" von Personen, eine Form extremer staatlicher Willkür gegenüber dem Bürger. Diese Bereitschaft des Staates zur Anwendung illegaler Gewalt bewirkte einen radikalen Vertrauensverlust der Menschen in die institutionelle Ordnung (Carreras 2002: 26). Bis heute ist die politische Kultur Argentiniens von den historischen Erfahrungen dieses Staatsterrorismus beeinflusst. Im Dezember 1983 verkündete der neu gewählte Staatspräsident Raúl Alfonsín die Einsetzung einer so genannten Wahrheitskommission (*Comisión Nacional sobre la Desaparición de Personas*), die zum einen die Schicksale Verschwundener aufklären, zum anderen überhaupt die Menschenrechtsverletzungen im Zeitraum 1976 bis 1983 thematisieren sollte. Über die Aufklärung der Gewalttaten kam es allerdings eher zu heftigen innenpolitischen Kontroversen als zu Ergebnissen, da zum Beispiel durch Amnestiegesetze und -verordnungen die strafrechtliche Verfolgung von Angehörigen des Militärs und der Sicherheitskräfte vorübergehend eingeschränkt wurde (Radseck 2002: 85ff.).

13   Justiz und Rechtssystem

Nicht nur politisch stellt sich Argentinien, wie zahlreiche lateinamerikanische Staaten auch, als Mixtur zwischen europäischen und US-amerikanischen Einflüssen dar, sondern auch im Bezug auf sein Rechtssystem. Auf der Basis europäischer Gesetzwerke und praktischer angloamerikanischer Jurisprudenz errichtet, hat sich seine organische Struktur zwischen kolonialen *Audiencias* und dem Beispiel des Rechtssystems der USA entwickelt. An der Spitze der argentinischen Judikative steht der Oberste Gerichtshof (*La Corte Suprema de Justicia*) mit vom Präsidenten ernannten und vom Senat zu bestätigenden Mitgliedern. Ihm obliegt die Aufgabe, die Verfassungsmäßigkeit von Politik und Gesetzen zu überprüfen. Daneben beschäftigt er sich mit den Fällen, die von nachgestellten Gerichten an ihn weitergereicht worden sind. Vor allem im Rahmen ersterer Aufgabe greift er zumindest formal mehr oder minder direkt in politische Entscheidungen ein. Um Bundesrichter werden zu können, muss ein Bewerber mindestens acht Jahre Erfahrung als Bundesanwalt nachweisen können und daneben über die für einen Senator notwendigen persönlichen Eigenschaften verfügen. Neben dem Obersten Gerichtshof besteht die Judikative aus vom Kongress zu bestellenden Gerichten, welche sich über das Territorium der Nation verteilen sollen, so die Verfassung (Colautti 1998: 307). Seit Beginn des 20. Jahrhunderts bestehen so neben Distrikt- und Provinzgerichten auf regionaler Ebene Appellationsgerichtshöfe, welche sich in einer Handvoll Städte im Land finden.

Während die Struktur des Rechtssystems der Distrikte und Provinzen der auf Bundesebene sehr ähnlich ist, so unterscheiden sie sich darin, dass sie sich inhaltlich mit unterschiedlichen Bereichen des Rechts befassen. Provinzgerichte behandeln hauptsächlich Fragen des Provinzrechts und an sie herangetragene Fragen des Distriktrechts, der Oberste Gerichtshof der Nation ist zuerst für Fragen von nationalem und internationalem Interesse sowie für Fälle zuständig, die Angehörige des diplomatischen Corps betreffen. Instanz für die Klage gegen einen Minister ist der Senat. Die Appellationsgerichtshöfe fungieren als Anrufungsinstanz für die Anliegen, die nicht unter die Aufgaben nachgeordneter Gerichte fallen, von ihnen abgewiesen worden sind oder mit der Nation Argentinien direkt zu tun haben. Distriktgerichte, Provinzgerichte und Oberster Gerichtshof konkurrieren in ihrer

Rechtsprechung dahingehend miteinander, da letzterer die auslegende Distanz der Verfassung ist, und diese jeder sonstigen Form von Rechtsprechung überwiegt.

14   Regionen und Kommunen

Die Bundesrepublik Argentinien besteht aus 24 Provinzen (*provincias*) und einem Bundesdistrikt (*distrito federal*). Auf dem Boden des Bundesdistrikts befindet sich die Hauptstadt Buenos Aires. Sie und die sie umgebende gleichnamige Provinz sind unbestritten sowohl demographisches, politisches als auch wirtschaftliches Zentrum des Landes. Die Bevölkerung dieses metropolitanen Ballungsraums beträgt mit 2005 etwa 13 Millionen Menschen bereits mehr als ein zehnfaches der nächstgrößeren Städte Córdoba und Rosario. Dieses Ungleichgewicht weist auf Unterschiede hin, die sich durch zahlreiche Bereiche des Lebens ziehen. Ungleiche Lebens- und Arbeitsmöglichkeiten sowie ungleichmäßige Bildungs- und Informationschancen helfen nach wie vor nicht dabei, die Kluft zwischen Ballungsräumen und rückständigen Regionen zu überwinden (Wilke 1992: 25). Trotz Angleichung und zahlreichen Entwicklungen behält das Modell von Cole (1920) dabei offenbar bis heute seine Gültigkeit, welches das Entwicklungsgefälle zwischen Metropole und Hinterland in Argentinien durch kreisförmig um Buenos Aires herum verlaufende Ringe veranschaulichen möchte. Von der Metropole aus verläuft das Gefälle über die hochurbanisierte La-Plata Region, die gut erschlossene Pampa und einige periphere Zentren bis zu mehreren nach wie vor benachteiligten Randprovinzen (Nohlen/Nuscheler 1992: 149).

Die Verfassung Argentiniens geht von einem föderativen Staatsaufbau aus und räumt den Provinzen beträchtliche Eigenständigkeit ein. Ihre Autonomie basiert praktisch auf der Tatsache, dass sie sich ihre eigenen Verfassungen, Institutionen und Gesetze geben, sowie ihre eigenen Minister und Beamte ernennen beziehungsweise wählen. Jede der 23 Provinzen verfügt über eine eigene Exekutive, eine Provinzregierung unter der Leitung eines direkt gewählten Gouverneurs (*gobernador*), ein Parlament und eine eigene Rechtsprechung. Der Bund garantiert den Provinzen die eigenständige Verwaltung und den Nutzen ihrer Institutionen, hat jedoch das Recht, zur Aufrechterhaltung des demokratischen Systems in den Provinzen zu intervenieren. Die Gesetzgebung der Provinzen setzt sich zusammen aus munizipalen, regionalen und Bundesgesetzen. Letztere haben dabei im Konfliktfall Vorrang. Die Provinzen sorgen im Rahmen ihrer Kompetenzen für die grundlegende Bildung ihrer Bürger und führen die Bundesgesetzgebung aus. Sie zeichnen sich verantwortlich für die Infrastruktur und beispielsweise den Bau von Krankenhäusern oder Altenheimen. Die Provinzen müssen sich mit dem Bund indirekte Steuern teilen, schöpfen jedoch alle direkten Steuern ab. Die Verteilung der Mittel zwischen Bund und Provinzen richtet sich nach den finanziellen Notwendigkeiten der einzelnen. Finanzielle Defizite der Provinzen muss der Bund aus seinen Steuermitteln decken (Artikel 4, Teil 1 der Verfassung). Die Provinzen sind in *departamentos* (~Gegenden) untergliedert, mit Ausnahme von Buenos Aires. Die Hauptstadt untergliedert sich in *partidos* (Parteien). Die Gegenden unterteilen sich wiederum in Munizipien. Sie sind so mit Verwaltung und finanziellen Mitteln auszustatten, dass sie autark die Notwendigkeiten ihrer Regierungseinheiten behandeln können. Die Munizipien werden von einem direkt gewählten Stadtrat unter der Leitung eines Bürgermeisters regiert. Den Provinzen ist es gestattet, interprovinzielle und internationale Abkommen zu schließen, jedoch unter der Vorraussetzung, dass diese mit der Außenpolitik des Bundes nicht kollidieren, dass sie nicht in ausschließliche Aufgabengebiete des Bundes fallen und den internationalen Ruf Argentiniens nicht gefährden. Sie können nicht in Kompetenzen des Bundes eingreifen.

15 Außenbeziehungen

Im frühen 19. Jahrhundert gewannen anstelle Spaniens andere europäische Mächte Einfluss im La Plata-Gebiet, an erster Stelle England. Es bildeten sich enge, mitunter privilegierte Wirtschaftsbeziehungen zwischen den beiden Nationen. Anfang des 20. Jahrhunderts entfielen bereits sechzig Prozent aller ausländischen Investitionen in Argentinien auf Anleger aus Großbritannien (Waldmann 1996: 893). Während der Wirtschaftskrise von 1929/30 kam es zum Abschluss des Roca-Runciman-Vertrages (1933), in dem Großbritannien sich dazu verpflichtete, seine Fleischimporte aus Argentinien trotz der wirtschaftlichen Lage nicht zu reduzieren, um im Gegenzug dafür günstige Konditionen bei Investitionen in Argentinien eingeräumt zu bekommen (Zettl 1990: 48). Diese bilaterale Wirtschaftspolitik war jedoch nicht mehr zeitgemäß, zumal sich nur wenige Jahre später, während des Zweiten Weltkriegs wie während des Korea-Kriegs, für Argentinien bereits neue Chancen auf dem Weltmarkt boten. Zu einem Tiefpunkt der argentinisch-englischen Beziehungen kam es schließlich 1982, als Argentinien und Großbritannien um den Besitz der Falkland/Malwinen-Inseln einen Krieg führten, in dem Argentinien unterlag. Um die bilateralen wirtschaftlichen Bindungen zu England zu diversifizieren, gab es in Argentinien in jüngerer Zeit Bemühungen um eine verstärkte Kooperation mit der Europäischen Union. Im Dezember 1995 wurde etwa zwischen dem südamerikanischen Wirtschaftsverbund *Mercosur*, dem Argentinien angehört, und der EU ein Rahmenabkommen geschlossen, um die Zusammenarbeit in Wirtschaftsfragen sowie in Politik, Kultur- und Umweltangelegenheiten zu verstärken.

Während Argentinien traditionell dichtere Beziehungen zu Europa unterhielt, gestaltet sich das Verhältnis zu den USA konfliktreich. Wie in anderen Teilen Lateinamerikas ebenfalls, stieß die nordamerikanische Expansionspolitik seit dem späten 19. Jahrhundert in der politischen Öffentlichkeit Argentiniens auf Ablehnung. Das Aufkommen nationalistischer Gedanken, das sich in Politik und Bevölkerung des Landes seit den 1920er Jahren beobachten ließ und insbesondere in intellektuellen Milieus Rückhalt fand, richtete sich nicht zuletzt gegen die USA. Besonders wichtig war in diesem Kontext das Entstehen eines „revolutionären Nationalismus" in den 1930er Jahren. Speziell zu erwähnen ist in diesem Zusammenhang u.a. die *Fuerza de Orientación Radical de la Joven Argentina* FORJA (Kraft der radikalen Orientierung der argentinischen Jugend). Sie ging 1935 aus einer Dissidentengruppe der UCR hervor und griff sowohl die Oligarchie im Land wie auch den internationalen „Imperialismus" aufgrund des Schadens an, den beide nach Auffassung der FORJA in Argentinien anrichteten (Werz 1991: 113). In beiden Weltkriegen verhielt sich Argentinien neutral, später arbeitete das Land in der Bewegung der blockfreien Staaten mit. 1947 wurde Argentinien aufgrund der nationalistischen Ausrichtung der Politik Peróns von der Teilhabe am Marshall-Plan ausgeschlossen. Nach dem Sturz Juan D. Peróns trat Argentinien 1956 dem Internationalen Währungsfond bei. Erst im Zuge der neoliberalen Kehrtwende in der Politik seit Ende der 1980er Jahre, insbesondere unter den Präsidentschaften von Carlos Menem, orientiert sich die argentinische Außenpolitik stärker an den USA.

Das Verhältnis Argentiniens zu seinen direkten Nachbarn war über weite Strecken während des 19. und 20. Jahrhunderts konfliktbeladen. Beispielsweise die Beziehungen zu Chile wurden seit dem 19. Jahrhundert immer wieder durch verschiedene Grenzstreitereien im südlichen Patagonien geprägt. Erst 1902 konnten diese Konflikte wenigstens in Teilen vertraglich geregelt werden.

1978 kam es jedoch zu einer erneuten Auseinandersetzung mit Chile um den Besitz von drei Inseln im Beagle-Kanal vor Feuerland. Erst Vermittlungen von dritter Stelle konnten den Ausbruch einer bewaffneten Auseinandersetzung verhindern. 1984 schlossen Argentinien und Chile darauf einen Friedens- und Freundschaftsvertrag, und seit 1990 kommt es zwischen beiden Staaten bzw. Regierungen zu regelmäßigen Treffen. Eine gemeinsame Grenzkommission wurde eingesetzt, offene Fragen wurden einer lateinamerikanischen Juristenkommission zur Lösung übergeben.

Auch das Verhältnis Argentiniens zu Brasilien wurde lange Zeit am ehesten von wechselseitigem Misstrauen geprägt. Ein kompliziertes Verhältnis nahm im frühen 19. Jahrhundert seinen Anfang, als die La Plata-Provinzen unter der Führung von Buenos Aires 1824 bis 1826 mit Brasilien Krieg führten. Der Auslöser für diese Auseinandersetzung war Streit um den Besitz der *Banda Oriental* (Uruguay). Die argentinische Industrialisierungspolitik in den 1930er und 1940er Jahren, die vom Militär besonders deshalb unterstützt wurde, da sie nicht zuletzt dem Aufbau einer eigenständigen argentinischen Rüstungsindustrie diente, richtete sich insbesondere gegen Brasilien. Erst seit den 1980er Jahren und im Zuge der Bildung großer regionaler Zoll- und Wirtschaftsräume wie *Mercosur* kommt es zu verstärkter Kooperation zwischen den Ländern. Die Bildung des *Mercosur* als gemeinsamem Markt geht auf das Jahr 1991 zurück. Neben Argentinien und Brasilien sind daran Paraguay und Uruguay beteiligt. Über rein ökonomische Fragen hinaus ist dabei beabsichtigt, auch demokratische Politikentwicklungen und regionale Sicherheitsfragen in die gemeinsamen Absprachen einzubeziehen und diese gemeinsam und als ein zusammenhängendes Paket zu behandeln.

Literatur

Birle, Peter (1996): Die Unternehmerverbände – Neue „Columna Vertebral" des Peronismus?, in: Nolte, Detlef/Werz, Nikolaus (Hrsg.): Argentinien. Politik, Wirtschaft, Kultur und Außenbeziehungen. Frankfurt, 205-224.

Birle, Peter (2002): Gewerkschaften, Unternehmerverbände und Staat, in: Bodemer, Klaus u.a. (Hrsg.): Argentinien heute: Politik, Wirtschaft, Kultur. Frankfurt, 153-182.

Carreras, Sandra (1996): Die Entwicklung der Parteien seit Beginn der Demokratisierung. Eine Bilanz. in: Nolte, Detlef/Werz, Nikolaus (Hrsg.): Argentinien. Politik, Wirtschaft, Kultur und Außenbeziehungen. Frankfurt, 241-259.

Carreras, Sandra (2002): Politische Kultur und politisches Verhalten in Zeiten der Krise, in Bodemer, Klaus u.a. (Hrsg.): Argentinien heute: Politik, Wirtschaft, Kultur. Frankfurt, 15-35.

Cifuentes, Roberto (1983): Zur Typologie politischer Parteien in Lateinamerika. Heidelberg.

Colautti, Carlos E. (1998): Derecho Constitucional. Buenos Aires (2. ed.).

Doldwert, Marvin (1972): Democracy, Militarism, and Nationalism in Argentina 1930-1966, Texas.

Donghi, T. Halperin (1996): Die historische Erfahrung Argentiniens im lateinamerikanischen Vergleich. Konvergenzen und Divergenzen im Laufe des 20. Jahrhunderts, in: Nolte, Detlef/Werz, Nikolaus (Hrsg.): Argentinien. Politik, Wirtschaft, Kultur und Außenbeziehungen. Frankfurt, 15-28.

Grewe, Hartmut (1996): Staat und Gewerkschaften. in: Nolte, Detlef/Werz, Nikolaus (Hrsg.): Argentinien. Politik, Wirtschaft, Kultur und Außenbeziehungen. Frankfurt, 194-204.

Guerra, Francois (1994): The Spanish-American Tradition of Representation and its European Roots, in: Journal of Latin American Studies 26, 1-35.

Haldenwang, Christian v. (2002): Die föderative Ordnung Argentiniens, in: Bodemer, Klaus u.a. (Hrsg.): Argentinien heute: Politik, Wirtschaft, Kultur. Frankfurt, 385-401.

Ibold, Frank (1997): Staatsbildung in Argentinien. Die Provinzen Salta und Jujuy im Spannungsfeld von Wirtschaftsregion und Nationalstaat 1850-1885. Köln.

Johns, Michael (1993): The Buenos Aires Elite 1880-1910, in: Journal of Historical Sociology 6, 74-101.

Walter, Kasper u.a. (1993): Lexikon für Theologie und Kirche, Bd. I. Freiburg.

Moosmayer, Peter (1972): Das Staatsangehörigkeitsrecht von Argentinien, Uruguay und Paraguay. Frankfurt.

Norden, Deborah (1996): Military Rebellion in Argentina. Between Coups and Consolidation. Lincoln/London.

O'Donnell, Guillermo (1988): Bureaucratic Authoritarianism: Argentina 1966-1973 in Comparative Perspective. Berkeley.

Oszlak, Oscar (1982): La formación del estado argentine. Buenos Aires.

Radseck, Michael (2002): Das argentinische Militär, in: Bodemer, Klaus u.a. (Hrsg.): Argentinien heute: Politik, Wirtschaft, Kultur. Frankfurt, 83-103

Riekenberg, Michael (1999): Gewaltmarkt, Staat und Kreolisation des Staates in der Provinz Buenos Aires 1775-1850, in: Reinhard, Wolfgang (Hrsg.): Verstaatlichung der Welt? Europäische Staatsmodelle und außereuropäische Machtprozesse. München, 19-36.

Riz, Liliana de/Nohlen, D. (2002): Verfassungsreform und Präsidentialismus in Argentinien, in: Bodemer, Klaus u.a. (Hrsg.): Argentinien heute: Politik, Wirtschaft, Kultur, Frankfurt, 337-357.

Rock, David (1972): Machine Politics in Buenos Aires and the Argentine Radical Party 1912-1930, in: Journal of Latin American Studies 4, 233-256.

Sabato, Hilda (2001): The Many and the Few. Political Participation in Republican Buenos Aires. Stanford.

Soyke, Peter (1975): Die politischen Parteien in den Verfassungssystemen von Argentinien, Brasilien und Chile. Kiel.

Szafowal, Nicolas (1994): Die Instabilität des politischen Systems in Argentinien 1930-1983. Regensburg.

Vogel, Hans (1992): Rio de la Plata, in: Handbuch der Geschichte Lateinamerikas, Bd. 2. Stuttgart, 322-357.

Waldmann, Peter (1996): Argentinien, in: Handbuch der Geschichte Lateinamerikas, Bd. 3. Stuttgart, 889-972.

Waldmann, Peter/Krumwiede, Heinrich-W. (1992): Politisches Lexikon Lateinamerika. München.

Werz, Nikolaus (1991): Das neuere politische und sozialwissenschaftliche Denken in Lateinamerika. Freiburg.

Zettl, Gerhard (1990): Argentiniens wirtschaftliche und politische Entwicklung zur Zeit der Weltwirtschaftskrise, in: Beiträge zur Historischen Sozialkunde 2, 45-51.

Das politische System Boliviens

Stefan Jost

1 Überblick zur historischen Entwicklung seit der Unabhängigkeit

Die am 6. August 1825 proklamierte Unabhängigkeit Boliviens darf nicht mit der Schaffung politischer Stabilität verwechselt werden. Die Geschichte Boliviens ist, bis Anfang der 80er Jahre des 20. Jahrhunderts, geprägt vom Wechsel demokratisch gewählter Regierungen und, nicht selten unterstützt durch politische Parteien, sich an die Macht putschender Militärs. Politische Instabilität, die nach wirtschaftlicher Stagnation auch durch den Aufschwung des Silberbergbaus im 19. Jahrhunderts nicht erreicht werden konnte, kennzeichnet den Prozess des über lange Zeit vom „caudillismo" geprägten „nationbuilding".

Die Schwäche Boliviens manifestierte sich nicht zuletzt im Salpeter- oder Pazifik-Krieg (1879-1883) mit Chile. Dieser führte zu einer ersten signifikanten Strukturierung des Parteiensystems, indem sich einige der Konfliktlinien bolivianischer Politik (Verhältnis zu Chile, Verhältnis Kirche-Staat) sowie der aufkeimende Widerstreit ökonomischer Interessen zwischen der alten Silber- und der aufkommenden Zinn-Oligarchie in den Partido Republicano und den Partido Liberal transformierten. Mit dem Ende der Silberperiode in den 90er Jahren des 18. Jahrhunderts, wurde auch die politische Macht der Konservativen geschwächt. Mit dem Aufkommen der bis weit ins 20. Jahrhundert reichenden Zinn-Periode verlagerte sich die bisherige Achse Potosí-Sucre auf die Achse Oruro-La Paz. Hinzu kam das Bestreben, Bolivien föderaler zu gestalten. Die von Indígenas unterstützte „Revolución Federal", im Kern eher ein Bürgerkrieg denn eine Revolution, endete mit dem Sieg der Liberalen und der Verlegung des Regierungssitzes von Sucre nach La Paz. Nahezu parallel eskalierte eine Grenzstreitigkeit mit Brasilien zum Krieg (1899).[1]

Die Zinn-Oligarchie war weder willens, den Interessen der indígenas und Bauern entgegenzukommen, noch fähig, die regionalen und sektoralen Widersprüche der Zinn-Oligarchie selbst aufzulösen oder den infolge der prosperierenden wirtschaftlichen Entwicklung gestiegenen partizipatorischen Ansprüchen des Mittelstandes oder der Arbeiterschaft gerecht zu werden (Bieber 1996: 830). 1920 ging die Periode des Partido Liberal mit einem Putsch des Partido Republicano und des Militärs zu Ende. Auch diesen gelang es jedoch nicht, Mittelschicht und Arbeiterschaft stärker in Staat und Gesellschaft zu integrieren.

Zum entscheidenden Katalysator der langen Vorgeschichte der Nationalen Revolution wurde der Chaco-Krieg. Er schuf eine neue soziale und nationale Realität, indem er die Strukturdefizite des Landes und das Versagen der politischen Führung offen legte und die soziale Basis des regimekritischen Potentials verbreiterte. Das auf der „Rosca" von Minen- und Großgrundbesitzern beruhende, oligarchisch strukturierte politische System hatte keine Antwort auf die drängende Frage der Schaffung einer integrierten Gesellschaft. Vor diesem Hintergrund kam es bereits nach dem Chaco-Krieg zu einer Entwicklung, in der die Oligarchie nicht mehr durchgängig regieren konnte, vielmehr (1936-39 sowie 1943-46) durch

---

[1] In den Kriegen mit Brasilien, Chile und Paraguay verlor Bolivien rund ein Drittel seines Territoriums.

Militärregierungen „ohne klare Programmatik und in wechselnden Bündnissen mit Liberalen, linken Gruppierungen und nationalistischen Kräften (…) Reformen in Angriff genommen oder angekündigt [wurden], die die Macht der Oberschichten beschneiden und somit die politische Beteiligung unterprivilegierter Schichten erweitern sollten" (Bieber 1996: 832). Nach dem Wahlsieg des oppositionellen MNR 1951 übergab der scheidende Staatspräsident die Macht einer Militärjunta. Mit dieser Verweigerung eines demokratischen Machtwechsels hatte sich die Oligarchie ihrer wohl letzten Chance beraubt, nicht etwa größere Veränderungen zu verhindern, aber doch eine gewaltsame und nicht zu steuernde Revolution zu vermeiden. Diese, zusammen mit der mexikanischen und der kubanischen zu den großen authentischen und nachhaltigen lateinamerikanischen Revolutionen des 20. Jahrhunderts zählende Revolution vom 9. April 1952, leitete die bis 1964 dauernde Phase der MNR-Regierungen ein. Mit der Nationalisierung der Minen, der Einführung des allgemeinen Stimmrechts sowie einer Agrar- und Erziehungsreform wurde zum einen versucht, den politischen und sozioökonomischen Ausschluss von rund 2/3 der Bevölkerung zu beenden, zum anderen ein Jahrzehnte dauerndes staatszentriertes Entwicklungsmodell geschaffen, das erst mit den Reformen der Regierung Paz Estenssoro ab 1985 auf den Prüfstand veränderter Realitäten gestellt wurde.

Allerdings gelang es dem MNR aufgrund der die ersten nachrevolutionären Jahre prägenden „poder dual", d.h. zunächst der Zusammenarbeit, danach der (begrenzten) Konfrontation mit der Gewerkschaft COB, nie, nach mexikanischem Vorbild ein „hinter einer demokratischen Fassade operierendes Einparteiensystem zu schaffen" (Malloy, Gamarra, 1988: 210). Der weitgehend selbstverschuldete Machtverlust des MNR 1964 eröffnete eine 18-jährige Periode sich teilweise abwechselnd aus dem Amt putschender Militärs, unterbrochen durch wenige Versuche, demokratischen bzw. zivilen Regierungen zum Erfolg zu verhelfen. Dennoch darf eine Kontinuität nicht übersehen werden: die Anerkennung der Ergebnisse der Nationalen Revolution, insbesondere der Agrarreform. Mit der Diktatur Garcia Mezas 1980-81 fand die militärische Einmischung in die Politik ihren blutigen Höhepunkt. Bolivien musste mit dem Rückzug der Militärs 1982 einen äußerst problematischen Übergang zur Demokratie bewältigen. Politische Instabilität und eine desaströse sozioökonomische Entwicklung bestimmten die Phase der UDP-Regierung (1982-1985) und bildeten die Grundlage für Paz Estenssoros Alarmruf „Bolivia se nos muere". Diese traumatische Erfahrung schuf jedoch auch die Grundlage für die nachfolgende Phase der „democracia pactada", d.h. dem Bemühen der Parteien, die „lógica de guerra" zu überwinden und die Regierbarkeit des Landes zu gewährleisten. Mit den durch die vierte Regierung Paz Estenssoro eingeleiteten Wirtschaftsreformen, die im Kern auf eine Abkehr vom staatszentrierten Wirtschaftsmodell zielten, gelang die makroökonomische Stabilisierung Boliviens, allerdings mit bis zum heutigen Tage weiterwirkenden sozioökonomischen Konsequenzen. Die Bedeutung der anschließenden Regierung Paz Zamora lag zum einen in ihrer Existenz selbst, da Paz Zamora mit Hilfe der Partei Banzers, in dessen Diktatur der MIR seinen Blutzoll zahlen musste, zum Staatspräsidenten gewählt wurde, aber auch in den ersten Reformabsprachen der Parteien 1991/92 sowie der Einleitung der Verfassungsreform. Während der ersten Regierung Sánchez de Lozada (1993-1997) wurde neben einer umfangreichen Verfassungsreform eine Reihe weiterer, teils tief greifender Reformen durchgeführt (Kapitalisierung von Staatsunternehmen, Volksbeteiligungsgesetz, administrative Dezentralisierung, Bodenreform, Wahlrecht, Erziehungs- und Rentenreform).

Bolivien, lange Zeit das Paradebeispiel lateinamerikanischer Instabilität, galt nun als „Traumland der Reformen". Die Wahl Banzers durch eine Mega-Koalition von vier Parteien und ihren jeweiligen Bündnispartnern 1997 führte zu einem Stillstand der Reformpolitik mit dem Ergebnis, dass aufgestaute Probleme, neue Herausforderungen und eine nicht neue, aber sich radikalisierende Frustration über das politische Establishment zu einer zunehmend explosiven Konfliktkonstellation führten, die auch nach der Amtsübernahme durch Vizepräsident Jorge Quiroga 2001 nicht entschärft werden konnte. Die Wahlen 2002 führten durch die Marginalisierung einiger bisheriger großer Parteien und ein Erstarken der indígena-Parteien, die strategisch parlamentarische und außerparlamentarische Opposition verbinden, zu wichtigen Veränderungen der politischen Landschaft. Teile der indigenen Bevölkerung scheinen sich in einem Prozess der Identitätsfindung zu befinden, der wohl nur mit dem zu vergleichen ist, der als Folge des Chaco-Krieges gleichsam die psychologische Vorstufe und Grundlage der späteren Nationalen Revolution bildete. War es damals aber vorrangig die Entdeckung des „Anderen" in einem gemeinsamen Land, so handelt es sich jetzt um einen Prozess, der seine Stärke aus der Abgrenzung bezieht. Hinzu kommt, dass der mühsam herausgebildete demokratiestabilisierende Mechanismus der „democracia pactada" einen Perzeptionswandel dahingehend erfahren hat, dass er angesichts begrenzter bzw. in Teilen nicht vorhandener Reformfähigkeit der politischen Klasse zunehmend als zur Stagnation führender Exklusionsmechanismus, als reines Instrument zur Machterlangung und nicht mehr der Politikfähigkeit wahrgenommen wurde.

Die zweite Regierung Lozada, von der man sich in begrenztem Umfange eine Beruhigung und reformorientierte Periode versprach, war im Endergebnis nur mit Krisenmanagement beschäftigt. Die Konflikte eskalierten, Lozada musste zurücktreten. Sein Nachfolger Mesa, dessen Verhalten in Bolivien deutlich negativer als in der internationalen Öffentlichkeit bewertet wird, wurde immer stärker zum Gefangenen der Gruppierungen, die die Straße als Ort der Entscheidungsfindung bevorzugten.

Die durch die Verfassungsreform 2004 eröffneten Chancen breiterer politischer Partizipation trugen nur begrenzt dazu bei, der bolivianischen Demokratie eine Atempause zu verschaffen. Nach dem erneuten Aufflammen der Auseinandersetzungen sah sich Mesa zum Rücktritt gezwungen. Mit der Regierungsübernahme durch den Präsidenten des Obersten Gerichtshofes als letzten verfassungsrechtlichen Nachfolger trat Bolivien in eine sehr fragile Übergangsphase ein. Die Machtfrage sollte nach dem vereinbarten Zeitplan nicht auf einen Schlag, sondern in verschiedenen Phasen beantwortet werden (Parlaments- und Präsidentschaftswahl/Auswahl der Präfekten im Dezember 2005, Wahl der Constituyente und Autonomiereferendum im Juli 2006, Verabschiedung der Verfassung 2007).

2   Verfassungsentwicklung, Verfassungsprinzipien, Verfassungswirklichkeit

Der ersten, von Bolívar erarbeiteten und am 19.11.1826 verabschiedeten, bolivianischen Verfassung war keine lange Lebensdauer beschieden. Gerade diese Verfassung orientierte sich trotz der kritisierten lebenslänglichen Amtsdauer des Staatspräsidenten stärker an einem Modell eines parlamentarischen Systems denn an dem US-amerikanischen Präsidialsystem als alle nachfolgenden Verfassungen. Der Präsident wurde durch das Parlament gewählt. Der Vizepräsident, auf Vorschlag des Präsidenten vom Parlament gewählt, war für die Regierungsgeschäfte verantwortlich.

Mit der Verfassung vom 14.8.1831 wurde eine Verfassungstradition eingeleitet, die in ihren institutionellen Prinzipien (Zwei-Kammersystem, Direktwahl des Staatspräsidenten bzw. bei Verfehlung der Mehrheit Wahl durch Parlament, Einheit von Staats- und Regierungschef) nur noch wenige Veränderungen (z.B. Wiederwahl oder Amtsdauer) erfuhr.

Die bolivianische Verfassung ist im Gegensatz zu vielen anderen lateinamerikanischen Verfassungen nicht mit Detailregelungen überlastet, dennoch in Teilaspekten inkonsistent, überholt und unpraktikabel. Reformen waren zeitraubend. Bis 2004 war nur eine Teilrevision der Verfassung möglich, die sich zudem über zwei Wahlperioden hinweg erstreckte, so dass umfangreiche und vor allem zeitnahe Verfassungsänderungen, die einer 2/3-Mehrheit des Parlaments bedürfen, vielfach unmöglich waren. Das Institut eines die Verfassung interpretierenden Gesetzes hatte in der Verfassungswirklichkeit keine Bedeutung.

Die Verfassung vom 2. Februar 1967 wurde 1994 und 2004 in zentralen Teilbereichen geändert. Diese Reformen betrafen die Verfassungsprinzipien, die Ausdifferenzierung des institutionellen Rechtssystems, die Erweiterung der politischen Partizipation durch die Einführung eines neuen Wahlrechts zur Abgeordnetenkammer, des Referendums und der Gesetzgebungsinitiative durch das Volk, die Abschaffung des Monopols der politischen Parteien für die Kandidatenaufstellung, die Einschränkung der Rechte des Parlaments bei der Wahl des Staatspräsidenten, eine Dezentralisierung auf regionaler und kommunaler Ebene sowie die Modalitäten der Verfassungsreform.

Bolivien definiert sich als „frei, unabhängig, souverän, multiethnisch und plurikulturell", als unitarische Republik mit einer „demokratischen, repräsentativen und partizipativen Regierungsform, gegründet auf die Einheit und Solidarität aller Bolivianer". Bolivien ist ein „sozialer und demokratischer Rechtsstaat", dessen Rechtsordnung durch die Werte Freiheit, Gleichheit und Gerechtigkeit bestimmt ist. Verankert sind die Unabhängigkeit, Trennung und Koordination der Gewalten und die staatliche Anerkennung des römisch-katholischen Bekenntnisses, während die Ausübung anderer Bekenntnisse garantiert wird.

Die 2004 verabschiedete Reform blieb deutlich hinter dem die Reform einleitenden „Ley de Necesidad" vom 1.8.2002 zurück. Daher besteht nach wie vor Reformbedarf. Beginnend mit der sich unter der Regierung Banzer seit dem Jahre 2000 dramatisch verschärfenden Krise gewann die Idee einer Verfassungsgebenden Versammlung („Asamblea Constituyente") immer mehr an Boden. Dennoch sah das Ley de Necesidad lediglich eine Volksabstimmung über eine vom Parlament verabschiedete Verfassungsreform vor. Unter dem Druck der Verhältnisse nach dem erzwungenen Rücktritt von Präsident Lozada machte sein Nachfolger Mesa 2003 schließlich die Zusage der Einberufung der Constituyente. Die Verfassungsreform vom 20.2.2004 schuf die Möglichkeit einer Totalrevision im Wege einer Verfassungsgebenden Versammlung. Diese im Juli 2006 gewählte Versammlung nahm im August 2006 ihre Arbeit auf. Angesichts der sehr weit auseinander liegenden Vorstellungen darüber, was eine neue Verfassung enthalten sollte, sowie der politischen Fragmentierung Boliviens und der Radikalisierung eines Teils der Indígenas besteht die Gefahr, dass die mit vielen unrealistischen Erwartungen überfrachtete Constituyente nicht zu einem tragfähigen Kompromiss führt, sondern zum Katalysator weiterer tief greifender Konflikte in Bolivien wird, deren Lösung dann nicht mehr in verfassungsrechtlichen Debatten gesehen werden dürfte. Die Implosion des politischen Systems erscheint nicht ausgeschlossen. Die verfassungsrechtliche Entwicklung Boliviens ist völlig offen und seriöserweise nicht zu prognostizieren.

Die Frage nach der Bedeutung der Verfassung führt zu einem durchaus ambivalenten Ergebnis. Die Verfassung, die angesichts zahlreicher Putsche in der Geschichte Boliviens häufig faktisch außer Kraft gesetzt war, hat auf der einen Seite seit 1982 stark an Bedeutung gewonnen. Einige Reformen, zu nennen ist vor allem die Schaffung des Verfassungsgerichts, haben dazu beigetragen, dass die Verfassung als Bezugspunkt politischen und rechtlichen Handelns stärker ins Bewusstsein getreten ist. Auf der anderen Seite ist festzustellen, dass aufgrund der sich ständig verschärfenden Krise des politischen Systems die konkrete Verfassung immer stärker in Frage gestellt, und von Vielen als grundlegend reformbedürftig, um nicht zu sagen überholt angesehen wird. Daraus erklärt sich die inhaltlich sehr divergente Hoffnung einer Neubegründung des Landes durch die Constituyente.

Unabhängig von diesen Entwicklungen ist, trotz der sehr am Wortlaut ausgelegten Tradition der Verfassungsinterpretation, ein ausgesprochen pragmatisches Verhältnis zur Verfassung festzustellen.

Die langjährige Debatte über Präsidentialismus oder Parlamentarismus hat in Bolivien keinen verfassungsrechtlichen Niederschlag gefunden. Zwar sah bereits 1971 ein Entwurf einer Regierungskommission ein Einkammersystem, die Abschaffung des Vizepräsidenten, das absolute Wiederwahlverbot des Staatspräsidenten und die Schaffung eines politisch dem Parlament verantwortlichen Kabinettschefs vor. Der Banzer-Putsch machte diese Ansätze jedoch zunichte. Deutlich weiter in Richtung Parlamentarisierung ging 1992 ein Entwurf der vom späteren Präsidenten Lozada gegründeten Fundación Milenio, in dem der direkt gewählte Präsident die Vertrauensfrage stellen, und das Parlament den von ihm gewählten Präsidenten durch ein konstruktives Misstrauensvotum abwählen konnte. Diese Vorschläge hatten in den Reformdebatten der Jahre 1993/94 jedoch keine Chance. Ob die Constituyente die Frage einer stärkeren Parlamentarisierung aufgreift, bleibt abzuwarten.

3   Staatsoberhaupt

Der *Staatspräsident*, gleichzeitig Staats- und Regierungschef, wird auf fünf Jahre gewählt. Eine unmittelbare Wiederwahl ist nicht erlaubt. Nach Ablauf einer Wahlperiode ist eine letztmalige Wiederwahl möglich.[2]

Die Wahl des Staatspräsidenten kann aus bis zu drei Phasen bestehen. Erreicht in der Direktwahl kein Kandidat die absolute Mehrheit, wählt der Nationalkongress zwischen den beiden Bestplazierten. Kommt es zu einer Pattsituation, wird die Wahl zweimal wiederholt. Bleibt es beim Patt, werden die beiden Kandidaten zum Staats- bzw. Vizepräsidenten ernannt, die in der Direktwahl die einfache Mehrheit erhalten haben. Muss der Staatspräsident aufgrund von Rücktritt oder Tod auf Dauer ersetzt werden, folgt ihm zunächst der Vizepräsident nach. Fällt auch dieser aus, übernehmen in der Reihenfolge die Präsidenten des Senates, der Abgeordnetenkammer oder des Obersten Gerichtshofs die Nachfolge.

Auch wenn dieser Versuch, einen Ausgleich zwischen der Repräsentativität eines politischen (Wahl)Systems und der „gobernabilidad", d.h. stabiler, regierungsfähiger Mehrheiten zu schaffen, eine in Lateinamerika einzigartige Parlamentsbeteiligung bei der Präsidentenwahl darstellt, und ein Charakteristikum des Präsidentialismus, die strikte „legitimid dual", d. h. die Legitimation des Parlaments wie des Staatspräsidenten durch den Souverän durchbricht, ist die vereinzelte Charakterisierung des bolivianischen Regierungssystems als

---

[2] Das passive Wahlalter beträgt wie bei Senatoren 35 Jahre.

eines „gemischt parlamentarisch-präsidentialistischen Systems" oder eines „parlamentarischen Präsidialsystems" nicht überzeugend (Jost 2003: 222ff). Zum einen hat der Nationalkongress aufgrund der 1994 erfolgten Änderung des Artikels 90 CPE im Vergleich zur früheren Regelung weniger Einflussmöglichkeiten auf die Wahl des Staatspräsidenten.[3] Vor allem aber ist, auch wenn die verfassungsrechtliche Kompetenzaufteilung zwischen Staatspräsident und Nationalkongress Bolivien eher als moderaten Präsidentialismus erscheinen lässt, die Funktionsrealität des bolivianischen Präsidentialismus durch eine Dominanz des Präsidenten gekennzeichnet. Dies gilt jedenfalls dann, wenn der Präsident über eine eigene Parlamentsmehrheit verfügt. Dann greifen Mechanismen, die ein präsidentialistisch-funktionales Verhalten des Parlaments gewährleisten (Jost 2003: 203ff). Die Problematik liegt damit paradoxerweise darin, dass sich das Parlament dann, wenn es sich im Sinne der „gobernabilidad" konstruktiv verhält, im politischen Entscheidungsprozess als Institution schwächt. Verfügt der Präsident nicht über eine eigene Mehrheit, ist das Parlament andererseits in der Lage, eine Blockadesituation herbeizuführen. Die präsidentiellen verfassungsrechtlichen Kompetenzen reichen nicht aus, eine solche Situation aufzulösen. Das Vetorecht des Präsidenten kann vom Parlament überwunden werden. Der Präsident hat nur ein limitiertes Recht, Dekrete zu erlassen und keine Möglichkeit, das Parlament aufzulösen.

Die wesentlichen Kompetenzen und Pflichten des Staatspräsidenten sind:

- Ausführung und Erfüllung der Gesetze,
- Abschluss internationaler Verträge/Zuständigkeit für die auswärtigen Beziehungen,
- Bewahrung und Verteidigung der inneren und äußeren Sicherheit,
- Gesetzgebungsinitiative nach Vorabstimmung mit dem zuständigen Ressortminister,
- Einberufung von außerordentlichen Nationalkongressen,
- Verwaltung des Staatshaushaltes, Vorlage des Etats an den Nationalkongress,
- Auskunftspflicht gegenüber dem Nationalkongress über die Minister,
- Sicherung der Erfüllung der Gerichtsurteile,
- Amnestierecht hinsichtlich politischer Delikte,
- Oberste Autorität bei der Umsetzung der Agrarreform,
- Abstrakte Normenkontrollklage/Einholung von Gutachten beim Verfassungsgericht,
- erstmalige Verhängung des Ausnahmezustandes (mit Kabinettszustimmung).

Der *Vizepräsident* und der Staatspräsident werden in einem Wahlvorschlag gewählt. Unmittelbar nach seiner Amtszeit kann er weder zum Staats- noch zum Vizepräsidenten gewählt werden. Im Gegensatz zum Staatspräsidenten besteht keine Begrenzung der Wiederwahl, auch besteht keine eigenständige Nachfolgeregelung. Dieses Amt zählt zu den sich einer exakten verfassungsrechtlichen Definition entziehenden institutionellen Grauzonen. Während die Verfassung den Vizepräsidenten, abgesehen von den Vertretungs- bzw. Nachfolgeregelungen für den Staatspräsidenten, überwiegend in seiner Legislativfunktion definiert, er ist „der geborene Präsident des Nationalkongresses und des Senats" sowie Vorsitzender der Kongresskommission (Artikel 53 und 82 CPE), ist er in der Verfassungspraxis

---

[3] Wurde in der Direktwahl keine absolute Mehrheit erreicht, konnte nach der Verfassung von 1967 der Nationalkongress den Staatspräsidenten zwischen den drei Bestplazierten der Direktwahl wählen. Erhielt keiner die absolute Mehrheit, erfolgte eine Stichwahl zwischen den beiden Bestplazierten. Diese wurde im Falle einer Pattsituation solange wiederholt, bis einer der beiden Kandidaten die absolute Mehrheit erreichte.

neben dem Staatspräsidenten der zweite Arm der Exekutive, obwohl er von der verfassungsrechtlichen Definition der Exekutive (Artikel 85 CPE) nicht umfasst wird.

Das Amt des Vizepräsidenten ist keine Machtposition. Dieses Amt lebt in der Praxis davon, wie viel Spielraum der Staatspräsident dem jeweiligen Amtsinhaber lässt, ob sich ein präsidentielles Machtvakuum entwickelt oder wie konfliktiv ein Vizepräsident sein Amt gegenüber dem Staatspräsidenten handhaben will. Angesichts dieser verfassungsrechtlichen wie faktischen Ambivalenzen wird immer wieder die Forderung nach Abschaffung dieses Amtes als eines „Fünften Rades am Wagen" erhoben.

4   Parlament

Das auf fünf Jahre gewählte Parlament, der Nationalkongress (Congreso Nacional), besteht aus zwei Kammern (Abgeordnetenhaus/Cámara de Diputados oder Cámara Baja, und Senat/Cámara de Senadores oder Cámara Alta). Die Sitzungsperiode beträgt 90 Tage und kann auf 120 Tage verlängert werden. Die Regierung oder eine absolute Parlamentsmehrheit kann mit einer konkreten, nicht veränderbaren Tagesordnung einen „Außerordentlichen Nationalkongress" einberufen. Die beiden Kammern müssen ihre Sitzungen zur gleichen Zeit durchführen und bedürfen der Anwesenheit der absoluten Mehrheit der Parlamentarier. Während der Parlamentsferien nimmt die aus Vertretern beider Kammern zusammengesetzte „Comisión del Congreso" bestimmte Funktionen wahr.

Es besteht strikte Inkompatibilität zwischen Amt und Mandat. Für die Dauer der Übernahme eines öffentlichen Amtes ruht das Mandat, das bis zur „Rückkehr" des Parlamentariers durch dessen Vertreter (suplente) ausgeübt wird.

Die Parlamentarier genießen Indemnität. Die bis zur Verfassungsreform 2004 bestehende exzessive Immunität umfasste auch alle Zivilrechtsbereiche, selbst bei einer strafrechtlichen „in flagranti"-Situation konnte der Parlamentarier nicht verhaftet oder zur Rechenschaft gezogen werden. Auch trifft die Entscheidung über die Aufhebung der Immunität nicht mehr die jeweilige Kammer des Nationalkongresses, sondern auf Antrag des Generalstaatsanwaltes der Oberste Gerichtshof mit einer 2/3-Mehrheit.

Jede Kammer wählt jährlich zur neuen Sitzungsperiode ihr Präsidium sowie die Ausschuss- und Arbeitsgruppenvorsitzenden. Die damit verbundene personelle Fluktuation auf allen Führungsebenen des Parlaments führt zu einer Beeinträchtigung eines kontinuierlichen Arbeitsprozesses. Jede Kammer gibt sich eine Geschäftsordnung und bestimmt die Diäten ihrer Mitglieder. Den Fraktionen stehen Büros mit bezahlten Mitarbeitern zu. Auch die fraktionsübergreifenden, der regionalen Interessenvertretung dienenden, „Brigadas Departamentales" und die Ausschussvorsitzenden verfügen über ein Büro und Mitarbeiter. Die entsprechende Ausstattung des einzelnen Abgeordneten wurde erst in den letzten Jahren als Problem erkannt. Hier kommt es nur sehr langsam zu Verbesserungen. Auch die parlamentsinterne Verwaltung und wissenschaftliche Zuarbeit funktionieren eher defizitär.

Die Kammern haben identische, spezifische sowie nur in einer gemeinsamen Sitzung beider Kammern (Congreso) wahrzunehmende Kompetenzen. Zudem umschreibt die bolivianische Verfassung Zuständigkeiten des Gesetzgebers, ohne diese unmittelbar einer der beiden Kammern oder der gemeinsamen Sitzung als Congreso zuzuordnen.

Zu den *identischen Kompetenzen* zählen neben dem Recht auf Selbstorganisation, der Beteiligung im Gesetzgebungsverfahren und der Initiative zur Verfassungsreform auch das Interpellations- und Zensurrecht gegenüber Ministern.

Zu den *spezifischen Kompetenzen* der Abgeordnetenkammer zählt die Anklageerhebung der Richter des Obersten Gerichtshofs, des Verfassungsgerichts, der Mitglieder des Justizrates und des Generalstaatsanwaltes vor dem Senat, zudem Entscheidungsbefugnisse im Bereich des Haushaltsrechts (Kosten der Öffentlichen Verwaltung), der Entwicklungspläne und Staatsanleihen, sowie der Verträge zur Ausbeutung der nationalen Bodenschätze und der Friedensstärke der Streitkräfte. Die Regierung muss nach der erstmaligen Verhängung des Ausnahmezustandes der Abgeordnetenkammer einen Rechenschaftsbericht über die dabei getroffenen Maßnahmen vorlegen. Bei Ablehnung dieses Berichts wird der Congreso damit befasst. Zudem hat die Abgeordnetenkammer das Vorschlagsrecht für die Präsidenten wirtschaftlich oder sozial orientierter Institutionen, an denen der Staat beteiligt ist.

Zu den *spezifischen Kompetenzen des Senats* zählt die Entscheidung mit 2/3-Mehrheit der Anwesenden über eine von der Abgeordnetenkammer erhobene Anklage der genannten Amtsträger. Dem Senat obliegt die Erarbeitung einer Vorschlagsliste an den Staatspräsidenten zur Ernennung der Präsidenten des Rechnungshofs und der Bankenaufsicht[4], höherrangige Beförderungen in den Streitkräften und der Polizei auf Vorschlag der Regierung sowie die Zustimmung zu Botschafterernennungen. Selbst kommunale Gebührensatzungen sind zustimmungspflichtig. Zudem befindet der Senat über Ordensverleihungen, Wiedereinsetzungen von Bolivianern in ihre bürgerlichen Ehrenrechte sowie die Zustimmung zur Übernahme eines Amtes in einer ausländischen Regierung

Der Senat gilt als Ausdruck des Territorialprinzips, obwohl dies weder definitorisch in der Verfassung zum Ausdruck kommt noch seine spezifischen Kompetenzen in einem inhaltlichen Zusammenhang mit einer Vertretung von Territorialinteressen stehen.

Die wesentlichen Kompetenzen des *Congreso Nacional* im Sinne der gemeinsamen Sitzung beider Kammern sind:

- Wahl oder Ernennung des Staats- und Vizepräsidenten,
- Entscheidung über ein Veto des Staatspräsidenten im Gesetzgebungsprozess,
- Verabschiedung des Haushalts,
- Entscheidung über Kriegserklärung auf Verlangen der Regierung,
- Entscheidung über Gesetze, die in der Revisionskammer nicht verabschiedet wurden,
- nachträgliche Zustimmung oder Ablehnung der Verhängung eines Ausnahmezustandes beziehungsweise die Entscheidung über dessen Verlängerung,
- Ermächtigung zur Einleitung der Verfahren des „juicio de responsabilidades" gegen den Staats- und Vizepräsidenten, die Minister und Präfekten vor dem Corte Suprema,
- Verabschiedung eines die Verfassung interpretierenden Gesetzes,
- Wahl der Mitglieder des Obersten Gerichtshofes, des Verfassungsgerichts und des Justizrates sowie des Generalstaatsanwalts und des Ombudsmanns,
- Genehmigung der länger als fünf Tage dauernden Auslandsreisen des Präsidenten.

Erst 1997/98 gelang es, die in ihren Grundzügen aus 1894 stammenden Geschäftsordnungen der beiden Kammern zu reformieren und den Erfordernissen eines arbeitsfähigen Parlaments anzupassen (deutliche Verringerung der Ausschüsse; Abkürzung der Gesetzesbera-

---

[4] Über das Ley de Sirese wurde diese Kompetenz auf die Präsidenten aller Aufsichtsbehörden erstreckt.

tung auf zwei Phasen; öffentliche Anhörungen der Parlamentsausschüsse; Redezeitbegren-
zung; Schaffung eines „Comité de Coordinación Política" zur Beschleunigung der Verfah-
rensabläufe und der politischen Konzertation zwischen den Fraktionen). Hervorzuheben ist
die nunmehrige Berücksichtigung der Opposition bei der Besetzung der Präsidien sowie der
Ausschüsse und Arbeitsgruppen. Während vorher die Besetzung der Präsidien auch von der
Opposition als Angelegenheit der Regierungsparteien betrachtet wurde, geschieht dies nun
gemeinsam. Auch wird dem Pluralismus der Parteien durch die Besetzung der Ausschüsse
und Arbeitsgruppen angemessener Rechnung getragen. Im Abgeordnetenhaus stehen acht
der Ausschüsse, darunter der Finanzausschuss, den Regierungsparteien zu, vier der Opposition. Im Senat stellt die Opposition zwei der sechs Präsidiumsmitglieder, die restlichen 21
Senatoren werden nach einem festgelegten Proporz den 11 Kommissionen zugeordnet.

5   Regierung und Verwaltung

Gemäß Artikel 85 CPE wird die „*Exekutive* durch den Präsidenten der Republik zusammen
mit den Ministern ausgeübt". Der Vizepräsident wird von dieser Definition nicht umfasst.

Die Zahl der Ministerien wird durch Gesetz bestimmt, so dass es nach jedem Regierungswechsel, häufig aber auch anlässlich der „crisis de gabinete", d.h. der jährlich zum
Nationalfeiertag am 6. August erwarteten Kabinettsumbildung, zu einer teilweise sehr umfangreichen Neu-Strukturierung der Exekutive kommt. Die Minister sind für die öffentliche
Verwaltung verantwortlich. Zu ihrer Ernennung oder Entlassung genügt ein präsidentielles
Dekret. Sie haben eine Einzelverantwortung zusammen mit dem Staatspräsidenten, wobei
dessen Anweisungen sie von ihrer Einzelverantwortung nicht entbindet, sowie eine Kolle-
gialverantwortung für im Kabinett beschlossene Maßnahmen. Die Minister können an den
Parlamentssitzungen teilnehmen, jedoch nicht während der Abstimmungen. Dekrete des
Staatspräsidenten bedürfen zu ihrer Gültigkeit der Gegenzeichnung durch den zuständigen
Minister. Es besteht eine jährliche Rechenschaftspflicht gegenüber dem Parlament über die
Amtsführung. Für begangene Delikte im Amt können Präsident, Vizepräsident, Minister
und Präfekten vor dem Obersten Gerichtshof dem „juicio de responsabilidades" unterworfen werden. Eine limitierte parlamentarische Verantwortung sieht Artikel 70 CPE vor. Jede
Kammer des Parlaments kann mit der absoluten Mehrheit der anwesenden Parlamentarier
einen Minister „zensieren", d.h. ihm das Misstrauen aussprechen. Nach der Verfassungsreform 1994 führt ein erfolgreicher Misstrauensantrag zum Rücktritt des betroffenen Ministers, allerdings nur unter der Voraussetzung, dass der Staatspräsident zustimmt.

Die verfassungsrechtliche Definition der Exekutive stellt eine euphemistische Um-
schreibung einer Situation dar, in der der Staatspräsident dominiert und die Minister aufgrund einer ausgeprägten Loyalität gegenüber dem Staatspräsidenten in der Praxis auch
nicht annähernd die Funktion übernehmen, die ihnen die Verfassung zugesteht. In der bolivianischen Regierungspraxis trifft das zu, was in anderen lateinamerikanischen Verfassungen expressis verbis enthalten ist: die Minister sind lediglich „Organ" oder „direkte Mitarbeiter" des Staatspräsidenten (Jost 2003: 209ff).

In Bolivien kann von einem dreistufigen Verwaltungsaufbau gesprochen werden. Zu
unterscheiden sind die gesamtstaatliche, die departamentale und die kommunale Ebene.

Die wichtigsten Einrichtungen der zentralstaatlichen Ebene sind die Präsidentschaft,
die Ministerien, die Öffentlichen Nationalen Institutionen (z.B das Statistische Institut oder

der Wahlgerichtshof), die öffentlichen Betriebe sowie die Regulations- und Aufsichtsbehörden. Im Bereich der Ministerien sind des Weiteren die verschiedenen „Nationalen Dienste" zu berücksichtigen, die als „operative Struktur der Ministerien" definiert werden.

Die Aufgabe des seit 1994 vor allem im Zuge der Kapitalisierung[5] ausgebauten Systems der Regulations- und Aufsichtsbehörden (Superintendencias) besteht darin, die Staatsaufsicht über die betroffenen Sektoren auszuüben, um so die Einhaltung dem öffentlichen Interesse dienender Rahmenbedingungen zu gewährleisten. Die wichtigsten Ziele und Aufgaben sind die Verhinderung von Wettbewerbsverzerrungen oder Monopolbildungen, die Verleihung und der Entzug von Konzessionen, die Überwachung der korrekten Dienstleitungserbringung einschließlich der Genehmigung und Kontrolle der Tarife sowie die Verhängung entsprechender Sanktionen. Die Superintendencias sind aufgrund ihrer Legaldefinition „autarke, juristische Personen des öffentlichen Rechts mit technischer, administrativer und wirtschaftlicher Autonomie". Die Superintendenten werden auf der Grundlage einer vom Senat mit 2/3-Mehrheit verabschiedeten Vorschlagsliste vom Staatspräsidenten ernannt. Die Amtszeiten betragen zwischen fünf und acht Jahren, eine unmittelbare Wiederwahl ist nicht möglich. Abgesehen von der Bankenaufsicht ist die Einbeziehung der Regulations- und Aufsichtsbehörden in die Verfassung bislang nicht gelungen.

Auf der Departmentsebene bestehen neben den Präfekturen auch die Außenstellen der oben erwähnten „Nationalen Dienste". Die neun Departments sind in 112 Provinzen und 1384 Kantone unterteilt, für die ein der Präfektur unterstehender Sub-Präfekt bzw. ein Corregidor zuständig sind. Bei der departamentalen Ebene und der Rolle der Präfektur ist zu beachten, dass diese keine „Landesregierung" im Sinne eines föderalistischen Systems darstellt. Vielmehr handelt es sich um eine administrative Dezentralisierung in Form einer Vertretung der „nationalen Exekutive auf departamentaler Ebene". Der Präfekt wird daher (siehe Kapitel 14.1) auch vom Staatspräsidenten ernannt.

Die kommunale Ebene besteht seit dem Gesetz der Volksbeteiligung (Participación Popular) 1994 aus den 327 „autonomen Gemeinderegierungen".

Die Verwaltungsstrukturen haben mit der Participación Popular, der administrativen Dezentralisierung und dem Aufbau der Regulations- und Aufsichtsbehörden teilweise wesentliche Änderungen in ihrer bislang ausschließlich zentralistischen Ausprägung erfahren, ohne dass bislang von einem institutionellen Abschluss dieses Prozesses gesprochen werden könnte. Dieser beachtliche Modernisierungserfolg darf nicht darüber hinwegtäuschen, dass weitere Maßnahmen erforderlich sind (Ausbildung, Weiterführung des Gesetzes des Öffentlichen Dienstes, Entpolitisierung der Verwaltung). Auch ist die Verwaltungsrealität in Bolivien sicherlich ein anschauliches Beispiel dafür, dass rein institutionelle Reformen nicht automatisch zu einer Veränderung tradierter Verhaltensweisen führen. Nicht zuletzt die Korruption ist ein zentrales Problem. Die politische Herausforderung liegt darin, die Diskrepanz zwischen Institutionenreform und tradierter Alltagspraxis zu verringern.

6   Gesetzgebung

Die Gesetzesinitiative kann ausgehen von den Parlamentariern, von der Regierung oder dem Vizepräsidenten. Der Oberste Gerichtshof kann in Fragen des Justizwesens Gesetzesvorschläge unterbreiten. Durch die Verfassungsreform 2004 wurde eine „Iniciativa Legisla-

---

[5] Dieser Begriff umschreibt die spezifische bolivianische Form der Umwandlung staatlicher Unternehmen.

tiva Ciudadana", d.h. eine Gesetzgebungsinitiative des Volkes geschaffen, die keine thematische Begrenzung enthält und eine verpflichtende Befassung durch den Gesetzgeber normiert. Ein erforderliches Ausführungsgesetz wurde noch nicht erlassen.

Hinsichtlich der Gesetzgebungskompetenzen bestehen keine wesentlichen Unterschiede zwischen den beiden Kammern. Lediglich in enumerativ aufgeführten Fällen, in denen überwiegend der Regierung das Initiativrecht zusteht, hat die Abgeordnetenkammer das Erstbefassungsrecht (Schaffung und Aufhebung von Steuern, Ausgaben der öffentlichen Verwaltung, Entwicklungspläne, staatliche Kreditaufnahme, Friedenstärke der Streitkräfte). Ansonsten wird zwischen den Kammern und der Regierung abgestimmt in welcher Kammer das Gesetzgebungsverfahren eröffnet wird ("Cámara de origen" – Ursprungskammer). Findet der Gesetzentwurf in der Ursprungskammer keine Mehrheit, kann dieser Entwurf in der laufenden Legislaturperiode[6] in keiner der beiden Kammern mehr eingebracht werden.

Wird der Gesetzentwurf auf dieser ersten Stufe verabschiedet, befasst sich die "Cámara revisora" (Revisionskammer) damit. Ergänzt oder ändert diese den Gesetzentwurf, bedarf dieser zu seiner Annahme einer absoluten Mehrheit in der Ursprungskammer. Lehnt diese wiederum die Ergänzungen oder Änderungen ab, oder nimmt selbst Änderungen vor, treten beide Kammern zur gemeinsamen Beratung zusammen. Kommt keine Mehrheit zustande, kann der Gesetzentwurf in der laufenden Legislaturperiode nicht mehr eingebracht werden. Wenn die Revisionskammer einen Gesetzentwurf nicht innerhalb von dreißig Tagen behandelt, findet eine Beratung beider Kammern (Congreso) statt.

Nach der Verabschiedung eines Gesetzes wird das Gesetz an die Regierung zur Verkündung weitergeleitet. Der Präsident hat jedoch das Recht, innerhalb von zehn Tagen sein begründetes Veto einzulegen. Dies gilt jedoch nicht für Verfassungsänderungen oder die Verfassung interpretierende Gesetze. Um das Veto zurückzuweisen, bedarf es einer 2/3-Mehrheit des Congreso. Vom Staatspräsidenten nicht zurückgewiesene oder nicht verkündete Gesetze werden vom Präsidenten des Congreso verkündet. Sofern das Gesetz selbst nichts anderes bestimmt, tritt es mit der Veröffentlichung in der Gaceta Oficial in Kraft.

7   Wahlsystem und Wahlverhalten

Die Verfassung normiert allgemeine, direkte, geheime, gleiche und freie Wahlen in einem "System proportionaler Vertretung". Es besteht Wahlpflicht. Präsidentschafts- und Parlamentswahlen finden zusammen statt.

Die 130 Mitglieder der Abgeordnetenkammer werden auf fünf Jahre gewählt. Die Parlamentarier können unbeschränkt wieder gewählt werden. Bis 1993 erfolgte eine reine Listenwahl. Das durch die Verfassungsreform 1994 geänderte Wahlrecht zur Abgeordnetenkammer führte die Trennung von Wahlkreis- und Listenmandaten ein. Es gibt 68 Direktwahlkreise. 62 Abgeordnete werden über die neun Departmentslisten gewählt. Der Wähler hat zwei Stimmen. Mit dem "voto acumulativo" wählt er den Präsidentschafts- und Vizepräsidentschaftskandidaten und damit die Departmentsliste der Partei mit den Abgeordneten (diputados plurinominales) und Senatoren. Mit dem "voto selectivo" wählt er seinen Wahlkreiskandidaten (diputado uninominal). Es besteht eine Sperrklausel von drei Prozent. Die Zuteilung der Sitze erfolgt nach d´Hondt. Bei Stimmengleichheit im Wahl-

---

[6] Als Legislaturperiode wird die einjährige Sitzungsperiode des Nationalkongresses im Rahmen der fünfjährigen Wahlperiode ("periodo constitucional") bezeichnet.

kreis muss neu gewählt werden. Mit dem Abgeordneten wird ein Stellvertreter gewählt, der für ihn nachrückt. Fällt auch dieser Vertreter aus, kommt nach dem Wahlgesetz von 1999 der nächste Listenplatz zum Zuge.

Die Wählbarkeitsvoraussetzungen für Abgeordnete sind

- gebürtiger Bolivianer und bei Männern Erfüllung des Militärdienstes,
- am Tag der Wahl das 25. Lebensjahr erfüllt[7],
- im Wahl-Register eingeschrieben.

Vorgeschlagen werden können Kandidaten von „einer politischen Partei oder direkt durch Wählergruppen und/oder indigene Völker". Dies stellt eine der grundlegenden Verfassungsreformen des Jahres 2004 dar, da mit ihr das in den vergangenen Jahren immer stärker kritisierte Monopol der politischen Parteien zur Kandidatenbenennung gebrochen wurde.[8]

Der *Senat* setzt sich aus drei Vertretern pro Department zusammen, die über eine Liste gewählt werden. Abgesehen vom Mindestalter (35 Jahre) sind die Wählbarkeitsvoraussetzungen mit denen der Abgeordneten identisch. Obwohl die Verfassung als allgemeinen Wahlrechtsgrundsatz das Proportionalitätsprinzip normiert, wird bei der Senatswahl durch das Wahlgesetz davon abgewichen. Zwei der Senatoren erhält die stärkste Partei, den dritten die zweitstärkste. Dies führt zu für die Regierungsbildung relevanten Disproportionalitäten in der Vertretung im Parlament. Auch wenn rechnerisch eine Regierung gebildet werden kann, ohne dass diese eine Mehrheit im Senat hat, wird gegen eine Mehrheitspartei im Senat kaum eine Regierungsbildung angestrebt oder als möglich angesehen, da dem Senat im Gesetzgebungsprozeß die gleiche Bedeutung zukommt wie der Abgeordnetenkammer und er damit als wirksames Blockadeinstrument genutzt werden kann. Daher kam es immer wieder zu Überlegungen, den Senat abzuschaffen, da seine Kompetenzen nicht in Relation zu seiner Machtposition stünden.

8   Parteien

Zwischen 1985 und 2002 wurde das Parteiensystem[9] durch fünf Parteien bestimmt. MNR, ADN und MIR jeweils im Verbund mit kleineren Bündnispartnern stellten dabei gleichsam die parteiorganisatorischen Konstanten dar.

Der 1941 gegründete *Movimiento Nacionalista Revolucionario (MNR)* ist die älteste der relevanten Parteien, in der sich das im Chaco-Krieg herausbildende klassen- und rassenübergreifende Bewusstsein als Grundstein für das nationale Projekt der Revolution am eindrucksvollsten kristallisiert hat. Ideologisch ist der MNR schwer einzuordnen. Die in der Praxis sehr pragmatische Theorie des „revolutionären Nationalismus" hat es ihm ermöglicht, die wesentlich von ihm gesteuerte Nationale Revolution von 1952 mit ihren fundamentalen Veränderungen ebenso zu begründen wie in den Jahren 1985 und 1993 die Modifizierungen bzw. grundlegenden Politikwechsel in zentralen Bereichen. Seine bis 2002 auch

---

[7] Das aktive Wahlrecht besteht bereits mit 18 Jahren.
[8] Zwar konnten bis dahin „repräsentative zivile Gruppierungen der lebenden Krfäte des Landes" Kandidaten aufstellen, jedoch nur in Vebindung mit einer politischen Partei, weshalb diese Konstruktion eine Fiktion blieb.
[9] Zum Parteiensystem Jost (2003: 238-295). Einige Splitterparteien können vernachlässigt werden. Diese waren vor der Wahlrechtsänderung 1997 teilweise nur deshalb im Parlament vertreten, weil sie sich in Vorwahlkoalitionen mit größeren Parteien zusammengeschlossen, und danach selbständige (Ein-Mann-)Fraktionen gebildet hatten.

in Krisenzeiten anhaltende, vor allem auf dem Land zum Ausdruck kommende Stärke be-zieht der MNR nicht zuletzt aus seiner Bedeutung für die Nationale Revolution.

Der *Movimiento de Izquierda Revolucionario – Nueva Mayoría (MIR-NM)*, Mitglied der Sozialistischen Internationale, wurde kurz nach dem Staatsstreich Banzers 1971 ge-gründet. Für den Ansatz, einen nationalen linken Weg zu definieren, war die Revolution von 1952, die im Kontext neuer nationaler Realitäten vollendet werden sollte, von ent-scheidender Bedeutung. Als (Mit)Regierungspartei konnte der MIR insgesamt nicht über-zeugen. Dies gilt für die Phase der UDP mit Paz Zamora als Vizepräsident ebenso wie für die Regierung Zamora (1989-1993) oder die Beteiligung in der Regierung Banzer. Dennoch ist hervorzuheben, dass der MIR, der in der Diktatur Banzers einen hohen Blutzoll zahlte, durch die Koalition mit der ADN 1989 einen wichtigen Beitrag dazu leistete, dass die „Ströme von Blut", die diese beiden Parteien trennte, überwunden und das noch junge Kon-zept der „democracia pactada" gestärkt werden konnte.

Mit der 1979 gegründeten, im Mitte-Rechts-Spektrum anzusiedelnden *Accción Nacio-nalista Democrático (ADN)*, versuchte Banzer, sich in das demokratische Kräftespiel ein-zugliedern. Nach einer anfänglichen, auf den historischen Erfahrungen beruhenden Begren-zung entwickelte sich die ADN ab 1985 zu einer der führenden Parteien. Dennoch konnte sie erstmals 2002 mit Banzer den Staatspräsidenten stellen. Die Unfähigkeit, den Reform-kurs der Regierung Lozada adäquat, d.h. mit den erforderlichen Korrekturen, aber auch den notwendigen Kontinuitäten fortzusetzen, und der nur in der Anfangsphase erfolgreiche Versuch, das Fehlen politischer Substanz und des Zusammenhalts der Vielparteienkoalition durch Konzertationsprozesse zu überdecken, konnte keine fünfjährige Wahlperiode tragen; von gestaltender Politik konnte kaum die Rede sein. In diesem Versagen liegt eine der we-sentlichen Ursachen der sich verstärkenden Krisenentwicklung Boliviens. Die ADN zahlte hierfür in den Wahlen 2002 mit ihrer Degradierung zu einer 3%-Partei.

Von diesen drei Parteien abgesehen ist keine parteiorganisatorische Kontinuität gege-ben, vielmehr hat insofern das Parteiensystem grundlegende Veränderungen erfahren. Wäh-rend 1985-1989 zwei MNR-Abspaltungen die Fünfergruppe vervollständigten, konnten sich ab 1989 zwei (neo)populistische Parteien, *Conciencia de Patria (Condepa)* und *Unión Cívica Solidaridad (UCS)*, auf kommunaler wie nationaler Ebene etablieren. Die attraktive Mischung einer caudillistischen Outsiderführung, die den bis ins Messianische gehenden „personalismo" lateinamerikanischer Politik in Reinkultur darstellte, einer teilweise domi-nierenden regionalen Verankerung (so Condepa im Altiplano-Bereich), einer indigenen Orientierung und eines begrenzt antisystemischen, durch assistentialistische Maßnahmen begleiteten, als politische Alternative ernsthaft aber nicht zur Debatte gestellten Diskurses, der nicht zuletzt im informellen Wirtschaftssektor große Anziehungskraft hatte, konnte im Gegensatz zu den sonstigen indigenen oder linken Splitterparteien ein durchaus beachtli-ches Protestpotential kanalisieren und in das demokratische System integrieren. Der An-fang vom Ende kam mit dem Tod der beiden Vorsitzenden Palenque und Fernández. Con-depa, die bei den Wahlen 1997 mit ihrer Aymara-Spitzenkandidatin noch den 3. Platz er-reicht hatte, zerstörte sich von innen heraus. Der UCS zerbrach mit dem Verlust der größten Brauerei ihre finanzielle Grundlage zur Fortsetzung ihrer assistentialistischen Politik.

Die Präsidentschafts- und Parlamentswahlen 2002 brachten weitere wesentliche Ver-änderungen. Während Condepa verschwand, und UCS und ADN auf die Bedeutung von Kleinparteien schrumpften, konnte sich mit der aus dem Bündnis mit der ADN ausgescherten Nueva Fuerza Revolucionaria (NFR) eine Mitte-Rechts-Kraft etablieren, die mit einem Abstand von nur 0,03% auf dem dritten Platz landete.

Vor allem aber manifestierte sich eine quantitative wie qualitative Veränderung des indigenen Einflusses. Der 2000 gegründete *Movimiento Indígena Pachakuti (MIP)* versteht sich als politischer Arm der Landarbeitergewerkschaft CSUTCB. Der MIP-Führer Felipe Quispe, wegen Zugehörigkeit zur Guerrilla-Organisation EGTK mehrere Jahre in Haft, wird trotz eines eher diffusen Bekenntnisses zum Marxismus weniger als Sozialrevolutionär denn als Rassenrebell verstanden. Ein gewaltbereit-rassistischer Diskurs propagiert die Revolution, eine Zusammenarbeit mit den Weißen wird als unmöglich erklärt, die Abschaffung des bolivianischen Staates und Gründung eines „Estado indio" sind erklärtes Ziel.

Der deutlich stärkere, bereits 1987 gegründete, aber lange bedeutungslose *Movimiento Al Socialismo (MAS)*, wurde zweitstärkste Partei. Auch wenn er sich primär als politischer Arm der cocaleros, d.h. der Anbauer der Coca-Pflanze versteht, und diese nach wie vor seine eigentliche Machtbasis darstellen, wurde er 2002 zum Sammelbecken verschiedener Protestströmungen. Kernpunkt war die vor allem unter der Banzer-Regierung vorangetriebenen Reduzierung der Anbauflächen der zur Herstellung von Kokain dienenden Coca-Pflanze. Neben dieser Thematik, die unter dem Souveränitätsgesichtspunkt auch über die cocaleros hinaus Zuspruch findet, versucht der MAS erkennbar, disperse, thematisch begrenzte Ansätze zusammenzufassen und in eine thematisch umfassendere und grundsätzlicher ausgerichtete Oppositionshaltung umzuwandeln. Von daher erklärt sich der Programmmix aus frühmarxistischen Träumen, der Kritik am „internen Kolonialismus", verbunden mit einem verklärenden Rückgriff auf religiöse Traditionen und vermeintlich glückliche und problemlose Zeiten in den überlieferten Organisations- und Lebensformen der Ahnen, und dies eingebettet in einen Anti-Globalisierungsansatz und Öko-Diskurs. Der MAS scheint unter einer wesentlich stärkeren Akzentuierung der ethnischen Dimension auf das „endogene Entwicklungsmodell" Condepas zurückzugreifen.

Auch wenn deren antisistemische Ausrichtung durchaus differenziert zu betrachten ist, haben sich durch MAS und MIP die Interaktionsmuster des politischen (Parteien)Systems wesentlich verändert. Die Nicht-Akzeptanz von Spielregeln, die strategische Verbindung zwischen starker parlamentarischer Vertretung und außerparlamentarischer Mobilisierung der Basis für Demonstrationen, Blockaden etc., waren wesentliche Ursachen für die an den Rand der Unregierbarkeit führende Entwicklung Boliviens. Dies wiederum führt dazu, dass die in Anlehnung an Sartori erfolgte Charakterisierung des Parteiensystems als moderates Mehrparteiensystem fraglich geworden ist und ab 2002 zumindest von einer ausgeprägten Tendenz zu einem polarisierten Mehrparteiensystem gesprochen werden kann.

Mit diesen Entwicklungen haben gleichzeitig zwei bis dahin geltende Besonderheiten des bolivianischen Parteiensystems Verschärfungen bzw. Veränderungen erfahren. So musste sich das Parteiensystem noch stärker mit parallelen Repräsentativstrukturen auseinandersetzen. Dies betraf neben bereits existenten Formen wie den Comités Cívicos die neuen Instrumente direkter Demokratie wie die immer stärker zum politischen Instrument werdenden Basisbewegungen samt ihrer Blockadepotentiale. Auf der anderen Seite war festzustellen, dass sich die Konfliktlinien bolivianischer Politik (Wirtschaftssystem, Landfrage, Dezentralisierung, Demokratieformen, ethnische Dimension der Politik) wesentlich stärker als bisher in das Parteiensystem zu transformieren begannen.

Im Vorfeld der auf den 18. Dezember 2005 vorgezogenen Parlaments- und Präsidentschaftswahlen sah sich das Parteiensystem einer erneuten Dynamik ausgesetzt. Angesichts des erwarteten Scheiterns der traditionellen Parteien kam es zu zwei Neugründungen. Der Banzer-Nachfolger Jorge Quiroga setzte mit der Gründung von *Poder Democrático y Social* (Podemos) darauf, zum eigentlichen Gegenspieler des MAS zu werden, während der vorwiegend aus Politikern des MIR hervorgegangene *Frente de Unidad Nacional* (UN) sich als Partei der Mitte zwischen den beiden Polen MAS und Podemos profilieren wollte.

Tabelle 1:   Präsidentschafts- und Parlamentswahlen 1985 bis 2005[10]

		1985	1989	1993	1997	2002	2005
MNR	%	25,24	23,07	35,55	18,20	22,46	6,5
	Sitze	43/16	40/9	52/17	26/4	36/11	5/1
MIR	%	8,86	19,64	(21,05)[11]	16,77	16,31	
	Sitze	15/1	33/8	16/3	23/7	26/5	
ADN	%	28,56	22,70	(21,05)	22,26	3,39	
	Sitze	41/10	38/8	19/5	32/11	4/1	
MNR-I	%	4,77					
	Sitze	8/0					
MNR-V	%	4,18					
	Sitze	6/0					
MBL	%			5,35	3,09		
	Sitze			7/0	5/0		
Condepa	%		11,02	14,28	17,16	0,37	
	Sitze		9/2	13/1	19/3	0/0	
UCS	%			13,76	16,11	5,51	
	Sitze			20/1	21/2	5/0	
NFR	%					20,91	0,7
	Sitze					25/2	0/0
IU	%		7,21	0,97	3,71		
	Sitze		10/0	0/0	4/0		
MAS	%					20,94	53,7
	Sitze					27/8	72/12
MIP	%					6,09	2,2
	Sitze					6/0	0/0
Podemos	%						28,6
	Sitze						43/13
UN	%						7,8
	Sitze						10/1

Das Ergebnis dieser Wahlen bedeutete einen politischen Erdrutsch. Erstmals in der demokratischen Geschichte Boliviens wurde ein indigener Staatspräsident mit absoluter Mehrheit gewählt. Dem MAS war es vor allem dank Evo Morales gelungen, sich nicht nur weiter zu einem Sammelbecken indigen motivierten Protestes zu entwickeln, sondern auch thematisch anders gelagerte Protesthaltungen in einer breiten Antikoalition zusammenzuführen. Mit Ausnahme des allerdings stark reduzierten MNR sind alle traditionellen Partei-

---

[10] Eigene Erarbeitung. Die erste Zahl bei den Sitzen bezieht sich auf die Abgeordneten (ab 1989 insgesamt 130), die zweite auf die Senatoren (27). Die nicht abgebildeten restlichen Sitze verteilten sich 1985 auf fünf, 1993 auf drei und 2002 auf eine Partei.
[11] Im Jahre 1993 traten MIR und ADN als „Acuerdo Patriótico" an, bildeten danach jedoch getrennte Fraktionen.

en von der Bildfläche verschwunden. Podemos stellt zwar die stärkste Oppositonsfraktion, ist angesichts der parlamentarischen Mehrheitsverhältnisse und der grundsätzlichen Bereitschaft von MNR und UN zu einer zumindest punktuellen Zusammenarbeit mit dem MAS aber aktuell nicht in der Lage, breitere Oppositionsbündnisse zu schmieden. Trotz dieses tief greifenden Umbruchs der Parteienlandschaft kann angesichts der teilweise sehr kurzfristig erfolgten Neugründungen bzw. der heterogenen Wählerschaft vor allem des MAS von einer stabilen Neustrukturierung des Parteiensystems noch nicht gesprochen werden.

Erst seit 1999 hat Bolivien ein eigenständiges Parteiengesetz, das als Zeichen einer sich verstärkenden Einsicht der Parteien in existente Reformnotwendigkeiten gedacht war. So enthält es u.a. gewisse Anforderungen an demokratische innerparteiliche Strukturen, ein Verbot von Doppelmitgliedschaften, eine stärkere Berücksichtigung von Frauen sowie eine staatliche Parteienfinanzierung.

9   Militär

Seit der Unabhängigkeit haben die Streitkräfte immer wieder entscheidenden Einfluss auf die Geschicke des Landes genommen. Die Statistik der Militärputsche dürfte zu den beeindruckendsten des gesamten Subkontinents zählen. Nachdem die militärische Einmischung in die Politik durch die Diktatur García Mezas ihren wohl brutalsten und blutigsten Höhepunkt erlebt hatte, zogen sich die Streitkräfte im Oktober 1982 in die Kasernen zurück. Seit dieser Zeit wird der Primat der Politik durch die Militärs anerkannt. Nach der Verfassung haben die Streitkräfte die „grundsätzliche Aufgabe, die nationale Unabhängigkeit, die Sicherheit und Stabilität der Republik sowie die Ehre und nationale Souveränität zu verteidigen und zu bewahren, die Existenz der Verfassung und die Stabilität der verfassungsmäßigen Regierung sicherzustellen und zur integralen Entwicklung des Landes beizutragen". Es besteht neben der Möglichkeit eines „servicio pre-militar" für beide Geschlechter die allgemeine Wehrpflicht für Männer, Wehrdienstverweigerung ist nicht möglich.

Die Anerkennung des politischen Primats beruht nicht unwesentlich auch darauf, dass, gleichsam als Preis für die durch die Streitkräfte in der chaotischen Regierungsphase der UDP 1982-1985 überwiegend geübte Zurückhaltung, eine weitgehende Ausklammerung der Vergangenheitsbewältigung der Militärdiktaturen sowie weiterführender Überlegungen zur Rolle der Streitkräfte in einem demokratischen Staat erfolgte. Der Primat der Politik wurde etabliert, ohne seine Grundlage und Ausgestaltung im konkreten bolivianischen Kontext zu definieren. Es hat, beginnend mit den neunziger Jahren, nicht an Versuchen gefehlt, den Streitkräften eine die interne Entwicklung des Landes unterstützende Funktion zuzuordnen, sie für Fragen wie Menschenrechte oder Konzepte wie das des „Staatsbürgers in Uniform" zu sensibilisieren. Eine breite politisch-militärisch-gesellschaftliche Debatte ist daraus jedoch ebenso wenig entstanden, wie eine auch nur in Ansätzen erkennbare künftige Entwicklungsalternative des Militärs. Dennoch darf nicht verkannt werden, dass die Streitkräfte spätestens seit dem Chaco-Krieg zu einem wichtigen „zivilisatorischen und staatsbürgerlichen Mechanismus" [Barrios; Mayorga, 1994: 89)] geworden sind. Dies bezieht sich vor allem auf die allgemeine Militärdienstpflicht. Die relevante Einschränkung ergibt sich daraus, dass, obwohl die Ableistung des Militärdienstes für Männer eine Zugangsvoraussetzung für eine Reihe von öffentlichen Ämtern ist, die Ableistung des Militärdienstes eine überwiegende Angelegenheit der Indígena-Bevölkerung ist. Die Mehrheit der weißen

Bolivianer ist finanziell in der Lage, die legale Möglichkeit des Kaufes des Wehrpasses wahrzunehmen. Die Frage ist, wie sich langfristig eine solche ethnische Reduzierung des Konzeptes des Staatsbürgers in Uniform auf die (Selbst)definition der Streitkräfte auswirkt.

Angesichts der krisenhaften Entwicklung Boliviens wurden immer wieder Spekulationen über ein Eingreifen des Militärs laut. Diese haben sich bislang als haltlos erwiesen. Ein selten vorkommendes öffentliches Befürworten einer militärischen Intervention wurde von der Führung sofort mit dem Ausschluss aus den Streitkräften geahndet. Dennoch darf nicht verkannt werden, dass einige der Themen der bolivianischen Problemagenda wie z.B. die Souveränität über die Rohstoffvorkommen, bis hin zum Separatismus gehende Vorstellungen einiger Departments oder Ideen von „zwei Bolivien in einem Land", neuralgische Punkte des militärischen Selbstverständnisses betreffen.

10   Interessenverbände und Kirchen

Die 1952 gegründete *„Central Obrera Boliviana" (COB)*, die rund vierzig Branchengewerkschaften vereinigt, war in den ersten Jahren nach der Revolution der engste Verbündete der MNR-Regierungen. Aus dieser Phase stammt die Figur des „co-gobierno", d.h. der „Mit-Regierung" der COB über von ihr bestimmte Minister und Vetorechte in staatlichen Einrichtungen, vor allem der Minengesellschaft COMIBOL. Historisch stellte die Vertretung der Minenarbeiter das Rückgrat der gewerkschaftlichen Macht der COB dar. Die damit verbundene „concepción obrerista", d.h. die an der Arbeiterschaft orientierte Ideologie war lange Zeit auch für andere Sektoren überaus anziehend, nicht zuletzt für die campesinos. Dies hat sich mit dem Zusammenbruch des Minensektors verändert[12]. Dennoch stellen aufgrund der COB-Statuten die Minenarbeiter bis heute die Mehrheitsfraktion auf den Gewerkschaftskongressen dar, die sozioökonomischen Realitäten des Landes werden dadurch nicht mehr abgebildet. Die Anerkennung, ja der teilweise bis heute existente Mythos der COB basiert auf ihrem Widerstand gegen die Militärregierungen und dem Blutzoll, den sie hierfür zahlen musste. Die Entzauberung begann mit dem Übergang zur Demokratie. Die maximalistischen Forderungen, die das Bekenntnis zur Demokratie als im wesentlichen instrumentelles entlarvte, stellten eine schwere Belastung nicht nur für die UDP-Regierung, sondern für die politische und ökonomische Stabilität der jungen Demokratie insgesamt dar. Auch haben die Normalisierung der politischen Situation und die neue Wirtschaftspolitik nach 1985 zum Bedeutungsverlust der COB ebenso beigetragen wie die sich langsam entwickelnde Stärkung anderer Institutionen im Gesamtgefüge demokratischer Strukturen.

Die COB versteht sich nach wie vor als eine antistaatliche und antigouvernamentale Kampforganisation, weit entfernt von jeglichem Verständnis einer modernen Sozialpartnerschaft und der Akzeptanz demokratischer Entscheidungsstrukturen. Sie war bislang nicht in der Lage, aus den tief greifenden Veränderungen des politischen und sozioökonomischen Kontextes die inhaltlichen und organisatorischen Konsequenzen zu ziehen. Dennoch findet das 1984 formulierte Selbstverständnis der COB als „einzige von der ganzen Nation akzeptierte Machtalternative" auch heute noch seine Apologeten.

Ohne Zweifel verfügt die COB vor allem in der Lehrerschaft oder dem Gesundheitsbereich noch immer über ein wenn auch begrenztes Blockadepotential, das aber nicht mehr ausreicht, die endgültige Politikgestaltung durch Regierung und Parlament zu verhin-

---

[12] Die Zahl der im Minensektor beschäftigten Arbeiter sank zwischen 1981 und 1990 von 71.000 auf 5.000.

dern oder auch nur inhaltlich maßgebend zu beeinflussen. Ihre Aufrufe zu Protestmaßnahmen wurden von der Bevölkerung überwiegend eher als Störung eines reibungslosen Alltagsablaufes denn als erforderliche Einmischung der COB angesehen. Das traditionelle gewerkschaftliche Kampfinstrumentarium (Generalstreik, Straßenblockaden, Demonstrationen, Hungerstreiks, Selbstkreuzigungen) wurde in den vergangenen Jahren wegen seiner inflationären und unverhältnismäßigen Anwendung zunehmend entwertet.

Eine Anpassung an den veränderten Kontext wird ohne Brüche der kollektiven Identität nicht zu bewerkstelligen sein. Der Ansatz, die Lehrer als Proletariatsubstitut zur Avantgarde der gewerkschaftlichen Arbeit zu machen, ist gescheitert. Der tertiäre Sektor stellt weitgehend eine gewerkschaftsfreie Zone dar. Auch im dramatisch angestiegenen informellen Sektor ist es der COB nicht gelungen Fuß zu fassen, obwohl hier zahlreiche der „deslocalizados", d.h. der entlassenen Minenarbeiter samt ihren Familien anzutreffen sind. Die in einer Vernachlässigung der „campesino-Frage" liegende Gefahr einer Entkoppelung der beiden Gruppierungen wurde von der COB sehr spät erkannt. Auch wenn die COB in den jüngsten Krisensituationen etwas an Boden gut machen konnte, war dies vorrangig aufgrund ihres Zusammenwirken mit anderen Organisationen, vor allem ihre Anlehnung an den MAS, möglich, jedoch nicht aufgrund einer eigenständigen Vorreiterrolle.

Die 1962 gegründete Arbeitgebervereinigung „*Confederación de Empresarios Privados de Bolivia*" (CEPB) hat im Verlauf ihrer Geschichte eine beachtliche Wandlung erfahren. War sie zunächst eine Organisation mit einer „klar etatistischen und protektionistischen Mentalität sowie einer indifferenten bis ablehnenden Haltung gegenüber einer modernen pluralistischen Demokratie" (Mansilla 1994: 36), die erst Ende der 70er Jahre eher verhalten einen Zusammenhang zwischen ökonomischer Modernisierung und Demokratie thematisierte, so profilierte sie sich in der UDP-Phase als Kontrastprogramm vor allem zur COB, konnte so wesentlich zu dem 1985 eingeleiteten ökonomischen Paradigmenwechsel beitragen und avancierte in diesen Jahren zu einer der wichtigsten Interessenorganisationen.

Mit ihren Zielen „Konsolidierung des demokratischen Systems" und „Marktwirtschaft mit sozialer Gerechtigkeit" sieht sich die CEPB als Protagonistin der Entwicklung des Landes und verfolgt einen stark reformorientierten Ansatz: Stärkung des Institutionensystems und dessen Unabhängigkeit von klientelistischen und kurzfristigen Einflüssen, Dezentralisierung, stärkere Partizipation der Gesellschaft an den Entscheidungsprozessen, Abbau der Ungleichheiten in der regionalen Entwicklung, Ausbau der Infrastruktur, Reform des Arbeitsrechts und des Finanzsystems sowie eine wirksamere Bekämpfung des Schmuggels. Sehr klar wird der Zusammenhang zwischen Rechtssicherheit und wirtschaftlicher Entwicklung des Landes, zwischen Regional- und Sozialpolitik und die Notwendigkeit von Ausbildung und Qualifizierung der Menschen gesehen. Auch wenn der Verdacht eines Lippenbekenntnisses nicht gänzlich von der Hand zu weisen ist, finden sich Äußerungen zur Vereinbarkeit von wirtschaftlicher und ökologischer Entwicklung. Der CEPB ist es im Gegensatz zur COB in hohem Maße gelungen, einen beträchtlichen Teil ihrer Ziele als nationale Entwicklungserfordernisse verständlich zu machen. Auch wenn sie naturgemäß nicht über eine der COB oder den Comités Civicos vergleichbare Fähigkeit zur Mobilisierung verfügt, hat sie bewiesen, dass sie sich auf die Arbeit als pressure-group versteht.

Trotz dieser insgesamt positiven Bestandsaufnahme dürfen Ambivalenzen nicht verkannt werden. So ist im Allgemeinen im Osten des Landes die Unternehmerschaft sehr viel offensiver, innovativer und risikofreudiger als im Westen. Auch wenn der moderne Sektor der CEPB Herausforderungen (Globalisierung, regionale Integration, Wettbewerb, Markt-

öffnung) offensiv angehen will, so sind Andere noch immer der Staats- und Wirtschafts-
konzeption von 1952 verhaftet, wonach der Staat der Protagonist und Beschützer ökonomischer Aktivitäten zu sein hat. Da in der Vergangenheit alle Beziehungen über den Staat
liefen, eine gesellschaftliche Interessenorganisation somit allenfalls ein Vermittler zwischen
den Klientelinteressen und den staatlichen Entscheidungsprozessen sein konnte, entwickelte sich kein Beziehungsgeflecht zwischen den gesellschaftlichen Interessenorganisationen
selbst. Die Beziehungen untereinander wurden überwiegend in Kategorien der Gegnerschaft definiert. Dies heißt nicht, dass es unmittelbare Beziehungen überhaupt nicht gab.
Sofern sie bestanden, waren diese jedoch nicht belastbar und taugten nicht als Konfliktlö-
sungsinstrument. Von einem Konzept einer Sozialpartnerschaft kann in Bolivien bis heute
keine Rede sein. Entsprechende Vorstellungen sind auch bei der CEPB kaum entwickelt.

Die Gründung der *Comités Cívicos (CC)* war in aller Regel die Angelegenheit lokal
und regional sozioökonomisch und/oder politisch dominierender Kreise. Die CC verstehen
sich nach ihrem Statut als „zivile Organisation, parteipolitisch ungebunden, ohne Gewinn-
erzielungsabsicht" und „genuine Vertretung der lebenden Kräfte des Departments und
höchster ziviler Organismus" des regionalen Selbstverständnisses[13]. Der Aufstieg der CC
zu einer der wichtigsten zivilgesellschaftlichen Interessenorganisationen vollzog sich in den
70er Jahren. Die CC spielten in den Jahren der Diktatur zunächst eine sehr ambivalente
Rolle. Einerseits wurden keine politischen Debatten geführt, das bestehende System hingenommen und eine den Interessen der Regionen entgegenkommende, vom Banzer-Regime
propagierte „Entwicklungsideologie" unterstützt. Andererseits stellten die CC, geduldet bis
gefördert von der Regierung, wegen der Einschränkung oder des Verbots der Betätigung
von Parteien und Gewerkschaften einen wichtigen Freiraum für (begrenzte) Diskussionen
und Interessenartikulierung dar. Diese im beiderseitigen Interesse verfolgte Koexistenz
zwischen Staat und CC wurde in der Diktatur Garcia Mezas durch eine politische Auseinandersetzung mit dem Ziel der Wiederherstellung demokratischer Verhältnisse abgelöst.

Die CC haben sich als anerkannte regionale Interessenvertretung etabliert, die andere
regionale Organisationseinheiten etwa von Parteien oder Gewerkschaften, selbst die „Bri-
gada Departamental", dominiert. Auch wenn es sich bei den CC um regionale Organisationen mit durchaus unterschiedlicher Interessenlage handelt, sind diese zur Beeinflussung
nationaler Entscheidungsprozesse sehr wohl in der Lage. Die Bedeutung, die die Forderung
nach stärkerer politischer Dezentralisierung oder gar Autonomie in den letzten Jahren angenommen hat, ist ohne die jahrelange Vorarbeit der CC kaum vorstellbar, auch wenn es
hinsichtlich des für erforderlich gehaltenen Zentralismus zwischen den sozioökonomisch
sehr unterschiedlich entwickelten Departments keine einheitliche Linie gibt.

Der Anspruch der CC, im Gegensatz zu anderen Organisationen das Allgemeinwohl
zu repräsentieren, führte nie zu einem politischen Führungs- oder gar Übernahmeanspruch,
jedoch zur Geltendmachung eines regionalen und nationalen Mitspracherechts in politischen Entscheidungsprozessen. Die CC sehen sich einer zunehmenden Kritik vor allem
hinsichtlich ihrer Repräsentativität ausgesetzt[14]. Die Gleichsetzung der von den CC formulierten Politiken mit dem Gemeinwohlinteresse gelingt nicht mehr in vergleichbarem Maße
wie in vergangenen Jahren, auch wenn die Kapazität zur Massenmobilisierung in einigen
Departments nach wie vor beachtlich ist und die der COB bei weitem überschreitet. Viele

---

[13] So beispielhaft die Statuten des Comités Cívico von La Paz von 1992.
[14] Dies betrifft die Natur der im CC vereinigten Gruppierungen sowie den Umstand, dass diese unabhängig von
ihrer Größe mit jeweils einer Stimme ausgestattet sind.

der durch die Verfassungsreformen geschaffenen partizipatorischen Instrumente erfüllen langjährige Forderungen der CC. In einem demokratisch stabilen Bolivien dürfte sich bei Greifen dieser Instrumentarien auch der Wirkungskontext für die CC langfristig verändern.

Die *katholische Kirche* ist die Institution, der seit Jahren das größte Vertrauen entgegengebracht wird. Dies beruht nicht allein auf dem Umstand, dass knapp 90% der Bevölkerung Katholiken sind. Die politische Bedeutung der Kirche beruht auf der allgemeinen Anerkennung in der bolivianischen Politik und Gesellschaft als einer in verfahrenen Situationen neutral fungierenden Vermittlungsinstanz und „ehrlichen Maklers" zwischen widerstreitenden Interessen. Allerdings wurde in der jüngsten Krisenentwicklung erkennbar, dass die Kirche in ihrer Appell-, aber auch Vermittlerfunktion an gewisse Grenzen zu stoßen scheint. Themen kirchlicher Stellungnahmen sind vorwiegend die Abtreibungsproblematik, Armutsbekämpfung, Sozialpolitik, Stärkung der Familien, Perspektiven für die Jugend, Korruptionsbekämpfung und Gewaltverzicht. Darauf bezogene Mahnungen setzt die Kirche jedoch nicht in konkrete Politikentwürfe um. Eine Einmischung in Tagespolitik findet kaum statt, was allerdings grundsätzliche, zum Teil auch harsche Kritik gegen Armut und Marginalisierung produzierende Entwicklungen nicht ausschließt.

Überlegungen, von der verfassungsmäßigen Festschreibung des Katholizismus als offizielle Religion abzugehen, stoßen auf Skepsis und Widerstand, unter anderem mit dem Argument, angesichts der ethnischen Heterogenität der bolivianischen Bevölkerung sei die katholische Kirche ein wichtiger Garant der „Einheit in Vielfalt". In diesem Zusammenhang ist der Ansatz der Kirche hervorzuheben, der spezifischen Situation der Indígenas gerecht zu werden und sie in ihrem Bemühen zur Wahrung der eigenen Traditionen und Kulturen zu unterstützen. Sie will „die überlieferten reichen Kulturen gegenüber einer Invasion einer modernen und postmodernistischen Kultur mit einer uniformierenden, individualistischen und konsumistischen Schlagseite [stärken]" (Presencia vom 26. 2.1996). Trotz der aktuell kritischen Situation ist festzuhalten, dass das Bemühen der katholischen Kirche um die Etablierung bestimmter demokratischer und konsensorientierter Spielregeln in der Vergangenheit einen wichtigen Beitrag zur Institutionalisierung und Verankerung des demokratischen Systems geleistet hat. Ungeachtet ihrer hohen Anerkennung sieht sich die katholische Kirche wie in vielen Ländern Lateinamerikas einer zunehmenden Konkurrenz mit einer vielfältigen Sektenstruktur gegenüber. Diese Entwicklung hat ihre Position in Staat und Gesellschaft bislang nicht erkennbar beeinträchtigt, was sich jedoch zumindest langfristig spürbar ändern könnte.

11 Massenmedien

Die Verfassung kennt zwar keine institutionelle Garantie der Pressefreiheit, jedoch das persönliche Recht auf freie Meinungsäußerung. Bolivien ist ein stark „mediatisiertes" Land. Die Medien erfreuen sich einer hohen Anerkennung der Bevölkerung.[15] 2002 waren 482 legale Radiostationen und 200 Fernsehanbieter registriert. Tageszeitungen gibt es über dreißig, davon nur wenige auf nationaler Ebene. Bolivien ist kein „Lese-Land". Die primäre Informationsquelle für die Bevölkerung ist das Radio, gefolgt von Fernsehen und Printmedien. 75,71% aller Haushalte haben Zugang zu Radio, 54,37% zu Fernsehen und lediglich 6,7% zu Kabel. Die beiden größten nationalen Tageszeitungen erreichen an Spitzentagen

---

[15] Zu den nachfolgenden Angaben siehe Brockmann (2005).

(Sonntags) eine Auflage von je etwa 30 000, an Werktagen zwischen 8000 und 15000. Dennoch ist ihr Einfluss in der politischen und wirtschaftlichen Elite sehr hoch anzusetzen.

Hinsichtlich der Eigentumsverhältnisse können vier entscheidende Gruppen identifiziert werden: der Staat, die Katholische Kirche, die Privaten sowie die „sectores populares". Bestimmte, den letzteren zuzurechnende und für die Medienlandschaft über Jahrzehnte hinweg charakteristische Einrichtungen, wie z. B. Radiostationen von Minenarbeitern, haben im Kontext eines demokratischen und sich wirtschaftlich verändernden Bolivien stark an Bedeutung verloren. Auch der staatliche Mediensektor wurde zunehmend zurückgedrängt. Über Einfluss verfügt nach wie vor die katholische Kirche aufgrund ihres Medienverbundes (Fernsehen, Radio, Zeitung, Nachrichtenagentur). Deutlich zugenommen hat das Engagement finanzkräftiger Privater vor allem nach Zulassung des privaten Fernsehens im Jahre 1984, ohne dass man deshalb von einer Monopolisierungsgefahr sprechen könnte.

Auch in Bolivien wird die Debatte um die Massenmedien als „vierte Gewalt" immer wieder geführt. Die Medien verfügen über einen nicht unbedingt im Verhältnis zu ihrer Qualität stehenden Einfluss. Diese auch von Journalisten selbst zunehmend reflektierte Problematik bezieht sich nicht vorrangig auf Eigentümerstrukturen oder den Fall parteipolitischer Instrumentalisierung. Vielmehr geht es um die Formen und die Qualität der Berichterstattung und die Qualifizierung der Journalisten selbst. Die Mängelliste reicht von der Vermischung von Meinung und Information, Hofberichterstattung, nicht ausreichenden Recherchen, rational nicht nachvollziehbaren Auswahlkriterien der Nachrichten und Themen, fehlender Kenntnis oder Bereitschaft zu kritischen Interviews, bis hin zu dem Vorwurf der Käuflichkeit aufgrund niedriger Gehälter. Dennoch spielen die Medien eine nicht wegzudenkende Rolle für das demokratische System. Dies hängt auch damit zusammen, dass die Medien vielfach ein effizienteres Instrument zur Kontrolle der Regierung und des Parlaments darstellen als das Parlament beziehungsweise die Opposition selbst. Auch findet „agenda setting" vielfach stärker durch Medien denn politische Parteien statt.

12 Politische Kultur und Partizipation

Die seit 1985 bestehende politische Stabilität darf nicht darüber hinwegtäuschen, dass allein damit ein zentrales Problem des politischen Systems, die zunehmend beklagte unzureichende Repräsentativität, nicht gelöst werden konnte. Dieses Defizit ist neben der Schwäche der Parteien und des Parlaments auch auf die Existenz parallel konkurrierender, historisch gewachsener Strukturen der Interessenvertretung wie beispielsweise der Comités Cívicos zurückzuführen, deren Einbindung in das repräsentative System nie ganz gelungen war.

Seit Anfang der 90er Jahre stand das Ziel, die repräsentative Demokratie partizipativer auszugestalten, auf der politischen Tagesordnung und fand Eingang in die Verfassungsreform 1994 sowie in die Reformagenda der ersten Regierung Lozada 1993-1997 (Reform des Wahlrechts zur Abgeordnetenkammer, der Kommunalverfassung durch die Participación Popular und des Kommunalwahlrechts sowie in deutlich geringerem Ausmaß die administrative Dezentralisierung bis hin zur Einführung einer Frauenquote).

Durch die Verfassungsreform 2004 kamen neue Instrumente hinzu. Zum einen das Referendum auf kommunaler, departamentaler und nationaler Ebene. Thematisch ausgenommen sind die Bereiche Steuern, innere und äußere Sicherheit sowie die territoriale Gliederung. Ein Referendum kann durch die Regierung oder mit 2/3-Mehrheit durch das Parlament initiiert werden. Wird das Referendum durch das Volk initiiert, bedarf es für die Einleitung eines nationalen Referendums der Unterschriften von 6%, eines departamentalen von 8% und eines kommunalen von 10% der eingeschriebenen Wähler. Es müssen mindestens 50% der insgesamt Wahlberechtigten teilnehmen und mit einfacher Mehrheit dem Referendum zustimmen. Das Ergebnis des Referendums ist bindend. Neu ist auch die Möglichkeit einer thematisch nicht begrenzten Gesetzgebungsinitiative sowie die Constituyente.

Die größte Bedeutung für die künftige politische Landschaft Boliviens dürfte der Abschaffung des Monopols der politischen Parteien zur Kandidatenaufstellung zukommen. Trotz der Anerkennungsvoraussetzungen, u.a. Unterschriften von 2% der im jeweiligen Bereich abgegebenen gültigen Stimmen der letzten Wahl, könnte dies zu einer hinsichtlich der Auswirkungen auf die politische Stabilität und Entscheidungsfindung nicht unproblematischen Zersplitterung der politischen Partizipation und Repräsentation führen.

Die positiven Auswirkungen dieses signifikanten Ausbaus partizipatorischer Instrumente auf das politische System sind jedoch offensichtlich begrenzt. Von einem teilweise irreparablen Vertrauensverlust in die traditionelle politische Klasse abgesehen ist dies auch auf Ausprägungen der politischen Kultur zurückzuführen. So sahen sich erste Reformen wie das Abgeordnetenwahlrecht oder das Parteiengesetz mit den traditionellen Beharrungskräften vor allem innerparteilicher Führungsstrukturen konfrontiert, die an einer adäquaten Implementierung und konsequenten Weiterführung der Reformen wenig Interesse zeigten.

Das alte Motto lateinamerikanischen Rechtsverständnisses, „respektieren, aber nicht anwenden", scheint in diesem Reformbereich über eine besondere Kraft zu verfügen. Diese Reformenklaven führten angesichts eines sich verändernden partizipatorischen Anspruchs der Gesellschaft dazu, dass das lange als positiv empfundene Konzept der „democracia pactada" einen Perzeptionswandel erfuhr und zunehmend als „closed shop system" einer Politikerkaste empfunden wurde, die allenfalls zu formalen, in der Praxis aber wirkungslosen Zugeständnissen bereit ist. Die Unfähigkeit, dieses Spannungsverhältnis zwischen Repräsentativität und „gobernabilidad" zumindest abzumildern, hat wesentlich zu der die demokratische Stabilität des Landes in Frage stellenden Entwicklung beigetragen.

Hinzu kommt, dass alle Beteiligungsformen zum Scheitern verurteilt sind, wenn das Mehrheitsprinzip nicht als verbindlich anerkannt wird. Dass dies in Bolivien nicht uneingeschränkt der Fall ist, sondern durch die nahezu sakrale Forderung nach „concertación", d.h. einer auf dem Verhandlungsweg zu erreichenden, von allen Beteiligten getragenen Lösung überlagert wird, haben auch die stabilen Jahre der bolivianischen Demokratie seit 1985 immer wieder gezeigt. Wessen Forderungen nicht erfüllt wurden, berief sich auf fehlende Konzertation und die Illegitimität des so zustandegekommenen Ergebnisses. Erschwerend kommt hinzu, dass die Erfahrungen der letzten Jahre deutlich gemacht haben, dass eine gewaltbereite Minderheit sich in einer strategisch nahezu optimalen Lage sieht, das Land nach innen wie außen zu blockieren und die politische Machtfrage zu stellen. Abgesehen von dem Gas-Referendum 2004 und der Zusage der Einberufung einer Constituyente konnten diese erweiterten Partizipationsmöglichkeiten die konfliktive Situation nicht hinreichend entschärfen. Dies ist wesentlich darauf zurückzuführen, dass sich der Partizipationsfocus zumindest eines Teils der indigenen Bevölkerung dramatisch gewandelt hat und sich für ihn eher die Grundfrage zu stellen scheint, ob Partizipation in dem bisherigen Staatswesen überhaupt noch sinnvoll ist, oder ob es einer Neugründung des Staates bedarf.

13 Rechtssystem

Die Dritte Gewalt wird durch das Verfassungsgericht (Tribunal Constitucional), den Obersten Gerichtshof (Corte Suprema de Justicia), die Höheren Distriktgerichte (Cortes Superiores de Distrito; je einer pro Department) sowie die Instanz- und sonstigen Fachgerichte (Juzgados de partido etc. und bspw. Corte Nacional de Trabajo y Minería) ausgeübt. Es besteht ein absolutes Verbot von Ausnahmegerichten.

Die Verfassungsreform 1994 hatte einen eindeutigen Schwerpunkt im Bereich der Justizreform. Die dadurch neu geschaffenen Organe (Verfassungsgericht, Justiz-Rat und Ombudsmann) wurden in der ersten Jahreshälfte 1998 gewählt.

Das *Verfassungsgericht* besteht aus fünf Richtern, die eine einzige Kammer bilden und vom Parlament mit 2/3-Mehrheit auf 10 Jahre gewählt werden. Eine unmittelbare Wiederwahl ist ausgeschlossen. Der Präsident des Verfassungsgerichts wird mit 2/3-Mehrheit durch die Verfassungsrichter selbst gewählt. Zu den wichtigsten Kompetenzen des Verfassungsgerichts zählt die Entscheidung

- in einziger Instanz über die Verfassungsmäßigkeit von Gesetzen, Dekreten und sonstiger nicht-richterlicher Resolutionen,
- über die Kompetenzkonflikte und sonstigen Kontroversen zwischen den öffentlichen Gewalten, dem Wahlgerichtshof, den Departments und den Gemeinden,
- über die Anfechtung der Resolutionen der beiden Kammern des Nationalkongresses, der Präfekturen oder Gemeinden durch die Exekutive,
- die Rechtsmittel gegen Resolutionen der Legislative, wenn diese eines oder mehrere persönliche Rechte oder Garantien eines Klägers betreffen,
- über die Revision der Rechtsmittel hinsichtlich des Schutzes der Verfassung und des „Habeas Corpus" sowie des „Habeas Data", d.h. einer Datenschutzklage,
- über Klagen hinsichtlich des Verfahrens der Verfassungsänderung,
- über die Verfassungsmäßigkeit internationaler Verträge.

Darüber hinaus ist das Verfassungsgericht befugt, mit verbindlicher Wirkung für das konsultierende Organ (Staatspräsident, Präsident des Parlaments, Präsident des Obersten Gerichtshofes) Gutachten zur Frage der Verfassungsmäßigkeit von Gesetzesvorhaben oder der verfassungsmäßigen Anwendung von Gesetzen auf bestimmte Fälle zu erstellen.

Der *Oberste Gerichtshof* ist das höchste Gericht der allgemeinen Gerichtsbarkeit. Die zwölf Richter werden aufgrund einer vom Justizrat erarbeiteten Vorschlagsliste vom Parlament mit einer 2/3-Mehrheit auf zehn Jahre gewählt. Eine unmittelbare Wiederwahl ist nicht möglich. Neben der Zuständigkeit in Form der Plenarversammlung (sala plena) bestehen Fachkammern (Zivilrecht, Strafrecht, Sozial-, Bergbau- und Verwaltungsrecht), die jeweils als Oberster Gerichtshof entscheiden. Wohl als Kompensation für den Entzug der Verfassungskontrolle verblieb die Entscheidung über eine Anklage des Präsidenten, Vizepräsidenten, der Minister und der Präfekten beim Obersten Gerichtshof. Des Weiteren ist er u.a. zuständig für

- die Ernennung der Richter der Höheren Distriktgerichte,
- die Streitschlichtung bei Kompetenzkonflikten dieser Gerichte,

- das Verfahren (als einzige Instanz) bei strafrechtsrelevanter Amtsverletzung des Präsidenten des Rechnungshofs, der Richter der Höheren Distriktgerichte, des Ombudsmanns, der Mitglieder des Nationalen Wahlgerichtshofes und der Superintendentes, d.h. der Präsidenten der Regulations- und Aufsichtsbehörden,
- die Nichtigkeits- und Aufhebungsklagen der Allgemeinen und Verwaltungsgerichtsbarkeit sowie
- die Streitfälle, die aus Verträgen, Verhandlungen oder Konzessionen beziehungsweise Klagen aufgrund sonstiger Regierungsentscheidungen resultieren.

Der *Justizrat* ist das Administrativ- und Disziplinarorgan der Judikative. Vier Mitglieder werden vom Parlament mit 2/3-Mehrheit auf 10 Jahre gewählt, eine unmittelbare Wiederwahl ist ausgeschlossen. Den Vorsitz des Justizrates führt der Präsident des Obersten Gerichtshofs. Der Justizrat ist zuständig für die Ausarbeitung des Jahresplans der Judikative, die Disziplinargewalt, die Verwaltung der Beförderungslisten sowie das Vorschlagsrecht für die Mitglieder des Obersten Gerichtshofs gegenüber dem Parlament und für die Beisitzer der Obersten Distriktgerichte gegenüber dem Obersten Gerichtshof.

Auch die Staatsanwaltschaft und der Ombudsmann sind Teil des einschlägigen Verfassungskapitels, obwohl sie in dessen Legaldefinition der „Poder Judicial" nicht enthalten sind. Der Staatsanwaltschaft unterstehen die Einheiten der „Technisch-Juristischen Polizei". Der Generalstaatsanwalt (Fiscal General) wird durch das Parlament mit 2/3-Mehrheit auf zehn Jahre gewählt. Nach Ablauf einer weiteren Wahlperiode kann er wieder gewählt werden. Der Generalstaatsanwalt ist dem Parlament mindestens einmal im Jahr zur Vorlage eines Rechenschaftsberichtes verpflichtet.

Der *Ombudsmann* (Defensor del Pueblo) soll für die Garantie und Erfüllung der persönlichen Rechte des Einzelnen im Verhältnis zur öffentlichen Verwaltung sowie zur Verbreitung und dem Schutz der Menschenrechte Sorge tragen. Er hat u.a. die Möglichkeit, die Verfassungswidrigkeit eines Gesetzes geltend zu machen. Die öffentliche Verwaltung ist verpflichtet, ihm die zur Erfüllung seiner Tätigkeit erforderlichen Informationen zu geben. Er hat freien Zugang zu den Gefängnissen. Der haushaltsmäßig der Legislative zugeordnete Ombudsmann ist von Weisungen der öffentlichen Gewalten unabhängig und wird vom Parlament mit 2/3-Mehrheit auf fünf Jahre gewählt, eine einmalige Wiederwahl ist zulässig.

Neben diesen institutionellen Reformen, von denen in der Praxis bislang vor allem das Verfassungsgericht und der Ombudsmann überzeugen konnten, wurden, beginnend mit der ersten Regierung Lozada eine Reihe weiterer Reformen eingeleitet. Zu nennen sind hier die Abschaffung des Schuldturmprinzips[16], die vorläufige Entlassung bei zu langer Untersuchungshaft, die Reform der Strafprozessordnung mit Einführung des Mündlichkeitsprinzips, die Prozesskostenhilfe bis hin zu Ansätzen, bestimmte indigene Rechtsvorstellungen in die allgemeinen Codices einfließen zu lassen. Trotz dieser Anstrengungen ist angesichts feststellbarer „Beharrungskräfte der traditionellen politischen Kultur" und der parallel zu modernen, rational-demokratischen Orientierungswerten fortbestehenden „Verhaltensmuster[n] (die sog. informellen Codices) der Beamten, Richter und herkömmlichen Behörden" (Mansilla 2004: 169) vor einer Erwartung schneller und breit wirkender tatsächlicher Ver-

---

[16] Dieses Institut vermischte die straf- und zivilrechtliche Verantwortlichkeit mit der Folge, dass ein Straftäter nach Ablauf seiner Strafe solange in Haft blieb, bis er auch den zivilrechtlichen Schaden ersetzt hatte. Dies konnte dazu führen, dass er Jahre und Jahrzehnte in Haft blieb.

änderungen zu warnen. Nicht zuletzt die weit verbreitete Korruption ist für das mangelnde Vertrauen der Bevölkerung in die Dritte Gewalt verantwortlich.

14 Regionen und Kommunen

14.1 Die „administrative Dezentralisierung" der Regionen

Bolivien ist in neun Departments, 112 Provinzen, 327 Provinzsektionen und 1384 Kantone gegliedert. Seit Ende der siebziger Jahre wurde die Dezentralisierung in immer neuen Variationen erfolglos diskutiert. Die Beratungen im Rahmen der Verfassungsreform 1994 stellten wegen der sehr konträren Auffassungen zwischen den politischen Parteien, vor allem aber wegen der massiven politischen Dezentralisierungsforderungen der Comités Cívicos kurzzeitig die Annahme der Verfassung insgesamt in Frage. Der schließlich verabschiedete Formelkompromiss führte nur zur Aufschiebung der strittigen Sachfragen. Die bisherige Grundstruktur wurde im Wesentlichen beibehalten. Lediglich die durch ein Gesetz zu regelnde Einrichtung des „Department-Rats" stellt eine Neuerung dar. Nach dieser administrativen Dezentralisierung besteht die Präfektur aus dem Präfekten und dem Department-Rat. Dem Präfekten kommt eine starke Initiativ- und Exekutivfunktion zu, die durch die Eingliederung der finanzkräftigen und politisch einflussreichen „Regionalen Entwicklungsorganisationen" in die Präfekturen noch ausgebaut wurde. Der Department-Rat ist ein kollegiales Beratungs- und Kontrollorgan und wird vom Präfekten geleitet, der Rede- und Stimmrecht hat. Der Department-Rat setzt sich aus je einem Vertreter pro Provinz (Territorialprinzip) und einer darüber hinausgehenden Vertretung nach einem bestimmten Bevölkerungsschlüssel zusammen, die von den Gemeinderäten mit 2/3-Mehrheit gewählt werden. Zu den wichtigsten Kompetenzen des Department-Rats zählen die Verabschiedung des Etats und der regionalen Entwicklungspläne sowie die Kontrolle der Amtsführung des Präfekten, soweit er nicht in Ausübung der allein der Zentralregierung zustehenden Kompetenzen handelt. In enumerativ aufgeführten Fällen ist der Präfekt verpflichtet, den Department-Rat zu konsultieren, wenn er die automatische Nichtigkeit seiner Entscheidungen vermeiden will. In Konfliktfällen kommt dem Staatspräsidenten die letzte Entscheidung zu. Der Department-Rat kann mit 2/3-Mehrheit dem Präfekten das Misstrauen aussprechen. Der darauf erfolgende Rücktritt des Präfekten hängt jedoch davon ab, ob der Staatspräsident den Rücktritt akzeptiert oder zurückweist.

Die Departments verfügen neben den regulären oder außerordentlichen Finanzzuweisungen durch den Staatshaushalt über eigene Einnahmequellen. Die wichtigsten Einnahmen stammen aus dem Regionalen Kompensationsfonds und der Beteiligung an dem Steueraufkommen auf Öl- und Gasprodukte und deren Derivate.

In den letzten Jahren gewann die Dezentralisierungsdebatte eine starke, sich auf zwei Ziele (Demokratisierung/Autonomie) konzentrierende Eigendynamik. Ergebnis war zum einen ein Gesetz, aufgrund dessen die Präfekten künftig in einer Direktwahl „ausgewählt" werden, und der Staatspräsidenten den mit einfacher Mehrheit gewählten Kandidaten zum Präfekten ernennt. Formal ist damit insofern der Verfassung Genüge getan, als die Präfekten nach wie vor vom Staatspräsidenten ernannt werden. Das verfassungsrechtliche Problem liegt darin, dass von dem in Artikel 224 CPE normierten Vorschlagsrecht der Parteien, Wahlinitiativen und indigenen Völker für die politischen Wahlämter das Amt des Präfekten nicht umfasst ist. Durch eine Änderung des Wahlgesetzes wurden somit verfassungsrechtliche Bestimmungen übergangen. Diese erstmalige „Auswahl der Präfekten" fand im Dezember 2005 statt. Waren diese Demokratisierungsbestrebungen in allen Departments festzustellen, so gehen die Autonomie- oder gar Sezessionsforderungen vor allem von Santa Cruz und einigen weiteren Departments des bolivianischen Tieflandes aus, die nicht zuletzt aufgrund der dort vorhandenen Bodenschätze zu den ökonomisch prosperierenden Regionen des Landes zählen und sich durch die vorwiegend vom Hochland Boliviens ausgehenden politischen Unruhen nicht weiter in ihrer Entwicklung behindern lassen wollen. Aufgrund des von einigen Departments befürworteten Autonomiereferendums vom Juli 2006 wird sich die Verfassunggebende Versammlung mit diesem Thema zu befassen haben.

14.2 Kommunalverfassung und „Participación Popular"

Die Änderungen der Kommunalverfassung 1994 dienten dem Ziel, die bestehende Demokratie partizipativer zu gestalten. Die Amtszeiten der kommunalen Mandatsträger wurden von zwei auf fünf Jahre verlängert, der Bürgermeister wird künftig von der Bevölkerung direkt gewählt. Dieser Wahl liegt die gleiche Struktur zugrunde wie der Wahl des Staatspräsidenten. Da es aufgrund der danach möglichen automatischen Ernennung zum Bürgermeister zu einer Blockadesituation kommen kann, wurde das allerdings nur gegenüber dem durch den Gemeinderat gewählten, nicht auch gegenüber dem direktgewählten Bürgermeister mögliche konstruktive Mißtrauensvotum eingeführt.

Auch mit der Participación Popular wurde die Kommunalverfassung grundlegend verändert. Ausgangspunkt dieser Politik war eine weitgehende politische und sozioökonomische Marginalisierung der Landbevölkerung und damit vor allem eine Exklusion der indigenen Bevölkerungsmehrheit. Dies war auch Ergebnis einer Bevorzugung insbesondere der drei Hauptstädte der wirtschaftlich starken Achse der Departments La Paz – Cochabamba – Santa Cruz im System der Finanzzuweisungen. Die mit der PP erfolgte territoriale Neugliederung der kommunalen Verwaltungsstrukturen band den ländlichen Bereich erstmals politisch und administrativ in die staatlichen Strukturen ein und erweiterte die kommunalen Kompetenzen bspw. um die Bereiche Bildungs- und Erziehungswesen, Kultur, Sport, Gemeindestrassen und Bewässerung. Die kommunale Finanzverfassung wurde neu geregelt und durch die Anerkennung von rund 20000 „Comunidades Campesinas" und „Juntas Vecinales" konnte die politische Partizipation an gemeindlichen Entscheidungsprozessen durch die Einbeziehung zivilgesellschaftlicher Organisationen ausgebaut werden.

Die PP fand sehr rasch eine breite Akzeptanz, auch wenn viele Kommunen durch die neuen Anforderungen überfordert waren. Es besteht weiterer Reformbedarf. So wird angesichts der Gemeindegrößen, über 30% der Gemeinden haben weniger als 5000 Einwohner, eine Neugliederung kommunaler Strukturen unvermeidlich sein.

15 Integration, Interamerikanische Beziehungen, Beziehungen zu Europa

Die Beziehungen Boliviens zu seinen unmittelbaren Nachbarn sind insgesamt als gut zu bezeichnen. Die Ausnahme in diesem positiven Beziehungsgeflecht bildet Chile. Seit dem Verlust des Zugangs zum Pazifik durch den Salpeterkrieg (1879-1883), ein für die bolivianische Politik und Gesellschaft historisches Trauma, ließ das problematische Verhältnis zwischen beiden Staaten die Aufnahme diplomatischer Beziehungen nicht mehr zu. Der bolivianische Versuch einer Internationalisierung dieses Themas hatte bislang aufgrund der nicht verhandlungsbereiten Haltung Chiles und der fehlenden Bereitschaft der internationalen Gemeinschaft, dieses Thema als prioritär zu betrachten, keinen Erfolg.

Der wichtigste außenpolitische Partner Boliviens sind ohne Frage die USA. Die Grenzen zwischen Partnerschaft, finanzieller und damit politischer Abhängigkeit und verdeckter bis offener Einmischung in innere Angelegenheiten sind dabei fließend und immer wieder Gegenstand innenpolitischer Diskussionen. Dies hängt zum einen mit der zentralen Rolle der USA in so wichtigen Finanzorganisationen wie dem Internationalen Währungsfonds, der Interamerikanischen Entwicklungsbank und der Weltbank zusammen, ist aber wesentlich auch auf das besondere Augenmerk zurückzuführen, das Bolivien als einem „Drogenland" in der Politik der USA zukommt.

Beide Bereiche, der freie Zugang zum Pazifik sowie die Drogenproblematik prägen das außenpolitische Beziehungsgeflecht, spielen aber auch in der bolivianischen Innenpolitik eine herausragende Rolle[17]. Beides sind neuralgische Themen, anhand derer immer stärker und trotz aller Differenzierungen durchaus parteiübergreifend die Frage nach dem Umfang der tatsächlichen Souveränität des Landes gestellt wird. Es bleibt abzuwarten, wie sich unter der Regierung Morales das Verhältnis zu den USA entwickelt.

Im Kontext der verschiedenen organisatorischen Ansätze einer Politik der Integration in Lateinamerika und zwischen Nord- und Lateinamerika wurde deutlich, dass Bolivien sehr integrationsorientiert ist. Bolivien gehört zu den Gründungsmitgliedern des inzwischen in Andine Gemeinschaft (Comunidad Andina) umbenannten Anden-Paktes (Bolivien, Kolumbien, Ecuador und Peru). Aufgrund der wirtschaftlichen und politischen Anziehungskraft des 1991 gegründeten Mercosur (Mercado Común del Sur) zwischen Brasilien, Argentinien, Uruguay und Paraguay[18], sah sich Bolivien durchaus versucht, neue Wege zu gehen. Da eine gleichzeitige Vollmitgliedschaft in beiden Vertragssystemen ausgeschlossen ist, und Bolivien angesichts der im Mercosur bestehenden Asymmetrie der beteiligten Mitglieder es vorzog, die Andine Gemeinschaft nicht zu verlassen, verhandelte man über ein 1997 erfolgreich abgeschlossenes Assoziierungsabkommen mit dem Mercosur, das einen wichtigen Schritt für Bolivien in der Erweiterung seiner Außenbeziehungen darstellt.

Die Verbindung Boliviens mit diesen beiden subregionalen Integrationsprojekten, die natürlich auch verknüpft ist mit der Erwartung, hieraus eine südamerikanische Integration entwickeln zu können, birgt vielfältige Potenziale, die Bolivien bislang allerdings nicht ausschöpfen konnte. Wie sich Bolivien unter der Regierung Morales in der Integrationsfrage positionieren wird, bleibt abzuwarten. Die geografische Zentrallage hat in Bolivien zum Traum geführt, als Drehscheibe südamerikanischen Handels sozusagen von Küste zu Küste fungieren zu können. Weniger verbreitet ist die Einsicht, dass Bolivien zur Erreichung dieses Ziels auf absehbare Zeit nicht über die hierfür erforderliche Infrastruktur verfügt, und auch politische Stabilität ein wesentlicher Faktor eines solch ehrgeizigen Projektes ist.

Die Beziehungen Boliviens zu europäischen Staaten wie zur Europäischen Union insgesamt sind ausgezeichnet. Bolivien ist Schwerpunktland einer Reihe von europäischen Ländern in ihrer Entwicklungszusammenarbeit, nicht zuletzt der Bundesrepublik Deutsch-

---

[17] So entzündete sich die Krise 2002/03 nicht zuletzt an der Absicht der Regierung, das bolivianische Erdgas über einen chilenischen Hafen zu exportieren.
[18] Venzuela ist 2006 aus der Comunidad Andina ausgetreten und hat sich dem Mercosur angeschlossen.

land. Auch wenn hier bislang keine durchschlagenden Erfolge erzielt werden konnten, wird Bolivien auf mittlere Sicht auch von den Bemühungen profitieren können, die auf eine Intensivierung der wirtschaftlichen wie politischen Zusammenarbeit zwischen der Andinen Gemeinschaft, dem Mercosur und der Europäischen Union abzielen.

Literatur

Barrios Morón, Raúl/Mayorga, René A. (1994): La cuestión militar en cuestión. Democracia y Fuerzas Armadas. La Paz.

Bieber, León E. (1996): Bolivien, in: Bernecker, Walter L. et al. (Hrsg.) (1996): Handbuch der Geschichte Lateinamerikas Bd. 3: Lateinamerika im 20. Jahrhundert. Stuttgart: 821-845.

Brockmann, Robert (2005): Bolivia, in: Konrad-Adenauer-Stiftung: Democracy-Report.

Harvard Club de Bolivia (1999): Bolivia en el siglo XX. La Formación de la Bolivia Contemporánea. La Paz.

Institut für Iberoamerika – Kunde (1997): Bolivien. Traumland der Reformen?, in: Lateinamerika. Analysen – Daten – Dokumentation 31.

Jost, Stefan (2003): Bolivien: Politisches System und Reformprozess 1993-1997. Opladen.

Jost, Stefan: (2006): Bolivien nach dem politischen Erdrutsch. GIGA Focus 2, Hamburg.

Jost, Stefan/Cajías de la Vega, Huáscar/Molina, Gonzalo/Rivera S., José Antonio (2003): La Constitución Política del Estado. Comentario Crítico. La Paz.

Klein, Herbert S. (1992): Bolivia. The Evolution of a Multi-Ethnic Society. New York u.a.

Malloy, James M/Gamarra, Eduardo A. (1988): Revolution and Reaction: Bolivia 1964-1985. New Brunswieck u.a.

Mansilla, H.C.F. (1994): La Empresa Privada Boliviana y el Proceso de Democratización. La Paz.

Mansilla, H.C.F. (2004): Manipulierte Modernisierung: Der Fall Bolivien. IPG 2: 162-174.

Sevilla, Rafael/Benavides, Ariel (Hrsg.) (2001): Bolivien. Das verkannte Land? Unkel.

Das politische System Brasiliens[1]

Sérgio Costa

1   Die historische Entwicklung

Als die Portugiesen im Jahr 1500 die Küste des heutigen Landes Brasilien erreichten, gab es dort schätzungsweise 4,5 Millionen Einheimische – in Portugal lebten damals knapp eine halbe Million Menschen. Kolonisierungskriege und dazu Krankheiten, die sich durch den Kontakt mit den Portugiesen ausbreiteten, forderten in der Kolonialzeit über vier Millionen Leben unter den Einheimischen, so dass 1871 nur noch ca. 440.000 Indigene im Lande existierten.

Für die Kolonisierungsaufgabe in dem Riesenland griffen die Portugiesen auf Zwangsarbeit zurück und brachten insgesamt vier Millionen versklavte Afrikaner nach Brasilien. Die Sklaverei überstand die Unabhängigkeit und dauerte bis 1888 an. Die Tabelle 1 bietet einen Überblick über die Zusammensetzung der Bevölkerung in unterschiedlichen Epochen.

Tabelle 1:   Bevölkerungswachstum in Brasilien nach Zensusgruppen*

	1500**	1871	1890	1991	2000
Indigene	4.500.000	440.000	440.000	294.000	734.000
Weiße	-	3.854.000	6.302.000	75.705.000	91.298.000
Schwarze	-	1.976.000	2.098.000	7.335.000	10.554.000
Braunhäutige	-	4.262.000	5.934.000	57.822.000	65.318.000
Gelbhäutige	-	-	-	630.000	762.000
Ohne Angabe	-	-	-	535.000	1.207.000
Gesamt	**4.500.000**	**10.532.000**	**14.774.000**	**142.321.000**	**169.873.000**

Quelle: Pena et al. 2000, IBGE 2004
* Die hier aufgeführten Bevölkerungsgruppen entsprechen in wörtlicher Übersetzung der von der brasilianischen Zensusbehörde IBGE benutzten Klassifikation. Auf Portugiesisch: *Indígena, Branco, Preto, Pardo, Amarelo* – unter Gelbhäutigen sind vor allem japanische Einwanderer und ihre Nachfahren erfasst. Die Zahlen wurden auf Tausende gerundet.
** Schätzung nach Pena et al. 2000

Ökonomisch war die brasilianische Kolonie schlicht strukturiert: In den ersten Kolonisierungsphasen dominierten der Anbau von Zuckerrohr und Tabak an der Küste und die verstreute Viehzucht im Hinterland. Ab dem 18. Jahrhundert führte die Ausbeutung der Gold- und Diamantenminen im Landesinneren zur Entstehung von neuen urbanen Siedlungen in der Mitte des Landes. Die ersten relevanten Industrialisierungsbemühungen setzten erst in

---

[1] Für bibliographische Hinweise danke ich Fernando Limongi. Rainer Domschke danke ich für das sprachliche Lektorat dieses Beitrags.

der zweiten Hälfte des 19. Jahrhunderts ein, als das im Rahmen des Kaffeeexports akkumulierte Kapital in das entstehende Finanzsystem und darüber hinaus in die Finanzierung industrieller Aktivitäten floss.

Aus der Kolonialwirtschaft ergab sich eine rigide Sozialstruktur, die einem Kastensystem ähnelte: Oben standen Großgrundbesitzer und urbane Kaufleute mit den Sklavenhändlern an der Spitze, ganz unten waren die Sklaven und dazwischen die Indigenen, kleine Händler, Handwerker und die sog. „Agregados", also „Angegliederte" an die großen Farmen, welche in einem persönlichen Abhängigkeitsverhältnis zum jeweiligen Großgrundbesitzer lebten. Wie J. M. Carvalho (2004: 24)[2] darlegt, formte ein starres Patriarchat die Geschlechterverhältnisse in der Kolonialgesellschaft: Weiße Frauen durften heiraten und gesellschaftlich anerkannte Familien bilden, jedoch „blieben sie vom politischen und bürgerlichen Leben ausgeschlossen". Sklavinnen mussten neben der Zwangsarbeit „ihren" Herren und deren Kinder auch sexuell zu Diensten stehen. Frauen intermediärer Schichten lebten ebenfalls unter der strengen „Herrschaft ihrer Väter oder Lebensgefährten".

Um Napoleons Verfolgung in Europa zu entkommen, siedelte der portugiesische Hof 1808 nach Brasilien über. 1821 kehrte der Hof mit König João VI. nach Portugal zurück, sein Sohn und Nachfolger Pedro blieb in Brasilien, zunächst als regierender portugiesischer Prinz. Nach der Unabhängigkeit im Jahr 1822 wurde er der erste Kaiser Brasiliens. Damit stellt Brasilien einen etwas ungewöhnlichen Fall dar, bei dem der Vertreter Portugals die Unabhängigkeit erklärt und Kaiser der ehemaligen Kolonie wird. Im Jahr 1831 dankte Pedro I. ab, legte die brasilianische Krone nieder und ging nach Portugal. Da sein Sohn und Nachfolger Pedro II. damals erst fünf Jahre alt war, wurde Brasilien von einer dreiköpfigen Regierungsjunta verwaltet, und zwar bis 1840, als der Nachfolger frühzeitig für volljährig erklärt wurde. Damit wurde Pedro II. der zweite und letzte Monarch Brasiliens.

Im Jahr 1889 wurde die Republik proklamiert. Wie bei der Unabhängigkeit entstand die Republik in Brasilien nicht durch bedeutende Massenmobilisierungen, sondern als Ergebnis eines Militärputschs: Das Volk war hier ein bloßer Zuschauer, der die historischen Ereignisse „verwundert" beobachtete (Carvalho 1987).

In der „Alten Republik" (República Velha), die bis 1930 andauerte, herrschte die sog. „Milchkaffee-Politik" vor, bei der sich die beiden mächtigsten und bevölkerungsreichsten Staaten, nämlich der Milchproduzent Minas Gerais und der Kaffeeproduzent São Paulo, bei der Besetzung der Zentralregierung abwechselten. Die oligarchische Vorherrschaft beider Staaten wurde u.a. durch die geringe politische Partizipation erleichtert: Aufgrund des Wahlverbots für Frauen und Analphabeten blieb die Wahlberechtigung auf nur ca. 5% der Gesamtbevölkerung eingeschränkt (Carvalho 2004: 30).

Die Zeit ab 1930 ist in der brasilianischen Historiographie als „Neue Republik" (República Nova) bekannt, da nun eine Öffnung in regionaler Hinsicht sowie im Sinne von mehr politischer Partizipation begann. Mehrere Faktoren trugen dazu bei. Der Zusammenbruch der New Yorker Börse im Jahr 1929 und der daraus folgende Sturz der Exporteinnahmen schwächten die Kaffeebarone aus São Paulo und zwangen Brasilien zu einer Politik der Importsubstitution, welche während des Zweiten Weltkriegs intensiviert wurde.

---

[2] Angeregt von der Konrad-Adenauer-Stiftung widmeten sich einige Exponenten der Politologie Brasiliens 2004 der Veröffentlichung einer Einführung in das politische System Brasiliens. Das zwar ungleiche aber insgesamt gelungene Sammelwerk deckt die Themen ab, die auch unserem Erkenntnisinteresse im vorliegenden Band entsprechen, das Buch wird nach den Autoren der Einzelkapitel zitiert. Die Passagen aus diesem Werk sowie alle anderen Zitate aus dem Portugiesischen wurden vom Verfasser sinngemäß ins Deutsche übersetzt.

Gesellschaftlich bildete sich allmählich eine urbane Arbeiterschaft sowie eine gebildete Mittelschicht, die sich von den Agraroligarchien nicht mehr bevormunden lassen wollten.

Mit Unterstützung des Militärs und der sog. „Liberalen Allianz" übernahm Getúlio Vargas, Politiker aus dem Bundesstaat Rio Grande do Sul, 1930 die Macht. Er erhielt zunächst ein Übergangsmandat und wurde 1934 vom Parlament für weitere vier Jahre in der Präsidentschaft bestätigt. 1937 putschte Vargas und ließ eine neue Verfassung in Kraft treten, die ihm diktatorische Machtfülle verlieh. Die Diktatur Vargas` entwickelte ein ambivalentes Verhältnis zu den unterprivilegierten Schichten: Einerseits ließ sich Vargas „Vater der Armen" nennen und etablierte Sozialrechte wie das erste Arbeitsgesetz und ein Pensionssystem, gleichzeitig wurden die Gewerkschaften aber vom Staat bevormundet und alle autonomen politischen Mobilisierungen hart verfolgt.

Die nationalpopulistische Herrschaft von Vargas wurde 1945 vom Militär beendet: Neue Wahlen fanden statt und eine verfassungsgebende Versammlung legte eine neue Verfassung vor, die erneut eine rechtsstaatliche Ordnung etablierte. Knapp 20 Jahre später, also im Jahr 1964, hob ein neuer Militärputsch allerdings die demokratischen Verhältnisse wieder auf: Die Militärs lösten den amtierenden Präsidenten ab und ließen unterschiedliche Generäle sich in der Präsidentschaft bis 1985 abwechseln; auch die Staatsgouverneure und die Bürgermeister in den bedeutenden Städten wurden zentral nominiert. Für die Legislative fanden zwar weiterhin Wahlen statt; durch die Aufhebung der existierenden Parteien und die Etablierung eines Zweiparteiensystems, die Festnahme oder Suspendierung wichtiger Oppositionspolitiker, eine strenge Pressezensur sowie kasuistische Verfassungsänderungen gelang es den Militärs jedoch immer wieder, eine ihnen wohlgesinnte Zusammensetzung des Parlaments zu erwirken[3].

Unter den Militärs vollzogen sich die Industrialisierung und Urbanisierung. Lebte 1960 weniger als die Hälfte der Bevölkerung in den Städten, so waren 1980 fast 70% der Brasilianer in den urbanen Regionen ansässig. In den Städten entstanden auch die wichtigeren politischen Initiativen, die seit Ende der 70er Jahre für Demokratie und freie Wahlen eintraten. Es handelt sich hier um Nachbarschaftsvereine, neue Gewerkschaften, soziale Bewegungen und Organisationen der Mittelschicht, die das Mobilisierungsverbot der Militärs zunehmend herausforderten. Dies führte zunächst zur Nominierung eines nicht militärischen Präsidenten im Jahr 1985 und darüber hinaus zur Formierung einer neuen verfassungsgebenden Versammlung, die 1988 unter hoher zivilgesellschaftlicher Beteiligung eine neue Verfassung vorlegte. 1989 fanden dann Präsidentschaftswahlen statt; der gewählte Präsident Fernando Collor de Mello blieb allerdings nicht die vorgesehenen vier Jahre im Amt, sondern nur zwei Jahre. Aufgrund einer Korruptionsaffäre verlor er seine politischen Rechte, und für die restliche Mandatszeit übernahm sein Vize, Itamar Franco, die Regierung.

Die Demokratiebewegung, die anfangs alle Widerstandsinitiativen gegen die Militärs umfasste, stellt eine wichtige Zäsur in der brasilianischen politischen Geschichte dar, da sich hier zum ersten Mal eine handlungsfähige und vom Staat unabhängige Zivilgesellschaft formierte. Später bildeten sich auch die Strukturen einer politisch fungierenden Öf-

---

[3] Ein Beispiel hierfür stellt das sog. „Aprilpaket" dar, das der damalige Präsident General Geisel 1977 ins Leben rief. Nachdem die Oppositionspartei MDB trotz aller Restriktionen gute Ergebnisse im Rahmen der Parlamentswahlen von 1974 und der Kommunalwahlen von 1976 erzielt hatte, veränderte die Militärregierung per Dekret das von ihr selbst erlassene Wahlgesetz und neutralisierte damit die Wahlerfolge der Opposition (vgl. Fleischer 2004: 224).

fentlichkeit, welche die Rahmenbedingungen für eine kritische Meinungsbildung bietet (vgl. S. Costa 2004). Mit der Vertiefung der Demokratisierung hat sich dann die Zivilgesellschaft pluralisiert und auch die politische Öffentlichkeit ist heterogener geworden. Dies stellt eine Herausforderung für das politische System dar, das effektive Ausdruckskanäle für neue Interessen und Akteure öffnen muss. Der negative Druck kommt nicht nur von alten Klientelstrukturen, sondern auch von neuen Netzwerken der Korruption und krimineller Aktivitäten, die oft mit Erfolg versuchen, das Parlament und den Staat für die Verwirklichung ihrer Interessen zu instrumentalisieren.

2 Die Verfassung

Die erste Verfassung im unabhängigen Land trat 1824 in Kraft. Danach bildete Brasilien eine repräsentative Monarchie mit vier Gewalten: Exekutive, Judikative, Legislative und die „Moderationsgewalt". Kaiser Pedro I. wurde Staats- und Regierungschef und fungierte zudem als „Moderator", der für ein „ausgewogenes Verhältnis" zwischen Exekutive, Legislative und Judikative sorgen sollte. Während der Monarchie umfasste die Legislative zwei Gremien: den Senat (*Senado*) mit Vertretern auf Lebenszeit und die Kammer der Abgeordneten (*Câmara dos Deputados*), die alle vier Jahre neu gewählt wurden. Die Provinzen hatten auch eine eigene Legislative, ihre Präsidenten wurden allerdings von der Zentralregierung nominiert. Das Wahlrecht blieb auf weiße Männer eingeschränkt, wobei Großgrundbesitzer und reichere Kaufleute aufgrund ihrer Einflussmacht auf die intermediären Schichten die Politik faktisch kontrollierten.

1891 entstand die erste republikanische Verfassung, bei der „die notablen Verfassungsgeber [...] scheinbar vorbehaltlos [...] das US-Modell kopierten." (Paul 2005: 16). Diesem zufolge bekamen die Provinzen, von nun an Staaten (*Estados*) genannt, sowie die Kommunen (*Municípios* bzw. Munizipien) neue Befugnisse und durften ihre Regierungschefs und ihre Legislative für ein vierjähriges Mandat selbst wählen. Auch der Präsident, Staats- und Regierungschef in der Präsidialrepublik Brasilien, sollte in diesem Turnus gewählt werden.

Die zweite republikanische Verfassung trat 1934 in Kraft und galt lediglich bis 1937, als der amtierende Präsident Vargas die geltende liberale Rechtsordnung aufhob und eine neue Verfassung dekretierte. Durch diese wurde die Autonomie der Legislative insofern annulliert, als der Präsident sie einseitig auflösen durfte. Das föderative Prinzip verlor ebenfalls seine Geltung, indem der Präsident die gewählten Gouverneure durch von ihm nominierte Intervenienten ersetzte und die Autonomie der Munizipien einschränkte.

Nach dem Sturz von Vargas legte die verfassungsgebende Versammlung von 1946 einen Verfassungstext vor, der wieder die föderativen und demokratischen Errungenschaften einführte: grundlegende Freiheitsrechte (Presse- und Meinungsfreiheit, politische Organisationsfreiheit, Unversehrtheit der Privatsphäre etc.), allgemeine und direkte Wahlen für das Parlament und die Exekutive auf allen Ebenen, Autonomie der Staaten und Munizipien, unabhängige Legislative und Judikative.

Nach dem Putsch im Jahr 1964 führte die Militärregierung 1967 eine neue Verfassung ein, wonach der Präsident und sein Vize nicht mehr direkt, sondern von einem aus den Mitgliedern des Zentralparlaments und der Parlamente der Einzelstaaten zusammengesetzten Wahlgremium gewählt wurden. Die Verfassung von 1967 dehnte auch die Befugnisse des Präsidenten stark aus: Für die wichtigsten Themen fungierte er nun als Gesetzgeber, der sich dem Parlament nicht verpflichten musste. Überdies weitete das Militärregime mit einem Dekret von 1968 (*Ato Institucional* Nr. 5) und einer Verfassungsergänzung vom Oktober 1969 (*Emenda Constitucional* Nr. 1) seine Macht weiter aus: Die Freiheitsrechte wurden aufgehoben und sogar die Todesstrafe wurde für den Fall „politischer Kriege" eingeführt.

Die Verfassung von 1988, die das Land wieder in die Demokratie übergeleitet hat, nahm eine ungeheure symbolische Bedeutung an. Die Verfassung und die verfassungsgebende Versammlung wurden zu einem Ressonanzboden sozialer Gruppen, die aufgrund ihrer Forderungen nach Freiheit und Gerechtigkeit von den Militärs unterdrückt worden waren. Demzufolge dehnte der Verfassungstext die Sozial- und Partizipationsrechte in einem noch unbekannten Ausmaß aus und ist daher als die „BürgerInnenverfassung" (*constituição cidadã*) in die Geschichte eingegangen.

Der Verfassung von 1988 zufolge stellen eine autonome Judikative, eine auf dem Präsidentialismus basierende Exekutive und eine Legislative mit zwei Kammern die Grundelemente des brasilianischen rechtsstaatlichen Institutionsgefüges dar. Der Föderalismus und die daraus folgende Autonomie der Staaten und Munizipien stehen ebenfalls im Vordergrund.

Trotz seiner fortschrittlichen Verfassung leidet Brasilien, wie viele andere lateinamerikanischen Demokratien, an einer grundlegenden Strukturschwäche: der mangelnden Verfassungswirklichkeit (vgl. O'Donnell 2005). Verschiedene Gründe tragen dazu bei, dass das geschriebene Gesetz in mehreren Gesellschaftsbereichen keine Geltung erlangt. Die brutalen sozialen Ungleichheiten fördern die Entstehung von „überintegrierten und unterintegrierten Bürgern" (Neves 1994). Während erstere über so viele materielle Machtmittel verfügen, dass sie das Gesetz zu ihren Gunsten biegen können und sich damit über die Bürgerrechte stellen, fehlt den Unterintegrierten das Minimum an Ressourcen, das die Inanspruchnahme rechtsstaatlicher Möglichkeiten voraussetzt. Sie kennen weder ihre Rechte noch das demokratische Institutionsgefüge, auf das sie zurückgreifen könnten, um sich gegen Gefährdungen ihres Bürgerstatus zu wehren.

Überdies ist die unvollständige Rechtsstaatlichkeit auf systemische Unzulänglichkeiten zurückzuführen. Gemeint sind hier sowohl die Unfähigkeit des Staates, sich in allen Regionen des Landes eine effektive Präsenz zu verschaffen als auch die Anfälligkeit staatlicher Verwaltung für Korruption und andere Machtmissbräuche (etwa der polizeilichen Gewalt, der Favorisierung mächtiger Gruppen durch Staatsbeamte usw.).

3   Das Staatsoberhaupt

Im Jahr 2005 hat ein spektakulärer politischer Skandal die Föderative Republik Brasilien erschüttert. Der konservative Abgeordnete Roberto Jefferson, dilettierender Opernsänger und bekannt für seine giftige Rhetorik, beschuldigte den Chef des Präsidialamts, Minister José Dirceu, den mächtigsten Mann im Kabinett des Präsidenten Lula und Grandseigneur der Arbeiterpartei PT, Abgeordneten für ihre Unterstützung der Regierungsvorhaben ein reichliches monatliches Taschengeld zu bezahlen.

Die Korruptionsaffäre löste eine lebhafte Diskussion unter den Politologen Brasiliens aus. Die Verstrickung der Linkspartei PT, die deutliche ideologische Konturen und eine breite soziale Basis hat(te), in schmutzige Geschäfte stellt für viele einen unwiderlegbaren Beweis dar, dass die brasilianische Politikkultur historisch unter der Ägide von Populismus, Klientelismus und Patrimonialismus konstituiert worden und immer noch stark davon geprägt sei. Ferner seien die demokratischen Institutionen in Brasilien fehlerhaft aufgebaut und dringend zu reformieren. Demgegenüber positionieren sich Gelehrte, die aus der Affäre genau ein anderes Fazit ableiten. Demzufolge sei Korruption ein Phänomen, das in jeder gegenwärtigen Demokratie in unterschiedlichem Ausmaß vorhanden sei. Ferner erwiesen sich die politischen Institutionen durchaus als fähig, die Krise zu verarbeiten und die damit zusammenhängenden Gefährdungen der demokratischen Ordnung abzuwenden.

Gleichgültig welche Konsequenzen man aus diesem Korruptionsfall ziehen möchte, verdeutlicht die Affäre grundlegende Merkmale des brasilianischen politischen Systems. Es handelt sich hier vor allem um die ambivalente Macht des Staatsoberhaupts. Denn der Präsident verfügt über Machtbefugnisse, die in anderen Demokratien nicht üblich sind; gleichzeitig muss er aufgrund der vielfältigen Parteienlandschaft tagtäglich um seine parlamentarische Mehrheit kämpfen.

Der für eine Amtszeit von vier Jahren gewählte Präsident steuert die brasilianische Exekutive und ist damit gleichzeitig Staats- und Regierungschef. Er leitet die Verwaltung auf nationaler Ebene und ist befugt, sein Kabinett selbst zu wählen und beliebig umzubilden. Er darf auch veranlassen, dass Ministerien gestrichen oder geschaffen werden.

Trotz ihrer weitreichenden Befugnisse sieht sich die brasilianische Exekutive gezwungen, mit der Legislative eng zusammenzuarbeiten, da eine einzige Partei in der Regel nicht in der Lage ist, der Regierung eine parlamentarische Mehrheit bereitzustellen. D.h. gleichgültig welcher Partei der Präsident angehört, müssen breite Koalitionen gebildet werden. Daraus ergibt sich eine politische Tauschbörse, in der die Regierung bzw. die Regierungspartei sich die Unterstützung der Parlamentarier mit Ministerien, Posten in der Verwaltung, Umsetzung von Vorhaben, aber auch mit der illegalen Finanzierung von Wahlkämpfen erkauft. Diese Art *Koalitionspräsidentialismus*, wie das brasilianische Modell in der Fachliteratur genannt wird, beeinträchtigt die Handlungsfähigkeit der Exekutive, da sie manchmal auf eine erfolgreiche Koordinierung widersprüchlicher Parteieninteressen angewiesen ist – die Regierung Lula etwa ist von der Unterstützung von bis zu acht Parteien abhängig gewesen![4] Außerdem schafft der „Koalitionspräsidentialismus" eine Grauzone im Verhältnis zwischen der Regierung und den Parteien: Indem ihre Verhandlungen nicht öffentlich geführt werden (können), entsteht in der Gesellschaft der Eindruck, dass dabei nicht nur legale, sondern auch rechtswidrige Zugeständnisse (private Favorisierung, technisch unbegründete Staatsinvestitionen usw.) ausgehandelt werden.

4   Das Parlament

Auf Bundesebene ergänzen sich die zwei legislativen Häuser (*Senado* und *Câmara dos Deputados*) bei der Gesetzgebung. D.h. Gesetzentwürfe, die in einer Kammer beschlossen werden, bedürfen der Bestätigung der anderen Kammer (Cintra/Lacombe 2004). Im *Senado*

---

[4] Ein von Alcántara Sáez/Freidenberg (2002: 146) durchgeführter Vergleich zwischen mehreren lateinamerikanischen Ländern konstatiert in Argentinien, Chile und Uruguay eine ähnliche Zerstreuung politischer Verhandlungen. Den Autoren zufolge drückt die ausgedehnte Parteienlandschaft, die man in mehreren Ländern Lateinamerikas vorfindet, eher die vorhandene gesellschaftliche Heterogenität als eine politische Anomalie aus.

sollen die 26 Staaten der brasilianischen Föderation sowie der Regierungssitz (*Distrito Federal*) gleichberechtigt vertreten sein, daher ist dieses Haus aus jeweils drei Vertretern aus jedem Staat zusammengesetzt. Die *Senado*-Mitglieder werden für ein Mandat von acht Jahren direkt von der Bevölkerung eines Staates gewählt.

Die *Câmara* besteht aus 513 Sitzen, die unter den Staaten und dem Regierungsdistrikt je nach der Anzahl ihrer Einwohner verteilt werden[5]. Die Amtszeit beträgt hier vier Jahre. Intern stellen der Vorstand (*mesa diretora*), die thematischen Ausschüsse (*Comissões permanentes*), das Gremium der Fraktionsvorsitzenden (*Colégio de Líderes*) sowie das Plenum (*Plenário*) die wichtigsten Entscheidungsinstanzen der *Câmara* dar. Die Verteilung der Posten im Vorstand und in den Ausschüssen folgt dem Proportionalitätskriterium, so dass auch Parteien mit einer relativ kleinen Anzahl von Abgeordneten im Vorstand und in den Ausschüssen ein Amt bekommen (können). Dem Gremium, das die Fraktionsvorsitzenden bilden, kommen wichtige Funktionen zu: Es berät den Vorstand über die Zusammensetzung der Tagesordnung und kann zu bestimmten Materien verbindliche Entscheidungen treffen. Auch die Ausschüsse sind befugt, in einigen Fällen Gesetzentwürfe zu beschließen, ohne dass über diese im Plenum abgestimmt werden muss.

Auf der Ebene der einzelnen Bundesstaaten stellt die legislative Versammlung (*Assembléia Legislativa*) das Parlament dar und in den Kommunen die Kammer der Stadtverordneten (*Câmara dos Vereadores*). Die Mitgliederzahl dieser Parlamente hängt von der Bevölkerungsgröße des jeweiligen Staates bzw. Munizips ab, hier werden die Volksvertreter ebenfalls direkt gewählt. Wie bei den nationalen Parlamentswahlen gibt es auch in den Staaten und Munizipien keine Zuteilung von Wahlbezirken, d.h. die Kandidaten für das Bundesstaats- bzw. Kommunalparlament dürfen Stimmen aus dem gesamten Gebiet eines Staates bzw. eines Munizips bekommen.

5   Regierung und Verwaltung

Die Regierungs- und Verwaltungsaktivitäten sind in drei Ebenen gegliedert. Der Präsident mit dem von ihm meistens nach regionalen, parteilichen und nicht zuletzt technischen Kriterien gewählten Kabinett leitet die Zentralverwaltung. Alle Ministerien haben in Brasilia ihren Hauptsitz, von dem aus die landesweiten Vertretungen gesteuert werden.

Die Bundesstaaten bilden die zweite Regierungssphäre und die Munizipien, also die Kommunen, die dritte Ebene. Die brasilianische Föderation besteht aus 26 Staaten (*Estados*), dem Regierungsdistrikt (*Distrito Federal*) und 5.560 Munizipien (*municípios*) (IBGE 2005). Jede Föderationseinheit hat eine eigene Exekutive, deren Amtsinhaber für jeweils vier Jahre direkt gewählt werden. Die Kompetenzverteilung zwischen der Exekutive und der Legislative auf nationaler Ebene wiederholt sich weitgehend auf der Einzelstaats- und

---

[5] Aus der Verteilung der Sitze ergibt sich dennoch eine für die Staaten ungleiche Proportion von Einwohnern pro Abgeordnete. Schuld daran ist die Verfassungsbestimmung, wonach eine Mindestanzahl von acht Abgeordneten bzw. eine maximale Fraktion von 70 Mitgliedern pro Staat zu bestehen hat. Damit vertritt ein Abgeordneter im bevölkerungsärmsten Staat Roraima in numerischer Hinsicht ca. 26.000 Einwohner, während im bevölkerungsreichsten Staat São Paulo die Relation lautet: ein Abgeordneter auf ca. 367.000 Einwohner. (Anastasia 2004: 193). Kritiker des brasilianischen Systems sehen in der ungleichen Proportion Einwohner/Abgeordnete das Scheitern des grundlegenden Demokratieprinzips: *one man, one vote*, wonach alle Stimmen gleichwertig sein sollen (vgl. Cintra/ Lacombe 2004: 140).

Kommunalebene. Somit dürfen die gewählten Gouverneure (*governadores*) in den Staaten sowie die Bürgermeister (*prefeitos*) in den Munizipien ihr Kabinett selbst bilden.

Staaten und Munizipien sind zwar befugt, ihre eigene Politik in den unterschiedlichen Bereichen (Gesundheit, Schulwesen, Umwelt usw.) selbst zu bestimmen, doch faktisch sehen sich insbesondere die ärmeren Föderationsmitglieder gezwungen, sich den Prioritäten des Bundes anzupassen, weil sie sonst mit ihren eigenen Mitteln keine umfassende Verbesserung erzielen könnten.

Historisch haben die Oberhäupter der Bundesstaaten und Munizipien immer wieder versucht, die Mittelknappheit durch neue Verschuldungen zu kompensieren. Die Schulden wurden wiederum dem Amtsnachfolger hinterlassen oder auf eine höhere Regierungsinstanz übertragen. Seit 2000 ist dies aufgrund des Gesetzes der fiskalen Verantwortung (*Lei de Responsabilidade Fiscal*) nicht mehr möglich. Diesem Gesetz zufolge sind die Amtsinhaber nun auf allen drei Regierungsebenen verpflichtet, einen Haushaltsplan vorzulegen, aus dem deutlich hervorgeht, dass „ihre jährlichen Einnahmen alle Spesen abdecken" (V. Costa 2004: 182). Folgt ein Amtsinhaber der „verantwortlichen" Haushaltspolitik nicht, droht ihm sogar eine Freiheitsstrafe.

6   Die Gesetzgebung

Die Gesetzgebung erfolgt auf allen drei föderativen Ebenen in der Legislative, wobei es das bikamerale System nur auf nationaler Ebene gibt. Staaten und Munizipien haben also nur ein legislatives Gremium.

Der Exekutive auf nationaler Ebene kommen allerdings auch legislative Funktionen zu: Der Präsident kann dem Parlament Gesetzesvorhaben vorlegen und er hat das Monopol der Gesetzgebung für Bereiche, die die Verwaltung, den Staatshaushalt oder neue Steuern betreffen. Zu seinen Berechtigungen zählt auch das Vetorecht bezüglich Gesetzentwürfen, die im Parlament bereits angenommen wurden. Sein Veto kann allerdings in einer gemeinsamen Sitzung beider parlamentarischer Häuser aufgehoben werden. Eine weitere und in der politischen Praxis Brasiliens zentrale Befugnis des Präsidenten stellen die „provisorischen Bestimmungen" (*medidas provisórias*) dar. Danach darf der Präsident gesetzähnliche Anweisungen erlassen, die nach ihrer Ankündigung unmittelbar und zunächst für 60 Tage in Kraft treten. Wird die Bestätigung bzw. die Ablehnung dieser Dekrete nicht innerhalb von 60 Tagen vom Parlament beschlossen, so dürfen sie ein zweites Mal angekündigt werden (Amorim Neto 2004: 129 ff).[6]

Auf der Ebene der Staaten und der Munizipien darf die Exekutive dem Parlament ebenfalls Gesetzesvorhaben vorlegen und sie besitzt das Vetorecht sowie das Gesetzmonopol für bestimmte Materien, ähnlich wie die Nationalregierung. Eine Entsprechung der „provisorischen Bestimmungen" gibt es hier allerdings nicht.

Die Kompetenzverteilung in der Gesetzgebung erfolgt nach der Einstufung der betreffenden Materie, wobei entschieden wird, ob das Thema in den exklusiven Kompetenzbereich des Bundes oder in den komplementären bzw. konkurrierenden Befugnisbereich ande-

---

[6] Die Befugnis des Präsidenten, Dekrete in Kraft treten zu lassen, wird von vielen Politologen mit Recht als autoritäre Reminiszenz kritisiert. Dessen ungeachtet haben alle jüngst amtierenden Präsidenten ausgiebig darauf zurückgegriffen: Allein zwischen 1988 und 1999 wurden 3412 derartige Bestimmungen erlassen (Amorim Neto 2004: 130).

rer Föderationsebenen fällt. Bestehen allerdings Inkompatibilitäten zwischen der Gesetzgebung auf den verschiedenen Ebenen so gelten die Bestimmungen des Bundes. Valeriano Costa (2004: 178) zufolge führt dies in der Praxis zu einer Vormachtstellung des Bundes, „der nur selten auf sein Recht verzichtet, über eine in seinem Interesse liegende Materie legislatorisch zu bestimmen".

7   Wahlsystem und Wahlverhalten

Alle brasilianischen Bürgerinnen und Bürger erhalten ab dem 16. Lebensjahr die Wahlberechtigung – die einzige Ausnahme stellen Soldaten während der Wehrpflicht dar. Bis zum 18. und ab dem 70. Lebensjahr ist die Stimmabgabe freiwillig, ansonsten besteht die Wahlpflicht, d.h. wer nicht wählen geht, macht sich strafbar. Für die Präsidentschaftswahlen 2006 waren im gesamten Land ca. 126 Millionen Wählerinnen und Wähler registriert, wobei ca. 83% der Wähler in der ersten Stichwahl ihre Stimme abgaben. Bei einer Wahlbeteiligung von ca. 82% wurde der amtierende Präsident Lula im zweiten Wahlgang mit ca. 61% der gültigen Stimmen wieder gewählt (www.tse.gov.br, abgerufen am 21.01.2007).[7]

Avelar (2004: 288ff) vergleicht die Wahlbeteiligung und das Verhalten der Wählerschaften in Brasilien und in einigen europäischen Demokratien und konstatiert markante Unterschiede in der ideologischen Begründung des Wahlverhaltens. Während nämlich die Meinungsumfragen in Europa einen klaren Zusammenhang zwischen ideologischen Präferenzen und Wahlentscheidungen belegen, decken sich ideologische und parteiliche Präferenzen in Brasilien nicht. Der Autorin zufolge erklären sich diese Unterschiede durch die instabile Parteienlandschaft sowie durch den geringen politischen Bildungsgrad des brasilianischen Durchschnittswählers. Dieser Wähler lese keine Tageszeitung, habe das Massenfernsehen und die Wahlspots als einzige politische Informationsquellen und sei deshalb nicht in der Lage, für sich ein ausdifferenziertes Bild der Parteien und ihrer Kandidaten zu konzipieren. Dennoch lassen sich in Anlehnung an Wahlstudien seit den 1950er Jahren einige wichtige nachhaltige Wahltendenzen feststellen: Die in den Großstädten lebende Bevölkerung neigt immer mehr dazu, mit ihrer Stimme die Unzufriedenheit über die breite soziale Kluft zwischen Armen und Reichen auszudrücken und bevorzugt Parteien und Kandidaten aus dem Linksspektrum, die versprechen, die sozialen Ungleichheiten zu lindern. Demgegenüber stehen Wähler, die entweder in den ärmeren Landregionen und in den kleinen Provinzstädten oder in den Elendsvierteln der Großstädte leben (vgl. auch Castro 2004). Diese Wählerschaft hat ein „konservatives Wahlverhalten, in dem sich eine Fügsamkeit gegenüber den Klientelstrukturen und den lokalen politischen Patronen ausdrückt" (Avelar 2004: 291). Hier reproduziert das Verhältnis zwischen Politikern und Wählerschaft oft noch Reminiszenzen aus dem Patronagesystem, das in der „Alten Republik" den Ton in der brasilianischen Kommunalpolitik vorgab. Danach behält der lokale politische Chef (der so genannte *Coronel*) die Kontrolle über die Wählerschaft, indem er ihr staatliche oder private Leistungen (Asphaltierung einer Straße, Hilfe bei der Beerdigung eines Familienangehörigen, Transport zu den Wahllokalen etc.) als Tauschmittel gegen die Stimmen anbie-

---

[7] Eine zweite Stichwahl findet statt, wenn kein Kandidat im ersten Wahlgang die Mehrheit (die Hälfte der gültigen Stimmen plus eine Stimme) erreicht. Am zweiten Wahlgang beteiligen sich die beiden Kandidaten, die im ersten Wahlgang die meisten Stimmen erhalten haben. Eine einmalige Wiederwahl ist möglich, sodass der Präsident bis zu acht Jahren an der Macht bleiben kann. Danach ist eine Kandidatur nicht mehr möglich.

tet. Über die Kommunalwahlen hinaus spielt ein derartiges Patronagesystem, der sog. *Coronelismo*, auch bei den bundesstaatlichen und nationalen Wahlen eine gewisse Rolle, da die auf lokaler Ebene vom „Coronel" rekrutierten Stimmen als Tauschmünze bei den Verhandlungen über politische Unterstützung und staatliche Verbesserungen gelten.

So wichtig der „Coronelismo" in der republikanischen Geschichte Brasiliens war, und dies vor allem in einer Zeit, als persönliche Abhängigkeitsverhältnisse in einer noch weitgehend agrarischen Gesellschaft vorherrschten, so spielt dieses System für die überwiegend urbane Wählerschaft heute nur noch eine residuale Rolle. Die wachsende Verbreitung und Aufnahme politischer Informationen sowie wahlrechtliche Hindernisse für die Stimmenmanipulierung (Entpersonifizierung staatlicher Werbekampagnen, landesweite Einführung elektronischer Wahlurnen usw.) tragen entscheidend dazu bei, die politischen Spielräume lokaler Patrone immer mehr einzuschränken.

8 Die Parteien

Das 1965 vom Militär eingeführte Zweiparteiensystem wurde noch während der Diktatur im Jahre 1980 von einem Mehrparteiensystem ersetzt. Es entstanden zunächst sechs Parteien: PDS und PMDB, direkte Nachfolger der Regierungs- bzw. der Oppositionspartei in der Diktaturzeit; die Arbeiterpartei PT, in der die unabhängige Gewerkschaftsbewegung und die neuen sozialen Bewegungen vertreten waren; die liberalkonservative PP; sowie PDT und PTB, die sich um das nationalpopulistische Erbe von Vargas stritten.

Im Jahr 1984 erlebte Brasilien die wichtigsten Mobilisierungsbewegungen seiner Geschichte: Millionen von Menschen demonstrierten landesweit dafür, dass nicht die vorgesehenen indirekten, sondern direkte Präsidentschaftswahlen stattfinden sollten. Ihr unmittelbares Ziel erreichten die Demonstranten zwar nicht, jedoch beeinflussten die Massenmobilisierungen mehrere regierungsnahe Parlamentarier, die im Rahmen der indirekten Wahlen dem Oppositionskandidat Tancredo Neves ihre Stimme gaben. Neves gewann die Wahl, wenig später starb er allerdings an einer akuten Krankheit. Sein liberalkonservativer Vize Sarney übernahm die Regierung und führte den Demokratisierungsprozess beschleunigt weiter.

Während der Regierung Sarney (1985-1989) veränderte sich die Parteienlandschaft radikal: Die Anzahl der anerkannten Parteien stieg bereits 1985 auf 11, und sogar zwei kommunistische Parteien, die unter den Militärs in den Untergrund gehen mussten, wurden wieder legalisiert. Bis Ende der 1980er Jahre konnte sich das Parteienspektrum noch weiter ausdehnen, so dass die Wahlbehörde für die Präsidentschaftswahlen von 1989 insgesamt 22 Parteien akkreditiert hatte (Fleischer 2004: 261).

Ab den 1990er Jahren beginnt eine gewisse Stabilisierung des brasilianischen Parteiensystems. Dank gesetzlicher Einschränkungen sowie wahlstrategischer Entscheidungen fusionierten einige kleine Parteien, auch die Häufigkeit des Parteienwechsels nahm ab. Damit kristallisierten sich Präferenzen der Wählerschaft für vier bis fünf Parteien[8] heraus,

---

[8] Anfang 2007 gab es in der „Câmara" 5 Parteien mit einer Fraktion, die mehr als 50 Mitglieder aufwiesen: PT *Partido dos Trabalhadores*, Arbeiterpartei mit 82 Abgeordneten; PMDB *Partido do Movimento Democrático Brasileiro*, Partei der demokratischen Bewegung Brasiliens, mit 81 Abgeordneten; PFL *Partido da Frente Liberal*, Partei der liberalen Front, mit 58 Abgeordneten; PSDB *Partido da Social Democracia Brasileira*, Partei der Sozialdemokratie Brasiliens, mit 57 Abgeordneten und PP *Partido Progressista*, Partei der Fortschrittlichkeit, mit 51 Abgeordneten (http:\\www.camara.gov.br, abgerufen am 21.01.07)

welche landesweit vertreten sind, die größten Fraktionen im Parlament haben und die Präsidentschaftswahlen entscheiden. Die kleinen Parteien existieren weiter und können regional eine wichtige Bedeutung annehmen. Auf der nationalen Ebene spielen sie jedoch die Rolle eines Juniorpartners der großen Parteien.

Die Konsolidierung der Parteienlandschaft wird ebenfalls von Studien belegt, die sich mit dem Abstimmungsverhalten der Parlamentarier beschäftigen. Demzufolge weichen nur sehr wenige Stimmen von der Anweisung des jeweiligen Fraktionsvorsitzenden ab; in der Regel folgen die Abgeordneten also den Beschlüssen ihrer Partei und zeigen sich der parteilichen Loyalität verpflichtet. Entgegen dem verbreiteten Bild einer chaotischen Parteienlandschaft, in der nicht die Parteiinteressen, sondern individuelle Entscheidungen einzelner Politiker zählen, konstatieren mehrere Autoren (vgl. z. B. Figueiredo/Limongi 2000) die Bedeutung der Parteidisziplin sowie eine kohärente und effiziente Interessenvertretung durch die brasilianischen Parteien.

Gleichwohl zählen die Parteien in Brasilien, wie in anderen lateinamerikanischen Ländern, zu den Institutionen, denen die Bevölkerung nur ein sehr geringes Vertrauen schenkt[9]. Dies ist nicht zuletzt auf die wenig überschaubaren Finanzierungsmechanismen zurückzuführen. Die brasilianischen Parteien werden sowohl von öffentlichen als auch von privaten Mitteln unterhalten. Zu den öffentlichen Unterstützungen zählen vor allem die Gelder aus dem Parteienfonds und die kostenlose Verbreitung der Propaganda und Wahlspots der Parteien in den elektronischen Medien. Die Privatspenden fließen meistens im Rahmen der Wahlkämpfe und finanzieren die monumentalen Produktionskosten der Wahlspots und Kundgebungen sowie die fürstlichen Gehälter der Wahlstrategen, die nach der „Amerikanisierung" lateinamerikanischer Wahlen zu einem zentralen Bestandteil der Politik geworden sind (Zavatto 2005). Die Wahlstrategen haben in Brasilien in der Regel keine Parteiverpflichtungen und erklären sich bereit, das „politische Marketing" derjenigen Kandidaten durchzuführen, die sie besser honorieren. Ihre Aufgaben gehen weit über die Produktion der Wahlspots hinaus: Anhand detaillierter Meinungsuntersuchungen erforschen sie möglichst genau die Präferenzen der Wählerschaft und schneiden das Kandidatenimage danach zurecht. Dementsprechend beraten sie die Kandidaten nicht nur darüber, welche Aspekte ihrer Wahlprogramme betont werden sollen, sondern auch darüber, welcher Anzug oder Sprachduktus einem bestimmten Publikumssegment besser entspricht.

Nach dem brasilianischen Wahlrecht muss jede Parteispende deklariert werden und darf eine bestimmte Summe nicht übersteigen[10]. Nur: Die Wahlbehörden sind nicht in der Lage die Einahmen und Ausgaben der Parteien zu kontrollieren; lediglich ein Bruchteil der gesammelten Spenden wird de facto angegeben. Die meisten Großgeldgeber wollen vermeiden, dass ihr Name erscheint, weil sie eine Beeinträchtigung ihrer „Geschäfte" mit der gewählten Regierung bzw. mit den unterstützten Abgeordneten befürchten. (vgl. Ferreira Rubio 2005: 13 ff).

---

[9] Nach der Meinungsumfrage „Latinobarometro" schenkten im Jahr 2004 nur 18% der befragten Lateinamerikaner den Parteien ein „gewisses" Vertrauen. Im Vergleich zu Parlament, Regierung, Judikative, Präsident, Fernsehen, Armee, Banken und Kirche erreichten die Parteien bei weitem das schlechteste Ergebnis (vgl. Ferreira Rubio 2005).

[10] Privatpersonen können bis zu 10% ihres jährlichen Einkommens spenden, während Firmen bis zu 2% ihres Bruttoumsatzes eines Jahres einer Partei zukommen lassen dürfen. Spenden aus dem Ausland sind ausgeschlossen (vgl. Zavatto 2005: 307).

9 Das Militär

Bei den bisherigen Ausführungen dürfte die wiederholte Präsenz der Militärs in der Geschichte Brasiliens schon aufgefallen sein. Sie waren Hauptdarsteller bei wichtigen Ereignissen, wobei ihre Partizipation in Episoden überwiegt, die zur Aufhebung der rechtsstaatlichen Ordnung führten.

Bis zum Paraguaykrieg (1867-1871) blieben die Armee und Marine unter strenger Kontrolle des Kaisers. Nach dem Krieg allerdings erlangten sie eine neue Anerkennung und wollten auch auf dem politischen Parkett zu Protagonisten werden. Dies geschah mit der Proklamation der Republik, „ein singuläres Ereignis, bei dem die Armee auf den Kaiser schwört und sich selbst zum Gründer der Nation deklariert" (Brigagão/Proença Jr. 2004: 310). Dementsprechend entstammten die ersten republikanischen Staatsoberhäupter, Floriano Peixoto und Deodoro da Fonseca, dem Militär. Zu Protagonisten wurden die Militärs ebenfalls in den Episoden, die 1930 und 1964 mit dem Bruch der Verfassungsordnung einhergingen. Andererseits führten sie 1945 die Demokratie wieder ein, indem sie Vargas stürzten und dem Vorsitzenden des höchsten Gerichtshofs (STF) bis zur Wahl des neuen Präsidenten die Macht übertrugen.

Nach dem Untergang der Militärdiktatur (1964-1985) scheinen die Militärs ihre Unterordnung unter eine demokratisch konstituierte Zivilmacht in zunehmendem Maße zu akzeptieren. Seit 1999 wurden die drei Heeresabteilungen (Marine, Bodentruppen, Luftwaffe) unter einem einzigen Verteidigungsministerium integriert, in dem ein ziviler Minister die Federführung hat. Selbst im Rahmen akuter politischer Krisen, wie im Fall des Amtsenthebungsverfahrens gegen den damaligen Präsidenten Collor oder während der eklatanten Korruptionsaffäre in der ersten Regierung Lulas, bewiesen die Militärs ihren Respekt vor der Verfassungsobrigkeit, indem sie auf jeden politischen Protagonismus verzichteten und sich den rechtsstaatlichen Mitteln zur Krisenlösung verpflichteten.

10 Interessenverbände und Kirche

Brasilien weist ein ausdifferenziertes Verbandswesen auf, über das Interessen unterschiedlichster Bevölkerungssegmente vertreten werden. Das Organisationsmuster brasilianischer Gewerkschaften behält noch Elemente der korporatistischen Struktur bei, die in der Diktatur von Vargas unter faschistischem Einfluss entstand. Darunter fallen die obligatorische Gewerkschaftssteuer und das Repräsentationsmonopol auf lokaler Ebene, d.h. in einem Munizip wird jeweils nur eine einzige Gewerkschaft pro Branche staatlich zugelassen. Demzufolge organisieren sich sowohl Unternehmer als auch Arbeitnehmer primär in lokalen Branchengewerkschaften. Nach Branchen organisierte Gewerkschaftsbündnisse gibt es sowohl auf der Bundesstaatsebene (*federações*) als auch im nationalenRahmen (*confederações*). Überdies sind auch einige einflussreiche unabhängige Organisationen von Arbeitgebern und Arbeitnehmern zu finden, die Angehörige unterschiedlicher Branchen zusammenschließen.

Die Unternehmerverbände schließen die Unterstützung politischer Parteien oder die Lobbyarbeit im Parlament zwar nicht aus, sie versuchen jedoch ihre Interessen meistens mit den Regierungen unmittelbar zu verhandeln. Die Arbeitnehmergewerkschaften dagegen bevorzugen die Zusammenarbeit mit den Parteien, wobei sie im Rahmen der jüngsten Demokratisierung einen Wandel in ihrem politischen Handlungsmuster durchmachen.

Der populistische Einfluss Vargas' auf die Arbeiterschaft führte historisch zu einem Klientelverhältnis zwischen der Partei von Vargas, der PTB, und den Gewerkschaften, die sich nach den politischen Interessen seiner Partei richteten.[11] Mit der Machtübernahme durch die Militärs 1964 wurden die Gewerkschaften entpolitisiert: Streiks wurden strengstens unterdrückt, bei den kritischen Gewerkschaften wurde interveniert und viele Gewerkschaftler wurden festgenommen. Erst Ende der 70er Jahre konnte sich die Gewerkschaftsbewegung wieder organisieren. Im Ballungsgebiet São Paulos, dem industriellen Herz Brasiliens, entstanden große Gewerkschaftsmobilisierungen, die das Streikverbot missachteten und dazu beitrugen, das Militärregime politisch zu schwächen. In diesem Zusammenhang bildeten sich der unabhängige Gewerkschaftsverband CUT (Vereinte Arbeiterzentrale) und auch die Arbeiterpartei PT, in der neben der „neuen Gewerkschaftsbewegung", Linksintellektuelle, kirchennahe Organisationen, neue soziale Bewegungen und zahlreiche Basisbewegungen vertreten waren (vgl. Cardoso 2004: 299 ff). Die neuen Gewerkschaftler, unter ihnen der Metallarbeiter Lula, der 2003 Staatsoberhaupt wurde, übernahmen wichtige Funktionen in der neuen Partei und ließen sich von populistischen Figuren à la Vargas nicht mehr bevormunden.

Die katholische Kirche bildet ein konstitutives Element der politischen und sozialen Geschichte Brasiliens. In der Kolonialzeit gehörte sie neben dem Großgrundbesitz, dem Patriarchat und der Sklaverei mit zum Kern des Gesellschaftssystems (Carvalho 2004). Hier unterstützten sich der Staat, also die portugiesische Krone, und die katholische Kirche gegenseitig: Der portugiesische König war vom Papst zur Verbreitung des Katholizismus in der Kolonie beauftragt worden, die katholische Kirche konnte wiederum durch ihre Aktivitäten im Land, wie die „Katechisierung" der Indigenen und ihre Präsenz im Hinterland, die Kolonisierung vorantreiben. Die unklare Trennung von Staat und Kirche überdauerte die Unabhängigkeit, da der Kaiser den von Rom ausgegangenen Auftrag, den Katholizismus zu verbreiten, übernahm. Erst mit der Republik und dem damit zusammenhängenden Anspruch, einen laizistischen Staat zu gründen, verwirklichte sich die Trennung von Staat und Kirche. Dies implizierte indessen keinen Verzicht seitens der Kirche, auf die Politik Einfluss zu nehmen. Es herrschte nämlich innerhalb der brasilianischen Kirche die Ansicht, dass die „politische Einflussnahme eine Voraussetzung für die Glaubensverbreitung ist" (Andrade 2004: 320). Demzufolge begannen in den 1930er Jahren gezielte Bemühungen, die katholische Kirche im gesellschaftlichen Boden zu verankern. Später konkretisierten sich diese Absichten durch die Gründung mehrerer Arbeitsbereiche, in denen Laien und kirchliche Vertreter kooperieren: katholische Jugend, katholische Arbeiterschaft usw.

Trotz der formalen Trennung von Kirche und Staat galt bis in die 1960er Jahre die Ansicht, dass das Bekenntnis zum katholischen Glauben die nationale Identität mit konstituiere. Dies lässt sich nicht nur anhand der demographischen Vormachtstellung der katholischen Kirche (bis 1960 waren 93% aller Brasilianer Katholiken), sondern auch durch die

---

[11] Nach seinem langen Amt als nominierter (1930-34), gewählter (1934-37) und selbst ermächtigter (1937-45) Präsident bekam Vargas bei der Wahl von 1950 eine weitere Amtszeit, die im Jahr 1954 mit seinem Selbstmord endete.

Äußerungen der Staatsoberhäuptern bezeugen, da diese immer wieder ihre Sympathie zur katholischen Kirche erklärten.[12]

Die Militärdiktatur stellt indes eine wichtige Zäsur in der Geschichte der katholischen Kirche dar. Aufgrund der „kommunistischen Gefährdung", gegen die das Militär angeblich kämpfte, unterstützte der brasilianische Bischofsrat die Putschisten. Währenddessen engagierte sich die katholische Kirche jedoch weltweit für das II. Vatikanische Konzil, das die Katholiken mit der Demokratie, den Menschenrechten und den Kämpfen für soziale Gerechtigkeit verband. Demzufolge nahmen Ende der 60er Jahre mehrere katholische Priester und sogar einige Bischöfe gegen das Militärregime in Brasilien Stellung und unterstützten offenkundig die Opposition. In Anlehnung an die Befreiungstheologie, die danach trachtete, die Richtlinien des II. Vatikanischen Konzils in Lateinamerika zu konkretisieren und zu erweitern, förderte die katholische Kirche die Gründung unzähliger Basisgemeinden (*comunidades eclesiais de base*), die ein wichtiges Rekrutierungsfeld für die Ende der 70er Jahre aufkommende Demokratiebewegung darstellten (vgl. Della Cava 1988). Ferner bildeten verschiedene Arbeitsgruppen der katholischen Kirche, wie der 1972 entstandene Rat der Indianermissionen (CIMI) und die 1975 gegründete Landespastorale, eine Art Gegenöffentlichkeit, in der Informationen zirkulierten, die aufgrund der Pressezensur von den etablierten Medien ausgeschlossen waren (vgl. Costa 1997: 62ff). Auch zur Aufklärung der Morde und Menschenrechtsverbrechen, die die Militärs begangen, leistete die katholische Kirche mit dem von ihr initiierten Projekt *tortura nunca mais* (nie wieder Folter) einen hervorragenden Beitrag (vgl. Costa 2007b). Nach der Reetablierung der Demokratie traten die Befreiungstheologie und das mit ihr zusammenhängende soziale und politische Engagement der Kirche jedoch in den Hintergrund.

Demographisch gesehen wurde Brasilien erst in den 1980er Jahren de facto ein multireligiöses Land. Seitdem nahm die katholische Mehrheit sukzessive ab: 1970 machten die Katholiken 91% der gesamten Bevölkerung aus, 1980 waren es 89%, 1991 83% und 2000 „nur" noch 73%. Von der Verringerung des Anteils der Katholiken an der Bevölkerung profitieren vor allem die Pfingstkirchen (*igrejas pentecostais*), zu denen im Jahr 2000 10% der Brasilianer ihre Zugehörigkeit deklarierten (Pierucci 2004). Auch die Anzahl derjenigen, die sich als religionslos bezeichnen, ist stark gestiegen. Die Pfingstkirchen sind in Brasilien durch mehrere Denominationen vertreten, die wichtigste davon ist die *Igreja Universal do Reino de Deus* (Universelle Kirche des Reichs Gottes). Kennzeichnend für ihren Stil sind aggressive und insistente Medienauftritte, in denen die Priester sofortige materielle Lebensverbesserungen für ihre Anhänger versprechen. In der Politik sind sie ebenfalls gut repräsentiert: Mehrere Abgeordnete und sogar Gouverneure bekennen ihre Mitgliedschaft zu den Pfingstkirchen.

Andere Religionsgemeinschaften wie die „klassischen" Protestanten, die Spiritisten und die afrobrasilianischen Kulte, sind in Brasilien zwar vertreten, demographisch sind sie allerdings weniger signifikant.

---

[12] Ein Paradebeispiel liefert Diktator Vargas, der die heilige Aparecida offiziell zur *universellen* (!) Schutzpatronin Brasiliens proklamierte (Pierucci 2004).

11   Politische Kultur und Partizipation

In modernen Demokratien lassen sich neben den regulären Wahlen und dem Engagement in Verbänden und Interessengruppen mindestens zwei weitere Formen politischer Beteiligung erfassen: staatliche Partizipationsgremien (Kommunalforen, Bürgerräte usw.) und Protestbewegungen.

Für die brasilianischen Bürgerinnen und Bürger besteht die Möglichkeit, über unterschiedliche Mitbestimmungsforen Einfluss auf die Regierungsgeschäfte zu nehmen. Die Herausbildung dieser Partizipationskanäle geht auf die Demokratisierungsperiode zurück, als mehrere Bürgermeister ihre politische Verbindung zu den damals aufkommenden sozialen Bewegungen zu konsolidieren versuchten. Es entstanden zunächst thematische Ausschüsse, die aus Regierungsvertretern und zivilgesellschaftlichen Organisationen zusammengesetzt sind und etwa Verbesserungen im Gesundheits- oder Schulwesen besprechen. Die Partizipationsgremien besitzen meistens einen beratenden Status und sind nicht befugt, verbindliche Entscheidungen zu treffen. Die Erfahrung zeigt allerdings, dass die Exekutive, um die eigene politische Legitimation nicht zu gefährden, den Empfehlungen der Ausschüsse in der Regel folgt. In mehreren Städten mündeten die einzelnen Erfahrungen mit der Bürgerbeteiligung in das Verfahren des sog. „partizipativen Haushalts", im Rahmen dessen die Investitionsprioritäten einer Stadt in sukzessiven Sitzungen der Stadtverwaltung mit Stadtteildelegierten und anderen Vertretern der Zivilgesellschaft definiert werden (vgl. Avritzer 2002).

Seit den 1980er Jahren haben sich die thematischen Partizipationsausschüsse auch in den einzelnen Bundesstaaten und später auf nationaler Ebene verbreitet. Ihnen kommt eine wichtige demokratisierende Rolle zu: Sie reduzieren den Spielraum für eine klientelistische Instrumentalisierung staatlicher Ausgaben und stellen demokratische Lernkontexte dar, in denen zivilgesellschaftliche Organisationen Interessen ihrer sozialen Basis vermitteln und aushandeln können (Dagnino 2002, Avritzer/Costa 2004).

Die Protestszene hat sich im Rahmen der Demokratisierung umfassend verändert. Denn die Demokratiebewegung, die Ende der 1970er Jahre entstand, verkörpert die Geburtsstunde einer autonomen Zivilgesellschaft in Brasilien, zu der alle Oppositionsbewegungen und allgemein alle Protestakteure sich zugehörig fühlten. Nach und nach kamen indessen die latenten Differenzen innerhalb der zivilgesellschaftlichen Demokratiefront zum Vorschein. Hier ist sowohl eine externe als auch eine interne Ausdifferenzierung festzustellen. Extern grenzt sich die Zivilgesellschaft von Wirtschaftsakteuren, also von Unternehmerverbänden und Gewerkschaften, sowie von der politischen Gesellschaft (progressiven Parteien, Oppositionspolitikern usw.) ab.

Intern macht die Zivilgesellschaft als nicht staatlicher und nicht wirtschaftlicher Handlungszusammenhang eine folgenreiche Heterogenisierung durch. Es handelt sich hier um eine derartige Pluralisierung des zivilgesellschaftlichen Handlungsfeldes, dass die einzelnen Akteure sich einer Zivilgesellschaft im Singular nicht mehr verpflichtet und angehörig fühlen. Kursorisch lässt sich diese langfristige Veränderung anhand einiger Entwicklungen verdeutlichen:

1. Es entstehen zahlreiche Nicht-Regierungsorganisationen, in denen das direkte kollektive Handeln und die Basismobilisierung durch eine starke Professionalisierung und Spezialisierung ersetzt werden;

2. Es lässt sich die öffentliche Artikulierung neuer kultureller, ethnischer, geschlechts-
   spezifischer Differenzen beobachten, die zu neuen Konfliktlinien innerhalb der Zivilgesellschaft führen (Costa/Thomaz 2004);
3. Einige Akteure vernetzen sich weltweit, woraus oft ein Spannungsverhältnis zwischen
   dem nationalen zivilgesellschaftlichen Handlungskontext und neuen transnationalen
   politischen Räumen entsteht;
4. Als Begleiterscheinung dieser Heterogenisierung der Zivilgesellschaft ist eine tief
   greifende soziale Fragmentierung zu beobachten, die mit einer Prekärisierung der Ar-
   beits- und Lebensbedingungen sowie mit einer Explosion der Kriminalität einhergeht.
   Dies unterminiert die Vertrauensbeziehungen und Solidaritätsnetzwerke auf lokaler
   Ebene und jene kommunikative Infrastruktur, aus der die Demokratiebewegung in den
   70er Jahren hervorgegangen ist. Aus der Zivilgesellschaft entstehen also „unzivile"
   Handlungszusammenhänge.[13]

Unter den verschiedenen brasilianischen sozialen Bewegungen sollen hier die Frauenbewegung und der „Movimento Negro" (Schwarzenbewegung) hervorgehoben werden, da ihr
Handeln jüngst zu tief greifenden Transformationen geführt hat. Frauen und Schwarze
bilden Bevölkerungsgruppen, die die sozialen Ungleichheiten Brasiliens besonders stark
betreffen: Sie werden politisch unterrepräsentiert und sind strukturell diskriminiert. Sie sind
also mit großen Hindernissen konfrontiert, wenn sie an die besseren Arbeitsstellen kommen
wollen und verdienen bei gleicher Qualifikation systematisch weniger als ihre weißen bzw.
männlichen Kollegen (vgl. Bidermann/Guimarães 2004).

In den späten 70er Jahren organisierte sich die Schwarzenbewegung landesweit und
seitdem tritt sie für eine effektive Chancengleichheit und Bekämpfung aller Rassismusfor-
men ein. Der Forderungskatalog der Bewegung ist in der brasilianischen Öffentlichkeit auf
immer größere Resonanz gestoßen: Auf den unterschiedlichen Regierungsebenen entstanden Verwaltungsabteilungen für die Umsetzung dieser Forderungen; 2003 richtete die Zentralregierung ein „Sondersekretariat für Politiken zur Förderung der Gleichberechtigung von
Schwarzen und Weißen" mit Ministerialstatus ein. Die Bewegung vernetzte sich auch international und erreichte, dass nach dem nordamerikanischen Muster auch in Brasilien ein
Quotensystem zugunsten der Schwarzen in verschiedenen Bereichen (Besetzung von Füh-
rungsposten in der öffentlichen Verwaltung, Aufnahmeverfahren in mehreren öffentlichen
Universitäten usw.) eingeführt worden ist (Costa 2007a).

Der Frauenbewegung gelang es ebenfalls, im Rahmen der Demokratisierung das Interesse der brasilianischen Öffentlichkeit für ihre Forderungen zu wecken. Auch hier lässt

---

[13] Auf die multiplen und vielschichtigen Gründe, die zur Entstehung *unziviler Gesellschaftsbereiche* führen, können wir hier nicht eingehen. Mindestens zwei Faktoren müssen allerdings erwähnt werden: i) die zeitliche Koinzi-
denz von Demokratisierung und Strukturanpassung (Dagnino 2002); ii) der Boom des Drogengeschäftes. Aufgrund der Explosion staatlicher Schulden muss die brasilianische Regierung über Jahre eine restriktive Haushaltspolitik verfolgen und ist nicht in der Lage, durch kompensatorische Sozialpolitiken die ökonomische Stagnation
der 80er und 90er Jahre und die daraus folgende Arbeitslosigkeit auszugleichen. Die Verschlechterung ökonomischer Möglichkeiten macht die sozial schwachen Bevölkerungsgruppen für die Offerte des Drogengeschäfts besonders anfällig. Die Drogenbarone bauen ihre Festungen in den ärmeren Stadtteilen und gewinnen durch Gewalt-
androhung und soziale Angebote – wie etwa einen „Arbeitsplatz" im Drogenhandel für die männlichen Jugendlichen – die Unterstützung lokaler Bevölkerung. Daraus folgt die vom Staat kaum noch kontrollierbare Kriminalität,
deren Opferzahl die Proportionen eines Kriegs erreicht. In manchen armen Vierteln diktieren die Drogendealer die
Umgangsregeln: Sie bestimmen etwa, ob, wann und mit welchen Mitarbeitern die Post, die Telefon- oder die
Stromgesellschaft dort Aufträge ausführen dürfen (Monken 2006).

sich die Entstehung mehrerer Verwaltungsabteilungen und Behörden beobachten, die sich für eine Gleichberechtigung von Frauen und Männern engagieren.[14] Ebenfalls unverkennbar sind die interne Professionalisierung (die so genannte „NGO-ization") und die transnationale Vernetzung der Frauenbewegung (vgl. Scherer-Warren 1999, Alvarez 1998).

12 Die Medien

Nachdem das Radio für mehrere Jahrzehnte das meist verbreitete Massenmedium war, hat heute das Fernsehen die Vormachtstellung in Brasilien. Es erreicht je nach Region über 96% der Brasilianer und stellt das Hauptmedium für die Vermittlung politischer Informationen insbesondere unter den ärmeren und weniger gebildeten Schichten dar (IBGE 1999). Die Printmedien bleiben praktisch den sozial privilegierten Schichten vorbehalten, was die selbst im Vergleich mit Ländern wie Mexiko oder Venezuela bescheidene Leserdichte (Anzahl der Zeitungsexemplare pro Einwohner) Brasiliens erklärt.

Die Machtkonzentration kennzeichnet alle Medienbranchen in Brasilien, wobei dies im Fernsehbereich besonders deutlich zum Vorschein kommt: Das Angebot wird praktisch von vier Privatfernsehanstalten, die landesweit ausstrahlen, kontrolliert. Allein der Marktführer TV Globo erreicht Einschaltquoten von über 70% und weiß, aus seinem sozialen Prestige politische Profite zu erzielen. Sein Beitrag zum Wahlerfolg von ihm nahe stehenden Politikern ist in der Literatur hinlänglich dokumentiert (vgl. Costa 2002: 67 ff, Costa 1997 56ff).

Historisch lässt sich in Brasilien ein für die demokratische Politik schwieriges Verhältnis zwischen den elektronischen Medien und der Politik feststellen, denn der Staat bzw. die Zentralregierung ist dafür zuständig, Konzessionen für den Betrieb von Radio- und Fernsehsendern zu erteilen. Die Lizenzen werden nur de jure nach technischen Kriterien erteilt, de facto bleibt die versprochene politische Loyalität des Antragsstellers zu den regierenden Politikern maßgeblich[15].

Trotz dieser aus demokratietheoretischer Sicht ungünstigen Konstellation liegt der Beitrag der Medien zur politischen Demokratisierung Brasiliens auf der Hand. Unterschiedliche Vehikel unterstützten die Demokratiebewegung und forderten dabei die Militärzensur heraus. Nach der Wiederherstellung der Pressefreiheit führte die Konkurrenz zwischen den Medien auch im konzentrierten Fernsehbereich zu einer deutlichen Verbesserung des journalistischen Angebots: Die großen brasilianischen Fernsehnetze bieten heute politische Sendungen, deren journalistische Qualität sich nicht grundlegend vom vergleichbaren Angebot in Deutschland unterscheidet.

---

[14] Um die Frauenvertretung im Parlament zu erweitern, wurde 1995 ein Quotensystem eingeführt, wonach die Parteien mindestens 20% und später 30% Frauen in ihren parlamentarischen Wahllisten haben müssen. Im Gegensatz zu anderen lateinamerikanischen Ländern, die ähnliche Bestimmungen eingeführt haben, erwies sich die brasilianische Initiative als uneffektiv. Schuld daran ist die in Brasilien geltende offene Liste, d.h. die Wähler optieren für eine Kandidatur und nicht für die Partei, wodurch die in der Politik bereits etablierten Männer bessere Wahlchancen behalten (für einen Vergleich unterschiedlicher lateinamerikanischer Länder siehe Htun 2001).

[15] 1987 lieferte der damalige Präsident Sarney ein zugespitztes Beispiel dafür, wie die Vergabe der Lizenzen politisch missbraucht wird: In seiner Bemühung, durch eine Verfassungsänderung ein weiteres Amtsjahr zu bekommen, vergab Sarney Konzessionen für einen Radio- oder Fernsehsender an 91 Abgeordnete! – Von diesen stimmten 81 Parlamentarier der Mandatsverlängerung zu (Motter 1994).

Ein wichtiger weiterer Beitrag der Medien zur Stärkung der Demokratie im heutigen Brasilien hängt mit der Verbreitung des investigativen Journalismus zusammen, der nach US-amerikanischem Vorbild eigenständige Recherchen zu brennenden politischen Themen fördert. Damit wurden zunächst die Printmedien und später auch der Hörfunk-, der Fernseh- und der Internetbereich zu einem aktiven Öffentlichkeitsakteur, der Korruptionsaffären, geheime Vereinbarungen und Fälle politischen Machtmissbrauchs aufdeckt und denunziert.

Gesellschaftlich tragen die Massenmedien zur Verbreitung und Konsolidierung innovativer Tendenzen bei. Doch einhergehend mit der erwähnten Pluralisierung der brasilianischen Zivilgesellschaft differenzieren sich auch die Medien stark aus, so dass die unterschiedlichen Publikumssegmente mit ihren spezifischen Interessen immer stärker berücksichtigt werden. Nicht nur wirtschaftliche Interessen bedingen diese gesellschaftliche Öffnung der Medien, auch andere Faktoren spielen hier eine Rolle. Oft nutzen die etablierten Medien die alternativen Kommunikationsforen (Zeitungen sozialer Bewegungen, Regionalfernsehen, progressive Websites usw.) als Rekrutierungsfeld für ihr Personal, wobei die angeworbenen, zumeist jungen Medienmacher die etablierten Medien mit ihren Themen und ihrem innovativen Stil prägen. Ferner führt eine starke Vernetzung auf dem globalen Nachrichtenmarkt zu einem intensiven transnationalen „intermedia agenda setting", so dass die weltweit prominent gewordenen sozialen Akteure und Themen (Frauen, Umweltschützer, neue ethnische Bewegungen usw.) indirekt dazu beitragen, dass ihre lokalen und nationalen Pendants in Brasilien eine stärkere Medienpräsenz erfahren (vgl. Costa 2004).

Auch die Bedeutung neuer Kommunikationstechnologien für die demokratische Meinungsbildung nimmt jüngst in Brasilien immer mehr zu. Durch ihre Websites, Blogs und Diskussionsforen im Internet gelingt es Nichtregierungsorganisationen, aber auch Einzelpublizisten, neue Themen in die Öffentlichkeit zu lancieren und damit, wie Hoffmann (2004: 109) in anderen Ländern Lateinamerikas konstatiert, „etablierte ,Filter' der herrschenden Medien" zu umgehen.

13 Das Rechtssystem

Die Unabhängigkeit der Judikative ist in der geltenden Verfassung von 1988 reglementiert. Demnach fungiert das höchste brasilianische Gericht (*Supremo Tribunal Federal*) als Verfassungsgericht, das ein Gesetzentwurf als verfassungswidrig erklären und annullieren darf. Arantes (2004: 102 ff) zufolge trägt die Verfassung von 1988 ebenfalls dazu bei, die in der zweiten Hälfte des 20. Jahrhunderts beobachtete „Expansion der Judikative" zu konsolidieren. Gemeint sind vor allem eine Erweiterung ihrer effektiven Kompetenzen sowie ihre zunehmende gesellschaftliche Verankerung. Die wachsende Bedeutung der Justiz, neue Konfliktlinien effektiv zu regulieren, ist vor allem dem verbesserten Schutz der „kollektiven und diffusen Interessen" und der Einführung neuer Gerichte für geringfügige Belange (*Juizados de Pequenas Causas*) zu verdanken. Unter diffusen und kollektiven Interessen werden Rechte verstanden, die entweder nicht einer individuellen Rechtsperson adäquat zugeschrieben werden können, wie etwa im Fall der Verbraucher-, Behinderten-, Jugend- und Minderheitsrechte oder wenn es darum geht, Gemeinnutz (Kulturgüter, Umwelt etc.) zu schützen. Genau diese Rechte treten jüngst nach der Entwicklung eines adäquaten Rechtsinstruments, der *Ação Civil Pública*, sowie dem institutionellen Erstarken spezialisierter Anwaltschaften

(*Ministério Público*) in den Vordergrund und rufen bei der Bevölkerung mehr Interesse und Vertrauen gegenüber der Judikative hervor (vgl. Vianna/Burgos 2002; Arantes 1999).

Bei den Gerichten für geringfügige Belange handelt es sich um Sonderforen, die ein vereinfachtes Schnellverfahren für Zivil- und Strafrechtssachen ermöglichen, wenn diese einen geringen Umfang aufweisen. Damit wird zum Gang zur Justiz ermutigt und der Zugang zu ihr erweitert (Arantes 2004).

14 Regionen und Kommunen

Die geltende Verfassung von 1988 erweitert die Autonomie und Handlungskapazität der Föderationseinheiten, indem sie ihnen eine rechtlich gesicherte Teilnahme an den Staatseinnahmen zuschreibt. Demnach erhalten die Munizipien ca. 17% und die Bundesstaaten 26% der gesamten Steuereinnahmen. Die Mittelverteilung zwischen den verschiedenen Föderationsmitgliedern folgt dem Kriterium der Einwohnerzahl, aber auch dem Ausgleichsprinzip, dem zufolge Munizipien und Staaten, die niedrige Sozialindikatoren aufweisen, besonders berücksichtigt werden. Im Anteil des Bundes (ca. 57%) sind auch Ressourcen enthalten, die den Munizipien und Staaten für gesetzlich vordefinierte Ausgaben (etwa für das Erziehungs-, Gesundheitswesen) überwiesen werden müssen (vgl. Andrade 2004: 214).

Doch die sozialen und ökonomischen Kontraste zwischen den brasilianischen Regionen gehen auf historische und strukturelle Faktoren zurück und können mittels steuerpolitischer Maßnahmen nur bedingt ausgeglichen werden. Generell lässt sich feststellen, dass die Staaten und Munizipien im Norden und Nordosten schlechtere ökonomische und soziale Indikatoren aufweisen, während im Südosten die industrialisierten und ökonomisch dynamischsten Pole und im Süden die Staaten mit den besten sozialen Indikatoren zu finden sind. Die unten aufgeführten Indikatoren nach Staaten bzw. nach den fünf Verwaltungsregionen verdeutlichen diese Tendenzen:

Tabelle 2: Ausgewählte Indikatoren Brasiliens und seiner Staaten, 2000

Föderationseinheit	Bevölkerung in Tsd.	Analphabeten in %	Anteil am BIP in %
Brasilien	169 873	12,8	100,00
Norden			
Acre	556	23,1	0,15
Amapá	477	11,2	0,18
Amazonas	2813	15,3	1,71
Pará	6192	16,3	1,72
Rondônia	1380	11,5	0,51
Roraima	324	12,0	0,10
Nordosten			
Alagoas	2823	31,8	0,64
Bahia	13170	21,6	4,38
Ceará	7431	24,7	1,89
Maranhão	5651	26,6	0,84
Paraíba	3444	27,6	0,84

Pernambuco	7918	23,2	2,64
Piauí	2843	28,6	0,48
Rio Grande do Norte	2777	23,7	0,84
Sergipe	1784	23,5	0,54
Mittelwesten			
Distrito Federal	2051	5,2	2,69
Goiás	5003	10,8	1,97
Mato Grosso	2504	11,1	1,22
Mato Grosso do Sul	2078	10,1	1,08
Tocantins	1157	17,2	0,22
Südosten			
Espírito Santo	3097	10,6	1,96
Minas Gerais	17891	10,9	9,64
Rio de Janeiro	14391	6,3	12,52
São Paulo	37032	6,1	33,68
Süden			
Paraná	9563	8,6	5,99
Rio Grande do Sul	10188	6,1	7,73
Santa Catarina	5356	5,7	3,85

Quelle: IBGE 2004, Anastasia 2004: 188 f.

15 Internationale Beziehungen

Brasilien hat nie eine relevante Rolle auf dem internationalen Parkett gespielt. Nach der Unabhängigkeit schaute das Land eher auf sich selbst, denn es ging um den nationalen Aufbau und die Aufrechterhaltung seiner territorialen Integrität, die durch mehrere interne Emanzipationsbewegungen gefährdet war. Der Paraguaykrieg stellt eher eine Ausnahme dar, und auch hier sieht die moderne Historiographie das internationale Engagement Brasiliens in kritischer Weise, da Brasilien sich mit Argentinien und Uruguay zusammengeschlossen hat, um das kleine Land Paraguay zu besiegen.

Im 20. Jahrhundert bleibt die Bedeutung Brasiliens in der Weltpolitik bescheiden und selbst seine Teilnahme am 2. Weltkrieg, in dem das Land Truppen nach Europa schickte, um die Alliierten zu unterstützen, erfolgte spät und diskret.

Die letzten Dekaden sind Reiner (2004) zufolge durch erratische Bewegungen in der brasilianischen Außenpolitik gekennzeichnet, ohne dass eine kontinuierliche Entwicklungslinie erfasst werden kann. Die Militärs hätten eine „Politik des verantwortlichen Pragmatismus" betrieben, die zu keiner bedeutenden Präsenz Brasiliens in der Weltpolitik geführt habe. Auch die Zeit zwischen 1984 und 2002 sei durch „seltene Eigeninitiativen" charakterisiert.

Nach der Machtübernahme durch die Arbeiterpartei PT im Jahre 2003 suchte die Regierung Lula nach einer offensiveren Außenpolitik, aus der Brasilien als Regionalmacht und ernst zu nehmender Spieler in der Weltpolitik hervorgehen sollte. Demzufolge intensivierte Brasilien die politischen und kommerziellen Beziehungen zu seinen Nachbarn und bemühte sich um sichtbare diplomatische Verantwortungen, die das Land auf der Weltarena glaubwürdig machen könnten, wie etwa: Federführung der UNO-Mission in Haiti, Bemühung um einen permanenten Sitz im Sicherheitsrat der UNO, laute Auftritte in der *World Trade Organisation* etc. Bislang hat das weltpolitische Engagement allerdings nur spärliche Ergebnisse gebracht. Die Mission in Haiti wird immer mehr als eine diplomatische Sackgasse und für die Vergabe des permanenten Sitzes an Brasilien fehlt schon unter den unmittelbaren Nachbarländern der Konsens. Es scheint, dass Lulas Regierung die (fehlenden) internationalen Signale schnell verstanden hat: Die ersten Bestrebungen, Brasilien zu einem „global player" zu machen, wurden allmählich eingestellt und die internationale Politik wird in der zweiten mit dem Jahr 2007 angefangenen Amtszeit von Lula aller Voraussicht nach eine geringe Rolle spielen (Gratius/Zilla 2006).

Erweist sich die Bedeutung Brasiliens in der großen Weltpolitik auch als kaum existent, so werden die außenpolitischen Tagesgeschäfte durch die hoch professionalisierte brasilianische Diplomatie effizient erledigt. Dort arbeitet Brasilien mit den entsprechenden multilateralen Organen zusammen und unterhält reguläre diplomatische Beziehungen zu allen Weltregionen. In der jüngsten Geschichte Brasiliens waren die USA der wichtigste politische und ökonomische Partner;[16] in den letzten Jahren reduziert sich das außenpolitische Gewicht der USA für Brasilien jedoch ein wenig. Dem Nord-Süd-Gefälle und der daraus folgende Drittweltakzent kommt eine immer wichtigere Bedeutung zu und auch andere Regionen gewinnen an Relevanz. So ist die Europäische Union heute der wichtigste ökonomische Partner geworden: Der Austausch mit den EU-Ländern stellt fast 1/3 des Außenhandels Brasiliens dar, aus Europa kommen auch wichtige Investoren. Neben traditionellen Kapitalentsendern wie Großbritannien, Frankreich und Deutschland erhielt Brasilien jüngst im Rahmen der Privatisierung der Telekommunikationsunternehmen bedeutende Investitionssummen aus Portugal und Spanien.

Auch die Nachbarländer Argentinien, Paraguay und Uruguay gewannen mit der Gründung der Freihandelszone Mercosur an politischer und ökonomischer Bedeutung.

Ebenfalls nennenswert sind jüngste Versuche Brasiliens, eine „internationale soziale Agenda" mitzuprägen, in der Themen wie Umweltschutz, Gleichberechtigung der Frauen und Menschenrechte im Vordergrund stehen. Dazu tragen sowohl diplomatische Bemühungen als auch weltweit vernetzte soziale Bewegungen bei, die zu einem wichtigen Bestandteil brasilianischer Präsenz auf Weltkonferenzen und multilateralen Veranstaltungen geworden sind.

Literatur

Alcantara Saez, Manuel/Freidenberg, Flavia (2002): Partidos políticos na América Latina, in: Opinião Pública, 8(2): 158-188.

Alvarez, Sonia E. (1998): Latin Americans Feminisms ´Go Global´, in: Alvarez, S./Dagnino, E./Escobar A. (Hrsg) (1998): Cultures of Politics, Politics of Cultures. Boulder.

Amorim Neto, Octavio (2004): O executivo federal, in: Avelar, Lúcia/Cintra, Antônio Octávio (Hrsg.) (2004): Sistema político brasileiro: uma introdução. São Paulo: 123-134.

Anastasia, Fatima (2004): Federa, in: Avelar, Lúcia/Cintra, Antônio Octávio (Hrsg.) (2004): 185-204.

---

[16] Die außenpolitische Bedeutung der USA für Brasilien nahm in den ersten Jahren der Militärdiktatur während der Regierung Castelo Branco pointierte Formen an. Aus dieser Zeit stammt der berühmt gewordene Satz des damaligen brasilianischen Botschafters in Washington, Juracy Magalhães, der die Haltung Brasiliens zu den USA so zusammenfasste: „Was für die USA gut ist, ist auch für Brasilien gut" (Wöhlcke 1983: 84).

Andrade, Paulo Fernando C. (2004): A igreja católica e o Estado brasileiro. In Avelar, Lúcia/Cintra, Antônio Octávio (Hrsg.) (2004): 317-330.

Arantes, Rogério B. (1999): Direito e política: O Ministério Público e a defesa dos direitos coletivos, in: Revista Brasileira de Ciencias Sociais 39: 83-102.

Arantes, Rogério B. (2004): Judiciário: entre a justiça e a política, in: Avelar, Lúcia/Cintra, Antônio Octávio (Hrsg.) (2004): 79-108.

Avelar, Lucia (2004): Participação política, in: Avelar, Lúcia/Cintra, Antônio Octávio (Hrsg.) (2004): 223-235.

Avritzer, Leonardo (2002): Democracy and the Public Space in Latin America. Princeton/Oxford.

Avritzer, Leonardo/Costa, Sérgio (2004): Teoria crítica, democracia e esfera pública: Concepções e usos na América Latina, in: Dados 47 (4): 703-728.

Biderman, Ciro/Guimarães, Nadya A. (2004): Na ante-sala da discriminação: O preço dos atributos sexo e cor no Brasil (1989-1999), in: Revista de Estudos Feministas, 12(2): 177-200.

Brigagão, Clóvis e Proença Jr. (2004): Os militares e a política, in: Avelar, Lúcia/Cintra, Antônio Octávio (Hrsg.) (2004): 307-316.

Cardoso, Adalberto M. (2004): Os sindicatos: representação de itneresses e ação política de capital e trabalho no Brasil, in: Avelar, Lúcia/Cintra, Antônio Octávio (Hrsg.) (2004): 285-294.

Carvalho, José Murilo (2004): Fundamentos da política e da sociedade brasileiras, in: Avelar, Lúcia/Cintra, Antônio Octávio (Hrsg.) (2004): 21-35.

Carvalho, José Murilo (1987): Os bestializados: o Rio de Janeiro e a República que não foi. São Paulo.

Cintra, Antonio O./Lacombe, Marcelo L. (2004): A câmara de deputados na Nova República: a visão da ciência política, in: Avelar, Lúcia/Cintra, Antônio Octávio (Hrsg.) (2004): 135-172.

Castro, Monica M. M. (2004): Eleitorado brasileiro: composição e grau de participação, in: Avelar, Lúcia/Cintra, Antônio Octávio (Hrsg.) (2004): 285-294.

Costa, Sérgio/Thomaz, Omar R. (2004): Do discurso nacionalista às novas etnicidades: anti-racismo, política e reafricanização. Iberoamericana 14: 143-158.

Costa, Sérgio (1997): Dimensionen der Demokratisierung. Zivilgesellschaft, Öffentlichkeiten und lokale Partizipation in Brasilien. Frankfurt/M.

Costa, Sérgio (2002): As cores de Ercília. Espaço público, democracia, constelações pós-nacionais. Belo Horizonte.

Costa, Sérgio (2004): Der Kampf um Öffentlichkeit: Konzepte, Akteure, politische Dynamiken, in: Jahrbuch Lateinamerika 28: 13-31.

Costa, Sérgio (2007a): Vom Nordatlantik zum Black Atlantic: Paradoxien des Antirassismus. Bielefeld (Im Druck).

Costa, Sérgio (2007b): Vergangenheitsbewältigung auf Brasilianisch. Argumente und Materialien zum Zeitgeschehen (Im Druck).

Costa, Valeriano (2004): Federalismo, in: Avelar, Lúcia/Cintra, Antônio Octávio (Hrsg.) (2004): 173-184.

Dagnino, Evelina (2002) (Hrsg.): Sociedad civil, esfera pública y democratización en América Latina: Brasil, México. Campinas.

Della Cava, Ralph (1988): A lgreja e a Abertura 1974-1985, in: Stepan, A. (Hrsg.) (1988): Democratizando o Brasil. Rio de Janeiro: 231-274.

Ferreira Rubio, Delia (2005): Financiamento de partidos e campanhas, in: Novos Estudos Cebrap 73: 5-15.

Figueiredo, Argelina/Limongi, Fernando (2000): Constitutional Change, Legislative Performance and Institutional Consolidation, in: Brazilian Review of Social Sciences, Special Issue 1: 73-94.

Fleischer, David (2004): Os partidos políticos, in: Avelar, Lúcia/Cintra, Antônio Octávio (Hrsg.) (2004): 249-284.

Fortes, Leandro (2005): Valerioduto Mapeado, in: Carta Capital 372: 36-29.

Gratius, Susanne/Zilla, Claudia (2006): Brasilien hat gewählt: Lula bleibt Staatspräsident bis 2010, in: SWP Aktuell 53: 1-4.

Htun, Mala (2001): A política de cotas na América Latina, in: Revista de Estudos Feministas 9(1): 225-230.

Hoffman, Bert (2004): Zwischen Exklusion und Demokratisierung: Internet und Öffentlichkeit in Lateinamerika, in: Lateinamerika Jahrbuch 28: 101-118.

IBGE (Instituto Brasileiro de Geografia e Estatísitcas) (1999): Pesquisa Nacional de Amostragem por domícilio. http://www.ibge.gov.br, abgerufen am 20.12. 2005.

IBGE (Instituto Brasileiro de Geografia e Estatística) (2004): Censo Demográfico de 2000. http://www.ibge.gov.br, abgerufen am 20.12.2005.

IBGE (Instituto Brasileiro de Geografia e Estatística) (2005): Pesquisa de Informações Municipais Básicas. http://www.ibge.gov.br, abgerufen am 20.12.2005.

Monken, Mario H. (2006): Tráfico impõe regras para ação de empresas, in: Folha de S. Paulo 15.01. 2006: B7.

Motter, Paulino (1994): O uso político das concessões de emissoras de rádio e televisão no governo Sarney, in: Comunicação & Política (Nova Série) 1 (1): 89-116.

Neves, Marcelo (1994): Entre subintegração e sobreintegração: a cidadania inesistente, in: Dados, 37(2): 253-276.

O' Donnell, Guillermo (2005): Polyarchies and the (Un)Rule of Law in Latin America, in: Brunkhorst, Hauke/Costa, Sérgio (Hrsg) (2005): Jenseits von Zentrum und Peripherie. Zur Verfassung der fragmentierten Weltgesellschaft. Mering: 135-148.

Paul, Wolf (2005): Genealogie der Verfassung der Republik der Vereinigten Staaten von Brasilien, in: Nitschack, Horst (Hrsg) (2005): Brasilien im amerikanischen Kontext. Frankfurt/M.

Pena, Sérgio D.J. u.a. (2000): Retrato Molecular do Brasil, in: Ciência Hoje 27/159: 16-25.

Pierucci, A. Flávio (2004): Bye Bye Brasil: O declínio das religiões tradicionais no Censo de 2000, in: Estudos Avançados 52: 17-28.

Reiner, Lucio (2004): O Brasil e a ordem internacional, in: Avelar, Lúcia/Cintra, Antônio Octávio (Hrsg.) (2004): 391-410.

Scherer-Warren, Ilse (1999): Cidadania sem fronteiras. São Paulo.

Vianna, Luiz Werneck/Burgos, Marcelo (2002): Revolução processual do direito e democracia progressiva, in: Vianna, Luiz Werneck (Hrsg.) (2002): A democracia e os três poderes no Brasil. Belo Horizonte: 337-491.

Wöhlcke, Manfred (1983): Brasilien 1983: Ambivalenzen seiner politischen und wirtschaftlichen Orientierung. Baden-Baden.

Zavatto, Daniel (2005): Financiamento dos partidos e campanhas eleitorais na América Latina: uma análise comparada, in: Opinião Pública, 11(2): 287-336.

Das politische System Chiles

Stefan Rinke

1 Überblick zur historischen Entwicklung seit der Unabhängigkeit

Die Unabhängigkeitsbewegung im Generalkapitanat Chile, eines entlegenen und wegen des erfolgreichen Widerstands der Mapuche im Süden des Landes permanent umkämpften Teils des Vizekönigreichs Peru, entfaltete sich vor dem Hintergrund der allgemeinen Unruhe in den spanischen Reichen in Amerika seit Ende des 18. Jahrhunderts. Die napoleonische Besetzung Spaniens und das daraus resultierende Machtvakuum schufen die Grundlagen für eine revolutionäre Situation. Im September 1810 (18.9. Nationalfeiertag) bildeten die kreolischen Eliten in Chile eine Regierungsjunta. Die endgültige Unabhängigkeit musste nach der Rückeroberung durch die Royalisten 1814 bis 1817/18 hart erkämpft werden, wobei letztlich die militärische Unterstützung aus Buenos Aires den Ausschlag gab. Die royalistische Guerilla setzte den Kleinkrieg danach noch jahrelang fort. Erst 1826 verließen die letzten spanischen Truppen Chile. Der Konsolidierungsprozess des unabhängigen Chile verlief keineswegs so geradlinig und konfliktfrei, wie dies die ältere Geschichtsschreibung behauptet hat. Nachdem der seit 1817 regierende Oberste Direktor und Held der Unabhängigkeit Bernardo O'Higgins 1823 durch einen Putsch zur Abdankung gezwungen worden war, blieb die politische Lage aufgrund der Spaltung zwischen Liberalen und Konservativen lange instabil. Immerhin wurden in diesen Jahren mit der Einführung des Zweikammersystems und der Abschaffung der Sklaverei wichtige Grundlagen für das sich formierende Staatswesen gelegt. 1830 putschten sich die Konservativen an die Macht. In der Folgezeit schuf der umtriebige Minister Diego Portales die Grundlagen eines autoritären politischen Systems, das von späteren Generationen zum Ideal verklärt werden sollte.

Bis in die 1870er Jahre kam es wiederholt zu bürgerkriegsartigen Zuständen. Repressalien gegen die politischen Gegner waren an der Tagesordnung. Außerdem zog sich die Arrondierung des Staatsgebiets durch die Fortsetzung des Kriegs gegen die indigene Bevölkerung bis 1883 hin. Dennoch erwies sich das politische System insgesamt als anpassungsfähig und stabil. Damit hob sich Chile von den lateinamerikanischen Schwesterrepubliken ab und galt bald als Modellrepublik des Subkontinents. Auch in wirtschaftlicher Hinsicht entwickelte sich das Land dank der Exporte von Kupfer, Silber und Weizen vergleichsweise positiv. Als Chile 1879 in einem Krieg gegen Peru und Bolivien die begehrten Salpeterprovinzen im Norden eroberte, schuf dies die Grundlage für staatliche Modernisierungsmaßnahmen in der Infrastruktur. An der aus der Kolonialzeit überkommenen sozialen Ungleichheit änderte sich aber nur wenig. Zwar entstand eine dünne städtische Mittelschicht, die sich nicht zuletzt aus Einwanderern speiste, aber die arme chilenische Landbevölkerung blieb vom Wohlstand ausgeschlossen.

Die Periode von 1880 bis 1930 ist auch als Salpeterzyklus der chilenischen Wirtschaft und Gesellschaft bezeichnet worden. Chile hielt nun fast ein Monopol auf den in der ganzen Welt begehrten Rohstoff Salpeter. Der Staat finanzierte sich im Wesentlichen aus den Ausfuhrzöllen auf dieses Produkt. Andere Bergbauerzeugnisse wie etwa Kupfer traten demgegenüber lange Zeit in den Hintergrund. Die Gefahren der einseitigen Abhängigkeit vom Salpeterexport zeigten sich immer dann, wenn die Nachfrage nachließ und der Weltmarktpreis fiel, was bereits vor 1914 mehrere Male der Fall war. Der Erste Weltkrieg brachte zunächst einen Nachfrageboom und war doch auch der Anfang vom Ende der Salpeterära, denn in Europa wurde nun das Verfahren zur synthetischen Stickstoffherstellung zur Produktionsreife gebracht. Die Nachfrage nach Chilesalpeter sank entsprechend. In der Zwischenkriegszeit gab es verschiedene Ansätze, das Geschäft wiederzubeleben, die aber alle scheiterten. Der Wiederaufstieg der Kupferindustrie in den 1920er Jahren war ein schwacher Trost, denn er wurde von US-amerikanischen Konzernen getragen, die nur einen Bruchteil ihrer Profite im Land beließen.

Auch Ende des 19. Jahrhunderts dominierten noch einige wenige Familien der chilenischen Oligarchie, die sich die Macht untereinander teilten, die Politik des Landes. Allerdings war schon seit den 1870er Jahren im Zeichen des Wachstums des Bürgertums ein Aufschwung der Liberalen unter neuen Vorzeichen zu verzeichnen. Man diskutierte in diesem Zeitraum Themen wie eine stärkere Demokratisierung, freie Wahlen oder die Zurückdrängung des Einflusses der katholischen Kirche. Mit der Präsidentschaft von José Manuel Balmaceda erreichten diese Diskussionen einen Höhepunkt. Balmaceda war eine schillernde Gestalt, die als Gegenpol zu Portales eine wichtige Rolle in der chilenischen Geschichtsschreibung spielt. Während seiner Präsidentschaft kam es zu einem Riss zwischen Parlament und Exekutive, der letztlich in einen Bürgerkrieg ausartete. In diesem Konflikt setzten sich die Anhänger des Parlaments durch. Balmaceda beging 1891 Selbstmord. In den folgenden zwei Jahrzehnten übernahm das Parlament die Führungsrolle, ohne dass sich an den Inhalten der Politik etwas Grundlegendes änderte. Im Gegenteil, zahlreiche Regierungswechsel, Wahlbetrug und Korruption destabilisierten die Lage zusätzlich. Die politische Führung konnte daher immer weniger auf die Entwicklungen in der Struktur der chilenischen Gesellschaft reagieren, die sich in den ersten drei Jahrzehnten des 20. Jahrhunderts nachhaltig veränderte. Schlüsselelemente dabei waren das Bevölkerungswachstum, die Anfänge der Industrialisierung, die Urbanisierung und die damit verbundenen Migrationsprozesse, der Aufstieg der Arbeiterbewegung, das Wachstum der Staatsaufgaben sowie die Entstehung einer neuartigen städtischen Mittelschicht. Die Diskussion der sogenannten „sozialen Frage" war nun ein öffentliches Thema. Der Staat reagierte zunächst gewaltsam auf sozialistische und anarchistische Bewegungen und auf die zunehmenden Streiks. Das Massaker an Hunderten streikender Salpeterarbeiter und ihrer Familien in Iquique im Dezember 1907 war einer der Tiefpunkte der chilenischen Geschichte. Viele jüngere reformorientierte Köpfe, vor allem aus der neuen Mittelschicht von akademisch Gebildeten, prangerten die tiefe soziale Krise Chiles nun öffentlich an. Diese Krise und die daraus resultierenden sozialen Spannungen nahmen nach dem Ersten Weltkrieg neue Dimensionen an und äußerten sich in Straßenprotesten. In politischer Hinsicht kam es mit der Präsidentschaft des als Reformer geltenden Arturo Alessandri ebenfalls zu Verwerfungen. Da es auch Alessandri nicht gelang, den Reformstau gegen den Widerstand des Parlaments zu beheben, griff das Militär am 11. September 1924 erstmals wieder in die Politik ein. Nach einer Übergangsphase, in der sich verschiedene Juntas und verfassungsmäßige Präsidenten abwechselten und in der eine neue Verfassung in Kraft trat (1925), etablierte Oberst Carlos Ibáñez 1927 sein autoritäres Regime, das bis 1931 andauern sollte und ein wichtiger Präzedenzfall für die chilenische Geschichte des 20. Jahrhunderts war. Ibáñez stürzte letztlich aufgrund der Weltwirtschaftskrise. Ab 1931 fielen die Rohstoffpreise ins Bodenlose und die Salpeterwirtschaft brach endgültig zusammen. Arbeitslosigkeit und soziale Not erreichten ungekannte Ausmaße. In politischer Hinsicht wechselten sich die Regierungen im Monatstakt ab. 1932 wurde für wenige Monate sogar eine „Sozialistische Republik" ausgerufen. Chile war das laut Völkerbund am härtesten von der Krise betroffene Land der Welt.

Nach der Weltwirtschaftskrise änderten sich die sozioökonomischen und politischen Rahmenbedingungen in Chile tiefgreifend. Zwischen 1933 und 1970 erlebte das Land den Aufstieg der Massengesellschaft, der sich in den 1920ern bereits abgezeichnet hatte. Entscheidend war die rasante Beschleunigung des Bevölkerungswachstums, das nicht zuletzt auf die Verbesserung der medizinischen Versorgung zurückzuführen war. Die Mehrheit der Chilenen lebte bereits seit Ende der 1930er Jahre in den ständig wachsenden Städten und der Urbanisierungsprozess setzte sich in der Folgezeit beschleunigt fort. Dies hatte eine Ursache in der staatlich forcierten Industrialisierung. Insbesondere zwischen 1932 und 1952 wurde der Staatsinterventionismus auch in der Sozial- und Kulturpolitik umfassend ausgebaut. Gleichzeitig wuchs die Mittelschicht ebenso wie der Alphabetisierungsgrad der Bevölkerung. Dementsprechend veränderten sich die Berufsstrukturen nachhaltig und der Dienstleistungssektor nahm immer mehr Beschäftigte auf, wohingegen der Anteil der in der Landwirtschaft Beschäftigten fiel, wenngleich dieser Sektor in absoluten Zahlen noch lange dominierte. In politischer Hinsicht war insbesondere die Vergrößerung der Wählerschaft durch die Liberalisierung des Wahlrechts von großer Bedeutung.

Wechselnde parlamentarische Mehrheiten bestimmten bis 1970 die politischen Geschicke Chiles. Die zweite Präsidentschaft Arturo Alessandris (1932-38), die unter deutlich konservativeren Vorzeichen stand als die erste, mündete 1938 in die Mitte-Links-Koalition der Frente Popular, die bis 1952 unter mehreren Präsidenten die Regierung stellte. Ab 1952 kamen wieder konservativere Strömungen ans Ruder. In diesem Zeitraum wurde angesichts wachsender sozialer Probleme erneut der Ruf nach Reformen laut, den vor allem die sozialistische Linke ebenso wie die neu gegründete Christdemokratie vorbrachten. Die Arbeiterbewegung gewann ebenfalls an Fahrt. Gewerkschaften und Streiks nahmen an Zahl zu. Auch die Landarbeiter organisierten sich seit den späten 1930er-Jahren erstmals gewerkschaftlich und forderten eine Agrarreform. In der Tat war die soziale Situation Chiles Ende der 1960er Jahre alles andere als befriedigend. So blieb etwa die Mangelernährung großer Teile der Bevölkerung ein ungelöstes Problem. Die Abwanderung der perspektivlosen Landbevölkerung in die Armutsviertel an den Stadträndern schuf neue Schwierigkeiten. Unter dem Motto „Revolution in Freiheit" ging die christdemokratische Regierung von Eduardo Frei (1964-1970) die sozialen Probleme an. Ihre Reformschritte vor allem im Agrarbereich gingen der konservativen Opposition zu weit, während die Linke sie als zu zaghaft kritisierte. Insgesamt gewann die Linke in den 1960ern trotz ihrer inneren Zerstrittenheit an Gewicht. Die politische Auseinandersetzung polarisierte sich in diesem Zeitraum auch unter dem Eindruck des Kalten Kriegs und der Kubanischen Revolution zunehmend. Auf den Straßen kam es zu handfesten Auseinandersetzungen rivalisierender politischer Aktivisten, die sich oft aus Studenten der nun zu Masseninstitutionen gewordenen Universitäten rekrutierten. Dem politischen System fehlte es in diesen Jahren an Kontinuität und an Stabilität, da bereits ab 1952 jede Präsidentenwahl zu einem Machtwechsel und damit häufig zu tiefen Brüchen in der Wirtschafts- und Gesellschaftspolitik führte.

Die Linke konnte sich als Koalition der Unidad Popular in den Wahlen von 1970 mit nur rund einem Drittel der Stimmen denkbar knapp durchsetzen. Der Wahlsieg Salvador

Allendes erregte weltweites Aufsehen, war doch hier zum ersten Mal ein dezidierter Marxist auf demokratischem Weg an die Macht gekommen. Außerhalb Chiles unternahm die US-Regierung durch den CIA Anstrengungen, um den Amtsantritt Allendes in letzter Sekunde zu verhindern. Später verlegte sich Washington auf einen Wirtschaftsboykott, der das Land schwer traf. Innerhalb Chiles reagierten die Rechte und viele Unternehmer mit Kapitalabzug und Flucht. Im Parlament hatte es Allende mit einer Mehrheit der Rechten und Christdemokraten zu tun. Während die Nationalisierung des Kupfers im Kongress noch einstimmig angenommen wurde, stieß die Unidad Popular mit ihren weitergehenden Maßnahmen, z. B. der Agrarreform unter Enteignung des Großgrundbesitzes sowie der Verstaatlichung der Industrie, auf heftigen parlamentarischen und außerparlamentarischen Widerstand. Die teilweise radikalen Reformvorhaben von Präsident Salvador Allende scheiterten aus unterschiedlichen Gründen. Zum einen gab es starke Auseinandersetzungen innerhalb der Koalition, wobei insbesondere die Sozialistische Partei auf eine Radikalisierung der Politik drängte. Außerdem gingen die außerparlamentarische Linke und die Ultrarechte zunehmend zu terroristischen Aktionen über, was zur weiteren Destabilisierung der Lage beitrug. Entscheidend waren aber die enormen Kosten des wirtschaftlichen Umbaus. Der Preis war eine galoppierende Inflation und eine Verknappung der Versorgungsgüter, die sich schon 1971 bemerkbar machte und zu sozialen Unruhen führte. Gleichzeitig vertiefte sich die politische Polarisierung und führte zu einer regelrechten Spaltung der Gesellschaft in Regierungsanhänger und -gegner. So kam es schließlich bis 1973 zu einer aufs höchste gespannten Situation, die in ihrer Dimension weit über die politischen Krisen von 1890 oder 1924 hinausging. Zunehmend forderten die Regierungsgegner einen Eingriff des Militärs, und tatsächlich wurde der Putsch am 11. September 1973 mit brutaler Gewalt durchgeführt. Allende überlebte ihn nicht.

Aus der mehrköpfigen Militärjunta, die den Putsch arrangierte, kristallisierte sich rasch die Diktatur des noch von Allende eingesetzten Oberkommandierenden des Heeres, Augusto Pinochet, heraus. Pinochet beherrschte das Land bis 1989 diktatorisch, wenngleich 1980 eine neue Verfassung verabschiedet wurde, die das Andauern der Militärherrschaft legitimieren sollte, indem sie die schrittweise Rückkehr zur Demokratie versprach. Das Militär hatte große Pläne zur vermeintlichen Rettung der Nation. Die Militärdiktatur unterschied sich im Grad der Repression, in Charakter und Dauer entscheidend vom eher personalistischen Ibáñez-Regime der 1920er Jahre. Im Mittelpunkt stand das Ziel des Umbaus der chilenischen Gesellschaft nach den Grundprinzipien des militärischen Ethos wie Ordnung, Gehorsam, Autorität und Stabilität. Um dies zu erreichen, schreckte man nicht vor massiven Verletzungen der Menschenrechte zurück. Das Regime hinterließ eine blutige Spur von Opfern, zu denen neben prominenten Persönlichkeiten der Linken auch zahlreiche echte oder vermeintliche Sympathisanten der Unidad Popular aus dem Industrie- und Landarbeitermilieu sowie aus der indigenen Bevölkerung zählten. Hinzu kam die Ausschaltung des demokratischen Systems und die vollständige Knebelung der Medien. Neben der Verfolgung Andersdenkender hatte die Diktatur aber auch einen Entwicklungsaspekt. Seit 1975 setzten chilenische Wirtschaftsexperten, die sogenannten Chicago Boys, eine neoliberale Schocktherapie für die chilenische Wirtschaft durch. Oberflächlich gesehen war der Erfolg bis 1981 durchaus beeindruckend. In der internationalen Finanzwelt und Wirtschaftspresse wurde Chile als neues Wirtschaftswunderland gefeiert. Beobachter haben diesen Prozess immer wieder als Rückzug des Staates beschrieben. In Wirklichkeit aber war die Vorstellung einer von staatlichen Einflüssen vollkommen ungestörten liberalen Volkswirtschaft ein gut gepflegter Mythos. Der Staat blieb auch unter Pinochet interventionistisch. Allerdings gewann die staatliche Intervention einen neuen Charakter, war ihr Ziel doch nun nicht mehr die Schaffung sozialer Gerechtigkeit, sondern die Starthilfe für neuartige Marktbeziehungen. Dies schlug sich unter anderem im Aufstieg einer neuen technokratischen Führungselite aus Financiers und Unternehmern nieder. Eine weitere Folge dieser Wirtschaftspolitik war die Verarmung weiter Teile der Bevölkerung. So wurde etwa die Entschuldung des Staates durch drastische Einschnitte in die Beschäftigung des öffentlichen Dienstes und in die Löhne erkauft. Des Weiteren wurde der Arbeitsmarkt weitgehend dereguliert, was zu einer Entrechtung der Arbeiter führte. Im Einzelnen sind die Unterdrückung der Gewerkschaften sowie die Flexibilisierung der Arbeitsmärkte hervorzuheben. Letztere bedeuteten für den Arbeiter die Abschaffung von Tarifverträgen und des Kündigungsschutzes. Die Reallöhne verringerten sich bis 1987 kontinuierlich. Außerdem brachte die Reform der Sozialversicherung eine Abkehr vom Solidaritätsprinzip, an dessen Stelle die Eigenvorsorge trat. Das verringerte zwar die Lohnnebenkosten immens, schuf aber weitere Härten für die Arbeitnehmer. Nur ein kleiner Teil der Gesellschaft profitierte vom chilenischen Wirtschaftsboom, während die Mehrheit sich zunehmend in prekären Arbeitsverhältnissen wiederfand, arbeitslos wurde oder aber im rasch wachsenden informellen Sektor ihr Dasein fristete. Hinzu kam, dass der Finanzcrash von 1983 die Grenzen des neoliberalen Wachstumsmodells offen legte. Daraufhin regte sich der Widerstand gegen das Regime trotz der weiterhin gewalttätigen Unterdrückung stärker. Die Proteste schufen die Grundlage für die Formierung einer von der katholischen Kirche unterstützten demokratischen Opposition führender Politiker, die ein weites Spektrum von Christdemokraten bis hin zu Sozialisten umfassten. Die Proteste waren jedoch nicht ausreichend, um einen Sturz zu erzwingen. Daher blieb nur ein Weg, um die Diktatur zu beenden, nämlich durch Verhandlungen und im Rahmen der von dieser selbst gesetzten institutionellen Spielregeln. Das bedeutete die Akzeptanz des in der Verfassung von 1980 vorgesehenen Plebiszits für Oktober 1988. In diesem Plebiszit ging es um die Frage, ob die Amtszeit Pinochets noch einmal verlängert werden sollte oder nicht. Das Wahlergebnis fiel mit 55% deutlich gegen den Diktator aus. Es war u. a. ein Beweis dafür, dass ein Großteil der Chilenen nicht am Wirtschaftsaufschwung teilgenommen hatte.

Nach dem Sieg in der Volksabstimmung gewannen die in der sogenannten *Concertación* zusammengeschlossenen demokratischen Parteien im Dezember 1989 auch die Wahlen. Mit Patricio Aylwin wurde ein Christdemokrat Präsident des Landes. Allerdings hatte Pinochet einige verfassungsrechtliche Hindernisse auf dem Weg zu demokratischem Wandel eingebaut. So wurden unter anderem eine Garantie gegen Amtsenthebungen von Angestellten des öffentlichen Dienstes erlassen, willfährige Richter ernannt, die Freiheit der Presse durch strafrechtliche Bestimmungen eingeschränkt und die Macht Pinochets im Militärapparat bis 1998 konsolidiert. Darüber hinaus konnte sich das Regime durch die Regelung der Zusammensetzung des Senats eine Mehrheit in diesem Gremium sichern. Ein Ergebnis dieser Politik war der Amtsantritt des Ex-Diktators als Senator auf Lebenszeit im März 1998. Aufgrund dieser autoritären Enklaven war der Kompromiss zu einer Grundbedingung der Regierung der *Concertación* geworden. Das Militär behielt seine Rolle als „Hüter der Ordnung und der Verfassung" – also quasi als vierte Gewalt. Neben dem Obstruktionismus der Rechten zeigten sich auch Meinungsverschiedenheiten im Lager der *Concertación*. Dennoch gab es bereits in den 1990er Jahre wichtige Reformen im politischen und sozialen Bereich. Hinzu kam die wachsende wirtschaftliche Leistungsfähigkeit des Landes. Dabei knüpften die Regierungen der *Concertación* an die neoliberale Wirt-schaftspolitik der autoritären Vorgänger an. Die strikte Exportorientierung der Wirtschaft blieb erhalten. Das Bruttosozialprodukt wuchs sprunghaft, Arbeitslosenquote und Inflati-onsrate blieben vergleichsweise niedrig. Über Wachstum hinaus wurde das Ziel einer ge-rechteren Verteilung des Reichtums als weiterer wichtiger Teil der Programme der Regie-rungen der *Concertación* formuliert. Steigende Reallöhne und die Steigerung der Sozial-ausgaben in den Bereichen Bildung, Gesundheit, soziale Vorsorge und Wohnungsbau sorg-ten für spürbare Entlastung. Der Anteil der Armen an der Bevölkerung hat sich seit 1990 kontinuierlich reduziert. Die Zahl der extrem Armen ist sogar noch stärker zurückgegangen. Allerdings blieben viele Probleme ungelöst. Besonders dringend ist nach wie vor die Be-kämpfung der Armut, die sich heutzutage vor allem in unterbezahlten Anstellungen mit prekären Arbeitsverträgen abspielt. Der Anstieg des Pro-Kopf-Einkommens seit 1992 kann nicht darüber hinwegtäuschen, dass sich der Abstand zwischen Armen und Reichen nicht verringert hat. Die ungleiche Einkommensverteilung in Chile wird im lateinamerikanischen Vergleich nur von Kolumbien und Brasilien übertroffen. Ein weiteres, die Demokratie lange Zeit belastendes Thema war die Frage der Menschenrechtsverletzungen der Diktatur. Insgesamt zeigen sich aber in jüngster Zeit durch die Verfassungsänderungen von 2005 deutliche Fortschritte auf dem Weg aus der Umklammerung durch die autoritären Enklaven hin zu einer vollständigen Demokratie, die von stärkeren Anstrengungen zur Aufarbeitung der Vergangenheit sowie zur Überwindung des Status als Entwicklungsland begleitet wur-den.

2   Verfassung

Seit der Unabhängigkeit zeichnet sich die chilenische Verfassungsentwicklung durch das Prinzip der repräsentativen Regierung aus. Selbst im Falle von Verfassungsbrüchen durch gewaltsame Machtübernahmen, etwa seitens des Militärs, war als Trend die Rückkehr zur demokratischen Legitimität erkennbar, auch wenn es sich dabei in den meisten Fällen nur um eine Scheindemokratie handelte. Im Unterschied zu vielen lateinamerikanischen Nach-barn hat die Verfassungsgeschichte des Landes insbesondere seit 1833 vergleichsweise wenige Brüche zu verzeichnen. Allerdings kam es zuvor zu zahlreichen gescheiterten Ver-fassungsansätzen, die das die chilenische Geschichte bis weit ins 20. Jahrhundert prägende Dilemma widerspiegelten, einer im Wesentlichen oligarchischen und hierarchischen Ge-sellschaft die Institutionen eines repräsentativ-demokratischen Verfassungsstaates zu ge-ben.

Bereits ein Jahr nach Beginn der Unabhängigkeitsbewegung wurde erstmals eine ver-fassungsmäßige Ordnung festgeschrieben, die in die provisorische Verfassung von 1812 mündete. Die Unsicherheit der Lage zu diesem Zeitpunkt und die Unentschiedenheit der Patrioten hinsichtlich einer endgültigen Loslösung vom Mutterland ließ sich daran erken-nen, dass das Verfassungsdokument eine Loyalitätsbekundung gegenüber dem spanischen König Ferdinand VII. enthielt. Kritik seitens der Royalisten, aber auch der radikaleren Un-abhängigkeitsbefürworter blieb nicht aus. Schon 1814 schien angesichts der Bedrohung durch die Spanier eine neue, nunmehr autoritärere Verfassungsvariante notwendig, die aufgrund der Niederlage der Unabhängigkeitskämpfer nur kurzlebig war. Mit dem endgül-tigen Sieg der Unabhängigkeitsbewegung ging die Regierungsgewalt an Bernardo O'Higgins (1817-1823) über, der 1818 eine autoritäre Übergangsverfassung durchsetzte, nach der er zum *Supremo Director*, d. h. zum Staatschef mit umfassenden Vollmachten, aufstieg. Da die äußere Bedrohung durch die Spanier zu diesem Zeitpunkt aber im Wesentlichen gebannt war, setzte die traditionelle Oligarchie dem Emporkömmling und Freimaurer O'Higgins Widerstand entgegen. 1822 ließ O'Higgins eine vollständige Verfassung ausarbeiten, die seine Regierungszeit um weitere zehn Jahre verlängerte. Dieser Schritt gab Anlass zu einem Putsch. Unter seinen Nachfolgern wurden erneut Verfassungsprojekte auf den Weg gebracht. Die vom Intellektuellen Juan Egaña geschriebene Verfassung von 1823 war in der Praxis unbrauchbar und wurde schon Ende 1824 wieder ausgesetzt. Zwei Jahre später kam es zu einem föderalistischen Verfassungsexperiment, das gewählte gesetzgebende Körperschaften in den damals acht Provinzen vorsah. Aufgrund der instabilen innenpolitischen Lage trat 1828 schon die vierte Konstituante innerhalb von fünf Jahren zusammen. Die liberale Verfassung, die sie produzierte, sah u. a. die Auflösung der Majorate vor und stieß auf die Ablehnung unterschiedlicher politischer Gruppierungen innerhalb der Oligarchie. Im daraufhin entbrennenden Bürgerkrieg setzten sich mit dem Sieg in der Schlacht von Lircay 1830 schließlich die Konservativen durch.

Unter konservativer Vorherrschaft begann 1831 ein Verfassungskongress, der 1833 mit der nach dem starken Mann Portales benannten „portalianischen" Verfassung ein Grundgesetz schuf, das sich als äußerst langlebig erweisen sollte. In formaler Hinsicht handelte es sich bei der am US-amerikanischen Vorbild orientierten Staatsordnung um ein zentralistisches Präsidialsystem mit Gewaltenteilung. Die Wahl des Präsidenten war indirekt und fand alle fünf Jahre statt. Aufgrund der Möglichkeit zur einmaligen direkten Wiederwahl konnte es in der Folgezeit bis 1871 zu den charakteristischen Präsidentschaftsjahrzehnten kommen. Nicht nur daran zeigte sich das eindeutige Übergewicht, das der Präsident, der Kabinett, Militär und Justiz kontrollierte, im politischen System besaß. Das Parlament, das aus Senat und Abgeordnetenhaus bestand, war ursprünglich durchaus als Gegengewicht gedacht und konnte das Veto des Präsidenten im Gesetzgebungsprozess theoretisch mit Zweidrittelmehrheit außer Kraft setzen. Außerdem musste es über Haushalt und Steuern befinden, hatte hier also ein Druckmittel in der Hand. In der Praxis war das Parlament bis zur Jahrhundertmitte aber vor allem durch das Wahlsystem vom Präsidenten abhängig. Da der Präsident über die direkt von ihm ernannten Provinzintendanten auch die Verwaltung bis in die abgelegensten Winkel Chiles kontrollierte und ihm darüber hinaus die Mittel des Stimmenkaufs und der Ämtervergabe an seine Gefolgsleute zur Verfügung standen, war seine Stellung übermächtig. Eine Opposition konnte sich daher weder im Senat noch im Abgeordnetenhaus entwickeln. Das Parlament gab dem Staatsoberhaupt vielmehr durch die sogenannten Notstandsgesetze über lange Jahre ein Werkzeug in die Hand, mit dem es sich selbst entmachtete. Insgesamt handelte es sich um „ein konstitutionell verkleidetes autoritäres Regime" (Nohlen 1993: 176).

Erst nach rund 40 Jahren kam es ab den 1860er Jahren zu Verfassungsreformen, die den mittlerweile erfolgten sozialen Wandel und die Veränderungen in der politischen Kultur widerspiegelten. Die Phase der erneuten liberalen Vorherrschaft zeichnete sich durch die Einführung der Religionsfreiheit, die Ausweitung des Wahlrechts und der Bürgerrechte, eine Schwächung des Präsidenten durch die Abschaffung des Rechts auf direkte Wiederwahl sowie durch die Modifikation des Verfahrens zur Verfassungsänderung aus. Damit einher ging die Stärkung der Opposition im Kongress, was schließlich zum verfassungspolitischen Konflikt führte, da auch die liberalen Präsidenten nicht bereit waren, die Einschränkung ihrer Machtfülle zu akzeptieren. Der Bürgerkrieg von 1891, in dem der Konflikt gipfelte, entzündete sich denn auch am Vorwurf des Verfassungsbruchs, den die Opposition dem Präsidenten Balmaceda zur Last legte. Balmaceda wollte sich wegen der Obstruktionshaltung des Parlaments über dessen Budgetrecht hinwegsetzen. Eine Gruppe von Senatoren und Abgeordneten erklärte Balmaceda daraufhin für abgesetzt und beauftragte die Marine mit der Wiederherstellung der verfassungsmäßigen Ordnung. Letztlich waren weder Balmacedas Schritte noch die Absetzung verfassungsgemäß, doch konnte der Kongress seine Ansicht durch den Sieg im folgenden Bürgerkrieg durchsetzen. In den folgenden rund 30 Jahren kam es daraufhin zu einem Übergewicht des Parlaments im politischen System, das vor allem auf den Instrumenten der Ministerzensur und der Haushaltsbewilligung gründete. Kleinere Verfassungsänderungen in diesem Zeitraum beinhalteten u. a. die Autonomie der rund 200 Kommunen, die damit von der direkten zentralen Überwachung durch die Exekutive befreit wurden.

Als die Probleme im politischen System durch die Konfrontation von Exekutive und Legislative unter Präsident Arturo Alessandri einen Höhepunkt erreichten, griff 1924 das Militär in die Politik ein. Unter dem Druck des Militärs ließ Alessandri im Folgejahr unter Beteiligung aller Parteien inklusive der Kommunisten eine neue Verfassung ausarbeiten. Die Verfassung von 1925, die die portalianische von 1833 ablöste, war die zweite wichtige Konstitution in der Geschichte Chiles. Diese Verfassung gab dem Staat den Auftrag, die politischen Rechte der Bürger zu schützen, für eine soziale Grundsicherung zu sorgen und die wirtschaftliche Entwicklung zu fördern. Der Präsident wurde nun direkt auf sechs Jahre gewählt. Erreichte kein Kandidat im ersten Wahlgang die absolute Mehrheit, kam es zur Stichwahl zwischen den beiden stärksten Bewerbern durch den Kongress, wobei sich der Usus herauskristallisierte, den Kandidaten mit dem größten Stimmenanteil zu wählen. Die unmittelbare Wiederwahl war nicht möglich. Vizepräsident wurde ein vom Präsidenten ernanntes Kabinettsmitglied, zumeist der Innenminister. Die vom Präsidenten ernannte Regierung hatte weitreichende legislative Kompetenzen. Die Verfassung von 1925 knüpfte insofern an ihre Vorgängerin an, als die Rolle der Exekutive u. a. durch die Verlängerung der Amtszeit des Präsidenten, die Abschaffung der Ministerzensur und die Neuregelung der Gesetzgebung wieder gestärkt wurde. Der Präsident erhielt Ernennungsbefugnisse im Bereich der Verwaltung, der Armee und der Justiz. Ferner behielt er das Recht, Notstandsgesetze zu erlassen. Durch die weiterhin ausgeprägt zentralistische Staatsordnung konnte er seine Kontrolle auch direkt auf die Provinzen ausdehnen. Damit war aber keineswegs die Rückkehr zum Verfassungssystem von vor 1891 bzw. 1870 verbunden, sondern der Kongress behielt eine effektive Kontrollfunktion gegenüber der Regierung. So konnte er bei einer Zweidrittelmehrheit beider Häuser den Präsidenten lahm legen.

War die verfassungsmäßige Ordnung durch die Diktatur von Ibáñez und die daran anschließenden Unruhen von 1927 bis 1932 gestört, so kam es von da an bis 1973 zu keinen erneuten Umbrüchen. Chile galt in diesem Zeitraum im Gegensatz zu vielen anderen lateinamerikanischen Staaten als stabile Demokratie. Die Verfassungsreformen, die zwischen 1932 und 1973 auf den Weg gebracht wurden, zielten im Wesentlichen auf die Erweiterung des Wahlrechts und auf den weiteren Ausbau der Kompetenzen des Präsidenten vor allem im Gesetzgebungsverfahren. Zugleich setzten die Regierungen Frei und Allende Verfassungsänderungen zur Agrarreform sowie zur Nationalisierung des Kupfers durch. Das Ende der Verfassungsordnung von 1925 fand 1973 ähnlich wie 1891 im Zusammenhang eines fundamentalen verfassungsrechtlichen Konflikts zwischen Exekutive und Legislative statt.

Auf die Versuche der Regierung der Unidad Popular, teils unter Umgehung des Kongresses auf der Grundlage älterer Notstandsgesetze ihre weitgehenden Ziele zur Umgestaltung der Gesellschaftsordnung durchzusetzen, reagierte das Parlament 1972 mit der Verabschiedung eines verbindlichen Rahmens für die angestrebte Wirtschaftsreform. Präsident Allende lehnte dies ebenso ab wie das vom Kongress daraufhin verlangte Referendum. Dadurch sah er sich dem Vorwurf des Verfassungsbruchs gegenüber, der bei der Begründung des Militärputsches vom September 1973 eine wichtige Rolle spielte.

Die Militärdiktatur setzte die Verfassung von 1925 de facto außer Kraft, löste den Kongress auf und verbot die politischen Parteien. Formell blieb die Konstitution allerdings bis 1980 in Kraft, und das Regime berief sich auf ihre Notstandsbestimmungen. Diesen nicht entsprechende Gesetzesdekrete wurden kurzerhand zu Verfassungszusätzen erklärt. 1976 ergänzte man die Verfassung eigenmächtig durch vier „konstitutionelle Gesetze", die den Schein der Legalität durch die Berufung auf die Grundsätze von Recht, Demokratie, „christlichem Humanismus" und die Bürgerrechte wahren sollten, daneben aber die Definition des nationalen Notstands noch großzügiger auslegten. Das Regime übertrat in der Folgezeit wiederholt selbst diesen schwachen pseudokonstitutionellen Rahmen und ergänzte ihn durch Zusätze, die die Repressionsmaßnahmen rechtfertigen sollten. Ab 1977 ließen die Militärs die Arbeit an einer neuen Verfassung beginnen, mit der man grundsätzlich die Rückkehr zu einer repräsentativen Regierung im Rahmen einer „beschützten" Demokratie anstrebte. Die noch heute gültige Verfassung, die ein vom Regime kontrolliertes undemokratisches Plebiszit 1980 nur scheinbar legitimierte, ist das dritte bedeutende Dokument der chilenischen Verfassungsgeschichte. Die wichtigsten Kennzeichen waren die Stärkung des Präsidenten gegenüber der Legislative vor allem im Gesetzgebungsverfahren, die Einführung einer Anzahl ernannter und nicht gewählter Senatoren sowie die Schaffung einer neuen ‚vierten' Instanz mit dem Nationalen Sicherheitsrat (*Consejo de Seguridad Nacional*: COSENA), bestehend aus den vier Oberbefehlshabern der Armee mit Vetorecht sowie den Präsidenten der Republik, des Senats, des Obersten Gerichtshofs und des Obersten Rechnungshofs. Der Nationale Sicherheitsrat war für alle Fragen zuständig, die die institutionelle Ordnung sowie die innere und äußere Sicherheit betreffen. Ferner war eine langfristige Absicherung der neuen Ordnung durch ein Wahlrecht vorgesehen, das einerseits die Rechte klar bevorzugte und durch das es andererseits kaum zu Mehrheiten kommen konnte, die für eine Verfassungsänderung notwendig waren. Daran zeigten sich die Ziele der Verfassungsgeber, die darauf hinausliefen, die Macht der Militärs und seiner zivilen Sympathisanten lange über ein eventuelles Ende der Militärherrschaft hinaus zu sichern. Das zunächst wichtigste Merkmal der Verfassungswirklichkeit war, dass ihre Bestimmungen durch Übergangsartikel für acht Jahre ausgesetzt wurden. Von 1981 bis 1989 konnte Pinochet weiterregieren, ohne durch eine Wahl legitimiert zu sein. 1988 durfte er einen Kandidaten für die Fortsetzung der Militärregierung von 1989 bis 1997 präsentieren, über dessen Annahme oder Ablehnung eine Volksabstimmung vorgesehen war. Als Pinochet 1988 für ihn selbst überraschend das Plebiszit verlor, griff die Bestimmung über freie Wahlen des Präsidenten und des Kongresses, die 1989 stattfinden mussten.

Nun erwies sich die systemkonservierende Kraft der Verfassung, die die Rechte des Kongresses einschränkte und durch zahlreiche Transitionsbestimmungen dafür sorgte, dass das Militär auch nach der Rückkehr zur Demokratie seine Privilegien behielt. Eine Rückkehr zum verfassungsmäßigen Zustand vor der Diktatur war daher ebenso wenig möglich wie ein konstitutioneller Neuanfang. Die Opposition, die bereits im *Acuerdo Nacional para la Transición a la Plena Democracia* von 1985 eine grundlegende Verfassungsreform ge-fordert hatte, musste diese Bestimmungen akzeptieren, wollte sie die Demokratisierung nicht in Gefahr bringen. Sie war jedoch in der Übergangsphase erfolgreich um erste Verfas-sungsänderungen bemüht. Im Juli 1989 nahm man eine Reform an, nach der es zu 54 Ände-rungen kam. So liberalisierte die Maßnahme u. a. die Definition von verfassungswidrigen Gruppen, hob das Verbot der gleichzeitigen Mitgliedschaft in Parteien und Interessenver-bänden auf und erhöhte die Zahl der gewählten Vertreter im Senat auf 38, womit gleichzei-tig das relative Gewicht der neun ernannten Senatoren sank, zu denen als Ex-Präsident und Ex-Oberbefehlshaber des Heeres seit 1998 auch Pinochet zählte, der sein Amt dann aber niederlegen musste. Gleichzeitig schränkten die neuen Bestimmungen die Notstandsrechte des Präsidenten und die Machtbefugnisse des Nationalen Sicherheitsrats ein, schafften das Recht des Präsidenten zur einmaligen Auflösung des Kongresses ab, erweiterten die Garan-tien für den Schutz der Menschenrechte und erleichterten die Bedingungen für eine Verfas-sungsreform, für die statt der ursprünglich vorgesehenen Dreiviertelmehrheit nur noch eine Zweidrittelmehrheit ausreichend war. In den 1990er Jahren kam es zu 16 weiteren kleineren Verfassungsreformen, die u. a. die Amtszeit des Präsidenten von acht auf sechs Jahre ver-kürzten, wichtige Veränderungen in der Justiz brachten und eine Amnestie für politische Gefangene ermöglichten. Zu einer grundlegenden Verfassungsreform konnte es allerdings lange Zeit nicht kommen, da die restriktiven Bestimmungen der Verfassungsorgangesetze und der verfassungsauslegenden Gesetze hohe Hürden für eine Veränderung zentraler Be-reiche des politischen Systems darstellten.

Ein Durchbruch in der Frage der Verfassungsreform, die lange Jahre intensiv disku-tiert wurde, aber aufgrund des Widerstands der rechten Opposition nicht die erforderliche Zweidrittelmehrheit beider Kammern des Kongresses bekam, konnte erst 2004/05 erzielt werden. Grundlage dafür waren vor allem die sich verändernden Mehrheitsverhältnisse im Senat, durch die die Vertreter der *Concertación* die Oberhand gewannen. Die wichtigsten Bestimmungen des 58 Punkte umfassenden Reformkatalogs betreffen die Abschaffung der ernannten Senatoren und des Anrechts ehemaliger Präsidenten auf einen Senatssitz auf Lebenszeit, die Unterstellung der Militärjustiz unter die Ziviljustiz und des Oberbefehlsha-bers der Streitkräfte unter den Präsidenten, die Zurückstufung des Nationalen Sicherheits-rats auf ein rein beratendes Organ sowie die Verkürzung der Amtszeit des Präsidenten von sechs auf vier Jahre. Ferner verloren die Streitkräfte das Privileg, *expressis verbis* Garant der institutionellen Ordnung zu sein. Am 26. August 2005 traten die Reformen in Kraft, und der Präsident wurde beauftragt, einen bereinigten Verfassungstext aufzusetzen, der alle Neuerungen enthielt und veraltete Passagen beseitigte. Der Unterzeichnung dieses Doku-ments am Nationalfeiertag im September 2005 durch Präsident Ricardo Lagos kam hoher Symbolwert zu, wurden damit doch die Namen Pinochets und seines damaligen Kabinetts endgültig aus der Verfassung getilgt. Lagos betonte in seiner Ansprache denn auch, dass mit den Reformen eine Verfassung geschaffen sei, die auf einem breiten gesellschaftlichen Konsens basiere. In der Tat entfallen damit entscheidende autoritäre Enklaven. Daher spre-chen einige Juristen und Politiker dem Dokument den Charakter einer neuen „Verfassung von 2005" zu, die, wie Lagos behauptete, den erfolgreichen Abschluss des Transitionspro-zesses darstelle. Dagegen ist eingewendet worden, dass trotz der Reformen die Grundstruk-tur der Verfassung von 1980 erhalten bleibe und dass es keine verfassungsgebende Ver-sammlung gegeben habe. Angesichts der noch ungelösten Probleme, z. B. hinsichtlich der Anerkennung der indigenen Völker, der Schaffung neuer Regionen und v. a. der Abschaffung des binominalen Wahlsystems, dessen Erwähnung allerdings aus der Verfassung gestrichen wurde, scheint es in der Tat sinnvoller, von einer Verfassungsreform statt von einer neuen Verfassung zu sprechen.

3   Staatsoberhaupt

Unabhängigkeitskämpfer und Caudillos hatten in der Anfangsphase das Amt des Staatsoberhaupts in Chile inne. Als *Supremo Director* institutionalisierte, verfassungsmäßige und zeitlich befristete Diktatoren widmeten sich der Überwindung der äußeren Bedrohung durch die Spanier und der inneren Parteienkämpfe und Bürgerkriege, wobei die Persönlichkeit O'Higgins' (1817-23) besonders herauszuheben ist. Seine Nachfolger waren General Ramón Freire (1823-26) sowie General Francisco Antonio Pinto (1827-29), unter dem sich der Titel ‚Präsident' für den Staatschef durchsetzte. Nach der Umbruchphase von 1829 bis 1831, in der zunächst eine Junta (1829-30), dann Francisco Ruiz Tagle (1830), José Tomás Ovalle (1830-31) und Fernando Errázuriz (1831) regierten, kam es zur Stabilisierung des Systems unter dem Konservativen General Joaquín Prieto (1831-41), der ebenso wie seine Nachfolger General Manuel Bulnes (1841-51), Manuel Montt (1851-61) und José Joaquín Pérez (1861-71) auf der Grundlage der portalianischen Verfassung ein Jahrzehnt an der Macht blieb. Die gesellschaftlichen Umbrüche spiegelten sich 1871 in der Wahl des Liberalen Federico Errázuriz (1871-76) wider. Gleichzeitig kam es zu einer ersten Schwächung der Stellung des Präsidenten durch die bereits erwähnten Verfassungsreformen. Die Macht des Staatsoberhaupts blieb allerdings groß und stützte sich auf die weiterhin vielfältigen Möglichkeiten, die Wahlen zu manipulieren. Dennoch wirkten sich die Verfassungsreformen schon bald negativ für ihre Urheber aus. In den 1880ern hatten die liberalen Präsidenten Aníbal Pinto (1876-81) und Domingo Santa María (1881-86) gegen die wachsende Macht der Opposition im Kongress zu kämpfen. Durch diverse Gesetze wurden Ämter und Mandate der drei Gewalten klarer voneinander getrennt, wodurch der direkte Einfluss des Präsidenten auf die Parlamentarier weiter zurückging. Als der Liberale José Manuel Balmaceda (1886-91) die Stellung der Exekutive wieder stärken wollte, um sein ehrgeiziges Modernisierungsprojekt umzusetzen, kam es zum offenen Bürgerkrieg, in dem der Präsident unterlag. Auf eine Übergangsjunta folgte 1891 die Präsidentschaft von Admiral Jorge Montt (1891-96), der sich kaum in die politischen Geschäfte einmischte und dem Kongress das Feld überließ. In der parlamentarischen Phase hatten Montt und seine Nachfolger Federico Errázuriz (1896-1901), Sohn des Präsidenten von 1871-76, Germán Riesco (1901-06), Pedro Montt (1906-10), Sohn des Präsidenten von 1851-61, Ramón Barros Luco (1910-15) und Juan Luis Sanfuentes (1915-20) eher repräsentative Funktionen.

In der hoch umstrittenen Wahl von 1920 setzte sich der Kandidat der Allianz aus Liberalen, Radikalen und Demokraten, Arturo Alessandri (1920-24 und 1925) mit denkbar knapper Mehrheit durch. Der Eingriff des Militärs führte 1924/25 zur Bildung mehrerer Regierungsjuntas, auf die kurzfristig noch einmal der zurückgekehrte Alessandri und dann Emiliano Figueroa Larraín (1925-27) folgten. In diesem Kontext entstand die Verfassung von 1925, die die Stellung des Präsidenten wieder stärkte. Das autoritäre Regime von Carlos Ibáñez (1927-31), unter dem die Gewaltenteilung nur pro forma beibehalten wurde, mündete in die Krisenjahre von 1931/32, in denen sich neben einem verfassungsmäßigen Präsidenten, Juan Esteban Montero (1931-32), zahlreiche kurzlebige Regierungen ablösten.

Erst unter Alessandris zweiter Präsidentschaft (1932-38) wurde die verfassungsmäßige Ordnung wieder hergestellt. 1938 fand insofern ein Linksrutsch statt, als – zunächst gestützt auf den Frente Popular, später dann phasenweise mit Unterstützung durch Sozialisten und Kommunisten – mit Pedro Aguirre Cerda (1938-41), Juan Antonio Ríos (1942-46) und Gabriel González Videla (1946-52) drei Präsidenten der Radikalen Partei an die Macht kamen. Der 1952 wiedergewählte Ibáñez (bis 1958) und sein Nachfolger Jorge Alessandri (1958-64), ein Sohn Arturos, standen wieder für eine konservative Politik. Beide siegten als parteilose Kandidaten. Mit dem Sieg des Christdemokraten Eduardo Frei (1964-70) etablierte sich ein neues reformerisches Element in der chilenischen Politik. 1970 wurden die legislativen Rechte des Präsidenten durch eine Verfassungsreform weiter gestärkt. Im selben Jahr löste der Sozialist Salvador Allende (1970-73) Frei ab. Im Gefolge des Militärputsches von 1973 riss Augusto Pinochet die Macht an sich und nahm Ende 1974 den Titel eines Präsidenten an. Mit der pseudodemokratischen Legitimierung durch die Verfassung von 1980 wurde die Stellung des Präsidenten gegenüber dem Parlament weiter gestärkt, wobei die Bestimmungen bis 1988 ohnehin ausgesetzt blieben. Pinochet regierte mit diktatorischen Vollmachten weiter, zog aber symbolträchtig in den alten Präsidentenpalast um.

Nach der Rückkehr zur Demokratie wurde die Dauer der Präsidentschaft zunächst vorübergehend von acht auf vier Jahre verringert. 1994 ging man zu sechsjährigen Amtszeiten über. Durch die Verfassungsreform von 2005 wird in Zukunft wieder alle vier Jahre ein Präsident direkt vom Volk gewählt. Außerdem wird das Mindestalter für Präsidentschaftskandidaten von 40 auf 35 Jahre herabgesetzt. Falls kein Kandidat im ersten Wahlgang die absolute Mehrheit erreicht, kommt es zur Stichwahl zwischen den beiden Erstplatzierten. Ferner ist der Präsident weiterhin nicht unmittelbar wiederwählbar. Seit 1990 haben Kandidaten der *Concertación* das höchste Staatsamt inne: die Christdemokraten Patricio Aylwin (1990-94) und Eduardo Frei (1994-2000), Sohn des Präsidenten von 1964-70, sowie der Sozialist Ricardo Lagos (2000-2006). 2006 trat mit der Sozialistin Michelle Bachelet erstmals eine Frau das höchste Staatsamt an.

Deutlich wird an diesem Überblick die Herausbildung regelrechter Präsidentenclans wie der Errázuriz', der Montts, Alessandris und Freis, die von der Bedeutung einflussreicher Familien im politischen Leben Chiles zeugt. Ferner zeigt diese Skizze auch die herausgehobene, phasenweise übermächtige Stellung des Präsidenten im politischen System. Auch heute noch gilt die chilenische Präsidentschaft als eine im lateinamerikanischen und weltweiten Maßstab starke Institution. Der Präsident bestimmt u. a. drei Mitglieder des Verfassungsgerichts, ernennt und entlässt die Minister, Provinzintendanten und Gouverneure sowie neuerdings auch die Oberkommandierenden der Streitkräfte und bestimmt durch Präsidialerlasse über die öffentliche Verwaltung. Die Stärke des Präsidenten im Gesetzgebungsprozess gründet auf seinen „reaktiven Kompetenzen", die an seiner Vetomacht abzulesen sind (Nolte 2004: 344). Auch seine Kompetenzen zur gesetzgeberischen Initiative wie v. a. im Bereich der Finanzpolitik und der Haushaltsgesetzgebung sind ausgeprägt. Allerdings hat der Präsident in der Regel nicht wie in anderen lateinamerikanischen Ländern das Recht, per Gesetzesdekret zu regieren, sondern kann sich dieses nur beschränkt auf bestimmte, fest umgrenzte Themen und auf maximal ein Jahr vom Kongress übertragen lassen.

4   Parlament

Das chilenische Parlament (*Congreso Nacional*) besteht aus einer Abgeordnetenkammer (*Cámara de Diputados*) und einem Senat (*Senado*). Seine Geschichte beginnt mit dem ersten Nationalkongress von Juli bis Dezember 1811, einem der ersten in Lateinamerika. Die kurzlebigen Verfassungen von 1812, 1814 und 1818 bestimmten jeweils einen Senat als legislatives Kontrollorgan neben der Exekutive. Das Zweikammersystem geht in Chile auf die Verfassung von 1822 zurück. Dem Kongress kam in der Umbruchphase bis 1833 nur geringe Bedeutung zu und er wurde häufig willkürlich aufgelöst. Der konservative Präsidentialismus unter der portalianischen Verfassung führte zur Stabilität durch Selbstentmachtung des Parlaments, das nun aus einem auf neun Jahre indirekt gewählten 20-köpfigen Senat und einem auf drei Jahre gewählten Abgeordnetenhaus bestand, wobei auf 20.000 Einwohner je ein Abgeordneter kam. Schon Mitte des 19. Jahrhunderts gab es erste Ansätze zur Stärkung des Parlaments. Seine Macht wuchs jedoch erst nach den Verfassungsreformen in den 1870er Jahren, die u. a. die Direktwahl der Senatoren und die Beschränkung ihrer Amtszeit auf sechs Jahre brachten. Das gestiegene Selbstbewusstsein zeigte sich v. a. im Kampf gegen Balmaceda. Eine Oppositionsmehrheit blockierte den Haushaltsentwurf des Präsidenten und zwang ihn zu häufigen Kabinettswechseln. Der Sieg im Bürgerkrieg von 1891 verschaffte dem Kongress die klare Dominanz im politischen Prozess, die sich insbesondere durch das Mittel der Ministerzensur manifestierte. Das ließ sich u.a. an der großen Zahl der Kabinette erkennen, die sich zwischen 1891 und 1920 darum bemühten, das Land zu regieren. Die Verfassung von 1925 reduzierte das Mandat der Senatoren von neun auf acht Jahre und erhöhte das der Abgeordneten von drei auf vier Jahre. Durch die Stärkung der Exekutive und das Ende der Ministerzensur verlor das Parlament deutlich an Macht. Es blieb ihm aber weiterhin eine starke Kontrollfunktion. Je nach Mehrheitsverhältnissen konnte der Kongress den Absichten des Präsidenten weiterhin starken Widerstand leisten. Besonders im Fall grundlegender Veränderungen benötigte der Präsident die Zustimmung des Parlaments, was sich unter Allende ab 1970 zeigen sollte. Unter dem Militärregime wurde der Kongress noch im September 1973 aufgelöst. Erst im März 1990 trat wieder ein noch von Pinochet nach Valparaíso verlegter demokratisch gewählter Kongress zusammen. Die Verfassung von 1980 mit den Reformen von 1989, die 1990 in Kraft traten, änderten an der Grundkonstellation der Machtverteilung zwischen Exekutive und Legislative vor der Diktatur nichts Wesentliches. Allerdings sorgte die neue Verfassung mit ihrem Wahlsystem und ihren vom Obersten Gerichtshof, vom Nationalen Sicherheitsrat und vom Präsidenten ernannten Senatoren und Senatoren auf Lebenszeit dafür, dass das rechte Lager im Kongress eindeutig begünstigt wurde. Die Verfassungsreformen von 2005 korrigieren diesen Missstand, indem alle Senatoren (38) nun wieder direkt vom Volk auf acht Jahre gewählt werden. Die Abgeordnetenkammer setzt sich aus 120 direkt auf vier Jahre gewählten Volksvertretern zusammen. Abgeordnete und Senatoren können wiedergewählt werden, was in der Praxis der 1990er Jahre auch relativ häufig der Fall war, so dass sich die Parlamentsarbeit stärker professionalisieren konnte. Ferner wurden mit der Reform die Kontrollrechte der Abgeordneten gestärkt. Sie können nun mit 3/5-Mehrheit Untersuchungsausschüsse einberufen, die mit einem Mehrheiten- und einem Minderheitenvotum abgeschlossen werden. Außerdem gibt es das Element der Ministerbefragung, das nur ein Drittel der Abgeordnetenstimmen erfordert. Weitere Kontrollelemente des Kongresses gegenüber der Exekutive sind die Anrufung des Verfassungsgerichts, Anfragen an den Rechnungshof (*Controlaría General*) sowie unter bestimmten Umständen Anklagen gegen die Exekutivorgane, wogegen diese aber bis zum Ablauf der jeweiligen Amtszeit Rechtsmittel einlegen können.

5   Regierung und Verwaltung

Bis zu den Reformen der 1870er lagen Regierungsgewalt und Verwaltung klar in der Hand des Staatsoberhaupts, wenngleich der Kongress bereits dem Präsidenten Manuel Montt den Haushalt verweigern konnte und ihn damit zur Kabinettsumbildung zwang. Der Präsident setzte aber normalerweise die Minister nach eigenem Belieben ein und ab, wobei der Innenminister als Premier fungierte. Durch ein Gesetz von 1874 wurde erstmals eine strafrechtliche Verantwortlichkeit der Minister vorgesehen. Die Stärkung der Legislative zwischen 1891 und 1924 behinderte die Regierungsfähigkeit nachhaltig und es kam zu zahlreichen Auseinandersetzungen zwischen den Regierungen, die nun in der Regel der Innenminister leitete, und dem Parlament. Die Verfassung von 1925 und die Aufhebung der Ministerzensur steigerten die Effektivität und Stabilität der Regierung erheblich. Der Präsident erhielt weitgehende Ernennungsbefugnisse auf allen Ebenen der Verwaltung, des Rechtswesens und des Militärs, was angesichts des wachsenden Staatsinterventionismus zunehmend wichtig wurde. Dennoch blieb das Mittel der Ministeranklage bestehen, die eigentlich nur im Fall eines Rechtsbruchs zur Anwendung kommen sollte, die der Kongress in der Praxis jedoch häufig nutzte, um Regierungen zu destabilisieren. Dies unterstreicht das hohe Konfliktpotential im Umgang der Verfassungsorgane miteinander. Problematisch für die Handlungsfähigkeit der Regierung war bis 1970 auch die Trennung der Wahltermine. Bei den Parlamentswahlen kam es daher häufig zu einem „Abstrafen" der Regierung, so dass der Präsident nach der Mitte seiner Amtszeit nur noch selten über eine parlamentarische Mehrheit verfügte. Die Regierungsfähigkeit wurde bis in die 1950er Jahre oft durch Absprachen auf lokaler Ebene, durch klientelistischen Tauschhandel und durch eine übergreifende Kompromissbereitschaft gewährleistet, die Gegenleistungen in Form von Ämtern und Posten voraussetzte, welche der staatliche Interventionismus zunehmend produzierte. Die koalitionsähnlichen Vereinbarungen, die der Präsident zur Gewährleistung der Regierungsfähigkeit benötigte und die die Kabinettsbildung erheblich beeinflussten, waren in der Regel allerdings kurzlebig und hingen oft von wahlstrategischen Überlegungen ab. Als sich die ideologischen Fronten in den 1960er und frühen 1970er Jahren zunehmend verhärteten, vertiefte sich der Trend zu einer Fundamentalopposition, der in Ministeranklagen gipfelte. Dem setzte die Regierung der Unidad Popular die Überzeugung entgegen, dass man durch exekutive Befugnisse am Kongress vorbei regieren könne. Letztlich führte u. a. dieser Gegensatz 1973 zum Zusammenbruch der Demokratie. Nach der Redemokratisierung hat sich heute ein „Koalitionspräsidentialismus" (Nolte 2004: 359) herausgebildet, d. h. der Präsident ist in seiner Regierungsfähigkeit vom Rückhalt durch eine Parteienkoalition abhängig. Durch die Notwendigkeit, in vielen legislativen Bereichen qualifizierte Mehrheiten zu erbringen, war darüber hinaus Kompromissfähigkeit im Regierungshandeln gefragt. Durch die gemeinsame Programmatik der Regierungskoalition der *Concertación* sowie durch die zumeist gut funktionierende Abstimmung zwischen den beteiligten Parteien hat sich das Regierungssystem trotz aller Anfechtungen bis in die Gegenwart vergleichsweise gut bewährt.

Die chilenische Verfassung sieht mit dem Rechnungshof (*Controlaria General*) eine autonome Instanz vor, die nicht nur Staatseinnahmen und –ausgaben überwacht, sondern auch eine Kontrollfunktion hinsichtlich der präsidialen Erlasse und Dekrete hat. Der *Contralor General de la República* wird nach der Verfassungsreform von 2005 für eine Amtszeit von acht Jahren vom Präsidenten unter Zustimmung des Senats eingesetzt und ist absetzbar. Eine weitere wichtige autonome Institution ist die Zentralbank, die vor allem die Währungsstabilität zu garantieren hat. Die fünf Mitglieder des Zentralbankrats werden ebenfalls vom Präsidenten unter Zustimmung des Senats auf zehn Jahre eingesetzt.

6   Gesetzgebung

Durch die weitgehende Kontrolle über das Parlament und das Dekretrecht dominierte der Präsident vor dem Bürgerkrieg von 1891 den Gesetzgebungsprozess de facto eindeutig, auch wenn die Zustimmung beider Kammern des Kongresses notwendig war. Nach 1891 konnte demgegenüber dann das Parlament die Gesetzgebung lahm legen, was zum politischen Dilemma von 1924/25 und zum gewaltsamen Eingriff des Militärs führte. Durch die Verfassung von 1925 verlor der Kongress wichtige Kompetenzen. Das schlug sich auch im Gesetzgebungsverfahren nieder. So erhielt der Präsident das Recht zur Dringlichkeitsdeklaration und konnte dadurch die Gesetzgebung steuern. Außerdem hatte er ein Vetorecht gegenüber Gesetzesvorschlägen, das der Kongress nur mit einer Zweidrittelmehrheit überstimmen konnte. Die legislativen Kompetenzen der Exekutive wurden in der Folgezeit weiter ausgebaut. Die Verfassungsreform von 1970 gab dem Präsidenten u. a. das ausschließliche Initiativrecht in allen haushaltsrelevanten Bereichen. Der legalistischen Tradition Chiles folgend, bemühte sich auch das Militärregime, den Schein der Legalität durch eine vermeintlich rechtmäßige Gesetzgebung zu wahren, indem es den nationalen Ausnahmezustand (in unterschiedlichen Graden) ausrief und per Dekret regierte. Der formell bis 1980 gültigen Konstitution von 1925 nicht konforme Gesetze wurden kurzerhand zu Verfassungszusätzen erklärt. Die Verfassung von 1980 bestätigte die Privilegien des Präsidenten in der Gesetzgebung und stärkte seine Stellung noch zusätzlich, da sein exklusives Initiativrecht auf alle wirtschafts-, sozial- und finanzpolitischen Fragen ausgedehnt wurde. Der Großteil der verabschiedeten Gesetze geht daher seit 1990 auch auf die Initiative der Exekutive zurück. Trotz des präsidialen Rechts zur Dringlichkeitsdeklaration werden die Gesetzesvorschläge der Exekutive nicht eher verabschiedet, bevor beide Kammern des Parlaments ihnen zugestimmt haben, auch wenn die gesetzten Fristen bereits verstrichen sind. Gerade an diesem Punkt zeigt sich die Gegenmacht des Kongresses, der ansonsten klar im Schatten der Exekutive steht. Wird eine Gesetzesinitiative des Präsidenten in einer der beiden Kammer abgelehnt, kann sie allerdings in der anderen umgehend neu eingebracht werden. Die von Abgeordnetenhaus und Senat sowie von einzelnen Abgeordneten oder Senatoren ausgehenden Gesetzesinitiativen müssen ebenfalls beide Kammern passieren und die Zustimmung des Präsidenten erhalten. Falls sich die Beschlüsse von Senat und Abgeordnetenhaus unterscheiden, ist ein Vermittlungsverfahren vorgesehen. Legt der Präsident sein Veto gegen eine Gesetzesvorlage ein, die in beiden Kammern bereits Zustimmung fand, hat er die Möglichkeit, den Entwurf mit seinen Kommentaren an die Ursprungskammer zurückzugeben. Nur mit einer Zweidrittelmehrheit kann der Kongress in seiner Gesamtheit den Einspruch des Präsidenten zurückweisen und den Gesetzesentwurf durchsetzen. Ferner kann der Präsident im Konfliktfall mit der Legislative ein Plebiszit anberaumen.

7   Wahlen und Wahlrecht

Seit der Unabhängigkeit haben Regierungswechsel in Chile in der Regel durch Wahlen stattgefunden. Allerdings entsprachen diese lange Zeit nicht den demokratischen Ansprüchen und waren bestenfalls eine Wahlfarce. In der formativen Phase von 1818 bis 1828 wurde das Wahlrecht erheblich ausgeweitet. Die Verfassung von 1828 erklärte alle für die Miliz gemusterten Männer als wahlberechtigt. Nach der Verfassung von 1833 hatten Männer das indirekte Wahlrecht, wenn sie mindestens 21 Jahre alt waren und bestimmte Besitzkriterien erfüllten. Wahlberechtigt war eine ab den 1840er Jahren auch nach Schreib- und Lesefähigkeit ausgewählte verschwindende Minderheit der Bevölkerung. Bei den Präsidentschaftswahlen von 1846 und 1864 wurden nur um die 23.000 Stimmen abgegeben. Noch in den 1860er Jahren waren lediglich rund 2,5% der Bevölkerung wahlberechtigt (Collier/Sater 1996: 57). Hinzu kam, dass die Exekutive den Wahlbetrug intensiv pflegte. Wahlanmeldungen (*calificaciones*) wurden teils regelrecht gehandelt. Angesichts derartiger Verhältnisse trat die Opposition in vielen Fällen gar nicht erst zur Wahl an. Im Zuge der liberalen Reformen kam es 1874 zur ersten wichtigen Ausweitung des weiterhin indirekten Wahlrechts auf alle Männer im Alter von mindestens 21 Jahren, die lesen und schreiben konnten. Diese Bestimmung schloss den weitaus größten Teil der Bevölkerung weiter aus. Wahlbetrug wurde durch die Reform schwieriger, da die Öffentlichkeit darauf immer sensibler reagierte. Ausgeschlossen war er damit keineswegs und die Wahlvorgänge blieben hochumstritten und regelrecht umkämpft. Korruption und amtliche Einmischung in den Wahlvorgang waren an der Tagesordnung, so dass wirklich freie Wahlen noch lange ein Desiderat blieben. Immerhin führte man 1874 per Gesetz ein neues Wahlsystem ein, durch das die Opposition eine fairere Chance auf Mandate bekam. Nach dem Bürgerkrieg von 1891 wurde der Exekutive der Zugriff auf die Wahlen erschwert. Dafür spielten nun die lokalen politischen Bosse in den einzelnen Kommunen eine zentrale Rolle in den weiterhin heiß umkämpften Wahlen, da sie den Kauf und Verkauf der Stimmen kontrollierten. Erst nach 1910 setzte man eine Wahlrechtsreform um. Als Ergebnis entzog man den Kommunen die Autonomie bei der Erstellung – und Fälschung – der Wahlregister teilweise wieder. Die Verfassung von 1925 schuf die Grundlage für die Universalisierung des Wahlrechts in den folgenden Jahrzehnten. Die wichtigsten Schritte waren die Einführung des Frauenwahlrechts auch auf nationaler Ebene (1949) sowie die Ausweitung des Wahlrechts auf Analphabeten und die Senkung des Wahlalters auf 18 Jahre (1970). Durch die Wahlrechtsreformen von 1958 und 1962 konnte der Wahlbetrug v. a. auf dem Land beendet werden. Die Eintragung in die Wählerlisten wurde 1962 zur Pflicht. Die Zahl der Wahlberechtigten bei den Präsidentschaftswahlen verdoppelte sich daraufhin zwischen 1958 und 1964. Seit der Rückkehr zur Demokratie besteht wieder Wahlpflicht, basierend auf dem allgemeinen, direkten und geheimen Wahlrecht für alle Chilenen, die mindestens 18 Jahre alt sind.

Auch das Wahlsystem veränderte sich im 20. Jahrhundert entscheidend. Lange Zeit begünstigte die Wahlkreiseinteilung zum Abgeordnetenhaus das Land auf Kosten der großen Städte. Mit der Verfassung von 1925 wurden je nach Größe des Wahlkreises ein bis 18 Abgeordnete gewählt. Insgesamt waren es zunächst 132 Abgeordnete in 28 Wahlkreisen.

Die Zahl der Abgeordneten stieg bis 1969 auf 150. Bis 1973 wählte man darüber hinaus je fünf Senatoren in neun Wahlkreisen, die sich aus je zwei Provinzen zusammensetzten (Ausnahme Santiago). Die Verrechnung der Stimmen für beide Kammern erfolgte bis 1973 nach dem d'Hondtschen Verfahren. Die 1990 eingeführten Übergangsbestimmungen zur Verfassung regelten die Stimmenverrechnung grundlegend neu und führten das sogenannte „binominale Wahlsystem" ein. So gibt es für die Wahl zum Abgeordnetenhaus nun 60, für die zum Senat 19 Zweierwahlkreise, die im Fall des Senats nach Regionen aufgeteilt sind, wobei die sechs Regionen mit der höchsten Bevölkerungszahl je zwei Wahlkreise umfassen. Die Mandate gehen jeweils an die beiden erstplatzierten Parteilisten, Bündnisse oder auch unabhängige Kandidaten. Nur wenn die stärkste Liste doppelt so viele Stimmen erzielt wie die zweitplatzierte, erhält sie beide Sitze. In der Praxis begünstigt dieses Wahlsystem einseitig die zweitstärkste Kraft, d. h. die politische Rechte, und verhindert eine Einparteienherrschaft. Außerdem zwingt es zur Bildung von Parteienbündnissen. Weitere Verzerrungen ergeben sich durch die noch vom Militärregime vorgenommene Neueinteilung der Wahlkreise sowie durch die nach wie vor bestehende, wenn auch im Vergleich zum frühen 20. Jahrhundert weniger stark ausgeprägte Unterrepräsentation der bevölkerungsreichen Stimmbezirke v. a. von Santiago und Valparaíso/Viña del Mar. Durch die Verfassungsreform von 2005 bleibt das Wahlsystem im Wesentlichen unberührt und gilt daher als eine der letzten „autoritären Enklaven" aus der Zeit der Diktatur. Immerhin wurde der direkte Bezug auf das System in der Verfassung gestrichen, so dass nun eine Änderung des betreffenden Verfassungsauslegungsgesetzes (*Ley Orgánica Constitucional sobre Votaciones Populares y Escrutinios*) ausreicht. Dafür ist allerdings eine Zweidrittelmehrheit im Kongress erforderlich.

8   Parteien und Parteisystem

In Chile waren wie in vielen anderen Ländern Lateinamerikas die liberalen und konservativen Gruppierungen der Unabhängigkeitsperiode Vorläufer der politischen Parteien. Der hauptsächliche Interessengegensatz lag dabei in der Haltung zur Kirche. Die Differenzen zwischen Föderalisten und Zentralisten, die in vielen Ländern des Subkontinents eine entscheidende Rolle spielten, waren dagegen wegen der eindeutigen Dominanz des zentralistischen Prinzips weniger bedeutend. Durch den Sieg in der Schlacht von Lircay beherrschten die Konservativen bis ca. zur Jahrhundertmitte unumstritten das Land. In der zweiten Hälfte des 19. Jahrhunderts entwickelten sich aus den Clubs verschiedener Fraktionen der grundbesitzenden Elite langsam politische Parteien, die unterschiedliche Interessen repräsentierten. Vor allem Angehörige des neuen Bürgertums drängten zu den Liberalen und stellten Forderungen nach Machtbeschränkung der Exekutive, nach Wahlfreiheit und Säkularisierung auf. Die politischen Gegensätze verschärften sich bereits im Bürgerkriegsjahrzehnt der 1850er Jahre, da die Liberalen mehrfach versuchten, die konservative Regierung unter Präsident Manuel Montt zu stürzen. Ferner kam es zu einer Differenzierung des Parteiensystems, als die Montt-treuen Konservativen Ende 1857 die – antiklerikale – Nationale Partei gründeten und ihre unzufriedenen ehemaligen Parteifreunde daraufhin 1858 mit den Liberalen fusionierten. Wenig später spalteten sich unter dem Einfluss revolutionärer politischer Ideen aus Europa Dissidenten von den Liberalen ab und gründeten die Radikale Partei (1863). Unter José Joaquín Pérez kamen in den 1860ern erstmals wieder Liberale in Ministerrang. 1871 bis 1891 übernahmen liberale Präsidenten die Regierung, während die oppositionelle Nationale Partei sich der Kirche annäherte. Die Festigung der Parteien in diesem Zeitraum lässt sich insbesondere an den ersten nationalen Parteitagen ablesen (Konservative: 1878; Radikale: 1888; Liberale: 1892). Die Konsolidierung stand auch im Zeichen der Gründung einer neuen Partei auf der Linken, der Demokratischen Partei, die sich 1887 von den Radikalen abspaltete und sich als erste der Belange und Forderungen von Arbeitern und Kleinhandwerkern annahm. In der Phase des Bürgerkriegs von 1890/91, die u. a. zu einer „liberal-demokratischen" (Balmaceda-treuen) Abspaltung von den Liberalen führte und in den folgenden zwei Jahrzehnten der parlamentarischen Republik bestimmten, abgesehen von der Kirchenfrage, weniger ideologische als machtpolitische Gegensätze die Parteipolitik. Nach den Jahrhundertfeiern von 1910 ließ sich der soziale Wandel v. a. am Aufstieg der Radikalen Partei erkennen, die vom Zustrom der neuen städtischen Mittelschichten profitierten. Dringlicher als die Probleme der Mittelschicht war die soziale Lage der Armen, die nur von den Demokraten nachhaltig aufgegriffen wurde, die ihren Stimmenanteil denn auch erheblich steigern konnten. Dennoch kam es 1912 auf der Linken zu einer weiteren Parteineugründung, dem *Partido Obrera Socialista* (POS) unter Luis Emilio Recabarren, der den Demokraten den Rücken gekehrt hatte. Recabarren wandelte sich in der Folgezeit zum Marxisten, ließ seine Partei 1922 zur Kommunistischen Partei (*Partido Comunista*: PC) umbenennen und trat der Komintern bei.

Nach dem Militärregime der späten 1920er Jahre, in dem die Linke verfolgt und die übrigen Parteien de facto entmachtet wurden, etablierte sich zwischen 1932 und 1973 ein neues Parteiensystem. In diesem Zeitraum bildeten sich die drei großen politischen Lager der Rechten, des Zentrums und der Linken endgültig heraus. Gleichzeitig fand eine Fragmentierung der Parteienlandschaft statt, da neben den großen nationalen Parteien lange Zeit viele kleinere regionale Gruppierungen aktiv waren. Im Lager der Rechten formierte sich 1932 unter dem Eindruck der politischen Verwerfungen der Weltwirtschaftskrise mit dem *Movimiento Nacional Socialista* eine radikale Partei nach europäischen Vorbildern, die aber nach einem gescheiterten Putschversuch im September 1938 wieder in der Versenkung verschwand. Dominierende Kräfte der chilenischen Rechten blieben die Liberalen und Konservativen. Diese erhielten ihren Charakter als Wahlclubs der alten Oligarchie und entwickelten sich nicht zu modernen Parteien weiter. Ihr Ziel blieb die Verhinderung grundlegenden sozialen Wandels besonders in der Landbesitzfrage, der von weiten Teilen der Gesellschaft gefordert wurde. Sie stützten sich hauptsächlich auf die ländliche Wählerschicht, was langfristig auch ihren Niedergang erklärte. Bereits in den 1950ern konnten sich rechte Präsidentschaftskandidaten wie Ibáñez und Alessandri besser als parteilose Populisten denn unter dem Banner der Liberalen oder Konservativen durchsetzen, was die damalige Diskreditierung dieser etablierten Parteien verdeutlicht. 1966 kam es zu einer Neuorganisation der Rechten in der Nationalen Partei (*Partido Nacional*: PN), die die beiden alten Parteien aufnahm und eine durchaus ernstzunehmende Kraft wurde.

Im Zentrum ergaben sich noch stärkere Veränderungen. Bis ca. 1960 blieben die Radikalen die führende Kraft, wurden dann jedoch schnell weit von den moderneren Christdemokraten (*Partido Demócrata Cristiano*: PDC) überflügelt, die sich 1957 als Nachfolgerin der *Falange Nacional*, einer reformerischen, sich auf die katholische Soziallehre stützenden Abspaltung der Konservativen von 1938, gegründet hatte. Der Niedergang der Radikalen korrelierte mit dem Aufstieg der Christdemokraten, die 1964 mit Eduardo Frei sen. nicht nur den Präsidenten stellten, sondern 1965 auch die Mehrheit im Parlament errangen.

Auch auf der Linken kam die Parteienlandschaft in diesem Zeitraum in Bewegung. 1933 gründete sich aus einer Sammlung marxistischer, aber nicht moskautreuer Gruppen die Sozialistische Partei (*Partido Socialista*: PS). Trotz der Verfolgung durch die Regierung Arturo Alessandri konnten sich die Sozialisten nicht zuletzt durch Bündnisse mit anderen linken Parteien schnell etablieren. Durch den *Frente Popular*, dem sich u. a. auch die Kommunisten, Radikalen und Demokraten anschlossen, waren die Sozialisten schon 1938 erstmals an der Macht beteiligt. Obwohl das heterogene Wahlbündnis nicht lange hielt, kooperierten PC, PS und Demokraten auch in der Folgezeit, so in der „Aktionsfront des Volkes" (*Frente Acción Popular*: FRAP) von 1956, die trotz des fehlenden durchschlagenden Wahlerfolgs bis 1969 einen kohärenten Block der marxistischen Parteien darstellte. 1969 mündete der FRAP in die *Unidad Popular* (UP), der sich neben einigen kleineren Parteien auch noch die Radikalen und der *Movimiento de Acción Popular Unitaria* (MAPU), eine linke Abspaltung des PDC, anschlossen. Nach ihrem Sieg 1970 gelang es der UP nicht, die unterschiedlichen Interessen ihrer Mitglieder auszutarieren. Andererseits rückte die Opposition aus PN und PDC enger zusammen.

Das Militärregime verbot zunächst die marxistischen Parteien (1973), später alle politischen Parteien (1976) und verfolgte vor allem die Führungspersönlichkeiten der Linken. Die Nationale Partei war dem Verbot bereits zuvorgekommen und löste sich freiwillig auf, weil ihr Ziel einer überparteilichen Regierung mit der Junta erreicht zu sein schien. Allerdings gelang es den Militärs nicht vollständig, die über viele Jahrzehnte gewachsenen Parteien mit ihren Subkulturen auszulöschen. Im Exil oder im Untergrund überlebten Strukturen, an die man im Zuge des Protests gegen das Regime in den 1980er Jahren anknüpfen konnte. Die Kommunisten, die mit ihrer Stadtguerilla Frente Patriótico Manuel Rodríguez seit 1980 kämpfend aktiv waren, gründeten gemeinsam mit dem Allende-treuen Flügel der Sozialisten unter Clodomiro Almeyda 1983 den *Movimiento Democrático Popular* (MDP), während der PDC gemeinsam mit dem reformerischen Flügel der Sozialisten unter Ricardo Lagos, der republikanischen, Pinochet kritisch gegenüberstehenden Rechten und zahlreichen kleineren Gruppierungen die *Alianza Democrática* bildeten. Auf Initiative des Erzbischofs Kardinal Juan Francisco Fresno führten die Aktivitäten 1985 zur Gründung der „Nationalen Übereinkunft für den Übergang zur vollen Demokratie" (*Acuerdo Nacional para la Transición a la Plena Democracia*), an der sich alle Parteien außer den Kommunisten beteiligten. Im Zuge der ersten Schritte zur Redemokratisierung wurden 1987 nichtmarxistische Parteien wieder zugelassen.

Die Neugründungen bildeten die Grundlage der Parteienlandschaft des demokratischen Chile von heute. Der PDC und die Radikalen knüpften an ihre Tradition an. Mit dem *Partido Humanista* (PH) entstand eine grüne Partei nach europäischem Vorbild. Die Rechte spaltete sich in zwei Parteien, die traditionelle *Renovación Nacional* (RN), die immer wieder zu Kompromissen mit dem Zentrum und der Linken bereit war, sowie die neoliberale *Unión Demócrata Independiente* (UDI), die sich lange als legitimer Erbe des Militärregimes verstand und erst seit kurzem eine Neuausrichtung aufweist. Als Deckmantel der Sozialisten wurde der *Partido por la Democracia* (PPD) gegründet, der später aber ein Eigenleben entfaltete, während die PS im Dezember 1989 wieder unter dem alten Namen antreten konnte. Im Vorfeld des Plebiszits von 1988 bildeten 15 Parteien und Gruppierungen ohne die Kommunisten die erfolgreiche *Concertación de Partidos por el No*. Bereits diese erste *Concertación* zeichnete sich durch die Überbrückung früherer ideologischer Differenzen etwa zwischen PDC und Sozialisten aus. 1989 einigten sich die Mitglieder des

Wahlbündnisses auf einen gemeinsamen Präsidentschaftskandidaten, gewannen die Wahl und dominieren bis heute das politische Leben des Landes. Ihr gehören heute der PDC, der PS, der PPD sowie der *Partido Radical Socialdemócrata* (PRSD) an. Im Abgeordnetenhaus kommt die *Concertación* derzeit auf 65 Sitze (PDC: 21; PPD: 22; PS: 15; PRSD: 7), im Senat auf 20 Sitze (PDC: 6; PS: 8; PPD: 3; PRSD: 3). Auch auf der Rechten hat sich ein Wahlbündnis mit dem Namen *Alianza por Chile* herausgebildet, das sich aus der RN und der UDI zusammensetzt, jedoch in letzter Zeit durch schwere interne Streitigkeiten erschüttert wurde. Die UDI unter Joaquín Lavín hatte dabei, gestärkt durch die äußerst knappe Niederlage im Präsidentschaftswahlkampf 1999/2000 und durch das gute Ergebnis in den Parlamentswahlen von 2001, zunächst eine klare Führungsrolle übernommen. In den landesweiten Kommunalwahlen vom Oktober 2004 wurde der Aufwärtstrend der Rechten aber beendet. Bei der Präsidentschaftswahl vom Dezember 2005 wurde Lavín dann von Sebastián Piñera von der RN übertroffen, der im zweiten Wahlgang im Januar 2006 der Sozialistin Bachelet unterlag. Im Abgeordnetenhaus hat die Rechte nur noch 54 Sitze (UDI: 34; RN: 20), im Senat kommt sie auf 17 Sitze (UDI: 9; RN: 8). Neben den beiden großen Blöcken hat sich mit der Vereinigung *Junto Podemos Más* auf der Linken eine weitere Gruppierung aus PC, PH sowie einigen Unabhängigen gebildet, die in der Wahl zum Abgeordnetenhaus 2005 7,4% der Stimmen erhielt.

9   Die politische Rolle des Militärs

Schon in der Kolonialzeit kam den Streitkräften aufgrund der Grenzsituation besondere Bedeutung zu, die in der Phase der Unabhängigkeitskriege noch zunahm. Im unabhängigen Chile mischte sich das Militär entgegen landläufigen Vorstellungen schon früh wiederholt in die Politik ein. Seine Rolle in den Bürgerkriegen von 1829, 1851, 1857 und 1891 war ausschlaggebend für Sieg oder Niederlage, führende Militärs übernahmen wiederholt das Amt des Staatspräsidenten. Daneben blieb das Militär auch die Speerspitze des chilenischen Expansionismus, der im Salpeterkrieg gipfelte und den Mythos von der chilenischen Unbesiegbarkeit begründen half. Trotz des Sieges offenbarte dieser Krieg den Reformbedarf des chilenischen Militärs. Grenzkonflikte mit Peru, Bolivien und Argentinien machten weitere internationale Konflikte wahrscheinlich, so dass die Professionalisierung erforderlich schien. Diese wurde zwischen 1886 und 1931 unter Zuhilfenahme preußisch-deutscher Militärberater umgesetzt. Eines der Ziele, das die Regierungen damit verfolgten, war die Entpolitisierung der Armee. Dieses Ziel wurde jedoch nicht erreicht. Das Militär griff 1924/25 zunächst durchaus konstruktiv in die Politik ein, verlor aber nach dem gescheiterten Modernisierungsversuch des Ibáñez-Regimes und den Unruhen des Jahres 1932 jeglichen Vertrauensvorschuss. Durch die Doktrin der nationalen Sicherheit, die nach 1945 bestimmend war, blieb der Anspruch des Militärs bewahrt, Garant nicht nur der äußeren Sicherheit, sondern auch der inneren Ordnung zu sein. Das spiegelte sich im politischen Handeln wider. So kam es bereits in den 1940er und 1950er Jahren immer wieder zu Unruhen von Militärs, die sich z. B. gegen die Regierungsbeteiligung der Kommunisten richteten. Die Unzufriedenheit der Streitkräfte erreichte unter der Regierung Frei sen. einen erneuten Höhepunkt. 1969 versuchten Teile des Militärs erfolglos zu putschen. Unter der UP-Regierung spitzten sich die Spannungen zwischen Militär und Zivilgesellschaft zu und gipfelten, trotz des Versuchs Allendes, führende Militärs in die Regierungsverantwortung mit einzubinden, im Putsch vom September 1973. Das chilenische Militär nutzte die lange Diktatur, um sich eine Sonderrolle im politischen System zu sichern, die lange über die Rückkehr zur Demokratie hinaus bis in die Gegenwart Bestand hat. Diese Sonderrolle gründete auf der in der Verfassung von 1980 verbrieften und im autonomen Nationalen Sicherheitsrat institutionalisierten Wächterfunktion über die verfassungsmäßige Ordnung. Ferner war die starke Stellung des Militärs u. a. auf ihre Mitwirkung an der Besetzung des Senats, der direkten Mitwirkung in diesem Gremium, der Sonderrolle im Fall von Ausnahmezuständen und in einer umfassenden Militärgerichtsbarkeit begründet. In der aktiven Phase Pinochets bis 1998 haben die Streitkräfte ihre politischen Privilegien wiederholt nachdrücklich zur Geltung gebracht. Erst mit dem internationalen Strafverfahren gegen Pinochet und der Kenntnis der seither ans Tageslicht gekommenen Verfehlungen des Ex-Diktators hat eine Tendenz zur Distanzierung von seiner Person eingesetzt, die mit einer steigenden Bereitschaft zur Anerkennung des Primats der Politik und zur stärkeren Unterordnung unter die zivilen Autoritäten einherging. Reuebekundungen und Verurteilungen von ehemaligen Militärs wegen Menschenrechtsverletzungen (2003/04) sowie die Selbstverpflichtung auf das „nie wieder" (*nunca más*) in Bezug auf Eingriffe in die Politik beweisen die Dimension des Wandels hin zur Beschränkung auf die Aufgabe der Landesverteidigung. Durch die Verfassungsänderungen von 2005 ist die politische Sonderrolle des Militärs aufgrund des Wegfalls der ernannten Senatoren und der Zurückstufung des Nationalen Sicherheitsrats wieder stark eingeschränkt worden. Ferner hat der Präsident nun das Recht, die Oberkommandierenden der Streitkräfte nicht nur wie bisher auf vier Jahre zu ernennen, sondern sie, falls erforderlich, auch vor Ablauf ihrer Amtszeit zu entlassen. Als Institution behalten die Streitkräfte nicht zuletzt wegen ihrer finanziellen und administrativen Sonderrechte eine herausgehobene Stellung.

10   Interessenverbände und Kirchen

Der Einfluss der katholischen Kirche auf das politische Leben Chiles war seit der Unabhängigkeit stark. Erst die Verfassungsreform von 1870 etablierte die Religionsfreiheit. Während der liberalen Herrschaft kam es in den 1880er Jahren dann zum regelrechten Kirchenkampf. Der Einfluss der Kirche im öffentlichen Leben wurde zurückgedrängt und die Säkularisierung vorangetrieben. Die Verfassung von 1925 verfügte die endgültige Trennung von Kirche und Staat. Durch ihre engen Beziehungen zu den konservativen Parteien und später auch zur Christdemokratie blieben politische Einflussmöglichkeiten bestehen. Insbesondere durch den Aufstieg des Sozialkatholizismus der 1950er und 1960er Jahre kam es zu einem verstärkten gesellschaftspolitischen Engagement von reformfreudigen und befreiungstheologisch inspirierten Teilen der Kirche. Die radikaleren Gruppierungen beteiligten sich am Reformprojekt der UP („Christen für den Sozialismus"). Unter der Militärdiktatur sahen sich dagegen die konservativen kirchlichen Kräfte, verkörpert v. a. durch das *Opus Dei*, wieder im Aufschwung, während linksorientierte Priester verfolgt wurden. Die Amtskirche blieb einer der wenigen unabhängigen Akteure unter der Diktatur und avancierte ab 1976 zum Schützer der Opfer der Menschenrechtsverletzungen und der Armen sowie zur Stimme für die Rückkehr zur Demokratie. Damit übernahm sie eine dezidiert politische Rolle, die ihr das Regime verübelte und die zu zahlreichen Übergriffen in den 1980er Jahren führte. Dies erklärt auch die Annäherung des Regimes an die protestantischen Pfingstkirchen, die bereits Ende des 19. Jahrhunderts entstanden waren. Heute spielt die katholische Kirche weiter eine wichtige Rolle als Instrument der Aussöhnung. Darüber hinaus engagiert sie sich in sozialpolitischen Fragen wie etwa den Diskussionen um die Ehescheidung. Die Schwächung ihres Einflusses wird u. a. am neuen Ehegesetz vom März 2004 und am Wachstum der Baptisten, Pfingstler und Methodisten v. a. unter den Armen auf Kosten des Katholizismus deutlich.

Die Arbeiterbewegung hat die chilenische Geschichte des 20. Jahrhunderts entscheidend mit geprägt. Vorläufer waren die Selbsthilfeeinrichtungen der Handwerker seit den 1880er Jahren sowie der Syndikalismus um die Jahrhundertwende, der v. a. in den Salpeterregionen und in den Kohlebergbaugebieten entstand. In diesem Kontext gründete sich 1909 auch die *Federación Obrera de Chile* (FOCH) zunächst als Organisation der Eisenbahner, die sich dann aber 1917 allen Arbeitern öffnete und den Anspruch stellte, die gesamte Arbeiterschaft zu vertreten. 1936 schloss sich die FOCH mit anarchistischen und sozialistischen Verbänden zur *Confederación de Trabajadores de Chile* (CTCH) zusammen, die unter dem *Frente Popular* zu einem wichtigen politischen Faktor wurde. In die zweite Hälfte der 1930er-Jahre fällt auch die Gründungswelle der Landarbeitergewerkschaften, die sich jedoch dem zähen Widerstand der Großgrundbesitzer ausgesetzt sahen. Nach dem Erlass des gegen die Kommunisten gerichteten „Gesetzes zur Verteidigung der Demokratie" (1948) wurden viele Gewerkschaften vom Staat verfolgt. Erst 1953 kam es wieder zur Gründung eines Dachverbands mit der *Central Única de Trabajadores* (CUT). Bis 1973 war die CUT die dominierende Kraft der Arbeiterbewegung und ein angesichts des Aufstiegs der Massengesellschaft zunehmend wichtiger Faktor im politischen Leben. Verboten und verfolgt vom Militärregime gründeten Gewerkschaftsfunktionäre im Untergrund schon 1975 eine nationale gewerkschaftliche Koordinationsstelle. Mit Unterstützung der Katholischen Kirche wurden die Gewerkschafter zur wichtigsten Stimme der Opposition und zum Initiator der Straßenproteste der 1980er Jahre. Im Übergang zur Demokratie gründete man bereits 1988 die CUT unter anderem Namen (*Central Unitaria de Trabajadores*) neu. Die christdemokratischen Strömungen spalteten sich 1995 von der CUT ab und gründeten die *Central Autónoma de Trabajadores de Chile*. Ferner entstand mit den *Colectivos de Trabajadores* auf der Linken eine Arbeiterbewegung, die sich als Alternative zu den traditionellen Gewerkschaften versteht. Angesichts der neoliberalen Wirtschafts- und Sozialpolitik unter den Regierungen der *Concertación*, des niedrigen Organisationsgrads (ca. 17%) sowie des hohen Grads der Zersplitterung (ca. 14.000 Einzelgewerkschaften) ist die Lage der Gewerkschaften heute schwierig.

Der agrarischen Prägung Chiles bis weit ins 20. Jahrhundert hinein entsprechend, ist der älteste Interessenverband auf Unternehmerseite die 1869 gegründete *Sociedad Nacional de Agricultura*. Mitglieder dieser höchst einflussreichen Organisation waren 1883 an der Gründung des Industrieverbands *Sociedad de Fomento Fabril* beteiligt. Zeitgleich entstand auch noch die Organisation der Bergbauunternehmer *Sociedad Nacional de Minería*. Als Mitglieder der Oligarchie waren die Spitzen der Unternehmerverbände im Laufe der chilenischen Geschichte immer wieder führend in der Politik aktiv. Im Zeichen der Weltwirtschaftskrise gründeten diese und andere Verbände gemeinsam mit der Handelskammer 1934 die *Confederación de la Producción y del Comercio* als Dachverband, dem sich 1979 auch der Bankenverband anschloss. Die Unternehmer begrüßten den Militärputsch, den sie aktiv gefördert hatten. Sie profitierten von der Militärherrschaft, obwohl es wiederholt zu Konflikten aufgrund der wirtschaftlichen Krisen kam und sich einzelne, v. a. kleinere und mittlere Unternehmer benachteiligt fühlten und daraufhin eine eigene Interessenvertretung gründeten. Im Gegensatz zu den Gewerkschaften hat die Unternehmerschaft im heutigen Chile durch die Dominanz des neoliberalen Diskurses starken Einfluss auf die Politik.

Eine Sonderrolle nehmen die indigenen Minderheiten ein. Nach dem Zensus von 1992 lebten in Chile rund eine Million Indigene (davon mehr als 90% Mapuche). Bis weit ins 20. Jahrhundert waren sie Opfer von Ausgrenzungs- und Verdrängungsprozessen. Erst seit den 1960er Jahren machten ihre Organisationen u. a. durch gewaltsame Landnahmen politisch auf sich aufmerksam, wurden dann aber vom Militärregime brutal verfolgt. Auch im demokratischen Chile bleiben die Landfrage und die kulturelle Autonomie ungelöste Probleme, die zahlreiche Vereinigungen wie v. a. der *Consejo de Todas las Tierras* zumal seit 1992 teils mit spektakulären Konfrontationen ins Zentrum der Öffentlichkeit rücken.

11   Massenmedien

Bereits 1827 wurde mit *El Mercurio* zunächst in Valparaíso und ab 1900 dann in Santiago die älteste noch existierende Zeitung Lateinamerikas gegründet. Die Presselandschaft erlebte im späten 19. und im 20. Jahrhundert eine lebhafte Differenzierung. Neben zahlreichen Tageszeitungen, die oft einem der politischen Lager nahe standen, entwickelten sich zu Beginn des 20. Jahrhunderts auch die Zeitschriften, insbesondere die Illustrierten, rasch und folgten dabei US-amerikanischen Vorbildern. Letzteres galt auch für den Hörfunk, der sich ab 1922 als neues Medium etablierte und zwischen 1930 und 1960 seinen Höhepunkt erlebte. Insbesondere in den 1960er und 1970er Jahren ließ sich die politische Polarisierung auch an der Spaltung der Medien in zwei verfeindete Lager ablesen. Im selben Zeitraum stieg das Fernsehen zum neuen Leitmedium auf. Ab 1970 profilierte sich *El Mercurio* als führendes Organ der Opposition gegen die UP. Unter dem Militärregime, das die oppositionellen Medien zunächst verbot und verfolgte, war der *Mercurio* über weite Strecken Sprachrohr der Diktatur. Bereits ab 1976 wurden wieder einzelne Oppositionszeitschriften allerdings unter strengen Zensurbestimmungen zugelassen. Wie in der Wirtschaft insgesamt, so führte auch in den Massenmedien die Militärherrschaft zu einem Konzentrationsprozess, der die eindeutige Dominanz des konservativen *Mercurio*-Konzerns mit sich brachte. Die Medien des heutigen Chile zeichnet darüber hinaus eine zunehmende Kommerzialisierung und inhaltliche Entpolitisierung aus.

12   Politische Kultur und Partizipation

Die Teilhabe am politischen Prozess blieb in der hierarchisch gegliederten Gesellschaft Chiles im 19. Jahrhundert, in der die marginalisierte Landbevölkerung die große Mehrheit darstellte, auf eine kleine Schicht oligarchischer Familienclans beschränkt. Durch das konservative Regime wurde diese Tendenz ab 1833 noch vertieft. Trotz der Langlebigkeit der portalianischen Ordnung machte sich seit der Jahrhundertmitte ein neuer Geist bemerkbar. Dies schlug sich in der Gründung politischer und sozialer Vereinigungen nieder, deren Zweck die Modernisierung der chilenischen Gesellschaft und Politik war. Da diese Vereinigungen erstmals Netzwerke aufbauten, die sich über das ganze Land erstreckten, trugen sie zur Verbreitung einer liberalen und laizistischen Weltsicht bei. Das Bürgertum, das sich langsam herausschälte, stellte Ansprüche auf politische Partizipation. Folge war unter anderem die Einführung der liberalen Reformgesetze der 1870er Jahre. Soziokulturelle Entwicklungen wie der Aufstieg der Arbeiterschaft und der städtischen Mittelschicht, das Sichtbarwerden der „sozialen Frage" sowie Begegnungsprozesse mit der kulturellen Moderne US-amerikanischer Prägung riefen zu Beginn des 20. Jahrhunderts neue Bewusstseinslagen hervor, die sich in der Haltung zur Politik niederschlugen und bereits in den 1920er Jahren zu Verwerfungen führten (Ibáñez-Regime). Zwischen 1932 und 1973 fand eine Beschleunigung des sozialen Wandels statt, der mit der schrittweisen Ausweitung der Wählerschaft einherging. Die Partizipation blieb aufgrund des fehlenden Interesses der Unterschichten und unteren Mittelschicht am politischen Prozess noch sehr gering. Erst seit den 1960er Jahren nahm der Reformdruck auf die politischen Parteien stark zu. Die Dynamik der politischen Mobilisierung wuchs z. B. durch die gewerkschaftliche Organisation der Landarbeiter. Gleichzeitig kennzeichnete eine zunehmende Polarisierung und Lagerbildung zwischen Traditionalisten und Modernisierern die politische Kultur. Die Militärdiktatur setzte das Monopol auf politische Äußerungen durch und verhinderte politische Partizipation. Sie schuf ein Klima der Angst und des sozialen Misstrauens, das bis in die Gegenwart hineinwirkt. Das Regime konnte aber nicht verhindern, dass oppositionelle Kräfte zunächst im Untergrund, später immer offener die Wiederherstellung einer politischen Öffentlichkeit betrieben. Wie stark die Verwurzelung der Chilenen in der parlamentarischen Demokratie fortgeschritten war, zeigte sich 1989/90, als die Mehrheit nach 16 Jahren Diktatur und inmitten des wirtschaftlichen Aufschwungs für die Demokratie stimmte.

Mit der Wahlpflicht für Präsidentschafts-, Parlaments- und Kommunalwahlen sollte ursprünglich ein hohes Maß an politischer Partizipation garantiert werden. Da sie einen Eintrag ins Wahlregister voraussetzt, ist jedoch eher das Gegenteil eingetroffen und viele, v. a. jüngere Chilenen entziehen sich dem demokratischen Prozess. Andererseits sind diese aber keineswegs unpolitisch, sondern engagieren sich durchaus z. B. in der Frage der Studienfinanzierung oder in der Antiglobalisierungsbewegung, weniger in Parteien. Die Grundeinstellung gegenüber der Demokratie ist in Chile, Umfragen nach zu urteilen, verhalten positiv. Die Zufriedenheit mit dem Funktionieren der Demokratie und das Vertrauen in die Institutionen ist im lateinamerikanischen Durchschnitt hoch. In einer Umfrage von 2004 stimmten 57% der Befragten dem Satz zu, dass die Demokratie allen anderen Regierungsformen vorzuziehen ist. Chile liegt damit leicht über dem lateinamerikanischen Mittelwert. Immerhin 45% der befragten Chilenen gaben außerdem an, dass sie bereit wären, für ein höheres Maß an Sicherheit ihre Freiheit teilweise eingeschränkt zu sehen. Eine Mehrheit ist der Meinung, dass hartes Durchgreifen der Regierung erforderlich ist, und 70% meinen ebenfalls, dass das Land von einigen wenigen beherrscht wird, die nur aus Eigennutz handeln (Corporación Latinobarómetro 2004).

Ein Thema, das die chilenische Gesellschaft noch lange nach der Diktatur in Lager spaltete, ist die Geschichte der Menschenrechtsverletzungen durch das Militärregime. Das Regime schuf sich bereits 1978 ein Amnestiegesetz, das die an den Verbrechen Beteiligten vor Strafverfolgung schützen sollte. Schon die demokratische Opposition musste sich im Laufe der 1980er Jahre mit dieser Situation auseinandersetzen. In der Rhetorik der damaligen Oppositionsführer war die Bewerkstelligung der nationalen Aussöhnung wichtiger als die Durchsetzung von Gerechtigkeit um jeden Preis. Gerade in diesem sensiblen Bereich wurde die Problematik des Übergangs zur Demokratie deutlich. Nach dem Regierungsantritt der *Concertación* stand die Menschenrechtsfrage im Mittelpunkt von symbolischen und praktischen Aufarbeitungsansätzen. Beispielhaft war die Arbeit der *Comisión Nacional de Verdad y Reconciliación* (Rettig-Kommission) im Auftrag der Regierung Aylwin, die ihre umfangreiche Dokumentation über die Verbrechen der Pinochet-Diktatur im Februar 1991 ablieferte. Opfer des Unrechtsregimes erhielten staatliche Entschädigungsleistungen. Es gelang den Regierungen der *Concertación*, auf dem Wege ihrer Beförderungskompetenz die Pensionierung einiger Offiziere durchzusetzen, die im Verdacht von Menschenrechtsverletzungen standen. Auch Anfänge einer Justizreform zielten in diese Richtung. Die fehlende Konsequenz in der Verfolgung der Täter aufgrund der Obstruktionshaltung der Justiz und vor allem des Militärs wurde bald zu einer Ursache der Unzufriedenheit mit dem politischen System als solchem. Die diversen Auseinandersetzungen um die Behandlung der belasteten Vergangenheit, die die 1990er Jahre überschatteten, spiegelten den anhaltenden Machtkampf zwischen der demokratischen Regierung und den autoritären Enklaven wider. Dabei wurde die latente Angst vor einem erneuten Militärputsch immer wieder geschürt. Zu einem Höhe- und in gewisser Hinsicht Wendepunkt kam es mit der Verhaftung Pinochets in London im Oktober 1998. Zwar löste der Vorfall anfangs dieselben Reflexe aus, wie bei früheren Zwischenfällen, doch führte die Zerstörung des Nimbus' Pinochets in der Folgezeit zu einer Abkehr der politischen Rechten von ihrer Symbolfigur und damit zu einer Öffnung für weitergehende Reformen. Die Veröffentlichung des sogenannten Valech-Berichts über Folter während der Militärherrschaft im November 2004 zeigt, dass das Thema nach wie vor wichtig ist. Die Auseinandersetzung mit der Menschenrechtsproblematik wird auch nach dem Tod Pinochets im Dezember 2006 ein wichtiger Faktor in der politischen Kultur Chiles bleiben.

13 Justiz und Rechtssystem

Grundlage des Rechtssystems des unabhängigen Chile war der Code Napoléon. Basierend auf der Tradition der kolonialen Audiencia, wurde bereits 1811 der erste Oberste Gerichtshof gegründet, der in allen späteren Verfassungsdokumenten als unabhängige Instanz vorgesehen war und als solche ein im lateinamerikanischen Vergleich hohes Ansehen genoss. Während der Parlamentarischen Republik war die Judikative nicht frei von politischen Interessen und büßte ihren guten Ruf teilweise wieder ein. Die Verfassung von 1925 sah daher die Stärkung ihrer Unabhängigkeit vor. Der Oberste Gerichtshof (*Corte Suprema*) beaufsichtigt und verwaltet die chilenische Justiz, deren organisatorische Grundlage durch ein Verfassungsorgangesetz von 1943 gelegt wurde. Unter der *Unidad Popular* kam es zu zahlreichen prinzipiellen Auseinandersetzungen zwischen Judikative und Exekutive. Im Gegensatz dazu ordnete sich die Justiz dem Militärregime, dessen Legitimität sie nie ernsthaft in Frage stellte, fast widerstandslos unter und akzeptierte die Menschenrechtsverletzungen ebenso wie die vielfachen weiteren Verfassungsverstöße. Durch die gezielte Personalpolitik der Militärs blieb sie lange über 1990 hinaus eine zentrale autoritäre Enklave.

Nach der Rückkehr zur Demokratie ist schrittweise eine Justizreform in Gang gekommen, die insbesondere ab 1997, als erstmals die notwendigen Verfassungsänderungen durchgesetzt werden konnten, an Fahrt gewonnen hat. Heute ist die Judikative wieder relativ unabhängig. Alle Richter werden vom Präsidenten auf Lebenszeit ernannt: Die des Obersten Gerichtshofs auf der Grundlage einer von der Institution selbst zusammengestellten Vorschlagsliste und mit Zustimmung des Senats, die der nachgeordneten Gerichte auf

der Grundlage des Vorschlags der jeweils nächst höheren Instanz. Dem Obersten Gerichtshof obliegt seit der Verfassungsreform von 2005 die Aufsicht über die Militärgerichtsbarkeit im Kriegszustand. Neben diesen Gerichten existiert seit der Verfassungsreform von
1970 eine Verfassungsgerichtsbarkeit. Sie war von 1973 bis 1981 ausgesetzt. Das Verfassungsgericht setzt sich seit der Reform von 2005 aus drei vom Präsidenten bestimmten
Anwälten, drei Richtern des Obersten Gerichtshofs, zwei vom Senat ausgewählten Anwälten und zwei Anwälten zusammen, die vom Senat bestimmt und vom Abgeordnetenhaus
vorgeschlagen werden. Dem Nationalen Sicherheitsrat wurde das Vorschlagsrecht damit
entzogen. Die wichtigste Aufgabe des Verfassungsgerichts ist die Überprüfung der Verfassungsmäßigkeit von verfassungsauslegenden Gesetzen, Gesetzesinitiativen und präsidialen
Dekreten. 1997 wurde per Verfassungsreform darüber hinaus eine unabhängige Staatsanwaltschaft (*ministerio público*) geschaffen, deren Chef, der Generalstaatsanwalt (*fiscal
nacional*), vom Präsidenten auf der Grundlage eines Vorschlags des Obersten Gerichtshofs
ausgewählt und vom Senat auf acht Jahre ernannt wird. Gegenwärtig wird die Reform des
Strafverfahrensrechts vorangetrieben. Der bessere Zugang zur Rechtssprechung für alle
Gesellschaftsschichten ist dabei ein wesentliches Reformziel. Inhaltlich bleibt die juristische Aufarbeitung der Menschenrechtsverletzungen trotz der großen Fortschritte der letzten
Jahre weiterhin ein wichtiges Desiderat.

14   Regionen und Kommunen

Kennzeichen der regionalen Gliederung Chiles ist ein ausgeprägter Zentralismus. Ein föde-
ralistisches Experiment scheiterte 1828 bereits im Ansatz. Auf administrativer Ebene übernahm das unabhängige Chile die Stadträte (*Cabildos*) der Kolonialzeit ebenso wie den
Intendanten als direkte Kontrollinstanz der Zentralregierung auf der Ebene der Provinzen.
Zunächst bestanden nur die kolonialzeitlichen Intendanturen Santiago und Concepción,
doch schon 1811 schuf der erste Kongress mit Coquimbo eine weitere Provinz. Nach Abzug der Spanier wurde die Zahl auf acht erhöht, indem man die alten Provinzen aufteilte.
Die Verfassung von 1833 organisierte das System neu, indem unter den Provinzen ein hie-
rarchisches System von Verwaltungseinheiten (in absteigender Reihenfolge: *Departamentos*, *Subdelegaciones* und *Distritos*) eingerichtet wurde. Auf kommunaler Ebene umfassten
die *Departamentos* diverse Munizipien. Der Provinzintendant und der Gouverneur eines
Departamento wurden jeweils direkt vom Präsidenten auf drei Jahre berufen. Abgesehen
davon, dass die Zahl der Provinzen im 19. und 20. Jh. beständig anstieg, blieb diese Organisation bis 1976 in Kraft. Der Umsturz von 1891 brachte insofern eine Veränderung als
ein Gesetz von 1891 die kommunale Autonomie herstellte, nachdem bereits 1887 die Direktwahl der Bürgermeister eingeführt worden war. Bis zur Militärdiktatur entwickelte sich
eine Gliederung in 25 Provinzen. Das Militärregime veränderte diese Struktur und teilte das
Land in die noch heute bestehenden 13 Regionen auf, die jeweils aus mehreren Provinzen
(insgesamt 50) bestehen. Die Munizipien (insgesamt ca. 330) als kleinste Verwaltungseinheiten blieben erhalten. Durch die Verfassungsreform von 2005 wird es dem Gesetzgeber
ermöglicht, die Verwaltungsgliederung zu verändern.

15 Internationale Beziehungen

Territoriale Expansion war ein zentrales Kennzeichen der chilenischen Geschichte des 19. Jahrhunderts. Diese Expansion ging nicht nur auf Kosten der indigenen Bevölkerung insbesondere im Süden – die Eroberung Araukaniens wurde 1883 abgeschlossen –, sondern auch der Nachbarrepubliken vor allem im Norden, also Boliviens und Perus. In zwei Kriegen (1836-39 und 1879-83) setzte sich Chile gegen Koalitionen der beiden Nachbarn durch. Friedensverträge mit Peru (1883 und 1929) und Bolivien (1884/1904) konnten die Spannungen nicht endgültig beseitigen. Auch das Verhältnis zum östlichen Nachbarn Argentinien blieb lange gespannt. Zwar gelang es Chile, durch die Grenzziehung von 1881 Ostpatagonien gegen die Ansprüche des argentinischen Nachbarn zu sichern. Jedoch kam es immer wieder zu Grenzkonflikten in dieser Region und zu Rüstungswettläufen zwischen den beiden Nachbarländern. Noch 1978 bestand die akute Gefahr eines Kriegsausbruchs und erst 1984 wurde ein dauerhafter Freundschaftsvertrag geschlossen. Daneben waren im 19. Jahrhundert insbesondere die Beziehungen zu Europa wichtig. Mit der ehemaligen Kolonialmacht Spanien führte man noch 1865-66 Krieg. Erst 1883 wurde der Friede auch formell wieder hergestellt. Wichtige Beziehungen v. a. wirtschaftlicher Art unterhielt Chile mit Großbritannien, dem mit Abstand größten Direktinvestor und Hauptabnehmer des chilenischen Salpeters.

Die Vereinigten Staaten spielten vergleichsweise erst spät eine bedeutsame Rolle in der chilenischen Außenpolitik. Begünstigt durch den Ausfall der Europäer konnten die USA eine bestimmende Position in der chilenischen Wirtschaft nicht zuletzt durch Investitionen im Kupferbergbau erreichen. In den 1920er Jahren bauten sie diese Stellung aus, und Chile wurde zu einem Zentrum der US-amerikanischen Investitionstätigkeit in Lateinamerika. Die Weltwirtschaftskrise brachte einen vorübergehenden Rückschlag und führte zu ersten offen anti-US-amerikanischen Ausschreitungen. In politischer Hinsicht stieg die Bedeutung der Vereinigten Staaten für die chilenische Außenpolitik während und nach dem Zweiten Weltkrieg. Chile ließ sich nach 1945 fest in das antikommunistische interamerikanische System unter US-amerikanischer Führung einbinden und wurde zu einem bevorzugten Zielland der Entwicklungspolitik der „Allianz für den Fortschritt" der Regierung John F. Kennedys. Dies änderte sich mit dem Regierungsantritt der Christdemokraten unter Frei, als die antiimperialistischen Strömungen einen stärker an der lateinamerikanischen Integration orientierten außenpolitischen Kurs durchsetzten. Unter der *Unidad Popular* kam es dann sogar zur offenen Krise, als einerseits die Machenschaften des CIA bei der gescheiterten Verhinderung des Amtsantritts Allendes bekannt wurden und andererseits die Nationalisierung der Kupferindustrie zu Protesten der US-amerikanischen Investoren führten. Die republikanischen US-Regierungen begrüßten daher den Militärputsch und stützten das Regime lange Zeit. Pinochet dankte dies mit einer radikalen Abkehr vom außenpolitischen Kurs seiner Vorgänger, sah er sich doch als Vorkämpfer gegen den „Weltkommunismus" an der Seite der USA. Allerdings unterstützte Washington in den späten 1980er Jahren nachdrücklich die chilenische Opposition und trug so mit zur Ermöglichung der Rückkehr zur Demokratie bei.

Die chilenische Stellung im internationalen System der Gegenwart wird durch diverse Faktoren bestimmt. Das Prinzip der Bewahrung des territorialen Ist-Zustands ist nach wie vor von zentraler Bedeutung. Daraus ergeben sich immer wieder Spannungen mit Peru und in erster Linie mit Bolivien, wo in mehr oder weniger regelmäßigen Abständen Forderungen nach Wiedergewinnung eines Zugangs zum Pazifik laut werden, die Ende 2003 in bürgerkriegsähnliche Unruhen mündeten. Des Weiteren steckt Konfliktpotenzial in den chilenischen Ansprüchen auf Teile der Antarktis, die mit argentinischen und britischen Ambitionen kollidieren. Dennoch haben sich die Beziehungen zu Argentinien seit dem Freundschaftsvertrag von 1984 weitgehend entspannt, obwohl diplomatische Unstimmigkeiten zwischen beiden Ländern die weiterhin bestehende unterschwellige Rivalität der Nachbarn unterstreichen. Ein weiteres wichtiges Prinzip ist der Primat einer pragmatischen weltmarktorientierten Außenhandelspolitik. Seit 1996 ist Chile dem MERCOSUR assoziiert und sucht darüber hinaus durch Freihandelsabkommen mit den USA und der EU, dem inzwischen wichtigsten Handelspartner, erfolgreich die Diversifizierung der Kontakte. Dies zeigt sich an den Auslandsinvestitionen in Chile, an denen sich neben den Europäern und US-Amerikanern auch Ostasiaten in großem Stil beteiligen. Dass Chile in politischer Hinsicht großen Wert auf Unabhängigkeit legt und den Konflikt mit der letzten verbliebenen Weltmacht USA nicht scheut, zeigt beispielsweise die Zurückhaltung der Regierung Lagos gegenüber dem zweiten Irakkrieg.

Literatur

Adler Lomnitz, Larissa/Melnick, Ana (1998): La cultura política chilena y los partidos de centro: Una explicación antropológica. Mexiko.

Ahrens, Helen (2004): Rechtsstaat und Justiz im Wandel, in: Imbusch et al. (2004): 433-456.

Arriagada, Genaro (1998): Por la razón o la fuerza: Chile bajo Pinochet. Santiago.

Barrios, Harald (2004): Chile im internationalen System, in: Imbusch et al. (2004): 457-478.

Barros, Robert (2002): Constitutionalism and Dictatorship: Pinochet, the Junta, and the 1980 Constitution. Cambridge.

Bengoa, José (⁶2000): Historia del pueblo mapuche. Santiago.

Boeninger, Edgardo (1997): Democracia en Chile: Lecciones para la gobernabilidad. Santiago.

Bravo Lira, Bernardino (1986): Historia de las instituciones políticas de Chile e Hispanoamérica. Santiago.

Carreras, Sandra et al. (Hrsg.) (2004): Preußen und Lateinamerika im Spannungsfeld von Kommerz, Macht und Kultur. Berlin.

Campos Harriet, Fernando (⁷1999): Historia constitucional de Chile: Las instituciones políticas y sociales. Santiago de Chile.

Collier, Simon/Sater, William F. (1996): A History of Chile, 1808-1994. Cambridge.

Collier, Simon (1967): Ideas and Politics of Chilean Independence, 1808-1833. Cambridge.

Corporación Latinobarómetro (2004): Informe-Resumen Latinobarómetro 2004: Una década de mediciones. http://www.latinobarometro.org, abgerufen am 10.09.2005.

De Vylder, Stefan (1976): Allende's Chile: The Political Economy of the Rise and Fall of the Unidad Popular. Cambridge.

Délano Manuel/Traslaviña, Hugo (1989): La herencia de los Chicaco boys. Santiago.

Drake, Paul W. (1978): Socialism and Populism in Chile, 1932-52. Urbana.

Drake, Paul W. (Hrsg.) (1991): The Struggle for Democracy in Chile, 1982-1990. Lincoln.

Fermandois, Joaquín (2005): Mundo y fin de mundo: Chile en la política mundial 1900-2004. Santiago.

Foerster, Rolf/Montecino, Sonia (1988): Organizaciones, líderes y contiendas mapuches, 1900-1970. Santiago.

Friedmann, Reinhard (1990): Chile unter Pinochet: Das autoritäre Experiment (1973-1990). Freiburg.

Garcés, Mario et al. (Hrsg.) (2000): Memoria para un nuevo siglo: Chile, miradas a la segunda mitad del siglo XX. Santiago.

Gazmuri, Cristián (²1998): El „48" chileno: Igualitarios, reformistas, radicales, masones y bomberos. Santiago.

Gil, Federico (1966): The Political System of Chile. Boston.

Huneeus, Carlos (2000): El régimen de Pinochet. Santiago.

Imbusch, Peter/Messner, Dirk/Nolte, Detlef (Hrsg.) (2004): Chile heute: Politik, Wirtschaft, Kultur. Frankfurt a. M.

Koch, Max (1998): Unternehmen Transformation: Sozialstruktur und gesellschaftlicher Wandel in Chile. Frankfurt a.M.

Krumwiede, Heinrich-W. (2004): Die chilenische Regimetransformation im Rückblick, in: Imbusch et al. (2004): 253-274.

Larraín, Jorge (2001): Identidad chilena. Santiago.

Lechner, Norbert (2004): Modernisierung, Missbehagen und Regierbarkeit, in: Imbusch et al. (2004): 85-104.

Loveman, Brian (1979): Chile: The Legacy of Hispanic Capitalism. New York.

Matus, Alejandra (1999): El libro negro de la justicia chilena. Buenos Aires.

Monteón, Michael (1982): Chile in the Nitrate Era: The Evolution of Economic Dependence, 1880-1930. Madison.

Monteón, Michael (1998): Chile and the Great Depression: The Politics of Underdevelopment, 1927-1948. Tempe.

Moulian, Tomás (1993): La forja de ilusiones: El sistema de partidos 1932-1973. Santiago.

Moulian, Tomás (1997): Chile actual: Anatomía de un mito. Santiago.

Nohlen, Dieter (1973): Chile, das sozialistische Experiment. Hamburg.

Nohlen, Dieter (1993): Chile, in: ders. (Hrsg.) (1993): Handbuch der Wahldaten Lateinamerikas und der Karibik. Opladen: 175-199.

Nolte, Detlef (2004): Das politische System: Verfassung und Verfassungspraxis, in: Imbusch et al. (2004): 333-378.

Oppenheim, Lois H. (²1999): Politics in Chile: Democracy, Authoritarianism, and the Search for Development. Boulder.

Oxhorn, Philip (1999): Recent Research on Chile: The Challenge of Understanding 'Success', in: Latin American Research Review 34. 255-271.

Pantoja Bauza, Rolando (2004): La organización administrativa del Estado. Santiago.

Pollack, Marcelo (1999): The New Right in Chile 1973-1997. Basingstoke.

Prien, Hans-Jürgen (2004): Religion und Kirchen, in: Imbusch et al. (2004): 207-226.

Radseck, Michael (2002): Verfassungswächter in Uniform? Militär und Politik im Chile der neunziger Jahre. Freiburg.

Ramón, Armando de, (2001): Breve historia de Chile: Desde la invasión incaica hasta nuestros días (1500-2000). Buenos Aires.

República de Chile (2005): Constitución de 1980 (con reformas hasta 2005). http://www.georgetown. edu/pdba/Constitutions/Chile, abgerufen am 11.10.2005.

Rinke, Stefan (2001): Die chilenische Salpeterwirtschaft zwischen ausländischem Kapital, wirtschaftlichen Eliten und Staat, 1880-1930, in: Fischer, Thomas (Hrsg.) (2001): Einheimische Eliten, Staat und ausländische Unternehmen in Lateinamerika. Frankfurt a. M.: 199-228.

Rinke, Stefan (¹2002): Cultura de masas, reforma y nacionalismo en Chile, 1910-1931. Santiago.

Rinke, Stefan (²2002): Transición y cultura política en el Chile de los noventa o ¿cómo vivir con el pasado sin convertirse en estatua de sal?, in: Kohut, Karl/Saravia, José Morales (Hrsg.) (²2002): Literatura chilena hoy: La difícil transición. Frankfurt a. M.: 81-100.

Rinke, Stefan (2003): 'Grenze' als Urerfahrung in Lateinamerika: Mapuche in Chile zwischen Mythos und Verleugnung, in: ders. et al. (Hrsg.) (2003): Abgrenzen oder Entgrenzen: Zur Produktivität von Grenzen. Frankfurt a. M.: 153-185.

Rinke, Stefan (2004): Eine Pickelhaube macht noch keinen Preußen: Preußisch-deutsche Militärberater, 'Militärethos' und Modernisierung in Chile, 1886-1973, in: Carreras, Sandra et al. (Hrsg,) (2004): 259-283.

Rinke, Stefan (2004): Begegnungen mit dem Yankee: Nordamerikanisierung und soziokultureller Wandel in Chile, 1898-1990. Köln.

Rinke, Stefan (2007): Kleine Geschichte Chiles. München.

Rosenblitt, Jaime und Ricardo Nazer (2000): Electores, sufragio y democracia en Chile, in: Mapocho 48: 215-229.

Salazar, Gabriel/Pinto, Julio (Hrsg.) (1999-2002): Historia contemporánea de Chile. 5 Bde. Santiago.

San Francisco, Alejandro et al. (Hrsg.) (2005): Camino a La Moneda: Las elecciones presidenciales en la historia de Chile 1920-2000. Santiago.

Scully, Thomas (1992): Rethinking the Center: Party Politics in Nineteenth and Twentieth Century Chile. Stanford.

Sigmund, Paul E. (1993): The United States and Democracy in Chile. Baltimore.

Thibaut, Bernhard (1996): Präsidentialismus und Demokratie in Lateinamerika: Argentinien, Brasilien, Chile und Uruguay im historischen Vergleich. Opladen.

Thiery, Peter (2000): Transformation in Chile: Institutioneller Wandel, Entwicklung und Demokratie 1973-1996. Frankfurt a.M.

Tironi, Eugenio (1990): Autoritarismo, modernización y marginalidad: El caso de Chile, 1973-1989. Santiago.

Toloza, Cristián/Lahera, Eugenio (Hrsg.) (1998): Chile en los noventa. Santiago.

Urzúa Valenzuela, Germán (1992): Historia política de Chile y su evolución electoral (desde 1810 a 1992). Santiago.

Valdivieso, Patricio (2003): Organizaciones de la sociedad civil y sistema judicial. Informe de Chile, in: Centro de Estudios de Justicia de las Américas/Instituto Nacional de Estudios Penales: Justicia y sociedad. Buenos Aires: 201-310.

Vargas Vianco, Juan Enrique/Correa Sutil, Jorge (1995): Diagnóstico del sistema judicial chileno. Santiago.

Vial Correa, Gonzalo (1986ff): Historia de Chile, 1891-1973. 5 Bde. Santiago.

Villalobos, Sergio et al. (1974): Historia de Chile. 4 Bde. Santiago.

Villalobos, Sergio (1990): Vida fronteriza en Chile. Madrid.

Walter, Richard J. (2005): Politics and Urban Growth in Santiago, Chile 1891-1941. Stanford.

Weeks, Gregory (2003): The Military and Politics in Postauthoritarian Chile. Tuscaloosa.

Wehr, Ingrid (2004): Das Parteiensystem des nach-autoritären Chile: Vom polarisierten Pluralismus zur Nordamerikanisierung?, in: Imbusch et al. (Hrsg.) (2004): 379-400.

Das politische System Costa Ricas

Susanne Gratius

1   Einleitung

Bis heute wird Costa Rica durch seine politische, wirtschaftliche und soziale Stabilität, die Berglandschaft und seine 1983 proklamierte Neutralität als „die Schweiz Zentralamerikas bezeichnet. Das Land blickt auf über 50 Jahre liberale Demokratie zurück und ist der Staat mit dem zweithöchsten Entwicklungsstand in der Region[1]. Im 20. Jahrhundert wurde die Demokratie nur zwei Mal kurz unterbrochen und seit 1949 hat sie sich konsolidiert. Zudem ist Costa Rica eines der wenigen lateinamerikanischen Länder mit einem Sozialstaat und einer relativen Verteilungsgerechtigkeit. Ebenso wie in Chile, ist die Armutsquote in Costa Rica mit 23% etwa halb so hoch wie im lateinamerikanischen Durchschnitt.

Der kleine zentralamerikanische Staat[2] Costa Rica ist der politische, soziale und wirtschaftliche Stabilitätsanker in Zentralamerika. Durch die Musterdemokratie und ein – trotz der Haushaltskürzungen in den letzten Jahren – im regionalen Vergleich noch immer gut funktionierendes staatliches Bildungs- und Gesundheitssystem wurde das Land einmal als eine „moralische Macht" bezeichnet[3]. So hat Costa Rica „unabhängig von Größen und Zahlen als grüne Oase der Demokratie und politischer Reife in einer Wüste der Diktaturen und Gewalt Ruhm und Bedeutung erlangt" (Seligson 1998).

Im regionalen und subregionalen Vergleich weist das Land drei Besonderheiten auf: 1) einen funktionierenden demokratischen Rechtsstaat, 2) Gewaltverzicht und Friedenstradition, 3) einen hohen Entwicklungsstand. Im Unterschied zum restlichen Mittelamerika ist die Bevölkerung Costa Ricas ethnisch homogen (94% Weiße und Mestizen), die durchschnittliche Lebenserwartung beträgt mehr als 76 Jahre, es gibt weniger als 5% Analphabeten und das Pro-Kopf-Einkommen ist fast zehnmal so hoch als das seines südlichen Nachbarlandes Nicaragua.

Der hohe Entwicklungsstand des Landes und die demokratische Stabilität ist eine Ausnahmeerscheinung in einem von politischen Krisen, ethnischer Heterogenität, hohen Armutsraten und Gewalt gekennzeichneten Zentralamerika. Paradoxerweise ist die Sonderstellung Costa Ricas auch der Grund dafür, dass das Land im subregionalen Integrationsprozess keine aktive Rolle spielt und sich nur an einigen Initiativen beteiligt. Die relative Isolierung Costa Ricas in Zentralamerika hat Tradition und ist das Ergebnis der historischen Sonderrolle, die das Land seit seiner Eroberung durch Christoph Kolumbus im Jahre 1502 in Mittelamerika einnahm.

---

[1] Siehe Human Development Index, Human Development Report 2005.
[2] Mit 3,7 Millionen Einwohnern ist Costa Rica der zweitkleinste zentralamerikanische Staat.
[3] Gerhard Drekonja 1985.

2   Historische Entwicklung

Kolumbus „entdeckte" das kleine, kaum bevölkerte mittelamerikanische Land auf seiner
vierten Reise und taufte es, in der fälschlichen Annahme, es gäbe dort Goldminen, „Reiche
Küste". Costa Rica war im Vergleich mit anderen Staaten zu präkolumbischer Zeit nur
dünn besiedelt: Die ursprünglich indigene Bevölkerung umfasste etwa 20.000 Personen.
Erst viele Jahre später, 1561, kamen die ersten spanischen Siedler ins Land und agierten
weitgehend unabhängig von den Statuten der Zentralregierung, der Capitanía General, im
weit entfernten Guatemala. 1564 gründete der erste Gouverneur von Costa Rica, Juan Vázquez de Coronado, die Stadt Cartago, die bis zu Beginn des 17. Jahrhundert Hauptstadt und
Regierungssitz des Landes war und die im Jahre 1910 bei einem Erdbeben vollkommen
zerstört wurde. Erst im Jahre 1717 wurde in Heredia eine neue Kolonie gegründet. Es folgten 1737 die heutige Hauptstadt San José und 1782 Alajuela.

Im Nachhinein betrachtet, erwies es sich für Costa Rica als Glücksfall, weder über bedeutende Ressourcen zu verfügen noch von strategischer Bedeutung zu sein. So kamen die
spanischen Kolonialherren schnell zu dem Schluss, das kleine Land in Mittelamerika sei
nicht von großem wirtschaftlichen Interesse. Infolgedessen blieb Costa Rica fast 200 Jahre
lang die ärmste der sieben zentralamerikanischen Provinzen, die seit 1570 von der Capitanía General in Guatemala verwaltet wurden.

Aus mehreren Gründen war Costa Rica die „Cinderella" der spanischen Kolonien: (1)
es gab weder Reichtümer oder Bodenschätze, (2) da es kaum indigene Arbeitskräfte und
keine Sklaven gab, wurde das Land erste sehr spät besiedelt, (3) mittlere und kleine Bauern
bewirtschafteten das Land in Eigenregie, (4) die Katholischen Kirche hatte, ebenso wie die
spanische Zentralregierung, nur einen sehr geringen Einfluss.

Da das kaum bevölkerte Land so gut wie keine indigenen Arbeitskräfte bot, entstand
in Costa Rica im Gegensatz zu den übrigen mittelamerikanischen Staaten keine auf Großgrundbesitz basierende Klassengesellschaft, sondern die spanischen Siedler waren weitgehend auf sich selbst gestellt und ihrem Schicksal überlassen. So setzte sich die Bevölkerung
Costa Ricas vor allem aus kleinen Landbesitzern zusammen. Diese vergleichsweise egalitäre Gesellschaftsstruktur bildete die Grundlage für die spätere stabile Demokratie des Landes. Im Gegensatz zu den Nachbarländern entstand erst spät eine herrschende Elite und die
sozialen Unterschiede sind bis heute weitaus geringer als im übrigen Zentralamerika. Die
vorwiegend armen europäischen Einwanderer betrieben Subsistenzwirtschaft und waren
lange Zeit regional und international isoliert. Hinzu kam eine äußerst geringe Bevölkerungsdichte. Um das Jahr 1800 hatte Costa Rica lediglich 50.000 Einwohner. Paradoxerweise erwies sich die Tatsache, dass das Land arm und isoliert war, als Vorteil für politische Stabilität und mehr soziale Gerechtigkeit.

Da in Costa Rica wenig zu gewinnen war, erfolgte der Rückzug der Spanier zu Beginn
des 19. Jahrhunderts ohne Blutvergießen und vollzog sich, im Gegensatz zu anderen Staaten der Region, nicht traumatisch. Politisch gesehen war das 19. Jahrhundert in Costa Rica
vom Wechsel zwischen autoritären und liberalen Regierungen geprägt. 1821, nach einem
Machtkampf zwischen Monarchisten und Republikanern, erlangte das Land formell seine
Unabhängigkeit von Spanien, wurde aber bis 1823 Teil von Mexiko. Im selben Jahr verlegten die Republikaner die Hauptstadt und den Regierungssitz von Cartago nach San José.
1824 schloss sich Costa Rica den Vereinigten Provinzen Zentralamerikas an. Erst als die
zentralamerikanische Konföderation 1838 scheiterte, erklärte Costa Rica unter der Regie-

rung von Präsident Braulio Carrillo (1835-1842) seine nationale Unabhängigkeit. Unter der Diktatur von J. Rafael Mora (1849-1859) übernahm Costa Rica die Führung bei der Organisation des zentralamerikanischen Widerstandes gegen William Walker, den amerikanischen Abenteurer, der 1855 Nicaragua eroberte.

Mitte des 19. Jahrhunderts bewirkte der Kaffeeboom erstmals eine Öffnung des Landes nach außen und verhalf Costa Rica zu einem relativen Wohlstand. Um 1800 eingeführt, entwickelte sich der Kaffee zum wichtigsten Agrarprodukt des Landes, dank der fruchtbaren Böden und des für seinen Anbau geeigneten Klimas. Nach Jahren der Armut in der Kolonialzelt, machte der Kaffee Costa Rica zum reichsten Land Mittelamerikas.

Ende des 19. Jahrhunderts wurde der Kaffee durch die Banane als wichtigstem Devisenbringer des Landes ersetzt. Die Bananenplantagen bildeten die wirtschaftliche Grundlage für die Modernisierung des Landes, brachte aber zusammen mit dem Kaffee eine sehr einseitige Einbindung in die Weltwirtschaft mit sich. Zudem wird der Bananenanbau und -export von 1889 bis heute von der amerikanischen United Fruit Company und anderen multinationalen Unternehmen dominiert. Ebenso wie die übrigen mittelamerikanischen Staaten basiert die Wirtschaft Costa Ricas seit dem 19. Jahrhundert hauptsächlich auf den Einnahmen aus dem Kaffee- und Bananenexport. Hinzu gekommen sind in den letzten Jahren der Ökotourismus[4], das Telekommunikationsunternehmen INTEL und die Mikrochipindustrie.

Bis 1948 lenkte eine liberale „Kaffeeoligarchie" die politischen Geschicke des Landes. 1871 kam General Tomás Guardia durch einen Putsch an die Macht und blieb es 12 Jahre lang. Unter seiner Regierung entstanden die Grundlagen des liberalen Staates, Auslandsinvestitionen (vorwiegend aus den USA) flossen ins Land, und eine Eisenbahn verband erstmals die Pazifik- und Atlantikküste Costa Ricas. Die Voraussetzungen für die heutige Demokratie Costa Ricas entstanden unter seiner Herrschaft: 1871 wurden die erste Verfassung und fortschrittliche Gesetze – Trennung Staat/Kirche, zivile Herrschaft über die Streitkräfte, Recht auf Scheidung und kostenlose Schulpflicht – verabschiedet, die Todesstrafe wurde abgeschafft, ein modernes Steuersystem und ein staatliches Bildungssystem eingeführt.

Die erste Hälfte des 20. Jahrhunderts war von sozialen Spannungen und politischen Konflikten gekennzeichnet. 1913 wurde das Wahlrecht für Männer eingeführt. Ein Militärputsch brachte 1917 den Diktator Federico Tinoco Granados an die Macht, der aber 1919 wieder abgesetzt wurde. Ein 1934 ausgerufener Streik der Plantagenarbeiter führte zu sozialen Reformen. Bei den Wahlen 1936 setzte sich der Kandidat der Nationalen Republikanischen Partei (*Partido Republicano Nacional*, PRN), León Cortes Castro, durch und wurde Präsident. Sein reformistischer Kurs wurde 1940 unter der Regierung von Rafael Angel Calderón Guardia fortgesetzt, der ebenfalls Mitglied der PRN war. Seine Reformpolitik schuf die Grundlagen für die nachfolgende Entstehung des Wohlfahrtsstaates Costa Rica.

1948, als die PRN versuchte, nach ihrer Wahlniederlage an der Macht zu bleiben, wurde sie von einer neuen politischen Kraft, der Partei der Nationalen Befreiung (*Partido de Liberación Nacional*, PLN) unter Führung von José Figueres Ferrer gestürzt. Im Zuge der Präsidentschaftswahlen, bei denen Otilio Ulate Blanco den Kandidaten der Regierungspartei Rafael Ángel Calderón besiegte, kam es zu einem kurzen Bürgerkrieg. Nachdem der Kongress auf Geheiß des damaligen Präsidenten Teodoro Picado die Wahlen für ungültig erklärt hatte, kam es unter der Führung von José Figueres Ferrer, eines Vertreters des Mittelstandes, zu einem erfolgreichen Aufstand. Figueres bildete 18 Monate lang eine Über-

---

[4] Ein Viertel des Landes steht unter Naturschutz.

gangsregierung unter seiner Führung und übergab das Amt dann dem eigentlichen Wahlsieger Otilio Ulate Blanco. Der Gründungsvater der heutigen sozialdemokratischen Partei PLN, José Figueres Ferrer, erzielte während seiner kurzen Interimsregierung einen dauerhaften Elitenkonsens zugunsten einer sozialen Demokratie. Figueres einigte sich auf einen Pakt mit den linken Kräften und verabschiedete, im Rahmen einer neuen demokratischen Verfassung, eine Reihe von revolutionären Maßnahmen. Durch den Elitenpakt etablierte sich bis 2002 ein Zweiparteiensystem, bestehend aus der sozialdemokratischen PLN (1951 gegründet) und der christdemokratischen konservativeren PUSC (1983 neu gegründet). Beide sind moderate Parteien, die sich an der Macht abwechseln; keine der beiden ist dominant, ihre Programme ähneln sich.

José Figueres Ferrer hat die jüngste Geschichte des Landes geprägt und wurde dreimal zum Präsidenten gewählt (1948, 1952-1958 und 1970-1974). Er gründet die „zweite Republik" Costa Rica und setzte eine Verfassungsreform durch, die unter anderem die Streitkräfte abgeschafft hat. Seit dem 18. Dezember 1949 ist Costa Rica eines der wenigen Länder der Welt, in denen es kein Militär, sondern lediglich Polizeikräfte gibt. Unter der zweiten Regierung des Sozialdemokraten Figueres wurden weitere Reformen verabschiedet: Frauen und Schwarze erhielten das Wahlrecht, die sofortige Wiederwahl des Präsidenten wurde verboten, ein Sozialversicherungssystem entstand und die Banken wurden nationalisiert. 1970 trat Figueres ein drittes Mal das Präsidentenamt an.

Bis Mitte der 80er Jahren war Costa Rica ein stabiler, demokratischer Wohlfahrtsstaat mit einem hohen Entwicklungs- und Bildungsstand. Daran änderten auch der Bürgerkrieg im Nachbarstaat Nicaragua und die bewaffneten Konflikte in El Salvador und Guatemala wenig. Im Kontext der Zentralamerika-Krise erklärte der damalige Präsident Luis Alberto Monge 1983 die Neutralität und Nichteinmischung Costa Ricas in bewaffnete Konflikte in Drittstaaten. Dies war der Beginn einer aktiven Regionalpolitik Costa Ricas zugunsten einer Beendigung der Bürgerkriege in den mittelamerikanischen Nachbarstaaten. 1986 wurde der Sozialdemokrat Óscar Arias Sánchez zum Präsidenten gewählt. Für seine Bemühungen zur Beendigung der bewaffneten Konflikte in Zentralamerika im Rahmen des so genannten Esquipulas-Prozesses erhielt Oscar Arias, der sich 2006 erneut zur Wahl stellen will, 1987 den Friedensnobelpreis.

Eine Wirtschaftskrise infolge der hohen Staatsverschuldung brachte Ende der 80er Jahre erstmals das Wohlfahrtsstaatsmodell Costa Rica ins Wanken. Der christdemokratische Präsident Rafael Angel Calderón Fournier (1990-1994), der ebenso wie seine beiden Amtsnachfolger der Korruption bezichtigt wird, setzte erstmals ein unpopuläres Austeritätsprogramm durch. Die Maßnahmen wurden unter der nachfolgenden sozialdemokratischen Regierung von José María Figueres Olsen (1994-1998), dem Sohn des Gründers der „zweiten Republik", teilweise wieder abgefedert. Unter dem Konservativen Präsidenten Miguel Angel Rodríguez (1998-2002), kam es dann erstmals seit den 30er Jahren wieder zu massiven, aber friedlichen sozialen Protesten gegen die Austeritätspolitik und den Versuch der Regierung, das staatliche Elektrizitäts- und Telekommunikationsmonopol aufzubrechen und Privatisierungen durchzusetzen. Der Versuch misslang. So vollzieht sich der wirtschaftliche Privatisierungs- und Liberalisierungsprozess in Costa Rica, im Unterschied zu den Nachbarländern, graduell und unter Berücksichtigung der wohlfahrtsstaatlichen Tradition des Landes.

Im April 2002 gewann der Kandidat der christdemokratischen PSUC, Abel Pacheco, in einer erstmals notwendigen Stichwahl die Präsidentschaftswahlen gegen seinen Herausforderer von der sozialdemokratischen PLN. Der Psychiater und frühere Fernsehmoderator Abel Pacheco ist ein politischer Outsider, der sich erst spät der Politik widmete und nicht der traditionellen Parteienelite angehörte. Gewinner der Präsidentschaftswahlen 2006 war der Friedensnobelpreisträger und Sozialdemokrat Óscar Arias, der für Kontinuität und die Rückkehr zum traditionellen neutralen Wohlfahrtsstaat Costa Rica steht.

3   Staatsoberhaupt

Wie die meisten lateinamerikanischen Staaten ist auch Costa Rica eine am amerikanischen Vorbild ausgerichtete Präsidialdemokratie. Das Staatsoberhaupt wird für vier Jahre gewählt; eine darauf folgende zweite Amtszeit ist laut Verfassung nicht möglich. Der Präsident wird von zwei Vizepräsidenten und einem 15-köpfigen Kabinett unterstützt.

Tabelle 1:   Präsidenten Costa Ricas seit 1944

Jahr	Präsident	Partei
2002-2006	Abel Pacheco	PUSC
1998-2002	Miguel Ángel Rodríguez Echevarría	PUSC
1994-1998	José María Figueres Olsen	PLN
1990-1994	Rafael Ángel Calderón Fournier	PUSC
1986-1990	Óscar Arias Sánchez	PLN
1982-1986	Luis Alberto Monge Álvarez	PLN
1978-1982	Rodrigo Carazo Odio	Unión Opositora
1974-1978	Daniel Oduber Quirós	PLN
1970-1974	José Figueres Ferrer	PLN
1966-1970	José Joaquín Trejos Fernández	Partido Unión Nacional
1962-1966	Francisco Orlich Bolmarich	PLN
1958-1962	Mario Echandi Jiménez	Partido Unión Nacional
1953-1958	José Figueres Ferrer	PLN
1952-1953	Otilio Ulate Blanco	Partido Unión Nacional
1948-1949	José Figueres Ferrer	----------
1948	Santos León Herrera	----------
1944-1948	Teodoro Picado	----------

Quelle: Datenbank Lateinamerika der Georgetown University, Washington DC.

4   Verfassungen

Nach seiner Unabhängigkeit von Spanien hat Costa Rica 15 Verfassungen verabschiedet. Die erste Verfassung trat 1825, vier Jahre nach der Unabhängigkeit des Landes, in Kraft.

Die bekannteste und zum damaligen Zeitpunkt sehr fortschrittliche demokratische Verfassung von 1949 ist bis heute gültig und wurde seitdem über 50 Mal reformiert. Demnach ist Costa Rica eine demokratische, freie und unabhängige Republik. Es herrscht Gewaltenteilung und -kontrolle.

Die Verfassung des Landes garantiert die Wahrung der Menschenrechte und der demokratischen politischen Grundrechte wie Versammlungsrecht, Bewegungs- und Meinungsfreiheit, Verbot der Zensur, politisches Asyl sowie die Wahrung des Eigentums. Im Artikel 50 verpflichtet sich der Staat, für die Wohlfahrt der Bürger zu sorgen und den Reichtum zu verteilen. Der Katholizismus ist Staatsreligion (Titel VI). Im Unterschied zu vielen anderen lateinamerikanischen Staaten wird die Verfassung in Costa Rica weitgehend respektiert und das am amerikanischen Vorbild ausgerichtete System der „checks und balances" funktioniert relativ gut.

5   Parlament

Costa Rica hat ein Einkammer-Parlament. In der so genannten Gesetzgebenden Versammlung sind 57 Abgeordnete vertreten, die für einen Zeitraum von vier Jahre direkt vom Volk gewählt werden. Eine sofortige Wiederwahl der Abgeordneten ist möglich. Derzeit sind acht Parteien im Parlament vertreten. Der Anteil der Frauen im Parlament ist mit 35% verhältnismäßig hoch.

Parlamentswahlen 2002

Unidad Social Cristiana (PUSC)	29.78%
Liberación Nacional (PLN)	27.1%
Partido Accion Ciudadana	21.96%
Movimiento Libertario (ML)	9.34%
Renovación Costarricense	3.59%

6   Regierung und Verwaltung

Der Regierungssitz ist San José. Die Exekutive ist das höchste Staatsorgan, wird aber, ähnlich wie in den USA, von der Verfassung und vom Parlament kontrolliert. Im Unterschied zu den meisten lateinamerikanischen Staaten verfügt Costa Rica über einen funktionsfähigen und relativ mächtigen, allerdings auch sehr bürokratischen Staatsapparat. Wichtige Wirtschaftssektoren, wie Stromversorgung, Versicherungswesen, Telekommunikation und das Sozialversicherungssystem sind Staatsmonopol und auch einige Banken blieben in staatlicher Hand. Zudem spielt die wohlfahrtsstaatliche Legitimation noch immer eine große Rolle in der Politik.

7 Wahlsystem und -verhalten

1948 wurde unter der Präsidentschaft von Figueres „Senior" das allgemeine Wahlrecht (für Männer und Frauen) eingeführt. Die Verfassung schreibt die Wahlpflicht aller Bürger ab 18 Jahren vor. Eine unabhängige Wahlbehörde, das Tribunal Supremo de Elecciones (TSE), bestehend aus drei Magistraten und sechs Stellvertretern, die vom Obersten Gerichtshof ernannt werden, wacht über die Rechtmäßigkeit der Abstimmungen.

Gewählt werden der Präsident und die beiden Vizepräsidenten, die Abgeordneten des Parlaments (Asamblea Constituyente) sowie die Vertreter der Kommunen und Landkreise (alcaldes y concejos de distrito). Costa Rica hat ein Mischwahlsystem. Bei den Kommunalwahlen entscheidet die relative Mehrheit. Die Zusammensetzung des Parlaments wird nach dem Verhältniswahlrecht (proportionales System d'Hondt) entschieden.

Die Präsidenten und Vizepräsidenten werden nach dem Mehrheitssystem gewählt. Falls der meistgewählte Kandidat nicht mehr als 40 Prozent der Stimmen erhält, wird eine zweite Wahlrunde einberufen. Sollten die Kandidaten bei der Stichwahl dieselbe Anzahl an Stimmen erhalten, wird laut Wahlgesetz der ältere der beiden Kontrahenten Präsident. Zum ersten Mal in der Geschichte des Landes wurde im April 2002 eine Stichwahl erforderlich, bei der sich der Kandidat der konservativen PUSC, Abel Pacheco, gegenüber dem Kandidaten der PLN, Rolando Araya, durchsetzte.

Tabelle 2: Ergebnis de Präsidentschaftswahlen 2002

Unidad Social Cristiana (PUSC)	38.58%
Liberacion Nacional (PLN)	31.05%
Partido Accion Ciudadana (PAC)	26.19%
Moviemiento Libertario (ML)	1.69%
Renovación Costarricense	1.07%
Integración Nacional	0.41%
Fuerza Democratica (FD)	0.27%
Coalición Cambio 2000	0.26%
Union General	0.17%
Patriotica Nacional	0.11%
Alianza Nacional Cristiana	0.08%
Rescate Nacional	0.06%
Independiente Obrero	0.05%

8 Parteien

Obwohl in Costa Rica über 15 politische Gruppierungen registriert sind und an den letzten Wahlen 2002 teilnahmen, beherrschen seit 1951 zwei zentrale Parteien die politische Landschaft: die sozialdemokratisch ausgerichtete liberalnationale PLN und die christsoziale PUSC.

Die Partido Liberación Nacional (PLN) – Partei der Nationalen Befreiung –, bezeichnet sich selbst offiziell als sozialdemokratische Partei Costa Ricas und ist die bedeutendste politische Kraft im Land. Sie stellte bislang sieben Präsidenten. Die PLN wurde 1951, zwei Jahre nach dem sechswöchigen Bürgerkrieg, von José Figueres Ferrer gegründet. Sein Ausspruch, „Es kann keine Freiheit ohne soziale Gerechtigkeit und keine soziale Gerechtigkeit ohne Freiheit geben" ist bis heute das Leitbild der Partei. Die PLN steht für freiheitlich liberale Prinzipien und repräsentiert den unter Figueres geschaffenen starken, interventionistischen Wohlfahrtsstaat.

Die Partei der christlich sozialen Einheit, Partido Unidad Social Cristiana (PUSC), entstand 1983 aus der Fusion von drei politischen Gruppierungen. Sie orientiert sich an der katholischen Soziallehre und an konservativen Werten. Seit ihrer Gründung stellte sie drei Präsidenten (Rafael Angel Calderón, Miguel Ángel Rodríguez und Abel Pacheco). Obwohl die programmatischen Unterschiede eher gering sind, setzt die PUSC stärker als die PLN auf eine Sanierung der Staatsfinanzen, auf Unternehmensförderung und auf den Abschluss von Freihandelsabkommen.

Bei den Präsidentschaftswahlen 2002 erzielte erstmals eine dritte politische Kraft, die erst zwei Jahre zuvor gegründete Partido Acción Ciudadana (PAC) – die Bürgeraktionspartei –, den Durchbruch. Sie kam auf mehr als 26% der Wählerstimmen und stellt seitdem acht Abgeordnete im Kongress. Zwar ist die neue Partei, angeführt von Ottón Solís, aus den Reihen der PLN entstanden, sie steht aber für ein anderes, bürgernahes Programm und mehr politische Transparenz. Die PAC spiegelt den Wunsch nach politischer Erneuerung wider und zeigt die Abnutzung der beiden Traditionsparteien PLN und PUSC, die durch die Korruptionsskandale der letzten Jahre und die neoliberale Wirtschaftspolitik bei den Wählern an Glaubwürdigkeit und politischen Rückhalt verloren haben.

Auch das 1994 von Otto Guevara und anderen Liberalen gegründete Movimiento Libertario (Freiheitsbewegung) ist im Kongress mit fünf Abgeordneten vertreten und spiegelt die Erweiterung des bisherigen Parteienspektrums wider. Ebenso wie die PAC stehen der Kampf gegen die Korruption und eine bürgernahe Politik im Mittelpunkt des politischen Programms der Partei.

9   Militär

Seit 1949 ist das Militär verfassungsrechtlich verboten. So verfügt Costa Rica über keine eigenen Streitkräfte, sondern unterhält lediglich Polizei- und Sicherheitskräfte von insgesamt 8.400 Mann. Die Abschaffung der Militärausgaben ermöglichte es dem Land, freiwerdende Gelder in staatliche Bildung und Sozialleistungen zu investieren, was Costa Rica einen komparativen Vorteil gegenüber anderen Staaten der Region verschaffte und die Finanzierung eines Wohlfahrtsstaates ermöglichte.

10   Kirche und Interessenverbände

Laut Verfassung ist der Katholizismus in Costa Rica Staatsreligion; Staat und Kirche sind jedoch getrennt. Obwohl fast 90 Prozent der Bevölkerung katholisch sind, hat das Land durch seine besondere Kolonialgeschichte eine säkulare Tradition, und die Verbindungen zwischen Staat und Kirche waren zu keinem Zeitpunkt sehr eng. In den letzten Jahren haben evangelische Sekten, vor allem die so genannte Pfingstler, auch in Costa Rica an Bedeutung gewonnen.

Costa Rica verfügt über ein bedeutendes „soziales Kapital". Der Organisationsgrad der Gesellschaft ist hoch und zahlreiche Bürger organisieren sich in Verbänden, Gewerkschaften, NGOs und anderen Organisationen der Zivilgesellschaft. Der demokratischen und partizipativen Tradition entsprechend, werden Interessengruppen bei Regierungsentscheidungen berücksichtigt oder aber direkt in den politischen Prozess einbezogen.

Costa Rica weist eine bedeutende Gewerkschaftsbewegung auf, die in den 30er Jahren entstand und zusammen mit den jeweiligen sozialdemokratischen Regierungen weit reichende Reformen des Arbeitsrechts und des Sozialversicherungssystems durchgesetzt hat. Im Land gibt es fünf Gewerkschaftsdachverbände. Zuletzt hat die Gewerkschaftsbewegung durch ihre Opposition gegen das Freihandelsabkommen Zentralamerika-USA (CAFTA) für Aufsehen gesorgt. Zuvor hatten die von Gewerkschaften organisierten Streiks im ganzen Land die von der Regierung Miguel Angel Rodríguez (der 2004 wegen Korruption als OAS-Generalsekretär zurücktrat) Privatisierungspläne des staatlichen Elektrizitätsunternehmens ICE verhindert.

11 Massenmedien

In Costa Rica herrscht uneingeschränkte Pressefreiheit. Angesichts der Größe des Landes repräsentiert die Medienlandschaft ein breites politisches Spektrum. Es gibt etwa 45 Rundfunk- sowie sieben Fernsehsender und es erscheinen zehn Tageszeitungen, zwei davon in englischer Sprache. Die beiden bedeutendsten Tageszeitungen des Landes sind „La Nación", „La República" und „Prensa Libre".

12 Politische Kultur und Partizipation

Unabhängig von politischen Konjunkturen ist die repräsentative Demokratie in Costa Rica fest verankert. Über 80 Prozent der Bürger lehnen, der Umfrageergebnisse des Latinobarómetro 2004 zufolge, eine Militärregierung auch im Krisenfall strikt ab und halten die Demokratie für die beste Regierungsform. Allerdings weist das politische System nach 50 Jahren Demokratie inzwischen deutliche Defizite auf. Dazu beigetragen haben vor allem die Korruptionsskandale seit den 90er Jahren, in die drei Präsidenten (Rafael Calderón Fournier, Miguel Angel Rodríguez und José María Figueres) der beiden zentralen Parteien des Landes (PLN und PUSC) verwickelt sind. So sind 68 Prozent der Costarricenses der Meinung, die Politik des Landes würde von mächtigen Partikularinteressen dominiert[5]. Dennoch schneidet Costa Rica im Korruptionsindex von Transparency vergleichsweise gut ab: Das Land belegt den drittbesten Rang in Lateinamerika.

Die größte Gefahr für den demokratischen Wohlfahrtsstaats in Costa Rica ist die neoliberale Reformpolitik, die den bisherigen politischen und sozialen Konsens langfristig aufbrechen könnte. Anzeichen hierfür war die Streikwelle und die damit verbundenen politischen Konflikte während der Amtsperiode von Miguel Angel Rodríguez (1998-2002). Die Privatisierung von Staatsbetrieben trifft auf erheblichen Widerstand in der Bevölkerung,

---

[5] Latinobarómetro, Edición 2004. Santiago de Chile.

gleichzeitig aber führt das Haushaltsdefizit zu erheblichen Finanzierungslücken im staatlichen Bildungs- und Gesundheitssystem.

Aufgrund der wachsenden sozioökonomischen Konflikte im Land vertreten einige Autoren die These von einer bevorstehenden Erosion des demokratischen Konsens und von einem langfristigen politischen Wandel in Costa Rica zugunsten des Populismus. Für eine Krise der liberalen Demokratie, basierend auf dem traditionellen Zweiparteiensystem, sprechen höhere Wahlenthaltungen: trotz Wahlpflicht enthielten sich fast 40% der Bürger bei der Stichwahl der Präsidenten im April 2002 der Stimme und an den Kommunalwahlen im Dezember desselben Jahres beteiligten sich nur 25% der Bürger. Dennoch ist der Glaube an die Demokratie als beste Regierungsform in Costa Rica weit größer als in allen anderen lateinamerikanischen Ländern und weiterhin gilt: „Democracy the only game in town" (Seligson 2001: 106).

13   Rechtssystem

Das höchste Rechtsorgan Costa Ricas ist der Oberste Gerichtshof. Seine 22 Magistrate werden für einen Zeitraum von acht Jahren von der Nationalversammlung (Parlament) gewählt. 1989 wurde der Verfassungssenat des Obersten Gerichtshofs gegründet, der die Einhaltung der Verfassung und der Respektierung der Bürgerrechte garantiert und die Rechtmäßigkeit der Regierungsdekrete prüft. Des Weiteren gibt es Appellationsgerichtshöfe (Berufungsgerichte), Kassationsgerichtshof (höchstes Berufungsgericht) und untergeordnete Gerichte in den Provinzen.

Das Rechtssystem Costa Ricas ist am französischen und spanischen Recht ausgerichtet. Ebenso wie in anderen Staaten der Region weist auch das Rechtssystem Costa Defizite, wie vor allem sehr langjährige Verfahren, auf. Dennoch ist Costa Rica ein Rechtsstaat; die Justiz ist professionell, weitgehend unabhängig und in allen Landesteilen präsent.

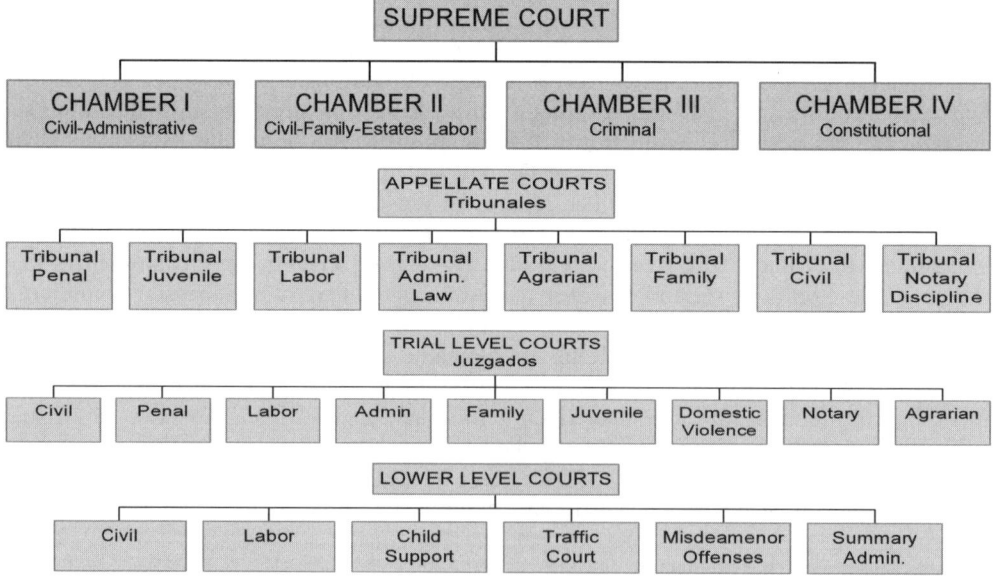

14   Regionen und Kommunen

Das Land ist in sieben Provinzen unterteilt (San José, Alajuela, Cartago, Heredia, Guanacaste, Puntarenas und Limon), die wiederum aus Kantonen und untergeordneten Landkreisen bestehen. Die Provinzgouverneure werden vom Präsidenten ernannt und sind ihm untergeordnet. Darüber hinaus gibt es 81, vom Volk gewählte Kommunalregierungen. Aufgrund der geringen Größe und Bevölkerungszahl des Landes, gibt es in Costa Rica keine Regionalparlamente.

15   Integration und Außenbeziehungen

Das ressourcenarme Costa Rica zeichnet sich bis heute durch seine internationale Isolierung aus. Bis heute hat das Land ein geringes regionales Gewicht, ist aber aufgrund seiner stabilen Demokratie und der pazifistischen Tradition international bekannt geworden. Allerdings hat Costa Rica seine Vorbildfunktion in Zentral- und Lateinamerika selten außenpolitisch genutzt. Eine der wenigen Ausnahmen war die Zentralamerika-Krise in den 80er Jahren.

Aufgrund seiner besonderen Kolonialgeschichte blieb Costa Rica lange Zeit isoliert und betrieb bis Mitte der 80er Jahre des 20. Jahrhunderts keine aktive bzw. autonome Außenpolitik. Verantwortlich hierfür sind zwei Faktoren. Zum einen ist die außenpolitische Handlungsfähigkeit kleiner Staaten begrenzt. Zum anderen hatte eine unabhängige Außenpolitik durch die Nähe zur Regionalmacht Mexiko und zur Weltmacht USA kaum Aussicht auf Erfolg. So gab es in der Region praktisch keinen Raum für eigene Führungsbestrebungen. Ein Land wie Costa Rica, im unmittelbaren Einflussbereich der Hegemonialmacht USA, konnte allenfalls durch eine regionale Einbindung an Verhandlungsmacht gewinnen, aber Costa Rica war eher eine Vetomacht denn ein Motor der mittelamerikanischen Integration.

Traditionell sind die USA Costa Ricas wichtigster Handelspartner und Hauptbezugspunkt seiner Außenpolitik. Die engen Beziehungen Costa Ricas zu den USA haben sich mit dem 2004 ratifizierten Freihandelsabkommen mit allen zentralamerikanischen Staaten konsolidiert. Aufgrund ihrer Vermittlerrolle im zentralamerikanischen Friedensprozess seit Mitte der 80er Jahre spielt auch die EU eine wichtige Rolle in den Außenbeziehungen Costa Ricas. Obwohl sie als Wirtschaftspartner an Bedeutung verloren hat, ist das Wohlfahrtsstaatsmodell ein zentraler Bezugspunkt zwischen Costa Rica und den meisten europäischen Staaten. Das gilt auch für das Parteiensystem und hier insbesondere für die sozialdemokratisch ausgerichtete PLN.

Die Außenpolitik Costa Ricas weist drei besondere Merkmale auf, die sich aus der demokratischen und nichtmilitärischen Tradition des Landes ergeben:

- Friedliche Koexistenz und Kooperation mit den USA,
- Liberale Einwanderungspolitik und Aufnahme von Flüchtlingen,
- Sonderweg außerhalb der zentralamerikanischen Integration

Damit verbunden sind zwei außenpolitische Instrumente oder Zielsetzungen:

1.   Demokratieförderung: Die wichtigste außenpolitische Mission Costa Ricas in Lateinamerika ist die Verbreitung von Frieden und Demokratie. Dem Friedensnobelpreisträ-

ger und ehemaligen Präsidenten Óscar Arias zufolge ist: „nur die Demokratie der Garant für eine Ära des Friedens in Zentralamerika und Lateinamerika. Ich glaube, dass unser Eintreten für eine Ära der Demokratie bei allen Völkern des lateinamerikanischen Kontinents schon bald zu einer unwiderstehlichen Bewegung werden kann. Für dieses Ziel arbeitet Costa Rica unermüdlich".

2. Internationales Konfliktmanagement: Costa Rica spielt eine aktive Rolle bei der friedlichen Beilegung von Konflikten in der Region und verfügt über Erfahrung im Bereich Konfliktmanagement durch sein Engagement in der Zentralamerika-Krise der 80er Jahre. Das Land beteiligt sich auch an internationalen Missionen im Rahmen der Organisation Amerikanischer Staaten (OAS) und der Vereinten Nationen.

Beide außenpolitische Instrumente spielten eine zentrale Rolle in der Zentralamerika-Krise Mitte der 80er Jahre. Unter der sozialdemokratischen Regierung von Oscar Arias (1986-1990) profilierte sich Costa Rica zum ersten Mal als regionale Führungsmacht, setzte diesen Anspruch aber nach der formellen Befriedung der Subregion Mitte der 90er Jahre nicht fort. Oscar Arias setzte sich aktiv für die Befriedung Zentralamerikas ein und hob dadurch die traditionelle Neutralitätspolitik Costa Ricas auf. Das Herzstück seiner Politik, die als Esquipulas-Prozess bekannt wurde, war ein 1986 entwickelter 10 Punkte-Friedensplan für Zentralamerika. Dahinter standen, dem damaligen Präsidenten zufolge, moralische Beweggründe: „Wir sind überzeugt, dass jedes Risiko, dass wir im Kampf um den Frieden auf uns nehmen, weniger wiegt, als die nicht wieder gutzumachenden Schäden des Krieges" (Arias 1987: 86).

Zum ersten Mal löste sich Costa Rica aus der engen Allianz mit den USA und betrieb eine autonome Außenpolitik. Gegen die Opposition der Reagan-Regierung in den USA entzog Arias den nicaraguanischen Contras, die auch auf costaricanischem Boden operierten, die Unterstützung. Sein Vorgänger, Alberto Monge (1982-1986), hatte teilweise die Contras unterstützt und sich nicht an der Initiative der so genannten Contadora-Gruppe beteiligt, die 1983 in Panama gegründet wurde und der Kolumbien, Mexiko, Panama und Venezuela angehörten. Der Plan Arias war die Grundlage für das im August 1987 unterzeichnete zentralamerikanische Friedensabkommen Esquipulas II.

Der Friedensplan war der bislang größte außenpolitische Erfolg des Landes. Er stärkte die Demokratie und trug zur friedlichen Konfliktlösungen in der Region sowie zur Demilitarisierung Mittelamerikas bei. Seine Wirkung ging über die Region hinaus. Die damalige Regierung Arias vermittelte zwischen Nicaragua und den USA und reiste nach Europa. Die aktive Außenpolitik zugunsten der Befriedung Zentralamerikas veränderte die Beziehungen zwischen Costa Rica und den USA. Der damalige Präsident Ronald Reagan reagierte auf die Einmischung Costa Ricas mit dem Entzug der Entwicklungshilfe. Europa hingegen honorierte die Bemühungen Costa Ricas und außenpolitische Emanzipation mit einer Einmischung in den Konflikt und mit der Unterstützung der regionalen Friedensinitiative. Vor diesem Hintergrund ist es kein Zufall, dass die erste gemeinsame Konferenz der Contadora-Staaten, der EU und Zentralamerikas 1984 in San José, in Costa Rica als neutralem Land stattfand. Seitdem hat sich der so genannte San-José-Prozess als reguläres politisches Forum zwischen beiden Regionen etabliert und bildete den Auftakt für den späteren politischen Dialog der EU mit unterschiedlichen lateinamerikanischen Partnern. Insgesamt zehn Jahre dauerte der zentralamerikanische Friedensprozess, für den 1986 der entscheidende Impuls von Costa Rica ausging.

Die Zentralamerika-Krise verschaffte Costa Rica regionales und internationales Ansehen und verbesserte die Beziehungen zu Europa. Allerdings wurde diese Politik von Arias Nachfolger Calderón Fournier und seiner konservativen PUSC nicht fortgesetzt (Abarca Amador 1998). Nach der Regierung Oscar Arias kehrte Costa Rica zum traditionellen außenpolitischen Kurs der Nichteinmischung und der engen Kooperation mit den USA zurück. Heute ist Außenpolitik in Costa Rica in erster Linie Außenwirtschaftspolitik. Im Mittelpunkt stehen dabei die Freihandelsabkommen mit den USA, Chile, der Dominikanischen Republik und Kanada.

Nach der Beendigung der Zentralamerika-Krise ging auch das Interesse Costa Ricas am Integrationsprozess zurück. Dies führte erneut zu einer relativen außenpolitischen Isolierung des Landes. Trotz seines hohen Entwicklungsstands und seiner politischen Stabilität ist Costa Rica kein Motor der zentralamerikanischen Integration; vielmehr pocht das Land auf seine Sonderstellung und tendiert zur Abgrenzung vom restlichen Zentralamerika. So beteiligte sich Costa Rica bis vor kurzem nicht am durch Korruption und Missmanagement diskreditierten Zentralamerikanischen Parlament PARLACEN. Auch das Interesse am zentralamerikanischen Integrationssystem SICA ist begrenzt. So nimmt Costa Rica bezüglich der regionalen Integration eine ähnliche Rolle wie Chile wahr, indem es sich vom subregionalen Integrationsprozess distanziert und die Annäherung an die USA sucht. Trotz Vorbehalten gegenüber seinen unmittelbaren Nachbarstaaten ist Costa Rica allerdings Mitunterzeichner des zentralamerikanischen Freihandelsabkommens mit den USA namens CAFTA.

Traditionell sind insbesondere die Beziehungen Costa Ricas zu seinem Nachbarn Nicaragua konfliktiv, bis 1990 aufgrund des Bürgerkrieges und in den letzten Jahren durch die verstärkte Zuwanderung. Heute leben etwa eine halbe Million Nicaraguaner im 3,5 Millionen-Staat Costa Rica, was erhebliche Assimilationsprobleme sorgt und Kosten im staatlichen Bildungs-, Gesundheits- und Sozialversicherungssystem verursacht.

Mit Ausnahme des Friedensprozesses der 80er Jahre nimmt Costa Rica aufgrund seiner historischen Isolierung, der stabilen Demokratie und des hohen Entwicklungsstands keine aktive Rolle in der Region wahr. Zu unterschiedlich ist das Profil des Landes, verglichen mit den Nachbarstaaten Nicaragua oder Guatemala, die einen hohen Anteil an indigener Bevölkerung, politische Instabilität und Armut aufweisen.

Literatur

Booth, John A. (2000): Costa Rica: Buffeted Democracy, in: Walker, Thomas W./Armony, Ariel G. (Ed.): Repression, Resistance, and Democratic Transition in Central America. Wilmington: 89-111.

Gratius, Susanne (2002): Die Wahlen in Costa Rica: Ende des Zwei-Parteien-Systems? Brennpunkt Lateinamerika. Kurzinfo Nr,. XI. Hamburg.

Heintz, Annette (1998): Costa Rica: interne Aspekte der Entwicklung einer Demokratie in Lateinamerika. Frankfurt am Main.

Maislinger, Andreas (Hrsg.) (1985): Costa Rica: Politik, Gesellschaft und Kultur eines Staates mit ständiger aktiver und unbewaffneter Neutralität. Innsbruck.

PNUD (2001): Informe Estado de la Nación de Costa Rica.

Seligson, Michell A. (2002): Trouble in Paradise? The Erosion of System Support in Costa Rica, 1978-1999, in: Latin American Research Review, Bd. 37, Nr. 1: 160-186.

Seligson, Michell A. (2001): Costa Rica´s Exceptionalism: Why the *Ticos* are Different, in: Ai Camp, Roderic (Ed.): Citizen Views of Democracy in Latin America. Pittsburgh: 90-107.

Willig, Reinhard (2002): Costa Rica hat gewählt: Die Ergebnisse der Präsidentschafts-, Kongress-
und Kommunalwahlen im Überblick, in: KAS-Auslandsinformation, Nr. 6. St. Augustin.
Wilson, Bruce M. (1998): Costa Rica: Politics, Economics, and Democracy. Boulder/London.

Das politische System der Dominikanischen Republik

Sebastian Grundberger

1 Überblick zur historischen Entwicklung seit dem Ende der Kolonialzeit

Das Gebiet des heutigen Staates „Dominikanische Republik" bildet den östlichen Teil der zweitgrößten Antilleninsel Hispañola. Der Name der Insel geht auf Christoph Kolumbus zurück, der bereits auf seiner ersten Reise 1492 dort landete. Als strategisch bedeutender Punkt in der Karibik war Hispañola stets ein begehrtes Objekt, um das sich besonders Spanien und Frankreich stritten.

Nachdem der französischsprachige Westteil der Insel 1804 als Haiti die Unabhängigkeit erlangt hatte, erklärten sich 1821 auch die spanischsprachigen Gebiete im Ostteil als *Estado Independiente de Haití Español* für unabhängig. Schon ein Jahr später wurde der junge Staat jedoch von haitianischen Truppen besetzt. Erst 1844 konnten die Besatzer vertrieben werden und das wieder unabhängige Land gab sich erstmals den Namen *República Dominicana*. Aus Angst vor einer Wiederbesetzung durch Haiti, unterstellte Präsident Pedro Santana die Dominikanische Republik 1861 freiwillig wieder der spanischen Kolonialherrschaft. Dieser im Amerika des 19. Jahrhunderts einzigartige Vorgang führte zu gewaltsamen Volksaufständen. Ein Unabhängigkeitskrieg, bekannt als *Guerra de la Restauración*, beendete im Jahr 1863 das koloniale Intermezzo und stellte die unabhängige Republik wieder her.

Die kreolische Oberschicht verfolgte jedoch weiter das Ziel, das Land unter die Kontrolle einer Schutzmacht zu stellen. Präsident Buenaventura Báez stellte einen Antrag auf Annexion der Dominikanischen Republik durch die aufstrebenden Vereinigten Staaten von Amerika, der 1870 durch ein zweifelhaftes Referendum formell bestätigt wurde. Der Kongress der USA lehnte die Eingliederung der Dominikanischen Republik jedoch ab. Das Volk protestierte gegen seine Herrscher abermals mit Unruhen, die im Jahr 1874 zum vorläufigen Ende der Regierung Báez´ führten.

Zwischen 1882 und 1899 geriet die Dominikanische Republik unter die Herrschaft des Diktators Ulises Heureaux. Um seine zahlreichen Unternehmungen zu finanzieren, verstärkte er die schon von Báez begonnene massive Verschuldung des Landes bei internationalen, vielfach US-amerikanischen Geldgebern. Als Heureaux 1899 ermordet wurde, stand die Dominikanische Republik am Rande des Bankrotts.

Nach fünf unruhigen Jahren entschlossen sich die Vereinigten Staaten im Interesse der Gläubiger und aus Furcht vor einer europäischen Intervention in der Region zum Eingreifen. Von 1905 bis 1930 übernahmen die USA die Zollverwaltung des völlig überschuldeten Karibikstaates. Nachdem es zu gewaltsamen Rebellionen im Land gekommen war und sich der dominikanische Kongress 1915 nicht bereit zeigte, der Forderung der USA nach der vollständigen Übernahme der Entscheidungsvollmacht in allen militärischen und finanziellen Angelegenheiten zuzustimmen, griffen US-Truppen ein und besetzten die Dominikanische Republik bis 1924 ganz.

Unter US-Verwaltung stabilisierte sich die innenpolitische Situation. Die öffentliche Infrastruktur wurde verbessert, während sich das nordamerikanische Kapital ungehindert ausbreiten konnte. Die USA betrieben den Aufbau einer nationalen Polizei, während man gleichzeitig die Bevölkerung entwaffnete und hart gegen Guerillabewegungen und sonstige bewaffnete Gruppen vorging. Der Zentralstaat konnte so ein effektives Macht- und Gewaltmonopol aufbauen. Die Nationalgarde, die nur kurze Zeit später in die dominikanischen Streitkräfte überging, wurde zu einem wichtigen Machtfaktor.

Im Februar 1930 putschte sich ihr Oberbefehlshaber, General Rafael Leonidas Trujillo inmitten der Weltwirtschaftskrise an die Macht. Einen Monat später ließ er sich durch nicht kompetitive Wahlen formell als Präsident bestätigen. In den folgenden 30 Jahren etablierte Trujillo eine extrem personalistische und vom europäischen Faschismus inspirierte Diktatur. Um den Anschein der Verfassungsmäßigkeit zu wahren, wurden in regelmäßigen Abständen Wahlen abgehalten, bei denen die Kandidaten Trujillos durch Manipulation gewannen. Wenn so auch offiziell die Präsidenten abwechselten, bestand nie Zweifel daran, dass der *jefe* selbst die Fäden der Macht in der Hand behielt. Lange Zeit unterstützten ihn die Vereinigten Staaten in der Hoffnung, das notorisch instabile Land zu beruhigen. Trujillo entwickelte sich zu einem der grausamsten und blutrünstigsten Diktatoren Lateinamerikas. Der extreme Personenkult, mit dem sich der Diktator verehren ließ, kommt unter anderem dadurch zum Ausdruck, dass er die Hauptstadt von *Santo Domingo* per Verfassungsänderung in *Ciudad Trujillo* umbenennen ließ. Ende der 1930er Jahre setzte das Regime einen Bauboom in Gang. Es entstanden zahlreiche Infrastrukturprojekte wie Autobahnen, Brücken, Kanäle und Siedlungen. Das Land wurde zudem mit Denkmälern des eitlen Herrschers überzogen, der sich öffentlich als *Benefactor* („Wohltäter") bezeichnen ließ.

Das Trujillo-Regime war nicht nur eine Militär-, sondern in vielen Bereichen auch eine Art Wirtschaftsdiktatur. Es setzte auf staatliche Monopole, etwa für die Produkte Salz, Fleisch, Milch oder Tabak sowie auf industrielle Entwicklung unter starker Staatsbeteiligung und Importsubstitution. Das Regime trug deshalb Züge einer Entwicklungsdiktatur. Produktion und Exporte wuchsen stark an. Dies galt in besonderem Maße auch für das persönliche Vermögen Trujillos. Der Diktator unterschied kaum zwischen eigenem Geld und Staatsmitteln und stieg schon 1934 zum reichsten Mann seines Landes auf. In den 50er Jahren wurde er gar zu einem der drei bis vier reichsten Menschen der Welt gezählt.

Als Mittel der Sicherung seiner Herrschaft wählte Trujillo den Staatsterror. So ging er rücksichtslos gegen politische Gegner vor. Im Jahr 1937 ließ er rund 20.000 im Grenzgebiet der Dominikanischen Republik lebende Haitianer ermorden. Auch im Ausland versuchte er, sich gewaltsam einzumischen. 1960 betrieb er erfolglos die Ermordung des venezolanischen Präsidenten Rómulo Betancourt, nachdem dieser ihn bei der Organisation Amerikanischer Staaten (OAS) wegen Menschenrechtsverletzungen angeklagt hatte.

In den letzten Jahren des Trujillo- Regimes wuchs sowohl die interne Opposition als auch der internationale Druck auf den Tyrannen. Die OAS verhängte wirtschaftliche Sanktionen gegen die Dominikanische Republik und die US-Regierung wandte sich von ihrem einstigen Protegé ab. Nach der kubanischen Revolution fürchteten die USA einen eventuellen kommunistischen Umsturz gegen die wackelnde Diktatur. Am 30. Mai 1961 wurde Rafael Trujillo durch mehrere Angehörige der dominikanischen Streitkräfte ermordet.[1] Der

---

[1] Über die letzten Jahre der Regierung Trujillo und die Umstände seiner Ermordung berichtet in romanhafter Form Mario Vargas Llosa in seinem Meisterwerk „La Fiesta del Chivo".

US-amerikanische Geheimdienst CIA leistete den Verschwörern dabei zumindest ideelle Hilfe.

Nach dem Tyrannenmord und eineinhalb unruhigen Jahren fanden im Dezember 1962 demokratische Wahlen statt, bei denen sich der linksgerichtete Reformpolitiker Juan Bosch durchsetzen konnte. Während seiner siebenmonatigen Regierungszeit versuchte er, im wirtschaftlichen und sozialen Bereich substantielle Veränderungen herbeizuführen. So verteilte er beispielsweise große Teile des ehemaligen Grundbesitzes der Trujillo-Familie an Landlose. Durch diese Maßnahmen und seine Toleranz gegenüber der Kommunistischen Partei, zog Bosch den Zorn konservativer Kreise der Armee auf sich. Im September 1963 wurde der Präsident durch einen Militärputsch gestürzt und ins Exil getrieben. Die Folge waren bürgerkriegsähnliche Wirren, in denen die Anhänger Boschs, jetzt in offener Allianz mit den Kommunisten, gegen die konservativen Kräfte kämpften.

Aus Furcht vor einer kommunistischen Machtübernahme entschloss sich US-Präsident Johnson 1965 zu einer Militärintervention. Rund 20.000 *marines* brachten das dominikanische Staatsgebiet zum zweiten Mal unter US-amerikanische Kontrolle. Die Invasoren bereiteten für das Jahr 1966 Wahlen vor, bei denen sich der ehemals enge Trujillo-Kollaborateur Joaquín Balaguer[2] gegen den aus dem Exil zurückgekehrten Juan Bosch durchsetzte. Auch die folgenden Wahlen von 1970 und 1974 konnte Balaguer, wenn auch unter sehr zweifelhaften Umständen, für sich entscheiden.

Zwischen 1966 und 1978 durchlebte die Dominikanische Republik eine Phase autoritärer Herrschaft. Das Motto des neuen Präsidenten Balaguer lautete „Revolution ohne Blut". Zwar nahm die Intensität der Repression im Vergleich zum Trujillo-Regime ab, Menschenrechte und bürgerliche Freiheiten wurden jedoch erneut stark eingeschränkt. Politische Gegner ließ der Präsident in vielen Fällen verhaften oder auch töten. Die USA leisteten der Regierung umfangreiche Wirtschaftshilfe. Dies trug zu einem enormen Wachstum der Wirtschaft von bis zu zehn Prozent jährlich bei. Anfang der 1970er Jahre führte Joaquín Balaguer eine vorsichtige Agrarreform durch und verbesserte die Infrastruktur in ruralen Gebieten. Auf diese Art versuchte er, seine politische Basis bei der Landbevölkerung auszuweiten.

Gegen Ende der 70er Jahre geriet das Land auch durch die Auswirkungen der Ölpreisschocks in eine schwere Wirtschaftskrise, die dem Ansehen von Präsident Balaguer stark schadete. Trotz versuchter Wahlmanipulation musste er sich bei den Urnengängen 1978 dem ehemaligen Gefolgsmann Juan Boschs, Antonio Guzmán, geschlagen geben. Zwar reduzierte dieser den Einfluss des Militärs im Staat, befreite politische Gefangene und erlaubte vielen Exilierten die Rückkehr ins Land, er geriet allerdings schnell ins Kreuzfeuer der Kritik, da er die Posten in der staatlichen Bürokratie stark ausweitete und diese zum Teil mit seinen Familienangehörigen und Freunden besetzte. Die Korruption war allgegenwärtig. Nachdem 1979 zwei Hurricanes das Land verwüstet hatten, versickerten viele Gelder der internationalen Katastrophenhilfe im löchrigen Staatsapparat. In der öffentlichen Meinung sank das Ansehen Antonio Guzmáns auf einen Tiefpunkt. 1982 beging er als amtierender Präsident Selbstmord.

---

[2] Der Jurist und Schriftsteller Joaquín Balaguer war zum Zeitpunkt der Ermordung Trujillos formell Präsident der Republik, wenn er in dieser Funktion auch keine reale Macht besaß. Davor hatte Balaguer in Madrid und Paris studiert und dem Trujillo-Regime in mehreren wichtigen staatlichen Funktionen wie etwa als Chef des Präsidialamtes oder als Vizepräsident loyal gedient.

Bei den Wahlen im selben Jahr konnte sich der Sozialdemokrat Salvador Jorge Blanco gegen die beiden traditionellen *caudillos* Bosch und Balaguer durchsetzen. Die Wirtschaftskrise verschärfte sich im Zusammenhang mit der drückenden Auslandsschuldenlast immer mehr. Die Zuckerpreise fielen, während Inflation und Ölpreise stark anstiegen. Der Präsident sah sich unter dem Einfluss des Internationalen Währungsfonds gezwungen, unpopuläre Austeritäts- und Strukturanpassungsmaßnahmen durchzuführen. Der Protest der Straße machte sich in gewaltsamen Unruhen und Plünderungen Luft und brachte das Land einmal mehr an den Rand eines Bürgerkrieges.

Joaquín Balaguer sah in dieser Situation erneut seine Stunde gekommen. Das sich nach Ordnung und Stabilität sehnende Land wählte den fast 80jährigen 1986 wiederum zum Präsidenten. Balaguer machte die Austeritätsprogramme seines Vorgängers Blanco für die Krise verantwortlich, ließ große Mengen Geld drucken und nahm zeitweise eine Inflation von bis zu 60 Prozent in Kauf, um staatliche Programme zu finanzieren. Die Wirtschaft wurde kurzfristig angekurbelt, nicht zuletzt durch die Ende der 80er Jahre rasch zunehmenden Einnahmen aus der Tourismusbranche

Obwohl die Dominikanische Republik 1989 in einer schweren Wirtschaftskrise versank und sich die Gewalt wieder auf den Straßen auszubreiten begann, konnte Balaguer die Wahlen 1990 noch einmal für sich entscheiden. Sein historischer Gegenspieler Juan Bosch, der nunmehr entgegen seinen früheren marxistischen Überzeugungen Privatisierungen forderte, unterlag ihm knapp.

Vier Jahre später wurde Balaguer nach den Wahlen wieder zum Präsidenten proklamiert. Sein Sieg an den Urnen geriet jedoch so stark in den Verdacht der Manipulation, dass er großen innenpolitischen und auch internationalen Protest auslöste. Balaguer musste schließlich in vorgezogene Neuwahlen nach nur zwei Jahren und ein Verbot der direkten Wiederwahl des Präsidenten einwilligen. Die Wahlen von 1996 waren damit die ersten seit dreißig Jahren, bei denen Balaguer nicht als Präsidentschaftskandidat antrat. Im zweiten Wahlgang konnte Leonel Fernández aus dem mittlerweile wirtschaftsliberale Positionen vertretenden Bosch-Lager hauchdünn das höchste Staatsamt erringen. Während seiner vierjährigen Amtszeit wuchs zwar die Wirtschaft stark an, die sozialen Probleme des Landes entschärften sich jedoch kaum.

Bei den Präsidentschaftswahlen im Jahr 2000 konnte Joaquín Balaguer verfassungsgemäß wieder antreten. Trotz seines Alters von 94 Jahren stellte sich der mittlerweile vollständig erblindete Balaguer noch einmal den Wählern. Den Sieg trug jedoch der unter einem sozialdemokratischen Banner antretende Hipólito Mejía davon. Auch wenn er die absolute Mehrheit im ersten Wahlgang knapp verfehlte, einigten sich die beiden unterlegenen Kandidaten darauf, den zweiten Wahlgang entfallen zu lassen und Mejía zum Präsidenten zu proklamieren.

Bei den Präsidentschaftswahlen 2004 fiel das höchste Staatsamt inmitten einer schweren Wirtschaftskrise wieder dem Ex- Präsidenten Leonel Fernández zu, der eine Stabilisierung des Landes, die Kontrolle der grassierenden Inflation und wirtschaftlichen Fortschritt versprach. Nach der Wahl beruhigte sich die politische und wirtschaftliche Situation allmählich. Das gute Abschneiden des Regierungslagers bei den Kongresswahlen im Mai 2006 stärkte die Position des Präsidenten weiter.

2   Verfassung, Verfassungswirklichkeit und die Problematik der Menschenrechte

Die erste dominikanische Verfassung wurde 1844 nach dem Erreichen der Unabhängigkeit von Haiti in Kraft gesetzt. Charakteristika dieser *Constitución de San Cristóbal* waren die Etablierung der republikanischen Staatsform, die Festschreibung der Grundrechte und die Schaffung eines präsidentiellen Systems. Zudem etablierte sie die Gewaltenteilung. Beeinflusst wurde diese erste Magna Charta von den französischen Verfassungen von 1799 und 1804, den haitianischen Verfassungen von 1816 und 1843, der 1812 in Kraft getretenen spanischen Verfassung von Cádiz sowie der US-Verfassung von 1787.

Nach Ende des spanischen Kolonialintermezzos wurde 1865 eine neue, liberale Verfassung verabschiedet. Erstmals legte sie das allgemeine Männerwahlrecht fest.

Die Verfassung von 1924 sollte einen demokratischen Neubeginn nach der US-Okkupation markieren. Sie etablierte das direkte Wahlrecht und blieb mit mehreren Veränderungen während der gesamten Herrschaftszeit Trujillos formell in Kraft.

Nach dem Ende der Diktatur kam es 1963 zur Verabschiedung einer Verfassung, die deutlich die progressive Handschrift von Präsident Juan Bosch trug. Sie trennte die Kirche strikt vom Staat und legalisierte die Ehescheidung. Zudem unterstellte sie die Armee der zivilen Gewalt, schrieb das Recht auf gewerkschaftliche Organisation fest und verbot Latifundien. Einige dieser Bestimmungen wurden durch die nach Amtsantritt Joaquín Balaguers 1966 erlassene neue Verfassung wieder korrigiert. In manchen Punkten war sie ein konservatives Gegenstück zur Verfassung Juan Boschs. Trotzdem behielt sie auch einige von deren Grundsätzen bei. Bis heute hat die Verfassung von 1966 mit einigen Reformen Gültigkeit. Die Dominikanische Republik wird als repräsentative Demokratie mit präsidentiellem Regierungssystem festgelegt. Zudem verbietet die Magna Charta Todesstrafe und Folter und legt zivile Grundfreiheiten und Rechte fest. Streikrecht und gewerkschaftliche Organisationsfreiheit sind weiterhin verfassungsrechtlich geschützt. Zumindest von 1966 bis 1978 kam der Verfassung während der autoritären Regierung Balaguers nicht mehr als Fassadencharakter zu.

Seit 1978 lässt sich eine schrittweise Öffnung des politischen Systems beobachten. Es herrscht mehr Pluralismus und der Respekt für die politischen Freiheitsrechte und die Menschenrechte hat zugenommen. Im Vergleich zu anderen lateinamerikanischen Staaten wurden aber lange Zeit kaum institutionelle Reformen durchgeführt.

Gleichzeitig wuchs der Einfluss von außerstaatlichen Akteuren. Da das starre politische System nicht in der Lage war, diese zu integrieren, kam es zu gesellschaftlichen Konflikten, deren Höhepunkt die offensichtlich manipulierten Wahlen von 1994 und die daraus resultierenden Auseinandersetzungen waren. Vorerst entschärft wurden sie durch den auf Vermittlung der OAS zustande gekommenen *Pacto por la Democracia*, der erstmals auch vorsichtige institutionelle Veränderungen mit einschloss. Diese waren insbesondere wahlrechtlicher Natur.

Eine effektive strafrechtliche Verfolgung der während der Trujillo-Diktatur begangenen gravierenden Menschenrechtsverletzungen hat nicht stattgefunden. Der Massenmord an den Haitianern in den 1930er Jahren rief große internationale Proteste hervor. Die dominikanische Seite deklarierte die Vorkommnisse jedoch lediglich als „Grenzkonflikte". Im Jahr 1939 zahlte man an Haiti eine Entschädigungssumme von 525.000 Dollar und betrachtete die Angelegenheit damit als erledigt.

Die allgemeine Aufarbeitung der Menschenrechtsverletzungen der Diktatur wurde nach deren Ende auch dadurch verhindert, dass viele der ehemaligen Spitzen des Militärregimes, angeführt von Präsident Balaguer, im Land in wichtigen Machtpositionen blieben. Die Trujillo-Familie selbst ging 1961 und damit noch im Jahr der Ermordung des Diktators ins Exil. Zum Schutz weiterer Menschenrechtsverbrecher wurden Amnestiegesetze erlassen.

Die lange Tradition der ungesühnten Menschenrechtsverletzungen in der Dominikanischen Republik dauerte auch während der Präsidentschaft Joaquín Balaguers ab 1966 an. Erst nach dem Amtsantritt von US-Präsident Jimmy Carter im Jahr 1977 wurde diese Problematik jedoch auch international stärker zur Kenntnis genommen und die dominikanische Regierung deshalb unter Druck gesetzt.

3   Das Staatsoberhaupt

In der Geschichte der Dominikanischen Republik waren Staatsoberhäupter häufig nicht bereit, die Macht nach demokratischen Grundsätzen abzugeben. Oft endete die Amtszeit von Präsidenten deshalb nicht durch demokratische Wahlen, sondern durch Proteste der Straße, gewaltsam herbeigeführte Tode der Amtsinhaber oder inmitten schwerer wirtschaftlicher Krisen. Einmal abgesetzt, kämpften viele Machthaber mit allen Mitteln um die erneute Übernahme des höchsten Staatsamtes. Die dominikanische Präsidentengeschichte ist eine Geschichte der *caudillos*, die über Jahrzehnte hinweg das politische Geschehen bestimmten. Von der Unabhängigkeit bis zum Ende des 19. Jahrhunderts herrschten vor allem Pedro Santana, Buenaventura Báez und Ulises Heureaux als autoritäre Machthaber. Die Jahre zwischen 1930 und 1996 wurden von Rafael Trujillo und Joaquín Balaguer dominiert. Das Präsidentenamt wurde häufig zur persönlichen Machtausweitung benutzt, für welche die jeweils geltende Verfassung kaum eine Grenze darstellte. Auch vor Korruption und Nepotismus schreckten die *caudillos* nicht zurück. Selbst in der reformerischen Phase seit 1978 akzeptierten die Präsidenten nicht immer die demokratischen Spielregeln. Balaguer betrieb massive Wahlmanipulationen und Hipólito Mejía initiierte 2002 eine Verfassungsreform, um sich selbst wieder zum Präsidenten wählen lassen zu können.

Formell bildet der dominikanische Präsident eine Ein-Mann-Exekutive und verfügt als Staatsoberhaupt und Regierungschef in Personalunion über zahlreiche politische und repräsentative Vollmachten. Er fungiert als Oberkommandierender der Streitkräfte und der Polizei und als Chef der öffentlichen Verwaltung. Der Präsident ernennt einen großen Teil der öffentlichen Amtsträger, wie etwa Minister, Staatssekretäre und Angehörige des diplomatischen Corps. Darüber hinaus kann er außerordentliche Sitzungen des Parlaments einberufen. Er verkündet Gesetze und verfügt über ein weitreichendes Dekrets- und Vetorecht.

Neben seiner großen institutionellen Macht ist der enorme Einfluss des dominikanischen Präsidenten vor allem dem Verhältnis zwischen Staat und Gesellschaft zuzuschreiben. Eine funktionierende Zivilgesellschaft existiert nur in Ansätzen. Im Gegenteil führen die scharfen sozialen und auch ethnischen Differenzen oft zu politischen Konflikten, die demokratische Entwicklungsprozesse behindern. In einem derart fragmentierten Umfeld erscheint der Präsident in besonderem Maße als Stabilitätsanker.

Autoritäre Herrschaftsstrukturen werden zudem durch den Patriarchalismus und den damit verbundenen starken Personalismus in der dominikanischen Politik unterstützt. Der

Präsident kann auf viele Prozesse Einfluss nehmen, zu denen er rechtlich eigentlich keinen Zugang hat. Ein Beispiel ist die Aufstellung der Kandidaten seiner Partei bei den Parlamentswahlen.

Formell muss man gebürtiger Dominikaner und mindestens 30 Jahre alt sein, um das Präsidentenamt bekleiden zu können. Aktive Mitglieder von Militär und Polizei sind vom höchsten Staatsamt ausgeschlossen. Die gleichen Bedingungen gelten für die Kandidatur für das Amt Vizepräsidenten, der im Falle von Amtsunfähigkeit oder Tod an die Stelle des Staatschefs tritt. Dritter in der Nachfolgeregelung ist der Präsident des Obersten Gerichtshofes.

Die Amtszeit des Präsidenten betrug nahezu in der gesamten dominikanischen Geschichte jeweils vier Jahre. Nach einer Verfassungsreform von 1970 konnte der Präsident unmittelbar und unbegrenzt wiedergewählt werden. Eine weitere Reform von 1994 verbot eine solche direkte Wiederwahl. Im Jahr 2002 wurde die unmittelbare Wiederwahl des Präsidenten erneut möglich.

4 Das Parlament

Die Legislativgewalt wird in der Dominikanischen Republik vom *Congreso Nacional*, einem Zweikammer-Parlament aus Senat und Abgeordnetenhaus ausgeübt. Die Verfassung überträgt dem Kongress eine Reihe von Funktionen, wie etwa die Finanzhoheit, die Möglichkeit der Verhängung des Ausnahmezustandes, die Bestätigungspflicht für zwei Wochen überschreitende Auslandsreisen des Präsidenten oder das Bestimmungsrecht über die territoriale Aufteilung von Provinzen und Munizipien. Normalerweise tagen beide Häuser getrennt, zu verfassungsmäßig festgelegten Anlässen wie der Entgegennahme des Amtseides des Präsidenten versammeln sie sich jedoch zur *Asamblea Nacional*.

Die Amtsperiode von Senatoren und Abgeordneten beträgt seit 1924 vier Jahre bei erlaubter Wiederwahl. Die Ausübung eines weiteren öffentlichen Amtes ist während der Mandatszeit verboten. Das Mindestalter für den Einzug ins Parlament beträgt 25 Jahre. Ein Kandidat muss entweder in der Provinz, für die er antritt, geboren sein, oder dort wenigstens fünf aufeinanderfolgende Jahre lang gewohnt haben.

Der Senat umfasst 32 Mitglieder. Jeder Senator repräsentiert dabei eine Provinz des Landes. Eine spezielle Kompetenz des Oberhauses ist die Ernennung der Mitglieder der obersten Wahlbehörde und des Finanzprüfungsgremiums (*Cámara de Cuentas*). Die vom Präsidenten ernannten öffentlichen Amtsträger müssen vom Senat bestätigt werden. Mit einer Drei-Viertel-Mehrheit kann das Oberhaus einen öffentlichen Amtsträger als letzte Instanz im Amtsenthebungsverfahren wegen gravierender Mängel in der Amtsführung von seinen Funktionen entbinden.

Das Abgeordnetenhaus hat im Vergleich zum Senat weniger Vollmachten. Es kann mit Drei-Viertel-Mehrheit ein Amtsenthebungsverfahren in die Wege leiten und muss alle Gesetze gemeinsam mit dem Senat beschließen.

Normalerweise werden Entscheidungen in beiden Kammern mit absoluter Mehrheit getroffen, bei besonders wichtigen Entscheidungen, wie etwa einer Verfassungsänderung, ist eine Zwei-Drittel-Mehrheit erforderlich. Die Sitzungsperioden der Parlamentskammern beginnen jedes Jahr am 27. Februar und 16. August und dauern jeweils 90 Tage.

5   Regierung und Verwaltung

Die dominikanischen Ministerien werden offiziell als „Secretariados de Estado" bezeichnet. Da der Präsident die Mandatsträger nach eigenem Ermessen entlassen und neu berufen kann, sind sie in hohem Maße vom Staatschef abhängig. Neben den Ministerien und den zentralen Regierungsbehörden existiert auch der sogenannte „dezentralisierte Sektor", welcher nominell über eine größere Unabhängigkeit verfügt. Zum „dezentralisierten Sektor" werden etwa der *Banco Central* oder auch Institute und Behörden wie das *Instituto Nacional de Vivienda* (INVI), die *Oficina Nacional de Administración y Personal* (ONAP) oder das Instituto Agrario Dominicano gezählt.

Nominell sorgt die Verfassung für ein deutliches institutionelles Gegengewicht des Parlamentes zum Präsidenten. In der politischen Praxis kennzeichnen sich die legislativen Institutionen jedoch häufig durch Schwäche und Ineffizienz. Man kann somit kaum von einem Gleichgewicht der verfassungsmäßigen Organe sprechen. In der Vergangenheit kontrollierte der Präsident die anderen Organe oft nach Belieben, und bis heute konnten sie sich ihm gegenüber nicht wirksam emanzipieren. Dies gilt vor allem für das Parlament, welches oft als verlängerter Arm der Exekutive funktioniert.

Ein Beispiel hierfür ist die politische Praxis in Budgetfragen, eigentlich ein klassischer Hoheitsbereich der Legislative: Die Einnahmeerwartungen des Staates werden in der Dominikanischen Republik regelmäßig deutlich zu niedrig taxiert. Alles, was an realen Einnahmen über diese Erwartungen hinausgeht, fließt in einen „Fond 1401", über den der Präsident frei verfügen darf. Die dadurch dem Präsidenten zur Verfügung stehenden enormen Geldmittel untergraben massiv die Vorrechte des Kongresses in der staatlichen Finanzplanung. Joaquín Balaguer gab zwischen 1987 und 1996 auf diese Art und Weise rund 52 Prozent der staatlichen Mittel am Kongress vorbei aus.

Der Staat spielt in der Dominikanischen Republik traditionell eine sehr starke Rolle und durchdringt das öffentliche Leben und auch die Wirtschaft. In seinem Inneren dominieren klientelistische Machtbeziehungen und informelle Netzwerke. Politischen Freunden werden als Belohnung für Hilfeleistungen Posten in der staatlichen Bürokratie eingeräumt, die kaum effizient aber sehr teuer sind. So verwendete der dominikanische Staat zwischen 1980 und 2001 rund 29 Prozent seiner Ausgaben nur für die Löhne von Staatsbediensteten.

Allerdings sieht sich der Staat durch die verstärkten Forderungen etwa des Internationalen Währungsfonds nach einem freieren Markt in seiner traditionell dominanten Rolle zunehmend in Frage gestellt. Eine neue, aufstrebende Wirtschaftselite fordert die traditionelle Elite heraus. Auch die Effekte der Globalisierung und eine deutlich zu beobachtende Öffnung der Gesellschaft führen zu einem Gegensatz zwischen Tradition und Moderne, der in der Dominikanischen Republik noch für manche Auseinandersetzung sorgen dürfte.

Im Jahr 2001 wurde das Institutionengefüge der Dominikanischen Republik mit der *Defensoría del pueblo* um eine weitere Behörde erweitert. Der *Defensor del pueblo* erfüllt dabei die Aufgabe des Bürgerbeauftragten (Ombudsmanns).

6 Gesetzgebung

Initiativrecht für die Einbringung von Gesetzen haben der Präsident und alle Mitglieder beider Parlamentskammern. Zusätzlich darf der oberste Gerichtshof in juristischen, die oberste Wahlbehörde in elektoralen Fragen Gesetze einbringen.

Gesetzesvorlagen werden zunächst im Senat und im Abgeordnetenhaus getrennt beraten und beschlossen. Ist Einigkeit zwischen den Kammern über die Vorlage erzielt worden, wird sie dem Präsidenten zur Unterschrift vorgelegt. Falls der Präsident keine Einwände gegen die Vorlage hat, wird das Gesetz innerhalb von spätestens einer Woche offiziell verkündet und innerhalb von drei Wochen veröffentlicht. Dabei bedient sich das Staatsoberhaupt der 1851 gegründeten und seitdem in der Hauptstadt herausgegebenen *Gaceta Oficial*. Falls der Präsident einem Gesetz die Zustimmung versagen möchte, hat er das Recht, gegen dieses ein Veto einzulegen. In einem solchen Fall kann er nur durch eine qualifizierte Zwei-Drittel-Mehrheit in beiden Kammern des Kongresses überstimmt werden.

7 Wahlsystem und Wahlverhalten

Der Präsident und die beiden Kammern des Kongresses werden alle vier Jahre in direkten, freien und geheimen Wahlen gewählt. Wahlberechtigt sind Dominikaner, die das 18. Lebensjahr vollendet haben. Verheiratete haben unabhängig von ihrem Alter Wahlrecht.

Zwar schrieb bereits die erste Verfassung von 1844 eine geheime Wahl vor, mehr als hundert Jahre lang fand jedoch kaum ein Urnengang wirklich geheim statt. Erst seit 1962 können die dominikanischen Wahlen als geheim gelten. Während der ersten US-amerikanischen Besatzung wurde 1923 ein Gesetz erlassen, das Angehörige von Polizei und Armee vom seit 1865 bestehenden, allgemeinen Männerwahlrecht ausschließt. Diese Regelung gilt bis heute. Die dominikanischen Frauen erhielten 1942 und damit im lateinamerikanischen Vergleich recht früh das Wahlrecht. Seit den Wahlen 2004 sind auch Auslands-Dominikaner stimmberechtigt.

Präsident und Vizepräsident wurden bis 1994 mit relativer Mehrheit im ersten Wahlgang gewählt. Seit 1996 muss ein Kandidat die absolute Mehrheit der Stimmen erreichen, um Staatschef zu werden. Erreicht er diese im ersten Wahlgang nicht, entscheidet eine Stichwahl zwischen den beiden bestplatzierten Kandidaten.

Senatoren werden per Mehrheitswahlrecht gewählt. Das Wahlsystem ist dabei uninominal. Jede Provinz wählt unabhängig von ihrer Bevölkerungsanzahl nur einen Senator. Das gleiche gilt für den Hauptstadtdistrikt. Immer wieder wird Protest gegen dieses Wahlsystem laut, da es die einwohnerstarken Provinzen faktisch benachteiligt. Die Wahl des Unterhauses funktioniert hingegen nach dem Verhältniswahlrecht. Jede Provinz wählt dabei eine zu ihrer Einwohnerzahl proportionale Anzahl an Abgeordneten. Ein Abgeordneter repräsentiert jeweils 50.000 oder einen Rest von mindestens 25.000 Einwohnern. Jede Provinz hat unabhängig von ihrer Einwohnerzahl das Recht, mindestens zwei Abgeordnete zu wählen. Die Vergabe der Mandate erfolgt nach der d´Hondtschen Methode.

Über die Rechtmäßigkeit und Transparenz der Präsidentschafts- und Parlamentswahlen wacht die 1923 geschaffene oberste Wahlbehörde *Junta Central Electoral* (JCE). Obwohl sie quasi allein für die Durchführung der Wahlen verantwortlich ist, wird ihre Unabhängigkeit nicht verfassungsrechtlich garantiert. Der Präsident übte in der Vergangenheit großen Einfluss auf die Zusammensetzung der JCE aus, weshalb sie in Streitfällen oft in seinem Sinn entschied. Letztmalig wurde dies bei den umstrittenen Wahlergebnissen von 1990 und 1994 deutlich. Durch die lange Liste von Wahlmanipulationen ist das Vertrauen in die oberste Wahlbehörde allgemein nur sehr gering.

Seit 1963 herrscht in der Dominikanischen Republik Wahlpflicht. Trotzdem liegt die durchschnittliche Wahlbeteiligung nur bei gut 70 Prozent der registrierten Wähler. Insgesamt ist die Wahlbeteiligung bei Präsidentschaftswahlen wesentlich höher als bei Kongresswahlen. Während die Abstinenz bei den Präsidentschaftswahlen von 1996 und 2000 knapp die 20-Prozent-Marke überstieg, lag sie bei den Kongresswahlen von 1998 bei über 40, 2002 sogar bei fast 50 Prozent. Hauptgrund für diesen Unterschied ist die deutlich größere Erwartungshaltung, die dem Präsidenten im Vergleich zum Kongress von den Dominikanern entgegengebracht wird.

8   Politische Parteien

Am Anfang des dominikanischen Parteiensystems standen die konservativen *Colorados* und die liberalen *Azules*. Die *Colorados* waren im Wesentlichen eine Unterstützungsplattform für den *caudillo* Buenaventura Báez, der zum ersten Mal 1849 an die Macht gelangte und sie erst 1878 endgültig verlor. Die *Colorados* strebten nach ausländischer Protektion und verteidigten die Privilegien der katholischen Kirche. Die *Azules* bildeten eine wenig kohärente Gruppe mit mehreren Führungsfiguren. Sie waren stärker laizistisch und nationalistisch eingestellt. Beide in gleichem Maße von der gesellschaftlichen Oberschicht gebildeten Lager lieferten sich erbitterte Auseinandersetzungen, die oft auch militärisch ausgefochten wurden. Der Beginn der Diktatur von Ulises Heureaux beendete diesen Konflikt.

In den Jahren Trujillos etablierte dieser mit dem *Partido Dominicano* (PD) ein auf seine Person ausgerichtetes Instrument der Herrschaftssicherung. Um den Anschein eines Mehrparteiensystems zu erwecken, gründete er als „legale Opposition" zusätzlich den *Partido Trujillista Dominicano* (PTD). Beide Parteien verschwanden mit dem Tod des *jefe* wieder von der politischen Bühne.

Joaquín Balaguer initiierte 1963 die Gründung des *Partido Reformista* (PR). Die Partei hatte ein klares katholisch-konservatives ideologisches Profil. Viele ehemalige *trujillistas* fanden in ihr Aufnahme. Politische Gegnerin des PR war der von Juan Bosch 1939 im kubanischen Exil gegründete *Partido Revolucionario Dominicano* (PRD). Er entwickelte sich seitdem von einer linksrevolutionären Exilpartei hin zu einer sozialdemokratischen Kraft des politischen Mainstreams. Besonders seit Beginn der 70er Jahre durchlief die Partei einen nachhaltigen Modernisierungsprozess, der ihrem Gründer schließlich zu weit ging. 1973 trat Juan Bosch aus dem PRD aus und gründete mit dem *Partido de la Liberación Dominicana* (PLD) eine neue linksrevolutionäre Partei. Balaguer gelang es 1985, seinen PR mit dem christsozialen *Partido Revolucionario Social Cristiano* zum *Partido Reformista Social Cristiano* (PRSC) zusammenzuschließen und so das Mitte-Rechts-Lager zu vereinigen.

PRD, PLD und PRSC bilden heute im Wesentlichen ein Dreiparteiensystem. Kleine politische Gruppierungen haben zwar teilweise erstaunlich große Mitgliederzahlen, an den Wahlurnen profitieren sie davon jedoch kaum. Die großen Drei konnten bei den Wahlen zwischen 1996 und 2002 gemeinsam im Schnitt deutlich über 90 Prozent der Stimmen auf sich vereinigen. Alle drei relevanten Parteien haben sich von ihren ideologischen Wurzeln gelöst und gehören heute der erweiterten politischen Mitte an. Das ist ein klarer Gegensatz zu früheren Zeiten, als Balaguer die Auseinandersetzung seiner Partei mit dem gegnerischen PRD noch als „Kampf zwischen Ordnung und Chaos" bezeichnet hatte. Besonders deutlich ist die Entfernung von ursprünglichen politischen Ideen beim PLD zu beobachten. Bei seiner Gründung war er marxistisch und fast antisystemisch ausgerichtet, während er heute eine liberale und unternehmerfreundliche Politik vertritt. Auch ihre internationale Vernetzung sagt etwas über den politischen Standpunkt der dominikanischen Parteien aus. Während der PRD der Sozialistischen Internationalen angehört, ist der PRSC Mitglied in den christdemokratischen Parteizusammenschlüssen CDI und ODCA.

Politische Parteien haben im dominikanischen politischen System traditionell eine relativ schwache Stellung. Sie sind in hohem Masse von ihren politischen Führungsfiguren abhängig. Darüber hinaus schränkt die starke Stellung des Präsidenten ihren Einfluss ein. Andererseits ist anzumerken, dass das dominikanische Parteiensystem die gesellschaftlichen Strömungen so effektiv integriert, dass Parteineugründungen momentan kaum erfolgversprechend erscheinen.

PLD und PRSC stehen aktuell vor der Herausforderung, den Tod ihrer historischen Führer Bosch (2001) und Balaguer (2002) zu verkraften. Beim PLD hat sich mit Präsident Leonel Fernández eine neue Führungsfigur herausgebildet, was beim PRSC in dieser Form bisher noch nicht der Fall ist.

9   Militär

Während der Trujillo-Diktatur stieg das Militär zum wichtigsten Machtfaktor im Staat auf. Es stand der Person des Diktators loyal gegenüber und befolgte die Befehle Trujillos auch dann, wenn sie Tötungen oder Folterungen betrafen. Im Gegenzug erhielten führende Militärs großen gesellschaftlichen und politischen Einfluss. Nach dem Zusammenbruch des Trujillo-Regimes sah sich das Militär als Überwachungsinstanz für den politischen Prozess. Zudem waren seine Führungsfiguren, protegiert von Trujillo, durch Beteiligungen an staatlichen Firmen in die Geldelite des Landes aufgestiegen.

Seit Mitte der 60er Jahre geht der Einfluss des Militärs auf die Politik langsam aber kontinuierlich zurück. Militärreformen bedeuteten einen Schritt hin zu einem eindeutigen politisch-zivilen Primat gegenüber den Streitkräften. Zudem wurde die Armee einer graduellen Modernisierung unterzogen. Zumindest während seiner ersten Amtszeit tolerierte Präsident Balaguer jedoch außerhalb des regulären Militärs die Entstehung von paramilitärischen Gruppierungen und benutzte sie teilweise als Instrument der politischen Repression.

Heute erkennt das Militär eindeutig seine Unterordnung unter die zivile Staatsführung an und spricht sich für Demokratie und Menschenrechte aus. Die dominikanische Armeeführung ist dabei zweifelsohne noch immer meist status-quo orientiert und sozialkonservativ eingestellt. Die Streitkräfte haben nach der Diktatur jedoch nicht wie in anderen lateinamerikanischen Ländern über lange Zeit eine Rolle als Staat im Staate bewahrt. Trotzdem ist das Militär in der Dominikanischen Republik immer noch ein sehr wichtiges Machtinstrument und bietet besonders für Angehörige der unteren Mittelschicht eine Möglichkeit zum sozialen Aufstieg.

Die dominikanische Verfassung bezeichnet das Militär als „gehorsam und apolitisch". Es ist für die Verteidigung des nationalen Territoriums und der nationalen Souveränität sowie zur Aufrechterhaltung der öffentlichen Ordnung zuständig. Auf Anordnung des Präsidenten kann die Armee auch zu anderen Aufgaben herangezogen werden. Es gibt keine allgemeine Wehrpflicht. Im Jahr 2003 betrug die Gesamtstärke der dominikanischen Truppen 24.500 Mann. Das Heer besteht dabei aus 15.000 Soldaten und umfasst eine spezielle Präsidentengarde. Dazu kommen Marine, Luftwaffe und Militärpolizei.

10 Kirchen und Interessenverbände

Etwa 95 Prozent der dominikanischen Bevölkerung gehören der römisch-katholischen Kirche an. Diese hatte schon immer einen starken Einfluss auf Gesellschaft und Politik des Landes. Ein symbolischer Ausdruck hierfür ist das Staatswappen. Es umfasst ein Kreuz, eine Bibel und die drei Wörter „Gott", „Vaterland" und „Freiheit".

Im 19. und beginnenden 20. Jahrhundert war die katholische Kirche eng mit konservativen politischen Kreisen verbunden. Auch Rafael Trujillo versuchte, sich als Freund der Kirche zu erweisen und unterschrieb ein Konkordat mit dem Vatikan. Der Klerus kollaborierte zunächst auch teilweise mit dem Diktator, beispielsweise bei den „Dominikanisierungskampagnen" Trujillos im Grenzgebiet zu Haiti, die auf den Mord an den dort lebenden Haitianern folgten. Ein wichtiger Baustein der Ausmerzung haitianischer Kulturelemente in der Region war die Ausrottung des Voodookultes. In diesem Zusammenhang spielten kirchliche Missionsoffensiven, die zumeist von Jesuiten durchgeführt wurden, in den staatlichen Plänen eine wichtige Rolle.

Gegen Ende seiner Herrschaft wollte sich Trujillo den Titel „Wohltäter der Kirche" verleihen lassen. Als der Klerus sich weigerte, diesem Wunsch zu entsprechen, attackierte der Diktator die katholische Hierarchie scharf. Daraufhin reihte sich die Kirche deutlich in die Reihen der Opposition ein.

Während sie sich entschieden gegen Präsident Bosch aussprach und dessen Regierung des Kommunismus verdächtigte, unterstützte die Kirche zunächst grundsätzlich die Regierung Balaguers. Schon bald jedoch setzte sie sich öffentlich für die Wahrung der Menschenrechte ein und protestierte vor allem gegen die Gewaltexzesse der Paramilitärs.

Seit Ende der 70er Jahre ist eine verstärkte Sorge der katholischen Kirche um die sozialen Ungerechtigkeiten in der dominikanischen Gesellschaft zu beobachten. Auch politisch setzt sie sich vermehrt für transparentere und demokratischere Strukturen ein. So wandte sich der Klerus 1994 öffentlich gegen die vermutete Wahlfälschung Balaguers. Die Kirche hat vielfach die Vermittlerrolle in politischen Konflikten übernommen und sich dadurch den Ruf einer gewissen Unabhängigkeit und ein hohes Ansehen erworben.

Die Rolle der Gewerkschaften, denen ungefähr zehn Prozent der abhängig Beschäftigten des Landes angehören, ist in der Dominikanischen Republik eher gering. Sie sind organisatorisch und ideologisch äußerst heterogen, was eine gemeinsame Aktion nachdrücklich behindert. Die vier größten gewerkschaftlichen Dachverbände bilden seit 1998 gemeinsam den *Consejo Nacional de la Unidad Sindical* (CNUS). Auf Unternehmerseite existiert als Dachverband der *Consejo Nacional de la Empresa Privada* (CONEP). Auch die Arbeitgeber verfügen mit der *Confederación Patronal de la República Dominicana* (COPARDOM) über einen Zusammenschluss.

NGOs und neue soziale Bewegungen haben in der Dominikanischen Republik oft mehr Erfolg damit, bestehende Ordnungen und einflussreiche Persönlichkeiten in Frage zu stellen, als wirkliche inhaltliche und personelle Alternativen anzubieten. Ein Beispiel für eine aktive und erfolgreiche zivile Organisation ist *Participación Ciudadana*. Ihr Ziel ist es, durch gesellschaftliches Engagement den demokratischen Prozess in der Dominikanischen Republik zu fördern. Bei den Wahlen 2004 sorgte die Organisation dafür, dass die Urnengänge von 7000 nationalen Wahlbeobachtern überwacht wurden, um eventuellen Manipulationsversuchen vorzubeugen.

11 Massenmedien

Die Tradition der dominikanischen Presse reicht bis weit ins 19. Jahrhundert zurück. Schon damals war das Presseangebot im Karibikstaat vergleichsweise reichhaltig und repräsentierte verschiedene Seiten des Meinungspluralismus. Während der Trujillo-Diktatur änderte sich dies gravierend. Der Staat kontrollierte die Medien streng und ließ nur noch solche zu, die das Regime unterstützten. Einzelne unabhängige Stimmen konnten sich unter dem enormen Druck der Diktatur nicht halten. Die Folge war eine drastische Reduktion des Medienangebotes im Land. Nach dem Tod Trujillos entstanden neue Freiräume, die zu einer Revitalisierung der Medienlandschaft führten.

Heute existieren rund ein Dutzend Tageszeitungen, deren Großteil in Santo Domingo erscheint. Die größte unter ihnen ist das 1889 gegründete *Listín Diario* mit einer Auflage von etwa 88.000. Die Zeitung begleitete in der Vergangenheit häufig kritisch den politischen Prozess. Während der US-Okkupation veröffentlichte sie zahlreiche Artikel, die gegen die Besatzung protestierten. 1942 musste das *Listín Diario* seinen Betrieb einstellen und erschien erst nach Ende der Diktatur 1963 wieder. Als nächstgrößte Tageszeitungen des Landes erscheinen in Santo Domingo *El Nacional* mit ungefähr 45.000, *Hoy* mit zirka 40.000 und *El Caribe* mit rund 32.000 gedruckten Exemplaren. Außerhalb der Hauptstadt erscheint in Santiago de los Caballeros seit 1915 als relativ bedeutende Zeitung *La Información*.

Der dominikanische Staat verfügt mit *Radio Televisión Dominicana* (RTVD) über einen eigenen Fernsehkanal. Daneben gibt es rund 40 private Kanäle. Beliebt sind auch ausländische Sender, insbesondere aus den USA.

Das Radio ist nach wie vor ein wichtiges Medium im Leben der Dominikaner. Der Hörfunk wird vom *Instituto Dominicano de Telecomunicaciones* überwacht. Insgesamt existieren im Land rund 320 Radiosender, die über UKW oder Kurzwelle zu empfangen sind.

12 Politische Kultur

Die Ausrichtung auf die historischen *caudillos* Balaguer und Bosch hat die politische Kultur des Landes über Jahrzehnte in hohem Masse geprägt. Seit jeher genießen autoritäre Herrschaftsformen eine starke Unterstützung im Volk. Zwar bekennt sich ein Großteil der Dominikaner zum demokratischen Regierungssystem, ihr Demokratieverständnis ist dabei aber kaum mit westlichen Demokratievorstellungen zu vergleichen. Die Dominikanische Republik gilt auch deshalb als eines der Länder Lateinamerikas, die am weitesten von der europäischen politischen Kultur entfernt sind.

Viele politische Führungsfiguren sehen in Wahlen und Politik vor allem eine Investition, die sich rentieren muss. Die Ämter werden so als Möglichkeit begriffen, sich selbst und
den eigenen Angehörigen Einkommen und Pfründe zu verschaffen. Dominikanische Wahlkämpfe sind stark auf Personen zugeschnitten. Für politische Programme und Inhalte bleibt
da wenig Platz. Hipólito Mejía, letztlich siegreicher Präsidentschaftskandidat des PRD, gab
im Vorfeld der Wahlen 2000 in Fernsehinterviews zu Protokoll, er befasse sich nicht mit
politischen Detailfragen. Sein Gegner Balaguer erklärte, er brauche kein Programm, da er
nach Amtsantritt erst einmal sehen müsse, was in der staatlichen „Büchse der Pandora"
noch vorhanden sei. Zudem sei das Programm seiner Partei ohnehin in jeden Stein des
Landes gemeißelt.

Mitunter kann es in Wahlkämpfen zu gewalttätigen Auseinandersetzungen kommen.
So kamen im Vorfeld der Wahlen 2004 insgesamt sechs Personen zu Tode und ungefähr
100 wurden verletzt.

Ein gravierendes Problem im politischen Leben der Dominikanischen Republik ist die
mangelnde Integration der Unterschichten in den politischen Prozess. Durch die sehr geringe soziale Mobilität der Gesellschaft ist diese vor allem passiver Natur. Vertrauen in Transparenz und Demokratie der staatlichen Institutionen ist bei den armen Bevölkerungsschichten kaum vorhanden. Das Protestpotenzial und die Gefahr von gewaltsamen Unruhen in
Krisenzeiten ist daher auch heute noch hoch.

13   Rechtssystem

Das Rechtssystem der Dominikanischen Republik weist in vielen Punkten französische
Einflüsse auf. Höchste juristische Instanz ist die *Suprema Corte de Justicia* (SCJ).

Zudem existieren fünf, dem obersten Gericht untergeordnete Appellationsgerichtshöfe
und ein Landtribunal. In jedem juristischen Bezirk gibt es eine Strafgerichtsbarkeit erster
Instanz, in den Gemeinden existiert zudem mindestens ein Friedensrichter.

Der in Santo Domingo ansässige oberste Gerichtshof besteht aus 16 Richtern und drei
Kammern. Seine Mitglieder werden vom *Consejo Nacional de la Magistratura* eingesetzt,
einem Gremium, dem unter anderem Präsident, Vizepräsident, Senatspräsident, der Präsident des Unterhauses und der Präsident des obersten Gerichtshofes angehören. Falls sie
nicht durch ein Amtsenthebungsverfahren abgesetzt werden, gilt das Mandat der obersten
Richter lebenslang. Die SCJ fungiert als letzte Appellationsinstanz sowie als Kassationsgericht. Strafangelegenheiten, die staatliche und diplomatische Amtsträger betreffen, werden
nur vor ihr verhandelt. Zudem wählt das oberste Gericht alle Richter der unteren Instanzen
und ist höchstes Kontrollorgan für das gesamte Justizwesen. Um in die *Suprema Corte de
Justicia* aufzurücken, muss ein Kandidat 35 Jahre alt und Dominikaner sein, sowie über
eine abgeschlossene juristische Ausbildung mit mindestens zwölfjähriger Berufspraxis
verfügen.

Der Generalstaatsanwalt (Procurador General de la República) verfügt über eine eigene Behörde. Um dieses Amt zu bekleiden, gelten dieselben Bedingungen wie für die Obersten Richter.

Die Dominikanische Republik weist im Bereich der Rechtsstaatlichkeit nach wie vor
deutliche Defizite auf. In den letzten Jahren hat zwar eine vorsichtige Aufwertung der Judikative und besonders des obersten Gerichtshofes gegenüber den beiden anderen Staatsge-

walten stattgefunden, die Justiz ist jedoch immer noch weit von einer wirklichen Unabhängigkeit entfernt. Vielfach wird sie von politischen Gruppen für deren Zwecke instrumentalisiert. Ein Beispiel in jüngster Zeit war die heftig umstrittene Wiederzulassung der direkten Wiederwahl des Präsidenten 2002, um die erneute Kandidatur des damaligen Mandatsträgers Mejía zu ermöglichen.

14 Regionen und Kommunen

Die knapp neun Millionen Einwohner der Dominikanischen Republik verteilen sich auf 31 Provinzen und den Hauptstadtdistrikt. Jeder Provinz steht ein vom Präsidenten ernannter Gouverneur vor. Die Hauptstadt Santo Domingo de Guzmán gehörte seit 1936 zum *Distrito Nacional*. Im Jahr 2002 wurde dieser in einen enger gefassten Hauptstadtdistrikt und die Provinz Santo Domingo aufgeteilt.

Als Verwaltungsebene unterhalb der Provinzen folgen die 125 *municipios*. Jede von ihnen verfügt über einen Gemeinderat, dessen Mitglieder alle vier Jahre direkt vom Volk des jeweiligen Gebietes nach dem Proporzsystem gewählt werden. Auch der Hauptstadtdistrikt verfügt über einen Gemeinderat. Die Kandidaten für politische Posten auf Ebene der *municipios* können laut Verfassung von den politischen Parteien, aber auch von sonstigen politischen, regionalen oder lokalen Gruppierungen vorgeschlagen werden. Innerhalb der *municipios* existieren als administrative Einheit die *ciudades*. Als solche werden alle Ansiedlungen von über 10.000 Einwohnern bezeichnet. Orte mit einer Einwohnerzahl zwischen 1000 und 10.000 Personen gelten als *villas*, Siedlungen unter 1000 Einwohnern als *poblados*. Ländliche Gebiete werden in *secciones* unterteilt.

15 Integration und Außenbeziehungen

Seit ihrer Unabhängigkeit ist die Dominikanische Republik in hohem Masse vom Ausland abhängig. Insbesondere gilt dies für ihre Beziehung zu den USA. In den letzten beiden Jahrzehnten des 19. Jahrhunderts nahm die Aktivität des vorwiegend aus den USA stammenden Auslandskapitals im Lande stark zu. Die Dominikanische Republik geriet in eine Schuldenspirale, die letztendlich zur Besetzung des Landes durch die USA führte. Die dominikanischen Präsidenten konnten in der Folge politisch nur überleben, wenn sie willens waren, mit den USA zu kooperieren. Dies gilt bis heute. Leonel Fernández sagte nach seiner Wahl zum Präsidenten im Jahr 2004, die Dominikanische Republik sei ein Hinterhof der Vereinigten Staaten und könne es deshalb nicht wagen, den USA die Stirn zu bieten. Jedes Jahr versuchen zahlreiche Dominikaner, illegal über Puerto Rico in die USA zu emigrieren.

Prägend für die Dominikanische Republik war und ist auch ihre Beziehung zu Haiti, von dem sie eine rund 360 Kilometer lange Grenze und eine tief verwurzelte Gegnerschaft trennt. Am 27. Februar, dem „Unabhängigkeitstag", wird nicht etwa der ersten oder der endgültigen Unabhängigkeit von der spanischen Kolonialherrschaft gedacht, sondern der Jahrestag der „Befreiung" von haitianischer Besatzung im Jahr 1844 begangen. Der Nationalismus der konservativen *Colorados* sah im Anschluss an westliche Mächte eine Chance, die endgültige Trennung vom ungeliebten Nachbarn zu erreichen. Der Konflikt mit Haiti hatte dabei schon immer eine starke ethnisch-kulturelle Komponente. Man sah und sieht sich vielfach als überlegene, hispanisch-katholische weiße Kultur an und sucht sich gegenüber den „heidnische" Kulte praktizierenden und armen Haitianern mit ihrer dunklen Hautfarbe abzugrenzen. Diese oft auf typisch rassistischen Stereotypen und Vorurteilen aufbauende Einstellung wird als *antihaitianismo* bezeichnet.

Politisch ist das konstant instabile Haiti ein ständiger Unsicherheitsfaktor für die Dominikanische Republik, wenn sich die offiziellen bilateralen Beziehungen in den letzten Jahrzehnten auch stark verbessert haben. Das Land sieht sich einer beträchtlichen, meist illegalen haitianischen Armutsmigration ausgesetzt. Aktuell wird die Zahl der in der Dominikanischen Republik lebenden Haitianer auf bis zu eine Million geschätzt. Oft arbeiten sie unter menschenunwürdigen Bedingungen auf den Zuckerplantagen.

Seit 1989 gehört die Dominikanische Republik zum Kreis der im Rahmen des Lomé-Abkommens entwicklungspolitisch durch die Europäische Union bevorzugten Staaten. Damit wird von dominikanischer Seite die Hoffnung verbunden, die enorme wirtschaftliche Abhängigkeit von den USA reduzieren zu können. Die Dominikanische Republik ist Mitglied in den großen internationalen Organisationen, wie den Vereinten Nationen und ihren Sonderorganisationen, der Organisation Amerikanischer Staaten (OAS) oder der Welthandelsorganisation WTO. Besonders seit den 90er Jahren strebt das Land nach einer verstärkten Integration mit seinen Nachbarn. So entsandte man 1997 erstmals frei gewählte Abgeordnete ins mittelamerikanische Parlament PARLACEN (*Parlamento Centroamericano*) und ist seit 1999 Vollmitglied der Rio-Gruppe. Mit den Ländern der karibischen Gemeinschaft CARICOM (*Carribbean Community*) ist die Dominikanische Republik durch ein Freihandelsabkommen und eine assoziierte Mitgliedschaft verbunden. Ein Abkommen über freien Handel besteht seit dem 1. März 2006 auch mit Zentralamerika und den USA (DR-CAFTA).

Literatur

Agosto, Gabriela/Cueto, Francisco (2001): República Dominicana, in: Alcántara Sáez, Manuel/Freidenberg, Flavia (Hrsg.) (2001): Partidos políticos de América Latina – Centroamérica, México y República Dominicana. Salamanca: 615-698.

Alcántara Sáez, Manuel (2000): Sistemas Políticos de América Latina, Bd. 2: México, América Central y el Caribe. Madrid.

Barrios, Harald (1993): Dominikanische Republik, in: Nohlen, Dieter (Hrsg.) (1993): Handbuch der Wahldaten Lateinamerikas und der Karibik. Opladen: 259-288.

Barrios, Harald/Suter, Jan (1995): Dominikanische Republik, in: Nohlen, Dieter/Nuscheler, Franz (Hrsg.) (1995): Handbuch der Dritten Welt, Band 3: Mittelamerika und Karibik. Bonn: 381-404.

Barrios, Harald/Suter, Jan (Hrsg.) (1995): Politische Repräsentation und Partizipation in der Karibik. Kuba, Haiti, Dominikanische Republik. Opladen.

Brea, Ramonina (2004): República Dominicana entre el gradualismo y la demanda de reformas, in: Hofmeister, Wilhelm (Hrsg.) (2004): Reformas políticas en América Latina. Rio de Janeiro: 345-370.

Constitución Política de la República Dominicana de 2002, veröffentlicht unter der URL: http://pdba.georgetown.edu/Constitutions/DomRep/domrep02.html, abgerufen am 13.02.2007.

Hartlyn, Jonathan (1998): The Struggle for Democratic Politics in the Dominican Republic. Chapel Hill.

Kryzanek, Michael/Wiarda, Howard (1988): The Politics of External Influence in the Dominican Republic. New York u.a.

Logan, Rayford (1968): Haiti and the Dominican Republic. London u.a.

Lowenthal, Abraham (1995): The Dominican Intervention. Baltimore.

Moya Pons, Frank (1990): The Dominican Republic since 1930, in: Bethell, Leslie (Hrsg.) (1990): The Cambridge History of Latin America, Vol. VII. Cambridge u.a.: 509-544.

Moya Pons, Frank (1998): The Dominican Republic – A National History. Princeton.

Munzinger-Archiv (2005): Dominikanische Republik.

Rogozinski, Jan (1999): A Brief History of the Carribbean. New York.

Sagás, Ernesto (2000): Race and Politics in the Dominican Republic. Gainesville.

Spaett, Günther (2000): Präsidentschaftswahlen in der Dominikanischen Republik – Drittplazierter verhindert notwendige Stichwahl, in: KAS-Auslandsinformationen 7: 62-75.

Skidmore, Thomas/Smith, Peter (1992): Modern Latin America. Oxford/New York (3.Auflage).

Werz, Nikolaus (2005): Lateinamerika – Eine Einführung. Baden-Baden.

Wiarda, Howard (1989): The Dominican Republic: Mirror Legacies of Democracy and Authoritarianism, in: Diamond, Larry u.a. (Hrsg.) (1989): Democracy in Developing Countries – Bd.4: Latin America, London: 423-458.

Das politische System Ecuadors

Karl-Dieter Hoffmann

1   Überblick zur Geschichte seit der Gründung der Republik

Nach der Niederlage der royalistischen Truppen (1822) bildete das Gebiet des vormaligen kolonialen Gerichtsbezirks *Real Audiencia de Quito* zusammen mit den späteren Staaten Kolumbien und Venezuela Teil des auf Initiative Simón Bolívars gegründeten Großverbands *Gran Colombia.* Dieses politische Gebilde zerfiel schon 1830, als sich Venezuela und der südliche Verwaltungsdistrikt Quito zu unabhängigen Republiken erklärten. Der Name des neuen Staates, der im Gründungsjahr knapp 600.000 Einwohner zählte, leitet sich von der nahe der Stadt Quito verlaufenden Äquatorlinie her. Erster Präsident der Republik Ecuador wurde der vormalige Kommandant der grancolombianischen Südarmee, der venezolanische General Juan José Flores.

Flores steht am Anfang einer Serie von Caudillos, die der politischen Entwicklung des Landes in den ersten einhundert Jahren nach Erlangung der Unabhängigkeit Dynamik und Profil verliehen. Nicht die Vorgaben der republikanischen Verfassung und der Inhalt der Gesetze bestimmten den Lauf der Politik, sondern die Interessen und das Durchsetzungsvermögen mehr oder weniger charismatischer Führungsfiguren, deren Macht und Ansehen zumeist einer militärischen Karriere entsprang. Der einzige bedeutende nicht-militärische Caudillo des 19. Jahrhunderts war der zweimalige Präsident Gabriel García Moreno (1860-65; 1869-75), der vor allem wegen seines religiösen Fanatismus als eine der schillerndsten Figuren der nationalen Historie gilt. Unter den Caudillos in Uniform ragen aufgrund der zeitlichen Dauer ihrer politischen Vormachtstellung neben Juan José Flores vor allem Francisco Urbina und José María Plácido Caamaño hervor: sie kontrollierten das politische Geschehen nicht nur als Präsidenten, sondern fungierten auch nach dem Ende ihrer Amtszeit noch viele Jahre mehr oder weniger verdeckt als Königsmacher und faktisch höchste politische Instanz.

Militärische Schlagkraft bildete das letztlich entscheidende Medium zur Gewinnung und Verteidigung von politischen Führungspositionen. Dennoch waren die Caudillos, die das Präsidentenamt mit Gewalt usurpierten, in der Regel um eine nachträgliche (Schein-) Legitimation ihrer Herrschaft bemüht. Dem dienten vor allem inszenierte Wahlen und/oder die Ausarbeitung einer neuen Verfassung durch handverlesene Notabeln. Eine einmal erreichte (formale) politische Machtposition blieb stets gefährdet, solange das militärische Gewaltpotenzial in Form der „Privatarmeen" regionaler Caudillos zersplittert war und nicht in einer nationalen Organisation monopolisiert werden konnte. Die Fehden rivalisierender Caudillos und die zahlreichen Auseinandersetzungen um die Macht im Staate summierten sich zu einer blutigen Bilanz mit Tausenden von Todesopfern. Die durch die immer wieder ausbrechenden militärischen Wirren bedingte hochgradige politische Instabilität lässt sich daran ablesen, dass es zwischen 1830 und 1895 zu 34 Regierungswechseln kam und lediglich sechs Präsidenten ihre reguläre Amtszeit durchzustehen vermochten.

Den „starken Männern" ging es zwar vorrangig um die Sicherung ihrer eigenen Machtstellung und Privilegien, gleichzeitig unterhielten sie aber enge Verbindungen zu und agierten im Interesse der von den Großgrundbesitzern dominierten Wirtschaftselite der damaligen Zeit. Diese Allianzen trugen allerdings einen hochgradig regionalistischen Charakter auf der Basis der divergierenden Interessen der politischen und ökonomischen Führungsgruppen in Costa (Küstentiefland) und Sierra (andines Hochland) als den beiden wichtigsten Großregionen des Landes. Seit etwa 1860 überlagerte und prägte der Regionalismus in zunehmendem Maße die politischen Auseinandersetzungen in der jungen Republik.

Die Gegnerschaft zwischen den oligarchischen Gruppen von Costa und Sierra beruhte auf der unterschiedlichen ökonomischen Fundierung ihrer Machtpositionen. Seine materielle Grundlage fand der durch diese Divergenzen genährte Regionalismus in der schwachen ökonomischen Integration der beiden Landesteile, die ihrerseits das Resultat der markanten topographischen Gegensätze und der mangelnden interregionalen Verkehrsverbindungen darstellte. Ihren Bedarf an Grundnahrungsmitteln, die auch in der Sierra angebaut wurden, deckte die Costaregion größtenteils durch Importe aus Nachbarländern. Die für die Hauptstadt Quito bestimmten Importprodukte wurden noch zu Beginn des 20. Jahrhunderts mittels Maultierkarawanen und indianischen Trägern ins Hochland transportiert. Erst die Fertigstellung der bereits von García Moreno initiierten Eisenbahnverbindung zwischen Guayaquil und Quito im Jahre 1908 schuf die Voraussetzung für eine Intensivierung des interregionalen Handelsaustauschs.

Nach der Gründung der Republik befand sich der rudimentäre Staatsapparat mehr als 60 Jahre in der Hand der Sierra-Oligarchie. Sozioökonomisches Fundament der Region, in der in jener Epoche rd. 80% der Gesamtbevölkerung lebten, bildete die Landwirtschaft auf der Basis der spezifischen Funktionslogik des Latifundium-Minifundium-Komplexes. Die Hacienda ist der Inbegriff eines rural geprägten gesellschaftlichen Systems, das sich durch eine starre Hierarchisierung und eine extreme sozioökonomische Ungleichheit auszeichnet. Dieses System bestand im wesentlichen aus der Vormachtstellung der Großgrundbesitzer und der institutionalisierten Abhängigkeit, Ausbeutung und Armut der Indiobauern. Das Landmonopol der *Hacendados* und die harten Pachtbedingungen bedeuteten für die Indios lebenslange Verschuldung und Anbindung an die Hacienda, für die Landeigentümer trotz minimalem Kapitaleinsatz hohe Einkünfte auf der Basis eines Überangebots billigster Arbeitskräfte. Der Wert einer Hacienda bemaß sich nicht so sehr nach der Größe der Betriebsfläche als nach der Zahl der verfügbaren Indioknechte (*concertados*). Die Kirche stützte die starre rurale Sozialordnung nicht nur ideologisch ab, sondern war selbst Eigentümerin riesiger Ländereien. Ihren typischen Ausdruck fanden das Elend und die Hoffnungslosigkeit der Landbevölkerung in der für Ecuador charakteristischen Institution des *huasipungo*, bei der ein Indio seine Arbeitskraft und die seiner Familie gegen ein Stück Pachtland an einen *Hacendado* verdingt – eine durch den perfiden Schuldenmechanismus zementierte menschenunwürdige Existenzweise, die der Schriftsteller *Jorge Ycaza* in seinem 1934 erschienenen Roman „Huasipungo" angeprangert hat.

Während die auf den regionalen Binnenmarkt orientierte Sierra-Ökonomie aufgrund der archaischen Produktionsbedingungen im Agrar- und Manufakturbereich (einfache Textilien) kaum dynamische oder gar innovative Impulse generierte, durchlebte die Costa schon in den ersten Dekaden der Republik eine Phase bescheidenen Wohlstands auf der Basis der Ausfuhr von Kakao, Chinarinde, Holz und aus *toquilla*-Stroh gefertigten „Panama"-Hüten. Eine tiefere Integration in den Weltmarkt begann aber erst mit dem Anstieg der Kakaoexporte in den 1870er Jahren, wodurch die ökonomische Position und die politischen Ambitionen der Costa-Oligarchie gestärkt wurden. Da die Latifundisten-Aristokratie der Sierra sich weigerte, dem Partizipationsanspruch der aufstrebenden Costa-Elite entgegenzukommen, setzte diese seit den 1880er Jahren vermehrt kriegerische Mittel ein, um ihre politischen Forderungen zu verwirklichen. Die unter den Parteibannern des Konservatismus (Sierra) und des Liberalismus (Costa) ausgetragenen Konflikte, die zahlreichen Intrigen und vor allem die endemischen bürgerkriegsähnlichen Zustände verliehen der regionalistischen Rivalität den Anschein einer gewichtigen politischen Dimension, der die Motive und Interessen der Kontrahenten realiter nicht zu entsprechen vermochten.

Es ging primär um machtpolitische Ziele, verbunden mit ideologischen Differenzen, und dabei hauptsächlich um unterschiedliche Auffassungen über die Rolle der katholischen Kirche in der Gesellschaft. Die Liberalen strebten ein Verbot der Schuldknechtschaft an, um auf diesem Wege Arbeitskräfte in der Sierra freizusetzen, die in der Exportlandwirtschaft der dünn besiedelten Costa dringend benötigt wurden. Der Costa-Elite ging es um die Ausmerzung jener Elemente in der von den Konservativen verteidigten traditionellen Ordnung, die sie als anachronistisch und fortschrittshemmend bewertete, die liberalen Reformbestrebungen blieben aber weit davon entfernt, das oligarchische System als solches in Frage zu stellen.

Dies zeigte sich, als es dem „liberalen" Caudillo Eloy Alfaro nach einer Serie von Kriegszügen gegen die Regierung in Quito 1895 schließlich gelang, die Staatsmacht an sich zu reißen. Die antiklerikal gefärbten Verfassungen und Reformen Alfaros führten zwar zu bedeutenden Veränderungen im Erziehungs-, Militär- und Rechtswesen, ließen aber die sozioökonomische Machtbasis der Konservativen im Kern unangetastet. Diese kontrollierten weiterhin mit der Sierra jenen Landesteil, in dem die große Mehrheit der Bevölkerung lebte, was die Liberalen in der Folgezeit zu massiven Wahlfälschungen greifen ließ, um ihre staatspolitische Hegemonie nicht zu gefährden. Die den Arbeitsmarkt der Sierra lähmende Schuldknechtschaft konnte erst 1918 abgeschafft werden.

Zu jener Zeit erlebte die Costa-Wirtschaft infolge der guten externen Absatzmöglichkeiten für mehrere ihrer Agrarprodukte eine Phase der Prosperität. Wichtigstes Exportgut war Kakao, der in den Jahren 1880 bis 1920 zwischen 60 und 80% des Gesamtausfuhrerlöses erbrachte. Eine Kombination der Auswirkungen externer und lokaler Ereignisse stoppte ab etwa 1910 den Kakaoboom und führte in der Folge zu einer veritablen Wirtschaftskrise. Der Markteintritt potenter afrikanischer Anbieter löste einen Preisrückgang aus und ließ den Anteil Ecuadors am weltweiten Kakaohandel rasch schrumpfen (1894: 28,3%, 1914: 16,4%). Während des Ersten Weltkriegs und in den ersten Jahren danach ging die Nachfrage aus den USA und Europa spürbar zurück. Komplettiert wurde das Krisenszenario durch zwei in kurzer Folge auftretende Pflanzen-Epidemien, welche die nationale Kakaoernte zwischen 1916 und 1923 um ein Drittel verminderten. Nachdem es in den Jahren 1911-12 zu politischen und militärischen Auseinandersetzungen innerhalb des liberalen Lagers gekommen war, in deren Verlauf der zweimalige Präsident Alfaro und seine engsten Gefolgsleute ermordet wurden, war es in erster Linie die durch den markanten Bedeutungsverlust der Kakaoproduktion verursachte schwere Wirtschaftskrise, die das Ende der politischen Hegemonie der Costa-Oligarchie einleitete.

Auf die durch den sinkenden Außenhandel bedingte Verminderung der Steuereinnahmen reagierten die liberalen Regierungen mit einer verstärkten Aufnahme von Krediten bei einer kleinen Gruppe von Banken mit Sitz in Guayaquil. Die rasch wachsende Abhängigkeit des Staates von den Banken missbrauchten diese alsbald zu politischen Zwecken. Die einflussreichsten Persönlichkeiten in der als „Plutokratie" bezeichneten Endphase der liberalen Ära waren keineswegs die amtierenden Präsidenten, sondern der Direktor des *Banco Comercial y Agrícola*, Francisco Urbina, sowie der Caudillo und zweimalige Staatschef General Leonidas Plaza (1901-1905, 1912-1916). Ein mehrheitlich von jüngeren Offizieren getragener Staatsstreich stürzte im Juli 1925 (daher: *revolución juliana*) ein marodes Regime, das von Misswirtschaft, Korruption und Patronage sowie chaotischen Zuständen im Fiskal- und Verwaltungsbereich gekennzeichnet war und seine leidliche Funktionsfähigkeit nur um den Preis einer schnell steigenden Staatsverschuldung aufrecht erhalten konnte. Das Programm der von den Offizieren eingesetzten Zivilregierung unter Isidro Ayora umfasste eine Reihe wichtiger institutioneller und administrativer Neuerungen und Reformen, die der staatlichen Ordnung erste Anzeichen von Modernität (u.a. Schaffung einer Zentralbank, erste arbeitsrechtliche Gesetze) verliehen, ohne die wesentlichen Elemente der überkommenen Wirtschafts- und Gesellschaftsstruktur anzutasten.

Die beachtlichen Konsolidierungserfolge der Regierung Ayora wurden 1930 Opfer der Weltwirtschaftskrise, in deren Folge das Land eine lange Periode wirtschaftlicher Stagnation und politischer Turbulenzen durchzustehen hatte. Die chronische politische Instabilität jener Zeitspanne manifestiert sich in der Tatsache, dass es in den Jahren 1930-48 nicht weniger als 19 Wechsel an der Staatsspitze gab. Die krisengeplagte innenpolitische Situation begünstigte den Einfall peruanischer Truppen im Jahre 1941, der für Ecuador mit dem durch das *Protokoll von Rio* besiegelten Verlust von rd. 200.000 qkm seines Amazonasterritoriums endete. In dieser unruhigen Phase gab ein Mann sein Debüt auf der nationalen Bühne, der zum wichtigsten Politiker der folgenden Dekaden avancieren sollte: José María Velasco Ibarra. Einer ersten, vorzeitig beendeten Amtszeit (1934/35) folgt zehn Jahre später eine zweite, die obwohl ungleich länger (1944-47), ebenfalls einen irregulären Abschluss fand. Schon damals machte der ebenso charismatische wie unberechenbare Velasco Ibarra deutlich, dass er bei Gefährdung seiner Machtposition nicht davor zurückschreckte, undemokratische Mittel einzusetzen.

Gegen Ende der 1940er Jahre begann eine neue Prosperitätsphase auf der Grundlage rasch expandierender Bananenexporte. Ecuador stieg innerhalb weniger Jahre zum weltweit wichtigsten Lieferanten der Staudenfrucht auf. Der Anteil von Bananen an den Ausfuhrerlösen erhöhte sich im Zeitraum 1948 bis 1955 von mageren 1,2% auf imposante 41%, 1962 erreichte der entsprechende Wert 55%. Dieser durch optimale natürliche Gegebenheiten ermöglichte Aufschwung bildet den Hintergrund und zentralen Erklärungsfaktor für eine ungewöhnlich lange Phase politischer Stabilität. Drei demokratisch legitimierte Präsidenten, darunter der zum dritten Mal ins höchste Staatsamt gewählte Velasco Ibarra, konnten zwischen 1948 und 1960 ihre Regierungszeit ordnungsgemäß beenden. Velasco Ibarras vierte Präsidentschaft fand auf Betreiben der Streitkräfte Ende 1961 ein schnelles Ende. Mitte 1963 putschte das Militär auch gegen den ins oberste Staatsamt nachgerückten Julio Arosemena und übernahm in Gestalt einer aus den Kommandanten der drei Waffengattungen und dem Direktor der Militärakademie bestehenden Junta selbst die Regierungsgeschäfte. Hintergrund der Intervention war eine von der politischen Rechten und der katholischen Kirche betriebene und vom US-Geheimdienst CIA kräftig angeheizte innenpolitische Kommunismuspsychose, die in engem Zusammenhang mit der Machtergreifung Castros in Kuba und den von der Kennedy-Administration betriebenen Maßnahmen zur Verhinderung eines Übergreifens des revolutionären Brandherds auf das lateinamerikanische Festland stand.

Ganz im Geiste der von US-Präsident Kennedy lancierten „Allianz für den Fortschritt" bestand das Regierungsprogramm der Offiziere aus einer Kombination von (Repressions-) Maßnahmen zur Deaktivierung linker politischer Kräfte mit einem Katalog gemäßigter Reformen. Kernstück des Regierungsplans bildete eine Agrarreform, die trotz ihres moderaten Zuschnitts auf den massiven Widerstand der Latifundistenelite stieß. Den Reformbestrebungen der Junta, die Mitte 1966 früher als ursprünglich vorgesehen die politische Bühne wieder verließ, waren in nahezu allen Bereichen nur Teilerfolge beschieden. Das Regime scheiterte letztlich an der Vielzahl der auf den Weg gebrachten Reformen, die ihm Kritik und Widerstand aus quasi allen relevanten Interessengruppen einbrachte. Die nach dem Abgang der Junta einberufene verfassungsgebende Versammlung wählte mit Otto Arosemena einen hochkarätigen Exponenten der Finanzoligarchie Guayaquils zum Interimspräsidenten, der bis zu den Wahlen von 1968 amtierte, aus denen einmal mehr Velasco Ibarra als Sieger hervorging. Ins Jahr 1967 fällt die Entdeckung bedeutender Erdölvorkommen im nördlichen Teil der ecuadorianischen Amazonasregion (Oriente), wodurch die weitere wirtschaftliche Entwicklung des Landes eine neue Perspektive erhielt.

Die fünfte (und letzte) Amtszeit Velascos endete im Februar 1972 mit der Machtübernahme einer Militärregierung unter General Guillermo Rodríguez Lara. Der Staatsstreich zielte auf die präventive Neutralisierung des für die anstehenden Wahlen hochfavorisierten Assad Bucaram, des charismatischen Führers der populistischen Partei *Concentración de Fuerzas Populares* (CFP), die ihren stärksten Rückhalt in der Costa besaß. Mit der möglichen Präsidentschaft Bucarams verbanden die Militärs die Gefahr einer Neuauflage der von Velasco gewohnten erratischen und ineffizienten Politik, deren Implikationen durch die zu erwartenden Erdöleinkünfte eine völlig neue Dimension erhielten. Dem setzten die Offiziere als politische Alternative ein von einer nationalistischen Erdölpolitik getragenes ambitiöses Modernisierungsprogramm entgegen. Im Zentrum der Reformbestrebungen stand eine Stärkung des Industriesektors durch ein Bündel staatlicher Fördermaßnahmen sowie eine Agrarreform, die hauptsächlich auf die Abschaffung anachronistischer Pachtverhältnisse abzielte.

Nachdem die Verwirklichung des Reformprogramms seit 1974 auf wachsende wirtschaftliche und politische Hindernisse gestoßen war, trat mit der Militärrebellion im August 1975 der innerhalb des Offizierskorps bestehende Dissens über den Regierungskurs offen zutage. Im Januar 1976 wurde General Rodríguez durch eine Junta der Chefs der drei Waffengattungen abgelöst, die eine baldige Rückkehr zu konstitutionellen Verhältnissen ankündigte. Allerdings sollte es mehr als drei Jahre dauern, bis nach einem Verfassungsreferendum und zwei Wahlgängen der junge Rechtsanwalt Jaime Roldós im August 1979 die Präsidentschaft übernehmen konnte. Der Unfalltod von Roldós brachte im Mai 1981 dessen Vize Osvaldo Hurtado ins höchste Staatsamt. Dieser sah sich alsbald mit den Auswirkungen der den gesamten Subkontinent erfassenden Schuldenkrise konfrontiert.

Die aus der fatalen Kombination der drückenden Auslandsschuldenlast und den unpopulären Maßnahmen zu ihrer Bekämpfung mit einer anhaltend schwachen Konjunktur resultierenden Wirtschafts- und Budgetprobleme absorbierten fast die gesamte Aufmerksamkeit der nachfolgenden Regierungen, deren Krisenmanagement allenfalls kurzfristige Stabilisierungserfolge beschieden waren. Zweimal wurde das Land in den 1980er Jahren durch Naturkatastrophen getroffen (Ernteausfälle und Infrastrukturschäden durch das Klimaphänomen *El Niño*; Pipelinebruch durch Erdbeben), welche die wirtschaftlichen Schwierigkeiten weiter verschärften. Die gescheiterten Bemühungen zur Bewältigung der tief greifenden Wirtschaftskrise spiegeln sich in dem Faktum wider, dass es keiner Regierungspartei gelang, an den Wahlurnen eine Erneuerung ihres Mandats zu erreichen. Trotz der permanent angespannten ökonomischen Lage konnte der offizielle Wahlkalender bis 1996 eingehalten werden. Dies änderte sich, nachdem der populistische Politiker Abdalá Bucaram im August 1996 als fünfter demokratisch legitimierter Präsident in Folge seinen Amtseid abgelegt hatte. Bereits im Februar 1997 wurde Bucaram nach spektakulären Straßenprotesten gegen das harte Austeritätsprogramm seiner Regierung vom Parlament wegen „geistiger Unfähigkeit" abgesetzt und durch den Präsidenten der Legislative, Fabián Alarcón, ersetzt.

Aus den nächsten regulären Wahlen ging Mitte 1998 der Christdemokrat Jamil Mahuad als Sieger hervor. Mahuads politisches Schicksal war besiegelt, als sich auf dem Höhepunkt einer durch das Zusammenwirken mehrerer Negativfaktoren (drastischer Rückgang der Rohölpreise, Produktionsausfälle durch *El Niño* inkl. nachfolgender Bankeninsolvenzen) ausgelösten Wirtschaftskrise im Januar 2000 rebellierende Militärs mit protestierenden Indios verbündeten. Nach einem ephemeren Zwischenspiel einer Dreierjunta unter Beteiligung des Indioführers Antonio Vargas übernahm Vizepräsident Gustavo Noboa die Staatsgeschäfte. Er hielt an der noch von Mahuad verkündeten Dollarisierung der Wirtschaft fest, die dann trotz mehrheitlicher Ablehnung in der Bevölkerung wenige Monate später umgesetzt wurde, aber dann wesentlich später als erhofft die hartnäckige Inflation zu stoppen vermochte. Nächster Präsident wurde Ex-Oberst Lucio Gutiérrez, der seinen landesweiten Bekanntheitsgrad der Schlüsselrolle beim Sturz Mahuads verdankte. Gutiérrez düpierte seine Wähler ebenso wie seine Koalitionspartner von der Indio-Partei *Pachakutik*, als er einen Kurs in der Wirtschaftspolitik einschlug, der den während des Wahlkampfs gemachten Versprechungen auf krasse Weise widersprach. Ein dubioses Manöver zur Stabilisierung seiner angeschlagenen politischen Position löste im April 2005 massive Proteste in der Hauptstadt Quito aus, in deren Folge Gutiérrez vom Parlament seines Amtes enthoben wurde. Neuer Staatschef wurde Vizepräsident Alfredo Palacio, der schon seit geraumer Zeit Distanz zu Gutiérrez' penetrantem machttaktischen Opportunismus demonstriert hatte. Palacios Erneuerungswille verpuffte rasch und alsbald amtete er mehr als Verwalter denn Gestalter.

Von den 13 Präsidentschaftsanwärtern, die sich im Oktober 2006 den Wählern stellten, verzeichnete der schwerreiche Unternehmer Álvaro Noboa mit 26% der Voten das beste Ergebnis der ersten Wahlrunde. Auch die nach 1998 und 2002 dritte Teilnahme an der Stichwahl endete für den Rechtspopulisten mit einer Niederlage: Der 43jährige Ökonomieprofessor Rafael Correa, der unter Palacio kurze Zeit das Wirtschaftsressort geleitet hatte, gewann Ende November 2006 den Ausstich mit 56% der Stimmen.

2   Verfassungsentwicklung, Verfassungsprinzipien, Verfassungswirklichkeit

Die derzeit geltende Verfassung wurde 1998 in Kraft gesetzt und ist die insgesamt 19. in der ecuadorianischen Geschichte. Sieben dieser Grundgesetze waren maximal fünf Jahre in Kraft, und lediglich fünf kamen auf eine Geltungsdauer von mehr als zehn Jahren. Den bisherigen Rekord hält die Verfassung von 1979 mit einer Geltungsperiode von 19 Jahren, gefolgt von der 1907 unter dem liberalen Präsidenten Eloy Alfaro verabschiedeten Konstitution, die 18 Jahre lang galt.

Die große Zahl von Verfassungen bildet ein untrügliches Zeichen für die hochgradig instabile politische Entwicklung der Republik. Dabei gilt es den interessanten Aspekt hervorzuheben, dass dem Phänomen der verfassungsgebenden Versammlung für den konkreten politischen Prozess in den meisten Fällen mehr Bedeutung zukam als der dann von dieser beratenen Verfassung. Die Konstituante erfüllte Funktionen, die wichtiger waren als ihre eigentliche Zweckbestimmung, wobei entlang der zeitlichen Schiene Differenzierungen erkennbar sind. Vor allem in den ersten einhundert Jahren nach der Staatsgründung wurden verfassungsgebende Versammlungen häufig deshalb einberufen, um einen de facto-Machthaber durch die versammelten Notabeln zum (Interims-) Präsidenten „wählen" zu lassen und mithin formell zu legitimieren. Auf diese Weise wurden bis 1895 zehn der insgesamt 18 konstitutionellen Präsidenten erkoren.

Seit der *revolución juliana* (1925) waren es regelmäßig politische Zäsuren nach ernsthaften internen Krisen und Konflikten, die den Anlass zur Ausarbeitung einer neuen Verfassung schufen. Ein ums andere Mal erwies sich die Einigung der Kontrahenten auf die Einberufung einer Konstituante als effizientes Vehikel zur Auflösung innenpolitischer Pattsituationen und zur raschen Beruhigung der angespannten politischen Situation. Die dann erarbeitete und alsbald in Kraft gesetzte neue Verfassung war freilich von sich aus kaum besser als die vorhergehende geeignet, den politischen Prozess in weniger krisenträchtige Bahnen zu leiten. Ecuador gehört zu jenen Ländern der Region, wo die für Lateinamerika generell zutreffende Beobachtung, dass die politische Entwicklung nur bedingt durch den normativ vorgegebenen Rahmen bestimmt wird, eine besonders markante Ausprägung erfährt.

Dass andererseits verfassungsrechtliche Regelungen dazu beitragen können, den politischen Prozess im allgemeinen und die Regierungstätigkeit im besonderen zu hemmen und zu lähmen, hat gerade die jüngste demokratische Entwicklungsphase gezeigt. Im Verlauf der zahlreichen innenpolitischen Konfrontationen tauchte regelmäßig die Forderung nach der Reform einer Reihe von Bestimmungen auf, die das Verhältnis von Exekutive und Legislative betreffen und sich in der Praxis als äußerst konfliktträchtig erwiesen haben. Protagonist dieser Reformen war zumeist die Exekutive, die allerdings im Parlament keine ausreichende Unterstützung für ihre Änderungsvorschläge fand und daher auf das Mittel des Referendums zurückgriff, um ihr Vorhaben zu realisieren. So sind denn auch einige Verfassungsbestimmungen zur Organisation des politischen Systems nach 1979 auf diesem Wege (1986, 1994, 1997) reformiert worden. Von den Regierungen Noboa und Gutiérrez zum Zwecke der Eliminierung weiterer notorischer Störfaktoren im Verhältnis zwischen den staatlichen Gewalten initiierte Verfassungsänderungen versandeten im parlamentarischen Getriebe. Auf der Agenda der Regierung Correa (2007-2011) rangiert das ambitiöse Vorhaben, mittels der Erarbeitung einer neuen Verfassung das politische System grundlegend zu reformieren, ganz oben.

Was für die Normen zur Funktion der staatlichen Institutionen gilt, trifft auch auf andere Teile der Verfassung zu: Die Lebenswirklichkeit der großen Mehrheit der Bevölkerung ist – etwa im Hinblick auf soziale Sicherheit – weit von den hochtrabenden Verpflichtungserklärungen der Konstitution entfernt. Tatsache ist, dass sich im Gefolge der wirtschaftlichen Turbulenzen seit Ende der 1990er Jahre die soziale Situation dramatisch verschlechtert hat: die zu Beginn des 21. Jahrhunderts ermittelten Armutsindizes markieren historische Rekordwerte. Die Möglichkeiten des Staates, der sozialen Misere entgegenzusteuern, werden durch die immensen Zahlungsverpflichtungen für die exorbitante Auslandsschuld deutlich geschmälert. Auch die Realisierung anderer verfassungsmäßig verbriefter staatlicher Basisfunktionen wird durch den hohen Schuldendienst massiv beeinträchtigt.

Hervorzuheben ist die im Vergleich zu anderen lateinamerikanischen Ländern geringe Zahl von Menschenrechtsverletzungen. Gewalttätige Übergriffe von staatlichen Sicherheitskräften erfolgen in der Regel anlässlich regierungsfeindlicher Proteste, deren Häufigkeit im Zusammenhang mit der seit den 1980er Jahren nicht enden wollenden Serie unpopulärer Sparmaßnahmen zur Bekämpfung der wirtschaftlichen Dauerkrise zugenommen hat. Eine systematische politische Repression hat es mit der partiellen Ausnahme der Amtszeit von Präsident León Febres Cordero (1984-88) seit der Redemokratisierung nicht gegeben. Hingegen lassen sich Menschenrechtsverstöße in der Wirtschaft (u.a. Kinderarbeit auf Bananenplantagen) feststellen.

3   Staatsoberhaupt

Wie in präsidentiellen Demokratien üblich, weist die Verfassung dem für eine Amtszeit von vier Jahren gewählten Präsidenten die Doppelfunktion des Staatsoberhaupts und Regierungschefs zu. Zu seinen in Artikel 171 der Verfassung definierten Rechten und Pflichten gehören die Ernennung und Entlassung der Minister sowie weiterer staatlicher Spitzenbeamten, die Formulierung der Ausführungsbestimmungen der vom Kongress verabschiedeten Gesetze, die Erarbeitung von allgemeinen Regierungsplänen und der dazugehörigen Ressortprogramme, die Aufstellung des staatlichen Haushaltsplans, die Einberufung außerordentlicher Sitzungen des Parlaments, die Entscheidung über die Durchführung von Volksbefragungen, die Definition der Richtlinien in der Außenpolitik, die Ausübung des Oberbefehls über die Streitkräfte sowie die Verantwortung für die Aufrechterhaltung der internen staatlichen Ordnung und der öffentlichen Sicherheit. Im Falle eines militärischen Angriffs von außen, innenpolitischen Unruhen sowie bei Naturkatastrophen darf der Staatschef für maximal 60 Tage den Ausnahmezustand erklären, was die Suspendierung einiger Grundrechte implizieren kann. Der Präsident hat dem Parlament nach Ablauf jedes Regierungsjahres einen Bericht zu präsentieren, in dem er zur allgemeinen Situation des Landes Stellung nimmt, die bisherige Arbeit der Exekutive bilanziert und Auskunft über deren Vorhaben im folgenden Amtsjahr erteilt. Die Verfassung räumt dem Präsidenten das Recht ein, die konkreten Aufgaben seines Stellvertreters festzulegen.

Machen sich Präsident oder Vizepräsident bestimmter, in der Verfassung aufgeführter (aber nicht näher definierter) Verfehlungen (u.a. illegale Bereicherung, Bestechung, Gefährdung der nationalen Sicherheit) schuldig, kann der Kongress ein Amtsenthebungsverfahren durchführen, in dessen Folge mit Zwei-Drittel-Mehrheit die sofortige Entbindung des Staatschefs (bzw. des Vizepräsidenten) von seinen Aufgaben beschlossen werden kann. Als weitere Absetzungsgründe nennt die Verfassung „physische oder geistige Unfähigkeit" (*incapacidad física o mental*) sowie „Fernbleiben vom Amt/Nichtausübung des Amtes" (*abandono del cargo*). Die letzten beiden Gründe – über deren Vorliegen allein der Kongress entscheidet – erhielten praktische Bedeutung bei der Absetzung der Präsidenten Bucaram (1997) und Gutiérrez (2005). Bei Tod oder Amtsverlust wird der Präsident laut Verfassung bis zu den nächsten regulären Wahlen durch den Vizepräsidenten ersetzt. Dieser Bestimmung wurde nach der Absetzung von Präsident Bucaram nicht Folge geleistet.

Die Verfassung von 1998 hat die Befugnisse des Präsidenten u.a. in der Steuer- und Haushaltspolitik gestärkt. Der politische Handlungsspielraum des Staatschefs wird indes weniger von den diesbezüglichen Vorgaben der Verfassung als von den konkreten Kräfteverhältnissen im Kongress bestimmt. Keine der Parteien, deren Kandidaten seit 1979 das oberste Staatsamt einnahmen, verfügte im Parlament über eine Mehrheit der Sitze. Daher benötigte der Präsident zur Realisierung seiner politischen Vorhaben die Unterstützung anderer Parteien, die sich vor dem Hintergrund der permanenten Wirtschaftskrise aber wenig kooperativ zeigten. Einmal zustande gekommene Bündnisse erwiesen sich als wenig belastbar und waren zumeist nur von kurzer Dauer – entsprechend mussten mehrere Präsidenten beträchtliche Zeit aufwenden, um parlamentarische Allianzen zu schmieden und deren Auseinanderbrechen zu verhindern.

4   Parlament

Seit der Wiederherstellung der Demokratie (1979) wird die Legislativfunktion von dem aus einer Kammer bestehenden Kongress mit Sitz in der Hauptstadt wahrgenommen. Eine Wahlrechtsreform verminderte im Jahre 2000 die Zahl der Parlamentssitze auf 100. Kandidaten für den Kongress müssen mindestens 25 alt Jahre sein und in der Provinz, auf deren Liste sie sich bewerben, entweder geboren sein oder in den letzten drei Jahren vor der Wahl ihren Wohnsitz gehabt haben. Werden mindestens zehn Vertreter einer Partei in den Kongress gewählt, erhalten diese Fraktionsstatus (*bloque legislativo*), woraus sich diverse Vorrechte ergeben. Alle zwei Jahre wählen die Parlamentarier aus ihren Reihen den Präsidenten und zwei Vizepräsidenten des Legislativorgans, wobei der höchste Posten Vertretern der beiden stärksten Fraktionen vorbehalten bleibt.

Für die Mitglieder des Parlaments gilt ein spezifischer Ehrenkodex. U.a. dürfen sie neben ihrem Abgeordnetenmandat kein weiteres öffentliches Amt ausüben. Bei Korruptionsdelikten, grobem Fehlverhalten in der Öffentlichkeit oder bei Nichterfüllung ihrer Funktion können Abgeordnete ihr Mandat verlieren. Die entsprechende Entscheidung fällt auf der Basis eines im internen Reglement der Legislative vorgeschriebenen Verfahrens eine aus fünf Parlamentariern bestehende Kommission (*Comité de Excusas y Calificaciones*). In der Legislaturperiode 2003-2007 verloren mehr als ein Dutzend Abgeordnete auf diese Weise ihr Mandat. Laut Verfassung ist der Entzug des Mandats auch über Initiativen „von unten" möglich: Ein entsprechender Antrag muss von mindestens 30% der Wählerschaft des entsprechenden Wahldistrikts unterstützt werden. Die oberste Wahlbehörde organisiert in diesem Fall eine Abstimmung, die zum Mandatsverlust führt, wenn die Initiative von der Mehrheit der Wähler gutgeheißen wird. Ein solches Procedere darf frühestens zu Beginn des zweiten und spätestens gegen Ende des dritten Jahres der Legislaturperiode durchgeführt werden. Angesichts der weit verbreiteten Korruption unter politischen Amtsträgern lässt sich die praktische Irrelevanz dieser Bestimmung kaum als Beleg für die kollektive Integrität der Parlamentarier interpretieren. Nepotismus zeigt sich in der Tatsache, dass Deputierte häufig nahen Verwandten Posten in der Kongressbürokratie verschaffen. Jeder Abgeordnete darf bis zu acht Mitarbeiter beschäftigen, dazu kommen Personalkontingente für die Fraktionen. Ende 2006 beschäftigte der Kongress insgesamt 1.540 Angestellte.

Zu den verfassungsmäßigen Rechten und Aufgaben des Kongresses gehören neben der zentralen Funktion der Verabschiedung, Reform und Aufhebung von Gesetzen die Festlegung, Modifizierung und Annullierung von (der Zentralregierung zustehenden) Steuern und Abgaben sowie die Ratifizierung internationaler Verträge. Allein der Kongress ist befugt, den Präsidenten (mit Zweidrittelmehrheit) abzusetzen. Das Parlament wählt im Bedarfsfall aus einer Vorschlagsliste des Staatsoberhaupts einen neuen Vizepräsidenten. Sollten das Amt des Präsidenten und seines Stellvertreters gleichzeitig vakant werden, rückt der Vorsitzende des Kongresses an die Staatsspitze, bis das Parlament innerhalb einer eng bemessenen Frist einen Nachfolger bestimmt, der bis zum Ende der laufenden Legislaturperiode amtiert. Auf Initiative eines Viertels der Abgeordneten können Minister und andere hohe staatliche Funktionsträger (u.a. Generalstaatsanwalt, Mitglieder des Verfassungsgerichts und der Obersten Wahlbehörde) einem Interpellationsverfahren unterworfen werden, das zur Amtsenthebung führen kann. Beim Sturz der drei Präsidenten Bucaram, Mahuad und Gutiérrez spielte der Kongress nur eine sekundäre Rolle. Bei der Nachfolgeregelung 1997 und dem Votum zur Absetzung von Gutiérrez wurden Verfassungsbestimmungen missachtet. Im letzteren Fall waren weniger als zwei Drittel der Abgeordneten zugegen, als der Entscheid gefällt wurde.

Seit der Wiederherstellung der Demokratie stellt die Fragmentierung der Kräfteverhältnisse ein konstantes Charakteristikum der Legislative dar. Während in der letzten Legislaturperiode vor dem *Coup d'État* von 1972 im Parlament nur fünf Parteien vertreten waren, zogen in den Kongress 1979 Vertreter von neun und 1984 von dreizehn Parteien ein. Nach den folgenden Wahlen waren im Kongress zwischen neun und zwölf Parteien präsent. Den vorläufigen Höhepunkt bildet das Wahlergebnis von 2002, das die 100 zu vergebenden Sitze auf nicht weniger als 15 Parteien aufteilte. Mit dem Gewinn von 30 der damals 71 Mandate erreichte die sozialdemokratische *Izquierda Democrática* (ID) 1988 das bislang beste Ergebnis einer in den Präsidentschaftswahlen obsiegenden Partei. In den seit 1979 gewählten Parlamenten gab es jeweils höchstens vier Fraktionen, die zehn oder mehr Abgeordnete umfassten. Zudem war es häufig so, dass die Partei oder Parteienkoalition des Präsidenten noch nicht einmal die stärkste Parlamentsfraktion stellte (1984, 1992, 1996, 2002), wobei die Partei des 2002 ins höchste Staatsamt gewählten Ex-Obersten Lucio Gutiérrez (*Partido Sociedad Patriótica*) mit lediglich fünf Abgeordneten den Negativrekord markiert. Unter derartigen Bedingungen erweist sich die Formierung regierungstragender legislativer Mehrheiten als äußerst schwierig. Da im Kontext der hartnäckigen Wirtschaftsprobleme der sukzessive Sympathieverlust der amtierenden Regierung quasi vorprogrammiert ist, erscheint die parlamentarische Unterstützung der Regierungspartei als politisch riskantes Unterfangen, während eine konsequente Oppositionshaltung Erfolge bei den nächsten Wahlen verspricht. Faktum ist, dass sich alle seit 1979 regierenden Präsidenten während des größten Teils ihrer Amtszeit mit einer starken Oppositionsmehrheit im Kongress konfrontiert sahen, welche die Realisierung der Gesetzesvorhaben der Exekutive regelmäßig zu vereiteln oder zumindest zu erschweren trachtete. Die permanente Konfrontation zwischen Regierung und Legislative wird in Ecuador als *pugna de poderes* (Kampf der Gewalten) bezeichnet. Mehrere Umfragen (z.B. von *Latinobarómetro*) können belegen, dass der Kongress und die Parteien – als Forum bzw. Akteure dieses fruchtlosen Dauerkonflikts – in der Bevölkerung unter allen politischen Institutionen das schlechteste Image besitzen. Ihren konsequentesten Ausdruck fand die Missbilligung der Arbeit des Parlaments im Wahlkampf 2006: Rafael Correa stellte keine Kandidaten für die Legislative auf und kündigte für den Fall seines Wahlsiegs eine umfassende Neuordnung des politischen Systems an.

Plausibel klingt der u.a. von Expräsident Noboa (2000-2003) propagierte Vorschlag, die Parlamentswahl nicht länger parallel zur ersten Runde der Präsidentschaftswahlen, sondern zeitgleich mit der Stichwahl zu veranstalten, um auf diese Weise zumindest eine Abschwächung der Kräftezersplitterung im Kongress zu erreichen. Die Chancen für die Überwindung dysfunktionaler institutioneller Regelungen stehen freilich so lange äußerst schlecht, wie die Parteien ihre diesbezüglichen Positionen nach Opportunitätskriterien ausrichten: was in der Rolle der Regierungspartei als sinnvolle Reform propagiert wurde, wird beim Wechsel auf die Oppositionsbänke vehement abgelehnt.

5   Regierung und Verwaltung

Eine Pionierrolle bei der Ausweitung staatlicher Funktionen kam der Regierung Ayora im Gefolge der *revolución juliana* (1925) zu. Noch bedeutender als die Gründung des Ministeriums für Sozialfürsorge und der Rentenversicherung war die Schaffung einer Zentralbank, mit der erstmals die (zuvor von mehreren Kreditanstalten getätigte) Geldemission monopolisiert wurde und eine landesweit akzeptierte Währung entstand. Der nächste bedeutende Modernisierungsschub ließ nahezu 40 Jahre auf sich warten, wobei sich insbesondere die von 1963 bis 1966 regierende Militärjunta dabei hervortat, dem Staat – im Einklang mit den Empfehlungen der CEPAL – die Leitfunktion bei der Förderung der wirtschaftlichen Entwicklung zu übertragen. Die Junta schuf im Rahmen einer umfassenden Verwaltungsreform eine Reihe neuer staatlicher Institutionen, darunter eine nationale Planungsbehörde, die den ersten langfristigen Entwicklungsplan in der Geschichte des Landes erarbeitete. Weitere zentrale Reformprogramme zielten auf die Modernisierung des Agrarsektors sowie auf die Erhöhung der Industrieproduktion mittels staatlicher Inzentive. Dass die Junta viel weniger erreichte als beabsichtigt, ändert nichts daran, dass sich in deren Politik ein markant verändertes Staatsverständnis manifestiert, das in der vom neuen Erdölreichtum geprägten Dekade der 1970er Jahre noch deutlichere Konturen annahm.

Die hohen Deviseneinnahmen aus dem Erdölexport verminderten die Abhängigkeit des Fiskus von der Wirtschaftstätigkeit der traditionellen Machtgruppen und schufen die Voraussetzungen für eine Forcierung des Staatsinterventionismus. Hatte das staatliche Engagement in der Wirtschaft vor Beginn der Erdölförderung weniger als 2,5% des BIP ausgemacht, stieg dieser Anteil bis zum Beginn der 1980er Jahre auf rd. 12%. Die Gründung neuer und die Ausdifferenzierung bestehender staatlicher Behörden und Einrichtungen steht in engem Zusammenhang mit der Verdopplung der Zahl der öffentlichen Bediensteten (auf rd. 200.000) binnen zehn Jahren. Was der Staat durch den raschen Bedeutungsanstieg der Erdöleinnahmen an Autonomie gewonnen hatte, büßte er im Zuge der rasch eskalierenden Verschuldungskrise seit etwa 1982 wieder ein. Die drückende Auslandsschuldenlast fungiert seither als wichtigste Determinante der wirtschaftlichen Dauermisere. Die im Wahlkampf propagierten Ankündigungen und Versprechungen erwiesen sich ein ums andere Mal als weitgehend irrelevant für den nach der Übernahme der Regierungsgeschäfte eingeschlagenen (wirtschafts-) politischen Kurs. Insbesondere der vom IWF ausgehende Druck sorgte dafür, dass zwischen der Wirtschafts- und Finanzpolitik ideologisch unterschiedlich fundierter Regierungen quasi keine Differenzen zu erkennen waren. Stärker noch als durch den Schuldendienst für die staatliche Auslandsschuld (2006: 10,5 Mrd. US$) wird der finanzielle Spielraum der Regierung durch die hohen Subventionen für öffentlich administrierte Energieprodukte (v.a. Haushaltsgas) eingeengt: Diese machten 2006 22% des Budgets aus.

Die mangelnde Kontinuität in der Politik vieler Ressorts geht zum Teil auf die zahlreichen Ministerwechsel zurück, wobei viele Kabinettsmitglieder ihr Amt durch die vom Parlament durchgeführten Interpellationsverfahren verloren. Die Einschränkung dieses häufig missbrauchten parlamentarischen Kontrollinstruments in der Verfassung von 1998 konnte wenig zu größerer Kontinuität auf wichtigen Regierungsposten beitragen, weil sich just zur selben Zeit der allgemeine wirtschaftliche und politische Kontext weiter destabilisiert hat. Dass ein Minister, der zu Beginn der Amtszeit einer neuen Regierung sein Ressort übernimmt, sich am Ende der Legislaturperiode noch auf diesem Posten befindet, ist eine höchst seltene Ausnahme. Insbesondere auf den politisch brisanten Kabinettsposten (Wirtschaft, Inneres, Energie) vermag sich kaum ein Amtsinhaber länger als ein Jahr zu halten. Von 1990 bis 2006 nahmen 28 verschiedene Personen das Amt des Energieministers wahr. Rekordverdächtig präsentiert sich der Personalverschleiß während der nur 20 Monate amtierenden Regierung Palacio: sowohl das Innen- wie das Wirtschaftsressort verzeichneten sechs verschiedene Amtsinhaber; insgesamt gab es 320 Auswechslungen in den oberen Rängen der Staatsbürokratie.

6   Gesetzgebung

Ein unbeschränktes Recht zur Gesetzesinitiative besitzen der Staatschef, der Oberste Gerichtshof, die *Comisión de Legislación y Codificación* des Parlaments sowie jede Parlamentsfraktion oder eine zum diesem Zweck gebildete Gruppe von mindestens zehn Abgeordneten. Hingegen dürfen das Verfassungsgericht, die Oberste Wahlbehörde, der Generalstaatsanwalt und einige andere staatliche Institutionen nur Gesetzesentwürfe einreichen, deren Materie ihren unmittelbaren Zuständigkeitsbereich betrifft. Allgemeine Gesetzesprojekte können auch von einer Gruppe von Staatsbürgern ausgehen, deren Umfang mindestens 0,25% der Gesamtzahl der in die aktuellen Wahlregister eingetragenen Personen entsprechen muss. In die exklusive Zuständigkeit des Staatspräsidenten fallen Gesetzesinitiativen zur Schaffung neuer Steuern sowie zur Änderung der Steuersätze, zur Erhöhung der Staatsausgaben und zur Modifizierung der politisch-administrativen Untergliederung des nationalen Territoriums.

Gesetzentwürfe müssen dem Präsidenten der Legislative vorgelegt werden, der sie nach einer formalen Prüfung an die Deputierten weiterleitet und der Öffentlichkeit bekannt macht. Zuerst wird der Entwurf in der zuständigen Parlamentskommission behandelt, in der auch Organisationen oder Staatsbürger vorstellig werden können, die ihre Interessen durch das Gesetzesvorhaben tangiert sehen. Zusammen mit einem diesbezüglichen Bericht gelangt der Entwurf ins Plenum, wo eine erste Debatte erfolgt. Von dort geht das Projekt an die zuständige Kommission zurück, die auf der Basis der Ergebnisse der Parlamentsdebatte einen weiteren Bericht verfasst, der die Grundlage für eine zweite Debatte im Plenum bildet, in der dann über Annahme, Modifizierung oder Ablehnung des Gesetzesvorhabens entschieden wird. Nach erfolgter Zustimmung durch die Mehrheit der anwesenden Deputierten wird das Gesetz dem Präsidenten unterbreitet. Hat dieser keine Einwände, wird der

Gesetzestext zehn Tage später im *Registro Oficial* veröffentlicht und erlangt Rechtskraft. Lehnt der Staatschef den Gesetzestext vollständig ab, kann der Kongress sich erst zwölf Monate später erneut mit dem Projekt befassen und ihm mit Zweidrittelmehrheit Rechtskraft verschaffen. Lehnt der Präsident das Gesetz nur partiell ab, muss der Kongress es innerhalb von 30 Tagen erneut behandeln. Akzeptiert die Legislative die Einwände des Staatschefs, kann der modifizierte Text mit einfacher Mehrheit angenommen werden. Die Parlamentarier können aber auch dem ursprünglichen Entwurf mit Zweidrittelmehrheit Gesetzeskraft verleihen. Lehnt der Präsident ein Gesetz ab, weil es seiner Meinung nach ganz oder teilweise gegen die Verfassung verstößt, muss das Verfassungsgericht binnen 30 Tagen eine diesbezügliche Stellungnahme abgeben. Wird darin eine partielle Verletzung von Verfassungsbestimmungen konstatiert, kann der Entwurf erst nach entsprechender Überarbeitung des Textes erneut dem formalen Procedere unterworfen werden.

Der Präsident kann dem Kongress die Wirtschaft betreffende Gesetzentwürfe mit Dringlichkeitsstatus zuleiten, die von den Parlamentariern binnen 30 Tagen angenommen, abgelehnt oder modifiziert werden müssen. Das Verfahren entspricht bis auf die kurze Fristbemessung dem Regelfall. Hält der Kongress den vorgegebenen Zeitrahmen nicht ein, darf der Staatschef die Bestimmung als Gesetzesdekret im *Registro Oficial* veröffentlichen. Das Parlament hat allerdings das Recht, diese Dekrete im Nachhinein im Rahmen des üblichen Gesetzgebungsverfahrens zu modifizieren oder zu annullieren.

7   Wahlsystem und Wahlverhalten

Die Wahlen von 1948 gelten als der erste Urnengang in der Geschichte des Landes, dessen Ergebnis nicht manipuliert wurde und exakt dem Wählervotum entsprach. Der Anteil der Wahlberechtigten an der Gesamtbevölkerung betrug damals lediglich 14,3%, wovon rd. ein Drittel ihr Wahlrecht nicht wahrnahm. Den Analphabeten, die um 1950 noch nahezu die Hälfte der Bevölkerung ausmachten, wurde erst in der Verfassung von 1979 das aktive Wahlrecht zugestanden.

Für die Wahl des Staatspräsidenten und des Parlaments sieht die Verfassung einen vierjährigen Rhythmus vor. Zum Einzug ins höchste Staatsamt ist die absolute Mehrheit der Wählervoten erforderlich oder aber der Gewinn von mindestens 40% der gültigen Stimmen, wenn gleichzeitig die Differenz zum zweitbesten Resultat mehr als zehn Prozentpunkte beträgt. Wird keine dieser Vorgaben erreicht, erfolgt wenige Wochen später eine Stichwahl zwischen den beiden bestplatzierten Bewerbern. In sämtlichen Wahlen seit der Rückkehr zur Demokratie wurde der künftige Staatschef erst in der zweiten Abstimmungsrunde ermittelt. Bis 1994 galt ein absolutes Wiederwahlverbot; seither dürfen Expräsidenten nach einer Unterbrechung von vier Jahren erneut kandidieren.

Die 100 Mitglieder der Legislative (bis 2002: 123) werden auf der Ebene der 22 Provinzen gewählt. Die Wahl eines kleinen Teils der Abgeordneten (ca. 15%) über eine nationale Liste ist in der geltenden Verfassung nicht mehr enthalten. Jede Provinz ist im Kongress mit mindestens zwei Deputierten vertreten. Für jeweils 200.000 Einwohner steht den Provinzen ein weiterer Abgeordneter zu. Aufgrund der hohen Bevölkerungsanteile stellen die Provinzen Guayas und Pichincha rd. die Hälfte der Kongressmitglieder. Die Parlamentswahl findet parallel zur ersten Runde der Präsidentschaftswahlen statt. Die Wiederwahl zum Kongress unterliegt keinen Beschränkungen.

Für die alphabetisierten 18- bis 65-Jährigen besteht Wahlpflicht, der sich aber regelmäßig ein beträchtlicher Teil der Bürger entzieht. Angehörige der Streitkräfte im aktiven Dienst besitzen kein Wahlrecht. Die Organisation und Überwachung der Wahlen obliegt dem mit administrativer und finanzieller Autonomie ausgestatteten siebenköpfigen *Tribunal Supremo Electoral*, dessen Mitglieder auf Vorschlag der stimmenstärksten Parteien vom Parlament gewählt werden.

Im Wahlverhalten spiegelt sich der krisenträchtige Verlauf der wirtschaftlichen Entwicklung seit Beginn der 1980er Jahre wider. Alle Regierungsparteien sind für ihr Versagen bei der Bewältigung der Wirtschafts- und Sozialprobleme in den nächsten Wahlen mehr oder weniger deutlich abgestraft worden. So entsandte die christdemokratische *Democracia Popular* (DP), die 1998 parallel zum Triumph ihres Präsidentschaftskandidaten Mahuad mit 34 Abgeordneten die größte Fraktion stellen konnte, nach den Wahlen von 2002 nur noch vier Vertreter ins Parlament.

Eine Konstante im Wahlverhalten resultiert aus dem politischen Regionalismus des Costa-Sierra-Gegensatzes. Regionalistischen Motiven kommt unter den wahlentscheidenden Faktoren eine hervorragende und in der Stichwahl die letztlich ausschlaggebende Rolle zu. Die Wahlbevölkerung der Sierra und insbesondere der wichtigsten Provinz Pichincha mit der Hauptstadt Quito zeichnet sich durch eine gewisse Kontinuität im Abstimmungsverhalten und in der ideologischen Grundorientierung aus, während die Mehrheit der Costa-Wähler regionalistischen Erwägungen im Zweifelsfall stets den Vorzug vor ideologischen Kriterien gibt. Populistische Parteien erzielen in den Küstenprovinzen höhere Stimmengewinne als im Hochland. Lediglich in zwei der acht seit 1979 durchgeführten acht Präsidentschaftswahlen – konkret: 1996 und 2006 – standen sich in der Stichwahl zwei Politiker aus derselben Region (Costa) gegenüber.

8   Parteien

Nur in wenigen Ländern der Region weist das Parteiensystem einen ähnlich niedrigen Institutionalisierungsgrad auf wie in Ecuador. Auffälligstes Kennzeichen dieses Systems ist die große Zahl der Parteien, die im ecuadorianischen Fall mit einer markanten Zersplitterung der parlamentarischen Kräfteverhältnisse korrespondiert. Die Verfassungsbestimmung, nach der eine Partei aus dem Wahlregister gestrichen wird, wenn sie in zwei aufeinander folgenden Wahlen nicht mindestens 5% der Stimmen (1992-1998: 4%) erzielt, kann kaum zur Ausdünnung der Parteienlandschaft beitragen, wenn in jeder Legislaturperiode z.T. gleich mehrere neue politische Formationen gegründet werden.

Die hochgradige Instabilität des Parteiensystems ist allerdings ein relativ neues, da erst seit der Rückkehr zur Demokratie im Jahre 1979 zu beobachtendes Phänomen. In den Dekaden vor dem letzten Militärcoup (1972) hatte sich das Parteiensystem nur sehr langsam verändert bzw. verbreitert. Bis Mitte der 1920er Jahre reicht die Dauer des im 19. Jahrhundert entstandenen Zweiparteiensystems aus Konservativen und Liberalen. Damals erfolgte die Gründung der Sozialistischen Partei, wenige Jahre später entstand die Kommunistische Partei. Diese beiden Formationen spielten jedoch von einigen kurzzeitigen politischen Krisenphasen und ihrem Einfluss auf die Gewerkschaftsbewegung abgesehen, nur eine politische Nebenrolle, während sich der von Velasco Ibarra gegründete *Partido Velasquista* rasch zu einer bedeutenden Kraft in der nationalen Arena entwickelte. Nach dem Tod Velascos (1979) hauchte auch die von ihm gegründete Partei binnen einer Legislaturperiode ihr Leben aus. Die Traditionsparteien der Konservativen und Liberalen, die in den ersten Wahlen der reetablierten Demokratie noch einige wenige Kongressmandate erringen konnten, sind mittlerweile von der politischen Bühne verschwunden.

Der *Partido Velasquista* verkörpert ein Extrembeispiel für den hochgradig personalistischen Charakter der meisten Parteien. Der Erfolg einer Partei an den Wahlurnen hängt nicht in erster Linie von der ideologischen Ausrichtung und/oder offiziellen Programmatik, sondern von der Popularität und dem Charisma ihres jeweiligen Spitzenkandidaten ab. Dies gilt grundsätzlich für alle Parteien, wenn auch in unterschiedlichem Maße. Quasi in Reinform manifestiert sich dieses Prinzip in den populistischen Parteien, deren *raison d'être* der Personalismus darstellt. In der Regel ist das Schicksal solcher Formationen besiegelt, wenn die Identifikations- und Leitfigur von der politischen Bühne abtritt. Die *Concentración de Fuerzas Populares*, die 1979 mit Jaime Roldós den Präsidenten stellte, verlor nach dem Tode Assad Bucarams (1981) rasch an Popularität und führt seit 1990 nur noch ein Schattendasein. 1991 gründete der frühere Bürgermeister der Hauptstadt Sixto Durán Ballén eine eigene Partei (*Partido Unidad Republicano*), nachdem ihm der *Partido Social Cristiano* (PSC) nach zwei erfolglosen Versuchen eine dritte Präsidentschaftskandidatur verweigerte. Durán erreichte sein Ziel, die von ihm kreierte Partei überlebte die wenig glanzvolle Präsidentschaft (1992-96) jedoch nur um wenige Monate. Der im April 2005 gestürzte Präsident Gutiérrez lässt sich ebenfalls dieser Kategorie zuordnen: Binnen weniger Stunden mutierte im Januar 2000 ein unbekannter Armeeoberst zur landesweit bekannten Schlüsselfigur beim Sturz Präsident Mahuads: die Insubordination wurde mit der Entlassung aus dem Militär und mehreren Monaten Haft geahndet. Danach gründete Gutiérrez eine politische Partei (PSP), nahm an der nächsten Präsidentschaftswahl teil und gewann schließlich die Stichwahl. Und auch Rafael Correa errang die Präsidentschaft an der Spitze einer von ihm wenige Monate vor dem Urnengang ins Leben gerufenen politischen Bewegung (*Alianza País*).

Nach 1979 ist es nur wenigen Parteien gelungen, für längere Zeit eine mehr oder minder bedeutende politische Rolle in der nationalen Politik zu spielen. Die Mitte-Rechts-Partei PSC stellte 1984-88 den Präsidenten (Febres Cordero) und verfügte in den folgenden Legislaturperioden zumeist über die stärkste Fraktion im Kongress. Im Kongreß 2007-2011 ist der PSC nur noch mit 13 Abgeordneten (2002: 23) vertreten. Abdalá Bucaram vom populistischen *Partido Roldosista Ecuatoriana* (PRE), der schon 1988 in die Stichwahl gelangt war, hielt sich 1996/97 nur ein halbes Jahr an der Staatsspitze und lenkte seine Partei danach aus dem Exil in Panama. Nachdem die Hoffnung auf die Rückkehr des Caudillos, die der Partei auch nach 1997 gute Wahlresultate beschert hatte, seit April 2005 definitiv ihre Berechtigung eingebüßt hat, ist der Rückhalt des PRE bei den Wählern deutlich geschrumpft: bei den Wahlen 2006 errang sie nur noch sechs Parlamentsmandate (2002: 13), während der Präsidentschaftsaspirant der Partei weniger als 3% der Stimmen erhielt. Die christdemokratische *Democracia Popular* (DP) stellte bisher zwei Präsidenten: Osvaldo Hurtado (1981-84) und Jamil Mahuad (1998-2000). Rodrigo Borja von der sozialdemokratischen *Izquierda Democrática* (ID) war 1988-92 Präsident und verpasste 2002 nur knapp den Einzug in die Stichwahl. Bei den beiden letztgenannten Parteien haben Ideologie und Programmatik eine höhere Relevanz als im ecuadorianischen Regelfall, was wenig daran ändert, dass sich bei den im Wahlkampf angewandten Methoden und im Verhalten als Regierungs- und Oppositionspartei überwiegend Gemeinsamkeiten mit den anderen

Parteien feststellen lassen. Der 1996 gegründeten Indio-Partei *Pachakutik* ist es in den nachfolgenden Wahlen nicht gelungen, eine dem Bevölkerungsanteil der *Indígenas* entsprechende Repräsentanz im Parlament zu erreichen.

In der Parteienlandschaft manifestiert sich der regionalistische Dualismus auf besonders augenfällige Weise: Die wichtigsten politischen Parteien finden die große Mehrheit ihrer Wähler nur in einer der beiden Regionen und erhalten im jeweils anderen Landesteil ungleich weniger Unterstützung. So fungieren die Costa-Provinzen als Bastionen des PSC und von Bucarams PRE, während die stärker programmatisch ausgerichteten Sozial- und Christdemokraten ihre Erfolge primär der Wählerschaft der Sierra verdanken. Regionalistische Argumente spielen im Diskurs von Costa-lastigen Parteien eine weitaus größere Rolle als bei Formationen mit überwiegendem Rückhalt im Hochland. Dies rührt daher, dass die gegebene Konstellation zwischen dem politischen Machtzentrum in der Sierra und dem wichtigsten Wirtschaftszentrum Guayaquil nur den Politikern der Costa die (im Wahlkampf weidlich ausgenutzte) Möglichkeit gibt, eine systematische Vernachlässigung der regionalen Interessen durch die Zentralregierung in Quito zu beklagen bzw. zu behaupten. Frühere Wähler von PRE und PSC votierten beim Urnengang 2006 für Noboas PRIAN (*Partido Renovador Institucional Acción Nacional*), der kaum mehr als eine mit viel Geld geschmierte Wahlmaschine zur Verwirklichung der politischen Ambitionen seines Gründers darstellt.

Die opportunistische Natur von Parteimitgliedschaften kommt u.a. darin zum Ausdruck, dass regelmäßig viele Abgeordnete ihre Fraktion und mithin ihre Partei während der Legislaturperiode verlassen. Der überwiegend klientelistische Charakter der Parteien bildet die Kehrseite ihrer beschränkten Fähigkeit zur Erfüllung der wichtigen (parteitypischen) Funktionen Repräsentation und Interessenaggregation. Allenfalls als Oppositionspartei können sie größere Wählersegmente länger als eine Legislaturperiode an sich binden, während der einmal gewonnene Rückhalt an den Wahlurnen schnell erodiert, wenn sie als Regierungspartei ebenso glücklos agieren wie ihre Vorgänger.

9   Militär

Militärische Gewalt stellte bis in die ersten Jahrzehnte des 20. Jahrhunderts das effektivste Mittel zur Beeinflussung der politischen Entwicklung dar. Die zunehmende Integration in den Weltmarkt verschaffte dem Staat seit etwa 1880 die finanziellen Mittel zum Aufbau einer nationalen Militärorganisation, mit deren Stärkung das Phänomen der von regionalen Caudillos befehligten „Privatarmeen" sukzessive verschwand. Der *Coup d'État* junger Offiziere zum Sturz der ebenso korrupten wie ineffizienten Regierung Córdova im Juli 1925 stellt gleich in mehrfacher Hinsicht eine historische Zäsur dar: Die *revolución juliana* beendete nicht nur die politische Vorherrschaft der Liberalen, sondern markiert auch den Abschluss der Ära der Militärcaudillos. Fortan ließ sich das Militär nicht mehr von einer der beiden regionalen Machtgruppen instrumentalisieren. Damit verbesserten sich auch die Voraussetzungen für eine eigentliche Professionalisierung der Streitkräfte, die allerdings nicht mit einer Entpolitisierung des Offizierskorps einherging. Auch trat das Militär seither in innenpolitischen Konflikten keineswegs als geschlossene Organisation auf. In der politisch unruhigen Zeitspanne 1930-1948 waren die Präsidenten bemüht, die Spitzenpositionen im Militär mit Parteigängern und Günstlingen zu besetzen. Die zahlreichen vorzeitigen

Regierungswechsel wurden in der Regel durch militärischen Gewalteinsatz (oder dessen Androhung) herbeigeführt. In Konfliktsituationen waren diejenigen Politiker, Parteien und Interessengruppen im Vorteil, denen es gelungen war, große Teile des Militärs oder auch Kommandanten wichtiger Garnisonen oder Truppenverbände auf ihre Seite zu bringen. Im Verlauf mehrerer innenpolitischer Krisen kam es zur blutigen Konfrontation zwischen verschiedenen Einheiten der Armee. Die Verstrickung des Militärs in die endlosen politischen Turbulenzen und die dadurch bedingten häufigen Umbesetzungen in den Führungspositionen haben zweifellos ihren Anteil am kläglichen Versagen der Streitkräfte bei der Verteidigung der Staatsgrenzen (im Amazonastiefland) gegen den Angriff peruanischer Truppen im Jahre 1941, der zum schmerzlichen Verlust von rd. 40% des nationalen Territoriums führte.

Die bis dahin längste Phase politischer Stabilität in den Jahren 1948-1960 zeichnete sich auch und vor allem durch das Ausbleiben einer direkten Militärintervention aus. Dass dies nicht als Abkehr des Offizierskorps von der Politik gedeutet werden konnte, zeigte der Sturz Velasco Ibarras durch die Streitkräfte im November 1961. Zwei Jahre später beschränkten sich die intervenierenden Offiziere nicht auf den Austausch der zivilen Staatsführung, sondern übernahmen selbst die Regierungsverantwortung. Dies wiederholte sich nach einem weiteren *Coup d'État* gegen Velasco Ibarra im Februar 1972. Zur Vorgeschichte beider Staatsstreiche gegen Velasco gehören die durch rein machttaktisch motivierte Umbesetzungen in der Militärhierarchie ausgelösten Irritationen im Offizierskorps, in denen sich das gewachsene professionelle Selbstverständnis zeigt. Der Professionalisierungsgrad kommt auch im institutionellen Charakter der beiden Militärcoups zum Ausdruck: Protagonist der Interventionen von 1963 und 1972 war die oberste Führungsriege des Militärs.

Die ecuadorianischen Militärregime von 1963-66 und 1972-79 weichen vom zeitgenössischen lateinamerikanischen Regelfall ab, der durch eine an den Interessen der etablierten Machtgruppen ausgerichtete Wirtschaftspolitik sowie harte Repressionsmaßnahmen gegen Mitglieder politisch links stehender Organisationen geprägt war. Hingegen manifestierte sich im Programm der beiden ecuadorianischen Militärregierungen eine Art aufgeklärter Konservatismus, der über (moderate) Sozialreformen die Lebensbedingungen der unterprivilegierten Bevölkerungsgruppen verbessern und dadurch deren Loyalität zum eigenen Staat stärken wollte. Auch das ecuadorianische Militär stützte sich auf die *Doktrin der nationalen Sicherheit*, die in vielen Militärdiktaturen der Region als Rechtfertigung für die Aufhebung von Grundrechten und brutale Repression herhalten musste, richtete ihre Politik jedoch an einem erweiterten Sicherheitsbegriff aus, der neben militärischen und polizeilichen auch wirtschaftliche, sozialpolitische und psychologische Komponenten umfasste. Es gab eine gewisse Einschränkung der politischen Freiheiten und sporadische Unterdrückungsmaßnahmen, die Militärs ließen sich aber keine schlimmen Menschenrechtsverletzungen zuschulden kommen. Dieses Faktum erleichterte zu gegebenem Zeitpunkt den Entschluss, die Regierungsverantwortung in zivile Hände zurückzugeben.

Beide Regime mussten die Erfahrung machen, dass die eigene Institution leicht Schaden nimmt, wenn der Regierungskurs auf zunehmenden Widerstand in der Gesellschaft stößt. Dann machen sich zwangsläufig Differenzen im Offizierskorps über das weitere Vorgehen bemerkbar, die bei Verstärkung der innenpolitischen Probleme rasch zu Spaltungstendenzen führen, die das oberste Prinzip des korporativen Eigeninteresses – die Bewahrung der Einheit der Streitkräfte – zu verletzen drohen. Ruhe kehrt ins Offizierskorps erst dann wieder ein, wenn der Rückzug in die Kasernen angekündigt wird. Die skizzierten Zusammenhänge ließen sich beim Abgang der Militärjunta im Jahre 1966 und vor allem bei der Ablösung von General Rodríguez durch die Chefs der drei Waffengattungen Anfang 1976 beobachten.

Seit der Reinstallierung des demokratischen Regierungssystems im August 1979 hat es keine neuerlichen Versuche von Seiten des Militärs gegeben, die Staatsführung zu übernehmen. Solange die politische Entwicklung in einigermaßen stabilen Bahnen verlief, traten die Streitkräfte politisch kaum in Erscheinung. Abweichungen vom unauffälligen Grundmuster der zivil-militärischen Beziehungen in den Jahren bis 1996 beschränkten sich auf einzelne Fälle politischer Insubordination hoher Offiziere. Die Streitkräfte konnten ihr öffentliches Ansehen durch das erfolgreiche Agieren der Truppen im kurzen Grenzkrieg gegen Peru Anfang 1995 beträchtlich erhöhen. Während der Kampfhandlungen verlängerte das Parlament die von der letzten Militärregierung eingeführte Regelung, der gemäß 15% der staatlichen Einnahmen aus dem Erdölexport den Streitkräften zur autonomen Verwendung zustehen, um weitere 15 Jahre.

Die Absetzung Bucarams durch das Parlament steht am Beginn einer Phase erhöhter politischer Instabilität mit zahlreichen Krisenmomenten, in denen dem Verhalten des Militärs eine Schlüsselrolle zufiel. Die Beteiligung von Oberst Gutiérrez am Sturz von Präsident Mahuad war eine individuelle Aktion, und es war das Oberkommando der Streitkräfte, das den Spuk der damals unter Beteiligung von Gutiérrez formierten Dreierjunta nach wenigen Stunden beendete und eine „konstitutionelle" Lösung der Krise (Übernahme der Regierung durch den Vizepräsidenten) durchsetzte. Im April 2005 ging die entscheidende Schwächung der Position von Präsident Gutiérrez weniger vom Absetzungsvotum des Kongresses als von der Weigerung der Militärführung aus, Truppen gegen die regierungsfeindlichen Demonstranten in der Hauptstadt einzusetzen.

Sollte es infolge einer neuerlichen Zuspitzung der innenpolitischen Situation zu einer Machtübernahme des Militärs kommen, dürften sich die Putschisten auf eine befristete *caretaker*-Funktion zur Wiederherstellung von „Ruhe und Ordnung" beschränken, während die Etablierung einer längerfristig ausgerichteten Autokratie eher unwahrscheinlich ist.

10 Pressure Groups

Bis zur *revolución juliana* (1925) beschränkte sich die Auseinandersetzung um die Macht im Staat auf die oligarchischen Gruppen aus Costa und Sierra und deren politische Parteien. Aber auch im Kontext einer sich allmählich ausdifferenzierenden Gesellschaft vermochten die beiden Elitefraktionen ihre Position als weitaus stärkste Interessengruppen zu behaupten. Während die Oligarchie des Hochlands von den alteingesessenen Großgrundbesitzern dominiert wurde, herrschten an der Küste die im Außenhandel engagierten Gruppen und Clans vor. Die Differenzen zwischen den beiden Gruppen in Bezug auf die Gestaltung der (Außen-) Wirtschaftspolitik bildeten ein konstitutives Element des Regionalismus. Die Verbände der Latifundisten und insbesondere die Handelskammern stellten bis in die 1970er Jahre starke *pressure groups* dar, die mit ihren (Protest-) Aktionen mehrere Regierungen in arge Bedrängnis brachten. Im Vergleich zu den Großgrundbesitzern, deren politisches Gewicht seither deutlich zurückgegangen ist, verfügt die Händlerschaft trotz der Relativierung ihrer Position durch die Dominanz des Erdölexports nach wie vor über beträchtlichen politischen Einfluss. Einkommen und Vermögen der reichsten Familien stammen in der Regel aus einer Vielzahl von Unternehmen in den unterschiedlichsten Branchen.

Die katholische Kirche gehörte auch viele Dekaden nach den liberalen Reformen zu den politisch einflussreichsten Institutionen im Lande. Längst hat sie sich aus ihrer engen Verbindung mit den konservativen politischen Kräften gelöst und setzt sich heute im Rahmen politischer Konflikte primär für die Belange der Unterprivilegierten ein. Umfragen bestätigen immer wieder das hohe Ansehen der katholischen Kirche in der Bevölkerung. Sie betreibt soziale Einrichtungen, über 1.400 Schulen und sechs Universitäten. In den letzten Dekaden konnten protestantische Sekten die Zahl ihrer (indigenen) Anhänger im Hochland und im Oriente vergrößern.

Das politische Gewicht der Gewerkschaften hat sich parallel zur Verschlechterung der wirtschaftlichen Lage seit 1980 spürbar vermindert; viele Streiks verfehlten ihr Ziel. Andere Gruppen, die mehrfach ein beträchtliches politisches bzw. öffentliches Störpotenzial entfalten konnten, sind die Studenten, die Lehrer sowie die Bus- und Taxifahrer, deren Protestaktionen (vor allem gegen höhere Treibstoffpreise) zeitweise Verkehr und Handel lahm zu legen vermochten.

Als relativ stärkste Interessenorganisation gilt heute die *Confederación de Nacionalidades Indígenas del Ecuador* (CONAIE), die sich als Repräsentantin der indigenen Ethnien (v.a. Quechua) begreift, deren Anteil an der Bevölkerung rd. 40% beträgt. 1986 gegründet, gab die CONAIE vier Jahre später ein spektakuläres Debüt auf der politischen Bühne: Hintergrund des von mehreren 100.000 Indios getragenen *levantamiento* (Aufstand) bildete die drastische Verschlechterung der Lebensbedingungen im Minifundiensektor des Hochlands im Verlauf der 1980er Jahre, die den in vielen Regionen schwelenden Landkonflikten neuen Zündstoff gab. Der beachtliche Erfolg der Rebellion stärkte die Organisation, die seither mit mehr Vehemenz auch ihre ethnisch-kulturellen Anliegen vertritt. Anfang 1996 beschloss die Nationalversammlung der CONAIE im Hinblick auf die kommenden Wahlen die Gründung einer eigenen politischen Partei (*Movimiento de Unidad Plurinacional Pachakutik – Nuevo País*), die die Präsidentschaftskandidatur des Journalisten Freddy Ehlers unterstützte. Der Gewinn von acht Parlamentssitzen und von neun Mandaten in den Wahlen von 1998 machte deutlich, dass die neue Partei längst nicht alle indigenen Stimmen auf sich ziehen konnte. Allerdings entfaltete die Organisation eine politische Stoßkraft, die von der Größe der Parlamentsfraktion quasi unabhängig war. 1997 war die CONAIE maßgeblich an den massiven Straßendemonstrationen beteiligt, die zur Absetzung von Präsident Bucaram führten. Noch deutlicher dominierten die Indígenas die Proteste und Ereignisse, die den Sturz von Staatschef Mahuad bewirkten. In den Wahlen von 2002 ermöglichte die CONAIE den Sieg von Gutiérrez, in dessen Kabinett erstmals Indígenas vertreten waren. Bereits nach wenigen Monaten verließ *Pachakutik* die Regierungskoalition, weil Gutiérrez in zentralen Bereichen seine Wahlversprechen nicht einhielt. Die indigene Bewegung opponierte in der Folge zwar gegen Gutiérrez, spielte in den Protesten, die zu dessen Machtverlust führten, aber nur eine nachgeordnete Rolle, um sich von den politischen Forderungen zu distanzieren, die während des Konflikts von den traditionellen Machtgruppen und Parteien erhoben wurden. Darin kam auch die Frustration darüber zum Ausdruck, dass die Erfolge der CONAIE in der Substanz wenig bewirkt hatten: nach dem Sturz zweier Präsidenten wurde die konventionelle („neoliberale") wirtschaftspolitische Linie unbeirrt weiter verfolgt. Die radikale Ablehnung orthodoxer wirtschaftspolitischer Prinzipien manifestierte sich auch in den massiven Protesten von Indígenas gegen den Abschluss eines Freihandelsabkommens mit den USA im März 2006.

Andererseits hat sich in der Amtszeit von Gutiérrez gezeigt, dass nach dem Wechsel aus der Opposition in die Regierung die Organisation gegen Spaltungstendenzen nicht gefeit ist und auch indigene Führungsfiguren den Verlockungen von Macht und Privilegien rasch erliegen können. 2006 präsentierte Pachakutik mit Luis Macas den ersten indigenen Präsidentschaftsanwärter, der allerdings mit weniger als 3% der Stimmen kläglich scheiterte. Ein Großteil der Indígenas votierte für den *Partido Sociedad Patriótica* von Ex-Präsident Lucio Gutiérrez, der es in seiner Amtszeit verstanden hatte, in Gebieten mit hohem Indígena-Anteil klientelistische Netzwerke zu installieren.

11 Massenmedien

Die Amtsübernahme der ersten demokratischen Regierung nach dem Ende der Militärherrschaft fällt in eine Phase, in der die Entwicklung des Fernsehens zum landesweit wichtigsten Massenmedium nahezu abgeschlossen war. Ende der 1980er Jahre waren in Ecuador 14 Fernsehstationen registriert, von denen aber lediglich drei landesweit empfangen werden konnten. Bis 2005 hatte sich die Zahl der Sender mit nationaler Reichweite auf acht erhöht. Seit 1990 lässt sich in der TV-Landschaft ein markanter Wandel beobachten, der primär durch die Proliferation von lokalen Sendern geprägt wird. Hatte es 1988 erst acht Stationen mit lokaler Reichweite gegeben, wurde deren Zahl im Jahre 2005 mit 48 angegeben. Zu diesem Zeitpunkt waren landesweit ca. drei Mio. Fernsehgeräte im Gebrauch. Dort wo es Elektrizität gibt, verfügen auch die meisten armen Haushalte über ein TV-Gerät.

Die politische Relevanz des Mediums TV ergibt sich aus der Kombination mehrerer Faktoren: Zum einen aus der großen Reichweite und der dadurch bedingten immensen Zahl von Empfängern, welche die Menge der Rezipienten von Printmedien deutlich übersteigt. Dazu kommt die enorme Popularität des Mediums: Mehrere Umfragen bestätigen eine eindeutige Bevorzugung des Fernsehens gegenüber dem Radio. Da letzteres überwiegend kommerziell ausgerichtet ist, kommt den über das Fernsehen verbreiteten politischen Informationen vor allem deshalb eine außerordentlich hohe Bedeutung zu, weil der Großteil der Rezipienten allenfalls über eine geringe (politische) Bildung verfügt und von daher der Verführungskraft der Fernsehbilder und insbesondere den suggestiven Parolen und Versprechungen politischer Demagogen leichter erliegt.

Die Fernsehsender mit nationaler Reichweite befinden sich im Privatbesitz einheimischer Medienkonzerne, die von einflussreichen Familienclans und Finanzgruppen geführt werden. Die Finanzierung erfolgt ausschließlich durch Werbeeinnahmen. Von den rd. 350 Mio. Dollar, die 2004 von der Wirtschaft für Werbezwecke ausgegeben wurden, gingen 53% an die Fernsehstationen, 32% an die Presse und 8% an Radiosender.

Die Mehrheit der im Jahre 2005 im Lande registrierten knapp 800 Radiostationen (1990: 340) sind autonome Sender ohne Zugehörigkeit zu einem der Medienkonzerne. Zu letzteren gehören aber viele der Radiosender mit regionaler Reichweite. Über die Hälfte der Radiosender sind Hörfunkketten angeschlossen, deren Mitglieder von einer zentralen Station mit Sendematerial, vor allem mit Nachrichtenprogrammen, versorgt werden. Neben der großen Zahl von privatwirtschaftlichen Sendern sind mehrere kirchliche sowie staatliche und einige städtische Radiostationen in Betrieb. Auf den Galápagos-Inseln und in mehreren

Gebieten der Sierra sowie der Region Oriente betreiben kirchliche Institutionen einige Radiostationen mit überwiegend religiösem und pädagogischem Programm. Ein Teil dieser Stationen wie auch einige Sender in Gebieten mit überwiegend indianischer Bevölkerung strahlen auch Programme in der lokal dominierenden Sprache aus. In zahlreichen ruralen Landstrichen kommt dem Radio aufgrund seines Verbreitungsgrads der Rang des wichtigsten Massenmediums zu.

Eine auffällige geographische Ungleichverteilung durch die Konzentration auf urbane Gebiete und insbesondere auf die beiden Metropolen Guayaquil und Quito weisen die Tageszeitungen auf. In elf der 22 Provinzen erscheinen nur Zeitungen mit ausschließlich lokaler, in drei weiteren Provinzen auch Blätter mit regionaler Verbreitung. Überregionale Tageszeitungen erscheinen nur in Quito und Guayaquil. Als wichtigste Qualitätszeitungen gelten *El Universo* (Guayaquil) und *El Comercio* (Quito), die auch die höchsten Auflagen verzeichnen. Etwa 40% der Gesamtauflage (2000: an Wochentagen ca. 820.000, sonntags ca. 900.000) der Tageszeitungen entfielen auf die beiden journalistischen Flaggschiffe des Landes. Viele bedeutende Tageszeitungen gehören zu Medienunternehmen, die auch Fernseh- und Hörfunkstationen besitzen. Die Berichterstattung der Tageszeitungen mag zur Meinungsbildung in der Mittelschicht beitragen, der die Mehrheit ihrer Leser angehört, in Bezug auf die Beeinflussung politischer Karrieren und den Ausgang von Wahlen bleibt deren Wirkungspotenzial aber weit hinter dem Fernsehen zurück. Letzteres dient nicht nur aufstrebenden Politikern als ideales öffentliches Forum, sondern erleichtert auch den Erfolg von politischen Quereinsteigern. 1996 nahm der landesweit bekannte TV-Journalist Freddy Ehlers mit einer neu gegründeten Partei an den Wahlen teil und erzielte ein beachtliches Ergebnis, das durch die Fragmentierung des Mitte-Links-Lagers den Triumph von Abdalá Bucaram erst möglich machte. Und es war in erster Linie das Fernsehen, das den unbekannten Oberst Gutiérrez am 21. Januar 2000 auf die nationale politische Bühne katapultierte. Während er seine Popularität vor allem dem Fernsehen verdankte, sollte es eine Radiostation sein, die eine Schlüsselrolle beim vorzeitigen Ende seiner Präsidentschaft spielte: Auf dem Höhepunkt der innenpolitischen Krise im April 2005 trugen in kurzen Abständen gesendete Aufrufe und Informationen des lokalen Hörfunksenders *La Luna* zur Ausweitung und Koordination der massiven öffentlichen Proteste in der Hauptstadt bei, die das letzte Kapitel der Ära Gutiérrez prägten. Rafael Correa verdankte seinen politischen Aufstieg wiederum der prominenten Rolle, die er in den Manifestationen gegen Gutiérrez spielte.

Die Ausnahme von der Regel, dass die seit 1979 amtierenden Regierungen die Arbeit der Massenmedien nicht nennenswert behindert haben, stellt die Präsidentschaft von Febres Cordero (1984-88) dar, der beste Verbindung zu führenden Wirtschaftsunternehmen unterhielt: damals bezahlten zahlreiche Journalisten ihre regierungskritische Berichterstattung mit dem Verlust ihres Arbeitsplatzes oder der Absetzung ihrer Sendungen.

12 Politische Kultur

Es lassen sich lediglich zaghafte Ansätze einer demokratischen politischen Kultur ausmachen. Die Charakteristika der jüngsten demokratischen Entwicklungsphase seit 1979 waren kaum geeignet, in großen Teilen der Gesellschaft eine positive Grundeinstellung zu demokratischen Institutionen und Verfahren entstehen zu lassen. Der ungewöhnlich lange Bestand des demokratischen Systems wird in der Öffentlichkeit kaum gewürdigt, weil diese

Zeit von hartnäckigen Wirtschaftsproblemen, einer drastischen Verschlechterung der allgemeinen Lebensbedingungen und einer Abfolge ineffizienter Regierungen geprägt war. Auch ein Vergleich der demokratisch legitimierten Regierungen mit dem letzten Militärregime fällt keineswegs zugunsten der zivilen Amtsträger aus. Während der weit überwiegende Teil der Bevölkerung zur Zeit der Militärherrschaft mit Ausnahme des suspendierten Wahlrechts keine nennenswerten politischen Restriktionen zu spüren bekam und die vom Erdölboom angetriebene Konjunktur auch große Segmente der Unterschicht in bescheidenem Maße am neuen nationalen Reichtum partizipieren ließ, wurde die sukzessive Erosion des gegen Ende der 1970er Jahre erreichten Lebensstandards zum dominanten Merkmal der demokratischen Entwicklungsphase.

Dem lateinamerikanischen Regelfall entsprechend, machen sich politische Macht und Einfluss stärker über informelle als über institutionelle Kanäle bemerkbar. Klientelistische Beziehungen und Netzwerke ermöglichen die Umgehung bürokratischer Hürden und gesetzlicher Normen und vermitteln Zugang zu Vergünstigungen und Privilegien. Die Patronagepraktiken hoher Regierungsmitglieder bis zum Staatspräsidenten gehen oft so weit, dass auch Familienmitgliedern und nahen Verwandten lukrative Posten in der öffentlichen Verwaltung zugeschanzt werden.

In der tagespolitischen Auseinandersetzung zwischen Regierung und Opposition stellen despektierliche bis geradezu rüde Umgangsformen den Normalfall dar. Statt Sachargumenten herrschen harte Verbalattacken gegen die politischen Konkurrenten vor, wobei Beleidigungen und Verleumdungen von Repräsentanten gegnerischer Parteien keine Ausnahme bilden. Einerseits haben solche Praktiken zweifellos zum Prestigeverlust demokratischer Institutionen und Amtsträger beigetragen, andererseits können gerade jene Parteien und Politiker viel öffentliche Aufmerksamkeit erregen und ihre Sympathisanten bei Laune halten, die mit möglichst spektakulären Aktionen und propagandistischen Verlautbarungen in Erscheinung treten. Im Parlament beschränken sich die oppositionellen Kräfte in der Regel nicht darauf, die Schwächen und Versäumnisse der Exekutive anzuprangern, sondern schöpfen alle vorhandenen Mittel aus, um das Ausmaß des Scheiterns der Regierung zu maximieren. Durch solche Intentionen und Ziele erhält die *pugna de poderes* eine überwiegend destruktive Stoßrichtung, die auf die Abwesenheit eines demokratischen Fundamentalkonsenses unter den Akteuren verweist. Die für die Demokratie so grundlegende Suche nach Kompromissen durch Annäherung unterschiedlicher Positionen kommt höchst selten zur Geltung. Es fehlt eine Atmosphäre der Toleranz, in der trotz unverkennbarer Interessengegensätze ein gewisser Respekt für abweichende Meinungen und Positionen erhalten bleibt. Vielmehr dominiert das Trennende, das den politischen Konflikt zum Selbstzweck erhebt und dem Gemeinwohl jenseits pathetischer Deklamationen wenig reale Bedeutung einräumt.

13   Rechtssystem

An der Spitze der Hierarchie des Rechtssystems steht die *Corte Suprema de Justicia*. Die primär als Kassationsgericht fungierende Institution besteht aus zehn, jeweils auf bestimmte Rechtsbereiche spezialisierten Kammern (salas), davon je drei mit Zuständigkeit für Zivil- bzw. Arbeitsrecht sowie zwei für Strafrecht. Insgesamt gehören der höchsten Rechtsinstanz 31 Richter an, die zur Ausübung dieser Funktion mindestens 45 Jahre alt sein müssen. Das Gremium soll zu je einem Drittel aus Richtern, Hochschullehrern für Jura und Rechtsanwälten bestehen. Die einzig erlaubte Nebentätigkeit ist die einer Hochschuldozentur. Die Verfassung legt keine bestimmte Amtszeit für die Mitglieder des Obersten Gerichts fest. Scheidet ein Magistrat aus, wählt das Richterplenum mit Zweidrittelmehrheit einen Nachfolger. Richter und Amtsträger untergeordneter Justizbehörden können bei Pflichtverletzungen vom Obersten Gericht von ihren Aufgaben entbunden werden. In 20 der 22 Provinzen existieren als Organe zweiter Instanz die *Cortes Superiores*, deren Richter vom Obersten Gericht ernannt werden. Diese sind zum Teil – vor allem in den größeren Provinzen – analog zum Obersten Gericht in diverse Kammern untergegliedert.

Entgegen den Bestimmungen der Verfassung, die die politische Neutralität und Unabhängigkeit der *Corte Suprema* betont, ist es seit der Wiederherstellung der Demokratie mehrfach zur politischen Instrumentalisierung der Institution gekommen. Da das Parlament über die personale Zusammensetzung des Obersten Gerichts entscheidet, ist es üblich, dass die dort vertretenen politischen Parteien versuchen, Gesinnungsgenossen oder Karrieristen in dieses Gremium zu entsenden. Seit 1998 verfügt der Kongress über einen geringeren Einfluss auf die Rekrutierung der höchsten Richter, weil seither die Auswahl auf der Basis von Vorschlagslisten erfolgt, die zuvor von zwölf verschiedenen zivilgesellschaftlichen Gruppen erstellt werden.

Die stärkste politische Attacke gegen das Oberste Gericht datiert vom Dezember 2004 und steht für den Anfang vom Ende der Präsidentschaft von Lucio Gutiérrez: Als Preis für die parlamentarische Unterstützung der angeschlagenen Exekutive verlangte der populistische PRE die Annullierung aller Strafanklagen gegen ihren im Exil weilenden Caudillo. Mit der gerade etablierten Kongressmehrheit wurden 27 Mitglieder der *Corte Suprema* auf verfassungswidrige Weise ihrer Ämter enthoben und durch politisch genehme Juristen ersetzt, die bald darauf das politisch opportune Urteil fällten, das dann Abdalá Bucaram die Rückkehr nach Ecuador erlaubte. Die durch dieses dubiose Manöver entfachten Proteste kosteten Gutiérrez schließlich das Amt, Bucarám setzte sich erneut nach Panamá ab.

Auf den unteren Ebenen der Justiz werden politischer Einfluss bzw. die Interessen ökonomisch potenter Gruppen und Individuen häufig mittels Korruption geltend gemacht. Dazu kommt eine hochgradige Ineffizienz, für die vor allem die prekäre finanzielle und technische Ausstattung verantwortlich ist. Die personelle Unterdotierung wird daran deutlich, dass im Bereich des Zivil- und Strafrechts jeder Richter jährlich (statistisch) mehrere Tausend Verfahren zu bearbeiten hat. Von den 2003 registrierten neuen Rechtsfällen betrafen 62% zivil- und 26% strafrechtliche Angelegenheiten. Nur in wenigen Ländern der Hemisphäre gibt es weniger Richter pro 100.000 Einwohner als in Ecuador. Der schleppende Gang der Justiz lässt sich auch an der Gefängnisstatistik ablesen: 65% der Insassen der stark überbelegten Haftanstalten sind Untersuchungshäftlinge, die noch auf ihr Verfahren warten.

Die Ziele der u.a. von der Weltbank unterstützten Justizreformen sind das Spiegelbild der gegenwärtigen Mängel und Defizite: Straffung der rechtlichen Verfahren, Verbesserung des Zugangs der Unterschicht zu den rechtlichen Instanzen, Bekämpfung der Korruption.

14 Regionen und Kommunen

Das nationale Territorium ist in 22 Provinzen gegliedert. Zehn entfallen auf die Sierra, fünf auf das Gebiet der Costa. Beide Regionen nehmen je rd. ein Viertel der Landesfläche ein, wobei in der Küstenregion rd. 600.000 Menschen mehr leben (6,1 Mio.) als im Hochland. Die Zahl der Provinzen des Oriente ist nach administrativen Neuordnungen von zuvor vier auf nunmehr sechs erhöht worden. Dazu kommt die aus den Galápagos-Inseln bestehende Provinz Colón, die mit rd. 19.000 Einwohnern auch die bevölkerungsschwächste ist. Das andere Extrem bildet die Provinz Guayas mit 3,3 Mio. Einwohnern, von denen rd. 2 Mio. in der Costa-Metropole Guayaquil leben. Die Bevölkerungszahl der Provinz Pichincha mit der Hauptstadt Quito (1,4 Mio.) beträgt 2,4 Mio. Der städtische Bevölkerungsanteil lag 2005 bei zwei Drittel (1975: 42%).

Die Provinzen sind in Kantone, diese wiederum in Gemeinden (*parroquias*) untergliedert. Gegenwärtig bestehen 219 Kantone und ca. 1.100 Gemeinden. Die administrative Aufteilung besitzt keine inhärente Logik und erweist sich in vielen Fällen eher als Entwicklungshemmnis. So besteht die kleinste Costa-Provinz El Oro aus 14 Kantonen, während die kleinste Hochlandprovinz Tungurahua ebenso neun Kantone umfasst wie das flächen- und bevölkerungsmäßig sechs Mal größere Pichincha.

In jeder Provinz gibt es einen vom Staatspräsidenten ernannten Gouverneur, dem die Koordination und Kontrolle der politischen Maßnahmen und Programme der Zentralregierung obliegt. Autonomie besitzt hingegen der *consejo provincial*, dem ein Präfekt vorsteht und dessen Mitgliederzahl sich nach dem Umfang der Bevölkerung der Provinz richtet. Die Hälfte der *consejeros* (Räte) plus ein weiteres Mitglied dieses Gremiums werden durch Volkswahl bestimmt, die restlichen Räte sind Delegierte aus den zugehörigen Kantonen. Auf kantonaler Ebene agiert unter Leitung eines *alcalde* (Bürgermeister) ein *consejo municipal*, dessen Mitglieder von der Bevölkerung dieses Verwaltungsdistrikts gewählt werden. Das Gleiche gilt für die *junta parroquial* in den Gemeinden, an deren Spitze ein so genannter *presidente* steht. Die Amtszeit aller genannten Funktionäre beträgt vier Jahre. Zu den Befugnissen der autonomen Behörden der drei Verwaltungsebenen gehört die Festsetzung von Gebühren und Abgaben in ihrem Zuständigkeitsbereich. Die verfügbaren Finanzmittel bestehen allerdings größtenteils aus Zuwendungen aus dem Budget der Zentralregierung. Die Verfassung schreibt vor, dass mindestens 15% der jährlichen Staatseinnahmen an die Provinz-, Kantonal- und Gemeindeverwaltungen transferiert werden sollen.

15 Integration, Interamerikanische Beziehungen, Beziehungen zu Europa

Ecuador gehörte dem Andenpakt an und ist heute Mitglied der Nachfolgeorganisation *Comunidad Andina*. Insbesondere unter Industriellen bestanden lange Zeit Vorbehalte gegen eine großzügige Marktöffnung, weil die eigenen Produkte international kaum konkurrenzfähig sind. Auch das ALCA-Projekt fand in der Wirtschaft nicht nur Befürworter. Der Hauptwiderstand gegen ALCA und das Freihandelsabkommen mit den USA geht freilich von politisch links stehenden Organisationen und Gruppierungen aus. Diese kritisieren auch die seit 1999 bestehende US-Luftwaffenbasis in Manta, die eine Schlüsselrolle im Drogenabwehrdispositiv Washingtons in der Andenregion spielt. Auf Regierungsebene stellen sich die Beziehungen zu den USA weitgehend spannungsfrei dar, wobei die konservativen Präsidenten naturgemäß um mehr politische Nähe zu den USA (z.B. vermittels der Haltung zu Castros Kuba) bemüht sind. Präsident Correas Ablehnung eines bilateralen Freihandelsvertrages und seine Ankündigung, den 2009 auslaufenden Pachtvertrag für den Stützpunkt Manta nicht zu verlängern, dürften das bilaterale Verhältnis belasten.

Seit dem Krieg von 1941 kam es immer wieder zu Spannungen im Verhältnis zu Peru, u.a. weil Ecuador auf Korrekturen des Grenzverlaufs und einen direkten Zugang zum Amazonas bestand. Nachdem es schon zuvor häufig zu Grenzscharmützeln gekommen war, entbrannte Anfang 1995 ein mehrere Wochen dauernder blutiger Konflikt, der auf beiden Seiten einigen Hundert Soldaten das Leben kostete. 1998 erfolgte mit internationaler Vermittlung ein definitiver Friedensschluss, der den bilateralen Beziehungen eine neue Basis gab. In den letzten Jahren ist es eher die Nordgrenze, die der Regierung in Quito Sorge bereitet, weil der nach Süden gerückte Bürgerkrieg in Kolumbien zunehmend negative Auswirkungen für Ecuador (Flüchtlinge, Infiltration des grenznahen Gebiets durch Aufständische) zeitigt. Auch die Sprühaktionen gegen Kokapflanzungen im kolumbianischen Grenzgebiet belasten die bilateralen Beziehungen.

Die Beziehungen zur EU wurden allein durch die für Ecuador nachteilige Marktordnung für Bananen (von 1993) getrübt; gleichzeitig gab diese protektionistische Regelung den Impuls für verstärkte Bemühungen um neue Absatzmärkte, die von Erfolg gekrönt waren. Die EU finanziert eine Vielzahl von Entwicklungsprojekten in Ecuador, wobei Armutsbekämpfung, Umweltschutz, Modernisierung der Transportinfrastruktur und Stärkung staatlicher Institutionen einige der Schwerpunkte bilden. Die Kosten der im Zeitraum 1992-2000 realisierten Projekte beliefen sich auf 105 Mio. €.

Eine neue Dimension erhielten die Beziehungen zur EU durch die Ende der 1990er einsetzende massive (illegale) Migration nach Europa, hauptsächlich nach Spanien. 2001 unterzeichneten Ecuador und Spanien ein Abkommen zur Regulierung der Arbeitsimmigration. Mittlerweile stellen die regelmäßigen Überweisungen der (legal und illegal) im Ausland (inkl. USA) arbeitenden Ecuadorianer an ihre Familien (2005: 1,8 Mrd. US$) eine wichtige Größe in der Zahlungsbilanz des Landes dar.

Literatur

Acosta, Alberto (1997): Breve historia económica del Ecuador. Quito.

Acosta, Alberto (2005): Ecuador: Ein paar (schmerzliche) Lektionen der Dollarisierung, in: Sevilla, Rafael/Acosta, Alberto (Hrsg.): Ecuador – Welt der Vielfalt. Bad Honnef: 159-192.

Ayala, Enrique (Hrsg.) (1983-1992): Nueva historia del Ecuador. 15 Bde. Quito.

Beck, Scott H./Mijeski, Kenneth J. (2004): Ecuador's Indians in the 1996 and 1998 Elections: Assessing Pachakutik's Performance, in: The Latin Americanist, Vol. 47, Winter/Spring: 46-74.

Córdova, Gabriela (2003): Anatomía de los golpes de Estado. La prensa en la caída de Mahuad y Bucaram. Quito.

Cabezas Castillo, Tito (1997): Sistema electoral y sus consecuencias políticas: caso ecuatoriano, in: Carlota Jakisch (Comp.): Sistemas electorales y sus consecuencias políticas. Buenos Aires: 211-295.

De la Torre, Carlos (2000): Populist Seduction in Latin America. The Ecuadorian Experience. Athens.

De la Torre, Carlos (2006): Ecuador. Populismus, Demokratie, Proteste und immer wiederkehrende Krisen, in: Europa – América Latina. Río de Janeiro, Nr. 21.

Echeverría, Julio (2006): El desafío constitucional. Crisis institucional y proceso político en el Ecuador. Quito.

Edwards, Sandra G. (2005): Outside the Rule of Law: Ecuador's Courts in Crisis. Washington Office on Latin America: Special Update Ecuador. Washington.

Gerlach, Allen (2003): Indians, Oil, and Politics. A Recent History of Ecuador. Wilmington.

Gordillo, Ramiro (2003): ¿El oro del diablo? Ecuador: historia del petróleo. Quito.

Hoffmann, Karl-Dieter (1985): Militärherrschaft und Entwicklung in Lateinamerika. Der Fall Ecuador unter besonderer Berücksichtigung des Militärregimes 1972-1979. Saarbrücken.

Hoffmann, Karl-Dieter (1995): Ecuador, in: Nohlen, Dieter/Nuscheler, Franz (Hrsg.): Handbuch der Dritten Welt. Bd. 2: Südamerika. Bonn: 339-382.

Hoffmann, Karl-Dieter (1998): „Pugna de poderes" und „ingobernabilidad": Ecuadors politisches Institutionengefüge im Dauerstress, Augsburg/Erlangen-Nürnberg/Eichstätt (mesa redonda 10).

Hoffmann, Karl-Dieter (2002): Ecuador, in: Jürgen Bellers et al.. (Hrsg.): Handbuch der Außenpolitik. München/Wien: 369-374.

Hoffmann, Karl-Dieter (2005): Erdöl, Erdölpolitik und Wirtschaftsentwicklung, in: Sevilla, Rafael/Acosta, Alberto (Hrsg.): Ecuador – Welt der Vielfalt. Bad Honnef: 193-232.

Hoffmann, Karl-Dieter (2006): Ecuador, in: Petri, Mario et al. (Hrsg.): Handbuch der transitorischen Systeme, Diktaturen und autoritären Regime der Gegenwart. Münster: 217-222, 548.

Hoffmann, Karl-Dieter (2007): „!Dale correa!" Eine Analyse der Kongress- und Präsidentschaftswahlen in Ecuador (Oktober/November) 2006. Augsburg/Eichstätt/Erlangen-Nürnberg (mesa redonda 25).

Hurtado, Osvaldo (1979): El poder político en el Ecuador. Quito.

Hurtado, Osvaldo (2002): Deuda y desarrollo en el Ecuador contemporáneo. Quito.

Hurtado, Osvaldo (2006): Los costos del populismo. Quito.

Lyons, Barry J. (2006): Remembering the Hacienda. Religion, Authority, and Social Change in Highland Ecuador. Austin.

Martz, John D. (1987): Politics and Petroleum in Ecuador, New Brunswick/Oxford.

Mejía Acosta, Andrés (2002): Gobernabilidad democrática. Quito.

Minkner-Bünjer, Mechthild (2004): Gratwanderung: Krisen, Anpassungspolitik und sozio-politische Ausgrenzung in Ecuador, in: Kurtenbach, Sabine et al. (Hrsg.): Die Andenregion – Neuer Krisenbogen in Lateinamerika. Frankfurt a. M.: 225-268.

Moncayo, Paco (1995): Fuerzas Armadas y Sociedad. Quito.

Pachano, Simón (1998): La representación caótica. Análisis del sistema electoral ecuatoriano. Quito.

Pachano, Simón (2004): El tejido de Penélope: reforma política en Ecuador, in: Hofmeister, Wilhelm (Org.): Reformas políticas en América Latina. Rio de Janeiro. 207-242.

Pallares, Amalia (2002): From Peasant Struggles to Indian Resistance. The Ecuadorian Andes in the Late Twentieth Century. Oklahoma.

Paltán, Julio (2005): La crisis del sistema político ecuatoriano y la caída de Gutiérrez, in: Íconos. Revista de Ciencias Sociales 23, 45-52.

Quintero, Rafael (Hrsg.) (1991): La cuestión regional y el poder. Quito.

Quintero, Rafael (2005): Electores contra partidos en un sistema político de mandos, Quito.

Rivera, Fredy/Ramírez, Franklin (2005): Ecuador: Democracy and Economy in Crisis, in: Crandall, Russell/Paz, Guadalupe/Roett, Riordan (Eds.): The Andes in Focus. Security, Democracy & Economic Reform, Boulder/London, 121-149.

Sánchez Parga, José (1999): Cultura política en la sociedad ecuatoriana, Quito.

Sánchez Parga, José (2004): ¿Por qué se deslegitima la democracia? El desorden democrático, in: Ecuador Debate No 62 (agosto 2004): 41-82.

Seligson, Mitchell/Córdova, A. Polibio (Eds.) (2002): Auditoría de la democracia. Ecuador. Pittsburgh/Quito.

Vásquez, Lola/Saltos, Napoleón (2005): Ecuador: Su realidad 2005-2006. Quito.

Whitten, Norman E. (Hrsg.) (2003): Millenial Ecuador: Critical Essays on Cultural Transformations and Social Dynamics. Des Moines.

Wolff, Jonas (2004): Demokratisierung als Risiko der Demokratie? Die Krise der Politik in Bolivien und Ecuador und die Rolle der indigenen Bewegungen. HSFK (Hessische Stiftung Friedens- und Konfliktforschung) – Report 6. Frankfurt.

World Bank (2003): Ecuador. An Economic and Social Agenda in the New Millenium. Washington.

Zwermann, Beate (1994): Massenmedien in Ecuador, in: Wilke, Jürgen (Hrsg.): Massenmedien in Lateinamerika. Zweiter Band. Frankfurt am Main, 145-184.

Das politische System El Salvadors

Inga Luther

1 Die historische Entwicklung El Salvadors seit der Unabhängigkeit

Vor der Erlangung der Unabhängigkeit von Spanien gehörte El Salvador, gemeinsam mit Chiapas, Guatemala, Honduras, Nicaragua und Costa Rica dem Generalkapitanat Guatemala an. Während der bourbonischen Reformära zum Ende des 18. Jahrhunderts versuchte Spanien unter der Herrschaft Karls III. verstärkt in die Verwaltungs-, Wirtschafts-, und Sozialstrukturen der Kolonie einzugreifen. Gleichzeitig wurde jedoch die Eigenständigkeit der einzelnen Provinzen durch die Einführung eines Intendantensystems und die territoriale Neuordnung gestärkt. Diese Neuordnung schuf die Grundlage für die territorialen Grenzen des zukünftigen Nationalstaates. Das wirtschaftlich aufstrebende El Salvador unterstand nun nicht mehr dem Generalkapitän von Guatemala, sondern einem Intendanten mit Sitz in San Salvador, der die Bereiche Justiz, Finanzen, Zivilverwaltung und Militär weitgehend selbstständig in der Hand hatte. Die Produktion von Indigo als fast ausschließlichem Exportprodukt, Spanien war mit 92% Hauptabnehmer, wurde kontinuierlich gesteigert und verhalf den salvadorianischen Grundbesitzern und Händlern zu großem wirtschaftlichem Erfolg.

Konflikte zwischen Großkaufleuten in Guatemala und Produzenten von Indigo in El Salvador um Handelsmonopole und Abgaben führten zu einem verstärkten Eingreifen des Mutterlandes in die lokalen Verwaltungsstrukturen und zur Entmachtung des Stadtrates in Guatemala. Gegen Ende des 18. Jahrhunderts spitzten sich die Beziehungen zwischen Spanien und der kreolischen Oberschicht El Salvadors zu. Dabei offenbarte sich das durch die Indigoproduktion gestärkte Selbstbewusstsein der kreolischen Elite. Ab 1797 betätigte sich die *Gaceta de Guatemala* als Sprachrohr der Kreolen. Die spanische Inquisition wurde wiederholt gegen die modernen Strömungen in Zentralamerika tätig.

Die indianische Bevölkerung war besonders in den städtischen und agrarwirtschaftlich geprägten Gebieten einem hohen Anpassungsdruck ausgesetzt, höher als das in Bergregionen oder weniger bewirtschafteten nördlichen Regionen des Generalkapitanats der Fall war. Die Bevölkerung El Salvadors zeichnete sich durch eine schnell steigende Zahl von Mestizen und durch eine verhältnismäßig gute Verbindung zwischen Unterschichten und kreolischen Eliten aus.

Infolge der Weltmarktkonkurrenz im Indigohandel und der Unterbrechung der Handelswege nach Spanien aufgrund der Kriege in Europa kam es zu Beginn des 19. Jahrhunderts zu einer wirtschaftlichen Krise, begleitet von sozialen Spannungen und einer hohen Land-Stadt-Migration der Bevölkerung. Seit 1810 hatten sich die Konflikte zwischen den Regierungsvertretern der guatemaltekischen Zentralmacht und den salvadorianischen Kreolen soweit zugespitzt, dass es am 5. November 1811 unter Beteiligung der mestizischen Bevölkerung zum so genannten *Primer Intento* kam, einem Aufstand gegen die Zentralregierung. Diese drückte die Revolte nieder und setzte die Guatemalteken José de Aycinena als Intendanten und José María Peinado als Bürgermeister von San Salvador ein. Aufgrund der anhaltend starken Opposition kam es bereits 1814 zu einer zweiten Rebellion unter der Führung des salvadorianischen Kreolen Pedro Pablo Castillo. Dieser konnte nach dem Scheitern des Aufstandes rechtzeitig nach Jamaika fliehen. Die einrückende Armee des Generalkapitäns General Bustamante y Guerra schlug die rebellischen Gruppen nieder und nahm ihre Anführer fest, darunter auch den späteren Präsidenten der Zentralamerikanischen Föderation, Manuel José Arce. Im selben Jahr wurde im Zuge der Restauration in Spanien nach der Rückkehr Ferdinands VII. die 1812 in Kraft getretene liberale Verfassung von Cádiz widerrufen und der Absolutismus wieder eingeführt. Die Phase der Aufstände war damit scheinbar beendet.

In der Folgezeit teilten sich salvadorianischen Eliten in ein liberales Lager aus aufstrebenden kreolischen Familien, die vor allem in der Indigoproduktion aktiv waren, und in ein konservatives Lager aus Spanientreuen, die aus wirtschaftlichem Eigeninteresse auf die Fortführung der kolonialen Handelsbedingungen setzten. Auf der Grundlage der wieder eingeführten liberalen Verfassung von Cádiz fanden 1820 im gesamten Generalkapitanat Wahlen zum Stadtrat von Guatemala sowie zu den Provinzdeputationen statt. El Salvador spielte mit seiner stark nach Unabhängigkeit strebenden kreolischen Elite eine Vorreiterrolle bei der Verbreitung von liberalem Gedankengut. Diese Bestrebungen waren nicht nur von Europa, sondern vor allem auch von den Ereignissen im benachbarten Mexiko, das sich am 24. Februar 1821 zur unabhängigen Monarchie erklärte, sowie von den erfolgreichen Unabhängigkeitsbewegungen in Südamerika und der Karibik beeinflusst.

Die Eliten in El Salvador hatten während der gesamten Entwicklung vor der Unabhängigkeit ausreichend Einfluss und Macht über die städtischen und ländlichen Unterschichten, so dass Unruhen kontrolliert und eine Radikalisierung ländlicher Bauern verhindert werden konnten. Die Oberschicht versprach sich von der Unabhängigkeit vor allem größere wirtschaftliche Flexibilität durch eine Reduzierung der Abhängigkeit vom Generalkapitanat Guatemala und von der Vormundschaft durch das spanische Mutterland. Der Druck aus El Salvador und den benachbarten Provinzen wurde 1821 so groß, dass die führende koloniale Oligarchie in Guatemala-Stadt selbst die Unabhängigkeit ausrief, um sich die politische und wirtschaftliche Macht zu erhalten.

Am 15. September erklärte eine vom Generalkapitän Gabino Gaínza einberufene Notabelnversammlung, die aus dem Stadtrat, der Provinzdeputation, der Kaufmannsgilde und Kirchenvertretern bestand, die Unabhängigkeit Guatemalas. In den Provinzen wurde dieser Schritt in den jeweiligen Stadtratsversammlungen nachvollzogen, d.h. auch in El Salvador wurde am 28. September 1821 die Unabhängigkeit von einer liberalen Junta ausgerufen. Die politische Unabhängigkeit Zentralamerikas war also nicht Ergebnis antikolonialer revolutionärer Kriege. El Salvador stellte aufgrund seiner starken republikanisch orientierten Elite eine Ausnahme unter den zentralamerikanischen Staaten dar, die ansonsten eher zurückhaltend waren. Die Oligarchien der benachbarten Provinzen konnten sich noch einmal durchsetzen und erwirkten den Anschluss an Mexiko. Sie strebten zwar nach größerer Eigenständigkeit von Guatemala, versprachen sich aber von der mexikanischen Monarchie Schutz vor radikaleren republikanischen Projekten. El Salvador votierte als einziger Staat gegen den Anschluss an Mexiko und wehrte sich militärisch gegen die Annexion. Am 11. Januar 1822 erklärte die Regierung von El Salvador per Dekret die Abschaffung aller Steuern und Tribute an die zentrale Verwaltung in Guatemala. Dieser salvadorianische Widerstand fand die Unterstützung breiter Kreise der Bevölkerung, die gegen die mexikanische und guatemaltekische Oligarchie aufgebracht worden war und sich vom kreolischen Caudillo Manuel José Arce bessere Lebensbedingungen erwartete. Arce folgte nicht nationalen, sondern republikanischen Ideen, die er später durch die Gründung der Zentralamerikanischen Föderation verwirklicht sah. Am 10.2.1823 erzwang das mexikanische Kaiserreich unter Agustín de Iturbide militärisch die Mitgliedschaft El Salvadors, die jedoch im März desselben Jahres nach dem Zusammenbruch des Kaiserreiches wieder aufgelöst wurde.

Am 24. Juni 1823 trat eine verfassungsgebende Nationalversammlung zusammen und gründete die Zentralamerikanische Föderation, die bis 1838 bestand. Zu ihr gehörten die Staaten Guatemala, El Salvador, Honduras, Nicaragua und Costa Rica. El Salvador war gemeinsam mit Guatemala durch seine liberalen Eliten und durch eine relativ starke Armee eines der aktivsten Mitglieder der Föderation. San Salvador wurde 1834 zur Hauptstadt der Föderation. Die Zentralregierung schaffte es jedoch nicht, dauerhaft ihre Macht zu konsolidieren. Zum einen traten ihr erhebliche konservative Widerstände entgegen, die 1826 zum offenen Bürgerkrieg führten. Zum anderen konnte die Zentralregierung die lokalen Wirtschafts- und Verwaltungsstrukturen nur schwer aufbrechen und litt unter einem ständigen Mangel an finanziellen Einnahmen von den föderalen Einzelstaaten. Die Wirtschaft El Salvadors, die schon unter dem Krieg gegen das Kaiserreich von Mexiko stark gelitten hatte, kam besonders nach einem Bürgerkrieg 1826-1829 zum großen Teil zum Erliegen. Der endgültige Zerfall der Zentralamerikanischen Föderation im Jahre 1838 war das Ergebnis eines langen Konfliktes zwischen den am Wohl der eigenen Region orientierten Eliten der Einzelstaaten, die weitgehend voneinander unabhängige wirtschaftliche Interessen verfolgten, und zentralistischen Kräften unter der Vormacht Guatemalas.

Die Folgezeit um die Mitte des 19. Jahrhunderts war von extremer politischer Instabilität gekennzeichnet. Der Prozess der Konsolidierung eines Nationalstaates wurde durch unzählige Regierungswechsel und Staatsstreiche behindert. Der Kaffeeanbau ersetzte in der zweiten Hälfte des 19. Jahrhunderts allmählich die Produktion des Indigos. Die Fortsetzung der Einseitigkeit der auf den Kaffee beschränkten Exportproduktion führte später in den 30er Jahren des 20. Jahrhunderts, wie schon zu Beginn des 19. Jahrhunderts bei der Indigoproduktion, zu einer großen Krise aufgrund der Probleme auf dem Weltmarkt. Zunächst jedoch kam es durch den Umbau der Exportstrukturen auch zu einer Verlagerung des Machtmonopols hin zur Kaffeeoligarchie. Vor allem unter Rafael Zaldívar (1876-1884) erwies sich die Regierung als verlängerter Arm der Interessen einiger weniger Landbesitzerfamilien. Das Wirtschaftssystem wurde durch die massive Enteignung der kollektiv bewirtschafteten indigenen Gemeindeländereien konsolidiert. 1881 gelangten die noch verbliebenen 25% indianischen Gemeindelandes, die so genannten „tierras comunales", in die Hände von Großgrundbesitzern. Begleitet wurde dies von der gewaltsamen Niederschlagung verschiedener Aufstände und der Vertreibung der ansässigen Bevölkerung. Das soziale Konfliktpotential erhöhte sich erheblich.

Zwischen 1900 und 1930 vollzog sich die Konsolidierung von Staatlichkeit in El Salvador vor allem als Mittel zur Absicherung der politischen Kontrolle durch die Oligarchie und der gleichzeitigen Entwicklung eines kapitalistischen Wirtschaftsmodells. Die Festigung und Verfeinerung des Herrschaftssystems in ganz Zentralamerika bildete die Grundlage für spätere Krisen. Die 1930er-Jahre waren in El Salvador stark von den Auswirkungen der Weltwirtschaftskrise geprägt. Die Oligarchie sah sich zunehmend durch Proteste seitens kommunistisch orientierter Gewerkschaften und der Bauernschaft bedroht. Der sozialreformerisch orientierte Arturo Araujo vom *Partido Laborista Salvadoreño* wurde 1931 nach wenigen Monaten der Präsidentschaft aus dem Amt geputscht. Die Oligarchie begrüßte die Machtübernahme von General Maximilano Hernández Martínez, der die alte Ordnung wieder herstellen und ansteigenden sozialen Protesten ein Ende bereiten sollte. Die Allianz zwischen Militär und Oligarchie dauerte als personalistische Diktatur unter Hernández Martínez bis 1944 fort.

Im Januar des Jahres 1932 kam es zu einem großen Volkaufstand, der im Westen des Landes von indianischen Bauern geführt wurde. Ihre wichtigsten Leitfiguren waren u.a. José Feliciano Ama, Fransisco Sánchez und Modesto Ramírez, die in der Geschichtsschreibung kaum namentlich genannt und im kollektiven Gedächtnis El Salvadors vielfach tabuisiert werden. Die geplante Unterstützung des Aufstandes durch einen Generalstreik in der Hauptstadt San Salvdaor, organisiert von der verbotenen kommunistischen Partei unter der Führung von Agustín Farabundo Martí, konnte das Militär schon im Ansatz unterdrücken. Die kommunistischen Führer, darunter Farabundo Martí, wurden erschossen und damit die Strategie einer Revolution der zwei Fronten zum Scheitern gebracht. Als Vergeltungsmaßnahme tötete die Guardía Nacional mindestens 30.000 Aufständische durch systematische Massenerschießungen. *La Matanza*, wie das Ereignis in späteren Zeugenberichten genannt wurde, bleibt bis heute ein tabuisiertes historisch unzureichend aufgearbeitetes Trauma der salvadorianischen Gesellschaft (Hernández 2000). In den Folgejahren wurde jeglicher Ausdruck indianischer Kultur einer starken Repression unterworfen.

Trotz der Beendigung der Militärdiktatur 1944 durch öffentlichen Protest und Generalstreiks bestand die enge Verbindung zwischen Oligarchie und Militär fort. Militärs besetzten weiterhin die höchsten politischen Ämter der formal demokratischen, faktisch aber stark repressiven Regime. Nach 1950 wechselten sich Militärregierungen mit der offiziellen Regimepartei, zunächst dem *Partido Revolucionario de Unificación Democrática* (PRUD) und mit dem *Partido de Conciliación Nacional* (PCN) in den 1960er und 70er Jahren ab. In derselben Zeit wurde die Wirtschaft durch – allerdings wenig arbeitsintensive – Industrialisierungsbestrebungen und durch die Diversifizierung des Agrarexportes modernisiert. El Salvador erlebte daraufhin eine kurze Phase wirtschaftlichen Aufschwungs. Der 1960 zwischen Guatemala, El Salvador, Honduras und Nicaragua – ab 1962 auch Costa Rica – vereinbarte *Mercado Común Centroamericano* (MCCA) trug erheblich zur Steigerung der Auslandsinvestitionen und des intraregionalen Handels bei. Die Krise des MCCA 1969 und 1970 verschärfte dann allerdings wirtschaftliche Abhängigkeiten und die Marginalisierung weiter Bevölkerungsteile (Nohlen 2002: 552f). Weiterer sozialer und wirtschaftlicher Druck wurde durch eine Landknappheit in Folge des Bevölkerungsrückstroms salvadorianischer Auswanderer nach dem Fußballkrieg mit Honduras 1969 aufgebaut (Anderson 1981).

Der von Oberst Arturo Molinas (1972-77) eingeschlagene Weg der „Nationalen Transformation" durch Anwerbung ausländischer Investitionen in „Freie Produktionszonen" und *Maquiladoras* (Castillo Rivas 1980) endete in der erneuten Krise der Kaffeepreise auf dem Weltmarkt, in einer Kapitalflucht der internationalen Konzerne ab 1978, hoher Auslandsverschuldung und Stagnierung der industriellen Produktion. Hohe Arbeitslosigkeit und große Armut durch Niedriglöhne in den städtischen Gebieten sowie Landflucht und Verarmung breiter Bevölkerungsschichten auf dem Land waren die Folge. Wahlsiege reformistischer Oppositionsbündnisse bei den Parlamentswahlen Ende der 1960er Jahre, ließen Hoffnungen auf einen Wandel der Macht- und Besitzverhältnisse aufkommen, denen jedoch sofort mit offenem Wahlbetrug (1972 und 1977) und massiver Repression seitens des Militärs begegnet wurde. In den 1970er Jahren erhielten Gewerkschaften und Guerillaorganisationen starken Zulauf. Es kam zu Streiks, Demonstrationen und Landbesetzungen durch Guerilla-Gruppen. Auf der anderen Seite formierte sich, neben den militärischen Einheiten, die paramilitärische *Organización Democrática Nacionalista* (ORDEN), die vor allem auf dem Land gegen Oppositionelle eingesetzt wurde. Allein zwischen Januar und September 1979 wurden 800 politische Morde und 500 Verschwundene gezählt (Krämer 1995: 50). Die politische Polarisierung nahm zu, und das Land bewegte sich immer schneller auf einen Bürgerkrieg zu. Ein letzter Reformversuch durch junge Offiziere, die nach ihrem Putsch vom 15.10.1979 eine zivil-militärische Koalition unter Beteiligung sozialdemokratischer, christdemokratischer und kommunistischer Parteien gebildet hatten, wurde durch den Widerstand rechter Militärs zu Fall gebracht. Da jede Hoffnung auf politische Beteiligung zerschlagen war, formierte sich eine breite Oppositionsfront von oppositionellen Parteien, Volks- und Guerillaorganisationen. Teile der katholischen Kirche vollzogen den Bruch der Allianz mit der Oligarchie zugunsten der sozial-politischen Bewegung (Montgomery 1995: 81ff) und schlossen sich der Befreiungstheologie an, die sich vor allem auf dem Land schnell verbreitet hatte. Die fünf größeren Guerillaorganisationen schlossen sich zur *Frente Farabundo Martí para la Liberación Nacional* (FMLN) zusammen. Nach der Ermordung des politisch engagierten Erzbischofs Arnulfo Oscar Romero durch Todesschwadronen kam es im Januar 1981 zum offenen Ausbruch des Bürgerkrieges.

Die erste Phase im Verlauf des 12 Jahre dauernden Bürgerkrieges zeichnete sich zwischen 1980 und 1983 durch eine massive Verfolgung von Oppositionellen und dem Einsatz von Todesschwadronen, aufgebaut und befehligt von Roberto D'Aubuisson aus. D'Aubuisson gründete 1981 die rechtsextreme Partei *Alianza Republicana Nacioanlista* (ARENA), die heute die Regierung stellt. Die erste große Militäroffensive gegen die Guerilla FMLN fand 1981 statt und hatte viele Opfer unter der Zivilbevölkerung vor allem auf dem Land zur Folge. In dieser Zeit verübte das Militär regelrechte Massaker, z.B. in El Mozote und am Río Sumpúl. Das Regime verfolgte eine Strategie der verbrannten Erde in den Rückzugsgebieten der Guerilla.

Zwischen 1984 und 1989 änderte das Regime unter dem Christdemokraten José Napoleón Duarte seine militärische Strategie zugunsten einer höheren Selektivität der Verfolgung, die als „Humanisierung des Konfliktes" (Naciones Unidas 1993) bezeichnet wurde. Die Guerilla legte in dieser Zeit Landminen, unter denen die Zivilbevölkerung lange zu leiden hatte. Ihr wurden darüber hinaus gezielte Exekutionen von Bürgermeistern und Regierungsbeamten zur Last gelegt. Auf der anderen Seite lösten Bombardements des Militärs große Flucht- und Migrationswellen aus.

Ein neuerlicher Anstieg der militärischen Gewalt und Repression unter dem 1989 gewählten Präsidenten Alfredo Cristiani Burkhard (ARENA) und die entsprechende Reaktion der Guerilla mit einer Großoffensive in San Salvador endete in einer militärischen Pattsituation. 1990 wurde unter Aufsicht der Vereinten Nationen ein Verhandlungsprozess in Gang gesetzt, der von der Unterzeichnung des Friedensvertrages von Chapultepec in Mexiko am 16.1.1992 gekrönt wurde. Während des gesamten Krieges wurde die Regierung militärisch von den USA unterstützt, denen es um die Eindämmung kommunistischer Strömungen in Zentralamerika ging (Lungo Uclés 1996). Der Bürgerkrieg hinterließ mindestens 75 000 Tote und 10 000 Verschwundene. Im Friedensvertrag sind unter anderem die Demobilisierung und Integration der Guerilla, die Reduzierung und Umstrukturierung des Militärs, die Trennung von Militär und Polizei, die Auflösung verschiedener repressiver Polizeieinheiten und paramilitärischer Verbände sowie Reformen der Justiz und des Wahlsystems festgelegt. Sozioökonomische Reformen wurden nur sehr vorsichtig eingefordert, ein Kompromiss des FMLN, um ein Scheitern der Friedensverhandlungen zu verhindern. Ferner wurde die Einrichtung einer Wahrheitskommission zur Aufklärung der schwersten Menschenrechtsverbrechen zwischen 1980 und 1991 vereinbart. Die Kommission legte ihren Bericht und ihre Empfehlungen 1993 vor (Naciones Unidas 1993), zu deren Umsetzung sich die Regierung verpflichtet hatte. Auch wenn das Friedensabkommen bis heute formal weitgehend realisiert ist, fehlt es noch immer an einer konsequenten Umsetzung von Agrar- und Justizreformen. Die im FMLN zusammengeschlossenen Guerillaorganisationen formierten sich zu einer politischen Partei und nahmen 1994 erstmals an Wahlen teil. Der FMLN ist heute die stärkste Oppositionspartei und trägt Regierungsverantwortung in vielen Kommunen und in der Hauptstadt San Salvador. Dennoch liegt die Regierung und Präsidentschaft des Staates seit dem Friedensschluss dauerhaft in der Hand der Partei ARENA (Armando Calderon Sól 1994-1999, Francisco Flores 1999-2004, Antonio Saca seit 2004).

Die soziale, wirtschaftliche und politische Krise des 20. Jahrhunderts wird in der wissenschaftlichen Literatur durch verschiedene Faktoren erklärt. Hervorzuheben sind vor allem die dauerhafte Resistenz der herrschenden Oligarchien gegen Reformen und die Einflussnahme der USA seit Ende des 19. Jahrhunderts zur Wahrung ihrer Wirtschaftsinteressen sowie ihre Politik des Antikommunismus. Hinzu kommt die Abhängigkeit von der Weltwirtschaft, die eine Exportorientierung über die Entwicklung des Binnenmarktes stellte und der politischen Liberalisierung und sozioökonomischen Modernisierung im Weg stand. Demokratisierung im Sinne von Mitbestimmung wurde durch das Zusammenspiel eines traditionellen Autoritarismus zentralamerikanischer Prägung mit dem Antikommunismus und der jeglichem revolutionären Wandel feindlich gegenüberstehenden Haltung, die aus den Vereinigten Staaten nach El Salvador kam, verhindert (Torres Rivas 1989).

2   Verfassungsentwicklung

El Salvador besaß als Erster der unabhängigen Staaten schon 1824 eine eigene Verfassung als föderaler Staat der zentralamerikanischen Föderation. Im Jahr 1841, nach dem Bruch der Föderation, wurde eine veränderte Version dieser Verfassung verabschiedet, die mehrmals reformiert wurde. Mit der Verfassung von 1841 wurde zunächst ein Präsidialsystem mit einer Zweikammernlegislative eingerichtet, das mit der Verfassung von 1864 fortbestand.

Nach dem Sturz des konservativen Präsidenten Francisco Dueñas trat 1871 eine liberale Verfassung in Kraft, die mehrmals modifiziert wurde, um die Verlängerung der Amtszeit bzw. die Wiederwahl der Präsidenten Santiago González (1871-76) und Rafael Zaldívar (1876-1885) zu ermöglichen. Ergebnis einer dieser Veränderungen war das allgemeine Männerwahlrecht, das 1883 in Kraft trat.

Die 1886 unter dem Nachfolger Zaldívars, General Francisco Menéndez (1885-1890), verabschiedete Verfassung blieb bis 1939 in Kraft. Die Verfassung brachte die endgültige Säkularisierung und bestätigte das Präsidialsystem und vor allem das Recht auf Privatbesitz. Die zwei Kammern der Legislative wurden in ein Einkammernparlament umgewandelt, welches in dieser Form bis heute existiert. In der Praxis bedeutete sie die Selbstlegitimierung des liberalen, von den Oligarchien dominierten Staates. Als Mittel für institutionelle Veränderungen setzte sich in El Salvador der militärische Staatsstreich durch. Nach kurzen Übergangsphasen ließen sich die neuen Regierungen durch formale, häufig manipulierte Wahlen nachträglich legitimieren. Das nationalstaatliche Projekt wurde nicht als Konzept zur Durchsetzung der Volkssouveränität betrieben, sondern war von Anfang an ein Elitenprojekt zur Kontrolle der Bevölkerung und zur wirtschaftlichen Ausbeutung der Landarbeiterschaft. Die Verbreitung dieser so genannten „Liberalen Revolution" förderte die kapitalistische Exportlandwirtschaft, stellte die Arbeitskräfteversorgung sicher und legitimierte unrechtmäßige Landübertragungen und die Lohnabhängigkeit der Bauern.

Ab 1903 setzte eine Periode verfassungsmäßig gewählter Präsidenten ein. Die Wahlen waren jedoch in der Regel nicht geheim und wurden stark kontrolliert. Das Militär stellte weiterhin den wichtigsten Machtfaktor der jeweiligen Regierungen dar. Die Verfassungen von 1945, 1950 und 1962 standen im Zeichen des oligarchisch-militärischen Machtmonopols.

1983 wurde schließlich im Kontext des Bürgerkrieges zwischen der Regierung und der sozialistischen Guerilla eine verfassungsgebende Versammlung einberufen, in der ausschließlich politisch rechte und christdemokratische Kräfte vertreten waren. Die Verfassung bestätigte den Status quo des liberalen kapitalistischen Wirtschaftssystems, indem es die wirtschaftlichen Steuerungsinstrumente des Staates stark begrenzte und den Schutz des Privatbesitzes bestätigte. Die Verfassung legte jedoch auch erstmals das Recht auf gewerkschaftliche Vereinigung fest, die zuvor verboten war. Allerdings sah das Arbeitsrecht vor, dass die Vereinigung von Saisonarbeitern sowie Streiks während der Erntezeit nicht zulässig seien, so dass angesichts der wirtschaftlichen Struktur des Agrarsektors für viele Arbeiter faktisch keine Veränderung eintrat. 1991 und 1992 wurden entsprechend der Friedensabkommen Verfassungsreformen durchgeführt, die den Schutz der Menschenrechte, das Wahl- und Justizsystem sowie die Rolle des Militärs betrafen.

3   Das Staatsoberhaupt

Das Staatsoberhaupt ist seit den Verfassungen des 19. Jahrhunderts ein direkt gewählter Präsident mit weit reichenden Ernennungs- und Regierungsbefugnissen. Nach der Verfassung von 1983 liegt die Exekutive beim Präsidenten und Vizepräsidenten der Republik und den von ihm ernannten Ministern, Vizeministern und Beamten. Der Präsident wird für fünf Jahre gewählt und kann nicht für eine zweite Amtsperiode wieder gewählt werden. Seine Ernennungsbefugnisse sind im Vergleich zu anderen lateinamerikanischen Exekutiven eher gering, seine Befugnisse bei Gesetzesinitiativen sind jedoch weit reichend.

Im Anschluss an die Zentralamerikanische Föderation wechselten die Präsidenten im politisch noch instabilen El Salvador sehr schnell. Zwischen 1824 und 1898 wurden allein 89 Inhaber dieses Amtes gezählt (Krennerich 1996: 51). Gegen Ende des 19. Jahrhunderts etablierte die Kaffeeoligarchie ihr Machtmonopol und stellte die Staatsoberhäupter, die bis 1903 fast ausnahmslos durch Staatsstreiche an die Macht gelangten [General Santiago González (1872-1876), Andrés Valle (1876), General Rafaél Zaldívar (1876-1884), General Francisco Menéndez (1885-1890), General Carlos Ezeta (1890-1894), General Rafael A. Gutierrez (1895-1898), General Tomás Regalado (1898-1903)]. Der letzte Präsident dieser Reihe setzte seinen Nachfolger auf verfassungsmäßigem Weg ein, und leitete eine Periode funktionierender institutioneller, wenn auch nicht partizipativer Demokratie ein. Pedro Jesús Escalón (1903-1907) war der erste Präsident seit der Verfassung von 1886, der ohne

Staatsstreich durch Wahlen an die Macht kam. Von 1903 bis zum Beginn der Militärdiktatur Hernández' 1931 wurden die Präsidenten jeweils für eine Periode von 4 Jahren ins Amt gewählt. Nur einer von ihnen, General Fernando Figueroa (1907-1911), war Angehöriger des Militärs. Zwischen 1913 und 1927 stammten die Präsidenten ausschließlich aus der Oligarchie-Familie Quiñonez-Meléndez [Carlos Meléndez (1913-1914, 1915-1918, 1923-1927), Alfonso Quiñonez Molina (1914-1915), Jorge Meléndez (1919-1923)].

Der Sozialreformer Arturo Araujo (1931), der durch die ersten als kompetitiv zu bezeichnenden Wahlen in der Geschichte El Salvadors an die Macht kam, war nur einen Monat im Amt, ehe er von General Maximiliano Hernández Martínez durch einen Staatsstreich abgesetzt wurde. Hernández Martínez führte eine personalistische Diktatur, die sich durch starke Repression kennzeichnete und die blutige Niederschlagung der Landarbeiteraufstände 1932 zu verantworten hatte. Es folgten eine lange Reihe „formaldemokratisch drapierter Militärregime" (Krennerich 1993: 322), die durch Machtquerelen zwischen reformerisch orientierten und konservativen Fraktionen gekennzeichnet waren [Osmin Aguirre y Salinas (1944-1945), Salvador Castañeda Castro (1945-1948), Revolutionärer Regierungsrat (*Consejo de Gobierno Revolucionario*) (1948-1950), Oscar Osorio (1950-1956), José Maria Lemus (1956-1960), Zivil-Militärische Junta (1960-1961), Zivil-Militärisches Direktorium (Directorio) (1961-1962), Eusebio Rodolfo Cordón Cea (1962), Julio Adalberto Rivera Carballo (1962-1967), Fidel Sánchez Hernández (1967-1972), Arturo Armando Molina (1972-1977), Carlos Humberto Romero (1977-1979)].

Eine nach Reformen strebende Junta aus Zivilisten und Militärs versuchte 1979 oppositionelle Politiker in die Regierungsverantwortung einzubeziehen, scheiterte aber am Druck rechtsgerichteter Kreise im Militär. Die im Bürgerkrieg unter Ausschluss der linken Parteien gewählten Präsidenten Alvaro Alfredo Magaña (1982-1984, Interimspräsident) und José Napoleón Duarte (1984-1989) begannen unter dem Druck der USA einen schleppenden Demokratisierungsprozess. Duarte war zwar gewählter Präsident, sein autoritäres Regime wurde jedoch während des Krieges stark von den USA sowie vom Militär gestützt. Alfredo Félix Cristiani Burkhard (1989-1994) ging als Unterzeichner der Friedensverträge von Chapultepec in die Geschichte El Salvadors ein. Er kontrolliert bis heute als reichster Mann El Salvadors den Kaffee-Export und den Finanzsektor. Francisco Guillermo Flores Pérez (1999-2004) gehörte im Gegensatz zu seinen Vorgängern Cristiani und Armando Calderon Sól (1994-1999) nicht der Oligarchie an. Sein Nachfolger ist der Medienunternehmer Elias Antonio Saca González (seit 2004), der ebenfalls der ARENA-Partei angehört und bis zu seiner Kandidatur Präsident der Arbeitgebervereinigung *Alianza Nacional de la Empresa Privada* (ANEP) war. Alle drei Staatpräsidenten Calderon Sól, Flores und Saca, die seit dem Bürgerkrieg an der Macht waren, trugen nicht zur Aufklärung und Aufarbeitung der Menschenrechtsverbrechen während des Bürgerkrieges bei, sondern setzten den Diskurs des „perdón y olvido" (Vergeben und Vergessen) fort.

4 Parlament

Das salvadorianische Parlament ist seit der Verfassung von 1824 eine Einkammernlegislative. Eine Ausnahme bildete die Periode zwischen 1841 und 1886, in der die Verfassung ein Zweikammernsystem mit einem Abgeordnetenhaus und einem Senatorenkongress etablierte, welches jedoch durch die Verfassung von 1886 wieder in das Einkammernsystem überging.

In der aktuell gültigen Verfassung, die 1983 in Kraft trat, ist eine Legislaturperiode auf drei Jahre festgelegt. Die Abgeordneten können wieder gewählt werden. Für die Beschlussfassung ist die absolute Mehrheit der Abgeordneten erforderlich. Die wichtigsten Funktionen der Legislative sind seine Selbsteinberufungskompetenz, seine gesetzgebenden Kompetenzen, die Kontrolle der Exekutive, die Wahl der Präsidentschaftskandidaten, der Richter des Obersten Gerichtshofes, der Mitglieder des Obersten Wahltribunals, des Präsidenten und der hohen Beamten des Rechnungshofes, des Generalstaatsanwaltes, des Generalbevollmächtigten (*Procurador General de la República*), der Ombudsperson für den Schutz der Menschenrechte sowie der Mitglieder des *Consejo Nacional de la Judicatura* (siehe Justiz und Rechtssystem).

Das Parlament hat die Möglichkeit mittels einer Zwei-Drittel-Mehrheit sowie einer 5-köpfigen Ärztekommission den Präsidenten oder Vizepräsidenten für mental oder physisch geschäftsunfähig zu erklären. Darüber hinaus ist verfassungsmäßig kein Amtsenthebungsverfahren vorgesehen. Ferner kann die Legislative parlamentarische Anfragen an Minister stellen und Untersuchungskommissionen einsetzen. Amtsenthebungen von Ministern oder hohen Funktionären kann die Legislative nur per Empfehlung an die Präsidentschaft einleiten.

5 Regierung und Verwaltung

Der Präsident ernennt die Minister, die im Ministerrat zusammentreten und die Regierung bilden. Der Ministerrat stellt gemeinsam mit dem Präsidenten einen allgemeinen Regierungsplan sowie den Haushaltsplan auf. Letzterer muss im Parlament verabschiedet werden. Der Präsident kann ferner die Legislative zu außerordentlichen Sitzungen einberufen. Das Parlament kann per Zwei-Drittel-Mehrheit gegenüber dem amtierenden Präsidenten, dem Vizepräsidenten sowie den Ministern ein Misstrauensvotum aussprechen.

Das parlamentarische Plenum kann der Regierung durch eine Zwei-Drittel-Mehrheit begrenzte gesetzgebende Kompetenzen beim Erlass von Rechtsverordnungen oder Rechtsvorschriften übertragen. In der Geschichte El Salvadors wurde dieser Mechanismus in Verbindung mit der Ausrufung des Ausnahmezustands (*Estado de Sitio*) durch den Präsidenten immer wieder durch umfangreiche und unbegrenzte Übertragung der gesetzgebenden Kompetenz an die Exekutive missbraucht und ermöglichte so die Machterhaltung der militär-oligarchischen Diktaturen. Verfolgungen, Inhaftierungen, Folterungen und Hinrichtungen von Oppositionellen konnten auf diese Weise „legal" durchgeführt werden.

Da die Wahlen in El Salvador bis in die 90er Jahre nicht kompetitiv waren und im Parlament keine oppositionellen Parteien vertreten waren, hatte die Regierung nicht mit dem Widerstand seitens der Legislative zu rechnen. Die weit reichenden Ernennungsbefugnisse des Parlaments wurden traditionell dafür genutzt, die hohen öffentlichen Posten unter den Macht habenden Parteien aufzuteilen. Hinzu kommt eine hohe Korruption, die Abhängigkeiten zwischen hohen Regierungsbeamten und Abgeordneten verstärken. In El Salvador ist die Verteilung von Posten z.B. in der Staatsanwaltschaft oder im Rechnungshof unter den Mitgliedern der Parteien ARENA, PCN und PDC noch immer gängige Praxis. Bis heute greift eine politische Kultur der Abmachungen und „Vetternwirtschaft" (*arreglos*), die nur schwer durch öffentliche Transparenz zu durchbrechen ist. So werden beispielsweise Entscheidungen über Ämterverteilungen häufig in Nachtsitzungen des Parlaments getroffen, um den Journalisten den Zugang zu Informationen zu erschweren. Auf diese Weise werden die meisten politischen Regierungsposten nach wie vor von Mitgliedern der traditionellen Oberschichtenfamilien besetzt.

6   Gesetzgebung

Gesetzgebungskompetenzen haben ausschließlich die Parlamentsabgeordneten, der Präsident der Republik durch seine Minister sowie der Oberste Gerichtshof in bestimmten die Justizorgane betreffenden Fragen. Die Exekutive verfügt über ein Vetorecht bei der Beschlussfassung im Parlament, das nur über eine Zwei-Drittel-Mehrheit der Abgeordneten aufgehoben werden kann.

Einfache Gesetzesinitiativen werden von Ministern der Regierung (*proyectos de ley*) oder von den Abgeordneten des Parlaments (*proposiciones de ley*) vorgebracht. Gesetzesänderungen müssen als Gesetzesdekret von einer absoluten Mehrheit des Parlaments verabschiedet, von der Mehrheit des Parlamentspräsidiums (*Junta Directiva*) unterzeichnet und vom Präsidenten der Republik bestätigt werden. Über Verfassungsänderungen muss mit einer Zwei-Drittel-Mehrheit entschieden werden. Um den Gesetzgebungsprozess zu beschleunigen kann ebenfalls über eine Zwei-Drittel-Mehrheit im parlamentarischen Plenum die gesetzgebende Kompetenz auch auf die Ausschüsse übertragen werden. Jedes Gesetzesvorhaben muss veröffentlicht und in öffentlichen Hearings (*Audiencias*) diskutiert werden. Diese Hearings werden in der Praxis jedoch häufig von großen Interessenvereinigungen der Wirtschaft (ANEP/ASI) blockiert. Der Gesetzgebungsprozess wird außerdem durch undemokratische Methoden gestört, wie dem Verabschieden von dutzenden von Gesetzesänderungen am letzten Tag und in der letzten Stunde der Legislaturperiode, so geschehen am 30.04.1997, als um 23:40 Uhr die ARENA-Partei auf diese Weise im Schnellverfahren 22 Verfassungsänderungen durchsetzte.

Die Umsetzung der Gesetze und Verordnungen durch die Regierung, d.h. die Mitglieder des Ministerkabinetts, wird durch permanente Parlamentsausschüsse, Sonder- und Untersuchungsausschüsse kontrolliert.

7   Wahlsystem und Wahlverhalten

Obwohl das direkte Wahlrecht schon mit der Verfassung von 1841 sowohl für die Wahl des Präsidenten als auch der Abgeordneten eingeführt wurde, waren die Wahlen im 19. Jahrhundert durchweg nicht kompetitiv und spielten für die Erlangung von politischer Macht eine untergeordnete Rolle.

Das allgemeine Männerwahlrecht, gültig für alle männlichen Salvadorianer über 21 Jahren, unabhängig von Besitz und Bildungsqualifikation, trat 1883 in Kraft. 1886 wurde das Wahlalter auf 18 herabgesetzt und 1939 das Wahlrecht für Frauen (fakultativ) eingeführt, während für Männer Wahlpflicht herrschte. Das allgemeine gleiche und erstmals geheime Wahlrecht für Männer und Frauen über 18 Jahre trat 1950 in Kraft.

Die Präsidenten wurden zunächst gemäß der Verfassung von 1886 per absoluter Mehrheit gewählt. Nach den Übergangsregelungen der Verfassungen von 1939 und 1944 wurden die Präsidenten von der verfassungsgebenden Versammlung gewählt. Die Wahlgesetzgebung von 1950 und 1952 schrieb zunächst die Wahl des Präsidenten per relativer Mehrheit vor, welche dann 1961 wieder durch die Wahl per absoluter Mehrheit ersetzt wurde. Seit 1984 findet zwischen den beiden stimmstärksten Kandidaten in einem neuen Wahlgang eine Stichwahl statt, wenn kein Kandidat zuvor die absolute Mehrheit erlangt hat. Die Parlamentswahlen finden seit 1963 über ein Verhältniswahlsystem statt. Auf kommunaler Ebene gilt das Mehrheitswahlrecht.

Zwischen den Staatsstreichen von 1948, 1960, 1961 und 1979 fanden immer wieder Wahlen statt, die allerdings nicht annähernd demokratischen Standards genügten. Sie dienten vielmehr der Herrschaftslegitimation und der Stabilisierung der autoritären Regime.

Nach dem Ende des Bürgerkrieges und dem Abschluss der Friedensverträge fanden am 20. März 1994 erstmals wieder tatsächlich kompetitive Wahlen statt. Seitdem waren die Wahlen allerdings besonders von einer stetig steigenden Wahlabstinenz geprägt, die zwischen 1994 und 2003 zwischen 52% und 67% lag (Zinecker 2004: 132). Defizite der Wahldemokratie werden bei technischen Unzulänglichkeiten der Organisation, vor allem bei der Registrierung der Wähler und bei der Auszählung ausgemacht. Noch immer wird von Wählerstimmenkauf berichtet.

8   Parteien

Die Regimeparteien, die sich über lange Perioden in einer stabilen Hegemonialposition hielten, waren in den 1950er Jahren der *Partido Revolucionario de Unificación Democrática* (PRUD) und in den 1960er- und 1970er-Jahren der *Partido de Conciliación Nacional* (PCN). Den Oppositionsparteien fehlte es in den 50er Jahren an Dauerhaftigkeit und ideologisch-programmatischer Orientierung. Vom PCN spaltete sich 1960 der *Partido Demócrata Cristiano* (PDC) ab, der in den 80er Jahren die Regierung übernahm.

Die ersten Linksparteien nahmen ab Mitte der 1960er Jahre an Wahlen teil, zuerst der *Partido de Acción Revolucionaria nueva línea* (PAR nueva línea), später der *Movimiento Nacional Revolucionario* (MNR) und die *Unión Democrática Nacionalista* (UDN). Die verbotene kommunistische Partei *Partido Comunista de El Salvador* (PCS) existierte seit 1930 im Untergrund. Ihre Leitfigur Agustín Farabundo Martí, die später der Guerilla ihren Namen geben sollte, war während der Vorbereitung einer kommunistischen Beteiligung an den Landarbeiteraufständen von 1932 ermordet worden. Der PCS löste sich 1995 auf.

Das Oppositionsbündnis *Unión Nacional Opositora* (UNO), zu dem der sozialistische MNR, die Mitte-Rechts-Partei PDC und die marxistisch-leninistische UND gehörten, kam bei den Präsidentschaftswahlen 1972 einem Sieg sehr nahe, worauf das Regime in den Folgejahren mit unverhohlenem Wahlbetrug reagierte und verstärkt politische Repression einsetzte.

In der Zeit des Bürgerkrieges (1980-1992) spielten sich die Wahlen zwischen dem PDC und der rechtsextremen Partei *Alianza Republicana Nacionalista* (ARENA) ab, da die im *Frente Democrático Revolucionario* (FDR) zusammengeschlossenen Linksparteien die Wahlen boykottierten. Aus den Wahlen, die im autoritären Kontext des Krieges stattfanden, gingen 1984 der PDC mit dem Präsidenten José Napoleón Duarte und 1989 die ARENA mit Alfredo Félix Cristiani als Sieger hervor. Nach den Friedensabkommen fanden bis dato drei Präsidentschaftswahlen statt (1994, 1999, 2004), die alle von Kandidaten der ARENA gewonnen wurden. Mit ARENA und FMLN hat sich in El Salvador ein stabiles Zwei-Parteiensystem etabliert, in dem die ARENA jedoch ein bisher ungebrochenes Machtmonopol auf der Regierungsebene besitzt. Bei den Parlamentswahlen und auf lokaler Ebene hat die aus der Guerilla-Organisation hervorgegangene FMLN bessere Ergebnisse erzielt. Seit 1997 geht die Oppositionsrolle auf nationaler Ebene vielfach mit einer Regierungs-funktion auf lokaler Ebene, auch in der Hauptstadt San Salvador, einher. Im Parlament wechseln sich FMLN und ARENA als stärkste Partei ab, seit den Wahlen 2006 liegt die ARENA mit 34 Sitzen wieder vor dem FMLN (32 Sitze).

Die ARENA, die aus paramilitärischen und faschistoiden Strömungen entstand, blickt auf eine durch den Bericht der Wahrheitskommission bestätigte verbrecherische Vergan-genheit im Bürgerkrieg zurück. Zu ihr gehörten die Todesschwadron ORDEN, der *Frente de Agricultores de la Región Oriental* (FARO) und der von Roberto D'Aubuisson gegrün-dete rechts-extreme *Movimiento Nacionalista Salvadoreño*, aus dem später der *Frente Amplio Nacional* hervorging. Die genannten Organisationen tragen die Verantwortung für zahlreiche Menschenrechtsverbrechen während des Bürgerkrieges. Die Forderungen der Wahrheitskommission nach einer strafrechtlichen Verfolgung dieser Verbrechen wurden vom Präsidenten Cristiani mit der Neuorganisation und „Säuberung" der Armee und der Auflösung paramilitärischer Verbände zögerlich und unvollständig umgesetzt. Heute stehen an der Spitze der ARENA immer noch die Vertreter der Oligarchie, die den größten Teil des Kaffeesektors, des Finanz- und Kommunikationssektors sowie große Teile der Industrie kontrollieren (Martínez 1996).

Der FMLN hatte nach seiner Umwandlung zur Oppositionspartei nach dem Friedens-schluss mit inneren ideologischen Zersetzungserscheinungen, vor allem unter dem Einfluss des Zerfalls des europäischen Sozialismus zu kämpfen. Diese führten zu einer Abspaltung von zwei der fünf im FMLN zusammengeschlossenen ehemaligen Guerillaorganisationen, dem *Ejército Revolucionario del Pueblo* (ERP) unter dem ehemaligen Militärstrategen der FMLN Joaquín Villalobos und der *Resistencia Nacional* (RN), die im März 1995 gemein-sam den sozialdemokratischen *Partido Demócrata* (PD) gründeten. Der PD löste sich je-doch 1996 wieder auf. Die andauernde Konfliktlinie innerhalb des FMLN verlief zwischen der „*corriente ortodóxa*" (Orthodoxe), die am alten Weg zum Sieg der Revolution festhiel-ten und der „*corriente renovadora*" (Erneuerer), die einen Pakt mit moderaten Sektoren der Rechten befürworteten, um die Regierbarkeit des Landes zu sichern.

Andere Linksparteien, die 1989 erstmals wieder an Wahlen teilnahmen, sind im *Parti-do Convergencia Democrática* (CD) zusammengeschlossen. Zu ihm gehören der *Movi-miento Popular Social Cristiano* (MPSC), der *Partido Social Demócrata* (PSD) und der *Movimiento Nacional Revolucionario* (MNR). Mit Parlamentssitzen vertreten sind nach den Wahlen 2006 momentan der FMLN (32 Sitze), die ARENA (34 Sitze), der PCN (10 Sitze), der PDC (6 Sitze) und der CD (2 Sitze).

9   Militär

Die salvadorianische Armee, die im Krieg gegen die mexikanische Annexion an Stärke zugenommen hatte, spielte innerhalb des Berufsheers der Zentralamerikanischen Föderation eine führende Rolle. Die wichtigste Armee der Föderation sollte die Zentralmacht stärken und die Integration fördern. Aufgrund von finanziellen Schwierigkeiten war die föderale Armee jedoch letztlich den Armeen der Einzelstaaten unterlegen.

Im 19. und zu Beginn des 20. Jahrhunderts war das salvadorianische Militär weiterhin im zentralamerikanischen Vergleich am besten ausgestattet, trainiert und bezahlt. Es stand in sehr enger Verbindung zu den jeweiligen Machthabern und zur Kaffeeoligarchie. In der Mitte des 19. Jahrhunderts kam es zu zahlreichen Staatsstreichen mithilfe des Militärs, aus dem sich zu dieser Zeit auch die meisten Präsidenten rekrutierten.

Ab 1912 begann unter dem Präsidenten Manuel E. Araujo (1911-1913), der die Wehrpflicht in El Salvador einführte, der Aufbau der *Guardia Nacional*, einer Elitetruppe nach spanischem Vorbild. Die *Guardia Nacional* trug später im Bürgerkrieg von 1980-1992 zusammen mit paramilitärischen Verbänden die entscheidende Verantwortung für viele Menschenrechtsverbrechen. Die Rolle des Militärs bei der Machterhaltung wurde während der Militärdiktatur unter Hernández Martínez (1931-1944) auf die Spitze getrieben. Unter dieser Diktatur führte das Militär das große Massaker an der indigenen Bevölkerung nach dem Aufstand im Jahr 1932 durch.

Auch nach der Diktatur unter Hernández Martínez kamen die Regierungsjunten und Staatsoberhäupter immer wieder aus den Reihen des Militärs. Die reformwillige Strömung innerhalb der Streitkräfte, die 1979 die Machtergreifung einer zivil-militärischen Regierungsjunta ermöglichte, wurde durch rechtsgerichtete Teile der Armee niedergeschlagen. Der innere Rechtsruck ging mit der Verstärkung der Repression gegen Regimegegner und mit der steigenden politischen Polarisierung einher, die zum Ausbruch des Bürgerkrieges 1980 führte. Im Vorfeld und während des Krieges gegen die Guerilla FMLN richteten vor allem die paramilitärische Organisation ORDEN auf dem Land, sowie die Todesschwadronen des *Frente Amplio Nacional* (FAN) unter Roberto D'Aubuisson (ARENA) schwere Menschenrechtsverletzungen durch gezielte Exekutionen und Massaker an. Militärische Unterstützung vor allem durch strategische Beratung, Ausbildung und Waffentechnologie bekam die Armee während des Bürgerkrieges von den USA.

Im Friedensabkommen von Chapultepec betreffen ca. 90% der enthaltenen Kompromisse die Armee. Es sollte eine umfassende Reformierung der Streitkräfte stattfinden, um sie der zivilen Regierung unterzuordnen und sie ihrer vorherigen Funktion einer über allen Gewalten stehenden „Suprainstitution" (Zinecker 2004: 56) zu entheben. Die Truppenstärke der Armee wurde folgerichtig um 54% verringert, paramilitärische Einheiten und Elitebataillone sowie die *Guardia Nacional*, die Nationale Direktion des Geheimdienstes und die Zivilverteidigung wurden aufgelöst. Viele Generäle und Offiziere, die sich Menschenrechtsverbrechen schuldig gemacht hatten, wurden zwar entlassen, blieben jedoch nach dem Erlass einer Generalamnestie straflos. Die alte, vom Verteidigungsministerium gesteuerte Nationalpolizei wandelte man in die zivile Nationalpolizei um und unterstellte sie dem Ministerium für öffentliche Sicherheit. Sie bestand zu 20% aus ehemaligen FMLN-Kämpfern. Die FMLN-Guerilla wurde vollständig demobilisiert.

10 Interessenverbände und Kirchen

Im 19. Jahrhundert verfügte die salvadorianische Kirche, im Gegensatz zu der in Guatemala, kaum über ökonomische Ressourcen, dafür jedoch über enge familiäre und persönliche

Verbindungen zu Politikern und Machthabern. Die Verfassung von 1872 leitete langsam eine Veränderung der Beziehung zwischen Staat und Kirche ein, die in der endgültigen Säkularisierung durch die Verfassung von 1883 kulminierte. Bis zum Bürgerkrieg 1980-1992 behielt die katholische Kirche ihre Allianz mit der Oligarchie bei. Beeinflusst durch die Befreiungstheologie, die sich in ganz Lateinamerika verbreitet hatte, wendeten sich Ende der 1970er Jahre vor allem auf dem Land große Teile der katholischen Kirche den sozialen Bewegungen zu und wurden in der Folge massiv durch das Regime verfolgt. Die Ermordung des Erzbischofs Oscar Arnulfo Romero am 24. März 1980 durch eine Todesschwadron wie auch die Ermordung jesuitischer Priester in der Universität José Simeón Cañas bildeten traurige Höhepunkte der Verfolgung religiöser Führer, die sich für den Friedensprozess eingesetzt hatten. Während des gesamten Friedensprozesses übernahmen Institutionen der katholische Kirche eine wichtige Vermittlerrolle, wie z.B. in der *Comisión de Derechos Humanos* 1982 und in der *Comisión de Paz* 1983.

Eine Arbeiterbewegung entstand im Prozess der Urbanisierung durch die Exportwirtschaft von 1870 bis 1930. Die ersten Interessenvereinigungen waren die zunächst noch unpolitischen „*asociaciones mutuales*" (Vereinigungen zur gegenseitigen Absicherung). Eine frühe Arbeitervereinigung dieser Art in El Salvador war die 1872 gegründete *Sociedad de Artesanos La Concordia, San Salvador*. Seit 1920 fand in El Salvador eine erhebliche Steigerung der Zahl und des Organisationsgrades von Arbeitervereinigungen statt, die damit für Zentralamerika eine Vorreiterrolle spielten. Die salvadorianischen Arbeitervereinigungen waren in der zunächst politisch noch sehr kontrollierten Dachorganisation *Confederacion de Obreros de El Salvador* (COES) zusammengeschlossen. Unter dem Einfluss der Entwicklungen in Europa nach dem Ersten Weltkrieg sowie der mexikanischen Revolution gründete sich 1924 die Gewerkschaft *Federación Regional de Trabajadores de El Salvador* (FRTS), die stark von anarchistischen Gewerkschaftern und Kommunisten beeinflusst war und starken Zulauf erfuhr. Die im Vergleich zu den anderen zentralamerikanischen Staaten hohe Zahl der gewerkschaftlich organisierten Arbeiter wird in der Literatur unter anderem als Grund für die folgende Tragödie der Erhebung und Niederschlagung der Landarbeiter 1932 genannt (Acuña 1993: 278). Die links-orientierten Gewerkschaften El Salvadors litten auch nach der Diktatur Hernández' unter der Repression der verschiedenen Militärregime. Die zunehmende politische Polarisierung bewegte viele Mitglieder linker politischer Organisationen und Gewerkschaften zur Gründung von Guerillaorganisationen. Die politisch aktivsten Gewerkschaften gehörten zum öffentlichen Sektor, ihre Mitglieder waren also Angestellte des Staates. Unter ihnen befand sich der *Sindicato de Trabajadores del Instituto Salvadoreño del Seguro Social* (STISSS) und die *Asociación Nacional de Educadores Salvadoreños* (ANDES 21 de Junio).

Die seit den 1960er Jahren sehr aktiven Unternehmerverbände waren traditionell mit den rechten Parteien verbunden. Zur *Alianza Productiva* gehörte zum Beispiel die *Alianza Nacional de la Empresa Privada* (ANEP), die 1981 maßgeblich an der Gründung der Partei ARENA beteiligt war.

Die nach dem Friedensabkommen von 1992 eingesetzte *Comisión Nacional para la Consolidación de la Paz* (COPAZ) und das *Foro de Concertación Económico-Social* (FOCES) sollten zwischen Gewerkschaften, Unternehmern und Regierung vermitteln und so die sozioökonomische Transformation El Salvadors unterstützen. Sie wurden jedoch vielfach als ineffizient kritisiert. Bisher sind in El Salvador auf dem Gebiet der sozioökonomischen Reformen kaum Fortschritte erzielt worden. Die fehlende Eindämmung der Marginalisierung und die fehlende Agrarreform, die ja maßgeblich zur Polarisierung im Land und zum Ausbruch des Bürgerkrieges beigetragen hatten, sind nach wie vor ungelöste Probleme.

11 Medien

Die Medienlandschaft in El Salvador wird zum großen Teil von regierungstreuen, konservativen Familien kontrolliert. Die beiden auflagenstärksten (beide ca. 100 000) Tageszeitungen *El Diario de Hoy*, gegründet 1936, und *La Prensa Gráfica*, gegründet 1915, befinden sich im Besitz der Familien Altamirano (*El Diario de Hoy*) und Dutriz (*La Prensa Gráfica*). *El Diario de Hoy* ist während des Bürgerkrieges vor allem als korruptes Propagandaorgan des ultrarechten Flügels der ARENA-Partei und des Militärs bekannt geworden und hat nach dem Friedenschluss versucht, sein Ansehen durch Professionalisierung und Erneuerung der Redaktion zu verbessern. Der Inhaber Fabricio Altamirano ist gleichzeitig Inhaber der Boulevardzeitung *Mas* mit einer Auflage von ca. 30 000. Beide Zeitungen unterstützen zuverlässig die Regierungspartei ARENA. Die Tageszeitung *El Mundo*, im Besitz der Familie Borja, ist zwar politisch etwas moderater, gehört aber genauso zu den Unterstützern der ARENA-Kandidaten im Wahlkampf. Die drei Familien gehören zur traditionellen Oligarchie des Landes, die seit Generationen große Teile der salvadorianischen Wirtschaft kontrollieren.

Die älteste 1890 gegründete Tageszeitung *CoLatino* ist als einzige große Zeitung politisch links orientiert. Sie hat sich mit einer Auflage von wenigen tausend durch die Gründung einer Kooperative 1989 aus finanziellen Schwierigkeiten herausmanövriert und wird seitdem vor allem von europäischen Stiftungen und dem FMLN unterstützt.

Die Presse sowie seit den 1950er-Jahren auch das Fernsehen waren bis in die 1980er-Jahre in El Salvador dauerhaft einer starken Zensur durch die Militärregime unterworfen. Erste Einschränkungen der Nachrichtenzensur fanden unter dem christdemokratischen Präsidenten Napoleón Duarte statt, während die Zensur unter der Regierung Cristiani wieder stark angezogen wurde. Regimekritische Journalisten wurden massiv verfolgt. Beispiele dafür sind die Ermordung des gesamten Redaktionsteams der kritischen Zeitung *La Crónica del Pueblo* 1980, die Zerstörung der Druckerei und Verhaftung der Mitglieder des *Independiente* oder die Sprengung des katholischen Radiosenders *Radio Católica YSAX*, der dem ermordeten Erzbischof Romero nahe stand. Dennoch existierten in der Kriegszeit mehrere politisch linke Untergrundradiostationen, wie *Radio Venceremos*, *Radio Doble Efe* und *Radio Farabundo Martí*, die unter dem Schutz der Guerilla sendeten.

Heute existieren in El Salvador 168 verschiedene, meist stark kommerzialisierte Radiostationen. Während der Wahlkampagnen sichert sich die Regierungspartei ARENA durch den massiven Kauf von Sendezeiten (*campos pagados*) auch innerhalb der Radioprogramme politischen Einfluss. Darüber hinaus kontrolliert der amtierende Präsident Antonio Saca als Gründer und Präsident der Radiogruppe SAMIX neun Radiostationen, unter anderen *La Chevere, Superestrella, Astral, Guapa*.

Die Fernsehstationen El Salvadors sind seit 1950 in der Hand der *Telecorporación Salvadoreña* (TCS) im Besitz von Boris Esersky, der die drei größten Fernsehstationen des Landes mit insgesamt ca. 90% der Einschaltquoten betreibt. Esersky ist ebenfalls langjähriger Unterstützer antikommunistischer und konservativer Regierungspolitik. Den kleineren

Anteil am Fernsehmarkt teilen sich der Regierungssender Kanal 10 und der kommerzielle mexikanische Kanal 12 (Rockwell 2003).

12   Politische Kultur und Partizipation

Die Öffnung und Demokratisierung des politischen Systems in El Salvador nach dem Friedensschluss führte nicht zur erhofften Steigerung der politischen Partizipation der Bevölkerung. Die ARENA-Regierung versuchte durch „subtil-autoritäre" Methoden (Zinecker 2004: 181) die Beteiligung der Zivilgesellschaft und von Nicht-Regierungsorganisationen zu erschweren, weil sie befürchtete, dass ansonsten die oppositionelle FMLN gestärkt werden könnte.

Das gesellschaftliche Klima in El Salvador ist geprägt von einer hohen Kriminalitätsrate und einer hohen Rate häuslicher Gewalt. Die Migration, vor allem in die Vereinigten Staaten von Amerika, ist sehr hoch. Die Netto-Migrationsrate beträgt -3.61 pro 1000 Bewohner (CIA 2006). Mehr als zwei Millionen Salvadorianer leben im Ausland. Dies trägt zu einer Desintegration der Familienstrukturen bei. Die Folgen des Bürgerkrieges machen sich in einem Klima der Angst, des Misstrauens und des Schweigens bemerkbar. Das Vertrauen in die politischen Institutionen und in die Entwicklung von Demokratie und Wirtschaft zur Verminderung der Armut sind in der Bevölkerung sehr schwach. Bis heute dominiert die politische Apathie.

Im Bereich der Bearbeitung der Vergangenheit des Bürgerkrieges engagieren sich eine kleine Zahl von Nicht-Regierungsorganisationen, wie z.B. das *Comité de Madres de Desaparecidos y Asesinados Políticos „Monseñor Oscar Arnulfo Romero"* (COMADRES), das *Comité de Familiares de Víctimas de Violaciones a los Derechos Humanos „Marianela García Villas"* (CODEFAM) und die *Asociación Pro-Búsqueda*, für die Anerkennung und Entschädigung von Opfern und Hinterbliebenen der Menschenrechtsverbrechen. Auch die Veröffentlichungen des Institutes für Menschenrechte (IDHUCA) versuchen die Problematik der Straflosigkeit und Vergangenheitsbearbeitung im aktuellen Diskurs wach zu halten.

13   Justiz und Rechtssystem

Das Rechtssystem El Salvadors basiert auf europäischen Rechtsmodellen, die nach der Unabhängigkeit von Spanien 1821 in El Salvador übernommen wurden. Anders als in Europa sind jedoch in den meisten lateinamerikanischen Staaten, wie auch in El Salvador, die Rechtsbestimmungen etwa des autoritären Strafrechtssystems in den 150 Jahren von der Unabhängigkeit bis in die 1980er Jahre kaum verändert worden. So legitimierte das Rechtssystem während des 19. Jahrhunderts bis in die Mitte des 20. Jahrhunderts die erzwungene Arbeit von ansässigen Tagelöhnern auf den Haciendas sowie Enteignungen von Gemeindeland. Bemühungen um Reformen zum besseren Schutz der individuellen Persönlichkeits- und Menschenrechte wurden erst Ende der 1970er Jahre mit der Unterzeichnung einiger internationaler Menschen- und Bürgerrechtskonventionen eingeleitet. Die Genfer Menschenrechtskonvention zum Beispiel wurde 1978 in El Salvador ratifiziert.

Die Judikative des Landes war vor dem Friedensabkommen von 1992 in hohem Maße von der Exekutive und Legislative abhängig und wenig transparent. Die Verfassungsreformen von 1991 und 1992 haben ihre Unabhängigkeit gestärkt. So ist beispielsweise die Militärgerichtsbarkeit über Zivilpersonen aufgehoben worden und die Wahl des Obersten Gerichtshofs erfolgt nicht mehr über eine einfache sondern über eine Zwei-Drittel-Mehrheit im Parlament. Der von der Verfassung 1983 etablierte *Consejo Nacional de Judicatura* ist seit dem Friedensvertrag von allen Regierungsgewalten unabhängig. Das Organ, das in Lateinamerika sonst nur in Kolumbien und Paraguay existiert, setzt sich aus Juristen und Vertretern der Zivilgesellschaft zusammen und schlägt unter anderem Kandidaten für die Wahl der Richter im Obersten Gericht vor.

Auch die drei Branchen des Innenministeriums, die Generalanwaltschaft, Generalstaatsanwaltschaft und die Ombudsperson für Menschenrechte (*Procuraduría de los Derechos Humanos*) werden durch eine Zwei-Drittel-Mehrheit vom Parlament gewählt. Die in Lateinamerika in den 1980er-Jahren vielfach eingeführte Institution der Ombudspersonen soll die Exekutive, Legislative und Judikative überwachen und helfen, die Straflosigkeit zu überwinden indem sie Anzeigen über Menschenrechtsverletzungen aufnimmt und aktiv zu deren Aufklärung beiträgt, obgleich sie keine Sanktionen vornehmen darf.

Das Justizsystem zeichnet sich in El Salvador vor allem durch eine starke Zentralisierung und eine hohe Korruption aus. Es besteht eine starke Abhängigkeit der Richter, Anwälte und Notare vom Obersten Gerichtshof. Trotz der Reformen im Justizsystem, besteht das Problem der Straflosigkeit nicht nur bei der Aufklärung der Verbrechen des Bürgerkrieges, sondern vor allem auch bei der ineffektiven Verfolgung von Kriminalität fort. Darüber hinaus untergräbt die einfache Strafgesetzgebung vielfach das Verfassungsrecht, wie zum Beispiel bei der Unschuldsvermutung und bei der Öffentlichkeit von Gerichtsverfahren. Hinzu kommen Verschleppungen von Prozessen, unangemessen lange Untersuchungshaftzeiten und inhumane Haftbedingungen.

Die hohe Gewalt und Kriminalität, vor allem durch Banden, drücken sich in der Zahl der Tötungsdelikte aus, die in den 90er Jahren in El Salvador zwischen 6000 und 8000 pro Jahr bei einer Gesamtbevölkerung von ca. 6 Mio. lag. Die Regierung unter Francisco Flores von der ARENA reagierte mit dem Plan der harten Hand („*Plan Mano Dura*"), der von Antonio Saca (seit 2004) fortgesetzt und durch den „*Plan Super Mano Dura*" ergänzt wurde. Der Plan dient dazu der *Policía Nacional Civil* möglichst viel Spielraum bei der Verfolgung und Festnahme von Jugendlichen Bandenmitgliedern einzuräumen. Nichtregierungsorganisationen haben den Aktionsplan heftig kritisiert, da gegen Minderjährige mit repressiver Härte vorgegangen werde sowie Präventions- und Aussteigerprogramme und soziale Unterstützung in verarmten Stadtgebieten, in denen die Banden operieren, unterfinanziert seien oder ganz fehlten.

14   Regionen und Kommunen

El Salvador besteht aus 14 Provinzen (*departamentos*), die von durch den Präsidenten ernannten Gouverneuren regiert werden. Die Kommunen bestimmen autonom über ihren Haushalt und besitzen eigene Verwaltungen. Die Bürgermeister und Stadt- bzw. Gemeinderäte werden durch allgemeine, direkte Wahl für drei Jahre eingesetzt.

Die Organisation *Fundación Nacional para el Desarrollo* (FUNDE) unterstützt gemeinsam mit der UN-Entwicklungsorganisation (UNDP) kommunale Zusammenschlüsse (*agrupamientos municipales*), die sich seit Beginn der 1990er-Jahre zur Vertretung lokaler

Interessen gebildet haben. Damit soll einerseits die staatliche Verwaltung dezentralisiert und andererseits der Fragmentierung der Kommunen entgegengewirkt werden, um lokale und regionale Entwicklung voran zu treiben. Die tatsächliche Übertragung von Kompetenzen auf die lokale Ebene im Zuge mehrerer Reformversuche zur Dezentralisierung durch die Regierung werden als noch immer völlig unzureichend kritisiert.

15   Internationale Beziehungen

Die historischen Ereignisse in El Salvador sind untrennbar mit der Geschichte der anderen zentralamerikanischen Länder verbunden. Beginnend mit der Geschichte als gemeinsame koloniale Verwaltungseinheit, durch deren Untergliederung die territorialen Grenzen der einzelnen Staaten erst festgelegt wurden, über die Zeit der Zentralamerikanischen Föderation, bis hin zu den Wechselwirkungen zwischen den sozialistischen Revolutionsbewegungen und den entsprechenden Reaktionen der konterrevolutionären Regime, bedingen sich die Entwicklungen in den Staaten dieser Region gegenseitig.

Schon in den 1920er Jahren machten die USA durch wirtschaftliche Investitionen und politische Einflussnahme ihre Interessen in Zentralamerika geltend. Die Vereinigten Staaten von Amerika, die 1979 in Nicaragua ihre wirtschaftlichen und politischen Interessen durch den Erfolg der sandinistischen Revolution verloren sahen, engagierten sich in den 1980er-Jahren mit starker finanzieller, militärischer und politischer Unterstützung in El Salvador. Unter ihrem Präsidenten Ronald Reagan (1981-1989) verfolgten die USA eine antikommunistische Politik in ganz Zentralamerika. Die umfangreichen US-amerikanischen Waffenlieferungen und Militärhilfen für das salvadorianische Regime, zum Beispiel durch Ausbildung von Elitetruppen in der *School of the Americas* in der Panamakanalzone, zielten auf die Zerschlagung der Guerilla und auf die langsame Konsolidierung einer präsidialen Demokratie unter Beibehaltung der bestehenden Besitzverhältnisse.

Das Engagement der Sowjetunion konzentrierte sich während des salvadorianischen Bürgerkrieges der 1980er-Jahre auf das Nachbarland Nicaragua. Die Sowjetunion lieferte keine direkten Finanz- oder Militärhilfen an die Guerilla in El Salvador. Sie unterstützte die sozialistische Guerillabewegung nur auf diplomatischer und ideologischer Ebene, wenngleich auf indirektem Wege über Nicaragua und Kuba sowjetische Waffen nach El Salvador gelangten. Eine wichtige finanzielle und ideelle Hilfe für die Guerilla stellte darüber hinaus die Solidaritätsbewegung der 1980er Jahre in den westlichen europäischen Staaten dar.

Das Ende des Ost-West-Konfliktes im Jahre 1990 durch den Zusammenbruch der sozialistischen Ostblockländer und der Sowjetunion wirkte sich stark auf den Friedensprozess in El Salvador aus, zumal die Regierung der USA unter George Bush die salvadorianische Regierung zu einer Verhandlungslösung drängte. Einen nicht unerheblichen Anteil hatten auch die europäischen Regierungen, die Anfang der 1990er Jahre Wirtschafts- und Entwicklungshilfen von Demokratisierungsbemühungen und einer friedlichen Konfliktlösung abhängig machten.

Die Europäische Union ist heute der größte Geber von Entwicklungshilfe in El Salvador, liegt als Handelspartner aber weit hinter den USA zurück, mit denen seit März 2006 ein Freihandelsabkommen abgeschlossen wurde. Seit 1984 finden jährlich Ministertreffen zwischen der EU und den Staaten der San José-Gruppe (Guatemala, Honduras, El Salvador,

Nicaragua, Costa Rica, Panama und Belize) statt. In einem 1999 geschlossenen Rahmenkooperationsabkommen mit den zentralamerikanischen Ländern legte die Europäische Union die Konsolidierung des Demokratisierungsprozesses sowie die regionale Integration als Ziele ihrer gemeinsamen Außenpolitik fest. Die Bundesrepublik Deutschland ist als Hauptabnehmer salvadorianischen Kaffees ein wichtiger Handelspartner El Salvadors.

Innerhalb der zentralamerikanischen Region versucht El Salvador den Ausbau der regionalen Integrations- und Freihandelssysteme voran zu treiben. In El Salvador befindet sich der Sitz der *Secretaría General del Sistema de Integración de Centroamérica* (Generalsekretariat des Zentralamerikanischen Integrationssystems, SG-SICA), das 1991 von der Organisation Zentralamerikanischer Staaten (ODECA) gegründet wurde.

Literatur

Acuña Ortega, Víctor Hugo (1993): Las Rebúblicas Agroexportadoras (1870-1945), in: Historia General de Centroamérica, Bd. 4. Madrid.

Alcántara Sáez, Manuel (2000): Sistemas Políticos de América Latina, Bd. 2: México, América Central y el Caribe. Madrid.

Alcántara Sáez, Manuel/Freidenberg, Flavia (Hrsg.) (2001): Partidos Políticos de América Latina. Salamanca.

Anderson, Thomas P. (1981): The war of the dispossessed: Honduras and El Salvador 1969. London.

Auswärtiges Amt der Bundesrepublik Deutschland (2006): Länderinformationen, veröffentlicht unter der URL: www.auswaertiges-amt.de, abgerufen am 16.08.2006.

Bracamonte, Ricardo/Roggenbruck, Stefan (Hrsg.) (1996): Medios de comunicación y democracia en El Salvador. San Salvador.

Brockett, Charles D. (2005): Political Movements and Violence in Central America. Cambridge.

Buve Raymond Th./Fisher, John R. (Hrsg.) (1992): Handbuch der Geschichte Lateinamerikas, Bd. 2: Lateinamerika von 1760 bis 1900. Stuttgart.

Cáceres, Luis René (2006): Remesas y macroeconomía en El Salvador, in: Comercio Exterior 56: 592-607.

Carriére, Jean/Karlen, Stefan (1996): Zentralamerika, in: Bernecker, Walther L. et al. (Hrsg.) (1996): Handbuch der Geschichte Lateinamerikas, Bd. 3: Lateinamerika im 20. Jahrhundert. Stuttgart: 365-482.

Castillo Rivas, Donald (1980): Acumulación de capital y empresas transnacionales en Centroamérica. Madrid u.a.

Central Intelligence Agency (CIA) (2006): The World Factbook – El Salvador, veröffentlicht unter der URL: www.cia.gov, abgerufen am 16.08.2006.

Córdova, Ricardo/Orellana, Victor (2001): Cultura Política, Gobierno Local y Descentralización, El Salvador. San Salvador.

Dutrénit, Silvia (1989): El Salvador. México D. F.

Fundación de Estudios para la Aplicación del Derecho (FESPAD)/Centro de Estudios Penales de El Salvador (CEPES) (2004): Estado de la Seguridad Pública y la Justicia Penal en El Salvador, veröffentlicht unter der URL: www.fespad.org.sv, abgerufen am 17. August 2006.

Fundación Nacional para el Desarrollo (FUNDE)/Programa de las Naciones Unidas para el Desarrollo (UNDP) (2004): Asociación de Municipios y Construcción Regional para el Desarrollo. San Salvador.

Hammett, Brian E. (1992): Zentralamerika 1821-1900, in: Buve, Raymond Th./Fisher, John R. (Hrsg.) (1992): 557-577.

Hernández, David (2000): Indigene Kultur und nationales Trauma. Berlin.

Krämer, Michael (1995): El Salvador: vom Krieg zum Frieden niedriger Intensität. Köln.

Krennerich, Michael (1996): Wahlen und Antiregimekriege in Zentralamerika, Politische Organisationen und Repräsentation in Amerika. Bd. 6, Opladen.

Krennerich; Michael (1993): El Salvador, in: Nohlen, Dieter (Hrsg.) (1993): Handbuch der Wahldaten Lateinamerikas und der Karibik. Opladen.

Lopez Guerra, Luis/Aguiar de Luque, Luis (1992): Las Constituciones de Iberoamerica. Madrid: 405-454.

Lungo Uclés, Mario (1996): El Salvador in the Eighties. Counterinsurgery and Revolution. Philadelphia.

Martínez Peñate, Oscar (Hrsg.) (2002): El Salvador: Historia General. San Salvador.

Martínez Peñate, Oscar (1998): El Salvador: la Asamblea Legislativa. San Salvador.

Martínez Peñate, Oscar/Sánchez, María Elena (2000): El Salvador Diccionario, personajes, hechos históricos, geografía e instituciones. San Salvador.

Martínez, Juan Carlos (1996): Las élites de poder en El Salvador: Modernización de la tradición, in: Casáus, Marta E./García Geráldes, Teresa (Hrsg.): Élites, empresarios y Estado en Centroamérica. Madrid: 44ff.

Meara, William R. (2006): Contra Cross: Insurgency and Tyranny in Central America, 1979-1989. Annapolis.

Montgomery, Tommie Sue (1995): Revolution in El Salvador. From Civil Strife to Civil Peace. Boulder u.a.

Morales Pérez, Salvador (2006): El reconocimiento de la independencia de Centroamérica, in: Cuardernos hispanoamericanos 668: 29-38.

Naciones Unidas, Comisión de la Verdad (1993): De la Locura a la Esperanza. La guerra de 12 años en El Salvador. Informe de la Comisión de la Verdad para El Salvador (1992-1993). San Salvador.

Nohlen, Dieter (Hrsg.) (2002): Lexikon Dritte Welt, Reinbek.

Popkin, Margaret (2000): Peace without Justice, Obstacles to building the rule of law in El Salvador. Pennsylvania.

Red para la Infancia y Adolescencia de El Salvador (2004): Informe de El Salvador en el marco de la problemática de las „pandillas o maras", veröffentlicht unter der URL: www.redlamyc.info, abgerufen am 17.08.2006.

Rockwell, Rick J. (2003): Media Power in Central America. Urbana u.a.

Sarmiento Mancía, Sixto Mauricio (Hrsg.) (1996): Constitución con sus Reformas, El Salvador. San Salvador.

Schmidt, Peer (1992): Zentralamerika 1760-1821, in: Buve, Raymond Th./Fisher, John R. (Hrsg.) (1992): 190-207.

Smith, Hazel (1995): European Union, Foreign Policy an Central America. London.

Tilley, Virginia Q. (2005): Seeing Indians: A Study of Race, Nation, and Power in El Salvador. Albuquerque.

Torres-Rivas, Edelberto et.al. (Hrsg.) (1993): Historia General de Centroamérica, 6 Bde. Madrid.

Torres-Rivas, Edelberto (1989): Repression and Resistance. The Struggle for Democracy in Central America. Boulder.

Woodward, Ralph Lee (1999): Central America, A Nation Devided. New York u.a.

Zinecker, Heidrun (2004): El Salvador nach dem Bürgerkrieg – Ambivalenzen eines schwierigen Friedens. Frankfurt a.M.

Das politische System Guatemalas

Sebastian Grundberger und Karl-Dieter Hoffmann

1 Geschichte seit dem Ende der Kolonialzeit: ein Überblick

Nach der Loslösung vom Mutterland Spanien (1821) bildete das heutige Guatemala für kurze Zeit einen Teil des mexikanischen Kaiserreichs unter Iturbide, ab 1823 gehörte es der Zentralamerikanischen Föderation an. Die für das postkoloniale Lateinamerika so charakteristische Spaltung der Oberschicht in Konservative und Liberale manifestierte sich neben den typischen wirtschafts- und gesellschaftspolitischen Differenzen auch in der Uneinigkeit über die politische Gestalt des Staatenbundes. Die häufig gewaltsam ausgetragenen Kontroversen verhinderten eine Konsolidierung der Föderation und wiesen schließlich den Weg zur politischen Unabhängigkeit der fünf Gliedstaaten. Während in Guatemala, wo 1825 mit rund 600.000 Einwohnern nahezu die Hälfte der Bevölkerung des Verbunds lebte, die konservativen Kräfte dominierten, schwangen in den anderen Teilstaaten die liberalen Tendenzen obenauf. Nach dem 1829 errungenen militärischen Sieg der Liberalen vermochte Gouverneur Gálvez mit einer um Ausgleich bemühten Politik die Situation im Teilstaat Guatemala einigermaßen zu beruhigen. Mehrere der von Gálvez initiierten Reformen waren indes ambitiöser als der in anderen Teilen der Föderation angestrebte liberale Wandel. U.a. wollte Gálvez die katholische Kirche aus dem Erziehungswesen verbannen und ein staatliches Schulwesen errichten.

1837 wurde Guatemala von einer Bauernrebellion unter Führung von Rafael Carrera erfasst, die bald auf andere Teile der Föderation übersprang und schließlich zu einer Neuordnung der politischen Kräfteverhältnisse führte, welche die Aspirationen der Liberalen für mehr als ein Vierteljahrhundert neutralisieren sollte. Der bewaffnete Widerstand richtete sich gegen die Wiedereinführung der nach Ende der Kolonialherrschaft abgeschafften Kopfsteuer, die Erhöhung der Verpflichtung zur Teilnahme an Infrastrukturarbeiten, die Privatisierung öffentlicher Ländereien sowie ein Kolonisationsprogramm, das europäische Einwanderer gegenüber Einheimischen bevorzugte. Carreras Kriegszug war Auslöser jahrelanger Turbulenzen mit rasch wechselnden Allianzen und Regierungen, bis der militärische Sieg über die Streitmacht des liberalen Präsidenten der Föderation, Morazán, im Jahre 1839 das definitive Scheitern des regionalen Vereinigungsprojekts besiegelte. Schon bevor der ungebildete *ladino* (Mestize) Carrera 1844 die Präsidentschaft in Guatemala übernahm, war er als Kommandant der Streitkräfte die letztlich entscheidende politische Instanz im Lande; zudem übte er großen Einfluss auf die Nachbarstaaten aus. Unter konservativer Herrschaft wurden viele Institutionen aus der Kolonialzeit wieder hergestellt. 1848 gelang es den Liberalen den Caudillo abzusetzen, aber binnen weniger Monate stand er wieder an der Spitze des Militärs, und 1851 übernahm er erneut das oberste Staatsamt. Drei Jahre später ließ er sich zum Präsidenten auf Lebenszeit ernennen. Bis zu seinem Tod 1865 regierte er das Land mit harter Hand. Auf dem Sterbebett bestimmte er General Vicente Cerna zu seinem Nachfolger, der die Herrschaft der Konservativen für weitere sechs Jahre fortschrieb.

Der sich allmählich ausbreitende Einfluss Großbritanniens in der Region machte sich trotz des tendenziell xenophoben Nationalismus der Konservativen auch in Guatemala bemerkbar. 1859 erkannte die Regierung Carrera die britische Souveränität über Belize gegen die Zusage Londons an, eine Straße zwischen der Karibikküste und der guatemaltekischen Hauptstadt zu bauen, ein Projekt, das nach mehrfachen Verzögerungen und Streitigkeiten über den Verlauf der Verbindung schließlich durch Guatemala aufgekündigt wurde. Den Anspruch auf Belize – das frühere Britisch-Honduras – sollte Guatemala erst mehr als 100 Jahre später definitiv aufgeben. Um frühere Verbindlichkeiten ablösen zu können, unterzeichnete Carrera 1856 einen Kreditvertrag mit einer britischen Bank, der 50% der nationalen Zolleinkünfte – damals die wichtigste Fiskalquelle – für den Schuldendienst band.

Die 1871 erfolgte Rückkehr der Liberalen in die staatlichen Machtpositionen stand in Zusammenhang mit dem Niedergang des jahrzehntelang wichtigsten Exportprodukts Koschenille (Anteil an den Deviseneinnahmen 1840-1860: 80-90%) und dem Aufstieg des Kaffees zum führenden Agrarerzeugnis. Die Kaffeeproduzenten waren mit der Wirtschaftspolitik der konservativen Regierung unzufrieden und unterstützten die Revolte der Liberalen unter Führung von García Granados und Justo Rufino Barrios. Ersterer übernahm die Präsidentschaft, wurde ob seiner zögerlichen Vorgehensweise aber bereits 1873 von Barrios abgelöst. Unter der neuen Ordnung wurde der Einfluss der katholischen Kirche deutlich zurückgedrängt, einige Ordensgemeinschaften mussten das Land verlassen. Auf seine Exkommunizierung reagierte Barrios mit der Exilierung der Bischöfe. Im Zentrum der ökonomischen Neuerungen stand die konsequente Förderung der Kaffeeproduktion. Zwischen 1871 und 1884 verfünffachte sich die exportierte Menge. Da die Expansion des Handels von adäquaten Transportmöglichkeiten abhängig war, lancierte Barrios ein ambitiöses Infrastrukturprogramm: Der Bau von Häfen auf der pazifischen Seite und entsprechender Eisenbahnverbindungen zu den Kaffeeregionen diente vorrangig der Exportsteigerung.

Während die externe Nachfrage rasch anstieg, war die Ausweitung der Kaffeeproduktion von der Verfügbarkeit zusätzlicher Arbeitskräfte abhängig. 1876 erhielten die lokalen Regierungsvertreter (*jefes políticos*) die Befugnis, in ihrem Verantwortungsbereich mittels Zwangsrekrutierung in den Indiodörfern den Arbeitskräftebedarf der Plantageneigner zu decken. Parallel dazu banden die Kaffeebarone die Arbeiter über den Mechanismus der Schuldknechtschaft an ihre *finca*. Der auf den Plantagen gezahlte Lohn war derart miserabel, dass sich niemand freiwillig um diese Arbeit bemühte.

1877 trat ein Gesetz in Kraft, das die Privatisierung von kommunalem Landbesitz vorschrieb. Zehntausende von indianischen Bauern verloren ihre Existenzgrundlage und wurden auf diese Weise gezwungen, sich als Lohnarbeiter auf den Latifundien zu verdingen. In einigen Regionen revoltierten die Betroffenen zwar gegen ihre Enteignung, der Protest konnte aber durch Militäreinheiten rasch erstickt werden. Den Bemühungen der Regierung Barrios um europäische Einwanderer war insgesamt wenig Erfolg beschieden; allerdings gelang es einer kleinen Gruppe von deutschen Immigranten eine dominante Position im Kaffeesektor zu etablieren: Von den 1913 registrierten 1.830 Kaffeeplantagen hatten 170 deutsche Eigner, auf die rund zwei Drittel der nationalen Kaffeeproduktion entfielen. Damals erbrachte das grüne Gold über 80% der guatemaltekischen Exporteinnahmen.

Zu Beginn primär entlang der Eisenbahnverbindung zur Atlantikküste angepflanzt, weitete sich der Anbau von Bananen nach der Jahrhundertwende rasch aus. Anders als bei der Kaffeeproduktion entstanden hier riesige Plantagen durch Vergabe großzügiger Landkonzessionen. Der Erfolg des guatemaltekischen Bananenexports ist untrennbar mit der

United Fruit Company (UFCO) mit Hauptsitz in Boston verbunden, deren berüchtigte Geschäftspraktiken in Zentralamerika den Begriff der „Bananenrepublik" kreiert haben. Während der Amtszeit des autokratischen Präsidenten Estrada Cabrera (1898-1920) erhielt der Konzern ein Areal von rund 100.000 ha zu äußerst günstigen Konditionen (u.a. Steuerfreiheit) zugewiesen. In den 1920er und 1930er Jahren vermochte der Konzern seine Anbauflächen wie auch seine Privilegien weiter auszudehnen.

Estrada Cabrera hatte die Macht nach der Ermordung von Präsident Reina im Februar 1898 usurpiert und sich wenige Monate später mittels massiver Fälschungen ins oberste Staatsamt wählen lassen. Nachdem 1903 eine Verfassungsgebende Versammlung das Wiederwahlverbot abgeschafft hatte, wies das offizielle Ergebnis der Präsidentenwahl 1904 lediglich drei Stimmen für den einzigen Gegenkandidaten von Estrada aus. Nach einem Attentatsversuch ließ der Despot 1908 zahlreiche Offiziere erschießen, das Gebäude der militärischen Ausbildungsstätte *Escuela Politécnica,* wo die Verschwörung geplant worden war, bis auf die Grundmauern zerstören. Bei seiner zweiten Wiederwahl (1910) halfen ihm die von der *United Fruit* getätigten Investitionen – etwa der Bau einer Eisenbahnlinie zur Atlantikküste. Erst nach zwei weiteren formalen Bestätigungen im Amt wurde die grausame Regentschaft Estrada Cabreras, dem der guatemaltekische Nobelpreisträger Asturias in seinem Roman *El Señor Presidente* ein entlarvendes Porträt gezeichnet hat, im Jahre 1921 durch konservative Kräfte gewaltsam beendet.

Interimspräsident Herrera wurde Ende 1921 von General Orellana gestürzt, der sich wenige Monate später die formale Legitimation als konstitutionelles Staatsoberhaupt verschaffte. Unter dessen Nachfolger, General Chacón (1926-1930), wurden erste vorsichtige Schritte in der Sozialpolitik unternommen. In den 1920er Jahren ging die politische Repression zumindest in den Städten spürbar zurück, während sich an der bedrückenden Situation in ländlichen Gebieten wenig änderte. 1927 erhielt die *United Fruit* die Konzession über ein großes Areal an der Pazifikküste zwecks Ausdehnung der Bananenerzeugung. Der Anteil der Staudenfrucht an den nationalen Devisenerlösen hatte sich von 1913 bis zum Ausbruch der Weltwirtschaftskrise 1929 auf 13% erhöht. Der durch den New Yorker Börsencrash ausgelöste Preisverfall führte zum Kollaps der Kaffeeproduktion und zum Bankrott der öffentlichen Finanzen. Die dadurch ausgelösten Turbulenzen bildeten den Hintergrund für den Aufstieg von General Jorge Ubico, der 1931 ohne Gegenkandidat die Präsidentschaftswahlen gewann.

Proteste gegen die sich rapide verschlechternden Lebensbedingungen ließ er mit brutaler Gewalt niederwerfen. 1932 unterzeichnete er ein Dekret, das Landeignern Straffreiheit für alle Taten einräumte, die sie zum Schutz ihrer Eigentumsrechte als notwendig erachteten, was in letzter Konsequenz die Legalisierung von Mord bedeutete. Als Ubico 1934 die Schuldknechtschaft abschaffte und gleichzeitig eine Serie von Gesetzen gegen die Landstreicherei in Kraft setzte, ging es ihm keineswegs um das Los der ausgebeuteten indigenen Unterschicht, sondern vorrangig um die Stärkung der Rolle des Staates. Aufgrund dieser Gesetze wurde jeder ruralen Arbeitskraft, die über keinen oder nur geringen eigenen Landbesitz verfügte, eine abgestufte Arbeitsverpflichtung von bis zu 150 Tagen im Jahr aufgebürdet. Diese musste auf großen Agrarbetrieben und/oder im Rahmen öffentlicher Infrastrukturarbeiten (v.a. Straßenbau) abgeleistet werden. 1935 traten an die Stelle der bis dahin gewählten Bürgermeister von der Zentralregierung eingesetzte *intendentes.* Dem Ziel des Despoten, seine Kontrolle über das Land zu maximieren, diente auch die Besetzung sämtlicher Gouverneursposten in den 22 Departments mit hohen Offizieren. Gleichzeitig nutzte

Ubico seine Position, um sich schamlos zu bereichern. Er bemühte sich um gute Beziehungen zu den USA und hofierte die UFCO, die mit einer Anbaufläche von insgesamt 226.500 ha seit 1930 weitaus größter Grundbesitzer des Landes war. Als der Konzern 1936 seine vertragliche Zusage widerrief, einen Pazifikhafen zu bauen, wurde dies von der Regierung ohne jegliche Kritik hingenommen.

Soziale und politische Unruhen in El Salvador ließen Mitte 1944 einen Funken nach Guatemala überspringen, der Proteste von Lehrern und Studenten auslöste, dem sich rasch große Teile der Hauptstadtbevölkerung anschlossen. Am 1. Juli trat der Diktator zurück und übergab die Regierung einer Junta aus drei Generälen. Den Ambitionen von Juntamitglied General Ponce, sich zum neuen autokratischen Herrscher aufzuschwingen, setzte eine Rebellion von Teilen des Militärs im Oktober ein rasches Ende. Damit begann eine rund zehn Jahre währende politische Entwicklungsphase, der ob ihres historischen Ausnahmecharakters das Etikett „demokratischer Frühling" verliehen wurde. Nachdem die jähe politische Liberalisierung in kürzester Zeit eine Reihe reformorientierter politischer Parteien hervorgebracht hatte, ging der Hochschullehrer Juan José Arévalo im Dezember 1944 als Sieger aus den ersten wirklich freien Präsidentschaftswahlen hervor.

Arévalo führte eine Reihe moderater Reformen durch, die in erster Linie der städtischen Bevölkerung zugute kamen. Wichtigste Maßnahme im ruralen Bereich war ein Gesetz zur Zwangsverpachtung ungenutzten Agrarlandes, wodurch ein kleiner Teil der Campesinos seine Ressourcenbasis vergrößern konnte. Arévalo unterstützte mehrere exilierte Oppositionsgruppen, in deren Heimatländern Despoten herrschten, was ihm neben der Feindschaft Somozas und Trujillos auch den Argwohn der USA einbrachte. Mit der Verabschiedung des ersten Arbeitsgesetzes in der Geschichte Guatemalas erregte Arévalo 1947 den Zorn der UFCO, v.a. wegen der damit verbundenen Legalisierung von ruralen Gewerkschaften. Der Fruchtkonzern wollte darin kommunistisches Gedankengut erkennen, ein Vorwurf, der trotz seiner Absurdität in der US-Regierung beträchtliche Resonanz fand.

Washingtons Hoffnungen, dass Oberst Jacobo Arbenz, der 1951 ins oberste Staatsamt gewählt wurde, den perzipierten politischen „Links"-Kurs seines Vorgängers korrigieren würde, erfüllten sich nicht. Im Zentrum des Regierungsprogramms stand neben dem Ausbau der Verkehrsinfrastruktur eine weitreichende Agrarreform, mit der das effektiv nicht genutzte Land auf Latifundien an Zehntausende armer Campesinofamilien umverteilt werden sollte. Da Betriebe unter 90 ha nicht angetastet wurden, waren lediglich 2% der Agrarbetriebe von den Enteignungen betroffen. Das politische Schicksal von Präsident Arbenz war besiegelt, als auch die UFCO große Teile ihrer Konzessionsflächen abtreten musste. Um den „kommunistischen" Umtrieben in Guatemala ein Ende zu bereiten, setzten die Brüder John Foster und Allen Dulles, der eine Außenminister, der andere CIA-Chef in der Regierung Eisenhower, ein Komplott in Gang, das Mitte 1954 mittels einer von honduranischem Boden ausgehenden Invasion einer Söldnertruppe den letzten Akt in der Tragödie um den mutigen Reformer Arbenz einläutete. Neuer Präsident wurde die Marionette an der Spitze der von der CIA kreierten Invasorentruppe, Oberst Castillo Armas, der sämtliche Reformen seines Vorgängers rückgängig machte.

Damit begann eine lange Phase politischer Stagnation unter autokratischen Vorzeichen, in der allein die Interessen der schmalen Oberschicht zählten, während sich an den miserablen Lebensbedingungen der Masse der Bevölkerung wenig änderte. Mit einer einzigen Ausnahme stammten alle bis Mitte der 1980er Jahre amtierenden Präsidenten aus dem Militär, das zunehmend zu einem politischen Akteur mit eigenen (wirtschaftlichen) Interessen mutierte, ohne freilich seine Funktion als Prätorianergarde der Oligarchie aufzugeben. Nach dem Militärputsch von 1963, mit dem ein möglicher Wahlsieg von Expräsident Aré-valo verhindert werden sollte, wurde Guatemala endgültig zu einer „Fassadendemokratie". Als 1966 überraschend der moderate *Partido Revolucionario* die Wahlen gewann, ließ das militärische Oberkommando zwar die Präsidentschaft Méndez Montenegros zu, vereitelte aber systematisch alle reformpolitischen Ansätze der ungeliebten Regierung. Seit 1970 sorgten die rigorose Unterdrückung bzw. Ausschaltung reformistischer politischer Kräfte und gefälschte Ergebnisse dafür, dass stets der Kandidat der herrschenden Machtallianz in den alle vier Jahre veranstalteten „Wahlen" obsiegte.

Die Verengung des politischen Spektrums auf rechtsgerichtete Parteien kam einer in-stitutionalisierten Reformblockade gleich, die Anfang der 1960er Jahre zur Formierung von Guerillaverbänden führte, deren Keimzelle eine kleine Gruppe früherer Militäroffiziere bildete. Bis zum Ende der Dekade hatte das Militär die subversiven Kampfverbände aufge-rieben, denen es nicht gelungen war, einen ausreichenden Rückhalt im sprachlich-kulturell heterogenen Hochland zu etablieren. In der zweiten Hälfte der 1970er Jahre entstanden mehrere neue Rebellengruppen, die vor allem wegen ihrer Unterstützung in der Maya-Bevölkerung rasch erstarkten und sich 1982 zur *Unión Revolucionaria Nacional Guatemal-teca* (URNG) zusammenschlossen. Der Erfolg der Sandinisten in Nicaragua und die Gelän-degewinne der Guerillaverbände in El Salvador beflügelten die Aktionen der UNRG, ohne dass diese eine ähnliche politisch-militärische Bedeutung zu erringen vermochte. Gleichzei-tig stärkte der Umsturz in Nicaragua den Willen und die Entschlossenheit der guatemalteki-schen Machtelite, die subversive Gefahr mit allen verfügbaren Mitteln zu bannen. Den höchsten Blutzoll im unerbittlichen Kampf der Armee gegen die Guerilla und deren (ver-meintliche) Sympathisanten entrichtete die Zivilbevölkerung. Militärverbände verübten etliche Massaker in Indiodörfern, während Spezialeinheiten der Polizei sowie Todes-schwadronen im städtischen Milieu Jagd auf Personen und Gruppen machten, die als non-konformistisch galten. Zahlreiche Mitglieder gemäßigt reformistischer Parteien wurden er-mordet. Die im Rahmen des *counterinsurgency*-Feldzugs von der Armee begangenen Men-schenrechtsverletzungen erreichten ein Ausmaß, das nicht nur in relativer, sondern auch in Hinsicht auf die absoluten Zahlen in ganz Lateinamerika nichts annähernd Vergleichbares findet. Die schreckliche Bilanz umfasst ca. 150.000 Tote, 50.000 Verschwundene, eine Million interne und 100.000 externe Flüchtlinge. Seinen blutigen Höhepunkt erreichte der Konflikt in den Jahren 1978-1983. Wegen der Grausamkeit des Vorgehens der Streitkräfte suspendierte die Regierung Carter die Militärhilfe für Guatemala.

Gründe für den Putsch einer Gruppe von Garnisonskommandanten gegen Präsident Lucas García im März 1982 waren die Unzufriedenheit mit der praktizierten Strategie ge-gen die Guerilla sowie die Verärgerung über die überbordende Korruption an der Staats- und Militärspitze. Während die angekündigte „demokratische Öffnung" ohne konkrete Folgen blieb, trat der Kampf gegen die Aufständischen nach dem Coup in seine intensivste Phase ein. Damals erreichte die Guerilla den Höhepunkt ihrer Kampfkraft und stand kurz davor, Teile des nordwestlichen Hochlands unter ihre Kontrolle zu bringen. Um die Aktivi-täten der UNRG zu erschweren, wurde ein großer Teil der Bevölkerung der Kampfgebiete zwangsweise umgesiedelt und in so genannten „Modelldörfern" konzentriert; gleichzeitig erfuhr die Praxis der Rekrutierung von „zivilen Selbstverteidigungspatrouillen" aus der Bauernschaft eine massive Ausweitung. Für den sichtbaren Erfolg der veränderten Strategie – Mitte 1983 hatte das Militär die Kontrolle über die ländlichen Gebiete fast vollständig

zurück gewonnen – musste ein hoher Preis in Form einer neuerlichen Welle schlimmster
Menschenrechtsverstöße entrichtet werden. Die Absetzung von General Ríos Montt durch
dessen Verteidigungsminister General Mejía Victores im August 1983 ging zwar vorrangig
auf innermilitärische Differenzen zurück, leitete aber gleichzeitig die bereits beim letzten
Coup versprochene politische Wende ein, die 1984 zur Wahl einer Verfassungsgebenden
Versammlung und im Jahr danach zu weitgehend freien (wenn auch nicht kompetitiven)
Präsidentschafts- und Parlamentswahlen führte. Im Januar 1986 trat der Christdemokrat
Vinicio Cerezo, der die Stichwahl mit 68,4% der Stimmen für sich entschieden hatte, als
erster ziviler Präsident seit 20 Jahren sein Amt an.

Dass gewichtige Teile der Streitkräfte auch nach dem Verzicht auf die direkte Regierungsführung nicht bereit waren, den Primat des Politischen anzuerkennen, wurde u. a.
durch zwei Putschversuche und mehrere Militärrebellionen gegen Cerezo deutlich. Der
starke Widerstand in der Armee und von Seiten des konservativen Unternehmerverbands
CACIF gegen längst überfällige Reformen – etwa bei den Steuergesetzen – trug zur
schlechten wirtschafts- und sozialpolitischen Bilanz der christdemokratischen Regierung
ebenso bei wie deren geringe gouvernementale Effizienz und das ungünstige außenwirtschaftliche Klima; unabhängig davon fügte eine Reihe von Korruptionsfällen dem Ansehen
der Partei erheblichen Schaden zu. Nachfolger Cerezos wurde 1991 Jorge Serrano, der
allerdings bereits zwei Jahre später zum Rücktritt gezwungen wurde, nachdem sein Versuch scheiterte, die durch die mangelnde Unterstützung in der Legislative bedingte innenpolitische Blockade durch einen *autogolpe* nach dem Vorbild Fujimoris in Peru (1992) zu
überwinden. Das Parlament bestimmte den Ombudsmann für Menschenrechte, Ramón de
León Carpio, zum Nachfolger Serranos. Dem parteilosen Ersatzmann gelang in seiner kurzen Amtszeit die Realisierung einer umfassenden Verfassungsreform, die u. a. eine Verkürzung des Mandats von Exekutive und Legislative von fünf auf vier Jahre beinhaltete. Vor
dem Hintergrund des weiterschwelenden Konflikts mit der Guerilla gerierten sich die
Streitkräfte als dominierender Machtfaktor, der dem politischen Aktionsradius der zivilen
Präsidenten enge Grenzen setzte.

Der Bürgerkrieg konnte erst zehn Jahre nach der Etablierung demokratischer Institutionen beendet werden. Im Abkommen von Esquipulas hatten sich die zentralamerikanischen
Präsidenten 1987 zu einer friedlichen Beilegung der Bürgerkriege und grenzüberschreiten-
den Konflikte in der Region verpflichtet. Erst 1991 begannen formelle Gespräche zwischen
Regierungsvertretern und den Anführern der URNG im Ausland, um die Möglichkeiten zur
Beendigung des jahrzehntelangen Bürgerkriegs auszuloten. Die Verhandlungen kamen
lange Zeit vor allem wegen erheblicher Widerstände im Militär nur schleppend voran.
Nachdem bereits Präsident de León Carpio den Gesprächen u.a. durch die Einschaltung der
UNO als Vermittler neuen Schwung verleihen und sichtbare Fortschritte (Einigung in Teilbereichen) erzielen konnte, gelang es der Regierung unter Alvaro Arzú im Verlauf ihres
ersten Amtsjahres, die noch bestehenden Hürden zu überwinden, so dass kurz vor Jahres-
ende 1996 ein Friedensvertrag unterzeichnet werden konnte. Die Vereinbarungen umfassen
13 Teilabkommen (u.a. in den Bereichen Menschenrechte, Justizwesen, indigene Rechte,
Militär) und zahlreiche Verpflichtungserklärungen, die in ihrer Gesamtheit eine Art langfristigen nationalen Entwicklungsplan bilden. Die Überwachung der Einhaltung der Ver-
tragsbestimmungen wurde einer vor Ort stationierten Mission der UNO (MINUGUA) übertragen.

Im Januar 2000 übernahm Alfonso Portillo vom *Frente Republicano Guatemalteco* (FRG) die Präsidentschaft. Gründer der rechtspopulistischen Partei ist Ex-Diktator Ríos Montt, dessen eigene Ambitionen auf das höchste Staatsamt vom Obersten Gericht wegen seiner Vergangenheit als Putschist zunichte gemacht wurden. Ríos Montt, gegen den in Spanien Anklage wegen Völkermords erhoben wurde, musste sich zwar mit dem Posten des Parlamentspräsidenten begnügen, bildete aber dennoch zusammen mit einigen erzkonservativen Ex-Militärs das eigentliche politische Machtzentrum. Deshalb kam die Umsetzung der Vorgaben des nationalen Friedensvertrags während der Amtszeit Portillos kaum voran. Gleichzeitig führte die drastische Zunahme von Korruption und Gewalt sowie die Infiltrierung staatlicher Institutionen durch kriminelle Organisationen das Land an den Rand der Unregierbarkeit.

Die Rechtslage hatte sich nicht geändert, wohl aber die Zusammensetzung des Verfassungsgerichts, das Mitte 2003 die Kandidatur von Ríos Montt für die anstehenden Präsidentschaftswahlen zuließ. Die polarisierende Figur des Ex-Generals bewirkte eine beachtliche Erhöhung der Wahlbeteiligung, die neben der enttäuschenden Regierungsbilanz von Portillo mit dazu beitrug, dass Ríos Montt mit knapp 20% der Stimmen den Einzug in die Stichwahl deutlich verpasste. Das beste Ergebnis im ersten Wahlgang erzielte Oscar Berger von der *Gran Alianza Nacional* (GANA), der dann auch die Stichwahl gegen den Mitte-Links-Kandidaten Álvaro Colom gewann. Als Präsident konnte der frühere Bürgermeister der Hauptstadt zeigen, dass er die Verpflichtungen aus dem Friedensabkommen von 1996 wesentlich ernster nimmt als sein Vorgänger. Die größten Probleme und Herausforderungen, mit denen sich die Regierung Berger konfrontiert sieht, sind die rasch zunehmende Gewaltkriminalität u.a. in Gestalt von Jugendbanden (maras), das Erstarken krimineller Organisationen, eine sich eher wieder verdüsternde Menschenrechtssituation, die weit verbreitete tiefe Armut sowie die prekäre Situation der Staatsfinanzen.

2   Verfassung, Verfassungswirklichkeit und die Problematik der Menschenrechte

Nach 66 Jahren formaler Geltungsdauer war die unter Rufino Barrios 1879 erlassene („liberale") Verfassung 1945 durch ein neues Grundgesetz abgelöst worden, das die Phase des „demokratischen Frühlings" indes nur kurz überlebte. An die Stelle der 1956 unter autokratischen Verhältnissen installierten Verfassung trat bereits 1965 eine noch restriktivere Konstitution. Die gegenwärtig geltende Verfassung basiert auf dem 1985 in Kraft gesetzten Text, der 1993 durch eine Reihe von Veränderungen und Ergänzungen in wichtigen Punkten reformiert wurde. Ein zweites Referendum über Verfassungsreformen, mit denen mehrere Vorgaben des Friedensabkommens umgesetzt werden sollten, scheiterte 1999 an einer unzureichenden Beteiligung.

Eine Veränderung der geltenden Bestimmungen über individuelle Grundrechte bedarf der Einberufung einer Konstituante durch zwei Drittel der Parlamentsmitglieder; die Reform anderer Artikel erfordert die gleiche Mehrheit und muss zusätzlich in einem Referendum bestätigt werden. Initiativen für Verfassungsänderungen können vom Staatspräsidenten, von einer Gruppe von mindestens zehn Kongressabgeordneten, vom Verfassungsgericht und von 5.000 Staatsbürgern ausgehen. Grundrechte können in Kriegszeiten und wenn die Sicherheit des Staates gefährdet ist, vom Präsidenten suspendiert werden, entsprechende Verfügungen bedürfen allerdings der Zustimmung der Legislative.

Die Verfassung von 1985 schuf mehrere neue Institutionen: neben dem Ombudsmann für Menschenrechte das Verfassungsgericht und die Oberste Wahlbehörde. Erwähnung verdient die besondere Stellung der einzigen staatlichen Hochschule des Landes – die Universität San Carlos –, die jeweils ein Mitglied verschiedener hoher staatlicher Behörden benennen darf.

Die Verfassung anerkennt und schützt die indigenen Gruppen einschließlich ihrer Sprache, Kultur und landwirtschaftlichen Kooperativen. Der Staat wird zur Bereitstellung flächendeckender öffentlicher Basisdienstleistungen in den Bereichen Erziehung, Gesundheit und Sozialhilfe verpflichtet. Solche Bestimmungen verdienen nur Erwähnung, wenn gleichzeitig die riesige Diskrepanz zwischen normativer Vorgabe und der tristen Alltagsrealität betont wird. Seit der Etablierung der Demokratie wurde wenig unternommen, um den Anteil der Armen, die weit verbreitete Unterernährung und die relativ hohe Analphabetenrate zu verringern.

In Bezug auf die politischen Grundrechte schuf erst das vertraglich besiegelte Ende des Bürgerkriegs die Voraussetzung zur Verringerung der großen Kluft zwischen Norm und gesellschaftlicher Wirklichkeit. Die bisher erzielten Fortschritte erscheinen wenig stabil. Trotz der demokratischen Weihen besitzt das Grundgesetz von 1985/93 für die Masse der (armen) Bevölkerung kaum mehr praktische Relevanz als seine autokratischen Vorläufer. Die Glaubwürdigkeit der verfassungsrechtlichen Garantien wird primär durch die ungesühnten Bürgerkriegsverbrechen unterminiert. Anfang 1999 hatte die im Friedensabkommen vereinbarte Untersuchungskommission (CEH) ihren Bericht vorgelegt, der die Ergebnisse eines bereits im Jahre zuvor im Auftrag der katholischen Kirche erstellten Reports bestätigte. Demnach sind die staatlichen Sicherheitskräfte und ihre zivilen Handlanger für über 90% der Gräueltaten verantwortlich. Die Identität der Täter wird nicht kenntlich gemacht, weil die Berichte nicht mehr als eine exemplarische Dokumentation der damaligen Geschehnisse bezwecken.

Es entspricht der Ruchlosigkeit der Täter von gestern, wenn sie die Bemühungen zur Aufklärung und Ahndung der monströsen Menschenrechtsverletzungen nicht nur behindern, sondern bei der Verfolgung ihrer Ziele auch immer wieder zu gewalttätigen Mitteln einschließlich Mord greifen. Dass noch immer den Interessen der Täter mehr politisches Gewicht zukommt als jenen der Opfer des Bürgerkriegs, demonstrierte die Regierung Portillo, als sie kurz vor den Wahlen (2003) eine finanzielle Entschädigung der Mitglieder der früheren „Zivilpatrouillen" für die während der Aufstandsbekämpfung geleisteten Dienste beschloss. Es blieb der Regierung Berger vorbehalten, die im Friedensabkommen empfohlene Entschädigung der (Angehörigen der) Opfer in die Tat umzusetzen: Für diesen Zweck werden seit 2005 jährlich 40 Mio. US$ bereitgestellt.

Die immense Distanz zwischen Verfassungsnormen und der kruden Verfassungswirklichkeit geht in erster Linie darauf zurück, dass die Mehrheit der politisch einflussreichen Akteure bei der Beachtung der verfassungsrechtlichen Vorgaben primär nach Opportunitätskriterien zu verfahren scheint. Solange die politische und wirtschaftliche Elite sich der Einsicht verschließt, dass die gravierenden Entwicklungsdefizite des Landes ungelösten Strukturproblemen entspringen, die ohne mutige Reformanstrengungen nicht überwunden werden können, wird die Verfassung ihren weitgehend dekorativen Charakter bewahren.

3 Staatsoberhaupt

Vor 1985 hatten nur wenige Inhaber des höchsten Staatsamtes diese Position mit legalen Mitteln erreicht. Einmal an der Staatsspitze angelangt, legten die meisten Usurpatoren allerdings Wert auf eine legalistische Fassade und Schein-Legitimation ihrer Machtstellung – etwa durch inszenierte Wahlen.

Laut der geltenden Verfassung fungiert der Präsident der Republik für eine Amtsdauer von vier Jahren als Staatsoberhaupt und Regierungschef. Eine direkte oder spätere Wiederwahl ist nicht erlaubt. Der Präsident steht dem gesamten öffentlichen Verwaltungsapparat vor und besitzt das exklusive Recht zur Ernennung und Entlassung der Minister und Vizeminister, sämtlicher hoher staatlicher Funktionsträger einschließlich der Gouverneure der Departamentos, der Botschafter sowie des Generalstaatsanwalts. Er bestimmt die Leitlinien der Außenpolitik, ist Oberbefehlshaber der Streitkräfte und für die Ausführung der Gesetze verantwortlich. Gegen vom Parlament angenommene Gesetze kann er ein Veto einlegen und Änderungswünsche formulieren. Jährlich hat er der Legislative einen Bericht zur allgemeinen Situation des Landes sowie zur Arbeit der Regierung in den vergangenen zwölf Monaten vorzulegen. Er kann den Kongress zu außerordentlichen Sitzungen einberufen. Der Staatchef besitzt ein gesetzliches Initiativrecht, das beim Staatshaushalt exklusiv ist. Der Vizepräsident hat Sitz und Stimme im Kabinett, vertritt den Staatchef bei Abwesenheit (Auslandsreisen) und übernimmt die Staatsführung, sollte der Präsident versterben oder zur Ausübung seines Amtes nicht mehr in der Lage sein. Der Kongress beachtete diese Regelung nicht, als nach dem gescheiterten *autogolpe* Serranos nicht dessen Vize, sondern der Menschenrechtsprokurator de León Carpio zum Nachfolger bestimmt wurde.

Präsidentschaftskandidaten müssen im Lande geboren und mindestens 40 Jahre alt sein. Personen, die zuvor die Staatsspitze mit Gewalt usurpiert haben, aber auch nahe Verwandte des Staatschefs dürfen nicht für das Präsidentenamt kandidieren. Minister, die das oberste Staatsamt anstreben, müssen sechs Monate vor der Wahl die Regierung verlassen, und Militärangehörige dürfen erst fünf Jahre nach ihrem Ausscheiden aus dem aktiven Dienst kandidieren.

Die verfassungsrechtlichen Befugnisse des Staatschefs werden durch die konkreten politischen Machtverhältnisse relativiert. So war Präsident Cerezo ständig dem Druck ultrakonservativer Militärs ausgesetzt und von der Vermittlungsfunktion seines Verteidigungsministers abhängig. Präsident Arzú konnte nach dem Ende des Bürgerkriegs seinen politischen Spielraum gegenüber dem Militär ausdehnen, während Amtsnachfolger Portillo unter Kuratel einer dubiosen Gruppe von Ex-Offizieren um Ríos Montt stand.

4 Parlament

Zur demokratischen Kulisse der bis Mitte der 1980er Jahre amtierenden Militärregime gehörte neben „Wahlen" auch ein Parlament, das freilich kaum mehr faktische politische Gestaltungskraft besaß als die Legislativorgane in der Ära der despotisch regierenden Caudillos.

Die Verfassung von 1985 übertrug die Gesetzgebungsfunktion einem unikameralen Kongress, dessen Mitgliederzahl nach dem letzten Zensus 2003 auf 158 erhöht wurde. Die ursprüngliche Abgeordnetenzahl (1985) lag bei 100. Die Departamentos sind proportional zur ihrem Bevölkerungsanteil im Kongress vertreten. Seit der Verfassungsreform von 1993 gilt wie bei der Exekutive eine Amtszeit von vier Jahren, wobei eine Wiederwahl der Parlamentarier möglich ist. Sie treffen sich jährlich zu zwei je vier Monate dauernden regulären Sitzungsperioden. In der verbleibenden Zeit nimmt die vom Parlamentspräsidenten geleitete *Comisión Permanente* die Legislativfunktion wahr. Diese Kommission kann ebenso wie die Exekutive und (mindestens) ein Viertel der Abgeordneten außerordentliche Sitzungen des Parlaments einberufen. Die vom Kongress ausgeübte Kontrolle der Exekutive umfasst das Recht, den Präsidenten wegen Unfähigkeit abzusetzen, zur Interpellation von Ministern, die mittels eines entsprechenden Misstrauensvotums zur Demission gezwungen werden können sowie zur Einrichtung von Ausschüssen zur Untersuchung von Amtsverfehlungen des Präsidenten, seines Stellvertreters und anderer hoher staatlicher Repräsentanten.

Der Kongress muss allen internationalen Verträgen zustimmen, ist an sämtlichen mit der Aufnahme und Rückzahlung öffentlicher Auslandsschulden verbundenen Entscheidungen beteiligt und hat das Exklusivrecht zur Ausrufung des Kriegszustands. Das Personal für mehrere staatliche Stellen und Gremien wird autonom vom Parlament berufen (u.a. der Ombudsmann für Menschenrechte und die Mitglieder der nationalen Wahlbehörde), bei der Besetzung anderer Institutionen ist der Kongress beteiligt (u.a. Verfassungsgericht).

Eine reibungslose Regierungsführung ist kaum möglich, wenn eine Mehrheit im Parlament dem Präsidenten die Kooperation verweigert. Aus der Vielzahl der an den Wahlen teilnehmenden Parteien resultierte bis zu den Wahlen von 2003 keine ausgeprägte Zersplitterung der legislativen Kräfteverhältnisse, stets konnten einige wenige Parteien die große Mehrheit der Kongressmandate erringen. Den Parteien der Präsidenten Cerezo, Arzú und Portillo gelang es sogar, jeweils über die Hälfte der Abgeordnetensitze zu gewinnen. Dass dies nicht ausreicht, um ein ungetrübtes Verhältnis zwischen Exekutive und Legislative zu etablieren, hat die selten als geschlossener Block agierende FRG-Fraktion in der Ära Portillo demonstriert. Präsident Serrano sah seine Regierungtätigkeit durch eine oppositionelle Kongressmehrheit blockiert, während es Präsident Berger zumindest in der ersten Hälfte seiner Amtszeit gelang, eine tragfähige Allianz mit anderen Fraktionen zu bilden. Ob die Parlamentswahlen von 2003 den Beginn eines die Regierungsfähigkeit gefährdenden Trends markieren, wird sich zeigen – erreichten doch die Parteien der beiden Stichwahlkandidaten Berger und Colom zusammen nicht mehr als die Hälfte der Sitze.

5   Regierung und Verwaltung

Neben ihrer Ressortzuständigkeit sind die Minister für alle Beschlüsse des Kabinetts verantwortlich, außer für jene, gegen die sie ihr Veto eingelegt haben. Nahe Verwandte des Staatschefs, seines Stellvertreters und der Kabinettsmitglieder dürfen kein Ministeramt ausüben; dies gilt auch für Inhaber von Firmen, die öffentliche Aufträge ausführen. Die Minister müssen dem Kongress jährlich einen Bericht über ihre Arbeit vorlegen und nehmen an Debatten des Parlaments über Belange ihres Ressorts teil. Jedem Minister steht ein Stellvertreter zur Seite. Für beide Ämter können gewählte Deputierte berufen werden, die dann aber ihr Kongressmandat ruhen und durch einen *diputado suplente* wahrnehmen lassen müssen. Chef des *Ministerio Público* ist der Generalstaatsanwalt, der über die Einhaltung der Gesetze wacht. Als nationale Rechnungsbehörde zur Kontrolle der öffentlichen

Finanzen fungiert die *Contraloría General de Cuentas*, deren Leiter vom Kongress ernannt wird.

Um den Vorgaben des Friedensabkommens Substanz zu verleihen, sind in den vergangenen Jahren neue staatliche Behörden in den Problembereichen Gesundheit, Wohnungswesen, Ernährung und Bildung geschaffen worden, ohne dass in der Folge spürbare Fortschritte erreicht werden konnten.

Die geringe Effizienz der meisten staatlichen Institutionen erklärt sich zum einen aus der Unfähigkeit vieler Funktionsträger und der weit verbreiteten Korruption. Andererseits mangelt es dem Staat schlicht an dem zur Erfüllung seiner essentiellen Aufgaben notwendigen Geld. Guatemala hat die niedrigste Steuerquote in ganz Lateinamerika. Dies ist Folge eines rückständigen Steuersystems mit zu vielen Ausnahmebestimmungen und Schlupflöchern. Die im Friedensabkommen von 1996 getroffene Vereinbarung, die Steuerquote von damals knapp 9% bis zum Jahre 2000 auf 12% anzuheben, wurde nicht umgesetzt. Im Zieljahr lag die Quote bei 10%, vier Jahre später bei 10,3%. Der IWF und die EU haben mehrfach Steuerreformen zwecks Stärkung der staatlichen Finanzen angemahnt. Als die Regierung Portillo steuerrechtliche Ausnahmeregeln strich, klagten die Betroffenen und erhielten beim Verfassungsgericht Recht. Gerade die Mitglieder der Wirtschaftselite beteiligen sich gemessen an ihrem Einkommen und Vermögen stark unterproportional am Steueraufkommen. Im Durchschnitt der Jahre 2001-2004 lag der Anteil der indirekten Steuern an den Fiskaleinnahmen bei rund 75%; ca. 45% entfallen allein auf die Mehrwertsteuer. Dass die Einkommensverteilung *nach* Steuern noch ungleicher ist als *vor* Steuern, liegt indes nicht an den geltenden Vorschriften, sondern primär an der schlechten Steuermoral der Besitzoligarchie. Laut Angaben der staatlichen Steuerbehörde für das Jahr 2001 belief sich die Steuerhinterziehung auf rund ein Drittel der dem Fiskus nach Recht und Gesetz zustehenden Abgaben. Bei den direkten Steuern machten die vorenthaltenen Zahlungen 47%, bei der Einkommenssteuer gar 54,5% aus. Es spricht einiges dafür, dass diese offiziellen Schätzungen das Problem eher noch verharmlosen.

Das Gesetz, das Gefängnisstrafen für Steuerhinterziehung androht, wird quasi nie angewandt und besitzt von daher keinerlei abschreckende Wirkung. In den Jahren 2000-2002 wurden 2.133 Fälle von Steuerhinterziehung zur Anklage gebracht, von denen nur 92 zu Gerichtsurteilen führten. In lediglich vier Fällen wurden Haftstrafen angeordnet, welche die Betroffenen nach Zahlung einer lächerlich niedrigen Gebühr an die Gerichtskasse nicht anzutreten brauchten.

6   Gesetzgebung

Außer dem Parlament besitzen die Exekutive, das Oberste Gericht, die nationale Wahlbehörde und die Universität San Carlos das Recht zur Gesetzesinitiative. Jedes Gesetzesprojekt muss in drei Sitzungen behandelt werden und bedarf zur Verabschiedung der absoluten Mehrheit der Parlamentarier. Nach der Zustimmung im Kongress wird das Gesetz vom Leitungsgremium des Parlaments an die Regierung weitergeleitet, die für die offizielle Bekanntmachung zuständig ist. Die Exekutive kann vom Kongress beschlossene Gesetze mittels Kabinettsbeschluss zurückweisen und Änderungen am Text verlangen; lehnt die Legislative die gewünschten Modifizierungen ab, kann sie die Entscheidung über das Gesetz auf die nächste Sitzungsperiode verschieben oder den ursprünglichen Entwurf mit Zwei-Drittel-

Mehrheit annehmen. Gesetze treten acht Tage nach ihrer Veröffentlichung im *Diario Oficial* in Kraft.

Die weitgehende Einhaltung der Verfassungsbestimmungen zum Gesetzgebungsverfahren lässt sich kaum als Indikator für eine Festigung der guatemaltekischen Demokratie deuten, solange der Substanz vieler Gesetze in der politischen Realität nur wenig Bedeutung zukommt.

7   Wahlsystem und Wahlverhalten

Wahlberechtigt sind alle über 18 Jahre alten Bürger, sofern sie sich vor dem Urnengang in das Wahlregister haben eintragen lassen. Galt zuvor die Regelung, dass die Stimmabgabe am Geburtsort erfolgen muss, können die Bürger seit dem nationalen Urnengang von 2003 auch in ihrem Wohnort an der Wahl teilnehmen. Grundsätzlich von der Wahl ausgeschlossen sind die Mitglieder der Streitkräfte.

Lange Zeit nach der politischen Unabhängigkeit war die Zahl der Wahlberechtigten äußerst begrenzt. Erst die geltende Verfassung hat das aktive Wahlrecht für Analphabeten eingeführt, lese- und schreibkundige Frauen dürfen seit 1945 zur Wahl gehen.

Erreicht kein Kandidat für das Präsidentenamt im ersten Wahlgang die absolute Mehrheit der Stimmen – das war bisher immer der Fall –, findet binnen 60 Tagen eine Stichwahl zwischen den beiden bestplatzierten Bewerbern statt. Parallel zur Wahl des Präsidenten wird über die Zusammensetzung des Parlaments entschieden, wobei jeder Wähler zwei Stimmen hat: eine für die Wahl der Liste einer Partei in seinem jeweiligen Wahlbezirk, die zweite für eine Partei auf einer nationalen Liste. In den 23 Wahlbezirken (22 Departamentos plus die Hauptstadtregion) werden 127 der insgesamt 158 Abgeordneten gewählt, die restlichen 31 über die nationale Liste. Jedem Wahlkreis steht per se ein Vertreter im Kongress zu, dazu kommt ein zusätzlicher Deputierter für jeweils 80.000 Einwohner. Die Sitze werden nach dem d'Hondt'schen Zählsystem verteilt. Daraus resultiert in Kombination mit der geltenden 4%-Sperrklausel eine überproportionale Kongresspräsenz der Parteien mit den höchsten Stimmenzahlen.

Für die Organisation und Überwachung der Wahlen ist der 1984 geschaffene *Tribunal Supremo Electoral* zuständig, dessen Mitglieder vom Kongress bestimmt werden. Die seit 1985 erfolgten nationalen Urnengänge fanden unter der Aufsicht internationaler Wahlbeobachter (OAS, EU) statt.

Die Wahlbeteiligung ist im regionalen Vergleich auffallend gering. Negativrekorde von knapp 20% wurden bei den Parlamentswahlen von 1994 und dem Verfassungsreferendum von 1999 verzeichnet. Bei den Präsidentschaftswahlen werden Werte um die 50% erreicht. Die Gründe für die niedrige Beteiligung sind vielfältig. So macht die häufig große Entfernung zu den Wahllokalen die Stimmabgabe für viele arme Bewohner ländlicher Regionen zu einem nicht tragbaren zeitlichen und monetären Aufwand. Partiell geht die Wahlabstinenz auf völlige Apathie gegenüber (überregionalen) politischen Belangen oder auf Frustration über den bisherigen Leistungsausweis der demokratischen Regierungen zurück. Letztere zeigt sich freilich auch im Wählervotum, ist es bisher doch keiner Regierungspartei gelungen, an der Wahlurne bestätigt zu werden.

Bei der Wahl von Arzú und Berger – beides ehemalige populäre Bürgermeister von Guatemala-Stadt – kam den Stimmbürgern der Hauptstadt die ausschlaggebende Bedeutung zu, während Portillo seinen Sieg primär den ländlichen Wählern verdankte. Bemerkenswert ist die geringe Resonanz, welche die politischen Repräsentanten der früheren Guerilla bei den Wählern finden. Bei den Parlamentswahlen von 1999 gewann die URNG gemeinsam mit der Partei DIA (*Desarrollo Integral Auténtico*) nur neun der 113 Mandate, 2003 entfielen von 158 zu vergebenden Sitzen lediglich acht auf URNG und *Alianza Nueva Nación* (ANN). Hingegen verzeichnete die Partei des Ex-Diktators Ríos Montt 1999 und 2003 die besten Ergebnisse gerade in jenen Gebieten, die zur Zeit des Bürgerkriegs von den schlimmsten Gewaltexzessen betroffen waren. Insbesondere die ehemaligen Mitglieder der „Zivilpatrouillen" stimmten dort für den FRG.

8 Politische Parteien

Zwischen 1966 und 1984 existierten nur vier zugelassene Parteien. Drei dieser Formationen präsentierten unterschiedliche Segmente des oligarchisch-militärischen Machtkartells. Die vierte Partei war die der Christdemokraten, deren Existenz der inszenierten Scheinlegitimation einen Hauch demokratischer Substanz verlieh. Politisch links stehenden Gruppierungen, welche die erforderlichen 50.000 Unterschriften vorlegten, wurde mit fadenscheinigen Argumenten der offizielle Parteistatus verwehrt. Zahlreiche sozialistisch oder sozialdemokratisch orientierte Politiker gerieten ab etwa 1977 ins Visier von Todesschwadronen. Der deutliche Sieg der Christdemokraten in den ersten freien Wahlen seit 1951 war ebenso beeindruckend wie das schlechte Abschneiden der lange mit dem Militär verbündeten Parteien der extremen Rechten. Die Bedingungen für die Entfaltung und das Agieren linker Parteien haben sich nach dem Ende des Bürgerkriegs merklich verbessert. Dies bewirkte aber keineswegs eine Überwindung, sondern nur eine Relativierung der markanten Rechtslastigkeit des Parteienspektrums. Alle Präsidenten, die das Land seit 1986 regiert haben, gehörten konservativen Parteien an.

Ansätze eines stabilen und institutionalisierten Parteiensystems sind auch 20 Jahre nach der demokratischen Transition nicht erkennbar. Die meisten der zahlreichen neu gegründeten Parteien verschwinden nach einigen Jahren wieder von der politischen Bühne, ohne erkennbare Spuren hinterlassen zu haben. Die wenigen Formationen, denen es gelingt, zu einem relevanten politischen Akteur aufzusteigen, können diese Position kaum länger als zwei Legislaturperioden aufrecht erhalten. Die Übernahme der Regierung – als höchstes Ziel des Wirkens von politischen Parteien – bildet regelmäßig den Startpunkt für einen quasi vorprogrammierten politischen Imageverlust. Die Christdemokraten sind nach der Ära Cerezo allmählich in der Bedeutungslosigkeit versunken; im 2003 gewählten Parlament sind sie nur noch mit einem einzigen Abgeordneten vertreten. Ebenso wie die zweitstärkste Partei der Cerezo-Ära UCN (*Unión del Cambio Nacional*), existiert die Partei von Präsident Serrano, *Movimiento de Acción Solidaria* (MAS), längst nicht mehr. Dass der *Partido de Avanzada Nacional* (PAN), der 1997-2000 mit Álvaro Arzú den Präsidenten stellte, bei der folgenden Wahl nur relativ geringe Stimmenverluste hinnehmen musste, lag vor allem an der Popularität des Spitzenkandidaten Oscar Berger. Der Erfolg einer Partei hängt nur in geringem Maße von deren Ideologie und Programm, sondern primär von der Anziehungskraft und Popularität ihrer jeweiligen Leitfigur ab. Nachdem Berger den PAN im Streit verlassen hatte, siegte er 2003 als Kandidat einer kurzfristig formierten Wahlallianz aus drei Parteien (GANA), die jede für sich kaum die 4%-Hürde überwunden hätten.

Auch Stichwahlgegner Colom stand an der Spitze einer erst im Wahljahr gegründeten Formation.

Parteien erhalten nur dann legalen Status, wenn sie eine Reihe von Kriterien erfüllen. Statistisch muss auf jeweils 2000 Einwohner ein Parteimitglied kommen, was seit dem letzten Zensus die Untergrenze der erforderlichen Mitgliederzahl bei 5.600 ansetzt. Die Hälfte davon muss alphabetisiert sein. Gleichzeitig muss eine Partei regionale Vertretungen in mindestens zwölf Departamentos unterhalten, die jeweils aus nicht weniger als drei kommunalen Ablegern zu bestehen haben. Landesweit muss eine Partei mindestens 50 Ortsverbände mit jeweils nicht weniger als 15 Angehörigen unterhalten. Eine Ahnung von den Methoden, die zwecks Erfüllung dieser Anforderungen angewendet werden, mag die (von der Wahlbehörde dokumentierte) Tatsache vermitteln, dass ein großer Teil der Mitglieder aller Parteien – z.T. bis zu 40% – sich am Wahltag von der Urne fernhält.

Parteien sind klientelistische Gebilde, deren Mitglieder mehrheitlich von opportunistischen Motiven und nicht von der offiziellen Ideologie und Programmatik geleitet werden. Da schon die Kohäsion zwischen Parteien und ihren Mitgliedern sehr gering ist, verwundert es kaum, dass keine Partei auf einen Kern von Stammwählern zählen kann. Die indigene Bevölkerung fand sich in den vorhandenen politischen Parteien bislang so gut wie gar nicht vertreten. Bei der Stichwahl von 2003 lag der Sozialdemokrat Colom in den Wahldistrikten mit mehrheitlich indianischer Bevölkerung vorn.

Erwähnenswert ist die relativ gute Organisation von Ríos Montts FRG auf regionaler und kommunaler Ebene. Sie stellte 2004 mehr Bürgermeister als die Formationen der beiden Stichwahlteilnehmer zusammen und erreichte auch das zweitbeste Ergebnis bei den Kongresswahlen.

Auf der Basis der Empfehlungen im Friedensabkommen wurden in den vergangenen Jahren diverse Reformen des Wahlgesetzes diskutiert, wobei es vor allem die Parteien selbst waren, die eine Konkretisierung und Umsetzung der vorgeschlagenen Neuerungen (u.a. starke Erhöhung der erforderlichen Mitgliederzahl, bessere Kontrolle der Wahlkampffinanzierung) zu vereiteln wussten.

9   Militär

Es gibt in ganz Lateinamerika keine staatliche Institution, die eine ähnlich schlechte internationale Reputation besitzt wie das guatemaltekische Militär. Allein das schiere Ausmaß der Opferzahlen verweist auf den systematischen Charakter der zwischen 1960 und 1984 von den Streitkräften begangenen Gräueltaten. Auch nach der Amtsübernahme der Regierung Cerezo änderte die Armee wenig an ihrer rücksichtslosen *counterinsurgency*-Strategie in den von der Guerilla infiltrierten Regionen. Mit dem Ende des Bürgerkriegs hörten die Menschenrechtsverletzungen durch Einheiten bzw. Angehörige des Militärs keineswegs auf, auch wenn die Verbrechen selten konkreten Tätern zugewiesen werden können.

Seit der Ära der Caudillos stellt militärische Stärke das ausschlaggebende Medium in politischen Konflikten dar. Mit dem Verschwinden rivalisierender Privatarmeen und der Entstehung einer nationalen Militärorganisation ging keine Entpolitisierung einher. Stets fungierten die Streitkräfte als letztlich entscheidende Instanz in politisch unruhigen Zeiten. Zudem erfüllte das Militär zwischen 1870 und 1944 mit seinen Zwangsmaßnahmen zur

Rekrutierung (indigener) ländlicher Arbeitskräfte für die (Export-)Landwirtschaft eine unverzichtbare Funktion für die Reproduktion des oligarchischen Entwicklungsmodells.

Nicht Verfassungsbestimmungen, sondern primär die Kräfteverhältnisse im Offizierskorps verschafften oder entzogen jedweder Regierung deren de facto-Legitimation. Präsident Arbenz konnte sein relativ ambitiöses Reformprogramm nur in Gang setzen, weil die Mehrheit der hohen Offiziere hinter ihm stand; als die Militärführung zwei Jahre später entschied, keine Waffen gegen die von der CIA rekrutierte Invasionstruppe einzusetzen, musste Arbenz abdanken.

Ihre lange Kontrolle über den Staatsapparat verschaffte den Offizieren mannigfaltige Möglichkeiten zum ökonomischen Engagement und zur individuellen Bereicherung, wobei illegalen Praktiken (u.a. gesetzwidrige Aneignung von Grundstücken) eine rasch wachsende Bedeutung zukam. Obwohl sie allesamt eher bescheidenen Verhältnissen entstammten, schieden die Generäle Arana Osorio, Kjell Laugerud und Lucas García als reiche Männer aus dem Präsidentenamt. Als direkter Nutznießer der bestehenden Strukturen nutzte das Militär seine dominante Machtposition zur konsequenten Verteidigung des Status quo. Die Existenz der Guerilla diente der Armee als Vorwand und Rechtfertigung der brutalen Unterdrückung jeglicher oppositionellen Regung.

Die Militärs reagierten nicht primär auf äußeren Druck, als sie den Weg zur Etablierung eines demokratischen Regierungssystems freigaben, so dass sie quasi autonom die politischen Spielregeln zu definieren vermochten. Beleg dafür ist die Verfassung von 1985, die den Streitkräften weiterhin die Schlüsselrolle bei der Aufrechterhaltung der inneren Sicherheit zuweist und das Verteidigungsressort exklusiv für Offiziere reserviert.

Starke Kräfte innerhalb des Militärs lehnten die Friedensverhandlungen mit der Guerilla ab, weil sie sich – nicht ganz unberechtigt – als eindeutiger Sieger im Bürgerkrieg sahen. Da sie die Herbeiführung eines Abkommens mit der URNG nur verzögern, aber nicht verhindern konnten, konzentrierten sie sich darauf, die Implementierung der Friedensvereinbarungen so weit wie möglich zu vereiteln. Ohnehin duldete die Militärführung den Vertrag mit der Guerilla nur deshalb, weil der Kongress zeitgleich eine Amnestie verabschiedete, die Angehörige der Armee und der Zivilpatrouillen vor strafrechtlicher Verfolgung wegen Menschenrechtsverletzungen schützt.

Im Bereich Militär sah das Abkommen von 1996 u. a. eine deutliche Reduzierung des Umfangs der Streitkräfte, eine Verminderung des Militärbudgets, die Auflösung der durch zahlreiche Verbrechen kompromittierten Präsidialgarde, den Abbau der Militärpräsenz in ehemaligen Aufstandsgebieten sowie eine Reform der Militärausbildung und die Schaffung einer zivilen Polizei vor. Unter Präsident Arzú konnten einige dieser Vorgaben zumindest partiell umgesetzt werden. Die Truppenstärke wurde von 47.000 auf 31.500 Mann, der Rüstungsetat bis 1999 um ein Drittel verringert. Auch wurden mehr als 30 Stützpunkte in ländlichen Gebieten aufgelöst. Mehrere hohe Offiziere, die in kriminelle Aktivitäten verwickelt waren, versetzte Arzú in den Ruhestand. Außerdem demobilisierte das Militär die verbliebenen ländlichen Selbstverteidigungspatrouillen. Andererseits gingen von der Regierung auch nach der Veröffentlichung der beiden erschütternden Berichte REMHI (*Recuperación de la Memoria Histórica*) und CEH (*Comisión para el Esclarecimiento Histórico*) über Art und Ausmaß der während der Aufstandsbekämpfung begangenen Menschenrechtsverletzungen keinerlei Initiativen zur Bestrafung der uniformierten Täter und Befehlsgeber aus. Dass die Amnestie von 1996 ausdrücklich Genozid, Verschwindenlassen und Folter ausnahm, besaß für Präsident Arzú keine handlungsleitende Relevanz, weil es ihm in erster

Linie um die Bewahrung leidlich konstruktiver Beziehungen zu dem nach wie vor gewichtigen Machtfaktor Militär ging.

Die Beschränkung der Funktion der Streitkräfte auf die Verteidigung der äußeren Sicherheit sowie die Möglichkeit zur Berufung eines zivilen Verteidigungsministers waren Teil der Verfassungsreformen, deren Verwirklichung dem gescheiterten Referendum von 1999 zum Opfer fiel.

Im Gegensatz zu seinen Ankündigungen zu Amtsbeginn setzte Präsident Portillo den vorsichtigen militärpolitischen Reformkurs seines Vorgängers nicht fort, vielmehr kam es in mehreren Bereichen zu deutlichen Rückschritten. Die Militärausgaben stiegen wieder an, die weitere Demilitarisierung ländlicher Gebiete blieb aus, die finanzielle Ausstattung des von Arzú geschaffenen zivilen Pendants zum militärischen Geheimdienst wurde geschmälert. Portillo berief drei von seinem Vorgänger wegen krimineller Aktivitäten entlassene Offiziere zu seinen Militärberatern, die zusammen mit der grauen Eminenz Ríos Montt dafür sorgten, militärische Schlüsselpositionen unter Missachtung professioneller Kriterien mit FRG-Sympathisanten zu besetzen. Der Sohn des FRG-Chefs stieg in kürzester Zeit zum General und zur Nummer Zwei in der Militärhierarchie auf. Die Bedeutung der von Portillo gegen Ende seiner Amtszeit verfügten Auflösung der berüchtigten Präsidialgarde wird dadurch relativiert, dass ein großer Teil des Personals in die nur der Form nach „zivile" Nachfolgeinstitution SAAS (*Secretaria de Asuntos Administrativos y de Seguridad*) übernommen wurde.

Die starke Zunahme von Gewaltdelikten in den beiden letzten Amtsjahren Portillos ging zum Teil auf das Konto krimineller Banden (Autodiebstahl, Drogenhandel, Entführungen u.a.), in denen frühere Militäroffiziere eine führende Rolle spielen und die häufig Verbindungen zu Teilen der staatlichen Sicherheitskräfte unterhalten. Vielfach waren Mitglieder dieser Banden auch an Übergriffen auf Menschenrechtsaktivisten, Gewerkschafter sowie unliebsame Juristen und Politiker beteiligt. Durch diese politisch motivierten Delikte kompensieren die neuen Protagonisten der Organisierten Kriminalität, die partiell mit den alten Protagonisten der staatlichen Repression identisch sind, die reduzierte politische Einflussnahme des Militärs als Institution.

Präsident Berger verlieh der Militärreform neuen Elan. Er verkleinerte die Mannschaftsstärke der Armee von 27.000 auf 15.500 und reduzierte den Rüstungsetat auf rund 100 Mio. US$, wobei die frei werdenden Mittel Sozialprogrammen zugeführt werden sollen. Der deutliche Personalabbau erleichterte die Schließung weiterer ländlicher Garnisonen. Wie beim ersten Entlassungsschub ließen sich auch dieses Mal zahlreiche Ex-Militärs von kriminellen Banden anwerben.

Präsident Berger hat ebenso wie seine Vorgänger Arzú und Portillo zeitweise Militäreinheiten mit Sicherheitsaufgaben vor allem in der Hauptstadt betraut. Die neue Zivilpolizei ist allein schon aufgrund ihrer geringen Größe nicht in der Lage, der stetig wachsenden Gewaltkriminalität Herr zu werden, dazu kommen Ineffizienz und Korruption. Angesichts der prekären Lage der öffentlichen Sicherheit ist die Übertragung polizeilicher Funktionen auf das Militär in der Bevölkerung höchst populär, erschwert jedoch die angestrebte Professionalisierung. Die Regierung Berger sympathisiert mit den Vorstellungen der US-Regierung, die zentralamerikanischen Streitkräfte in Nationalgarden mit einer erweiterten Sicherheitsfunktion (Drogenhandel, Terrorismus) umzuwandeln.

10 Kirchen und Interessenverbände

Bis in die 1960er Jahre fungierte die katholische Kirche als wichtige Stütze der oligarchischen Herrschaftsordnung. Erzbischof Rossell hatte die Agrarreform von 1952 als kommunistisches Teufelswerk diffamiert und den Sturz der demokratisch legitimierten Regierung Arbenz begrüßt. Im Gefolge des II. Vatikanischen Konzils und der Ausbreitung der Befreiungstheologie in Lateinamerika verschafften sich auch im guatemaltekischen Klerus progressive Stimmen zunehmend Gehör. Zur Zeit der schlimmsten Repression bezahlten viele Priester ihr soziales und politisches Engagement mit dem Leben. Dem Beispiel anderer Landeskirchen des Subkontinents folgend, erstellte die katholische Kirche nach dem Ende des Bürgerkriegs eine Dokumentation über die während der Aufstandsbekämpfung verübten Menschenrechtsverletzungen. Zwei Tage nachdem er den 1.400 Seiten umfassenden Bericht der Öffentlichkeit vorgestellt hatte, wurde Bischof Gerardi Ende April 1998 auf brutale Weise ermordet.

In keinem anderen Land der Region verzeichnete die Missionstätigkeit vorwiegend aus den USA stammender protestantischer Glaubensgemeinschaften ähnlich große Erfolge wie in Guatemala. Relativ verlässliche Schätzungen veranschlagen den Anteil der Mitglieder von protestantischen und hierbei vor allem evangelikaler Sekten an der Gesamtbevölkerung auf bis zu 35%. Sowohl Präsident Serrano als auch Ex-Diktator Ríos Montt traten als protestantische Prediger auf. Nicht alle *indígenas*, die zu protestantischen Kirchen übergetreten sind, geben die Praktizierung spiritueller Maya-Rituale auf.

Als einflussreichste Interessengruppe muss zweifellos der Unternehmerverband CACIF (*Comité Coordinador de Asociaciones Agrícolas, Comerciales, Industriales y Financieras*) angesehen werden. In der Vergangenheit hat er mehrfach demonstriert, dass bei der Verteidigung der Privilegien der Besitzoligarchie auch undemokratische Mittel keineswegs tabu sind. Sofern die Regierung das Gemeinwohl nicht außer Acht lässt, muss es sich keineswegs als Nachteil erweisen, dass Präsident Berger selbst Unternehmer ist und in seinem Kabinett zahlreiche Geschäftsleute vertreten sind.

Der Bürgerkrieg hat eine destrukturierte und mithin schwache Zivilgesellschaft hinterlassen. Das Führungspersonal zahlreicher Organisationen, die Unterschichteninteressen vertreten, war während der Hochphase der Repression dezimiert worden. Gewerkschaften und Bauernorganisationen spielen noch immer eine Nebenrolle auf der nationalen politischen Bühne. Die Bedeutung und Artikulationsfähigkeit von Menschenrechtsgruppen werden durch Einschüchterung und Gewalttaten von Seiten reaktionärer Kräfte, deren Organisationsstrukturen größtenteils klandestiner Natur sind, unterminiert und abgeschwächt.

11 Indigene Bevölkerung

Während offizielle Angaben zum Anteil der *indígenas* an der Gesamtbevölkerung um die 50%-Marke oszillieren, kommen seriöse Schätzungen auf einen Wert von mindestens 60%. Die einschlägigen Sozialindikatoren weisen einen im Vergleich zu den *ladinos* und Weißen deutlich niedrigeren Lebensstandard der indigenen Gruppen aus. Dies ist Folge und Ausdruck einer systematischen Diskriminierung, die in der Kolonialzeit begann und sich in der republikanischen Ära noch verschärft hat.

Neben der boomenden externen Nachfrage stellte die Ausbeutung der indigenen Arbeitskräfte die zweite fundamentale Voraussetzung für die Erzeugung des Reichtums und die Etablierung der politischen Dominanz der Agrarexportelite dar. Ausmaß und Qualität der nach wie vor wirksamen Strukturen und Mechanismen der Ausgrenzung und Stigmatisierung kommen einer faktischen Apartheid gleich. Höchst selten und dann auch ohne nachhaltige Wirkung traten die *indígenas* als Subjekt der guatemaltekischen Geschichte in Erscheinung. Die Charakteristika der Unterdrückung und Ausgrenzung sowie die weitgehende Passivität der Betroffenen sind ohne die – für Lateinamerika untypische – große Heterogenität der indigenen Bevölkerung kaum zu erklären. Die Vielzahl der Ethnien und Stämme, die niemals ein *pueblo indio* bildeten, manifestiert sich in der Existenz von mehr als 20 verschiedenen indianischen Sprachen. Ein großer Teil der *indígenas* ist des Spanischen nicht mächtig.

Vier von fünf Todesopfern im Bürgerkrieg waren *indígenas*. Die im Aufstandsgebiet operierenden Militäreinheiten betrachteten die Mayas im Regelfall kollektiv als Sympathisanten bzw. Bündnispartner der Guerilla. Dabei war es in der Regel gerade das brutale Vorgehen der Armee, das der URNG im westlichen Hochland einen spürbaren Rückhalt verschaffte. Den indigenen Mitgliedern der Guerilla ging es nicht vorrangig um eine sozialistische Revolution, sondern primär um die Verteidigung bzw. Rückgewinnung der traditionellen politischen Freiräume der autochthonen Gemeinschaften.

Der Verlauf des Bürgerkriegs und mehr noch die langjährigen Bemühungen zu dessen Beendigung haben sich positiv auf die Formierung einer indigenen Identität ausgewirkt. Gleichwohl entbehrt die indigene Bevölkerung bis heute einer eigenen nationalen politischen Organisation. Die im Friedensabkommen beschlossenen Maßnahmen zur Aufwertung indigener Rechte und Interessen sind nur in geringem Maße umgesetzt worden; vieles von dem, was bislang auf den Weg gebracht wurde, ist nicht mehr als symbolische Hülle ohne nennenswerte Substanz. Auch bei einem Erfolg des 1999 gescheiterten Referendums hätten die neuen Verfassungsbestimmungen zur Stärkung indigener Rechte kaum rasch reale Konsequenzen gezeitigt – bezeichnend ist indes, dass sich nicht genügend *indígenas* für diesen wichtigen Wahlakt mobilisieren ließen.

Das seit 2005 geltende Programm zur Wiedergutmachung bietet den von den Bürgerkriegsgräueln unmittelbar Betroffenen zumindest eine gewisse finanzielle Entschädigung: Pro getötetes Familienmitglied werden ca. 3.200 US$ gezahlt. Bis Ende 2006 hat nur ein kleiner Teil der potenziellen Nutznießer von diesem Programm profitiert – vielen Familien fehlen die erforderlichen Dokumente, um ihren Anspruch geltend machen zu können.

12 Massenmedien

Der Inhalt der Verfassungsbestimmungen und Gesetze zur Tätigkeit der Massenmedien sagt wenig über die reale Situation in diesem Bereich aus. Auch während der autoritären Phase (1954-1984) waren die Verfassungsgarantien zur Meinungs- und Pressefreiheit formal in Kraft. Zur Zeit des Konflikts mit der Guerilla setzten Journalisten, die deutliche Kritik an der Regierung äußerten, ihr Leben aufs Spiel. Allein in der Amtszeit von Präsident Lucas García wurden 31 Journalisten ermordet.

Auch wenn sich die Rahmenbedingungen für die Berichterstattung seit der demokratischen Transition und vor allem nach der Beendigung des Bürgerkriegs merklich verbessert haben, kann von Pressefreiheit nach demokratischen Maßstäben keine Rede sein. Regierungskritische Medien und Journalisten sehen sich immer wieder erheblichem Druck ausgesetzt, der sich allerdings zumeist in subtileren Formen äußert als das früher der Fall war.

Den geringsten politischen Einfluss unter den drei großen Mediensparten übt der Rundfunk aus, weil die übergroße Mehrheit der Sender privaten Eignern gehört und rein kommerzielle Zwecke verfolgt. Erwähnung verdienen die von vielen Stationen ausgestrahlten Nachrichtenblöcke (*radioperiódico*), die auch Analphabeten den Zugang zu politischen Informationen ermöglichen. Politische Einstellungen werden freilich stärker vom Fernsehen geprägt, das aufgrund der Suggestivkraft der Bilder und seiner Verbreitung als politisch gewichtigstes Medium gelten muss. Alle vier TV-Sender mit nationaler Reichweite gehören dem in den USA residierenden Mexikaner Angel Gonzáles. Weil diese starke Marktstellung gleich mehreren Gesetzen widerspricht, ist Gonzáles um die Pflege guter Beziehungen zu den jeweiligen Regierungen und Präsidenten bemüht, was sich in einer unkritischen Berichterstattung zur nationalen Politik niederschlägt. Ende 2003 erhielt die *Academia de Lenguas Mayas* die Lizenz für einen eigenen TV-Kanal, womit eine Vereinbarung aus dem Friedensabkommen erfüllt wurde. Auf der Frequenz des von den *indígenas* übernommenen Kanal 5 war von 1979 bis 1997 ein vom Militär betriebener Sender zu empfangen.

Die deutlichste Kritik an den politischen Verhältnissen kommt aus den Printmedien. Deren Breitenwirkung ist allerdings dadurch begrenzt, dass rund 80% der Gesamtauflage der wichtigsten Tageszeitungen im Raum Guatemala-Stadt abgesetzt werden. Zeitungen, die sich über längere Zeit kritisch über eine Regierung äußern, müssen mit Repressalien und Schikanen rechnen. So werden in den betreffenden Blättern keine Anzeigen staatlicher Institutionen mehr veröffentlicht. Auch wochen- bis monatelange Kontrollaktionen der Steuerbehörde in den Verlagshäusern dienen der Einschüchterung und Bestrafung. Präsident Arzú ging so weit, Wirtschaftsunternehmen mit der Entsendung von Steuerprüfern zu drohen, sollten sie in bestimmten Zeitungen Werbeanzeigen platzieren. Als besonders mutiger Exponent der „vierten Gewalt" hat sich die 1996 gegründete Tageszeitung *El Periódico* hervorgetan. Mehrfach deckte sie Korruptionsfälle in der Regierung Portillo auf; kurz nachdem sie in einem Artikel auf Verbindungen höchster Regierungskreise zu kriminellen Banden hingewiesen hatte, wurden Herausgeber Zamora und seine Familie im eigenen Haus von einem bewaffneten Kommando überfallen, bedroht und misshandelt.

13 Politische Kultur

Niemals in seiner Geschichte hat Guatemala eine längere Zeitspanne ohne irreguläre Regierungswechsel und de facto-Regime erlebt wie seit der demokratischen Transition von 1984-1986. Das Außergewöhnliche bezieht sich aber vorrangig auf die Form und nicht auf die Substanz, weil sich Ansätze einer demokratischen politischen Kultur in dieser Zeit kaum gebildet haben.

Es ist wenig verwunderlich, dass nach so langer Zeit starr hierarchischer Herrschaft autoritäre kulturelle Grundmuster in der Gesellschaft dominieren. Dies allein vermag jedoch den geringen Fortschritt bei der Konsolidierung des demokratischen Regierungssystems nicht zu erklären. Eine zumindest ebenso wichtige Rolle spielt das Faktum, dass die relevanten politischen Akteure und insbesondere die strategischen Machtgruppen den demokratischen Schlüsselwerten im Grunde ablehnend gegenüberstehen. Sie haben sich –

nicht zuletzt aus außenpolitischer Rücksichtnahme – mehr schlecht als recht mit dem prozeduralen Regelwerk des demokratischen Institutionengefüges arrangiert, wobei die Toleranzgrenze von der Chance zur Durchsetzung ihrer Interessen bestimmt wird. Die Überschreitung der Toleranzgrenze muss nicht zwangsläufig zu Aktionen führen, die das politische System gänzlich in Frage stellen. Die Herausbildung paralleler Machtstrukturen und die zunehmende Verquickung staatlicher Stellen mit kriminellen Banden in der Ära Portillo zeigt, wie weit der Substanzverlust gehen kann, ohne das demokratische Erscheinungsbild direkt zu gefährden.

Während die Besitzoligarchie der Demokratie nie bedurfte, um ihre Position und Privilegien zu schützen, hatte die zahlenmäßig überwiegende Unterschicht bisher wenig Gelegenheit, die behaupteten Vorteile demokratischer Systeme unmittelbar zu erfahren. Auch wenn der spürbare Rückgang der Gewalttätigkeit und Repression nach dem Ende des Bürgerkriegs in weiten Teilen der Gesellschaft als positiver Effekt der Demokratisierung perzipiert wird, weist die Bilanz aufgrund der juristischen Unantastbarkeit der Kriegsverbrecher sowie des anhaltenden großen politischen Einflusses reaktionärer Kräfte und der geringen Anstrengungen zur Bekämpfung der sozialen Missstände einen deutlich negativen Saldo aus, der das Vertrauen in die Institutionen der demokratischen Ordnung unterminiert.

14 Rechtssystem

Eine annähernd unabhängige Judikative hat es in der Geschichte Guatemalas nie gegeben. Die Einflussnahme der Regierung und der traditionellen Machtgruppen auf die Justiz und deren Instrumentalisierung zu politischen Zwecken benennen den Normalfall. Eher selten ergingen Urteile, die den Geist der Gesetze über die Interessen einflussreicher Individuen oder Gruppen stellten, wobei die verantwortlichen Richter häufig (informelle) Repressalien zu erleiden hatten. In Zeiten autoritärer Herrschaft fiel es relativ leicht, die Schlüsselpositionen im Justizsystem mit Gefolgsleuten oder Karrieristen zu besetzen.

Wenig spricht dafür, dass die dritte Gewalt seit der demokratischen Transition nennenswert an Autonomie gewonnen hat. Ihre Effizienz ist zweifellos nicht gestiegen, was allerdings viel mit veränderten gesellschaftlichen Rahmenbedingungen zu tun hat.

Das Verfassungsgericht besteht aus fünf Richtern, wobei Exekutive und Legislative, der Oberste Gerichtshof, die Universität San Carlos sowie die Anwaltskammer jeweils einen Magistraten berufen. Verfügt die Regierungspartei im Parlament über die absolute Mehrheit, fällt es in der Regel nicht schwer, einen dritten Richterposten mit einem politisch konformen Juristen zu besetzen, um in der Folge den Vorstellungen der Regierung entsprechende Urteile zu gewährleisten. Musterbeispiel ist die Zulassung der Präsidentschaftskandidatur von Ex-Diktator Ríos Montt in der Ära Portillo. Auch der Oberste Gerichtshof fällte seit 1986 wenige wirklich unabhängige Entscheidungen. Rücksichtnahme auf die machtpolitischen Gegebenheiten lässt sich gleichfalls für die Tätigkeit des Generalstaatsanwalts konstatieren. In jüngster Zeit haben vor allem die skandalösen Vorgänge um die juristische Aufarbeitung des Mordfalls (Bischof) Gerardi die eklatanten Schwächen des Rechtssystems offengelegt.

Während die Justiz als solche die Straflosigkeit der Bürgerkriegsverbrecher nicht zu verantworten hat, resultiert aus der hochgradigen Ineffizienz der Strafverfolgungsbehörden die weitgehende *impunidad* für allgemeine Gewaltdelikte, die seit dem Ende des Bürgerkriegs dramatisch zugenommen haben. In den großen Städten und insbesondere in Guatemala-Stadt werden Jahr für Jahr mehr bewaffnete Überfälle, Entführungen, Morde und blutige Fehden zwischen rivalisierenden Drogenhändlern und Jugendbanden registriert. Auch Vertreter der Judikative geraten ins Visier gewaltbereiter Gruppen: Allein 2005-2006 wurden 13 Richter und Untersuchungsbeamte ermordet. Derweil häufen sich in vielen ländlichen Gebieten Fälle von Lynchjustiz. Vor allem letzteres Phänomen geht z. T. ursächlich auf die Amnestierung der für den Massenmord während der Aufstandsbekämpfung Verantwortlichen zurück. Diese hat in weiten Teilen der Bevölkerung zu einem Zusammenbruch des Rechtsempfindens geführt. Als Reaktion auf die Unfähigkeit der staatlichen Justiz nehmen Bürger die Bestrafung der Täter selbst in die Hand, und weil auch die meisten Lynchmorde ungesühnt bleiben, wird die Gewaltschwelle stetig weiter gesenkt. Die meisten Opfer sind Kleinkriminelle (Diebe), der Volkszorn richtet sich oftmals aber auch gegen staatliche Repräsentanten (u.a. Polizisten). Die meisten Fälle von Selbstjustiz werden aus jenen Departamentos gemeldet, wo der Bürgerkrieg am heftigsten tobte und die Bevölkerung durch das Vorgehen von Armee und Guerilla am stärksten militarisiert wurde.

Für die Schlichtung lokaler Konflikte existiert neben den staatlichen Gesetzen nach wie vor das Gewohnheitsrecht der Indiogemeinschaften, dessen Prinzipien sich markant von den offiziellen Rechtsnormen unterscheiden (z.B. Vorrang von Entschädigung vor Bestrafung). In der Regel konnten alle anfallenden Streitfälle vor Ort beigelegt werden, ohne die staatliche Justiz in Anspruch zu nehmen. Durch den Bürgerkrieg wurden die traditionellen Formen der Streitschlichtung vielerorts stark beeinträchtigt. Insofern sind die Lynchmorde keineswegs Ausdruck indigenen Gewohnheitsrechts, sondern im Gegenteil vielfach Folge der weitgehenden Erosion der überkommenen Rechtsordnung.

Während das indigene Gewohnheitsrecht keine offizielle Anerkennung genießt, werden Angehörige der autochthonen Bevölkerung vom staatlichen Justizsystem häufig wegen mangelnder oder fehlender Kenntnisse der Amtssprache benachteiligt. Die Zahl der von den Gerichten beschäftigten Übersetzer ist dem demographischen Gewicht der indigenen Gruppen völlig unangemessen.

15 Regionen und Kommunen

Das staatliche Territorium ist in 22 Departamentos unterteilt, deren Gouverneure nicht gewählt, sondern vom Staatspräsidenten ernannt werden. Die Voraussetzungen zur Übernahme dieser Funktion entsprechen denen von Ministern. Zudem müssen mögliche Aspiranten fünf Jahre vor der Ernennung im betreffenden Departamento gelebt haben. Der Gouverneur steht dem *Consejo Departamental* vor, dem alle Bürgermeister des Verwaltungsdistrikts sowie Repräsentanten öffentlicher Einrichtungen und privater Organisationen angehören. Seine Haushaltsmittel erhält das Gremium von der Zentralregierung.

Die untere Verwaltungsebene bilden 331 Munizipien, bei denen es sich im Gegensatz zu den Departamentos um autonome Entitäten handelt. Die Bürgermeister und Munizipalräte werden für eine Amtszeit von vier Jahren gewählt und dürfen danach erneut kandidieren. Die Munizipien sind befugt, bestimmte Abgaben zu erheben, um örtliche Projekte zu finanzieren. Den Gemeinden stehen 10% der jährlichen Staatseinnahmen zu, wobei 90% dieser Mittel für Projekte und Programme in den Bereichen Erziehung, Gesundheit, Infrastruktur und öffentliche Dienstleistungen verwendet werden müssen. Die zur Verfügung stehenden

Gelder sind aber viel zu gering, als dass die dadurch finanzierten kommunalen Dienste und Leistungen etwas an der prekären Lebenssituation der lokalen Bevölkerung ändern könnten. In Umfragen wird die mangelhafte Trinkwasserversorgung als größtes Einzelproblem auf lokaler Ebene genannt. Die schlechte Finanzlage der Munizipien bildet einen idealen Nährboden für den Klientelismus.

Im Jahre 2002 wurden drei Gesetze (u.a. *Ley de los Consejos de Desarrollo Urbano y Rural*) verabschiedet, die eine stärkere administrative Dezentralisierung bewirken und Voraussetzungen für mehr Partizipation auf den verschiedenen Ebenen schaffen sollen. Wenn die Vorgaben allmählich realisiert werden, wird das Ergebnis ein abgemilderter Zentralismus, aber keine wirkliche Dezentralisierung sein. Gerade auf kommunaler Ebene muss vieles mühsam wieder aufgebaut werden, was während des Bürgerkriegs zerstört wurde, ging es der Armee doch nicht nur um die Niederwerfung der Guerilla, sondern auch um die Zerschlagung der Basis der autonomen Dorfstrukturen zwecks Maximierung der politischen und militärischen Kontrolle in den Aufstandsgebieten. Lokale Autoritäten waren bevorzugte Ziele der Repression.

16 Integration und Außenbeziehungen

Insbesondere in der letzten Phase der 30-jährigen Autokratie nach dem Sturz von Präsident Arbenz war Guatemala außenpolitisch relativ isoliert. Zur Zeit des Bürgerkriegs bestanden Spannungen mit Mexiko, dessen Grenze Zehntausende von Guatemalteken auf der Flucht vor der Gewalteskalation in ihrer Heimat überschritten. Bei der Förderung der demokratischen Transition durch die Regierung Reagan war viel regionalpolitische Taktik im Spiel, weil es den Falken im Weißen Haus mit einem formaldemokratischen Guatemala leichter fiel, das verhasste Sandinistenregime in Nicaragua als autokratischen Paria im Kreis von Demokratien zu diffamieren.

Nach dem Ende des Bürgerkriegs haben sich die materiellen Unterstützungsleistungen aus dem (westlichen) Ausland beträchtlich erhöht, um die Umsetzung der Friedensvereinbarungen zu erleichtern. MINUGUA hat im Auftrag der UNO die Implementierung der diversen Teilabkommen überwacht und immer wieder deutliche Kritik an diesbezüglichen Defiziten und Rückschritten geübt. Zum Fehlschlag des *autogolpe* von Präsident Serrano trug auch der sofort einsetzende Druck aus dem Ausland bei.

Guatemala gehörte dem 1960 gegründeten *Mercado Común Centroamericano* an, der aufgrund der dynamischen Entwicklung bis in die 1970er Jahre als erfolgreichstes Integrationsprojekt der Dritten Welt galt. Eine Bündelung negativer Faktoren führte Anfang der 1980er Jahre zur Ermattung des MCCA. 1993 erfolgte eine Wiederbelebung der Integrationsidee in Gestalt des *Sistema de Integración Centroamericana*. Im Jahre 2000 unterzeichneten Guatemala, Honduras und El Salvador ein gemeinsames Freihandelsabkommen mit Mexiko, das im folgenden Jahr in Kraft trat. Seit 2003 bildet Guatemala mit El Salvador, seit 2005 auch mit Honduras eine Zollunion. Guatemala ist Sitz des zentralamerikanischen Parlaments.

Das Land gehörte zu den Befürwortern des inzwischen gescheiterten ALCA-Projekts. Vor dem Hintergrund des stagnierenden ALCA-Prozesses nahm ein Freihandelsabkommen zwischen den USA und Zentralamerika Konturen an (CAFTA), das im Mai 2004 in Washington von Vertretern der fünf Staaten unterzeichnet wurde und am 1. Juli 2006 in Kraft trat. Mehrere nationale Branchen (u.a. die Zuckerindustrie) erhoffen sich deutlich verbesserte Absatzchancen auf dem US-Markt. Zehntausende Guatemalteken leben als illegale Arbeitsimmigranten in den USA. Deren regelmäßige Geldtransfers an ihre Familien (2005: 3 Mrd,; 2006: 3,6 Mrd. US$) bilden mittlerweile eine zentrale Stütze der Wirtschaftskonjunktur und relativieren gleichzeitig das Problem einer hochgradig passiven Handelsbilanz.

Mit dem Engagement für eine friedliche Beilegung des Zentralamerikakonflikts gab die EU ihr Debüt als kollektiver außenpolitischer Akteur. Die verstärkte politische Präsenz wurde flankiert durch eine Intensivierung der Handelsbeziehungen und eine Steigerung der Entwicklungskooperation. Seither pflegt die Union regelmäßige Kontakte zu der Region. Guatemala gehört weltweit zu den Ländern, die die höchsten Entwicklungshilfeleistungen aus der EU erhalten, das sind seit 1990 rund 25-30 Mio. € pro Jahr. Die Hilfsprojekte der EU konzentrieren sich auf die entwicklungspolitisch neuralgischen Bereiche Gesundheit, Erziehung und ländliche Entwicklung.

Literatur

Alcántara Sáez, Manuel (1999): Sistemas políticos de América Latina – Volumen Segundo: México, América Central y el Caribe. Madrid.

Alcántara Sáez, Manuel/Freidenberg, Flavia (2001): Partidos políticos de América Latina – Centroamérica, México y República Dominicana. Salamanca.

Ajenjo Fresno, Natalia/García Diez, Fatima (2001): Guatemala, in: Alcántara Sáez, Manuel/Freidenberg, Flavia (Hrsg.) (2001): 277-376.

Azpuru, Dinorah/Seligson, Mitchell et al. (2004): The Political Culture of Democracy in Guatemala. Nashville, TN.

Bendel, Petra/Krennerich, Michael (1993): Guatemala, in: Nohlen, Dieter (Hrsg.) (1993): 359-388.

Bendel, Petra (1995): Guatemala, in: Nohlen, Dieter/Nuscheler, Franz (Hrsg.) (1995): 117-146.

Bendel, Petra (1998): Guatemala – Auf dem Weg in die mündige Bürgergesellschaft?, in: Schubert, Gunter/Tetzlaff, Rainer (Hrsg.) (1998): 117-132.

Bernecker, Walther L. et al. (Hrsg.) (1996): Handbuch der Geschichte Lateinamerikas 3.

Carrière, Jean/Karlen, Stefan (1996): Zentralamerika, in: Bernecker, Walther L. et al. (Hrsg.) (1996): 365-481.

Cullather, Nick/Gleijeses, Piero (2006): Secret History. The CIA's Classified Account of Its Operations in Guatemala, 1952-1954. Stanford.

Fonseca, Marco (2004): Entre la comunidad y la república: ciudadanía y sociedad civil en Guatemala. Ciudad de Guatemala.

Gleijeses, Piero (1991): Shattered Hope. The Guatemalan Revolution and the United States, 1944-1954. Princeton.

Hagopian, Frances/Mainwaring, Scott P. (Hrsg.) (2005): The Third Wave of Democratization in Latin America. Advances and Setbacks. Cambridge.

Handy, Jim (1986): Resurgent Democracy and the Guatemalan Military, in: Journal of Latin American Studies 18: 383-408.

Handy, Jim (2004): Chicken Thieves, Witches, and Judges: Vigilante Justice and Customary Law in Guatemala, in: Journal of Latin American Studies 36: 533-561.

Hernández Pico, Juan (2005): Terminar la guerra, traicionar la paz. Guatemala en las dos presidencias de la paz: Arzú y Portillo (1996-2004). Ciudad de Guatemala.

Hoffmann, Karl-Dieter (2005): 27. Juni 1954: Die Regierung Eisenhower versetzt dem „demokratischen Frühling" in Guatemala den Todesstoß, in: Hispanorama 107: 64-68.

Hofmeister, Wilhelm (Hrsg.) (2004): Reformas políticas en América Latina. Rio de Janeiro.

Jonas, Susanne (2002): Guatemala, in: Vanden, Harry/Prevost, Garry (2002): 253-184.

Kurtenbach, Sabine (1998): Guatemala. München.

Kurtenbach, Sabine (2000): Guatemala nach den Wahlen: Zurück in die Vergangenheit oder Chance für einen Neuanfang?, in: Brennpunkt Lateinamerika 2.

Marfording, Birgit (1992): Massenmedien in Guatemala, in: Wilke, Jürgen (Hrsg.) (1992): 143-185.

Misereor (Hrsg.), (o.J.): Guatemala: Nie wieder – Nunca más; Bericht des Interdiözesanen Projekts „Wiedergewinnung der geschichtlichen Wahrheit". Aachen.

Molina Meza, Juán Fernando (2004): Gobernabilidad democrática y reformas políticas en Guatemala, in: Hofmeister, Wilhelm (Hrsg.) (2004): 249-275.

Moser, Carolina/McIlwaine, Cathy (2001): Violence in a Post-Conflict Context: Urban Poor Perceptions from Guatemala. Washington.

Nohlen, Dieter (Hrsg.) (1993): Handwörterbuch der Wahldaten Lateinamerikas und der Karibik 1. Opladen.

Nohlen, Dieter/Nuscheler, Franz (Hrsg.) (1995): Handbuch der Dritten Welt – Band 3: Mittelamerika und Karibik. Bonn.

Oettler, Anika (2004): Erinnerungsarbeit und Vergangenheitspolitik in Guatemala. Frankfurt a.M.

Oettler, Anika (2004): Guatemala: Demokratie auf dem Nährboden der Gewalt – Zu den Perspektiven des Friedensprozesses unter der neuen Regierung Berger, in: Brennpunkt Lateinamerika 3.

Oettler, Anika (2005): Guatemala: Zwanzig Jahre Demokratie, in: Brennpunkt Lateinamerika 13.

Oettler, Anika (2006): Guatemala in the 1980s: A Genocide Turned into Ethnocide? GIGA Working Papers No. 19. Hamburg.

Peacock, Susan C./Beltrán, Adriana (2003): Hidden Powers. Illegal Armed Groups in Post-Conflict Guatemala and the Forces Behind Them. Washington Office on Latin America: Special Report. Washington.

Reeves, René (2006): Ladinos With Ladinos, Indians With Indians. Land, Labor, and Regional Ethnic Conflict in the Making of Guatemala. Stanford.

Remijnse, Simone (2003): Memories of Violence: Civil Patrols and the Legacy of Conflict in Joyabaj, Guatemala. Amsterdam.

Rosada-Granados, Héctor (1998): Soldados en el poder. Proyecto militar en Guatemala (1944-1990). Amsterdam.

Ruhl, J. Mark (2005): The Guatemalan Military Since the Peace Accords: The Fate of Reform Under Arzú and Portillo, in: Latin American Politics and Society 47, 1: 55-85.

Sanford, Victoria (2003): Violencia y genocidio en Guatemala, Ciudad de Guatemala.

Saxon, Dan (2007): To Save Her Life. Disappearance, Deliverance, and the United States in Guatemala. San Diego.

Schubert, Gunter/Tetzlaff, Rainer (Hrsg.) (1998): Blockierte Demokratien in der Dritten Welt. Opladen.

Seligson, Mitchell (2005): Democracy on Ice: The Multiple Challenges of Guatemala's Peace Process, in: Hagopian, Frances/Mainwaring, Scott P. (Hrsg.) (2005): 202-231.

Stumpf, Markus et al. (Hrsg.) (2003): Guatemala – Ein Land auf der Suche nach Frieden. Frankfurt a.M.

Vanden, Harry/Prevost, Gary (2002): The Power Game – Politics of Latin America. Oxford.

Weiss, Hans-Jürgen (2004): Die allgemeinen Wahlen vom 9. November und 28. Dezember in Guatemala, in: KAS-Auslandsinformationen 2: 98-112.

Wilke, Jürgen (Hrsg.) (1992): Massenmedien in Lateinamerika 1. Frankfurt a.M.

World Bank (2003): Poverty in Guatemala. Washington.

Das politische System Haitis (1804-2000)

Oliver Gliech

1   Historische Entwicklung seit 1789/1804

Haiti gehört zu jenen kleineren Ländern Lateinamerikas, die ein Schattendasein am Rande der medialen Wahrnehmung fristen. Von der Fläche her mit Belgien vergleichbar, zählt es mit gegenwärtig etwas mehr als sieben Millionen Einwohnern zu den ärmsten Staaten der westlichen Hemisphäre. Da seine Rohstoffreserven und sein geostrategisches Gewicht eher unbedeutend sind, gibt es für die wohlhabenden Staaten allem Anschein nach keinen triftigen Grund, sich näher mit seinen Belangen zu befassen. Wenn das Land dennoch immer wieder ins Blickfeld der internationalen Öffentlichkeit tritt, so erscheint es dort fast ausschließlich als Schauplatz verheerender Naturkatastrophen, sozialer Unruhen und sinnloser Bürgerkriege. Diese Art der selektiven Wahrnehmung trägt wenig zum Verständnis der politischen Verhältnisse in dieser karibischen Republik bei, und sie versperrt zudem den Blick auf die historischen Leistungen des haitianischen Volkes, die man durchaus einmalig nennen darf. Denn Haiti ging aus einer Revolution afrikanischer Sklaven hervor, denen es zwischen 1791 und 1804 gelang, diese seinerzeit für ihren Reichtum berühmte französische Kolonie in ihre Gewalt zu bringen, drei Großmächte (Großbritannien, Spanien und Frankreich) militärisch zu besiegen und eine eigene Nation ins Leben zu rufen, die sich lange Zeit über nur mit Mühe in der Nachbarschaft sklavenhaltender Staaten behaupten konnte. Zu dieser Staatsgründung durch ehemalige Zwangsarbeiter gibt es in der jüngeren Geschichte keine Parallele. Obwohl die Ereignisse inzwischen mehr als 200 Jahre zurückliegen, haben sie Haiti doch bis in die Gegenwart geprägt. Ein Volk aus ehemaligen Sklaven – mithin aus gewaltsam zusammengefügten Menschen mit denkbar unterschiedlichem ethnischen, kulturellen und sozialen Hintergrund – hat mit anderen Völkern wenig gemein, die die Gelegenheit hatten, über viele Generationen hinweg gemeinsame Normen, Rechtssysteme und Institutionen zu entwickeln. Kaum eine Nation Lateinamerikas fand zu Beginn ihrer Existenz ähnlich ungünstige Startchancen vor wie Haiti. Diesen Umstand gilt es zu berücksichtigen, wenn man zu einem angemessenen Urteil über die politischen Verhältnisse dieses Landes und seine Verfassungsgeschichte gelangen will.

Haiti erlangte 1804 als erster Staat Lateinamerikas seine Unabhängigkeit. Auf der Westhälfte der Insel Hispaniola gelegen, trug es bis zu diesem Zeitpunkt den Namen „Saint-Domingue" und galt als wertvollste französische Besitzung in Übersee. Im Verlauf des 18. Jahrhunderts hatte sich dort eine auf Zucker, Kaffee, Indigo und Baumwolle beruhende prosperierende Plantagenwirtschaft entwickelt, deren Exporte vor 1789 alle karibischen Konkurrenten weit in den Schatten stellten. Die Kolonialwarenproduktion profitierte in den zwei Jahrzehnten vor der Französischen Revolution von einer rasch ansteigenden Nachfrage. St.-Domingue beherrschte in dieser Zeit die Zucker- und Kaffeemärkte Kontinentaleuropas. Da seine Plantagenwirtschaft – wie die der benachbarten Inseln der Karibik – vollständig auf Sklavenarbeit beruhte, führte die Ausdehnung der Produktion dazu, dass beträchtliche Zahlen neuer Zwangsarbeiter aus Afrika eingeführt wurden. Um 1789 betrug ihre Gesamtzahl etwa 500.000 – St.-Domingue erreichte damit eine ähnliche Größenordnung wie die Südstaaten der USA (1780: ca. 575.000, Frostin 1975: 31). Diese Afrikaner waren später der Träger des Aufstands gegen die Kolonialmacht und bildeten nach der Unabhängigkeit Haitis die Masse seiner neuen Staatsbürger. Daneben existierte eine schmale Schicht von 40.000 Weißen und nahezu ebenso viele freien Farbigen, größtenteils Nachkommen von Sklavinnen und französischen Plantagenbesitzern. Die koloniale Zuckerwirtschaft, die bereits protoindustrielle Züge trug, lag vollständig in der Hand reicher Franzosen. Zugleich bildeten die Verwaltung, das Rechts- und Medizinalwesen, das Offizierskorps der Kolonialarmee, weite Teile das Fachhandwerks und schließlich der Überseehandel der Kolonie eine rein weiße Domäne. Ein Teil der freien Farbigen konnte hingegen Kaffeeplantagen erwerben, avancierte in Schwarzenbataillonen der Armee oder erhielt eine Ausbildung in Frankreich. Solche sozialen, kulturellen und ökonomischen Vorsprünge sicherten diesen afrikanischstämmigen Kreolen nach der Unabhängigkeit Haitis eine Sonderstellung in den Eliten des neuen Staates, die ihre Nachfahren bis ins 20. Jahrhundert hinein behaupten konnten.

Die Französische Revolution löste eine Kettenreaktion aus, die die politischen Verhältnisse in St.-Domingue grundlegend veränderte. Zunächst begannen die weißen Eliten einen in seiner Konsequenz selbstzerstörerischen Kampf um die Vorherrschaft in der reichsten Kolonie Frankreichs. Bald darauf traten die freien Farbigen als eigene Konfliktpartei in die Arena, nachdem ihnen die rechtliche Gleichstellung mit den Weißen verweigert worden war. Dieses Ringen um die politische Neuordnung der Kolonie nahm bürgerkriegsähnliche Züge an und führte zu einer fortschreitenden Erosion der bestehenden Sicherungssysteme, die die afrikanischen Zwangsarbeiter bislang in Schach gehalten hatten. Mitte August 1791 brach schließlich in der Nordprovinz der Kolonie ein großer Sklavenaufstand aus, ein Flächenbrand, der sich nicht mehr löschen ließ. Der Widerstandsgeist der Aufständischen, der Ausbruch der Revolutionskriege sowie schließlich eine spanische und englische Intervention hinderten die Metropole daran, die Kolonie zu befrieden. 1793 schaffte der nach St.-Domingue entsandte Revolutionskommissar Sonthonax die Sklaverei ab und machte die Schwarzen der Kolonie zu gleichberechtigten französischen Staatsbürgern. Ein großer Teil der Weißen floh während der nun folgenden Kämpfe aus der Kolonie. Der verbleibende Rest wurde nach der Unabhängigkeit Haitis vertrieben. Durch politisches Geschick und strategischen Weitblick stieg mit Toussaint Louverture einer der schwarzen Aufstandsführer in den folgenden Jahren zur beherrschenden politischen Figur St.-Domingues auf – er kann als der eigentliche Gründer des haitianischen Staates gelten. Persönliches Machtinteresse einerseits – Louverture entstammte einer Prinzenfamilie aus Dahomey (heute Benin) –, die Furcht vor einer Wiedereinführung der Sklaverei andererseits veranlassten ihn, im Windschatten des andauernden englisch-französischen Krieges die Autonomie, wenn nicht gar die Unabhängigkeit der Kolonie in die Wege zu leiten. Louverture nutzte seine Stellung als Gouverneur St.-Domingues, um den französischen Einfluss konsequent zurückzudrängen und die im Krieg stark in Mitleidenschaft gezogene Plantagenwirtschaft wiederherzustellen – unter der Ägide schwarzer Plantageneigentümer und unter Beibehaltung eines gewaltgestützten Arbeitszwangs der Feldarbeiter, die nunmehr allerdings Lohn erhielten. Auf diese Weise sollte das Niveau der Exporteinnahmen der vorrevolutionären Zeit erreicht und der Gouverneur finanziell in die Lage versetzt werden, sein Autonomieprojekt notfalls auch militärisch gegen auswärtige Feinde zu verteidigen. Die schwarzen Feldarbeiter widersetzten sich vehement einer Restauration der Plantagenwirtschaft, da diese sich nach ihrem Empfinden in ihrer neuen Erscheinungsform kaum von der Sklaverei unterschied. Statt sich der von Louverture verlangten Arbeitsordnung zu unterwerfen, zogen sie es vor, das Land zu parzellieren und in eigener Regie zu bewirtschaften. Hier zeichneten sich früh soziale Konfliktlinien ab, die die haitianische Geschichte bis ins 20. Jahrhundert hinein kennzeichnen sollten: Auf der einen Seite standen schwarze/"mulattische" Eliten, die als neue Plantageneigner die Erbschaft der vertriebenen weißen Zucker- und Kaffeebarone antreten wollten, auf der anderen Seite die breite Masse der einstigen Feldsklaven und ihre Nachkommen, die aufgrund der traumatischen Erfahrungen mit der Sklaverei unter keinen Umständen Arbeitsverhältnisse akzeptieren wollten, die sie an diese Zeit der Entrechtung erinnerten. Die politischen Visionen und Verfassungsideen Toussaint Louvertures zerbrachen an diesem Gegensatz (Moïse 2001).[1] Napoleon, der 1799 an die Macht gelangt war, nutzte im Jahre 1802 einen kurz währenden Frieden mit England, um eine Militärexpedition nach St.-Domingue zu entsenden, den unbotmäßigen Gouverneur zu verhaften und die in die Unabhängigkeit abdriftende Kolonie zu unterwerfen. Das erste Ziel – die Gefangennahme Louvertures – wurde erreicht, beim zweiten scheiterte Bonaparte. Die von seinem Schwager Leclerc geleiteten Armeen wurden von den Schwarzen in einen zermürbenden Guerrillakrieg verwickelt, der schließlich in einer totalen Niederlage der alten Kolonialmacht endete. Militärisch geschlagen, musste sie sich 1803 zurückziehen. Die politischen Erben Louvertures proklamierten die Unabhängigkeit der Kolonie und benannten sie in Haiti um.

Der junge afrokaribische Staat hatte in den Jahrzehnten nach seiner Gründung mit erheblichen Schwierigkeiten zu kämpfen. Seine Existenz war durch den Sieg über Frankreich keineswegs gesichert, denn die alte Kolonialmacht erkannte die Unabhängigkeit Haitis nicht an. Viele Nachbarstaaten isolierten das Land, wenn nicht ökonomisch, so doch politisch, da sie ein Übergreifen der Sklavenrevolte auf die eigenen Zwangsarbeiter befürchteten. Obwohl Haiti keinen Revolutionsexport betrieb, beriefen sich Sklavenverschwörungen von Louisiana bis Venezuela auf das haitianische Vorbild oder wurden doch von den aufgeschreckten weißen Herren mit ihm in Verbindung gebracht. Zudem verbot es der Rassendünkel den von Weißen geführten Nachbarstaaten, Haiti als gleichwertige Nation zu akzeptieren. So zögerten die USA die Aufnahme diplomatischer Beziehungen bis 1862 hinaus, Mexiko wartete mit diesem Schritt sogar bis 1934 (Baur 1970: 410, 412). Der französische König Karl X. erklärte sich seinerseits 1825 bereit, die einstige Kolonie als souveränen Staat anzuerkennen, zwang das Land aber, im Gegenzug die vertriebenen weißen Pflanzer mit einer Summe von 150 Mio. Francs (später reduziert auf 90 Mio.) zu entschädigen. Damit gerieten die Haitianer angesichts ihrer ökonomischen Schwäche früh in eine Schuldenfalle. Handel und Finanzsektor der Republik wurden im 19. Jahrhundert von Westeuropa dominiert. Zwischen 1915 und 1934 herrschten die USA als Besatzungsmacht und setzten in dieser Zeit ihren imperialen Führungsanspruch auch ökonomisch durch, indem sie Unternehmen und Plantagen unter US-Kontrolle errichteten (Joachim 1971, Joachim 1979, Moïse 1989 II: 224, 294).

Der Kampf um die Abschaffung der Sklaverei und die nationale Unabhängigkeit schmiedete zwar ehemalige Sklaven und freie Farbige zeitweilig zu einer Schicksalsgemeinschaft zusammen, bald nach der Bildung der Nation wurde der haitianischen Gesellschaft aber schmerzhaft bewusst, wie heterogen die sozialen Gruppen waren, aus der sie

---

[1] Allgemeine Überblicksdarstellungen zur Geschichte der Revolution von St.-Domingue sind: Blackburn 1996: 161-264; Geggus 2002 und Gliech 2005, für die Zeit nach 1804: Bernecker 1996, Menzel 2001.

sich zusammensetzte. Viele der Interessengegensätze, die sich bereits in der Zeit der Gründergeneration offenbarten, erwiesen sich als ebenso unüberbrückbar wie beständig. Wenn es der haitianischen Gesellschaft nach dem Eintritt in die Unabhängigkeit nicht gelang, ein dauerhaftes inneres Gleichgewicht zu finden, so waren dafür geografische, soziale, ökonomische, mentale und „rassische" Divergenzen verantwortlich. Die von ihnen ausgelösten Fliehkräfte stellten das Land vor immer neue Zerreißproben. Sie bieten den Schlüssel zum Verständnis der haitianischen Politik: Die innere Logik hinter den Herrschaftspraktiken der autoritären Präsidialregime, „Palastrevolten", den Aufständen, Eingriffen des Militärs in die Politik und jener weit verbreiteten Eliten-Anomie erschließt sich, wenn man sie als Ausdruck widerstreitender Partikularinteressen interpretiert, die sich aus den genannten Divergenzen ergaben.

Die regionale Zersplitterung Haitis wurde durch geografische Eigenheiten begünstigt, die eine räumliche Integration erschwerten. Sein Staatsgebiet besteht seit der Kolonialzeit aus zwei langgezogenen Halbinseln, die durch eine Landbrücke verbunden sind. Nach der Unabhängigkeit wurde es durch die Annexion eines Teils des vormals zur spanischen Kolonie Santo Domingo gehörenden zentralen Hochlands nach Osten hin arrondiert. Die Halbinseln werden ebenso wie die Landbrücke von drei in Ost-West-Richtung verlaufenden Gebirgszügen der karibischen Cordilleren überlagert, die teilweise Höhen von über 2000 m erreichen. Diese mächtigen natürlichen Barrieren untergliedern das haitianische Territorium in mehrere, weitgehend isolierte küstennahe Ebenen, an die jeweils ein System ins Bergland reichender Flusstäler anschließt. Die drei Provinzen der Kolonie (Norden, Westen, Süden) lebten infolgedessen in verschiedenen Welten. Nur geringfügig verbunden, entwickelte jede von ihnen einen eigenen sozialen Mikrokosmos. Die geografisch bedingte Isolation der Provinzen wurde vor 1804 durch die Exportorientierung der Kolonialwirtschaft nachhaltig verstärkt: die gesamte Infrastruktur war zur Küste hin ausgerichtet, der Aufbau innerer Transport- und Kommunikationswege unterblieb weitgehend. Haiti erbte diese Struktur. Der Zerfall der kolonialstaatlichen Ordnung und der Plantagenkomplexe trieb die territoriale Desintegration der Gesellschaft noch weiter voran und erschwerte eine innere Nationenbildung erheblich. Die Binnenmigration, die einen wichtigen Beitrag zur Überwindung der regionalen Interessengegensätze hätte leisten können, blieb mangels industrieller Zentren bis ins 20. Jahrhundert hinein gering, nur die urbanen Zentren der einzelnen Landesteile expandierten. Jenseits der fruchtbaren, küstennahen Ebenen konnte sich kein dauerhafter Großgrundbesitz durchsetzen. So entstanden in den einzelnen Regionen zahlreiche kleine Machtpole, die entweder von Clans oder (bis 1915) von örtlichen Militärkommandanten beherrscht wurden. All dies trug dazu bei, dass es haitianischen Politikern bis in die Gegenwart nur äußerst selten gelang, sich eine stabile überregionale Machtbasis aufzubauen, sei es nun in Form eines Klientelverbands oder einer Partei. Ein Teil der politischen Probleme des Landes erklärt sich aus den genannten geografischen Fliehkräften: die meisten politischen Akteure verfügten nur über eine schmale regionale „Hausmacht" – dies galt namentlich für die Masse aller haitianischen Präsidenten – und so waren oppositionelle Gegenkräfte zusammengenommen grundsätzlich stärker als der Staatschef. Da die Koalitions- und Kompromissbereitschaft der einzelnen Akteure traditionell gering war, beruhte die Politik auf zeitlich befristeten Zweckbündnissen. Die Präsidenten griffen infolgedessen auf *divide et impera*-Strategien zurück, um die strukturelle Schwäche ihrer Macht zu überspielen; sie bestanden im Wesentlichen aus einer Teilung und Lähmung der Opposition. Dies führte dazu, dass sich in Haiti nach 1804 ein eigentümlicher Herrschaftszyklus ausbildete, der bis 1957 das politische Leben des Landes prägte. Kaum an die Macht gekommen, setzten die meisten Präsidenten substantielle Teile der Verfassung außer Kraft, um möglichst schnell möglichst viele oppositionelle Gruppen auszuschalten oder gegeneinander in Stellung zu bringen. Sie versuchten damit, ihre Herrschaft rasch zu befestigen und den Gegnern keine Zeit zu lassen, ihre Kräfte zu bündeln. Zumeist erfüllte diese Strategie ihren Zweck, zugleich schuf sie aber ein Klima permanenter Feindseligkeit. Gingen die Präsidenten mit der Unterdrückung ihrer Gegner zu weit oder versuchten sie, was häufig vorkam, gegen Ende ihres Mandats eine Verlängerung ihrer Präsidentschaft zu erzwingen, so überwand die Opposition für kurze Zeit ihre Differenzen und organisierte einen Aufstand gegen den Staatchef. Anschließend brachte dann die jeweils stärkste Oppositionsgruppe ihren eigenen Kandidaten an die Macht. Nachdem die „anti-tyrannische" Koalition zerfallen war, die seinen Vorgänger gestürzt hatte, durchlief die neue Präsidentschaft den beschriebenen Zyklus in veränderter personeller Besetzung von neuem. Der haitianische Historiker Claude Moïse hat diesen Vorgang in seinem Standardwerk zur haitianischen Verfassungsgeschichte anschaulich beschrieben (Moïse 1989). Mit der Reorganisation der haitianischen Armee unter US-Ägide entstand zwischen 1915 und 1934 ein neuartiges Machtinstrument, das die Präsidenten wirksam gegen regionale Widerstände absicherte und sie damit in die Lage versetzte, den beschriebenen Zyklus zu durchbrechen. Sie erlaubte es der Duvalier-Dynastie, von 1957 bis 1986 eine relativ langlebige Diktatur zu errichten.

Der Unabhängigkeitskrieg bedeutete in ökonomischer wie sozialer Hinsicht einen radikalen Bruch mit der kolonialen Vergangenheit. Die Grausamkeit, mit der die Franzosen in diesem Krieg versucht hatten, die Schwarzen zu unterjochen, hatte die Vertreibung der Europäer aus Haiti zur Folge. Die Sieger mochten nicht länger mit Weißen in einem Land zusammenleben, nur wenige waren davon ausgenommen. Einen ähnlich tiefgreifenden Elitenwechsel hat kein anderes Land Lateinamerikas erlebt. Vor der Revolution beherrschten die Franzosen, wie bereits erwähnt, Wirtschaft, Verwaltung und Militär der Kolonie. Neben der Macht verfügten sie über ein Wissensmonopol: Das administrative und technische Know How lag bei ihnen, das zur Wahrung der öffentlichen Ordnung einerseits, zum Betrieb der Zuckerplantagen andererseits erforderlich war, auf dem der Reichtum St.-Domingues weitgehend beruhte. Mit der Flucht der Weißen wanderten ihr Kapital und ihr Wissen ab, Verwaltung, Medizinalwesen und Plantagenmanagement der einstigen Kolonie verwaisten. Angesichts dieser Lage war Haiti gezwungen, Staat und Wirtschaft auf eine völlig neue Basis zu stellen. Während sich die Kaffee- und Baumwollkultur auf niedrigem Niveau stabilisieren konnten, gingen mit der Zuckerökonomie hoffnungsvolle Ansätze einer agrargestützten Industrialisierung unter. An ihre Stelle traten der Anbau von Tabak und Kakao sowie der Abbau tropischer Hölzer (Blauholz/Campeche zur Farbgewinnung) (Atlas d'Haïti 1985: 3, Łepkowski 1968 I: 91-124).

Anstelle der vertriebenen Weißen teilte sich eine neue Elite die Macht, die aus den bereits erwähnten freien Farbigen und schwarzen Offizieren bestand, die aus dem Sklavenaufstand hervorgegangen waren. Erstere verfügten oftmals noch aus Kolonialzeiten über Grund und Boden, letztere erzwangen unter Hinweis auf ihre militärischen Leistungen den Aufstieg in die Grundbesitzerklasse, ohne die nötigen unternehmerischen Kenntnisse zum Betrieb von Plantagen zu besitzen. Die Umgangssprache dieser neuen Oberschicht war Französisch. Ihnen stand die breite Masse afrikanischstämmiger Kleinbauern gegenüber, die in den Kämpfen gegen die Franzosen das Fußvolk gestellt hatten. Sozial wie kulturell unterschieden sie sich maßgeblich von der neuen Herrenschicht. Während in der Oberschicht Kreolen dominierten, war ein Großteil der neuen Unterschichten noch in Afrika geboren (deshalb *bossales* genannt). Sie setzten sich aus über Hundert verschiedenen Ethnien zusammen, wobei die meisten aus Dahomey, dem südlichen Nigeria, dem Kongo-Becken und Angola stammten (Debien 1953: 40, 68). Erst im Zuge eines langen Kreolisierungsprozesses verwischten sich diese Unterschiede. Im Gegensatz zu den Oberschichten sprachen die Unterschichten *Créole*, ein aus dem Französischen und afrikanischen Sprachen zusammengewachsenes Amalgam. Da sie zudem überwiegend Analphabeten waren, bildeten die Sprache und der fehlende Zugang zur europäisch geprägten Bildung eine schier unüberwindliche kulturelle Barriere zwischen ihnen und den haitianischen Eliten, die sich in vieler Hinsicht bis heute erhalten hat. Aus Furcht vor einer Wiederkehr sklavereiähnlicher Arbeitsverhältnisse sabotierten diese Unterschichten jeden Versuch, große Plantagen oder Latifundien zu errichten. Hieraus resultierten schwerwiegende Interessenkonflikte mit den neuen Oberschichten, die einen ihrem sozialen Rang entsprechenden Grundbesitz und Lebensstil für sich reklamierten. Die Landbevölkerung setzte dieser Elitenvision mit dem *lakou* ihr Modell einer „Antiplantage" entgegen: Den auf Selbstversorgung ausgerichteten ländlichen Familienbetrieb, mit dem eine strikt egalitäre Gesellschaftsidee verbunden war, die ihren Mitgliedern Respekt und ein angemessenes, aber geringes Konsumniveau garantierte, zugleich aber sozialen Aufstieg, Gewinnerzielung und von außen kommende Innovationen stigmatisierte. Gérard Barthélémy hat gezeigt, dass diese Bipolarität aus Kreolen und *Bossales,* beziehungsweise „bossalischen Kreolen", sowie parallel dazu aus Großgrundbesitz und *lakou* den meisten haitianischen Sozialkonflikten bis ins 20. Jahrhundert hinein zugrunde gelegen hat (Barthélémy 1989). Die Dichotomie von Katholizismus und Vaudou/Voodoo ist als kulturelle Begleiterscheinung dieses Antagonismus zu verstehen.

Der oben beschriebene präsidiale Herrschaftszyklus hatte spürbare Auswirkungen in der ländlichen Gesellschaft. Viele der neuen Machthaber und ihre Klientelverbände versuchten, sich nach der Eroberung der Präsidentschaft als Großgrundbesitzer zu etablieren. Sie okkupierten infolgedessen große Flächen, die von Kleinbauern ohne Eigentumstitel bewirtschaftet wurden, vertrieben diese oder unterwarfen sie der Lohnarbeit. Bald darauf setzte in den betroffenen Gebieten eine Massenflucht der Landarbeiter ein, die neuen *land-lords* zogen sich mangels Arbeitskraft in die Städte zurück, ein Teil der Ländereien wurde verpachtet, was den Eliten ein gewisses Renteneinkommen sicherte. Die vertriebenen Kleinbauern kamen nach und nach zurück, um ihr Terrain erneut illegal in Besitz zu nehmen. Der Latifundismus bestand bald nur noch auf dem Papier. Gewaltsames Vordringen der machtnahen Eliten und schleichende Rückkehr des *lakou* wechselten sich ab wie Ebbe und Flut. Lediglich in den küstennahen Tiefebenen konnte sich Großgrundbesitz dauerhaft behaupten (Barthélémy 1989: 24f., 31, 65; Moïse 1989 I: 31-33, 54, 61).

Eliten und Kleinbauern führten so eine konfliktreiche Koexistenz, überwiegend blieben ihre Lebenssphären aber voneinander getrennt. Das politische System Haitis wurde von den Eliten für die Eliten errichtet. Das einfache Volk griff gelegentlich in Form von Aufstandsbewegungen (z.B. die Cacos) in die Politik ein, wurde von Teilen der Eliten als Fußvolk für eigene Machtambitionen rekrutiert oder zur Teilnahme an Wahlen gezwungen, deren Sinn sich ihnen verschloss. Ernsthafte Versuche, die breite Masse der Haitianer in das politische System zu integrieren, blieben vor 1987 hingegen eine Seltenheit.

Eine weitere Konfliktlinie bestand in den „rassischen Differenzen". Wie bereits erwähnt, hatten sich in Haiti in der Zeit nach 1804 zwei neue „Aristokratien" etabliert, die sich über soziale Herkunft, Hautfarbe und Kriegsmeriten definierten. Den Nachkommen der freien Farbigen, die von weißen Pflanzern und Afrikanerinnen abstammten, kam aufgrund einer besseren finanziellen Ausstattung und Ausbildung in den haitianischen Eliten des 19. Jahrhunderts eine Schlüsselrolle zu. Konflikte zwischen Exponenten der Eliten und der schwarzen „Militäraristokratie" oder der armen Landbevölkerung übersetzten sich schnell in „rassische" Terminologie, wobei die „Mulatten" oft auf ihre kulturelle Überlegenheit verwiesen, wohingegen ihre Gegner sie aufgrund ihrer weißen Vorfahren als „rassische" Fremdkörper und unzuverlässige Teile der Nation stigmatisierten. Der Dauerkonflikt zwischen *Noiristes* und *Mulâtristes* begleitete und überlagerte die oben beschriebenen Herrschaftszyklen. Da die Masse aller politischen Akteure, wie erwähnt, nur auf notorisch schwache, regional begrenzte Klientelverbände zurückgreifen konnte, war der Appell an die „rassische" Solidarität ein probates Mittel, um die soziale Basis der eigenen Parteiung wenigstens kurzfristig zu verbreitern oder um eine personalistische Herrschaft zu legitimieren (Moïse 1989).

Nach einer Serie autoritärer Präsidialregime und der fast 30 Jahre währenden Diktatur der Duvaliers trat Haiti 1986 in eine Transitionsphase ein, die angesichts fortdauernder politischer Instabilität noch nicht abgeschlossen ist. Trotz der Bemühungen, das politische System zu öffnen und die bislang weitgehend ausgeschlossenen Unterschichten besser einzubinden, war doch eine Rückkehr zu politischen Praktiken der Vergangenheit zu verzeichnen: Präsidialer Herrschaftszyklus mit seinen Formen der Herrschaftssicherung auf der einen Seite, Intransigenz und fehlende Kooperationsbereitschaft der Opposition sowie militärischer Interventionismus auf der anderen Seite. Die negativen Konsequenzen solcher anachronistischen Konfliktformen dürften aber der politischen Klasse Haitis inzwischen anschaulich vor Augen geführt haben, dass es keine Alternative zur peniblen Einhaltung bestehenden Verfassungsrechts gibt.

2   Verfassungsentwicklung, Verfassungsprinzipien, Verfassungswirklichkeit

„Verfassungen sind aus Papier, Bajonette sind aus Eisen" – obwohl der Konstitutionalismus in Haiti eine lange Tradition hat, war das öffentliche Vertrauen in die Gültigkeit verbriefter Rechte aufgrund leidvoller Erfahrungen traditionell gering, wie die hier zitierte Volksweisheit erkennen lässt (Moïse 1989 I: 7). Auf prägnante Weise umschreibt sie mit wenigen Worten das zweihundertjährige Spannungsverhältnis, das zwischen dem schwachen liberalen Sektor der „politischen Klasse" und den herrschenden Eliten bestand. Die zuerst genannte „zivilistische" Gruppe bemühte sich beharrlich um die Einrichtung eines Rechtsstaats, die zweite stützte sich auf das Militär, pflegte ihre Interessen im Zweifelsfalle mit Gewalt durchzusetzen.[2]

Eine konstitutionelle Ordnung kann nur unter folgenden Bedingungen dauerhaft funktionieren: Sie muss auf einem breiten sozialen Konsens beruhen, die politische Integration und Partizipation weiter Bevölkerungskreise garantieren, die Machtfülle der Regierung beschränken und der Opposition die Gelegenheit geben, auf legalem Wege an die Macht zu kommen. In Haiti ließen sich solche Standards bis zum Sturz der Duvalier-Diktatur nicht durchsetzen, da sich ein substantieller Teil der politischen Akteure in Konfliktsituationen weigerte, die

---

[2] Im Folgenden werden Verfassungsbestimmungen mit Jahr und Artikel zitiert, z.B. Verf. 1801, Art. 20. Verfassungstexte in: Linstant 1851-66, Moïse 1989 I: 277-326; II: 489-548, Deux siècles de constitutions haïtiennes o.J.

konstitutionellen Spielregeln einzuhalten. Dies erklärt die starke Diskrepanz zwischen Verfassungstheorie und politischer Wirklichkeit, die Haiti bis 1986 kennzeichnete.

Zwar wurde der Staat von der Gründergeneration der haitianischen Nation als Quelle und Verteidiger des Rechts konzipiert, mit höheren öffentlichen Ämtern waren allerdings auch Pfründe und Privilegien verbunden. Im Kampf um diese lukrativen Positionen ging die idealistische Vision eines Staates, der primär dem Gemeinwohl verpflichtet war, schnell verloren. Eine kleine Oberschicht sicherte sich frühzeitig die Macht und monopolisierte die ökonomischen und kulturellen Ressourcen, während die Bevölkerungsmehrheit weitgehend ausgegrenzt wurde (Moïse 1989 II: 460-61). Diese Erfahrung prägte das Rechtsverständnis der Unterschichten – und damit der breiten Bevölkerungsmehrheit – nachhaltig. Der Staat und die Eliten wurden seit der Kolonialzeit nicht als Garanten ihrer Rechte, sondern als Bedrohung wahrgenommen. Infolgedessen setzte die Landbevölkerung alles daran, sich einem obrigkeitsstaatlichen Zugriff soweit wie möglich zu entziehen. Sie schuf ihren eigenen Regelkanon jenseits staatlich gesetzter Normen und sicherte sich dadurch durchaus weitreichende Selbstbestimmungsrechte, die aber nur im Inneren kleiner, überschaubarer Territorialgemeinschaft galten. Durch die oben beschriebenen periodischen Vorstöße machtnaher Eliten, die der Landbevölkerung mit dem Boden die Lebensgrundlage entzogen, wurde diese staatsferne Normwelt regelmäßig erschüttert. Da jedem dieser Vorstöße die schleichende Rückeroberung des Bodens auf den Fuß folgte, erwachte die parallele Normwelt zu neuem Leben. Haiti fehlte damit eine zentrale Voraussetzung, die die Stabilität der US-amerikanischen Verfassungsordnung sicherte. Während in den USA im 19. Jahrhundert das Staatsvolk mehrheitlich aus kleinen und mittleren Farmern bestand, die mit klar definierten Eigentumsrechten „auf der eigenen Scholle" lebten, wogte in Haiti ein Kampf zwischen verhinderten Latifundisten und Kleinbauern, die jeweils zeitlich befristet die Kontrolle über den Boden gewannen, ohne ihren Besitz jemals dauerhaft zu legalisieren. Da beide Gruppen regelmäßig aufeinander prallten, kollidierten auch ihre Regelsysteme. Eine gemeinsame Vorstellung von Legalität konnte sich auf dieser Grundlage nicht entwickeln.

Die haitianische Verfassungstradition weist französische, englische, nordamerikanische und afrikanische Bezüge auf, bildete aber zugleich die häufigen Verschiebungen der politischen Gewichte innerhalb der kreolischen Oberschichten ab. Erst in jüngerer Zeit hat der Umstand Beachtung gefunden, dass im Kongo des späten 18. Jahrhunderts, einem Herkunftsland vieler Sklaven, Auseinandersetzungen über eine Begrenzung königlicher Gewalt und politische Rechte stattfanden, die denen in Europa in manchem ähnelten (Thornton 1993). Da der Anteil gebürtiger Afrikaner in der Gründergeneration relativ hoch war, spielten afrikanische Vorbilder in der Revolutionsära noch eine große Rolle. Die schwarze Aufstandsbewegung der Jahre 1791-93 war monarchistisch gesinnt; einzelne regionale Rebellenführer ließen sich sogar selbst zum König ausrufen. Sie beherrschten jeweils nur isolierte Gemeinden und konnten sich nicht lange an der Macht halten. Drei Faktoren verhinderten, dass sich eine Monarchie afrikanischen Typs als allgemein akzeptierte Regierungsform durchsetzte: Die ethnische Heterogenität der Sklaven, der Einfluss des französischen Republikanismus und schließlich der Zerfall der schwarzen Rebellenbewegung in zahlreiche, oftmals autonom operierende Gruppen. Nachdem die Weißen zunächst eine Menschenrechtsdebatte in St.-Domingue gewaltsam unterbunden hatten, wurden die politischen Ideen der Französischen Revolution dort seit 1792 verstärkt rezipiert; farbige Intellektuelle aus der Kolonie griffen in Paris in die laufenden Grundrechtsdiskussionen ein. Eine Gruppe von Liberalen versuchte nach 1804 einen modernen Rechtsstaat nach französischem Vorbild zu errichten. Sie hatten zwar maßgeblichen Anteil an der Ausarbeitung der frühen haitianischen Verfassungen, vermochten es aber nicht, die aus dem Militär hervorgegangenen neuen Eliten dauerhaft auf ihre konstitutionellen Prinzipien festzulegen.

In kaum einem Land Lateinamerikas wurde die Verfassung so häufig geändert und anschließend von den Regierenden in wichtigen Teilen außer Kraft gesetzt wie in Haiti. In diesem Mechanismus aus formaljuristischer Affirmation konstitutioneller Grundsätze und ihrer Übertretung durch die Obrigkeit bildet sich der im 1. Kapitel beschriebene präsidiale Herrschaftszyklus ab. Bis zur Zentralisierung der Armee unter US-amerikanischer Ägide (1915-34) verfügten die Präsidenten nur über eine schmale Machtbasis. Nach seinem Amtsantritt bemühte sich der jeweilige neue Staatschef, seine Vorherrschaft konstitutionell abzusichern. Das Gegengewicht, das Senat und Parlament gegen den Präsidenten aufgebaut hatten, wurde reduziert, Grundrechte durch Kriegsrecht oder Ausnahmezustand ausgehebelt, Hürden gegen eine Verfassungsänderung beseitigt und schließlich eine Verlängerung der Amtszeit des Staatschefs durchgesetzt. Dies stabilisierte entweder seine Herrschaft oder führte zu einer Mobilisierung der Opposition, die nach dem Sturz des Staatschef ihrerseits eine Verfassungsrevision vornahm, um die Machtbefugnisse des künftigen Amtsinhabers erneut zu begrenzen.

Die meisten haitianischen Verfassungen weisen eine ähnliche Struktur auf. In einem ersten Abschnitt wird die Identität des Landes über Territorium, Nationalsymbole, Sprache und Staatsbürgerschaft definiert. An zweiter Stelle folgt eine Auflistung der Grundrechte und Bürgerpflichten. Der dritte Abschnitt definiert die Machtbefugnisse und Funktionen der drei öffentlichen Gewalten sowie der Gebietskörperschaften, soweit vorhanden. Es folgen viertens: die unabhängigen Institutionen wie der Rechnungshof, fünftens: Zivilverwaltung und Armee, sechstens: die Modalitäten einer Verfassungsrevision sowie die Übergangsbestimmungen, die in der Zeit einer amtierenden provisorischen Regierung gelten sollten (Moïse 1989 II: 466).

Ohne Zweifel hat Haiti mit seinem absoluten Verbot der Sklaverei einen wichtigen Beitrag zum Völkerrecht geleistet (Verf. 1801, Art. 3, Verf. 1806, Art. 1 und viele spätere Verf.). Die Verfassung der USA enthielt allgemeine Freiheitsrechte, doch fanden diese bis zum amerikanischen Bürgerkrieg auf sklavengestützte Sektoren der Wirtschaft keine Anwendung. Eine nach „rassischen" Kriterien abgestufte Gültigkeit „universaler" Grundrechte war vor 1945 auch für jene westlichen Staaten kennzeichnend, die über Kolonialbesitz verfügten. Dieser eklatante Widerspruch zwischen Anspruch und Wirklichkeit konnte erst im Zuge eines langwierigen Selbstreinigungsprozesses aufgelöst werden. Die UNO hat den Beitrag Haitis zum Völkerrecht gewürdigt, indem sie den 23. August (Beginn des Sklavenaufstands von St.-Domingue) zum Gedenktag ausgerufen hat, an dem jährlich an den Sklavenhandel und seine Abschaffung erinnert wird.[3]

Menschenrechte hatten in den meisten haitianischen Verfassungen einen prominenten Platz. Neben Meinungs- und Versammlungsfreiheit wurden die Sicherheit des Eigentums und die Unverletzlichkeit der Wohnung garantiert. Zugleich standen diese Freiheiten aber unter dem Vorbehalt öffentlicher Sicherheitsinteressen. Sah der Staat diese bedroht, wurden sämtliche Grundrechte hinfällig. Die meisten Präsidialregime haben infolgedessen die Grundrechtsgarantien im Bedarfsfalle aufgehoben. Namentlich die Diktatur Duvaliers herrschte auf der Basis eines permanenten Ausnahmerechts. Da eine Verfassungsgerichtsbarkeit fehlte, gab es keine Instanz, die die Einhaltung konstitutioneller Garantien überprüf-

---

[3] http://www.unesco.org/culture/dialogue/slave/html_eng/day2002.shtml, 11/2005.

te. Wenn die Grundrechte dennoch immer wieder in die Verfassungen aufgenommen wurden, so zeugte dies vor allem vom Willen einer liberalen Minderheit, den Staat dauerhaft auf ihre Einhaltung zu verpflichten (Moïse 1989 I: 257-60, 459-60). Die Anerkennung von Frauenrechten erfolgte zögerlich seit 1944, eine rechtliche Gleichstellung wurde erst 1957 erreicht (Verf. 1950, Art. 4, Verf. 1957, Art. 9, Gesetz vom 26.1.1957). Dieser rechtliche Fortschritt bewahrte die Frauenbewegung unter der Diktatur nicht vor staatlichen Repressionen (Moïse 1989 II: 235, 267, 287, 318, 337-38, 372).

Mit der Verfassung von 1987 wurde nach dem Ende der Duvalier-Diktatur ein neuer Anlauf unternommen, der haitianischen Demokratie ein nunmehr dauerhaftes Fundament zu geben. Allerdings bleibt die haitianische Transition angesichts fortdauernder politischer Turbulenzen und anomischer Dispositionen vieler politischer Akteure ein Prozess mit offenem Ausgang.

3   Der Staatschef und die Regierung

Trotz mehrerer Anläufe, Haiti in eine Monarchie umzuwandeln, setzte sich ein Präsidialregime durch, in dem der Staatschef eine dominierende Stellung innehatte. Nach dem Vorbild Napoleons hatte sich der erste Machthaber des Landes, Jacques Dessalines, im Herbst 1804 zum Kaiser ausrufen lassen; er wurde allerdings bereits zwei Jahre später gestürzt. Das Land spaltete sich in der Folgezeit in einen Nord- und einen Südstaat. Henri Christophe, ein schwarzer General der Revolutionsära, wandelte den Norden in ein Königreich um und richtete einen Erbadel ein, mit seinem Tod (1820) endete dieses Experiment. 1849-59 unternahm Faustin Soulouque einen zweiten Versuch, Haiti in ein Kaiserreich zu verwandeln.

In der konstitutionellen Ausgestaltung des Präsidentenamtes herrschten Diskontinuitäten vor. Die Machtfülle des Staatschefs war ebenso umstritten wie sein Verhältnis zu Parlament und Senat, sein Einfluss auf die Gesetzgebung, Wahlmodalitäten und Amtsdauer wurden in einem fort geändert. Eine Vorherrschaft von Volksvertretung oder Senat war in den Verfassungen von 1806, 1843 und 1867 vorgesehen; die liberale Minderheit, die hinter diesen Initiativen stand, vermochte es jedoch nicht, sich durchzusetzen. Zahlreiche Präsidenten versuchten gegen Ende ihrer Amtszeit, bestehende konstitutionelle Schranken gegen eine Wiederwahl aufzuheben. Einige setzten die Präsidentschaft auf Lebenszeit durch, wurden aber zumeist noch zu Lebzeiten aus dem Amt gejagt. So schwankte die Mandatsdauer über 200 Jahre hinweg, ohne jemals einen Ruhepunkt zu erreichen (Verf. 1843 und 67: 4 Jahre ohne Verlängerungsmöglichkeit, 1874: 8 Jahre mit Aussicht auf Wiederwahl, 1879 und 89: 7 Jahre (erst mit, dann ohne Wiederwahl), 1916/17: 5 Jahre, 1928: 6 Jahre, 1944: autoritäre Verlängerung der Amtszeit Lescots um weitere 7 Jahre. Von 1957 bis 86 herrschte zunächst François Duvalier, ab 1971 sein Sohn Jean-Claude als Diktatoren über Haiti und sicherten ihre Stellung durch Terror ab).

Nahezu alle Verfassungen verliehen dem Präsidenten außerordentliche exekutive Vollmachten. Zahlreiche Staatschefs bedienten sich des Ausnahmezustands oder Kriegsrechts, um die Opposition zu bekämpfen, und setzten sich damit über den demokratischen Anspruch der Verfassungen hinweg. Mit solchen Maßnahmen ließ sich die strukturelle Schwäche der präsidialen Machtbasis nur kurzfristig verdecken, überwiegend konnten sie sich nur auf regionale Klientelverbände und schmale Segmente der Eliten stützen (Kap. 1).

Parteien kamen erst seit den 1870er Jahren auf und spielten vor 1987 außerhalb der Wahlkampfzeit kaum eine Rolle (Kap. 7).

Die Präsidenten beherrschten den Staatsapparat. Ihnen oblag es, zivile und militärische Posten zu besetzen. Mit ihren Erlassen knüpften sie an die absolutistische Dekretkultur der Kolonialzeit an. Als Oberbefehlshaber der Armee verfügte der Staatschef über ein Machtinstrument, das sich auch innenpolitisch nutzen ließ. Gemeinsam mit dem Parlament besaß er traditionell das Recht, Gesetze einzubringen. Der Präsident handelt Verträge mit auswärtigen Mächten aus, die aber von der Nationalversammlung ratifiziert werden müssen. Im Falle einer Vakanz des Postens übernimmt der Präsident des Kassationsgerichts provisorisch die Amtsgeschäfte des Staatschefs. Erst in jüngerer Zeit wurde dem Staatschef ein Ministerpräsident an die Seite gestellt, um seine Machtfülle zu begrenzen (Verf. 1987, Art. 136-154).

Minister spielten über lange Zeit hinweg nur die Rolle ausführender Organe, die dem Willen des Präsidenten klar untergeordnet waren. Überwiegend fungierten sie als leitende Beamte ohne eigene Richtlinienkompetenz, wenngleich starke Persönlichkeiten gelegentlich diesen Rahmen durchbrachen. So etwa Anthénor Firmin (1850-1911), ein führender Intellektueller, der der Nachwelt durch seine Widerlegung der Rassenideologien in Erinnerung geblieben ist und der zeitweilig ein Ministeramt bekleidete (Geiß 1991: 200, 227). Viele Verfassungen verliehen dem Parlament das Recht, von Ministern Rechenschaft für ihre Amtsführung zu fordern, und gaben ihm damit ein wichtiges Druckmittel gegenüber dem Präsidenten.

4   Parlament und Senat

Nach der Abschaffung der Sklaverei konnte St.-Domingue eigene Abgeordnete in den Convent, später in den Rat der 500 entsenden. Ein Teil dieser Volksvertreter war schwarz – mit diesem metropolitanen Vorlauf begann der haitianische Parlamentarismus. Das Land orientierte sich bei der Einrichtung seines Zweikammer-Systems an anglo-amerikanischen Vorbildern, nahm aber immer wieder auf Frankreich Bezug. Dies konnte man bereits an der mehrfach wechselnden Bezeichnung der ersten Kammer erkennen: Chambre des Communes, Assemblée nationale, Chambre des Députés. Im Gegensatz zur britischen und amerikanischen Tradition überwogen in der haitianischen Parlamentsgeschichte die Diskontinuitäten. Auf mehr als 40 Legislaturperioden kamen 22 Verfassungen, 3 „Grundakten", 14 mehr oder weniger umfangreiche Revisionen und eine „Konvention" mit konstitutionellem Rang (Moïse 1989 II: 485-86).[4] Zahlreiche Parlamente wirkten deshalb wenigstens zeitweilig als verfassungsgebende Versammlung.

Der dauernde Machtkampf zwischen Präsident und Opposition führte dazu, dass das Verhältnis zwischen Präsident und Zweikammersystem ständig neu justiert werden musste. Das Recht, den Präsidenten zu wählen, lag zeitweilig beim Senat, zeitweilig beim Abgeordnetenhaus. Nur in kürzeren Perioden konnte das Parlament ein politisches Übergewicht erlangen, ansonsten dominierte bis 1986 der Staatschef. Der Kontrollgewalt der zwei Kammern konnte er sich freilich nur in Zeiten präsidialen Autoritarismus entziehen, namentlich im 20. Jahrhundert. Unter der Duvalier-Diktatur verkümmerte das Parlament, zeitweilig auf eine Kammer reduziert, zum reinen Akklamationsinstrument. Ansonsten bildeten Abgeord-

---

[4] Vgl. die Liste der Verfassungen im Anhang.

netenhaus und Senat ein bedeutendes konstitutionelles Gegengewicht gegen die Exekutive. Das Parlament bewahrte seine legislativen Vollmachten, stimmte über Verträge ab und konnte bei Verfassungsrevisionen nicht umgangen werden. Die meisten Verfassungen sahen eine Rechenschaftspflicht der Minister vor, was dem Parlament die Macht gab, sie oder sogar die Regierung zu stürzen. Im 19. Jahrhundert machte es von dieser Möglichkeit häufiger Gebrauch (1870-72 unter Präsident Saget, 1897 unter Sam). Dem stand das Privileg des Präsidenten gegenüber, das Parlament aufzulösen, aber auch dieses wurde mehrfach eingeführt und wieder abgeschafft: In den Verfassungen von 1846, 1935 und den seit 1950 erlassenen war es enthalten, in den anderen fehlte es (Moïse 1989 II: 218, 314-15). Durch Kriminalisierung und Ausschluss oppositioneller Abgeordneter aus dem Parlament schwächten viele Präsidenten vor 1986 Widerstände in der Legislative.

In der Verfassung von 1987 bilden Senat und Abgeordnetenhaus gemeinsam die Nationalversammlung und damit die Legislative mit Sitz in Port-au-Prince. Als solche hat sie das Recht, Verträge zu ratifizieren, den Ausnahmezustand zu verhängen und Rechenschaftsberichte der Regierung zu debattieren (Art. 98-103). Legislative und Exekutive können jeweils eigene Gesetzesentwürfe einbringen; erstere besitzt die alleinige gesetzgebende Gewalt. Bei Konflikten zwischen beiden Kammern wird eine Schiedskommission aus Vertretern beider Häuser beauftragt, nach einem Kompromiss zu suchen (Art. 111).

5   Gesetzgebung

In den politischen Kämpfen der vergangenen 200 Jahre kam es in Haiti regelmäßig zu Machtverschiebungen zwischen Präsident, Senat und Parlament, die sich in ihrem jeweiligen Einfluss auf den Prozess der Gesetzgebung niederschlugen. Zumeist behielt jedoch der Staatschef ein klares Übergewicht. In gewisser Hinsicht bildeten sich hierin spätkoloniale Verhältnisse ab. In der Zeit der Revolutionskriege stieg der Gouverneur zum wichtigsten Machtfaktor der Kolonie auf; er setzte eine antiparlamentarische Dekret-Kultur durch, die in vieler Hinsicht die Sonderrechte der haitianischen Präsidenten vorwegnahm.

Der despotische Regierungsstil Dessalines (1804-06) hatte die Gefahren einer allzu großen Machtfülle der Exekutive früh an den Tag gebracht. Nach seinem Sturz wurden alle legislativen Vollmachten auf den Senat übertragen, doch auch dieses Experiment scheiterte rasch. Wie in Kapitel 1 beschrieben, zerfiel das Land in eine Vielzahl regionaler Machtpole, deren Interessengegensätze schwer zu überbrücken waren. Im Senat vereint, drohten sie die Legislative vollends zu blockieren, und so bereiteten sie einem autoritären Präsidentialismus das Feld.

Präsident Boyer leistete in seiner langen Regierungszeit (1816-43) einen entscheidenden Beitrag zur Kodifizierung des haitianischen Rechts: Das Zivil-, Handels-, Agrar-, Straf- und Strafprozessrecht wurden jeweils in eigenen Gesetzbüchern zusammengefasst (Moïse 1989 I: 60).[5] Die Einrichtung eines modernen Kataster- und Grundbuchwesens scheiterte allerdings am Dauerkonflikt zwischen Kleinbauern und Latifundisten (Barthélemy 1989: 63, 65).

Mit der Verfassung von 1843 unternahm das liberale Bürgertum einen Versuch, alle Rechte der Legislative beim Parlament anzusiedeln, doch trat diese Konstitution nicht in

---

[5] Haitianische Gesetze des 19. Jahrhunderts sind abgedruckt in: Linstant 1851-66. Für die spätere Zeit: Le Moniteur/Journal officiel de la République d'Haïti.

Kraft. Seither konnten die Präsidenten Haitis ihre Machtstellung gegenüber den beiden Kammern immer weiter ausbauen. In der Zeit der US-Besatzungsherrschaft (1915-34) sicherten sich die USA ein Mitspracherecht bei allen Gesetzgebungsinitiativen (Moïse 1989 II: 72). Sie nutzten ihre Vormachtstellung, um Haiti zur Aufgabe seines Verfassungsgrundsatzes zu zwingen, Ausländer vom Grundbesitz auszuschließen (Moïse 1989 II: 59) und erlaubten damit US-Konzernen, sich in Haiti als Großgrundbesitzer zu etablieren.

Die Verfassung von 1987 hat die Machtgewichte zugunsten von Abgeordnetenhaus und Senat verschoben, und damit ihre Stellung im institutionellen System zumindest theoretisch gestärkt (Art. 88, 111-126).

6   Wahlen

Formal betrachtet beruht das politische System Haitis seit der Unabhängigkeit auf dem Prinzip der Volkssouveränität. De facto war aber die Beteiligung des Volkes an politischen Entscheidungsprozessen im 19. und 20. Jahrhundert gering. Durch die Entscheidung des Revolutionskommissars Sonthonax hatten die ehemaligen Sklaven 1793 mit der französischen Staatsbürgerschaft auch das Wahlrecht erhalten, das die Frauen freilich ausschloss. Obwohl seit der Unabhängigkeit autoritäre Präsidialregime vorherrschten, wollte doch kaum eine haitianische Regierung auf Wahlen verzichten. Diese ließen sich allerdings mithilfe des Wahlrechts und durch die Steuerung des Abstimmungsverhaltens manipulieren.

Außer in der Zeit der Duvalier-Diktatur herrschte in Haiti ein Zweikammersystem aus Abgeordnetenhaus und Senat (vgl. Kap. 4). Ersteres wurde lange Zeit über den Umweg von *Assemblées primaires* gewählt, die ihrerseits die Volksvertreter bestimmten. Dieses Wahlmännersystem besteht noch immer. Gegenwärtig bildet jede Munizipalgemeinschaft einen Wahlbezirk, der je einen Abgeordneten stellt. Die Wahlperiode beträgt vier Jahre, wobei Volksvertreter unbegrenzt wiedergewählt werden können (Verf. 1987, Art. 89-93). Senatoren wurden zeitweilig allein vom Präsidenten ernannt (Ära Boyer), zeitweilig oblag ihre Berufung zur Hälfte dem Parlament und zur Hälfte dem Staatschef. Der Senat hatte ursprünglich die Funktion einer sozial exklusiven Notablenversammlung, seit 1987 wird er über eine Wahlmännerversammlung für sechs Jahre vom Volk gewählt (3 Senatoren pro Departement), wobei alle zwei Jahre für ein Drittel von ihnen Neuwahlen anberaumt werden (Verf. 1987, Art. 94-96). Das Volk bestimmt den Präsident der Republik nach geltendem Recht in Direktwahl mit absoluter Mehrheit. Erhält keiner der Kandidaten die nötige Zahl der Stimmen, wird ein zweiter Wahlgang erforderlich, in dem die zwei bestplatzierten Amtsanwärter gegeneinander antreten.

Während die liberale Minderheit der frühen „Verfassungsväter" Haitis ein allgemeines und gleiches Männerwahlrecht intendierte (Verf. 1806), setzte sich im 19. Jahrhundert ein rigides indirektes Zensusprinzip durch, das die Bevölkerungsmehrheit politisch entmündigte. Das Wahlalter lag bei 21 Jahren, abstimmungsberechtigt waren Grundbesitzer, Inhaber von Pachtverträgen mit einer Laufzeit von mindestens 9 Jahren und jeder, der entweder einen Betrieb führte oder einen festen „Beruf" ausübte – mit den Begriffen *profession* und *emploi* waren bürgerliche Berufe, Handwerke und feste Kontraktarbeiter gemeint, die aber zusammengenommen nur eine kleine Minderheit bildeten. Die Masse der Haitianer bestand, wie oben ausgeführt, aus Kleinbauern ohne anerkannte Eigentumstitel; sie fielen also automatisch aus der Gruppe der Wahlberechtigten heraus. Von den großen politischen

Debatten, die auf Französisch geführt wurden, blieb die Créole sprechende Landbevölkerung ohnehin aus sprachlichen Gründen ausgeschlossen. Die Duvalier-Diktatur wertete aus populistischen Motiven das Créole auf, inzwischen ist es neben dem Französischen offizielle Landessprache, womit wenigstens die linguistische Ausgrenzung der einfachen Haitianer ein Ende fand. Kosten eines Wahlkampf mussten Kandidaten ohne Parteirückhalt selbst tragen, was diese auf den Kreis zahlungskräftiger Haitianer beschränkte.

In der Regel sorgten die örtlichen Militärkommandanten für die Mobilisierung der Wähler und hatten damit die Möglichkeit, die Ergebnisse zu manipulieren. Trotz der geringen Zahl der Stimmberechtigten blieb die Wahlbeteiligung bis Mitte des 20. Jahrhunderts gering. Nur wenige Wahlen vor 1987 konnten als frei und fair gelten (u.a. jene von 1930 und 1946). Inzwischen wurde ein permanenter Wahlrat (CEP) geschaffen, um für einen sauberen Ablauf der Abstimmungen zu sorgen. Formal korrekte Wahlen können allerdings nur dann zu einem stabilen politischen System führen, wenn Regierung und Opposition sowohl die Ergebnisse dieser Wahlen, als auch die Rechte ihrer jeweiligen Gegenspieler respektieren. Der bislang letzte frei gewählte Präsident Aristide musste 2003 nach einer massiven Protestkampagne der Opposition sein Amt aufgeben. Es ist mithin unklar, ob künftige Wahlen zu einem geregelten politischen Verfahrensablauf führen werden (Moïse 1989; Dubique 2001-02).

7   Parteien

Parteien entstanden in Haiti erst sehr spät und spielten lange Zeit über in der Politik keine tragende Rolle. Die Landbevölkerung war mehrheitlich vom Wahlrecht ausgeschlossen und hatte angesichts bestehender informeller Vernetzung über Familien, Clans und Kultgemeinschaften keinen Bedarf an zusätzlichen Organisationen (Barthélemy 1989: 159). In den späten 1870er Jahren gruppierten sich Teile der Eliten um den Parti National und den Parti Libéral, doch verschwanden diese später wieder von der Bildfläche. Im 20. Jahrhundert entstanden Parteien überwiegend in Krisen- und Übergangszeiten; zumeist stellten sie aber nicht mehr dar als kurzlebige Wahlkampfmaschinen ehrgeiziger Politiker. Als ad-hoc-Gründung zu Kampagnenzwecken pflegten sie bald nach den Wahlen wieder zu zerfallen. Einer der Gründe für diese Kurzlebigkeit liegt in der Fragmentierung der haitianischen Gesellschaft (Kap. 1). Häufig deckten sich die Parteien mit bestehenden regionalen Klientelverbänden und definierten sich entweder als *noiriste* oder als *mulâtriste* (Moïse 1989 I: 204, II: 57, 458-59).

Der Sturz des autoritären Präsidenten Lescot führte 1946 zu einer Gründungswelle neuer Parteien (u.a. Parti National Populaire, Parti Socialiste Populaire). 1957 schuf der diktatorisch regierende Präsident Duvalier eine eigene Regimepartei (Parti Unité Nationale) und verbot andere Parteien unter Hinweis auf das Kriegsrecht. Nahezu 30 Jahre Diktatur zwangen trotz kürzerer Phasen der Liberalisierung oppositionelle Parteien in die Illegalität; ihren Mitglieder drohte der Terror der Macoutes. Dennoch entstanden mehrere regimekritische Parteien: so der Parti Démocrate-Chrétien Haïtien (PDCH) und der Parti Social Chrétien d'Haïti (PSCH). Die Verfassung von 1987 ordnete den Parteien einen zentralen Stellenwert im politischen Meinungsbildungsprozess und bei der Regierungsbildung zu – eine Partei, die im Parlament über die Mehrheit verfügt, kann für sich den Posten des Ministerpräsidenten beanspruchen (Art. 31 und 137). 1996 fasste Präsident Aristide seine

Gefolgschaft in einer eigenen Partei zusammen (Fanmi Lavalas). Die politischen Unruhen, die 2003/2004 zum Sturz Aristides führten, belebten noch einmal den traditionell feindseligen Antagonismus zwischen Regierung und Opposition, der die haitianische Geschichte seit dem 19. Jahrhundert gekennzeichnet hat. Ob dieser Gegensatz nach den kommenden Wahlen (2006) abgebaut werden kann oder ob die politischen Parteien den „Präsidentenzyklus" (Kap. 1) in einen ähnlich krisenanfälligen „Parteienzyklus" transformieren werden, lässt sich beim derzeitigen Stand der Dinge nur schwer voraussagen.[6]

8   Militär

Die haitianische Militärgeschichte reicht in die Zeit vor 1789 zurück. Die Gesamtheit nichtadliger Kolonisten unter Einschluss der freien Farbigen war zum Milizdienst verpflichtet. Mit den französischen Interventionstruppen, die sich auf die Seiten Washingtons stellten, nahmen auch Schwarzenbataillone aus St.-Domingue am Befreiungskrieg der nordamerikanischen Kolonien teil. Offiziere aus den Reihen der freien Farbigen stiegen im Süden und Südwesten Haitis zur regionalen Führungsschicht auf.

Viele Sklaven stammten aus Regionen Afrikas, die schon früh mit europäischen Kampftechniken in Berührung gekommen waren (v.a. der Kongo), und verfügten deshalb über militärisches Wissen, das dem der Franzosen durchaus ebenbürtig war. Nach der Abschaffung der Sklaverei 1793/94 wurden die republiktreuen Teile der aufständischen Schwarzen in die reguläre französische Armee integriert und übernahmen infolgedessen ihre Organisation, Waffen und Uniformen. So kam es, dass 1802/03 Napoleons Streitkräfte in St.-Domingue auf nach ihrem Vorbild aufgebaute feindliche Truppen stießen.

Wie in vielen lateinamerikanischen Staaten galt die Armee in Haiti seit dem Unabhängigkeitskrieg als Garant der nationalen Souveränität. Die Offiziere beanspruchten für sich eine soziale Sonderstellung und materielle Privilegien. Im neuen Staat drängte diese militärische Meritokratie den zivilen Sektor schnell an den Rand. Etwa 60% des Staatsbudgets gingen traditionell an das Militär, das damit erhebliche Spielräume zur Verteilung von Pfründen besaß. Von 1804 bis 1915 besetzten Offiziere einen großen Teil der politischen Führungspositionen einschließlich derjenigen des Präsidenten (Barthélémy 1989: 115; Moïse 1989 I: 254). Ländliche Regionen wurden in Anlehnung an koloniale Vorbilder einer Militärverfassung unterworfen, die örtlichen Kommandanten (*Commandants d'arrondissement*) standen den Gemeinden vor. Ihre Stellung verschaffte ihnen eine lokale Machtbasis, die sie in etwa auf eine Stufe mit den Kaziken des spanischen Amerika stellte. Bis zur US-amerikanischen Intervention von 1915 sicherten sie die präsidiale Herrschaft auf regionaler Ebene ab, im Gegenzug sahen sich die Präsidenten allerdings gezwungen, beträchtliche Machtbefugnisse an sie zu delegieren, was sie innenpolitisch schwächen musste. Den *Commandants d'arrondissement* kamen Polizeiaufgaben zu, sie überwachten Steuer- und Zolleinnahmen. Darüber hinaus organisierten sie die Wahlen und manipulierten diese im Bedarfsfalle. Ihre Loyalität zum regierenden Präsidenten war zeitlich befristet und konnte schnell wieder aufgelöst werden. Geriet die Regierung in eine ernsthafte Krise, wechselten viele von ihnen ins Lager der Opposition (Moïse 1989; Laguerre 1993). Soldaten wurden

---

[6] Zu den neueren Parteien: Moïse (1996). Eine aktuelle Liste der haitianischen Parteien und Parteienbündnisse mit weiteren Informationen findet man unter http://www.haiti-reference.com/politique/organisations/(11/2005): Haïti-Référence: Organisations Politiques en Haïti.

überwiegend gewaltsam aus der bäuerlichen Bevölkerung rekrutiert, oftmals nur für den Zeitraum einer politischen Kampagne. Ihre Besoldung und Ernährung war zumeist unzureichend, oftmals sahen sich die Soldaten gezwungen zu plündern, um zu überleben.

Die US-Invasion von 1915 führte zu einem tiefen Einschnitt in der haitianischen Militärtradition. Die Armee wurde nunmehr auf Weisung der Besatzungsmacht zügig zentralisiert. Diese Maßnahme wirkte sich auch auf das politische System Haitis aus: mit den *Commandants d'arrondissement* verschwanden die regionalen Machtpole, die bislang das präsidiale Herrschaftssystem geschwächt hatten. Die Professionalisierung der Armee beendete die Fragmentierung dieser Institution und veränderte zugleich ihre politische Rolle: Statt Führungs- hatte sie nunmehr Mittlerfunktionen (Laguerre 1993: 63). Beruhte die präsidiale Macht zuvor auf brüchigen Allianzen mit regionalen Generälen, so wurde die Armee nun zu einem zuverlässigen Herrschaftsinstrument autoritärer Machthaber. In Zeiten politischer Legitimationskrisen konnte sie sich allerdings schnell wieder in einen eigenständigen sozialen Akteur verwandeln. 1946 wurde eine rechtliche Trennung von Polizei und Armee in der Verfassung festgeschrieben, die sich aber in der Praxis als unwirksam erwies (Verf. Art. 134) (Laguerre 1993: 125). Um ihre Herrschaft abzusichern, schuf sich die Duvalier-Diktatur eine eigene Miliz, die Gegner des Regimes mit terroristischen Mitteln einschüchterte (Macoutes); nach dem Sturz der Diktatur überlebte ein Teil dieser Gruppen im Untergrund und verübte von dort aus weitere Gewalttaten.

Armee und Justizministerium bilden jeweils eigene nachrichtendienstliche Einheiten (Sektion G 2 des Armeehauptquartiers, Bureau des Recherches Criminelles, Antidrogenpolizei, Zollfahndung). Da sich die Polizei aber traditionell weitgehend aus den Reihen der Armee rekrutiert, weisen diese Sektoren zahlreiche Überschneidungen auf. Die Ausbildung ihrer Mitglieder erfolgte zum Teil in den USA, zum Teil in Frankreich (Laguerre 1993: 125-147).

9   Kirchen und Religionsgemeinschaften

In Haiti spielten traditionell nur zwei Religionen eine größere Rolle: die katholische Kirche und die Kultgemeinschaft des Vaudou/Voodoo. Während die Verfassung von 1801 den Katholizismus zur Staatsreligion erhob, ließ Kaiser Dessalines 1805 die Religionsfreiheit proklamieren. In den folgenden 200 Jahren wurde das Verhältnis von Staat und Kirche des Öfteren neu definiert. Zeitweilig stand die katholische Konfession unter besonderem Schutz des Staates (Verf. 1806, 1807 und 1816). Ab Mitte der 1840er Jahre setzte sich das Prinzip der Religionsfreiheit immer stärker durch. Seit 1860 ist das Verhältnis zum Vatikan per Konkordat geregelt. Priester wurden seither vorrangig in Frankreich ausgebildet; entsprechend groß war der französische Einfluss auf den haitianischen Klerus. Während die Kirche eine Reihe autoritärer Präsidenten unterstützte (u.a. Lescot), setzten sich viele Priester individuell für Verfolgte ein und riskierten damit ihre Ausweisung. Kirchenkreise unterstützten die Opposition gegen die Diktatur Duvaliers; beispielsweise protestierte die Conférence Haïtienne des Religieux (CHR) in den 1970er Jahren vehement gegen willkürliche Verhaftungen. Mit dem aus der Befreiungskirche stammenden Priester Aristide gelangte ein Vertreter der Basisgemeinden ins Präsidentenamt. Oberstes Gremium der Kirche ist die haitianische Bischofskonferenz (Moïse 1989 I: 46, 119, 186, 213; II: 288-89; 319-20, 427-429, 444-45).

Vaudou ist im Wesentlichen ein synkretistischer spiritueller Komplex, der durch die Verschmelzung zahlreicher afrikanischer Religionen entstand und die ganze ethnische Vielfalt der einstigen Sklavengemeinschaft repräsentiert, aus der das haitianische Volk hervorgegangen ist. Christliche Eiferer haben ebenso wie sensationalistische Medien bis in die Gegenwart nichts unversucht gelassen, diese afroamerikanische Religion als etwas Okkultistisches und Dubioses darzustellen. Zeitweilig veranlasste die Amtskirche Verfolgungsfeldzüge gegen Vaudou, seine Gemeinschaften und seine Kultstätten. Diese Herabsetzung der haitianischen Volksreligion war nicht viel mehr als ein Ausdruck von Intoleranz und Rassendünkel. Vaudou organisiert sich überwiegend in kleinen Gemeinden, weist aber keine zentralen Hierarchien auf. Charismatische Priester beiderlei Geschlechts organisieren die Kulthandlungen und haben sehr häufig auch bedeutende soziale und seelsorgerische Funktionen. Die Gemeinden unterteilen sich in einfache Gläubige und in Initiierte, denen im Gottesdienst eine Schlüsselrolle zufällt. Vaudou versteht sich als Kult der permanenten Offenbarung: Beim Gottesdienst treten mehrere Gottheiten des Vaudou-Pantheons in Erscheinung, indem sie von einem der Initiierten „Besitz ergreifen". Im Zustand der Trance verwandelt dieser sich in eine Gottheit und erhält für kurze Zeit ihre Autorität. Diese Initiierten wirken als Prediger und Orakel. Vaudou zerfällt in zwei Traditionen – Rada/Dahomey und Petro/Kongo –, die sich unter anderem in Bildsprache (symbolisch/figürlich) und Ritualen unterscheiden, in vielem aber Überschneidungen aufweisen. Die Bild- und Symbolsprache des Vaudou ist inzwischen über die Religionsgemeinschaft hinaus Teil der haitianischen Volkskultur geworden (Hurbon 1995, Métraux 1977).

10 Das Rechtssystem

Die Rechtsordnung der Kolonialzeit war gänzlich auf die Bedürfnisse der Metropole und der weißen Herrenschicht zugeschnitten. Entsprechend wenige Anknüpfungspunkte fand Haiti dort zum Zeitpunkt seiner Staatsgründung. Das Prinzip der Gewaltenteilung fehlte in St.-Domingue; Legislative, Exekutive und Judikative überschnitten sich. Gouverneur und Intendant bildeten gemeinsam die Kolonialregierung, gehörten aber auch den Obersten Gerichtshöfen (Conseils supérieurs) und dem Bodengericht an. Mehrere Formen von Recht koexistierten bis 1789. Die Dekrete des Marineministers hatten Gesetzeskraft, die *Conseils supérieurs* nutzten die Interpretationsspielräume, um mit ihren Urteilen (arrêts) ein eigenes koloniales Gewohnheitsrecht zu begründen. Seit 1685 galt in den französischen Kolonien der *Code Noir*, ein Sklavenkodex, der die Verhältnisse auf den Plantagen regelte. Die Pflanzer hielten sich nicht an dieses Gesetzbuch und errichteten ein informelles System individueller Rechtsprechung, das keiner staatlichen Kontrolle unterlag. In der Praxis nahm dieses entweder patriarchalische oder despotische Formen an. Diese Neigung, den eigenen Wirkungskreis als staatsfreien Raum zu definieren, in dem allein selbst gesetzte Regeln galten, wirkte stilbildend auch über die Zeit der Unabhängigkeit hinaus – weite Teile der haitianischen Eliten der Gründergeneration übernahmen sie als Erben der vertriebenen weißen Pflanzer. Rechtsmissbräuche durch Mittelsmänner der Macht – Offiziere, Grundbesitzer, Kaufleute, Staatsbedienstete – gehörten bis weit ins 20. Jahrhundert hinein zur Alltagserfahrung der Haitianer (Moïse 1989 I: 260).

Als wichtigste Ressource der Kolonie unterlag der Boden einem eigenen Konzessionsrecht, das privates Grundeigentum weitgehend ausschloss – Pflanzer durften ihr Terrain nur nutzen, solange sie den Plantagenbetrieb aufrechterhielten, verloren es aber an die Krondomäne, wenn sie es für längere Zeit brachliegen ließen. Dieses Sonderrecht verhinderte die Bildung unproduktiven Großgrundbesitzes, trug erheblich zum ökonomischen Erfolg St.-Domingues bei, führte aber auch zur Auslaugung der Böden. Plantagen unterlagen nicht dem Pfandrecht; Gläubiger durften die Produkte verschuldeter Plantagen für sich reklamieren, nicht aber den Boden, die Produktionsmittel und die Sklaven. Für das Privat- und Erbrecht galt das Pariser Gewohnheitsrecht (*Coutume de Paris*).

Das Rechtssystem Haitis wurde mehrgliedrig ausgerichtet, wobei das Gerichtswesen seit 1801 westlichen Standards entsprechend aus zwei Instanzen bestand (*Tribunaux de première instance* und *Tribunaux d'appel*). Ein Kassationsgericht überprüfte im Bedarfsfalle die Urteile der oberen Instanz. Daneben etablierte sich eine eigene Militärgerichtsbarkeit. Richter wurden ursprünglich auf Lebenszeit ernannt, um die Unabhängigkeit der Judikative zu garantieren (Verf. 1801, Titre IX, Art. 42-47). Die richterliche Unabhängigkeit wurde in der Regierungszeit autoritärer Präsidenten weitgehend aufgehoben, 1987 aber wieder eingeführt (Verf. 1987, Art. 173-184). Um einen haitianischen Staatschef wegen Amtsmissbrauchs anklagen und absetzen zu können, steht es dem Senat zu, sich in einen Obersten Staatsgerichtshof umzuwandeln (Verf. 1987, Art. 185-190).

Besonders schwerwiegende Eingriffe in das Rechtssystem wurden nach Verhängung des Ausnahmezustands bzw. des Kriegsrechts möglich. Es sah eine Aufhebung der Grundrechte vor, durfte aber offiziell nur zur Abwendung einer akuten Gefahr für die äußere oder innere Sicherheit verhängt werden (Gesetz vom 13.4.1880, Verf. 1932, Art. 127). Im 20. Jahrhundert wurde dieses Notstandsinstrument regelmäßig zur Herrschaftssicherung autoritärer Regierungen missbraucht. So regierte die Duvalier-Diktatur (1957-86) mithilfe des Ausnahmezustands, der von einem Marionettenparlament regelmäßig verlängert wurde. Die Verfassung von 1987 beschränkt seine Dauer auf 15 Tage und macht seine Verlängerung von der Zustimmung des Parlaments abhängig, das verpflichtet ist, in der Zeit des Ausnahmezustands permanent zu tagen.

1843 wurde zur Überwachung der Finanzverwaltung ein Rechnungshof eingerichtet, der später auch die Funktionen eines Verwaltungsgerichts übernahm (*Chambre des Comptes, Cour Supérieure des Comptes/et du Contentieux administratif*). Neben der Überwachung des Ausgabengebarens ist er für Streitigkeiten zwischen dem Präsidenten und den Gebietskörperschaften zuständig. Seine Urteile können nur vom Kassationsgericht revidiert werden (Moïse 1989 I: 98; II: 285, 316, 469, 472).

Individueller Rechtsschutz hatte in den Zeiten autoritärer Präsidialregime einen schweren Stand. Während des 2. Weltkriegs wurde die Standesfreiheit der Anwälte unter dem Vorwand des herrschenden Kriegsrechts aufgehoben, gleichzeitig wurden diese dem Justizministerium unterstellt (Moïse 1989 II: 238). Unter der Diktatur Duvaliers verschwand der Rechtsstaat vollends. Die Haitianer waren dem Terror der Miliz des Diktators (Macoutes) schutzlos ausgeliefert. Die Verfassung von 1987 erlaubte eine Rückkehr zu rechtsstaatlichen Prinzipien, die jedoch durch fortdauernde politische Instabilität gefährdet ist.

11   Regionen und Kommunen

Bis 1793 bestand Saint-Domingue aus drei Provinzen (Norden, Westen, Süden) und 52 Kirchengemeinden (paroisses). Es verlor zu diesem Zeitpunkt seinen Kolonialstatus und wurde dem französischen Territorium angegliedert. Haiti übernahm das Departement als größte territoriale Einheit (gegenwärtig gibt es neun davon) (Laguerre 1993: 129, Barthélémy/Girault 1993: 4), vor 1987 hatten sie nur den Charakter militärischer Verwaltungsbezirke. Diese sind wiederum untergliedert in Arrondissements und Kommunen. Lange Zeit über lag die kommunale Gewalt in der Hand der örtlichen Militärkommandanten bzw. *Chefs de section*, an deren Widerstand die Einrichtung ziviler Gemeindekörperschaften scheiterte (Moïse 1989 I: 97, 102-03, 211). Bereits im 19. Jahrhundert war die Einrichtung einer Präfektur nach französischem Vorbild geplant, doch erst der US-Besatzungsherrschaft gelang es, die regionalen *commandants d'arrondissement* zu entmachten und das Präfektensystem durchzusetzen (Moïse 1989 II: 70, 285, 318, 350, 432, 470). Die Ära der Diktatur war einer kommunalen Demokratie nicht förderlich, doch konnte diese seit der Demokratisierung viele Fortschritte verzeichnen. So wurden 1987 Gemeinderäte eingerichtet, die in der *Assemblée de la Section Communale (ASEC)* eine gemeinsame Vertretung erhielten. Angesichts des starken Regionalismus wird der kommunalen Demokratie beim Aufbau der haitianischen Zivilgesellschaft in Zukunft eine Schlüsselrolle zukommen (Moïse 1989 II: 470f.).

12   Massenmedien

Als die Meinungsfreiheit St.-Domingue im Jahre 1790 erreichte, blieb sie – wie so vieles – ein Privileg der Weißen. In diesem Jahr setzte sich der Verleger Mozard über aller bestehenden Pressebeschränkungen hinweg und verkündete, in seiner *Gazette de Saint-Domingue*, künftig alle Meinungen zu berücksichtigen, mit Ausnahme jener, „die die beiden unteren Klassen der kolonialen Bevölkerung [Sklaven und freie Farbige] betreffen, über die unsere Autoren … absolutes Stillschweigen bewahren werden."[7] Die Zeitungen der Kolonie gehörten zum Genre der Verlautbarungspresse, die Dekreten der Kolonialregierung, Debatten des Kolonialparlaments und Nachrichten der Exportwirtschaft breiten Raum einräumte. Nur wenige Periodika erschienen über einen längeren Zeitraum hinweg, so die *Affiches américaines*, Vorläufer der genannten *Gazette*. In Paris gab Milscent-Demusse, Kaffeepflanzer aus St.-Domingue, die kosmopolitische Zeitschrift *Le Créole Patriote* heraus. Die Revolutionsära, in deren Verlauf sich die politische Landschaft mehrfach grundlegend veränderte, leitete einen Kampf um die kulturelle Hegemonie ein, der sich in Haiti bis ins 20. Jahrhundert hinein fortsetzte. Entsprechend groß war der Bedarf an politischen Rechtfertigungsschriften und Pamphleten, in denen die in Kapitel 1 beschriebenen sozialen Gruppen – oftmals unter Verweis auf ihre historischen Meriten – ihren Anspruch auf eine Vormachtstellung im Staat begründeten.[8]

Der Bildungsvorsprung garantierte den „mulattischen" Eliten anderthalb Jahrhunderte lang eine Vormachtstellung in den haitianischen Printmedien. Auch wenn sich bereits in der Revolutionsära zaghafte Versuche eines Schrifttums in Créole manifestierten – der jakobinische Kommissar Sonthonax ließ 1793/94 einen Teil seiner Proklamationen in dieser Sprache drucken – blieb die analphabetische Landbevölkerung, die kein Französisch sprach, vom Medienbetrieb ausgeschlossen.

Drei Faktoren, die schon in anderem Zusammenhang erwähnt wurden, haben die Ausbildung einer einheitlichen Medienlandschaft in Haiti maßgeblich behindert: Die Fragmentierung der haitianischen Gesellschaft (Kap. 1) erschwerte vor 1987 die Bildung überregionaler Parteien und politischer Milieus erheblich – Zeitungen bedürfen aber einer festen

---

[7] Null-Nummer der Gazette de Saint-Domingue, Ende Dezember 1790.
[8] Max Bissainthe hat dieses Schrifttum in einer Bibliographie zusammengetragen (Bissainthe 1951).

Leserschaft, um finanziell zu überleben. Da haitianische Parteien oftmals kurzlebige ad-hoc-Gründungen in Wahlkampfzeiten waren, folgten Zeitungen, später auch kleinere Radiosender, dem Lebenszyklus dieser Organisationen: Nachdem sie ihren Zweck erfüllt hatten, einen Kandidaten zu unterstützen, verschwanden sie wieder. Für die fehlende Kontinuität im haitianischen Mediensektor waren an zweiter Stelle die autoritären Herrschaftspraktiken vieler Präsidenten verantwortlich. Da die jeweilige Opposition von den Herrschenden als Feind wahrgenommen wurde, konnten regierungskritische Zeitungen nicht mit Schonung rechnen (Moïse 1989 II: 226). Drittens müssen hinter einem dauerhaften Publikationsbetrieb ein finanzkräftiger Investor und ein energischer Verleger stehen. In einem chronisch kapitalschwachen Land wie Haiti verfügten aber nur die Regierung, eine relativ schmale Elite, die Auslandsdiaspora und die Kirchen über solche Mittel. So weist die haitianische Presselandschaft eine Reihe periodischer Einschnitte auf. Nur der *Moniteur* hat als staatsnahes Verlautbarungsorgan vom 18. bis ins 20. Jahrhundert überlebt. Im 19. Jahrhundert beherrschten *L'Éclaireur haïtien*, *La Feuille de Commerce*, *Le Manifeste* und *Le Patriote* das Feld, seit 1900 galt dies für *Le Courrier Haïtien*, *Le Nouvelliste*, *Le Matin*, *L'Essor*, *l'Étandard* und *La Renaissance* (Moïse 1989 I: 77; II: 124). Während der Duvalier-Diktatur konnten sich nur wenige Zeitungen dauerhaft halten (u.a. *Petit Samedi Soir/PSS*). Kurze Phasen der Liberalisierung wurden seit 1971 von der Opposition genutzt, um eigene Radiosender ins Leben zu rufen (*Radio-Haïti-Inter*, *Radio Cacique*, *Radio Métropole*, *Radio-Lumière*) (Moïse 1989 II: 421). Unabhängige Medien haben mit ihren Anklagen gegen Korruption und Machtmissbrauch von Regierung und Militär in erheblichem Maße dazu beigetragen, dass es 1986 gelang, die Diktatur zu stürzen, und dass es den militärgestützten Übergangsregierungen der folgenden Zeit nicht gelang, eine neue Gewaltherrschaft zu errichten. Journalisten waren in der Transitionsphase seit 1986/87 häufig Übergriffen ausgesetzt (Carois 1993).

Die politische Wandmalerei Haitis (*Murs peints*) ist angesichts der hohen Zahl von Analphabeten den Massenmedien zuzurechnen, weil hier mithilfe einer allgemein verständlichen Bildsprache wirkungsvoll politische Nachrichten übermittelt werden können. Die Wandbilder werden sowohl von namhaften Künstlern als auch von Unbekannten gestaltet und nutzen oftmals mythische und religiöse Motive, um aktuelle Ereignisse oder Missstände zu kommentieren. Häufig wird die Bildsprache des Vaudou zitiert und aktualisiert, angesichts der Popularität dieser Motive reagierten autoritäre Regierungen Haitis in der Vergangenheit mit Verfolgung der Maler und einer Beseitigung der *Murs peints* (Nicolas 1994).

Angesichts der Unsicherheit von Vertriebs- und Informationswegen klassischer Printmedien haben sich viele politische Debatten über die Verhältnisse in Haiti ins Internet verlagert. Aufgrund besserer technischer Mittel scheint die haitianische Diaspora (USA, Frankreich, Kanada) in diesem Sektor zu dominieren.[9]

13 Internationale Beziehungen

Als Entwicklungsland hat Haiti ein vitales Interesse an guten Beziehungen zu Westeuropa und den USA. Die einstige Kolonialmacht Frankreich erkennt zwar prinzipiell seine moralische Verantwortung gegenüber Haiti und damit seine Verpflichtung zur Entwicklungshil-

---

[9] Der Internetdienst Haïti-Référence bietet einen gut sortierten Index der Haiti-spezifischen Internetseiten: http://www.haiti-reference.com/(12/2005).

fe an. Die Forderung nach einer Rückzahlung der 1825 erzwungenen hohen Entschädigung, die Frankreich Haiti aufoktroyierte, bevor es in die Unabhängigkeit entlassen wurde, hat die französische Regierung allerdings zurückgewiesen (Comité de réflexion 2004).

Die Beziehungen zu den USA waren in der Vergangenheit ambivalent. Nach dem spanisch-amerikanischen Krieg 1898 geriet Haiti in den Bannkreis nordamerikanischer geostrategischer Interessen. Der Bau des Panama-Kanals führte zur Errichtung vorgeschobener Schutzposten zu seiner Absicherung (Guantanamo/Cuba); die US-Besetzung Haitis 1915-34 diente u.a. dem Zweck, konkurrierende Mächte an der Errichtung eigener Militärbasen in Reichweite der interozeanischen Verbindung zu hindern. Die US-Militärverwaltung trieb den Aufbau eines modernen Staatswesens voran, griff aber zur Zerschlagung einheimischen Widerstands zu Mitteln des Terrors, setzte die Errichtung großer US-Plantagen mit Brachialgewalt durch und zwang zahlreiche Haitianer zu sklavenähnlichen Frondiensten, um ihre Infrastrukturprojekte umzusetzen. Die US-Invasion und die herablassende Behandlung durch die Besatzungsmacht brachten viele Haitianer dauerhaft gegen den großen nördlichen Nachbarn auf. Ohne Zweifel haben die USA sich in der jüngeren Vergangenheit um die Wiederherstellung der haitianischen Demokratie verdient gemacht. Eine US-Intervention brachte 1994 die Militärdiktatur zu Fall, die 1991 den amtierenden Präsidenten Aristide zum Gang ins Exil gezwungen hatte. Die Unruhen nach dem Sturz Aristides 2003 ließen die USA erneut auf den Plan treten.

Das Verhältnis Haitis zur benachbarten Dominikanischen Republik war aus historischen Gründen zeitweilig äußerst gespannt. Als einstige spanische Besitzung war der Ostteil der Insel 1795 im Frieden von Basel an St.-Domingue gefallen und später von Haiti annektiert worden. Die spanischstämmigen Dominikaner erzwangen den Rückzug der Okkupanten und behielten die haitianische Besatzungszeit in schlechter Erinnerung. Anfang Oktober 1937 kam es an der gemeinsamen Grenze zu einem dominikanischen Massaker an Haitianern, das das Verhältnis beider Staaten auf lange Zeit erheblich belastete. Durch Vermittlung der OAS gelang es beiden Ländern, ihre Spannungen abzubauen. Gegenwärtig gibt es eine bedeutende haitianische Arbeitsmigration auf dominikanische Zuckerrohrfelder.

Die schwierige Wirtschaftslage, aber auch die lange Ära diktatorischer Herrschaft veranlassten viele Haitianer dazu auszuwandern. Entsprechend großes Gewicht hat die haitianische Diaspora, deren finanzielle Transfers an Verwandte im Mutterland beträchtliches ökonomisches Gewicht besitzen. Parallel zu dieser Migrationsbewegung hat sich der haitianische Kultursektor über die Grenzen hinaus internationalisiert. In den kommenden Jahren wird die internationale Staatengemeinschaft, vor allem in Gestalt von NGOs, wichtige Auxiliarfunktionen im haitianischen Demokratisierungsprozess übernehmen (Barthélémy/Girault 1993).

Tabelle 1:   Liste der haitianischen Verfassungen[10]

Abkürzungen:

LZ	Präsidentschaft auf Lebenszeit	PV	Präsidiale Verfassung
M	Monarchie	Rev	Revision
MV	Monarchische Verfassung	S	Senat im System enthalten
NfS	Nachfolgesicherung für scheidenden Präsidenten	V	Verfassung
NV	Nationalversammlung/Parlament (unter wechselnden Namen) im System enthalten	VAZ	Verlängerung der Amtszeit des regierenden Präsidenten
P	Präsident	Zus.	Zusatz/Amendement

Jahr der Proklamation und regionale Gültigkeit	Charakter der neuen Verfassung	Anlass der Verfassungsänderung
1801 (St.-Domingue)	Autonomieprojekt des Gouverneurs T. Louverture	
1805	MV	Einrichtung der Monarchie
1806 (Haiti)	S: starke Stellung P: schwache Stellung	Sturz des Kaisers Dessalines Beschränkung der Machtbefugnisse des P
1807 (Nordstaat)	PV, LZ	Einrichtung einer zentralisierten PV im Nordstaat
1811 (Nordstaat)	MV	Umwandlung von Nordstaat in M (Henri I.)
1816 (Südweststaat, seit 1820: Haiti)	PV, NV, S	Einrichtung einer zentralisierten PV im Südweststaat (Pétion), Übertragen auf Gesamtstaat nach Wiedervereinigung
1843 (ab 1843: Haiti)	Liberale PV, wurde nicht angewandt. NV, S	Sturz von P Boyer Beschränkung der Machtbefugnisse des P
1846	Rev der V von 1816. Zus. 1848, 1859/60 1858 nach dem Sturz Kaiser Soulouques mit einigen Modifikationen wieder in Kraft gesetzt	
1849	MV	Machtübernahme durch Soulouque
1867	Liberale PV; NV, S Außer kraft gesetzt 1868, wiederhergestellt 1870	
1874	1876 nach Staatsstreich durch die V von 1867 ersetzt.	
1879	Rev der V von 1867; 9 Zus. PV, NV, S Rev von 1885/86: VAZ	
1888	PV, NV, S	Herrschaftssicherung von P Légitime sowie der Eliten der West-Provinz
1889	Rev der V von 1879 Synthese aus PV und NV-Regime, S	Sturz Légitimes

---

[10] Nach Moïse 1989 I/II, Verfassungstexte in: Linstant 1851-66, Moïse 1989 I: 277-326; II: 489-548, Deux siècles de constitutions haïtiennes o.J.

1915	Haitianisch-US-amerikanische Konvention („Charta der Okkupation")	
1918	Rev der V von 1889 Einführung von Grundeigentum für Ausländer auf US-Druck PV, NV, S 12 Zus: 1928	Unter US-Besatzungsmacht (1915-34) erlassen
1932	Rev der V von 1843, 1889 und 1918 PV, NV, S	dito
1935	PV, NV, S P: quasi diktatorische Vollmachten GR: - Rev: 1939	dito Machtsicherung für P Vincent
1944	weitreichende Rev der V von 1935 P: quasi diktatorische Vollmachten	Kriegsbedingte Sonderrechte für P
1946	PV, NV, S Abbau der Übermacht des P Habeas Corpus-Prinzip eingeführt	Sturz von P Lescot
1950	PV, NV, S Einführung des allg. Männer-Wahlrechts und beschränkten Frauen-Wahlrechts	V-Konflikt von 1949/50 wg. versuchter VAZ des P
1957	PV, NV (Einkammersystem eingeführt) Rechtliche Gleichstellung der Frauen V enthält soziale und kulturelle Rechte, Anerkennung des Créole als 2. Landessprache	Machtübernahme durch P Duvalier (I)
1964	autoritäre PV P LZ Rev 1971: NfS für Sohn des Diktators	Absicherung der Diktatur Duvaliers (I)
1983	autoritäre PV Marionetten-NV des Diktators 1985: Zus.	Absicherung der Diktatur Duvaliers (II)
1987	PV, NV, S Demokratisierung auf breiter Basis	Sturz der Diktatur Duvaliers

Literatur

Atlas d'Haïti (1985): Bordeaux.

Barthélemy, Gérard (1989): Le pays en dehors: essai sur l'univers rural haïtien. Port-au-Prince.

Barrois, Harald (Hrsg.) (1996): Politische Repräsentation und Partizipation in der Karibik: Kuba, Haiti, Dominikanische Republik im 19. und 20. Jahrhundert. Opladen.

Barthélemy, Gérard/Girault, Christian Antoine (Hrsg.) (1993): La République haïtienne: état des lieux et perspectives. Paris.

Baur, John E. (1970): International Repercussions of the Haitian Revolution, in: The Americas 26: 394-418.

Bernecker, Walther H. (1996): Kleine Geschichte Haitis. Frankfurt a.M.

Bissainthe, Max (Hrsg.) (1951): Dictionnaire de la bibliographie haïtienne. Washington.

Blackburn, Robin (1996): The Overthrow of Colonial Slavery 1776-1848. London.

Carois, Jean-Michel (1993): La presse et le débat pour la démocratie, in: Barthélémy/Girault (1993): 465-472.

Comité de réflexion (2004): Rapport au Ministre des affaires étrangères, M. Dominique de Villepin, du Comité de réflexion et de propositions sur les relations Franco-Haïtiennes. http://www.france.diplomatie.fr/actual/pdf/rapport_haiti.pdf, abgerufen am 12.11.2004.

Debien, Gabriel (1953): Les esclaves aux Antilles françaises. XVIIe-XVIIIe siècles. Paris.

Deux siècles de constitutions haïtiennes (o.J.): 1801-1987; textes complets de 28 constitutions dont 12 amendements. T. 1: 1801-1885. 2 Bde. Port-au-Prince.

Dubique, Acéphie Venise (2001-02): Les élections dans la transition démocratique en Haïti, DEA, Université Lyon 2, Centre de Politologie. http://doc-iep.univ-lyon2.fr/Ressources/Documents/Etudiants/Memoires/DEASPMMRR/dubiqueav/these.html, abgerufen am 09.11.2005.

Geggus, David (2002): Haitian Revolutionary Studies. Bloomington/Indianapolis.

Geiß, Immanuel (1991): Geschichte des Rassismus. Frankfurt a.M.

Gliech, Oliver (2005): Die Sklavenrevolution von St.-Domingue/Haiti und ihre internationalen Auswirkungen (1789/91-1804/25), in: Hausberger, B. et al. (2005): 85-100.

Frostin, Charles (1975): Les révoltes blanches à St.-Domingue aux XVIIe et XVIIIe siècles (Haïti avant 1789). Paris.

Hausberger, Bernd/Pfeisinger, Gerhard (Hrsg.) (2005): Die Karibik. Geschichte und Gesellschaft 1492-2000. Wien.

Hurbon, Laënnec (1987): Comprendre Haïti: essai sur l'État, la nation, la culture. Paris.

Hurbon, Laënnec (1995): Voodoo. Search for the spirits. New York.

Joachim, Benoît (1971): L'indemnité coloniale et la question des rapatriés, in: Revue historique, 95: 246: 359-376.

Joachim, Benoît (1979): Les racines du sous-développement en Haïti. Port-au-Prince.

Laguerre, Michel S. (1993): The military Society in Haiti. Basingstoke.

Łepkowski, Tadeusz (1968-1969): Haití. 2 Bde. Havanna.

Linstant, S./Linstant, Bn. A. (1851-66): Recueil général des lois et actes du Gouvernement d'Haïti depuis la proclamation de son indépendance jusqu'à nos jours. Paris.

Menzel, Gerhard (2001): Der schwarze Traum vom Glück: Haiti seit 1804. Frankfurt am Main.

Métraux, Alfred (1977): Le vaudou haïtien. Paris.

Moïse, Claude (1989): Constitutions et luttes de pouvoir en Haïti, 1804-1987. 2 Bde. Montréal.

Moïse, Claude (1996): Haiti: Verfassung und politische Krisen 1987-1992, in: Barrios, H. (1996): 99-137.

Moïse, Claude (2001): Le projet national de Toussaint Louverture: la Constitution de 1801. Port-au-Prince.

Nicolas, Mireille (1994): Jistis. Murs peints d'Haïti. Decembre 1990 - février 1991. Paris/Montreal.

Thornton, John K. (1993): „I am the Subject of the King of Congo": African Political Ideology and the Haitian Revolution, in: Journal of World History, 4:2.: 181-214.

Das politische System von Honduras

Wolfgang Dietrich

1 Überblick zur historischen Entwicklung seit der Unabhängigkeit

Bereits in der Kolonialzeit nahm das von verkehrsmäßig schwer erschließbarem Bergland und tropischem Regenwald in den Tiefebenen geprägte Honduras mit seinen großteils wenig fruchtbaren Böden und seiner geographischen Ausrichtung zur Karibik eine Randlage im spanisch besiedelten Zentralamerika ein. Dass alte Quellen das heutige Honduras als „Land zwischen den Grenzen" (Nicaraguas und Guatemalas) bezeichneten, scheint sinnbildlich für die weitere Geschichte zu sein.

Die Loslösung von Spanien 1821, die kurzfristige Eingliederung ins Königreich Mexiko und schließlich die Gründung des fragilen Zentralamerikanischen Bundes (1823-1838) waren weniger das Ergebnis gezielter Emanzipationsbestrebungen als politische Manöver einiger Kreolenfamilien im Schatten des Unabhängigkeitskampfes in Mexiko und Südamerika.

Obwohl die Präsidentschaft des liberalen Francisco Morazan aus Honduras entscheidend für das Schicksal des Zentralamerikanischen Bundes nach 1828 war, blieb das Land selbst regional stets von den stärkeren Nachbarn Guatemala und Nicaragua abhängig, global vom Interessensgegensatz zwischen den USA und England in dieser Zone. Der Machtverlust der Briten und der Aufstieg der USA zur Hegemonialmacht war ein Prozess, der sich über das neunzehnte Jahrhundert hinzog und für Honduras eine lange Periode politischer Instabilität bedeutete.

Dabei ist die Geschichte des Landes im Laufe des neunzehnten Jahrhunderts, so wie die vieler anderer Staaten Lateinamerikas, von dem idealtypischen Gegensatz zwischen „liberalen" und „konservativen" Familien und Caudillos gekennzeichnet, der öfter mit der Waffe ausgetragen wurde als an der Wahlurne. Die Ideologien folgten dabei den Produktionsstilen der jeweiligen Eliten, die sich gerne in bestimmten Städten organisierten. In Honduras etwa war die Bergbaustadt Tegucigalpa das Zentrum der Liberalen, das agrarisch orientierte Comayagua jenes der Konservativen. Dabei stand „liberal" gemeinhin für die Exportgüter produzierenden, modernisierenden und weltmarktorientierten Familien, während „konservativ" das Schlagwort der alten Viehzüchterfamilien war, die für den regionalen Markt produzierten und eine isolationistische Politik verfolgten. Diese Produktionsweise ging in der Regel eine Allianz mit der Kirche und dem Militär als weitere Machtfaktoren ein, während „liberal" fast immer identisch mit antiklerikal und aufklärerisch in einem positivistischen Sinne war. Zwischen diesen Interessensgruppen pendelte die politische Macht bei hoher Neigung zu Gewalt und Radikalität hin und her.

Hatten die Liberalen unter Morazan in der politisch extrem turbulenten Zeit nach der Unabhängigkeit, in der Regierungen oftmals nur einige Tage hielten, zuerst eine streng antiklerikale Politik verfolgt, so wurde ab 1841 ein stabileres konservatives Regime unter Francisco Ferrera installiert. Dieses hing in unterschiedlichen rechtlichen Konstellationen de facto vom zu dieser Zeit starken Mann der Konservativen in ganz Zentralamerika, dem

Guatemalteken Rafael Carrera ab, und steht in diesem Sinn für eine reaktionäre Phase, in der auch die Kirche jene Rechte zurück erhielt, die ihr die Liberalen zuvor entzogen hatten.

Nach Ferrera schaffte es weiters Juan Lindo zwischen 1847 und 1852, sich mit seinen zwei Präsidentschaften über eine längere Periode an der Staatsspitze zu halten und dabei auch eine neue Verfassung (1848) zu verabschieden. Dabei folgte er zuerst der konservativen Linie und trat sogar an der Seite Mexikos in den Krieg gegen die USA ein, löste sich dann aber vom Einfluss Carreras und schwenkte zur unionistischen Politik.

Diese erfuhr eine weitere Stärkung, als mit José Trinidad Cabañas ein Veteran aus den Kriegszügen Morazans aus dem salvadorenischen Exil nach Honduras zurückkehrte und ein liberales Interregnum installierte, welches sich mit Nicaragua und El Salvador gegen das konservative Guatemala verband. Doch dieses Projekt scheiterte an der Übermacht der Guatemalteken, obwohl noch nach Cabañas José Santos Guardiola in Honduras bis 1862 ein vergleichsweise stabiles Regime zu führen vermochte. Nach ihm zerfielen die Oligarchien in zahlreiche Faktionen, die sich unter schnell wechselnden, meist konservativen und völlig vom Ausland abhängigen Regierungen befehdeten. Das herausragende politische Ereignis dieser Phase ist das Konkordat von 1866, mit welchem der Kirche alle Rechte und Besitzungen, welche die liberalen Regimes in Frage gestellt hatten, verbrieft wurden. Insgesamt kann die politische Situation des Landes zwischen 1821 und 1876 wohl kaum besser beschrieben werden als durch den Umstand, dass in Honduras in dieser Zeit 85 Regierungen ihr Glück versuchten, von denen der größte Teil nicht selbständig agieren konnte. Neben der Abhängigkeit von der Konjunktur in Guatemala und Nicaragua war dabei der Einfluss Englands, meist über die Konservativen, und der USA, meist über die Liberalen, folgenschwer.

Mit dem Machtantritt des liberalen Diktators Justo Rufino Barrios 1873 in Guatemala änderten sich auch die Vorzeichen für Honduras. Unter Marco Aurelio Soto (1876-1883) wurde die liberale Verfassung von 1880 erarbeitet, die zur Trennung zwischen Staat und Kirche führte und die darüber hinaus das zukünftige Gesicht des Landes entscheidend prägen sollte. Soto selbst errichtete ein staatliches Erziehungssystem, ebenso das Post- und Telegraphenwesen, begann etliche Straßenbauprojekte und eine Landreform. Durch die neue Verfassung und eine entsprechende Finanzreform sollten die Voraussetzungen geschaffen werden, ausländisches Kapital ins Land zu holen und die eigene Exportwirtschaft zu fördern. Honduras verfügte aufgrund seiner natürlichen Voraussetzungen allerdings nicht über jene dynamische und aufstrebende Kaffee-Oligarchie, die in den Nachbarländern die „liberale Revolution", das heißt, den Anschluss an den Weltmarkt im eigenen Interesse vorantrieb. Folglich führte die Öffnung der Grenzen zu einer Plünderung der Ressourcen des Landes durch ausländische, meist nordamerikanische Konzerne. Das begann noch in den achtziger Jahren im Bereich des Bergbaus (*Rosario Mining Company*) und erfuhr seine schärfste Ausprägung ab der Jahrhundertwende, als mit dem Entstehen der ersten Bananenplantagen nordamerikanische Unternehmen wie *Standard Fruit, Cumayel* und *United Fruit* ihren raschen Aufstieg zu internationalen Handelsimperien begannen.

Die Umstellung der zentralamerikanischen Nationalökonomien auf die intensive Produktion landwirtschaftlicher Exportgüter war ein additiv voranschreitender und sich verdichtender Kampf um Land, den die in Subsistenz produzierenden Kleinbauern verloren. Neben dem Entstehen von Landkonflikten in (mit Ausnahme El Salvadors) dünn besiedelten Ländern resultierte aus diesem Prozess die zunehmende Abhängigkeit vom Weltmarkt, der Verlust der Selbsterhaltungsfähigkeit und eine Überlagerung der heimischen Wirtschaft mit ausländischem Kapital, die oft zu einer sehr direkten Kontrolle des politischen Lebens durch die Interessenvertreter dieser Unternehmen führte. Dafür ist das in der ersten Hälfte des zwanzigsten Jahrhunderts von *United Fruit* und *Standard Fruit* völlig dominierte Honduras ein besonders eindrucksvolles Beispiel.

Im Zuge der Enklavenwirtschaft bildeten die Bananengesellschaften als größte Landbesitzer Staaten im Staate, die wohl die besten Böden in Honduras okkupierten und einen geringen Teil der billigen Arbeitskräfte nutzten, aber alle Investitionsgüter selbst aus dem Ausland zulieferten und die ansehnlichen Gewinne wieder dorthin transferierten. In derselben Art dehnten sie ihre Tätigkeit schrittweise aus und erreichten eine beherrschende Stellung im Export, dem Bankwesen und wichtigen Teilen der Industrie. Die beeindruckende Modernisierung des kapitalintensiven Agrarexportsektors (zu Bananen kamen im Laufe der Zeit Ölpalmen, Kakao, Zucker und Baumwolle; den Kaffeebau betrieben eher einheimische Unternehmer) wirkte sich daher einerseits nicht im ursprünglich erhofften Maß auf die übrigen Wirtschaftsbereiche aus, andererseits zementierte außerhalb der Enklave die diktatorische Gewalt der Militärs den traditionellen Gegensatz zwischen den extensiv bewirtschafteten Viehhaziendas und den „Minifundien" der Subsistenzbauern.

Bis 1933 erreichte die *United Fruit Company* nach kriegsartigen Auseinandersetzungen mit den Konkurrenzgesellschaften eine Quasimonopolstellung in Honduras und installierte als deren Ausdruck die Diktatur des Generals Tiburcio Carias Andino. Alle Repräsentanten seines Regimes waren in irgendeiner Weise abhängig von *United Fruit* und seine oberste Aufgabe bestand darin, die auf den Bananenexport ausgerichtete Wirtschaftsstruktur politisch abzusichern. Dies wurde gerade zu dieser Zeit notwendig, weil die Branche damals zu stagnieren begann. Deshalb wollten die Gesellschaften weltweit über politische Maßnahmen die Produktionskosten senken. In Honduras lag die Aufgabe der Regierungen von Carias Andino dabei darin, Oppositionsbewegungen, die aus einer entsprechend restriktiven Lohnpolitik entstehen konnten, zu unterdrücken. Das politische Korrelat der Krise war also die Diktatur. Carias schuf ein Berufsheer, welches von Beginn an unter der Kontrolle seines *Partido Nacional* war und ab nun die Aufgabe der inneren Sicherung des politischen Systems übernahm. Dadurch ist es zwar gelungen, das Entstehen von nationalen Befreiungsbewegungen, wie der des Augusto Cesar Sandino in Nicaragua oder Farabundo Martís in El Salvador, zu unterdrücken, aber das Aufkeimen eines Widerstandes im Untergrund war fast logische Folge dieses Systems. So brachten denn auch Volksaufstände, die im Wesentlichen vom reformistischen *Partido Democrático Revolucionario Hondureño* (PDRH) getragen wurden, das Ende Carias Andinos und seines restriktiven Regimes. Im PDRH vereinigten sich Teile des städtischen Kleinbürgertums, Gruppen der embryonalen Mittelschicht und unorganisierte Arbeiter zu einer eher spontanen Widerstandsbewegung der am schlimmsten Betroffenen als zu einer politisch-konzeptuellen Kraft, weshalb das Ende der Diktatur Andinos keinen wirklichen Systembruch, sondern eher eine Modernisierung der tradierten politischen Grundordnung darstellt.

Aufgrund der relativ geringen Bevölkerungsdichte brannte die Landfrage in Honduras trotz der Plantagen zwar nicht so dramatisch wie etwa im benachbarten El Salvador. Aber die chronischen Defizite im Sozialbereich, die für eine extrem ungleiche Einkommensverteilung der verschiedenen Sektoren charakteristisch sind, behinderten die Ansätze zur Errichtung formaldemokratischer Systeme in der politischen Liberalisierungsphase zwischen 1948 und 1963.

So kam der erste Präsident nach Carias, Juan Manuel Galvez, zwar durch Wahlen an die Macht, dies aber erst, nachdem der liberale Widersacher dieses Kandidaten des *Partido Nacional* und der *United Fruit Company* ins Ausland geflohen war. Dennoch begann unter Galvez eine zaghafte Modernisierung. Es kam zur schrittweisen Verselbständigung eines mittleren, nationalen Unternehmertums, das jetzt Kaffee, Baumwolle und Zucker anzubauen begann. Auch die Viehzucht und der Holzexport profitierten von der allgemeinen wirtschaftlichen Konjunktur. Diese bewirkte zugleich die Expansion des Großgrundbesitzes im Norden und eine voranschreitende Proletarisierung und Freisetzung der Landbevölkerung, welche dort bislang auf Subsistenzbasis gelebt hatte. Viele der Betroffenen zogen in die Städte, wo sich ein bescheidenes Industriebürgertum ausbildete. Unter Galvez veränderte sich also die sozioökonomische Struktur und seine Administration folgte diesem Vorgang durch die Etablierung einigermaßen verfassungsmäßiger Zustände, welche vor allem der Arbeiterbewegung einen gewissen Spielraum zugestanden. Diese, angetrieben durch die Agitation der kleinen Kommunistischen Partei von Honduras, nutzte diesen Spielraum zu den ersten großen politischen Manifestationen der Arbeiterschaft des Landes (weit über die Grenzen der kommunistischen Partei hinaus), welche schließlich im Generalstreik von 1954 gipfelten, der natürlich wieder insbesondere die Plantagen der *United Fruit Company* traf. Diese Vorgänge korrespondierten mit den Maßnahmen des sozialliberalen Regimes Arbenz in Guatemala und es ist kein Zufall, dass nach dem gewaltsamen, von *United Fruit* und der CIA betrieben Sturz des Jacobo Arbenz in Guatemala auch in Honduras wieder ein schärferer Wind zu wehen begann. Als Reaktion auf den Generalstreik folgte das rasche *Rollback* der sozialen Zugeständnisse, die zuvor erkämpft worden waren, Massenentlassungen, vor allem auf den Plantagen, und auch politisch der Weg zurück in die Diktatur unter Julio Lozano Diaz. Dieser gab schließlich die Macht an eine Militärjunta ohne verfassungsmäßige Grundlage ab, die den Arbeitskampf mit Gewalt beendete und Honduras in einen bewaffneten Grenzstreit mit Nicaragua führte, ehe sie auf internationalen Druck hin Wahlen zulassen musste.

Diese gewann trotz – oder gerade wegen – der Vorgeschichte – die Liberale Partei unter Ramon Villeda Morales, der nun daran ging, auf den mittlerweile enormen sozialen Druck von unten zu reagieren. Unter seiner Regierung wurden neue Arbeitsgesetze kodifiziert, die Sozialversicherung eingeführt, der Dienstleistungssektor modernisiert und ganz im Zeitgeist die importsubstituierende Industrialisierung forciert. Ein besonderer Schwerpunkt der Regierungsarbeit lag weiters im Bereich der Landreform, welche mit Hilfe von Geldern der „Allianz für den Fortschritt" durchgeführt werden sollte. Im Zuge seiner Reformen stieß Villeda an die Grenzen zweier Herrschaftsprinzipien in Honduras – die Unantastbarkeit der Multis und die Macht des Militärs. Als er mit großer Unterstützung der Bevölkerung daran gehen wollte, die Allmacht des Militärs der zivilen Kontrolle zu unterwerfen und Polizeiaufgaben von der Landesverteidigung administrativ zu trennen, fiel er einem blutigen Putsch zum Opfer, der im Oktober 1963 die liberale Reformphase beendete.

Der Führer dieses 136. Putsches in der Landesgeschichte, Oberst Oswaldo Lopez Arellano, rief den Ausnahmezustand aus, regierte vorerst auf der Basis von Dekreten und führte das Land unter dem Vorzeichen seines restriktiven politischen Regimes in weitere wirtschaftliche Reformen.

Der neue regionale Modernisierungsschub erfolgte unter dem Namen *Gemeinsamer Zentralamerikanischer Markt* und lief auf eine Stärkung des Industriesektors hinaus, der als zweiter Arm der zentralamerikanischen Nationalökonomie neben dem Agrarexport aufgebaut werden sollte. Nach einer heftigen Diskussion um mögliche Integrationskonzepte setzten die USA mit Hilfe der Gelder der *Allianz für den Fortschritt* ein einfaches Freihandelskonzept durch, welches im Gleichklang mit der Unterwanderung der Vertragswerke durch Partikularinteressen von Unternehmern und Politikern eine abgestimmte Industrialisierung und Vertiefung des Binnenmarktes verhinderte. Insbesondere für Honduras bedeutete das wegen seiner infrastrukturellen Standortnachteile, seiner auch im zentralamerikanischen Vergleich geringen Reserven an Eigenkapital und wegen seinem extrem ungünstig strukturierten Arbeitsmarkt von Beginn an eine Benachteiligung. Zwar lassen stolze Wirtschaftswachstumsraten von 5% bis 7% jährlich in den sechziger Jahren eine boomhafte Entwicklung vermuten, diese Zahlen resultierten aber eher aus der Konjunkturlage für die Agrarexportgüter am Weltmarkt und nur zu einem viel geringeren Teil aus der Vertiefung des Binnenmarktes. Das bedeutet, dass durch die schlechte Einkommens- und Besitzdistribution bereits am Anfang des gemeinsamen Marktes de facto eine Verschärfung der sozialen Probleme, die sogenannte Wachstumsverarmung, einsetzte.

Die Benachteiligung von Honduras führte zu einem weiteren signifikanten Anteilsverlust des Staates am Sozialprodukt der Region zwischen 1960 und 1970. Als ärmster Staat Zentralamerikas rutschte Honduras also im Vergleich zu seinen Nachbarn immer weiter ab. Zudem geriet der hondurenische Arbeitsmarkt unter den Druck von Zuwanderern aus El Salvador, die am modernisierten Agrarsektor ihres Landes keinen Platz mehr fanden, sich deshalb unreguliert in Honduras ansiedelten und als tendenziell besser ausgebildete Arbeitskräfte den heimischen Arbeitsmarkt belasteten. So fühlten sich breite Teile der Bevölkerung von Honduras – von den Eliten bis zu den landwirtschaftlichen Wanderarbeitern – als Verlierer des Integrationsprozesses. Diese Frustration entlud sich im Anschluss an ein Fußballspiel in einem bewaffneten Konflikt mit El Salvador, dem sogenannten „Fußballkrieg" von 1969, und im anschließenden Austritt aus dem Integrationssystem.

Die hondurenischen Militärregierungen der sechziger und frühen siebziger Jahre, zumeist angeführt von General Oswaldo Lopez Arellano (1963-1971, 1972-1975), hatten sich ein eher modernisierend-liberales Image gegeben und nach dem „Fußballkrieg" sogar eine zaghafte Landreform versucht. Eine mit anderen Ländern abgestimmte Initiative zur höheren Besteuerung der Bananenexporte führte allerdings zur Absetzung des Generals. 1974 deckte man die Zahlung von Bestechungsgeldern in Höhe von 250.000 US-Dollar an Regierungsvertreter durch *United Brands* (Nachfolgegesellschaft von *United Fruit*) auf. Die Streitkräfte verhalfen 1975 Oberst Juan Alberto Melgar Castro zur Machtübernahme. Drei Jahre später wurde er durch einen Staatsstreich unter Führung von General Policarpo Paz García abgelöst. Diese beiden Diktatoren beendeten die Phase der liberalen Politik und bauten im Angesicht der zunehmend gewalttätiger werdenden sozialen Konflikte in den Nachbarländern ein verstärktes Repressions- und Überwachungssystem auf, während sie gleichzeitig die Umwandlung des Landes in eine Formaldemokratie vorbereiteten.

2   Verfassungsentwicklung, Verfassungsprinzipien, Verfassungswirklichkeit (Transition; Problematik der Grundrechte und Menschenrechtsverletzungen)

Die aktuelle Verfassung trat am 20.1.1982 in Kraft und wurde 1995 und 1999 reformiert. Sie ist die 13. in der Geschichte des Landes und darf als relativ modern bezeichnet werden. Sie definiert Honduras als unitaristische, demokratische Republik und enthält einen breiten

Katalog von Grund-, Freiheits- und Sozialrechten. Sie kennt auch das Recht auf Asyl und sie sieht eine Landreform vor.

Zwar ist mittlerweile bereits der siebente zivile Präsident auf der Basis dieser Verfassung im Amt, sodass man ihr eine gewisse reale Bedeutung nicht absprechen kann; andererseits darf nicht übersehen werden, dass das Militär in Honduras weiterhin einen wichtigen Machtfaktor darstellt. Überdies nahm seit den achtziger Jahren im Zuge der Konflikte in den Nachbarländern und der neo-liberalen Neuordnung der Hemisphäre die unmittelbare Intervention der USA in das politische Leben von Honduras sehr penetrante Formen an.

Die erste Zeit nach dem Übergang von der Militär- zur Zivilregierung 1982 stand für Honduras noch ganz im Zeichen des Zentralamerikakonfliktes. Die USA machten Honduras in permanenten Manövern zum wichtigsten Stützpunkt für ihren Kampf gegen die Sandinisten in Nicaragua und die Guerilla in El Salvador und Guatemala.

Der Verfall der Weltmarktpreise für die wenigen Agrarexportgüter des Landes bewirkte eine Talfahrt der Wirtschaft, die durch die kriegerischen Ereignisse im Umfeld, den vollständigen Zerfall des gemeinsamen Marktes, die rücksichtslose Ausbeutung natürlicher Ressourcen, Naturkatastrophen und die Militarisierung der Gesellschaft noch enorm beschleunigt wurde. Bevölkerungswachstum, Immigration und Flüchtlinge bei gleichzeitiger Investitionsverweigerung und Kapitalflucht verschärften die sozialen Probleme im schon vorher ärmsten Land der Region weiter. In dieser Phase rächten sich die Versäumnisse der Vergangenheit (Landreform, Sozialgesetzgebung, Bildung, Aufbau demokratischer Strukturen).

In diesem Sinne ist die Transition von der Militärdiktatur in die Demokratie ein langwieriger Schritt, vor allem wenn man die viel diskutierte Frage der Straflosigkeit von Menschenrechtsverletzungen mitberücksichtigt. Zwar wurden ab Mitte der neunziger Jahre durchaus Erfolge im Kampf gegen die Straflosigkeit von Menschenrechtsverletzungen aus der Zeit der Militärdiktaturen erzielt, doch vieles blieb bis heute offen. Gegen 25 Militärs wurden Gerichtsprozesse eröffnet, das Armeebataillon 3-16 und die für die Repression in den achtziger Jahren verantwortliche Polizei-Einheit D.N.I. wurden aufgelöst. Das Parlament stellte fest, dass Staatsorgane von einer Amnestie ausgenommen werden müssen, die Wehrpflicht wurde abgeschafft und durch einen „Demokratischen Dienst" ersetzt. Geheime Friedhöfe wurden entdeckt und das Schicksal einzelner „Verschwundener" aufgeklärt. Das Militär wurde ziviler Kontrolle unterstellt.

3   Staatsoberhaupt, Regierung und Verwaltung

Seit 1957 regierten folgende Präsidenten: José Villeda Morales (1957-63); Oswaldo Lopez Arellano (1963-71); Ramon Ernesto Cruz (1971-72); Oswaldo Lopez Arellano (1972-75); Juan Alberto Melgar Castro (1975-78); Policarpo Paz Garcia (1978-82); Roberto Suazo Cordova (1982-86); José Azcona del Hoyo (1986-90); Rafael Callejas (1990-94); Carlos Roberto Raina (1994-98); Carlos Roberto Flores (1998-2002); Ricardo Maduro (2002-2006); Manuel Zelaya Rosales (2006-)

Der Präsident wird direkt auf vier Jahre gewählt und ist nicht wiederwählbar. Er vertritt den Staat nach außen und bestimmt seine Politik im Inneren. Als Regierungschef ernennt und entlässt er die Minister, und er führt selbst die Geschäfte. Die Verfassung von 1982 bestimmt ihn zur absoluten Schlüsselfigur im politischen Leben des Landes. Der Artikel 245 der Verfassung zählt 44 Hauptaufgaben des Präsidenten auf, die vom Vollzug der Verfassung, der Gesetze und der Erfüllung der Verträge über die Sicherung des inneren Friedens und der Bewahrung vor äußerer Aggression bis zur Erlaubnis von Auslandseinsätzen des Militärs reichen, wobei Ziffer 45 den exemplarischen Charakter der Aufzählung illustriert: „...alles weitere, was Verfassung und Gesetz verlangen."

Der Präsident ist im Sinne dieses Zentralismus also für alles zuständig, was im Verwaltungsbereich anfällt, wobei die Verfassung sich um eine möglichst umfassende, aber dennoch exemplarische Aufzählung seiner Kompetenzen bemüht und die organisatorischen Ausführungsbestimmungen dem einfachgesetzlichen Rahmen oder der praktischen Amtsführung und somit dem Bereich der Verwaltungsdekrete überlässt. Dadurch bleiben elementare Fragen wie Arbeits- und Armutspolitik, Wohnraumbeschaffung, Soziales und vieles mehr in einem problematisch rechtsfreien Raum und damit der politischen Willkür des jeweiligen Präsidenten unterworfen.

Lange Zeit führte der Präsident zwar formell den Oberbefehl über die Streitkräfte, ihm stand aber ein von den Offizieren selbst bestimmter Chef der Streitkräfte zur Seite, der mit der faktischen und autonomen Macht über die Gewehre ausgestattet war. In Anbetracht des großen juristischen Vakuums im Verwaltungsbereich hatte er schon deshalb eine sehr mächtige Position inne, weil die Verfassung der Armee die Aufrechterhaltung der inneren Sicherheit als gleichrangige Aufgabe neben der Landesverteidigung zuwies. Deshalb ist nicht unwesentlich, dass die Verfassung die Zulassung von Militärs für das Präsidentenamt unterbindet. Die Verfassungsreform von 1999 stärkte juristisch die Position des Präsidenten gegenüber dem Militär weiter, doch fördert die Prominenz des Themas „Sicherheit" in der Tagespolitik wiederum die faktische Bedeutung der Uniformierten in der Politik. Überhaupt ist das Verhältnis zwischen Präsident und Militär ein zentrales Anliegen der Verfassung. Ihm sind 21 Artikel gewidmet, zudem ein im Verfassungsrang stehendes Gesetz über die Schaffung und Organisation der Streitkräfte.

Der bis 2006 amtierende Präsident Ricardo Maduro Joest war zuvor ein äußerst erfolgreicher Manager und Unternehmer, der als Präsident der Nationalbank und Wahlkampfmanager des früheren Präsidenten Rafael Callejas bekannt wurde und zum Reformflügel innerhalb des *Partido Nacional* zählt. Er galt als Kandidat der Unternehmer, der USA und der internationalen Finanzorganisationen. Als solcher hat er bereits an den Strukturanpassungsprogrammen der neunziger Jahre mitgewirkt und dann auch formell die Macht im Land übernommen.

Aus dieser Stellung heraus erfocht er jene Positionen, die derzeit überall in Zentralamerika en vogue sind: „Null Toleranz" gegenüber Kriminalität, Korruption und Drogenhandel, sowie ein „präventives" Paket umfassender Sicherheit, in welche auch die Sektoren Bildung, Soziales und Gesundheit einbezogen werden sollen. Umgesetzt werden sollte dies alles durch Gesetzesreformen und eine Dezentralisierung der Verwaltung. Freilich legte er seine ehrgeizigen Ziele in einen Zeitrahmen, der es erst lange nach dem Ende seiner Amtszeit gestatten wird, das Erreichte zu messen. Da diese Ziele und Programme in der Region seit mehr als zwanzig Jahren auf der Agenda stehen, bleibt zu befürchten, dass sie an den kurzfristigeren Vorgaben der Strukturanpassungsprogramme und an den wirtschaftlichen Rahmenbedingungen scheitern, wie andere vor ihnen.

Weitere institutionelle Reformen haben einen Nationalen Rechnungshof und ein Oberstes Wahlgericht geschaffen.

Seit 27.1.2006 ist der Liberale José Manuel Zelaya Rosales der neue Präsident. Im Wahlkampf war eine seiner Hauptforderungen die Verdoppelung der Polizeieinheiten von 9000 auf 18000 Personen. Er versprach auch die Schaffung eines Programms zur gesellschaftlichen Integration von Mitgliedern der kriminellen Jugendbanden. Damit stand er im Kontrast zu seinem Gegenkandidaten Porfirio Pepe Lobo, der die breite Anwendung der Todesstrafe für die Verbrechen der Gangs forderte. In den Medien wurde der Sieg Zelayas daher als nationales Votum für Versöhnung statt Konfrontation bezeichnet.

4   Wahlsystem

Das 1981 erlassene und seither oftmals novellierte *Ley Electoral y de las Organizaciones Políticas* regelt die Wahl des Präsidenten und des Parlaments. Diese werden gesondert, aber gleichzeitig gewählt. Mit gleicher, geheimer und direkter Stimme zu wählen wird im Artikel 6 dieses Gesetzes als natürliches Recht jedes Staatsbürgers, der das achtzehnte Lebensjahr vollendet hat, bezeichnet. Um dieses Recht ausüben zu können, muss der Wähler vom nationalen Zensus erfasst und im Wahlregister eingetragen sein, was im Hinblick auf die delikate Verfasstheit der Verwaltung umfangreichere Regelungen zur Eintragung nach sich zieht. Um sich der Wahl stellen zu können, müssen politische Parteien offiziell anerkannt und ihr Statut im staatlichen Organ „La Gazeta" publiziert worden sein. Die komplizierte Prozedur hierfür wird im Gesetz im Detail geregelt. Ebenso sind in dem Gesetz die gemeinhin bekannten Unvereinbarkeiten und Ausschließungsgründe für das passive Wahlrecht enthalten.
Die einzelnen Kongressabgeordneten werden in den 18 Departamentos direkt auf vier Jahre gewählt, wobei zum Zeitpunkt der Verfassungsgebung auf jeweils 35.000 Einwohner ein Abgeordneter kam, aber auf jede Provinz mindestens einer. So besteht das Parlament gegenwärtig aus 128 Mitgliedern.
Das Wahlgesetz von 1981 und die Verfassung von 1982 legen fest, dass das Parlament alle vier Jahre zu wählen ist. Systematische Wahlfälschungen können seit den achtziger Jahren nicht mehr beobachtet werden, und aus den lange Zeit hohen Wahlbeteiligungen leitete die Herrschaft eine gewisse Legitimität ab.
2004 wurde ein neues Wahlgesetz beschlossen. Dennoch bezeichnete internationale Beobachter den Wahlprozess von 2005 als den schlechtesten der letzten 25 Jahre. Die Kritik richtete sich dabei besonders gegen die Politisierung des Obersten Wahlgerichtes und das daraus entstehende Chaos bei den Abläufen. Der Wahlvorgang als solcher wurde aber als sauber und transparent eingestuft. Die Wahlbeteiligung lag bei den Wahlen vom November 2005 mit 51% um erschreckende 16% unter jener der vorangegangenen Wahlen von 2001 und um 30% weniger als bei Beginn des Demokratisierungsprojektes in den achtziger Jahren. Als Ursache wurde von zahlreichen Beobachtern neben der notorischen Korruption der Parlamentarier und dem geringen Alphabetisierungsgrad der Bevölkerung vor allem auch der aggressive Wahlkampfstil der Parteien und Kandidaten genannt, die angesichts der prekären sozialen Lage des Landes keine politischen Alternativen anbieten. Von dieser Warte aus gefährdet sich das zaghafte Demokratisierungsprojekt der neunziger Jahre über die weiter ungelöste soziale Frage selbst. Diesmal wohl weniger durch die Herausforderung politischer Konzeptparteien, wie in den siebziger und achtziger Jahren, als viel mehr

durch ein Hinübergleiten in anomische Zustände, in denen der Parlamentarismus seine Glaubwürdigkeit verliert und der Ruf nach autoritärem Regierungsstil nicht weit ist.

Die Wahlen vom November 2005 brachten eine Verteilung der Sitze in folgendem Verhältnis: 62 Partido Liberal (2001: 55), 55 Partido Nacional (2001: 61), 5 PUD, 4 PDC, 2 PINU-SD (2001: 3). Bei den Wahlen 2005 war aufgrund der Gesetzesnovellen das Grundmandat weitaus teurer als zuvor, was eine Benachteiligung der kleineren Konzeptparteien und ein Vorteil für die beiden caudillistischen Großparteien ist. In dieselbe Richtung gehen neue Bestimmungen, die den Wahlkampf erheblich verteuern und Initiativen mit kleinem Budget weniger Chancen lassen.

Der Präsident wird vom Volk mit einfacher Stimmenmehrheit direkt auf vier Jahre gewählt. Die Kandidaten müssen honduren ische Staatsbürger im Vollbesitz ihrer Bürgerrechte und älter als 30 Jahre sein. Sie dürfen keine kirchlichen Ämter bekleiden. Darüber hinaus ist eine ganze Reihe von öffentlichen Amtsträgern von der Kandidatur ausgeschlossen, sofern sie nicht zeitgerecht sechs Monate vor der Wahl aus ihren Funktionen scheiden. In derselben Weise gilt die Unvereinbarkeit von Ämtern und kirchlichen Würden für Kandidaten, die sich in den Kongress wählen lassen wollen.

Die oftmals sehr verwirrenden Debatten über die richtige Auslegung und Anwendung der Wahlgesetze haben möglicherweise weniger mit deren juristischer Qualität als mit der politischen Praxis zu tun, die zum Zweck des Machtgewinns oder des Machterhalts Umgehungen und Tricks zur Tugend des Politischen erhebt, was nicht selten zu paradoxen Anwendungen führt. So wurden etwa 1985 die Wahlen auf der Basis eines verfassungswidrigen Modus durchgeführt, der ermöglichte, dass José Azcona mit 26% der Stimmen Präsident wurde, während Rafael Callejas mit 41% unterlag. Derartige Resultate führten zu einer anlassbezogenen Novellierungsserie, die das Wahlgesetz seither möglicherweise öffnete, zugleich aber auch für beträchtliche Unübersichtlichkeit und damit Rechtsunsicherheit gesorgt hat. Die Novelle vom Jahr 2004 hat dies nicht überwunden.

5 Parlament und Gesetzgebung

Das honduren ische Rechtssystem wurzelt im Römischen Rechtskreis und dem Spanischen Zivilrecht, übernimmt aber zunehmend Elemente des nordamerikanischen, angel-sächsischen *Common Law*. Die jüngsten Rechtsreformen gehen zunehmend von der in Lateinamerika üblichen Referenz auf das Napoleonische System ab und bewegen sich in die Richtung des angelsächsischen *Case Law*, ohne dies bislang wirklich implementiert zu haben. Sehr viele Probleme in der Gesetzgebung resultieren aus der ungeklärten, nicht-derrogierenden Überlagerung älterer Rechtsbestände mit neuen Gesetzen. Dies betrifft beispielsweise die Frage kommunaler Landnutzung auf der Basis alter Rechte versus neu entstandene Eigentumstitel und ähnliche Rechtsbestände.

Honduras besteht aus 18 Departamentos. Die Legislative obliegt einem einkämmrigen, *Kongress* genannten Parlament. Die Artikel 205 folgende der Verfassung von 1982 betrauen den Kongress mit den international üblichen Aufgaben dieses Organs, also insbesondere mit der Gesetzgebung. Die Gesetzesinitiative liegt bei den Abgeordneten, dem Präsidenten und den Ministern (Regierungsvorlagen), sowie beim Obersten Gerichtshof und beim Wahlrat im Rahmen ihrer jeweiligen Zuständigkeitsbereiche. Anträge oder Vorschläge von außerparlamentarischen Kräften wie Bürgerinitiativen, Gewerkschaften, Bauernvereinigungen oder sonstigen Massenbewegungen sind nicht vorgesehen.

Zur Beschlussfassung im Kongress reicht die einfache Mehrheit nach drei obligatorischen Debatten vor der Abstimmung, wobei kein Antrag, der einmal abgelehnt wurde, in derselben Legislaturperiode neuerlich vorlegt werden darf.

Artikel 205 der Verfassung zählt die Aufgaben des Parlaments taxativ auf, wobei in der im internationalen Vergleich nicht ungewöhnlichen Auflistung vor allem die ausführliche Regelung des Verhältnisses des Parlaments zu den Streitkräften auffällt. Dies erklärt sich aus der diesbezüglich sensiblen Vorgeschichte zur Entstehung dieser Verfassung und der auch formell machtvollen innenpolitischen Position der Streitkräfte bis zur Jahrtausendwende.

Die Verfassung stellt dem Parlament im fiskalischen Bereich einige Hilfs- und Kontrollorgane zur Seite:

Die *Contraloria de la Republica* ist eine funktionell und administrativ unabhängige Einrichtung, die, wie der Name schon sagt, die Gebarung der öffentlichen Verwaltung ex posteriori prüft. Sie wird von Beamten geleitet, die für den Obersten Gerichtshof wählbar sein müssten und vom Parlament eingesetzt und abberufen werden. Sie liefern einen alljährlichen Kontrollbericht ans Parlament, der auch Empfehlungen enthalten kann.

Die *Generalprokuratur der Republik* vertritt den Staat in straf- und zivilrechtlichen Angelegenheiten. Ihre Funktionäre werden ebenfalls vom Parlament bestellt.

Dasselbe gilt für die funktionell und administrativ ebenfalls unabhängige *Dirección de Probidad Administrativa*, welche das Kontrollorgan des Parlaments für die persönliche Gebarung öffentlicher Funktionäre ist.

6   Parteien

Obwohl sich seit den achtziger Jahren meist drei bis fünf Parteien oder Bündnisse an den Wahlen beteiligten, können nur zwei davon als wirkliche Machtfaktoren bezeichnet werden. Für intellektuelle Konzeptparteien wie die Christdemokraten oder die sozialdemokratisch orientierte Reformpartei PINU ist das politische Ambiente in Honduras so ungünstig, dass sie, wenn überhaupt, nur mit einzelnen Abgeordneten ins Parlament kommen. Weiter links stehende Gruppierungen sind noch chancenloser.

Als wirkliche Machtfaktoren bestehen seit Jahrzehnten unverändert die 1891 gegründete *Partido Liberal* (PL) und die 1923 gegründete *Partido Nacional* (PN). Bei beiden handelt es sich um caudillistische Führerparteien mit wenig akzentuierten Programmen. Die historische Abgrenzung, wonach die PN als Sprachrohr des Militärs und der Latifundistas fungiert, während die PL die Interessen des modernisierenden Großbürgertums vertritt, hat sich zuletzt immer mehr verwischt. Die caudillistische Tradition beider Parteien bedingt ihre laufende Aufspaltung in Faktionen hinter einzelnen Führerpersönlichkeiten.

Das traditionell nahe Verhältnis der PN zum Militär bewirkte bei den ersten Wahlen der achtziger Jahre Vorteile für die PL. Diese Partei war aber mit der Staatsführung in einer Phase, als Honduras gleichzeitig Musterdemokratie und Garnison der USA in Zentralamerika spielen sollte, völlig überfordert. Ihre zumindest fünf Tendenzen waren zuletzt kaum noch zu koordinieren und die Niederlage bei den Wahlen 1989 gegen die in dieser Phase unter Rafeal Callejas besser organisierte PN das logische Resultat. Seither pendelt das

Machtverhältnis zwischen den beiden Großparteien. Derzeit stellt die *Partido Liberal* sowohl den Präsidenten als auch die Mehrheit im Parlament.

7   Militär

Ein Berufsheer im modernen Sinn wurde in Honduras erstmals während der Diktatur des Generals Tiburcio Carias Andino etabliert. Damit sollte den bewaffneten Auseinandersetzungen zwischen den Gruppierungen der einzelnen Caudillos, Parteien und Unternehmen ein Ende gesetzt und eine der offiziellen Staatsmacht folgende Sicherheitskraft etabliert werden, welche neben der Landesverteidigung auch die Wahrung der inneren Ordnung im Sinne der nationalen Eliten und deren internationalen Förderern garantieren können sollte.

Diese Ausrichtung prägte das Verständnis der honduresischen Militärs auch über die späteren Reformschritte hinweg. 1948 wurde das honduresische Militär in diesem Sinn als autonome Sicherheitskraft völlig neu organisiert und auf die Nachkriegsbedürfnisse der Region eingestellt, was heißt, dass kein Mitglied der zivilen Regierung den Streitkräften bindende Anweisungen geben konnte und diese somit der zivilen Kontrolle völlig entzogen waren, gleichsam einen Staat im Staate bildeten. Damit wurden Verhältnisse geschaffen, welche mehr als ein halbes Jahrhundert das politische Leben des Landes prägen sollten.

1954, während des Generalstreiks, unterzeichnete die Regierung Galvez einen bilateralen Militärpakt mit den USA, durch welchen kurzfristig die Invasion Guatemalas gegen die Regierung Arbenz ermöglicht und langfristig die weitere Ausrichtung des honduresischen Militärs im Kalten Krieg organisiert wurde.

Bereits 1956 regierte sodann in Honduras eine Militärjunta mit Dekretgesetzen und ohne verfassungsmäßige Grundlage. Abseits jeder Ideologie führte sie das Land in einen bewaffneten Grenzkonflikt mit dem somozistischen Nicaragua. Der Versuch der nachfolgenden Regierung Villeda, die Streitkräfte wieder der zivilen Kontrolle zu unterstellen und die Landesverteidigung von der inneren Sicherheit zu trennen, führte zu einem blutigen Putsch, nach dem das Militär die faktische Macht im Land bis 1982 wenngleich bei unterschiedlicher politischer Orientierung, nicht mehr abgab. 1969 sollte eine derartige Regierung das Land neuerlich in einen Krieg gegen einen Nachbarn führen – diesmal El Salvador.

Die Prärogativen des Kalten Kriegs gewannen im Zeichen der Kuba-Krise noch stärkere Relevanz als zuvor bei der Invasion Guatemalas, und so wurde im Dezember 1963 unter US-amerikanischer Anleitung beschlossen, den *Zentralamerikanischen Verteidigungsrat* CONDECA einzurichten. Ähnlich wie bei der wirtschaftlichen *Integration* wurde die Bereitschaft der zerstrittenen Eliten Zentralamerikas zu diesem Schritt der Vereinigung durch beträchtliche Aufstockung der Militärhilfe aus den USA gekauft. Im Hinblick auf den gemeinsamen Feind – eine so vorgestellte „rote Gefahr" – mochte auch Einigkeit über die Notwendigkeit dieses Schrittes geherrscht haben.

Die militärische Vereinigung im CONDECA erwies sich dennoch als nichts anderes als Opportunismus aller nationalen Eliten, der darauf ausgerichtet war, Unterstützung aus den USA zum Zweck der Bekämpfung der internen Opposition an sich zu ziehen, der aber für die Verteidigung der Region oder die zwischenstaatliche Sicherheit absolut irrelevant blieb.

Eher kann sogar der gegenteilige Effekt vermutet werden. Durch den formellen Zusammenschluss der Militärs wurde auch die bewaffnete Opposition, welche sich gerade in dieser Zeit vor allem in Nicaragua und Guatemala zu formieren begann, nahezu aufgefordert, ebenfalls grenzüberschreitend zu kooperieren.

Damit war ein erstes, schmerzhaftes Kapitel des modernen Charakters der sozialen Konfrontation Zentralamerikas eröffnet, ohne für die Bekämpfung eines potentiellen äußeren Feindes irgendetwas geleistet zu haben. Im Gegenteil, die Militärs treten in allen betroffenen Ländern, so auch in Honduras, als von ziviler Kraft gar nicht oder schwer kontrollierbarer Repressionsapparat und systematischer Verletzer aller Menschenrechte auf.

Nach der Revolution im benachbarten Nicaragua war die Übergabe der Präsidentschaft in Honduras von den Militärs an eine Zivilregierung vor allem ein außenpolitisches Anliegen der USA, um dem revolutionären Weg in Zentralamerika Attraktivität zu nehmen. Damit verbunden war aber eine faktische Stärkung der Streitkräfte des Landes, die binnen kürzester Zeit von 12.000 auf 23.000 Mann aufgestockt und von den USA mit modernstem Kampfgerät ausgerüstet wurden. An der Grenze zu Nicaragua wurden die bis zu 20.000 Mann starken Truppen der nicaraguanischen Contras aufgebaut und die USA etablierten ihre eigene Militärpräsenz in Honduras durch Manöver, die zwischen 1982 und 1990 in permanenter Abfolge stattfanden. So konnte sich das honduranische Militär während der kritischen Phase des Zentralamerikakonfliktes auf den Anti-Aufstandskampf im Inneren beschränken. Unter der Führung von Oberst Gustavo Alvarez Martinez wurde in diesem Sinn gleich nach dem Antritt der Zivilregierung eine radikale Säuberungsaktion gegen die Linke – von der embryonalen Guerilla bis zu legalisierten Parteien und Gewerkschaften – durchgeführt, die zu den brutalsten der jüngeren Geschichte des Landes gehört und zur weitreichenden physischen Liquidierung dieser Opposition führte. Diese Politik führte auch dazu, dass Honduras als erstes Land des Doppelkontinents vom Interamerikanischen Gerichtshof für Menschenrechte verurteilt wurde.

Als Alvarez durch administrative Manipulationen immer mehr militärische und politische Macht in seiner Hand vereinte und als er schließlich den korporativen Führungsstil der Streitkräfte unterlief, wurde er 1984 von einer liberaleren Tendenz unter Oberst Walter Lopez Reyes weggeputscht, die in der Folge über die Einhaltung der Verfassungsmäßigkeit wachte. Mit dem Amtsantritt von Präsident Azcona (1986) kehrten aber in der Person von Oberst Humberto Regalado auch die autoritären Kräfte in die Führung der Armee zurück. Regalado wurde im Dezember 1990 von General Luis Discua abgelöst. Auch innerhalb der militärischen Promotionen, welche die jeweilige Führungsgruppe bilden, kann seither im Rahmen des korporativ Zulässigen ein Pendeln zwischen liberaleren Tendenzen und Hardlinern beobachtet werden. Die Verfassungsreformen der neunziger Jahre schafften die allgemeine Wehrpflicht ab und führten ein modernes Berufsheer ein, das nun direkt der zivilen Kontrolle untersteht, womit eine Jahrzehnte überdauernde Debatte im Sinne jenes Standards gelöst wurde, der in modernen Demokratien üblich ist.

2003 gab Honduras fast genau 100 Millionen Dollar oder 1,5% des Gesamtbudgets für militärische Zwecke aus.

8   Interessenverbände und Kirchen

Wirtschaftsverbände: Die Wirtschaftstreibenden organisieren sich traditionell im Rat der Privatunternehmer (COHEP), der Industriellenvereinigung (ANDI) und der Vereinigung der Landwirte und Viehzüchter (FENAGH). Anfang der achtziger Jahre konnte General Alvarez diese und kleinere Verbände in einer „Vereinigung für den Fortschritt" (APROH) unter seine Kontrolle bringen. Diese Vereinigung zerfiel nach dem Sturz des Generals, ohne die Position der einzelnen Verbände zu beeinträchtigen.

Gewerkschaften, Bauernbewegungen: Aufgrund der dominierenden Stellung ausländischer Unternehmen steht auch ein großer Teil der organisierten Dienstnehmer auf deren Lohn- und Gehaltslisten oder in einer anderen Form wirtschaftlicher Abhängigkeit (assoziierte Kooperativen). Die großen Betriebseinheiten erleichtern nun wohl die Organisation, gleichzeitig aber auch die Steuerung der Gewerkschaften im Sinne unternehmerischer Interessen. Daher sind die honurenischen Massenbewegungen zahlenmäßig groß, vergleichsweise schlagkräftig im Sinne der erfolgreichen Durchsetzung sozialer Forderungen, aber politisch wenig profiliert in dem Sinne, dass sie das herrschende System grundsätzlich verändern wollen oder können.

Die Bündnisse und Namen der Massenbewegungen wechseln oft und schnell. Es lassen sich allerdings drei Tendenzen feststellen: Die eine, auf den Plantagen vorherrschende, steht unter dem Einfluss des US-amerikanischen Instituts für freie Gewerkschaftsentwicklung (AIFLD); die zweite, christdemokratisch orientierte, entstand in den sechziger Jahren im Umfeld der katholischen Kirche und hat ihre Basis im Kleinbauerntum, bei Industriearbeitern und im öffentlichen Dienst; die jüngste und kleinste dieser Tendenzen rekrutiert sich aus demselben Sektor, vertritt aber marxistische Positionen. Die aktuell wichtigsten dieser Organisationen sind das *Comité de Coordinación de Organizaciones Populares* CCOP, die *Confederación de Trabajadores Hondureños* CTH, die *Confederación General de Trabajadores* CGT, die *Asociación Nacional de Campesinos Hondureños* ANACH, die *Unión Nacional de Campesinos* UNC, die *Federación Unida de Trabajadores Hondureños* FUTH und der *Bloque Popular* BP.

Kirche: Aufgrund einer chronischen Unterbesetzung mit katholischen Priestern ergaben sich in Honduras schon sehr früh seelsorgerische Defizite. Durch die Verfassung von 1880 wurde die katholische Kirche als Machtfaktor ausgeschaltet und in der Folge vor allem im Plantagengebiet von Sekten und evangelischen Kirchen bedrängt. Einem sehr frühen Engagement im Sinne der Befreiungstheologie folgten eine Phase der Kirchenverfolgung durch die Militärs in den siebziger Jahren und der fast vollständige Rückzug der Kirche aus politischen Belangen.

9   Massenmedien

Die Größe von Honduras, seine Besiedlungsdichte und die Stratifikation der Gesellschaft mit einem sehr kleinen bildungsbürgerlichen Segment standen von je her der Ausbildung eines nennenswerten Qualitätsjournalismus entgegen. Dementsprechend gestaltete sich durch das zwanzigste Jahrhundert hindurch die Medienlandschaft über einige mehr oder minder traditionsreiche Tageszeitungen wie die staatliche *La Gaceta*, *La Prensa*, *El Tiempo*, *La Tribuna* oder *El Heraldo*, die in ihrem Nachrichtenteil idealtypisch von den internationalen Agenturen abhängig blieben und mit eher bescheidenen Kommentaren und Analysen ausgestattet wurden. Zudem sind die meisten von ihnen Mitglieder in der *Inter American Press Association*, deren enges Verhältnis zur CIA notorisch ist, sodass sich hinter dem vergleichsweise vielfältig scheinenden Angebot ein weitgehend eindimensionaler Informationsfluss verbirgt.

Die etwa 250 Radiostationen und vier großen Fernsehprogramme des Landes, zumeist kommerziell, oft auch von Kirchen und Sekten organisiert, aber politisch angepasst folgten derselben Logik, bevor das Zeitalter des Satellitenfernsehens begann, das in ganz Zentralamerika eine Überlagerung der nationalen und regionalen Angebote mit einer Vielzahl von Kanälen aus den USA, Mexiko und anderen Ländern brachte.

Schließlich machten auch einige der honduresischen Zeitungen den Schritt zu den Neuen Medien mit. Die größten Zeitungen des Landes *La Prensa* (San Pedro Sula), *La Tribuna* (Tegucigalpa) und *El Tiempo* (San Pedro Sula) gibt es mittlerweile auch als Online-Zeitungen. Ebenso den kleineren *Heraldo* und die englischsprachigen Zeitschriften *This Week Online* und *Roatan Weekly* sowie *Tiempos del Mundo* (Tegucigalpa) und *Honduras News*. Strukturell gilt allerdings auch für diese Medien, dass sie nur dem eher kleinen Segment des Bildungsbürgertums zugänglich und für dieses gemacht sind. Die Bevölkerungsmehrheit ist nach wie vor offline.

10   Politische Kultur und Partizipation

Die periphere Lage des Landes in der Kolonialzeit und dann die zentrale Stellung ausländischer Gesellschaften als Besitzer der besten Böden und Betreiber der wichtigsten Unternehmen seit dem Ende des neunzehnten Jahrhunderts verhinderten eine so akzentuierte Ausbildung kreolischer Oligarchien wie in den Nachbarländern. Dem weitreichenden Verlust der wirtschaftlichen, kulturellen und politischen Eigenständigkeit von Honduras steht also auch ein weniger gewalttätiger Stil der sozialen Kämpfe gegenüber, weil das interne Machtgefüge durchlässiger und der Zugang zur Macht nicht exklusiver Anspruch weniger Familien ist. Den Freiraum, den der ausländische Einfluss belässt, teilen sich daher die wenigen Familien, die sich längerfristig etablieren konnten, mit Aufsteigern aus der Industrie- und Handelsbourgeoisie, dem Beamtenapparat und dem Militär.

Wohl aufgrund der Bevölkerungs-, Landschafts- und Siedlungsstruktur blieb in Honduras der Bildungs- und Organisationsgrad der mehrheitlich mittellosen Bevölkerung immer sehr niedrig. Die Analphabetenrate betrug noch zur Jahrtausendwende um die 30 Prozent. Im Gegensatz zu Mexiko, El Salvador, Guatemala und anderen Ländern der Nachbarschaft lässt sich hier eine „Gegenkultur der Marginalisierten" nur in sehr bescheidenen Ansätzen beobachten. Der Mythos der Entwicklung und westlicher Modernität wird in Honduras weitgehend akzeptiert und in den Kategorien dieses Wertesystems gehören das Land und die überwiegende Mehrheit seiner Bevölkerung zu den ärmsten und am wenigsten entwickelten in Lateinamerika.

Unter anderem aufgrund des relativ durchlässigen Sozialgefüges, des hohen Organisationsgrades der Bauern und Arbeiter in systemfreundlichen Interessensvertretungen und der geringen Empfänglichkeit der Bevölkerung für abstrakte, ideologische Konzepte blieben Guerillabewegungen stets klein und erfolglos. Zu Beginn der achtziger Jahre wurden sie fast vollkommen vernichtet.

Die Todesschwadronen wurden in derselben Zeit unter General Alvarez als Geheimabteilung des Militärs installiert. Seit der Enttarnung dieser Abteilung 3-16 wird ihr Fortbestehen zwar dementiert, die Fortsetzung der selektiven Tötung Oppositioneller belegt jedoch zumindest das faktische Weiterbestehen der Todesschwadronen, deren bekannteste unter dem Namen AAA auftritt.

Die Idee der Menschenrechte steht in Honduras heute zwar prominent im Verfassungsrang, wurde historisch gesehen aber lange Zeit vor allem von der katholischen Kirche vertreten. Die Institutionalisierung der nicht-staatlichen Menschenrechtsarbeit erfolgte zu Beginn der achtziger Jahre, als das überall in Zentralamerika ein brennendes Thema war. Obwohl die Menschenrechtsverletzungen in Honduras nie das Ausmaß der Nachbarländer Guatemala, El Salvador oder Nicaragua erreichten, gab es gerade zu dieser Zeit doch auch hier ein extremes Anwachsen staatlicher Übergriffe und vor allem die Anerkennung des Staatsterrors gegen Oppositionelle als Normalverhalten politischen Agierens. Gegen diese Praxis standen primär zwei namhafte Organisationen auf, die ihrerseits in der Zentralamerikanischen Kommission für Menschenrechte CODEHUCA vernetzt waren und international eng mit Organisationen wie *amnesty international*, der Interamerikanischen Menschenrechtskommission der OAS oder dem *Washington Office on Latin America* kooperierten.

Die eine davon CODEH, bemüht sich im Sinne eines breiten, akademischen Ansatzes um die allgemeine Verbreitung der Menschenrechtsidee im Land, kümmert sich aber auch um konkrete Fälle jeder Art von Menschenrechtsverletzungen – vom politischen Mord über Habeas Corpus bis zum Umweltfrevel durch industrielle Multis. Unter ihrem charismatischen Gründungspräsidenten, dem Arzt Ramón Custodio, erreichte sie große Popularität, als es ihr gelang, Honduras wegen des politischen „Verschwindenlassens" von Menschen als erstes Land des Doppelkontinents vor dem Interamerikanischen Gerichtshof für Menschenrechte zur Anklage zu bringen. Ramón Custodio, wiederholt Ziel von Anschlägen gegen sein Leben, wurde später *Nationaler Beauftragter für Menschenrechte* des honduranischen Nationalkongresses und Präsident des *Zentralamerikanischen Rates der Menschenrechtsanwälte*

Die zweite wichtige Menschenrechtsorganisation ist COFADDEH, das *Comité de Familiares de Desaparecidos y Detenidos de Honduras*, eine Angehörigenorganisation von „Verschwundenen" und Inhaftierten. Sie ist den berühmteren *Abuelas de la Plaza del Mayo* in Argentinien oder den *Comadres* in El Salvador vergleichbar, im Land von ähnlicher agitatorischer und moralischer Bedeutung, jenseits der Landesgrenzen durch die im Vergleich weniger dramatische Lage in Honduras nicht ganz so bekannt.

Für die Arbeit dieser Organisationen stellt sich im Honduras von heute dasselbe Problem wie für ihre Schwesterorganisationen in den Nachbarländern: Gegründet in einem Ambiente, in dem der politische Kampf ziemlich klare Fronten kannte, hat sich nach den militärischen Friedensschlüssen in Nicaragua, El Salvador und Guatemala das Gesamtniveau der Gewalt gegen Einzelpersonen in der Region keineswegs reduziert, der politische Kontext ist aber nicht mehr so eindeutig bestimmbar. Er vermischt sich zusehends mit Alltagskriminalität sowie organisiertem Verbrechen nationaler und internationaler Art. Daher lässt sich mit dem klassischen Menschenrechtsansatz, der den Staat als identifizierbaren Täter braucht, nur noch schwer arbeiten, und die Methoden eines zivilgesellschaftlichen Schutzes der BürgerInnen vor gewalttätigen Übergriffen müssen sich zunehmend einem neuen Ambiente anpassen. Besonders illustrativ ist in diesem Zusammenhang in Honduras das weit verbreitete Problem gewalttätiger Banden von Jugendlichen und Straßenkindern, an dem sich gut erkennen lässt, wie sehr sich die Grenzen zwischen Opfer und Täter in dieser Logik zu verwischen beginnen.

11   Rechtssystem

Die Jurisdiktion entspricht weitgehend den Normen des Römischen Rechtskreises. Die unabsetzbaren, unversetzbaren und weisungsfreien Richter agieren in einem dreigliedrigen, aber stets zweizügigem Gerichtssystem. Die neun Mitglieder des Obersten Gerichtshofes werden vom Parlament auf vier Jahre gewählt.

Eine entscheidende Rolle spielen die Gerichte bei der Aufarbeitung der Menschenrechtsverletzungen aus der Zeit der Militärdiktatur. Verschiedene Gesetzesnovellen leisten nun wohl der Unabhängigkeit der Gerichte Vorschub. Dessen ungeachtet haben Gerichte immer wieder umstrittene Entscheidungen zu Gunsten mehrerer im Zusammenhang mit den „Verschwundenenfällen" angeklagten Armeeangehörigen gefällt, indem sie sie straffrei ausgehen ließen, die Anklagen reduzierten oder Amnestiegesetze anwendeten, die mit der Verpflichtung der honduranischen Regierung, Menschenrechtsverletzungen zu untersuchen und die Täter zu bestrafen, unvereinbar sind.

Umso aufsehenerregender war eine Entscheidung des Obersten Gerichtshofes von Honduras vom Juni 2000. Der Gerichtshof entschied damals, dass die Amnestiegesetze auf die Menschenrechtsverbrechen des Mordversuches, der Folter sowie der unrechtmäßigen Inhaftierung keine Anwendung finden können. Die Erste Strafkammer in der Hauptstadt Tegucigalpa hatte 1998 noch entschieden, dass das Amnestiegesetz aus dem Jahre 1991 Anwendung finden muss. Folglich – so das Gericht damals – könnten auch keine Strafen verhängt werden. Gegen diese Entscheidung war mehrfach Berufung eingelegt worden, ehe es zu diesem spektakulären Höchstentscheid kam. Im Hinblick auf die delikate Fragestellung bewegen sich die Gerichte in dieser Beziehung also langsam, aber doch in eine menschenrechtskonforme Richtung.

12   Regionen und Kommunen

Die 18 Departamentos und 283 Municipios in Honduras sind der üblichen Logik des Romanischen Rechtskreises folgend zentralistisch organisiert, im Übrigen aber keineswegs einheitlich strukturiert. Jedem Departamento steht ein Gouverneur vor, der vom Präsidenten ernannt wird. Die Städte werden von einem gewählten Rat verwaltet.

Das (land-)wirtschaftliche Kerngebiet befindet sich entlang der Atlantikküste im Norden, also grob gesprochen in der Region zwischen San Pedro Sula und Trujillo, und im Aguantal, wo fruchtbare, gut beregnete und weitgehend ebene Böden vom Meer her leicht zugänglich sind und so ein ideales Terrain für die Monokulturen der nordamerikanischen Fruit Companies boten und bieten. Das historisch gewachsene Problem von Honduras liegt darin, dass der Bau von Infrastrukturen stets den Prioritäten dieses Wirtschaftens und nie einer Art von nationalem Erschließungs- und Besiedlungsplan folgte.

Denn das heiße, wenig fruchtbare und erosionsanfällige Bergland, welches sich von dieser Ebene nach Westen und Süden hin ausdehnt, ist eine eher unwirtliche Gegend, die für Landbau und Besiedlung wenig geeignet ist. So folgten die Straßensysteme, die diese

Gegend erschlossen, eher den Hoffnungen und Aktivitäten von Bergbaugesellschaften und der Notwendigkeit des verkehrsmäßigen Anschlusses des Landes an die Nachbarländer Guatemala, El Salvador und Nicaragua, deren Wirtschaften durchwegs zum Pazifik hin ausgerichtet sind, sodass die karibische Orientierung von Honduras bereits früh zu einer isolierten Lage innerhalb Zentralamerikas führte. Das ist ein Umstand, der nie ganz überwunden wurde, obwohl heute Straßenverbindungen in alle Nachbarländer existieren und der für Honduras lebenswichtige Zugang zum Golf von Fonseca entsprechend ausgebaut wurde. Besonders gut zeigt sich dieses Problem in der traditionellen Rivalität zwischen der Hauptstadt Tegucigalpa, zwar einer Millionenstadt, nicht aber das eigentliche Gravitationszentrum des Landes, und" den wirtschaftlich potenteren Städten im Norden und an der Küste.

Der Osten des Landes, die Provinzen Olancho und Gracias a Dios, war ursprünglich von tropischem Regenwald auf sensiblen Quarzsandböden bewachsen, aus dem Edelhölzer extrahiert wurden. Im Laufe des zwanzigsten Jahrhunderts wurde in Olancho immer mehr gerodet und Weideland gewonnen, während die systematische Erschließung von Gracias a Dios erst sehr spät im Rahmen des Contrakriegs gegen Nicaragua in den achtziger Jahren einsetzte. Dementsprechend rücksichtslos wurde der Wald abgebrannt und gerodet, sodass hier großflächige Landschaftsverödungen eintraten. Auf den Straßen, welche die amerikanische Militärmaschinerie im Zuge ihrer Manöver in den Urwald geschlagen hatten, folgten zahlreiche Landlose, welche den Urwald rodeten und hier – oft im Disput mit der lokalen Misquito- und Garifunabevölkerung – ihr Glück versuchen wollten. Diese Böden sind für Landwirtschaft aber praktisch ungeeignet, sodass hier keine nachhaltige Bewirtschaftung einsetzte.

13 Integration, Interamerikanische Beziehungen

Der Begriff „Integration" hat in der Geschichte Zentralamerikas eine ambivalente Bedeutung. Seit dem postkolonialen Zerfall der Region in fünf selbständige Staaten wurde eine Vielzahl von durchwegs gescheiterten (Re-)Integrationsversuchen jener Länder begonnen, die sich in manchen ihrer Verfassungen immer noch als *nacion centroamericana* bezeichnen.

Der modernere und klassische Ansatz nach dem Zweiten Weltkrieg zielte auf das damals übliche Modell einer politischen, militärischen und wirtschaftlichen Integration. Die beiden ersten unter dem Titel *Organización de Estados Centroamericanos* ODECA und *Consejo de Defensa Centroamericana* CONDECA erreichten nie eine realpolitische Bedeutung. Hingegen durchlebte der *Mercado Común Centroamericano* MCCA für ein gutes Jahrzehnt eine intensive und wechselhafte Geschichte, ehe er durch sein von den USA gegen das ursprüngliche CEPAL-Modell der autozentrierten Entwicklung, Importsubstitution und zollgeschützten Süd-Südkooperation erzwungene Freihandelskonzept zu jenem extremen Verarmungwachstum führte, welches zuerst den Fußballkrieg zwischen Honduras und El Salvador und später die Bürgerkriege in Nicaragua, El Salvador und Guatemala wesentlich mitverursachte.

Honduras, verkehrstechnisch und infrastrukturell benachteiligt, war in diesem System zur Rolle des klassischen Integrationsverlierers verurteilt, was folgerichtig zu seinem de facto – Austritt aus dem System führte. Das gesamte System zerfiel mit den Kriegen der achtziger Jahre, wobei ökonomisch der Verfall der Weltmarktpreise für die klassischen Exportgüter der Region wie Kaffee, Zucker, Baumwolle und Rindfleisch schwerer wog als die Zerstörungen durch Kriegshandlungen. Dies beweist sich auch anhand der nachstehenden Tabelle, die auf dramatische Art zeigt, dass auch nach dem Ende der militärischen Auseinandersetzungen keineswegs eine Erholung der Wirtschaft eintrat, sondern im Gegenteil die gesamtregionale Handelsbilanz auch nach den Kriegen immer defizitärer wurde, weil sich einerseits keine gesteigerten Exporterlöse für die peripheren Nationalökonomien lukrieren ließen, andererseits aber bedingt durch den sozialen Druck, den Versuch des Wiederaufbaus und die Interessen der externen Produzenten ein Importzwang entstand, der den der Kriegsjahre sogar bei weitem übertrifft.

Tabelle 1: Handelsbilanz für Zentralamerika (ohne Panama) in Milliarden Pesos Centroamericanos 1963-1993

	Exporte	Importe	Saldo
1963	0,589	0,652	-0,063
1968	0,951	1,046	-0,094
1973	1,663	1,845	-0,182
1978	3,855	4,743	-0,888
1983	3,549	4,735	-1,186
1988	3,975	5,704	-1,729
1993	4,056	9,416	-5,359
1998	11,020	17,734	-6,714
2003	11,287	23,713	-12,426

Quellen: BID/INTAL (1977): El proceso de integración en América Latina. Buenos Aires. SIECA (1982): Anuario estatístico centroamericano de comercio exterior 1980. Guatemala. http://www.sieca.org.gt/SIECA.htm (10.2.2005).

Die achtziger Jahre müssen demnach aus einer wirtschaftsgeschichtlichen Perspektive als Phase des dramatischen Verfalls und der Überlagerung aller integrationspolitischen Überlegungen mit schwerer wiegenden Komponenten des Weltmarkts, der Geostrategie und der Ideologie verstanden werden. Dabei zeigt sich, dass jene Länder, die wie Honduras nur gering oder gar nicht von unmittelbaren Gewalttätigkeiten betroffen waren, ebensolche Ausfälle aufweisen wie die Bürgerkriegsländer.

Nach dem integrationspolitischen Tiefpunkt zu Mitte der kriegerischen achtziger Jahre setzte ab 1986 eine langsame Trendwende ein. 1985/86 traten in mehreren Ländern Zentralamerikas neue Regierungen ins Amt, wobei der bemerkenswerteste Übergang in Guatemala stattfand, als mit Vinicio Cerezo der erste zivile Präsident nach Jahrzehnten faktischer Militärdiktatur ins Amt kam. Cerezo lud gleich bei seinem Amtsantritt die übrigen Präsidenten Zentralamerikas zu einem Gipfel in den Wallfahrtsort Esquipulas ein. Diese Einladung markiert den Übergang von der neutralistischen Haltung Guatemalas im Zentralamerikakonflikt zu seiner aktiven Friedenspolitik nach außen.

Die Idee, den Präsidentengipfel zu einem permanenten Organ der Krisenbewältigung zu machen, war von der Sache her nicht neu. Die Versammlung der Staatschefs war in besseren Zeiten der ODECA deren oberstes Organ gewesen, und die Idee zum Zentralamerikanischen Parlament war schon im Laufe der siebziger Jahre aus Europa übernommen worden. Als sich die Staatschefs dann tatsächlich am 25.5.1986 in Esquipulas trafen, reinstallierten sie ihre Gipfeltreffen zum Zweck des Konfliktmanagements, beschlossen die Errichtung jenes Zentralamerikanischen Parlaments, und schließlich die Wiederbelebung des gemeinsamen Integrationssystems, ohne sich vorerst auf dessen Charakter festzulegen.

Unter diesen Voraussetzungen unterzeichneten sie bei ihrem zweiten Treffen in Guatemala 1987 jenes historische Papier, das aus heutiger Sicht als der entscheidende Wendepunkt zur Beilegung der militärischen Konflikte angesehen werden kann. Das Dokument ging unter dem Namen Esquipulas II in die Geschichte ein. So wichtig es für den Friedensprozess insgesamt werden sollte, enthielt es in integrationspolitischer Hinsicht nur ein sehr allgemein gehaltenes Bekenntnis zur regionalen Kooperation.

Die Gründung des Zentralamerikanischen Parlaments schob sich zwar aufgrund innerstaatlicher Ressentiments, vor allem in Costa Rica, bis 1992 hinaus, aber als langfristige Folge der Esquipulas-Gipfel und ihrer nunmehr halbjährlichen Nachfolge-Treffen geriet die Region wieder in Integrationsdynamik.

Bei ihrem zwölften Treffen unterzeichneten die Präsidenten 1991 in Tegucigalpa ein Zusatzprotokoll zur Gründungscharta der ODECA – einen „Zusatz", der die so lange in Agonie gelegene Organisation substantiell veränderte. Im ersten Artikel dieses Protokolls wurden die fünf Länder Zentralamerikas und Panama als eine wirtschaftliche und politische Gemeinschaft bezeichnet und das *Sistema de la Integración de Centro América* SICA gegründet. Damit war nach mehr als 20 Jahren die Wiedereingliederung von Honduras in ein zentralamerikanisches Integrationssystem auch formell vollzogen.

Das SICA Gründungsprotokoll von Tegucigalpa weist in erster Linie politischen Charakter auf. Es proklamiert Demokratie, allgemeine, freie und geheime Wahlen und den Respekt vor den Menschenrechten. Zudem wird für die wirtschaftliche Integration ein harmonisches und regional ausgeglichenes Modell angestrebt. SICA wurde als internationale Organisation mit eigener Rechtspersönlichkeit und Sitz in El Salvador ausgestattet. Als erster Generalsekretär wurde mit Inkrafttreten des Vertrags 1993 Roberto Herrera Cáceres aus Honduras berufen. Sein Büro wurde zur politischen Schaltstelle des neuen Integrationssystems. Die Beamten des SICA wurden gegenüber den Regierungen, die sie entsenden, weisungsfrei gestellt.

Weiters legt der Vertrag fest, dass die Beschlüsse der Integrationsorgane verbindlich in den Staaten umzusetzen sind und ein Widerspruch dagegen nur über den Gesetzesweg möglich wäre. In Verbindung mit dem Artikel, welcher den Organen der SICA den Abschluss von Verträgen mit Dritten zugesteht, bedeutet dies die erstmalige Abtretung von hoheitlichen Rechten der zentralamerikanischen Staaten an die Integrationseinrichtung als Schritt in eine Richtung, die bis dahin in der Region nicht gewagt worden war. Zur Gewinnung von größerer Rechtssicherheit wurde dafür etwas später, beim vierzehnten Präsidentengipfel 1992 in Panama, der Zentralamerikanische Gerichtshof wiederbelebt.

Damit war in politisch-rechtlicher Hinsicht das alte Integrationssystem nicht nur wieder errichtet, sondern hinsichtlich seiner Tiefe auch deutlich ausgebaut und gestärkt. Neben diesem politischen Durchbruch fanden zugleich wirtschaftspolitische Maßnahmen statt, die eine Reihe von Neuerungen brachten.

Die innerregionalen Handelshindernisse, welche im Laufe der achtziger Jahre aufgebaut worden waren, wurden eliminiert, ein gemeinsamer Außenzoll weitgehend wieder hergestellt und ein gemeinsames Zollgesetz beschlossen. Die Steuerwesen der Länder wurden aneinander angenähert. Alle Länder unterwarfen sich den Strukturanpassungsprogrammen

des IWF und wirkten damit automatisch auch auf eine Anpassung der Strukturen untereinander hin.

Schließlich nahmen die Präsidenten 1993 auch das *Protocolo al Tratado General de
Integración Económica Centroamericana* an, welches als Rahmenvertrag die wirtschaftlichen Ziele, Prinzipien und Mittel festlegte. Das lange so heiß diskutierte Zentralamerikanische Parlament erreichte letztlich nur planende, beratende und evaluierende Funktion.

Aus honduresischer Sicht besonders bemerkenswert ist an diesem Prozess auch die
Normalisierung der Beziehungen zu El Salvador im Jahr 1997 und die Beilegung des
Grenzstreits, welcher seit der Zeit des „Fußballkriegs" angedauert hatte und dem Internationalen Gerichtshof in Den Haag vorgelegt worden war. Der hatte schon 1992 zugunsten
von Honduras entschieden. Dafür flammten nahezu gleichzeitig die uralten Grenzscharmüt-
zel mit Nicaragua um die Grenze am Rio Coco auf.

Die Wiederherstellung des zentralamerikanischen Integrationssystems bereitete es per-
fekt auf seine Eingliederung in ein größeres Geflecht vor. Nachdem die integrationspolitischen Konvulsionen der Hemisphäre um die Jahrtausendwende das Projekt einer gesamtamerikanischen Freihandelszone ALCA unter Vorherrschaft der USA ins Stocken gebracht
hatten, ehe es 2005 definitiv scheiterte, verlegten die USA unter der Präsidentschaft von
George W. Bush (jun.) die Strategie auf bilaterale Freihandelsabkommen mit Einzelstaaten
oder Subregionen wie eben Zentralamerika. Auf dieser Basis entstand bis 2003 das *Central
American Free Trade Agreement* CAFTA, das nicht nur von seinem Akronym her dem
größeren NAFTA nachempfunden ist.

Der entsprechende Vertrag bindet Zentralamerika im *Scramble for the Americas* un-
missverständlich in das nördliche, US dominierte Geflecht ein. Er bezieht sich in seinen 22
Kapiteln auf alle international derzeit so heftig diskutierten Bereiche wie Handel, Landwirtschaft, Dienstleistungen, Urheberrechte und Investitionen. Um die Auswirkungen dieses
Vertrages im Detail beurteilen zu können, muss wohl nach der nun vollzogenen Ratifizierung in den nationalen Parlamenten ein entsprechender Beobachtungszeitraum gewährt
werden. Dennoch ergeben sich die üblichen Bedenken, wenn Freihandel zwischen industriellen Zentren und peripheren Staaten, also höchst ungleichen Partnern, geschlossen wird:

Der Agrarexport der USA kann und soll nunmehr ungehindert in die agrarisch ausgerichteten Nationalökonomien Zentralamerikas eindringen. In den USA werden für die Er-
nährungssicherheit so wichtige Güter wie Reis, Zucker, Weizen oder Rindfleisch hoch sub-
ventioniert. In Honduras, mit seinen riesigen Plantagen auf den fruchtbaren Böden, machen
allein diese Produkte 40% der landwirtschaftlichen Gesamtproduktion aus. Es muss also
befürchtet werden, dass die Aufhebung der Schutzzölle und Importbeschränkungen die entsprechenden Sektoren wirtschaftlich ruiniert und die Bevölkerung zu Landflucht, Migration
oder in die Maquiladoras treibt. Wesentlich an diesen neuen Vereinbarungen ist die Umdeutung des Staates, der seine herkömmlichen Funktionen im Infrastrukturbereich, im Bil-
dungs- und Gesundheitswesen immer weniger erfüllen als privatisieren und gegebenenfalls
zukaufen soll.

Im Hinblick auf die traditionelle Schwäche des Staates in Zentralamerika kommen
derartige Vereinbarungen und Eingriffe seiner faktischen Auflösung schon erheblich nahe.
Dies ist zwar kein Spezifikum Zentralamerikas, eher eines der globalen Peripherie der Gegenwart. Die Frage, ob der Verlust jener Staatlichkeit, welche die zentralamerikanische
Geschichte kennt, nun wirklich zu bedauern ist, hängt von der Perspektive der Betrachter
ab. Aber solange die sozialen Folgen derart tiefgreifender Umgestaltungen nicht abgefedert

werden können, erscheint der Vorgang gerade unter Berücksichtigung der zentralamerikanischen Erfahrungen mit Verarmungswachstum zumindest riskant und problematisch.

Dem US dominierten Bilateralismus des CAFTA steht seit dem EU-LAC Gipfel von Wien im Mai 2006 das multilaterale EU Projekt eines geplanten *group to group* Abkommens zwischen SICA und der EU gegenüber. Im Gegensatz zu CAFTA fördert die EU also in entwicklungspolitischer Absicht das zentralamerikanische Integrationsgeflecht. Die oben geäußerten Bedenken bezüglich des Freihandels zwischen äußerst ungleichen Partnern gelten dessen ungeachtet auch hier. Die Auswirkungen für einen Staat wie Honduras, der die Peripherie einer peripheren Region bildet, sind eher skeptisch einzuschätzen.

Literatur

Acker, Alison (1988): Honduras – The Making of a Banana Republic. Boston.

Andino, Ricardo/Lawrence, Eduardo/Driessler, Wulf (1987): Garnison Honduras. Wuppertal.

Bendel, Petra (1996): Parteiensysteme in Zentralamerika. Typologien und Erklärungsfaktoren. Opladen.

Berryman, Phillip (1985): Inside Central America: The Essential Facts Past & Present On El Salvador, Nicaragua, Honduras, Guatemala & Costa Rica. Pantheon.

Dietrich, Wolfgang (1988): Dignidad – Menschenrechte und Menschenrechtsschutz in Zentralamerika. Saarbrücken/Fort Lauderdale.

Dietrich, Wolfgang (1988): Honduras – Ein Demokratisierungsversuch zwischen Repression, Revolution und Resignation. Heidelberger Dritte Welt Studien 22. Heidelberg.

Dietrich, Wolfgang (1998): Periphere Integration und Frieden im Weltsystem. Ostafrika, Zentralamerika und Südostasien im Vergleich. Wien.

Euraque, Dario (1996): Reinterpreting the Banana Republic: Region and State in Honduras, 1870-1972. University of North Carolina.

IRELA (1997): Manual de Partidos Políticos de América Latina. Madrid.

Lapper, Richard (1985): Honduras, State for Sale. London.

MacCameron, Robert (1983): Bananas – Labor and Politics in Honduras, 1954-1963. Syracuse.

Minkner-Bünjer, Mechthild (2001): Honduras nach den Wahlen – Chancen für mehr Demokratie in Sicht?, in: Brennpunkt Lateinamerika 23.

Morris, James A. (1984): Honduras, Caudillo Politics and Military Rulers. Boulder.

Peckenham, Nancy/Street, Annie (Ed.) (1985): Honduras: Portrait of a Captive Nation. New York.

Shepard, Philip (1986): The Honduran Crisis and U.S. Economic Assistance. Boulder.

SIECA (2005): http://www.sieca.org.gt/SIECA.htm, abgerufen am 10.2.2005.

Waldmann, Peter (2003): El Estado Anómico – Derecho, Seguridad Pública y Vida Cotidiana en América Latina. Caracas.

Das politische System Kanadas

Falko Brede und Rainer-Olaf Schultze

1 Überblick zur historischen Entwicklung

Die Geschichte der europäischen Besiedlung des späteren Kanadas beginnt Mitte des 16. Jahrhunderts mit den Entdeckungsfahrten von Jacques Cartier. 1583 nahm Sir Humphrey Gilbert einen Teil des späteren Neufundlands für die britische Krone in Besitz. Es folgten weitere Expeditionen etwa von Samuel de Champlain Anfang des 17. Jahrhunderts, welche 1608 zur Gründung der Kolonie Québec führten. 1669 kam es durch die Gründung der *Hudson's Bay Company* zu einer Intensivierung des Kolonialwettbewerbs zwischen Frankreich und Großbritannien. Nach einer Reihe von kriegerischen Auseinandersetzungen zwischen französischen und britischen Verbänden im 18. Jahrhundert endete das Engagement Frankreichs mit dem Frieden von Paris 1763. In den folgenden Jahren kam es zu einer stetigen Zuwanderung britischer Bürger in die nunmehr britischen Kolonien. Nachdem Versuche der Assimilation der frankophonen Bevölkerung gescheitert waren, verabschiedete das britische Parlament 1774 den *Quebec Act*, der die Sonderrolle Québecs im britischen Einflussbereich anerkannte. Unter anderem wurde mit dem Gesetz das Weiterbestehen der französischen *Code-civil*-Tradition festgelegt.

Die Amerikanische Revolution und der Unabhängigkeitskrieg von 1776 bis 1783 hatten einen unmittelbaren Einfluss auf die Entstehung des kanadischen Staates. Viele der königstreuen Bewohner der späteren USA flohen in die britischen Kolonien nördlich der Großen Seen. Mit dem *Constitutional Act* von 1791 reagierte die britische Regierung auf die Auseinandersetzungen in Nordamerika. Unter anderem wurde die vormalige Province of Quebec in die beiden Provinzen Upper und Lower Canada geteilt.

In der politischen und gesellschaftlichen Entwicklung Kanadas im 19. Jahrhundert nahm der sog. *Family Compact* eine herausgehobene Stellung ein. Unter Führung des ersten *Lieutenant-Governor of Upper Canada*, John Graves Simcoe, bildete sich in den 1830er Jahren diese Gruppe von wohlhabenden Personen heraus, die als eine Art „lokale Aristokratie" die Geschicke der Kolonien kontrollierten; in Lower Canada existierte mit der *Clique du Château* ein ähnliches System. Gegen dieses Herrschaftssystem kam es 1837 unter Führung von William Lyon Mackenzie im anglophonen Upper Canada und von Louis-Joseph Papineau im frankophonen Lower Canada zu Aufständen. Auch wenn die Rebellionen scheiterten, so verdeutlichten sie gleichwohl den Reformbedarf und die Unzufriedenheit in der Bevölkerung. Zu den wichtigsten Reformempfehlungen des von der britischen Krone eingesetzten Beauftragten Lord Durham gehörten: 1. Die Einführung einer Form des *responsible government*, also der Abhängigkeit der Regierung von der gewählten Parlamentskammer; 2. Die Zusammenfassung von Upper und Lower Canada zu einer Province of Canada; sowie 3. Die Assimilierung der frankophonen Bewohner der Kolonien.

1840 wurden Upper und Lower Canada zu einer Provinz zusammengeführt. Die neue Province of Canada bestand allerdings aus zwei Teilen: Canada West (das heutige Ontario) und Canada East (das heutige Québec). Die britische Regierung reagierte auf die Empfehlungen Lord Durhams 1841 mit der Verabschiedung des *Act of Union*. Unter anderem wurde Englisch zur einzigen offiziellen Sprache im vereinigten Parlament der Provinz bestimmt. Ziel dieses Gesetzes waren: die Einführung eines am britischen Modell orientierten politischen Systems und die kulturelle Assimilierung der frankophonen Bewohner. Deren Kritik an den diskriminierenden Regelungen des *Act of Union* war jedoch so lautstark, dass 1848 das Französische wieder anerkannt wurde. Politische Instabilitäten, ökonomische Probleme, der Amerikanische Bürgerkrieg und wechselnde Regierungen trugen in den folgenden Jahren dazu bei, dass sich die Debatte über eine Reform der politischen Struktur der nordamerikanischen Besitzungen Großbritanniens intensivierte.

Im September 1864 trafen sich aus diesem Grunde Vertreter von Nova Scotia, New Brunswick, Prince Edward Island sowie Vertreter der Province of Canada, um über einen Zusammenschluss der Kolonien zu diskutieren. Die Verhandlungen im Rahmen der *Charlottetown Conference* verdeutlichten, dass eine *British North American Union* für alle Beteiligten erhebliche Vorteile bringen könnte. Bereits im Oktober 1864 trafen sich daher die Vertreter der Kolonien erneut. Auch Newfoundland entsandte Vertreter zur *Quebec Conference*, deren Ergebnis 72 Resolutionen waren, welche die Grundlage für die folgende *London Conference* sein sollten. Trotz Widerständen stimmten schließlich Westminster-Parlament und Krone dem *British North America Act* zu (*Royal Assent*). Mit dem Zusammenschluss der vier britischen Kolonien New Brunswick, Nova Scotia sowie der Province of Canada entstand so 1867 das Dominion of Canada. In den folgenden Jahren wurden weitere Teile der kolonialen Besitzungen Großbritanniens als Provinzen in den kanadischen Bundesstaat integriert (1870 Manitoba, 1871 British Columbia, 1873 Prince Edward Island, 1905 Alberta und Saskatchewan, 1949 Newfoundland). Bereits 1870 wurde das Nordwest-Territorium Teil des Dominion. 1898 wurde das Nordwest-Territorium in ein Nordwest- und ein Yukon-Territorium unterteilt. Erst 1999 fand die territoriale Entwicklung des kanadischen Bundesstaates mit der Gründung des vor allem von Inuit bewohnten Nunavut seinen vorläufigen Abschluss.

Die Gründung des Dominion of Canada stand in engem Wechselspiel zur politischen Entwicklung der USA. Der Zusammenschluss der britischen Provinzen zu einem Staatsgebilde sollte die Verteidigungsfähigkeit der britischen Besitzungen steigern und die Grundlage für die notwendige Expansion nach Westen schaffen.

Die nationale Integration des kanadischen Bundesstaates wurde durch Entwicklungsprogramme und –strategien in drei Phasen vorangetrieben. Diese Phasen werden auch als *National Policy* umschrieben (Smiley 1987, siehe auch Tab. 4). Im Rahmen der ersten *National Policy* in den Jahren unmittelbar nach der Gründung des Dominion of Canada versuchte die damals konservative Bundesregierung von Premierminister Sir John A. Macdonald ab 1878 vor allem über Infrastrukturmaßnahmen die Expansion nach Westen und die Schaffung eines nationalen Marktes zu forcieren. Durch die Konstruktion von transkontinentalen Eisenbahnen wie etwa der *Canadian Pacific Railway* wurde die Expansion nach Westen ermöglicht. Die Bundesregierung nutzte in dieser Phase außerdem Schutzzölle, um die Entstehung einer nationalen Wirtschaft voranzutreiben. Dieser Prozess der nationalen Ost-West-Integration und ökonomischen Entwicklung verlief jedoch nicht ohne Probleme. So kam es etwa 1869/70 zur *Red River Rebellion*, bei der, angeführt von Louis Riel, die Métis eine provisorische Regierung in der Region des späteren Manitoba ausriefen. Im Sommer 1870 entsandte die Bundesregierung Militäreinheiten an den Red River und beendete so den Aufstand. Als Dominion trat Kanada 1914 an der Seite Großbritanniens in den

Ersten Weltkrieg ein. Da die Verluste hoch waren, entschied sich der damalige Premierminister Borden zur Einführung einer Wehrpflicht. Dieser Schritt war in Québec äußerst unpopulär und führte längerfristig zur Marginalisierung der Konservativen Partei in der Provinz. Nicht zuletzt aufgrund der erheblichen Kriegsanstrengungen Kanadas wurde das Land nach Ende des Krieges 1919 Mitglied des Völkerbundes. Allerdings erlangte Kanada erst 1931 mit dem Westminster-Statut seine außenpolitische Souveränität. Die 1929 einsetzende Weltwirtschaftskrise traf Kanada besonders hart. Insbesondere die Farmer in den westlichen Provinzen litten unter dem internationalen Preisverfall für ihre Produkte. Die Armut und die großen sozialen Probleme dieser Zeit trugen maßgeblich dazu bei, dass die Einführung wohlfahrtsstaatlicher Programme beschleunigt wurde. Mit der Gründung rechter wie linker Fundamentaloppositionen, etwa des agrarisch-sozialistischen *Co-operative Commonwealth Federation* (CCF), fand der Wunsch nach einer stärkeren Rolle des Staates im Parteienspektrum seinen Niederschlag. Auch die Liberale Partei übernahm in dieser Phase sozialstaatliche Positionen.

Der Zweite Weltkrieg, in den das Land ebenfalls an der Seite Großbritanniens eintrat, führte zu einem rasanten Anstieg der Industrieproduktion in Kanada. Erneut kam es zwischen den anglophonen und frankophonen Teilen der kanadischen Gesellschaft zu Konflikten über die Frage einer Wehrpflicht, die 1944 in der *Conscription Crisis* kulminierten. Nach Ende des Zweiten Weltkriegs wurden die Sozialprogramme konsequent ausgebaut. Das starke Wachstum der kanadischen Wirtschaft, welche nach dem Krieg zügig auf die neue „Friedenswirtschaft" umgestellt werden konnte, trug maßgeblich dazu bei, dass der Bundesregierung die hierfür notwendigen Ressourcen zur Verfügung standen. Die Entstehung des kanadischen Wohlfahrtsstaates stand auch im Zentrum der zweiten *National Policy*. Nach 1945 kam es unter Federführung der Liberalen Partei zur Umsetzung einer Reihe weiterer sozialstaatlicher Programme, welche bis heute prägend für das Selbstverständnis der Kanadier sind. Wirtschaftspolitisch setzte sich mit der zweiten *National Policy* das Paradigma des Keynesianismus durch, welches bis in die 1970er Jahren eine dominierende Rolle spielen sollte.

Mit dem Sieg der Liberalen Partei unter Jean Lesage (Slogan: *Maîtres chez nous*) bei den Provinzwahlen 1960 begann in Québec die *Révolution tranquille* (vgl. McRoberts 1997 und Schneider 1997). Die Transformation des Selbstverständnisses der Québecer Bevölkerung führte zum Aufstieg eines Québecer Nationalismus: Aus *Canadiens-français* wurden *Québécois*. Im Rahmen dieser „Stillen Revolution" kam es außerdem zu einem massiven Ausbau wohlfahrtstaatlicher Leistungen in Québec. Gleichzeitig wurde in der Wirtschaftspolitik ein interventionistischer Politikstil verfolgt, wie sich etwa anhand der Verstaatlichung der Stromunternehmen unter dem Dach von *Hydro-Québec* nachweisen lässt. Auch wurde im Zuge eines starken Säkularisierungstrends der traditionell große Einfluss der katholischen Kirche zurückgedrängt und der Bildungssektor grundlegend reformiert. Diese Prozesse schufen die Grundlage für das erste Unabhängigkeitsreferendum in Québec im Mai 1980, in welchem sich aber eine deutliche Mehrheit der Wählerinnen und Wähler für einen Verbleib Québecs im kanadischen Bundesstaat aussprach.

In den 1980er Jahren kam es noch einmal kurzfristig zu einem neuen Aufleben staatsinterventionistischer Politik auf Bundesebene. Investitionskontrollen und eine staatliche Industrie- und Energiepolitik prägten diese von der Regierung Trudeau ab 1980 verfolgte dritte *National Policy* (vgl. Milne 1986). Sie scheiterte jedoch recht schnell und trug maßgeblich zur Wahlniederlage der Liberalen Partei 1984 bei. Die konservative Regierung von

Brian Mulroney beendete endgültig die liberale Dominanz keynesianischer Politik und leitete eine Phase konservativer, auf einen Rückbau staatlicher Eingriffe und sozialer Programme abzielende Politik ein. In zwei vergeblichen Anläufen (*Meech Lake* und *Charlottetown Accord*) wurde außerdem versucht, die 1982 „repatriierte" Verfassung zu reformieren (siehe unten). Hingegen gelang Premier Mulroney die Aushandlung eines Freihandelsabkommens mit den USA. Mit dem *Free Trade Agreement* von 1987 (in Kraft 1989) und dem zum 1. Januar 1994 in Kraft getretene *North American Free Trade Agreement* wurde die ökonomische Integration Kanadas in Nordamerika institutionalisiert und intensiviert.

Der aus Richtung Québec drohende Zerfall des kanadischen Bundesstaates belastete Mitte der 1990er Jahre erneut das politische Handeln in Kanada. Beim zweiten Unabhängigkeitsreferendum am 30. Oktober 1995 rückte ein Sieg der *souverainistes* in greifbare Nähe. Mit 50,6 Prozent zu 49,4 Prozent bei einer Beteiligung von über 93 Prozent lehnte jedoch erneut eine Mehrheit die Loslösung Québecs von Kanada ab (vgl. Schultze/Schneider 1997 und Russell 2004). Allerdings ist bis heute die Gefahr einer Abspaltung Québecs nicht gebannt. Seit der Gründung des kanadischen Bundesstaates dominiert die Konfliktlinie zwischen anglo- und frankophonen Kanadiern Politik und Gesellschaft des Landes. Während die Vertreter Québecs davon ausgehen, dass Kanada ein Zusammenschluss zweier Nationen (der frankophonen und der anglophonen) sei, vertreten die restlichen Provinzen und die Bundesregierung die Auffassung, dass der kanadische Bundesstaat einen Zusammenschluss gleichberechtigter Provinzen darstellt. Von denjenigen, die für eine Abtrennung Québecs von Kanada eintreten, wird allerdings nur selten eine vollständige Unabhängigkeit propagiert. Vielmehr zielten die Bestrebungen meist darauf ab, einen „Zwei-Staaten-Bund" mit engen wirtschaftlichen Verflechtungen zwischen Kanada und Québec herzustellen (vgl. Young 1998).

Kanada ist heute eine Monarchie, ein Bundesstaat, eine repräsentative Demokratie mit einem parlamentarischen Regierungssystem und relativer Mehrheitswahl auf Bundes- und Provinzebene. Das Land gehört laut dem *Human Development Index* der Vereinten Nationen weltweit zu den Staaten mit dem höchsten Lebensstandard. In dem nach Russland zweitgrößten Land der Erde leben derzeit nur rund 32,5 Mio. Menschen.

2 Verfassung

Mit der Verabschiedung des *British North America Act* 1867 erhielt das Dominion of Canada einen ersten Verfassungsrahmen. Die Gründungsväter entwickelten hierbei eine föderalistische Staatsorganisation, kombiniert mit Elementen des Westminster-Modells in enger Anlehnung an das politische System Großbritanniens. Als entscheidender Vorteil des Westminster-Modells gilt die Herbeiführung klarer Regierungsmehrheiten, welche zu einer eindeutigen Verantwortungszuweisung und so zu einem hohen Maß an Transparenz im politischen Handeln führen sollen. Im *British North America Act* wurde insbesondere die föderale Struktur des Staatswesens, die entsprechenden Kompetenzzuweisungen, die Ausgestaltung des Parlaments mit zwei Kammern (*House of Commons* und *Senate*), das Steuer- sowie das Rechtssystem festgeschrieben. In den Artikeln 91 bis 95 wurde detailliert die Kompetenzverteilung zwischen Bund und Provinzen festgelegt.

Die Erfahrungen aus den USA (Interpretation des US-Bürgerkrieges von 1861 bis 1865 als Resultat zu starker Gliedstaaten) trugen zur Entscheidung bei, viele der damals besonders bedeutsamen Kompetenzen auf Bundesebene anzusiedeln. Neben diesen Kompetenzzuweisungen sollte auch der in Artikel 91 festgeschriebene Grundsatz der Verantwortung des Bundes für *peace, order and good government* zentralisierend wirken. Entsprechend dieser Residualkompetenz hat der Bund die Möglichkeit, in allen Politikfeldern, die nicht explizit in den Kompetenzbereich der Provinzen fallen, eigene Regelungen zu treffen. Änderungen am *British North America Act* bedurften immer eines Gesetzesbeschlusses des britischen Parlaments sowie der Zustimmung der Krone. Zwar erlangte Kanada 1931 durch die Verabschiedung des Westminster-Status faktisch seine außenpolitische Souveränität. Außerdem konnte Premierminister Louis St. Laurent 1949 einen Zusatz zum *British North America Act* durchsetzen, welcher der kanadischen Bundesregierung weitreichende Kompetenzen hinsichtlich der Veränderung der Verfassung einräumte. Die völlige verfassungsrechtliche Eigenständigkeit erreichte Kanada allerdings erst 1982 mit der Verabschiedung des *Constitution Act*. Seit dieser *patriation* („Heimholung") bedürfen Verfassungsänderungen keiner Zustimmung britischer Institutionen mehr. Die Verfassung wurde im Zuge dieser Veränderung ergänzt um einen Grundrechtekatalog, die *Charter of Rights and Freedoms*, sowie um Regelungen für eine Verfassungsrevision (*amending formula*). Grundsätzlich sind Änderungen der Verfassung demnach nur möglich, wenn das Unterhaus, der Senat sowie zwei Drittel der Provinzparlamente, die mehr als die Hälfte der Bevölkerung aller Provinzen repräsentieren, einer Änderung zustimmen. Diese hohe Hürde macht Verfassungsänderungen in Kanada äußerst schwierig. Für einige Teilfragen – etwa Änderungen der Position der Königin oder der Generalgouverneurin – gelten besondere Zustimmungserfordernisse. Bereits 1960 hatte die Bundesregierung unter Premier Diefenbaker eine *Bill of Rights* verabschiedet. Diese genoss jedoch keinen Verfassungsrang. Die Oktober-Krise in Québec 1970 verdeutlichte, dass durch die *Bill of Rights* ein absoluter Grundrechteschutz nicht sichergestellt war. Nachdem Mitglieder der terroristischen *Front de Libération du Québec (FLQ)* den britischen Diplomaten James Cross und den Québecer Minister Pierre Laporte entführt hatten und letzteren später ermordeten, verhängte Premier Trudeau das Kriegsrecht in Québec und setzte die *Bill of Rights* außer Kraft. Die Bindungswirkung der neuen *Charter of Rights* ging nun erheblich über die der *Bill of Rights* hinaus, da die Grundrechte nunmehr Verfassungsrang genossen. Trudeau verfolgte mit der *Charter* das Ziel, einen „Grundrechtepatriotismus" als Gegenkraft zu den insbesondere von Québec ausgehenden zentrifugalen Tendenzen im kanadischen Bundesstaat zu entwickeln.

Dem Obersten Gerichtshof (*Supreme Court of Canada*) obliegt die Kontrolle der Einhaltung der Verfassung. Drei der insgesamt neun Richter müssen aus Québec kommen. Vor 1949 fungierte das britische *Judicial Committee of the Privy Council* als das höchste Berufungsgericht. Die Ernennung der Mitglieder des *Supreme Court* erfolgt auf Empfehlung der Bundesregierung durch die Generalgouverneurin. Die Altersgrenze für die Richter liegt derzeit bei 75 Jahren. Im Gegensatz zur *Common-law*-Tradition verfügt das kanadische Verfassungsgericht seit der Einführung der *Charter* über weitreichende Rechte, bei Verstößen gegen Bestimmungen der *Charter* Gesetze oder Verordnungen für ungültig zu erklären. Eine der bedeutsamsten Folgen der Einführung der *Charter* war eine Ausweitung des *judicial review* und somit eine Annäherung der kanadischen an die US-amerikanische Verfassungsrechtspraxis. Neben der strikten Textinterpretation der Verfassung beteiligt sich das Verfassungsgericht auch aktiv an der Fortentwicklung der Verfassungsrechte. Beispielsweise stellte das Gericht in der „Morgenthaler Entscheidung" fest, dass das damals bestehende Abtreibungsrecht verfassungswidrig sei. 1998 entschied das Gericht, dass der Aus-

schluss Homosexueller von Anti-Diskriminierungsbestimmungen gegen den Gleichheitsgrundsatz der *Charter* verstoße. Da es seit 1985 auch Einzelpersonen und Gruppen möglich
ist, Verstöße gegen *Charter*-Rechte vor dem Verfassungsgericht einzuklagen, kam es zu
vermehrten Versuchen, über diesen Weg politische Interessen umzusetzen. Insbesondere
Frauengruppen ist es wiederholt gelungen, politische Ziele durch Klagen vor dem Verfassungsgericht unter Verweis auf die *Charter of Rights and Freedoms* durchzusetzen. Insgesamt führte die *Charter* somit zu einer Schwächung der Parlamente auf Bundes- und Provinzebene sowie der jeweiligen Regierungen. Allerdings kann das Bundes- oder ein Pro-
vinzparlament ein Gesetz erlassen, welches diesen Rechten widerspricht. Hierzu bedarf es
einer Klausel im Gesetz, welche darauf hinweist, dass das Gesetz trotz des Widerspruchs
zur *Charter* in Kraft treten soll (*notwithstanding clause*). Nach fünf Jahren muss das Gesetz
jedoch neu in Kraft gesetzt werden.

Da Québec der *patriation* der Verfassung 1982 nicht zugestimmt hatte, kam es in den
folgenden Jahren zu intensiven Verhandlungen über eine Verfassungsreform, um so eine
Zustimmung der Provinz zu erreichen. Nach der Regierungsübernahme durch die Konservativen 1984 versuchte Premier Brian Mulroney, mit dem 1985 gewählten liberalen Premier von Québec, Robert Bourassa, eine Übereinkunft zur Reform der Verfassung zu erzielen. Québec forderte hierbei insbesondere die Anerkennung der Provinz als *distinct society*,
eine Betonung des bilingualen Charakters Kanadas sowie die Ausweitung des Rechts der
Provinzen auf finanzielle Kompensation, wenn sie an Programmen der Bundesregierung
nicht teilnehmen wollen. Zusätzlich sollten die Provinzen erweiterte Rechte im Bereich Zuwanderung sowie bei der Benennung von Senatoren und Richtern des *Supreme Court* erhalten. Das Ergebnis dieser Verhandlungen, der *Meech Lake Accord*, scheiterte trotz Zustimmung im Unterhaus und von den Premierministern aller Provinzen (im April 1987), da die
Provinzparlamente von Manitoba und Newfoundland dem Vorschlag nicht zustimmten.
Auch der ehemalige Premierminister Trudeau hatte sich mit Nachdruck gegen den *Accord*
ausgesprochen, da dieser eine Sonderrolle für Québec festgeschrieben hätte. Das Scheitern
des *Accords* führte in Québec zu einer Stärkung separatistischer Kräfte. Nach dem Scheitern des *Meech Lake Accord* versuchte die konservative Bundesregierung in einem zweiten
Anlauf einen Konsens über eine Verfassungsreform herbeizuführen (vgl. Russell 2004 und
Schultze 1997). Es folgte 1991 die *Canada Round*, welche im folgenden Jahr in den *Charlottetown Accord* mündete. Am 28. August 1992 stimmten alle Premierminister und Vertreter der *Aboriginal Peoples* dieser Übereinkunft zu. Der *Meech Lake Accord* war nicht zuletzt an Widerständen von Seiten der *Aboriginal Peoples* und an der Kritik in der Bevölkerung an dem intransparenten Zustandekommen des *Accord* (im Rahmen von Verhandlungen zwischen den Premierministern nach dem Prinzip der *elite accomodation*) gescheitert.
Die politischen Entscheidungsträger lernten aus diesen Fehlern und führten Konsultationen
mit der Öffentlichkeit durch. Außerdem sollte der neue Beschluss durch ein nationales Referendum bestätigt werden. Der *Charlottetown Accord* sah im Vergleich zum *Meech Lake
Accord* größere Vetorechte der Provinzen vor. Außerdem sollte eine neue *Canada Clause*
die fundamentalen Grundwerte der Kanadier festschreiben. Hierzu gehörte neben der Aner-
kennung Québecs als *distinct society* auch die Anerkennung der Rechte der *Aboriginal
Peoples* sowie des bilingualen Charakters Kanadas. Einer der kritischsten Punkte in den
Verhandlungen war die Reform des Senats. Dessen Rechte sollten beschränkt, dafür die
Senatoren in Wahlen oder durch die Provinzparlamente gewählt werden. Erneut sprach sich
Trudeau dezidiert gegen den *Accord* aus. Auch die *Reform Party* und der separatistische

Bloc sowie die *Parti Québécois* opponierten gegen die Übereinkunft. Während *Reform* insbesondere die *Distinct-society*-Klausel als zu große Konzession an Québec kritisierte, lehnten die beiden separatistischen Parteien den *Charlottetown Accord* ab, da er nicht genug zusätzliche Kompetenzen und Einfluss für Québec enthielt. Bei dem landesweiten Referendum am 26. Oktober 1992 wurde der *Charlottetown Accord* von der Bevölkerung in mehreren Provinzen, darunter auch Québec, abgelehnt.

Als Reaktion auf das zweimalige Scheitern von umfassenden Verfassungsreformen verzichteten die bundespolitischen Entscheidungsträger auf eine Fortsetzung der „mega-constitutional politics" (Russell 2004). Stattdessen kam es in den folgenden Jahren zur Unterzeichnung von Übereinkommen zwischen Bund und Provinzen, welche die Zusammenarbeit in einzelnen Politikfeldern auf eine neue Grundlage stellten. Die bekannteste Übereinkunft war das 1999 unterzeichnete *Social Union Framework Agreement* (SUFA), welches die Rahmenbedingungen für die zukünftige sozialpolitische Zusammenarbeit festlegen sollte. Die Bundesregierung ging in der zweiten Hälfte der 1990er Jahre außerdem dazu über, mittels direkter Finanztransfers an Bürger und Einrichtungen die Sichtbarkeit bundespolitischer Initiativen zu steigern. So förderte der Bund etwa seit 1998 Studenten über das *Milliennium Scholarships* Programm und finanziert seit 2000 Wissenschaftler über das *Canada-Research-Chairs*-Programm. Hierbei agierte der Bund direkt im Kompetenzbereich der Provinzen. In absehbarer Zukunft ist eine grundlegende Reform der Verfassungsordnung Kanadas nicht zu erwarten. Allerdings drängen die Provinzen seit Jahren auf eine größere Eigenständigkeit und finanzielle Unabhängigkeit vom Bund (vgl. Lazar 1997 und Broschek 2004).

3   Staatsoberhaupt

Staatsoberhaupt Kanadas ist der britische Monarch, gegenwärtig Queen Elisabeth II. Sie vereinigt in ihrer Person neben der Krone Großbritanniens auch die Kanadas sowie anderer Commonwealth-Staaten. Vertreten wird die Monarchin durch die Generalgouverneurin, bzw. durch den Generalgouverneur (*governor general*). Diese wird auf Vorschlag des Premierministers auf fünf bis sieben Jahre durch die Königin ernannt. Die Aufgaben der Generalgouverneurin sind in erster Linie zeremonieller Natur. Unmittelbar in das politische Geschehen greift die Generalgouverneurin nur ein, wenn sie von ihrem Recht der Parlamentsauflösung Gebrauch macht und den Premierminister ab- oder beruft.

Der Ausgang der *Byng-King-Affäre* trug maßgeblich zu dieser Begrenzung der Handlungsautonomie des Generalgouverneurs bei. 1926 bat Premierminister Mackenzie King den damaligen Generalgouverneur Lord Byng um die Auflösung des Parlaments und die Ansetzung von Neuwahlen. Mackenzie King führte zu diesem Zeitpunkt eine Minderheitsregierung an. Lord Byng weigerte sich jedoch und beauftragte die oppositionellen Konservativen unter Führung von Arthur Meighen mit der Regierungsbildung. Nach wenigen Tagen scheiterte die Regierung Meighen und es kam zu Neuwahlen. In der folgenden Wahlkampfauseinandersetzung kritisiert Mackenzie King den Generalgouverneur, da jener massiv in den politischen Prozess eingegriffen habe. Die Liberalen gewannen die Wahl und bildeten eine Mehrheitsregierung. Seit dieser Auseinandersetzung hat kein Generalgouverneur mehr dem Wunsch des jeweiligen Premierministers nach Auflösung des Parlaments widersprochen.

Tabelle 1: Governor Generals of Canada seit 1867

1867 – 1868	Viscount Monck	1935 – 1940	Lord Tweedsmuir
1869 – 1872	Lord Lisgar	1940 – 1946	Earl of Athlone
1872 – 1878	Earl of Dufferin	1946 – 1952	Viscount Alexander of Tunis
1878 – 1883	Marquess of Lorne	1952 – 1959	Vincent Massey
1883 – 1888	Marquess of Lansdowne	1959 – 1967	Georges Vanier
1888 – 1893	Lord Stanley	1967 – 1974	Roland Michener
1893 – 1898	Earl of Aberdeen	1974 – 1979	Jules Léger
1898 – 1904	Earl of Minto	1979 – 1984	Edward Schreyer
1904 – 1911	Earl Grey	1984 – 1990	Jeanne Sauvé
1911 – 1916	Duke of Connaught and Strathearn	1990 – 1995	Ramon Hnatyshyn
1916 – 1921	Duke of Devonshire	1995 – 1999	Roméo Leblanc
1921 – 1926	Lord Byng	1999 – 2005	Adrienne Clarkson
1926 – 1931	Viscount Willington	2005 –	Michaëlle Jean
1931 – 1935	Earl of Bessborough		

Mit Vincent Massey wurde 1952 zum ersten Mal ein gebürtiger Kanadier zum Generalgouverneur ernannt. Bis zu diesem Zeitpunkt waren nur Briten in dieses Amt berufen worden. Zum ersten frankokanadischen Generalgouverneur wurde 1959 Georges Vanier ernannt. Seit dieser Zeit wird das höchste Amt traditionell im Wechsel mit Vertretern der beiden Sprachgruppen besetzt. 1984 wurde das Amt erstmals an eine Frau (Jeanne Sauvé) vergeben. Mit Adrienne Clarkson (geboren in Hong Kong) und Michaëlle Jean (geboren in Port au Prince, Haiti) bekleiden seit 1999 Mitglieder der wachsenden Bevölkerungsgruppe der *visible minorities* das Amt der Generalgouverneurin.

4 Parlament und Gesetzgebung

Kanada ist nicht nur eine konstitutionelle Monarchie, sondern auch eine parlamentarische Demokratie. Das Bundesparlament besteht aus zwei Kammern: dem Unterhaus (*House of Commons*) und dem Senat (*Senate*). Die 308 Mitglieder des Unterhauses werden nach dem Prinzip der relativen Mehrheitswahl in Einerwahlkreisen (*first past the post*) gewählt. Die 105 Mitglieder des Senats hingegen werden von der Generalgouverneurin auf Empfehlung des Premierministers ernannt.

Die Partei mit den meisten Sitzen im Unterhaus wird traditionell mit der Regierungsbildung beauftragt. Die Partei mit der größten Zahl von Abgeordneten, die nicht die Regierung stellt, wird zur offiziellen Oppositionspartei (*Her Majesty's Loyal Opposition*). Entsprechend der Westminster-Tradition bildet der Oppositionschef ein Schattenkabinett, indem er zu jedem Ministerposten Schattenminister aufstellt. Dies entspricht dem Westminster-Verständnis von Oppositionsfraktionen als *government in waiting*. Auch die kleineren Oppositionsparteien (derzeit NDP und *Bloc Québécois*) stellen ein Schattenkabinett auf. In der Architektur und in der Ausgestaltung der Arbeitsweise des Unterhauses orientierte man sich in Kanada stark am britischen Vorbild. So sitzen Regierung und Opposition einander gegenüber und bei Debatten werden Mitglieder des Unterhauses nicht direkt mit Namen angesprochen. Das Unterhaus bildet Ausschüsse, in welchen die gesetzgeberische Detailarbeit stattfindet. Obgleich die Kontrolle der Regierung zu den wichtigsten Aufgaben des Parlaments gehört, kontrolliert faktisch die Bundesregierung die Arbeit des Unterhauses; sofern sich die Regierung auf eine Mehrheit im Unterhaus stützt. Der Premierminister ist nicht nur Regierungschef, sondern auch Mitglied des Parlaments und Vorsitzender seiner Partei. Dies erweitert und sichert seine ohnehin schon große Machtfülle.

Das wichtigste Instrument der Kontrolle der Regierung für die Opposition ist die Fragestunde (*Question Period*). Die Fragen dienen hierbei auch zur Darstellung alternativer Politikentwürfe und zur Profilbildung für die Oppositionsvertreter. Verliert die Regierung das Vertrauen des Parlaments, müssen, sofern auch die Opposition keine Regierung bilden kann, Neuwahlen stattfinden. Neben den direkten Vertrauensabstimmungen (*vote of (no-) confidence*) gelten auch zentrale Gesetzesvorschläge wie etwa der Haushaltsentwurf grundsätzlich als Vertrauensabstimmung. Beispielsweise kam es 1980 zu Neuwahlen, nachdem es der konservativen Minderheitsregierung von Joe Clark nicht gelungen war, eine Mehrheit für ihren Haushaltsentwurf sicherzustellen. Gesetzesentwürfe werden zumeist von der Bundesregierung eingebracht. Nur selten bringen Mitglieder des Unterhauses eigene Entwürfe (*private member's bills*) in die Beratungen ein.

Da der Senat ursprünglich als Vertretung der Regionen gedacht war, werden die Sitze nach folgendem Schlüssel verteilt: 24 Sitze für die Maritimes (zehn für Nova Scotia, zehn für New Brunswick, vier für Prince Edward Island), 24 für Québec, 24 für Ontario, 24 für den westlichen Provinzen (je sechs für Manitoba, Saskatchewan, Alberta, British Columbia), sechs für Newfoundland und Labrador sowie je ein Sitz für Yukon, die Northwest Territories und Nunavut. Nicht selten nutzt die jeweilige Regierungspartei die Benennung von Senatoren als Mittel zur Belohnung von besonders verdienten Parteimitgliedern (vgl. Zinterer 2000). Ursprünglich war der Senat als eine Kontrollinstanz für die Arbeit des Unterhauses konzipiert worden. Neben der Sicherstellung einer hinreichenden Repräsentation von regionalen, Provinz- und Minderheitsinteressen sollten die Senatoren vom Unterhaus verabschiedete Gesetze kontrollieren und gegebenenfalls nachbessern. Seine Rechte entsprechen hierbei formal denen des Unterhauses. Allerdings darf nur das Unterhaus Gesetze einbringen, deren Regelungen zur Ausgabe öffentlicher Gelder oder zur Erhebung von Steuern führen. Heutzutage gilt der Senat vor allem aufgrund der Benennung seiner Mitglieder durch den Premierminister als demokratisch bestenfalls schwach legitimiert. Nicht zuletzt aus diesem Grunde haben sich die Senatoren in der Vergangenheit in ihrer politischen Gestaltungsfreiheit einer weitgehenden Selbstbeschränkung unterworfen. Die große Macht der Bundesregierung auf die Arbeit des Senats wurde 1990 offensichtlich. Da sich der von Liberalen dominierte Senat weigerte, der Einführung einer Steuer (der *Goods and Services Tax*) zuzustimmen, nutzte Premier Mulroney eine Verfassungsklausel und ernannte acht zusätzliche Senatoren, um so die Zustimmung des Senats zu seiner Vorlage sicherzustellen. So gelang es der Regierung, die Blockade durch den Senat verfassungskonform aufzubrechen (vgl. Atkinson/Docherty 2004).

Eine Reform des Senats scheiterte wiederholt, da eine Veränderung der Machtbalance zwischen Unterhaus und Senat bzw. zwischen Bundes- und Provinzregierungen zu erheblichen Verwerfungen geführt hätte und in engem Bezug zu größeren, äußerst kontroversen verfassungsrechtlichen Fragenkomplexen stand. Insbesondere von Vertretern der westlichen Provinzen ist wiederholt eine Senatsreform entsprechend dem Modell des *Triple-E-Senate* gefordert worden. Nach dieser Forderung soll ein reformierter Senat aus gewählten Senatoren (*elected*) bestehen, die Provinzen zu gleichen Anteilen Sitze im Senat erhalten (*equal*) und der neue Senat mit Kompetenzen ausgestattet werden, die ihm eine effektive Kontrolle des Unterhauses (*effective*) ermöglichen (vgl. Zinterer 2000 und Smith 2003). Es ist derzeit unklar, ob es der seit Januar 2006 regierenden konservativen Minderheitsregierung Harper gelingen wird, eine Senatsreform zumindest teilweise umzusetzen.

5   Regierung

Traditionell wird der Parteichef derjenigen Partei, welche über die meisten Sitze im Unterhaus verfügt, durch die Generalgouverneurin mit der Regierungsbildung beauftragt. Der Premierminister und sein Kabinett sind traditionell auch Mitglieder des Parlaments. Die derzeit 27 Mitglieder des Kabinetts haben einen eigenen Verantwortungsbereich und beraten den Premierminister in Fragen aus dem von ihnen bearbeiteten Politikfeld. Die Kabinettsmitglieder werden durch die Generalgouverneurin auf Empfehlung des Premierministers ernannt. Neben der individuellen Qualifikation der Kandidaten spielen auch regionale, ethnische und sprachliche Faktoren für die Auswahl der Minister eine erhebliche Rolle.

Tabelle 2:   Regierungen und Premierminister seit 1867

Regierungsdauer	Partei	Premierminister
1867 – 1873	*Liberal-Conservative*	Sir John A. Macdonald
1873 – 1878	*Liberal[1]*	Alexander Mackenzie
1878 – 1891	*Conservative Party*	John A. Macdonald
1891 – 1892	*Conservative Party*	John Abbott
1892 – 1894	*Conservative Party*	John Thompson
1894 – 1896	*Conservative Party*	Sir Mackenzie Bowell
1896 – 1896	*Conservative Party*	Sir Charles Tupper
1896 – 1911	*Liberal*	Wilfried Laurier
1911 – 1920	*Conservative Party*	Sir Robert Borden
1920 – 1921	*Conservative Party*	Arthur Meighen
1921 – 1926	*Liberal*	W.L. Mackenzie King
1926 – 1926	*Progressive Conservative[2]*	Arthur Meighen
1926 – 1930	*Liberal*	W.L. Mackenzie King
1930 – 1935	*Progressive Conservative*	R.B. Bennett
1935 – 1948	*Liberal*	W.L. Mackenzie King
1948 – 1957	*Liberal*	Louis St. Laurent
1957 – 1963	*Progressive Conservative*	John G. Diefenbaker
1963 – 1968	*Liberal*	Lester B. Pearson
1968 – 1979	*Liberal*	Pierre E. Trudeau

1979 – 1980	*Progressive Conservative*	Joseph Clark
1980 – 1984	*Liberal*	Pierre E. Trudeau
1984 – 1984	*Liberal*	John Turner
1984 – 1993	*Progressive Conservative*	Brian Mulroney
1993 – 1993	*Progressive Conservative*	Kim Campbell
1993 – 2003	*Liberal*	Jean Chrétien
2003 – 2006	*Liberal*	Paul Martin
2006 –	*Conservative[3]*	Stephen Harper

[1] *Liberal Party of Canada*; [2] *Progressive Conservative Party*; [3] *Conservative Party of Canada*

Da jede Provinz hinreichend in der Regierung vertreten sein soll, kam es wiederholt zur Ernennung von Senatoren zu Mitgliedern des Kabinetts, sofern kein Unterhauskandidat der regierenden Partei in einer bestimmten Provinz erfolgreich war. Entsprechend dem Konzept des *responsible government* ist die Regierung auf das Vertrauen des Parlaments für ihre Vorhaben angewiesen und die Minister sind gegenüber den Parlamentariern auskunftspflichtig.

Im Vergleich zu Regierungschefs in anderen westlichen Demokratien verfügt der kanadische Premierminister über eine große Machtfülle. Neben der Auswahl und Entlassung der Minister gewann der Premier vor allem durch den Ausbau des *Office of the Prime Minister* (PMO) an Einfluss (vgl. Simpson 2002 und Savoie 1999). Vorangetrieben durch Premierminister Trudeau vergrößerte sich seit Ende der 1970er Jahre nicht nur die Mitarbeiterzahl im PMO erheblich. Inzwischen kontrolliert das PMO, wenn auch nicht formal, so doch faktisch, die politische Arbeit der Ministerien und des Kabinetts. Wichtige politische Initiativen der Regierung entstehen heutzutage meist im PMO und nicht mehr in den jeweiligen Fachministerien. Der *Chief of Staff* im PMO gehört damit zu den einflussreichsten Personen im Regierungsapparat Kanadas.

6   Föderalismus

Eines der herausragenden Merkmale des politischen Systems Kanadas ist der föderalistische Staatsaufbau des Landes. Der Bundesstaat Kanada unterteilt sich in zehn Provinzen und drei Territorien. Ebenso wie auf Bundesebene bestehen Exekutive und Legislative auf Provinzebene aus einem Vertreter der Krone (dem *lieutenant governor*), dem Premierminister und seinem Kabinett sowie dem Parlament. Die Provinzparlamente bestehen jedoch nur aus einer Kammer. Die drei Territorien (Yukon, Northwest Territories, Nunavut) unterstehen im Gegensatz zu den Provinzen formal der Bundesregierung und dem -parlament. Regional unterteilt sich Kanada in die westlichen Provinzen, den die drei Territorien umfassenden Norden, die Atlantik-Provinzen (*Maritimes*) und Zentralkanada. Letztere Region unterteilt sich in die beiden Provinzen Ontario und Québec.

Der kanadische Föderalismus weist ein hohes Maß an Übereinstimmungen mit den idealtypischen Kriterien eines interstaatlichen föderalen Systems auf (Broschek/Schultze 2003). Diese Grundstruktur spiegelt sich in der Zusammenarbeit zwischen Bund und Provinzen wider und findet insbesondere in den *First Ministers' Conferences* seinen Ausdruck.

Simeon umschreibt diese Verhandlungen zwischen den beiden Entscheidungsebenen mit dem Begriff der *federal-provincial diplomacy* (Simeon 1972), da die Beziehungen zwischen Bund und Provinzen denen unabhängiger Staaten stark ähneln. Obgleich es sich beim Dominion of Canada um einen Zusammenschluss ehemaliger Kolonien handelte, entsprach die politische Struktur des Landes zunächst den zentralisierenden Regelungen des an das britische Regierungssystem angelehnten *British North America Act*. Dieser zentralisierende Trend wurde nach Ende des Zweiten Weltkrieges abgelöst durch eine Phase des *cooperative federalism*. Die beiden Entscheidungsebenen kooperierten in dieser Zeit eng und arbeiteten in dieser Phase des *nation building* unter anderem auf eine Verbesserung der Lebensverhältnisse hin. In Folge der „Stillen Revolution" in Québec und vor dem Hintergrund einer sich verschlechternden Wirtschaftslage intensivierten sich in den 1970er Jahren die Konflikte von Bund und Provinzen. In den vergangenen Jahren haben die Provinzen ihre Bemühungen verstärkt, ihre Interessen gegenüber der Bundesebene konzertiert zu vertreten. Zur Abstimmung ihrer Positionen vor Verhandlungen mit dem Bund und zur Entwicklung gemeinsamer Initiativen wurde 2003 der *Council of the Federation* geschaffen (vgl. Broschek 2004).

Dem kanadischen Föderalismus liegen vielfältige, territorial definierte Konflikte zugrunde. Diese kommen in Auseinandersetzungen zwischen Bundes- und Provinzregierungen zum Ausdruck. So verstärkten sich beispielsweise die bereits zuvor bestehenden Konflikte zwischen Zentralkanada und den Westprovinzen in Folge des interventionistischen *National Energy Programs* der zweiten Regierung Trudeau nach 1980. Über dieses Programm wollte die Bundesregierung nach dem „Ölpreisschock" die Energiepreise niedrig halten. Da insbesondere Alberta hierdurch sein Öl unter Weltmarktpreis (vor allem an Ontario und Québec) verkaufen musste, kam es zu verstärkten Konflikten zwischen West- und Zentralkanada. Auch die Sonderregelungen für die Provinz Québec – etwa in Sprach- oder Schulfragen – haben wiederholt zu Debatten über den asymmetrischen Föderalismus in Kanada geführt.

Insgesamt gesehen zeichnet sich das System des kanadischen Föderalismus durch ein hohes Maß an Flexibilität und Anpassungsfähigkeit aus (vgl. Smith 2005 und Stevenson 2004). Durch neuere Herausforderungen etwa im Zuge der gesellschaftlichen Ausdifferenzierung und der Gleichzeitigkeit von Globalisierung und regionaler Profilbildung steht das Gesamtsystem gleichwohl heute vor erheblichen Herausforderungen.

7   Wahlen, Wählerverhalten und Referenden

Unterhauswahlen finden in Kanada nach dem Prinzip der relativen Mehrheitswahl (*first past the post*) in Einerwahlkreisen statt. Auch die Mitglieder der Provinzparlamente werden nach diesem Modell gewählt. Die Festlegung des Wahltermins liegt im Ermessen des Premierministers (sofern nicht durch ein Misstrauensvotum im Unterhaus vorzeitig Neuwahlen notwendig werden). Dieser kann die Generalgouverneurin bitten, das Parlament aufzulösen und Neuwahlen anzusetzen. Jedoch spätestens nach fünf Jahren müssen Neuwahlen stattfinden. Ende Mai 2006 brachte die konservative Minderheitsregierung von Stephen Harper den Vorschlag ein, zukünftig zu einem festen Termin (alle vier Jahre am dritten Montag im Oktober) Unterhauswahlen stattfinden zu lassen. Bisher fanden zumeist nach rund vier Jahren Neuwahlen statt.

1916 erhielten zunächst in Manitoba Frauen das Wahlrecht. Zwei Jahre später wurde auch auf Bundesebene das Frauenwahlrecht eingeführt. Erst mit der Reform des Wahlrechts 1920 wurden einheitliche Regelungen für die Teilnahme an Unterhauswahlen definiert. Zwischen 1867 und 1920 kam es wiederholt vor, dass etwa die Teilnahme von Ureinwohnern am Wahlgang von Provinz zu Provinz unterschiedlich geregelt wurde. Des Weiteren bestanden verschiedene Regelungen, ab wie viel Besitz ein Bürger zur Wahl berechtigt war. Auch nach der Einführung des allgemeinen Wahlrechts 1920 wurden einige Bevölkerungsgruppen von der Teilnahme an Wahlen ausgeschlossen. Erst 1960 wurden alle Beschränkungen des Wahlrechts abgeschafft.

Tabelle 3: Ergebnisse der Parlamentswahlen seit 1945

Wahljahr	Regierung	Parlament	Liberals		Progressive Conservatives[1]		CCF / NDP		Social Credit		Bloc Québécois		Reform Party[2]		Sonstige	
		Sitze gesamt	Sitze	Stimmen (%)	Sitze	Stimmen (%)	Sitze	Stimmen (%)	Sitze	Stimmen (%)	Sitze	Stimmen (%)	Sitze	Stimmen (%)	Sitze	Stimmen (%)
1945	Lib	245	125	41	67	27	28	16	13	4					12	12
1949	Lib	262	193	49	41	30	13	13	10	4					5	4
1953	Lib	265	171	49	51	31	23	11	15	5					5	4
1957	PC (M)	265	105	41	112	39	25	11	18	7					4	2
1958	PC	265	49	34	208	54	8	9	0	2					0	1
1962	Lib (M)	265	100	37	116	37	19	14	30	12						
1963	Lib (M)	265	129	42	95	33	17	13	24	12						
1965	Lib	265	131	40	97	32	21	18	14	9					2	1
1968	Lib (M)	264	155	45	72	31	21	17	14	6					0	1
1972	Lib (M)	264	109	38	107	35	31	18	15	8					1	1
1974	Lib	264	141	43	95	35	16	14	11	5					0	2
1979	PC (M)	282	114	40	136	36	26	18	6	5					0	2
1980	Lib	282	146	44	103	33	32	20	0	1					0	2

1984	PC	282	40	28	211	50	30	19					1	
1988	PC	295	83	32	169	43	43	20					0	4
1993	Lib	295	177	41	2	16	9	7	54	13	52	19	1	4
1997	Lib	301	155	39	20	19	21	11	44	11	60	19	1	2
2000	Lib	301	172	41	12	12	13	9	38	11	66	26	0	2
2004	Lib (M)	308	135	37	99	30	19	16	54	12			1	1
2006	Cons. (M)	308	103	33	124	36	29	18	51	11			1	5

(M) = Minderheitsregierungen; [1] seit 2003 Conservative Party; [2] seit 2000 Canadian Alliance, seit 2003 Conservative Party.
Quelle: verändert nach Lenz 2001: 295.

Das Mehrheitswahlsystem in Kanada trägt nicht nur zu einer engen Bindung der Parlamentarier an ihre jeweiligen Wahlkreise (*ridings*) bei, sondern es führte wiederholt auch zu erheblichen Disproportionalitäten bei der Umrechnung der Stimm- in Sitzanteile. So gewann beispielsweise die Liberale Partei bei den Provinzwahlen in British Columbia 2001 97 Prozent der Sitze im Parlament, obgleich die Partei nur 57 Prozent der Stimmen erhielt. 1996 gewann die NDP in British Columbia eine Mehrheit der Sitze im Parlament und konnte die Regierung stellen, obgleich die Liberale Partei provinzweit mehr Stimmen erhalten hatte. Angesichts dieser Erfahrungen begannen Bemühungen, die Wahlsysteme in den Provinzen zu reformieren und Elemente der Verhältniswahl einzuführen (vgl. Milner 2004). Diese Ansätze scheiterten jedoch bisher. So lehnten bei Referenden am 17. Mai 2005 in British Columbia und am 28. November 2005 in Prince Edward Island die Bürger eine Reform des Wahlsystems ab.

Die Beteiligung an Unterhauswahlen hat in den 1990er Jahren erheblich abgenommen. Die Dominanz der Liberalen Partei und die Kritik an mangelnder Responsivität der politischen Entscheidungsträger trugen erheblich zu dieser Entwicklung bei. Ideologische Orientierungen und sozialstrukturelle Faktoren spielen für die Wahlentscheidung eine eher nachrangige Rolle (vgl. Blais u.a. 2002; Pammett/Dornan 2004). Die ethnische Zugehörigkeit hingegen kann durchaus die Wahlentscheidung beeinflussen. Entscheidend für den Wahlausgang waren und sind meist kurzfristige Erwägungen der Wählerschaft wie etwa die Bewertung der Kandidaten oder die Einstellung zu einzelnen Wahlkampfthemen. Während in den 1990er Jahren thematisch Arbeitsmarktfragen und das Haushaltsdefizit im Zentrum des Wahlkampfes standen, dominierte das Politikfeld Gesundheit die Unterhauswahlen von 2000 und 2004. Die Parteienbindung der kanadischen Wählerschaft ist gering, wobei durchaus ein gewisses Maß an Parteiidentifikation nachweisbar ist (vgl. Schultze 1997a und Schultze/Broschek 2005).

Bei besonders wichtigen Themen oder Fragestellungen kann die Bundesregierung nationale Referenden durchführen. Bisher nutzte die Regierung dieses Instrument allerdings nur in drei Fällen: 1898 sprach sich eine Mehrheit der Wähler für die Prohibition aus (allerdings brachte die Bundesregierung von Premier Wilfried Laurier kein entsprechendes Gesetz ein), 1942 wurde die Frage der Wehrpflicht zur Abstimmung gestellt (eine Mehrheit in Québec lehnte die Wehrpflicht ab, während eine Mehrheit der anglophonen Kanadier zustimmte) und 1992 lehnten in mehreren Provinzen eine Mehrheit der Wählerinnen und Wähler den *Charlottetown Accord* ab.

8   Parteien und Parteiensystem

Durch das Mehrheitswahlsystem entwickelte sich in Kanada nach 1867 zunächst ein stabiles Zwei-Parteien-System. Bundes- und Provinzparteien sind hierbei im Gegensatz etwa zu Deutschland nur schwach integriert. So kann es durchaus vorkommen, dass die Parteien auf unterschiedlichen Entscheidungsebenen verschiedene ideologische und programmatische Positionen vertreten. Auch ist es nicht unüblich, dass Politiker die Partei wechseln, wenn sie auf eine andere politische Handlungsebene wechseln. So war etwa der derzeitige liberale Premierminister von Québec, Jean Charest, früher Vorsitzender der *Progressive Conservative Party* und Minister im Kabinett Mulroney auf Bundesebene. Der ehemalige Gesundheitsminister in der liberalen Regierung von Paul Martin, Ujjal Dosanjh, war von 2000 bis 2001 Premierminister von British Columbia für die NDP.

Tabelle 4:   Parteiensystem und Nationale Politiken

	Entwicklungsphase	Parteiensystem auf Bundesebene/Regierungspartei	Formative Ereignisse/ Politische Programme und Maßnahmen
I.	*„First National Policy":* Expansion nach Westen/Protektionismus/Importsubstituierende Industrialisierung		
	1867-1921	Zweiparteiensystem Cons./Libs.	
Formation	1867-1878	Cons./Libs.	Staatsbildungsprozesse; Integration der Provinzen
Paradigmenstabilisierung			
(a)	1878-1896	Conservatives	Eisenbahnbau; Ost-West-Expansion; Importsubstituierung
(b)	1896-1911	Liberals	Riel Krise
Auflösung/Krise	1911-1921	Cons./Kriegkoalition	Konflikt um Freihandel; Erster Weltkrieg; Streit um Wehrpflicht
Umbruch	1921-30/35	Mehrparteiensystem Libs./Cons./Progressives/ Farmers Libs./Cons.	Agrarische Protestbewegungen und Aufstände in den Prärieprovinzen

	Entwicklungsphase	Parteiensystem auf Bundes-ebene/Regierungspartei	Formative Ereignisse/ Politische Programme und Maßnahmen
II.		*„Second National Policy":* *Sozialdemokratischer Konsensus über Wohlfahrtsstaat und keynesianisch-orientierte Wirtschaftspolitik*	
	1930/35-1984	Mehrparteiensystem Libs./Cons./CCF-NDP/S.C.	
Formation	1930/35-1945	Cons./Libs.	Weltwirtschaftskrise; Depression; Zweiter Weltkrieg und Ausbildung des neuen wohlfahrtsstaatlichen und wirtschaftspolitischen Ansatzes
Paradigmen-stabilisierung			
(a)	1945-1957	Liberals	Institutionalisierung des Keynesia-nischen Wohlfahrtsstaates
(b)	1957-1963	Conservatives	Diefenbaker-Intermezzo
(c)	1963-1979	Liberals	Versuch der nationalen Integration durch die Politik des Bilingualis-mus, Multikulturalismus sowie des Konzeptes der „just society"; Ver-fassungspolitik: Beginn der „mega-constitutional politics"
Auflösung/Krise	1979/80-1984	Cons./Libs.	Scheitern der Experimente mit einer dritten „National Policy" sowie einer außenpolitischen „Third Option"
Umbruch	1984-1993	Conservatives	Einleitung einer neokonservativen Wende in der Haushalts-, Wirt-schafts- und Sozialpolitik; Freihan-delsabkommen mit den USA/ Mexiko; Fortsetzung der „mega-constitutional politics" mit neuen Akzenten, aber: Scheitern von Meech Lake und Charlottetown
III.		*Von der Politik der „National Policies" zum „aktivierenden" Staat:* *Postkeynesianische Restrukturierung und Versuch der pragmatischen Erneuerung*	
	1993-2004	Mehrparteiensystem Cons./Libs./Reform – Allian-ce/ Bloc/NDP Cons./Libs./Bloc/NDP	
	2004-		
Formation	1993-1997	Liberals	Haushaltssanierung 1995/96: Voll-zug der Wende zu durchgreifender Sparpolitik, Deregulierung und Privatisierung

Paradigmen-stabilisierung			
(a)	1997-2006	Liberals	Seit 1998 jährlich wachsende Haushaltsüberschüsse; Versuch der nationalen Integration durch neue Akzente in der Sozial-, Bildungs- und Forschungspolitik Verfassungspolitischer Pragmatismus statt „mega-constitutional politics"
(b)	2006	Conservatives	Ankündigung umfassender fiskalpolitischer Dezentralisierung
	Entwicklungsphase	Parteiensystem auf Bundesebene/Regierungspartei	Formative Ereignisse/ Politische Programme und Maßnahmen

Quelle: Schultze 1997a: 272 (leicht modifiziert und fortgeführt)

In der Geschichte des kanadischen Parteiensystems kam es seit 1867 wiederholt zu teilweise erheblichen Veränderungen. Dabei existierte stets ein enger Zusammenhang zwischen den gesellschaftlichen Herausforderungen, den jeweiligen Strategien nationaler Integration (vgl. Punkt 1) und der Struktur des Parteiensystems.

Von 1867 bis 1921 waren nur die *Liberal Party* und die *Conservative Party* im Unterhaus vertreten. Erst im Zuge der Herausbildung von starken regionalen Interessen insbesondere in Folge der Weltwirtschaftskrise zu Beginn des 20. Jahrhunderts gelang es Drittparteien, die zumeist regional abgrenzbare Interessen vertraten, auf Provinz- und auf Bundesebene Sitze im Parlament zu gewinnen. Die 1933 gegründete *Co-operative Commonwealth Federation* (CCF) etwa wurde vor allem in Saskatchewan in Reaktion auf die Weltwirtschaftskrise und die aus Sicht vieler Bürger in den Westprovinzen mangelhaften Reaktionen der Bundesregierung auf diese Herausforderung gegründet. 1961 wurde die CCF in *New Democratic Party* (NDP) umbenannt und die Partei rückte programmatisch stärker in die politische Mitte. Bis heute gilt die NDP als erfolgreichste Drittpartei Kanadas. Allerdings ist es ihr auch unter ihrem aktuellen Parteichef, Jack Layton, nicht gelungen, die Liberalen (oder die Konservativen) als zweitstärkste Kraft abzulösen.

Die Liberale Partei Kanadas gilt als die „natural party of government" (vgl. Clarkson 2005). Hervorgegangen sind die Liberalen aus Reformkräften, die in der Mitte des 19. Jahrhunderts für die Einführung eines *responsible government* in den britischen Kolonien in Nordamerika eintraten. Außerdem setzten sich die Liberalen für den Freihandel mit den USA ein. Da die Konservativen eine enge Anbindung Kanadas an Großbritannien verfolgten, konnten die Liberalen in Québec große Erfolge verbuchen. So gewann die Partei etwa unter Wilfrid Laurier bei der Unterhauswahl 1896 49 ihrer 118 Unterhaussitze in Québec. Auch die *conscription crisis* im Jahre 1917 trug zur Stärkung der Liberalen in Québec bei. Bereits vor Ende des Zweiten Weltkriegs hatten die Liberalen vor dem Hintergrund der großen Unterstützung für die sozialpolitischen Forderungen der CCF eine Reihe von wohlfahrtsstaatlichen Innovationen auf den Weg gebracht. Diese Politik setzten die Liberalen nach Ende des Zweiten Weltkriegs fort. So kam es unter Premier Pearson in den 1960er Jahren zur Einführung des *Canada Pension Plan* sowie eines umfassenden Krankenversicherungssystems. Von 1968 bis 1979 (sowie von 1980 bis 1984) führte Pierre Elliott Trudeau die liberale Bundesregierung an. In dieser Phase setzten sich die Liberalen unter anderem für die Gleichstellung der englischen und französischen Sprache (*Official Languages Act*) sowie für die Anerkennung des multikulturellen Charakters der kanadischen Gesellschaft ein. Bis heute erhalten die Liberalen eine überdurchschnittliche Unterstützung bei Unterhauswahlen aus den Reihen der Zuwanderergruppen. Nach 1980 forcierte Trudeau die *patriation* der Verfassung sowie die Festschreibung eines Grundrechtekatalogs. In der Oppositionszeit nach 1984 traten die Liberalen gegen die Unterzeichnung des Freihandelsabkommens mit den USA ein. Erst 1993 gelang ihnen unter Jean Chrétien wieder die Rückkehr an die Macht. Chrétien setzte in den 1990er Jahren die von der konservativen Regierung Mulroney begonnene Politik einer strikten Haushaltskonsolidierung durch Ausgabenkürzungen und den Rückbau von Sozialprogrammen fort. Zwar gelang es den Liberalen, den Haushalt auszugleichen und sogar Überschüsse zu realisieren. Dies wurde jedoch erkauft mit einer nachhaltigen Verschlechterung des Verhältnisses von Bund und Provinzen, da die Regierung die Verantwortung für unpopuläre Kürzungsentscheidungen durch die Streichung von Finanztransfers an die Provinzen an letztere „verschoben" hatte.

Anfang 2004 gerieten die Liberalen durch die Aufdeckung des *sponsorship scandal* unter erheblichen Druck. Nicht zuletzt deshalb verloren die Liberalen im Juni 2004 ihre Mehrheit im Unterhaus und bildeten unter Paul Martin eine Minderheitsregierung. Nach über zwölf Jahren an der Macht verloren die Liberalen im Januar 2006 die folgende Unterhauswahl, welche nach einem erfolgreichen Misstrauensvotum im Parlament notwendig geworden war. Trotz dieser Schwierigkeiten in den vergangenen Jahren kann festgehalten werden, dass es keiner anderen Partei in der Vergangenheit so erfolgreich gelungen ist, die unterschiedlichen regionalen und ethnischen Interessen im kanadischen Gemeinwesen zusammenzuführen. Als *brokerage party* konnten die Liberalen (ähnlich wie die Konservativen) zwar nur selten inhaltliche, programmatische Akzente setzen. Durch einen Ausgleich verschiedenster Positionen und eine insgesamt pragmatischen Politikgestaltung erzielten die Liberalen dennoch wiederholt große Erfolge bei Wahlen auf Bundes- und Provinzebene.

Die *Conservative Party* (ab 1942 *Progressive Conservative Party*) ist die zweite alte, große Partei Kanadas. Aufbauend auf der britischen Tory-Tradition, unterstützten die Konservativen nach 1867 eine enge Anbindung Kanadas an Großbritannien. Bis 1935 dominierten die Konservativen die kanadische Bundespolitik. Nachdem es Premier R.B. Bennett jedoch nicht gelungen war, ein überzeugendes Politikprogramm im Angesicht der sozialen und ökonomischen Verwerfungen der Weltwirtschaftskrise zu entwickeln, büßte die Partei stark an Zustimmung ein. Erst unter John Diefenbaker erlangte die Konservative Partei 1957/58 erneut eine Mehrheit der Sitze im Unterhaus. Ausschlaggebend für diesen Sieg war der Erfolg der Konservativen in Québec, wo sie 50 von 75 Sitzen gewinnen konnten. Anfang der 1960er Jahre kam es innerhalb der Regierung Diefenbaker jedoch zu Konflikten bezüglich der Stationierung von US-Atomwaffen in Kanada. Bereits 1963 verlor Diefenbaker seine Mehrheit im Unterhaus und es folgte eine lange, nur von einem kurzen Intermezzo 1979-80 unterbrochene Periode liberaler Regierungen unter Pearson und Trudeau. Erst 1984 gelang es dem konservativen Parteichef Brian Mulroney, mittels einer Koalition aus Québecer Nationalisten, Wirtschaftsinteressen aus Ontario, Populisten aus den Westprovinzen und gemäßigten (*Red Tory*)-Konservativen aus den Atlantikprovinzen, genug Sitze zu gewinnen, um die Bundesregierung zu stellen. Im Gegensatz zu Thatcher in Großbritannien und Reagan in den USA verfolgte Mulroney seine insgesamt neoliberale Politik der Rückführung der Staatsquote, der Privatisierung und der Kürzung bei Sozialprogrammen zunächst eher zaghaft. Gleichzeitig setzte sich Mulroney mit Nachdruck für die Unterzeich-

nung eines Freihandelsabkommens mit den USA ein. Dieses Thema dominierte die Wahl-
kampfagenda bei der Unterhauswahl 1988. Unmittelbar nach dem Sieg der Konservativen
trat das Freihandelsabkommen in Kraft. Mulroney trat im Februar 1993 zurück, nachdem
insbesondere durch die Einführung einer Waren- und Dienstleistungssteuer (*Goods and
Services Tax*) die Zustimmung in der Bevölkerung für seine Politik massiv zurückgegangen
war. Hinzu kam 1990 die Gründung des separatistischen *Bloc Québécois* in Reaktion auf
das Scheitern des *Meech Lake Accords*. Bei der folgenden Wahl verloren die Konservativen
unter Führung von Kim Campbell (der ersten und bisher einzigen Premierministerin Kanadas) 149 ihrer 151 Sitze im Unterhaus. Zwar konnte die Partei ihren Sitzanteil später wieder
erhöhen (1997: 20 Sitze, 2000: 12), allerdings hatte die Partei ihre Position als zweitstärkste
politische Kraft endgültig verloren.

Mit der Gründung der rechtspopulistischen *Reform Party* war es 1987 zu einer Zer-
splitterung des konservativen Spektrums gekommen. Angeführt von Preston Manning trat
Reform insbesondere für einen größeren Einfluss der westlichen Provinzen ein (Leitspruch:
The West Wants In). Die Partei kritisierte vor allem die Konzessionen, welche die Regierung Mulroney Québec zugestanden hatte. Aber auch die Steuerpolitik und die Unfähigkeit
Mulroneys, durch institutionelle Reformen die Bedeutung der westlichen Provinzen auf
Bundesebene zu stärken, trugen zur Gründung der *Reform Party* bei. Zu den Hauptzielen
der Partei gehörte neben der Absenkung der Steuern auch die Einführung direktdemokratischer Verfahren und eines Systems des *Recall* von Abgeordneten. Auch sprach sich *Reform*
für mehr freie Abstimmungen im Unterhaus aus.

Als einzige Partei lehnte die *Reform Party* 1992 den *Charlottetown Accord* ab. Daraufhin wurde die Partei bei der Unterhauswahl 1993 mit 52 Sitzen zur drittstärksten Kraft
nach den Liberalen und dem *Bloc Québécois* gewählt. Nachdem es *Reform* auch bei der
Unterhauswahl 1997 nicht gelungen war, ihren Sitzanteil signifikant zu erhöhen, startete
die Parteiführung eine Initiative zur Neuausrichtung der Partei. Insbesondere sollte versucht
werden, die *Reform Party* mit den *Progressive Conservatives* zu vereinigen (*Unite the
Right*). Letztere lehnten dies unter Parteichef Joe Clark jedoch noch ab. Das Ergebnis dieser
United Alternative war die Gründung einer neuen Partei, der *Canadian Alliance Party*. Eine
Vereinigung der konservativen Kräfte im kanadischen Parteienspektrum gelang aber auch
mittels der Gründung der *Canadian Alliance* zunächst nicht. Programmatisch trat die neue
Partei insbesondere für Steuersenkungen ein und sie vertrat gesellschaftspolitisch explizit
konservative Positionen etwa hinsichtlich der Frage der Zulassung gleichgeschlechtlicher
Ehen. 2000 gewann die Partei 66 Sitze und wurde offizielle Opposition im Unterhaus.
Nachdem im April 2002 Stephen Harper die Parteiführung von Stockwell Day übernommen hatte, intensivierten sich die Bemühungen um eine Vereinigung von *Alliance* und
Progressive Conservatives. Am 8. Dezember 2003 fusionierten die beiden Parteien zur
Conservative Party of Canada. Auch die neue *Conservative Party* tritt in erster Linie für
eine Absenkung der Steuern, weniger Staat und einer Dezentralisierung der Macht im kanadischen Bundesstaat ein. Hinzu kommt das Bemühen um eine Stärkung des Militärs und
das Eintreten für konservative Wertvorstellungen. Da nur ein halbes Jahr nach dem Zusammenschluss im Juni 2004 Unterhauswahlen stattfanden, stand die neue Partei inhaltlich-
programmatisch und organisatorisch vor erheblichen Herausforderungen. Dennoch gelang
es den Konservativen, genug Sitze zu gewinnen, um eine Mehrheitsregierung der Liberalen
zu verhindern. Nachdem die liberale Minderheitsregierung von Paul Martin am 28. November 2005 eine Misstrauensabstimmung verloren hatte, gewann die Konservative Partei

am 23. Januar 2006 die Unterhauswahl und bildet mit 124 Sitzen eine Minderheitsregierung unter Premierminister Harper.

Der Zusammenbruch der *Progressive Conservatives* hatte auch in Bezug auf die parteipolitische Repräsentation der Interessen Québecs auf Bundesebene Folgen. Im Mai 1990 verließ der konservative Minister Lucien Bouchard die Regierung Mulroney und gründete den *Bloc Québécois*, der seitdem im Unterhaus für die Souveränität Québecs eintritt. Programmatisch vertritt der *Bloc* eine progressive, sozialpolitische Agenda. Der *Bloc* kooperiert hierbei mit der nur auf Provinzebene aktiven *Parti Québécois*. Beide Parteien sind jedoch eigenständig. Nach der Wahl von 1993 gelang es der Partei, mit 54 Sitzen im Unterhaus die offizielle Opposition zu stellen. Bouchard verließ den *Bloc* 1995, um nach dem gescheiterten zweiten Unabhängigkeitsreferendum als Nachfolger des zurückgetretenen Jacques Parizeau Premierminister von Québec für die *Parti Québécois* zu werden. 1997 und 2000 verlor der *Bloc* an Zustimmung bei den Wählerinnen und Wählern (als Vertretung Québecs stellt der *Bloc* bei Unterhauswahlen ausschließlich in Québecer Wahlkreisen Kandidaten auf). 2004 konnte der *Bloc* wieder an seinen Erfolg von 1993 anschließen und erneut 54 Sitze im Unterhaus gewinnen. Insbesondere die Wut vieler vormals liberaler Wählerinnen und Wähler über den *sponsorship scandal* trug zu diesem Erfolg bei. 2006 konnte die Partei diesen Erfolg jedoch nicht wiederholen und verlor drei Sitze an die *Conservative Party*.

Nach dem Zusammenschluss der konservativen Parteien in Kanada bildet sich derzeit ein „Zwei-plus-Zwei"-Parteiensystem auf Bundesebene heraus. Da die ideologischen Differenzen zwischen NDP und Konservativen groß sind und keine der im Unterhaus vertretenen Parteien eine offizielle Kooperation mit dem separatistischen *Bloc* anstrebt, dürfte auch zukünftig die Dominanz der Liberalen (gegebenenfalls mit Unterstützung der NDP) den Parteienwettbewerb in Kanada prägen (vgl. Carty/Cross/Young 2000, Thorburn/Whitehorn 2001 sowie Cross 2004).

9   Interessenverbände

In einem föderalistischen System existieren im Gegensatz zu stark zentralistisch strukturierten Staatswesen für Interessengruppen vielfältige Möglichkeiten der Einflussnahme (vgl. Pierson 1995). Auch in Kanada unterscheiden sich die Strukturen der Interessenvermittlung und –durchsetzung etwa aufgrund von ökonomischen Disparitäten zwischen Bundes- und Provinzebene sowie in den Territorien. Die folgenden Ausführungen konzentrieren sich auf die Situation auf Bundesebene.

Zu den wichtigsten Interessengruppen auf Arbeitnehmerseite gehört der aus dem Zusammenschluss des *Trades and Labour Congress of Canada* sowie dem *Canadian Congress of Labour* 1956 hervorgegangene *Canadian Labour Congress* (CLC). Als nationale Sammelorganisation der unterschiedlichen Arbeitnehmerorganisationen vertritt der CLC die Interessen von über drei Millionen Kanadiern. Der politische Einfluss der Arbeitnehmerverbände in Kanada ist im Vergleich zur Situation in vielen westeuropäischen Staaten allerdings eher gering. Neben der *Cleavage*-Struktur der kanadischen Gesellschaft, in welcher der Konflikt zwischen „Arbeit" und „Kapital" eher nachrangig ist, wird der begrenzte Einfluss auch durch die Struktur des Parteiensystems beeinflusst. Traditionell besteht eine enge Verbindung von Gewerkschaften und NDP. Da diese Partei – auf Bundesebene –

jedoch nur dann einen signifikanten Einfluss auf die politische Entscheidungsfindung aus-üben kann, wenn sie als Mehrheitsbeschaffer für eine Minderheitsregierung fungiert, gab es in jüngerer Vergangenheit wiederholt Versuche von Vertretern des CLC, sich stärker der Liberalen Partei anzunähern.

Auf Seiten der Arbeitgeber gehört die 1925 gegründete *Canadian Chamber of Commerce* zu den wichtigsten Organisationen. Die rund 170.000 Mitglieder starke Einrichtung vertritt in erster Linie die Interessen kanadischer Unternehmer und zielt hierbei insbesonde-re auf die Schaffung von wirtschaftsfreundlichen Rahmenbedingungen. Neben dieser Dach-organisation gibt es – wie auch auf Arbeitnehmerseite – zahlreiche Verbände und Organisa-tionen, die sich auf die Vertretung von Partialinteressen spezialisiert haben. So etwa die *Canadian Manufacturers Association*, die mit einem Organisationsgrad von 80 Prozent zu den einflussreichsten wirtschaftspolitischen Interessenverbänden zählt, ebenso wie die 1935 gegründete *Canadian Federation of Agriculture* als Vertretung der über 200.000 kanadi-schen Farmerfamilien oder die bereits 1891 gegründete *Canadian Bankers Association*. Eine wichtige Rolle spielt zudem der *Canadian Council of Chief Executives* (CCCE), der sich aus den Geschäftsführern der 150 größten kanadischen Firmen zusammensetzt.

Neben diesen klassischen Interessenvertretungen existieren in Kanada eine ganze Rei-he von Berufsverbänden, die neben Steuerungsaufgaben – zumindest mittelbar – auch der Vertretung von Interessen dienen. Die bedeutendste dieser Organisationen ist die 1896 gegründete *Canadian Bar Assocation* mit ihren rund 35.000 Mitgliedern aus allen Berei-chen der Rechtsanwendung und -wissenschaft. Im Gesundheitswesen wären etwa die 1867 gegründete *Canadian Medical Association* mit ihren über 60.000 Mitgliedern oder die *Ca-nadian Nurses' Association* anzuführen. Auf Provinzebene haben diese Organisationen Untergliederungen, deren Interessen die Verbände auf Bundesebene bündeln und vertreten.

Mit der Verabschiedung der *Charter of Rights and Freedoms* 1982 kam es in Kanada zu einer Festschreibung von Gruppenrechten in der Verfassung. Dies führte zu vielfältigen Versuchen von Einzelorganisationen (unter anderem aus den Bereichen Sprache, Ge-schlecht, Ethnie oder sexuelle Orientierung), über die Gerichte ihre Interessen durchzuset-zen. Insbesondere Organisationen, welche die Interessen von Frauen und Homosexuellen vertreten, haben diesen neuen Kanal zur Einflussnahme erfolgreich nutzen können (vgl. Morton/Knopff 2000 und Cairns 1995). Die Einführung der *Charter* bewirkte auch zu einer Stärkung der Position der Vertreter der *Aboriginal Peoples*. Eine der wichtigsten Organisa-tionen, welche die Interessen der kanadischen Ureinwohner vertritt, ist die *Assembly of First Nations*. Ihr derzeitiger *Chief*, Phil Fontaine, vertritt über 630 Gemeinschaften der *First Nations*. Das Interessenspektrum ist hierbei äußerst vielfältig. Zu den wichtigsten Betätigungsfeldern gehört etwa die Frage der *Treaty Rights* der *First Nations*, ökonomische und soziale Fragen sowie Landrechte. Die Métis hingegen werden durch den 1983 gegrün-deten *Métis National Council*, die Inuit durch den 1971 gegründeten *Inuit Tapiriit Kanata-mi* auf Bundesebene vertreten.

Die große Mehrheit der auf Bundesebene agierenden Interessengruppen zielt mit ihren Aktivitäten darauf ab, Entscheidungen der Exekutive und hierbei insbesondere des Kabi-netts zu beeinflussen. Das Parlament hingegen gehört eher zu den nachrangigen Zielen von Interessengruppenaktivitäten, was in der dominanten Rolle der Exekutive im politischen System begründet liegt. Unabhängig hiervon finden selbstverständlich auch im Umfeld des Parlaments teilweise signifikante Lobbyingaktivitäten statt.

10 Massenmedien

Bereits vor der Gründung des *Dominion of Canada* 1867 existierte in den nordamerikanischen Kolonien Großbritanniens ein wachsender Mediensektor. Durch den technischen Fortschritt im Bereich der Informationsvermittlung verstärkte sich nicht nur der Austausch zwischen den Kolonien, sondern auch zwischen den USA und Britisch-Nordamerika. Daher war bereits Mitte des 19. Jahrhunderts der Einfluss von US-Medien ein wichtiger Faktor in der kanadischen Presse- und Medienpolitik. Durch die Zweisprachigkeit konnten die Medien in Kanada nur höchst begrenzt zur Bildung einer nationalen Diskursgemeinschaft beitragen. Die Dominanz US-amerikanischer Kulturprodukte im anglophonen Teil Kanadas führte zudem tendenziell eher zu einer Annäherung an den südlichen Nachbarn. Eine politisch sozialisierende und integrative Funktion konnten die nationalen Medien in Kanada somit nur sehr eingeschränkt ausfüllen. Hinzu kommt, dass in Fachveröffentlichungen ein wachsender Trend zum *Infotainment* in den Medien des Landes konstatiert wird. In der Vergangenheit gelang allerdings eine begrenzte wechselseitige Vermittlung zwischen den beiden Teilöffentlichkeiten über die jeweiligen Eliten.

Ebenso wie in Deutschland existiert heute in Kanada ein öffentlicher und ein privater Fernsehsektor. Mit der 1932 eingerichteten, anglophonen *Canadian Broadcasting Corporation* (CBC) und dem frankophonen *Radio-Canada* gibt es zwei öffentliche Radio- und Fernsehgesellschaften. Seit 1952 bietet die CBC auch Fernsehprogramme an. Die Politik entschloss sich zur Einrichtung der CBC, um den Anteil kanadischer Programme und Angebote zu steigern. Auch das Ziel des *nation building* sollte mittels der Schaffung einer nationalen Medieneinrichtung wie der CBC befördert werden. Kontrolliert werden die staatlichen und privaten Sender durch die unabhängige *Canadian Radio-television and Telecommunications Commission*. Durch neuere technische Entwicklungen wie etwa Satelliten- oder Internetübertragungen fällt es der kanadischen Regierung aber zunehmend schwerer, den Zugang von ausländischen Produkten und Sendungen zu kontrollieren.

Bereits in den 1850er Jahren hatte ein rasantes Wachstum des Zeitungsmarktes in den damaligen Kolonien begonnen. Im Zeitungsmarkt dominieren heute *The Globe and Mail* und der *Toronto Star* (sowie *Le Devoir*). Die dritte große kanadische Zeitung – die *National Post* – wurde 1998 als konservative Antwort auf die stark liberal ausgerichteten Blätter (vor allem auf die größte englischsprachige Zeitung *The Globe and Mail*) gegründet. Diese überregionalen Veröffentlichungen werden ergänzt durch eine Vielzahl von regionalen Zeitungen. Da sich die Mehrzahl der kanadischen Zeitungen im Besitz von großen Medienkonzernen befindet, wurden vor allem in den 1990er Jahren Befürchtungen bezüglich einer zu starken Konzentration im Zeitungsmarkt geäußert. So kontrollierte etwa der Medienunternehmer Conrad Black 1999 mit 57 Zeitungen rund 47 Prozent des Zeitungsmarktes des Landes. Bereits 1980 hatte die Bundesregierung eine *Royal Commission on Newspapers* eingesetzt, welche die Situation im Zeitungsmarkt umfassend analysieren und Empfehlungen erarbeiten sollte. Trotz dieser und weiterer Untersuchungen besteht das Problem einer hochgradigen Konzentration im kanadischen Medienmarkt fort.

11 Politische Kultur

Die Herausbildung einer eigenständigen politischen Kultur der bilingualen und multikulturellen kanadischen Nation und Gesellschaft wurde bereits seit dem 19. Jahrhundert von vielfältigen Faktoren beeinflusst. Insbesondere die enge Verbindung mit Großbritannien prägte die politische Kultur Kanadas nachhaltig. Der dem ersten kanadischen Premierminister Macdonald zugeschriebene Ausspruch: „A British subject I was born; a British subject I will die." verdeutlicht diese enge Anbindung und das sich hieraus ergebende Selbstverständnis. Aber auch die französischen Traditionen, der Einfluss der *Aboriginal Peoples* sowie die diversen Zuwanderungswellen wirkten auf die Entwicklung des politischen Selbstverständnisses und der gesellschaftlichen Eigenheiten Kanadas ein. Von besonderer Bedeutung für die Identität Kanadas war und ist die Abgrenzung zu den USA. Entsprechend dem Konzept einer *caring society* hat der Staat in Kanada nicht nur die Aufgabe, die notwendigen Rahmenbedingungen für die Selbstentfaltung der Bürger herzustellen, sondern ihm kommt auch eine aktiv steuernde und soziale Rolle zu. So gilt bis heute das staatliche, steuerfinanzierte Gesundheitsversorgungssystem *Medicare* als ein besonders herausragendes Abgrenzungsmerkmal zwischen US-amerikanischer und kanadischer Gesellschaft. Dennoch sind US-Medien und andere kulturelle Produkte im kanadischen Alltag allgegenwärtig. Zur Wahrung und zum Ausbau der (kulturellen) Eigenständigkeit Kanadas wurde durch diverse Gesetze und die Einrichtung von Institutionen wie etwa der CBC im Mediensektor von staatlicher Seite versucht, diesem Trend entgegenzuwirken. Hierbei bewegt sich Kanada in einem unauflösbaren Spannungsverhältnis: Auf der einen Seite soll der regionale Partikularismus gesichert werden, gleichzeitig zielen nationale Projekte wie etwa das *Medicare*-System oder die *National Policies* auf die Herstellung einer kanadischen Identität und einer nationalen Gemeinschaft ab.

Auf die Kultur eines Einwanderungslandes hat die Entwicklung und Struktur der Zuwanderung einen großen Einfluss. Die Einwanderung nach Kanada verlief hierbei in mehreren Phasen. In den ersten Phasen der staatlichen Entwicklung bis circa 1965 erfolgte die Zuwanderung zumeist aus dem Mutterland Großbritannien und Europa. Mit der Änderung des Immigrationsrechts 1967 kam es zu einer Ausweitung der Einwanderung aus Asien. Bereits zwanzig Jahre später kamen rund 44 Prozent der Zuwanderer aus asiatischen Ländern. Durch diese Entwicklung nahm der Anteil der allophonen Bürger (deren Muttersprache also weder englisch noch französisch ist) erheblich zu. 2001 gab in Umfragen bereits jeder sechste Kanadier an, zu dieser Bevölkerungsgruppe zu gehören. In den vergangenen Jahren wanderten jährlich rund 220.000 Menschen nach Kanada ein, die sich zumeist in den großen Metropolen (Toronto, Montreal, Vancouver) niederließen (Zahlen nach: Statistics Canada 2006). Rund 18 Prozent der kanadischen Bevölkerung wurden nicht in Kanada geboren (Zahlen aus 2001). In den Großstädten liegt dieser Anteil erheblich höher (Toronto: 44 Prozent der Bevölkerung; Montreal 18 Prozent; Vancouver 38 Prozent). Nicht zuletzt aufgrund der sich verändernden Zuwanderungsströme haben sich die Konfliktlinien in der kanadischen Gesellschaft in den vergangenen Jahrzehnten vervielfacht. Maßgeblich für die Zuwanderungspolitik Kanadas sind bis heute die Empfehlungen der 1963 eingesetzten *Royal Commission on Bilingualism and Biculturalism*, welche Anfang der 1970er Jahre zum von Premier Trudeau verfolgten Konzept eines „multiculturalism within a bilingual framework" führten (vgl. Kymlicka 2004).

Neben dem „klassisch-kanadischen" Konflikt zwischen den anglophonen und frankophonen Teilen der Gesellschaft haben sich durch die Prozesse der Globalisierung und Internationalisierung neue Spannungen entwickelt. Ferner haben sich in der kanadischen Gesellschaft wie in anderen westlich geprägten Industrienationen postmoderne Orientierungen verstärkt, wodurch neue Interessenkonstellationen entstanden sind (vgl. Nevitte 1996; 2002). Seit den 1980er Jahren sind außerdem Bemühungen der kanadischen Ureinwohner erkennbar, nicht nur eine politische Selbstverwaltung zu erreichen, sondern auch ihre kulturelle Eigenständigkeit zu bewahren. In Abgrenzung zum offiziellen Konzept einer multikulturellen kanadischen Gemeinschaft betonen die Ureinwohner das Ziel, als eigenständige Nation(en) innerhalb der kanadischen Gesellschaft ihre Selbstverwaltungsrechte durch- und umzusetzen. Man kann somit zusammenfassend feststellen, dass sich die kanadische Politik in einem komplexen Spannungsfeld von oftmals territorial gebrochenen, ethno-linguistischen, regional-ökonomischen und postmodernen Konfliktlinien bewegt.

12   Internationale Beziehungen

Nach Gründung des Dominion of Canada verblieb zunächst die Hoheit für die Außenpolitik in Großbritannien. Erste Tendenzen hin zu einer größeren eigenständigen Rolle wurden jedoch bereits in der zweiten Hälfte des 19. Jahrhunderts erkennbar. Mit der Verabschiedung des Westminster-Statuts 1931 erlangte Kanada dann seine außenpolitische Unabhängigkeit. Hiermit begann die Geschichte einer eigenständigen kanadischen Außenpolitik. Seit Ende des Zweiten Weltkriegs wird die Rolle Kanadas in den internationalen Beziehungen häufig mit dem Begriff der „freundlichen Mittelmacht" umschrieben. Die Betonung des Multilateralismus ist einer der wichtigsten Eckpfeiler der Außenpolitik Kanadas und findet seinen Ausdruck in der Mitgliedschaft Kanadas in den wichtigsten internationalen Gremien und Institutionen (unter anderem in den Vereinten Nationen, der NATO, der G8, der OECD, des *Commonwealth of Nations* sowie in *La Francophonie*). In den 1990er Jahren führte die strikte Haushaltssanierung des Bundes zu Personalabbau und einer Verringerung der internationalen Repräsentation Kanadas (etwa durch die Schließung von Botschaften), wodurch die kanadische Diplomatie international an Bedeutung verlor (Cohen 2004).

Von herausragender Bedeutung für das Selbstverständnis kanadischer Außenpolitik ist bis heute die Suez-Krise von 1956. Der damalige *Secretary of State for External Affairs* (und spätere Premierminister und Friedensnobelpreisträger) Lester B. Pearson trug maßgeblich zu einer Lösung der Krise bei, indem er vorschlug, in der Krisenregion eine internationale Friedenstruppe unter UN-Flagge zu stationieren. Dieser Einsatz gilt als Geburtsstunde des *peacekeeping*-Konzepts. Das Engagement Kanadas für ein weltweites Verbot von Antipersonenminen, welches zur *Ottawa Convention* von 1997 (in Kraft seit 1999) führte, ist ein weiteres Beispiel für die multilaterale Friedens- und Sicherheitspolitik Kanadas.

Der Premierminister spielt in der Außenpolitik eine herausragende Rolle. Bis 1946 oblag dem Regierungschef auch formal die außenpolitische Vertretung Kanadas. Beispielhaft lässt sich die zentrale Rolle des Premierministers an den Verhandlungen über die Freihandelsabkommen mit den USA und Mexiko nachweisen. Diese Vereinbarungen kamen nach intensiven Verhandlungen zustande, welche auf kanadischer Seite federführend in der Hand von Premier Mulroney lagen. Bereits in den 1940er Jahren hatte es Bemühungen zur Unterzeichnung eines Freihandelsabkommens gegeben. 1965 war mit dem *Auto Pact* ein erster, wichtiger Schritt zur Verzahnung der kanadischen und US-amerikanischen Wirtschaft gemacht worden. Durch das Inkrafttreten des Freihandelsabkommens mit den USA 1989 und die Ausweitung der Übereinkunft auf Mexiko im Rahmen des *North American Free Trade Agreements* (NAFTA) 1994 kam es nun zu einer weiteren Intensivierung des Handels und des Warenaustauschs. Rund drei Viertel der kanadischen Exporte werden heute in die USA geliefert. Diese ökonomische Anbindung an den südlichen Nachbarn führt in Handelsfragen zu einer engen Abstimmung mit den USA (für eine kritische Bewertung siehe Clarkson 2002).

Die Provinzen spielen außenpolitisch eine wachsende Rolle. Neben Handelsfragen (vor allem mit den USA) werden hierbei durchaus auch territoriale Fragen tangiert (etwa Fischereirechte gegenüber Dänemark). Formal steht es den kanadischen Provinzen nicht zu, eigenständig internationale Verträge abzuschließen. Sie können jedoch Vertretungen in anderen Ländern gründen, um hier ihre eigenen Interessen (etwa in Wirtschafts- oder Kulturfragen) zu vertreten. Eine Sonderrolle kommt in kulturellen und sprachpolitischen Fragen Québec zu. Bereits 1964 unterzeichneten Vertreter der Provinz mit Frankreich ein Bildungs- und Kulturübereinkommen, ohne die Bundesregierung an den Verhandlungen beteiligt zu haben. Im Mai 2006 kamen die Bundes- und die Provinzregierung von Québec überein, dass Vertreter der Provinz zukünftig in der UNESCO mit eigener Stimme (als Teil der kanadischen Delegation) an den Verhandlungen über Fragen, die in den Kompetenzbereich der Provinz fallen, teilnehmen dürfen.

Militärisch gilt neben der Verteidigung Kanadas und des nordamerikanischen Kontinents etwa im Rahmen des *North American Aerospace Defense Command* (NORAD) bis heute das *peacekeeping* als der wichtigste Baustein der kanadischen Außen- und Sicherheitspolitik. Trotz der sich verschlechternden finanziellen Ausstattung der Streitkräfte nach dem Ende des „Kalten Krieges" ist Kanada weiterhin bemüht, seiner Rolle in der internationalen Friedenssicherung, insbesondere durch die Beteiligung an *peacekeeping*-Missionen der Vereinten Nationen, gerecht zu werden. In Kampfhandlungen waren kanadischen Soldaten im Ersten und Zweiten Weltkrieg, im Korea-Krieg, im ehemaligen Jugoslawien sowie im ersten Irak-Krieg involviert. Aktuell beteiligt sich Kanada unter anderem an der militärischen und zivilen Sicherung der demokratischen Entwicklung in Afghanistan und in Haiti.

Literatur

Atkinson, Michael/Docherty, David (2004): Parliament and Political Success in Canada, in: Whitington, Michael/Williams, Glen (Hrsg.) (2004): 5-29.

Bakvis, Herman/Skogstad, Grace (Hrsg.) (2002): Canadian Federalism: Performance, Effectiveness, and Legitimacy. Toronto.

Banting, Keith G. (1997): Degrees of Freedom: Canada and the United States in a Changing World. Montreal.

Bickerton, James/Gagnon, Alain-G. (Hrsg.) (2004): Canadian Politics. 4. Auflage. Peterborough.

Blais, Andre et al. (2002): Anatomy of a Liberal Victory: Making Sense of the Vote in the 2000 Canadian Election. Peterborough.

Bredow, Wilfried von (Hrsg.) (2003): Die Außenpolitik Kanadas. Wiesbaden.

Broschek, Jörg (2004): „Collaborative Federalism" in Kanada: Eine neue Ära in den Beziehungen zwischen Bund und Provinzen?, in: Zeitschrift für Parlamentsfragen. 35. Jg. Nr. 3. 428-448.

Broschek, Jörg/Schultze, Rainer-Olaf (2003): Föderalismus in Kanada: Pfadabhängigkeiten und Entwicklungswege, in: Europäisches Zentrum für Föderalismus-Forschung Tübingen (Hrsg.) (2003) Jahrbuch des Föderalismus 2003. Baden-Baden: 333-366.

Bumsted, J.M. (2003): A History of the Canadian Peoples. 2. Auflage. Don Mills.

Cairns, Alan C. (1995): Reconfiguations: Canadian Citizenship and Constitutional Change. Toronto.

Cameron, Elspeth (Hrsg.) (2004): Multiculturalism and Immigration in Canada: An Introductory Reader. Toronto.

Carty, R. Kenneth/Cross, William/Young, Lisa (Hrsg.) (2000): Rebuilding Canadian Party Politics. Vancouver.

Clarkson, Stephen (2002): Uncle Sam and Us: Globalism, Neoconservativism, and the Canadian State. Toronto.

Clarkson, Stephen (2005): The Big Red Machine: How the Liberal Party Dominates Canadian Politics. Vancouver.

Clement, Wallace (2003): Understanding Canada: Building on the New Canadian Political Economy. Montreal.

Cohen, Andrew (2004): While Canada Slept: How We Lost Our Place in the World. Toronto.

Conrad, Margaret/Finkel, Alvin (2002): Canada: A National History. Toronto.

Cross, William (2004): Political Parties. Vancouver.

Doern, G. Bruce (Hrsg.) (2005): How Ottawa Spends 2005-2006: Managing the Minority. Montreal/ Kingston.

Dyck, Rand (2004): Canadian Politics: Critical Approaches. 4. Auflage. Scarborough.

Elkins, David J./Simeoin, Richard (Hrsg.) (1980): Small Worlds. Provinces and Parties in Canadian Political Life. Toronto.

Jackson, Robert J./Jackson, Doreen (2006): Politics in Canada: Culture, Institutions, Behaviour and Public Policy. 6.Auflage. Toronto.

Kymlicka, Will (2004): Citizenship, Communities, and Identity in Canada, in: Bickerton, James/Gagnon, Alain-G. (Hrsg.) (2004): 35-54.

Laycock, David (2001): The New Right and Democracy in Canada. Understanding Reform and the Canadian Alliance. Don Mills.

Lazar, Harvey (Hrsg.) (1998): Canada: The State of the Federation 1997: Non-Constitutional Renewal. Kingston.

Lenz, Karl (2001): Kanada. Geographie, Geschichte, Wirtschaft, Politik. Darmstadt.

Lipset, Seymour Martin (1991): Continental Divide: The Values and Institutions of the United States and Canada. New York.

McRoberts, Kenneth (1997): Misconceiving Canada: The Struggle for National Unity. Toronto.

Milne, David (1986): Tug of War: Ottawa and the Provinces under Trudeau and Mulroney. Toronto.

Milner, Henry (Hrsg.) (2004): Steps Towards Making Every Vote Count. Peterborough.

Morton, F.L./Knopff, Rainer (2000): The Charter Revolution and the Court Party. Peterborough.

Nevitte, Neil (1996): The Decline of Deference. Canadian Value Change in Crossnational Perspective. Peterborough.

Nevitte, Neil (Hrsg.) (2002): Value Change and Governance in Canada. Toronto.

Pammett, Jon/Dornan, Christopher (Hrsg.) (2004): The Canadian General Election of 2004. Toronto.

Pierson, Paul (1995): Fragmented Welfare States: Federal Institutions and the Development of Social Policy, in: Governance. 8.Jg. Nr.4. 449-478.

Riescher, Gisela/Ruß, Sabine/Haas, Christoph (Hrsg.) (2000): Zweite Kammern. München.

Rocher, Francois/Smith, Miriam (Hrsg.) (2003): New Trends in Canadian Federalism. 2. Auflage. Peterborough.

Russell, Peter H. (2004): Constitutional Odyssey. Can Canadians Become a Sovereign People? 4. Auflage. Toronto.

Savoie, Donald J. (1999): Governing from the Centre: The Concentration of Power in Canadian Politics. Toronto.

Schneider, Steffen (1997): Québec am Scheideweg: Von der Provinzwahl 1994 zum Unabhängigkeitsreferendum 1995, in: Schultze/Schneider (Hrsg.) (1997): 349-388.

Schultze, Rainer-Olaf (1977): Politik und Gesellschaft in Kanada. Meisenheim.

Schultze, Rainer-Olaf (1985): Das politische System Kanadas im Strukturvergleich. Studien zur politischen Repräsentation, Föderalismus und Gewerkschaftsbewegung. Bochum.

Schultze, Rainer-Olaf (1997): Verfassungspolitik im kanadischen Föderalismus seit Beginn der 80er
Jahre, in: Schultze/Schneider (Hrsg.) (1997): 3-42.

Schultze, Rainer-Olaf (1997a): Repräsentationskrise, Parteiensystem- und Politikwandel in Kanada
seit den 80er Jahren, in: Schultze/Schneider (Hrsg.) (1997): 269-313.

Schultze, Rainer-Olaf (2004): Bundesstaaten unter Reformdruck: Kann Deutschland von Kanada
lernen?, in: Zeitschrift für Staats- und Europawissenschaften. 2. Jg. Nr. 2. 191-211.

Schultze, Rainer-Olaf/Schneider, Steffen (Hrsg.) (1997): Kanada in der Krise: Analysen zum Verfas-
sungs-, Wirtschafts- und Parteiensystemwandel seit den 80er Jahren. Bochum.

Schultze, Rainer-Olaf/Sturm, Roland/Eberle, Dagmar (Hrsg.) (2003): Conservative Parties and Right-
Wing Politics in North America. Reaping the Benefits of an Ideological Victory? Opladen.

Schultze, Rainer-Olaf/Broschek, Jörg (2005): Die kanadische Unterhauswahl vom 28. Juni 2004: Das
Parteiensystem auf dem Weg vom Mehrheits- zum Minderheitsregime?, in: Zeitschrift für Parlamentsfragen. 36. Jg. Nr. 2: 280-300.

Simeon, Richard (1972): Federal-Provincial Diplomacy: The Making of Recent Policy in Canada.
Toronto.

Simpson, Jeffrey (2002): The Friendly Dictatorship. Toronto.

Smiley, Donald V. (1987): The Federal Condition in Canada. Toronto.

Smith, David E. (2003): The Canadian Senate in Bicameral Perspective. Toronto.

Smith, Jennifer (2005): Federalism. Vancouver.

Statistics Canada (2006): Canadian Statistics. http://www40.statcan.ca/l01/cst01/index.htm, abgerufen
am 02.07.2006.

Stevenson, Garth (2004): Unfulfilled Union: Canadian Federalism and National Unity. 4. Auflage.
Toronto.

Thorburn, Hugh G./Whitehorn, Alan (Hrsg.) (2001): Party Politics in Canada. 8. Auflage. Kingston.

Whitington, Michael/Williams, Glen (Hrsg.) (2004): Canadian Politics in the 21st Century. 6. Auflage. Toronto.

Young, Robert A. (1998): The Secession of Quebec and the Future of Canada. Überarbeitete Auflage.
Montreal u.a.

Zinterer, Tanja (2000): Der kanadische Senat: Ungeliebt, undemokratisch, unreformierbar?, in: Riescher, Gisela/Ruß, Sabine/Haas, Christoph (Hrsg.) (2000): Zweite Kammern. München: 185-
199.

Das politische System Kolumbiens

Hans-Joachim König und Sven Schuster

1   Historischer Überblick

In offizieller Lesart gehört Kolumbien zu den ältesten Demokratien Lateinamerikas. Sozialrevolutionäre Umwälzungen oder Militärherrschaft – so charakteristisch für viele Nachbarstaaten – blieben Ausnahmeerscheinungen. Obwohl das Land fast immer von verfassungsmäßig zustande gekommenen Regierungen geleitet wurde, ist es seit über 60 Jahren Schauplatz blutiger innerer Kämpfe und in Bezug auf seine Gesellschaft ist häufig von Gewalt als historisch-kultureller Konstante die Rede. Die vorhandenen Gewaltstrukturen sind sehr mit der Genese des politischen Systems verwoben. Denn in keinem anderen Land der Region ist es den beiden Traditionsparteien der Liberalen und Konservativen so dauerhaft gelungen, die Macht unter sich aufzuteilen und alternative Kräfte vom politischen Prozess auszuschließen. Die alteingesessenen Eliten schufen ein System, das zwar die Integration bestimmter sozialer Gruppen begünstigte, aber Akteure mit sozialreformerischen oder -revolutionären Ideen dazu zwang, mit Gewalt Einfluss zu nehmen. Seine Wurzeln hat der exkludierende Charakter der kolumbianischen Demokratie im 19. Jahrhundert.

Nach Erlangung der Unabhängigkeit von Spanien im Jahre 1819 beschlossen die siegreichen Kreolen die Gründung der Republik Kolumbien, bestehend aus Ecuador, Neu-Granada (Kolumbien) und Venezuela. Sie wird zur Unterscheidung vom heutigen Staat Kolumbien in der wissenschaftlichen Literatur allgemein Großkolumbien genannt. Zwei Jahre darauf kam es zur Auseinandersetzung über die Frage, ob das neue Staatsgebilde nach föderalistischen oder zentralistischen Prinzipien zu regieren sei. Simón Bolívar, der wichtigste Akteur der Befreiungskriege und entschiedener Verfechter des Zentralismus, setzte sich in dieser Angelegenheit zunächst durch. Doch von Beginn an waren starke Desintegrationstendenzen zu beobachten, die in erster Linie auf den großen regionalen Unterschieden der Landesteile fußten. In den folgenden Jahren zeigte sich die Zentralregierung unfähig, ein so verschiedenartiges Territorium gegen die Interessen lokaler Eliten zu kontrollieren. Mit Bolívars Tod 1830 zerfiel schließlich der großkolumbianische Staat in die ursprünglichen Großregionen Ecuador, Neu-Granada und Venezuela.

In Neu-Granada verschärfte sich im weiteren historischen Prozess der eliteninterne Streit um die „richtige" Regierungsform. Während der Unabhängigkeitsbewegung hatten sich zwei große politische Strömungen herausgebildet, die sich besonders in der Frage des Föderalismus und des Zentralismus unterschieden. Diese Auseinandersetzung erhielt 1849 durch die Parteiengründung der Liberalen (föderalistisch) und der Konservativen (zentralistisch) ihre formale Basis. In programmatischer Hinsicht gab es keine großen Unterschiede. Denn beide vertraten die Interessen der Oberschicht und erlangten durch starke parteipolitische Mobilisierung rasch eine Basis in der Gesamtbevölkerung. Während die Konservativen jedoch bis weit ins 20. Jahrhundert hinein an die katholische Kirche gebunden waren, zeichnete sich die Liberale Partei eher durch antiklerikale Politik und sozialprogressive Tendenzen aus. Statt auf der politischen Ebene trugen die Parteien ihre Rivalitäten zunehmend auf dem Schlachtfeld aus, was eine allgemeine Destabilisierung des politischen Systems zur Folge hatte. Die Mobilisierung gewaltbereiter Parteianhänger führte zu bewaffneten Aufständen und Bürgerkriegen, die sich durch das gesamte 19. Jahrhundert zogen. Allein zwischen 1863 und 1880, einer Zeit liberaler Hegemonie, kam es zu über 50 Rebellionen gegen die Regierung.

Kurz nach dem Ende eines weiteren verheerenden Bürgerkrieges vollzog sich unter den Präsidentschaften des ehemaligen Liberalen Rafael Núñez (1880-82, 1884-88), unterstützt von den Konservativen, ein Machtwechsel. Zentralistische Maßnahmen, ein Programm zur „Erneuerung" (*regeneración)* des Landes sowie der Versuch einer im Katholizismus fundierten Identitätsstiftung sollten den Frieden bringen. Der repressive Charakter des Regimes bewirkte jedoch, dass die nun in die Opposition gedrängten Liberalen gewaltsam gegen die Regierung aufbegehrten. Im „Krieg der Tausend Tage", der bis zu 100.000 Menschenleben forderte, standen sich Liberale und Konservative mehr als drei Jahre lang gegenüber, ohne dass eine der beiden Seiten einen klaren Sieg erringen konnte. Den Liberalen, die den Krieg im Jahre 1899 begonnen hatten, gelang es am Ende nicht, die Hegemonie der Konservativen zu brechen. Obwohl der Konflikt 1902 mit einem für beide Seiten akzeptablen Friedensvertrag endete, hatte er neben der allgemeinen Verwüstung des Landes noch eine weitere tragische Folge.

Die überwiegend liberal dominierte Provinz Panama löste sich nämlich mit Hilfe der USA von Kolumbien und erklärte sich 1903 für unabhängig. Teile der dortigen Oligarchie hatten schon länger mit Autonomie und Sonderrechten spekuliert, um die geographisch günstige Transitposition ihres Landes nutzen und damit ihre ehrgeizigen wirtschaftlichen Ziele besser umsetzen zu können. Der straffe Zentralismus Bogotás machte diese Pläne, die unter anderem die Konstruktion eines interozeanischen Kanals vorsahen, zunichte. Die lokalen Eliten zogen daher eine Abspaltung unter dem Schutz der USA vor, gegen die Kolumbien aufgrund seiner politischen und militärischen Schwäche nichts unternehmen konnte. Noch im gleichen Jahr begannen die Vereinigten Staaten – von Anfang an die treibende Kraft hinter der Separation – mit dem Bau des Panamakanals.

Entgegen anfänglicher Zusagen, die Liberalen am politischen Prozess zu beteiligen, bauten die Konservativen im ersten Drittel des 20. Jahrhunderts ihre Hegemonie aus und drängten die Opposition durch Wahlbetrug und Klientelismus zurück. Klientelismus bezeichnet das traditionell asymmetrische Abhängigkeitsverhältnis zwischen Patron und Untergebenen. In Kolumbien ist es der Oligarchie gelungen, Handel und Landwirtschaft weitgehend zu monopolisieren. Die daraus folgende Abhängigkeit und Immobilität der auf dem Land lebenden Bevölkerung verstärkte sich noch durch die topografische Fragmentierung des Landes. In Bürgerkriegszeiten mussten sich die *campesinos* den Schutz eines Patrons sichern, da die bewaffneten Parteien keine Neutralität duldeten. Im 20. Jahrhundert wandelte sich der Klientelismus schließlich zur tragenden Säule von Politik und Verwaltung. Während der Wahlkämpfe wurde die Abgabe der „richtigen" Stimme häufig mit politischen und behördlichen Gefälligkeiten belohnt. Der im 20. Jahrhundert einsetzende Kaffeeboom sowie hohe Deviseneinnahmen kamen den hegemonialen Bestrebungen der Konservativen sehr gelegen. Dieser Boom führte auch zu einer partiellen Industrialisierung. Begleitet von einem enormen Wirtschaftswachstum veränderte sich die Sozialstruktur und der Urbanisierungsgrad nahm zu. Erstmals artikulierte sich ein entstehendes Industriebürgertum, das jedoch im Gegensatz zu den Großgrundbesitzern und den *cafeteros* noch keine gewichtige organisierte politische *pressure group* darstellte. Das Aufkommen einer urbanen Arbeiterklasse und die Präsenz organisierter Landarbeiterverbände deuteten jedoch die gesellschaftliche Umwälzung im Rahmen der Modernisierung an.

Trotz einiger arbeiterfreundlicher Gesetze gelang es den Konservativen insgesamt nicht, die aus den strukturellen Veränderungen resultierenden sozialen Probleme zu lösen. Vor allem die Landfrage sowie die dauerhafte Benachteiligung der Lohnabhängigen führten zu sozialem Protest, dem die Oligarchie in den meisten Fällen mit Unverständnis und Repression begegnete. Die staatliche Unterdrückung sozialer Forderungen konnte langfristig aber nicht verhindern, dass im Zeitraum bis 1930 erste Gewerkschaften, politische Klubs und sozialistische Parteien entstanden. Trotz ihrer teilweisen Illegalität übten diese Gruppen erheblichen Einfluss auf bestimmte Sektoren der Liberalen Partei aus, die das herrschende Modell des „passiven" Staates zu hinterfragen begannen. Einer der wichtigsten Vertreter dieser Richtung war der charismatische Jorge Eliécer Gaitán.

Nachdem die Weltwirtschaftskrise des Jahres 1929 das Scheitern der bisherigen wirtschaftlichen und sozialen Entwicklung offenbar gemacht hatte, schlug die Stunde der Liberalen. Unterstützt von Teilen des Industriebürgertums, den Intellektuellen und den Gewerkschaften gelang es ihnen, die politische Macht zu übernehmen und mit dem bisherigen Entwicklungsparadigma zu brechen. Die neue Politik war auf eine „Entwicklung nach innen" ausgerichtet und sah eine stärkere Einflussnahme des Staates vor. Besonders Alfonso López Pumarejo trug während seiner Präsidentschaft (1934-38) diesem Postulat unter dem Slogan *revolución en marcha* Rechnung. Bei seinen radikalen Veränderungsversuchen der bisherigen Ordnung von Staat und Gesellschaft, die unter anderem eine Landverteilung sowie die Entmachtung der Oligarchie vorsahen, scheiterte er jedoch. Denn einflussreiche Teile der traditionellen Eliten verweigerten sich dem „revolutionären" Programm und sabotierten den Prozess der Umverteilung mit allen Mitteln. Ihr Bestreben, große Teile der Bevölkerung weiterhin von wirklicher politischer Aktivität und sozialer Teilhabe fernzuhalten, führte zu schweren sozialen Spannungen, die schließlich eskalierten.

Eine Zersplitterung der Liberalen Partei ermöglichte 1946 die Machtübernahme der Konservativen, die der explosiven sozialen Situation auf dem Land allerdings zu wenig Beachtung schenkten. Anstatt Reformen einzuschlagen, um die Soziale Frage zu lösen, arbeiteten sie eher darauf hin, die bestehenden Herrschaftsverhältnisse zu zementieren. Als ihnen im Populisten Gaitán, der den sozial-reformerischen Flügel der Liberalen repräsentierte, ein mächtiger Gegner heranwuchs, gingen sie auf Konfrontationskurs. Der liberale „Mann des Volkes" wurde 1948 bei einer öffentlichen Kundgebung in Bogotá erschossen. Daraufhin kam es in Bogotá zu gewalttätigen Auseinandersetzungen, Plünderungen, Mord und Totschlag, dem sogenannten *bogotazo*. In den ländlichen Regionen eskalierten die angestauten Konflikte zu einem Bürgerkrieg, der sogenannten *Violencia* (Gewalt), die weite Teile des Landes erfasste und bis 1963 andauerte. Ca. 200.000 Menschen verloren während dieser Jahre ihr Leben.

Beide Parteien hatten ihre Anhänger mobilisiert, wobei sich zeigte, dass das traditionelle Freund-/Feind-Schema trotz der vorherigen über 40-jährigen „Friedensphase" weiterhin Bestand hatte. Besonders in Zonen mit hoher Grundbesitzkonzentration und sozialen Disparitäten verwüsteten fanatische Parteianhänger die Wohnorte ihrer Gegner und massakrierten wehrlose *campesinos*. Der Konflikt entwickelte sich zunächst entlang der Parteizugehörigkeit, war jedoch in der Folge immer mehr von ökonomischen Motiven und Rachegefühlen bestimmt. Da es den Konservativen nicht gelang, der Gewalt Einhalt zu gebieten, putschte 1953 das kolumbianische Militär mit Zustimmung führender Parteipolitiker und errichtete eine Militärregierung. Als der „eingesetzte" Diktator Gustavo Rojas Pinilla jedoch seine eigene Massenbasis aufbauen wollte, entmachteten ihn die traditionellen Eliten. Um die Kontrolle über den Staat wieder zu erlangen, erfanden sie 1957 ein neues System: den *Frente Nacional*.

Dieses zwischen Liberalen und Konservativen geschlossene Koalitionsabkommen sah einen automatisch alternierenden Regierungswechsel vor, wobei die Legislative sowie die öffentlichen Organe unabhängig vom Wahlergebnis paritätisch besetzt wurden. Damit erreichten seine Schöpfer zwar die formale Stabilität des politischen Systems, trugen aber zur strukturellen Verfestigung des traditionellen Zwei-Parteien-Systems bei. Dass linksgerichtete Guerillagruppen wie die FARC (*Fuerzas Armadas Rebeldes de Colombia*, ca. 20.000 Kämpfer) und ELN (*Ejército de la Liberación Nacional*, ca. 5000 Kämpfer), die heute noch aktiv gegen die Regierung kämpfen, quasi als Oppositionsersatz entstanden, ist u. a. auch diesem exklusiven System geschuldet.

Obwohl das alternierende System Ende der 70er Jahre offiziell beendet wurde, war seine Wirkung bis weit in die 90er Jahre zu spüren. So kam es auch in den 80er und 90er Jahren zu keiner Parteiendifferenzierung und ein funktionierender partizipatorischer Staat blieb Wunschdenken. Für das *state building* zusätzlich erschwerend wirkte sich seit Beginn der 80er Jahre die steigende Bedeutung der Drogenökonomie aus. In diesem Wirtschaftszweig, der einen wesentlichen Teil des Volkseinkommens ausmacht, ist Kolumbien weltweit führend. Aktuell werden die Drogen-Einkünfte auf etwa 20-30% der Exporteinnahmen geschätzt. Sie entsprechen damit fast dem an erster Stelle stehenden Erdölexport. Die negativen Implikationen des illegalen Geschäfts sind bezüglich ihrer Auswirkungen auf Staat, Gesellschaft und Wirtschaft nicht zu übersehen. Neben dem aufkeimenden Paramilitarismus und der Intensivierung des Guerillakrieges steigt in den letzten Jahren auch die „gewöhnliche" Gewalt an. Bei den Paramilitärs handelt es sich um rechtsgerichtete, irreguläre Streitkräfte. Ursprünglich von Großgrundbesitzern zur Verteidigung gegen die linksgerichtete Guerilla gegründet, haben sie sich Mitte der 1990er Jahre in der Organisation AUC (*Autodefensas Unidas de Colombia*) mit angeblich „politischen" Zielen zusammengeschlossen. In der Vergangenheit taten sie sich durch Entführungen, Morde und spektakuläre Grausamkeit hervor.

In Bezug auf die international angeprangerten Menschenrechtsverletzungen, offensichtliche Demokratiedefizite sowie die anhaltende Gewalt hat auch die moderne Verfassung von 1991 keine Abhilfe geschaffen. Klientelismus und Partikularismus sind weiterhin die bestimmenden Determinanten des politischen Systems und das Austarieren der politischen Richtungen ist die Regel. Unter dem aktuellen Präsidenten Álvaro Uribe Vélez (seit 2002), einem Dissidenten der Liberalen Partei, hat sich daran nichts geändert. Obwohl er zahlreiche Reformen zur Entbürokratisierung sowie zur Effizienzsteigerung der Institutionen auf den Weg gebracht hat, ist deren Implementierung mit großen Schwierigkeiten verbunden. Um dem staatlichen Gewaltmonopol Geltung zu verschaffen, setzt er auf die Rücknahme verfassungsmäßiger Rechte, die Einschränkung bürgerlicher Freiheiten, die Militarisierung vormals ziviler Bereiche sowie die Intensivierung der Kämpfe gegen die Guerilla. Es ist ihm damit gelungen, die Gewalt in den Städten spürbar zu senken und den meisten Bürgern ein Gefühl der Sicherheit zu vermitteln. Zudem wächst die Wirtschaft gegenwärtig um ca. 5-6%, die Drogenmafia hat an Boden verloren, ein Prozess zur Demobilisierung der Paramilitärs ist im Gang und Verhandlungen mit der Guerilla erscheinen real. Allerdings argwöhnen Menschenrechtsgruppen, dass es sich bei der Demobilisierung in Wirklichkeit um eine schleichende „Legalisierung" handelt, denn Verbindungen zwischen Armee, Paramilitärs und Regierung sind seit längerem bekannt. So ist die Popularität des Präsidenten außerordentlich hoch, immerhin liegt seit seinem Amtsantritt die Zustimmung konstant bei 60-70% und im Mai 2006 wurde er mit über 62% der Stimmen wiedergewählt Ob seine Politik wirklich nachhaltig ist, lässt sich jedoch schwer abschätzen.

2   Verfassungsgeschichte

Im Unterschied zu den meisten lateinamerikanischen Ländern kam Kolumbien nach der politischen Konsolidierung am Ende des 19. Jahrhunderts über einen langen Zeitraum (1886-1991) mit nur einer Verfassung aus. Die erstaunliche Lebensdauer der zentralistischen Verfassung von 1886 lässt sich teilweise durch die konfliktreiche Vorgeschichte erklären.

Nach dem Sieg über Spanien beschlossen die Kreolen, dem neuen kolumbianischen Staat eine republikanische Verfassung nach dem Vorbild der liberalen Verfassung von Cádiz (1812) und der Verfassung der USA zu geben. Damit waren Gewaltenteilung, die Garantie individueller Rechte sowie die indirekte Wahl von Kongress und Präsident durch Wahlversammlungen (*asambleas electorales*) etabliert. Aufgrund der dominierenden Position Bolívars erhielt die Verfassung von 1821 eine strikt zentralistische Ausrichtung, wobei jedoch eine Klausel angefügt wurde, die die Möglichkeit des Föderalismus für die Zukunft offen hielt. Nach einem vergeblichen Versuch, mit einer zweiten Verfassung (1830) die Rolle der Exekutive zu stärken und so den Zerfall Großkolumbiens aufzuhalten, fand im Jahr 1832 eine weitere verfassungsgebende Versammlung statt. Die Verfassung von Neu-Granada, dem heutigen Kolumbien mit Panama, war nach dem Tod Bolívars zwar von „liberaleren" Vorstellungen geprägt, enthielt aber nur sehr gemäßigte Föderalismus-Ansätze. So gestand sie den regionalen Wahlversammlungen zu, bestimmte Entscheidungen im Bildungsbereich, der Infrastruktur und bei kleineren lokalen Angelegenheiten eigenständig zu regeln. Auf regionaler Ebene getroffene Maßnahmen konnten aber jederzeit von der Zentralregierung aufgehoben werden. Außerdem war das Wahlrecht noch immer an Bildung und Besitz gebunden, was die große Mehrheit der Bevölkerung vom politischen Prozess ausschloss.

Das bereits angedeutete Übergewicht der Exekutive gegenüber der Legislative, wie auch der Zentralregierung gegenüber den Provinzen, war auch für die konservative Verfassung von 1843 charakteristisch. Dem Verfassungstext nach hatte die Exekutive weit reichende Kompetenzen, in die Verwaltung und in die Regierung der einzelnen Provinzen einzugreifen. Gestützt wurde sie vom Militär und von der Kirche, die von ihrem traditionellen Einfluss auf Politik und Unterrichtswesen nichts verloren hatte, zumal die katholische Religion in der Verfassung als Staatsreligion verankert war.

Eine entscheidende Zäsur stellte die Machtübernahme der Liberalen 1849 dar. Diese garantierten die Pressefreiheit (1851) und schalteten den Einfluss des Klerus auf die Bildung aus. In der Verfassung von 1853 verankerten sie die Freiheit der Religionsausübung und ein allgemeines, direktes und geheimes Wahlrecht, das die bisherige Bindung an Bildung und Besitz aufhob. Hinsichtlich der staatlichen Administration drängten die Liberalen die Einflussmöglichkeiten des Staates zurück. Die Verfassung organisierte den Staat zwar formal zentralistisch, räumte den Provinzen aber weit gehende fiskalische und administrative Rechte und Aufgaben bis hin zur Formulierung eigener Verfassungen ein. Mit ihren Maßnahmen leiteten die Liberalen einen Prozess ein, der aufgrund der zunehmenden regionalen Interessen z. B. Panamas oder Antioquias mit der Verfassung von 1858 zur Umgestaltung der Republik Neu-Granada in die *Confederación Granadina* von acht Staaten führte und schließlich in einem in der Verfassung von 1863 geregelten extremen Föderalismus endete. Diese Verfassung reduzierte den Staat auf einen losen Verband von neun souveränen Teilstaaten (*Estados Unidos de Colombia*) unter einer überregionalen Regierung, deren politische Macht und Funktionen mehr oder weniger bloßen Symbolcharakter besaßen. Aufgrund fehlender Koordination durch den Zentralstaat brach die öffentliche Ordnung nach und nach zusammen. Hinzu kam, dass die auf Rohstoffen basierende Agrarexportpolitik ohne zentrale Steuerung schlecht auf Preisfluktuationen und Krisen des Weltmarktes reagieren konnte.

Als Folge dieser prekären Entwicklung gelangten wiederum die Konservativen an die Macht. Sie verabschiedeten 1886 eine Verfassung, die dem geschwächten kolumbianischen Staat durch die Wiedereinführung des Zentralismus und des Protektionismus sowie das Hinsteuern auf eine freundschaftliche Haltung gegenüber der katholischen Kirche zu neuer Stärke verhelfen sollte. In den folgenden Jahrzehnten beriefen sich Regierungen immer öfter auf die darin verankerte Regelung zur Ausrufung des inneren Ausnahmezustands (*estado de conmoción interior*), um per Dekret am Kongress vorbei zu regieren (Art. 121 u. 122). Durch eine Volksabstimmung wurden 1957 die Grundsätze des *Frente Nacional* in die Verfassung aufgenommen, was zur paritätischen Aufteilung von Posten in Regierung, Verwaltung und Justiz führte. Danach kam es bis 1991 nur zu kleineren Änderungen.

Dass überhaupt eine neue Verfassung erarbeitet wurde, ist in erster Linie auf die Initiative zivilgesellschaftlicher Gruppen zurückzuführen. Die Gewalteskalation der 80er Jahre machte das Versagen des Staates, der selbst für zahlreiche Menschenrechtsverletzungen verantwortlich war, von Tag zu Tag sichtbarer. Die am 2. Juli 1991 in Kraft getretene Verfassung sollte dieses Übel beheben. Sie definiert Kolumbien als unitarischen, dezentralisierten, demokratischen, partizipativen, pluralistischen und sozialen Rechtsstaat mit Autonomie seiner territorialen Gebietskörperschaften (Art. 1). Besondere Schwerpunkte liegen auf dem Schutz der Menschenrechte, der Gewährung von Sonderrechten für ethnische Minderheiten, neuen Instrumenten zur politischen Beteiligung sowie innovativen Rechtsmitteln (Art. 11-94). Daneben ist auch die Ausrufung des Ausnahmezustands stärkeren Beschränkungen unterworfen (Art. 212-215). Insgesamt sind die traditionellen politischen Machtverhältnisse jedoch kaum berührt worden. Obwohl das Zwei-Parteien-System mittlerweile aufgebrochen ist, konnten sich klientelistische Strukturen erhalten. Da Verfassungsänderungen mit absoluter Mehrheit in beiden Kammern des Kongresses möglich sind, haben die Parlamentarier ihre alten Privilegien schrittweise zurückerobert.

Dennoch hat die Verfassung die Partizipationsmöglichkeiten der Bevölkerung erweitert. Zivilgesellschaftliche Gruppen haben die neuen Rechtsmittel und die Gesetze zur Besserstellung von ethnischen Minderheiten positiv aufgenommen. In Zonen, die von Guerilleros oder Paramilitärs kontrolliert werden, hat der neue konstitutionelle Rahmen freilich nur symbolischen Wert.

3 Der Präsident

Wie in den übrigen Ländern Lateinamerikas ist der Präsidentialismus die Grundlage des politischen Systems. Der Präsident ist Staatsoberhaupt, Regierungs- und Verwaltungschef sowie Oberbefehlshaber der Streitkräfte (Art. 188). Er ernennt die Minister und Verwaltungschefs (Art. 189). Mit der neuen Verfassung wurde das Amt des Vizepräsidenten eingeführt, der gleichzeitig mit dem Präsidenten gewählt wird und ihn bei Tod, Krankheit oder Rücktritt ersetzt (Art. 202). Eines der wichtigsten Ziele der verfassungsgebenden Versammlung war es, die Macht der Exekutive einzuschränken. In diesem Sinne sollten föderale Elemente (z. B. Budgetkompetenzen auf regionaler Ebene) und eine Stärkung der Justiz wirken. Zudem darf das Abgeordnetenhaus den Präsidenten anklagen, sofern der Senat seine Zustimmung gibt (Art. 194 u. 199). Die Ausrufung des Ausnahmezustandes ist insofern erschwert worden, als nun im Falle einer wiederholten Verlängerung der Senat einwilligen muss (Art. 213).

Trotzdem nimmt der direkt durch das Volk legitimierte Präsident die herausragende Position im politischen System ein. Ausgehend von der verfassungsmäßigen Kompetenzverteilung zwischen Präsident und Parlament, gilt die kolumbianische Exekutive als eine der stärksten der Region (Krumwiede/Nolte 2000: 77). Im Oktober 2005 wurde die von Präsident Uribe gewünschte Wiederwahl des Präsidenten vom Verfassungsgericht gebilligt. Damit haben sich die institutionellen Rahmenbedingungen noch weiter zu Gunsten der Exekutive verschoben. Lediglich die Interessen regionaler Eliten, von denen der Präsident in finanzieller und politischer Hinsicht abhängt, sowie die Macht der bewaffneten „Gegeneliten" (Guerilla, Paramilitärs, Drogenmafia) beschränken die formale Stärke der Exekutive.

Gestützt auf eine informelle Wahlkoalition kontrolliert der aktuelle Präsident Álvaro Uribe eine breite parlamentarische Mehrheit. Zugleich ist er die dominierende Kraft im Gesetzgebungsprozess, was ein funktionierendes System der *checks and balances* verhindert. Durch die Einführung sogenannter *consejos comunitarios* (öffentliche Versammlungen in den Gemeinden unter Anwesenheit des Präsidenten und der Medien) steht er in permanentem Kontakt zu den Bürgern. Diese öffentlichkeitswirksame Inszenierung „direkter Demokratie" ist aber aufgrund des Fehlens echter Eingabemöglichkeiten nicht wirklich partizipativ.

4 Das Parlament

Als Ort der Gesetzgebung und Zentrum der politischen Diskussion kommt dem Parlament eine wichtige Rolle im politischen Institutionengefüge zu. Partikularismus, klientelistische Praktiken und Korruption haben jedoch dazu geführt, dass sein Ansehen in der Bevölkerung sehr niedrig ist.

Der kolumbianische Kongress setzt sich aus dem Abgeordnetenhaus mit 166 und dem Senat mit 102 Sitzen zusammen. Zwei Senats- und vier Abgeordnetensitze sind für die Vertreter indigener und afrokolumbianischer Minderheiten reserviert, ferner ein Sitz im Abgeordnetenhaus für Kolumbianer im Ausland. Die Senatoren werden auf nationaler, die Abgeordneten auf Provinz-Ebene gewählt, wobei die Dauer eines Mandats auf vier Jahre beschränkt ist. Eine konsekutive Wiederwahl ist ausgeschlossen. Neben den zahlreichen Korruptionsskandalen haben zwei weitere Faktoren die Legitimität des Kongresses unterhöhlt:

die hohe Wahlenthaltung und die zunehmende Fraktionierung der Parteien. Der Kongress tagt zweimal im Jahr innerhalb regulärer Sitzungsperioden (Juli-Dezember, März-Juni). Der Präsident kann ihn jedoch auch außerhalb dieser Zeiten einberufen. Seine zentralen Funktionen sind die Mitwirkung an der Politikgestaltung bzw. Gesetzgebung, die Beschränkung und Kontrolle der Macht der Exekutive sowie die Repräsentation der Wählerschaft. Dass er diese Funktionen bislang nur schlecht erfüllt hat, hängt mit seinen unzureichenden Kapazitäten zusammen. Der Einfluss der Ausschüsse auf das Gesetzgebungsverfahren ist vor allem deshalb niedrig, weil Defizite in der personellen und technischen Infrastruktur die Arbeit der Parlamentarier beeinträchtigen.

Eine gegenseitige Blockierung von Legislative und Exekutive, die als typisches Merkmal des Präsidentialismus gilt, hat es in Kolumbien lange Zeit kaum gegeben. Die paritätische Ämterteilung sowie die vierjährig alternierende Präsidentschaft während des *Frente Nacional* sorgten in der Vergangenheit für ein weitgehend konfliktfreies Verhältnis. Im Zeitraum von 1958 bis 1974 durften dritte Parteien sogar nur über die Listen der Traditionsparteien an Wahlen teilnehmen. Naturgemäß ist die Kontrollfunktion des Kongresses dadurch nachhaltig geschwächt worden. Erst mit der fortschreitenden Auflösung des Zwei-Parteien-Systems hat sich die Zusammensetzung des Parlaments graduell verändert, obwohl Liberale und Konservative noch immer dominieren. Insgesamt ist zu konstatieren, dass die meisten Gesetzesinitiativen (vor allem die wichtigen) von der Exekutive ausgehen. Aufgrund der internen Zersplitterung der Parteien sind besonders die regionalen Verpflichtungen der Abgeordneten von Bedeutung. In letzter Zeit ist – in Verbindung mit dem Demobilisierungsprozess der Paramilitärs – eine weitere alarmierende Tendenz zu beobachten. Zahlreiche Parlamentarier stehen im Verdacht, Interessen der Paramilitärs zu vertreten. Der Einfluss dieser illegalen Kräfte führte dazu, dass sich die Staatsanwaltschaft gegen Ende des Jahres 2006 gezwungen sah, ein Ermittlungsverfahren gegen mehrere Parlamentarier einzuleiten. Der gewaltige Prestige- und Funktionsverlust bedeutet für das Parlament ein gravierendes Handicap, seine verfassungsmäßigen Aufgaben in naher Zukunft wirklich zu erfüllen.

5   Die Gesetzgebung

Gemäß der Verfassung können Gesetze in beiden Kammern des Kongresses entstehen. Auch Bürgergruppen sind zur Initiative berechtigt, sofern sie mindestens fünf Prozent der registrierten Wahlbevölkerung mobilisieren. Daneben dürfen staatliche Institutionen Gesetzesvorhaben auf den Weg bringen, soweit sie mit ihren Aufgaben korrelieren (Art. 154-156). Von der Erarbeitung bis zur Verabschiedung durchläuft ein Gesetzesprojekt normalerweise vier Stationen. Die erste ist die Bekanntmachung durch den Kongress. Danach wird der Text von den zuständigen Ausschüssen beider Kammern debattiert und gebilligt. Nach der Billigung in zweiter Debatte erfolgt schließlich die Absegnung durch die Exekutive (Art. 157). In der Realität scheitern viele Gesetze jedoch bereits in erster Debatte, insbesondere wenn sie regionale Interessen berühren. In diesem Falle müssen Vermittlungsausschüsse den weiteren Weg klären (Art. 161). Der wichtigste Faktor im Gesetzgebungsprozess ist jedoch nicht der Kongress, sondern die Exekutive.

So hat der Präsident das exklusive Recht der Gesetzesinitiative in Fragen des Staatshaushalts, der Übertragung staatlicher Aufgaben an private Körperschaften sowie hinsichtlich der Erhebung von Steuern (Art. 154). Durch die Ausrufung des Ausnahmezustands kann er sich zusätzlich Dekretrechte aneignen. In der politischen Praxis werden Präsidentendekrete oft über den Weg des Obersten Gerichtshofes nachträglich legalisiert. Zusätzlich kann er den Kongress per Eilantrag zwingen, von ihm eingebrachte Gesetze innerhalb von 30 Tagen zu bearbeiten (Art. 163). Wegen der schlechteren infrastrukturellen Ausstattung (Personal und Technik) der Legislative kommt es nur selten zu einem Stopp derartiger Gesetzesanträge. Aufgrund der geringen Fraktionsdisziplin im kolumbianischen Kongress sind Dekrete selbst bei parlamentarischen Mehrheiten ein effektives Mittel zur Beschleunigung des Gesetzgebungsverfahrens. Ein präsidentielles Veto gegen Entscheidungen des Kongresses können die Parlamentarier hingegen nur mit absoluter Mehrheit zurückweisen.

Auf Seiten der Legislative sind partikulare und regionale Interessen charakteristisch. Das Fehlen geeigneter Kommunikationsmechanismen zwischen den Ausschüssen führt mitunter dazu, dass innerhalb einer Partei Gesetzesentwürfe mit gleicher Ausrichtung und Thematik entstehen. Aufgrund der unzureichenden technischen Kapazitäten sind viele Gesetzesprojekte auch handwerklich mangelhaft. Dies zeigt sich insbesondere an der hohen Durchfallquote von Gesetzesentwürfen im Vergleich zu denen der Exekutive. Während die der Legislative zwischen 30 und 50% schwankt, liegt die der Exekutive nur zwischen 10 und 20%. Auch die Vermittlungsausschüsse sind für ihre Langsamkeit und Ineffizienz bekannt. Nicht zuletzt aus diesem Grund sieht sich die Regierung häufig gezwungen, partikulare Interessen zu bedienen oder die Legislative ganz zu umgehen.

6 Die öffentliche Verwaltung

Der *Frente Nacional* hat eine stetig wachsende Bürokratie hervorgebracht. Öffentliche Dienste sind disparat organisiert und nicht allen sozialen Schichten frei zugänglich. Die Budgetplanung erfolgt in vielen Fällen gemäß klientelistischer Prioritätensetzung und eine staatlich regulierte Ausbildung für Verwaltungsangestellte existiert erst seit wenigen Jahren. Dass die öffentliche Verwaltung zum Inbegriff des Staatsversagens geworden ist, kann nicht allein auf mangelnden politischen Willen zurückgeführt werden. Gleichwohl sind strukturelle Defizite erkennbar. Denn oft werden Angestellte bei Regierungswechseln durch „treue" Gefolgsleute ersetzt, was die Nachhaltigkeit administrativer Maßnahmen mindert. Fehlende Kontrollmöglichkeiten haben Ämterhäufung, Nepotismus und Korruption begünstigt. Auf diese Weise sind ineffiziente Institutionen entstanden, deren Zuständigkeiten sich vielfach kreuzen.

Besonders überdimensionierte Staatsbetriebe wie *Ecopetrol* (Erdöl), *Telecom* oder die staatliche Sozialversicherung ISS (*Instituto de Seguros Sociales*) hatten einen immensen Verlust staatlicher Gelder zu verantworten. Das wachsende Haushaltsdefizit sowie die Unzufriedenheit der Bürger führten 1967 zu ersten Verwaltungsreformen. Trotz der Umstrukturierung, Auflösung oder Fusion einzelner Verwaltungsteile kamen ständig neue Einrichtungen hinzu, die sich dem engen Rahmen der Reformgesetze entzogen. Allein im Zeitraum von 1986 bis 1991 stieg die Zahl staatlich-administrativer Organe von 112 auf 202. Paradoxerweise schaffte auch die Verfassung von 1991 keine Abhilfe. Im Zuge der angestrebten Dezentralisierung gingen zwar einige Bereiche (insbesondere die Finanzverwaltung) in die Verantwortung der Provinzen über. Da die Verfassung dem Staat aber auch eine stärkere

Rolle im Justiz-, Sozial- und Bildungswesen zuwies, wuchs die öffentliche Verwaltung weiter an (1992: 400 Einrichtungen, Organismen und Dependenzen).

Gemäß der Verfassung obliegt die Kontrolle der Verwaltung dem Kongress sowie dem Nationalen Rechnungsprüfer (Art. 114 u. 276). Insbesondere die Oberste Planungsbehörde (*Departamento Nacional de Planeación*) und das Zentrale Personalbüro (*Departamento Nacional de la Función Pública*) sind mit der Umsetzung und Steuerung administrativer Maßnahmen betraut. Aufgrund der geringen Handlungsfähigkeit des Kongresses blieben bisherige Reformversuche jedoch nahezu wirkungslos.

Im Jahre 2002 stellte Präsident Uribe ein Programm zur Umgestaltung der öffentlichen Verwaltung vor. Der Kongress autorisierte ihn, bei der Schaffung, Zielfestlegung und Auflösung staatlicher Organe eine aktivere Rolle zu übernehmen. Im Vordergrund sollten Effizienz, Bürgernähe, Wirtschaftlichkeit und Austerität stehen. Trotz der Zerschlagung bzw. Privatisierung besonders verlustreicher Sektoren hat die Regierung aber keine maßgebliche Reduzierung des Haushaltsdefizits erreicht. Sie versagt zudem bei der Koordination ihrer verschiedenen Maßnahmen. Durch Personalabbau und Veräußerungen eingesparte Gelder fließen vornehmlich in den Militärapparat, anstatt wie vorgesehen dem Bildungs- und Gesundheitssektor zugute zu kommen. Ein großer Teil der Verantwortung für soziale Dienste ist an Familien der Oberschicht oder die Kirche übertragen worden, die im karitativen Sinne tätig sind. Korruption und Patronage bleiben die integralen Charakteristiken des Staates und der „Verwaltungskultur".

7   Wahlsystem und Wahlverhalten

Parlaments- und Präsidentschaftswahlen finden zeitlich versetzt und nach dem Verhältnisprinzip statt. Bei den Präsidentschaftswahlen muss der Kandidat die absolute Mehrheit auf sich vereinen, andernfalls steht eine Stichwahl an. Plebiszitäre Elemente wie Referendum und Volksbefragung sind seit 1991 verfassungsmäßig verankert (Art. 103), werden jedoch selten genutzt. Gouverneurs- und Kommunalwahlen erfolgen in Einzelwahlkreisen und nach dem Mehrheitsprinzip, so dass ein direkter Bezug zwischen Wählern und Gewählten und damit eine klare Verantwortlichkeit besteht. Durch die Einführung von Wahlregistern, die Ausgabe staatlich hergestellter, einheitlicher Wahlzettel sowie die Einrichtung von Wahlkabinen konnten entscheidende Verbesserungen im Hinblick auf Transparenz und Kontrolle erreicht werden. Dennoch sind die Wahlen insgesamt nicht als kompetitiv zu bezeichnen. Vor allem auf dem Land schränkt die Intervention bewaffneter Akteure das Recht auf Organisation und Kommunikation ein. Der nationale Wahlrat (*Consejo Nacional Electoral*) überwacht zwar den Wahlvorgang und die Registrierung der Wähler. Gegenüber politischem Druck in staatsfernen Gebieten ist das maximal sieben Mitglieder umfassende Gremium, das vom Obersten Verwaltungsgericht (*Consejo de Estado*) auf vier Jahre gewählt wird, jedoch machtlos.

Fragmentierung und Individualisierung des politischen Prozesses haben nach 1991 das Regieren erschwert. Die Atomisierung der Parteien wurde zum Charakteristikum der kolumbianischen Politik. Um den Prozess der politischen Entscheidungsfindung effizienter zu gestalten und dem Parteiensystem eine höhere Stabilität zu verleihen, setzte die Regierung Uribe im Juli 2003 eine Wahlreform durch. Demnach verlieren alle Parteien, die weniger als 2% bei den Senats- oder Abgeordnetenwahlen erhalten, ihre Rechtspersönlichkeit. Um dies zu verhindern, dürfen sie sich zusammenschließen. Doppel- oder gar Mehrfachmitgliedschaften in einer Partei sind seither verboten, ebenso wie Listenverbindungen. Ein Einzug in den Senat ist lediglich mit einem Stimmenanteil von mindestens 2% möglich; im Falle des Abgeordnetenhauses müssen mehr als 50% des sogenannten „Wahl-Quotienten" erreicht werden. Dieser entsteht durch die Division aller gültigen Stimmen durch die Anzahl der Sitze des Abgeordnetenhauses. Durch die Einführung des *voto preferente opcional* ist jede Partei gezwungen, sich entweder mit einer geschlossenen Liste oder mit einzelnen Kandidaten zu präsentieren. Im ersten Fall sind die Kandidaten nach der Reihenfolge auf der Liste, im zweiten Fall nach der Zahl der auf sie entfallenden Stimmen gewählt. Bei einem Einzug ins Parlament wird die Sitzverteilung der Parteien mit Hilfe der sogenannten *cifra repartidora*, dem Auszählungsverfahren nach d'Hondt, vorgenommen.

Bei den Kongress- und Präsidentschaftswahlen vom März/Mai 2006 ist tatsächlich eine Reduzierung von ca. 65 auf nunmehr 11 Parteien eingetreten. Ein Anstieg der Wahlbeteiligung war indes nicht zu beobachten. Offenbar ist für die Mehrheit der Wähler kein klarer Zusammenhang zwischen ihren Interessen und der politischen Realität erkennbar. Die Wahlbeteiligung stagniert auf einem niedrigen Niveau, ist aber im Vergleich zur Zeit des *Frente Nacional* (zum Teil unter 30%) deutlich gestiegen (Kongresswahlen 1998: 45%, 2002: 44%, 2006: 40%; Präsidentschaftswahlen 1998: 48%, 2002: 46%, 2006: 45%).

8 Die Parteien

Die Geschichte Kolumbiens ist durch ein hegemoniales Zwei-Parteien-System geprägt, das die Entstehung alternativer politischer Kräfte lange Zeit verhindert hat. Die Verfassung von 1991 sollte einen Beitrag zur Diversifizierung der politischen Akteure leisten. Vormals bewaffnete Gruppen, wie der M 19 (*Movimiento 19 de Abril*) oder die FARC (vertreten durch die *Unión Patriótica*, UP), konnten unter dem Schutz eines Oppositionsstatuts am politischen Prozess teilnehmen. Das Ziel, auf diese Weise eine Kultur der demokratischen Opposition entstehen zu lassen, ist jedoch nur bedingt gelungen. Die beiden Linksparteien sahen sich starker Repression von Seiten der Paramilitärs, aber auch des Staates ausgesetzt, so dass sie sich entweder selbst auflösten (M 19) oder ihre Mitglieder nahezu vollständig „liquidiert" wurden (UP). Zusätzlich waren sie innerlich gespalten und schlecht organisiert. Erst in jüngster Zeit zeichnet sich ein Wandel des Parteiensystems ab. Dabei lassen sich drei Gruppen von Parteien unterscheiden:

1. Die Traditionsparteien der Liberalen und Konservativen. Sie sind nicht entlang sozialer Konfliktlinien entstanden und werden seit dem 19. Jahrhundert von einflussreichen Familien dominiert (König 1997: 119f). Aufgrund persönlicher Loyalitäten und klientelistischer Praktiken verfügen ihre regionalen Führer (*caciques*) über außerordentlich kontinuierlichen Rückhalt. Ihr innerer Zusammenhalt beruht weniger auf straffer Organisation als auf der Selbstzuschreibung bestimmter kultureller und ideologischer Merkmale. In Wahlkampfzeiten erfolgt eine „Aktivierung" des Parteiapparats, wobei Allianzbildung und Massenmobilisierung eine wichtige Rolle spielen. Interne Strukturen sind schwach ausgeprägt; die Fraktionsdisziplin ist gering. Die Langlebigkeit des Zwei-Parteien-Systems erklärt sich zu einem großen Teil aus der inneren Fraktionierung der Parteien. Politische und persönliche Unterschiede ließen zahlreiche Flügel

entstehen, in denen sich die unterschiedlichsten Strömungen repräsentiert fanden. Die Autonomie einzelner Flügel äußert sich exemplarisch in der Aufstellung eigener Kandidatenlisten. Daneben ist der Einfluss der Altpräsidenten zu erwähnen. Sie schweißen die Partei einerseits zusammen, unterminieren aber gleichzeitig die Macht der eigentlichen Führungsinstanzen. Aufgrund nachlassender Parteiidentifikation haben beide Parteien massiv an Rückhalt verloren. Die Liberalen verfügen momentan über 17 Sitze im Senat und 36 im Abgeordnetenhaus; die Konservativen über 18 und 29 Sitze.

2. Kleinere Parteien bzw. „dritte Kräfte". Das Parteiensystem ist seit der Verfassung von 1991 durch ein hohes Maß an De-Institutionalisierung und Atomisierung gekennzeichnet. Mehr als 60 kleinere Parteien, Bewegungen und Zusammenschlüsse, die in der Regel von persönlichen Interessen oder Wahlmotiven geleitet werden, waren bis zum Wahljahr 2006 im Kongress vertreten. Der Volatilitätsgrad bei Präsidentschaftswahlen stieg zwischen 1998 und 2002 von 21,5% auf 60,5%. Als hoffnungsvolle dritte Kraft, deren politisches Überleben auch langfristig als gesichert gilt, konnte sich bisher nur der linksliberale PDA (*Polo Democrático Alternativo*) etablieren. Die Partei befindet sich im Prozess der Konsolidierung und kämpft mit strukturellen Problemen. Trotzdem gelang es ihrem Kandidaten Luis Eduardo Garzón, im Oktober 2003 das Bürgermeisteramt der Hauptstadt Bogotá zu erobern. Bei den Präsidentschaftswahlen von 2006 konnte der Kandidat des PDA, der ehemalige Verfassungsrichter Carlos Gaviria, ebenfalls ein gutes Ergebnis erzielen (22%). Momentan verfügt der PDA über 11 Sitze im Senat sowie 9 im Abgeordnetenhaus.

3. Satellitenparteien und personalistische *Ad-hoc*-Allianzen. Aufgrund des zunehmenden Misstrauens der Bevölkerung gegenüber den Traditionsparteien sind Präsidentschaftskandidaten seit den 1990er Jahren vermehrt als „Unabhängige" bzw. unter dem Deckmantel einer „neuen" Wahlplattform angetreten. Sowohl Präsident Andrés Pastrana (1998-2002, *Nueva Fuerza Democrática*), als auch Álvaro Uribe (seit 2002, *Primero Colombia*) gaben sich als konservative bzw. liberale Abweichler zu erkennen. Obwohl Uribe auf die Unterstützung der Konservativen und einiger liberaler Dissidenten baut, haben sich in jüngster Zeit *Uribista*-Allianzen wie der *Partido de la U* oder *Cambio Radical* gebildet Ihr Ziel ist es, dem Präsidenten eine eigenständige Basis zu verschaffen. Aus den Präsidentschaftswahlen vom Mai 2006 gingen die *Uribistas* als klare Sieger hervor (61 Senatoren, 88 Abgeordnete). Kurz darauf wurde jedoch bekannt, dass illegale Paramilitärs so gut wie alle *Uribista*-Parteien unterwandert hatten

Trotz seiner scheinbaren Vielfalt ist das Parteiensystem nur mäßig fragmentiert und kaum polarisiert. Ihrer repräsentativen und vermittelnden Funktion im politischen Entscheidungsfindungsprozess werden die Parteien damit nicht gerecht.

9   Militär

Trotz zahlreicher Bürgerkriege galt das kolumbianische Militär lange Zeit als schwach und armselig ausgestattet. Obwohl sein Einfluss innerhalb des Staates beträchtlich war, kam es nur dreimal zu militärischen Machtergreifungen (1830, 1854 und 1953). Dieser Umstand hängt wesentlich mit dem Aufbau der Streitkräfte zusammen. Im Unterschied zu benachbarten Staaten weist der kolumbianische Militärapparat eine sehr lockere Struktur auf, was sich aus der Priorität der Aufstandsbekämpfung erklärt. Seit dem Ende der *Violencia* mussten sich die Generäle graduell den Taktiken der Guerilla anpassen. Kleine mobile Einheiten unterstehen dem Befehl erfahrener Feldkommandeure, die über ein hohes Maß an Entscheidungsfreiheit verfügen. Speziell ausgebildete Anti-Guerilla-Truppen sind besonders im Südosten und im Norden des Landes aktiv.

Die Rolle des kolumbianischen Militärs hat sich seit den 80er Jahren grundlegend gewandelt. Im Zuge der internationalen Drogenbekämpfung haben die USA dem kolumbianischen Staat so viel Militärhilfe wie keinem anderen Land der Region gewährt (seit 2001 ca. vier Milliarden US-Dollar). Zusätzlich übernehmen US-Spezialisten die Ausbildung kolumbianischer Einheiten, deren primäres Ziel die Vernichtung von Drogen-Anbauflächen und die Bekämpfung der Rebellen ist. Nach dem 11. September 2001 wurde der *war on drugs* zunehmend zu einem *war on terrorism* stilisiert, was sich in der Benennung des Feindes widerspiegelt. Denn die vormaligen Guerilleros – zu Recht des Drogenhandels beschuldigt – heißen jetzt *narco-terroristas* („Drogen-Terroristen"). Mit dem bereits unter der Regierung Pastrana erarbeiteten *Plan Colombia* kam es zu einer zusätzlichen Aufstockung der Militärhilfe. Seit 2004 sind die finanziellen Zuwendungen der USA nicht mehr unmittelbar an die Drogenbekämpfung gekoppelt.

Die Dekrete 717 und 900 aus dem Jahre 1997 sowie das umstrittene Anti-Terror-Gesetz vom 20. August 2001 haben im Bereich der militärischen Befugnisse tief greifende Änderungen bewirkt. Seither ist es Soldaten und der Polizei gestattet, in umkämpften Gebieten das Zuzugs- und Wohnrecht einzuschränken sowie Hausdurchsuchungen und Festnahmen ohne richterliche Genehmigung durchzuführen. Unter Álvaro Uribe hat die fortschreitende Militarisierung ihren vorläufigen Höhepunkt erreicht. In staatsfernen Gebieten haben Militärs die Aufgaben der zivilen Verwaltung übernommen, während die gewählten Volksvertreter in „Abwesenheit" regieren. Es gilt als erwiesen, dass die Streitkräfte an zahlreichen Menschenrechtsverletzungen beteiligt sind und in der Vergangenheit auch Allianzen mit den Paramilitärs eingingen. Letztere wurden von der Regierung lange Zeit geduldet, obwohl Uribe sie in offiziellen Stellungnahmen und den USA gegenüber als „Verbrecher" und Drogenhändler bezeichnet hat.

Der Staat verfügt derzeit über 207.000 Soldaten (Heer 178.000, Luftwaffe 7000, Marine 22.000), in deren Unterhalt im Jahr 2006 etwa 4,3% des BIP flossen (2000: 1,9%). Die Militärausgaben stellen somit den drittgrößten Haushaltsposten nach Sozialausgaben und Erziehung dar. In den letzten Jahren wurden die Streitkräfte mit US-Hilfe umfassend modernisiert. Daneben regte Präsident Uribe die Schaffung von Bürgermilizen und Bürgernetzwerken an, die den regulären Truppen im Kampf gegen die „Subversiven" zur Seite stehen sollen. Die Armee steht Frauen offen, ist jedoch nur für Männer ab 18 Jahren verpflichtend. In der Praxis kommt es hingegen selten vor, dass die Söhne von Angehörigen der Mittel- und Oberschicht eingezogen werden. Für die unteren Schichten ist die Armee jedoch ein wichtiger sozialer Aufstiegskanal, zumal ihr Ansehen gestiegen ist.

10 Interessengruppen, bewaffnete Akteure und Kirche

Der kolumbianischen Oberschicht, die lediglich ca. 5% der Gesamtbevölkerung ausmacht, ist es bislang gelungen, die Kontrolle über Staat, Wirtschaft und Gesellschaft auszuüben. Ihre Macht manifestiert sich besonders in den zahlreichen Querverbindungen und Verflechtungen zwischen Politik, Wirtschaftsverbänden – z. B. Verband der Kaffeepflanzer (*Federación Nacional de Cafeteros de Colombia*, FEDECAFE), der Landwirte (*Sociedad de Agricultores de Colombia*, SAC), der Viehzüchter (*Federación Nacional de Ganaderos*, FEDEGAN), der Großindustrie (*Asociación Nacional de Industriales*, ANDI), des Handels (*Federación Nacional de Comerciantes*, FENALCO), des Bank- und Finanzsektors (*Asociación Bancaria* und *Asociación Nacional de Institutos Financieros*), der Mittel- und Kleinindustrie (*Asociación Colombiana Popular de Industriales*) – und den Massenmedien. Solche ökonomischen *pressure groups* zählen zu den traditionellen Interessenverbänden. Sie haben es verstanden, sich dem Zwei-Parteien-System anzupassen, und nehmen seither Einfluss auf wirtschaftspolitische Entscheidungen.

Die Gewerkschaften hingegen zeichnen sich seit ihren Anfängen in den 1930er Jahren durch ideologische Gegensätze und Spaltungstendenzen aus. Konservative, liberale, katholische oder kommunistische Gewerkschaftsbünde haben sich im Kampf um politischen Einfluss aufgerieben. Da immer mehr Kolumbianer im informellen Sektor beschäftigt sind (bis zu 60%) oder keine Arbeit haben (2006: 14,2%; mit Unterbeschäftigung ca. 30%), nimmt die Bedeutung der Gewerkschaften ab. Gegenwärtig beträgt die Zahl der gewerkschaftlich organisierten Kolumbianer weniger als eine Million. Der größte Gewerkschaftsbund ist die linksgerichtete CUT (*Central Unitaria de Trabajadores*) mit derzeit ca. 600.000 Mitgliedern. Zahlreiche ihrer Mitglieder sind in den letzten Jahren von Paramilitärs ermordet worden, die angeblich im Auftrag (multi-)nationaler Großunternehmen handelten. Solche Vorfälle tragen ebenfalls dazu bei, den Mitgliederschwund zu beschleunigen.

Seit Jahrzehnten sind Verbände, Klubs und Gewerkschaften ein wichtiger Partizipationskanal. Sie haben es den herrschenden Eliten erlaubt, einen Teil der Bevölkerung in ihr politisches Projekt einzubinden, während die Masse der Armen ausgeschlossen blieb. Diese Situation führte vor mehr als 40 Jahren dazu, dass sich die Guerilla als „Stimme des Volkes" präsentieren konnte. Im Laufe der Zeit haben sich ELN und FARC zwar eher zum Sprachrohr ihrer eigenen (ökonomischen) Interessen entwickelt. Dennoch handelt es sich bei ihnen um Akteure, die nach juristischer, wirtschaftlicher und politischer Anerkennung streben. Sie sehen sich als Teil der Zivilgesellschaft, was angesichts zahlloser Verbrechen gegen die Zivilbevölkerung grotesk erscheint. In Verhandlungen mit der Regierung konnte bislang keine Einigung bezüglich ihres politischen Status erzielt werden.

Ähnliches gilt für die Mitglieder der Paramilitärs. Im Zuge des von der Regierung geförderten Demobilisierungsprozesses stellen sie politische Forderungen. Obwohl ihre zweifelhafte „Reintegration" noch nicht abgeschlossen ist, verfügen sie schon jetzt über nennenswerten Einfluss im Parlament. Die einstmals gefürchteten Drogenbarone hingegen haben an Macht verloren. Nach der Zerschlagung der „Kartelle" von Medellín und Cali befindet sich der Drogenhandel zu großen Teilen in den Händen der Guerilla oder der Paramilitärs.

Als friedliches Gegengewicht haben sich ab Mitte der 1970er Jahre gesellschaftliche Gruppen organisiert, die weder die inhaltsleere „Revolution" der Guerilla, noch den Status quo akzeptieren. Weil sich die demokratische Zivilgesellschaft dem verhängnisvollen Freund-/Feind-Schema entzieht, hat sie gegen enorme Widerstände zu kämpfen. Aufgrund der anhaltenden Gewalt sind die meisten Bürger- und Regionalbewegungen in ihrer Arbeit und Wirkung eingeschränkt. Zusammenschlüsse ethnischer Minderheiten oder der Landbevölkerung geraten nicht selten ins Fadenkreuz der bewaffneten Akteure, die sich ja selbst als „Zivilgesellschaft" betrachten.

Schließlich ist die Katholische Kirche zu nennen, die sich oft im Sinne eines Interessenverbandes verhalten hat. Im regionalen Vergleich gilt sie als eine der konservativsten und mächtigsten Kirchen. Ihre politische Macht fußt auf Verbindungen zur Konservativen Partei, zu den Gewerkschaften und Verbänden. Etwa 90% aller Kolumbianer gehören ihr formal an. Noch immer nimmt sie eine wichtige Rolle im Bildungs- und Wohlfahrtswesen ein. Als politischer Akteur scheut der Klerus nicht davor zurück, Regierungsentscheidungen im Bereich der Familien- und Bildungspolitik zu beeinflussen. Positiv hervorzuheben ist ihre Vermittlerrolle im Konflikt zwischen Regierungen und Aufständischen.

11 Massenmedien

In dem Maße, wie sich die Parteien als korrupt und reformunfähig erwiesen haben, ist die Mittlerrolle zwischen Staat und Gesellschaft anderen Akteuren zugefallen. Insbesondere Medienmacher und Journalisten haben die Aufgabe übernommen, zwischen Regierung und Volk für angemessene Repräsentation zu sorgen. Die Verbreitung gesellschaftlich relevanter Informationen, verstanden als Beitrag zur Bildung der öffentlichen Meinung und somit zum politischen Entscheidungsprozess, stößt jedoch auf Hindernisse.

Macht und Medien gehen in Kolumbien seit jeher eine symbiotische Verbindung ein. Ein Phänomen des 19. Jahrhunderts waren die sogenannten *presidentes letrados* (die „gelehrten Präsidenten"). Sie legten großen Wert auf „Kultur" und mediale Selbstinszenierung, weswegen sie nicht selten ihre eigene Zeitung gründeten. Der parteipolitische Charakter der großen Tageszeitungen besteht bis heute fort, wohingegen eine unabhängige bzw. überparteiliche Presse fehlt. Dass die Medien als Kontrollinstanz im politischen System nur bedingt funktionieren, liegt vor allem an den horizontalen und diagonalen Konzentrationstendenzen. Nur vier Unternehmergruppen kontrollieren mehr als 80% des lukrativen Medienmarktes. Ihre Manager bevorzugen leichte Unterhaltung und Werbung, um eigene Produkte zu lancieren und die Einnahmen zu steigern. Zusätzlich schränkt das repressive Klima die Meinungs- und Pressefreiheit ein. In keinem anderen Land Lateinamerikas werden mehr Journalisten ermordet als in Kolumbien (seit 1985 mehr als 120). Aufgrund dieser Situation hat sich längst eine subtile Selbstzensur etabliert.

Der Trend zu Meinungsmonopolen ist zum Teil auf fehlende staatliche Richtlinien zurückzuführen. Noch immer gibt es keine kohärente Medienpolitik, die der gesellschaftlichen, kulturellen und wirtschaftlichen Bedeutung der Massenmedien innerhalb eines demokratischen Gesellschaftssystems Rechnung tragen würde. Positiv zu vermerken sind lediglich die Einrichtung einer Nationalen Fernsehkommission (*Comisión Nacional de Televisión*) zur Verbesserung der Programminhalte sowie die fortschreitende Regionalisierung der Radio- und Fernsehlandschaft.

Dominierendes Medium ist mit klarem Abstand das Fernsehen, das mit fünf nationalen, acht regionalen und mehreren lokalen Sendern einen Verbreitungsgrad von über 90% erreicht. Das Zuschauerinteresse konzentriert sich auf private Kanäle, in denen *telenovelas* und US-Formate überwiegen. Die wichtigsten Fernsehanstalten auf nationaler Ebene sind *Caracol, RCN* und *Canal Uno.* Das Radio – mit landesweit über 1000 Stationen – hat gegenüber dem Fernsehen an Boden verloren und wird gegenwärtig von 77% der Bevölkerung konsumiert. Printmedien werden von über 57% der Bevölkerung gelesen, bei steigender Tendenz. Die Gewinner dieser Entwicklung sind in erster Linie Zeitschriften mit Unterhaltungsschwerpunkt, wohingegen der Anteil der Zeitungsleser bei 26% liegt. Die nationale Tageszeitung *El Tiempo* (liberal, Auflage ca. 500.000) und die regierungskritische Sonntagszeitung *El Espectador* (linksliberal, Auflage ca. 260.000) sind die wichtigsten Zeitungen des Landes. Daneben existieren auch auf regionaler und lokaler Ebene auflagenstarke Blätter wie *El Espacio* (Bogotá), *El Colombiano* (Medellín) und *El País* (Cali). Inzwischen nutzen 11% der Bevölkerung das Internet, das sich damit im Vergleich zum Jahr 2000 um 6% steigern konnte. Kein anderes Medium weist jedoch hinsichtlich seiner Verteilung größere regionale Unterschiede auf.

12   Politische Kultur

Die Zunahme der Gewalt, die Krise der Parteien und die Ineffizienz der öffentlichen Verwaltung haben zu einer tiefen Legitimationskrise des politischen Systems geführt. Seit Beginn des *Frente Nacional* ist die Wahlbeteiligung konstant niedrig. Da es den Traditionsparteien gelungen ist, das Monopol auf den Staat über Jahrzehnte zu verteidigen, neigt die Bevölkerung zu Politikverdrossenheit und Resignation.

Die politische Kultur Kolumbiens ist traditionell durch einen ausgeprägten Personalismus gekennzeichnet. In dem Maße, wie staatliche Institutionen und legale Strukturen schwächer wurden, hat die Interaktion zwischen Führer und Volk an Bedeutung gewonnen. Die Eliten stabilisierten ihre Herrschaft lange Zeit mit dem prekären sozialen Umverteilungssystem des Klientelismus. Zur Rechtfertigung bedienten sie sich eines paternalistischen Diskurses, der jedoch spätestens seit den 80er Jahren an Überzeugungskraft verloren hat. Um die stärker werdende Repräsentationskrise des politischen Systems zu überwinden, setzt der aktuelle Präsident Álvaro Uribe auf Nationalismus als verbindendes Element. Dies geschieht im Bewusstsein, dass eine neoliberale Öffnung und die Zerschlagung der alten Parteibürokratie den gesellschaftlichen Zusammenhalt noch stärker als bisher gefährden könnten. Zum „Feind der Nation" hat er die Guerilla erklärt.

Das auffälligste Charakteristikum der politischen Kultur Kolumbiens ist die starke Parteiidentifikation, die eng mit den zahlreichen Bürgerkriegen zusammenhängt. Vor allem die *Violencia* hat zur Konstruktion klar definierter Parteienidentitäten in ländlichen Zonen beigetragen. Nach der gewaltsamen Vertreibung des Gegners setzten lokale Parteiführer den Klientelismus als Mittel zur Absicherung der Gefolgschaft ein. Jahrzehntelang zwangen sie der ungebildeten Landbevölkerung ihre Parteizugehörigkeit auf, indem sie die Anhänger der gegnerischen Partei dämonisierten oder zum „Erbfeind" erklärten. Als Liberaler oder Konservativer wurde man gewissermaßen „geboren". Die Identifikation mit Liberalismus oder Konservatismus hat jedoch in dem Maße abgenommen, wie das allgemeine Misstrauen in staatliche Institutionen und Parteien gewachsen ist. Lediglich die Exekutive und die Streitkräfte sind im Ansehen der Bevölkerung gestiegen. Insgesamt hat die Demokratie in den letzten Jahren an Rückhalt verloren. Dem Umfrageinstitut *Latinobarómetro* zufolge waren im Jahre 2006 nur 33% der Bevölkerung „zufrieden" bzw. „sehr zufrieden" mit ihr. Auf die Frage, ob die Demokratie jedem anderen System vorzuziehen sei, antworteten 53% mit „Ja" (lateinamerikanischer Durchschnitt: 58%).

Die aktuelle Regierung nutzt diese Stimmung, um die wenigen seit 1991 erreichten Demokratisierungsfortschritte rückgängig zu machen. Präsident Uribe spricht sich offen für die Abschaffung demokratischer Kontrollorgane aus und nutzt die plebiszitären Elemente der Verfassung zu seinen Gunsten. Nachdem ihm der Kongress ein Reformpaket zur Sanierung des Staatshaushaltes verweigert hatte, führte er im Oktober 2003 ein Referendum durch, das Rentenkürzungen und Sozialeinsparungen vorsah. Ursprünglich wurde das Mittel des Referendums zur Steigerung der Partizipation und zur Demokratisierung des Staates eingeführt, keinesfalls zur Haushaltsstabilisierung. Kurz vor der Abstimmung präsentierte sich Uribe in der sensationalistischen Fernsehshow *Big Brother*, was ihm den Vorwurf des Populismus einbrachte. Trotzdem scheiterte das Vorhaben an einer zu geringen Wahlbeteiligung (unter 25%).

13 Rechtssystem

Die vier höchsten Justizorgane sind der Oberste Gerichtshof (*Corte Suprema*), das Oberste Verwaltungsgericht (*Consejo de Estado*), das 1991 geschaffene Verfassungsgericht (*Corte Constitucional*) und der *Consejo Superior de la Judicatura*, der für die Justizlaufbahn, die Ernennung von Richtern und ihre disziplinäre Kontrolle zuständig ist. Die Überprüfung der Verfassungsmäßigkeit oblag ursprünglich dem Obersten Gerichtshof. Dieser hat nun das letzte Wort in Strafsachen und Verfahren gegen den Präsidenten und Abgeordnete des Kongresses. Insgesamt ist keine klare Kompetenzverteilung zwischen den Gerichten gegeben, so dass es oft zu internen Querelen kommt.

Die 1991 begonnene Umgestaltung der Judikative orientierte sich am US-System. Dies setzte zunächst einen unabhängigen Justizrat (*Procuraduría General*) mit eigenem Budget und Kontrollfunktion voraus. Daneben wurde eine autonome Untersuchungsbehörde gegründet, die im Sinne einer Generalstaatsanwaltschaft fungiert (*Fiscalía General de la Nación*). Bei der Verbrechensbekämpfung hat sie das Verfügungsrecht über den gesamten Polizeiapparat. Die Polizei wird zusätzlich vom *Defensor del Pueblo*, einem Ombudsmann, kontrolliert. Er untersteht in administrativer Hinsicht der Staatsanwaltschaft, ist aber politisch unabhängig. Seine primäre Aufgabe ist es, Klagen gegen die staatlichen Behörden nachzugehen. Seit 1994 veröffentlicht der *Defensor del Pueblo* den Bericht zur Lage der Menschenrechte. Viel Aufmerksamkeit hat außerdem die Einführung der so genannten *tutela* hervorgerufen. Es handelt sich dabei um einen Rechtsanspruch, der jedem Bürger bei einem vermuteten Grundrechtsverstoß offen steht. Selbst im Falle des inneren Ausnahmezustands dürfen bis zu einer richterlichen Entscheidung nicht mehr als zehn Tage vergehen. Da solche Klagen oft schnell und positiv entschieden wurden, hat die *tutela* vielen Menschen erstmals das Gefühl einer funktionierenden Justiz vermittelt.

Eine andere Modifikation des Verfahrensablaufes im Strafrecht ist hingegen in die Kritik geraten: die sogenannten „Richter ohne Gesicht" (*jueces sin rostro*). Weil in den 80er und 90er Jahren wiederholt Justizbeamte zum Ziel von Anschlägen wurden, griff der Staat zum Mittel der anonymen Rechtssprechung. Daneben wurde eine Kronzeugenregelung eingeführt. Problematisch ist in diesem Zusammenhang, dass sich Schutzgarantien für Kläger und Kronzeugen als unzureichend erwiesen haben. Dennoch stellen sowohl die *tutela*, als auch der *Defensor del Pueblo* einen bemerkenswerten Schritt hin zu einer effektiven und volksnahen Justiz dar. Eine große Herausforderung bleibt hingegen die *De-facto*-Autonomie der Militärgerichte. Diese haben in der Vergangenheit mehrmals Soldaten und Polizisten freigesprochen, denen gravierende Menschenrechtsverletzungen zur Last gelegt werden.

Einen wichtigen Beitrag zu einem funktionierenden System der *checks and balances* sollte das Verfassungsgericht leisten. Zum einen ist es die höchste Appellationsinstanz in Fragen der Verfassungsmäßigkeit, zum anderen kontrolliert es die Exekutive. Es kann Gesetzesentwürfe zurückweisen und die Rechtmäßigkeit des Ausnahmezustands prüfen. In der Realität hat es seine Rolle als Gleichgewichtsfaktor jedoch eingebüßt. Drohungen, Abberufungen und Neubesetzungen haben nämlich dazu geführt, dass es die Beobachtung der allgemeinen Gesetzgebung vernachlässigt. Stattdessen konzentrieren sich die Verfassungsrichter auf *tutela*-Entscheidungen und juristische Implikationen des Demobilisierungsprogramms.

Abgesehen vom *Fiscal General*, dem *Defensor del Pueblo* und der *tutela* hält die Mehrheit der Kolumbianer das Justizsystem noch immer für ineffizient und korrupt. Dies hängt mit der langen Verfahrensdauer in zivil- und strafrechtlichen Angelegenheiten, dem eingeschränkten Zugang zu Gerichten sowie der bestehenden Ungleichheit vor dem Gesetz zusammen. Zudem können in den meisten Fällen *White-collar*-Delinquenten mit milden Strafen rechnen. Im Durchschnitt werden nur 10% aller Verbrechen aufgeklärt. Polarisierende Wirkung entfaltet zudem der Umgang mit „reintegrationswilligen" Paramilitärs, die im Rahmen des Demobilisierungsprogramms mit einer Maximalstrafe von acht Jahren Gefängnis zu rechnen haben. Angesichts schwerer Verbrechen wie Entführung und Mord sehen viele darin einen „Blankoscheck". Die Kritik an der verbreiteten *impunidad* („Straflosigkeit") wird immer lauter.

14   Regionen und Kommunen

Im Unterschied zu den Nachbarstaaten konnte sich die Zentralregierung in Bogotá gegenüber den Provinzen niemals völlig durchsetzen. Es entwickelten sich starke Regionen, deren Eliten über großen Einfluss in Politik, Staat und Gesellschaft verfügen. Maßgeblich dafür verantwortlich waren die extreme geografische Fragmentierung (drei Anden-Kordilleren durchziehen das Land) sowie mehrere große Siedlungsbewegungen seit dem 17. Jahrhundert. Noch heute existieren ausgeprägte Unterschiede in Bezug auf politische Tradition, Wirtschaftskraft, Bevölkerungsstruktur und kulturelles Selbstverständnis.

1986 setzte ein Dezentralisierungsprozess ein, der sich zunächst in der Direktwahl der Bürgermeister niederschlug. Mit der Verfassung von 1991 wurde er noch weiter vorangetrieben, ohne jedoch ein föderales System einzuführen. Seither werden Bürgermeister und Gouverneure zwar nicht mehr von oben bestimmt. Sie verfügen aber auch über keinerlei legale Befugnisse. Anstatt Entscheidungen zentral zu treffen, sollte das Subsidiaritätsprinzip ausgeweitet werden. Dadurch wollte man hohe Transaktionskosten vermeiden und die Verwaltung effizienter gestalten. Die Verfassungsväter übertrugen den 32 *departamentos* (Provinzen), den 1098 *municipios* (Gemeinden), dem *Distrito Capital de Bogotá* (Hauptstadtdistrikt) sowie den indigenen Gemeinden zahlreiche administrative Funktionen und fiskalische Kompetenzen (Art. 287). Von besonderer Bedeutung sind das Recht der Erhebung von Umsatzsteuern, der Transfer eines progressiven Anteils an den laufenden nationalen Einnahmen sowie die Gewährung partieller Budgethoheit. Damit verfügen die regionalen und kommunalen Instanzen über mehr Gestaltungsspielraum, während auf nationaler Ebene der Grad der Repräsentation gestiegen ist. Trotz allem behielt sich die Zentralregierung das Recht vor, in Infrastruktur- und Versorgungsentscheidungen das letzte Wort zu sprechen.

Einige *departamentos* weisen noch immer gravierende Defizite in Bereichen wie Gesundheit, Bildung, Umweltschutz oder Wohnungsbau auf. Die finanziellen Zuwendungen der Zentralregierung – vergeben nach der Maxime der Gleichbehandlung der Territorien – reichen bei weitem nicht aus, um diese Probleme zu beheben. Da die Steuereinnahmen vor allem in ländlichen Zonen minimal sind, ist das Haushaltsdefizit seit 1991 stark angestiegen. Obwohl manche Gemeinden und Provinzen auf partizipatorische Haushaltsplanung setzen, was ein Mindestmaß an Kontrolle gewährleistet, versickert ein Großteil der staatlichen Gelder in undurchsichtigen Projekten oder dem Verwaltungsapparat. Insgesamt ist keine Koordination zwischen Ministerien und territorialen Instanzen zu erkennen. Es fehlt eine generelle Strategie zur Entwicklung und Politikumsetzung.

15 Internationale Beziehungen

Mit dem „Raub Panamas" bekundeten die USA Anfang des 20. Jahrhunderts auf drastische Weise ihr strategisches Interesse an der Region. Unter dem Vorzeichen der Anti-Drogen-Politik bleibt Kolumbien auch heute im Fokus der US-Regierung.

Obwohl zwei Jahrzehnte nach der Abspaltung Panamas schon wieder freundlichere Töne überwogen und Präsident Marco Fidel Suárez (1918-22) Nordamerika als nachahmenswerten „Polarstern" pries, sind die Beziehungen beider Länder seit dem Aufstieg der Drogen-Kartelle gespannt. Besonders Präsident Ernesto Samper (1994-98), dessen Wahlkampf von Drogenhändlern finanziert wurde, bekam den geballten Zorn der USA zu spüren. Denn wegen unterstellter „mangelnder Motivation" bei der Drogenbekämpfung verweigerte die US-Regierung in den Jahren 1996 und 1997 Kolumbien die Zertifizierung. Unter dieser Maßnahme, die einen Stopp sämtlicher US-Hilfen, Finanzblockaden sowie hohe Zölle auf kolumbianische Exporte zur Folge hatte, litt das gegenseitige Ansehen beträchtlich. Auf dem Höhepunkt der Krise verwehrte die US-Botschaft dem kolumbianischen Präsidenten sogar das Visum zur Einreise in die USA. Unter Pastrana und Uribe normalisierte sich das Verhältnis wieder, wobei militärisch-strategische Aspekte zunehmend in den Vordergrund gerieten. Der von den USA mitgetragene *Plan Colombia* ist das bislang größte Engagement der US-Regierung in dieser Richtung. Im Rahmen seiner Umsetzung transferieren die USA aktuell nicht nur Gelder, sondern auch Militärberater und Soldaten. Der Widerstand der kolumbianischen Bevölkerung gegen diese Maßnahmen ist gering, da die Mehrheit nach dem Scheitern sämtlicher Friedensverhandlungen eine militärische Lösung gegen die Guerillas befürwortet.

Die Europäische Union spielt für Kolumbien eine wesentlich geringere Rolle, hat als drittwichtigster Handelspartner hinter den USA und den Ländern des Andenpaktes jedoch noch immer politisches und ökonomisches Gewicht. Im Moment beobachten die Europäer den Demobilisierungsprozess, die Lage der Menschenrechte sowie die Anti-Drogen-Politik. Gegebenenfalls üben sie Kritik. Im Rahmen humanitärer Hilfsprogramme erhält Kolumbien materielle und personelle Unterstützung, die sich in erster Linie an die ca. drei Millionen Binnenvertriebenen richtet. Deutschland liefert Kolumbien aufgrund der prekären Menschrechtslage seit 1991 keine Waffen mehr. Die UNO unterhält mehrere Einrichtungen in Kolumbien (Büros und Feldmission des UNHCR).

Auch die Beziehungen zu den lateinamerikanischen Nachbarländern sind stark vom bewaffneten Konflikt geprägt. Aktivitäten der Aufständischen jenseits der kolumbianischen Grenze sowie die nicht nachlassenden Flüchtlingsströme Richtung Ecuador, Venezuela und Zentralamerika haben in den letzten Jahren zu Spannungen geführt. Insbesondere das Verhältnis zu Venezuela ist problematisch. Aufgrund ideologischer Differenzen mit dem links-nationalistischen Präsidenten Hugo Chávez kommt es häufig zu rhetorischen Ausfällen von beiden Seiten. Im Dezember 2004 beendete Venezuela für kurze Zeit die diplomatischen Beziehungen, nachdem kolumbianische Sicherheitskräfte ihre Verstrickung in die Gefangennahme eines FARC-Guerilleros in Caracas zugegeben hatten. Venezuelas Provokation besteht nach Meinung Uribes darin, den Aufständischen einen Rückzugsraum zu bieten.

In den 80er Jahren hat Kolumbien seine multi- und bilateralen Beziehungen ausgebaut. Es ist unter anderem Mitglied der Contadora-Gruppe, der Rio-Gruppe, der Blockfreien-Bewegung (Vorsitz von 1994 bis 1998) und nimmt darüber hinaus eine aktive Rolle in der OAS ein. Es existieren Freihandelsabkommen mit Mexiko, Chile und Venezuela. Ferner ist Kolumbien Mitglied des Andenpaktes (*Comunidad Andina*), eines wirtschaftlichen Zusammenschlusses der Länder Ecuador, Kolumbien, Peru und (nach dem Austritt Venezuelas) in Zukunft vermutlich Chile. Eine große Herausforderung ist momentan das von den USA forcierte Projekt einer gesamtamerikanischen Freihandelszone (*Área de Libre Comercio de las Américas*, ALCA). Die meisten lateinamerikanischen Länder – in der Mehrzahl von linksgerichteten Politikern regiert – haben dem Projekt bereits eine klare Absage erteilt. Uribe, der als entschiedener Verfechter neoliberaler wirtschaftlicher Freizügigkeit gilt, hat Anfang 2006 ein bilaterales Abkommen mit den USA geschlossen, dessen Ratifizierung aufgrund neuer Mehrheitsverhältnisse im US-Kongress allerdings noch aussteht.

Literatur

Altmann, Werner et al. (Hrsg.) (1997): Kolumbien heute. Frankfurt a. M.

Bejarano, Ana María (2001): The Constitution of 1991: An Institutional Evaluation Seven Years Later, in: Bergquist, Charles et al. (Hrsg.) (2001): 53-74.

Bergquist, Charles et al. (Hrsg.) (2001): Violence in Colombia, 1990-2000. Wilmington.

Bushnell, David (1993): The Making of Modern Colombia. A Nation in Spite of Itself. Berkeley.

Fischer, Thomas (1997): Kolumbiens Außenbeziehungen, in: Altmann, Werner et al. (Hrsg.) (1997): 149-174.

Helfrich-Bernal, Linda (2002): Kolumbien. Wahlen und Parteien im Gewaltkonflikt. Frankfurt a. M.

Höpken, Wolfgang/Riekenberg, Michael (Hrsg.) (2001): Politische und ethnische Gewalt in Südosteuropa und Lateinamerika. Köln u. a.: 149-172.

König, Hans-Joachim (1997): Staat und staatliche Entwicklung in Kolumbien, in: Altmann, Werner et al. (Hrsg.) (1997): 111-136.

Kurz, Maximilian/Muno, Wolfgang (2005): Der Plan Colombia: Kolumbien im Visier des Krieges gegen den Terror der USA in Lateinamerika, in: Brennpunkt Lateinamerika 3, 25-36.

Krumwiede, Heinrich/Nolte, Detlef (2000): Die Rolle der Parlamente in den Präsidialdemokratien Lateinamerikas. Beiträge zur Lateinamerikaforschung 4. Hamburg.

Kurtenbach, Sabine et al. (Hrsg.) (2004): Die Andenregion – neuer Krisenbogen in Lateinamerika. Frankfurt a. M.

Leal Buitrago, Francisco (1984): Estado y Política en Colombia. Bogotá.

Linz, Juan (1994): Presidential or Parliamentary Democracy. Does it make a Difference?, in: Linz, Juan/Valenzuela, Arturo (Hrsg.) (1994): The Failure of Presidential Democracy. Bd. 1. Baltimore. 3-87.

Madlener, Kurt (1999): Die Institution des Ombudsmannes in Kolumbien: der „Defensor del Pueblo", in: Sevilla, Rafael et al. (Hrsg.) (1999): 290-308.

Mansilla, Hugo (1993): Ursachen und Folgen politischer Gewalt in Kolumbien und Peru. Frankfurt.

Martz, John (1997): The Politics of Clientelism. Democracy and the State in Colombia. New Brunswick u. a.

Pizarro, Eduardo (2004): Una democracia asediada. Balance y perspectivas del conflicto armado en Colombia. Bogotá.

Romero, Mauricio (2003): Paramilitares y autodefensas. 1982-2003. Bogotá.

Sánchez, Gonzalo (2003): Guerras, memoria e historia. Bogotá.

Schläger, Catrina (2004): ‚Bush' Whacking Colombia. State Failure, the United States and Plan Colombia. Arbeitshefte des Lateinamerika-Zentrums 87. Münster.

Sevilla, Rafael et al. (Hrsg.) (1999): Kolumbien – Land der Einsamkeit? Bad Honnef.

Thoumi, Francisco (2004): Die Drogenwirtschaft in den Andenländern. Ähnlichkeiten und Unterschiede, in: Kurtenbach, Sabine et al. (Hrsg.) (2004): 35-66.

Waldmann, Peter (1999): Veralltäglichung der Gewalt – das Beispiel Kolumbien, in: Sevilla, Rafael et al. (Hrsg.) (1999): 259-281.

Zinecker, Heidrun (2001): Gewalt als Legat. Überlegungen zur Präfiguration unvollendeter Transition in Kolumbien und El Salvador, in: Höpken, Wolfgang/Riekenberg, Michael (Hrsg.) (2001): 149-172.

Das politische System Kubas

Raimund Krämer und Dirk Krüger

1 Überblick zur historischen Entwicklung seit der Unabhängigkeit

Im Jahre 1902 erhielt Kuba, die „immer treue Insel" Spaniens, seine Unabhängigkeit. Dem waren zwei Unabhängigkeitskriege gegen die spanische Kolonialmacht vorangegangen: Der Zehnjährige Krieg von 1868 bis 1878, der zwar mit einer Niederlage der Aufständischen *(Mambises)* endete, jedoch die Basis für den zweiten Unabhängigkeitskrieg schuf. Dieser begann unter Führung von José Marti, Máximo Gómez und Antonio Maceo im Jahre 1895. Das gut organisierte Unabhängigkeitsheer überwand den militärischen Schutzwall in der Mitte der Insel und zerstörte auf seinem Zug nach Westen zahlreiche Zuckerplantagen. Spanien konzentrierte nun die militärischen Mittel voll auf seine „koloniale Perle" und war auch bereit, extreme Maßnahmen gegen die Bevölkerung zu ergreifen *(Reconcentración-*Lager). Doch die Kriegskosten der Spanier stiegen; schließlich bot man den *Mambises* einen Autonomiestatus an, den diese jedoch ablehnten.

1898 betrat mit den Vereinigten Staaten ein weiterer Akteur das militärisch-politische Parkett auf Kuba: Nachdem sie ihre wirtschaftliche Position auf Kuba Ende des 19. Jahrhunderts hatten ausbauen können, sahen die USA jetzt den geeigneten Zeitpunkt für eine militärische Intervention gekommen, um auch die politische Kontrolle über die Karibikinsel zu erlangen. Ob die Explosion des in Havanna vor Anker liegenden US-amerikanischen Kriegsschiffes *Maine* von den USA selbst inszeniert wurde oder nicht, ist umstritten. Jedenfalls bot dies einen willkommenen Anlass, Spanien am 20.4.1898 den Krieg zu erklären. Dazu wurde der Vorfall in den amerikanischen Boulevardblättern stark aufgebauscht. Die USA schickten ihre Marines in den *„splendid little war"*, wie dieser Krieg später genannt wurde. Die schnelle Niederlage Spaniens endete im Friedensvertrag von Paris (Dezember 1898), der Kuba nun unter die politische Vormundschaft der USA stellte.

Die US-Armee, die schon während des Krieges unabhängig von den aufständischen Kubanern operiert hatte, machte schnell deutlich, wer nun das Sagen hatte: Nach der entscheidenden Schlacht bei Santiago de Cuba verwehrte man den *Mambises*, die den spanischen Gegner selbst schon an den Rand der Niederlage gebracht hatten, den Zugang zur Stadt und hisste nicht die kubanische, sondern die US-amerikanische Flagge. Die Kubaner wurden um ihre ersehnte Unabhängigkeit betrogen, was ein schweres nationales Trauma hinterließ.

Die Insel stand die folgenden vier Jahre unter US-amerikanischer Militärverwaltung. Um die „reife Frucht" Kuba endgültig pflücken zu können, wurde in dieser Zeit eine Verfassung ausgearbeitet, bei der zwei Zusätze als „Erntehelfer" zum Einsatz kamen: Das *Platt Amendment* von 1901 und das Reziprozitätsabkommen von 1902. Ersteres sicherte den USA das Recht zu, „zum Schutz von Leben, Eigentum und individuellen Freiheiten" auf Kuba militärisch zu intervenieren. Es galt bis 1934. Das ökonomische Pendant dazu war das Reziprozitätsabkommen, das die systematische Ausbeutung der Insel einläutete, indem es den US-amerikanischen Industrieexporten Vorzugszölle einräumte. Ansätze eigener handwerklicher und industrieller Entwicklung konnten der Konkurrenz aus dem Norden nicht standhalten, so dass Kubas strukturelle Abhängigkeit gefestigt wurde. Produktivität und Gewinne der US-Konzerne schnellten insbesondere im Zuckersektor in Rekordhöhen. Doch zu diesem „Tanz der Millionen" war die Landbevölkerung nicht eingeladen: Immer mehr Kleinbauern mussten den ausufernden Zuckerplantagen weichen und fanden dort nur in der Erntesaison schlecht entlohnte Beschäftigung. Die Ausweitung der *Cash-Crop*-Produktion brachte zudem eine steigende Abhängigkeit von Nahrungsmittelimporten mit sich.

In den 50er Jahren mutierte Havanna zur Vergnügungsmetropole der zahlungskräftigen amerikanischen High-Society und Mittelschicht. Diktator Batista verwandelte die Hauptstadt in eine „Spielhölle", indem er jedem Nachtclub oder Hotel mit mehr als einer Million US-$ Wert die Eröffnung eines Casinos gestattete. Das Tourismus-Geschäft ging immer mehr mit organisiertem Verbrechen einher, denn viele Casinos und Bordelle befanden sich in Händen der US-amerikanischen Mafia. Die Vergnügungsinseln lagen inmitten des Großstadtelends der unterprivilegierten Klasse, insbesondere der schwarzen Bevölkerung. 1959 gingen die Lichter von Havannas Glitzerwelt aus, als Fidel Castro Glücksspiel und Prostitution verbieten ließ.

Auf politischer Ebene nahmen die USA etwas subtiler, aber nicht minder effizient Einfluss. In den ersten 20 Jahren der formalen Unabhängigkeit lag die Herrschaft bei den Mambí-Generälen aus dem zweiten Unabhängigkeitskrieg, zwischen denen es heftige Auseinandersetzungen um Pensionen und andere Privilegien gab. Zwar gab es immer wieder Wahlen zwischen den beiden einzigen Parteien (Konservative und Liberale), doch standen die Wahllisten stets unter Kontrolle der USA.

Im Kontext eines wirtschaftlichen Aufschwungs setzte sich 1925 General Machado durch, der ein autoritäres Regime etablierte und solch prestigeträchtige Bauten wie das *Capitolio* errichten ließ. Nach einer Phase relativer politischer Stabilität kam dieses Regime unter zunehmenden Druck der politischen Opposition. Die dramatischen Folgen der Weltwirtschaftskrise von 1929, die die Gewinne aus dem Hauptexportgut Zucker halbierten, verstärkten diese politische Krise außerordentlich. Je mehr Widerstand sich zu regen begann, desto härter griff Machado durch: Demonstrationen wurden niedergeschlagen, die Universität geschlossen und die Presse einer Zensur unterworfen. Der Diktator trug bald den Beinamen „Schlächter", weil seine paramilitärischen Todesschwadronen zahlreiche Oppositionelle umbrachten. 1933 wurde Machado von einer breiten politischen Bewegung gestürzt.

Zur dominierenden politischen Figur der folgenden 25 Jahre avancierte der schwarze Sergeant Fulgencio Batista, der an der Spitze junger aufständischer Militärs 1932/33 gestanden hatte. Er agierte indirekt – als „graue Eminenz" im Hintergrund – und direkt – als gewählter Präsident – in der kubanischen Politik. Die Tradition früherer Machthaber fortsetzend, galt Batistas Hauptinteresse der persönlichen Bereicherung. Im Jahre 1952 putschte er sich erneut an die Macht. Sein Regime verrohte zusehends und bekam Züge einer von brutaler Gewalt und Vetternwirtschaft geprägten sultanistischen Herrschaft (Dominguez 1998). Korruption, soziale Ungerechtigkeit und Armut nahmen zu. Die überwiegende Mehrheit der Bevölkerung lehnte Batista ab. Besonders bei den Studenten und in den Gewerkschaften schlug die Ablehnung in Widerstand um. Bewaffnete Aktionen begannen, und 1956 nahm die „Bewegung des 26. Juli", M-26, unter Führung des jungen Anwaltes Fidel Castro Rúz in den Bergen der Sierra Maestra im Osten des Landes den Guerilla-Kampf auf.

Dem war bereits 1953 mit dem Sturm auf die Moncada-Kaserne in Santiago de Cuba ein erster Aufstandsversuch vorausgegangen, der jedoch für die Rebellen in einem Desaster endete. Im Gerichtsverfahren vertrat Castro sich selbst und hielt seine berühmte Verteidigungsrede „Die Geschichte wird mich freisprechen", in der er die sozialökonomischen Missstände der Insel anklagte und die Wiederherstellung der Verfassung von 1940 forderte. Er verbüßte zwei Jahre seiner Haftstrafe auf der *Isla de la Juventud*, bis Batista die Gefangenen 1955 im Zuge einer Amnestie freisprach. Kaum im mexikanischen Exil angelangt, fing Castro an, eine neue Widerstandsbewegung zu organisieren, für die er zahlreiche Geldgeber und auch den argentinischen Arzt Ernesto „Che" Guevara gewinnen konnte.

Als man Ende 1956 mit der kleinen Jacht *Granma* in See stach, drohte die Aktion erneut zu scheitern. Ein Unwetter brachte das Boot vom Kurs ab und schleuderte es an die südöstliche Küste. Bombardiert von Batistas Luftwaffe, gelang nur wenigen Guerilleros, unter ihnen Fidel und Raúl Castro, Camilo Cienfuegos und Che Guevara, der Rückzug in die Sierra Maestra. Doch die „Armee von Schatten" bekam im Laufe der Zeit Zulauf. Einen wichtigen Sieg konnte Castro nach dem Interview mit Herbert L. Matthews von der *New York Times* feiern. Dessen Bericht steigerte die Popularität Castros in den USA. Zunächst hielt der mächtige Nachbar aus dem Norden zum Diktator. Doch nachdem er mit seinen Blutbädern auch bei der US-amerikanischen Bevölkerung in Ungnade gefallen war, ließ man ihn Anfang 1958 fallen. Die Einstellung aller Waffenlieferungen war der Anfang vom Ende für Batista. Die Guerilleros hingegen genossen eine immer breitere Unterstützung, insbesondere von Seiten der Bauern Ostkubas. Was als Guerillakampf einer kleinen Gruppe begonnen hatte, nahm im Laufe der Zeit den Charakter eines Volksaufstandes an, der sehr heterogene Bevölkerungsschichten vereinte. In der Silvesternacht 1958/59 war Batistas Zeit abgelaufen; er musste die Flucht ergreifen. Im Triumphzug marschierten die Guerilleros am 8.1.1959 in Havanna ein.

Nachdem sich der Siegestaumel gelegt hatte, wurde zunächst eine provisorische bürgerliche Regierung eingesetzt. Die militärische Macht verblieb bei Fidel Castro, der auch bald die höchsten Regierungsämter übernahm. Immer mehr Posten gingen an die ehemaligen Guerilleros. Der Arzt Che Guevara wurde z.B. Industrieminister und Chef der Staatsbank. Nach einer Verurteilungswelle gegen Angehörige des ehemaligen Staatsapparates verließen große Teile der Ober- und Mittelschicht das Land in Richtung USA.

Die Revolution durchlebte ihre „romantische Phase" mit allgemeiner Steuerfreiheit, kostenlosem Telefonieren, der Geburt des von Che Guevara verkündeten „neuen Menschen" und einer chinesisch geprägten Kulturrevolution. Ihre wichtigste Legitimationsgrundlage war zweifellos ein für lateinamerikanische Verhältnisse beispielloses Bündel sozialer Maßnahmen: Wohnungsbauprogramme, stark reduzierte Mieten, Strom- und Wassertarife, Preissenkungen für Medikamente und Grundnahrungsmittel, Einführung einer Sozialversicherung mit Arbeitslosenhilfe, Invaliden- und Mutterschaftsrenten sowie Lohnerhöhungen verbesserten die Lebensbedingungen besonders der ärmeren Bevölkerung erheblich. Das Stadtreformgesetz von 1960 machte viele Kubaner zu Eigentümern ihrer Wohnungen. 1961 wurden die Privatschulen geschlossen, und ein integriertes Bildungssystem sollte fortan allen Kubaner die gleichen Bildungschancen bieten. Dieses Ziel wurde durch die Alphabetisierungskampagne von 1961 gestützt, in der über 250.000 Freiwillige in abgelegene Regionen auszogen, um der Bevölkerung Lesen und Schreiben beizubringen. Dadurch konnte der Analphabetismus fast vollständig beseitigt werden – ein Erfolg, der bis heute in keinem Land Lateinamerikas realisiert wurde. Polikliniken mit kostenloser Behandlung wurden auf dem Land aufgebaut. Drei Viertel aller ländlichen Haushalte konnten bis 1980 an die Wasser- und Stromversorgung angeschlossen werden. Soziale Indikatoren wie Alphabeten- und Sterberate und Lebenserwartung glichen sich weiter denen der Industrieländer an. Besonders die sozialen Errungenschaften im Gesundheits- und Bildungsbereich gelten noch immer als Modell und Vorbild für Länder der „Dritten Welt".

Zu den wichtigen politischen Entscheidungen jener Zeit gehörte die Durchführung der Agrarreform, die in mehreren Phasen ablief: In der ersten Agrarreform von 1959 gingen alle Ländereien über 400 Hektar in Staatsbesitz über, d. h. vor allem Großgrundbesitz aus den USA. Auch Konzerne wie Coca-Cola und Bacardi waren von der ersten Enteignungswelle betroffen. Ein Großteil der US-amerikanischen Industrie blieb aber unangetastet. Die USA reagierten mit der Unterstützung konterrevolutionärer Bewegungen und Aktionen und reduzierten 1960 ihre Zuckerquoten aus Kuba. Um diesen Verlust zu kompensieren, schloss die kubanische Regierung das erste Handelsabkommen mit der Sowjetunion ab. Nachdem die USA auch ihre Erdöllieferungen einstellten, kaufte man sowjetisches Erdöl. Als sich die US-Firmen weigerten, dieses Erdöl zu verarbeiten, wurden sie enteignet. Dieses Szenario schaukelte sich immer mehr hoch und leitete auf beiden Seiten einen politischen Radikalisierungsprozess ein: Die USA stellten ihre Zuckerimporte vollständig ein, worauf Kuba mit umfassender Enteignung von Banken, Elektrizitäts-, Telefon-, Eisenbahn- und Zuckergesellschaften reagierte. Dies beantworteten die USA mit einem massiven Handelsembargo, das noch heute in verschärfter Form Bestand hat (siehe Internationale Beziehungen).

Nach der Schweinebucht-Invasion von 1961 beschleunigte sich das Tempo der Revolution. Kuba näherte sich noch stärker an die Sowjetunion an. Castro verkündete öffentlich den sozialistischen Charakter der Revolution und machte die Insel damit „zum ersten sozialistischen Land der westlichen Hemisphäre". Manche Sozialwissenschaftler sind der Meinung, erst diese „Big-Stick"-Politik der USA hätte die Revolution vom nationalen Befreiungskrieg mit sozialer Transformation in Richtung sozialistisches Lager getrieben. Denn nach dem Sieg der Revolution hatte sich Castro vom Kommunismus distanziert und wollte einen Kurs einschlagen

> „zwischen dem Kapitalismus, der die Menschen aushungert, und dem Kommunismus, der ihre wirtschaftlichen Probleme löst, aber dafür die Freiheiten unterdrückt, die ihnen so teuer sind... Wir sind weder mit dem einen noch mit dem anderen einverstanden... Unsere Revolution ist nicht rot, sondern olivgrün. Sie trägt die Farbe der Rebellenarmee der Sierra Maestra" (Hoffmann 2000: 69).

Nach den traumatischen Erfahrungen der Fremdbestimmung stärkte der Sieg in jedem Fall das nationale Selbstbewusstsein. Noch heute, 45 Jahre danach, bezieht die kubanische Gesellschaft daraus einen großen Teil ihres Nationalstolzes.

1963 kam es zur zweiten Agrarreform, die sämtlichen Grundbesitz über 65 Hektar an Staatsfarmen und Kleinbauern verteilte. Anders als in anderen sozialistischen Staaten gab es keine umfassende Zwangskollektivierung; neben den Staatsfarmen blieben ca. 20% der landwirtschaftlichen Nutzfläche in kleinbäuerlichem Privatbesitz (Burchardt 1999: 55).

Die Wirtschaftspolitik der 1960er Jahre zielte darauf ab, das koloniale Erbe der Abhängigkeit vom Zuckerrohr zu überwinden und die Landwirtschaft zu diversifizieren. Zudem sollte die industrielle Produktion ausgebaut werden, um Ausgaben für teure Importe zu sparen (Importsubstitution). Jedoch erschwerten Kapitalknappheit und Abwandern von qualifizierten Arbeitskräften in Richtung USA dies. Zudem verlief die landwirtschaftliche

Umstrukturierung unkoordiniert und ineffizient: In einer aufgeblähten Bürokratie versicker-te ein Großteil der Informationen. Um die verknappenden Güter möglichst gerecht zu ver-teilen, führte der Staat in der Folgezeit ein Bezugssystem mit Rationierungskarten *(Libre-tas)* ein. *Hacer Cola,* das Schlange stehen für viele Waren, wurde nun zum Bestandteil des kubanischen Alltags.

Nach den fehlgeschlagenen wirtschaftlichen Experimenten räumte man ab Mitte der 60er Jahre wieder dem Ausbau des Zuckersektors Priorität ein, um dessen komparative Kostenvorteile wieder zu nutzen. Außerdem hatte sich die UdSSR zu festen Abnahmemen-gen bereit erklärt. In den folgenden Jahren wurde die gesamte Wirtschaft einer Planung unterstellt und Preise, Mengen und Einsatz der Produktionsfaktoren staatlich vorgeschrie-ben. Es folgte 1968 die „Revolutionäre Offensive", die nun auch kleinbetrieblichen Privat-besitz verstaatlichte.

Ende der 60er Jahre kam es zu einer ersten schweren Legitimationskrise Castros. Die Produktivität stagnierte auf niedrigem Level; parallel dazu verschärfte sich der Druck auf kritische Intellektuelle (Padilla-Affäre) und gegenüber echten bzw. vermeintlichen Ab-weichlern in der Partei (Mikrofraktion). Der Versuch, die schwierige wirtschaftliche Lage durch eine Rekordernte im Zuckerrohr, die *Gran Zafra,* im Jahre 1970 zu lösen, misslang. Die „Produktionsschlacht" scheiterte trotz Bündelung aller Ressourcen an ihrem geradezu utopischen Ziel von zehn Millionen Tonnen. Sie ging zudem auf Kosten anderer Wirt-schaftszweige, denen man während der Erntezeit Arbeitskräfte entzog.

Angesichts des Scheiterns des bisherigen politischen und ökonomischen Projekts voll-zog Castro 1970 eine politische Neuorientierung, die eine engere Bindung an die UdSSR und die Übernahme des realsozialistischen Systems sowjetischen Typs bedeutete. Ökono-misch sollten die unrentablen Betriebe mittels einer Kosten-Nutzen-Analyse und begrenzter materieller Anreize wieder flottgemacht werden. Vor allem die mit dem Zuckersektor ver-bundenen Industriezweige wurden ausgebaut (Agroindustrialisierung). Die Integration in den *Rat für gegenseitige Wirtschaftshilfe (RGW)* im Jahre 1972 sorgte für weitere Unter-stützung. Die Versorgungslage verbesserte sich spürbar, so dass einige Waren aus dem Rationierungssystem herausgenommen werden und in den staatlichen Verkauf übergehen konnten. Die Kubaner nennen diese Zeit heute „die Jahre der fetten Kuh." Das hohe Niveau der Versorgungs- und Sozialleistungen wurde jedoch von sowjetischen Subventionen und ausländischen Krediten getragen, welche die Importe finanzierten. Auch wenn der neue Handelsblock Kuba sehr günstige Konditionen bot, behob er nicht das grundlegende Struk-turproblem: die starke Abhängigkeit von einem Hauptexportgut (Zucker) und von einem Handelspartner (nun UdSSR). Die meisten Betriebe wirtschafteten nach wie vor nicht ren-tabel und verschlangen hohe Subventionen, um ihre Produktionsergebnisse halten zu kön-nen. Zwar gab es – offiziell – keine Arbeitslosigkeit, doch waren Unterbeschäftigung und geringe Arbeitsproduktivität weit verbreitet.

Ende der 70er Jahre kam es zu einer zweiten Legitimationskrise des Systems. Nach Botschaftsbesetzungen verließen im Jahre 1980 über 120.000 Kubaner das Land in Rich-tung Norden. Nach diesem Massenexodus über den Hafen Mariel wurden Zugeständnisse seitens des Regimes gemacht, z.B. bei der Einführung marktwirtschaftlicher Elemente wie freien Bauernmärkten. Zusammen mit umfangreichen Warenlieferungen aus den RGW-Staaten führte dies zwar zu einer gewissen Entspannung der Versorgungslage. Jedoch ent-standen damit (erstmals wieder) soziale Differenzierungen, die für ein politisches System mit solch einem starken egalitären Anspruch und einem moralischen Fundamentalisten an der Spitze auf Dauer nicht akzeptierbar waren. Mitte der 80er Jahre kam es dann erneut zu einem politischen Kurswechsel. Die *Rectificación*, die Korrekturbewegung, wurde verkündet und sollte das System aus der spürbaren Erstarrung heraus führen. „Ab jetzt werde tatsächlich der Sozialismus aufgebaut", so Fidel Castro. Zugleich wurden Elemente einer (sozialistischen) Marktwirtschaft, die Anfang der 80er Jahre vorsichtig eingeführt worden waren (wie die Bauernmärkte), als „kapitalistische Formeln" diffamiert und wieder abgeschafft. Materielle Anreize und erste Liberalisierungsansätze wichen einer Rezentralisierung der staatlichen Wirtschaftslenkung und stärkeren Bekämpfung der Korruption. Auf dem 3. Parteitag der *PCC* im Jahre 1986 rief Castro zur „Korrektur der Fehler und negativen Tendenzen in Politik und Wirtschaft" auf. Damit ging eine Rückbesinnung auf Che Guevara einher, und moralische Appelle rückten wieder in den Vordergrund. Zwar machte das offensichtliche Scheitern realsozialistischer Planungsmechanismen eine Kurskorrektur notwendig. Jedoch sind vor allem politische Motive für diesen Kurswechsel verantwortlich. Fidel Castro sah in der Orientierung auf technokratische Mechanismen und in der wirtschaftlichen Dezentralisierung sowohl eine Schwächung der führenden Rolle der Partei als auch einen Machtverfall für sich selbst. Die Korrekturbewegung sollte dem gewachsenen Einfluss der Technokraten begegnen, und sie war gegen die Perestroika Gorbatschows gerichtet. Das wirtschaftliche Ergebnis war spärlich. Die *Rectificación* schlug fehl: Von 1986 bis 1989 vervierfachte sich das Haushaltsdefizit und verfünffachten sich die Ausgaben für die Subventionierung unrentabler Betriebe. Im Juli 1988 musste Fidel Castro (wieder einmal) feststellen, dass Kuba „die schwerste wirtschaftliche Krise seit 1959" durchlebe.

Ernste Probleme bahnten sich schon 1986 an, als Kuba den westlichen Gläubigerstaaten gegenüber seine Zahlungsunfähigkeit bekannt gab und diese eine Kreditsperre verhängten. Der schwerste Schlag für die angeschlagene kubanische Wirtschaft war jedoch der Zusammenbruch des RGW Anfang der 90er Jahre, der zum Versiegen wichtiger Handelslinien und Hilfsquellen führte. Von 1989 bis 1993 sanken die kubanischen Importe um fast drei Viertel, und das Bruttoinlandsprodukt schrumpfte um 35% (Burchardt 1996: 56f; 1999: 20)! In Industrie und Landwirtschaft brachen die Erträge ein, da Treibstoffe, Ersatzteile und Kunstdünger fehlten. Die Krise wurde noch verschärft durch die Ausweitung des US-Handelsembargos (siehe Internationale Beziehungen).

Die wirtschaftliche Lage verschlechterte sich für die Bevölkerung geradezu dramatisch. Aber auch die politische Dimension der Krise zeichnete sich deutlich ab. Castro deklarierte die neue Phase als *Período Especial en Tiempos de Paz*, d. h. einen Notzustand in Friedenszeiten. Der vierte Parteitag der *PCC* (Oktober 1991) bestätigte diesen Kurs aus wirtschaftlicher Austerität, ideologischer Fundamentalisierung und politischer Repression.

Importe und Rationierungssystem wurden auf ein Minimum gesenkt. Mit dem Nahrungsmittelplan *(Plan Alimentario)* sollte der am Boden liegenden Landwirtschaft auf die Beine geholfen und die Selbstversorgung mit Nahrungsmitteln verbessert werden. Dazu wurden unter großem Aufwand städtische Arbeitskräfte aufs Land transportiert, um dort einer Arbeit nachzugehen, von der sie nicht viel verstanden. Dementsprechend standen die Erträge in keinem Verhältnis zu den immensen Kosten und konnten den Ausfall der Importe in keiner Weise ausgleichen. Der Nahrungsmittelplan ging als einer der größten Misserfolge in die Geschichte der kubanischen Wirtschaftspolitik ein.

Sinkendes Warenangebot, Versagen staatlicher Verteilungskanäle und steigender Geldumlauf nährten den Schwarzmarkt, der bald einen Großteil aller Güter verteilte. Damit nahm erstmals seit der Revolution die soziale Ungleichheit wieder größere Dimensionen an, verstärkt durch die Legalisierung des Dollars im Jahre 1993. Devisenmangel hatte die kubanische Regierung trotz ideologischer Vorbehalte gezwungen, den „Greenback" zur offiziellen Leitwährung zu erheben. So konnten die kursierenden Dollars, die durch Geld-überweisungen von Exilkubanern ins Land gelangten, zwar besser abgeschöpft werden, vor allem mittels staatlicher Devisenläden, in denen nun auch die Kubaner einkaufen durften. Der Preis war jedoch die Spaltung der Gesellschaft in Dollar- und Nichtdollarbesitzer. Gleichzeitig zog die einbrechende staatliche Produktion den Peso, die nationale Währung, gegenüber dem kaufkräftigen US-$ in eine Abwertungs-Spirale. Je mehr der Peso an Wert verlor, desto bedeutender wurde der Verdienst von Dollars für das tägliche Überleben, vor allem, da die staatlich zugeteilten Güter nur noch ein Drittel des Grundbedarfs deckten.

Die wirtschaftlichen und sozialen Ergebnisse dieser Politik waren äußerst mager; ja die Misere nahm zu. In Havanna kam es 1994 zu spontanen Revolten. Castro versuchte, dem erneut mit Reformschritten in der Wirtschaft zu begegnen. Es begann eine vorsichtige *Apertura*, d. h. eine Öffnung gegenüber dem Auslandskapital. Besonders im Tourismus werden seitdem ausländischen Unternehmen optimale Investitionsbedingungen geboten. Doch während die Export-Enklaven (Tourismus, Nickel, Erdöl, Telekommunikation) nach umfassender Modernisierung hohe Wachstumsraten erreichen, stagniert die Binnenwirtschaft. Die Staatsbetriebe konnten aufgrund der hohen Staatsverschuldung nicht wie bisher mit Subventionen über Wasser gehalten werden, sondern wurden zur Rationalisierung gezwungen. Doch anders als in anderen lateinamerikanischen Staaten begleitet kein Sozialabbau neoliberaler Prägung die steigende Arbeitslosigkeit. Stattdessen wurde der Sozialetat noch erhöht, um die negativen Folgen abzumildern.

Angesichts des drohenden wirtschaftlichen Kollapses war die Regierung auch binnenwirtschaftlich zu streng dosierten marktwirtschaftlichen Reformen bereit. Die einschneidendste Maßnahme war die „Dollarisierung", d.h. die Akzeptanz der US-Währung. Im Agrarsektor wurden im September 1993 staatliche Großbetriebe in kleinere Kooperations-genossenschaften *(Unidades básicas de producción cooperativa)* umgewandelt, denen das Land kostenlos und unbefristet vom Staat verpachtet wird. Den UBPC werden jedoch Anbauprodukte und Abgabemenge (vier Fünftel aller Erzeugnisse zu Festpreisen) weiterhin staatlich vorgeschrieben. Den Rest können die Mitglieder auf den im Oktober 1994 wiedereröffneten freien Bauernmärkten verkaufen. Doch ein Großteil der UBPC kann nicht einmal das Plansoll erfüllen, da man ihnen den Subventionshahn zudrehte und auch staatliche Transport- und Vermarktungshilfen bisher ausblieben. Zwar bessern die Märkte die Versorgungslage, da dort auch in *Peso Cubano* bezahlt werden kann. Da die Preise sich jedoch über Angebot und Nachfrage bilden und die Peso-Reallöhne auf niedrigem Niveau stagnieren (auch wenn die Inflation gestoppt werden konnte), bleibt ein Großteil der Waren für Kubaner ohne Zugang zu Devisen unerschwinglich.

Im September 1993 reagierte man auf den ausufernden Schwarzmarkt, die angespannte Versorgungslage und die steigende Arbeitslosigkeit mit der Lizenzvergabe zur Arbeit auf eigene Rechnung *(trabajo por cuenta propia)*. Schon nach kurzer Zeit schnellte die Zahl der privaten Kleinunternehmer in die Höhe, vor allem im Dienstleistungsbereich (Schätzungen gehen davon aus, dass der Privatsektor Mitte der 90er Jahre 40% aller Erwerbstätigen beschäftigte – legal und informell). Der Staat reagierte und verschärfte 1996 seine Vorschriften und Kontrollen gegen die „Keimzellen des Kapitalismus". Von massiven Steuererhöhungen zu Boden gedrückt, gaben bereits ein Jahr später 20% der *Cuentapropistas* auf (Burchardt 1999: 69). Dem kurzen „Sommer der Reformen" folgte ein langer „Winter der

Stagnation". Das Einfrieren der Reformen ging einher mit moralisch-ideologischen Kampagnen zur „Perfektionierung des Sozialismus" (Hoffmann 2003: 299).

Die Wachstumsraten der letzten Jahre haben zwar zu einer gewissen Erholung der kubanischen Wirtschaft geführt, doch der ökonomische Gewinn für das Land ist relativ; der politische Verlust, besonders der an Legitimation, dagegen groß. Ein wachsender Schwarzmarkt, zunehmende Arbeitslosigkeit, Kriminalität und Prostitution gehören heute (wieder) zur kubanischen Realität, die immer mehr zu kritischen Fragen und abwinkender Resignation, oftmals zu Ausreise und Flucht, manchmal auch zur politischen Opposition führt. Die politische Führung versucht, diesen Entwicklungen entgegenzusteuern, vor allem mit schärferen Maßnahmen („*medidas más fuertes*") gegen Kriminalität, Drogen und Prostitution. Konkrete Schritte dazu: „Reform", d. h. Verschärfung des Strafgesetzbuches, einschließlich der Erweiterung der Fälle für Todesstrafe, und Sondereinheiten der Polizei, vor allem in Havanna.

Diese neue Herrschaftsform, die seit Beginn der 90er Jahre zu erkennen ist, bezeichne ich als spätsozialistische Caudillo-Herrschaft (Krämer 1993). Als einen „Institutionenersatz" verstanden, liegt in Castros personalistischer Herrschaft jenes Entwicklungspotential, das dieses System – zur Überraschung vieler Beobachter – bis heute aufweist. Es überlebte weniger ein realsozialistisches System in Kuba, sondern dieses mutierte in eine personalistische Diktatur. Der charismatische Führer, der Caudillo, steht wieder bar institutioneller Schranken auf der politischen Bühne Kubas. Angesichts der wahrgenommenen dramatischen Konsequenzen aus den Umbrüchen in den ehemaligen „Bruderländern" hat die Zukunftsangst bei der Mehrheit der Kubaner, speziell der Eliten, zugenommen. In solchen Zeiten hat Castros Charisma noch erhebliche Wirkung als eine politische Kraft, die auch die wachsende Kluft zwischen erstarrtem politischen System und veränderter Gesellschaft überbrücken hilft.

Der mittlerweile 80jährige Fidel Castro ist die zentrale Figur dieses Systems. Er ist der wortgewaltige Tribun, der mit idealistischem Glauben und eiserner Disziplin, auch gegenüber sich selbst, seit über 40 Jahren seine Insel, und zeitweise nicht nur diese, in ein Paradies auf Erden zu verwandeln sucht. Wort, Glaube und Disziplin kann man als die *Santísima Trinidad* des Machtpolitikers Fidel Castro ansehen. Castro hat bis heute den Willen, in seinem Kuba seine Vision von Gleichheit und Glück umzusetzen. Heute versucht er, eine wirtschaftliche Öffnung zum kapitalistischen Weltmarkt mit einer Fortsetzung der politischen Abgeschlossenheit zu verbinden. Einige sehen dies als eine karibische Variante der chinesischen Politik (Dominguez 1997). Auch in Kuba soll ein autoritärer Rahmen die wirtschaftliche Modernisierung und eine neue Einbindung in den Weltmarkt sichern. Dabei gehen Zugeständnisse an das Auslandskapital mit Repression gegenüber politischer Dissidenz und autonomer Zivilgesellschaft einher (siehe Politische Kultur und Partizipation). Um dieses spätsozialistische Caudillo-Regime weiter zu stabilisieren, bedarf es eines Mindestmaßes an sozialen Leistungen und der ideellen Abschottung dieser geschlossenen Gesellschaft. Beides kann jedoch immer weniger geleistet werden.

2   Verfassung

In den vier Jahren ihrer Militärverwaltung erließen die USA eine Verfassung, die in erster Linie auf ihre politischen Kontrollmöglichkeiten und ökonomischen Interessen zugeschnitten war. Dafür sorgten das Platt Amendment von 1901 und das Reziprozitätsabkommen von 1902.

1902 wurde Kuba in seine formelle Unabhängigkeit entlassen und Tomás Estrada Palma nach einer Wahl ohne Gegenkandidaten zum ersten (Marionetten)-Präsidenten der Republik ernannt. Doch das Platt Amendment sollte schon 1906 zur Anwendung kommen, als es zu einem Aufstand kam und die US-Bürger ihre Investitionen auf Kuba bedroht sahen. Das Muster von manipulierten Wahlen und von der jeweils unterlegenen Partei angezettelten Revolten wiederholte sich bis in die 30er Jahre. Die USA griffen mehrmals militärisch zugunsten einer Partei ein.

Nachdem sie lange Zeit autoritäre Herrscher wie General Machado hatten gewähren lassen, die mit antidemokratischen Maßnahmen (wie die zeitweilige Abschaffung der Verfassung) innenpolitische Stabilität durchsetzen wollten, änderten die USA in den 30er Jahren ihre Strategie des Demokratieexports und schlugen mit „Politik der guten Nachbarschaft" einen neuen Kurs ein. Sozioökonomische Maßnahmen blieben aber beschränkt und ließen die von den USA dominierten Handelsbeziehungen und die Vormachtstellung des Zuckers unangetastet.

Nach harten politischen Auseinandersetzungen in den 30er Jahren wurde 1940 eine neue Verfassung angenommen. Sie sah u.a. auch Mindestlöhne, Achtstundentag, Sozialversicherung und das Recht auf gewerkschaftliche Organisation vor. In opportunistischer Manier sprang in jener Zeit General Batista auf den humanistisch-liberalen Zug auf, den die USA ins Rollen bringen wollten. Er wurde zum Präsidenten gewählt; seiner Regierung gehörten auch Vertreter der Sozialistischen Volkspartei, der kubanischen Kommunisten, an.

Im Kontext einer schweren politischen Krise putschte 1952 Batista gegen die schwache und korrupte Regierung von Präsident Prío, errichtete ein autoritäres Herrschaftssystem und setzte die Verfassung von 1940 außer Kraft.

Schon in seinem Manifest vom Juli 1957 hatte Fidel Castro als Führer der M-26 in der Sierra Maestra erklärt, an die Verfassung von 1940 anknüpfen zu wollen und versprach freie Wahlen. Diese sollten innerhalb eines Jahres nach Errichtung einer provisorischen Regierung erfolgen. Im April 1959 – bereits als Ministerpräsident – sprach Castro von einer Verschiebung der Wahlen; am 1. Mai 1960 wurden dann sowohl die liberale Demokratie als auch die dazugehörigen Wahlen von ihm als „dekadent" bezeichnet.

In der Folgezeit zog Fidel Castro die Legitimierung seiner Herrschaft durch öffentliche Akklamationen vor und lehnte Wahlen ab. Die *Plaza de la Revolución* mit Hunderttausenden von Kubanern, die ihm enthusiastisch zujubelten, wurde zum wichtigsten politischen Raum und zur entscheidenden Legitimationsquelle. Zugleich lehnte Castro jegliche Institutionalisierung der neuen Macht, z.B. auch rätedemokratische Strukturen, ab. Verweise auf die (reale) äußere Bedrohung sowie die Gefahr der Verbürokratisierung dienten ihm stets als Rechtfertigung dafür. Traditionelle paternalistische Muster blieben – nun in revolutionärer Umhüllung – Grundlage der politischen Struktur Kubas. Zwar schälte sich nach inneren Auseinandersetzungen eine einzige politische Organisation aus drei Parteien bzw. Bewegungen heraus. 1965 erhielt sie die Bezeichnung Kommunistische Partei Kubas (*PCC*) und übernahm die politische wie auch administrative Leitung des Staates. Jedoch blieben die autoritären Weisungs- und Gefolgschaftsbeziehungen, die mit der Person Fidel Castro verbunden waren, weiterhin das zentrale Element dieser Herrschaft.

Anfang der 70er Jahre wurde die politische Macht strukturiert und formalisiert. Diese „Institutionalisierung der Revolution" führte mit einer neuen Verfassung zur formalen

Trennung von staatlichen Funktionen und Parteiapparat. Interne Strukturen im Staatsapparat entstanden, die Wirtschaft erhielt ein „System der staatlichen Planung und Leitung"
nach sowjetischem Vorbild, und der Marxismus-Leninismus wurde zur herrschenden Ideologie erklärt. Im Dezember 1975 fand – 16 Jahre nach der Machtübernahme – der erste
Parteitag der *PCC* statt. Mit der Wahl Fidel Castros zum Vorsitzenden des Staatsrates, des
gemäß der Verfassung formell höchsten Organs, wurde im Dezember 1976 auf der ersten
Tagung der Nationalversammlung der Schlussstein in die übernommene realsozialistische
Machtstruktur eingefügt. Artikel 5 der neuen Verfassung erklärte die *PCC*, der in den 80er
Jahren zirka 500.000 Mitglieder und Kandidaten angehörten, zur führenden Kraft der Ge-
sellschaft. Seit Castros schwerer Erkrankung Ende Juli 2006 werden gezielt Rahmenbedin-
gungen geschaffen, damit eine Gruppe aus dem Partei- und Militärapparat das politische
Erbe antreten kann (siehe Staatsoberhaupt und Parteien und Parteisystem).

3   Staatsoberhaupt

Den Kampf um das höchste Staatsamt des Präsidenten prägten Korruption, manipulierte
Wahlen, militärische Auseinandersetzungen zwischen Regierung und Opposition und militärische Interventionen der USA. Mehrfach nahmen die USA Einfluss auf die Wahlen, bis
sie einen Marionettenpräsidenten, der ihre ökonomischen Interessen vertrat, installiert hatten. Die demokratische Fassade brach zusammen, als sich diktatorische Regime durchsetzten (Machado 1925 und Batista 1952).

Nach dem Sieg der Revolution begann eine in Kuba beispiellose Konzentration der
Macht auf eine Person. Als 1976 die Institutionalisierung des politischen Systems in Form
der Kommunistischen Partei abgeschlossen wurde, erklärte man deren ersten Sekretär –
Fidel Castro – zugleich zum Vorsitzenden des Staatsrates, d.h. Präsident des Landes, und
damit *ex officio* zum obersten Befehlshaber der Streitkräfte. Als Vorsitzender des Ministerrates (Regierung) steht Castro auch der Exekutive, einschließlich der Wirtschaft, vor.

Castros Macht basierte zugleich stets auf traditionellen paternalistischen Strukturen, in
deren Zentrum er selbst steht. Seine Machtausübung kann wohl am besten mit dem von
Max Weber entwickelten Konzept der charismatischen Herrschaft beschrieben werden.
Ende der 80er Jahre wandelte sich das System (wieder) zu einem autoritären Regime, in
dem der *Caudillo* Fidel Castro die alle und alles beherrschende Figur ist. Sein Charisma,
seine Ausstrahlung, gibt dem System trotz bröckelnder Legitimität angesichts des wirtschaftlichen Niedergangs, sozialer Auflösung und selektiver Repression immer noch Stabilität. Wir finden heute in Kuba weniger ein System mit leninistischen Kommandostruktu-
ren, sondern wieder eine personalistische Herrschaft vor.

Fidel Castro ist weiterhin von seiner Fähigkeit, das politische System in seinem Sinne
zu führen, tief überzeugt. Der Caudillo vertraut in seine rhetorische Kraft, in seine Fähigkeit, mit verschiedenen Fraktionen der politischen Elite und mit den Massen zu reden und
manchmal auch zu spielen. Um politisch zu überleben, ist er nun auch wieder zum Nationalismus konvertiert. Castro setzt auch darauf, dass trotz des fortgesetzten imperialen Anspruchs der USA Globalisierung und Fragmentierung der internationalen Strukturen weiterhin Räume für politische Autonomie, vor allem an der Peripherie, hervorbringen. „*Socialismo o Muerte*", Sozialismus oder Tod, wurde Ende der 80er Jahre die neue Formel, mit
der Fidel Castro seitdem seine Reden abschließt. Die Möglichkeiten für jene, die den Dia-

log suchen, sind in den letzten Jahren nicht besser geworden. Kontrolle durch den Staat ist das prägende Merkmal der Gesellschaft, nicht Autonomie gegenüber diesem (Gras Mediaceja 1995).

In den 80er Jahren, in der Zeit der „Korrekturbewegung", wurden die politischen Herrschaftsstrukturen (wieder) völlig auf die Person Fidel Castros zugeschnitten. Die Rolle des Zentralkomitees (ZK), dem 150 Mitglieder angehören, sank als Institution. Es ist heute hinsichtlich seiner politischen Bedeutung eher marginal. Unter der Losung des „Kampfes gegen die Bürokratie und für mehr Effektivität" hatte Castro 1990 die hierarchische Machtstruktur in der Partei „dynamisiert". ZK sowie Provinz- und Stadtkomitees der PCC wurden reduziert bzw. umstrukturiert. Im Juli 1992 wurde die Verfassung geändert, womit vor allem die konstitutionellen Rechte Castros als Vorsitzender des Staatsrates und Chef der Regierung erweitert wurden.

Zwei Wochen vor seinem 80. Geburtstag am 13.8.06 gab Fidel Castros erstmals in der gesamten Zeit seiner Herrschaft die Amtsgeschäfte ab. Eine Operation, so seine offizielle Erklärung, zwänge ihn, die drei wichtigsten Ämter an seinen nur fünf Jahre jüngeren Bruder Raúl zu übergeben. Dieser ist auch laut Verfassung sein Nachfolger. Auch wenn Castros wieder gesundheitlich genesen und danach die Amtsgeschäfte wieder aufnehmen wird, steht die Frage der Nachfolge immer dringlicher. Da es schwierig sein wird, den Platz der charismatischen Überfigur einzunehmen, bahnt sich gerade die Lösung einer kollektiven Führung an (siehe Partei und Parteiensystem).

4   Parlament

Das kubanische Parlament (*Asamblea Nacional*, Nationalversammlung) setzt sich aus 601 Abgeordneten zusammen, die sich auf einer Einheitsliste zur Wahl stellen. Die Abgeordneten wiederum wählen den 31köpfigen Staatsrat – oberstes Staatsorgan –, den Ministerrat als Regierung, den Obersten Gerichtshof und die Generalstaatsanwaltschaft. Im politischen System Kubas ist das Parlament jedoch ohne Bedeutung. So tritt die Nationalversammlung nur zweimal im Jahr zusammen und kann Staats- und Ministerrat – also die Entscheidungen Fidel Castros – daher kaum kontrollieren. Die beiden höchsten Regierungsorgane verschmelzen zu einem einzigen Machtorgan, in dem die politische Entscheidungsgewalt in wenigen Personen monopolisiert ist. Dieser Personenkreis steht unter der unangefochtenen Führung Fidel Castros und ist identisch mit den höchsten Kadern der PCC. Auch untergeordnete Ebenen wie Gemeinde- und Provinzparlamente besitzen innerhalb der hierarchischen Gliederung des demokratischen Zentralismus kaum politischen Einfluss.

5   Regierung und Verwaltung

Nach dem Sieg der Revolution dauerte es mehr als zehn Jahre, bis sich das heutige politische System herausbildete. Anfangs war es kaum institutionalisiert, sondern stark personalisiert und militarisiert. Als Dialogmittel zwischen Regierung und Bevölkerung gab es statt politischer Partizipation vorwiegend Massenmobilisierungen und Marathonreden Castros. Erst sechs Jahre nach dem Sieg der Revolution, 1965, wurde die *Partido Comunista de Cuba (PCC)* als einzige zugelassene Partei gegründet. Noch länger – bis 1976 – dauerte es, bis die erste Verfassung verabschiedet wurde. Die Einrichtung der *Poder Popular* (Volksmacht) schloss die Institutionalisierung des politischen Systems ab, das einen „demokratischen Zentralismus" nach sowjetischem Vorbild darstellte. Weder das weiterbestehende Charisma Fidel Castros noch dessen Anlehnung an die Caudillo-Tradition sind ein Grund, die Institutionalisierung des Regimes in den 70er Jahren nicht als totalitär zu charakterisieren. Zweifellos waren die Grundelemente eines solchen Systems vorhanden, wenngleich einige davon eher abgeleitet (Linz 2003). Die importierten realsozialistischen Strukturen erhielten eine „karibische Färbung". Nach der Verfassungsänderung von 1992, die zum einen das Wahlrecht demokratisierte, zum anderen aber Castro nahezu uneingeschränkte Machtbefugnisse zusprach, folgte 1994 eine Modernisierung der Verwaltung. Die bisherigen Ministerien und Verwaltungsämter wurden durch Rationalisierungsmaßnahmen verkleinert – bei gleichzeitigem Ausbau des Zentralismus.

6   Gesetzgebung

Nach der Verabschiedung der Verfassung von 1976 fand eine Konzentration der Entscheidungsgewalt auf die Führungsspitze der Kommunistischen Partei statt. Auf dieser obersten Hierarchieebene sind verschiedenen Ämter für das Erlassen von Gesetzen zuständig: der Staatsrat mit exekutiver und legislativer Verfügungsgewalt, der Ministerrat als oberstes Exekutiv- und Verwaltungsorgan, der Oberste Gerichtshof und die Generalstaatsanwaltschaft. Zwar werden diese Ämter von der Nationalversammlung gewählt. Auf die Gesetzesentwürfe hat sie aber kaum Einfluss; in der Regel bestätigt sie diese nur. Denn bei nur zwei Treffen jährlich werden ihre Aufgaben faktisch vom Staatsrat übernommen. Zudem besteht verfassungsrechtlich die Möglichkeit einer mehrfachen Ämterausübung, wovon Fidel Castro bis zu seiner Erkrankung auch reichlich Gebrauch machte.

7   Wahlen und Wahlrecht

In den ersten Jahrzehnten nach der Zeit der Unabhängigkeit standen die Wahllisten unter dem starken Einfluss der USA. Gute Beziehungen zur amerikanischen Elite, eine US-freundliche Politik und Korruption bestimmten oft den Wahlausgang. Wahlmanipulation war weit verbreitet. Das Wahlrecht der Ersten Republik (1902-1933) war sehr exklusiv. Bei den ersten Wahlen Anfang des 20. Jahrhunderts gingen nur knapp über 8% aller Einwohner zur Urne – vorwiegend weiße Männer (Zeuske 2000: 158). Ein Großteil der Schwarzen blieb von den Wahlen ausgeschlossen. Erst 1940 wurden Rassengleichheit und das gleiche und geheime Wahlrecht für Männer und Frauen in der neuen Verfassung festgeschrieben.

1976 etablierte sich mit der Institutionalisierung der Revolution ein Einparteiensystem, dessen Vertreter sich seither in einem Parlamentarismus sozialistischer Prägung zur Wahl stellen. Alle fünf Jahre kann die Bevölkerung die *Asamblea Nacional* wählen. Wahlberechtigt sind alle Kubaner über 16 Jahren. Wahlkommissionen der Massenorganisationen schlagen die Kandidaten der Einheitsliste vor. Die Wahlen sind seit der Verfassungsänderung von 1992 formal frei und geheim und beinhalten basisdemokratische Elemente: Auf der untersten Ebene, dem Gemeindeparlament, müssen die Kandidaten direkt von den Anwohnern nominiert werden und sich gegen andere Kandidaten durchsetzen. Die gewählten Abgeordneten stellen zur Hälfte die Kandidaten der übergeordneten Instanzen der Provinzparlamente sowie der Nationalversammlung. Doch haben weder Gemeinde- noch Provinzparlamente bedeutenden Einfluss auf die Regierung. Bisher stimmten jeweils über 90% für die Einheitsliste.

8   Parteien und Parteisystem

Im Jahre 1900, bei der ersten Wahl nach der Unabhängigkeit, setzten sich die 31 Abgeordneten der Konstituierenden Versammlung zum Großteil aus ehemaligen Generälen des Befreiungsheeres zusammen. Nach wenigen Jahren bildete sich ein Zwei-Parteien-System aus Liberalen und Konservativen heraus, die im Kampf um die Macht häufig zu militärischen Mitteln griffen. Selbst innerparteiliche Allianzen waren oft sehr fragil. Die politischen Eliten waren auf Sicherung ihrer Privilegien bedacht und ließen keine sozialen Reformen zu. So verbot man 1910 die Kandidatur der Unabhängigen Partei der Farbigen, die aus jenen farbigen Militärs bestand, die sich um die Früchte des Unabhängigkeitskampfes betrogen sahen. Der 1912 folgende bewaffnete Aufstand wurde blutig niedergeschlagen.

In den 20er Jahren entstanden neue Parteien und politische Organisationen, wie die Kommunistische Partei und die Studentenbewegung *Directorio Estudiantil Universitario.* Sie wurden mit allen Mitteln von den Machthabern bekämpft: durch Drohungen, Bestechungen und Mord, wie an Julio Antonio Mella, der die Kommunistische Partei gegründet hatte. Diese nannte sich in der Folgezeit „Sozialistische Volkspartei". Die Orthodoxe Partei, der auch Fidel Castro angehörte, entstand in den 40er Jahren.

Seit den 60er Jahren gibt es nur eine offizielle Partei in Kuba: Die Kommunistische Partei Kubas *(PCC).* Sie versteht sich als „Avantgarde der Arbeiterklasse und des ganzen Volkes, als oberste führende Kraft des Systems und der ganzen Gesellschaft". Ihre höchsten Gremien sind das Zentralkomitee und das daraus hervorgehende Politbüro. Beide werden auf dem Parteitag, der alle fünf Jahre stattfindet, gewählt. Die reale Machtsituation ist, dass die Führungsspitze um Fidel Castro Befugniserweiterungen durchsetzte und so für eine Machtkonzentration im Politbüro sorgte. Zugleich wurde das Zentralkomitee verkleinert und auf Repräsentationsfunktionen reduziert.

Der Kommunistischen Partei wurde ein System von Massenorganisationen wie die Gewerkschaft *CTC,* der Bauernverband *ANAP,* der Verband kubanischer Frauen *FMC* und der kommunistische Jugendverband *UJC* zugeordnet, die als „Transmissionsriemen" die Parteipolitik an die Basis vermitteln sollen. Darüber hinaus wurde mit den „Komitees zur Verteidigung der Revolution" *(CDR)* ein engmaschiges Informations- und Sicherheitsnetz geschaffen, das zugleich soziale Aufgaben des Staates – z.B. Verteilung von Nahrungsmitteln – in Wohngebieten übernahm. Den CDR gehören zirka 5,5 Millionen Kubaner an.

Innerhalb der Partei besteht ein starker Klientelismus mit klarer Hierarchie. Der plötzliche Aufstieg und der tiefe Sturz von politischen Exponenten des kubanischen Regimes, den wir immer wieder beobachten können, macht die unsichere soziale, politische und auch rechtliche Stellung der kubanischen Eliten deutlich. Jüngere Fachleute und Parteifunktionäre, die in den 90er Jahren eine politische Karriere machten, hatten vor allem eines gemeinsam – die enge persönliche Bindung zu Castro. Dafür steht auch Carlos Lage Dávila, der 1992 von Fidel Castro zum Exekutivsekretär des Ministerrates gemacht wurde und bis heute als faktischer Regierungschef dessen wichtigster ausführender Arm ist.

Castro hat Ende der 1980er/Anfang der 1990er Jahre die realsozialistischen Institutionen und Machtstrukturen, die zum Teil formal weiterbestehen, in ihrer Bedeutung zurückgefahren bzw. ihres früheren Inhalts entleert. Damit gelang es ihm, die politischen Strukturen aufzubrechen und auch zu dynamisieren. Nicht unerheblich war dabei, dass Castro durch jüngere Kräfte auch an Legitimität gewinnen konnte. Diese oftmals recht unkonventionell auftretenden Politiker verschafften ihm gerade bei jenen Jugendlichen und Intellektuellen etwas Legitimität, die sich dem Charisma des *Máximo Líder* immer mehr entziehen.

Ende 1996 kam es zu einem Schlag gegen die „Reformer" in der Partei. Es folgte eine Zeit des Dunkelmännertums, der Verhärtung und gezielten Repression. An die Stelle von „Apertura" trat nun die Forderung nach „Einheit und Geschlossenheit". Ein Überspringen des Reformgedankens von der Wirtschaft in die politische Realität des Landes sollte verhindert werden und dort, wo es bereits geschehen war, wurde der Funke mit Gewalt ausgetreten. Nach dem fünften Parteitag der KPK (1997) kam es zu weiteren Personalveränderungen in der Partei, speziell auf der Ebene der Provinzen, die als „Entbürokratisierung" und „Verjüngung" umschrieben werden.

Die reformunwilligen Kräfte dominieren bis heute das System, und ihre zentrale Bezugsperson ist Fidel Castro. Gegenwärtig gibt es in der politischen Elite Kubas keine relevanten Kräfte, die ein Reformkonzept formulieren bzw. an dessen Umsetzen arbeiten. Die heutige kubanische Elite ist stromlinienförmig in die personalistischen Strukturen eingepasst.

Mit der Erkrankung Castros im Sommer 2006 steht die Frage der Nachfolge immer dringlicher. Es scheint, dass nicht eine Person, sondern eine Gruppe aus dem Partei- und Militärapparat an die Spitze setzen wird. Dazu hatte Castro schon vor seiner Erkrankung die von ihm selbst Anfang der 1990er Jahre durchgeführte Paralysierung der Parteistrukturen, wie z.B. die Beseitigung des Sekretariats des ZK, beendet und nun wieder die Strukturen gestärkt. Für die Mitglieder des neuen Sekretariats (u.a. Raúl Castro) „ist der Erhalt des politischen Systems auf Kuba eine Herzensangelegenheit, weil sie diesem alles verdanken: ihre politische und wirtschaftliche Macht, ihre Privilegien." (Rüb 2006: 8)

9   Die Rolle des Militärs

Die zweite wichtige Gruppe in der kubanischen Elite ist das Militär. Obwohl formal in die Parteistrukturen eingebunden, muss man das Offizierskorps als eine besondere Gruppe mit eigenen Strukturen, Kompetenzen und auch Interessen sehen. Die entscheidende Rolle des bewaffneten Kampfes beim Sturz Batistas und anschließend bei der Sicherung der Revolution hat deren traditionell hohen sozialen Stellenwert in der kubanischen Gesellschaft noch verstärkt. Das Prestige des kubanischen Militärs erhöhte sich durch dessen „erfolgreiche Bilanz" in Äthiopien und Angola in den 80er Jahren. Im Unterschied zu den Funktionären in der Wirtschaft standen die „Helden der Schlacht von Cuito Cuanavale" in Angola im glänzenden Licht der kubanischen Öffentlichkeit (Dominguez 1991). Aber hier liegt auch deren potentielle Gefahr, die sie für Castros Herrschaft darstellen. Innerhalb des streng hierarchisch aufgebauten militärischen Systems mit seinen eigenen Befehlsstrukturen, Interessen und Loyalitäten existiert auch ein Humus für eigenständiges (politisches) Denken und für kompetentes und wirksames Handeln. Es ist diese latente Gefahr des Militärs als Institution, um die sich autoritäre Diktatoren und totalitäre Herrscher stets sorgten. Durch institutionelle Alternativen, wie den Aufbau paramilitärischer Milizen und/oder eine Politik von Zuckerbrot und Peitsche, soll dem entgegengewirkt werden. Auch die kubanischen Offiziere waren und sind in die privilegierten Versorgungskanäle des Systems eingebunden. Auslandseinsätze halfen in der Vergangenheit, weitere Stufen auf der Privilegienleiter zu erklimmen. Dass es stets auch der „harten Hand" bedarf, zeigte sich Ende der 80er Jahre im Schauprozess mit anschließender Erschießung des hochdekorierten Generals Arnaldo Ochóa. Nach dieser schockartigen „Disziplinierung" des Militärs wurde die politische Kontrolle über diese Institution verstärkt; zugleich erhielt das Militär die Möglichkeit, sich zu „rehabilitieren". Es begann eine Militarisierung der kubanischen Politik. Militärs wurden in den zivilen und wirtschaftlichen Verwaltungen des Landes eingesetzt. Immer wieder werden Generäle an die Stelle von Zivilisten auf Ministersessel gesetzt. Auch in den höheren Parteistrukturen kann diese Militarisierung beobachtet werden: Ein Drittel des Politbüros gehört mittlerweile dem Militär an. Zudem kontrolliert die Armee weite Teile der strategisch bedeutenden Wirtschaftssektoren Tourismus, Nickelförderung und Zuckerindustrie.

10   Interessenverbände und Kirchen

In den 20er Jahren wichen die militärischen Auseinandersetzungen mehr und mehr anderen Formen politischer Einflussnahme: der Wahlrechtsbewegung der Frauen, Landbesetzungen, Terroranschlägen radikaler studentischer Gruppen sowie Gewerkschaftsbewegungen. Vor allem die Gewerkschaften stiegen zu einem wichtigen Forum für soziale und auch politische Forderungen auf. 1925 schlossen sich 128 Gewerkschaften mit insgesamt 200.000 Mitgliedern zum ersten nationalen Dachverband zusammen. In der Folgezeit waren Streiks ein gefürchtetes politisches Druckmittel, gegen das mit Repression seitens der Machthaber vorgegangen wurde. Machado und Batista ließen die Gewerkschaften gar verbieten. Trotzdem war es ein Generalstreik, der 1959 zu Batistas Sturz beitrug.

Heute sind die Gewerkschaften fest in das sozialistische Parteigefüge integriert und der Einheitsgewerkschaft *CTC* untergeordnet. Sie soll über die Repräsentanten des kubanischen Parlaments die Rechte der Werktätigen – sowohl des privaten als auch staatlichen Sektors – vertreten. Es gilt in Kuba ein einheitliches Arbeitsrecht mit Acht-Stunden-Tag, Urlaubsanspruch, Überstundenregelung und Sozialgesetzgebung. Als Massenorganisation können die Gewerkschafter an den Verwaltungsräten der Ministerien und Betriebe teilnehmen, wo sie Mitsprache- und Wahlrecht haben. 1994 wurden „Arbeiterparlamente" eingerichtet, die in den Betrieben die Reformvorschläge der Nationalversammlung diskutieren und modifizieren sollten. Die von der Regierung proklamierten Mitbestimmungsmöglichkeiten in Form von Betriebsversammlungen haben sich aber als sehr unpopulär erwiesen.

Die katholische Kirche wurde mit dem Hinweis auf eine „konterrevolutionäre Haltung" nach der Revolution in ihrer Tätigkeit erheblich eingeschränkt. Zwar ließ man bekennende Christen ihren Glauben praktizieren,doch hatten sie bis in die 90er Jahre mit Benachteiligungen zu rechnen; Aufstiegsmöglichkeiten in höhere Positionen blieben ihnen verwehrt. Mitte der 80er Jahre, als die linksgerichtete soziale Bewegung der *Theologie der Befreiung* in Süd- und Mittelamerika aufkam und ein Interview des brasilianischen Befreiungstheologen Frei Betto mit Fidel Castro als Buch erschien, fand eine erste vorsichtige Annäherung statt.

Heute bietet die katholische Kirche, die seit dem Papstbesuch 1998 Auftrieb bekommen hat, soziale und politische Nischen jenseits von Staat und Partei. Mit ihrer Hilfsorganisation *Caritas* stellt sie nach dem Staat die größte soziale Institution auf der Insel. Kritik an der Politik der Regierung hat in diesem Forum deutlich zugenommen. Zwar tritt die Kirche heute für Dialog und sozialen Ausgleich ein und mindert durch die Verteilung von Hilfsgütern die Versorgungsnot spürbar. Doch ein bedeutender Anteil der Spenden, welche die Kirchen mittlerweile verteilen, stammt von Exilkubanern.

Vor allem die *Santería* – eine synkretistische afrokubanische Religion – hat seit Anfang der 90er Jahre stark an Popularität gewonnen. Sie dient den Menschen als Stütze und Orientierung im harten kubanischen Alltag. Da sie auf diese Weise deren Durchhaltevermögen steigert, ist sie durchaus kompatibel zum herrschenden politischen System. Zudem stellt die *Santería* keine Organisation mit politischen Zielen dar und bildet daher kein Forum für politische Opposition.

11 Massenmedien

Nach der Machtübernahme 1959 wurden nach und nach alle privaten „konterrevolutionären" Medien geschlossen oder verstaatlicht. Charakteristisch bei der Herausbildung des realsozialistischen Systems war das hohe Maß an Abgeschlossenheit der kubanischen Gesellschaft durch ein festes Informationsmonopol des Staates. Darauf wird bis zum heutigen Tag mit Argusaugen geachtet. So lassen die wenigen staatlichen Zeitungen keine Meinungsvielfalt zu. Das Sprachrohr der Partei ist die *Granma.* Auch der Zugang zum Internet und zu ausländischer Presse ist begrenzt und für Privatpersonen sehr schwierig.

12 Politische Kultur und Partizipation

Ein Hort kritischen Gedankengutes und politischen Widerstandes waren auf Kuba seit Beginn des 20. Jahrhunderts die Universitäten. Von autoritären Herrschern wie Machado oder Batista wurden sie daher stets argwöhnisch beobachtet und teilweise geschlossen. Vor der Revolution hatte aber nur ein Teil der Bevölkerung Zugang zu kulturellen Institutionen. Die Insel diente den USA in den 50er Jahren als Brückenkopf, um ganz Lateinamerika mit ihren kulturellen Produkten zu überschwemmen. Staatliche Mittel für kubanische Künstler schraubte man dagegen immer mehr zurück. Eigene Verlage gab es nicht.

Nach der Revolution kam es zu einem staatlich gelenkten Ausbau der Kultur. Institutionen wie die *Casa de las Américas* (1959), die nationale Filmindustrie *ICAIC* (1959) und der kubanische Schriftsteller- und Künstlerverband *UNEAC* (1961) wurden ins Leben gerufen. 1962 folgte die Kunsthochschule, 1967 das *Instituto Cubano del libro* und 1976 das *Instituto Superior de Arte.* Einige dieser Institutionen, wie die *Casa de las Américas,* erreichten regionale Bedeutung. Kuba entwickelte sich zu einem regional einflussreichen Filmland. Noch heute findet alljährlich in Havanna das Festival des Neuen Lateinamerikanischen Films statt. Die Hauptstadt avancierte zu einem bedeutsamen Treffpunkt linker lateinamerikanischer Autoren. Es entstanden staatlich geförderte Künstlerdörfer, diegute Arbeitsmöglichkeiten boten, aber auch unter staatlicher Kontrolle standen. Die neue Kulturpolitik brachte mobile Künstlergruppen bis in den hintersten Winkel des Landes. Durch die staatliche Förderung konnten sich viele Künstler vom Vermarktungszwang ihrer Produkte frei machen. Allerdings erlebte die künstlerische Freiheit hinsichtlich der politischen Zensur eher Tiefen. Castros „Worte an die Intellektuellen", welche die Meinungsfreiheit thematisieren, schließen mit dem Satz: „Innerhalb der Revolution: alles. Gegen die Revolution: nichts." Und dabei gibt es einen breiten Auslegungsspielraum – für die Mächtigen.

In den frühen 60er Jahren war der Staat relativ tolerant gegenüber abweichenden Meinungen, doch bereits Ende der 60er Jahre und dann mit der Annäherung an die Sowjetunion in den 70er Jahren begann die dogmatische Phase der offiziellen kubanischen Kultur. Das sowjetische Modell hielt in fast alle gesellschaftlichen Bereiche Einzug, und die Kreativität erlitt durch diesen „sozialistischen Realismus" einen Rückschlag. Man spricht vom „grauen Jahrfünft" der 70er Jahre, das durch die Padilla-Affäre 1968 eingeleitet wurde (der Schriftsteller wurde trotz eines kubanischen Literaturpreises wegen konterrevolutionärer Tätigkeit festgenommen und musste öffentlich Selbstkritik üben). Dies rief einen internationalen Proteststurm hervor und bewog viele Schriftsteller dazu, die Insel zu verlassen. Zwar entstanden in den 80er Jahren wieder mehr Freiräume, doch hatte die Regierung gezeigt, dass jegliche Definitionsmacht über politische und kulturelle Äußerungen bei ihr lag.

In der heutigen kubanischen Gesellschaft sind die künstlerischen Freiräume sehr gering. Dies nicht nur, weil die Wirtschaftskrise die Produktionsmöglichkeiten einschränkt, sondern auch, weil die Angst vor einem gesellschaftlichen Umbruch bei den Eliten gewachsen ist. Insbesondere Universitäten und Forschungsinstitute werden seit Mitte der 90er Jahre umstrukturiert und ebenso wie ihre Veröffentlichungen einer strengeren Kontrolle unterzogen. Das hat zum Einstellen von Publikationen geführt.

Das politische Bild, das Kuba am Ende des 20. Jahrhunderts bietet, trägt die deutlichen Züge autoritärer Herrschaft (Linz 2003, Krämer 2001, Dominguez 1997). Das wirtschaftliche Unvermögen, selbst die staatlich zugesicherten Rationen zu gewährleisten, die Öffnung für das Auslandskapital und die Touristenströme reduzieren den umfassenden politischen Anspruch. Die Schattenwirtschaft wird geduldet, ja akzeptiert. Der Staat lässt seinem Bürger wieder Nischen, vor allem wirtschaftliche, aber auch religiöse. Aufmärsche von Hunderttausenden werden aus Kostengründen abgesagt. An die Stelle der marxistisch-leninistischen Ideologie ist ein messianisch anmutender kubanischer Nationalismus getreten. Zu diesen autoritären Zügen gehört auch ein „begrenzter und unverantwortlicher Pluralismus" (Linz), der keine wirklich autonomen und selbständig auftretenden Akteure als Mitspieler in den politischen Raum lässt. Gegenüber jenen, die den Anspruch formulieren, am politischen Prozess teilzunehmen, und mit eigenen Projekten für eine Reform des Systems auftreten, handelt die kubanische Führung gezielt und kompromisslos mit Härte. Fidel Castro hatte frühzeitig warnend verkündet, dass man keine „polnischen Verhältnisse" gestatten werde. Anfang 1996 hatte sich mit dem *Concilio Cubano*, dem „Kubanischen Rat", erstmals eine lose Dachvereinigung formiert, der kleinere Gruppen und Bewegungen unterschiedlicher ideologischer Ausrichtung angehören. Deren Gründung wurde offiziell verboten, ihre Aktivisten verhaftet und zum Teil auch verurteilt.

Hartes Durchgreifen gilt sowohl gegen Reformer in der Partei, wie 1996, als auch gegen jene oppositionellen Gruppen, die sich in den letzten Jahren (immer wieder) gegründet haben. Gegenwärtig gibt es eine Vielzahl von oppositionellen Gruppierungen, wobei keine genauen und verlässlichen Angaben vorhanden sind. Trotz ideologischer und zum Teil personeller Divergenzen sprechen sich die oppositionellen Gruppen im Lande für einen Dialog aller politischen Kräfte und einen friedlichen Übergang zu demokratischen Verhältnissen mit Gewährleistung sozialer Sicherheiten sowie gegen das US-Embargo aus.

Ende der 80er/Anfang der 90er Jahre nahmen zwar einerseits die Mechanismen realsozialistischer Prägung ab, aber andererseits blieben typische Herrschaftsmomente totalitärer Systeme, wie die Ideologisierung und Mobilisierung der Massen, noch erhalten. Selektiv wurde gegen politische Gegner vorgegangen, wobei vor allem die „Brigaden der schnellen Antwort" zur Terrorisierung von Andersdenkenden genutzt wurden. Diese „mobilen Eingreiftruppen" bringen in „spontanen Aktionen" vor den Wohnungen von Dissidenten „Volkes Wille" zum Ausdruck. Mit besonderer Härte geht das Regime gegen Oppositionelle dann vor, wenn diese ideologisch (oder gar personell) aus der Kommunistischen Partei entstammen. Im März 2003 kam es zu einer Repressionswelle, als 75 Dissidenten in Schnellverfahren unter Ausschluss der Öffentlichkeit zu drakonischen Haftstrafen verurteilt wurden. Zudem wurden drei Entführer einer Fähre hingerichtet.

Angesichts jahrzehntelanger Bedrohung von außen stigmatisiert die Regierung Oppositionelle schnell als Diener des Yankee-Imperialismus und attackiert sie als „fünfte Kolonne des Feindes". Mit jeder Verschärfung der US-Außenpolitik kann sie ein härteres Eingreifen gegen Dissidenten rechtfertigen. Tatsächlich versucht das Exil seit längerem, durch den Aufbau von Dissidentengruppen Kuba politisch zu destabilisieren. Der US-Kongress unterstützt die Finanzierung von Dissidenten, und Präsident Bush kündigte noch deren Verstärkung an. Damit befinden sich die kubanischen Oppositionellen im Spannungsfeld zwischen staatlicher Repression und US-amerikanischer Instrumentalisierung. Da ihre einzige Lobby (in Form von Geldern und Veröffentlichungsmöglichkeiten) in den USA sitzt, haben sie kaum Möglichkeiten, glaubhafte Regierungsalternativen zu entwickeln, die weiterhin soziale Standards und nationale Unabhängigkeit garantieren.

Eine bedeutendere Form sozialer Kritik ist die seit der *Período Especial* schnell wachsende Hip-Hop-Szene. Die Rapper werden zwar nicht staatlich gefördert, aber toleriert, da sie keine Verbindung zu Dissidenten haben und sich mit ihren Texten nicht direkt gegen die Regierung wenden, sondern die harte Alltagsrealität thematisieren. Wenn es dann aber zu einer Politisierung der Texte kommt, folgt meist das Exil.

13 Justiz und Rechtssystem

Die Politik Kubas war in den ersten Jahrzehnten nach der Unabhängigkeit gekennzeichnet durch die Nichtbeachtung von oder den offenen Verstoß gegen Gesetze. Besonders prägnante Beispiele hierfür waren das weit verbreitete Patronagewesen, Machados Erlass von Notstandgesetzen und die Schaffung eines rechtsfreien Raumes durch paramilitärische Einheiten sowie Batistas Aussetzen der Verfassung von 1940.

Das heutige System des „demokratischen Zentralismus" beruht auf dem Prinzip der Gewalteneinheit. Die Weisungsbefugnis der jeweils übergeordneten Instanz ist auch formal verankert. Gemäß des hierarchischen Partei- und Staatsaufbaus steht auch das Rechtssystem unter der Kontrolle einer kleinen politischen Elite, allen voran Fidel Castro, der unter anderem den Obersten Gerichtshof und die Generalstaatsanwaltschaft kontrolliert. Formal garantiert der kubanische Staat seinen Bürgern in der Verfassung verankerte Rechte (z.B. kostenlosen Zugang zu Bildung und Gesundheitsversorgung). Zugleich kommt immer stärker die repressive Seite der Gesetzgebung zum Vorschein. Um die angeschlagenen Werte der Revolution zu erhalten, gibt es nicht nur ideologische Kampagnen, sondern auch Gesetzesverschärfungen (Migrationsgesetz von 1997, das den Zuzug nach Havanna erschwert, Ausweiskontrollen verschärft und illegale Migranten in ihre Heimatprovinzen zurückschickt). Ebenso wird die Politik gegenüber dem Privatsektor restriktiver, wie Steuererhöhungen, verschärfte Kontrollen und Strafen und das Zurückschrauben bereits zugelassener Liberalisierungen zeigen. Auch bei seinem Erlass des Verbots des Bettelns in Städten und der Verschärfung des Arbeitsrechts – mit fristlosen Kündigungen als Sanktionsmittel – zeigt der Staat ein autoritäres Gesicht. In diesem Zusammenhang ist auch das verschärfte Überwachen und Vorgehen gegen oppositionelle Gruppen zu sehen. Die Tendenz zur politischen Verhärtung und selektiven Repression erreichte in Kuba am Ende des Jahrhunderts einen traurigen Höhepunkt. Mit dem „Gesetz zum Schutz der nationalen Unabhängigkeit und der Wirtschaft Kubas" vom 15. März 1999 wurden seitdem „unpatriotische Kräfte" mit diffusen Vorwürfen zu langjährigen Strafen verurteilt (und dann nach politischer Opportunität wieder freigelassen).

14   Regionen und Kommunen

Die Provinzeinteilung im Kuba der Kolonialzeit entsprach dem West-Ost-Entwicklungsgefälle: Die drei Westprovinzen (Pinar del Río, Havanna und Matanzas) besaßen trotz ihrer geringeren Fläche wesentlich größere politische und wirtschaftliche Bedeutung als die Provinzen Zentralkubas und des Ostens (Las Villas, Camagüey und Oriente). Nach der Revolution war es das Hauptziel des sozialistischen Staates, die regionalen Disparitäten abzubauen und den Stadt-Land-Gegensatz aufzuheben. Im Zuge der Institutionalisierung wurden die ursprünglich sechs Provinzen 1976 verkleinert und neu aufgeteilt. Heute hat Kuba 14 Provinzen: Pinar del Río, Provinz Havanna, Stadt Havanna, Matanzas, Cienfuegos, Villa Clara, Sancti Spíritus, Ciego de Ávila, Camagüey, Las Tunas, Holguín, Granma, Santiago de Cuba und Guantánamo. Dazu kommt die Sonderzone der Isla de la Juventud. Die Provinzen unterteilen sich auf kommunaler Ebene in *Municipios*.

Eng mit dieser administrativen Einteilung verbunden war die Einführung des Systems der „Volksmacht" (*Poder Popular),* vertreten durch parlamentarische Gremien auf lokaler, regionaler und nationaler Ebene. Seit der Verfassungsänderung von 1992 wurden die direkten Wahlen der Bevölkerung von der Gemeindeebene auch auf die Provinz- und Nationalversammlung ausgeweitet. Der zentralistische Machtaufbau lässt den *Municipios* jedoch wenig bis keine Autonomie.

Die erfolgreiche Förderung der ländlichen Regionen wirkte lange Zeit der Metropolisierung entgegen. 1997 musste allerdings ein Migrationsgesetz erlassen werden, um die sprunghaft angestiegene Landflucht in die Hauptstadt Havanna einzudämmen. Dass dies nur begrenzt gelingt – trotz Verschärfung der Kontrollen und Verweigerung der *libreta* für illegale Migranten – weist auf eine überproportionale Verschlechterung der ländlichen Lebensbedingungen seit der *Período Especial* hin. Die meisten Migranten kommen aus den nach wie vor ärmeren Ostprovinzen. Längerfristig ist zu erwarten, dass sich die regionalen Disparitäten durch Zuwanderung in die größeren Städte und Tourismuszentren wieder verstärken werden.

15   Internationale Beziehungen

Lange Zeit waren die Außenbeziehungen der Insel von Fremdbestimmung und vom Hege-
monialanspruch der USA bestimmt. Bereits 1823 hatten diese offen Interesse an Kuba be-
kundet: Die „reife Frucht" Kuba müsse der Gravitation der Vereinigten Staaten ebenso
gesetzmäßig folgen wie ein zu Boden fallender Apfel. Nach dem Sieg im Spanisch-
Amerikanischen Krieg 1898 konnten die USA ihre Kontrolle über die wichtigsten Wirtschaftssektoren ausbauen.

Durch die Intensivierung der bilateralen Handelsbeziehungen bezog die Insel in den
1920er Jahren schon mehr als zwei Drittel seiner Importe aus den USA. Neben den Impor-
ten strömte auch immer mehr US-Kapital ein – vor allem in die *Centrales* des Zuckersektors. 1928 beherrschten US-Firmen drei Viertel der kubanischen Zuckerproduktion. Doch
nicht nur im Zuckersektor dominierten die USA. Kuba wurde für die US-amerikanischen
Konzerne zum wichtigsten Investitionsfeld; ein Viertel aller US-Investitionen in ganz Lateinamerika konzentrierten sie auf der Insel, und bis 1925 legten sie mehr Kapital als in
Mexiko und Zentralamerika zusammen an (Zeuske 2000: 169). Bald hielt man alle bedeutenden Wirtschaftssektoren fest in der Hand: Zucker, Bergbau, Bankenwesen, Bauwirt-
schaft und nicht zuletzt Tourismus, wuchs doch im Zuge der „roaring twenties" in den USA
die Mittelschicht mit ihrem unbändigen Appetit auf Urlaub und Vergnügung.

Sein größtes Ausmaß nahm der Touristenstrom in den 20er und dann vor allem in den
50er Jahren an, als 300.000 US-Amerikaner jährlich von Varaderos Traumstrand und Ha-
vannas Clubs, Bars und Casinos angezogen wurden (Pérez 1997: 222). Gebäude wie das
Capitolio und die *Nacional City Bank* brachten als Wahrzeichen amerikanischer Kultur die
US-Hegemonie zum Ausdruck. Die kulturelle Überformung wurde durch das Reziprozitätsabkommen noch begünstigt, denn zusammen mit der Flut US-amerikanischer Konsumgüter drang auch der „American way of life" ein. Die Zugpferde des Tourismus hießen „Sex,
Drugs and Roulette". Doch als der „Schwarze Freitag" 1929 die Weltwirtschaftskrise einläutete, war es mit der Party erst einmal vorbei.

Nach dem Sieg der Revolution von 1959 kam es zu außenpolitischen Auseinandersetzungen zwischen Kuba und den USA, die spiralenförmig zur Verschlechterung des bilateralen Verhältnisses und schließlich am 3. Januar 1961 zum Abbruch der diplomatischen Beziehungen führten. Das ist der Stand bis heute.

In den USA bauten die exilkubanischen Eliten Strukturen auf, mit denen sie Castro
stürzen wollten. Sabotageakte und terroristische Anschläge gingen seither auf ihr Konto, oft
in Kooperation mit der CIA. Die *Exiliados* planten den Sturz Fidel Castros durch die militärische Schweinebucht-Invasion im April 1961. US-Präsident Kennedy lehnte zwar eine
direkte US-Beteiligung ab. Doch wurden die Söldner – größtenteils Angehörige der ehemaligen kubanischen Mittel- und Oberschicht – mit Hilfe der CIA in Trainingslagern ausgebildet und ausgerüstet. Man glaubte, einen Volksaufstand entfachen und die kubanische
Bevölkerung zum Überlaufen zu den Söldnern der Brigade 2506 bewegen zu können. Das
war ein Fehlschluss. Die Exilkubaner waren binnen 72 Stunden geschlagen.

Die USA verstärkten zugleich den regionalen Druck auf Kuba. Die Revolution sollte
in der Region isoliert werden. Dazu nutzte man ein bewährtes Instrument – die Organisation amerikanischer Staaten (OAS). Im Januar 1962 wurde auf einer OAS-Tagung in Punta
del Este das kubanische System als unvereinbar mit den interamerikanischen Strukturen
angesehen und Kuba von der weiteren Teilnahme am interamerikanischen System ausge-

schlossen. Bis auf Mexiko brachen die Staaten Lateinamerikas die diplomatischen Beziehungen zu Kuba ab.

Im Oktober 1962 kam es zu einem internationalen Konflikt, der fast in den Dritten Weltkrieg gemündet wäre. US-Aufklärungsflugzeuge hatten am 16. Oktober 1962 auf Kuba sowjetische Mittelstreckenraketen entdeckt. Die USA wollten diesen sowjetischen Zug im atomaren Schach des Kalten Krieges nicht akzeptieren. Präsident Kennedy verhängte eine Seeblockade Kubas, sowjetische Schiffe standen der US-Navy gegenüber. Die Streitkräfte beider Seiten wurden in Kampfbereitschaft versetzt. Die Kuba-Krise drohte zum atomaren Schlagabtausch zu führen. Nach einem zähen Verhandlungspoker zog die Sowjetunion unter Chruschtschow die Raketen ab, während die USA sich im Gegenzug dazu verpflichteten, in Zukunft keine militärischen Invasionen nach Kuba zu unterstützen. Die USA verlegten fortan ihre Aggression auf die wirtschaftliche Ebene.

Im Gegenzug wurde Kuba als Mitglied der Blockfreienbewegung gegenüber den Entwicklungsländern sehr aktiv und unterstützte militärisch und wirtschaftlich Revolutionsbewegungen in Afrika und Lateinamerika (Algerien, Kongo und Nicaragua). In den 60er Jahren intensivierte Kuba seine Beziehungen zu den sozialistischen Ländern, vor allem zur UdSSR und zur Volksrepublik China. Mit der Spaltung innerhalb der kommunistischen Bewegung in den 60er Jahren verstärkte Kuba dann sein Verhältnis zu China. Diplomatische Beziehungen zur DDR wurden – unter scharfem Protest des bundesdeutschen Botschafters – im Jahre 1963 aufgenommen. Nach der Kuba-Krise waren die Beziehungen zur Sowjetunion deutlich abgeschwächt. Castro bezeichnete den Rückzug der Raketen als Verrat Chruschtschows. Das änderte sich Ende der 60er Jahre. Den sowjetischen Einmarsch in Prag begrüßte Castro, und ab 1970 wurde man Teil der „sozialistischen Staatengemeinschaft".

Im Außenhandel suchte und fand man die Alternative im sozialistischen Lager (1972 Aufnahme in den *Rat für gegenseitige Wirtschaftshilfe)*. Der *RGW,* insbesondere die Sowjetunion, übernahm nun die Rolle des bedeutendsten Handelspartners. Ende der 80er Jahre signalisierte die Führung der UdSSR jedoch ihre reduzierte Fähigkeit und sinkende Bereitschaft, durch zusätzliche Leistungen die Krise in Kuba zu beheben. Mit dem Ende des Kalten Krieges sank der strategische Stellenwert Kubas für die UdSSR fast auf den Nullpunkt. Nach dem Ende der Sowjetunion 1991 hatte „der Erbe" Russland wenig Interesse für die Karibikinsel. Der Zusammenbruch des RGW Anfang der 90er Jahre versetzte der kubanischen Wirtschaft einen schweren Schock. Das (verschärfte) US-Handelsembargo wurde jetzt erstmals in voller Härte spürbar. Wieder musste der Außenhandel umgelenkt werden, diesmal in Richtung kapitalistischer Weltmarkt, wobei die hohe Auslandsverschuldung erschwerend im Weg stand. Trotzdem gelang nicht nur die Reintegration in regionale Wirtschaftsblöcke, sondern auch der Auf- und Ausbau von bilateralen Handelsbeziehungen zur EU, vor allem mit Spanien, sowie zu Kanada und Mexiko. Im Rahmen der außenwirtschaftlichen Öffnung versuchte man, mit einem neuen Investitionsgesetz von 1993, ausländische Investoren ins Land zu locken, ohne das System der Planwirtschaft anzutasten. Dadurch bildete sich ein duales Wirtschaftssystem aus weiterhin staatlich gelenkter Binnenwirtschaft und abgekoppelten exportorientierten Devisen-Enklaven (Nickel- und Erdölförderung, Telekommunikation und Tourismus) heraus.

In den Beziehungen zwischen EU und Kuba trat dabei ein Antagonismus von politischer Distanzierung und Intensivierung des wirtschaftlichen Austausches auf. Der ökonomische Protagonismus der EU hat keineswegs zu einer Intensivierung des politischen Dialogs geführt. Denn auch die EU setzt auf eine gewisse politische Konditionalität, was Kuba als „Einmischung in innenpolitische Angelegenheiten" ablehnt. So scheiterten im Jahr 2000 Verhandlungen zu einem multilateralen Kooperationsabkommen an der einstimmigen EU-Verurteilung Kubas wegen Menschenrechtsverletzungen (Gratius 2001: 193ff). Außerdem stehen die Demokratieklauseln der EU – die anders als im Falle Chinas oder Vietnams sehr restriktiv angewendet werden – wie eine unüberbrückbare Barriere im Raum. Der „Demokratisierungskurs" der EU ist aber ein anderer als jener der USA. Die EU erkennt die nationale Souveränität Kubas an und verfolgt mit ihrer Wirtschaftskooperation einen graduellen Wandel zu demokratischen Reformen und nicht einen radikalen Regimesturz (wie beispielsweise im US-amerikanischen Helms-Burton-Gesetz formuliert). Trotzdem wurde im US-Gesetz lediglich die Komponente, die die eigenen Wirtschaftsinteressen gefährdet, verurteilt und nicht die darin enthaltene rechtswidrige Einmischung in innere Angelegenheiten. Die jüngste politische Eiszeit zwischen der EU und Kuba entstand 2003 durch die sogenannte „Cocktail-Krise". Die EU verschärfte nach einer Verhaftungswelle auf Kuba ihre Vorwürfe der Menschenrechtsverletzung und lud in ihren Botschaften Dissidenten ein. Beide Seiten stellten daraufhin den diplomatischen Kontakt ein. Erst Anfang 2005 setzte die EU angesichts der Freilassung einiger Dissidenten die Einschränkung ihrer diplomatischen Kontakte aus.

Auch zu fast allen lateinamerikanischen Ländern haben sich die bilateralen Beziehungen verbessert. Es begann Mitte der 70er Jahre, als die Bestimmungen der OAS aufgehoben wurden und die Mehrzahl der Staaten der Region wieder diplomatische Beziehungen zu Kuba aufnahm. Nach dem Sturz vieler Militärdiktaturen verstärkte sich die Kooperation Kubas in der Region.

Mit dem „Linksruck" in Lateinamerika seit Beginn dieses Jahrhunderts konnte auch Kuba seine bilateralen Beziehungen zu verschiedenen Staaten deutlich intensivieren. Das gilt besonders für die Beziehung zu Venezuela. Ende 2004 unterzeichnete Kuba ein Abkommen mit Venezuela, das im Rahmen der *Bolivarianischen Alternative für die Amerikas (ALBA)* einen Gegenentwurf zur *Gesamtamerikanischen Freihandelszone (ALCA)* darstellt. Kuba erhält zu Vorzugsbedingungen Erdöl und schickt dafür 20.000 Ärzte.

Im Verhältnis zu den USA gab es in den 90er Jahren Phasen der Verbesserung (an konkreten Fragen) und der Verhärtung (bei generellen ideologischen Problemen). Die katastrophale Wirtschaftssituation der 90er Jahre führte 1994 auch zu einer Flüchtlingskrise, bei der die gestörten Beziehungen zwischen der Karibikinsel und seinem nördlichen Nachbarn (erneut) zum Ausdruck kamen. 1966 hatten die USA den *Cuban Adjustment Act* erlassen, der jedem kubanischen Flüchtling die Aufenthaltsgenehmigung in den USA garantierte. Seither versuchte eine gezielte Propaganda des exilkubanischen Senders *Radio Martí,* die Auswanderung zu fördern. Vor dem Hintergrund der schweren Wirtschaftskrise fiel diese im August 1994 auf fruchtbaren Boden und löste erstmals seit der Revolution wieder Unruhen in Havanna aus. Wenige Tage später legalisierte Castro in einem taktischen Schachzug die Auswanderung: Kuba könne die Grenze zu den USA nicht mehr länger verteidigen. Es gelang ihm damit, die USA unter Druck zu setzen und gleichzeitig ein Ventil für die steigende Unzufriedenheit im eigenen Land zu schaffen. Viele Kubaner versuchten, die Möglichkeit zur Flucht zu nutzen. Auf selbstgebauten Flößen wagten sich über 30.000 *Balseros* auf den gefährlichen Weg zum 90 Meilen entfernten Florida.

Die USA, die durch ihr Embargo mit zur Verschärfung der Lebensumstände beigetragen hatten, machten bereits zwei Wochen später ihre Grenzen dicht. Die Flüchtlinge, die bisher einen Sonderstatus als politisch Verfolgte genossen hatten, wie Helden gefeiert und mit zahlreichen Eingliederungsbeihilfen verwöhnt wurden, fanden sich plötzlich auf einem Schiff Richtung US-Basis Guantánamo wieder, wo sie zusammen mit haitianischen Flüchtlingen in Zeltstädten untergebracht wurden. Seither werden nur noch Flüchtlinge, die das amerikanische Festland erreichen, aufgenommen; alle auf See aufgegriffenen Kubaner dagegen nach Kuba zurückgeschickt. Zwar erklärten sich die USA im 1994 zwischen beiden Staaten abgeschlossenen Migrationsabkommen bereit, jährlich 20.000 legale Visa auszustellen. Doch diese Zahl wird seit Jahren nicht eingehalten und ist in letzter Zeit sogar rückläufig.

Die USA versuchten zugleich, Kubas Reintegration in den Weltmarkt durch Verschärfung der Wirtschaftsblockade zu verhindern, obwohl diese gegen internationales Handelsrecht verstößt und regelmäßig von der Mehrheit der Staaten auf der UN-Vollversammlung abgelehnt wird. Der *Toricelli-Act* von 1992 untersagt auch den in Drittländern ansässigen Tochtergesellschaften US-amerikanischer Firmen den Handel mit Kuba. Das Embargo wurde nun auch auf Medikamente und Lebensmittel ausgeweitet. Ferner dürfen Schiffe, die Kuba angelaufen haben, für sechs Monate in keinem Hafen der USA anlegen.

Maßgeblich beeinflusst wird die amerikanische Außenpolitik durch die ökonomisch äußerst einflussreichen Exilkubaner, die aufgrund der Bedeutung Floridas bei US-Präsidentschaftswahlen auch politisch ein Machtfaktor sind (über eine Million Kubaner leben in den USA). Jahrelang waren die Hardliner der rechten *Cuban American Nacional Foundation (CANF)*, einer dollarschweren, gut organisierten Lobby-Organisation, tonangebend in der Kuba-Politik. Seit dem Tod der charismatischen Führungsperson Mas Canosa 1997 verliert die CANF zwar an Einfluss. Doch zuvor leiteten die Hardliner eine weitere Verschärfung des Handelsembargos ein, als zwei Flugzeuge der anticastristischen Organisation *Brothers of the Rescue* im Februar 1996 in den kubanischen Luftraum eindrangen und dort abgeschossen wurden. Nachdem diese Provokation aufgegangen war und in den USA die erwünschte Empörung erzeugt hatte, stand der Unterzeichnung des *Helms-Burton-Acts* von 1996 nichts mehr im Wege (und in Kuba konnte Castro die Opposition verbieten, die sich an diesem Tage versammeln wollte). Der Gesetzestext enthält eine lange Liste von Bedingungen für die Anerkennung einer demokratischen Transition, die klar gegen internationales Recht verstößt. Selbst viele der Dissidenten in Kuba finden diesen hohen Grad an Fremdeinfluss unzumutbar. Eine echte Reformalternative von Seiten der USA ist für sie nicht in Sicht. Des Weiteren können die USA Staaten und Institutionen, die Kuba Kredite gewähren, mit Sanktionen belegen. Entscheidender ist aber der Gesetzesteil, nach dem ausländische Firmen, die auf ehemaligem Besitz von Exilkubanern und US-Firmen operieren, in den USA verklagt werden dürfen. Die EU wollte diesen Teil nicht akzeptieren und hatte sogar ein Verfahren vor der Welthandelsorganisation eingeleitet. Daher machte der US-amerikanische Präsident bisher von seinem sechsmonatigen Aufschubrecht für diesen Gesetzesteil Gebrauch.

Politisch stärkt das Embargo Castro den Rücken, da durch diese äußere Aggression der nationale Zusammenhalt gefördert wird. Mit ihrem „ewigen Embargo" stellen die USA für Castro einen „treuen Feind" dar, den er stets nutzen kann, um Enttäuschungen zu kanalisieren und von innenpolitischen Fehlern abzulenken. Die Revolution bezieht nach wie vor einen großen Teil ihrer Legitimität aus der Verteidigung ihrer nationalen Souveränität. In diesem Sinne wirkt das aggressive Modell des aufgezwungenen Demokratieexports der USA herrschaftslegitimierend für Castro. Aber aus den über 40 Jahren Lehrzeit gescheiterter Embargopolitik werden in den USA keine Konsequenzen gezogen. Nach wie vor stellt sich nicht die Frage, ob das Embargo aufgehoben wird, sondern in welcher Schärfe es zur Anwendung kommt. Dabei ist durchaus eine gewisse Differenzierung festzustellen. Seit einigen Jahren werden in den USA immer mehr Stimmen – auch unter den Exilkubanern – laut, die Kuba gegenüber moderat eingestellt sind. Sie streben eine Entspannungspolitik unter Anerkennung der kubanischen Souveränität an und wollen durch ökonomische Annäherung eine Demokratisierung erreichen. Auch in Kuba werden die Exiliados jetzt freundlicher behandelt, nachdem man sie lange als *gusanos* (Würmer) stigmatisiert hatte. Es fanden sogar schon Treffen zwischen kubanischer Regierung und Exilkubanern statt. Ihnen wurden einige Rechte wie Reiseerleichterungen und die Möglichkeit zu Investitionen eingeräumt. Besonders gern gesehen sind ihre Überweisungen *(remesas)*, die eine der bedeutendsten Deviseneinnahmequellen sind und den angeschlagenen Tropensozialismus am Leben hielten.

1997 schlossen sich US-amerikanische Unternehmerverbände, die seit Jahren darüber klagten, dass die Sanktionen Washingtons ihnen einen Standortnachteil im globalen Wettbewerb um einen frisch geöffneten Markt in Kuba beschere, zu einer eigenen Lobby-Organisation zusammen. Unabhängig von politischen Ansichten formulierten sie ihre Wirtschaftsinteressen und machten Druck auf die Politik und erreichten schließlich im Herbst 2000 eine Aufweichung des Embargos für Nahrungsmittel und pharmazeutische Produkte. Seit 2001 werden in zunehmendem Maße Lebensmittel nach Kuba exportiert. 2002 fand die erste gemeinsame Lebensmittel- und Agrarmesse in Havanna statt. So stiegen die USA innerhalb kürzester Zeit zum wichtigsten Lebensmittellieferanten für Kuba auf. Zwar forderten Abstimmungen des Repräsentantenhauses und des Senats, die Reisebeschränkungen für US-Bürger nach Kuba aufzuheben, scheiterten bisher jedoch am Veto des Präsidenten. Stattdessen verschärfte die US-Regierung die Reisebestimmungen. Nichtsdestotrotz reisen immer mehr US-Bürger illegal ein. Jährlich kommen zirka 200.000 US-Touristen, darunter 130.000 *Cuban-Americans* auf die Insel (Hoffmann 2004: 331).

Die Erfahrungen Mittel- und Osteuropas haben gezeigt, dass ein notwendiger und auch möglicher Demokratisierungsprozess in Kuba auch einer „karibischen Ostpolitik" bedarf, die von den süd- und mittelamerikanischen Staaten, der Europäischen Union und natürlich auch von den USA getragen wird, und nicht eines verschärften Drucks durch das Embargo, unter dem die Bevölkerung vor allem zu leiden hat. Illusionen über den Einfluss bzw. Druck von außen sollte man sich, auch aus der historischen Erfahrung heraus, nicht machen (Krämer 1995). Aber die internationale Gemeinschaft sollte und sie kann Brücken bauen. Die Welt muss auf Kuba zugehen und darf dieses Land nicht als Paria außen vor lassen. Über die politischen und sozialen Inhalte einer solchen Transformation müssen die Kubaner – *dentro y fuera de la Isla* – selbst diskutieren.

Literatur

Barrios, Harald/Suter, Jan (Hrsg.) (1996): Politische Repräsentation und Partizipation in der Karibik. Leske+Budrich. Opladen.

Bethell, Leslie (Hrsg.) (1993): Cuba, A Short History. Cambridge University Press. Cambridge.

Bourne, Peter G. (1986): Fidel Castro „Máximo Lider" der kubanischen Revolution. Piper. München.

Burchardt, Hans-Jürgen (1999): Kuba. Im Herbst des Patriarchen. Schmetterling Verlag. Stuttgart.

Burchardt, Hans-Jürgen (1996): Kuba. Der lange Abschied von einem Mythos. Schmetterling Verlag. Stuttgart .

Centeno, Miguel A./Font, Mauricio (Hrsg.) (1996): Toward New Cuba, Legacies of a Revolution. Westview Press. Boulder.

Chehabi, H. E./J. J. Linz (1998): Sultanistic Regimes. Johns Hopkins University Press, Baltimore/ London.

Dilla Alfonso, Haroldo (2001): Wirtschaftsreformen und Regierbarkeit. Anmerkungen zum kubanischen Übergang, in: Jahrbuch Lateinamerika. Analysen und Berichte 25 (2001):66-74.

Dominguez, Jorge I. (1993): The Secrets of Castro's Staying Power, in: Foreign Affairs. 1993. Spring.

Dominguez Jorge, I.: Comienza una transición hacia el autoritarismo en Cuba?, in: Encuentro. 1997. 6/7: 7-23.

Dominguez, Jorge I. (1998): The Batista Regime in Cuba (1952-1958). Was it Sultanistic?, in: Chehabi, H. E./Linz, J. J. (1998): Ette, O./Franzbach, M. (Hrsg.) (2001): Kuba heute. Vervuert. Frankfurt/M. 2001.

Gras Mediaceja, Miriam (1995): El sistema de Gobierno Cubano: Control vs. Autonomía, (memo). La Habana.

Gratius, Susanne: Das Verhältnis EU – Kuba. Der Antagonismus zwischen wirtschaftlicher Annäherung und politischer Distanz, in: Ette, O./Franzbach, M. (Hrsg.) (2001): 193-219.

Hoffmann, Bert (Hrsg.) (1994): Wirtschaftsreformen in Kuba. Konturen einer Debatte. Vervuert. Frankfurt/M.

Hoffmann, Bert (2000): Kuba. Verlag C. H. Beck. München.

Hoffmann, Bert (2001): Außenpolitik, internationale Beziehungen und das Verhältnis zu den USA. Veränderungen und Kontinuitäten seit 1989, in: Ette, O./Franzbach, M. (Hrsg.) (2001): 153-191.

Hoffmann, Bert (2003): Kuba. Chronologie 2002, in: Lateinamerika Jahrbuch 2003. Hamburg: 299-307.

Hoffmann, Bert (2004): Kuba. Chronologie 2003, in: Lateinamerika Jahrbuch 2004. Hamburg: 330-339.

Jorge, A. (1994): An Objectless Revolution: Cuba's Nominal Socialism as a Personal Project, in: Journal of Interamerican Studies and World Affairs. Nr.1/1994: 187-204.

Krämer, Raimund (1993): Der alte Mann und die Insel, Kuba auf dem Weg zu einem spätsozialistischen Caudillo-Regime, in: Berliner Debatte Initial. Nr. 2/1993: 57-66.

Krämer, Raimund: Kuba, Demokratisierung und imperiale Macht, in: WeltTrends. Nr. 7. 1995: 92-113.

Krämer, Raimund (2002): Der alte Mann und die Insel, Essays zu Politik und Gesellschaft in Kuba. Berliner Debatte Wissenschaftsverlag. 2. Auflage. Berlin.

Krämer, Raimund (2001): Die Metamorphosen der Macht und die Rückkehr des Caudillo, in: Ette, O./Franzbach, M. (Hrsg.) (2002): 212-246.

Krüger, Dirk (1999): Die Transformationsansätze der kubanischen Wirtschaft seit den 90er Jahren. Universität Hannover. Diplomarbeit.

Krüger, Dirk/Carls, Birgit (2002): Kuba selbst entdecken. Regenbogen Verlag. Zürich.

Krüger, Dirk (2004): Reiseberichte über Kuba in der Bundesrepublik seit 1980. Eine tourismuskritische Untersuchung. Universität Hannover. Magisterarbeit.

LeoGrande, W. M. (1978): Continuity and Change in Cuban Political Elite, in: Cuban Studies. Vol.8/ July 1978: 1-31.

Linz, Juan J. (2003): Totalitäre und autoritäre Regime. Herausgegeben von Raimund Krämer, PTB 4, Berliner Debatte. Wissenschaftsverlag. Berlin.

Lockwood, L. (1990): Castros Cuba, Cuba's Fidel. Westview Press. Boulder.

Massari, Roberto (1992): Geschichte Kubas. Von den Anfängen bis zur Revolution. Dipa. Frankfurt/M.

Mesa-Lago, Carlos (Hrsg.) (1993): Cuba – After the Cold War. University of Pittsburgh Press. Pittsburgh/London.

Mesa-Lago, Carlos (1991): La economía cubana en los ochenta: El retorno de la ideología, in: Síntesis. Madrid. Nr. 15 (Sept. - Dez. 1991): 243-282.

Mujal-León, Eusebio/Saavedra, Jorge (1997): El postotalitarismo carismático y el cambio de régimen, Cuba en perspectiva comparada, in: Encuentro 6/7 (1997): 115-123.

Niess, Frank (1991): 20mal Kuba. Piper. München.

Pérez, Louis A. Jr.(1997): Cuba and the United States. The University of Georgia Press. Athens/ London.

Rabkin, Rhoda (1991): Instituciones y política 1970-1986, in: Síntesis Nr. 15 (Sept.-Dez.1991): 135-180.

Rüb, Matthias (2006): Kollektiv statt Caudillo, in: Frankfurter Allgemeine Zeitung, 21.8.06, 8.

Stahl, Karin (1996): Politische Institutionalisierung und Partizipation im postrevolutionären Kuba, in: Barrios, Harald/Suter, Jan (Hrsg.) (1996). Suchlicki, Jaime (1988): Historical Dictionary of Cuba. The Scarecrow Press. Metuchen N.J./London.

Thomas, Hugh (1998): Cuba: The Pursuit of Freedom. Da Capo Press. New York .

Zeuske, Michael (2000): Kleine Geschichte Kubas. Verlag C. H. Beck. München.

Das politische System Mexikos

Marianne Braig und Markus-Michael Müller

1 Überblick zur historischen Entwicklung seit der Unabhängigkeit:

Als sich am 1.1.1994, genau an dem Tag, als das nordamerikanische Feihandelsabkommen (NAFTA) in Kraft trat, im südlichen mexikanischen Bundesstaat Chiapas indianische Bevölkerungsgruppen gegen die mexikanische Regierung erhoben, war dies ein weithin deutliches Zeichen, dass auch in Mexiko das Regieren des Staates nur in begrenzter Reichweite stattfindet. Dabei hatte es viele Jahre so ausgesehen, als ob das politische Regime, welches über 70 Jahre an der Macht war, das Land im Griff hätte. Geht man jedoch weiter in die Geschichte zurück, so wird deutlich, vor was für eine schwierige Aufgabe die Sieger der Mexikanischen Revolution gestellt worden waren. So war bereits das zum spanischen Kolonialreich gehörende Territorium nur partiell vom kolonialen Verwaltungsapparat durchdrungen worden. Die politische Kohäsion wurde in den Augen vieler Historiker weniger von einem zentralisierten politischen Herrschaftsapparat aus gewährleistet, sondern war das Ergebnis eines *network of interests,* welches die verschiedenen Regionen untereinander und mit dem Zentrum (Mexiko-Stadt) verband. Dieses Interessensnetzwerk bestand auch nach der Unabhängigkeit im Jahre 1821 fort, gelang es doch auch danach nicht, eine das gesamte Land durchdringende staatliche Zentralmacht zu konstituieren. Wesentlich hierfür dürfte in den ersten Jahrzehnten die große politische Instabilität gewesen sein, von der diese Periode geprägt war. Sie manifestierte sich in: der Errichtung und dem Sturz eines mexikanischen Kaiserreichs unter Augustín de Iturbide (1822-1823); den bürgerkriegsähnlichen Auseinandersetzungen zwischen Liberalen und Konservativen, dutzenden von Regierungswechseln; im Krieg zwischen den USA und Mexiko (1846-1848), welcher mit dem Verlust der Hälfte des mexikanischen Territoriums an die USA endete; den militärischen Interventionen von Spanien (1829), Frankreich (1838) und Spanien, Frankreich und England im Jahr 1862, ab April 1862 bis 1867 von Frankreich alleine fortgesetzt, die zur Konstitution eines zweiten Kaiserreichs unter dem Habsburger Maximilian (1864-67) führten. Dies alles und das Ende des Kaiserreichs von Napoleons Gnaden nach dem vollständigen Rückzug der französischen Interventionskräfte und der Einnahme von *Querétaro* und Mexiko-Stadt im Mai und Juni 1867 durch die liberalen Truppenkontingente von Mariano Escobedo und Porfirio Díaz sowie die Exekution von Maximilian am 19. Juni 1867 führten dazu, dass die politische Situation in Mexiko zu dieser Zeit gerne als „chaotisch" beschrieben wurde. Eine Änderung war erst mit der Konstitution eines liberal-oligarchischen Regimes unter Porfirio Díaz (1876-1911) in Sicht und der von ihm erreichten politischen Stabilisierung, der „Pax Porfiriana". Dieser „Frieden" hatte zwar durchaus repressive und in Bezug auf die Möglichkeiten politischer Partizipation eindeutig exklusive Momente, nichtsdestotrotz stellte die simple Tatsache der Kontinuität von Regierungen sowie die weitgehende Abwesenheit größerer gewaltsamer politischer Konflikte eine neue, durchaus goutierte Erfahrung dar. Dabei war die politische Befriedung und Stabilisierung nach innen sowohl Voraussetzung wie auch Resultat einer Form kapitalistischer Modernisierung, die durch eine starke Orientierung an

Auslandsinvestitionen (vor allem in den exportorientierten Bereichen der Landwirtschaft und des Bergbaus, hier besonders der Erdölförderung), stetiges Wirtschaftswachstum und Ausbau der Infrastruktur (ab den 1880er Jahren im Bereich der Eisenbahnen), zugleich aber auch durch wachsende In- und Auslandsverschuldung charakterisiert war.

Auch wenn es nach dem Motto *mucha administración y poca política* zu einer deutlichen Zentralisierung der staatlichen Verwaltung kam, stellte nach wie vor die Existenz einer Verhandlungsstruktur zwischen dem politischen Zentrum in Mexiko-Stadt und den regionalen Machthabern eines der wesentlichen Merkmale dieses Regimes dar, in der nicht zuletzt die persönliche Loyalitätsbeziehung zu Porfirio Díaz entscheidend war. Die Konfliktpotentiale blieben jedoch bestehen. Sie drückten sich aus: in regionalen Widerständen gegen die staatliche Zentralisierung; in der Vergrößerung des Abstandes zwischen den in das Modernisierungsprojekt integrierten und ausgeschlossenen Teilen der mexikanischen Gesellschaft; im Absenken der Reallöhne und des Lebensstandards in Folge einer Verlangsamung der Industrialisierung und der amerikanischen Wirtschaftskrise von 1907; in der politischen Inflexibilität des Regimes und in den fehlenden politischen Aufstiegschancen für die Mittelschicht, sowie vor allem darin, dass keine Lösung des Nachfolgeproblems gefunden werde konnte. Die Konflikte spitzten sich in dem ersten Jahrzehnt der Jahrhundertwende zu und kulminierten schließlich in der Mexikanischen Revolution.

Aus der Revolution ging – gestützt auf die Verfassung von 1917 – ein Staat hervor, der sich in Bezug auf die ihn kennzeichnende politische Stabilität von den meisten anderen lateinamerikanischen Ländern unterschied. Wesentliche Voraussetzungen hierfür wurden unter der Präsidentschaft von Plutarco Elías Calles (1924-1929) – und deren „inoffizielle" Verlängerung während des *maximato* (1928-1934) – sowie unter der Präsidentschaft von Lazaro Cárdenas (1934-1940) geschaffen. Zunächst gelang es mit der Gründung der *Partido Nacional Revolucionario* (PNR) 1929, das Netz lokaler Kaziken in eine Art „Konföderation der Kaziken" zu verwandeln. Getragen vom Konsens der Nichtwiederwählbarkeit des Präsidenten wurde das Ganze dadurch zusammengehalten, dass territoriale Interessen über die persönlichen Beziehungen der lokalen Bosse zum Präsidenten als dem Repräsentanten der Regierung in der Hauptstadt im Rahmen von Klientelbeziehungen vermittelt wurden. War die PNR vor allem ein Kompromiss zwischen den unterschiedlichen regionalen und lokalen, starken Männer der Mexikanischen Revolution und damit primär territorial organisiert, so erhielt die 1938 gegründete *Partido de la Revolución Mexicana* (PRM) eine Organisationsstruktur, welche sich aus funktionalen Sektoren zusammensetzte, in welchen die sozialen Schichten organisiert wurden. Die hier geschaffene Grundstruktur wurde in den 1940er Jahren mit der Umbenennung der PRM in PRI *(Partido Revolucionario Institucional)* in eine weitgehend bis heute gültige Struktur gebracht. Mit der PRI und ihrer tragenden Rolle im politischen System war ein politisches Gebilde geschaffen worden, welches lange Zeit große Teile der mexikanischen Bevölkerung in eine autoritär-korporatistische Verhandlungsstruktur einband, in der die Bereitstellung bestimmter Leistungen von oben durch die Bekundung politischer Loyalität von unten „bezahlt" wurde. Die PRI fungierte dabei stets zugleich als „korporatistische Integrationsmaschine" und als Bindeglied zwischen den unterschiedlichen regionalen Machtblöcken des mexikanischen „Interessensnetzwerkes", das auch noch lange nach der Revolution fortbestand. Lange Zeit erfolgreich wurde in ihren Reihen und in Symbiose mit dem jeweiligen Präsidenten die Machtbalance zwischen einer das Land modernisierenden metropolitanen Koalition und peripheren

Machtcliquen ausgehandelt. Damit war endlich eine Lösung gefunden, das Land von der Hauptstadt aus regieren zu können.

Die metropolitane Modernisierungskoalition aus städtischer Elite, urbanen Mittelschichten und arbeitenden Klassen formierte sich seit den 1930er Jahren und wirkte noch weit in die 1970er Jahre hinein, um schließlich mit der Verschuldungskrise 1982 und dem in diesem Rahmen vorgenommenen Wechsel des ökonomischen Entwicklungsmodells unterzugehen. Ihr gesellschaftliches Projekt umfasste in erster Linie eine bestimmte Entwicklungsstrategie (im Kern eine binnenmarktorientierte importsubstituierende Industrialisierung) und die damit verbundenen sozialen und wirtschaftlichen Politiken. Sie war jedoch auf Bündnisse mit lokalen bzw. regionalen Machtgruppen angewiesen, wollte sie eine nationale Verankerung erreichen und Wahlen gewinnen, selbst wenn diese oft manipuliert waren und akklamatorischen Charakter hatten. Die politischen Vertreter der städtischen Modernisierungskoalition waren in einer Gesellschaft mit einem hohen Anteil ländlicher Bevölkerung in weiten Teilen des Landes nicht ohne weiteres präsent. Erst dadurch, dass immer wieder ein Bündnis mit lokalen Machtgruppen – durchaus auch mit oppositionellen sozialen Akteuren vor Ort – hergestellt werden konnte, gelang es der regierenden Partei jahrzehntelang, die Repräsentanten der tradierten Ordnung oder der sozialen Bewegungen vor Ort an sich zu binden. Nur über Bündnisse mit teilweise stark divergierenden lokalen Machtcliquen konnte die PRI, bzw. der von ihr gestellte Präsident, eine Kohärenz als nationale Kraft erreichen, konnte die Zentralmacht sich auf das gesamte Territorium ausdehnen und eine gewisse Machtbalance zwischen Regionen und Zentrum aufrechterhalten werden. Die sich hieraus bildende „nationale Koalition" war durch eine Form der Arbeitsteilung gekennzeichnet, in welcher die in der Hauptstadt verortete metropolitane Modernisierungskoalition in erster Linie die Formulierung von Entwicklungsstrategien und diese unterstützenden Politiken übernahm und die von lokalen Machteliten geführten peripheren Koalitionen für die notwendigen Wahlerfolge in den bevölkerungsreichen, ländlich-peripheren Regionen sorgte.

Eine derartige Strukturierung des politischen Systems ermöglichte in der Zeit von 1940-1982 eine Phase wirtschaftlicher Entwicklung, die man gemeinhin als das *milagro mexicano* bezeichnet. Aufbauend auf einer auf den Binnenmarkt gerichteten Form importsubstituierender Industrialisierung erreichte das mexikanische Entwicklungsmodell, vor allem während der Phase des *desarrollo estabilizador* (1958-1970), einen ökonomischen Wachstumsprozess, der bei (für lateinamerikanische Verhältnisse) geringer Inflation ein jährliches Wirtschaftswachstum von 6,5% erreichte und damit als durchaus erfolgreich beurteilt werden kann (Ortiz Mena 1970: 420ff). Zwar kam es in dieser Zeit zur Formierung einer relativ wohlhabenden urbanen Mittelschicht, die allgemeine soziale und ökonomische Ungleichheit in Mexiko (vor allem auf dem Land) verschärfte sich jedoch in diesen Jahren. Die hieraus folgende Unzufriedenheit bei Teilen der Bevölkerung, die sich nicht nur auf die ökonomischen Aspekte des Regimes beschränkte, sondern sich (vor allem von Seiten der neuen Mittelschichten) gegen die autoritären politischen Strukturen richtete, und die sich abzeichnende Erschöpfung des *milagro mexicano* (sichtbar in sinkenden Produktivitätsraten, vor allem in der Landwirtschaft; Zunahme von Lebensmittelimporten und Zahlungsbilanzproblemen) spitzten sich während der zweiten Hälfte der 1960er Jahre während der Präsidentschaft von Gustavo Díaz Ordaz weiter zu (1964-1970) (Centeno 1992: 8f, 179ff). Ihren sichtbarsten Ausdruck fanden die Krisensymptome in der mexikanischen Studentenbewegung und in deren Unterdrückung auf dem Platz der drei Kulturen in Mexiko Stadt, wo mehrere hundert Studenten und Studentinnen von Sicherheitskräften getötet wurden. Das offen repressive Vorgehen der Regierung kurz vor den Olympischen Spielen im Jahre 1968 provozierte nicht allein weitere oppositionelle Aktivitäten, sondern führte zu einer Distanzierung von weiten Teilen der intellektuellen Mittelschichten und leitete die langsame Delegitimierung des Regimes ein. Zwar wurde von der nachfolgenden Regierung unter Luis Echeverría (1970-1976) versucht, dem offensichtlichen Legitimitätsverlust entgegenzuwirken, allerdings gelang dies nur mit begrenztem Erfolg.

Neben der Ausweitung der Universitäten setzte man sowohl auf eine „politische Öffnung", welche vor allem eine Liberalisierung des Wahlgesetzes mit sich brachte und kleinere Parteien privilegierte (vgl. Araujo 1979), als auch darauf, ökonomisches Wachstum und soziale Gerechtigkeit zu verbinden. Allerdings eröffnete hierfür erst die Entdeckung neuer Erdölvorkommen und die hieraus erwachsende Möglichkeit, internationale Kredite aufnehmen zu können, der Nachfolgeregierung von López Portillo (1976-1982) kurzfristig einen größeren Handlungsspielraum. Dieser endete aber mit dem allgemeinen Verfall der Ölpreise zu Beginn der 1980er Jahre, einem Anstieg der Zinsraten für die mexikanischen Kredite und wachsenden Inflationsraten, was im Februar 1982 zu einer Abwertung des Peso um 65% führte. Die hierauf folgende Kapitalflucht (bis zu 100 Millionen Dollar täglich) verursachte schließlich den de-facto-Staatsbankrott (Cockcroft 1983: 259ff). Die von viel patriotischer Rhetorik begleitete Nationalisierung der Banken am 1.9.1982 wurde 1994 wieder aufgehoben, und blieb ohne große Bedeutung. Dagegen sollte die Vereinbarung über ein Strukturanpassungsprogramm mit dem IWF (10.11.1982) die Entwicklungsrichtung Mexikos grundlegend verändern helfen.

Das Austeritätsprogramm des IWF traf in Mexiko auf eine institutionelle Landschaft, in der seit den späten 1970er Jahren neoliberale Technokraten die wichtigsten administrativen Apparate erobert hatten (Centeno 1992; Erfani 1995), und leitete damit unter der Regierung von Miguel de la Madrid (1982-1988) eine neoliberale Wende ein, die sich in der Privatisierung der parastaatlichen Unternehmen, der Deregulierung des Marktes und einer Liberalisierung der Außenhandelsbeziehungen (1986 tritt Mexiko dem GATT bei) manifestierte. Die sozialen Konsequenzen dieser Maßnahmen unterminierten jedoch wesentliche Momente der materiellen und ideologischen Integrationsfähigkeit des postrevolutionären mexikanischen Regimes und führten nicht nur zu einer sinkenden Wahlbeteiligung, sondern auch zu größeren oppositionellen politischen Aktivitäten jenseits der PRI (so verzeichnete beispielsweise die PAN in den 1980er Jahren erste Achtungserfolge bei Gouverneurs- und Kommunalwahlen in Nordmexiko, und die linke COCEI gewann die Gemeindewahlen in Juchitan, Oaxaca). Verstärkt durch das Erdbeben von 1985 in Mexiko Stadt und die hier im Zentrum der Macht sichtbar gewordene Unfähigkeit des mexikanischen Staates, der Not leidenden Bevölkerung effektive Hilfe bereitzustellen (Levy/Bruhn 2001: 68ff), führte diese Entwicklung zu einer Verstärkung der Kritik am Regime. Die Präsidentschaftswahlen von 1988 endeten vor diesem Hintergrund erst dann siegreich für den PRI-Kandidaten Salinas de Gortari, als der zentrale Wahlcomputer ausgefallen war. Die Präsidentschaft von Salinas (1988-1994) war vor allem auf die Wiederherstellung der verloren gegangenen Legitimität bedacht, was ihr aufgrund einer verbesserten ökonomischen Ausgangslage, Sonderbedingungen bei den Zinszahlungen und ihres populistischen „nationalen Solidaritätsprogramms" (PRONASOL) (Braig 1999; Cornelius/Craig/Fox 1994; Dresser 1991) auch vorübergehend gelang. Dies zeigte sich nicht nur an der persönlichen Popularität des Präsidenten, sondern auch am Erfolg der PRI bei den Parlamentswahlen 1991, wo sie wieder die alten Werte, nämlich 61,4% der Stimmen erhielt (Franke 2004: 183f). Die Peso-Krise von 1994 und der Aufstand von Chiapas im Kontext des Inkrafttretens des NAFTA-Abkommens am 1.1.1994 verschärften jedoch die temporär überdeckte Legitimationskrise der PRI und kulminierten schließlich 2000 in der Abwahl der PRI durch die Wahl von Vincente Fox (PAN) zum mexikanischen Präsidenten.

2   Verfassungsentwicklung

Die „Politische Verfassung der Vereinigten Mexikanischen Staaten" von 1917 ist das Ergebnis der Auseinandersetzungen der Mexikanischen Revolution und der aus dieser hervorgegangenen Verfassungsgebenden Versammlung. In diese Verfassung haben sich sehr unterschiedliche Kräfte eingeschrieben und ihr einen für die damalige Zeit progressiven Charakter verliehen. Der Kompromiss zwischen antiklerikalen, sozial-reformistischen paternalistischen, republikanischen und antiimperialistischen, nationalen Elementen fand seinen Niederschlag in einer Verfassung, die neben liberalen Elementen wie Rechtssicherheit, bürgerlichen Freiheitsrechten, allgemeinem Wahlrecht (bis 1953 nur für Männer) und der Garantie des Privateigentums auch eine Reihe sozialstaatlicher Elemente und die Anerkennung anderer Eigentumsformen (vgl. Beck/Braig 1991) beinhaltet. Von besonderer Relevanz sind diesbezüglich die Artikel 27 und 123. Während es in Artikel 123 erstmalig zu einer verfassungsrechtlichen Verankerung der Rechte von Arbeitnehmern/Arbeitnehmerinnen kam (darunter die Einführung des Achtstundentages und eines Minimallohnes), wurde in Artikel 27 (dem längsten Artikel der Verfassung) das nationale Eigentum von Land und Wasser erklärt sowie (mit dem Ziel der Auflösung der Großgrundbesitzstruktur) die Möglichkeit festgehalten, die Bewirtschaftungsbefugnis für dieses Land an private Personen und Kollektive zu übertragen. Besonders die Artikel 27 und 123 wurden nachfolgend von den postrevolutionären Regierungen Mexikos über Jahrzehnte hinweg als ideologische Bezugspunkte auf das revolutionäre Projekt wie auch als Momente politischer Kontrolle benutzt (Fix-Fierro 1995: 69f). Die Möglichkeit für eine solche politische Kontrolle ergab sich (nicht nur im Falle dieser beiden Verfassungsartikel) aus der Tatsache, dass die Verfassung der mexikanischen Bevölkerung zwar formal umfassende Rechte garantierte, in der politischen Realität des mexikanischen Korporatismus allerdings die Möglichkeit des Einklagens dieser Rechte hinter einem System von Verhandlungen über Begünstigungen, Loyalitäten und politische Gefälligkeiten zurücktrat. Über Jahrzehnte war die Durchsetzung der in der mexikanischen Verfassung verankerten Rechte an die Mobilisierungsfähigkeiten der an diesen Rechten interessierten sozialen Gruppierungen und an deren Relevanz für die Aufrechterhaltung der PRI-Hegemonie gebunden. In diesem Kontext sorgten staatliche Institutionen, auch die Gerichte, weniger für eine verfassungskonforme Verankerung und Implementierung der in der Verfassung garantierten Rechte, sondern trugen vielmehr zu deren Funktionalisierung im Rahmen der Spielregeln des mexikanischen politischen Systems bei (Braig 2001: 142f).

Seit ihrer Proklamation im Jahre 1917 wurde die mexikanische Verfassung 165 Mal geändert.[1] Zu den wichtigen Verfassungsänderungen der 1990er Jahre gehören neben den ökonomisch inspirierten Reformen der Artikel 27 und 123 sowie der politisch motivierten

---

[1] Einen Überblick über die geänderten Artikel der Verfassung findet sich im Internet unter: http://www.diputados. gob.mx/leyinfo/refcns/

Neuregelung des Verhältnisses von Staat und Kirche (Art. 3, 5, 130) vor allem auch die Reformen, die sich auf die Verbesserung der Menschenrechtssituation in Mexiko beziehen. Durchaus auch als Konsequenz aus einer breiteren öffentlichen und politischen Debatte über diese Themen wurde unter Salinas de Gortari der Art. 102 der mexikanischen Verfassung, welcher die Befugnisse des Generalstaatsanwaltes regelt, ergänzt. Mit dieser Reform wurden der mexikanische Kongress und die Gesetzgeber der Bundesstaaten dazu verpflichtet, Organe zum Schutz der von der mexikanischen Rechtsordnung gewährten Menschenrechte einzurichten. Diese Organe sollen diesbezüglichen Beschwerden gegenüber mexikanischen Behörden nachgehen, sie sind befugt, (nicht unmittelbar verpflichtende) Empfehlungen auszusprechen. Von dieser Regelung ausgenommen sind allerdings alle Angelegenheiten, welche mit Wahlen, Arbeitskonflikten oder gerichtlichen Verfahren in Beziehung stehen (Horn 2004: 135ff). Eine weitere, bezüglich des Themas Menschenrechte relevante Verfassungsänderung wurde unter der Regierung von Ernesto Zedillo eingeleitet. Vor dem Hintergrund hoher Kriminalitätsraten und der offensichtlichen Ineffizienz bzw. dem politischen Unwillen des mexikanischen Polizei- und Justizsystems, zu einer grundsätzlichen Verbesserung dieser Situation beizutragen, wurde im Rahmen einer grundlegenden Reform des mexikanischen Polizei- und Sicherheitsapparates mittels einer Reform der Artikel 21 und 73 der mexikanischen Verfassung erstmalig auch ein Recht der mexikanischen Bevölkerung auf öffentliche Sicherheit in der Verfassung verankert (Macías/Castillo 2002). Trotz dieser Entwicklungen ist die Menschenrechtssituation nach wie vor problematisch, was die Frage nach der alltäglichen gesellschaftlichen und politisch-kulturellen Einbettung und Verankerung dieser Reformen aufwirft.

3 Staatsoberhaupt

Das postrevolutionäre politische System Mexikos ist durch einen starken Präsidentialismus gekennzeichnet. Der mexikanische Präsident wird durch direkte Wahlen von der wahlberechtigten Bevölkerung für eine Amtszeit von sechs Jahren (das sog. *sexenio;* vor 1928 vier Jahre) gewählt. Aufgrund der historischen Erfahrungen (vor allem während des *Porfiriato*) wurde in der Verfassung von 1917 das Verbot der Wiederwahl des Präsidenten verankert. Auch ein vorzeitiges Ende der Amtszeit ist nicht vorgesehen und tritt höchstens im Todesfall des Präsidenten ein. Der Präsident genießt als Staatsoberhaupt eine außerordentliche Machtbefugnis: Nach Artikel 71 der mexikanischen Verfassung verfügt er über ein Initiativrecht bei Gesetzesvorhaben. Artikel 72 gibt ihm ein Vetorecht gegenüber Gesetzesvorhaben des Kongresses. Er kann (in Übereinstimmung mit dem Ministerrat und der Zustimmung des Kongresses) den Notstand erklären (Art. 29) und ist oberster Befehlshaber der Streitkräfte (Art. 89). Er ernennt eine Reihe höchster Staatsbeamter wie z.B. die höchsten Ränge des Militärs (Art. 89) und den Generalstaatsanwalt (Art. 102). Bis zum Jahr 1996 ernannte er darüber hinaus auch das Regierungsoberhaupt des Bundesdistrikts von Mexiko-Stadt (Art. 89), welches seitdem ebenfalls direkt gewählt wird. Weiterhin liegt bei ihm de facto die Initiative zur Kriegserklärung (Art. 89) sowie zur Unterzeichnung internationaler Verträge und zur Vorgabe der außenpolitischen Richtlinien (Art. 89).[2]

---

[2] Eine ausführliche Darstellung des mexikanischen Präsidentialismus und der Befugnisse des Präsidenten findet sich bei Carpizo (2002).

Tabelle 1:   Mexikanische Präsidenten seit 1920

Álvaro Obregón	1920 – 1924
Plutarco Elías. Calles	1924 – 1928
Emilio Portes Gil	1928 – 1930
Pascual Ortiz Rubio	1930 – 1932
Abelardo L. Rodriguez	1932 – 1934
Lazaro Cárdenas	1934 – 1940
Manuel Ávila Camacho	1940 – 1946
Miguel Alemán Valdés	1946 – 1952
Adolfo Ruiz Cortines	1952 – 1958
Adolfo López Mateos	1958 – 1964
Gustavo Díaz Ordaz	1964 – 1970
Luis Echeverría Àlvarez	1970 – 1976
José López Portillo	1976 – 1982
Miguel de la Madrid	1982 – 1988
Carlos Salinas de Gortari	1988 – 1994
Ernesto Zedillo Ponce	1994 – 2000
Vincente Fox Quesada	2000 – 2006

Neben diesen formal in der Verfassung festgelegten Befugnissen des Präsidenten war der mexikanische Präsidentialismus während der Jahrzehnte der PRI-Herrschaft durch eine Reihe ungeschriebener, informeller Regeln gekennzeichnet. Zu diesen zählten etwa die Dominanz des Präsidenten in und über die PRI, das Sich-Enthalten von jeglicher Kritik an der Amtszeit des vorangegangenen Präsidenten sowie die immer gegebene Möglichkeit, bei einer Nicht-Einhaltung dieser Regeln den Ausschluss aus dem Zentrum der Macht zu erleiden, im Gefängnis oder gar auf dem Friedhof zu enden (Hurtado 2001: 299ff). Zentrale Aspekte der informellen Seite dieses Systems ergaben sich aus der Abhängigkeit des Präsidenten von der jeweiligen Phase seiner Regierungsperiode – die erst im dritten und vierten Jahr ihren Machthöhepunkt erreichte (Basañez 1981: 59f) – und den Mechanismen zur Regelung der präsidentiellen Nachfolge. Auch wenn der mexikanische Präsident direkt von der wahlberechtigten Bevölkerung gewählt wird, war die Nachfolgeregelung (zumindest über weite Phasen) kein formaler und schon gar nicht ein öffentlich-transparenter Prozess. Gegen Ende seiner Amtszeit erfolgte in einem allen Beteiligten bekannten, informellen Prozess eine interne Identifizierung möglicher Nachfolgekandidaten. Der offizielle Akt, mittels dem der scheidende Präsident offiziell seinen Nachfolger bekannt gab, war das sich alle sechs Jahre wiederholende Ritual der Aufdeckung (*destape*), bei welchem der Nachfolger mittels Fingerzeig (*dedazo*) von dem noch amtierenden Präsidenten benannt wurde. In diesem Sinne können die Prozesse der Präsidentennachfolge als ritualisierte Verhandlungen zwischen den verschiedenen (insbesondere auch regionalen) Fraktionen der politischen Klasse Mexikos, aber auch zwischen diesen und anderen sozialen Gruppierungen verstanden werden (Lomnitz/Gorbach 1997, Adler-Lomnitz/Salazar Elena/Adler 2004).

4   Parlament

Inspiriert durch das US-amerikanische Modell war bereits in der mexikanischen Verfassung von 1824 ein Zwei-Kammer-System vorgesehen, welches sich auch im heutigen Mexiko wiederfindet. Der mexikanische Generalkongress, nach Artikel 50 der mexikanischen Verfassung die gesetzgebende Macht, gliedert sich in den Senat und die Abgeordnetenkammer. Zwischen 1917 und 1976 variierte die Gesamtzahl der Abgeordneten deutlich. Erst mit den politischen Reformen von 1977 wurde eine diesbezüglich stabile Basis geschaffen und die Gesamtzahl auf 464 (400 Abgeordnete und 64 Senatoren) festgelegt. In den darauf folgenden Jahrzehnten wurde diese Zahl auf gegenwärtig 628 (500 Abgeordnete und 128 Senatoren) erhöht. Die 500 Mitglieder der Abgeordnetenkammer werden alle drei Jahre gewählt, davon 300 Direktkandidaten *(Uninominal)* und 200 über Listenplätze *(Plurinominal)*. Die 128 Mitglieder des mexikanischen Senates werden für eine Amtszeit von sechs Jahren in den 32 Bundesstaaten gewählt. Auch hier gilt in beiden Kammern das Verbot der Wiederwahl von Abgeordneten. Gegenwärtig entsendet jeder Bundesstaat drei Senatoren. Von diesen werden zwei nach Mehrheitswahlrecht gewählt. Ein weiterer Platz in dieser Kammer wird der jeweils stärksten Oppositionspartei zugesprochen. Die verbleibenden 32 Sitze werden national mittels eines proportionalen Repräsentationssystems vergeben (Pedroza de la Llave 2003: 79ff). In den Aufgabenbereich des Kongresses fallen neben der Befugnis, Gesetze oder Dekrete nach Artikel 71 der mexikanischen Verfassung zu erlassen, u.a. die territoriale, ökonomische und politische Organisation des Landes, die Kriegserklärung nach den von der Exekutive vorgelegten Informationen (alles Art. 73), Förderung der Bildung (Art. 50) und die Arbeitsgesetzgebung (Art. 123). Zu den wichtigsten Aufgaben der Abgeordnetenkammer gehört die in Artikel 74 der mexikanischen Verfassung festgehaltene Befugnis zur jährlichen Untersuchung, Diskussion und Zustimmung zum Bundeshaushalt (die Möglichkeit der Ablehnung wird nicht explizit genannt!), während zu den wichtigsten Befugnissen des Senates dessen notwendige Zustimmung zu internationalen Verträgen und diplomatischen Konventionen sowie die Autorisierung des Präsidenten zur Entsendung von Truppen ins Ausland zu zählen sind (Art. 76).

Auch im mexikanischen Kongress hinterließ die 71-jährige PRI-Herrschaft ihre Spuren. Angesichts der oben beschriebenen Struktur des politischen Systems in Mexiko konnte die PRI beispielsweise in der Abgeordnetenkammer während des Zeitraums von 1970-1988 durchschnittlich 78% der Sitze für sich beanspruchen. Erst ab 1988 manifestierte sich die wachsende Delegitimierung des Systems auch in den Wahlen (Ugalde 2000: 144ff). Diese Entwicklung, gepaart mit der sich seit 1989 verstärkenden erfolgreichen Aktivität oppositioneller Parteien auf bundesstaatlicher Ebene (und die hieraus folgende Veränderung der Sitzverteilung im Senat), führte dazu, dass durch das Ende der parlamentarischen PRI-Dominanz das mexikanische Parlament (spätestens ab 1997) einen Bedeutungszuwachs erfahren hat.

5   Regierung und Verwaltung

Mexiko ist seit 1917 eine präsidiale Bundesrepublik, an deren Spitze der auf sechs Jahre direkt gewählte Präsident steht. Er ist also zugleich oberster Repräsentant des Staates und Chef der Bunderregierung, *gobierno federal*, und bildet die Spitze der Pyramide des staatlichen Institutionengefüges. Formal zeichnet sich der mexikanische Präsidentialismus neben der Direktwahl des Staatsoberhauptes dadurch aus, dass der Regierungschef nicht vom Vertrauen des Parlaments abhängt, er Gesetzgebungskompetenzen hat und die Zusammensetzung seines Kabinetts bestimmt. Der Präsident hat somit das uneingeschränkte Recht, seine Minister, *Secretarios* genannt, und andere hohe Regierungsbeamte[3] zu ernennen und auszuwechseln (Casar 2002: 27ff). Im Unterschied zu anderen Präsidialsystemen kann der Kongress die *Secretarios* des Präsidenten nicht entlassen. Auch wenn die formalen in der Verfassung festgeschriebenen Rechte und Pflichten der einzelnen Staatsorgane jahrelang eingebunden waren in die Besonderheiten des mexikanischen politischen Systems, so waren die von der Verfassung vorgeschriebenen Verfahren gültig und wurden in dem Moment auch praktisch relevant, in welchem die Besonderheiten zurückgedrängt wurden; in dem Moment also, als die PRI 1997 ihre Mehrheit im Parlament verlor, und insbesondere seit dem Jahr 2000, als der Präsident, Vicente Fox Quesada, sich gezwungen sah, Mehrheiten für seine Politik im Parlament zu suchen. Dabei zeigte sich, dass der Präsidentialismus nicht an sich mächtig ist, sondern dies nur im Rahmen des postrevolutionären Regimes war.

Bis 2000 war es die besondere Beziehung zwischen dem Präsidenten und seiner Partei, die den mexikanischen Präsidentialismus stärkte und damit der Bundesregierung eine zentrale Stellung gegenüber allen anderen Staatsorganen einräumte. Dies trifft in erster Linie für die derzeit 19 *Secretarios* zu, zu denen auch der *Procurador General de la República* (Generalstaatsanwalt) gehört, der allerdings seit 2000 durch den Senat bestätigt werden muss. Besonders litt die Judikative unter dem politischen System und verlor sogar im Laufe der Jahre immer mehr an Einfluss. Bis zu den Verfassungsreformen von 1995 hatte der Oberste Gerichtshof *(Suprema Corte)* keine Kontrolle über die Verfassungsmäßigkeit der politischen Handlungen.

Doch auch die starken Männer in den Regionen, die Gouverneure der Bundesstaaten, wurden in ihren Entscheidungsmöglichkeiten beeinträchtigt, je nachdem wie nahe sie der Bundesregierung und vor allem dem Präsidenten standen. Obgleich sie ebenfalls direkt gewählt werden, seit 1997 auch im *Destrito Federal*, der Hauptstadt Mexiko-Stadt, waren und sind sie in vielfältiger Weise von der Bundesregierung abhängig. Dies gilt einmal für die den lokalen und regionalen Regierungen und Verwaltungen zustehenden Steuereinnahmen, die von der Bundesregierung zugewiesen werden. Zum Zweiten haben die einzelnen Ministerien Vertretungen, *Delegaciones,* in den Bundesstaaten, in einzelnen Regierungsbezirken und Gemeinden. Über diese werden Bundesmittel insbesondere im Bereich der regionalen Entwicklungsprogramme und der Sozialpolitik für zentral vorgegebene Aktivitäten zugewiesen. Derartige Transfers können besonders in den ärmeren Bundesstaaten die eigenen Haushaltsmittel übersteigen. Seit Echeverría haben alle Präsidenten versucht, über diese Parallelstrukturen ihren Einfluss auf die lokalen Politiken zu stärken und periphere Machtcliquen zurückzudrängen bzw. zu ersetzen. Am deutlichsten geschah dies während der Regierungszeit von Salinas de Gortari durch sein Nationales Solidaritätsprogramm (Braig 1999, 1997a). Auch wenn die *Delegados* lediglich hohe Verwaltungsfunktionäre der Bundesregierung und keine Politiker waren, verfügten sie oftmals über mehr finanzielle und politische Möglichkeiten als ein Gouverneur, der beim Präsidenten keine Unterstützung finden konnte. Aufgrund dieser vielfältig begründeten Vormachtstellung der Bundes-

---

[3] Für eine bestimmte Gruppe hoher Staatsfunktionäre (wie Diplomaten, hohe Militärs, die Richter des Verfassungsgerichts und den obersten Staatsanwalt) wird die Zustimmung des Sentas vorausgesetzt, und bei einer dritten Gruppe, innerhalb der Streitkräfte, ist der Präsident an besondere gesetzliche Regelungen gebunden.

regierung gegenüber anderen staatlichen Institutionen konnte man lange Zeit von einer fast schon zentralistischen Bundesregierung sprechen.

Die staatlichen Verwaltungen sind durch zwei rechtlich unterschiedliche Beschäftigungsverhältnisse gekennzeichnet (Braig 1992). Die ersten sind die so genannten *empleados de confianza* (Vertrauensangestellte); sie umfassen nicht nur die obersten politischen Staatsfunktionäre, sondern reichen weit in den mittleren Verwaltungsapparat und beziehen beispielsweise auch die persönlichen Sekretärinnen ein. Sie dürfen sich nicht gewerkschaftlich organisieren, erhalten in der Regel eine höhere Bezahlung als das Grundgehalt, dafür gehören sie zur politischen Gruppe ihres jeweiligen Vorgesetzten und wechseln mit diesen. Derartige Gruppen bilden sich in den einzelnen Institutionen und sind je nach Bedeutung derselben selbst bedeutsam. Die führenden Mitglieder kennen sich meist schon seit ihrer Ausbildung, wo sie meist als eine Generation zusammenfanden, früher in der UNAM, heute über Auslandsaufenthalte in Universitäten in den USA. Die Aufstiegschancen der Gruppen hängen unmittelbar von den Beziehungen, *palancas*, der Führungsfigur zum jeweiligen bzw. zum zukünftigen Präsidenten bzw. zu dessen Vertrauensleuten ab.

Während auf die Stellung der Vertrauensangestellten, die Gewerkschaften der im öffentlichen Dienst Beschäftigten, keine Einflussmöglichkeiten haben, sind die große Mehrzahl der Staatsbeschäftigten, *empelados de base*, neben den Beschäftigten in den Verwaltungen sind diese vor allem im Gesundheits- und Bildungsbereich. Nicht nur ihre Löhne und Gehälter, sondern alle sozialen Leistungen, aber auch ihre Versetzungen und ihre Aufstiegsmöglichkeiten, beispielsweise von Lehrern, hingen viele Jahrzehnte von der Bedeutung der korporativen Gewerkschaften für das System und von der Beziehung des einzelnen Beschäftigten zu seiner Gewerkschaft ab.

6   Gesetzgebung

Ein Gesetz kann vom Präsidenten oder von den Abgeordneten des Kongresses durch die Präsentation einer diesbezüglichen Initiative in einer der beiden Kammern des mexikanischen Kongresses ausgehen (ausgenommen hiervon sind Gesetzesvorhaben in den Bereichen Steuern und Staatseinkommen, welche nur in der Abgeordnetenkammer eingereicht werden können). Die Kammer, in welcher die Gesetzesinitiative ihren Ausgang nimmt, bezeichnet man als „Ursprungskammer" (*cámara de origen*). Die Kammer, deren Zustimmung die Gesetzesinitiative letztendlich bedarf, wird als „Revisionskammer" (*cámara revisora*) bezeichnet. Sobald der Vollversammlung der *cámara de origen* eine Gesetzesinitiative präsentiert wird, wird diese in dem hierfür zuständigen Parlamentsorgan, der *Gaceta Parlamentaria*, veröffentlicht. Hierauf folgt die Diskussion in den entsprechenden Kommissionen, welche mit der Begutachtung des Gesetzesentwurfs betraut sind. Das von ihnen erstellte Gutachten *(dictámen)* muss von der Mehrheit der Kommissionsmitglieder verabschiedet werden. Hierauf folgt die Diskussion des Gesetzesentwurfs in der Vollversammlung der entsprechenden Kammer, wobei zuerst der Gesetzesvorschlag in seiner Gesamtheit, später jeder seiner Artikel separat diskutiert wird. Kommt man zur Übereinkunft, dass der Gesetzesentwurf zur Genüge diskutiert wurde, wird über ihn abgestimmt. Erhält der Gesetzesentwurf in der *cámara de origen* seine Zustimmung (einfache Mehrheit bei Gesetzesvorschlägen, Zweidrittelmehrheit bei Verfassungsänderungen), wiederholt sich der Prozess in der *cámara revisora*. Lehnt diese die Initiative der Ursprungskammer ab, wird das

Vorhaben an diese zurückgegeben und muss überarbeitet werden. Stimmt auch die Revisionskammer dem Vorhaben zu, wird es der Exekutive, also dem mexikanischen Präsidenten, zugestellt. Stimmt auch dieser dem Gesetzesvorschlag zu, so erfolgt dessen Veröffentlichung im *Diario Oficial de la Federación,* welches der Initiative den Status eines gültigen Gesetzes verleiht. Verweigert der Präsident seine Zustimmung zu der Gesetzesinitiative, so wird diese an die Ursprungskammer zurückgereicht, in der erneut über die Initiative (allerdings nur über die von Seiten der Exekutive bemängelten Punkte) diskutiert wird.

Während der PRI-Hegemonie war das Gesetzgebungsverfahren eindeutig in der Exekutive verortet, was die verfassungsmäßig (Art. 50) festgeschriebene legislative Funktion des mexikanischen Kongresses deutlich reduzierte (López-Ayllón/Fix-Fierro 2000: 180ff). Seit den 1990er Jahren und spätestens seit dem Verlust der PRI-Mehrheit bei den Parlamentswahlen im Jahr 1997 hat sich der mexikanische Kongress schrittweise seine ihm verfassungsmäßig zugesprochene gesetzgeberische Kompetenz „erobert". Dies zeigte sich beispielsweise darin, dass Präsident Fox drei Monate nach seiner Amtsübernahme erstmalig seit dreißig Jahren von dem Vetorecht des Präsidenten Gebrauch machen musste.

7   Wahlsystem

Das mexikanische Wahlsystem hat eine radikale Transformation durchlaufen. Viele Jahrzehnte lang, nämlich solange es keine Konkurrenz unter den Parteien gab, stand der Wahlsieger schon vor den Wahlen fest. Insofern fand auch kein Wahlkampf zwischen den Parteien statt, sondern seit Cárdenas führt der Kandidat der PRI eine Präsidentschaftskampagne im ganzen Land durch, in welcher er mit den lokalen Parteigliederungen Bündnisse schließt. Die Wahlen hatten eher akklamatorischen Charakter, und die einzelnen Parteiuntergliederungen wetteiferten, wer mehr Menschen auf die Plätze und mehr Stimmen für den Kandidaten zusammenbrachte. Seit 1946 unterstand die Organisation der Wahlen einer Institution beim Innenministerium – der Föderalen Kommission der Wahlüberprüfung, später in Föderale Wahlkommission (CFE) umbenannt. In dieser verfügte die PRI stets über die Mehrheit. Bei den Wahlen 1988 bestand die Kommission aus 16 Vertretern der PRI und 13 Vertretern der übrigen Parteien. Nachdem nach 1988 verstärkt postelektorale Streitigkeiten auftraten, war das Gremium überfordert; der Präsident nahm selbst die Entscheidung in die Hand. Unter Salinas war es fast schon Gewohnheit, dass Wahlsiege der Opposition das Ergebnis von Aushandlungen zwischen den Parteien und dem Präsidenten waren – und zwar nachdem gewählt worden war.

Das Wahlgesetz von 1917 war seit Ende der 1970er Jahre immer wieder reformiert worden. Mit dem *Instituto Federal Electoral* (IFE) wurde eine für Mexiko neuartige öffentliche Institution geschaffen, die sich im Laufe der 1990er Jahre als eine von der PRI und vom Staat unabhängige Wahlbehörde weiterentwickelte, in welcher zivile Organisationen und Wahlbeobachter mitarbeiten. Das Bundeswahlinstitut entstand 1991 zunächst als eine Institutionengründung von oben. Es gelang ihm jedoch nicht nur, verschiedene Präsidentschaftswechsel zu überdauern; es gewann an Einfluss, an Mitteln und an Unabhängigkeit und stellte schon bald eine neue Art von öffentlicher Einrichtung dar, die rechtsförmige Verfahren herstellen konnte. Inzwischen formal von der Regierung getrennt, ist das IFE für die Herstellung und Verwaltung von sauberen Wählerverzeichnissen, fälschungssicheren Identifikationskarten und für die Formulierung von Reformvorschlägen für das Wahlgesetz verantwortlich. Durch seine Gesetzesinitiativen wurden die Parteienfinanzierung und der Zugang zu den Medien, die jahrzehntelang von der PRI kontrolliert wurden, für alle Parteien wesentlich verbessert. Zuständig ist das IFE auch für die Durchführung, Kontrolle und Überprüfung der Wahlen selbst. Es ermittelt und verkündet die Endergebnisse und geht Wahl-Unregelmäßigkeiten nach. Das IFE wird von allen Parteien anerkannt und genießt auch international einen guten Ruf. Unterstützt durch das Bundeswahlgericht (TRIFE), konnte es sich mit formal-juristischen Verfahren gegen manipulative Praktiken der alten PRI-Machtcliquen in Yucatán und Tabasco während der Gouverneurswahlen 2000/2001 durchsetzen. Allerdings wären ohne die kritische Begleitung durch Bürgerorganisationen, die ein neues Bewusstsein gegenüber Wahlen und politischen Legitimationsformen zum Ausdruck bringen, die Wahlen nicht zum zentralen Ort der mexikanischen Transition geworden.

8   Parteien

Lange Zeit glaubte man, die Geschichte der Parteien als die Geschichte der Partei der Institutionalisierten Revolution erzählen zu können. Die auch als 'offizielle' Partei bezeichnete Vereinigung regierte bis weit in die 1990er Jahre auf allen staatlichen Ebenen (Bund, Land, Gemeinden) weitgehend uneingeschränkt, andere Parteien spielten im Parlament und im Senat eine nachgeordnete Rolle[4], und sie stellte bis zum Jahr 2000 den Präsidenten. Seit 1946 *Partido Revolucionario Institucional* (PRI) genannt, bildete sich die über sieben Jahrzehnte herrschende Partei in Mexiko über mehrere Etappen als nationale Kraft heraus. Lange Zeit stellte sie ein wichtiges Verbindungsscharnier dar zwischen metropolitaner Modernisierungskoalition und den unterschiedlichsten Vertretern der peripheren Machtcliquen. Der erste Versuch nach der Revolution war 1929 die Gründung der *Partido Nacional Revolucionario* (PNR) durch Calles. Die Partei war territorial organisiert, fast ohne jeden Versuch einer sektoralen Inkorporation der Massen.

Eine solche wurde erst unter Cárdenas in Angriff genommen, als Gegenmacht gegen Calles und sein Netzwerk regionaler Machtbosse. In dieser Zeit verstärkten sich die ersten Anzeichen für das, was die metropolitane Koalition in den Jahren des *Milagro Mexicano* werden sollte. Denn durch die Gründung der PRM *(Partido de la Revolución Mexicana)* 1938 sollte sich die territoriale Organisation formell in funktionale Sektoren verwandeln, in denen die nationalen Organisationen der Bauern und Arbeiter sowie von städtischen Mittel- und Unterschichten der Partei inkorporiert wurden. Zwei Jahre lang, von 1938-1940, waren auch die mexikanischen Streitkräfte als vierter Sektor in die Partei einbezogen. Doch als unter Cárdenas die Basisorganisationen umgebildet und gesellschaftliche Gruppen integriert wurden, denen bis dahin keine direkte Repräsentation möglich war, änderte sich am Einfluss der lokalen Machtgruppen zunächst nur wenig. Es eröffneten sich allerdings Möglichkeiten, neben den traditionellen Bündnissen der *Caciques* neue Netzwerke auszubilden, die durch die nationalen, sozialen Organisationen der Partei (der Gewerkschaften, der Lehrerorganisation u.a.m.) geknüpft wurden (vgl. Lomnitz, Gorbach 1997: 535f) und eigene Verhandlungsmacht gewinnen konnten, indem sie lokale bzw. soziale Gruppen direkt vom Zentrum aus organisierten.

---

[4] Von den Organisationen, die 1946 eine vorläufige Registrierung als Partei durch das Innenministerium *(Secretaría de Gobernación)* erhielten, waren 1976 lediglich noch drei Parteien aktiv: PAN, PPS, PARM.

Die Gründung der PRI 1946 als korporative Partei[5] zielte auf eine weitere Verschiebung innerhalb der politischen Elite, intendierte sie doch, den Einfluss der Vertreter der metropolitanen Modernisierungskoalition gegenüber den peripheren zu stärken. Das in diesem Zusammenhang ebenfalls 1946 geschaffene neue Wahlgesetz beschränkte die Möglichkeiten für parteilose Kandidaten, sich aufstellen zu lassen und verlangte von den politischen Parteien eine stärkere *nationale* Verankerung. Mit den höheren Anforderungen war auch eine größere Abhängigkeit vom Innenministerium *(Secretaría de Gobernación)* verbunden, welches allein über die Zulassung der Parteien entschied. Dies drückte sich darin aus, dass die Macht der lokalen *Caciques* und insbesondere der militärischen *Caudillos* abnahm, ohne dass sie allerdings ganz verschwinden sollte, während zunehmend politische Akteure an Gewicht gewannen, die sich aus der Loyalität zu Personen über professionelle, urbane und nationale bzw. föderale Institutionen definierten. Zugleich kam es auch innerhalb der PRI zu wichtigen Veränderungen. Die Partei war vor allem in den 1970er Jahren und danach kaum mehr in der Lage, die Bevölkerung auf dem Land und ihre transregionalen und zunehmend auch transnationalen Migranten über die CNC im *sector campesino* zu organisieren. Immer mehr wurde außerhalb der CNC und damit der PRI direkt zwischen bundesstaatlichen Einrichtungen wie dem Agrarreformministerium oder den verschiedenen präsidialen sozialen Entwicklungsprogrammen (Braig 2004) über das Schicksal von Landbesetzern, die Versorgung der Landbevölkerung mit subventionierten Grundnahrungsmitteln oder auch über lokale Wahlergebnisse verhandelt. Diese wiederum bestärkten den Bedeutungsverlust des *sector campesino*, der bäuerlichen Korporationen innerhalb der PRI. In den wachsenden Großstädten waren es der *sector obrero* mit den korporativen Gewerkschaften, allen voran die CTM, und der *sector popular* mit der CNOP, die als Sammelbecken für die Organisierung verschiedener städtischer Akteure (Gewerkschaften der Staatsbeschäftigten, Organisation der Kleinhändler u.a.m.) fungieren. Die Studentenbewegung von 1968, neue soziale Bewegungen in den 1980er Jahren, wie etwa die Frauenbewegung, ließen sich nicht mehr unmittelbar in die korporativen Sektoren der PRI inkorporieren. Nach 1968 und vor allem seit 1982 waren Sektoren immer weniger in der Lage, die neuen sozialen Akteure, Frauen, Jugendliche, Migranten, Unterbeschäftigte, Intellektuelle u.a.m. dauerhaft an sich zu binden (vgl. Foweraker, Craig 1990). Der *sector obrero* verlor an Mitgliedern und Einfluss. Im *sector popular* sammelten sich immer mehr individuelle Mitglieder aus den staatlichen Verwaltungen, oftmals als *tecnócratas* bezeichnet, und gewannen dort an Einfluss.

Im Gegensatz zur PRI, die als Partei aus den herrschenden Machtkonstellationen hervorging, wurde die *Partido Acción Nacional* (PAN) 1939 als Oppositionspartei gegründet, die diese Funktion auch über viele Jahrzehnte innehaben sollte. Im Kontext der antiklerikalen Regierungsprogrammatik der PRI im katholisch geprägten Milieu des Nordwestens Mexikos entstanden, war sie jahrzehntelang die einzige zugelassene, „unabhängige, aus sich heraus lebensfähige politische Kraft" (Lauth 1992: 53), die verschiedene Strömungen umfasste. So finden sich unter ihren Mitglieder sowohl diejenigen, die sozialer Gerechtigkeit verpflichtet sind als auch solche, die äußerst konservative katholische Werte und Normvorstellungen vertreten. Für die ökonomische Gestaltung von Entwicklung wiederum wurden zunehmend neoliberale Positionen prägend. Gerade die Vertreter der letzten haben

---

[5] In die PRI sind Arbeiter über die mit dem Regime verbundenen Gewerkschaften wie die *Confederación de Trabajadores de México* (CTM), Bauern über die *Confederación Nacional Campesina* (CNC) und die städtischen Mittelschichten über die *Confederación de Organizaciones Populares* (CNOP) automatisch inkorporiert.

die PAN seit der Regierung von Salinas zu partiellen Bündnissen mit den PRI-Regierungen gedrängt. Gleichzeitig sind viele ihrer Mitglieder individuellen Freiheitsrechten verpflichtet, und sie haben sich zusammen mit anderen Oppositionsparteien in den letzten fünfzehn Jahren für die Durchsetzung sauberer Wahlen und deren rechtlicher Absicherung eingesetzt. Während auf der kommunalen und regionalen Ebene die lokalen PANistas ihre Partei zum Sieg führen konnten, war es bei der Präsidentschaftswahl 2000 weniger die PAN als ihr Präsidentschaftskandidat Fox, der mit Unterstützung eines außer- und überparteilichen Bündnisses, *Amigos de Fox,* und im Pakt mit der Grünen Partei (PVDM), Allianza por México, im Jahre 2000 die Präsidentschaftswahlen gewann. Insofern steht ein Wahlsieg der *Partido Acción Nacional* aus eigener Kraft bei den Präsidentschaftswahlen noch aus.

Links von der PRI war die Parteienlandschaft jahrzehntelang zerklüfteter und durch eine Vielzahl kleiner, lange Zeit illegal arbeitender Parteien geprägt. Direkt aus der PRI hervorgegangen waren zwei kleinere, von ihr abhängige Parteien, die mit der Transition in den 1990er Jahren so gut wie verschwunden sind. Als eine der ältesten Parteien des Landes kann die 1919 gegründete *Partido Comunista Mexicano* (PCM) gelten. Ihre ersten Jahrzehnte waren – bis zur Ermordung Trotskis 1940 in Mexiko – geprägt durch die Auseinandersetzungen zwischen Stalinisten und Trotzkisten. Immer wieder verboten, wurde der PCM erst mit den politischen Reformen unter Lopez Portillo die Zulassung zu den Wahlen ermöglicht. In den 1980ern schloss sie sich mit anderen linken Miniparteien zusammen, die auf die Beteiligung an den Wahlen und eine langsame Demokratisierung setzten. Als 1989 die *Partido de la Revolución Democrática* (PRD) gegründet wurde, beteiligte sich diese Linke an dem neuen Projekt. Die andere, größenmäßig relevantere Basis der PRD kam direkt aus der alten „Revolutionären Familie". Dort hatte sich während der Regierungszeit von de la Madrid Unzufriedenheit mit der ökonomischen Neuorientierung (wie Privatisierung, Deregulierung) breit gemacht, und als 1987 Salinas zum Präsidentschaftskandidaten per Fingerzeig des Präsidenten bestimmt wurde, formierte sich, angeführt von Cuauhtémoc Cárdenas und Porfirio Muñoz Ledo, die *Corriente Crítica.* Nach dem Ausschluss der beiden bildeten sie zusammen mit linken Parteien und Gruppierungen die *Frente Democrático Nacional,* aus der 1989 die PRD hervorging. Sie gehört heute zusammen mit der PRI und der PAN zu den drei wichtigen Parteien des Landes.

9   Militär

Zum lange Zeit vorherrschenden positiven Bild trugen verschiedene Faktoren bei: Die Streitkräfte können ihren Ursprung auf die mexikanische Revolution zurückführen; sie haben den Ruf, sich aus der Politik heraus zu halten und zumindest weniger korrupt als die Polizei zu sein; richtig sichtbar waren sie bis vor wenigen Jahren nur bei Naturkatastrophen und ihre Zahl war viele Jahre über relativ begrenzt. Dabei gehörte das Land bei seiner Unabhängigkeit von Spanien (1821) mit einer Armee von 20.000 Soldaten zu den Staaten mit dem höchsten Anteil von Militärs; auf einen Soldaten kamen 500 Einwohner. Dieser Anteil stieg im 19. Jahrhundert weiter an und erreichte 1867 den Höhepunkt, in dem Jahr also, als die französische Invasion von 70.000 mexikanischen Soldaten zurückgeschlagen werden konnte; auf einen Soldaten kamen damals 171 Einwohner (Global Exchange 2000: XVI). Ähnlich hoch war der Anteil am Ende der Revolution, als die Revolutionskräfte 80.000 Soldaten (1 auf 160 Einwohner) versammelten. Doch zu Beginn der 1940er Jahre, als das politische Regime sich stabilisierte und die militärischen Institutionen sich zu professionalisieren begannen, setzte eine Demilitarisierung ein. Diese mündete in den 1960er Jahren in einen vergleichsweise niedrigen Stand: Von 44 Millionen Einwohnern waren lediglich 60.750 beim Militär (1/724)

Der Umstand, dass die heutige mexikanische Armee aus der Revolution hervorging und mit dem Vertrag von Teoloyucan 1914 der alte vorrevolutionäre Staatsapparat und dessen Armee beseitigt worden war, führte dazu, dass sich in den Streitkräften weniger der Korpsgeist einer militärischen Kaste ausbildete, sondern sich der mexikanische Militarismus mit den zahllosen Anekdoten der Revolutions*caudillos,* die erst durch und in der Revolution zu *„Generales"* wurden, verwoben hat. Nicht zuletzt diese sind es, die manche Beobachter von einer eher antimilitaristischen Tradition der mexikanischen Armee sprechen lassen. Eine weitere mexikanische Besonderheit ist, dass sich die Armee innerhalb der staatstragenden Parteien, der PRI und ihrer Vorläufer, entwickelt hat. Viele der „Generäle", vor den revolutionären Wirren meist zivile Führungspersönlichkeiten, wurden Teil der Revolutionären Familie und waren als regionale Machtbosse aktiv in der PNR *(Partido Nacional Revolucionario).* Als Cárdenas mit der PRM *(Partido de la Revolución Mexicana)* 1938 eine korporative Partei schuf, in welcher die verschiedenen sozialen Sektoren und nicht mehr die regionalen Bosse vertreten sein sollten, bildeten die Streitkräfte zunächst eine der vier Säulen der Partei. Diese direkte Inkorporation war jedoch von kurzer Dauer; schon nach 1940 wurden Militär und Partei wieder getrennt. Dies bedeutete jedoch nicht, dass sich der Austausch zwischen militärischen und zivilen Eliten nicht bis heute fortgesetzt hätte.

Was jedoch den wesentlichen Unterschied zu anderen lateinamerikanischen Staaten ausmachte, ist, dass sich die mexikanischen Streitkräfte nicht in die ökonomische und politische Transformation einmischten, niemals autonom gegenüber dem politischen Regime der PRI agierten, und sie lediglich auf Befehl des Präsidenten oder der zivilen Gouverneure in politischen Krisen intervenierten. Das politische Regime wiederum reagierte immer dann mit den Streitkräften als Repressionsinstrument, wenn mit den korporativen Instrumenten den Forderungen einer immer komplexer werdenden Gesellschaft nicht beizukommen war. Beispiele für den Einsatz der Streitkräfte im Inneren sind u.a. die Niederschlagung des Eisenbahnerstreiks 1958 und der Studentenbewegung 1968, die Bekämpfung der Guerilla in den 1970er Jahren im Rahmen des *guerra sucia* und seit 1994 der EZLN und der ERP. Dadurch, dass die Landesverteidigung gegenüber äußeren Feinden keine Rolle spielte, lagen die zentralen Aufgaben der Streitkräfte in der Herstellung der inneren Sicherheit. Allerdings änderten sich diese Aufgaben zunächst noch kaum wahrnehmbar Ende der 1970er Jahre, dann jedoch in den 1990er Jahren immer spürbarer durch die wachsende Präsenz des Drogenhandels und durch den Druck der USA, diesen zu bekämpfen. Beide tangierten die Rolle des Militärs und die Beziehung zwischen zivilen und militärischen politischen Eliten grundlegend. Als während der Regierung von Salinas die Militärs direkt in den Entscheidungsprozess der Drogenbekämpfung einbezogen wurden, stellte sich rasch heraus, dass die mexikanische Armee weder den internationalen Drogenhandel noch den wachsenden Konsum im eigenen Land eindämmen konnte, und die immensen Summen, über die die Drogenbosse, genannt *Narcos,* verfügen, unweigerlich zu Korruption gerade auch unter führenden Militärs und in den Sondereinheiten für die Drogenbekämpfung führen musste. Die internationale Dimension führte wiederum dazu, dass die mexikanische Regierung nicht nur US-amerikanischen Militärs und Drogenfahndern erlauben musste, im eigenen Territorium zu agieren, sondern sich darüber hinaus deren veränderter Prioritätensetzung anschloss.

In den USA wandelte sich mit dem Ende des Kalten Krieges die Wahrnehmung der Risiken für die nationale Sicherheit radikal. In das Zentrum der Gefahrenanalyse in Lateinamerika geriet zunächst der Handel mit Drogen, bald gefolgt von den Unsicherheiten, die von den sogenannten *indocumentados*, den als illegal charakterisierten Grenzüberschreitungen von Migranten ohne Papiere, auszugehen scheinen. Die Setzung der Priorität auf die Bekämpfung des Drogenhandels erleichterte die Einbindung der Sicherheitsorgane der anderen Staaten und insbesondere Mexikos. Neben den von der mexikanischen Regierung zunächst nicht autorisierten Aktionen der DEA *(U.S. Drug Enforcement Administration)* im Rahmen der US-amerikanischen Drogenbekämpfung gelang es den USA im Verlauf der 1990er Jahre, ihren Einfluss auf das mexikanische Militär zu verstärken und das einstmals eher distanzierte mexikanische Militär in eine dauerhafte Kooperation mit den Sicherheitskräften der USA zu drängen (Benítez Manaut 1998; Wager 1998). Der Höhepunkt wurde mit der Errichtung des *Northern Command* (NorthCom) und der Einbeziehung Mexikos in diese US-amerikanische *Area of responsibility* im Oktober 2002 erreicht. Seitdem ist Mexiko nun offiziell Teil Nordamerikas und damit auch der neuen *Homefront* der USA.

Für die mexikanischen Streitkräfte hat die Einbeziehung in die neue Sicherheitsarchitektur der USA vielfache Konsequenzen. Ihre verfassungsrechtlichen Grundlagen, ihr Ursprung in der Revolution und ihre Einbeziehung in das nationale Projekt des PRI-Regimes erodieren durch die Verstrickungen in den Drogenkampf, die Übernahme polizeilicher Aufgaben, die bekannt gewordenen Menschenrechtsverletzungen und insbesondere durch die Unterordnung unter die US-amerikanischen Sicherheitsinteressen. Die Einbeziehung einer immer größeren Zahl von Offizieren und Soldaten in Trainingsprogramme in den USA wirkt sich auch auf die persönlichen Biographien aus und bringt eine Umorientierung der militärischen Eliten mit sich.

10 Interessenverbände und Kirchen

Sicherlich auf den ersten Blick offenbart sich Mexiko als ein „katholisches Land". Die allgegenwärtige Nationalheilige, die Jungfrau von Guadalupe, die am 12. Dezember 1531, zehn Jahre nach der Eroberung von Tenochtitlán, der aztekischen Hauptstadt, dem getauften Indio Juan Diego auf dem Hügel Tepeyac erschienen sein soll, gilt hierfür als untrügerisches Zeichen. Der Ort der ersten Marienerscheinung in der Neuen Welt, welcher durch eine riesige Basilika im Norden von Mexiko-Stadt schon von weitem ins Auge sticht, ist mit ca. 20 Millionen Pilgern jährlich die größte und bedeutendste Marien-Wallfahrtsstätte der Welt. Allerdings ist der mexikanische Katholizismus durchsetzt mit vielerlei Synkretismen. Seit der „geistigen Eroberung", „die mit der Ankunft von „zwölf" Franziskanern 1524 begann", haben sich „religiöse Mischformen entwickelt, die es den unterdrückten Ureinwohnern erlaubten, trotz ihrer Unterwerfung unter eine fremde religiöse Symbolwelt eigene Überzeugungen und Praktiken in Form einer heimlichen Widerstandskultur weiter zu tradieren" (Kruip 2004: 150). Doch nicht allein die bis heute den Alltag prägenden Formen von synkretistischer Volksreligiosität und die Bemühungen der Vertreter der befreiungstheologischen Strömungen um Pluralität innerhalb der katholischen Kirche in den 1970er Jahren, sondern auch die Ausbreitung protestantischer Sekten vor allem in, haben zu einer Ausdifferenzierung von christlichen Glaubensformen und deren institutioneller Verfasstheit in den letzten beiden Jahrzehnten geführt.

Zugleich gehört Mexiko zusammen mit Frankreich zu den modernen Staaten, die eine klare Trennung von Staat und Kirche in der Verfassung festgeschrieben haben. Ja, Mexiko war viele Jahrzehnte lang das einzige katholische Land, das bis 1992 keine diplomatischen Beziehungen zum Vatikan unterhielt. Die tieferen Ursachen der Konflikte zwischen katholischer Kirche und Staat reichen zurück in die Kolonialzeit und liegen in der engen Bindung der Kirche an die spanische Kolonialmacht begründet. Als enger Verbündeter der spanischen Kolonialmacht einerseits und als politischer und ökonomischer Faktor andererseits, wurde die Kirche zum Angriffsobjekt verschiedener liberaler und revolutionärer Projekte zwischen 1833 und 1917. Die das 19. Jahrhundert Lateinamerika bestimmende Konfliktlinie zwischen „Konservativen" und „Liberalen" prägte auch Mexiko. Dort kam es während der Vizepräsidentschaft von Valentin Gómez Farías 1833 zu ersten Reformbestrebungen, die auf eine Trennung von Kirche und Staat sowie eine Enteignung der Kirche zielten. Derartige Forderungen, die sich auf das Vorbild Frankreich bezogen, gingen in die nach der Revolution von Aytla 1857 proklamierte liberale Verfassung ein und insbesondere in die so genannten Gesetze Juarez (1855) und Lerdo (1857). Sie alle bezweckten, die Privilegien der Kirche abzuschaffen und sie zu enteignen. Der in der Verfassung von 1917 festgeschriebene Laizismus sowie der Antiklerikalismus, die vielleicht einzige ideologische Klammer zwischen den siegreichen Revolutions*caudillos*, führte zu einer weiteren Verhärtung zwischen der katholischen Kirche und dem revolutionären bzw. nachrevolutionären Staat, die ihren Höhepunkt im *cristero*-Krieg von 1926 bis 1929 während der Regierung Calles fand. Erst unter der Präsidentschaft von Lázaro Cárdenas normalisierten sich die Beziehungen, ohne dass jedoch die Verfassung geändert worden wäre.

Dies geschah erst in der Regierungszeit von Salinas de Gortari, der sich nach seinem dubiosen Wahlsieg 1988 und angesichts der Delegitimierung des PRI-Regimes um neue Bündnisse bemühen musste. Allerdings wurden innerhalb der mexikanischen Kirche die Verfassungsänderungen und die Aufnahme diplomatischer Beziehungen zum Vatikan im Jahre 1992 nicht nur positiv beurteilt. Gerade auf der Basis der jahrzehntelangen Distanz zum PRI-Regime war es der mexikanischen katholischen Kirche gelungen, im konservativen (hier vor allem mit der PAN) und im linken Spektrum (hier vor allem im befreiungstheologischen Umfeld) politische Spielräume zu eröffnen.

11 Massenmedien

Die Massenmedien haben im mexikanischen Transformationsprozess eine widersprüchliche Rolle gespielt. Auf der einen Seite wurden zahlreiche Journalisten und Journalistinnen, die auf die mangelnde Rechtsstaatlichkeit und auf konkrete Menschenrechtsverletzungen hinwiesen, Opfer gezielter staatlicher Repression. Auf der anderen Seite waren die meisten Massenmedien in einer besonderen Weise in das Regime eingebunden. Dies galt vor allem auch für private Betreiber, die stets die Mehrzahl der Medienunternehmer bildeten. Obwohl es nur selten direkte Zensur von Seiten des Staates gab, nahmen die politischen Eliten, aber auch Teile der Unternehmerschaft, massiven Einfluss auf die Berichterstattung. Verschiedene offene und versteckte Formen wie das lange Zeit vorherrschende staatliche Papiermonopol, direkte und indirekte Subventionen, bestellte Artikel, Platzierung von Informationen und Bildern, 'Erweiterung' von Nachrichten, Vermischung von Nachricht mit Kommentaren und vor allem Werbung, bilden in vielen Bereichen und Regionen nach wie vor Instrumente der Medienmanipulation, erleichtert durch die teilweise sehr schlechte Bezahlung der Journalisten und eine fehlende Mediengesetzgebung. Die Konsequenzen waren eine oberflächlich Berichterstattung und ein elaboriertes System von Korruption. Sowohl die Informationen als auch die Einkommen der einzelnen Journalisten hingen nicht zuletzt davon ab, welche ‚Quellen' sie recherchierten und in welchem Maße diese bereit waren, Informationen weiterzugeben und für verdeckte Werbung bzw. die Möglichkeit, Einfluss nehmen zu können, bezahlten. Nicht nur der Präsident und die einzelnen Ministerien, sondern jeder Gouverneur und jedes Landesministerium, nicht nur die PRI, sondern auch ihre Organisationen verfügten über eine eigene Presseabteilung, die mit ‚ihren' Journalisten oftmals über viele Jahrzehnte vertrauensvoll zusammenarbeitete. Je professioneller und zahlungskräftiger die Quelle, umso ‚besser vorbereitet' waren die Beiträge und umso höher das persönliche Einkommen (einschließlich Altersversorgung) der Reporter. Journalisten, die an keiner 'werbeträchtigen' Quelle, wie etwa PEMEX, dem staatlichen Erdölproduzenten, saßen, sondern ihre Informationen von Vertretern sozialer Bewegungen, Nichtregierungsorganisationen, Akademikern, etc. beziehen mussten, konnten ihre niedrigen Gehälter nicht aufbessern. Die über viele Jahrzehnte gesponnenen und gut etablierten Netzwerke zwischen PRI-Gruppen und Medien wurde insbesondere in der Provinz in den letzten Jahren noch genutzt, um demokratisch gewählte Regierungen und Gouverneure von PAN und PRD in Misskredit zu bringen. Zugleich haben sich verstärkt in den 1990er Jahren eine neue Form von investigativem Journalismus und neue Printmedien im Norden und in der Hauptstadt herausgebildet, deren Vorläufer und Protagonisten sicherlich die Wochenzeitschrift *Proceso* und ihr Herausgeber Julio Scherer sind.

Allerdings spielen die Printmedien, mit 300 Tageszeitungen, davon 35 in der Hauptstadt, nur eine geringe Rolle; sie sind zu teuer für die Mehrheit der Lesekundigen und im Vergleich zu Fernsehen und Radio nicht für alle zugänglich. Im Bereich der elektronischen Medien „werden von den fast 2000 Lizenzen, die von der Regierung an Betreiber von TV und Hörfunk vergeben sind, über 80% kommerziell betrieben" (Huffschmid 2004: 542). Gerade im Bereich des Fernsehens ist die Medienkonzentration privater Unternehmen extrem ausgebildet: „An die 50% des Telemarktes beherrscht das alt eingesessene Medienimperium *Televisa*, einer der mächtigsten Medienkonzerne der Welt; einen Anteil von 30% hat in den letzten Jahren der Newcomer *Televisión Azteca* erobert" (ebenda). TV *Azteca* kann als Hauptprofiteur der Privatisierung des staatlichen Kanals von 1993 gelten. Dagegen hat *Televisa*, seit seiner Gründung in den 1950er Jahren in enger Beziehung zum PRI-Regime stehend, sich zugleich durch seine weltberühmten Telenovelas einen wichtigen Exportmarkt und damit eine eigene Machtbasis erschlossen. Bis heute profitieren vor allem die privaten Fernsehmedien von den hohen Werbeeinnahmen. Damit löst das Rating-Diktat die fein gesponnenen Netzwerke zwischen Politik und Medien ab. Als Alternativen für die Verbreitung von Informationen und Meinungen, die von beiden Systemen ausgesondert werden, haben sich vor allem die zahlreichen dezentral betriebenen Radiostationen und teilweise das Internet erwiesen.

Interessanterweise war in Mexiko das Verhältnis zwischen Staat und Medien gesetzlich so gut wie nicht reglementiert. Das immer noch geltende Gesetz *(Ley Federal de Radio y Televisón)* ist von 1960 – also aus einer Zeit, als die nichtgeschriebenen Vereinbarungen zwischen Medien und Staat weitgehend Geltung hatten. Das Gesetz ist den neuen Bedingungen, die von den sich unkontrolliert entfaltenden Marktkräften, wie der raschen Monopolbildung, der Diktatur der Werbeeinnahmen etc. bestimmt werden, nicht gewachsen. Angesichts der Zerstörung des öffentlichen Raums gerade in Zeiten der Demokratie wurde eine alte Forderung von Bürgerinitiativen aus den 1970er Jahren nach einem neuen Radio- und Fernsehgesetz wieder virulent. Seit 2002 liegt nun dem Kongress ein entsprechender Entwurf vor, der von PAN- und PRD-Parlamentariern und zivilgesellschaftlichen Organisationen unterstützt wird. Vorgesehen sind neben der Einrichtung eines unabhängigen Medienrates, der als Aufsichtsorgan die Frequenzvergabe regeln soll, die verstärkte Lizenzvergabe an nicht-kommerzielle Kanäle sowie die Legalisierung der ‚freien' Radios. Darüber hinaus werden auch Vorschläge zu einer veränderten Finanzierung gemacht (vgl. Huffschmid 2004: 556). Trotz eines beachtlichen öffentlichen Interesses an einem derartigen Mediengesetz ist es in dieser Legislaturperiode, der ersten unter einem Präsidenten, der nicht aus den Reihen der PRI kam, nicht gelungen, dieses gegen eine stillschweigende Mehrheit in der PRI und der PAN durchzusetzen.

12   Politische Kultur und Partizipation

Die Andersartigkeit Mexikos provozierte nicht erst Huntington (2004), die Mexikaner in einer grundlegend anderen Kultur als der angelsächsischen zu verorten. Die politische Kultur sah man bereits in früheren Studien mit dem Katholizismus und dem spanischen Erbe verbunden, verankert im Geist der Caudillaje (Conde 1942), in der katholischen Welt des Mittelalters (Dealy 1977) und in dem damit verbundenen korporativen Modell nationaler Entwicklung oder in der katholischen Ethik, als „Geist der Repräsentation verstanden" (Eickhoff 1999). Auch in der empirischen Vergleichstudie von Almond und Verba 1963 zu *Civic Culture*, in welcher die Beziehungen zwischen politischen Verhaltensweisen und Demokratie in fünf Ländern untersucht wurden, durfte Mexiko als Beispiel für einen parochialen Typus politischer Kultur nicht fehlen. Mexikos Demokratie galt als ‚abweichend', ‚zurückgeblieben' oder ‚barbarisch' und das Handeln der Akteure und insbesondere das Verhalten der Massen wurde als weniger rational und eher „expressiv-emotional" beurteilt (Almond, Verba 1963: 387ff). Und auch in der mexikanischen Literatur ließen sich auf der Suche nach einer nationalen Identität homogenisierende Zuschreibungen finden, wie im Essay *El Laberinto de la Soledad* von Octavio Paz (1950). Allerdings wurde in der Debatte um die *Mexicanidad* in kritischer Auseinandersetzung sowohl mit dem Konzept der „kosmischen Rasse" von José Vasconcelos als auch mit Paz' Konstruktion des einsamen männlich konnotierten Mestizen immer auch die Divergenz und die Fragmentierung der mexikanischen Kulturen thematisiert. Guillermo Bonfil Batalla (1987) wandte sich mit seiner Konzeption eines *México profundo* als einer negierten, verdrängten, widerständigen Kultur gegen die Homogenisierung des herrschenden Mexiko, das für ihn nur ein imaginiertes sein konnte.

Nichts wäre irreführender, als das sich in den 1930er Jahren herausgebildete Modernisierungsbündnis als Ausdruck einer versteinerten politischen Kultur zu begreifen, und das komplexe politische Interagieren zu reduzieren auf einen alles von oben kontrollierenden Staat und die von dessen Weisungen und Gunstbezeigungen abhängigen, staatskorporativen Organisationen sowie auf eine dies alles apathisch erleidende, opportunistische bzw. unterdrückte Bevölkerungsgruppe. Im Gegenteil, es prägten sich recht unterschiedliche und flexible Artikulationsformen zwischen Regierenden und Regierten aus. Diese wurden auch dadurch erleichtert, dass alle sechs Jahre nicht nur der Präsident und seine Minister, *secretarios,* sowie ein Großteil der oberen Verwaltung wechselte, sondern damit verbunden war ein ständiger Generationenwechsel und weitgehende Änderungen der Politikinhalte. Das oftmals zu konstatierende Fehlen individueller Rechte wurde in Verhandlungen über soziale Leistungen lange Zeit verdeckt, der bestehende Mangel an Rechtsstaatlichkeit konnte sich sowohl in komplexen Verhandlungen zwischen sozialen Gruppen und den Repräsentanten des PRI-Regimes als auch in Gewaltprozessen und Straflosigkeit niederschlagen; und auch innerhalb des Regimes galten Loyalität und Disziplin als Grundtugenden des politischen Geschäfts. Nach dem Chaos des 19. Jahrhunderts und den Wirren der Revolution lag fast allen Beteiligten daran, legitime politische Stabilität in der Interaktion zwischen den unterschiedlichen staatlichen und gesellschaftlichen Akteuren herzustellen. Dabei waren die Beziehungen zwischen organisierter Arbeiter- und Unternehmerschaft und Staatsvertretern, die sich nach der Revolution als Kern der metropolitanen Modernisierungskoalition herausgebildet hatten, für die Kreation und Institutionalisierung der zum größten Teil informellen Regeln und eines bestimmten Reformstils wesentlich verantwortlich (Brachet-Marquez 1994: 20f). Dieser Reformstil bedeutete nun in keiner Weise das Fehlen von Konflikten bzw. garantierte nicht deren friedliche Austragung. Er implizierte auch nicht, dass sich die Koalitionäre inhaltlich um das Gleiche stritten und zu einer Einigung kamen, die den Forderungen von unten entsprach. Er implizierte jedoch über viele Jahrzehnte die Ein- und Ausübung von Kommunikationsformen zwischen Herrschenden und Beherrschten (Braig 1999). Diese waren keineswegs frei von Gewalt – deutlich ausgeprägt in einigen peripheren Regionen, aber auch das Zentrum selbst blieb nicht davon verschont. Auch sollten die immer vielfältigen Formen des *policy dealings,* die seit den 1970er Jahren gerade auch an der PRI vorbei ausgebildet wurden, nicht mit einem Repräsentationsverhältnis liberaler Demokratien gleichgesetzt werden. Doch was die Aushandlungsformen – von allen Beteiligten *gestión* genannt – erlaubten, war über die Herausbildung von Entwicklungs- und Sozialpolitiken die Herstellung einer bestimmten sozialen Kohäsion. Auf deren Basis konnte die urbane Modernisierungskoalition jahrzehntelang den gesellschaftlichen Wandel mit einer Palette sozialer Politiken, die um ein auf den Binnenmarkt orientiertes Wirtschaftswachstum entfaltet wurden, begleiten, von ihm profitieren und ihn teilweise sogar gestalten. Bewältigen konnte sie ihn angesichts der Verwerfungen einer fragmentierten Moderne jedoch nicht.

Für das Verstehen dieser Kommunikationsformen sind für Adler-Lomnitz und Melnick (2000) die zugrunde liegende Sprache und soziale Grammatik, die ungeschriebenen Regeln und die von den Beteiligten geteilten Erfahrungen, auf die zurückgegriffen werden kann, ausschlaggebend. Durch sie werden die sozialen Netzwerke von unten nach oben und zwischen den Mächtigen gesponnen und bestätigt; vor allem jedoch wird ein symbolisches System geschaffen, welches die Herrschaftsstrukturen gerade auch außerhalb formaler Verfahrensweisen legitimiert. Für das Verständnis der politischen Kultur helfen die formalen Regeln und Verfahren nur begrenzt, aufschlussreicher ist es, die ungeschriebenen Pakte aufzudecken, die informellen Regeln zu rekonstruieren und die ethischen Codes zu untersuchen, die mit Ehre, Loyalität, Disziplin und Respekt verknüpft sind. Über derartige Zugänge sind in den letzten Jahren eine Reihe weiterführender Untersuchungen zur politischen Kultur im Kernbereich (vgl. Barbieri de 2003; Schütze 2005) des politischen Systems entstanden. Dabei wurde in der ethnologischen Studie von Adler-Lomnitz/Salazar Elena/Adler

(2004) deutlich, dass die mexikanischen Präsidentschaftskampagnen keine Wahlkämpfe waren, sondern die Kampagne eines Politikers, der sich seiner Netzwerke in den einzelnen Regionen versichern musste, und dies zugleich für die lokalen PRI-Bosse die Möglichkeit war, über die Mobilisierung möglichst vieler Stimmen ihre Bedeutung für den zukünftigen Präsidenten sichtbar zu machen, um seine Dankbarkeit einfordern zu können. Zugleich bildeten sich in den Aushandlungsprozessen aber auch notwendige Elemente für die Einbeziehung unterschiedlicher sozialer und lokaler Interessen aus, wie sie auch für Demokratien grundlegend sind, so dass die Regierten bis heute auf Formen der *gestión* zurückgreifen, um ihre Belange in den politischen Prozess einzubringen.

Allerdings wurde die sich rasch wandelnde mexikanische Gesellschaft zunehmend differenzierter und wuchs über die angebotenen politischen Arrangements hinaus: Urbanisierung und demographische Veränderungen, Migration und Transmigration, neue soziale Bewegungen mit Forderungen nach dem Schutz und der Garantie von individuellen Freiheitsrechten (Frauen, Homosexuelle und *Indígenas*) sind einige der Prozesse, die in den 1990er Jahren zu mehr Engagement im Kernbereich der Politik führten. Erst in einem solchen Kontext gelang es den BürgerInnen der Hauptstadt durchzusetzen, dass sie 1997 zum ersten Mal in der Geschichte ihren Bürgermeister wählen konnten. Zugleich bildeten sich in weiten Teilen des Landes Wahlbeobachter, die sich für saubere Wahlen einsetzten und dieses auch durchzusetzen begannen. Dies war kein einfacher Prozess, denn lange Zeit bestand bei vielen kritischen Bürgervertretern kein großes Interesse an den Wahlen. Die Ausweitung zivilgesellschaftlicher Erfahrungen und Organisation führte in den letzten zwei Jahrzehnten zu einer Pluralisierung des Umgangs mit politischen Aushandlungsprozessen.

13   Rechtssystem

Das mexikanische Rechtssystem leidet an zentralen Defiziten und unter einem großen Vertrauensverlust von Seiten „seiner" Bevölkerung. Aktuellen Umfragen zufolge ist für 71% der MexikanerInnen die Respektierung der Menschenrechte in ihrem Land als defizitär zu erachten, 20% treten für Selbstjustiz ein und für 72% der Bevölkerung ist es nicht zwingend notwendig, sich an die geltenden Gesetze zu halten (Bernecker 2004: 225). Zurückzuführen ist dies nicht nur auf die Anfänge des Justizsystems, welches vor allem ein Elitenprojekt war und nur wenig mit den konkreten Lebensrealitäten der Mehrheit der mexikanischen Bevölkerung gemeinsam hatte (López-Ayllón/Fix-Fierro 2000: 161). Vor allem die Eingelassenheit des mexikanischen Rechtsystems in das politische Herrschaftsarrangement, welches Recht primär als Medium in politischen Aus- und Verhandlungsprozessen betrachtete, führte dazu, dass das mexikanische Rechtssystem weniger als gesellschaftliches Regelinstrument, denn als Anrufungs- und Mobilisierungsinstanz betrachtet wurde (Braig 2001: 143). Dies führte dazu, dass die mit der Durchsetzung von Rechtsverhältnissen betrauten Institutionen – in Bezug auf ihren normativen Selbstanspruch – größtenteils als ineffizient beurteilt werden können, was sich vor allem auch am Beispiel der mexikanischen Polizeikräfte widerspiegelt: Deren alltägliches Verhalten ist nicht nur durch die häufige Involvierung der Polizei in die organisierte Kriminalität und den Drogenhandel geprägt. Darüber hinaus existiert eine große Akzeptanz bzgl. extra-legaler Gewaltanwendungen, eine Orientierung auf individuelle Bereicherung, ein hohes Niveau an institutioneller Informalität und Personalismus sowie eine ihnen gegenüber weitgehend gewährte Straffreiheit von Seiten des Justizapparates. Vor diesem Hintergrund erscheinen die mexikanische Polizei und Justiz für einen Großteil der Bevölkerung weniger als Garanten öffentlicher Sicherheit denn als Produzenten von Unsicherheit.

14 Regionen und Kommunen

Die mexikanische Verfassung bestimmt in Artikel 40, dass Mexiko eine repräsentative, demokratische und föderale Republik ist. Die hier formulierte Bestimmung des Landes als föderale Einheit wird in den Artikeln 73 und 124 näher konkretisiert. Während ersterer die Gesetzgebungsbefugnisse des Kongresses bestimmt, regelt letzterer, dass alle nicht explizit dem Kongress zugesprochenen Befugnisse den einzelnen Bundesstaaten vorbehalten bleiben (Carbonell Sánchez 1998: 86ff). Trotz dieser formalen Festlegung war in der politischen Realität Mexikos die umfassende Umsetzung des hier formulierten Föderalismusgedankens sehr beschränkt. Die bereits erwähnte Dominanz der Exekutive schlug sich auch auf die Beziehungen der einzelnen föderalen Entitäten (Zentralstaat, Bundesstaaten, Munizipien) nieder, so war es beispielsweise dem Präsidenten möglich, mittels der ihm verfassungsmäßig zustehenden Befugnisse (Art. 89 und Art. 76) mit Zustimmung des Kongresses Gouverneure ab- und einzusetzen. Weiterhin führten auch auf diesem Feld die Auswirkungen der PRI-Herrschaft nicht nur zu einer zentralistischen Form des mexikanischen Föderalismus, sondern auch dazu, dass das Verhältnis der föderalen Entitäten untereinander die Form eines politischen Verhandlungssystems annahm. So wurden z.B. seit dem Inkrafttreten des „Nationalen Systems der fiskalischen Koordination" im Jahr 1980 95% aller staatlichen Revenuen direkt von der Bundesregierung eingenommen und von dieser an die untergeordneten Entitäten verteilt. Dieser Verteilung lagen zwar formale Kriterien zugrunde, im politischen Alltag Mexikos lassen sich jedoch immer wieder Beispiele anführen, dass politische Ziele und die Nicht-Einhaltung föderaler Verfahren von Seiten der Zentralregierung diese formalen Kriterien außer Kraft setzten (Rodríguez 1995).

Vor dem Hintergrund von anerkannten bundesstaatlichen Wahlerfolgen von Oppositionsparteien und dem Niedergang des PRI-Regimes lässt sich eine verstärkte Tendenz zu einer umfassenden Neuregelung des mexikanischen Föderalismus erkennen, welche den Bundesstaaten größere Handlungsmöglichkeiten zugesteht. So wurden u.a. unter der Regierung von Salinas de Gortari 1993 den Bundesstaaten die Aufgaben der Primärerziehung und Gesundheitsfürsorge übertragen. Die Regierung Zedillo führte diese Entwicklung fort und für die Regierung von Vincente Fox nimmt dieses Thema einen zentralen Stellenwert ein. Im Rahmen eines Sonderprogramms für einen „authentischen Föderalismus 2002-2006" soll die politische Dezentralisierung verstärkt werden. Insbesondere sieht das Programm vor, über die Professionalisierung der lokalen Verwaltungen eine Stärkung der Kommunen zu erreichen. Die Beziehungen der drei föderalen Entitäten sollen mittels stärkerer Vernetzungen und der Bildung gemeinsamer Kommissionen auf eine „authentische" Basis gestellt werden und Mechanismen zur Beteiligung der Staatsbürger eingeführt werden (Maihold 2004: 344ff).

15   Integration, Interamerikanische Beziehungen, Beziehungen zu Europa

Die mexikanischen Integrationspolitiken sind nicht von deren Einbettung in die mexikanische Außenpolitik und deren Verankerung in dem postrevolutionären Regime sowie den historischen Erfahrungen ausländischer Interventionen während des 19. Jahrhunderts zu trennen. Nach der Vertreibung der napoleonischen Truppen und erst recht nach der Revolution (1910-1917) beruhte das außenpolitische Verständnis der Republik auf der *„Doctrina Juárez"*, die das Selbstbestimmungsrecht der Nationen einforderte. Aus dieser Konstellation resultierten eine Reihe außenpolitischer Leitlinien, welche den Prinzipien der Nichtintervention in die inneren Angelegenheiten anderer Länder, einer sich auf juristische Argumentationen in multilateralen Arenen beschränkende Außenpolitik sowie der „bedarfsgerechten" Legitimationsbeschaffung im Namen nationaler Souveränität bei innenpolitischen Problemen verpflichtet waren. Spätestens mit der Schuldenkrise von 1982 wurde eine Neuorientierung eingeleitet (Faust 2001: 94ff; 2004: 201ff). Ein wesentlicher Aspekt der Reorientierung bestand in einer Redefinition des Souveränitätsbegriffes. Entgegen der klassischen Gleichsetzung von nationaler Souveränität und postrevolutionärem Staat wurde nach der Präsidentschaft von López Portillo die Stärkung nationaler Souveränität primär in der erfolgreichen Partizipation an der internationalen Standortkonkurrenz erblickt (Erfani 1995: 152ff). Ihren politischen Niederschlag fand diese außenpolitische Reorientierung in einer verstärkten Suche nach internationaler ökonomischer Integration, die 1986 zu Mexikos Beitritt zum GATT, 1993 zum APEC und 1994 zur OECD (und zum zeitgleichen Austritt aus der Gruppe der 77) führten. Darüber hinaus wurde Mexiko 1995 Gründungsmitglied der WTO. Von politischer, ökonomischer und sozialer Relevanz war jedoch Mexikos Beitritt zur NAFTA im Jahr 1994, womit die seit dem 19. Jahrhundert existierende außenpolitische Dominanz der Beziehungen zu den USA eine neue Qualität erhielt und das neoliberale mexikanische Entwicklungsmodell extern institutionalisiert werden konnte. In den folgenden Jahren wurde von beiden Seiten an einer Intensivierung der ökonomischen Integration gearbeitet, darüber hinaus aber auch Themen wie (Grenz-)Sicherheit, Drogen- und Kriminalitätsbekämpfung (Bailey/Chabat 2002), aber auch die Situation der mexikanischen Migranten auf die gemeinsame außenpolitische Agenda gesetzt. In Folge der Anschläge des 11. September veränderten sich jedoch die als „ganz besondere Beziehungen" begonnenen Relationen. Während der Debatte um den zweiten Irakkrieg erwies sich Mexiko nicht als Satellitenstaat der USA, umgekehrt enttäuschten die USA durch *„Agricultural Jobs, Opportunity, Benefits and Security Act"* (2003), den *„Land Border Security and Immigration Improvement Act"* (2003) und den *„Border Security and Immigration Reform Act"* (2003), also durch eine restriktivere Migrations- und Grenzpolitik die Regierung des Freundes Fox (vgl. Maihold 2005: 42ff).

Trotz der historischen Dominanz des Verhältnisses zu den USA lässt sich spätestens seit den 1960er Jahren eine verstärkte Bemühung in Bezug auf lateinamerikanische Kooperationsprojekte feststellen. Dies fand seinen Ausdruck in Mexikos Beteiligung an der lateinamerikanischen Freihandels-Assoziation ALALC; der symbolischen, diplomatischen und materiellen Unterstützung revolutionärer Bewegungen in Lateinamerika; der Weigerung, trotz Drucks von Seiten der USA die diplomatischen Beziehungen zu Kuba abzubrechen; der von Mexiko (und Venezuela) ausgehenden Initiative zur Gründung des „lateinamerikanischen Wirtschaftssystems" (SELA) mit Kuba, aber ohne die USA. Die Beziehungen zu anderen lateinamerikanischen Ländern wurden jedoch durch die Reorientierung der mexikanischen Außenpolitik in den 1980er Jahren modifiziert und verloren gegenüber der Intensivierung der Beziehungen zu den USA an Relevanz. So wurde beispielsweise der Versuch, ein Schuldner-Kartell mit Argentinien und Brasilien aufzubauen, fallengelassen, und das mexikanische Interesse an den politischen Umwälzungen in Zentralamerika ließ deutlich nach. Diese Praxis wurde auch während der 1990er Jahre trotz einer Reihe von Handelsabkommen mit lateinamerikanischen Ländern (1992 mit Chile, 1994 mit Kolumbien und Venezuela, 1995 mit Bolivien und 1997 mit Nicaragua) weitgehend fortgesetzt.

Der prinzipielle Fokus der Außenpolitik blieben die USA und die versuchte Diversifizierung der außenpolitischen Beziehungen vollzog sich eher in Richtung Europa (s. u.) und Asien (vgl. hierzu Faust 2001) denn in Richtung Lateinamerika. Trotz dieser Grundtendenz kam es unter der Regierung Fox (seit 2000) zu einer stärkeren Einbeziehung einzelner lateinamerikanischer Länder in die außenpolitischen Diversifizierungsstrategien. Dies zeigt sich beispielsweise in der Forcierung des Plans Puebla-Panamá, der Unterstützung für die – allerdings letztlich gescheiterte – lateinamerikanische Freihandelszone ALCA sowie in einer Reihe von *Acuerdos de Complementación Económica* (u.a. mit Uruguay, Argentinien und Brasilien). Die von Mexiko geübte Kritik an den Menschenrechtsverletzungen auf Kuba deutet darauf hin, dass es sich bei dieser neuen Entwicklung nicht um eine Rückkehr zu „alten Zeiten" der Solidarität handelt, sondern um eine außenpolitische Strategie eines primär auf die USA gerichteten, aber um Diversifikation bemühten „bilateralen Multilateralismus" (Gómez Muñoz 2003).

Die jüngeren Integrationsbemühungen zwischen Mexiko und Europa gehen auf das Jahr 1975 zurück, in dem Mexiko als drittes lateinamerikanisches Land (nach Uruguay und Brasilien) ein Wirtschafts- und Handelsabkommen mit der EG unterzeichnete. Diesem folgten in den 1980er und 1990er Jahren weitere Abkommen zur wirtschaftlichen, aber auch zur wissenschaftlichen und sozialpolitischen Zusammenarbeit, darunter ein Rahmenvertrag aus dem Jahr 1991, der die Kooperationsmöglichkeiten u.a. auch in den Bereichen der Gesundheitspolitik, der Drogenbekämpfung, der Tourismusförderung und der Kultur- und Umweltpolitik eröffnete. Im Kontext der von der Regierung Fox betriebenen außenpolitischen Diversifikationsstrategie Mexikos nimmt Europa wieder eine gewisse Bedeutung ein, was sich beispielsweise in 16 Europareisen von Fox allein während seiner ersten drei Amtsjahre widerspiegelt (Lozas Muñoz 2003). In Bezug auf die neue außenpolitische Orientierung kann die Regierung von einem bereits von ihrer Vorgängerin unterzeichneten und am 1. Oktober 2001 in Kraft getretenen Abkommen über wirtschaftliche Partnerschaft, politische Koordinierung und Zusammenarbeit profitieren. Hiermit wird nicht nur eine Freihandelszone für Waren und Dienstleistungen geschaffen, sondern vor allem auf politischer Ebene eine Institutionalisierung des europäisch-mexikanischen Dialogs ermöglicht (del Alizal 2002). Doch insgesamt bleiben die Beziehungen zur EU für die Mexikaner hinter den Erwartungen zurück und so setzen sie derzeit mehr Hoffnung auf Asien und hier insbesondere auf China.

Literatur

Adler-Lomnitz, Larissa/Salazar Elena, Rodrigo/Adler, Ilya (2004): Simbolismo y ritual en la política mexicana. México.

Alizal, Laura del (2002): Una nueva etapa en las relaciones México – Unión Europea, Europa América Latina, in: Análises e Informaciones, N° 7. Rio de Janeiro.

Almond, Gabriel/Verba, Sydney (1963): The Civic Culture. Political Attitudes and Democracy in Five Nations. Princeton.

Anguiano, Arturo (1975): El Estado y la política obrera del cardenismo México, D.F.

Araujo, O. R (1979): La reforma política y los partidos en México. México, D.F.

Bailey, John/Chabat, Jorge (Hrsg.) (2002): Transnational Crime and Public Security. Challenges to Mexico and the United States. San Diego.

Barbieri García de, Martha Teresita (2003): Género en el trabajo parlamentario. La legislatura mexicana en el fin de siglo. Buenos Aires.

Basañez, Miguel (1981): La lucha por la hegemonía en México (1968-1980). México, D.F.

Beck, Barbara/Braig, Marianne (1991): Revolution und Verfassung – Der Artikel 27 der Mexikanischen Verfassung, in: Narr, Wolf-Dieter/Vack, Klaus (Hrsg.) (1991): 405-416.

Benítez Manaut, Raúl (1998): Mexican National Security at the End of the Century: Challenges and Perspectives, in: Benítez Manaut, Raúl/Wager, Stephen J. (Hrsg.) (1998): 1-31.

Benítez Manaut, Raúl/Wager, Stephen J. (Hrsg.) (1998): National Security and Armed Forces in Mexico: Challenges and scenarios at the End of the Century [Working Paper Series, Number 236]. Washington, D.C.: Woodrow Wilson International Center for Scholars.

Bernecker, Walther L. (2004): Menschenrechte und Korruption zwischen Autoritarismus und Demokratie, in: Bernecker, Walther L./Braig, Marianne et al. (2004): 217-240.

Bernecker, Walther L./Braig, Marianne/Hölz, Karl/Zimmermann, Klaus (Hrsg.) (2004): Mexiko Heute. Politik – Wirtschaft – Kultur. 3. vollständig neu bearbeitete Auflage. Frankfurt am Main,

Boris, Dieter (1996): Mexiko im Umbruch. Modellfall einer gescheiterten Entwicklungsstrategie. Darmstadt.

Bonfil Batalla, Guillermo (1987): México profundo. Una civilización negada. México.

Brachet-Marquez, Viviane (1994): Domination, State, Class, and Social Reform in Mexico, 1910-1990. Pittsburgh, London.

Braig, Marianne (1992): Mexiko ein anderer Weg der Moderne. Weibliche Erwerbsarbeit, häusliche Dienste und Organisation des Alltags. Köln.

Braig Marianne (1997a): Continuity and Change in Mexican Political Culture. The Case of PRONASOL (Programa Nacional de Solidaridad), in: Panster Will G. (Hrsg.) (1997): 247-278.

Braig, Marianne (1997b): Vom Modell zum Desaster – Mexikos Peso-Krise in der deutschen Wirtschaftspresse, in: Nord-Süd aktuell. Vierteljahreszeitschrift für Nord-Süd- und Süd-Süd-Entwicklung. Nr. 4: 651-658.

Braig, Marianne/Ferdinand Ursula/Zapata Galindo, Martha (Hrsg.) (1997c): Begegnungen und Einmischungen. Festschrift für Renate Rott zum 60. Geburtstag. Stuttgart.

Braig, Marianne (1999): Sehnsucht nach Legitimation. Zum Wandel populistischer Politik in Mexiko. Habilitationsschrift, Fachbereich Politik- und Sozialwissenschaften der Freien Universität Berlin.

Braig, Marianne (2001): „Zwischen Menschenrechten und Rechtsstaatlichkeit. Zivile Frauenorganisationen und Demokratisierung des Staates in Lateinamerika", in: Gräser, Marcus et al. (Hrsg.) (2001): 226-243.

Braig, Marianne (2004): „Fragmentierte Gesellschaften und Grenzen sozialer Politiken", in: Bernecker, Walther L./Braig, Marianne et al. (Hrsg.) (2004): 271-308.

Braig, Marianne/Ette, Ottmar/Ingenschay, Dieter/Maihold, Günther (Hrsg.) (2005): Grenzen der Macht – Macht der Grenzen. Frankfurt a. M.

Casar, Amparo Ma. (2002): El Presidencialismo, in: Loaeza, Soledad (Hrsg.) (2002): 21-40.

Carbonell Sanchez, Miguel (1998): El Estado Federal En La Constitución Mexicana: Una Introducción A Su Problemática, in: Boletín Mexicano De Derecho 91. 81-106.

Carpizo, Jorge (2002): El Presidencialismo Mexicano. Decimosexa edición, actualizada. México, D.F.

Centeno, Miguel Ángel (1992): Democracy within Reason. Technocratic Revolution in Mexico. Pennsylvania.

Coatsworth, John N. (1982): The Limits of Colonial Absolutism, in: Spalding, Karen (Hrsg.) (1982): 25-52.

Cockcroft, James D. (1983): México. Class Formation, Capital Accumulation and the State. New York.

Conde, Francisco Javier (1942): Contribución a la Doctrina del Caudillaje. Madrid.

Cornelius, Wayne A./Craig, Ann (1991): The Mexican Political System in Transition. La Joya.

Cornelius, Wane A./Craig, Ann L./Fox, Jonathan (1994): Transforming State-Society Relations in Mexico. The National Solidarity Strategy. San Diego.

Dealy, Glen Caudill (1977): The Public Man: An Interpretation of Latin American and Other Catholic Countries. Amherst.

Dresser, Denise (1991): Neopopulist Solutions to Neoliberal Problems. San Diego.

Eickhoff, Georg (1999): Das Charisma der Caudillos: Cardenas, Franco, Peron. Frankfurt a. M.

Erfani, Julie A. (1995): The Paradox Of The Mexican State. Rereading Sovereignty from Independence to NAFTA. Boulder.

Faust, Jörg (2001): Diversifizierung als außenpolitische Strategie. Chile, Mexiko und das pazifische Asien. Opladen.

Faust, Jörg (2004): Politische Herrschaft und Außenpolitik in Mexiko, in: Bernecker, Walther L./ Braig, Marianne et al. (Hrsg.) (2004): 199-216.

Fix-Fierro, Héctor (1995): Agrarreform und Landentwicklung, in: Lauth, Hans-Joachim/Horn, Hans-Rudolf (Hrsg.) (1995): 69-78.

Foweraker, Joe/Craig, Ann L. (Hrsg.) (1990): Popular Movements and Political Change in Mexico. Boulder. London.

Franke, Uwe (2004): Parteien und politische Transformation in Mexiko, in: Bernecker, Walther L./ Braig, Marianne et al. (2004): 175-198.

Gibson, Edward L. (1997): The Populist Road To Market Freedom. Policy and Electoral Coalitions in Mexico and Argentina, in: World Politics 49. 339-370.

Global Exchange (2000): Always near, always far. The armed forces in Mexico. Mexiko.

Gómez Muñoz, Bibiaba (2003): La política exterior del gobierno de Vincente Fox hacia América latina, in: Cotidiana. Revista de la realidad mexicana actual No.120. 37-44.

Gräser, Marcus et al. (Hrsg.) (2001): Staat, Nation und Demokratie. Festschrift für Hans-Jürgen Puhle. Göttingen.

Guerra, François-Xavier (1985): Le Mexique – De l'Ancien Régime à la Révolution. Paris (2 Bd.).

Hamilton, Nora (1982): The Limits of State Autonomy. Post-Revolutionary Mexico. Princeton.

Hansen, Roger D. (1971): La Política Del Desarollo Mexicano. México, D.F.

Horn, Hans-Rudolf (2004): Aktualisierung der Verfassung von 1917, in: Bernecker, Walther/Braig, Marianne et al. (2004): 117-148.

Huffschmid, Anne (2004): Big Brother der Demokratie: Medienmacht im neuen Mexiko, in: Bernecker, Walther/Braig, Marianne et. al. (2004): 117-148.

Huntington, Samuel P. (2004): Who Are We: The Challenges to America's National Identity. New York.

Hurtado, Javier (2001): El Sistema Presidencial Mexicano. Evolución Y Perspectivas. México, D.F.

Knight, Alan (1985a): El liberalismo mexicano desde las reformas hasta la revolución (una interpretación), in: Historia Mexicana 35. 59-91.

Knight, Alan (1985b): The Mexican Revolution: Bourgeois? Nationalist? Or Just a 'Great Rebellion'?, in: Bulletin of Latin American Research 4, 2. 1-37.

Knight, Alan (1986): The Mexican Revolution, v. 1. Porfirians, Liberals and Peasants v. 2, Counterrevolution and Reconstruction. Cambridge.

Kruip, Gerhard (2004): Religion, Kirche und Staat, in: Bernecker, Walther/Braig, Marianne et al. (2004): 149-174.

Lauth, Hans-Joachim (1992): Parteien, Wahlen und Demokartie", in: Briesemeister, Dietrich/Zimmermann, Klaus (Hrsg.): Mexiko heute. Politik Wirtschaft Kultur. Frankfurt am Main, 51-68.

Lauth, Hans-Joachim/Horn, Hans-Rudolf (Hrsg.) (1995): Mexiko im Wandel. Frankfurt a. M.

Leal, Juan Felipe (1975): El Estado y el bloque en poder en Mexico: 1867-1914. México D.F.

Levy, Daniel C./Bruhn, Kathleen (2001): Mexico: The Struggle for Democratic Development. Berkeley.

Loaeza, Soledad (Hrsg.) (2002): Gran Historia de México Ilustrada. El Siglo XX Mexicano. México.

Lomnitz, Larissa/Gorbach, Frida (1997): Zwischen Kontinuität und Wechsel. Das Ritual der Präsidentennachfolge in Mexiko, in: Braig, Marianne et al. (1997): 349-371.

Lomintz Adler, Larissa/Melnick, Ana (2000): Chile's Political Culture and Parties: An Anthropological Explanation. University of Notre Dame.

López-Ayllón, Sergio/Fix-Fierro, Héctor (2000): Tan Cerca, Tan Lejos. Estado De Derecho y Cambio Jurídico en México (1970-1999), in: Boletín Mexicano de Derecho Comparado 23/97. 155-267.

Lozas Muñoz, Laura (2003): La política exterior de Fox hacia la Unión Europea ¿cambio o continuidad?, in: Cotidiana. Revista de la realidad mexicana actual No. 120. 45-56.

Macías, Viviana/Castillo, Fernando (2002): Mexico's National Public Security System: Perspectives for the New Millenium, in: Bailey, John/Chabat, Jorge (Hrsg.) (2002): 53-70.

Maihold, Günther (2004): Regionen, Föderalismus und Dezentralisierungspolitik in Mexiko, in: Bernecker, Walther L./Braig, Marianne et al. (2004): 337-362.

Maihold, Günther (2005): Die neue (Ohn-)Macht der Grenze: Mexiko-USA", in: Braig, Marianne et al. (2005): 39-76.

Meyer, Jean (1973): La cristiada. México.

Molinar Horcasitas, Juan (1991): El tiempo de la legitimidad: Elecciones, Autoritarismo y Democracia en México. México.

Narr, Wolf-Dieter/Vack, Klaus (Hrsg.) (1991): Verfassung. Oder: Wie können wir in Zukunft leben? Frankfurt/M.

Ortiz Mena, Antonio (1970): Desarrollo estabilizador: Una década de estrategia económica en México, in: El Trimestre económici 37/146. 417-449.

Panster, Will G. (Hrsg.) (1997): Citizens of the Pyramid. Essays on Mexican political culture. Amsterdam.

Paz, Octavio (1950): El laberinto de la soledad. México.

Pedroza de la Llave/Susana Thalía (2003): El Congreso General Mexicano. Análisis Sobre Su Evolución Y Funcionamiento Actual. México, D.F.

Regallado Santillán, Jorge (2002): Public Security versus Private Security?, in: Bailey, John/Chabat, Jorge (Hrsg.) (2002): 181-194.

Rodríguez, Victoria E. (1995): Municipal Autonomy and the politics of Intergovernmental Finance: Is it Different for the Opposition?, in: Rodríguez, Victoria E/Ward, Peter M. (Hrsg.) (1995): 153-172.

Rodriguez, Victoria E./Ward, Peter M. (1995): Opposition Government in Mexico. Albuquerque. 1995.

Rodríguez, Victoria E. (1997): Decentralization in Mexico. From Reforma Municipal to Solidaridad to Nuevo Federalismo. Boulder.

Schütze, Stefanie (2005): Die andere Seite der Demokratisierung. Die Veränderung politischer Kultur aus der Perspektive der sozialen Bewegung der Siedlerinnen von Santo Domingo. Mexiko-Stadt, Berlin.

Sierra, Maria Teresa (2005): The Revival of Indigenous Justice in Mexico, in: Political and Legal Anthropology Review 28/1. 52-72.

Silva Herzog, Jesús (1960): Breve Historia De La Revolucion Mexicana. Los Antecedentes Y La Etapa Maderista. México, D.F.

Spalding, Karen (Hrsg.) (1982): Essays in the Political, Economic and Social History of Colonial Latin America. Newark.

Tobler, Hans Werner (1992): Die mexikanische Revolution. Frankfurt a. M.

Ugalde, Luis Carlos (2000): The Mexican Congress. Old Player, New Power. Washington.

Wager, Stephen J. (1998): Perspectives on the Mexican Military at the Turn of the Century, in: Benítez Manaut, Raúl/Wager, Stephen J. (1998): 32-39.

Womack, John (1970): Zapata and the Mexican Revolution. New York.

Das politische System Nicaraguas

Kurt Schobel und Nina Elsemann

1   Historische Entwicklung Nicaraguas seit der Unabhängigkeit

Nicaragua erlangte seine Unabhängigkeit in mehreren Schritten. Nachdem das Generalkapitanat Guatemala am 15. September 1821 die Unabhängigkeit von Spanien verkündet hatte, gab die Provinzverwaltung in León am 28. September die Unabhängigkeit Nicaraguas von Guatemala und Spanien bekannt. Hauptakteur des politischen Veränderungsprozesses war die lokale Kolonialaristokratie in León, für die dieser Schritt in erster Linie die Unabhängigkeit von Guatemala, dem administrativen und wirtschaftlichen Zentrum der Kolonialzeit, bedeutete (Pinto Soria 1993: 95). Nach dem kurzzeitigen Anschluss Nicaraguas an Mexiko (1822/23) verabschiedete die in Guatemala zusammengetretene Verfassungsgebende Versammlung am 1. Juli 1823 eine zweite Unabhängigkeitserklärung, mit der sich die zentralamerikanischen Provinzen neben Spanien nun auch von Mexiko lossagten und dem neuen Staatenbund den Namen *Provincias Unidas del Centro de América* gaben (Fuchs 2004: 25). Die Jahre von 1821 bis zur Konstituierung Nicaraguas als unabhängige Republik 1838 und darüber hinaus bis zum Bürgerkrieg 1856 wurden zusehends durch den *localismo* und den damit einhergehenden Machtkampf zwischen den Liberalen und Konservativen, zwischen den Städten León und Granada um die Vormachtstellung in Nicaragua geprägt. Die politische Instabilität nahm zudem durch die wachsende Einflussnahme ausländischer Mächte zu. Nach der Unabhängigkeit von Spanien hatte England sogleich das entstandene Machvakuum in der Karibik und Zentralamerika zu füllen versucht. Als Englands Nicaragua-Politik gegen Ende der 1840er Jahre mit den expansionistischen Interessen der USA kollidierte, unterzeichneten beide 1850 den *Clayton-Bulwer*-Vertrag. England verzichtete infolgedessen auf einen unilateral kontrollierten interozeanischen Weg durch Nicaragua und beide verpflichteten sich, von einer Kolonisierung Zentralamerikas abzusehen. Da England die seit 1825 kontrollierte *Mosquitia* nicht vor 1894 aufgeben sollte, blieb der Kolonisierungsverzicht lediglich theoretischer Natur (Pérez Brignoli 1989: 92).

Einen zentralen Eckpunkt der historischen Entwicklung Nicaraguas stellt der 1854 ausgebrochene Bürgerkrieg dar, in den im Juni 1855 auf der Seite der Liberalen der US-amerikanische Söldner William Walker eingriff. Walker, der die Idee einer notwendigen Expansion US-amerikanischer Werte und Ideale vertrat (Walker 2003: 14) und damit als früher Repräsentant des sich im Verlauf des 20. Jahrhunderts als Teil der US-amerikanischen Außenpolitik zeigenden Missionierungsgedankens gelten kann, übernahm am 12.07.1856 die Präsidentschaft des Landes. Damit hatte zum ersten und bislang einzigen Mal ein US-Bürger die Präsidentschaft eines lateinamerikanischen Landes errungen. Nachdem der drohende US-amerikanische *takeover* die beiden verfeindeten nicaraguanischen Lager geeint hatte, gelang es 1857, Walker mit Hilfe zentralamerikanischer Truppen zu bezwingen. Das Walker-Intermezzo schwächte die Liberalen nachhaltig und in der Folge konnten die Konservativen über drei Jahrzehnte die Macht an sich binden (*Los Treinta Años de los Conserva-*

tivos). Übergreifendes Kennzeichen ihrer Politik war einerseits die langsame Modernisierung des Landes und andererseits die Einschränkung der politischen Partizipation.

Angesichts der 1855 in Panama eröffneten interozeanischen Eisenbahn ging das Interesse Englands und der USA an Nicaragua zur gleichen Zeit etwas zurück und mit dem einsetzenden Kaffee-Boom ab den 1870er Jahren, fing Nicaragua – und insbesondere die Region um Managua, das 1852 zur Hauptstadt bestimmt worden war – langsam an zu prosperieren. Die von den Konservativen eingeleiteten Modernisierungsanstrengungen förderten in wachsendem Umfang den Kaffeeanbau, gingen jedoch überwiegend zu Lasten der indigenen Bevölkerung. Wie auch in den anderen zentralamerikanischen Staaten versuchte die Zentralgewalt durch die Privatisierung der Allmende die Anbauflächen zu erweitern und dem entstehenden Arbeitskräftemangel durch eine restriktive Gesetzgebung entgegen zu wirken. 1881 lösten diese Maßnahmen den *Comuneros*-Aufstand aus, der tausende *indígenas* das Leben kostete.

Ab den 1890er Jahren forderte die entstandene Kaffee-Oligarchie Managuas entschlossen die Restrukturierung der nationalen Finanz- und Handelspolitik. In der Folgezeit kam es zu neuen politischen Allianzen zwischen Managua und León, die sich in erster Linie gegen Granada richteten. Nach Ausbruch von Machtkämpfen innerhalb des konservativen Lagers übernahm 1893 der Kandidat der Kaffee-Oligarchie, José Santos Zelaya, die Macht. Kirchlicher Grundbesitz, staatseigene Böden sowie enteignetes, brachliegendes Land wurden zum Verkauf freigegeben, die Infrastruktur des Landes durch den Ausbau von Straßen, Eisenbahnstrecken, Häfen etc. verbessert und ausländische Investoren umworben. Mit der Besetzung von Bluefields 1894 gelang ihm weiter die Reintegration der *Mosquitía* ins Staatsgebiet. Der politische Wille Zelayas zur Modernisierung Nicaraguas äußerte sich in einem autoritären, jedoch, wie Brignoli (1989: 99) anführt, dynamischen Regierungsstil, der zugunsten eines starken Zentralstaats mit dem traditionellen *localismo* brach. Die Verfassung von 1893, die so genannte *la libérrima*, vollzog die Trennung von Kirche und Staat, verankerte die Eigentums- und Persönlichkeitsrechte, führte das Einkammersystem ein und garantierte die kostenlose säkulare Schulbildung. Mit der Verfassungsreform von 1896 ging allerdings ein entscheidender Teil dieser Errungenschaften wieder verloren und die Verfassung von 1905 installierte schließlich ein autokratisches Präsidialsystem (Fuchs 1988: 659ff.).

Auf dem Gebiet der Außenpolitik geriet Zelayas Anliegen einer zentralamerikanischen Föderation sowie seine Kanalpolitik zunehmend in Widerspruch zur US-Politik. Verhandlungen mit europäischen Ländern und Japan über eine Konzession für einen Kanalbau in Nicaragua sowie der Verstoß gegen Eigentumsrechte von US-Unternehmen führten zur Entsendung von Marineinfanteriekorps und zum Rücktritt Zelayas. Die Intervention Washingtons ermöglichte 1909 den Konservativen die Rückkehr an die Macht und verhinderte, noch bevor Nicaragua im gesellschaftlichen und wirtschaftlichen Bereich fundamentale Veränderungen erlebt hatte, eine weitere Modernisierung des Landes. Mit den so genannten *Dawsen-Pacts* (1910) begann nun der faktische Verkauf Nicaraguas an die USA: Konzessionen sollten nicht mehr an dritte Nationen vergeben werden, Kredite nur noch bei nordamerikanischen Banken aufgenommen und als Sicherheit den Kreditgebern der direkte Zugriff auf die Zolleinnahmen gewährt werden (Fuchs 1988: 663). Als sich 1912 die Liberalen unter Benjamín Zeledón erhoben, intervenierten die USA diesmal militärisch in Nicaragua und besetzten das Land bis 1925. Die Konservativen, die weder über die militärische Stärke noch über einen entsprechenden Rückhalt in der Bevölkerung verfügten, gingen eine symbiotische Beziehung mit ihnen ein und die USA sicherten sich durch den *Bryan-Chamorro*-Vertrag aus dem Jahr 1914 ein ausschließliches und faktisch ewiges Monopol für den Bau eines interozeanischen Kanals durch Nicaragua.

Die Besetzung Nicaraguas leitete eine Phase der politischen Stabilität ein, nach dem Abzug der Marineinfanteristen (1925/26) keimte der Bürgerkrieg entlang der alten Fronten aber sofort wieder auf. Die erneute US-amerikanische Intervention führte zu einer militärischen Pattsituation und so akzeptierten die liberalen Kräfte 1927 – nach entsprechendem Druck der USA – eine Aussetzung der Kriegshandlungen und von den USA überwachte Wahlen für das folgende Jahr. Der auf Seiten der Liberalen kämpfende General Augusto C. Sandino widersetzte sich dem allerdings. Alle Anstrengungen der *Guardia Nacional*, die ab 1928 von den USA zu einer schlagfertigen konterrevolutionären Truppe ausgebaut wurde, Sandino zu besiegen, blieben ohne Erfolg.

Mit dem Amtsantritt von Franklin D. Roosevelt vollzog sich ein Wandel in der US-amerikanischen Nicaraguapolitik und die letzten Marines verließen 1932 Nicaragua. Der inzwischen über die Grenzen hinaus als Freiheitskämpfer bekannte Sandino legte die Waffen nieder. Ein Jahr später wurde er auf Befehl von Anastasio Somoza García, des damaligen Befehlshabers der *Guardia Nacional*, ermordet. Somoza entledigte sich damit seines einzig ernsthaften Widersachers und konnte sich 1936 unangefochten zum Präsidenten wählen lassen. Es begann die dynastische Diktatur der Somozas, die längste Lateinamerikas. Als Somoza 1956 bei einem Attentat ums Leben kam, übernahm sein Sohn Luis Somoza-Debayle die Macht und nach dessen Tod 1967, sein jüngerer Bruder Anastasio Somoza-Debayle. 1979 zwang diesen der bevorstehende Sieg der Revolution zum Rücktritt und zur Flucht ins Exil. Über den gesamten Zeitraum von 1937 bis 1979 hielten die Somozas entweder direkt oder indirekt die Macht in den Händen. Der Machterhalt ruhte während dieser Zeit auf drei Säulen: der direkten Kontrolle über die *Guardia Nacional*, der Einbeziehung nationaler Eliten aus Schlüsselbereichen der Wirtschaft und dem Rückhalt der USA (Walker 2000: 69). Die Verfassungen von 1939, 1948, 1950 und 1974 sowie die zahlreichen Verfassungsreformen – die den jeweiligen welt- und außenpolitischen Rahmenbedingungen Rechnung trugen und damit den Somozas stets das Wohlwollen der USA sicherten – dienten ohne Ausnahme der Machterhaltung und schufen jeweils die verfassungsrechtliche Basis für den Ausbau ihrer hegemonialen Stellung im politischen Leben Nicaraguas. Politik war hierbei lediglich ein Mittel zum Zweck von, durch und für die Clique der Privilegierten (Walker 2003: 140). Die Somozas missbrauchten ihre Macht hemmungslos zum eigenen wirtschaftlichen Vorteil. Die Aushöhlung des Staatswesens und die Errichtung eines Parallelsystems ließen Nicaragua in den 70er Jahren schließlich völlig in kriminellen Machenschaften und Korruption versinken.

Im Verlauf der 70er Jahre verlor Somoza sowohl seinen innen- als auch außenpolitischen Rückhalt. In Nicaragua führten verschiedene Entwicklungen wie z. B. die infolge der lateinamerikanischen Bischofskonferenz 1968 in Medellin aufkommende Befreiungstheologie, das fehlende Krisenmanagement nach dem verheerenden Erdbeben von 1972, die Verdrängung der alten Wirtschaftseliten aus ihren angestammten Wirtschaftszweigen, die spektakuläre Geiselnahme durch die *Frente Sandinista de Liberación Nacional* (FSLN) im Dezember 1974, der verschärfte Druck der Carter-Administration auf Somoza 1977, die Ermordung Pedro Joaquín Chamorros, des Herausgebers von *La Prensa*, die Geiselnahme im Nationalpalast durch die FSLN 1978 etc. zu einer Atmosphäre des gesamtgesellschaftlichen Widerstands. Die FSLN erreichte zusätzlich durch Taktik- und Strategieänderungen und durch die Integration neuer Gruppen wie des katholischen und bürgerlichen Lagers die Unterstützung großer Teile der Bevölkerung. Nachdem das Somoza-Regime die Aufstände 1978 noch mit der Bombardierung der Städte und massenhaften Erschießungen hatte niederschlagen können, verlief die im Juni 1979 beginnende Endoffensive der FSLN-Truppen weitaus erfolgreicher. Mitte des Monats wurde die Bildung einer Exil-Regierung verkündet, die alle nationalen und internationalen Parteien unter Druck setzte. Die USA, die noch hofften, die Geschehnisse in Nicaragua steuern und den Sieg der Revolution verhindern zu können, warben bei der Organisation Amerikanischer Staaten (OAS) für die Entsendung einer Stabilisierungstruppe. Ihre Hoffnungen erfüllten sich jedoch nicht und Somoza musste am 17. Juli 1979 die Flucht nach Miami antreten. Am 19. Juli 1979 marschierte die FSLN in Managua ein; die Diktatur der Somozas war damit beendet (siehe z. B. Rojas Bolaños 1993: 148-156).

Der Krieg gegen Somoza hatte erhebliche personelle und materielle Opfer gefordert und Nicaragua maßgeblich geschwächt. Die breite oppositionelle Allianz, die während des Kampfes gegen Somoza durch die gemeinsame Gegnerschaft zusammengehalten worden war, begann schnell zu bröckeln und die bürgerliche Fraktion zog sich aus der Regierung zurück. Ein weiteres Hindernis auf dem Weg zur Reorganisation des Landes bildeten die zunehmenden Aktivitäten der so genannten *contras*, paramilitärischer Einheiten, die von den USA nach der Wahl Reagans zum US-Präsidenten aufgebaut und finanziert wurden. Die Reagan-Administration suspendierte 1981 jegliche Hilfsleistungen und ihre überzogene Angst vor einer ‚Kubanisierung' des eigenen Hinterhofs ließ Nicaragua in den 1980er Jahren geradezu zur US-amerikanischen Obsession werden. So erklärten die USA die im November 1984 erfolgte Wahl Daniel Ortegas zum Präsidenten sogleich für ungültig und undemokratisch und erkannten die neue Regierung nicht an. Im Mai 1985 erließen sie ein Handelsembargo gegen Nicaragua, welches das Land in den wirtschaftlichen Zusammenbruch führen sollte. Dabei verwickelten die Bemühungen des ‚*roll-back*' die Reagan-Administration immer wieder in nationale und internationale Skandale wie z. B. die Verminung der Nicaraguanischen Häfen 1984 oder die Iran-*contra*-Affäre 1986/87.

Nicaragua blieb während der gesamten 80er Jahre eine Kriegswirtschaft; allein bis Ende 1985 fielen 11.000 Nicaraguaner den Angriffen der *contras* zum Opfer und die wirtschaftlichen Schäden summierten sich auf 1,3 Milliarden Dollar. Erfolge verbuchte die sandinistische Regierung überwiegend im Bildungs- und Gesundheitsbereich. Gestützt auf die breite Partizipation der entstandenen sozialrevolutionären Bewegung, gelang es in einer flächendeckend angelegten Alphabetisierungskampagne, die Analphabetenquote von über 50% auf 13% zu reduzieren. Daneben konnte durch den Aufbau basisorganisierter Gesundheitsposten die medizinische Versorgung vor allem in den ländlichen Teilen verdoppelt werden.

Die Sandinisten setzten während ihrer Regierungszeit im Politischen und Wirtschaftlichen ihren Hegemonieanspruch durch, machten der Opposition bezüglich der Verfassung von 1987 aber erhebliche Zugeständnisse. Im Verlauf der gemeinsamen Initiative der zentralamerikanischen Regierungen zur Pazifizierung und Demokratisierung der Region, *Esquipulas II* (1987/88), leiteten die Sandinisten die politische Öffnung ein und verpflichteten sich zur Durchführung von freien Wahlen. Bei den Wahlen von 1990 sorgten schließlich die schlechte wirtschaftliche Lage sowie der anhaltende Stellvertreterkrieg der USA gegen Nicaragua für die Abwahl der Sandinisten. Den Sieg errang die *Unión Nacional Opositoria* (UNO), ein von den USA finanziertes Wahlbündnis bestehend aus etwa 40 kleineren bürgerlichen Parteien. Ausschlaggebend waren dabei vor allem die USA, die für den Fall des Wahlsiegs der Kandidatin Violeta Barrios Chamorro, der Witwe des durch Somoza ermordeten Pedro Joaquín Chamorro, ein Ende der Wirtschaftssanktionen und der *contra*-Angriffe zugesagt hatten.

Die Regierung Chamorro war in wirtschaftlichen und sozialen Fragen konservativ. Unter dem Druck des Internationalen Währungsfonds (IMF), der Weltbank und der Interamerikanischen Entwicklungsbank wurde der neoliberale Entwicklungsglaube zum Programm: Staatseigentum wurde privatisiert, die Ausgaben zurückgefahren, der Haushalt ausgeglichen und Zollschranken gesenkt. Leidtragende dieser Politik, die zwar die Inflationsrate eindämmte und ein gewisses wirtschaftliches Wachstum bescherte, waren große Teile der Bevölkerung. Arbeitslosigkeit und Unterbeschäftigung wie auch die Gewaltbereitschaft nahmen zu. Die nationale Aussöhnungspolitik, welche die Regierungszeit Chamorros kennzeichnete und die nur durch die Einbeziehung der Sandinisten erfolgreich sein konnte, veranlasste viele antisandinistische, vornehmlich liberale Splitterparteien dazu, sich von Chamorro abzuwenden und die *Alianza Liberal* zu gründen, die bei den Parlamentswahlen 1996 als Siegerin hervorging. Von Absplitterungen blieb aber auch die FSLN nicht verschont: Der parteiinterne Richtungs- und Machtstreit zwischen dem orthodoxen und dem reformistischen Parteiflügel führte zur Gründung des *Movimiento Renovador Sandinista* (MRS) um Sergio Ramirez, der 1996 gegen Ortega zur Präsidentschaftswahl antrat.

Bei den Präsidentschaftswahlen 1996 siegte Arnoldo Alemán, der Bürgermeister von Managua und Kandidat der *Partido Liberal Constitucionalista* (PLC), der sich mit 51% der Stimmen gegen den FSLN-Kandidaten Ortega (37,7%) durchsetzte. Alemán, ein Neopopulist in der Tradition eines Vargas oder Perón, zeichnete sich vor allem durch seine administrative Inkompetenz und Anfälligkeit für Korruption aus. Angesichts der Schwächung durch unzählige Skandale begann er in der zweiten Hälfte seiner Amtszeit eine Politik des ‚Paktierens' mit seinem einstigen Widersacher Ortega und der FSLN.

Im Januar 2002 trat der bisherige Vizepräsident Enrique Bolaños die Präsidentschaft an, nachdem er sich bei den Wahlen am 4. November 2001 mit 56% der Stimmen gegen Ortega (42%) durchgesetzt hatte. Bolaños, der von Alemán als Kandidat der PLC installiert worden war, entzog sich rasch der Kontrolle seines Vorgängers und verschrieb sich der im Wahlkampf versprochenen Korruptionsbekämpfung. Am 07.08.2002 erhob die Staatsanwaltschaft Anklage gegen Alemán wegen des Verdachts der Geldwäsche und Unterschlagung von 100 Millionen US-Dollar. Alemáns Immunität wurde durch das Parlament aufgehoben und der ehemalige Präsident am 22.12.2002 der Korruption, Geldwäsche, Unterschlagung und Veruntreuung für schuldig befunden. Der Sieg Bolaños' über Alemán spaltete aber sowohl die PLC als auch die Fraktion und führte Nicaragua in die politische Lähmung und Unregierbarkeit. Bolaños, der nach der Spaltung der PLC über keine Mehrheit im Parlament verfügte und lediglich durch die Fraktion *Azul y Blanco* unterstützt wurde, war während seiner weiteren Präsidentschaft darauf angewiesen, sich immer wieder neue parlamentarische Mehrheiten zu suchen. Wie schon Violeta Chamorro war auch er damit in der Folgezeit auf die Unterstützung der Sandinisten angewiesen und eröffnete diesen dadurch eine Art des ‚Mitregierens'.

Für die Präsidentschaftswahl am 5. November 2006 stand lange Zeit vor allem die Frage im Vordergrund, ob sich der aus der PLC ausgeschlossene Eduardo Montealegre einerseits und der aus der FSLN ausgeschlossene Herty Lewites andererseits bis zur Wahl politisch etablieren können würden. Vor allem für Lewites, den die Umfragen zeitweise

vorne sahen, schienen die Chancen auch angesichts der Wahlergebnisse in Bolivien und
Chile und dem ‚Linksruck' in Lateinamerika gut zu stehen. Am 2. Juli 2006 starb der Präsidentschaftskandidat des *Movimiento Renovador Sandinista* (MRS) jedoch unerwartet an
den Folgen eines Herzinfarkts. Aus den Wahlen ging schließlich der „ewige" FSLN-
Kandidat Daniel Ortega mit 37,99% der Stimmen vor Eduardo Montealegre (ALN-PC) mit
28,30% als Sieger hervor.

2   Verfassungsentwicklung, Verfassungsprinzipien, Verfassungswirklichkeit

Nicaragua kann auf eine lange und abwechslungsreiche Verfassungsgeschichte zurückblicken. Seit Inkrafttreten der ersten Landesverfassung am 8. April 1826 haben sich als Folge
von Bürgerkriegen, Staatsstreichen oder politischen Pakten eine Reihe ‚liberaler' und ‚konservativer' Konstitutionen abgewechselt, wobei die Verfassungswirklichkeit zumeist in
einem eklatanten Widerspruch zu den proklamierten Prinzipien stand.

Formal hielten auch die somozistischen Verfassungen alle an dem 1911 wieder eingeführten Zwei-Kammer Präsidialsystem fest. Es fanden turnusmäßig Wahlen statt, zu denen
auch die hinzugewählte oligarchische Opposition antreten durfte. Eine oberflächliche Analyse könnte also unweigerlich zu dem Schluss führen, Nicaragua sei in dieser Zeit eine
moderne Demokratie gewesen und habe sich freier Wahlen, einer funktionierenden Gewaltenteilung und der Einhaltung der Menschenrechte erfreut. Tatsächlich durchlebte das Land
aber die brutale Durchsetzung und den Ausbau einer Familienherrschaft. Die Verfassungswirklichkeit unterschied sich nicht nur elementar von ihrem Anspruch, sondern ignorierte
die gesetzlich verbrieften Rechte der überwiegenden Mehrheit der Bevölkerung (Walker
2003: 139f.).

Nach dem Sieg der Sandinistischen Revolution setzte die *Junta de Gobierno de Re-
construcción Nacional* am 20. Juli mit dem *Estatuto Fundamental* (Grundgesetz) die letzte
somozistische Verfassung von 1974 sowie alle somozistischen Institutionen außer Kraft
(Art. 3; 4). Die Bürgerrechte (explizit die Rechtsgleichheit, Religions- und Gewissensfrei-
heit, Meinungs- und Vereinigungsfreiheit) erhielten ein eigenes Kapitel und erfuhren allein
dadurch eine bemerkenswerte Aufwertung. Weiter wurde das Prinzip der Gewaltenteilung
verankert, wobei Junta, Staatsrat und Gerichtshöfe zusammen die oberste Gewalt darstellten. Die Junta übernahm die Funktion der Exekutive und, in Zusammenarbeit mit dem
Staatsrat, zugleich die der Legislative. In der Praxis blieb der Staatsrat indessen eher ein
Konsultativorgan und die Junta verfügte über entscheidende legislative Befugnisse. Nach
den Präsidial- und Parlamentswahlen von 1984 ersetzte die Nationalversammlung (*Asamblea Nacional*) den Staatsrat und übernahm die Ausarbeitung einer neuen Verfassung. Der
Oberste Gerichtshof, die Appellationsgerichte sowie das Oberste Arbeitsgericht bildeten die
Judikative. Das in Kraft getretene Grundgesetz war als einfaches Gesetz konzipiert, erhielt
infolgedessen keinen Verfassungsrang und konnte von der Junta abgeändert werden (siehe
auch Fuchs 1988: 693f.). Im August 1979 wurde das *Estatuto Fundamental* durch das *Estatuto sobre Derechos y Garantías de los Nicaragüenses* (Statut über die Rechte und Sicherheiten der Nicaraguaner) ergänzt, das der Bevölkerung u. a. die direkte Beteiligung an Entscheidungen garantierte, die klassischen Bürger- und Menschenrechte – einschließlich der
Aufhebung der Todesstrafe – sicherte, das Asylrecht ausweitete und das Recht auf die Unverletzlichkeit der Wohnung stärkte. Weiter wurden die sozialen Grundrechte wie das

Recht auf Arbeit oder gleicher Lohn für gleiche Arbeit und der Urlaubsanspruch gestärkt bzw. neu verankert. *Estatuto Fundamental* und *Estatuto sobre Derechos y Garantías de los Nicaragüenses* bildeten bis zum Inkrafttreten der neuen Landesverfassung 1987 die verfassungsrechtliche Grundlage der nicaraguanischen Gesellschaft (Fuchs 1988: 695f.).

2.1 Die Verfassung von 1987

Nach dem Wahlsieg im November 1984 bereitete die sandinistische Regierung den Weg für eine formaldemokratische Verfassung nach lateinamerikanischem Muster, mit einem omnipotenten Präsidenten an der Spitze. Die neue Landesverfassung wurde am 19. November 1986 durch die Nationalversammlung verabschiedet und trat am 9. Januar 1987 in Kraft. Sie umfasste 202 Artikel, die in 11 Abschnitte unterteilt waren. In ihrer Entstehungsphase war die Verfassung in einem breit angelegten Diskussionsprozess von den politischen Parteien und der Zivilgesellschaft begleitet worden. Sie war die erste Landesverfassung, die nicht lediglich den politischen Willen einer Partei oder ausländische Interessen widerspiegelte, sondern einen Kompromiss aller nationalen Gruppen.

Oberstes Prinzip der post-somozistischen Verfassung war die Unabhängigkeit und Souveränität des Landes (Art. 1). Artikel 2 verankerte ferner das Demokratieprinzip nach partizipativem sowie repräsentativem Muster und führte allgemeine, gleiche, direkte, freie und geheime Wahlen zur Wahl der Volksvertreter ein. Das Souveränitätsprinzip wurde in Artikel 3 der Verfassung aus dem nationalen Kontext herausgehoben und durch die Solidarität Nicaraguas mit allen unterdrückten Völkern internationalisiert. Artikel 7 erweiterte die klassische Gewaltenteilung – Legislative, Exekutive und Judikative – um die elektorale Gewalt (Wahlrat).

Die Analyse der Verfassung von 1987 lässt den Versuch erkennen, den revolutionären Anspruch mit einem westlichen Demokratiemodell in Einklang zu bringen. Die sandinistische Revolution hatte zwar ein diktatorisches System abgelöst, vermochte aber ihrerseits die Erwartungen einer weitergehenden Demokratisierung nicht zu erfüllen. Eine gesellschaftliche Verankerung demokratischer Verhaltensnormen blieb in der ersten Hälfte der sandinistischen Ära ebenso zweitrangig wie die formale elektorale Demokratie. Die Partizipation der Bevölkerung am Staat war überwiegend klientelistischer Natur und der Staat selbst entwickelte sich zusehends zu einem Ein-Parteien-Staat, in dem die FSLN eine hegemoniale Rolle einnahm. Die klientelistische Organisationsstruktur bzw. die ‚Sandinisierung' der Institutionen, z. B. der Armee oder der Polizei, bargen die Gefahr, Staat und Partei miteinander zu vermischen. Das revolutionäre Regime wies darüber hinaus durchaus autoritäre Züge auf, die sich vor allem in der Behandlung oppositioneller Gruppen wie z. B. der Bevölkerungen der Atlantikküste zeigten. Ab Mitte der 80er Jahre wichen die Sandinisten langsam von dem partizipativen Demokratiemodell ab und leiteten vor dem Hintergrund der zentralamerikanischen Befriedungsinitiative eine politische Öffnung ein.

Nach der Regierungsübernahme der UNO-Koalition unter Violeta Barrios de Chamorro 1990 ging der mit der Revolution eingeleitete Transitionsprozess in eine zweite Demokratisierungsphase nach liberal-repräsentativem Muster über. Die zwischen den Sandinisten und der neuen Regierung ausgehandelte Bestandsgarantie für die Verfassung von 1987 sicherte zunächst das politische Erbe der Sandinisten, 1993 einigten sich die parlamentarischen Fraktionen aber auf eine partielle Neugestaltung der die Verfassungsreform regelnden Art. 192 und 195. Die eingesetzte parlamentarische Arbeitsgruppe zur Erarbeitung der Verfassungsreform legte Ende April 1994 ihre Ergebnisse vor, die u. a. die Institutionalisierung der Sandinistischen Volksarmee als *Fuerzas Armadas Nacionales* unter die zivile Führung, eine Nationalpolizei mit klaren Strukturen und Befugnissen, die Eingrenzung der legislativen Präsidentialmacht und die Stärkung des Rechnungshofes vorsahen. Weiter wurde die Kandidatur von Mitgliedern der Präsidentenfamilien in anschließenden Präsidentschaftswahlen untersagt und die Wiederwahl sowie der Nepotismus verboten. Die Präsidentschaftswahl sollte darüber hinaus in einem Wahlgang entschieden werden können. Im Februar 1995 ratifizierte das Parlament gegen den Widerstand der Regierung die Verfassungsänderung. Das den Reformprozess begleitende Kompetenzgerangel zwischen Exekutive und Legislative über die Frage der Verfassungskonformität des Verfahrens löste die bis dato größte Regierungskrise aus und beschädigte in der Folge die Handlungsfähigkeit beider Seiten.

Mit der Übernahme der Regierungsgeschäfte durch Arnoldo Alemán 1997 erfuhren die demokratischen Institutionen eine weitere Schwächung. Alemáns neopopulistischer und undemokratischer Regierungsstil zusammen mit seinem ausgeprägten Nepotismus destabilisierten Nicaragua zusehends. Dabei zeigte die Regierung von Anfang an wenig Interesse an der Umsetzung von Gesetzen, die die Verfassungsreform von 1995 vorschrieb, die die Macht der Exekutive allerdings eingeschränkt hätten. Eine von Alemán angestrebte Machtsicherung über seine Amtszeit hinaus konnte nur durch einen Pakt mit der FSLN erreicht werden. Die FSLN, die weder im Obersten Gerichtshof noch im Obersten Wahlrat personell vertreten war, strebte ihrerseits eine Machtsicherung und -erweiterung durch die Politisierung der demokratischen Institutionen an (Aguerre Solis 2001: 32f.). 1999 unterzeichneten Alemán und Ortega den so genannten Pakt, eine Übereinkunft zwischen PLC und FSLN, die die demokratischen Regeln endgültig beseitigte und die beiden Caudillos u. a. gegen rechtliche Verfolgung schützte und zugleich die Machtsphäre der beiden Parteien absicherte. In 33 Vereinbarungen stärkte der Pakt die Entwicklung hin zu einem Zwei-Parteien-System. Die Übereinkünfte, die die Verfassungsreform von 2000 charakterisieren, sahen diverse institutionelle Änderungen vor, die in der Summe dazu führten, dass demokratische Kontrollinstanzen wie der Oberste Rechnungshof und der Oberste Gerichtshof sowie die Justiz insgesamt ihre Unabhängigkeit einbüßten, indem Personalentscheidungen entsprechend dem Parteienproporz der beiden paktierenden Parteien getroffen wurden. Die durch die Verfassung formal gegebene Gewaltenteilung wurde durch diese ausgeprägte Politisierung der Institutionen beeinträchtigt und in der Folge kam es immer wieder zur gegenseitigen Blockade der staatlichen Gewalten. Der Pakt, der im Namen der Regierbarkeit des Landes geschlossen worden war, führte stattdessen ins Chaos der Korruption und Unregierbarkeit. *El quinto poder*, wie die paktierenden Abgeordneten in Nicaragua plakativ genannt werden, haben die demokratischen Institutionen ihren machtpolitischen Interessen unterworfen und benutzen sie zur Absicherung ihrer Pfründe und Positionen. Weiter bemühen sich die FSLN und die PLC seit Ende des Jahres 2004 um eine weitere Verfassungsänderung, die die Machtsphäre der beiden Parteien weiter ausweiten soll.

3 Staatsoberhaupt

Nicaragua ist seit dem Inkrafttreten der Verfassung von 1987 sowie den Verfassungsreformen von 1995 und 2000 eine Präsidialdemokratie mit einem Ein-Kammer-Parlament, der Nationalversammlung. Der Präsident, der zugleich Staats- und Regierungschef sowie Oberbefehlshaber der Streitkräfte ist, übt die oberste Exekutivgewalt aus. Die Wahl zum Präsidenten und seinem Stellvertreter findet mittels allgemeiner, gleicher, direkter, freier und geheimer Wahlen statt, bei denen die Kandidaten mit einer relativen Mehrheit und mindestens 40% der abgegebenen Stimmen gewählt werden können. Vereint der erstplazierte Kandidat mindestens 35% der abgegebenen gültigen Stimmen auf sich und beträgt sein Vorsprung mindestens 5 Prozentpunkte, so gilt er seit der Verfassungsreform von 2000 ebenfalls als gewählt. Kann sich keiner der Kandidaten im ersten Wahlgang durchsetzten, gilt im zweiten Wahlgang die relative Mehrheit. Der Staatspräsident wird für eine fünfjährige Amtsperiode gewählt (die vom Parlament im April 2005 beschlossene Verfassungsänderung, die nach der Wahl 2006 in Kraft treten soll, sieht die Verlängerung der Amtszeit auf 6 Jahre vor); die einmalige Wiederwahl ist möglich, jedoch nicht unmittelbar nach Ablauf der ersten Amtszeit.

Tabelle 1: Nicaraguanische Präsidenten seit 1937

Jahr	Präsident	Partei
Seit 2007	Daniel Ortega Saavedra	FSLN
2002-2007	Enrique Bolaños Geyer	APRE
1997-2002	Arnoldo Alemán Lacayo	PLC
1990-1996	Violeta Barrios de Chamorro	UNO
1984-1990	Daniel Ortega Saavedra	FSLN
1980-1984	Junta de Reconstrucción Nacional (Daniel Ortega Saavedra, Sergio Ramírez, Moisés Hassan Morales)	
1979-1980	Junta de Reconstrucción Nacional (Daniel Ortega Saavedra, Violeta Barrios de Chamorro, Sergio Ramírez, Moisés Hassan Morales, Alfonso Robelo Callejas)	
1979	Francisco Urcuyo	
1974-1979	Anastasio Somoza Debayle	
1972-1974	Triumvirat: Roberto Martínez, Alfonso Lobo, Fernando Aguer	
1967-1972	Anastasio Somoza Debayle	
1966-1967	Lorenzo Guerrero	
1963-1966	René Schick Gutierrez	
1956-1963	Luis Somoza Debayle	
1950-1956	Anastasio Somoza	
1947-1950	Víctor Manuel Román y Reyes	
1947	Benjamín Lacayo Sacasa	
1947	Leonardo Arguello	
1937-1947	Anastasio Somoza	

Die Aufgaben und Kompetenzen des Präsidenten in seiner Doppelfunktion als Staatsoberhaupt und Regierungschef sind umfangreich und statten ihn mit einer umfassenden Machtfülle aus. Neben repräsentativen Aufgaben verfügt der Präsident über die Richtlinienkompetenz in Nicaragua: Er lenkt die internationalen Beziehungen der Republik und steuert durch die Festlegung der Wirtschafts- und Sozialpolitik de facto auch die Wirtschaft des Landes. Der laut Verfassung vorgesehene nationale sozialökonomische Planungsrat, bestehend aus Mitgliedern der Arbeitgeber-, Arbeitnehmer-, Genossenschafts-, Gemeinde- und anderen Organisationen, wird von ihm gebildet und unterliegt seiner Kontrolle. Als Regierungschef leitet er weiter die Regierung. Die Exekutive besteht aus dem Präsidenten, seinem Vizepräsidenten, den Staatsministern, den Regierungsbehörden sowie den staatlichen Banken und Unternehmen. Die einzelnen Staatsministerien sind zentralisierte, abhängige Einheiten; die Staatsminister sowie Vizestaatsminister oder auch Präsidenten und Direktoren autonomer und staatlicher Einrichtungen werden vom Präsidenten ernannt und entlassen (Art. 150, Abs. 6). Die Regierungsgeschäfte werden vom Ministerrat (Kabinett) geleitet. In bestimmten Bereichen fallen dem Präsidenten auch legislative Kompetenzen zu: Neben der Möglichkeit, Gesetze einzubringen und sein Vetorecht gemäß der Verfassung auszuüben, kann das nicaraguanische Staatsoberhaupt im Verwaltungsbereich Dekrete erlassen. Mit In-Kraft-Treten der Verfassungsreform von 2005 wird sich die Kompetenz des Präsidenten dahingehend erweitern, dass er daneben auch in fiskalischen Angelegenheiten Dekrete erlassen kann, die Gesetzeskraft haben.

4 Nationalversammlung

Die Nationalversammlung übt laut der gültigen Verfassung die legislative Macht in Nicaragua aus. Sie setzt sich aus 90 gewählten Abgeordneten zusammen, die in allgemeinen, gleichen, direkten, freien und geheimen Wahlen mit einer relativen Mehrheit gewählt werden. Von den Abgeordneten werden 20 in nationalen Wahlbezirken gewählt und 70 in den 15 Provinzen und zwei autonomen Atlantikgebieten. Präsident und Vizepräsident der unmittelbar letzten Amtsperiode sowie die zweitplatzierten Kandidaten bei der Wahl um das Präsidenten- und Vizepräsidentenamt gehören ebenfalls der Nationalversammlung an. Die Abgeordneten werden für eine Periode von fünf Jahren gewählt und jeweils am 9. Januar des auf die Wahl folgenden Jahres durch den Obersten Wahlrat (*Consejo Supremo Electoral*) ins Amt eingeführt. Beschlüsse der Nationalversammlung werden mit der einfachen Mehrheit der Stimmen aller gewählten Abgeordneten erzielt; im Oktober 2005 lag diese einfache Mehrheit bei 47 Stimmen. Mit In-Kraft-Treten der Verfassungsreform von 2005 sollen alle Abgeordneten in regionalen Wahlbezirken für eine dann sechsjährige Periode gewählt werden. Die gescheiterten Präsidentschafts- und Vizepräsidentschaftskandidaten werden zukünftig nur noch dann dem Parlament angehören, wenn sie im Verhältnis mindestens ebenso viele Stimmen auf sich vereinigen konnten wie die in ihren regionalen Wahlbezirken gewählten Abgeordneten im Mittel.

Die Nationalversammlung ist in vier Organisationseinheiten unterteilt – Plenum, Vorstand (*Junta Directiva*), Fraktionen und parlamentarische Kommissionen – und arbeitet auf der Basis der Verfassung sowie des Statuts der Nationalversammlung (*Estatuto General de la Asamblea General)* und ihrer Geschäftsordnung (*Reglamentario*). Das höchste legislative Organ der Nationalversammlung ist das Plenum, das sich gegenwärtig (Oktober 2005) aus

93 Abgeordneten zusammensetzt. Laut Verfassung wählt sich das Plenum für eine einjährige Amtszeit einen Vorstand, der aus einem Präsidenten, drei Vizepräsidenten und drei Sekretären besteht und in seiner Zusammensetzung den politischen Pluralismus der Nationalversammlung widerspiegeln soll. Die Wiederwahl ist möglich. Beschlüsse des Vorstands werden mit der einfachen Mehrheit gefällt.

Die parlamentarischen Fraktionen werden durch Abgeordnete gebildet, die im Allgemeinen einer Partei oder einer Parteien-Allianz angehören. Um als Fraktion anerkannt zu werden, muss eine Gruppe von mindestens vier Abgeordneten einen entsprechenden Antrag stellen.

Zu den verfassungsmäßigen Befugnissen der Nationalversammlung gehört weiter die Bildung von parlamentarischen Kommissionen. In Abhängigkeit von ihren Zuständigkeiten können diese Kommissionen als permanente legislative Kommissionen oder als Sonder- und Untersuchungskommissionen gebildet werden. Die Arbeit der permanenten Kommissionen ist vor allem im Gesetzgebungsverfahren essenziell. Die permanenten Kommissionen werden durch den Vorstand der Nationalversammlung für eine einjährige Amtszeit eingesetzt. Die Sonder- und Untersuchungskommissionen werden durch entsprechende Beschlüsse des Plenums eingerichtet und durch den Vorstand der Nationalversammlung benannt. Ihre Einrichtung ist befristet, zielgerichtet und sieht die Vorlage eines Ergebnisberichts vor.

5   Gesetzgebung

Die Gesetzgebung wurde bis 1995 durch die internen Normen und Regeln der Nationalversammlung (*Estatuto General* und *Reglamiento Interno*) geregelt. Mit der Verfassungsreform von 1995 wurden diese Regeln in den Verfassungstext aufgenommen. Der heutige Gesetzgebungsprozess, der verfassungsmäßig von der Nationalversammlung beherrscht wird, gliedert sich in fünf Schritte: die Gesetzesinitiative, die Begutachtung der Vorlage, die Lesung, Abstimmung und Genehmigung des Gesetzes, die Bestätigung, Ausfertigung und Veröffentlichung des Gesetzes sowie das Vetorecht des Präsidenten. Im ersten Schritt des Gesetzgebungsprozesses wird eine Gesetzesinitiative der Nationalversammlung vorgestellt und anschließend an die entsprechende parlamentarische Kommission zur Ausarbeitung einer Gesetzesvorlage weitergegeben. Ein Initiativrecht besitzt jeder Abgeordnete der Nationalverfassung sowie der Präsident der Republik; soweit ein Gesetz den Zuständigkeitsbereich des Obersten Gerichtshofs, des Obersten Wahlrats, der Räte der autonomen Regionen sowie der Gemeinderäte berührt, besitzen auch diese ein Initiativrecht. Weiter können die Bürger ein eingeschränktes Initiativrecht ausüben. Eine Gesetzesinitiative muss in diesem Fall die Unterstützung von fünftausend Mitbürgern aufweisen (Unterschriftenliste) und darf sich nicht auf die Grundrechte, das Steuerrecht, die internationalen Beziehungen oder die gesetzliche Regelung zu Amnestie und Begnadigung beziehen.

Die Begutachtung der Gesetzesinitiative durch die Kommission muss in der Regel innerhalb von 30 Tagen oder einer von der *Junta Directiva* festgesetzten Zeit erfolgen. Das Kommissionsergebnis muss 48 Stunden vor der Lesung im Plenum über die *Junta Directiva* den Abgeordneten der Nationalversammlung vorgelegt werden. Die Gesetzesvorlage wird vom Plenum in einem ersten Schritt insgesamt diskutiert, abgestimmt und genehmigt, bevor in einem zweiten Schritt die Genehmigung der einzelnen Artikel erfolgt. Die Abstimmung erfolgt mit der einfachen Stimmenmehrheit. Im Anschluss erhält der Staatspräsident die verabschiedete Gesetzesvorlage, die er innerhalb von 15 Tagen entweder bestätigen, genehmigen und im offiziellen Amtsblatt *La Gaceta* veröffentlichen oder stattdessen sein Veto einlegen muss. Das Gesetz tritt mit seiner Veröffentlichung in Kraft. Lässt er die 15 Tage verstreichen, ohne das Gesetz veröffentlicht oder sein Veto eingelegt zu haben, hat der Präsident der Nationalversammlung das Recht, das Gesetz in einem beliebigen Printmedium zu veröffentlichen und es so in Kraft zu setzen. Wenn der Staatspräsident sein Veto einlegt, geht die Gesetzesvorlage an die Nationalversammlung zurück. Die Arbeitsschritte des Gesetzgebungsprozesses wiederholen sich nun. Ficht die Nationalversammlung das Veto nicht an, wird das Gesetz nicht in Kraft gesetzt. Weist die Nationalversammlung andererseits das Präsidentenveto zurück, so wird die Veröffentlichung des Gesetzes angeordnet und das Gesetz damit Teil der nationalen Rechtsordnung. In einigen Fällen weicht die Gesetzgebung von dem hier aufgezeigten Weg ab (u. a. bei Verfassungsänderungen, Notstandsgesetz, internationalen Abkommen und Staatshaushalt).

Die Gesetzgebung ist auf ein funktionierendes Zusammenspiel zwischen der Nationalversammlung und dem Staatspräsidenten angewiesen. Seit der Regierungskrise unter Violeta Chamorro führen die Kompetenzen des Staatspräsidenten einerseits sowie die Kompetenzen der Nationalversammlung andererseits fast regelmäßig zu einer zeitlichen Verschleppung und oftmals auch Blockade zahlreicher Gesetzesvorhaben.

6 Wahlsystem und -verhalten

In Nicaragua gilt seit dem In-Kraft-Treten der Verfassung von 1987 das allgemeine, direkte, gleiche, geheime und freie Wahlrecht. Einige dieser Prinzipien waren zwar bereits in früheren Verfassungen verankert (limitiertes, passives Frauenwahlrecht 1948, aktives Männerwahlrecht 1955, geheimes Wahlrecht 1962 sowie aktives Wahlrecht für Frauen 1974), aufgrund der geringen Bedeutung von Wahlen im politischen Willensbildungsprozess kamen sie jedoch nicht voll zum Tragen. Mit der Verfassung von 1987 nahm die Bedeutung von Wahlen zu und es finden seither regelmäßig demokratische Wahlen auf nationaler sowie regionaler Ebene statt. Das Wahlrecht besitzen alle Staatsbürger, d. h. alle Nicaraguaner, die das 16. Lebensjahr vollendet haben. Um ihr Wahlrecht in Anspruch nehmen zu können, müssen diese über ihre vollen Rechte verfügen, sich in das Wahlregister eingeschrieben haben oder in den Wählerlisten erfasst sein. Nicaraguanische Staatsbürger, die außerhalb des Landes leben, müssen in Nicaragua wählen. Einzige Ausnahme hierzu bilden die zentralamerikanischen Nachbarländer, in denen eine Wahl in den nicaraguanischen Konsulaten möglich sein kann.

Die Organisation, Ausführung und Überwachung von Wahlen, Volksabstimmungen und Referenden obliegt der elektoralen Gewalt, die durch den Obersten Wahlrat (*Consejo Supremo Electoral*) und seine untergeordneten Organe repräsentiert wird. Der Oberste Wahlrat setzt sich aus sieben von der Nationalversammlung auf fünf Jahre gewählten Wahlrichtern und drei Vertretern zusammen.

Die verfassungsmäßigen Kompetenzen des Obersten Wahlrats sind weit reichend und erweisen sich seit der Verfassungsänderung von 2000 und der Reformierung des nicaraguanischen Wahlgesetzes (*Ley Electoral* vom 24.01.2000) als nicht unproblematisch. Der Oberste Wahlrat, der unter seiner Regie das Zentralregister und die Wählerlisten führt sowie die Ausstattung der Bürger mit Ausweispapieren übernimmt, entscheidet gleichzeitig über die Teilnahme von Parteien und Kandidaten an Wahlen, bearbeitet Beschwerden und Einwände von Parteien oder Kandidaten und sorgt laut Verfassung für die Einhaltung aller verfassungsmäßigen Wahlbestimmungen, die er allerdings selbst erlässt. Als Folge der Politisierung des Wahlrats und seiner Unterwerfung unter den Willen der beiden paktierenden Parteien hat sich der Oberste Wahlrat zu einem Werkzeug der Parteien entwickelt, mit dessen Hilfe bereits im Vorfeld von Wahlen entscheidende Schritte zur Machtsicherung der beiden Parteien geleistet werden können, indem beispielsweise Kandidaten oder Parteien zu bestimmten Wahlen erst gar nicht zugelassen werden.

Die letzten Präsidentschafts- und Parlamentswahlen datieren auf November 2006, die letzten Wahlen in den autonomen Atlantikzonen auf März 2002 und die letzten Gemeindewahlen auf November 2004. Aus den Präsidentschafts- und Parlamentswahlen 2006 gingen nach 16 Jahren in der Opposition erneut Ortega und die FSLN als Sieger hervor. Das Wahlergebnis von 37,99% war jedoch eines der schlechtesten der letzten Jahre. Demgegenüber war die FSLN bzw. die von ihr geführte Parteien-Allianz *Convergencia Nacional* klare Siegerin der letzten Gemeindewahlen, als sie 14 von 17 *Departaments*-Hauptstädte und 88 von 152 Gemeinden für sich gewinnen konnte. Die PLC, die mit Rivas und Bluefields lediglich zwei *Departaments*-Hauptstädte und etwa ein Drittel der Gemeinden für sich entscheiden konnte, war die große Verliererin. Die im Vorfeld der Wahlen neu gegründete *Alianza por la República* (APRE) konnte nur wenige Gemeinden gewinnen und blieb weit hinter den mit ihr verbundenen Hoffnungen zurück. Bei den Gemeindewahlen 2004 konnte weiter eine gewisse Resignation bzw. eine Abwendung der Wählerschaft von Wahlen und Parteien festgestellt werden. Die Wahlbeteiligung lag nur noch bei 49%, ein verheerendes Ergebnis verglichen mit den über 90% bei den Präsidentschafts- und Parlamentswahlen 2001 und 65% bei den Gemeindewahlen 2000.

7   Parteien

Die 1821 erfolgte Unabhängigkeit Nicaraguas von Spanien symbolisiert gleichzeitig die Geburtsstunde der politischen Parteien in Nicaragua. Der zeitgleich einsetzende Machtkampf zwischen den kolonialen Zentren León und Granada wurde als Kampf zwischen den ‚Konservativen' und ‚Liberalen' geführt, wobei die soziale Basis der Konservativen im Bereich der alten Kolonialaristokratie, in den oberen Rängen der Kirche und bei den Großgrundbesitzern zu finden war, während die Liberalen bei den Handwerkern, Teilen der Kaufmannschaft, den (wenigen) Intellektuellen und beim niederen Klerus Widerhall fanden (Fuchs 2004: 27f.). Das sich im Verlauf des Jahrhunderts etablierende Zwei-Parteien-System reichte bis in die Zeit der Somozas hinein, wobei in den meisten Fällen die Führungsrolle nicht durch Wahlen, sondern im militärischen Kampf erstritten wurde. Während der Somoza-Ära spielten die politischen Parteien aufgrund des undemokratischen Charakters des Regimes keine gewichtige Rolle. Weder die 1931 gegründete Nicaraguanische Arbeiterpartei (*Partido Trabajador Nicaragüense*/existierte bis 1938), noch die 1944 ins politische Geschehen eingreifende Sozialistische Partei Nicaraguas (*Partido Socialista de Nicaragua*/PSN) konnten über einen längeren Zeitraum einen maßgeblichen Einfluss ausüben. Zwar verfügte die PSN aufgrund ihrer starken Bindung an die Gewerkschaften über eine gewisse Macht, nach dem Pakt zwischen den Konservativen und Somoza versank sie aber 1950 in der Opposition. Infolge der Kubanischen Revolution 1959 gründete der in der PSN sozialisierte Carlos Fonseca Amador 1961 die *Frente Sandinista de Liberación Nacional* (FSLN) und fügte damit der PSN eine weitere Schwächung zu. 1968 kam es innerhalb der Partei zu erneuten Richtungskämpfen, infolge derer sich die Kommunistische Partei (*Partido Comunista Nicaragüense*) abspaltete. Auch die Liberale Partei, der die Somozas angehörten und die de facto Regierungspartei war, besaß keine nennenswerte politische Bedeutung, da die Somozas ihre Macht in erster Linie mit Hilfe der *Guardia Nacional* und der Manipulation von Wahlen sicherten. Erst die Sandinistische Revolution förderte den Wettbewerb zwischen den Parteien, der 1990 schließlich zur Abwahl der FSLN führte.

Obwohl die FSLN während der gesamten 80er Jahre über politische Vorteile verfügte, war ihre politische Führungsrolle nicht uneingeschränkt. Schon bald bildeten oder restrukturierten sich oppositionelle Gruppierungen wie die sozialdemokratische Partei *Partido Social Demócrata* (PSD) und die liberale *Partido Liberal Constitucional* (PLC) auf der Rechten sowie die sozialistische *Partido Socialista Nicaragüense* (PSN) und die kommunistische *Partido Comunista Nicaragüense* (PCN) auf der Linken, wobei im Laufe der Zeit Absplitterungen das politische Potenzial dieser Parteien erheblich einschränkten. Die Wahlniederlage der FSLN 1990 ging daher nicht auf das Konto einer gut organisierten Opposition, sondern trug insbesondere dem Wunsch der Bevölkerung nach stabilen Verhältnissen und der Beendigung des Bürgerkriegs Rechnung. Im Anschluss erlebte Nicaragua während der gesamten 90er Jahre einen intensiven Wettbewerb zwischen den Parteien. Zu Beginn des 21. Jahrhunderts erscheint die Parteienlandschaft nicht nur hochgradig polarisiert, sondern weist zugleich eindeutige Charakteristika eines Zwei-Parteien-Systems auf. Als Gründe hierfür lassen sich zum einen die Wähler, die bei Präsidentschafts- oder Parlamentswahlen von kleineren Parteien zu den großen Parteien wanderten, um entweder pro- oder antisandinistisch zu wählen, sowie zum anderen der Ortega-Alemán-Pakt von 1999 anführen. In seiner Folge reformierte der Oberste Wahlrat die Wahlgesetzgebung derart, dass sie de facto zur Absicherung der Macht der beiden Parteien PLC und FSLN auf Kosten dritter Parteien führte. Das reformierte Wahlgesetz sieht u. a. vor, dass neu gegründete Parteien der Unterstützung von 3% der zu den letzten nationalen Wahlen registrierten Wähler bedürfen. Darüber hinaus sieht Artikel 74 den Ausschluss von Parteien von Wahlen vor, wenn diese bei den letzten nationalen Wahlen nicht angetreten sind oder nicht mindestens 4% der abgegebenen Stimmen auf sich vereinigen konnten. Auch die staatliche Wahlkampffinanzierung belohnt nur diejenigen Parteien, die die 4%-Hürde meistern (Art. 99). Damit hängt ein weiteres Problem der politischen Parteien in Nicaragua zusammen: die Parteienfinanzierung. Da die Herkunft von Geldern nicht offen gelegt werden muss, stellen Parteien häufig lediglich Lobbygruppen des sie finanzierenden Sektors dar. Die beiden großen Parteien Nicaraguas PLC und FSLN weisen darüber hinaus eine extrem hierarchische Struktur auf, die das Parteileben maßgeblich einschränkt. Obwohl beide Parteien stark an Personen orientiert sind, verfügen sie aber auch über eine gesellschaftliche Verankerung, die zum einen auf klientelistischen Strukturen beruht, zum anderen aber auch der parteipolitischen Durchdringung von Verbänden und Interessenorganisationen geschuldet ist.

Nach wie vor existiert in Nicaragua aber eine Bandbreite an politischen Parteien nationaler wie auch regionaler Ausrichtung. Der im September 2000 durch den Obersten Wahlrat (CSE) veröffentlichte Parteienkatalog weist für das Jahr 2000 insgesamt 27 nationale sowie sechs regionale Parteien aus, die bis heute existieren. In Anbetracht der gültigen

Wahlgesetzgebung bleibt die Bedeutung der Mehrzahl der Parteien zu Beginn des 21. Jahrhunderts allerdings auf ein Minimum beschränkt.

7.1 Wahlbündnisse

Parteien können sich in Nicaragua zu Wahlbündnissen zusammenschließen. Diese Bündnisse sind meist nicht von langer Dauer und unterliegen i. d. R. machtstrategischen Interessen. Zu den Präsidentschafts- und Parlamentswahlen 2001 traten beispielsweise die *Alianza Liberal*, das Wahlbündnis der PLC, und die so genannte *Convergencia Nacional*, das Wahlbündnis der FSLN, an. Mit dem fragwürdigen Parteiausschluss des Sandinisten Herty Lewites wurde im Herbst 2005 der Zerfall der *Convergencia Nacional* eingeleitet. Aber auch die von der PLC geführte *Alianza Liberal* erwies sich als nicht besonders stabil. Als Konsequenz aus der fehlenden Unterstützung durch die PLC-Abgeordneten initiierte Bolaños während seiner Präsidentschaft die Gründung der Partei *Gran Unión Liberal* (GUL), die zu den Kommunalwahlen 2004 mit weiteren Parteien unter dem Namen *Alianza por la República* (APRE) antrat. Weiter hatte Eduardo Montealegre, der bis zu seinem Ausschluss aus der PLC als aussichtsreicher Kandidat dieser Partei für die Präsidentschaftswahlen 2006 galt, im Parlament die *Alianza Liberal Nicaragüense* (ALN) ins Leben gerufen. Innerhalb von wenigen Jahren kam es in Nicaragua damit zu erheblichen Veränderungen, sodass vormals politische Partner zu den Präsidentschafts- und Parlamentswahlen 2006 als politische Gegner antraten.

8   Militär

Die historische Entwicklung Nicaraguas ist gekennzeichnet von den häufigen Spannungen zwischen Militärs und Gesellschaft sowie militärischen Auseinandersetzungen zwischen den verfeindeten Fraktionen des Landes um die politische Vormachtstellung. Damit einher geht eine fragmentierte Entwicklung verschiedener und kaum miteinander verbundener Streitkräfte, die sich entweder einer Partei oder einer Person unterordneten. Diese klientelistische Entwicklung setzte bereits 1821 mit der Unabhängigkeit von Spanien ein und dauerte bis in die 90er Jahre des 20. Jahrhunderts an. Streitkräfte kamen und gingen dabei in der Regel im Zusammenhang mit gewonnenen oder verlorenen Bürgerkriegen, wobei die siegreiche Partei ihre Streitkräfte jeweils in den Status regulärer Truppen erhob und die besiegten Truppen demobilisierte. Die Monopolisierung der militärischen Gewalt war dabei unter dem Aspekt ihres repressiven Einsatzes unverzichtbar. Nach dem gescheiterten Versuch, dieser Praxis 1927 durch die Professionalisierung der Streitkräfte und durch den Aufbau der *Guardia Nacional* entgegenzuwirken, setzte die Trennung von Partei und Militär erst mit der *Reforma a la Ley de Organización Militar del Eejército Popular Sandinista* vom 20. Dezember 1990 sowie endgültig durch den Erlass des *Codigo Militar* (1995) ein. Die eng mit der FSLN verbundene Sandinistische Volksarmee (EPS) fügte sich 1990 der neuen politischen Führung und ließ sich von einer Truppenstärke von ca. 86.000 auf 13.000 Mann demobilisieren. Weiter kappte sie die Verbindungen zur FSLN und entwickelte sich zu einer unparteiischen, unpolitischen und professionellen Armee, die, anders als in Guatemala oder El Salvador, die junge Demokratie verteidigte. Nach den verheerenden Schäden durch den Hurrikan Mitch 1998 gewann die durch die Verfassungsreform 1995 inzwischen in Nationale Streitkräfte (EN) umbenannte Volksarmee aufgrund ihrer vielfältigen Rettungs- und Aufbauhilfe parteiübergreifend an Anerkennung. Die Aufräumungsarbeiten infolge des Hurrikans, die zusammen mit US-amerikanischen Soldaten durchgeführt wurden, führten zu verbesserten Beziehungen zu den US-Streitkräften, die im Jahr 2000 in gemeinsamen Aktionen auf dem Gebiet der Drogenbekämpfung gipfelten. In der Folge des 11. Septembers 2001 übernahmen die USA wie schon zu Zeiten der Somoza-Dynastie die Ausbildung nicaraguanischer Militärs am *Western Hemisphere Institute for Security Cooperation* (WHISC) in Fort Benning, Georgia, der vormals berüchtigten *School of the Americas*. Dem Diskurs des ‚Kampfs gegen den Terror' entsprechend, der Nicaragua sogar zur Entsendung einer kleinen Truppe zur Unterstützung ihrer US-amerikanischen Verbündeten in den Irak veranlasst hat, werden heute jedoch nicht mehr *counterinsurgency*-Spezialisten, sondern Antiterrorspezialisten ausgebildet.

9   Interessenverbände

Der Sieg der Sandinistischen Revolution 1979 bewirkte gleichzeitig die Polarisierung des sich zu großen Teilen neu organisierenden Verbandsystems, wobei sich Gewerkschaften und Verbände in der Regel an Referenzparteien orientierten. Die regierende FSLN schaffte es auf vielerlei Weise, den einzelnen Bürger wie auch einzelne Institutionen an sich zu binden und den Führungsanspruch über die soziale Bewegung zu monopolisieren. Mit der Regierungsübernahme durch Violeta Chamorro setzte die Fragmentierung und dadurch auch Schwächung dieser Bewegung ein (Studentenproteste, Kaffee-Arbeiterproteste, Kampf gegen die Privatisierung, Lehrerproteste etc.), wobei die FSLN es aber verstand, das Aufkommen einer ernsthaften Alternative zu sich selbst zu verhindern und damit weiterhin erster Verhandlungspartner der politischen und wirtschaftlichen Kräfte des Landes zu bleiben.

Nach der Entpolitisierung der Armee und der Sicherheitskräfte im Verlauf der 1990er Jahre existieren heute zwar keine außerkonstitutionellen Vetomächte mehr im Land, aufgrund der Abhängigkeit von internationalen Geldgebern und im Besonderen von den USA kann deren Einfluss aber nicht ignoriert werden.

9.1 Gewerkschaften

Im Vergleich zu früher ist die Gewerkschaftsbewegung 2005 erheblich geschwächt. Hierzu hat insbesondere die neoliberale Reformpolitik der letzten Jahre beigetragen, die durch die Zunahme von Zeitverträgen, Arbeitsflexibilisierung, Öffnung der Märkte etc. einen großen Teil der Arbeiterschaft in den informellen Sektor gezwungen hat. Der Rückgang der formalen Arbeitsverhältnisse ist gleichbedeutend mit dem Machtverlust der Gewerkschaftsbewegung. Nichtsdestotrotz ist ca. die Hälfte der nicaraguanischen Arbeiterschaft inklusive der Landarbeiterschaft nach wie vor gewerkschaftlich organisiert. Den größten Gewerkschaftsverband stellt die *Frente Nacional de Trabajadores* (FNT) dar, eine pro-sandinistische Mantelorganisation, bestehend aus acht Gewerkschaften: *Central de Trabajadores Sandinistas* (CTS), *Asociación de Trabajadores* (ATC), *Federación de Trabajadores de la Salud* (FETASALUT), *Unión Nacional de Empleados* (UNE), *Asociación Nacional de Educatores de*

Nicaragua (ANDEN), *Unión de Periodistas de Nicaragua* (UPN), *Confederación Nacional de Asociaciones de Héroes y Martires* (CONAPRO) und *Unión Nacional de Agricultores y Racheros* (UNAG). Daneben existiert der *Congreso Permanente de Trabajadores* (CPT), eine Gruppe von vier nicht-sandinistischen Gewerkschaften, bestehend aus *Confederación Unificado de Sindicatos* (CUS), *Central de Trabajadores Autónomos de Nicaragua* (CTN-A), *Confederación General de Trabajadores Independientes* (CGT-I) und *Central de Acción y Unidad Sindicalista* (CAUS). Neben diesen Organisationen tritt der *Central de Trabajadores de Nicaragua* (CTN), eine kleinere Gewerkschaft, die bereits während der Somoza-Dynastie toleriert wurde und die während der Regierungszeit der Sandinisten nur durch Anbindung an oppositionelle politische Parteien überleben konnte, als unabhängige Gewerkschaft auf. Während der 1980er Jahre waren die sandinistischen Gewerkschaften einerseits wichtige Systemträger und andererseits Sprachrohr der sandinistischen Basis. Nach der Wahlniederlage der FSLN wurde die Bindung an die Partei loser und die Gewerkschaften begannen, selbstständiger zu agieren. Nichtsdestotrotz lassen sich die pro-sandinistischen Gewerkschaften nach wie vor von der FSLN politisch instrumentalisieren.

Die Zukunft der nicaraguanischen Gewerkschaftsbewegung ist aus heutiger Perspektive eng mit der Frage verbunden, inwieweit es ihr gelingen wird, sich von ihren historisch sozialistischen Ursprüngen zu befreien und sich z. B. mit den entstehenden zivilgesellschaftlichen Kräften zu einer starken und einheitlichen Bewegung für den sozialen Wandel zusammen zu finden. Dass dieser Wandel vollzogen werden könnte, zeigt die noch relativ neue Erfahrung des koordinierten Vorgehens im Kampf gegen die Globalisierung und insbesondere gegen die Amerikanische Freihandelszone (ALCA) und die Zentralamerikanische Freihandelszone (DR-CAFTA), als es im November 2003 zu einer großen Kundgebung der informellen Sozialen Bewegung Nicaraguas (*Movimiento Social de Nicaragua*) kam, die sich hauptsächlich aus Gewerkschaften, Studentengruppen, Frauengruppen, NGOs etc. zusammensetzt.

Das Gegengewicht zu den gewerkschaftlichen Organisationen bildet *La Corte Suprema de la Empresa Privada* (COSEP), der 1978 gegründete mächtige, konservative Dachverband der Privatwirtschaft, der als Koordinationsplattform für Handels- und Agrarwirtschaftsorganisationen fungiert. In den ersten Jahren nach dem Sieg der Sandinistischen Revolution war COSEP wohl die stärkste Kraft im Lager der anti-sandinistischen Opposition und agierte, obwohl das gemischte sandinistische Wirtschaftssystem der von COSEP vertretenen Wirtschaftselite eine signifikante wirtschaftliche Macht sicherte und sechs COSEP-Mitglieder im Staatsrat (33 Mitglieder) vertreten waren, offen anti-sandinistisch. Bis zur Wahl Ortegas war COSEP entsprechend darum bemüht, den sandinistischen Einfluss zu begrenzen, von dem der Verband eine Gefahr für das Investitionsklima in Nicaragua ausgehen sah. Nichtsdestotrotz scheint sich der Verband, dessen Präsident Dr. Erwin Krüger eine Regierung Ortega im Vorfeld der Wahlen 2006 noch als Katastrophe bezeichnet hatte, mit einer solchen inzwischen arrangieren zu können.

9.2 Kirche

Trotz der formalen Trennung von Staat und Kirche, ist ferner bis heute die katholische Kirche in allen soziopolitischen und soziokulturellen Bereichen von großem Einfluss. Obwohl Teile der katholischen Kirche in Nicaragua überzeugte Anhänger und Verteidiger der

Befreiungstheologie waren und während der sandinistischen Regierungsperiode aktiv das sandinistische Programm unterstützten, Ministerposten besetzten oder die Alphabetisierungskampagne leiteten (Ernesto und Fernando Cardenal), blieb die konservative Kirchenführung um den Erzbischof (und heutigen Kardinal) Miguel Obando y Bravo der größte Widersacher der Revolution. Die katholische Kirche, die 73% (1995) der nicaraguanischen Bevölkerung repräsentiert, gab 1996 und 2001 jeweils offen Wahlempfehlungen für Alemán und Bolaños ab und beeinflusste während der Chamorro- und Alemán-Administrationen die staatliche Bildungspolitik beträchtlich. Die gesellschaftliche Machtstellung der katholischen Kirche verdeutlicht auch der Weg Ortegas zurück an die Macht. Nach drei verlorenen Präsidentschaftswahlen versöhnte er sich 2004, zum 25-jährigen Jahrestag der Sandinistischen Revolution, mit seinem einstigen Erzfeind Kardinal Obando y Bravo. Zugleich ließ er sich im Vorfeld der Wahlen, nach 25 Jahren wilder Ehe, trauen und verabschiedete im Parlament gemeinsam mit seiner Fraktion das umstrittene – von der Kirche geforderte – Abtreibungsgesetz, das jegliche Abtreibung verbietet.

10   Massenmedien

In Nicaragua hat sich ein breites Angebot an Zeitungen und Zeitschriften sowie Radio- und Fernsehstationen und seit kurzem auch Internetportalen etablieren können, das die gesamte Breite des Marktes abdeckt. Die Pressefreiheit, die unter der Herrschaft der Somozas stark eingeschränkt war und nach dem Sieg der Sandinistischen Revolution im Verlauf der 1980er Jahre dem herrschenden Ausnahmezustand periodisch hohen Tribut zollen musste, als Presseorgane konfisziert, geschlossen oder stark zensiert wurden, ist seit 1990 weitestgehend gegeben. Mit der Unterzeichnung der *Declaración de Chapultepec*, den 1994 von führenden Politikern, Wissenschaftlern, Schriftstellern, Anwälten, Herausgebern und Vertretern der Zivilgesellschaft der Amerikas beschlossenen Grundsatzprinzipien zur Stärkung der Demokratie durch eine freie, unabhängige Presse, durch die sich im Wahlkampf befindenden Präsidentschaftskandidaten Daniel Ortega, Enrique Bolaños und Noel Vidaurre, am 4. Juli 2001, bekannte sich die nicaraguanische Politik erstmalig offiziell zur Pressefreiheit und verpflichtete sich dem ethischen Prinzip, dass kein Gesetz und keine Regierungshandlung die Meinungsfreiheit der Presse einschränken dürfe. Diese Geste war umso wichtiger, als die Regierung Alemán eine klientelistische Pressepolitik verfolgte und u. a. durch die Vergabe von staatlichen Anzeigen auf die Pressefreiheit einzuwirken versuchte.

Nach dem Sieg der Sandinistischen Revolution war die Medienstruktur insgesamt sehr instabil und blieb dies auch während der gesamten 1980er Jahre. „Die Presse hatte vor allem eine propagandistische Funktion und diente der politischen Erziehung, indem sie primär die Ideale der Revolution verteidigte" (Pander 1996: 107f). Mit der Verfassung von 1987 wurde ein neues Presse-, Meinungs- und Informationsrecht etabliert und der Journalismus begann, professionellere Formen anzunehmen. Mit dem Wahlsieg Chamorros 1990 wurden fast alle Restriktionen außer Kraft gesetzt und ein Wandel von einem klientelistischen Journalismus hin zu einem professionelleren Journalismus eingeleitet. Zu Beginn des 21. Jahrhunderts ist die nicaraguanische Presse eine der freiesten Lateinamerikas.

Die wichtigsten Zeitungen der 80er Jahre, *La Prensa*, *Barricada* und *El Nuevo Diario*, mussten sich den infolge des langen Bürgerkriegs und der wirtschaftlichen Misere immer kleiner werdenden Zeitungsmarkt ab 1993 mit *La Tribuna* und ab 1999 mit *La Noticia* teilen. *Barricada*, die offizielle Zeitung der Sandinisten, war 1985 mit etwa 100.000 bis 120.000 täglich verkauften Exemplaren die auflagenstärkste Zeitung des Landes. Nachdem ihre Professionalisierung Anfang der 1990er Jahre fehlgeschlagen war und sich *Barricada* erneut einer orthodox sandinistischen Ausrichtung zuwandte, verlor sie schnell an Bedeutung und musste 1998 schließlich geschlossen werden. Das gleiche Schicksal widerfuhr im Jahr 2000 auch *La Tribuna*, der liberal ausgerichteten Tageszeitung der Mittel- und Oberschicht.

In Nicaragua existiert heute mit Bolsa de Noticias, Ciberdiario de Nicaragua, El Nuevo Diario, La Prensa, La Noticia de Managua, Noticias de Nicaragua, Notifax, Tiempos del Mundo, Trinchera de la Noticia etc. eine Reihe von Zeitungen, die entweder als Tages- oder Wochenzeitungen und teilweise auch im elektronischen Format publiziert werden. Erscheinungsort ist jeweils Managua. Die überwiegende Mehrheit der Tages- und Wochenzeitungen sowie der vielfältigen Zeitschriften wird in spanischer Sprache herausgegeben. Daneben existiert mit den Nica News auch ein Angebot in englischer Sprache. Die älteste und auflagenstärkste Zeitung ist die konservativ ausgerichtete La Prensa im Besitz der Familie Chamorro, die 1926 gegründet wurde und landesweit erscheint. Nach einer Neuorganisation erreichte sie 2001 eine Tagesauflage von ca. 37.000 Exemplaren und damit einige tausend Exemplare mehr als die pro-sandinistische Tageszeitung El Nuevo Diario. Daneben wird der Zeitungsmarkt vor allem von der liberal ausgerichteten La Noticia geprägt, die 2001 in einer Auflage von einigen tausend Exemplaren erschien. Trotz vielfältiger Verbesserungen werden die nicaraguanischen Printmedien immer noch zu einem guten Teil von Sensationsjournalismus geleitet.

Neben den Printmedien, die in erster Linie in den größeren Städten des Landes gehandelt werden, nimmt vor allem der Hörfunk eine übergeordnete Stellung ein, der für die Landbevölkerung immer noch das wichtigste Informationsmedium ist. Der Hörfunk ist in Nicaragua vornehmlich privatwirtschaftlich organisiert; daneben gibt es aber auch Sender in staatlicher und kirchlicher Trägerschaft (Pander 1996: 123). Neben Radiosendern wie *Radio Pirata*, *Radio Sandino*, *Radio Uno*, *Ondas del Sur* oder auch den marktführenden Sendern, dem pro-sandinistischen *Radio Ya* und dem liberal ausgerichteten *Radio Corporación*, runden die privaten und staatlichen Fernsehanstalten *Ameri-Cable*, *Estesa*, *Multivisión* und *Televicentro de Nicaragua* den Sektor der Massenmedien ab. Vor der Machtübergabe der Sandinisten 1990 hatten diese einen großen Teil der staatlichen Radio- und Fernsehstationen in den Besitz ihrer Gefolgsleute gegeben. Hieraus ergibt sich bis heute eine eher sandinistische Tendenz dieser Medien. Besitzen etwa 80% der Haushalte ein Radiogerät und etwa 60% einen Fernseher, verfügen nur etwa 13% über ein Telefon. Ergänzt wird die Liste durch das Medium Internet. Im Jahr 2002 benutzten etwa 90.000 Nicaraguaner das Internet bei etwa 7.094 nicaraguanischen Internet-Hosts (2003).

11   Politische Kultur und Partizipation

Die politische Kultur eines Landes kann anhand der dominanten Einstellungen bzw. Werte einer sozialen Gruppe beschrieben werden, insbesondere den politischen, wirtschaftlichen und religiösen Überzeugungen, die, im historischen Raum, diese Gruppe prägen. In diesem Sinne können eine Reihe von historischen Konstanten benannt werden, deren maßgeblicher Einfluss die Verhaltensweisen, Denkkategorien und Wertvorstellungen in Nicaragua geformt hat. Hierzu gehören die politische Instabilität und hohe gesellschaftliche Spannung, die starke sozioökonomische Ungleichheit, ein starker Traditionalismus, die willkürliche Anwendung des Autoritätsprinzips, die Unterwerfung unter ausländische Interessen, die Gewaltanwendung zur Konfliktlösung, die Korruption auf allen Ebenen und das Misstrauen gegenüber der öffentlichen Gewalt (Alvarez Montalván 2000: 203).

Die mit diesen Stichpunkten umrissene kollektiv gelebte Erfahrung in Nicaragua war eng verbunden bzw. bewirkte die Adaption eines Konglomerats von Ideen, Werten, Handlungen und Vorstellungen, die es erlauben, die politische Kultur des Landes anhand eines ausgeprägten Personenkults (und all seiner Unterformen wie Autoritarismus, Caudillismus, Diktatur), Paternalismus, Nepotismus, Patrimonialismus (in der Form der Korruption) und *Arregglismo* (des politischen Paktierens) einerseits sowie einer vergleichsweise hohen politischen Passivität großer Teile der Bevölkerung andererseits zu beschreiben. Flankiert wurde diese Entwicklung von schwachen Parteien, die bis zum heutigen Zeitpunkt hierarchisch funktionieren.

Der Übergang von einem diktatorischen System zu einem revolutionären System und weiter zu einem demokratischen System war naturgemäß auch mit Veränderungen der politischen Kultur verbunden. Der partizipative Charakter der ersten Phase der sandinistischen Revolutionsregierung führte zu einer Art Partizipations-Revolution, die schließlich die Hälfte der erwachsenen Bevölkerung in Form von Basisarbeit an eine der vielen neuen Massenorganisationen band. Diese Organisationen nahmen eine Schlüsselrolle in der politischen Sozialisation des Landes ein und halfen durch ihr Wirken aktiv, die Einstellungen der Somoza-Zeit zu ersetzen. In der zweiten Hälfte der 1980er Jahre begannen sich jedoch erste Änderung abzuzeichnen: Zum einen führte die Wahl von 1984 zu einer parlamentarisch repräsentativen Staatsform, die durch die Verfassung von 1987 verfestigt wurde; zum anderen begannen aber auch die zunehmend hierarchischen Züge der FSLN, nach Jahren des Bürgerkriegs und der materiellen Not, an der Basis ein gewisses Desinteresse hervorzurufen. Die mit der Verfassung und dann vor allem mit der Wahl von 1990 eingeleitete zweite Transitionsphase hin zu einer demokratischen Präsidialrepublik hat diese Tendenz teilweise bestärkt und den Anspruch und die Bereitschaft vieler Nicaraguaner, über den Wahlakt hinaus an politischen Willensbildung- und Entscheidungsprozessen teilzunehmen, beträchtlich gemindert. Entscheidend für diese Entwicklung war nicht zuletzt der sich in der so genannten *la piñata* äußernde Machtmissbrauch, als zum Ende der sandinistischen Amtszeit ein beträchtlicher Teil des Staatseigentums an FSLN-Kader umverteilt wurde. Zu Beginn des 21. Jahrhunderts erscheinen die demokratischen Errungenschaften Nicaraguas erneut gefährdet. Ursächlich hierfür sind insbesondere die Unfähigkeit der politischen Elite, die anhaltenden Menschenrechtsverletzungen, das Fehlen eines handlungsfähigen Rechtssystems, die Korruption und die erheblichen Defizite des Wahlsystems, die zusammen die sehr fragile demokratische Ordnung bedrohen. In Nicaragua machen sich vor diesem Hintergrund vor allem das Fehlen einer einflussreichen Zivilgesellschaft sowie die Abwesenheit starker Institutionen bemerkbar, die den eingeschlagenen demokratischen Weg nachhaltig beeinflussen könnten. In der Zukunft wird sich daher zeigen müssen, ob die sozialen Bewegungen und Nichtregierungsorganisationen entscheidende Impulse geben können und die von ihnen erhoffte Konsolidierung einer starken Zivilgesellschaft voranbringen können.

12 Rechtssystem

Diverse Gesetze der ersten Jahre nach 1979 berührten die Einheit der Judikative durch die Schaffung von unabhängigen Sondergerichten. Die Verfassung von 1987 stellte die institutionelle Einheit wieder her und bestätigte ihre Unabhängigkeit. Mit der Verfassungsreform von 1995 wurden die Befugnisse der Judikative um wichtige Punkte erweitert und ihre Kompetenzen, die sich nun beispielsweise auch auf die Überwachung der Gewaltenteilung oder Konflikte zwischen der Zentralgewalt und den Kommunal- und Autonomieregierungen bezogen, um die eines Verfassungsgerichts ausgeweitet. Im Juli 1998 wurde mit dem Justizgesetz (*Ley Orgánica del Poder Judicial*) die neue Gesetzesordnung der Judikative veröffentlicht, die ihre Unabhängigkeit noch einmal wesentlich stärkte.

Die zentralen Institutionen der nicaraguanischen Judikative sind der Oberste Gerichtshof, die Berufungsgerichte, die Bezirksgerichte und die Lokalgerichte. Der Oberste Gerichtshof ist die höchste judikative Instanz des Landes. Er besteht aus 16 Richtern, der *Corte Plena*, die von der Nationalversammlung für eine fünfjährige Amtszeit gewählt werden. Dem Obersten Gerichtshof stehen ein Präsident und ein Vizepräsident vor, die durch 10 Beisitzer unterstützt werden. Seine Gerichtsbarkeit besteht landesweit. Die *Corte Plena* tritt vor allem in ihrer Funktion als Verfassungsgericht zusammen. Daneben beschäftigt sie sich mit der Rechtssprechung in politisch brisanten Fällen wie z. B. Konflikten zwischen den Staatsgewalten, der Strafverfolgung nach Aufhebung einer verfassungsmäßigen Immunität, Berufungsverfahren gegen Staatsbeamte oder auch den Kompetenzkonflikten zwischen den einzelnen Kammern des Obersten Gerichtshofes. Entscheidungen werden von der *Corte Plena* mit der einfachen Stimmenmehrheit ihrer Mitglieder getroffen, unbeschadet der Fälle, in denen die Verfassung ein anderes Votum vorsieht.

Der Oberste Gerichtshof unterteilt sich in vier Kammern: die Zivilkammer (*Sala de lo Civil*), die Strafkammer (*Sala de lo Penal*), die Verfassungskammer (*Sala de lo Constitucional*) und die Kammer für administrative Streitfälle (*Sala de lo Contencioso Administrativo*). Jede Kammer setzt sich aus mindestens drei Richtern des Obersten Gerichtshofs zusammen, die jährlich im Kreis der *Corte Plena* gewählt werden. Für die Wahl ist eine Zweidrittelmehrheit der Stimmen nötig. Jeder Richter des Obersten Gerichtshofes kann in zwei Kammern vertreten sein. Der Oberste Gerichtshof unterteilt sich weiter in drei Organisationseinheiten: die Verwaltungskommission (*Comisión de Adminstración*), die Kommission für juristische Berufe (*Comisión de Carrera Judicial*) sowie die Disziplinarkommission (*Comisión de Régimen Disciplinario*). Neben diesen festen Kommissionen kann der Oberste Gerichtshof jederzeit Sonderkommissionen einrichten.

In jedem nicaraguanischen Gerichtsbezirk ist ein Berufungsgericht eingerichtet. Jedes Berufungsgericht setzt sich aus mindestens fünf Richtern zusammen und organisiert sich in einer Zivilkammer, einer Arbeits- und einer Strafkammer. Die Berufungsgerichte beschäftigen sich vor allem mit Urteilen der ihnen untergeordneten Bezirksgerichte. Das Richterkollegium eines jeden Berufungsgerichtes wählt sich aus seinem Kreis mit einer Zweidrittelmehrheit der Stimmen für die Dauer eines Jahres einen Präsidenten, der in seinem Gerichtsbezirk die Judikative repräsentiert. Neben dieser repräsentativen Aufgabe ist er vor allem für die Arbeitsorganisation seines Gerichtes verantwortlich. Weiter weist jeder nationale Bezirk sowie jede autonome Region mindestens ein Bezirksgericht auf. Die Bezirksgerichte sind Ein-Personen-Gerichte. Die Richter werden durch die *Corte Plena* auf unbefristete Zeit berufen und können nur in bestimmten Fällen wieder abgesetzt werden. Die Bezirksgerichte sind nach ihrer jeweiligen Kompetenz in Zivilgerichte, Strafgerichte, Familiengerichte, Arbeitsgerichte u. a. klassifiziert. Sie beschäftigen sich in erster Instanz mit allen Rechtsstreitigkeiten in ihrer Gerichtsbarkeit, die keiner Sondergerichte bedürfen. Weiter dienen sie als Berufungsgerichte für Fälle, die in erster Instanz von Lokalgerichten in ihrem Zuständigkeitsbereich verhandelt worden sind. Die Lokalgerichte unterscheiden sich von den Bezirksgerichten im Wesentlichen dadurch, dass sie diesen in der Rechtssprechung untergeordnet sind.

Formal ist das nicaraguanische Rechtssystem, wie hier geschildert, institutionell ausdifferenziert und unabhängig, in der Praxis hat es sich aber zum Objekt der politischen Einflussnahme und der Korruption entwickelt und weist erhebliche funktionale Defizite auf. Die Ernennung der Richter am Obersten Gerichtshof ist längst zu einer politischen Angelegenheit geworden, die allein nach politischen Gesichtspunkten erfolgt. Zurzeit stehen das Berufungssystem und ein Reformvorschlag der Bolaños-Administration kontrovers in der öffentlichen Diskussion.

13   Regionen und Kommunen

Die nicaraguanische Verfassung sieht die politisch-administrative Einteilung des Staatsterritoriums in 15 Bezirke, zwei autonome Regionen und 152 Gemeinden vor. Die Gemeinde bildet die Grundeinheit der politisch-administrativen Einteilung des Landes und verfügt über eine politische, administrative und finanzielle Unabhängigkeit, die in dem Gemeindegesetz (*Ley de Municipios*) benannt ist. Das Gemeindegesetz regelt u. a. die Kompetenzen der Gemeinden sowie ihre Beziehungen zur Zentralgewalt, zu den indigenen Gruppen des Landes und den Staatsgewalten. Die Verwaltung und Regierung unterliegen den kommunalen Organen. Bürgermeister und Gemeinderäte werden in allgemeinen, gleichen, direkten, freien und geheimen Wahlen nach den Prinzipien des Verhältniswahlrechts für eine vierjährige Amtszeit gewählt. Im Bereich der sozioökonomischen Entwicklung verfügen die Gemeinden über volle Kompetenzen. Die landesweite Monopolstellung des Staates bleibt von ihrer Autonomie aber unberührt. Weiter ist die Zentralgewalt den Gemeinden gegenüber verpflichtet und muss ihnen einen Teil des Staatshaushalts zukommen lassen. Auf diesem Weg soll ein gewisser Ausgleich erreicht und eine vergleichbare Entwicklung aller Landesteile ermöglicht werden.

Auf Bezirksebene kennt der nicaraguanische Verwaltungsapparat 15 *departamentos* (Verwaltungseinheiten ohne exekutive und legislative Organe) sowie die beiden autonomen Regionen *Atlántico Norte* und *Atlántico Sur*. Die beiden autonomen Regionen besitzen ein durch die Verfassung geschütztes Recht, entsprechend ihren historischen und kulturellen Traditionen sowie sozialen Organisationsformen zu leben. Der Staat garantiert den Kommunen der Atlantikküste die Nutznießung ihrer natürlichen Ressourcen, den Bestand ihrer Formen des Gemeinbesitzes sowie die freie Wahl ihrer Autoritäten und Repräsentanten. Weiter gewährleistet er die Bewahrung ihrer Kulturen, Sprachen, Religionen sowie Sitten und Bräuche. Die nicaraguanische Verfassung verbrieft explizit das gesetzlich geregelte Autonomiestatut für die Atlantikküste, das u. a. die Befugnisse der Autonomieverwaltung und -regierung, die Beziehungen der autonomen Region zur nicaraguanischen Exekutive und Legislative und den Gemeinden sowie die Ausübung der autonomen Rechte regelt (Art. 180, 181).

14 Integration, Interamerikanische Beziehungen, Beziehungen zu Europa

Im Vergleich mit anderen Staaten Lateinamerikas gilt Nicaragua zu Beginn des 21. Jahrhunderts als relativ integriert. Gemessen an einem normativen Standard vollzieht sich die gesellschaftliche Spaltung aber nach wie vor anhand von Region, ethnischer Zugehörigkeit, Geschlecht und Klasse (Walker 2003: 112). Die regionale Integration Nicaraguas ist – nach Beseitigung des *localismo* im Verlauf des letzten Jahrhunderts – am erfolgreichsten verlaufen. Die Zentralgewalt gilt den meisten Bewohnern der Atlantikküste zwar auch heute noch als suspekt, vielerorts wird die regionale Integration aber von der ethnischen überlagert: Die Bewohner der Atlantikküste unterscheiden sich nicht nur hinsichtlich ihrer kulturellen Wurzeln, sondern als Folge davon auch hinsichtlich ihrer Sprache (Englisch sowie verschiedene indigene Sprachen), Religion (protestantische Kirchengemeinschaften) und kulturellen Traditionen. Das regionale Integrationsproblem ist damit hauptsächlich auch ein ethnisches Integrationsproblem, von dem vor allem die Bevölkerung der Atlantikküste betroffen ist. Landesweit zeigt sich dagegen die kaum vorhandene Gleichberechtigung zwischen den Geschlechtern, die sich vor allem anhand der gesellschaftlichen und wirtschaftlichen Diskriminierung der Frauen äußert. Nicaragua wird trotz der Erfolge, die die Sandinisten bezüglich der Gleichberechtigung allein schon durch die Rolle der Frauen im Revolutionsprozess erreichen konnten, immer noch von den Ideen und Werten eines männerdominierten Gesellschaftsbildes (*machismo*) geprägt. Das Hauptproblem zu Beginn des 21. Jahrhunderts ist aber nach wie vor die sich verschlechternde soziale Lage eines Großteils der Bevölkerung und damit die stetig zunehmende soziale Heterogenität.

Im Bereich der interamerikanischen Beziehungen sowie der Beziehungen zu Europa erlebt Nicaragua zusammen mit den Nachbarrepubliken seit den 90er Jahren eine Wiederbelebung der Diskussionen über die Integration Zentralamerikas. Der vordergründig politische Verhandlungsprozess zur Befriedung der Region, *Esquipulas II* (1987), führte allmählich zu einem Perspektivenwechsel – vom Politischen zum Wirtschaftlichen und Sozialen – und knüpfte damit an die Zeit vor den militärischen Auseinandersetzungen in der Region an. Bereits 1960 hatten Guatemala, El Salvador, Honduras, Nicaragua und Costa Rica den Vertrag über die wirtschaftliche Integration Zentralamerikas (*Tratado de Integración Económica Centroamericana*) unterschrieben und den *Mercado Común Centroamericano* (Zentralamerikanischer Gemeinschaftsmarkt – MCCA) gegründet. Das damalige Ziel war die Konstituierung einer Zollunion und der Ausbau einer Freihandelzone sowie die generelle Belebung der regionalen Entwicklung durch die wirtschaftliche Integration seiner Mitglieder gewesen. Aufgrund der politischen und militärischen Konflikte in der Region büßte das Projekt in den Folgejahren aber an Kraft ein. In der zweiten Hälfte der 80er Jahre zeigte die gemeinsame Initiative *Esquipulas II*, dass Zentralamerika als Region handlungsfähig war und förderte auf diese Weise die anschließenden Initiativen zur Wiederbelebung der regionalen Integration. Hierzu gehörte die 1991 erfolgte Novellierung der *Carta de la Organización de Estados de Centroamérica* (ODECA) aus dem Jahr 1962, die gleichzeitig das *Sistema de Integración Centroamericano* (System der zentralamerikanischen Integration – SICA) – 2005 bestehend aus den Mitgliedsstaaten sowie Panama, Belize und der Dominikanischen Republik – als permanente Struktur zur Koordination und Integration hervorbrachte. Parallel und befördert durch die Entwicklung im Wirtschaftsbereich, entstand weiter die *Alianza para el Desarrollo Sostenible* (Allianz für nachhaltige Entwicklung – ALIDES).

Zu Beginn des 21. Jahrhunderts stand für die zentralamerikanischen Staaten vor allem die Liberalisierung des Handels mittels bilateraler Freihandelsabkommen mit Drittländern im Vordergrund. In diesem Zusammenhang hat sich die Regierung Bolaños verstärkt um die Konsolidierung der internationalen Beziehungen bemüht. Nicaragua ist dementsprechend Mitgliedsstaat in allen wichtigen internationalen Organisationen und die Regierung Bolaños agierte als entschiedener Fürsprecher des Amerikanischen Freihandelsabkommens (*Acuerdo de Libre Comercio de las Américas* – ALCA). In Bezug auf die regionale Integration war das am 10. Oktober 2005 durch das nicaraguanische Parlament ratifizierte Zentralamerikanische Freihandelsabkommen (DR-CAFTA) zwischen den zentralamerikanischen Republiken, der Dominikanischen Republik und den USA das wichtigste Projekt. Das Abkommen kann als Baustein einer neuen wirtschaftlichen Infrastruktur betrachtet werden, wie sie von dem Amerikanischen Freihandelsabkommen skizziert wird. Als Teil des gleichen Prozesses gilt auch der mexikanische *Plan Puebla Panamá* (PPP) zwischen den Republiken Mesoamerikas, dessen Betonung vor allem auf einem Ausbau der Infrastruktur (Straßen, Häfen, Flughäfen etc.) liegt. Die Erwartungshaltung an das Zentralamerikanische Freihandelsabkommen ist in Nicaragua erwartungsgemäß sehr unterschiedlich. Die Befürworter rechnen vor allem mit erhöhten Investitionen aus dem Ausland sowie einer Stärkung des privatwirtschaftlichen Sektors und der Institutionen, was im Ergebnis, so die Hoffnung, zur Schaffung von neuen Arbeitsplätzen und einem höheren gesellschaftlichen Reichtum führen soll. Kritiker heben hingegen das Ungleichgewicht zwischen den Vertragspartnern hervor und verweisen auf die mit dem Abkommen verbundenen geostrategischen Interessen der USA in der Folge des 11. September 2001 und der damit verbundenen Debatte über die Nationale Sicherheit der USA. Einer über die wirtschaftlichen Interessen hinausgehenden Integration stehen aber bereits seit den 1960er Jahren die Partikularinteressen der ‚Partner' ernsthaft entgegen. So hat Nicaragua z. B. im Dezember 1999 vor dem Internationalen Gerichtshof in Den Haag eine Territorialklage gegen Honduras eingebracht und steht dazu seit Jahrzehnten im Disput mit Costa Rica, das Schifffahrtsrechte auf dem Grenzfluss *Rio San Juan* fordert und Nicaragua 2005 ebenfalls in Den Haag verklagt hat. In die gleiche wirtschaftliche Richtung wie die in den letzten Jahren erzielten Freihandelsabkommen zielte auch das 2003 ausgehandelte Abkommen zum politischen Dialog und zur Kooperation mit der Europäischen Union, das ein Freihandelsabkommen zwischen den Partnern als eines der Hauptziele benennt (Europäische Union 2003: 2f.).

15 Ausblick

Die aktuell wichtigsten politischen Themen, die kurz- bzw. mittelfristig Nicaragua bestimmen werden, müssen vor dem Hintergrund der Präsidentschaftswahlen 2006 betrachtet werden. Zwar kehrt Ortega nach 16 Jahren Opposition an die Macht zurück, seine Rückkehr ist aber nicht gleichbedeutend mit der Wiederkehr des Sandinismus der 80er Jahre. Sowohl Ortega als auch seine Partei haben sich gewandelt und gehören heute dem Establishment an. Dementsprechend hat er nach seinem Wahlsieg erklärt, die im Wahlkampf propagierte Armutsbekämpfung im Rahmen der gegebenen Strukturen, d.h. ohne Umverteilung, angehen zu wollen. Ob ein solch ehrgeiziges Projekt erfolgreich sein kann, bleibt abzuwarten.

Nichtsdestotrotz sind mit Ortegas Rückkehr an die Macht viele Hoffnungen verbunden. Sein Wahlsieg bedeutet in kontinentaler Perspektive zweifelsohne eine weitere Stärkung lateinamerikanischer Interessen gegenüber den USA. Weiter könnte die erwartete Annäherung an das geopolitische Projekt *Alternativa Bolivariana para las Américas* (ALBA) zu einer Neuausrichtung der Wirtschaftspolitik führen und dazu beitragen, der Abhängigkeit von dem neoliberalen Handelsvertrag DR-CAFTA entgegenzuwirken.

Innenpolitisch erscheint vor allem die Frage nach der Fortführung des 1999 mit Alemán und der PLC geschlossenen Paktes von besonderer Bedeutung. Mit seinem relativ schwachen Wahlergebnis von 37,99% konnte Ortega lediglich aufgrund seiner Abkommen mit Alemán den Wahlsieg erringen. Ortega und die FSLN vereinen damit in einer Minderheitsregierung lediglich ca. ein Drittel der Abgeordneten im Parlament hinter sich. Für etwaige Änderungen der Verfassung zugunsten z.B. einer weiteren Amtszeit werden in der neuen Legislaturperiode aber 56 Stimmen benötigt, eine Mehrheit, die nur durch die Zusammenarbeit mit der PLC erreichbar sein wird.

Entscheidend für die Zukunft wird aber auch sein, ob weitere soziale oder politische Kräfte entstehen, die Druck auf die Regierung ausüben können. Die Proteste der letzten Jahre gegen die Liberalisierung des Marktes haben gezeigt, dass die sozialen und zivilgesellschaftlichen Kräfte, so schwach sie auch sein mögen, über eine gewisse Handlungsfähigkeit verfügen, die es zukünftig koordinierter einzusetzen gilt.

Im politischen und ökonomischen Bereich werden weiter die Auswirkungen des am 1. Januar 2006 in Kraft getretenen Freihandelsabkommens DR-CAFTA zu beachten sein. Die aktuellen Rahmenbedingungen im Lande sind denkbar schlecht. Die Konsolidierungspolitik der letzten Jahre hat Nicaragua in die wirtschaftliche Krise gestürzt und zu einem der ärmsten Länder Lateinamerikas gemacht, das auf internationale Hilfe angewiesen ist. Zwar ist es im Laufe der Jahre immer wieder zu Schuldenerlassen gekommen (zuletzt 2005 in Höhe von 4,5 Milliarden US-$ im Rahmen der HIPC/*Heavily Indebted Poor Countries*-Schuldeninitiative), eine Verbesserung hat sich bisher aber nicht einstellen können. Weiter gilt es die Rolle der im Ausland (vor allem in Costa Rica und den USA) lebenden Nicaraguaner zu beobachten, deren private Geldüberweisungen (*remesas*) an ihre Familien in Nicaragua die Einnahmen durch Export und Tourismus mittlerweile deutlich übersteigen.

Literatur

Acuña Ortega, Victor Hugo (Hrsg.) (1993): Historia General de Centroamérica. Bd. IV: Las Repúblicas Agroexportadoras. Madrid.

Aguerre Solís, Danilo (2001): Historia, institucionalidad democrática y libertad de prensa en Nicaragua. Managua.

Aguirre, Erick (2001): La espuma sucia del río. Sandinismo y transición política en Nicaragua. Managua.

Alvarez Montalvan, Emili (2000): Cultura Política Nicaragüense. Managua.

Bendel, Petra (Hrsg.) (1993): Zentralamerika: Frieden – Demokratie – Entwicklung? Politische und wirtschaftliche Perspektiven in den 90er Jahren. Frankfurt/Main.

Bischoff-Peters, Uta (2004): Zivilgesellschaftliche Demokratiepotenziale im postsandinistischen Nicaragua. Eine Analyse der Beiträge von Zivilgesellschaft zur Konsolidierung der Demokratie (Demokratie und Entwicklung, Bd. 54). Münster.

Böhler, Werner (1987): Parteien, Verbände, Massenorganisationen und Kirche in Nicaragua, in: KAS Auslandsinformationen 1. Bonn.

Cajima, Robergua (1996): Transición política y reconversación militar en Nicaragua, 1990-1995. Nicaragua.

Castillo, Margarita (1992): El Profesionalismo militar y la redefinición del papel del ejército popular sandinista (EPS). Boletin Nr. 6: Militares y sociedad. Managua.

Catholic Institute for International Relation (1987): Right to survive. Human Rights in Nicaragua. London.

Chellew Schroeder, Gustavo (2003): La Integración Centroamericana. Reto para aprovechar las Oportunidades del Libre Mercado. Nuevas Perspectivas despúes del Triunfo de Lula da Silva en las Elecciones Presidenciales de Brasil, in: López C., Nehemias (Hrsg.) (2003): 209-217.

Close, David (1999): Nicaragua. The Chamorro Years. Boulder.

Crawley, Andrew (1993): Die Beziehungen Europas zu Zentralamerika oder: Vom Anschein der Sorglosigkeit, in: Bendel, Petra (Hrsg.) (1993): 207-231.

Escobar Fornos, Iván (2002): Interpretación e Integración Constitucional. Managua.

Foro democrático (1999): Nicaragua frente al nuevo siglo. Aportes a la democracia. Managua.

Fuchs, Jochen (1988): Die Verfassungsentwicklung in Nicaragua, in: Jahrbuch des öffentlichen Rechts der Gegenwart. Bd. 37. Tübingen: 623-719.

Fuchs, Jochen (2004): Nicaragua: demokratischer Anspruch und gesellschaftliche Realität. Geschichte des Landes im Lichte der Auseinandersetzung um Verfassungsrecht und Wahlentscheidung von der Unabhängigkeit bis zur liberalen Ära. Frankfurt/Main.

Krennerich, Michael (2003): Der Kampf gegen die Korruption. Nicaragua nach dem ersten Regierungsjahr von Enrique Bolaños, in: Brennpunkt Lateinamerika 1.

López C., Nehemias (Hrsg.) (2003): ALCA y Tratados de libre comercio. Desafíos y Oportunidades para la Integración Centroamericana. FES. Managua.

Minkner-Bünjer, Mechthild (2004): Freihandelsabkommen USA – Zentralamerika: Bleibt die regionale Integration auf der Strecke?, in: Brennpunkt Lateinamerika 12.

Paige, Jeffrey M. (1997): Coffee and Power: Revolution and the Rise of Democracy in Central America. Cambridge/London.

Pander, Natalia (1996): Massenmedien in Nicaragua, in: Wilke, Jürgen (Hrsg.) (1996): 83-142.

Pérez Brignoli, Héctor (1989): Breve historia de Centroamérica. Mexico D.F.

Pérez Brignoli, Héctor (Hrsg.) (1993): Historia general de Centroamérica, Bd. V: De la posguerra a la crisis (1945-1979). Madrid: 85-163.

Rojas Bolaños, Manuel (1993): La Política, in: Pérez Brignoli, Héctor (Hrsg.) (1993): 85-163.

Ruchwarger, Gary (1987): People in Power. Forging a Grassroot Democracy in Nicaragua. Massachusetts.

Ruhl, Mark J. (2003): Civil-Military Relations in Post-Sandinista Nicaragua, in: Armed Forces and Society. Vol. 30:1: 117-139.

Serra Vázquez, Luis Héctor (2003): Nicaragua. Entre la corrupción y la exclusión, in: Nueva Sociedad 187: 4-13.

Serra Vázquez, Luis Héctor (2003): Participación ciudadania y movimientos sociales, in: Encuentro 64: 18-37.

Sociedad Interamericana de Prensa (2002): Informes por país, Nicaragua. http://www.sipiapa.org/espanol/pulications/informe_nicaragua2002.cfm, abgerufen am 10.11.2005.

Solorzano Lacayo, Alfredo/Teuchler, Hartmut (1996): Administración Pública y Democracia. Fundación Konrad Adenauer. Managua.

Taracena Arriola, Arturo (1993): Liberalismo y Poder Político en Centroamérica (1879-1929), in: Acuña Ortega, Victor Hugo (Hrsg.) (1993): 167-253.

Torres Rivas, Edelberto (Hrsg.) (1993): Historia general de Centroamérica. Bd VI: Historia inmediata (1979-1991). Madrid.

Vargas Escobar, Oscar-René (1998): Nicaragua: revolución, restauración y futuro, in: Nueva Sociedad 155: 15-22.

Walker, Thomas W. (2003): Nicaragua. Living in the Shadow of the Eagle. Ohio.

Walker, Thomas W./Armony, Ariel G. (2000): Repression, Resistance, and Democratic Transition in Central America. Wilmington.

Wilke, Jürgen (Hrsg.) (1996): Massenmedien in Lateinamerika. 3. Band: Bolivien, Nicaragua, Peru, Uruguay, Venezuela. Frankfurt/M.

Wright, Bruce E. (1995): Theory in the Practice of the Nicaraguan Revolution. Ohio.

Wünderich, Volker (1995): Sandino: eine politische Biographie. Wuppertal.

Zimmerling Ruth (1993): Regionale Integration: Neue Fässer, alter Wein?, in: Bendel, Petra (Hrsg.) (1993): 185-206.

Internetdokumente

Constitución Política de Nicaragua y sus Reformas, veröffentlicht unter der URL: http://www.asam blea.gob.ni/constitu.htm, abgerufen am 26.09.2005.

Europäische Union, 2003: Political Dialogue and Co-Operation Agreement, veröffentlicht unter URL: http://europa.eu.int/comm/external_relations/ca/pol/pdca_12_03_en.pdf, abgerufen am 13.10. 2005.

Estatuto General de la Asamblea Nacional, veröffentlicht unter der URL: http://www.asamblea.gob. ni/, abgerufen am 26.09.2005.

Ley Electoral, veröffentlicht unter der URL: http://www.cse.gob.ni/marco/index.html, abgerufen am 26.09.2005.

Ley de Municipios, veröffentlicht unter der URL: http://www.pase.gob.ni/Ley_de_Municipios.htm, abgerufen am 26.09.2005.

Ley Orgánica del Poder Judicial de la República de Nicaragua, veröffentlicht unter der URL: http:// www.csj.gob.ni/ley260.pdf, abgerufen am 26.09.2005.

Reglamiento Interno de la Asamblea Nacional, veröffentlicht unter der URL: http://www.asamblea. gob.ni/, abgerufen am 26.09.2005.

Das politische System Panamas

Karl-Dieter Hoffmann

1 Überblick zur Geschichte seit Mitte des 19. Jahrhunderts

In keinem Land der Welt dürften die geographischen Gegebenheiten einen ähnlich starken Einfluss auf die politische und wirtschaftliche Entwicklung ausgeübt haben wie in Panama. Als deutlichster Beleg für diese These muss wohl das historische Faktum gelten, dass die Entstehung der kleinen Republik durch die Abspaltung des Gebiets von Kolumbien primär auf das Bestreben der USA zurückging, am südöstlichen Ende des zentralamerikanischen Isthmus einen interozeanischen Kanal zu konstruieren. Schon die erste Generation der spanischen Konquistadoren hatte nach Entdeckung des „Südmeeres" (Pazifik) die verkehrsgeographischen Vorzüge der Landenge erkannt und eine Straßenverbindung zwischen den Ozeanen bauen lassen. Nach der Eroberung des Inkareiches besorgten indianische Träger und Maultiere den Transport der andinen Gold- und Silberschätze von der 1519 gegründeten Stadt Panama zum Karibikhafen Portobelo, wo spanische Schiffe die wertvolle Fracht übernahmen.

Nach der Loslösung von Spanien bildete Panama eine Provinz Kolumbiens, war jedoch mit dem Kernland der Republik mangels einer Landverbindung durch das Regenwald- und Sumpfgebiet des Darién praktisch nicht verbunden. Damals wickelten die jungen andinen Republiken einen Großteil ihres Fernhandels über die Isthmusroute ab. Mehrfach keimten im Verlaufe des 19. Jahrhunderts Separationsbestrebungen der panamaischen Elite auf, die Bogotá mit Waffengewalt niederwerfen ließ. Im Zuge der Westausdehnung der USA und insbesondere nach dem Beginn des kalifornischen „Goldrausches" gewann die Landenge rasch eine zusätzliche Bedeutung als Verbindungsglied auf der Seeroute in den „wilden Westen" Nordamerikas, die der beschwerlichen und gefährlichen Reise über Land häufig vorgezogen wurde. Auf der Grundlage des Bidlack-Vertrages, mit dem sich Washington 1846 dass Transitrecht über panamaisches Gebiet hatte garantieren lassen, bauten US-Firmen in den Jahren 1850-55 eine interozeanische Eisenbahnstrecke, die eine enorme Steigerung der Transitkapazitäten erlaubte. Die Blütezeit dieses Schienenwegs ging zu Ende, als in den USA 1867 die erste transkontinentale Eisenbahnverbindung fertig gestellt werden konnte.

Durch den drastischen Rückgang des Transitverkehrs geriet die Provinz in eine tiefe Wirtschaftskrise, die erst durch die Investitionen, die im Zusammenhang mit dem ersten Kanalbauprojekt getätigt wurden, überwunden werden konnte. Es war eine von Ferdinand de Lesseps, dem Erbauer des Suez-Kanals, in Frankreich gegründete Gesellschaft, die 1876 von Kolumbien die Konzession zum Bau einer transisthmischen Wasserstraße erhielt und zwei Jahre später mit den Aushubarbeiten begann. De Lesseps' Vorhaben, einen Kanal auf Meereshöhe und mithin ohne Schleusen zu konstruieren, geriet aus technischen und finanziellen Gründen zu einem beispiellosen Desaster. Die Kräfte und Widrigkeiten der Natur setzten dem Projekt unüberwindbare Schranken, rd. 20.000 Bauarbeiter wurden von Tropenkrankheiten (Gelbfieber, Malaria) dahingerafft. Da es de Lesseps 1889 nicht gelang, neues Geld zur Fortsetzung der Bautätigkeit aufzutreiben, musste die französische Kanalgesellschaft Bankrott erklären.

In den 1890er Jahren nahm das Interesse der US-Regierung an der Konstruktion eines transisthmischen Kanals rasch zu, wobei die wirtschaftlichen Argumente in wachsendem Maße von militärischen Erwägungen flankiert wurden. 1903 einigten sich Washington und die Regierung in Bogotá auf einen Kanalbauvertrag, dem jedoch das kolumbianische Parlament die Zustimmung verweigerte. Daraufhin nahm die Regierung Roosevelt Kontakt zu der schwachen panamaischen Sezessionsbewegung auf, die dann kurze Zeit später im November 1903 die politische Unabhängigkeit des Gebiets proklamierte, wobei Gegenmaßnahmen Kolumbiens durch die Präsenz von US-Kriegsschiffen in den Häfen von Colón und Panama-Stadt verhindert wurden. Der Kommandant des vor Ort stationierten kolumbianischen Truppenkontingents schlug sich auf die Seite der Separatisten. Zwei Wochen nach der Unabhängigkeitserklärung unterzeichneten die Repräsentanten des neuen Staates einen Vertrag, der den USA zum Zwecke des Kanalbaus die quasi-souveräne Verfügungsgewalt über einen zehn Meilen breiten Landkorridor im Zentrum des Landes übertrug. Außerdem wurde den USA die Rolle der Ordnungsmacht zur Gewährleistung der Sicherheit des Kanal(betrieb)s zugebilligt. Der panamaischen Seite gestand der Kanalvertrag eine einmalige Abfindung von 10 Mio. US-$ sowie jährliche Pachtzahlungen in Höhe von 250.000 US-$ zu. Die Konstruktion der Kanaltrasse, in die drei zweibahnige Schleusensysteme eingebaut wurden, nahm zehn Jahre in Anspruch und verschlang Investitionen in Höhe von 350 Mio. US-$. Wie schon de Lesseps deckte auch die US-Kanalbehörde den riesigen Bedarf an Arbeitskräften primär durch Kontraktarbeiter aus dem karibischen Raum, vor allem von den Antillen. Die meisten der 75.000 Arbeitsimmigranten, die das Land während der Konstruktionsphase betraten, ließen sich dort nach Fertigstellung des Kanals auf Dauer nieder. Im August 1914 nahm der damals als absolute technische Meisterleistung gefeierte Kanal seinen Betrieb auf.

Je fünf Meilen links und rechts der Kanaltrasse erstreckte sich die von den USA souverän verwaltete und gegenüber dem Gastland abgeschottete Kanalzone, deren sich alsbald ausformende Charakteristika sie zu einem weltweit einzigartigen Gebilde machten. Dort lebten die Angestellten der US-Kanalverwaltung sowie anderer mit dem Transitbetrieb verbundener Einrichtungen (u.a. Eisenbahn) und deren Familien sowie die auf verschiedenen Militärbasen stationierten Soldaten. Der weit überwiegende Teil der Nahrungsmittel und quasi alle anderen dort benötigten Konsumgüter wurden aus den USA importiert. Die panamaische Ökonomie war aufgrund ihrer geringen Produktivität und Diversifizierung nicht in der Lage, eine bedeutende Rolle bei der Belieferung des lukrativen Marktes der Zone zu übernehmen. Die einheimischen Kaufleute litten zudem unter dem regen Schmuggelhandel mit den in der Kanalenklave zollfrei verkauften Produkten. In den verschiedenen Einrichtungen der Kanalzone (Kanalbehörde, Militärstützpunkte, Eisenbahn, Wirtschaftsbetriebe u.a.) waren einige Tausend panamaische Staatsbürger beschäftigt, die von wenigen Ausnahmen abgesehen allesamt außerhalb der Enklave wohnten. Ihre Besoldung war zwar deutlich geringer als das Salär des US-Personals, lag aber dennoch weit über dem nationalen Durchschnittseinkommen, wobei der panamaische Staat nicht befugt war, diese Gehälter zu besteuern. Vor der Fertigstellung der *Bridge of the Americas* bei Panama-Stadt in den 1960er Jahren existierte keine Straßenverbindung zwischen den durch die Kanalzone geteilten Landeshälften.

In den ersten 30 Jahren seiner staatlichen Existenz bildete Panama de facto und verklausuliert auch de jure eine Art Protektorat der Vereinigten Staaten. Das Ausmaß des direkt und indirekt ausgeübten Einflusses der USA und ihrer lokalen Statthalter auf den Verlauf der panamaischen Politik fand in der gesamten Hemisphäre keine Parallele. Der Verzicht auf eine eigene Währung bildet dabei eher einen sekundären Aspekt des ungewöhnlichen Abhängigkeitsverhältnisses. Mehrfach setzte Washington Einheiten seiner in der Kanalzone stationierten Militärkontingente ein, um Streiks und öffentliche Unruhen niederzuschlagen und innenpolitische Konflikte in seinem Sinne zu beenden. Die im Kanalvertrag verbriefte Ordnungsmachtfunktion verschaffte dieser interventionistischen Praxis eine gewisse rechtliche Basis. Wesentlich weiter in ihrer souveränitätsbeschränkenden Wirkung ging indes eine Bestimmung in der ersten Verfassung des neuen Staates, die allein die damals dominierende Fraktion der Konservativen in der politischen Elite Panamas zu verantworten hat, weil der Passus ohne jeglichen Druck von Seiten Washingtons zustande kam: Artikel 136 räumte den USA ein unbeschränktes (militärisches) Interventionsrecht in jedem Teil der Republik zur „Wiederherstellung des öffentlichen Friedens und der konstitutionellen Ordnung" ein. Die Charakteristika der zeitgenössischen *big stick policy* im zentralamerikanischen und karibischen Raum legen allerdings den Schluss nahe, dass die USA in Panama kaum anders verfahren wären, wenn es diese Verfassungsbestimmung nicht gegeben hätte.

Objektiv diente die innenpolitische Kontrollfunktion der USA auch den Interessen der schmalen Wirtschaftsoligarchie, die sich zwecks Sicherung der öffentlichen Ordnung nur auf eine schwache Polizeiorganisation stützen konnte, nachdem die anfänglich bestehende Armee schon 1904 auf Betreiben Washingtons (nach einem erfolglosen Putschversuch des Oberbefehlshabers Huertas) aufgelöst worden war. Die strategische Interessenkongruenz zwischen der nationalen Oligarchie und den USA war durchaus mit der Tatsache vereinbar, dass es seit den 1930er Jahren auch die politischen Parteien der traditionellen Machtelite aus Legitimationsgründen für opportun hielten, von den USA eine Revision des Kanalstatuts zu verlangen. Dies war eine Reaktion auf den politischen Aufstieg des Rechtspopulisten Arnulfo Arias, der sich als Vorkämpfer des panamaischen Nationalismus zu profilieren verstand. Im Mittelpunkt der Forderungen stand die Ausdehnung der panamaischen Souveränitätsrechte über die Kanalzone und die Aufhebung von deren Enklavencharakter sowie eine größere Beteiligung des Landes an den Einnahmen aus dem Kanalbetrieb. In den revidierten Kanalverträgen von 1936 und 1955 war Washington aber lediglich zu finanziellen und ökonomischen Zugeständnissen (u.a. Erhöhung der jährlichen Pachtzahlungen, stärkere Öffnung des Zonenmarktes für einheimische Waren, Zulassung der Besteuerung der Gehälter von panamaischen Zonenangestellten) bereit, während beim heiklen Thema der Souveränität über die Kanalzone nur formale bzw. symbolische Veränderungen erreicht werden konnten. Letzteres bezieht sich etwa auf die Anerkennung einer „titular sovereignty" des Gastlandes über die Kanalzone im revidierten Vertrag von 1936, der im Kontext der *good neighbor policy* von Präsident Franklin D. Roosevelt zustande kam. Die Interventionsklausel von 1904 taucht in diesem Vertrag nicht mehr auf.

Die ablehnende Haltung Washingtons bezüglich der von Panama geforderten substanziellen Änderung des Kanalstatuts verstärkte sich nach dem II. Weltkrieg noch, weil die geostrategische Bedeutung der Wasserstraße und der in der Kanalzone befindlichen Militäreinrichtungen infolge des Ost-West-Konflikts und der Etablierung eines Moskauorientierten Regimes auf Kuba weiter anstieg. Neben einem Dutzend Militärbasen wurde in der Zone auch das strategische Südkommando der US-Armee (SOUTHCOM) installiert, das weniger der Verteidigung des Kanals als primär den sicherheitspolitischen Interessen der USA in Lateinamerika diente. An der berühmt-berüchtigten *School of the Americas* und anderen militärischen Ausbildungsstätten nahmen seit 1950 Zehntausende lateinamerikanische Soldaten an Lehrgängen und speziellen Trainingsprogrammen (v.a. *counterinsurgency*) teil.

Trotz seiner Fremdkontrolle bildete der Kanal die wesentliche strukturprägende Determinante der panamaischen Ökonomie. Die geographische Lage an der Schnittstelle der beiden Teile des Doppelkontinents und die durch die Wasserstraße bestimmte zentrale Transitfunktion im internationalen Seehandelsverkehr machten das Land zu einem attraktiven Standort für eine Vielzahl von Dienstleistungsaktivitäten mit überregionalem Wirkungsbereich. In Panama-Stadt ließen sich zahlreiche ausländische Kreditinstitute, Finanz-, Handels- und Versicherungsagenturen nieder. Die 1948 bei Colón geschaffene Freihandelszone rückte zur weltweit zweitwichtigsten Einrichtung ihrer Art auf. Unter der durch niedrige Versicherungstarife sowie weniger strenge Sicherheits- und arbeitsrechtliche Vorschriften gekennzeichneten panamaischen „Billigflagge" wurde nach 1945 eine der größten Handelsflotten der Welt registriert.

Vom lateinamerikanischen Regelfall abweichend stützte sich die Oligarchie weniger auf Landbesitz und Agrarexport als vielmehr auf städtische Geschäfte im Handels-, Finanz- und Immobilienbereich. Im Zentrum des politischen Machtgefüges stand eine überschaubare Gruppe z.T. untereinander eng verbundener Familien und Clans, deren ambitionierteste Repräsentanten die mehr oder wenig konservativ oder liberal ausgerichteten politischen Parteien dominierten. Über Jahrzehnte waren es immer wieder dieselben Namen, die im Zusammenhang mit hohen staatlichen Ämtern genannt wurden. Im politischen Kräftefeld der Republik gab es keine bedeutende Partei oder Gruppierung, welche die gegebene Wirtschafts- und Gesellschaftsordnung grundsätzlich in Frage stellte. Neben Arias' *Partido Panameñista Auténtico* (PPA), dessen stark US-feindlich gefärbter und mit rassistischen (gegen die dunkelhäutige Bevölkerung gerichteten) Postulaten durchsetzter Nationalismus sich mit eher konventionellen wirtschaftspolitischen Vorstellungen paarte, hatte sich seit Mitte der 1930er Jahre die Polizeiorganisation zu einem gewichtigen innenpolitischen Machtfaktor entwickelt. Oberst José Remón hielt bereits ein halbes Jahrzehnt alle Fäden der Politik in der Hand, bevor er 1952 selbst ins höchste Staatsamt gewählt wurde. Als Präsident verwirklichte Remón eine Reihe moderater Sozialreformen, schuf mittels Ergänzung der Polizeiverbände um militärische Einheiten die Nationalgarde und rang der Regierung Eisenhower einen modifizierten Kanalvertrag ab.

Die Konzessionen Washingtons vermochten die nationalistischen Stimmen einige Zeit zu dämpfen, bis der latent schwelende Konflikt im Januar 1964 eine abrupte Eskalation erfuhr, als im Verlauf der als „Flaggenstreit" bekannt gewordenen Episode US-Soldaten an der Grenze zur Kanalzone 23 Teilnehmer eines studentischen Protestmarsches erschossen. Nachdem die panamaische Regierung die diplomatischen Beziehungen zu den USA abgebrochen hatte, bot die Administration Johnson Verhandlungen über einen neuen Kanalkontrakt an, als deren Ergebnis Mitte 1967 ein Vertragsentwurf vorgelegt wurde, der für das Jahr 2000 die Beendigung der US-Kontrolle über das Kanalgebiet vorsah. Trotz dieser substanziellen Zugeständnisse lehnten die beiden aussichtsreichsten Kandidaten für die im Mai 1968 anstehenden Präsidentschaftswahlen den Entwurf aus primär wahltaktischen

Motiven ab. Die dritte Präsidentschaft des Wahlsiegers Arnulfo Arias wurde im Oktober 1968 bereits nach zehn Tagen durch einen Staatsstreich der Nationalgarde beendet.

Den Machtkampf innerhalb der Militärführung entschied General Omar Torrijos für sich, der der neuen Herrschaftsordnung durch eine Serie ökonomischer Reformen und sozialpolitischer Neuerungen (u.a. revidierte Arbeitsgesetzgebung, Agrarreform) einen starken Rückhalt in den Unter- und Mittelschichten verschaffen konnte. Die unangefochtene Position Torrijos' an der Spitze des nationalistisch-populistischen Regimes schlug sich in der neuen Verfassung von 1972 nieder, die dem als „Führer der panamaischen Revolution" titulierten Offizier für die Dauer von sechs Jahren außerordentliche Vollmachten verlieh. Die Kosten der Reformmaßnahmen, der rasche Personalausbau des öffentlichen Sektors und vermehrte Investitionen zur Wirtschaftsförderung verursachten schnell wachsende Staatsbudgets, die trotz Steuererhöhungen ohne die Aufnahme von Auslandskrediten nicht finanziert werden konnten. Insbesondere nach der Verschlechterung der wirtschaftlichen Situation im Gefolge der Erdölkrise von 1973 griff die Regierung stärker auf externe Darlehen zurück, was dazu führte, dass Panama seit Ende der 1970er Jahre als das lateinamerikanische Land mit der höchsten Pro-Kopf-Verschuldung gilt.

Statt mittels einer Diversifizierungsstrategie auf eine Reduzierung der Außenabhängigkeit der Wirtschaft hinzuwirken, setzte das Torrijos-Regime auf die maximale Ausnutzung der Dienstleistungspotenziale des Kanalstaats, was in der Einrichtung des internationalen Bankenzentrums seinen deutlichsten Ausdruck fand. Das nationalistische Selbstverständnis des Regimes, zu dem der Aufstieg des Landes zum wichtigsten Finanzzentrum Lateinamerikas nicht recht passen wollte, erhielt starken Auftrieb durch die in der zweiten Hälfte der 1970er Jahre forcierten Bemühungen um einen neuen Kanalvertrag, die ein Jahr nach der Amtsübernahme von Präsident Jimmy Carter – der in der US-Kontrolle über den Kanal ein Relikt der durch Vietnam endgültig diskreditierten imperialen Außenpolitik sah – zum Erfolg führten. Das zweiteilige Verhandlungsergebnis bestand aus dem eigentlichen Kanalvertrag, der den schrittweisen Abbau der US-Präsenz und -Hoheitsrechte bis zur vollständigen Etablierung der panamaischen Souveränität über die Kanalzone im Jahre 2000 vorsah, und dem sogenannten Neutralitätsvertrag, der das Sicherheits- und Verteidigungsreglement für die Wasserstraße in Friedens- und Kriegszeiten enthält. Im Verlauf des Ratifizierungsprozesses und bei der Festschreibung der Durchführungsbestimmungen nahm der US-Kongress den ohnehin recht bescheidenen Zugeständnissen des Weißen Hauses viel an Substanz, nachdem die panamaischen Wähler dem neuen Vertrag in einem Plebiszit bereits ihre Zustimmung gegeben hatten. So setzte Senator *DeConcini* ein Amendment durch, dass den USA auch nach der Rückgabe des Kanals ein einseitiges militärisches Interventionsrecht einräumt. Trotz der zahlreichen Korrekturen passierten die Verträge den Kongress nur mit hauchdünner Mehrheit. Das neue Statut schrieb eine massive Erhöhung der jährlichen Pachtzahlungen an den panamaischen Fiskus vor, wodurch die Umwandlung des Transitbetriebs von einem Non-Profit- zu einem kommerziellen Unternehmen in Gang gesetzt wurde. Im Oktober 1979 verlor die Kanalzone ihren Enklavencharakter durch Entfernen der Absperrungen. Die auf 20 Jahre festgelegte Übergangsfrist, in der die diversen US-Einrichtungen nach und nach an Panama übergeben wurden, ließ sich sachlich kaum begründen, sondern diente vorrangig dem Zweck, die Chancen für ein positives Votum des Kongresses zu erhöhen.

Um die Ratifizierung der Verträge durch den US-Senat zu erleichtern, hatte Torrijos auf Anraten Präsident Carters eine stufenweise demokratische Öffnung des Regimes angekündigt, die 1984 mit freien Wahlen abgeschlossen werden sollte. Auch nach der Installierung einer semidemokratisch legitimierten Zivilregierung Ende 1978 blieb der Militärchef bis zu seinem Unfalltod Mitte 1981 die bestimmende politische Autorität im Lande. Mit der Übernahme des militärischen Oberbefehls durch General Manuel Noriega gewann ein Jahr vor den Präsidentschaftswahlen von 1984 jene Regimefraktion die Oberhand, die nicht willens war, dem demokratischen Procedere mehr als Fassadencharakter zuzubilligen. Während das Regime die Manipulationen der Wahlen relativ unbeschadet überstand, geriet es kurz darauf unter massiven öffentlichen Druck wegen seiner Wirtschaftspolitik, die vor allem der traditionellen Klientel des PRD Opfer abverlangte. Ins Wanken geriet die militärgestützte Herrschaftsordnung aber erst durch die im Juni 1987 einsetzende Kontroverse um den Militärchef, die durch die im Februar 1988 von zwei US-Gerichten erhobenen Anklagen gegen Noriega wegen Drogenhandels eine neue Dimension erhielt. Die Bemühungen der US-Regierung, Noriega zum Rücktritt zu bewegen bzw. dessen Sturz herbeizuführen, kulminierten nach mehreren Eskalationsstufen (Wirtschaftssanktionen, drastische Fälschung und spätere Annullierung der Präsidentschaftswahl im Mai 1989) im Dezember 1989 in einer Militärinvasion, die der zwei Jahrzehnte währenden politischen Hegemonie der Uniformierten ein spektakuläres Ende setzte.

Die Führung der Staatsgeschäfte übernahm eine Koalitionsregierung unter Guillermo Endara, bestehend aus dem Parteienbündnis, das von Noriega um seinen Sieg an den Wahlurnen betrogen worden war. Die politisch bedeutsamste Tat der Regierung Endara stellt zweifellos die Auflösung der Streitkräfte dar. Vom PRD und anderen Gruppierungen wurde diese Maßnahme abgelehnt, weil sie darin die Gefahr sahen, den USA einen Vorwand zur Aufrechterhaltung ihrer Militärbasen nach Ablauf der im Kanalvertrag von 1977 definierten Frist zu liefern. Mehr noch als die negative wirtschaftspolitische Bilanz Endaras trug die Unfähigkeit des konservativen Lagers zur Nominierung eines gemeinsamen Kandidaten dazu bei, dass der inzwischen mit einem sozialdemokratischen Profil versehene PRD bereits 1994 wieder die Regierungsverantwortung übernahm. In die Amtszeit von Ernesto Pérez Balladares fällt der gescheiterte Versuch, sich mit den USA auf eine verminderte und modifizierte (auf die Bekämpfung des regionalen Drogenhandels ausgerichtete) Militärpräsenz über das Jahr 1999 hinaus zu einigen. Insbesondere weil es Pérez nicht gelang, der lahmenden Wirtschaft neue Impulse zu geben und der Verschlechterung der Lebensbedingungen der Unterschicht Einhalt zu gebieten, kam es 1999 erneut zu einem Regierungswechsel.

Somit war es der ersten Frau im höchsten politischen Amt des Landes, Mireya Moscoso vom *Partido Arnulfista*, vergönnt, über jenen Akt zu präsidieren, der das seit Jahrzehnten alles dominierende Anliegen der panamaischen Politik endlich zur Realität werden ließ und das Land erstmals in seiner Geschichte mit einer uneingeschränkten politischen Souveränität ausstattete: Am 31.12.1999 übernahm eine nationale Behörde (*Autoridad del Canal de Panamá*, ACP) die vollständige Kontrolle über den Kanalbetrieb, die US-Militärpräsenz fand ihr definitives Ende. Mit der Räumung der Militärbasen gingen weitere 28.000 ha Land mit allen dazugehörigen Gebäuden und Einrichtungen an Panama über.

Die Bilanz der Amtszeit Moscosos weist wenige Glanzpunkte auf; die im Wahlkampf angekündigte Bekämpfung der weit verbreiteten Armut kam über halbherzige Ansätze nicht hinaus, wobei sich auch die schwache Wirtschaftskonjunktur als wenig hilfreich erwies. Erst im letzten Amtsjahr der *Arnulfista*-Regierung verzeichnete die Wirtschaft eine deutliche Belebung. Als Sieger aus den Wahlen vom Mai 2004 ging PRD-Kandidat Martín Torrijos hervor, der Sohn des Militärherrschers Omar Torrijos. Die gute wirtschaftliche Entwicklung hielt auch in 2005 und 2006 an. Als zentraler ökonomischer Impulsgeber fungiert der Kanalbetrieb, der vom rasant wachsenden Handelsaustausch zwischen Asien und der US-Ostküste profitiert. Der Transitboom wirkt sich positiv auf zahlreiche andere maritime Dienstleistungsbereiche aus (Containerumschlag in den Häfen, Werften u.a.), deren Bedeutungsanstieg zulasten des relativen Stellenwerts produzierender Branchen das ungewöhnliche Profil der panamaischen Volkswirtschaft weiter schärft: Der BSP-Anteil des Tertiärsektors liegt bei rd. 80% und nimmt weiter zu, während der Beitrag der Industrie nach dem Beitritt des Landes zur WTO im Jahre 1997 von 8,5 bis 2005 auf 7,3% gesunken ist.

Nachdem das Projekt seit Jahren diskutiert und vorbereitet worden war, stellte die Regierung Torrijos im April 2006 der Öffentlichkeit ihren Plan zur umfassenden Modernisierung der interozeanischen Kanalverbindung vor. Die Notwendigkeit der Kapazitätserweiterung ergibt sich aus dem rasch wachsenden Anteil von Frachtschiffen, deren Größe die Dimensionen der panamaischen Schleusensysteme übersteigt, sowie den seit 2002 exorbitant steigenden Expansionsraten im maritimen Handelsverkehr. Durch den Bau einer dritten Schleusenstraße mit gigantischen Schleusenkammern soll die Wettbewerbsfähigkeit der Wasserstraße langfristig gesichert werden. Das Vorhaben offeriert enorme ökonomische und fiskalische Chancen, birgt aber auch beträchtliche Risiken wegen der hohen Kosten (offizielle Kalkulation: 5,3 Mrd. US-$) sowie ökologischer Unwägbarkeiten (stark steigender Wasserbedarf für den zusätzlichen Transitverkehr bei begrenzten Ressourcen). Im Oktober 2006 sprachen sich (bei einer Wahlbeteiligung von nur 43%) 78% der Wähler in einem eigens dieser Frage gewidmeten Referendum für die Realisierung des Projekts aus. Die Bauarbeiten sollen Ende 2007 beginnen und im Jahre 2014 abgeschlossen werden.

2   Verfassungsentwicklung und Menschenrechte

Seit dem Ende der 1920er Jahre gab es starke Bestrebungen, die erste Verfassung aus dem Jahre 1904 grundlegend zu reformieren bzw. durch eine neue Magna Charta zu ersetzen, um die konstitutionellen Vorgaben den veränderten sozialen, wirtschaftlichen und politischen Bedingungen und Herausforderungen anzupassen. Die im November 1941 von der Legislative angenommene und kurz darauf in einem Referendum gutgeheißene neue Verfassung befriedigte einen Großteil dieser Aspirationen: U.a. gab sie dem nationalen Interesse Vorrang vor dem Privateigentum, erkannte das Streikrecht an, räumte den Frauen das Staatsbürgerrecht ein, erklärte den Besuch der Primarschule für obligatorisch und verpflichtete den Staat zur Übernahme der entsprechenden Kosten; die Interventionsklausel von 1904 wurde ersatzlos gestrichen. Der fortschrittliche Charakter der neuen Konstitution konnte kaum darüber hinwegtäuschen, dass ihre Einführung eine Art „technischen Staatsstreich" darstellte: Initiator der neuen Konstitution war Präsident Arnulfo Arias, der den neuen Text wenige Tage nach Amtsübernahme dem Parlament vorlegte. Mit der Inkraftsetzung der neuen Konstitution wurde die Amtszeit des für eine Regierungsperiode von vier Jahren legitimierten Staatschefs rückwirkend um zwei Jahre verlängert. Arias' Kalkül ging nicht auf, da er bereits nach 373 Tagen im Amt gestürzt wurde. Die neue Verfassung wurde Ende 1944 zeitgleich mit der Einberufung einer verfassungsgebenden Versammlung suspendiert.

Die von 51 per Volkswahl bestimmten Repräsentanten ausgearbeitete dritte Verfassung war somit die erste in der Geschichte der Republik, die auf demokratische Weise zustande kam. Die seit März 1946 geltende Verfassung übernahm z.T. in akzentuierter Form viele der fortschrittlichen Bestimmungen aus der Konstitution von 1941 und enthielt zusätzliche Neuerungen (u.a. Stärkung des Parlaments, Festlegung von Normen zur Gründung politischer Parteien, rechtliche Gleichstellung unehelicher Kinder, Schutz der indigenen Bevölkerung). Nach dem Staatsstreich vom 11. Oktober 1968 wurde die Verfassung außer Kraft gesetzt und die gesetzgebende Funktion der von den Militärs kontrollierten Exekutive übertragen. Mit der Absicht, dem autoritären Regime eine gewisse Legitimation sowie eine institutionelle Basis zu verschaffen, setzte General Torrijos 1972 eine neue Verfassung in Kraft, die die Nationalgarde den drei anderen Staatsgewalten gleichstellte, mit der Nationalversammlung der Repräsentanten der *corregimientos* (Gemeinden) ein neues Legislativorgan kreierte und die klassischen Bürgerrechte um weitgehende soziale Rechte ergänzte. Nachdem im Zusammenhang mit der demokratischen Öffnung des Regimes 1978 bereits diverse Verfassungsbestimmungen verändert worden waren, erfolgte 1983 eine umfassende Verfassungsreform, welche die Hälfte aller Artikel modifizierte und zusätzlich 15 neue Bestimmungen einführte. Weder kamen die Neuerungen auf demokratischem Wege zustande, noch entfalteten viele der veränderten Normen unter den gegebenen machtpolitischen Bedingungen der Noriega-Ära konkrete praktische Relevanz. Rd. drei Jahre nach der US-Invasion scheiterte das Vorhaben der Regierung Endara, ein vom Parlament beschlossenes Paket von 58 Verfassungsänderungen in einem Referendum bestätigen zu lassen. Die deutliche Niederlage mit 64% Nein-Stimmen (bei einer Wahlbeteiligung von nur 40%) ging indes weniger auf die Inhalte der Reform als primär auf die allgemeine Unzufriedenheit mit der Arbeit der Regierung zurück. Ein Teil der Reformen – u.a. die Bestimmung, dass das Land auf eine reguläre Armee verzichtet – wurden 1994 durch legislative Akte umgesetzt.

Ein neuerliches Plebiszit zur Legitimierung von Verfassungsänderungen endete mit einem Misserfolg der Regierung Pérez Balladares. Der wesentliche Grund für den niedrigen Anteil an Ja-Stimmen ist darin zu sehen, dass die Gegner des Vorhabens jenen Artikel ins Zentrum des öffentlichen Interesses zu rücken verstanden, der dem Staatschef eine unmittelbare Wiederwahl ermöglicht hätte. Die letzte Reform der Verfassung von 1972 – an die im geltenden Text freilich kaum noch etwas erinnert – datiert aus dem Jahre 2004.

Die wiederholten Reformen der Verfassung aus der Torrijos-Zeit einschließlich der missratenen Anläufe evozieren das Bild eines wenig funktionell gestalteten Hauses, das sich im stetigen Umbau befindet. Die in der Öffentlichkeit mehrfach erhobene Forderung nach einer völlig neuen Magna Charta, die das politische System grundlegend reformiert, findet bei der Mehrheit der politischen Amtsträger wohl deshalb so wenig Resonanz, weil dadurch eine Reihe liebgewordener Privilegien zur Disposition gestellt werden könnte.

Erwähnung verdient das im lateinamerikanischen Vergleich relativ niedrige Ausmaß an Menschenrechtsverletzungen. Das Torrijos-Regime schränkte zwar die politischen Freiheiten ein, die Opposition musste aber nicht um Leib und Leben fürchten. Auch wenn politische Repression und Menschenrechtsverstöße in der Ära Noriega zunahmen, war die Situation zu keinem Zeitpunkt auch nur annähernd so gravierend wie in vielen anderen autoritär regierten Ländern der Region. Bei der Erweiterung der Menschenrechtsperspektive um die Grundbedürfnisbefriedigung zeichnet sich ein anderes Bild ab: Rd. ein Drittel der Bevölkerung lebt in Armut, wobei die indigenen Gruppen weit überproportional betroffen sind: So beträgt der Wert des *Human Development Index* in der Population der Ngöbe-Buglé-Ethnie weniger als die Hälfte des für die Provinz Panama (inkl. der Hauptstadt Panama-Stadt) ermittelten Koeffizienten.

3   Staatsoberhaupt

Der Staatspräsident wird für eine Amtszeit von fünf Jahren vom Volk gewählt. Für die Wahl ins höchste Staatsamt genügt die relative Mehrheit der gültigen Stimmen. Das Mindestalter für die Übernahme dieser Funktion beträgt 35 Jahre. Zusammen mit dem Kabinett bildet der Präsident die Spitze der Exekutive.

Zu den exklusiven Befugnissen und Pflichten des Präsidenten gehören die Berufung und Entlassung der Minister und weiterer hoher staatlicher Amtsträger, die Koordination der Tätigkeit der öffentlichen Verwaltung und Einrichtungen, die Aufrechterhaltung der öffentlichen Ordnung und die Gutheißung bzw. (an bestimmte Voraussetzungen gebundene) Ablehnung der vom Parlament verabschiedeten Gesetze. Der Staatschef hat der Legislative zu Beginn jedes Regierungsjahres einen Bericht über die Arbeit der Exekutive zu präsentieren.

Umfangreicher als die exklusiven Rechte sind die Befugnisse des Präsidenten, für die die Verfassung eine Beteiligung des zuständigen Ressortministers vorsieht. Diese Vorgabe bedeutet indes keine wirkliche Beschneidung der Machtfülle des Präsidenten: Entweder ist der Beitrag des jeweiligen Ministers eher formaler Natur oder das entsprechende Ministerium leistet die unverzichtbaren Vorarbeiten. Ersteres gilt u.a. für das wichtige Politikfeld der auswärtigen Beziehungen, während letzteres z.B. auf die Erstellung des Haushaltsentwurfs oder die Vergabe von öffentlichen Aufträgen zutrifft.

Dem Staatschef stehen ein erster und ein zweiter Stellvertreter zur Seite, die ihn – in der vorgegebenen Reihenfolge – im Bedarfsfall (Auslandsreise, Krankheit, Tod) vertreten bzw. ersetzen. Die Vizepräsidenten haben Rede-, aber kein Stimmrecht im Kabinett. Den konkreten Pflichtenkatalog seiner Stellvertreter bestimmt der Präsident. Während es zuvor üblich war, die Vizepräsidenten hauptsächlich mit Repräsentationsaufgaben in Vertretung des Staatsoberhaupts bei minder wichtigen offiziellen Anlässen zu betrauen, hat der seit September 2004 amtierende Präsident Martín Torrijos seine beiden Stellvertreter in die Regierung eingebunden: Während der Erste Vizepräsident das Außenressort bekleidet, wurde der Zweite Vizepräsident an die Spitze der für die nationale Wirtschaft eminent wichtigen Maritimen Behörde (*Autoridad Marítima*) gestellt.

Sollten beide Vizepräsidenten im Ernstfall den Staatschef nicht ersetzen können, wählt das Kabinett einen der Minister zum Interimspräsidenten. Plant der Präsident eine mehr als zehn Tage dauernde offizielle Auslandsreise, bedarf er dazu der formellen Autorisierung durch das Kabinett. Bei schwerwiegenden Verstößen gegen seine Amtspflichten und gegen die Verfassung kann der Präsident von der Legislative abgesetzt und vor Gericht gestellt werden. Die Konstitution sieht die Möglichkeit vor, dass der Präsident die Ausübung seiner Funktion für längere Zeit ruhen lässt. Eine bis zu 90 Tage dauernde Unterbrechung kann das Kabinett genehmigen, während für die Gewährung einer längeren Absenz das Parlament zuständig ist. In dieser Zeit würde der Staatschef durch den Ersten Vizepräsidenten vertreten. Diese Bestimmung ist allein wegen ihres außergewöhnlichen Charakters erwähnenswert – praktische Relevanz kam ihr bisher nicht zu.

4   Parlament

Als gesetzgebende Gewalt fungiert die aus einer einzigen Kammer bestehende *Asamblea Nacional* (bis 2004: *Asamblea Legislativa*). Seit den Wahlen im Jahre 2004 gehören ihr 78 Abgeordnete (1999: 71) an, deren Mandat sich über fünf Jahre erstreckt. Jedes Mitglied der *Asamblea* wird zusammen mit einem ersten und zweiten Stellvertreter (*suplente*) gewählt, die im Bedarfsfalle nach der vorgegebenen Rangordnung anstelle des Mandatsträgers an den Parlamentssitzungen teilnehmen. Das Mindestalter der Abgeordneten beträgt 21 Jahre, überdies müssen sie vor der Wahl mindestens ein Jahr in dem Wahldistrikt gelebt haben, wo sie kandidieren. Während ihrer Zugehörigkeit zum Parlament dürfen die Abgeordneten und ihre Stellvertreter keine Posten in der öffentlichen Verwaltung bekleiden. Werden sie zu Ministern ernannt oder mit anderen Aufgaben in der Regierungsbürokratie betraut, müssen sie ihr Mandat ruhen lassen. Verstößt ein Abgeordneter in grober Weise gegen die Statuten seiner Partei oder deren ideologische Plattform, kann die Parteiführung ihm das Mandat entziehen; der Betroffene hat allerdings das Recht, diese Entscheidung vor der nationalen Wahlbehörde anzufechten. Im Falle strafrechtlicher Verfehlungen von Deputierten ist der Oberste Gerichtshof befugt, diesbezügliche Untersuchungen bzw. juristische Verfahren durchzuführen, ohne dass dafür eine Autorisierung durch die *Asamblea* erforderlich wäre.

Die Tätigkeit der *Asamblea* umfasst zwei reguläre Sitzungsperioden pro Jahr von jeweils vier Monaten Dauer (1. Juli bis 31. Oktober; 2. Januar bis 30. April). Die Exekutive ist berechtigt das Parlament zu außerordentlichen Sitzungen einzuberufen. Die Leitungsebene der Institution besteht aus einem Präsidenten und zwei Vizepräsidenten, die jährlich zu Beginn der ersten Sitzungsperiode neu gewählt werden. Die Legislative unterhält 20 permanente Kommissionen, u.a. für Außenbeziehungen, öffentliche Gesundheit und Sicherheit, Angelegenheiten der Landwirtschaft, Haushalt, Arbeit und Soziales, Angelegenheiten des Kanals, Wohnungsbau sowie Menschenrechte. Diese Ausschüsse bestehen jeweils aus sieben Abgeordneten mit Ausnahme der Haushaltskommission, die 15 Mitglieder umfasst.

Neben den eigentlichen legislativen Funktionen benennt die Verfassung auch judikative und administrative Aufgaben des Parlaments: Zu letzteren gehört etwa die Bestätigung der von der Exekutive ernannten Mitglieder des Obersten Gerichts und weiterer hoher staatlicher Funktionäre, die autonome Ernennung der Mitglieder des nationalen Wahltribunals sowie des Leiters der staatlichen Rechnungsprüfungsbehörde. Die judikativen Befugnisse betreffen im Wesentlichen die Einleitung von Absetzungsverfahren gegen den Präsidenten und die Mitglieder des Obersten Gerichts, falls diese in grober Weise gegen ihre Amtspflichten verstoßen haben.

Die legislativen Aufgaben der *Asamblea* umfassen neben der grundlegenden Funktion der Verabschiedung von Gesetzen und Gesetzesreformen die Ratifizierung von internationalen Verträgen, Beratung des Staatshaushalts, Erklärung des Kriegszustandes, Amnestiegewährung bei politischen Vergehen, Festlegung und Reform der Verwaltungseinteilung des Landes, Bestimmung der Modalitäten der nationalen Währung, Festlegung der Steuer- und Zollsätze sowie der Gebühren für die Inanspruchnahme öffentlicher Dienste, Definition der Organisationsstruktur und der Normen für die öffentliche Verwaltung und die Erarbeitung der Statuten für öffentliche Unternehmen. In begrenztem Maße kann die Legislative der Regierung in Ausnahmesituationen Sondervollmachten erteilen. Der von der Exekutive verkündete Ausnahmezustand inklusive der Suspendierung von Grundrechten muss vom Parlament gebilligt werden.

Die *Asamblea* besitzt in der panamaischen Öffentlichkeit ein äußerst schlechtes Image. Die wesentlichen Vorwürfe beziehen sich auf die immensen Kosten, die das Parlament verursacht und die mangelnde Effizienz seiner Tätigkeit. Der große Kostenaufwand rührt zum Teil daher, dass die Zahl der Parlamentarier im Verhältnis zum Umfang der Bevölkerung sehr hoch ist und der einzelne Mandatsträger gleichzeitig äußerst großzügige finanzielle Privilegien genießt. Zu einem monatlichen Salär von 7.000 US-$ kommt u.a. das Vorrecht, zweimal während einer Legislaturperiode steuerfrei bzw. zoll- und steuerfrei ein Automobil zu erwerben. Jeder Abgeordnete verfügt zudem über ein Budget zur Anstellung von Personal (Assistenten, Sekretärinnen, Hilfspersonal) in seinem Parlamentsbüro; während der Durchschnitt bei sechs bis sieben Mitarbeitern liegt, kommen nicht wenige Abgeordnete auf mehr als zehn Bedienstete, wobei deren Vergütungen von mehreren Tausend bis unter Hundert US-$ reichen. In den verschiedenen Abteilungen der eigentlichen Parlamentsverwaltung sind weitere 1.000 Personen beschäftigt (Stand Anfang 2006). Schließlich bilden auch die *suplentes* einen nicht unbeträchtlichen Kostenfaktor, weil jeder der 156 Stellvertreter monatlich 2.000 US-$ aus der Staatskasse erhält.

Die Institution der *suplentes* trägt andererseits zur Ineffizienz der Arbeit der Legislative bei: Sie verschafft den regulären Abgeordneten die Möglichkeit, sich häufig oder für längere Zeit von der konkreten parlamentarischen Arbeit fernzuhalten und die Ausübung des Mandats einem der Stellvertreter zu übertragen. Es gibt Abgeordnete, die an weniger als der Hälfte der ordentlichen Sitzungen teilnehmen. Seit den 1990er Jahren lässt sich ein Trend zu einem zunehmenden Absentismus der regulären Mitglieder der *Asamblea* beobachten. Parallel dazu häufen sich die Fälle, dass auch immer mehr *suplentes* ihre Funktion nur noch unregelmäßig wahrnehmen. Die Umsetzung von Reformvorschlägen zur Verhinderung solcher Missstände (z.B. Kürzung der Diäten in Relation zu den Fehlzeiten) und zur Straffung der parlamentarischen Arbeit hängt freilich gerade vom Wohlwollen derjenigen ab, die das geltende Reglement bisher zu ihrem eigenen Vorteil zu nutzen bzw. zu missbrauchen wussten.

5 Regierung und Verwaltung

Die Verfassung verpflichtet jeden Minister persönlich dazu, dem Parlament jährlich einen Bericht über die Arbeit seines Ressorts zu präsentieren. Das Kabinett muss dem Personalentscheid des Präsidenten für die Besetzung des Postens des Generalstaatsanwalts und der frei werdenden Stellen am Obersten Gerichtshof zustimmen. Zusammen mit dem Staatschef tragen die Minister kollektiv Verantwortung für die Ausrufung des Ausnahmezustands und die Suspendierung von Grundrechten; außerdem erstreckt sich die gemeinsame Zuständigkeit und Verantwortung auf die Aufnahme von Krediten und die Regelung des Schuldendienstes.

In der Torrijos-Ära wurden die bis dahin relativ beschränkten Staatsaufgaben um neue Funktionen bei der sozialen Fürsorge und der Wirtschaftsförderung erweitert. Dieser Wandel ging mit einem enormen Anstieg der Zahl der öffentlichen Bediensteten einher: Drei von vier der zwischen 1970 und 1981 neu geschaffenen formellen Arbeitsplätze entfielen auf den staatlichen Sektor. Der Stellenausbau verschaffte dem Regime zwar politischen

Rückhalt, trug aber unweigerlich zum raschen Wachstum sowohl der laufenden Ausgaben wie der (Auslands-)Verschuldung der öffentlichen Hand bei. Der Schuldendienst konnte seither nur durch die ständige Inanspruchnahme neuer Kredite aufrechterhalten werden. Ende 2006 betrug die öffentliche Gesamtverschuldung rd. 10,9 Mrd. US-$, wovon 75% auf Auslandsverbindlichkeiten entfielen. Durch die hohe Zinslast für die Außenstände (2005: 790 Mio. US-$) wird der finanzielle Spielraum der Regierung langfristig spürbar eingeengt. Ende 2005 belief sich die Zahl der im Staatsdienst (inkl. öffentlicher Unternehmen und Sozialversicherung) beschäftigten Personen auf 173.191; davon hatten rd. 89% unbefristete Arbeitsverträge. Diese Angaben schließen die Angestellten der Kanalbehörde (ca. 9.200) und der Munizipien (ca. 10.000) nicht ein.

In den letzten Jahren hat das durch ein zunehmendes Missverhältnis zwischen Beitragszahlern und Begünstigten verursachte wachsende Defizit der staatlichen Sozialversicherung den Staatshaushalt arg belastet. Ende 2005 wurde trotz heftiger öffentlicher Proteste eine Reform beschlossen, welche die Beiträge der Arbeitnehmer erhöht und gleichzeitig den Leistungskatalog schmälert. Die dadurch erreichte Entlastung dürfte indes weniger lange anhalten als in den offiziellen Verlautbarungen der Regierung behauptet. Zu einem bedeutenden Einnahmefaktor für das staatliche Budget haben sich nach der Übernahme der vollständigen Kontrolle über den Panama-Kanal im Jahre 2000 die Finanztransfers der Kanalbehörde entwickelt. Im Fiskaljahr 2005 belief sich die Überweisung der ACP an den Fiskus auf 548 Mio. US-$ – dies entspricht rd. 30% der öffentlichen Gesamteinnahmen. Mit Beginn der Arbeiten zur Konstruktion einer dritten Schleusenstraße dürfte eine weitere Erhöhung der Beteiligung des Staatshaushalts an den Kanaleinnahmen ausgeschlossen sein, eher ist mit geringeren Transfers zu rechnen.

6 Gesetzgebung

Initiativrecht für die Gesetze erster Ordnung (*leyes orgánicas*) besitzen die permanenten Ausschüsse der Legislative, die einzelnen Minister nach entsprechender Zustimmung des Kabinetts, das Oberste Gericht, der Generalstaatsanwalt sowie der *Procurador de la Administración*. Entwürfe für reguläre Gesetze und Gesetzesreformen können hingegen von jedem Mitglied des Parlaments, den Ministern (mit Billigung des Kabinetts) sowie den (durch dieses Gremium autorisierten) Vorsitzenden der Provinzräte eingebracht werden. Letztere erhalten Rederecht im Parlament für die Beratung des von ihnen vorgelegten Gesetzesprojektes.

Die Verfassung schreibt der *Asamblea Legislativa* drei Debatten zur Behandlung von Gesetzentwürfen vor. Die erste (auf maximal 20 Tage beschränkte) Debatte erfolgt in der zuständigen Kommission des Parlaments, die nächsten beiden im Plenum. Die *leyes orgánicas* bedürfen der Zustimmung der absoluten Mehrheit der Mitglieder der Legislative in zweiter und dritter Lesung, normale Gesetze werden mit den Stimmen der Mehrheit der anwesenden Abgeordneten angenommen. Vom Parlament verabschiedete Gesetze gehen an die Exekutive zwecks Veröffentlichung und Inkraftsetzung. Akzeptiert die Regierung das Gesetz, muss sie es binnen sechs Tagen veröffentlichen; mit der Veröffentlichung erhält es sofortige Rechtskraft. Hat die Exekutive Einwände, muss der Gesetzestext innerhalb von 30 Tagen an das Parlament zurückgesandt werden. Gesetze, welche die Regierung gänzlich abgelehnt hat, werden erneut in dritter Lesung behandelt, bei partiellen Einwänden geht der

Text in die zweite Lesung zwecks Beratung der von der Exekutive geforderten Korrekturen. Die definitive Annahme des Gesetzes – mit oder ohne Änderungen am ursprünglichen Entwurf – erfolgt mit Zweidrittelmehrheit. Wird diese nicht erreicht, ist das Gesetzesvorhaben gescheitert. Wenn die Regierung das vom Parlament verabschiedete Gesetz für verfassungswidrig hält, obliegt die Entscheidung dem Obersten Gerichtshof. Bestätigt das Gericht die Verfassungsmäßigkeit des Gesetzes, muss die Regierung es in Kraft setzen.

Weil viele Abgeordnete nicht regelmäßig an den Sitzungen des Parlaments teilnehmen und sich durch einen ihrer *suplentes* vertreten lassen, kommt es häufig zu Verzögerungen in der gesetzgeberischen Arbeit.

7 Wahlsystem und Wahlverhalten

Abweichend vom lateinamerikanischen Regelfall sieht das Wahlprocedere zum höchsten Staatsamt keine Stichwahl vor. So genügten 1994 Pérez Balladares lediglich 33,5% der gültigen Stimmen zum Sieg, während Mireya Moscoso 1999 als Kandidatin der Parteienallianz *Unión por Panamá* 44,8% und Martín Torrijos fünf Jahre später 47,4% der Voten zu erzielen vermochten. Personen, die das Präsidentenamt ausgeübt haben, dürfen frühestens nach Ablauf von zwei weiteren Regierungsperioden – d.h. nach zehn Jahren – erneut kandidieren.

Für die Wahl zum Parlament dürfen nur von Parteien nominierte Kandidaten antreten, während bei Wahlen unterhalb der nationalen Ebene auch unabhängige Bewerber zugelassen sind. Die Abstimmung über die Zusammensetzung des Parlaments erfolgt in 40 Wahlbezirken. In 27 Bezirken wird jeweils nur ein Abgeordneter auf der Basis der einfachen Stimmenmehrheit gewählt. In den restlichen 13 Wahlkreisen werden relativ zur Bevölkerungszahl zwischen zwei und sechs Deputierte bestimmt, wobei die Mandate nach einem proportionalen Berechnungsverfahren zugewiesen werden. Dessen konkreter Modus verschafft den relativ stärksten Parteien kaum weniger Vorteile als das Prinzip der relativen Mehrheit in den Einerwahlkreisen: 2004 errang der PRD mit 38% der Stimmen 53,8% der Parlamentsmandate (42 der 78 Sitze, davon 15 Sitze in Einerwahlkreisen); 1999 hatte die Partei mit 32% der Voten 47,9% der Sitze (34 von 71) gewonnen. Eine minimale Kompensation für die durch das Wahlrecht benachteiligten (kleinen) Parteien offeriert jene Bestimmung der Verfassung, die einer Partei, welche in keinem einzigen Wahlbezirk ein Direktmandat erringen konnte, jedoch landesweit die Mindeststimmenzahl (5%) erreicht hat, einen Sitz in der *Asamblea* (für den Kandidaten mit der höchsten Stimmenzahl) zuweist. Zuletzt zeitigte dieser Artikel in der Legislaturperiode 1999-2004 konkrete Folgen (72 statt 71 Parlamentssitze).

Die Beteiligung an den Präsidentschafts- und Parlamentswahlen lag nach der Reetablierung des demokratischen Regierungssystems relativ stabil bei rd. drei Viertel (2004: 76,3%) der Menge der in das Wahlregister eingetragenen Personen. Auch wenn dies im lateinamerikanischen Vergleich recht hohe Werte sind, gilt es zu berücksichtigen, dass die nationalen Beteiligungsraten in den 1970er und 1980er Jahren noch höher (80-90%) lagen.

Die Organisation der Wahlen (u.a. Erstellung und Aktualisierung der Wählerverzeichnisse) obliegt dem Tribunal Electoral. Jede der drei Staatsgewalten ernennt ein Mitglied der Leitungsebene der autonomen Wahlbehörde; die Amtsdauer der drei Magistrate beträgt zehn Jahre. Die Parteien haben das Recht, am Wahltag in jedem Wahllokal einen Beobachter zu platzieren, der auch die Auszählung der Stimmen überwachen darf. Eine 2004 durchgeführte repräsentative Umfrage ergab, dass die oberste Wahlbehörde unter allen staatlichen Einrichtungen das höchste öffentliche Ansehen genießt.

8 Parteien

Bis 1968 wurden das wenig stabile Parteiengefüge und die Politik im Staat von Parteien dominiert, die in erster Linie die Interessen der verschiedenen Gruppen der Wirtschaftselite vertraten. An der Spitze dieser Formationen standen zumeist Mitglieder der oligarchischen Familien, die den politischen Prozess als innerelitäre Auseinandersetzung um Posten, Pfründen, Einfluss und Privilegien gestalteten. Seit Ende der 1930er Jahre bildete der rechtspopulistische *Partido Panameñista Auténtico* (PPA) unter Führung seiner charismatischen Leitfigur Arnulfo Arias eine feste Größe in der Parteienlandschaft. Mit einer eher diffusen Programmatik, deren Fokus die Herbeiführung der vollen nationalen Souveränität über die Kanalzone bildete, gewann sie breite Unterstützung in der Mittel- und sukzessive auch in der Unterschicht. Arias wurde vier Mal ins höchste Staatsamt gewählt und ebenso oft von der Polizeiorganisation bzw. der Nationalgarde gestürzt.

Zwischen 1969 und 1978 war den Parteien jegliches öffentliche Wirken untersagt. Im Rahmen der demokratischen Transition gründete General Torrijos 1979 den *Partido Revolucionario Democrático* (PRD), um den Profiteuren und Anhängern des autoritären Regimes eine organisatorische Plattform und ein politisches Instrument zu verschaffen, dem für die künftige Entwicklung eine ähnliche Rolle zugedacht war, wie sie die Regierungspartei PRI seit Jahrzehnten in Mexiko spielte. Zu Zeiten Noriegas diente der PRD als pseudodemokratisches Vehikel zur Kaschierung und Absicherung der autoritären Machtverhältnisse. Obwohl sich der PRD durch die massiven Fälschungen bei der Wahl von 1989 diskreditiert hatte, gelang der Partei nach einer personellen und programmatischen Erneuerung bereits beim Urnengang 1994 mit dem Sieg ihres Präsidentschaftskandidaten Pérez Balladares ein überraschendes politisches Comeback, wozu freilich auch die negative Bilanz der ersten postautoritären Regierung unter Präsident Endara beitrug. Endara war nach dem Tod von Arnulfo Arias an die Spitze von dessen PPA gerückt. Diese Partei wurde 1991 aufgelöst und durch den neu gegründeten *Partido Arnulfista* (PA) ersetzt.

In der Folgezeit haben sich PRD und PA nicht nur als die beiden einzigen stabilen Elemente in einem ansonsten eher unbeständigen Parteiengefüge erwiesen, sondern auch regelmäßig in der Regierungsführung abgelöst. Fünf Jahre nach dem Wahlsieg des PRD übernahm 1999 der PA die Präsidentschaft, und 2004 triumphierte erneut der PRD. In allen Fällen hatten sich die beiden führenden Formationen vor den Wahlen mit kleineren Parteien verbündet, wobei die Allianz der Verlierer in der Regel kurz nach dem Wahltermin zerbricht. Dabei kann es auch zu Seitenwechseln kommen: Zwei Parteien, die im Wahlkampf 1999 mit dem PRD paktiert hatten, traten nach der verlorenen Wahl in die Regierung des gegnerischen Bündnisses ein und verschafften dadurch Präsidentin Moscoso eine (knappe) Mehrheit im Parlament. Dies zeigt, dass nicht ideologische oder programmatische Schnittmengen, sondern vor allem das Streben nach Teilhabe an der Macht und relativ gut dotierten Positionen in der Regierung die Formierung solcher Bündnisse bestimmen.

Viele Parteien, die nach der Reetablierung des demokratischen Regierungssystems im Jahre 1990 entstanden waren, sind einige Jahre später infolge ihrer Erfolglosigkeit an den

Wahlurnen wieder aufgelöst worden. Unter den insgesamt 15 Parteien, die sich 1994 zur Wahl stellten, befanden sich neun Neugründungen. Seither zeichnet sich eine allmähliche Verminderung der Zahl der Parteien ab. 1999 nahmen zwölf Parteien an den Wahlen teil, von denen neun den Einzug ins Parlament schafften. In der Legislaturperiode 2004-2009 sind sieben politische Parteien in der *Asamblea* vertreten. Das Register der Wahlbehörde listete im Juni 2005 noch acht Parteien auf. Die Wahlbehörde entzieht einer Partei ihre Zulassung, wenn sie in keiner Wahl auf nationaler oder Gemeindeebene nicht mindestens 5% der gültigen Stimmen erzielt oder wenn sie zwei Mal in Folge an keiner dieser Wahlen teilnimmt.

Ausschlaggebend für den Zuspruch bei den Wählern ist weniger das Programm einer Partei als die Popularität der jeweiligen Spitzenkandidaten. Daraus resultiert der personalistische Charakter der Parteien und des Parteienwettbewerbs. So beschränkten sich Endaras politische Meriten im Wesentlichen darauf, der letzte persönliche Sekretär des 1988 verstorbenen Caudillos Arnulfo Arias gewesen zu sein. Vom Andenken an Arias profitierte auch dessen Witwe Mireya Moscoso, die 1994 als Spitzenkandidatin des PA antrat, ihre Ambitionen aber erst im folgenden Urnengang realisieren konnte. Damals setzte sie sich gegen PRD-Kandidat Martín Torrijos durch – den Sohn des legendären Omar Torrijos –, dem dann ebenfalls beim zweiten Versuch der Gewinn der Präsidentschaft glückte. Ex-Präsident Endara kam 2004 an der Spitze des *Partido Solidaridad* auf das zweitbeste Ergebnis (30,9%).

Um als politische Partei zugelassen zu werden, schreibt das Wahlgesetz neben dem Vorhandensein eines Statuts und eines Regierungsprogramms u.a. eine Mindestzahl von Mitgliedern vor, die 5% der gültigen Stimmen der vorhergehenden Präsidentschaftswahl entspricht. Die Tatsache, dass einige Parteien bei Wahlen kaum mehr und z.T. – wie 1999 die Parteien *Cambio Democrático* und *Solidaridad* – sogar weniger Stimmen gewinnen als sie offiziell an Mitgliedern ausweisen, legt den Schluss nahe, dass bei der Rekrutierung von Parteiangehörigen fragwürdige Methoden praktiziert werden. Laut den Angaben der nationalen Wahlbehörde waren im Jahre 2003 nicht weniger als 998.000 Staatsbürger – rd. die Hälfte der Wahlberechtigten – in den Mitgliedslisten der politischen Parteien registriert. Die höchste Mitgliedszahl verzeichnet der PRD mit rd. 475.000 Personen. Der immens hohe Anteil von Parteimitgliedern an der Wahlbevölkerung kontrastiert mit dem Faktum eines durch mehrere Meinungsumfragen belegten extrem schlechten öffentlichen Ansehens der Parteien, wobei sich ein Teil dieses (scheinbaren) Widerspruchs beim Blick auf die klientelistische Funktionslogik der Parteien auflöst.

Die Parteien erhalten eine finanzielle Unterstützung aus der Staatskasse, deren Gesamtumfang 1% der Einnahmen der Zentralregierung im Jahr vor der Wahl entspricht. Bezogen auf die Wahlen von 2004 waren dies rd. 20 Mio. US-\$. 40% dieser Summe dienen der Subventionierung der Wahlkampfkosten und werden zu gleichen Teilen an alle Parteien gezahlt, die sich an den anstehenden Wahlen beteiligen. Die verbleibenden 60% werden nach den Wahlen gemäß der jeweils erreichten Stimmenzahl auf die verschiedenen Parteien aufgeteilt und in fünf Jahresraten ausgezahlt. Private Spenden an Parteien sind bis zu einer Höhe von 10.000 US-\$ von der Steuer abzugsfähig.

9 Militär

Bis 1953 verfügte das Land nur über eine für die äußere und innere Sicherheit verantwortliche Polizeiorganisation. Die damals von Präsident Remón, dem ehemaligen Polizeichef, geschaffene Nationalgarde vereinte Militär- und Polizeieinheiten unter einem gemeinsamen Oberbefehl. In den zehn Jahren nach dem Staatsstreich von 1968 baute General Torrijos die Garde von 3.000 auf 8.500 Mann aus. Die politische Führungsrolle und die Kontrolle über den Staatsapparat eröffneten dem Offizierskorps vielfältige illegale Einnahmequellen. Mittels einer umfassenden Reorganisation schuf General Noriega 1983 die *Fuerzas de Defensa* (Verteidigungsstreitkräfte), deren militärische Abteilungen schrittweise erweitert und aufgerüstet wurden. Während diese Maßnahmen offiziell mit den zusätzlichen Verteidigungsaufgaben im Rahmen der neuen Kanalverträge begründet wurden, sah die Opposition darin den Versuch zur Aufrechterhaltung der politischen Vormachtstellung der Streitkräfte und zur Hintertreibung der formal eingeleiteten Redemokratisierung. Bis 1989 hatten die Sicherheitskräfte einen Umfang von 16.000 Mann erreicht, davon nahezu zwei Drittel Soldaten.

Die durch die US-Invasion herbeigeführte politische Zäsur eröffnete die Möglichkeit einer radikalen Reorganisation des Sicherheitsapparats. Bereits Anfang 1990 wurde die *Fuerza Pública* geschaffen, der ein auf polizeiliche Funktionen konzentrierter Aufgabenkatalog übertragen wurde. Die militärischen Verbände wurden bis auf je eine modifizierte Luftwaffen- und Marineeinheit aufgelöst. Alle hohen Offiziere ab dem Dienstgrad Oberstleutnant wurden entlassen bzw. inhaftiert, während zahlreiche nicht diskreditierte jüngere Offiziere in die neuen Sicherheitsorgane übernommen wurden. Durch die Abschaffung der militärischen Kampfeinheiten war das Land nicht mehr in der Lage, die im zweiten Kanalvertrag von 1977 vorgesehene militärische Sicherheitsfunktion für die interozeanische Wasserstraße ab dem Jahr 2000 zu übernehmen. Nur die veränderte weltpolitische Situation nach dem Ende des Kalten Krieges vermag zu erklären, warum die USA die Auflösung der panamaischen Armeeverbände nicht zu verhindern versuchten.

Nach Costa Rica ist Panama das zweite Land auf dem zentralamerikanischen Isthmus ohne reguläre Streitkräfte. Der *Fuerza Pública* gehörten 2004 knapp 12.000 Personen an, davon rd. 11.000 in der *Policía Nacional de Panamá* und je etwa 400 im hauptsächlich für die Grenzüberwachung zuständigen Marine- bzw. Luftfahrtdienst.

10 Katholische Kirche und Interessenverbände

Zwischen 80 und 90% der Bevölkerung bekennen sich zum katholischen Glauben. Das Land ist in fünf Diözesen und eine Erzdiözese (Provinz Panama) aufgeteilt. Eine 1997 durchgeführte ekklesiastische Zählung ermittelte 360 Priester, 65 Diakone sowie 410 weibliche und 35 männliche Angehörige katholischer Ordensgemeinschaften. Der Großteil des Klerus besteht aus ausländischen Missionspriestern. Hatte sie sich zuvor auf die Seelsorge konzentriert, engagiert sich die katholische Kirche im Gefolge des Reformkonzils für die sozial Benachteiligten. Während die Kirchenführung die Sozialreformen des Torrijos-Regimes unterstützte, opponierte sie zusammen mit der konservativen Unternehmerschaft gegen eine Bildungsreform, die soziale Themen in das Curriculum der öffentlichen Schulen einbrachte. Erzbischof Marcos McGrath gehörte zu den profiliertesten Gegnern des Noriega-Regimes und begrüßte die US-Interventionstruppe als Befreier. Vor den Wahlen von 1994 gelang es der katholischen Kirche, die rivalisierenden Parteien auf einen Pakt zur Einhaltung ethischer Prinzipien im Wahlkampf zu verpflichten. Ein Jahr später vermittelte sie im Konflikt um die Reform der Arbeitsgesetze zwischen Gewerkschaften und Staat. Meinungsumfragen belegen, dass die katholische Kirche in der Bevölkerung mehr Vertrauen genießt als jede andere Institution im Lande.

Die Interessenverbände der Wirtschaftsoligarchie (Landwirtschaftskammer, Bankenverband, Industriellenvereinigung, Handelskammer), die im *Consejo Nacional de la Empresa Privada* (CONEP) zusammengeschlossen sind, liefen Sturm gegen die arbeitnehmerfreundliche Sozialgesetzgebung des Torrijos-Regimes und den damals betriebenen Ausbau des Staatsapparats und bezogen in der Noriega-Zeit eindeutig Position zugunsten der Oppositionsparteien. Aufgrund der schwachen ökonomischen Leistungsausweise der Regierungen Endara und Moscoso einerseits und der pragmatischen Wirtschaftspolitik der PRD-Präsidenten Pérez Balladares und Torrijos andererseits ist die ehemals enge Anbindung der Wirtschaftsverbände an die *Arnulfista*-Partei merklich gelockert worden. Die Organisationen der Privatwirtschaft gehören zu den vehementesten Befürwortern einer Neugestaltung der staatlichen Sozialversicherung und kritisieren die 2005 verabschiedete Reform als unzureichend. Das Projekt der Kanalerweiterung wird von dieser Seite nachdrücklich unterstützt.

Das 1972 eingeführte Arbeitsgesetzbuch verbesserte nicht nur die ökonomische Situation und soziale Absicherung der abhängig Beschäftigten, sondern stärkte durch das Gebot kollektiver Interessenvertretung auch die bis dahin relativ schwache Gewerkschaftsbewegung. Trotz des zunehmend autokratischen Charakters des Noriega-Regimes und der Verschlechterung des Lebensstandards der Arbeitnehmer hielt die Mehrheit der Gewerkschaften Distanz zu den Oppositionsparteien, weil diese in engem Schulterschluss mit den Unternehmerverbänden agierten. Vor dem Hintergrund des durch die enorme öffentliche Verschuldung eingeschränkten finanziellen Spielraums der Regierung, der schwachen Wirtschaftskonjunktur und der anhaltend hohen Arbeitslosigkeit ist der politische Einfluss der Gewerkschaften seit Beginn der 1990er Jahre geschrumpft. 2005 bildeten die Gewerkschaften die Vorhut des breiten Widerstands gegen die Reform der staatlichen Sozialversicherung. Die Regierung reagierte auf die massiven Proteste mit einer Abmilderung der Reformvorlage. Bei einem Organisationsgrad von nur rd. 20% der abhängig Beschäftigten hätten die Gewerkschaften allein diese Konzessionen kaum bewirken können. Am höchsten ist der Anteil von Gewerkschaftsmitgliedern im öffentlichen Dienst.

Die ungewöhnlich starke Weltmarktorientierung der Ökonomie bringt es mit sich, dass die Regierung den Interessen der wichtigsten Kunden der diversen Dienstleistungsbranchen Rechnung tragen muss. So werden die großen Schifffahrtslinien die angekündigte Erhöhung der Transittarife, mit der die Modernisierung des Kanals hauptsächlich finanziert werden soll, kaum widerstandslos hinnehmen. Das Kalkül der ACP dürfte kaum aufgehen, wenn infolge der Gebührenanhebung die Attraktivität der Route über den Suez-Kanal für einige Seehandelsverbindungen zunimmt.

11   Massenmedien

Während der 21 Jahre dauernden Vorherrschaft der Uniformierten erlitten diverse Medien Repressalien wegen ihrer regierungskritischen Berichterstattung. Mehrere Radiostationen mussten ihre Sendungen gänzlich oder vorübergehend einstellen, und auch einige Tageszeitungen durften zeitweise nicht erscheinen.

Seit der Wiederherstellung des demokratischen Regierungssystems haben sich die politischen Rahmenbedingungen für die Massenmedien zwar wesentlich verbessert, dennoch sehen sich vor allem Journalisten aus den Printmedien oftmals starkem Druck ausgesetzt, wenn sie gravierende Fehler und Versäumnisse (z.B. Korruptionsfälle) der jeweils amtierenden Regierung aufdecken. Alle wichtigen Tageszeitungen erscheinen in der Hauptstadt und werden dort auch in überproportionalem Maße verkauft und gelesen. Die beiden wichtigsten Qualitätszeitungen sind *La Prensa* und *El Panamá América*, deren tägliche Auflage bei 38.000 bzw. 25.000 Exemplaren liegt. Erstere hat ihre während der 1990er Jahre notorische PRD-kritische Position mittlerweile merklich abgeschwächt, hingegen offenbart letztere keine eindeutige parteipolitische Präferenz.

Während die Zeitungslektüre unterhalb der Mittelschicht kaum verbreitet ist, stellt das Radio das am weitesten verbreitete Massenmedium dar. Im Regelfall verfolgen die Stationen rein kommerzielle Interessen. Die Angaben über die Zahl der Radiosender weichen erheblich voneinander ab (150-230); die meisten Stationen sind im Kurzwellenbereich zu empfangen. Die katholische sowie die protestantische Kirche betreiben jeweils eine Radiostation.

Das Fernsehen muss aufgrund der beschränkten politischen Bildung der Masse der Wahlbevölkerung und der (dadurch und die begrenzten finanziellen Mittel der Unterschicht bedingten) geringen Rezeption von Tageszeitungen als das politisch einflussreichste Massenmedium gelten. Im Jahre 2002 verfügten rd. 80% aller Haushalte über mindestens ein TV-Gerät. Der älteste kommerzielle Fernsehsender (RPC Kanal 4) schloss sich 1998 mit der 1983 gegründeten Station *Telemetro* (Kanal 13) zum Anbieter *Medcom* zusammen. So wie RPC Kanal 4 früher das Regime der Nationalgarde unterstützt hatte, verfocht der Sender danach die Sache der jeweiligen demokratischen Regierung. Der dritte kommerzielle Kanal mit nationaler Reichweite ist die 1963 gegründete *Televisora Nacional* (Kanal 2). Bis zum Abzug der USA aus Panama betrieb das US-Militär in der Kanalzone eine TV-Station mit englischsprachigem Programm, das auch im restlichen Panama Zuschauer fand. Seit 1978 unterhält die Regierung über das Erziehungsministerium einen eigenen Fernsehsender (Kanal 11), der ein Bildungs- und Kulturprogramm ausstrahlt, das allerdings nur in der Hauptstadt und deren näherer Umgebung zu empfangen war, bis das Kabinett im April 2006 beschloss, die Reichweite des Senders durch entsprechende Investitionen in die Übertragungstechnik auf das gesamte Land auszuweiten. Außer den vor Ort installierten Sendern sind in Panama via Satellit Dutzende kommerzieller Programme aus dem Ausland zu empfangen.

Gemäß dem Ergebnis einer repräsentativen Umfrage aus dem Jahre 2004 genießen die Massenmedien nach der katholischen Kirche das meiste Vertrauen in der Bevölkerung. Dieses Urteil, das sich unter den gegebenen Umständen primär auf das Fernsehen bezieht, sagt freilich mehr über die politische Disposition der Wähler bzw. die im Lande anzutreffende politische Kultur aus als über die Qualität der politischen Berichterstattung der (kommerziell ausgerichteten) TV-Stationen.

12 Politische Kultur

In einer 2004 realisierten repräsentativen Umfrage gaben über 90% der kontaktierten Personen an, sie seien stolz darauf, Panamaer zu sein. Darin kommt ein bemerkenswertes politisches Gemeinschaftsgefühl sowie ein hoher Grad der Identifikation mit dem eigenen

Staatswesen zum Ausdruck. Der hohe Wert ist ohne die jahrzehntelange Dominanz einer durch die unvollständige politische Souveränität bestimmten „nationalen Frage" auf der innen- wie außenpolitischen Agenda und das lange Ringen (mit den USA) um die Überwindung dieses Zustands kaum zu erklären.

In Bezug auf die Einstellung der Bevölkerung zum demokratischen Regierungssystem überwiegen pragmatische Gesichtspunkte. Die Wertschätzung der Demokratie steigt und fällt mit dem Konjunkturverlauf der Wirtschaft. Eine Regierung verliert rasch an Popularität, wenn sich die ökonomische und soziale Situation verschlechtert, wobei dem Ausmaß der (offenen) Arbeitslosigkeit eine zentrale Funktion als Bewertungskriterium zukommt. Kritik am autoritären Charakter des von General Torrijos begründeten Herrschaftssystems kam primär von den Repräsentanten der (nach 1968 politisch weitgehend neutralisierten) traditionellen Machtgruppen und Parteien, während sich das Regime in den Unter- und Mittelschichten vermittels diverser Sozialreformen und durch den Ausbau des staatlichen Sektors eine solide Legitimationsbasis zu sichern vermochte. Es waren folglich auch weniger politische, sondern primär ökonomische Faktoren, die diesen lange Zeit relativ stabilen Rückhalt seit Mitte der 1980er Jahre einer zunehmenden Erosion aussetzten. Die Akzeptanz des autoritären Systems zur Zeit der (faktischen) politischen Dominanz der Nationalgarde wurde dadurch erleichtert, dass das Regime einen – von der Endphase der Noriega-Jahre abgesehen – wenig repressiven Charakter besaß.

Im Gegensatz zum negativen öffentlichen Image der Parteien und des Parlaments genießt die Institution demokratischer Wahlen eine wesentlich höhere Wertschätzung unter den panamaischen Bürgern. Im Übrigen verbietet sich eine allzu eng an den Nominalwerten ausgerichtete Interpretation von politischen Umfragedaten: So verweisen die oftmals starken Schwankungen zwischen den von *Latinobarómetro* ermittelten Jahreswerten häufig eher auf die fragwürdige Qualität der Erhebungsmethode und den geringen (politischen) Bildungsgrad der Mehrheit der Befragten als auf reale politische Veränderungen – nicht nur in Panama.

13   Rechtssystem

Oberstes Organ der Judikative ist der Oberste Gerichtshof (*Corte Suprema de Justicia*). Er besteht aus neun Richtern, die vom Kabinett mit Zustimmung des Parlaments für eine Amtsdauer von zehn Jahren ernannt werden. Alle zwei Jahre werden zwei neue Richter berufen mit Ausnahme des zehnten Jahres, wenn nur die neunte Stelle neu besetzt wird. Das Gericht besteht aus vier Kammern, zuständig für Zivil-, Straf-, Arbeits- und Verwaltungsrecht bzw. für allgemeine Angelegenheiten. Jeder Kammer gehören drei permanente Mitglieder an. Verfassungsrechtliche Entscheidungen werden von den neun Magistraten kollektiv beraten, wobei auch der Generalstaatsanwalt sowie der *Procurador de la Administración* gehört werden. Im Zeitraum 2000-2002 bezog sich jeder achte vom Obersten Gericht behandelte Fall auf die Überprüfung der Verfassungsmäßigkeit von Gesetzen und Verordnungen.

Die Mitglieder des Obersten Gerichts ernennen die Richter der neun als Appellationsgerichte fungierenden *Tribunales Superiores de Distrito Judicial*. Fünf dieser Gerichte sind für Zivil- und/oder Strafrecht zuständig, die restlichen vier für andere Rechtsbereiche (u.a. Arbeitsrecht). Die Mitglieder dieser Tribunale ernennen wiederum die Richter der jeweils

96 Bezirks- und Munizipalgerichte. Dieser Rekrutierungsmodus ist höchst anfällig für klientelistische Praktiken. Die unterste Ebene des Rechtssystems bilden die auf Gemeindeebene ernannten *corregidores*, denen die Beilegung alltäglicher Rechtsangelegenheiten obliegt. Sie dürfen Geldstrafen verhängen und Haftstrafen bis zu einem Jahr anordnen. Viele der *corregidores* in abgelegenen Gebieten verfügen über keine juristische Ausbildung. In den semi-autonomen *comarcas* der indigenen Bevölkerung werden alltägliche Rechtsstreitigkeiten von den lokalen *caciques* (Häuptlingen) beigelegt.

Das Justizwesen weist erhebliche Funktionsdefizite auf, die dem System derart inhärent sind, dass sie nur schwer überwunden werden können. Zu Ineffizienz und mangelnder Transparenz gesellen sich politische Einflussnahme und Korruption. Die Bestechlichkeit wird u.a. durch die niedrige Entlohnung der Richter auf Distriktebene begünstig; viele Verwaltungsangestellte am Obersten Gericht beziehen höhere Gehälter als die Richter auf der dritten und vierten Stufe der Hierarchie. Die Zusammenarbeit und Koordination zwischen den verschiedenen Ebenen des Justizsystems sind mangelhaft. Bei Strafverfahren lassen sich Züge einer Klassenjustiz erkennen: Leidtragende rechtlich bedenklicher Urteile und damit verbundener Haftstrafen sind primär Angehörige der sozialen Unterschicht, während Straftäter aus oberen Gesellschaftsschichten zumeist ihre vielfältigen sozialen und/ oder politischen Beziehungen zu nutzen wissen, um einer Anklage bzw. einer Verurteilung zu entgehen. Die Mühlen der panamaischen Justiz mahlen langsam, was sich daran zeigt, dass viele Klagen nur mit erheblicher Zeitverzögerung bearbeitet werden. Dafür ist u.a. die personelle Unterausstattung verantwortlich, weist das Land bezüglich der relativen Anzahl der Richter doch die niedrigste Quote in ganz Lateinamerika auf. Zwei Drittel der Gefängnisinsassen sind Untersuchungshäftlinge, die noch keinem Richter vorgeführt wurden. Im Jahre 2004 waren die Haftanstalten zu 55% überbelegt. Die von mehreren ausländischen Gebern (u.a. EU, USAID und IDB) unterstützten Reformen des Justizsystems (u.a. zur Erhöhung der Professionalität von Richtern und Staatsanwälten und der schnelleren Abwicklung der Fälle von Kleinkriminalität) haben bisher an den wesentlichen Mängeln des Systems wenig ändern können. Meinungsumfragen belegen das geringe Vertrauen der Bevölkerung in die staatliche Justiz.

In scharfem Kontrast zum staatlichen Rechtssystem steht die in der Hauptstadt konzentrierte juristische Kompetenz und Effizienz in Gestalt von zahlreichen Anwaltskanzleien, die sich auf Dienstleistungen für die im Land tätigen internationalen Firmen diverser maritimer Branchen spezialisiert haben. U.a. übernehmen sie die juristische Vertretung von Schifffahrtslinien und erledigen die erforderlichen Formalitäten im Zusammenhang mit dem Eintrag in das offene panamaische Schiffsregister (*flag of convenience*), das mehrere Tausend ausländische Schiffe umfasst.

14   Regionen und Kommunen

Das staatliche Territorium ist in neun Provinzen unterteilt. Weil zur flächenmäßig größten Provinz auch die Hauptstadt gehört, ist diese auch die bevölkerungsstärkste: Panama-Stadt und die Provinz Panama kommen zusammen auf einen Bevölkerungsanteil von rd. 45%. Nur unwesentlich kleiner ist die Fläche der an Kolumbien angrenzenden Provinz Darién, wo aber lediglich 2% der Bevölkerung leben. Der Dschungel des Darién steht für das einzige fehlende Verbindungsglied der legendären Panamericana.

Die Provinzen sind in Distrikte gegliedert, die ihrerseits aus diversen *corregimientos* (Gemeinden) gebildet werden. Für 2005 wird die Zahl der Distrikte mit 75, die der *corregimientos* mit 621 angegeben. Hinzu kommen fünf Indianerreservate, die als sogenannte *comarcas* eine weitgehende Autonomie besitzen: Kuna Yala (San Blas), Ngöbe Buglé, Emberá, Madungandí und Wargandí. Die beiden letztgenannten wurden erst 2001 gegründet und sind bezüglich Fläche und Einwohnerzahl sehr viel kleiner als die anderen drei. Größte *comarca* ist die 1997 geschaffene der Ngöbe Buglé: Dort leben auf 6.673 km² rd. 112.000 Angehörige dieser Ethnie. Zusammen nehmen die fünf *comarcas* rd. 20% der Fläche des Landes ein.

Auf der Ebene des *corregimiento* fungiert eine *Junta Comunal*, der als Vorsitzender der gewählte Repräsentant der Gemeinde, der *corregidor* sowie fünf weitere Bürger angehören. Der Repräsentant des *corregimiento* wird für eine Amtsdauer von fünf Jahren gewählt. Er darf kein weiteres öffentliches Amt in seiner Gemeinde bekleiden und wird besoldet. Mehrere *corregimientos* formieren einen als *municipio* bezeichneten Distrikt, als dessen Verwaltungschef ein durch Volkswahl bestimmter *alcalde* fungiert. Dieser ernennt und entlässt die Munizipalangestellten und ist für die Haushaltsführung verantwortlich. Die Distriktverwaltung verfügt über eigene Einnahmen, die u.a. aus Abgaben auf die Verkäufe lokaler Ressourcen (z.B. Holz, Tonerde, Kalkstein u.a.) sowie den lokalen Alkoholausschank, Schlachtgebühren und vor Ort kassierten Strafgeldern bestehen. In jedem Distrikt gibt es einen *Consejo Municipal*, der sich aus den Repräsentanten der zugehörigen *corregimientos* zusammensetzt. Die Bestimmung, dass durch entsprechenden Beschluss der Munizipalräte zwei oder mehrere Distrikte fusionieren können, hat für die politische Praxis keine Bedeutung. Auf der Ebene des Distrikts sind Referenden möglich über Sachfragen, die in die Kompetenz dieser Verwaltungseinheit fallen. Umfragen belegen, dass nur eine kleine Minderheit der Bürger mit den auf Gemeinde- und Distriktebene angebotenen öffentlichen Dienstleistungen zufrieden ist.

Als Repräsentant der Exekutive amtiert in jeder Provinz ein vom Staatspräsident ernannter Gouverneur. Im *Consejo Provincial* sitzen die Vertreter sämtlicher *corregimientos* der jeweiligen Provinz, die aus ihrer Mitte einen Präsidenten sowie eine *Junta Directiva* wählen. Der Gouverneur und die *alcaldes* der zugehörigen Munizipien dürfen an den Sitzungen der *Junta Directiva* teilnehmen, sie haben Rede-, aber kein Stimmrecht. Die *Junta Directiva* fungiert als Konsultativorgan des Gouverneurs sowie anderer Provinzbehörden und nationalstaatlicher Einrichtungen. Der *Consejo Provincial* tagt im Monatsrhythmus, verfährt ansonsten aber nach einem autonom festgelegten Reglement. Das Gremium erstellt jedes Jahr einen Entwicklungsplan für die Provinz zur Vorlage bei der Zentralregierung, in dem die geplanten Investitionsprojekte zur Verbesserung der Infrastruktur und öffentlichen Dienstleistungen dargelegt werden.

15   Integration, Interamerikanische Beziehungen, Verbindungen zu Asien und Europa

Bis zum definitiven Rückzug der USA aus der Kanalzone und der Herstellung der nationalen Souveränität über die Schlagader der Dienstleistungsökonomie bildeten die bilateralen Beziehungen zur Hegemonialmacht quasi ein Element der panamaischen Innenpolitik. Bemerkenswert ist, dass sich trotz der im Regelfall wenig sensiblen politischen Behandlung der kleinen Isthmusrepublik durch die Regierungen in Washington die in der panamaischen Bevölkerung anzutreffenden Animositäten gegenüber den USA in Grenzen halten. Obwohl die Bombardements im Verlauf der US-Militärinvasion vom Dezember 1989 mehr als eintausend Zivilisten das Leben kosteten, sprach sich wenige Jahre später in mehreren Umfragen die Mehrheit der Bevölkerung für eine Verlängerung der Militärpräsenz der USA über das Jahr 1999 aus. Darin manifestierte sich wohl weniger reine Sympathie als primär eine über mehrere Jahrzehnte gereifte pragmatische Haltung auf der Basis des Wissens um die volkswirtschaftliche Bedeutung der vor Ort getätigten monetären Ausgaben der US-Einrichtungen (inkl. Beschäftigungsmöglichkeiten für panamaische Bürger). Auch nach ihrem Abzug aus Panama blieb die Supermacht der dominierende äußere Bezugspunkt der Isthmusrepublik: Die USA sind der bedeutendste Handelspartner und – nach wie vor – der wichtigste Nutzer des Panamakanals: Rd. 70% der Waren, die durch die transisthmische Wasserstraße transportiert werden, stammen aus den USA oder sind für einen ihrer Häfen bestimmt. Seit der Wiederherstellung des demokratischen Regierungssystems gestalteten sich die bilateralen Beziehungen weitgehend konfliktfrei. Vorübergehende Spannungen resultierten aus der Kritik Washingtons an dubiosen Finanztransaktionen (Geldwäsche) im Bankenzentrum von Panama-Stadt und der Verärgerung Panamas über die mangelhafte Sanierung der Schießplätze auf den früheren Stützpunkten des US-Militärs. Panama gehörte zu den Befürwortern des ALCA-Projekts und verhandelte nach dessen Scheitern mit Washington über ein bilaterales Freihandelsabkommen. Zehn Treffen der Delegationen waren nötig, ehe man sich im Dezember auf einen Vertragstext einigen konnte. Außer Frage steht, dass die Vereinigten Staaten militärisch intervenieren werden, sollten sie – unabhängig von den Bestimmungen des geltenden Kanalvertrages – eine akute Gefährdung des Kanalbetriebs perzipieren.

Während das Verhältnis zu Costa Rica als spannungsfrei charakterisiert werden kann, kommt den Beziehungen zu Kolumbien eine andere Qualität zu, weil der dort ausgetragene Bürgerkrieg sich seit geraumer Zeit auf das grenznahe Gebiet in Panama auswirkt (Infiltration von Aufständischen, Flüchtlinge), ohne dass die schwachen Sicherheitskräfte Panamas solchen Tendenzen effektiv entgegenwirken könnten.

Ein wesentlicher Grund für das traditionell geringe Interesse an einer stärkeren wirtschaftlichen Kooperation und Verflechtung mit den fünf anderen zentralamerikanischen Kleinstaaten war die durch die Dominanz außenorientierter Dienstleistungsbranchen geprägte singuläre Struktur der panamaischen Wirtschaft sowie deren durch das vergleichsweise hohe Lohn- und Kostenniveau bedingte geringe intraregionale Wettbewerbsfähigkeit. Weder gehörte Panama dem 1960 entstandenen zentralamerikanischen Wirtschaftspakt (MCCA) an, noch trat es der 1993 gegründeten Nachfolgeorganisation SICA bei. Hingegen haben sich die politischen Beziehungen der Kanalrepublik zu diesen Ländern im Zusammenhang mit der Etablierung demokratischer Regierungssysteme in der Region intensiviert. Wie alle anderen Isthmusstaaten entsendet auch Panama Vertreter ins zentralamerikanische Parlament (PALACEN).

Panama ist Teilnehmer des seit 1984 institutionalisierten politischen Dialogs zwischen der EU und Zentralamerika. Im Lande selbst finanziert die EU Projekte zur Erhöhung der wirtschaftlichen Wettbewerbsfähigkeit, zur Verbesserung des Gesundheits- und Erziehungssystems (v.a. in der Comarca Ngöbe Buglé) und zur Modernisierung des Justizsystems. Dafür wurden im Zeitraum von 2002 bis 2006 rd. 24 Mio. € bereitgestellt. Wichtigster politischer und wirtschaftlicher Partner Panamas in Europa ist die alte Kolonialmacht Spanien.

In den 1990er Jahren zeichnete sich die Möglichkeit ab, dass sich Japan an einer zukünftigen Modernisierung des Kanals finanziell beteiligen würde; die Idee zerstob aber gegen Ende der Dekade ähnlich rasch wie sie vorher aufgekommen war. Zu Beginn des neuen Millenniums sind Taiwan und China die wichtigsten asiatischen Partner Panamas. Die Volksrepublik ist seit 2003 die zweitwichtigste Nutzernation der Kanalverbindung. Seit 1997 betreibt die Firma Hutchison aus Hongkong den Hafen Balboa am pazifischen und den Hafen Cristóbal am karibischen Zugang des Kanals. Diplomatische Beziehungen unterhält Panama aber nur zu Taiwan, das dieses Privileg mit großzügiger Wirtschafts- und Entwicklungshilfe honoriert. Mit dem rasanten Aufstieg der Volksrepublik zu einer (wirtschaftlichen) Weltmacht dürfte die Ratio der bisherigen China-Politik Panamas zunehmend unter Druck geraten.

Panama ging im November 2006 als erfolgreicher Kompromißkandidat aus dem fruchtlosen Wettbewerb zwischen Venezuela und Guatemala um einen Sitz im UNO-Sicherheitsrat für den Zeitraum 2007-2008 hervor.

Literatur

Arias Calderón, Ricardo (2001): Democracia sin ejército. La experiencia de Panamá. Ciudad de Panamá.

Bernal V., Miguel Antonio (2004): Evolución constitucional desde la separación de Panamá, in: Castillero Calvo, Alfredo (2004). Volumen III. Tomo I: 4-48.

Caumartin, Corinne (2007): „Depoliticisation" in the Reform of the Panamanian Security Apparatus, in: Journal of Latin American Studies, 39 (2007) 1, 107-132

Castillero Calvo, Alfredo (Hrsg.) (2004): Historia General de Panamá. 3 Volúmenes. Bogotá.

Conniff, Michael L. (1985): Black Labor on a White Canal. Panama, 1904-1981. Pittsburgh.

Conniff, Michael L. (²2001): Panama and the United States. The Forced Alliance. Athens/London.

Franco, Bolívar E. (2001): Panamá: Los partidos políticos en los 90 entre elecciones y transformaciones. Ciudad de Panamá.

Gandásegui, Marco A. (²1998): La democracia en Panamá. Ciudad de Panamá.

Gandásegui, Marco A. (Comp.) (²2002): Las clases sociales en Panamá. Ciudad de Panamá.

Guevara Mann, Carlos (2006): Sistemas electorales y estilos de campaña: Los diputados panameños y el voto personalista, in: Revista de Ciencia Política 26 (2), 209-230.

Harding, Robert C. (2001): Military Foundations of Panamanian Politics. New Brunswick.

Harding, Robert C. (2006): The History of Panama. Westport.

Hoffmann, Karl-Dieter (1990): Panama: Das Wahldesaster vom 7. Mai 1989, in: Lateinamerika. Analysen – Daten – Dokumentation 7 (13): 77-82.

Hoffmann, Karl-Dieter (1991): Panama: Politik im Schatten des Kanals, in: Nolte, Detlef (Hrsg.) (1991): 133-170.

Hoffmann, Karl-Dieter (1995): Panama, in: Nohlen, Dieter/Nuscheler, Franz (Hrsg.) (1995): 243-276.

Hoffmann, Karl-Dieter (2000): Panama feiert das Ende seines nationalen Traumas: „El Canal es nuestro", in: Brennpunkt Lateinamerika. 1/2000.

Hoffmann, Karl-Dieter (2004): Die ungewöhnliche Staatsgründung – Zur hundertjährigen Existenz Panamas, in: Hispanorama. 104 (Mai 2004): 77-84.

Hoffmann, Karl-Dieter (2004): Das „Herzstück" der Transitökonomie: Zur wirtschaftlichen Bedeutung des Panama-Kanals in Vergangenheit, Gegenwart und Zukunft, in: Zoller, Rüdiger (Hrsg.) (2004): 63-100.

Hoffmann, Karl-Dieter (2005): Der Panama-Kanal soll wettbewerbsfähiger werden: Das Megaprojekt einer dritten Schleusenstraße, in: KAS-Auslandsinformationen. 12/2005: 31-64.

Koster, Richard M./Sánchez, Guillermo (1990): In the Time of the Tyrants. Panama 1968-1990. New York/London.

Krosigk, Friedrich von (1999): Panama – Transit als Mission. Leben und Überleben im Schatten von Camino Real und transisthmischem Kanal. Frankfurt/M.

LaFeber, Walter (1989): The Panama Canal. The Crisis in Historical Perspective. New York/Oxford.

Major, John (1993): Prize Possession. The United States and the Panama Canal 1903-1979. Cambridge.

McCullough, David (1977): The Path between the Seas. The Creation of the Panama Canal 1870-1914. New York/London.

Meding, Holger M. (2002): Panama. Staat und Nation im Wandel (1903-1941). Köln/Weimar.

Nohlen, Dieter/Nuscheler, Franz (Hrsg.) (1995): Handbuch der Dritten Welt. Band 3: Mittelamerika und Karibik. Bonn.

Nolte, Detlef (Hrsg.) (1991): Lateinamerika im Umbruch? Wirtschaftliche und politische Wandlungsprozesse an der Wende von den 80er zu den 90er Jahren. Hamburg.

O'Reggio, Trevor (2006): Between Alienation and Citizenship: The Evolution of Black West Indian Society in Panama, 1914-1964. Lanham.

Pearcy, Thomas L. (1998): We Answer Only to God. Politics and the Military in Panama, 1903-1947. Albuquerque.

Pérez, Orlando J. (2000): Post-Invasion Panama. The Challenges of Democratization in the New World Order. Lanham/Oxford.

Pérez, Orlando J./Gandásegui, Marco A. (2004): The Political Culture of Democracy in Panama, 2004. Public Perceptions About the Political System. Nashville.

Pizzurno Gelós, Patricia/Araúz, Celestino Andrés (1996): Estudios sobre el Panamá Republicano (1903-1989). Bogotá.

Schuster, Sven (2006): „I took Panama". Die Separation Panamas in der Sicht der Historiografie Panamas, Kolumbiens und der USA. Eichstätt (mesa redonda Nr. 24).

Szok, Peter A. (2001): „La última gaviota". Liberalism and Nostalgia in Early Twentieth-Century Panama. Westport.

Ward, Christopher (1993): Imperial Panama. Commerce and Conflict in Isthmian America, 1550-1800. Albuquerque.

Zimbalist, Andrew/Weeks, John (1991): Panama at the Crossroads. Economic Development and Political Change in the Twentieth Century. Berkeley.

Zoller, Rüdiger (Hrsg.) (2004): Panama: 100 Jahre Unabhängigkeit. Handlungsspielräume und Transformationsprozesse einer Kanalrepublik. Erlangen (mesa redonda Nr. 20).

Das politische System Paraguays

Barbara Potthast unter Mitarbeit von Artur Sosna

1 Überblick zur historischen Entwicklung Paraguays seit der Unabhängigkeit

Paraguays historische Entwicklung ist durch eine Reihe von Problemen gekennzeichnet, die sich aus seiner geographischen Lage ergeben. In der Mitte des südamerikanischen Subkontinents, aber abseits der wichtigen kolonialen Handelsrouten gelegen und ohne nennenswerte Bodenschätze, war es zu einer relativ isolierten Frontiergesellschaft geworden, die sich gegen indigene Gruppen sowie gegen die Expansion der Portugiesen aus Brasilien zu wehren hatte. Auf der Basis relativer Armut entstand eine mestizische Gesellschaft, in der die indigene Sprache, das Guaraní, zur von allen sozialen Gruppen gesprochenen Verkehrssprache wurde, ein Charakteristikum, das Paraguay bis heute von allen anderen lateinamerikanischen Gesellschaften abhebt. Diese Bilingualität, die als Zeichen ethnischer Homogenität gedeutet werden konnte, erlangte allerdings erst ab der zweiten Hälfte des 19. Jahrhunderts Bedeutung für die nationale Identitätskonstruktion.

Die Errichtung des Vizekönigreiches Río de la Plata im Jahre 1778 bedeutete auch für Paraguay einen gewissen Aufschwung, da legaler Handel nun auch über das Flusssystem des Río Paraná und Río Paraguay möglich war, führte allerdings zu einer Dominanz der Hafenstadt Buenos Aires, die in den folgenden Jahrzehnten zu einem der größten Probleme des Landes werden sollte. Durch die napoleonische Besetzung Spaniens entstand ab 1810 ein Machtvakuum, das durch die Errichtung von Regierungsjuntas sowohl im Mutterland als auch in den meisten Zentren der amerikanischen Vizekönigreiche gefüllt werden sollte. Die Provinz Paraguay wurde infolgedessen 1811 beinahe zeitgleich sowohl von Cádiz als auch von Buenos Aires aufgefordert, sich der dortigen Junta zu unterstellen, woraufhin eine Bürgerversammlung (*cabildo abierto*) unter Vorsitz des spanischen Gouverneurs sich zunächst für eine abwartende Haltung entschied. Buenos Aires versuchte allerdings, seinen Anspruch durch die Entsendung eines „Befreiungsheeres" in die nördlichen Provinzen zu untermauern, ein Ansinnen, dem sich die Paraguayer erfolgreich widersetzten. Buenos Aires hielt jedoch seinen Anspruch als alleinige Führungsmacht in der Region aufrecht und versuchte, Paraguay durch die Blockade der Flüsse – und damit des gesamten Handels aus der Region – zum Einlenken zu bewegen. Ergebnislose Verhandlungen mit der ehemaligen Hauptstadt und politische Wirren sowohl in Buenos Aires als auch in Asunción führten schließlich zur Einberufung eines „allgemeinen Kongresses", der am 12. Oktober 1813 die Unabhängigkeit Paraguays verkündete. Die Regierung der neuen Republik wurde zwei Konsuln übertragen, dem Milizführer Fulgencio Yegros sowie dem Rechtsanwalt Dr. José Gaspar Rodríguez de Francia, der der politische Kopf der Unabhängigkeitsbewegung war. Im folgenden Jahr wurde Francia zum alleinigen Diktator auf fünf Jahre gewählt, zwei Jahre später zum Diktator auf Lebenszeit. Begründet wurde dieser Schritt damit, dass nur durch die Konzentration der Macht in einer Hand die Unabhängigkeit erhalten werden könne.

Die Wahrung der Unabhängigkeit blieb das oberste Ziel der Regierung Francias, der versuchte, den politischen Wirren der Provinzen des ehemaligen Vizekönigreiches durch strikte Nicht-Einmischung zu entgehen und dem wirtschaftlichen Druck, den Buenos Aires durch die Sperrung der Flussschifffahrt auf Paraguay ausübte, durch einen weitgehenden Verzicht auf Außenhandel. Interner Widerstand gegen diese Isolationspolitik, die vor allem die Exportkaufleute traf, regte sich nach der Niederschlagung einer Verschwörung im Jahre 1820 kaum noch. Paraguay blieb unter der Regierung Francias ein autoritär regiertes, isoliertes, wirtschaftlich vor allem auf Subsistenzproduktion ausgerichtetes Land. Andererseits sorgte ausgedehnter Staatsbesitz und streng kontrollierter Handel mit Brasilien dafür, dass Francia seinem Nachfolger ein unverschuldetes Land mit gut gefüllten Staatskassen hinterließ.

Nach Francias Tod im Jahre 1840 wurde zunächst erneut ein von Militärs beherrschtes Triumvirat sowie anschließend zwei Konsuln eingesetzt, in dem der gebildete und politisch erfahrenere Anwalt Carlos Antonio López bald die Oberhand über Oberst Mariano Roque Alonso behielt. Ein zum Ende der Konsulatszeit einberufener Kongress ernannte López 1844 zum Präsidenten für zehn Jahre, 1854 für weitere drei und 1857 erneut für zehn Amtsjahre. Zwar war die politische Macht von López kaum weniger umfassend als diejenige des Diktators Francia, doch erließ er 1844 erstmals Verfassungsgrundsätze und zollte deren Institutionen größeren Respekt. Auch begann er mit dem Aufbau einer Verwaltung und räumte anderen sozialen Gruppen wieder etwas größeren Spielraum ein. Entscheidend für die weitere Entwicklung war vor allem die allmähliche Öffnung des Landes, die nach der Niederlage des argentinischen Diktators Juan Manual de Rosas 1852 möglich wurde, der sich strikt geweigert hatte, die Unabhängigkeit Paraguays anzuerkennen. Argentinien lockerte die Blockade der Flüsse und 1856 kam es schließlich zum Abschluss eines Friedens-, Freundschafts-, Handels- und Schifffahrtsvertrages mit Argentinien. Bolivien und Brasilien hatten Paraguay bereits zu Beginn der 1840er Jahre als unabhängige Republik anerkannt, es folgten in den 1850er Jahren auch einige europäische Staaten sowie die USA, so dass Paraguay auf dieser Basis wieder politische und ökonomische Außenkontakte aufnehmen konnte. López schloss Verträge mit europäischen „Experten", um das Bildungs-, Transport- und Kommunikationswesen zu modernisieren, ließ Fabriken bauen und professionalisierte das Militär. Trotz wirtschaftlichen Aufschwungs und vermehrten Außenhandels sowie einiger Reformen im liberalen Zeitgeist, wie z.B. die Abschaffung der *pueblos de indios*, hielt López die staatlichen Monopole sowie den ausgedehnten staatlichen Landbesitz aufrecht, der nun allerdings auch der Familie López zugute kam. Das politische System blieb, trotz größerer Formalisierung und Beachtung von Kongress und Gesetzen, in autoritären Strukturen verhaftet. Allerdings formierte sich gegen Ende der 1850er Jahre in Argentinien eine Gruppe von Exilparaguayern, die das Regime publizistisch bekämpften. Diese Situation änderte sich wenig, als nach dem Tod von Carlos Antonio López trotz des Widerspruches einiger Abgeordneter seinem Sohn Francisco Solano die Präsidentschaft übertragen wurde. Francisco Solano López gab die strikte Nicht-Einmischungspolitik seiner Vorgänger auf und verstrickte das Land ab 1864 in einen Krieg, der bis heute das zentrale Ereignis der paraguayischen Geschichte und seiner nationalen Identität darstellt.

Die brasilianische Intervention in Uruguay, mit dem Paraguay ein Hilfsabkommen verband, führte zur paraguayischen Kriegserklärung an Brasilien. 1865 schlossen sich Argentinien, das den unerlaubten Durchmarsch paraguayischer Truppen durch sein Territorium als Kriegerklärung wertete, sowie Uruguay, wo inzwischen ein Machtwechsel stattgefunden hatte, den Brasilianern an. Diese sogenannte Tripel-Allianz schloss einen Vertrag, dessen Ziel der Sturz von Francisco Solano López war, der in einem zunächst geheimen Zusatzabkommen aber auch umfangreiche Gebietsabtretungen und Reparationsforderungen vorsah. Nach anfänglichen militärischen Erfolgen wurden die Paraguayer bald auf ihr Territorium zurückgeworfen. Der Krieg zog sich länger hin, als von den Alliierten erwartet. Erst zu Beginn des Jahres 1869 gelang es, die paraguayische Hauptstadt Asunción einzunehmen. Es dauerte ein weiteres Jahr, bis der Krieg im März 1870 durch den Tod des Präsidenten López beendet war. Paraguay, aber auch die Alliierten, hatten durch Kriegshandlungen und Epidemien erhebliche Verluste hinnehmen müssen, die im Falle Paraguays auch die Zivilbevölkerung betrafen. Das Land verlor vermutlich etwas mehr als die Hälfte seiner Bevölkerung sowie einen großen Teil seines Territoriums.

Die Alliierten hatten 1869 eine provisorische Regierung aus Exilparaguayern eingesetzt, die bis zur Verabschiedung einer neuen Verfassung Ende 1870 im Amt blieb. Sowohl die provisorischen Regierungen als auch die nachfolgenden Präsidenten konnten das völlig zerstörte und politisch orientierungslose Land jedoch nicht stabilisieren und blieben abhängig vom Einfluss der Besatzungsmächte, vor allem von Brasilien, dessen Rivalitäten mit Argentinien inzwischen allerdings wieder aufgebrochen waren. Dies verschaffte Paraguay einerseits einen gewissen Spielraum, trug andererseits aber mit zur politischen Instabilität bei. Die ausländischen Truppen verließen das Land 1876 und es dauerte ein weiteres Jahrzehnt, bis die politischen Allianzen, die sich zunächst in Wahlvereinen stets neu konstituierten, zu Parteien wurden. In dieser Zeit nahm das bis dahin unverschuldete Paraguay auch erstmals einen Kredit in London auf, von dem allerdings nur ein geringer Teil in Paraguay eintraf.

Die unmittelbare Nachkriegszeit endete mit der Präsidentschaft Bernardino Caballeros (1880-86), der auch Mitbegründer der *Asociación Nacional Republicana* (ANR, besser bekannt als *Colorado*-Partei) war. Diese dominierte die paraguayische Politik bis 1904, die darauffolgende Zeit bis zum Chaco-Krieg (1932-36) war durch die Vorherrschaft der Liberalen (*Partido Liberal*) gekennzeichnet. Allerdings blieb die Lage in Paraguay weiterhin instabil, und es kam immer wieder zu Abspaltungen in der Parteienlandschaft sowie zu Aufständen. Die allmähliche demographische und ökonomische Erholung des Landes wurde flankiert durch die Einwanderung von Europäern. Diese wurden auch dadurch angezogen, dass Paraguay ab 1884 eine völlige Abkehr von der bisherigen Landpolitik vornahm. Zur Konsolidierung der Staatsfinanzen erlaubte ein 1883 erlassenes und 1885 noch einmal erweitertes Gesetz den Verkauf des ausgedehnten staatlichen Besitzes. Dies zog zwar ausländische Investoren und Einwanderer an, initiierte aber auch einen Konzentrationsprozess, der zwar erst in späteren Jahrzehnten zu einem Problem für die ärmere Landbevölkerung werden sollte, von vielen aber als ein Ausverkauf des Landes verstanden wurde und letztlich zur Ablösung der *Colorados* von der Regierung führte. Trotz aller Krisen und Probleme konsolidierte sich das politische System ab 1912 allmählich und die grassierende Korruption sowie die Dominanz der Militärs konnte teilweise eingedämmt werden, allerdings lebte der größte Teil der Bevölkerung weiterhin in Armut – und es zeigten sich bereits die ersten Anzeichen eines neuen äußeren Konfliktes, diesmal mit Bolivien.

Paraguay und Bolivien hatten mehrfach den Versuch unternommen, die Unklarheiten des Grenzverlaufes im kaum besiedelten Chaco mittels Verträgen zu lösen, diese waren jedoch nicht ratifiziert oder nicht umgesetzt worden. Der Verlust des Zugangs zum Meer im Salpeterkrieg sowie Ölfunde im bolivianischen Teil des Chaco führten ab den 20er Jahren schließlich dazu, dass Bolivien versuchte, über ein allmähliches Vorrücken in der nur spärlich besiedelten Region Zugang zum Flusssystem der La Plata-Region zu erlangen. Die paraguayische Regierung sah sich einer erneuten kriegerischen Auseinandersetzung nicht gewachsen und versuchte, die bolivianischen Vorstöße zu ignorieren, musste aufgrund des Drucks sowohl von Seiten der Militärs als auch der Bevölkerung schließlich jedoch reagieren und war damit erneut in einen der blutigsten Kriege der lateinamerikanischen Geschichte verwickelt. Die Kampfhandlungen zogen sich bis zum Waffenstillstand im Juni 1935 hin, diesmal ging Paraguay siegreich aus dem Krieg hervor. Ein Friedensvertrag kam allerdings erst 1938 nach langwierigen Verhandlungen zustande.

Unmittelbar nach Unterzeichnung des Waffenstillstandes brachen in Paraguay erneut die politischen Querelen auf, und durch den Krieg bekannt gewordene Militärs bestimmten nun zunehmend die Debatte. In der Nacht vom 16. zum 17. Februar 1936 putschte das Militär unter Oberst Rafael Franco, einem populären Helden des Chaco-Krieges. Sein Programm stand stark im Zeichen autoritären und nationalistischen Denkens, mit Anleihen an faschistisches Gedankengut. In seiner Regierung saßen jedoch auch Vertreter von Studenten- und Arbeiterorganisationen, die sich zu einer „nationalrevolutionären" Partei mit linker Orientierung zusammengeschlossen hatten. Mit Franco hielt die Vorstellung von der Armee als dem eigentlichen Hüter nationaler Interessen Einzug in die paraguayische Politik. Seine wesentlichen Ziele lauteten: keine Konzessionen in den Friedensverhandlungen, Zurückdrängung des ausländischen Einflusses in der Wirtschaft, sowie eine Verbesserung der Lage der Arbeiter und Bauern. Letzteres führte zu einem Agrarreformgesetz, das bleibende Wirkung hinterließ und in den 50er und 60er Jahren von eigens hierfür eingerichteten Institutionen fortgeführt wurde.

Die sogenannte „Februarrevolution" war jedoch nur von kurzer Dauer, denn bereits im August 1937 wurde sie durch einen erneuten Militärputsch und die Ansetzung von Neuwahlen beendet. Eine Rückkehr zum alten Parteiensystem war jedoch nicht mehr möglich und der populäre General José Felix Estigarribia wurde „auf dem liberalen Ticket" ohne Gegenkandidaten zum Präsidenten gewählt. Die soziale und politische Lage beruhigte sich in der Folgezeit jedoch nicht, so dass Estigarríbia schließlich den Ausnahmezustand ausrief, sich zum Diktator ernannte und eine neue Verfassung ausarbeiten ließ. Diese trug stark autoritäre Züge, unter Einbeziehung einiger korporativer Elemente, und wurde im August 1940 mit großer Mehrheit, wenn auch bei geringer Wahlbeteiligung, angenommen. Noch bevor der neue Kongress zusammentreten konnte, kam der neue Hoffnungsträger, auf den die Verfassung zugeschnitten war, im September 1940 bei einem Flugzeugabsturz ums Leben. Die Militärs ernannten daraufhin einen weiteren General, Higinio Morínigo, zum Präsidenten. Dieser hatte mit weiteren Rebellionen sowohl von Teilen der Militärs als auch von Studenten und Arbeitern zu kämpfen. Er verbannte in der Folge schließlich auch die Parteien aus dem politischen Geschehen, bis er diese auf Druck der USA 1946 wieder zulassen und Wahlen anberaumen musste, damit aber einen Bürgerkrieg heraufbeschwor. Aus diesen Auseinandersetzungen gingen 1948 die *Colorados* als Sieger hervor, doch spalteten sie sich in den folgenden Jahren immer wieder in verschiedene Fraktionen, so dass es bis 1954 zu einer Reihe von instabilen Diktaturen kam. Nach einem erneuten Putsch wurden für dieses Jahr neue Wahlen anberaumt, und die *Colorados* stellten General Alfredo Stroessner, der bereits an mehren Militärcoups beteiligt gewesen war, als Präsidentschaftskandidaten auf. Damit hatte sich eine der Fraktionen innerhalb der *Colorados* mit Hilfe der Militärs die Macht gesichert und diese Kombination aus Partei und Militär stellte, neben der Repression und der Korruption, die Grundlage für die 35 Jahre währende Regierungszeit Stroessners dar.

In der Zeit der politischen Auseinandersetzungen und Bürgerkriege, die das ohnehin nach den Kriegen wirtschaftlich danieder liegende Land noch weiter schwächten, wanderte ein großer Teil der Bevölkerung ins benachbarte Argentinien ab. Die politische Repression unter Stroessner verstärkte diese Tendenz in den 60er Jahren noch weiter. Während seiner ersten Amtszeit hatte der neue Präsident noch gegen verschiedene Rivalen innerhalb der Partei der *Colorados* zu kämpfen gehabt, er schaffte es jedoch sukzessive, diese auszuschalten. Als ab 1958 verschiedene linke Kräfte, die sich zu einer Guerillaorganisation namens FULNA (*Frente Unida de Liberación Nacional*) zusammengeschlossen hatten, von Argentinien aus eine Offensive gegen Stroessner starteten, nutze er dies zu einer harten Gegenoffensive sowie zum Aufbau eines umfassenden Spionagenetzes in der Bevölkerung. In der Folgezeit konnte er nicht nur die Guerilla-, sondern auch innerparteiliche Oppositionskräfte weitgehend ausschalten. Seine starke Stellung basierte neben der Repression und der Kontrolle des Militärs zunehmend auf der Korruption potentieller Gegner sowie der erfolgreichen Etablierung einer neuen, einheitlichen Ideologie innerhalb der *Colorados*. Nach anfänglichen wirtschaftlichen Problemen bescherte dann der von 1973 bis 1982 währende Bau des Staudammes von Itaipú an der paraguayisch-brasilianischen Grenze dem Land einen Aufschwung und die Schaffung zahlreicher Arbeitsplätze, was die Propaganda in das allgegenwärtige Motto „*paz, trabajo y bienestar con Stroessner*" (Friede, Arbeit und Wohlstand mit Stroessner) ummünzte.

Zu Zeiten des Kalten Krieges konnte sich die paraguayische Regierung, die einen streng antikommunistischen Kurs fuhr, auch der Unterstützung der USA sicher sein. Sie begann erst unter der Regierung Jimmy Carters im Jahr 1977 zu schwinden, und in der Folge sah sich Stroessner zu leichten Zugeständnissen an die Opposition gezwungen, die sich 1979 zum sogenannten *Acuerdo Nacional* zusammenschloss, das Liberale, *Febreristas* sowie dissidente Strömungen innerhalb der *Colorados* vereinigte. Einigen ihrer prominentesten Vertreter wurde die Rückkehr aus dem Exil erlaubt. Zu Beginn der 80er Jahre begann die katholische Kirche und nach dem Ende des wirtschaftlichen Booms zunehmend auch die Geschäftswelt, sich von Stroessner zu distanzieren. Das Ende der Bautätigkeit in Itaipú hatte viele Paraguayer in die Arbeitslosigkeit entlassen, so dass die Landfrage neue Aktualität gewann und vom staatlichen Landverteilungsprogramm, das im Wesentlichen in der Expansion in bisherigen Randgebieten bestand, nicht mehr aufgefangen werden konnte. Wachsender innerer und äußerer Druck, unterstützt durch die Demokratisierung in den Nachbarländern Argentinien und Brasilien, zwangen Stroessner schließlich zur endgültigen Aufhebung des Ausnahmezustandes und einer gewissen politischen Öffnung. Mittlerweile hatte er auch gegen den Widerstand der sogenannten „Traditionalisten" innerhalb seiner Partei zu kämpfen, die eine behutsame Demokratisierung forderten und diese anlässlich der erneuten Kandidatur des mittlerweile 76-jährigen Stroessners bei den Präsidentschaftswahlen 1988 einforderten. Stroessner konnte sich noch einmal durchsetzten, doch selbst innerhalb der Militärs erfreute sich der Diktator inzwischen keiner unangefochtenen Zustimmung mehr, da auch diese erkannten, dass seine Regierung aus innen- wie außenpolitischen Gründen immer weniger tragbar war. Dennoch kam der Putsch vom 3./4. Februar 1989 für die meisten Paraguayer überraschend, zumal er von seinem engsten Vertrauten, General Andrés Rodriguez, angeführt wurde.

Der aus einer armen Bauernfamilie stammende General, der in weniger als 30 Jahren einen geschätzten Reichtum von über einer Milliarde US-Dollar durch Verwicklungen in Drogenhandel, Schmuggel und Korruption angehäuft hatte, nannte folgende Gründe für seinen Putsch gegen General Stroessner: Wiederherstellung der Würde der Streitkräfte sowie der Einheit der *Colorado*-Partei, erst dann kamen Demokratisierung und Verteidigung der Menschenrechte. Es ist daher wenig erstaunlich, dass die neue Regierung sich nach dem Putsch kaum bemühte, die Demokratie als Staats- und Lebensform zu verankern. Der Übergang zu einer Demokratie war somit ein Ergebnis von Machtkämpfen innerhalb der politischen Elite, die politische Opposition und die Zivilgesellschaft spielten zunächst keine Rolle im Transitionsprozess.

General Rodríguez setzte bereits für den Mai 1989 Präsidentschafts- und Parlamentswahlen an, um seine Machtansprüche demokratisch abzusichern; die unvorbereitete Opposition verlor diese mit lediglich 26% der Stimmen deutlich. Der Sieger, nebenbei bemerkt ein Mitschwiegervater Stroessners, berief mehrere Offiziere in sein Kabinett, er selbst blieb Oberbefehlshaber der Streitkräfte. Zwischen dem Offizierskorps und der regierenden *Colorado*-Partei bestanden weiterhin enge Beziehungen. Für die Armee wurde ein Drittel der Staatsausgaben vorgesehen, für die Bildung und Gesundheit lediglich ein Viertel. Auf der anderen Seite verabschiedete die Regierung von General Rodríguez eine bedeutende Anzahl von Gesetzen, die für den Übergang zur Demokratie von entscheidender Bedeutung waren. In der Praxis jedoch wurden viele Gesetze nicht beachtet bzw. umgangen. Die *Colorados* vermieden es, bestimmte Bereiche der öffentlichen Ordnung überhaupt zu thematisieren. So wurden keine signifikanten Maßnahmen gegen den dramatisch angestiegenen Drogen- und Schmuggelhandel, Geldwäschegeschäfte und die Korruption erlassen. Auch die dringend nötige Landreform blieb aus. Andererseits wurde die Grundlage zur Durchführung einer Kommunalwahl im Jahr 1991 geschaffen, die der Opposition, insbesondere dem *Partido Liberal Radical Auténtico (PLRA)* ermöglichte, 43 von 199 Munizipien zu gewinnen. Des Weiteren wurde 1992 eine neue Verfassung erlassen, die demokratischste in der Geschichte Paraguays. Ein Jahr davor trat Paraguay dem neu entstandenen gemeinsamen Markt MERCOSUR bei. Weiterhin wurde eine Steuerreform durchgeführt (ohne jedoch das Einkommenssteuerproblem zu lösen), Deregulierungs- und Liberalisierungsmaßnahmen eingeleitet, ein freies und einheitliches Wechselkurssystem eingeführt, Preiskontrollen abgeschafft, Zölle gesenkt und Importbeschränkungen aufgehoben.

Die Defekte in der paraguayischen Demokratie blieben auch während der anschließenden Präsidentschaft von Juan Carlos Wasmosy (1993-1998) erhalten. Schon seine Wahl zum Präsidentschaftskandidaten innerhalb der *Colorado*-Partei basierte auf einer internen Wahlfälschung und während der eigentlichen Präsidentschaftswahl kam es zu Einschüchterungsversuchen seitens verschiedener *Colorado*-Mitglieder. Der neue Präsident Wasmosy, ein reicher Industrieller, stand wie sein Vorgänger zwischen den Interessen der Armee und der Partei. Die Militärs, seit mindestens fünf Jahrzehnten in die Politik involviert, waren zudem in die Korruptions-, sowie in Drogen- und Geldwäscheskandale verwickelt. Präsident Wasmosy konnte oder wollte dies jedoch nicht unterbinden. Lediglich im Hinblick auf die Besetzung des Obersten Gerichtshofs und das gesetzliche Verbot der Parteimitgliedschaft der aktiven Angehörigen von Armee, Polizei und Geheimdienst kam es zu Verbesserungen. Präsident Wasmosys kleine demokratische Schritte riefen jedoch nicht nur Zustimmung hervor und erlaubten dem ehrgeizigen General Lino Oviedo, sich als „Retter der alten Ordnung" zu profilieren und 1996 einen Militärcoup zu versuchen. Der missglückte

Putschist sollte anschließend durch seine Ernennung zum Verteidigungsminister eingebunden werden, was Wasmosy allerdings auf internationalen Druck kurz darauf widerrief. Während der fünfjährigen Präsidentschaft Wasmosys kann man regressive Tendenzen in der demokratischen und ökonomischen Entwicklung Paraguays erkennen. Neun Jahre nach dem Sturz des Diktators dominierten noch immer die alten Machtstrukturen, trotz Opposition und Meinungsfreiheit.

Auch der dritte, im Mai 1998 demokratisch gewählte Präsident Paraguays konnte an dieser Situation nichts ändern. Im Gegenteil, die Regierungszeit von Raúl Cubas Grau endete nach nur sieben Monaten, drei Tage nachdem der Vizepräsident Luis María Argaña, ein erbitterter Gegner des Präsidenten und des Ex-Generals Oviedo, ermordet worden war. Die vermutlichen Drahtzieher flohen ins Ausland: Oviedo setzte sich nach Argentinien ab und Cubas Grau fand Unterschlupf in Brasilien. Die Entschlossenheit der für die junge Demokratie demonstrierenden Paraguayer und der Rückzug Cubas Graus bewahrten Paraguay vor einer erneuten Diktatur.

Das Machtvakuum wurde zunächst von Senatspräsident Luís Angel González Macchi gefüllt, der am 29. März 1999 das Präsidentenamt übernahm. Er setzte eine Regierung der Nationalen Einheit ein, in der auch die Opposition vertreten war. Auch die Korruption sollte endlich wirksam bekämpft werden. Allerdings zog sich die *PLRA* Ende 2000 aus der Regierung zurück, und die Unzufriedenheit der Bevölkerung mit der Regierung und dem Präsidenten, der erneut in Korruptionsskandale verstrickt war, wuchs. Eine Bankenkrise, wirtschaftliche Rezession, steigendes Staatsdefizit und die hohe Armuts- und Arbeitslosenrate führten zum konstanten Absinken der Zustimmung zur Demokratie. Gleichzeitig wuchs die Zahl der Befürworter einer autoritären Lösung. Präsident Macchi konnte drei Amtsenthebungsverfahren nur deshalb überstehen, weil sonst der oppositionelle Vizepräsident das Präsidentenamt übernommen hätte. Bei der darauf folgenden Wahl im Jahr 2003 gelang es den *Colorados* erneut, einen der ihren, Nicanor Duarte Frutos, mit nur 37% der Stimmen ins Präsidentenamt zu bringen. Trotz seiner Zugehörigkeit zu den *Colorados* genießt Duarte den Ruf eines jungen Erneuerers. Es gelang ihm, das Steuersystem zu revolutionieren, die Wirtschaft dauerhaft anzukurbeln, wenn auch auf niedrigem Niveau, bei anhaltend hohem Bevölkerungswachstum. Seine Regierung erlangte eine gewisse Glaubwürdigkeit, u.a. weil ihr drei deutschstämmige Mennoniten, die als absolut unbestechlich gelten, angehören. Dennoch ist der Einfluss der alten Seilschaften nach wie vor stark und Teile der *Colorados* versuchen, mit Hilfe von Alfredo Domínguez Stroessner, einem Enkel des früheren Machthabers, dem „Neo-Stroessnerismus" zum Durchbruch zu verhelfen.

2   Verfassung

Im Gegensatz zu anderen lateinamerikanischen Staaten hat es in Paraguay im 19. Jh. keine langen Auseinandersetzungen um die Staatsform gegeben, dies war angesichts autoritärer Regierungen und fehlender politischer Opposition kaum möglich. Andererseits zeichnen sich selbst die Amtsführungen der Diktatoren, von Francia bis hin zu Stroessner, durch einen starken Legalismus aus. Die 1813 ausgerufene Republik, die zunächst von zwei Konsuln geleitet werden sollte, lehnte sich an römische Vorbilder an. Die Ernennung Francias zum alleinigen „*Dictador Supremo de la República*" durch den Kongress folgte ebenfalls diesem klassischen Vorbild. Francia respektierte es insofern, als er keine Gesetze, geschweige denn eine neue Verfassung erließ, sondern nur mit Dekreten regierte. Nach seinem Tod im Jahr 1840 kehrte man zunächst erneut zu einer Regierung von zwei Konsuln zurück, die nun begannen, mit Hilfe von „Provisorischen Statuten" ein neues Rechts- und Verwaltungswesen aufzubauen. 1844 wurde schließlich eine Verfassung verabschiedet, die zwar formal Gewaltenteilung vorsah, durch die starke Stellung des Präsidenten, der allen drei Teilen vorstand, diese jedoch praktisch wieder aushöhlte. Der Präsident hatte eine Amtszeit von 10 Jahren und konnte wiedergewählt werden. Individuelle Bürgerrechte gab es nur insofern, als die Gleichheit aller vor dem Gesetz garantiert war, sowie eine Anhörungspflicht seitens der Regierung im Falle von Klagen.

Nach der Niederlage im Tripel-Allianz-Krieg verabschiedete eine verfassungsgebende Versammlung weitgehend von den Siegermächten diktierte Grundsätze, die sich am nordamerikanischen und – in einigen Passagen sogar wortwörtlich – am argentinischen Vorbild orientierten. Die Verfassung erklärte Paraguay zu einer unteilbaren Republik, auf der Grundlage der Volkssouveränität und der Menschenrechte. Insgesamt folgte sie den damaligen Vorstellungen einer liberalen Demokratie und war als bewusster Gegenentwurf zu den autoritären Verfassungen der Vorkriegszeit gedacht. So wurden die Abgeordneten und Senatoren in direkter Volkswahl bestimmt, der Präsident jedoch von einem Wahlmännergremium, das ebenfalls aus direkten Wahlen hervorging. Eine direkte Wiederwahl des Präsidenten war ausgeschlossen. Angesichts fehlender demokratischer Traditionen und Verwaltungsstrukturen sowie der daraus resultierenden Instabilität wurde die Verfassung jedoch von vielen Paraguayern als unpassend empfunden.

Das dauerhafte Auseinanderklaffen von Verfassungsprinzipien und -wirklichkeit sowie Einflüsse korporatistischer, aber auch kommunistischer Ideen in den dreißiger Jahren führten schließlich zur sogenannten „Februarrevolution", die jedoch zu kurzlebig war, um eine neue Verfassung auszuarbeiten. Einige ihrer Grundsätze flossen jedoch in diejenige von 1940 ein, so die erneute Stärkung der Stellung des Präsidenten, die Wiedereinführung eines Einkammernparlamentes sowie die absolute Vorrangstellung nationaler Interessen vor individuellen. Privateigentum war nur geschützt, sofern es eine soziale Funktion erfüllte. Korporatistische Elemente fanden sich dagegen im „Staatsrat", in dem verschiedene Berufsgruppen mit beratender Funktion vertreten waren. Der Nationalismus, die starke Macht des Präsidenten, aber auch die Betonung der bürgerlichen Pflichten gegenüber den Rechten hatten ihre Wurzeln ebenso in faschistischen wie in traditionellen paraguayischen Vorbildern. Da jedoch auch diese Verfassung die politischen Probleme Paraguays nicht lösen konnte und demokratische Öffnungsversuche eher zur Stärkung radikaler Gruppen und zu bürgerkriegsähnlichen Auseinandersetzungen führten, wurde Paraguay letztlich auch unter dieser Verfassung die meiste Zeit per Ausnahmezustand regiert.

Die Verfassung von 1940 wurde 1967 durch eine neue ersetzt, die zwar wieder ein Zweikammerparlament schuf und eine Vertretung der Opposition vorsah, doch letztlich wenig demokratisch war. Der Mehrheitspartei fielen automatisch zwei Drittel der Abgeordnetensitze zu, womit die Regierungspartei sich die Macht sicherte, sich allerdings durch die Zulassung der Opposition ein gewisses demokratisches „Feigenblatt" verschaffte. Vor allem aber gestattete sie die unbegrenzte Wiederwahl des Präsidenten über die bislang vorgesehenen zwei Amtsperioden hinaus. Doch auch Alfredo Stroessner regierte, mit einer kurzen Ausnahme im Jahr 1959, bis 1970 mit Hilfe des Ausnahmezustandes, in der Hauptstadt Asunción galt dieser sogar bis 1987. Dieser erlaubte dem Präsidenten die Aussetzung aller verfassungsmäßigen Rechte. Um den Anschein von Legalität zu wahren, bestätigte der

Kongress regelmäßig den vom Präsidenten verhängten Ausnahmenzustand und hob ihn an Wahltagen für 24 Stunden auf.

Nach Stroessners Sturz und dem Versuch einer Rückkehr zur Demokratie musste die Regierung von General Rodríguez der Verfassung von 1967 „ihr autoritäres Kleid nehmen". Am 1.12.1991 fanden Wahlen zur verfassungsgebenden Versammlung statt, bei denen die Opposition deutlich unterlag. Daher konnten die *Colorados* bei strittigen Punkten, die die Partei oder das Militär direkt betrafen, ihre Position problemlos durchsetzen, so bei der Errichtung des neuen Amtes des Oberbefehlshabers der Armee, ein Amt, das bisher der Präsident inne gehabt hatte.

Wichtige demokratische Neuerungen waren hingegen die Abschaffung der Wiederwählbarkeit des Präsidenten; die Einschränkung seiner Machtbefugnisse und die Einführung des Amtes eines Vizepräsidenten; die Zuweisung neuer Kontrollbefugnisse an das Parlament; eine dezentrale und unabhängige Stellung der Judikative; die Einführung unabhängiger Gouverneure; das Recht, Militärs fortan auch unter zivile Strafbarkeit zu stellen; die Trennung von Armee und Staat durch das Verbot der Parteiangehörigkeit und politischer Aktivitäten von Militärs im aktiven Dienst. Im Jahr 2001 wurde zudem erstmals das in der Verfassung vorgesehene Amt eines Ombudsmannes für Menschenrechte (*Defensor del Pueblo*) besetzt.

Auch wenn die Verfassung somit formal demokratisch ist, wurde und wird sie häufig von Regierung und Militärs umgangen. Insbesondere kurz vor Wahlen, die einen für die regierenden *Colorados* unsicheren Ausgang voraussagen, werden vermehrt Verstöße gegen die Verfassung registriert, die von Wahlfälschung und Stimmenkauf bis hin zur Grenzschließung reichen, um die im Ausland lebenden Paraguayer an der Stimmabgabe zu hindern. Der neue Präsident Duarte Frutos versucht zudem, die Wiederwahl des Präsidenten zu ermöglichen.

3   Staatsoberhaupt

Paraguay hat seit seiner Unabhängigkeit stets auf eine starke Stellung des Staatsoberhauptes gesetzt. Vielfach machte die Frage, ob dieser als Präsident oder als Diktator das Land regierte, in der Praxis wenig Unterschied. Die eher schwachen Staatspräsidenten der liberalen Ära konnten ihre Amtszeit oft nicht beenden und hatten mit ständigen Revolten zu kämpfen, die letztlich zur Rückkehr zu einem präsidialen System führten. Spätestens seit den 30er Jahren kam der Einfluss des Militärs hinzu, aus dem die meisten Präsidenten stammten und die alle ein autoritäres Amtsverständnis mitbrachten. Ohne einen Rückhalt im Militär konnte sich seit Bernardino Caballero kein paraguayischer Präsident lange halten.

Andererseits hat Paraguay trotz stark paternalistisch-klientelistischer Sozial- und Politikstrukturen keine Caudillotradition im Sinne eines charismatischen Herrschers. Weder Francia noch Stroessner zeichneten sich hierdurch aus, auch wenn sie oft als Caudillos bezeichnet werden, sondern eher durch politisches Gespür, Disziplin und Organisationstalent sowie Fleiß. Während man die Herrschaft Francias noch in der Tradition des aufgeklärten Absolutismus sehen kann, und seine Autorität auch auf seiner unbeugsamen Gerechtigkeit beruhte, dominierten bei seinen Nachfolgern eher der Machtanspruch, gepaart mit persönlichen finanziellen Interessen. Andererseits finden sich seit Bernardino Caballero auch eine Reihe Präsidenten mit populistischen Zügen, die sich zumeist in Volksnähe, demonstriert durch die gute Beherrschung des Guaraní, und/oder in ihrer Rolle als Kriegshelden manifestieren. Dies beginnt sich erst langsam zu ändern. Auch unter der neuen Verfassung von 1992 ist Paraguay eine Präsidialrepublik. Der Staatspräsident gehört schon seit über 50 Jahren derselben Partei an – den *Colorados*, und auch die Staatsoberhäupter der jüngsten Zeit sind aufs Engste mit Militär, Partei und Wirtschaft verbunden bzw. kommen aus deren Establishment.

4 Parlament

Das Parlament hat, angesichts der autoritären Strukturen, in Paraguay traditionell keine allzu große Rolle gespielt, es sei denn diejenige, diese Strukturen zu legitimieren. Der erste nationale Kongress von 1813 war auf der Basis eines allgemeinen (männlichen) Wahlrechtes zustande gekommen, hatte dann aber die Macht an den von ihm ernannten Diktator abgetreten. Als er diesen schließlich zum Diktator auf Lebenszeit ernannte, löste der Kongress sich praktisch selbst auf, denn er stimmte der Regelung zu, dass er in Zukunft nur noch zusammentreten sollte, wenn der „*Dictador Supremo*" es für notwendig hielt. Die nachfolgenden Regierungen beriefen das Parlament zwar regelmäßiger ein, letztlich lag die Macht jedoch weiterhin beim Präsidenten. Die Verfassung von 1844, die vom Parlament ohne Debatte angenommen wurde, sah ein Zusammentreten alle fünf Jahre vor, wesentliche Aufgabe der Abgeordneten war die Legitimierung der präsidialen Maßnahmen.

Ein wirklich souveränes Zweikammer-Parlament und ein entsprechendes Parteienwesen etablierte sich erst nach dem Tripel-Allianz-Krieg, konnte angesichts der politischen Instabilität und der häufigen Verhängung des Ausnahmezustandes jedoch relativ wenig ausrichten. Hinzu kam die starke Stellung des Präsidenten, der dem Parlament das Budget unterbreitete, die Minister ernannte und entließ und das Recht hatte, das Parlament aufzulösen. Er konnte darüber hinaus ein Veto gegen die vom Parlament verabschiedeten Gesetze einlegen. Ab Mitte des 20. Jahrhunderts und mit der Dominanz der *Colorado-Partei* unter Stroessner spielten sich politische Macht- und Richtungskämpfe, wenn überhaupt, im Wesentlichen innerhalb dieser Partei und weniger im Parlament ab. Das Parlament verkam unter Stroessner letztlich zu einer Marionette, die seinem diktatorischen Regime eine legale Fassade geben sollte.

In der Verfassung von 1992 wurde das Parlament als Zweikammerparlament etabliert, bestehend aus dem Senat und der Abgeordnetenkammer. Die Mitglieder der beiden Kammern werden zusammen mit dem Staatspräsidenten, dem Vizepräsidenten und den Gouverneuren der Departements auf fünf Jahre gewählt. Die Abgeordnetenkammer zählt 80, der Senat 45 Mitglieder. Gewählt wird nach einem reinen Verhältniswahlrecht aufgrund von Listen der Parteien, d.h. ohne Wahlbezirke. Bei den Wahlen im April 2003 verloren die seit 1947 ununterbrochen regierenden *Colorados* in beiden Kammern des Parlaments ihre gewohnte Mehrheit.

Auch wenn das Parlament relativ starke verfassungsmäßige Kompetenzen wie auch reale Macht hat, so sind seine Kritik- und Kontrollrechte eher mittelstark, insbesondere was die Zensur von Ministern und deren Absetzung betrifft. Das Parlament wurde und wird nach wie vor sowohl von den Parteien als auch von den Militärs instrumentalisiert, auch wenn letztere inzwischen nicht mehr ganz so starken Zugriff haben.

5   Regierung und Verwaltung

Die Regierungen vor dem Tripel-Allianz-Krieg zeichneten sich durch eine starke Zentralisierung und geringe Institutionalisierung aus. Alle wichtigen Entscheidungen, sowohl in der Exekutive als auch in der Legislative und der Judikative, wurden von Francia und den beiden López persönlich getroffen, auch wenn es seit Carlos Antonio López eine etwas ausgedehntere Verwaltung mit entsprechenden Vorschriften gab. Zentrale Figuren im politischen System waren sowohl in der „ersten" als auch in der „zweiten" Republik die sogenannten *jefes políticos* auf lokaler Ebene, die oft die Funktion des Polizeichefs (*comisario*) und diejenige des Bürgermeisters (*intendente*) in einer Person vereinigten. Politische Wirren, leere Staatskassen sowie die immer weiter um sich greifende Korruption verhinderten im 20. Jahrhundert den Aufbau einer effektiven, professionellen Bürokratie, nicht allerdings deren zahlenmäßige Expansion. Während die Regierung Francias vor allem wegen ihrer Unbestechlichkeit geachtet wurde, und unter López vor allem die eigene Familie von der Macht profitierte, verbreitete sich nach dem Krieg sowohl in der Regierung als auch in der Verwaltung Korruption. Unter Stroessner wurde die Verwaltung vollends zu einem Instrument der Klientelpolitik und der persönlichen Bereicherung. Nur wer Mitglied der *Colorado-Partei* war, konnte ein öffentliches Amt bekleiden, fachliche Eignung war dagegen nebensächlich. Paternalistisch-klientelistische Strukturen und Denkweisen sind in Paraguay nach wie vor weit verbreitet, und auch die nachfolgenden „demokratischen" Regierungen konnten oder wollten das Problem der Korruption in der Verwaltung bislang nicht lösen. Der fehlende Reformwille in diesem Bereich ist kein Zufall, denn die Staatsbediensteten sind der Grundstock eines jeden Wahlsieges der seit über 50 Jahren herrschenden Partei. Die Regierung ist unter der Präsidentschaft Duartes bemüht, den Anschein zu erwecken, sie ändere die Lage, bei genauerem Hinsehen wird aber deutlich, dass lediglich die Effizienz durch finanzielle Verbesserungen etwas gesteigert wurde.

6   Gesetzgebung

Die Gesetzgebung lag in Paraguay unter den verschiedenen Regierungen und Verfassungen zwar formal beim Parlament, de facto bestätigte dieses zumeist nur die vom Präsidenten erlassenen Gesetze oder eingebrachten Entwürfe.

In der Ära Stroessner hatte die Exekutive laut der damaligen Verfassung ein eindeutiges Übergewicht, was der Diktator geschickt auszunutzen wusste. Ferner war die Justiz politisch gleichgeschaltet. Stroessner ernannte die Richter des Obersten Gerichtshofes und der nachgeordneten Gerichte. Nach seinem Sturz änderte sich trotz der demokratischen Fassade wenig an diesen Strukturen. Gesetze dienen in Paraguay immer noch oft vor allem dazu, alte Pfründe zu verteidigen und Macht zu erhalten. Zwar ist der Staat auf dem gesamten Territorium mit grundlegender Infrastruktur präsent, doch funktioniert diese aufgrund von Korruption und politischem Klientelismus in der Verwaltung nur mangelhaft. Dies führte nach 1989 dazu, dass sich eine Art „defekte Demokratie" etablierte, in der auch die Justiz nicht wirklich unabhängig ist.

7 Wahlsystem und Wahlverhalten

Formal herrschte in Paraguay seit der Unabhängigkeit das allgemeine männliche Wahlrecht, 1961 gewährte man als letzter der lateinamerikanischen Staaten Frauen politische Rechte. Allerdings haben Wahlen angesichts der politischen Realitäten oft wenig Bedeutung gehabt, zumal das Parlament in der „alten" Republik relativ selten tagte. Zwar wurde nach dem Tod Francias bei der Einberufung des neuen Kongresses festgelegt, dass die Repräsentanten entsprechend der Einwohnerzahl der jeweiligen Region gewählt, und nicht einfach bestimmt werden sollten. Wie solche Wahlen genau abliefen, ist aber nicht bekannt. In der „neuen" Republik nach dem Krieg bis hin zur „Februarrevolution" waren die Wahlen im Allgemeinen nicht geheim, oft sogar nicht einmal schriftlich, und sie waren stets von einem hohen Maß gewalttätiger Auseinandersetzungen begleitet.

Dennoch können selbst die Kongresse des 19. Jahrhunderts nicht einfach als Honoratiorenparlamente gelten. Francia soll seine Anhängerschaft weitgehend aus den ländlichen Unter- und Mittelschichten rekrutiert haben, doch fehlen hierzu fundierte Untersuchungen. Ähnliches gilt für das zwanzigste Jahrhundert. Das Wahlverhalten oder die Zugehörigkeit zu einer Partei wird in Paraguay, wie in vielen anderen lateinamerikanischen Staaten, sehr stark durch familiäre Traditionen bestimmt. Spätestens seit der absoluten Dominanz der *Colorado*-Partei unter Stroessner müssen zusätzlich Opportunitätserwägungen für das Wahlverhalten der meisten Paraguayer geltend gemacht werden, zumal die gängigen Faktoren, die zur Erklärung des Wahlverhaltens im Allgemeinen herangezogen werden, für Paraguay nicht greifen. Die Parteien sind klassenübergreifend und ethnische oder sprachliche Differenzen spielen in Paraguay ebenso wenig eine Rolle wie regionale. Letztlich liegen die Ursachen für die Stabilität des Wählerverhaltens vermutlich in den Familientraditionen sowie im patrimonialen Erbe und den klientelaren Strukturen in Gesellschaft und Politik.

8 Parteien

Paraguay wird bis heute von zwei großen Parteien dominiert, der *Asociación Nacional Republicana* (ANR, *Colorados*) sowie des *Partido Liberal* (PL, *azules*), die wiederum zeitweise eine Reihe von Abspaltungen und Fraktionierungen erlebten. Die wichtigsten sind die Spaltungen der Liberalen in „radikale" (PLR) und „authentische" (PLRA); innerhalb der *Colorados* war es der von Stroessner ausgeschaltete militante Flügel des *„guión rojo"*, das später verbotene linksnationalistische MOPOCO (*Movimiento Popular Colorado*) oder das *„movimiento ético"*; in den letzten Jahren der Diktatur dominierte die Teilung in die „Stronistas", d.h. die Anhänger Stroessners, und gemäßigtere *„traditionalistas"*.

Die beiden großen Parteien entstanden 1887 aus den verschiedenen Wahlvereinen der Nachkriegszeit, allerdings sehen sich die Liberalen heute gern in einer längeren Tradition und verfolgen ihre Wurzeln bis zur Opposition gegen Francia zurück, während sich die *Colorados* auf diesen sowie die beiden López berufen. Politisch bedeutsamer, wenn auch unzutreffend, ist bis heute eine andere Herleitung, der zufolge die *Colorados* sich vor allem aus Anhängern Francisco Solano López' rekrutiert hätten, die Liberalen hingegen aus den sogenannten *„Legionarios"*, d.h. den Paraguayern, die im Tripel-Allianz-Krieg in einer eigenen Legion auf Seiten der Alliierten gekämpft haben. Diese gelten, seit López im Zuge der nationalistischen Umdeutung des Krieges vom Tyrann zum Nationalhelden avancierte, als „Vaterlandsverräter". Eine biographische Analyse führender Politiker der Nachkriegszeit widerlegt eine solche Interpretation allerdings, zumal in den ersten Jahren auch die Fluktuation zwischen beiden Parteien relativ groß war. Die ideologischen Unterschiede zwischen den Parteien sind ebenfalls eher gering, so haben z.B. gerade die *Colorado*-Regierungen des ausgehenden 19. Jahrhunderts aus wirtschaftlichen Zwängen heraus eine ausgesprochen wirtschaftsliberale Politik betrieben, wie sie sich vor allem in den Landverkaufsgesetzen manifestiert. Heute kann man bei den *Colorados* allenfalls einen stärkeren Nationalismus und Autoritarismus feststellen. Andere Parteien, wie diejenige der *Febreristas*, der Kommunisten oder die kurzlebigen Arbeiterparteien der dreißiger und vierziger Jahre, haben das Zweiparteiensystem letztlich nicht wirklich verändern können und auch eine Christdemokratische Partei konnte sich nicht durchsetzen. Die bis heute anhaltende Dominanz der *Colorados* liegt allerdings nicht zuletzt daran, dass sie sich unter Stroessner in eine Klientelpartei verwandelte, die den größten Teil der Bevölkerung in ihr System einband. Ob sich die *Colorado*-Partei auf Dauer an der Macht halten kann, ist schwer zu beurteilen. Zwar entstehen immer wieder neue demokratische Kräfte, die versuchen, die Dominanz der *Colorados* zu durchbrechen, dennoch verspielt die Opposition den Sieg seit über 17 Jahren insbesondere deswegen, weil sie keine plausible Alternative zur regierenden Partei bietet. Bei der letzten Wahl verfügte einzig der Kandidat der Regierungspartei über ein detailliertes Programm. Auch konnten sich die oppositionellen Parteien bislang nie auf eine gemeinsame Politik bzw. einen gemeinsamen Kandidaten einigen.

Die paraguayische Demokratie leidet immer noch darunter, dass es eine hegemoniale Partei gibt, die bereits während der Diktatur Regierungspartei war und die immer noch autoritäre Residuen aufweist. Darüber hinaus war und ist die Partei aufgrund ihrer inneren Fraktionierung zugleich Regierung und Opposition, was den eigentlichen Oppositionsparteien die Arbeit erschwert und einen ernsthaften Reformdruck verhindert. Wenn auch die oppositionellen Parteien langsam das Parlament erobern, sind sie dennoch keine wirkliche Alternative für die Wähler. Bei der letzten Präsidentschaftswahl konnten die Liberalen (PLRA) 23% der Stimmen gewinnen, während 13% der Wähler für die von den *Colorados* abgespaltene Unión Nacional de Ciudadanos Eticos (UNACE) von Ex-Genaral Lino Oviedo stimmten. Die dritte oppositionelle Partei im Parlament, die junge *País Solidario* (PQ), ging mit 21% der Stimmen aus der Wahl hervor.

9   Militär

Angesichts der außenpolitischen Probleme war Paraguay seit seiner Unabhängigkeit stets ein Land mit hohem Militarisierungsgrad. Im 19. Jahrhundert spielte das Militär jedoch politisch eine untergeordnete Rolle. Francia hatte es unter seine Kontrolle gebracht, indem er die höheren Dienstgrade abschaffte, während Carlos Antonio López den verhängnisvollen Fehler begehen sollte, seinen Sohn Francisco Solano früh in hohe Ränge zu bringen. Zu einer politischen Kraft wurden die Streitkräfte jedoch erst nach dem Krieg, als die politische Instabilität ihr häufiges Eingreifen erforderte. Als feste politische Größe etablierten sie sich im Chaco-Krieg und der anschließenden Februarrevolution und im Regime Alfredo Stroessners wurden sie neben der Partei zur tragenden Säule der Macht. Eventuelle Rivalen oder Kritiker konnte der Oberkommandierende einerseits mit Hilfe der Partei, vor allem aber durch Patronage und Korruption ausschalten. Hohe Offiziere übernahmen die Leitung der Staatsbetriebe, vermittelten Kontakte zu Behörden und konnten sich unbehelligt an dem florierenden Schmuggelhandel beteiligen, der immer größere Ausmaße annahm. An der staatlichen Repression war das Militär dagegen nur in geringem Maße beteiligt, Folterungen und Misshandlungen politischer Gefangener sowie die Überwachung politischer Gegner überließ Stroessner weitgehend dem Polizei- und Spionageapparat.

Der Sturz Stroessners war eine von den Militärs durchgeführte Aktion, die zum Ziel hatte, ihre Macht und ihre Privilegien zu bewahren und mit einem demokratischen Mantel zu versehen. Die Streitkräfte, die während der Diktatur hochgradig politisiert waren, betrachteten sich als Teil der *Colorado*-Partei und bezogen offen parteipolitisch Stellung. Um ihren Forderungen Nachdruck zu verleihen, versuchten sie in den 90er Jahren mehrfach zu putschen und etablierten sich damit als eine wichtige „Vetomacht", die mit Gewalt, Einschüchterungen und Korruption versuchte, die Strukturen der Stroessnerzeit aufrecht zu erhalten. Im 21. Jahrhundert kann man in Paraguay von einem allmählichen Nachlassen zumindest der mit Gewalt ausgeführten Ansprüche der Militärs sprechen, dennoch ist die Präsenz und Mitsprache der Militärs in der paraguayischen Politik und ihr Anteil an Machtpfründen der regierenden Familienclans und der Geschäftsleute nicht zu übersehen. Sie sind nach wie vor Teil eines starken, von Familien und Beziehungen bestimmten Interessennetzwerkes.

10 Interessenverbände und Kirche

Den langlebigen Diktatoren von Francia bis Stroessner gelang es immer wieder, zivilgesellschaftliche Akteure auszuschalten oder zu marginalisieren. Bei Francia richtete sich dies vor allem gegen die Kaufmannschaft, aus der sich die meisten seiner politischen Gegner rekrutierten, weil sie unter seiner Isolationspolitik litten, sowie gegen die Kirche.

Paraguay ist, wie die meisten lateinamerikanischen Staaten, ein katholisches Land. Dennoch war das Verhältnis des Staates zur katholischen Kirche höchst unterschiedlich und nicht immer spannungsfrei. Bereits in der Kolonialzeit bestanden zwischen den Paraguayern und den Jesuiten, deren oft als „Jesuitenstaat" bezeichnetes Missionsreservat teils auf paraguayischem Territorium lag, enorme Spannungen, die sich mehrfach in gewaltsamen Auseinandersetzungen entluden. Die Besitzungen der Jesuiten gingen nach deren Vertreibung aus Amerika 1767/68 in staatlichen Besitz über und bildeten den Grundstock für den ausgedehnten Staatsbesitz im 19. Jahrhundert. Francia betrachtete die katholische Kirche darüber hinaus als potentiellen politischen Rivalen, zumal sie aufgrund ihrer Abhängigkeit von Rom sein Projekt der Unabhängigkeit gefährdete, und nationalisierte sie. Unter seinen Nachfolgern sowie in der „zweiten" Republik wurde die katholische Kirche zwar wieder aufgewertet, stellte allerdings keine bedeutende politische oder gesellschaftliche Kraft dar.

Zu ernsthaften Problemen zwischen Staat und Kirche kam es erst wieder in den 1960er und 1970er Jahren, als Teile der katholischen Kirche sich gegen das Stroessner-Regime stellten. Dies hing einmal mit der sogenannten „Option für die Armen" durch Teile des Klerus, der daraus entstandenen *„Ligas Agrarias Cristianas"* und ihrer Politik der *concientización* zusammen, als auch mit der Missachtung der Menschenrechte unter Stroessner, von der auch eine Reihe von Gläubigen sowie Priester betroffen waren. Im aktuellen politischen System stellt die Kirche keinen ausgeprägten Machtfaktor dar, auch wenn die katholische Religion in Paraguay nach wie vor fest verankert ist.

Erste Gewerkschaften verschiedener Couleur bildeten sich in Paraguay gegen Ende des 19. Jahrhunderts, es folgten Versuche eines Zusammenschlusses zu Beginn des 20. Jahrhunderts, die jedoch letztlich nicht von Dauer oder nicht umfassend genug waren. Politisch wirksam wurden gewerkschaftliche Kräfte erst, als sich die 37 Einzelgewerkschaften nach der Februarrevolution zur Dachgewerkschaft CNT (*Confederación Nacional de Trabajadores*) zusammenschlossen. Ihr folgten weitere Organisationen, doch kollidierte die Idee einer Dachgewerkschaft mit den korporatistischen Elementen sowohl der Regierung der *Febreristas* als auch der nachfolgenden Regime, vor allem mit der Verfassung von 1940. Unter dem Stroessner-Regime konnten die Interessen der Arbeiter nicht mehr unabhängig artikuliert werden, da die *Confederación Paraguaya de Trabajadores* (CPT) nach einem Streik 1958 in eine staatliche Organisation umgewandelt worden war. Zwar folgten in den 60er Jahren andere, teilweise kirchlich orientierte Gruppen, besondere Wirksamkeit erlangten diese jedoch nicht. Bis heute haben Gewerkschaften wie die *Unión Industrial Paraguayana* oder die CUT (*Central Unica de Trabajadores)* wenig Einfluss auf die Entwicklung in Paraguay. Dieses liegt zum einen daran, dass der Organisationsgrad bei lediglich 15% liegt und zum anderen an der oft harten Repressionspolitik des Staates bei gewerkschaftlichen Protesten.

In dem bis heute wesentlich agrarisch geprägten Paraguay sind jedoch die Bauernverbände sowie diejenigen der *Hacendados* von größerer Bedeutung als Gewerkschaften und Arbeitgeberverbände. Zwar bildeten sich zu Beginn des 20. Jahrhunderts einige Gewerkschaften, die auch die Anliegen ländlicher Arbeiter oder Kleinproduzenten vertraten, jedoch blieb ihr Organisationsgrad und ihr soziopolitischer Einfluss äußerst gering, zumal die Landproblematik durch die Erschließung neuen Landes immer wieder entschärft werden konnte. Die traditionelle Koexistenz von Latifundien und „Minifundien" wurde erst durch die Etablierung großer Agroexportfirmen seit den 1970er Jahren zu einem Problem, denn diese leiteten eine Modernisierung der paraguayischen Landwirtschaft ein, die die traditionellen Produzenten unter Druck setzte und die Landproblematik verschärfte. Diese Spannungen führten zur Gründung der *Ligas Agrarias Cristianas* (LAC), die mit Hilfe der katholischen Kirche, vor allem der Jesuiten, entstanden waren. Das Stroessner-Regime antwortete mit harter Repression, aber auch mit einer neuen Landverteilungspolitik, so dass erst mit dem Ende des Wirtschaftsbooms und dem Fallen der Weltmarktpreise für Baumwolle und Soja in den 1980er Jahren die Lage der ärmeren Landbevölkerung wieder so prekär wurde, dass neue Zusammenschlüsse entstanden. Mit Hilfe einer Reihe von Nicht-Regierungs-Organisationen und der katholischen Kirche bildeten sich verschiedene *Campesino*-Organisationen, die sich 1985 in der CONAPA (*Coordinación Nacional de Productores Agrícolas*) zusammenschlossen. Seit dieser Zeit häuften sich auch Proteste und Landbesetzungsaktionen landloser Bauern, die unmittelbar nach dem Sturz des Stroessner-Regimes enorm zunahmen, vor allem in den Regionen, die von der Kolonisierungs- und Modernisierungspolitik besonders betroffen waren. Die Nach-Stroessner-Regierung reagierte auf diese Proteste mit einer Agrarreform, die in der neuen Verfassung rechtlich verankert wurde, die jedoch einfach nicht umgesetzt wird, was angesichts neoliberaler Wirtschaftsmodelle sogar ideologisch gut begründbar ist. Regierungsmitglieder, *Colorado*-Politiker und hochrangige Armeemitglieder besitzen aus Prestigegründen oft enorme Ländereien, die zum Teil brach liegen. Sie initiieren daher kaum Reformen, die die Lage der mehr als 300.000 landlosen Bauernfamilien in Paraguay verbessert hätten, sondern lassen es zu, dass Aktionen der Campesinoverbände (*Mesa Coordinadora Nacional de Organizaciones Campesinas*

(MCNOC) oder der *Federación Nacional Campesina (FNC)* von der der Polizei oder dem Militär nicht selten brutal niedergeschlagen werden.

Frauen stellen, im Gegensatz zu anderen sozialen Bewegungen, zwar keine soziale Gruppe dar, so dass sie sich zumeist in unterschiedlichen Gruppierungen finden. Sie etablierten sich aber im Transitionsprozess in Lateinamerika als wichtige politische Kraft, so auch in Paraguay. Obwohl diejenigen Frauen, die im Tripel-Allianz-Krieg zur Verteidigung des Landes beigetragen haben, in der nationalen Identität eine wichtige Rolle spielen, verfügen Frauen erst seit 1961 über volle Bürgerrechte. Aufgrund der Repression unter Stroessner schien trotz des Aufkommens eines neuen Feminismus in Lateinamerika in den 70er und 80er Jahren in Paraguay zunächst kein Raum für das Aufgreifen neuer emanzipatorischer Ansätze, allerdings nahmen eine Reihe von Frauengruppen das neue Bürgerliche Gesetzbuch, das 1987 verabschiedet wurde und ihre Position gegenüber dem alten von 1954 verschlechterte, zum Anlass, eine „*Coordinadora de Mujeres del Paraguay*" (CMP) zu gründen, die sich zusammen mit der *Multisectoral de Mujeres del Paraguay* (MMP) nach dem Sturz der Diktatur für eine stärkere Verankerung der Rechte von Frauen und deren Förderung einsetzte. Nach anfänglicher Ablehnung griffen die Parteien schließlich einige der Forderungen der Frauen auf. Die ANR führte 1992 eine Frauenquote von 20% ein und 1993 etablierte auch Paraguay ein Sekretariat, das sich ausschließlich um die Belange der Frauen kümmern sollte. Auch gelang es den Frauen in der neuen Verfassung von 1992, das Prinzip der Gleichheit der Geschlechter, und im neuen Arbeitsrecht von 1994 das Prinzip „gleicher Lohn für gleiche Arbeit" explizit zu verankern. Inzwischen spielen verschiedene Frauengruppen im öffentlichen Leben und in der Politik eine wichtige Rolle, obwohl sich an den männlich dominierten Politikstrukturen bis heute wenig geändert hat.

11 Massenmedien

Erste staatlich gelenkte und an die gebildeten Schichten gerichtete Zeitungen entstanden in Paraguay unter der Regierung von Carlos Antonio López. Die Kriegspropaganda während des Tripel-Allianz-Krieges entdeckte sie dann als ideales Medium und gab, selbst unter den erschwerten Bedingungen des Krieges, eine Reihe von bilingualen oder nur auf Guaraní erscheinenden Zeitungen heraus, die sich vor allem an die einfachen Soldaten richteten. Dies diskreditierte solche Publikationen in den Augen der liberalen und zumeist den oberen Schichten entstammten Nachkriegspolitiker. Erst mit der Verbreitung des Radios, das sich in größerem Maße der Umgangssprache des Landes bediente als schriftliche Medien, wurden wieder größere Bevölkerungskreise erreicht. Das Radio blieb, trotz der Einführung eines staatlichen Fernsehens, bis zum Ende des 20. Jahrhunderts das wichtigste Massenmedium in Paraguay, da allein das Radio geeignet war, die verstreut lebende und oft nicht an ein Strom- und Antennennetz angeschlossene Landbevölkerung zu erreichen. Während des Stroessner-Regimes entwickelte sich z.B. das populäre *Radio Ñandutí* durch kritische Hörerstimmen zusammen mit dem katholischen *Radio Caritas* zu einem wichtigen unabhängigen Informationsorgan. Mehrfache Schließung und Inhaftierung des Inhabers führten schließlich dazu, dass *Radio Ñandutí* 1987 seinen Betrieb einstellen musste. Ähnlich erging es den wichtigsten unabhängigen privaten Tageszeitungen wie *Ultima Hora, La Tribuna* und besonders *ABC Color*. Mehrfache Schließungen bedrohten diese in ihrer Existenz und führten zu einem gewissen Einlenken.

Doch auch nach dem Sturz des Diktators konnte die Presse keine völlige Freiheit erlangen, man kann sogar von einer wieder zunehmenden Einschränkung sprechen. Die verfassungsmäßig festgeschriebene Freiheit des Wortes wird durch politische und wirtschaftliche Interessengruppen eingeschränkt. Kritische, die Korruptionsfälle und organisierte Kriminalität aufdeckende Journalisten werden mit Morddrohungen eingeschüchtert und die fortschreitende Medienkonzentration bedroht die Pressefreiheit. Das Internet hingegen unterliegt aufgrund seiner geringen Verbreitung (lediglich 1% der Haushalte) bislang keinen Kontrollversuchen.

12 Politische Kultur und Partizipation

Die politische Kultur Paraguays ist seit der Unabhängigkeit geprägt von autoritären Strukturen, unter den beiden López, vor allem aber ab dem 20. Jahrhundert, kamen Klientelismus und Korruption hinzu. Politische Partizipation fand bis zum Ende des Stroessner-Regimes beinahe ausschließlich über die Parteien statt, da andere soziale Akteure kaum existierten. Sie basierte weitgehend auf Familientraditionen und Klientelbeziehungen und war oft von einem erheblichen Ausmaß an Gewalt begleitet.

Heute genügen die nationalen Wahlen weitgehend demokratischen Ansprüchen, bei innerparteilichen Wahlen zur Kandidatennominierung kommt es allerdings des Öfteren zu Unregelmäßigkeiten. Darüber hinaus wird der Wahlprozess durch klientelistische Praktiken und politische Abhängigkeitsverhältnisse z.B. in der Staatsverwaltung beeinflusst, weshalb die seit Jahrzehnten regierende *Colorado*-Partei strukturell bevorzugt ist. Unabhängige politische und zivilgesellschaftliche Gruppen können sich im Allgemeinen frei bilden. Die gewerkschaftlichen Strukturen sowie diejenigen der Verbände der landlosen Bauernfamilien werden jedoch von Seiten des Staates bürokratisch behindert. Insgesamt stößt die Selbstorganisation der Zivilgesellschaft auf politisch-kulturelle und sozioökonomische Barrieren und ist relativ ungleichmäßig. Die beiden großen Parteien, die auf mehr als 100 Jahre Parteiengeschichte zurückblicken können, funktionieren nur bedingt als Instrumente zur Artikulation und Aggregation gesellschaftlicher Interessen, sondern eher als Instrumente zur Wählermobilisierung für Partei-Caudillos. Im Vergleich zu den Parteien ist das System der gesellschaftlichen Interessengruppen schwach, wenig kooperativ und wird von wenigen Interessenlagen dominiert. Es besteht keine Ankoppelung an die Parteien im Sinne von kollateralen Organisationen, obwohl einer der Gewerkschaftsverbände der *Colorado*-Partei nahe steht.

Aufgrund dieser Strukturen ist es wenig verwunderlich, dass die Zustimmung der Bevölkerung zur Demokratie niedrig, in den vergangenen Jahren sogar rückläufig ist und ein im lateinamerikanischen Vergleich hoher Prozentsatz der Bevölkerung autoritären Lösungen gegenüber aufgeschlossen ist. Dies spiegelt sich auch in eher geringer Wahlbeteiligung (50% bei den Kommunalwahlen 2001, 64% bei der Wahl des Präsidenten 2003) sowie geringem Vertrauen der Bevölkerung in die Politik wider.

13 Rechtssystem

Sowohl die Legislative als auch die Judikative zeichneten sich durch eine starke Zentralisierung und, in der oberen Instanz, durch eine Konzentration auf den Präsidenten aus. Eine mittlere Ebene zwischen den lokalen Friedensrichtern und dem Strafgericht in der Hauptstadt existierte lange Zeit nicht. Sowohl Francia als auch Carlos Antonio López behielten sich in allen schwerwiegenden Fällen, nicht nur politischer Natur, das Urteil persönlich vor. Auf lokaler Ebene kam es ebenfalls zu einer Aushebelung der Gewaltenteilung, da polizeiliche und politische Entscheidungen in der Hand einer Person, dem sogenannten *jefe político*, lagen. Nach dem Krieg wurde dann zwar der Aufbau eines modernen Rechtssprechungssystems versucht, angesichts leerer Staatskassen und der grassierenden Korruption gelang dies jedoch nur bedingt, und die verschiedenen Diktaturen, vor allem diejenige Alfredo Stroessners, übten zusätzlich politischen Druck auf die Richter aus. Zwar werden heute die obersten wie die nachgeordneten Richter nicht mehr vom Präsidenten ernannt und das Justizsystem ist formell unabhängig, unbestechlich und politisch unabhängig ist das Rechtssystem in Paraguay aber bis heute nicht.

14 Regionen und Kommunen

Angesichts der starken politischen Zentralisierung kam den Regionen und Kommunen traditionell keine große Bedeutung zu, zumal wichtige staatliche Posten vom Präsidenten selbst besetzt wurden. Da es darüber hinaus keine wesentlichen kulturellen Differenzen gibt, entwickelte sich in Paraguay kein Regionalismus, sondern die Identifikationsebene liegt eher auf nationaler und lokaler Ebene. Allerdings ist die Bevölkerung in Paraguay seit Jahrhunderten sehr ungleich verteilt. Während der Chaco mit 60% des Territoriums weniger als 3% der Bevölkerung beherbergt (vorwiegend nicht oder gering akkulturierte indigene Völker und Mennoniten), leben die Paraguayer zum größten Teil in der Hauptstadt und der näheren Umgebung. Weitere Siedlungszentren sind die Grenzregionen zu Argentinien und Brasilien entlang der Flüsse.

Paraguay ist nach wie vor ein Zentralstaat, der, mit Ausnahme der Hauptstadt Asunción, in 17 Departements gegliedert ist, mit je einem gewählten Gouverneur an der Spitze. Die Eigenständigkeit der Gouverneure sowie die der Kommunen ist nach wie vor gering ausgeprägt. Auch wenn die Demokratisierung dank direkter Wahlen der Bürgermeister und Gemeinderäte die untere Ebene erreicht hat, sind die gesetzlichen Grundlagen der Dezentralisierung bis auf Teilaspekte noch in der parlamentarischen Erörterung.

15 Internationale Beziehungen

Die Beziehungen zu den mächtigen Nachbarn Argentinien und Brasilien sind und waren das zentrale außenpolitische Problem des unabhängigen Paraguay. Die Hegemonieansprüche seitens der Argentinier werden seit dem Ende des 19. Jahrhunderts nicht mehr gewaltsam durchzusetzen versucht, doch führt die kulturelle und ökonomische Differenz noch immer zu gewissen Spannungen. Im Falle Brasiliens ist die Ambivalenz noch deutlicher, denn einerseits ist die ökonomische Abhängigkeit vom Wirtschaftsriesen Brasilien größer als von Argentinien, andererseits fürchtet man den Expansionsdrang der Brasilianer nicht nur in wirtschaftlicher, sondern auch in demographischer Hinsicht. Nach den Überfällen der Sklavenjäger aus São Paulo im 17. Jahrhundert und dem allmählichen Verschieben der Grenzen nach Westen fürchtet man in Paraguay heute aufgrund der massenhaften Ansiedlung von Brasilianern entlang der Grenze auf paraguayischer Seite eine erneute Erosion des nationalen Territoriums. Dies führte 2005 zu einem Gesetz, das Nicht-Paraguayern den Landkauf bis 50 Kilometer hinter der Grenze untersagt.

Europa war nach der Überwindung der Isolation ab der zweiten Hälfte des 19. Jh. zunächst Bezugspunkt und Vorbild. Ab Ende des Jahrhunderts verstärkten europäische (und japanische) Einwanderer dies, doch waren die politischen Beziehungen dorthin von geringer Bedeutung. Aufgrund der Einwanderung bestehen jedoch bis heute besondere politische und kulturelle Bindungen. In wirtschaftspolitischer Hinsicht sind insbesondere Spanien und Deutschland sowie einige asiatische Länder als wichtige Partner hervorzuheben, und in den 1990er Jahren verband sich Paraguay durch ein Rahmenabkommen mit der EU. Hinzu kommt ein interregionaler Rahmenvertrag über eine Zusammenarbeit zwischen der EU und dem MERCOSUR. Ab Mitte des 20. Jahrhunderts etablierten sich die USA als wichtigste Macht neben den Nachbarstaaten und das Paraguay Stroessners galt als ein Bollwerk des Antikommunismus. Am Ende der Diktatur verschlechterten sich die Beziehungen, da die USA auf Demokratisierung drängten. Seit dem Umsturz von 1989 sind diese wieder enger, das Interesse der USA liegt insbesondere in der Unterstützung der Drogenbekämpfung, der Unterbindung der Geldwäsche als Unterstützungshandlung für terroristische Gruppen sowie der Bekämpfung der Markenpiraterie.

Mit der vermeintlichen Demokratisierung versuchte Paraguay aus einer gewissen internationalen Isolation, die unter Stroessner entstanden war, herauszukommen. So gehört das Land zu den Gründungsmitgliedern des gemeinsamen Marktes zwischen Argentinien, Brasilien, Uruguay und eben Paraguay, dem MERCOSUR, dessen Gründungsvertrag 1991 in Asunción unterschrieben wurde. Mit der Schaffung einer Freihandelszone setzte 1995 dann eine Entwicklung ein, die diese vier Staaten sowohl wirtschaftlich als auch in zunehmendem Maße politisch miteinander verbindet. Am 13.08.2004 nahm in Asunción das ständige Schiedsgericht des MERCOSUR seine Arbeit auf. Die Zollunion soll entsprechend dem Gründungsvertrag in eine Wirtschaftsunion einmünden. Als relativ kleines Binnenland sieht Paraguay in diesem Bündnis gute Chancen, seinen wirtschaftlichen Rückstand gegenüber den Nachbarn aufzuholen und sich international besser zu positionieren. Dies gilt sowohl für die Verhandlungen mit der EU als auch für diejenigen mit den USA über eine gesamtamerikanische Freihandelszone.

Paraguay ist heute bemüht, wieder internationale Anerkennung als kreditfähiger und verlässlicher Partner zu erlangen. Es kann bereits auf die ersten bescheidenen Erfolge, wie das IMF-Programm vom Dezember 2003 zurückblicken, das erstmals seit 43 Jahren dem Land wieder zugute kam und 73 Millionen Dollar zur wirtschaftlichen Stabilisierung bereitstellte.

Literatur

Abente Brun, Diego (1989): La Guerra de la Triple Alianza: Tres modelos explicativos, in: RPS 26. Nr. 74: 175-197.

Abente Brun, Diego (1989): The Liberal Republic and the Failure of Democracy in Paraguay, in: The Americas XLV. No.4: 525-546.

Bethell, Leslie (Hrsg.) (1989): The Cambridge History of Latin America. Vol. V. Cambridge u.a.

Bethell, Leslie (Hrsg.) (1991): The Cambridge History of Latin America. Vol. VIII. Cambridge u.a.

Caballero Aquino, Ricardo (1985): La segunda República Paraguaya 1869-1906. Política, Economía, Sociedad. Asunción.

Caballero Aquino, Ricardo/Lorenzo N. Livieres Banks (1993): Los partidos políticos en América Latina. El sistema político paraguayo. Buenos Aires.

Cardozo, Efraim (1987): Paraguay independiente. Asunción.

Corporación Latinobarómetro (2005): Informe Latinobarómetro 2005: 1995-2005: Diez años de opinión pública. http://www.latinobarometro.org, abgerufen am 16.04.2006.

Country Reports on Human Rights Practices (2005): http://www.state.gov/g/dr/rls/hrrpt/2005/617 37.htm, abgerufen am 18.04.2006.

Demokratieindex Lateinamerika IDD-Lat (2005): http://www.idd-lat.org/Archivos-PDF-2005/Anály sis%20por%20País.pdf, abgerufen am 01.05.2006.

Doratioto, Francisco Fernando Monteoliva (2002): Maldita guerra: nova história da Guerra do Paraguai. São Paulo.

Farcau, Bruce (1991): The Chaco War. Bolivia and Paraguay. 1932-1935. London.

Freedom House, Freedom in the World, Paraguay (2005): http://www.freedomhouse.org/inc/content /pubs/fiw/inc_country_detail.cfm?country=681, abgerufen am 21.04.2006.

Hackfort, Helmut (1998): Die Hoffnungen schwinden. Der lange Kampf um eine Agrarreform in Paraguay, in: Zeitschrift für Informationsstelle Lateinamerika. Nr. 215. Bonn.

Kraay, Hendrik/Whigham L. Wigham (Hrsg.) (2004): I die with my country. Perspectives on the Paraguayan War. 1864-1870. Lincoln.

Krumwiede, Heinrich-W./Nolte, Detlef (Hrsg.) (2000): Die Rolle der Parlamente in den Präsidialdemokratien Lateinamerikas. Hamburg.

Lambert, Peter/Andrew Nickson (Hrsg.) (1997): The transition to democracy in Paraguay. Basingstoke.

Lewis, Paul H. (1989): Paraguay from the War of the Triple Alliance to the Chaco War. 1870-1932, in: Bethell (1989): 475-496.

Lewis, Paul H. (1991): Paraguay since 1930, in: Bethell (1991): 233-266.

Lewis, Paul H. (1980): Paraguay under Stroessner. Chapel Hill.

Lewis, Paul H. (1993): Political parties and generations in Paraguay`s liberal era. 1869-1940. Chapel Hill & London.

Martini, Carlos (1991): Parteien und innenparteiliche Strömungen in Paraguay nach dem Sturz General Stroessners, in: Lateinamerika. Analysen. Daten. Dokumentation. Nr. 17/18. Hamburg.

Meyer-Aurich, Jens (2006): Wahlen, Parlamente und Elitenkonflikte: Di Entstehung der ersten politischen Parteien in Paraguay, 1869-1904. Stuttgart.

Neri Farina, Bernardo (2003): El último Supremo. La crónica de Alfredo Stroessner. Asunción.

Nickson, Andrew R. (1996): Democratisation and institutionalised corruption in Paraguay in: Posada-Carbó/Little W. (1996): 239-266.

Nickson, Andrew R. (1995): Paraguay`s archivo del terror, in: Latin American Research Review 30. Nr. 1. 125-129.

Ortega, Florentín, Mauro, Andrés (2003): Paraguay: erst „gebremst", dann sozial explosiv, in: Brennpunkt Lateinamerika. Politik. Wirtschaft. Gesellschaft. Nr. 2. Hamburg.

Otter, Thomas (2004): Paraguay: Zaghafte „Agenda für ein besseres Land". Bilanz nach einem Jahr Regierung Nicanor Duarte, in: Brennpunkt Lateinamerika. Politik. Wirtschaft. Gesellschaft. Nr. 18. Hamburg.

Paredes, Roberto (2004): Stroessner y el stronismo. Asunción.

Posada-Carbó E./Little W. (Hrsg.) (1996): Political corruption in Europe and Latin America. London.

Potthast, Barbara (2001): Alterität als nationale Identität. Die Neuformulierung der nationalen Identität in Paraguay nach dem Tripel-Allianz-Krieg, in: Riekenberg et al. (2001): 239-258.

Riekenberg Michael/Rinke, Stefan/Schmidt, Peer (Hrsg.) (2001): Kultur-Diskurs: Kontinuität und Wandel der Diskussion um Identitäten in Lateinamerika im 19. und 20. Jahrhundert. Stuttgart.

Riquelme, Qunintín (2003): Los sin tierra en Paraguay: conflictos agrarios y movimiento campesina. Buenos Aires.

Roett, Riordian/Sachs, Richard Scott (1991): Paraguay. The Personalist Legacy. Boulder u.a.

Seiferheld, Alfredo (1985/86): Nazismo y Fascismo en el Paraguay. 2 Bde. Asunción.

Sondrol, Paul C. (1990): Authoritarianism in Paraguay: An analysis of three contending
    Paradigms, in: Review of Latin American Studies 3. Nr.1: 83-105.
Telesca, Ignacio (2004): Ligas Agrarias Cristianas. 1960-1980. Orígenes del Movimiento Campesino
    en Paraguay. Asunción.
Teuchler, Hartmut (2001): Interne Wahlen der Coloradopartei brachten den ersten Generationenwech-
    sel, in: Konrad Adenauer Stiftung – Auslandsinformationen 05/01. http://www.kas.de/publika
    tionen/2001/3722_dokument.html, abgerufen am 27.04.2006.
Warren, H. G. (1978): Paraguay and the Triple Alliance. The Postwar Decade, 1869-1878. Austin.
Warren, H. G. (1985): Rebirth of the Paraguayan Republic. The First Colorado Era, 1878-1904. Pitts-
    burg.
Whigham, Thomas L. (2002): The Paraguayan War. Vol. 1: Causes and early conduct (Studies in war,
    society, and the military series). Lincoln.
Whigham, Thomas L. (1991): The Politics of River Trade. Tradition and Development in the Upper
    Plata, 1780-1870. Albuquerque.
Zelenka, Markéta (2003): Wahlen in Paraguay 2003. Technologischer Wandel und erneuter Sieg für
    die Colorado-Partei, in: Brennpunkt Lateinamerika. Politik. Wirtschaft. Gesellschaft. Nr. 11.
    Hamburg.

Das politische System Perus

Ulrich Mücke

1 Einleitung

Es macht wenig Sinn, das politische System Perus auf die gleiche Art und Weise zu be-schreiben, auf die man die politischen Systeme stabiler mittel- oder westeuropäischer Staa-ten, der USA oder Kanadas beschreiben kann. Zum einen unterliegt das in Gesetzesform ausgedrückte politische System Perus auch in jüngster Zeit noch einem relativ häufigen Wandel. In den letzten 25 Jahren haben grundlegende Veränderungen 1980, 1993 und zwi-schen 2000 und 2001 stattgefunden. 1980 wurde die Demokratie wieder eingeführt, gegen die 1993 der amtierende Präsident Alberto Fujimori putschen ließ, 2000 stürzte Alberto Fujimori, es kam zu einem Übergangsregime, und seit 2001 gibt es in Peru wieder freie, gleiche und geheime Wahlen. Die Instabilität des politischen Systems ist damit aber kei-neswegs verschwunden, so dass ein erneuter Umbruch in den nächsten Jahren durchaus vorstellbar ist. Eine Darstellung der aktuellen Gesetzeslage ist eventuell schon bei Erschei-nen des Textes überholt. Will man mehr als eine Momentaufnahme liefern, darf man sich nicht auf die Darstellung der momentan gültigen Regeln beschränken, sondern muss diese in ihren längerfristigen strukturellen Kontexten verstehen. Der zweite Grund, aus dem die Darstellung des politischen Systems Perus anders auszusehen hat als die Darstellung politi-scher Systeme Mittel- und Westeuropas und Nordamerikas, ist die Schwäche des Staates. Der Schwerpunkt bei der Darstellung politischer Systeme liegt in der Regel auf dem Staat bzw. auf Mechanismen und Institutionen, die Staat und Gesellschaft verbinden. Dies macht Sinn, wo der Staat präsent ist. Wie beschreiben wir aber das politische System einer Gesell-schaft, in der es große (geographische wie soziale) Räume gibt, in welcher der Staat nur sporadisch präsent ist? Gehört Selbstjustiz auf dem Land und in den Armenvierteln in ähn-licher Weise zum politischen System Perus wie die offizielle und durch Gesetze geregelte Justiz? Anders als vielfach angenommen, bilden diese vom Staat nur schwach oder spora-disch durchdrungenen Räume aber keine Parallelgesellschaften. Um beim gewählten Bei-spiel zu bleiben: Selbstjustiz und formale Rechtsprechung sind nicht völlig voneinander getrennt, sie verlaufen nicht nebeneinander, sondern sind vielfältig aufeinander bezogen. Dies gilt z.B. für die Normen, nach denen gerichtet wird. Dies gilt aber auch für den Ver-such, Selbstjustiz strafrechtlich zu verfolgen. Dies gilt für die häufigen Fälle, in denen die Selbstjustiz als eine Art erste Strafe betrachtet wird, welcher die Überstellung des Täters an die Polizei folgt. Mit einem Wort, man kann die Formen der Selbstjustiz ohne die Bezüge zur formalen Justiz nicht verstehen. Und ebenso wenig Sinn macht eine Betrachtung der formalen Justiz, welche sie völlig isoliert von der gesellschaftlichen Realität Perus betrach-tet. Der vorliegende Beitrag versucht daher, die politischen Systeme Perus der letzten Jahre zu beschreiben, indem er zeigt, welche grundlegenden politischen Strukturen hier ihren Ausdruck finden. Er beginnt mit einem kurzen historischen Abriss bis zum Jahre 1980. Dieses Jahr steht für einen einschneidenden Wandel in der politischen Geschichte Perus, da zum einen die Rückkehr zur parlamentarischen Demokratie vollzogen wurde und da zum anderen zunächst aufgrund der Aktionen des Leuchtenden Pfades und ab den 1990er Jahren auch aufgrund der neoliberalen Politik der Staat zunehmend geschwächt wurde. Das heutige politische System ist nur vor dem Hintergrund der seit den 1980er Jahren entstandenen politischen Strukturen zu verstehen. Diese werden daher ausführlich beschrieben, um dann in einem dritten Teil auf die Veränderungen nach dem Sturz von Alberto Fujimori einzugehen und einen Blick auf die unmittelbare Gegenwart zu werfen. Abschließend wird danach gefragt werden, welche Perspektiven sich für das politische System Perus abzeichnen und welche Rolle hierbei internationale Akteure und die Einbindung Perus in internationale Organisationen spielen.

2   Die historische Entwicklung bis 1980

Der peruanische Nationalstaat entstand wie die meisten lateinamerikanischen Staaten zu Beginn des 19. Jahrhunderts, als sich die amerikanischen Teile der iberischen Monarchien von diesen lösten.[1] Mit dem Nationalfeiertag am 28. Juli erinnert Peru bis heute an die Unabhängigkeitserklärung durch José San Martín im Jahre 1821. Tatsächlich ist die politische Kontinuität in verfassungsrechtlichen Fragen vom frühen 19. bis ins frühe 21. Jahrhundert überraschend. Der peruanische Nationalstaat wurde von Beginn an als eine Präsidialdemokratie mit Verfassung und Teilung der Gewalten in eine Exekutive, Legislative und Judikative entworfen. Auch das Territorium Perus ist trotz einiger kleinerer Veränderungen im Norden und Süden des Landes bis heute weitgehend identisch mit jener Region, die sich in den 1820er Jahren als Republik von Peru unabhängig erklärte. Lediglich im Osten wurden die Grenzen erst im Laufe des späten 19. und des 20. Jahrhunderts gezogen. Das Amazonasgebiet war zu Beginn des 19. Jahrhunderts weitgehend unerschlossen, so dass es hier keine klar definierten Landesgrenzen gab und Einträge auf Landkarten weitgehend der Phantasie des jeweiligen Kartographen folgten.

Über den Charakter der peruanischen Unabhängigkeit entbrannte in den 1970er Jahren eine heftige Debatte, die auf einen Grundkonflikt in der peruanischen Geschichte verwies. Hatte man viele Jahrzehnte lang entsprechend dem Text der Nationalhymne die Unabhängigkeit als eine glorreiche Tat der peruanischen Bevölkerung gefeiert, so wurde nun die These vertreten, die Unabhängigkeit Perus sei gar nicht von Peruanern erkämpft, sondern Peru von auswärtigen Kräften geschenkt worden. Diese auswärtigen Kräfte waren die Heere, welche unter Führung von Simón Bolívar und José San Martín aus dem Norden und Süden in das heutige Peru einmarschiert waren, um hier gegen die letzten in Südamerika stationierten spanischen Truppen zu kämpfen. Tatsächlich war die Unterstützung, welche Simón Bolívar und José San Martín von den Peruanern erhielten, alles andere als überwältigend. Gerade die Reichen und Gebildeten, welche sich in anderen südamerikanischen Regionen von der spanischen Herrschaft hatten lösen wollen, betrachteten die Unabhängigkeit mit ambivalenten Gefühlen. Nur vierzig Jahre früher hatte es nämlich schon einmal einen Bürgerkrieg in Peru gegeben, nur hatten sich damals die ländlichen Unter- und Mittelschichten gegen die spanische Herrschaft erhoben und dabei die gesamte soziale Pyramide in Frage gestellt. Dass der Sieg über Spanien zu einer sozialen Revolution führen würde, war die große Angst der besitzenden Schichten. Diese Angst vor den armen Massen und

---

[1] Den besten historischen Überblick bieten Peter F. Klaren (2000) und (auf Spanisch) Carlos Contreras u. Marcos Cueto (1999). Gut sind auch Christine Hünefeldt (2004) und Julio Cotler (1978).

das Ziel, sie von der Übernahme der Staatsmacht abzuhalten, ziehen sich wie rote Fäden durch die peruanische Geschichte. Es handelt sich dabei nicht nur um die Angst vor denen, die nichts besitzen, sondern auch um die Angst vor denen, die vermeintlich anders sind: Eine andere Sprache sprechen, eine andere Kultur haben, kurzum die Angst von denen, die sich für zivilisierte Westler halten vor denen, die als Indios oder Cholos (d.h. in die Städte abgewanderte Indios) bezeichnet werden.

Das politische System, das nach der Unabhängigkeit entstand, hatte daher vor allem zwei Aufgaben zu erfüllen. Erstens die soziale Ordnung zu erhalten und zweitens die politischen Konflikte zwischen den verschiedenen Interessen der Oberschicht zu regulieren. Das offizielle politische System griff dagegen zunächst nicht unmittelbar in die Konflikte zwischen Landbesitzern und deren Sklaven und/oder Bauern ein. Erst ab Mitte des 19. Jahrhunderts wuchs der Regulierungsanspruch des Staates. Dies hing mit den enormen Einnahmen zusammen, welche durch den Export von Guano (Vogelkot) als Naturdünger erzielt wurden. Die Einnahmen bereicherten zum einen die Staatskasse und zum anderen eine kleine Gruppe von Leuten, hauptsächlich in der Hauptstadt des Landes, Lima. Der Machtzuwachs Limas führte zum Versuch, die Lebensverhältnisse auch außerhalb der Hauptstadt stärker durch die verfassungsmäßigen politischen Regeln zu ordnen. Als Beispiel können hier die Abschaffung der Sklaverei und die Verabschiedung von Schul- oder Munizipalverwaltungsgesetzen genannt werden. Gleichzeitig ermöglichte der hauptstädtische Reichtum ein stärkeres Intervenieren in lokale Angelegenheiten auch weitab von Lima. Die zum Teil aus altem Adel, zum Teil aber auch aus Neureichen bestehende und seit den 1870er Jahren als Oligarchie bezeichnete Oberschicht Limas und der Küstenstädte versuchte nun, in wechselnden Allianzen das Land nach ihren Vorstellungen zu verändern. Der Anspruch Limas, Peru zu beherrschen, stammt also aus dem 19. Jahrhundert. Im 20. Jahrhundert wurde dann aus dem Anspruch eine Fähigkeit. Auch wenn der Staat schwach ist, so bildet die Hauptstadt Perus doch das unangefochtene Zentrum der politischen, gesellschaftlichen, ökonomischen und militärischen Macht.

Der Charakter der peruanischen Oligarchie veränderte sich durch den Krieg mit Chile (1879-1883) noch einmal grundlegend. Durch den Krieg verlor Peru nicht nur die ökonomisch bedeutsamen Salpeterminen im Süden des Landes, der Krieg vernichtete auch große Teile des Kapitals der im Handel, Bankwesen und der Exportlandwirtschaft (vor allem der kapitalintensiven Zuckerproduktion) aktiven Oligarchie. Neues Kapital kam nach dem Krieg aus dem Ausland, und auch der gesamte Bergbau geriet schließlich in Abhängigkeit von ausländischem Kapital oder aber unmittelbar in ausländischen, vor allem US-amerikanischen Besitz. Die politische Macht der peruanischen Oligarchie schien nicht mehr von Allianzen innerhalb Perus abzuhängen, sondern von Kontakten zu ausländischen Unternehmern. Während es vor 1879 intensive Versuche gegeben hatte, die wachsenden städtischen Schichten an sich zu binden, wurde zu Beginn des 20. Jahrhundert vor allem repressiv auf die ersten Aktivitäten der Arbeiterbewegung in den Städten und auf den Zuckerrohrplantagen reagiert. Die Unfähigkeit, die neuen sozialen Schichten an der Küste und in den Küstenstädten in das politische System einzubinden, führte 1919 zum Kollaps des Systems. Dieses wurde durch die erste Diktatur in Peru im 20. Jahrhundert ersetzt.

In den folgenden Jahrzehnten gelang es nicht, das Grundproblem des politischen Systems zu lösen, das darin bestand, auf der einen Seite auf die Forderungen nach politischer Partizipation der städtischen und ländlichen Unterschichten reagieren zu müssen und auf der anderen Seite die politische und gesellschaftliche Stabilität zu bewahren. Bei der Frage nach der politischen Partizipation lassen sich in erster Linie zwei Gruppen unterscheiden. Zum einen waren dies die Arbeiter auf den Feldern der Küstenplantagen und in den städtischen Betrieben. Auch wenn die Industriearbeiterschaft relativ klein war, so handelte es sich doch durchaus um eine Arbeiterbewegung, zu der man auch einen großen Teil der untersten Angestellten und der Handwerker und kleinen Geschäftsleute rechnen kann. Ihren politischen Ausdruck fand diese Schicht in der *Alianza Para la Revolución Americana,* der APRA. Die APRA wurde zunächst 1920 in Mexiko als eine gesamtlateinamerikanische Partei gegründet und dann 1930 in Peru noch einmal als peruanische Partei. In den nächsten Jahrzehnten gelang es ihr, einen effektiven Parteiapparat aufzubauen, obwohl sie die meiste Zeit verboten war. Nachdem 1932 bei einem Aufstand in Trujillo, einer der Hochburgen der Partei, eine Reihe von Soldaten und Offizieren getötet worden war, schritt das Militär bis 1980 jedes Mal ein, wenn sich auch nur die Möglichkeit abzeichnete, dass die APRA an die Macht kommen könnte. Dies bedeutete, dass der wichtigste organisierte Repräsentant der Mittel- und Unterschichten aus dem offiziellen politischen System ausgeschlossen blieb. Die zweite Gruppe, die ländlichen Unterschichten in den Anden, brachte keine politische Parteiung hervor, die nur annähernd der APRA entsprochen hätte. Der Anspruch auf kulturelle und politische Anerkennung der ländlichen Unterschichten wurde in den 1920er Jahren zunächst von städtischen Intellektuellen formuliert, wobei dieser sogenannte Indigenismus zum Teil ein idealisiertes Bild der Indianer zeichnete. Gleichzeitig war das gesamte 20. Jahrhundert in den Anden, wie auch schon die Jahrhunderte zuvor, geprägt von häufig blutigen Auseinandersetzungen zwischen Großgrundbesitzern und indianischen Bauern. Anders als den Landarbeitern an der Küste und der städtischen Unter- und Mittelschicht gelang es aber der ländlichen Unterschicht in den Anden nicht, ein politisches Projekt zu entwickeln, welches auf die Eroberung der Staatsmacht zielte.

Obwohl es seit den 1920er Jahren offenkundig war, dass es grundlegender Reformen bedurfte, um die marginalisierten Schichten politisch und sozial zu integrieren, wurden solche Reformen erst in den 1960er Jahren in Angriff genommen. Der Grund für diese Verzögerung bestand in erster Linie in der Fähigkeit der Oligarchie, sich im Bündnis mit dem Militär an der Macht zu behaupten. 1963 kam schließlich mit Fernando Belaúnde Terry von der *Acción Popular* ein Präsident durch Wahlen an die Macht, welcher durch gemäßigte Reformen ein neues Peru schaffen wollte. Als sich aber nach fünf Jahren zeigte, wie wenig Veränderungen unter Belaúnde erreicht worden waren, so dass bei den bevorstehenden Wahlen ein Sieg der APRA drohte, da putschte das Militär erneut. Im Unterschied zu allen vorhergehenden Militärputschen im 20. Jahrhundert traten die Streitkräfte dieses Mal aber nicht mit dem Ziel an, die alten Strukturen zu bewahren, sondern sie zu zerstören. Dies gelang vor allem durch eine radikale Bodenreform, welche den Großgrundbesitz in ganz Peru beseitigte. Der überwiegende Teil des Landes wurde in Kooperativen überführt, welche unter staatlicher Leitung standen. Gleichzeitig verstaatlichte die Militärregierung die sogenannten Schlüsselindustrien, also in erster Linie Bergbau-, Energie- und rohstoffverarbeitende Unternehmen. Enteignet wurde aber auch die Mehrzahl der Banken und die Presse. Während ausländische Unternehmen relativ zügig entschädigt wurden, entsprachen die Zahlungen an Peruaner häufig nicht dem Wert des enteigneten Besitzes. Die Militärregierung zerschlug somit die Oligarchie, so wie sie in Peru mindestens 100 Jahre bestanden hatte. Zwar ist auch heute die ökonomische Macht in Peru in einer erstaunlich geringen Zahl von Personen konzentriert. Die Einheit dieser Gruppe ist aber nicht mehr in gleicher Weise wie vor 1968 gleichzeitig gewährleistet durch enge personale und familiäre Bindungen. In den Anden verschwanden darüber hinaus die Großgrundbesitzer als die zentralen Akteure der lokalen Politik. Das politische System nach der Militärdiktatur nahm daher trotz aller formalen Ähnlichkeiten mit dem vordiktatorischen System völlig neue Formen an.

3 Die Wahlen

Während der Militärdiktatur (1968-1980) waren selbständige politische Organisationen entweder verboten oder aber in extremer Weise eingeschränkt. Die Militärs schufen eigene Organisationen, mit denen sie die Partizipation kanalisieren wollten. Aber keine dieser Organisationen wurde von der Bevölkerung angenommen, und sie verschwanden alle nach 1980. Das Ende der Militärdiktatur dagegen wurde eingeleitet durch Protestbewegungen, welche von einer großen Zahl von Parteien und Gewerkschaften der Linken getragen wurden. Erstmals in der Geschichte Perus wurde ein Machtwechsel von unten erzwungen. Die Verfassung, die 1978 ausgearbeitet und 1979 verabschiedet wurde, trug daher in mancherlei Hinsicht die Handschrift der Linksparteien und der APRA, dessen Vorsitzender, Raúl Haya de la Torre, die verfassungsgebende Versammlung präsidiert hatte.[2] Zwar führte man entsprechend den bekannten Traditionen wieder ein Präsidialsystem ein, bei dem dem starken Präsidenten ein aus zwei Kammern bestehender Kongress gegenüberstand. Gleichzeitig aber führte man die allgemeine Wahlpflicht – auch für Analphabeten – ein, so dass man auf Seite der Linken hoffte, dass von nun an die Interessen der Armen, die ja die überwältigende Mehrheit der Bevölkerung stellten, nicht mehr übergangen werden konnten.[3]

Die ersten Wahlen brachten aber entgegen allen Erwartungen jenen Mann erneut in den Präsidentenpalast, den die Militärs 1968 abgesetzt hatten, Fernando Belaúnde Terry. Ohne dass es den Kommentatoren 1980 schon klar gewesen wäre, trat damit ein Wahlverhalten an den Tag, das sich bis heute erhalten hat. Es gewinnen die Parteiung und der Kandidat die Wahlen für den Kongress und für das Präsidentenamt, welche als die deutlichste Opposition zum vorhergehenden Machthaber verstanden werden. Belaúnde Terry war nicht nur 1968 von den Militärs gestürzt wurden, er und seine Partei hatten sich auch geweigert, an der Demokratisierung gegen Ende der Militärherrschaft mitzuarbeiten. So hatten sie nicht für die verfassungsgebende Versammlung von 1978 kandidiert. Statt aber jene zu wählen, welche die Rückkehr zur Demokratie erkämpft hatten, gewann jene Partei, welche noch im Übergang zur Demokratie eine fast infantile Verweigerungshaltung gegenüber der Militärherrschaft an den Tag gelegt hatte. 1985 verlor dann Belaúndes *Acción Popular* spektakulär gegen die APRA und dessen jungen Kandidaten Alan García, der über ein halbes Jahrhundert nach Gründung der APRA völlig neue Zeiten versprach. Und bei der dritten Kongress- und Präsidentschaftswahl nach der Militärherrschaft gewann 1990 ein völlig unbekannter Kandidat namens Alberto Fujimori, dessen größte Attraktivität darin bestand, dass er sich von allen sogenannten traditionellen Politikern distanzierte und sich geradezu als Anti-Politiker inszenierte. Nach dem Sturz Alberto Fujimoris gewann mit Alejandro Toledo jener Politiker 2001 die Präsidentschaftswahlen, welcher sich als entschiedener Gegner Fujimoris präsentiert hatte. 2006 schließlich kehrte mit Alan García just jener Politiker in den Präsidentenpalast zurück, dessen katastrophale Amtsführung zwischen

---

[2] Die Verfassung in: http://www.constperu.cjb.net/
[3] Zur Geschichte der Wahlen in Peru siehe: Cristóbal Aljovín Losada u. Sinesio López (2005).

1985 und 1990 das alte System so stark diskreditiert hatte, dass auch die Redemokratisierung nach den Fujimori-Jahren nicht zum System der 1980er Jahre zurückkehrte. Die Regierungspartei konnte dagegen– wie bei allen freien Wahlen seit 1980 – nur einen winzigen Teil der Wählerstimmen auf sich vereinigen (bei den Kongresswahlen 2006 waren es ganze 4%). Die einzigen Wahlen, bei denen die Regierung keine Niederlage erlitt, fanden 1995 und 2000 statt. Zwei Mal gelang es Alberto Fujimori und seiner Partei, sich an der Macht zu behaupten. Beide Wahlen waren aber weder frei noch fair, und dies gilt auch für die Volksabstimmung über die Verfassung von 1993 (das erste Plebiszit in der Geschichte Perus). Das autoritäre Regime sicherte sich die Wahlerfolge durch die Kontrolle und Einschüchterung der Medien und zum Teil durch Wahlfälschung. Als 2001 wieder freie Wahlen stattfanden, wiederholten sich die aus den 1980er Jahren bekannten Muster. Der wichtigste Grund für das schlechte Wahlergebnis für die jeweils regierende Partei besteht vermutlich in den überzogenen Erwartungen an die Politik. Während selbst bei günstigsten Entwicklungen die notwendige Verbesserung der Lebensverhältnisse der überwiegenden Mehrheit der Peruaner Jahrzehnte in Anspruch nehmen würde, erwartet ein großer Teil der Wähler spürbare Ergebnisse innerhalb einer Legislaturperiode. Diese Erwartungen können nicht erfüllt werden. Auf der anderen Seite führt das Wahlverhalten dazu, dass staatliche Politik sich sehr stark auf kurzfristige Ziele konzentriert, da niemand damit rechnen kann, dass seine Partei (die Wiederwahl des Präsidenten untersagt die Verfassung) an der Macht bleibt.

4   Politische Gewalt

Die Rückkehr zur Demokratie ging 1980 einher mit einer zunächst unbeachteten, da völlig unerwarteten Entwicklung. Der Überfall auf ein Wahllokal in einem abgelegenen Andendorf bildete den Auftakt eines Bürgerkrieges, welcher Peru bis 1992 erschüttern und fast 70.000 Todesopfer fordern sollte.[4] Während die sporadischen Guerillaaktivitäten in den 1960er Jahren vom Militär schnell hatten unterdrückt werden können, veränderte der vom Leuchtenden Pfad begonnene Krieg das Land nachhaltig. Ausgangspunkt der Guerilla war 1980 Ayacucho, eine der ärmsten Regionen des Landes. Von dort breitete der Leuchtende Pfad seine Aktivitäten zunächst in angrenzenden Gebieten der Anden aus, um dann Mitte der 1980er Jahre in den Kokaanbaugebieten an den Osthängen der Anden Fuß zu fassen. Der Leuchtende Pfad kontrollierte einen großen Teil der peruanischen Kokaproduktion mehrere Jahre lang und finanzierte sich aus dem internationalen Drogenhandel. Gleichzeitig verstärkte er ab Mitte der 1980er Jahre seine Aktivitäten in der Hauptstadt, wo die Universitäten und die Armenviertel die Schwerpunkte bildeten. Die Strategie des Leuchtenden Pfades bestand darin, den sogenannten neuen Staat während des Krieges aufzubauen. Dies bedeutete, dass die Repräsentanten des peruanischen Staates zum Abdanken gezwungen oder aber ermordet wurden. Als Repräsentanten betrachtete man dabei alle politisch oder gesellschaftlich aktiven Personen unabhängig davon, ob sie tatsächlich politische Ämter innehatten. Da der Leuchtende Pfad in erster Linie dort tätig war, wo die Ärmsten der Armen lebten, traf sein Terror vor allem Vertreter linker Parteien, Gewerkschaften und Basisorganisationen. Diese wurden ähnlich wie Polizisten oder Lokalpolitiker vertrieben oder

---

[4] Siehe hierzu: Comisión de la Verdad y Reconciliación (2003), Ulrich Mücke (2005), Nelson Manrique (2002), Gustavo Gorriti Ellenbogen (1991).

ermordet, damit dann vom Leuchtenden Pfad bestimmte Personen die Macht in dem entsprechenden Dorf, Armenviertel oder wo auch immer übernehmen konnten.

Nachdem die Regierung unter Belaúnde Terry die Entstehung des Leuchtenden Pfades drei Jahre mehr beobachtet denn bekämpft hatte, übertrug sie die Aufstandsbekämpfung dem Militär, das auf den Terror des Leuchtenden Pfades mit massivem Gegenterror antwortete. Dieser Terror traf vor allem die Zivilbevölkerung, denn die Zahl der Aktivisten des Leuchtenden Pfades betrug nie mehr als einige Tausend. Wahllose Verhaftungen, Folter und Massenerschießungen sollten die vermeintlichen Anhänger und Unterstützer des Leuchtenden Pfades treffen, trafen aber in der Regel völlig unschuldige Zivilisten und politische Aktivisten, denen es gelungen war, dem Terror des Leuchtenden Pfades zu entkommen. Die unmittelbaren Folgen waren zum einen eine massive Flucht aus jenen Andenregionen, die von Terror und Gegenterror betroffen waren. Ganze Dörfer verwaisten, oder es blieben nur Alte und Kinder zurück, da erwachsene Männer und Frauen per se verdächtig waren. Zum anderen bedeutete der Krieg einen brutalen Schlag für jene politischen und gesellschaftlichen Organisationen, welche den Übergang von der Militärdiktatur zur Demokratie Ende der 1970er Jahre erkämpft hatten. Anders als bei manchem südamerikanischen Nachbarn wurde die Zivilgesellschaft in Peru nicht während der Militärdiktatur, sondern nach der Wiedereinführung der Demokratie in Blut ertränkt. Mit der Zerstörung der gewachsenen, basisnahen gesellschaftlichen und politischen Gruppierungen und Organisationen wurde gleichzeitig eines der Fundamente zerstört, auf dem die Demokratie zwischen 1978 und 1980 gegründet worden war. Die Errichtung der autokratischen Herrschaft Alberto Fujimoris ab 1992 wäre so nicht möglich gewesen, wenn nicht zuvor die Gewerkschaften, Parteien und Basisorganisationen der Linken zerschossen worden wären.

Der Leuchtende Pfad selber stellte weder zum peruanischen Staat noch zu den Organisationen der städtischen und ländlichen Unterschichten eine Alternative dar. Überall dort, wo er die Macht erobern konnte, versagte er innerhalb kürzester Zeit, da er in seinem totalitären Selbstverständnis die Interessen der Bevölkerung weder wahrnahm noch wahrnehmen wollte. Der Leuchtende Pfad selbst war eine überraschend kleine, streng hierarchisch aufgebaute Organisation, die dann 1992 nach Verhaftung ihres unbestrittenen Führers, Abimael Guzmán, fast über Nacht zusammenbrach. Auch wenn der Leuchtende Pfad weiterhin existiert, stellt er für die staatliche Ordnung keinerlei Bedrohung mehr da. Dies gilt auch für die zweite in den 1980er Jahren entstandene Guerillaorganisation, den *Movimiento Revolucionario Túpac Amaru (MRTA)*, welche nie eine so große Bedeutung wie der Leuchtende Pfad erlangte.

5 Rechtstaatlichkeit und Menschenrechte

Während in anderen Ländern Wahrheitskommissionen die Verbrechen von Militärdiktaturen aufarbeiteten, wurde in Peru 2001 eine Wahrheitskommission eingesetzt, welche die Verbrechen während des Bürgerkriegs in den 1980er und 1990er Jahren untersuchen sollte.[5] Der neunbändige Bericht der Kommission lässt selbst einen blutrünstigen Diktator wie Augusto Pinochet als Waisenknabe erscheinen. Vergewaltigung, Folter, Verschwindenlassen, Mord und Massenhinrichtungen waren viele Jahre lang grundlegender Bestandteil der Aufstandsbekämpfung. Überall dort, wo das Militär aktiv wurde, war der Rechtsstaat de

---

[5] Comisión de la Verdad y Reconciliación (2003).

facto abgeschafft. Es gab prinzipiell keine juristischen Möglichkeiten gegen Straftaten des Militärs oder aber auch der Polizei vorzugehen, insofern diese auf Seiten der Ordnungskräfte als Teil der Aufstandsbekämpfung verstanden wurden. Bezeichnend ist dabei, dass die Wahrheitskommission nicht in erster Linie die strafrechtliche Verfolgung der unglaublichen Verbrechen zum Ziel hatte, sondern lediglich deren Dokumentation. Sieht man von einigen wenigen geradezu lächerlich geringen Strafen ab (die darüber hinaus in der Regel nicht vollständig vollstreckt wurden), dann lässt sich sagen, dass die von staatlichen Organen begangenen Verbrechen im Rahmen der Aufstandsbekämpfung nicht verfolgt wurden und dass es keinerlei Anlass zu der Hoffnung gibt, eine strafrechtliche Ahndung dieser Verbrechen sei zu erwarten.

Neben der Tatsache, dass die Straffreiheit einer so großen Zahl schwerer Verbrechen das Rechtsempfinden erheblich beschädigt, lassen sich insbesondere zwei Folgen der fehlenden strafrechtlichen Verfolgung der staatlichen Gewaltverbrechen konstatieren. Zum einen setzte auch die 1980 etablierte Demokratie die obrigkeitsstaatliche Tradition fort, nach der staatliche Organe quasi eine eigene Rechtssphäre bilden. In ihrem Handeln gegenüber der Zivilbevölkerung sind sie zwar theoretisch an geltendes Recht gebunden, verletzen sie dieses aber, so können sie von einfachen Bürgern nicht zur Rechenschaft gezogen werden. Während die Demokratisierung also gerade die Aufgabe hatte, mit dieser Tradition zu brechen, hat sie sie verstärkt, indem sie darauf verzichtete, Verbrechen eines bis dato in Peru unbekannten Ausmaßes zu verfolgen. Die totale Verachtung geltenden Rechts, die dann unter Alberto Fujimori in den 1990er Jahren gewissermaßen Regierungsdoktrin wurde, setzte die Erosion des rechtsstaatlichen Prinzips lediglich fort. Zum anderen bestätigte und vertiefte der Staatsterrorismus den tief in der peruanischen Geschichte verwurzelten Rassismus. Denn die Opfer waren in erster Linie Angehörige der ländlichen und städtischen Unterschichten, also Indios auf dem Land bzw. in die Armenviertel der Städte abgewanderte Indios und deren Nachfahren. Bei Razzien konnte es zu einer Frage auf Leben und Tod werden, ob man Spanisch als Muttersprache sprach oder aber es als Quechua-Sprecher nur radebrechte bzw. mit Akzent sprach. Ein heller Teint dagegen war häufig ein Schutz vor Übergriffen, und das Hauptquartier des Leuchtenden Pfades befand sich klugerweise jahrelang in einem der besten Wohnviertel Limas, denn hier war man vor Ein- oder Übergriffen staatlicher Organe weitgehend sicher. Zwar gelangte mit Alberto Fujimori 1990 ein Sohn japanischer Einwanderer ins höchste Staatsamt, und im Jahre 2002 folgte ihm mit Alejandro Toledo ein Politiker, welcher sich als Indio bezeichnet, die real existierenden Indios auf dem Land und in den Städten profitierten von diesen Veränderungen aber in keiner Weise.

6   Parteien und Verbände

Angesichts der Schläge, welche die Zivilgesellschaft unter der Militärregierung (1968-1980), während des Bürgerkrieges (1980-1992) und dann unter der autokratischen Herrschaft Alberto Fujimoris (1990/1992-2000) einstecken musste, ist es wenig verwunderlich, dass die politischen und zivilgesellschaftlichen Organisationen Perus heute relativ schwach sind. In der peruanischen Geschichte hat es lediglich zwei dauerhafte und stabile politische Parteien gegeben. Die erste war der *Partido Civil*, welcher als Honoratiorenpartei bezeichnet werden kann und der die Geschicke des Landes zunächst in den 1870er Jahren und dann zwischen 1895 und 1919 bestimmte.[6] Diese Partei repräsentierte die Interessen der oben beschriebenen Oligarchie. Die zweite Partei war die bereits genannte APRA.[7] Ihr gelang es, einen funktionierenden Parteiapparat aufzubauen, welcher die dauerhafte Bindung einer großen Zahl von Mitgliedern und Anhängern sicherstellte. Gleichzeitig diente die APRA aber immer auch einem unangefochtenen Führer, dessen persönliche Machtansprüche sie unterstützte. Dies war seit der Gründung und bis zu seinem Tod 1979 Víctor Raúl Haya de la Torre, der von manchen seiner Anhänger in fast religiöser Weise verehrt wurde. Nach einem kurzen Kampf um den Vorsitz ist seit 1982 Alan García der unangefochtene Führer der APRA. Trotz der desaströsen Resultate seiner Politik als peruanischer Staatspräsident (v.a. Terrorismus und Hyperinflation) und der Verfolgung der APRA in den 1990er Jahren konnte sich die APRA als politische Partei behaupten. 2006 gewann Alan García – wie erwähnt – die Präsidentschaftswahlen, und seine Partei wurde zur zweitstärksten Kraft im Kongress.

Alle anderen politischen Parteien Perus sind lediglich Wahlbündnisse, die nach dem Urnengang oder nach Ende der Wahlperiode wieder auseinander fallen. Oder aber es handelt sich um die organisierte Gefolgschaft einer einzigen Person. Letzteres gilt insbesondere für die *Acción Popular,* die Partei des zweimaligen Präsidenten Fernando Belaúnde Terry, welche spätestens nach dessen Tod im Jahr 2002 jegliche Bedeutung verloren hat und lediglich als ein Name in unterschiedlichen Wahlbündnissen existiert. Auch die Linke hat in Peru nie eine stabile Partei von größerer Bedeutung ins Leben gerufen. Zwar wurde 1928 eine Kommunistische Partei gegründet, sie zerfiel aber später in eine Vielzahl von Kleinstparteien, zu denen auch der Leuchtende Pfad gehört. Anfang der 1980er Jahre schlossen sich die vielen sozialistischen und kommunistischen Parteien Perus zur Vereinigten Linken, der *Izquierda Unida,* zusammen. Dieser gelang es, 1983 die zweitwichtigsten Wahlen des Landes, nämlich die Kommunalwahlen in Lima für sich zu entscheiden. Bei den Kongress- und Präsidentschaftswahlen wurde die *Izquierda Unida* zweitstärkste Kraft. Dann aber begann der Zerfall der demokratischen Linken. Heute existiert keine bedeutende sozialdemokratische, sozialistische oder kommunistische Partei mehr.

Auch die Gewerkschaften haben an Bedeutung verloren. Der Gewerkschaftsdachverband CGTP (*Confederación General de Trabajadores del Perú*) war in den 1980er Jahren noch einer der bedeutendsten politischen Akteure des Landes. Heute spielt er im besten Falle eine marginale Rolle. Ähnliches ließe sich von den verschiedenen Bauernorganisationen sagen, insbesondere der Bauerngewerkschaft Perus (*Confederación Campesina del Perú*). Als politische Akteure haben sich dagegen seit den 1990er Jahren zunehmend regionale Zusammenschlüsse, die sich häufig als Verteidigungsfronten einer Region (*Frente de Defensa)* verstehen, etabliert. Parallel dazu hat eine Indianisierung der politischen Interessensvertretung stattgefunden. Proteste der Landbevölkerung werden heute häufig nicht mehr als die berechtigten Anliegen von Bauern oder Bürgern artikuliert, sondern als Rechte von Indianern, welche in ihren angestammten Wohngebieten ihre vermeintlich traditionelle Lebensweise verteidigten. Dabei geht es häufig um die gleichen Land- und Wasserfragen, um die vormals mit marxistischem Vokabular gestritten wurde.

Auch die Interessen der Oberschicht sind politisch nur gering organisiert. Lediglich 1990 betrat das Besitzbürgertum Limas geschlossen die politische Arena und versuchte mit

---

[6] Zum Partido Civil siehe Ulrich Mücke (2005). Zu den verschiedenen Parteientypen siehe Maurice Duverger (1959).
[7] Zur APRA siehe Manuel Alcántara Sáez u. Flavia Freidenberg (2001).

dem Schriftsteller Mario Vargas Llosa einen der ihren in das Präsidentenamt zu hieven. Die millionenschwere Kampagne scheiterte letztlich daran, dass die Armen Angst davor hatten, von einem so eindeutig den Interessen der Reichen verpflichteten Kandidaten regiert zu werden. Die Interessen der Großunternehmen werden in erster Linie von einzelnen Persönlichkeiten, der Börse oder aber der Nationalen Industrievereinigung (*Sociedad Nacional de Industrias*) artikuliert. Trotz des geringen Organisationsgrads verfügt die winzige Schicht der Großunternehmer aber über erhebliche politische Macht. Eine Politik gegen die Interessen der Geldaristokratie ist auf absehbare Zeit kaum vorstellbar.

7   Die Kirche

Trotz zunehmender Säkularisierung und dem Anwachsen protestantisch-evangelikaler Strömungen stellt die katholische Kirche bis heute einen bedeutsamen politischen Machtfaktor dar.[8] Fast 90% der Peruaner beschreiben sich als Katholiken, auch wenn die religiöse Praxis häufig von den Vorstellungen Roms weit entfernt ist und man Schamanen und Wunderheiler aufsucht und Berge, Puppen und allerlei andere Dinge anbetet. Diese religiöse Praxis ist vermutlich sowohl eine Ursache als auch eine Folge des Umstands, dass es der Katholischen Kirche nicht gelingt, ausreichend Priester in Peru zu rekrutieren, so dass rund 50% der katholischen Geistlichen in Peru aus dem Ausland stammen. Die politische Macht der Kirche ergibt sich dabei nicht aus parteipolitischen Aktivitäten (die *Democracia Cristiana* hatte lediglich in den 1960er Jahren Bedeutung). Die Macht der Kirche resultiert vielmehr aus ihrer religiösen Autorität, die sie in politischen Auseinandersetzungen immer wieder zur Geltung bringt. Diese religiöse Autorität wird – auch als Reaktion auf die Säkularisierung und kulturelle US-Amerikanisierung – zunehmend ergänzt durch die große Bedeutung, welche die Päpstlich-Katholische Universität Perus (*Pontificia Universidad Católica del Perú*) für die Elitenbildung gerade der politischen Klasse spielt. Galt die altehrwürdige staatliche San Marcos Universität bis in die 1970er Jahre als Kaderschmiede für die politische Elite, so hat ihr mittlerweile die Katholische Universität zusammen mit einigen anderen kleinen Privatuniversitäten den Rang abgelaufen.

Die Verfassung von 1979 sah eine Trennung von Kirche und Staat vor, welche den Einfluss der Kirche auf die politischen Entscheidungsprozesse reduzieren sollte. Doch noch bevor die Verfassung in Kraft trat, unterschrieb die scheidende Militärregierung einen geheimen Staatsvertrag mit dem Vatikan, der die Trennung von Staat und Kirche annullierte. Die Verfassung wurde gebrochen, bevor sie in Kraft getreten war. Anders als in vielen politischen und gesellschaftlichen Feldern führten die Militärdiktatur und die anschließende Demokratisierung im religiösen Bereich also nicht zu einer grundlegenden Neudefinition, auch wenn diese von den Verfassungsvätern gewollt war. Dennoch veränderte sich die politische Rolle der Kirche im Laufe der 1980er und 1990er Jahre. Peru war seit den 1960er Jahren ein wichtiges Zentrum der sogenannten Befreiungstheologie gewesen. Die Kirche, so die Hoffnung der Reformkatholiken, sollte sich nicht mehr als Advokat der Machthaber, sondern als Anwalt der Armen und Machtlosen auch in den diesseitigen Konflikten verstehen. Mit dem Pontifikat von Johannes Paul II. setzte eine zielstrebige Entmachtung jener Geistlichen ein, die für diese Theologie der Armen standen.

---

[8] Zur Geschichte der Kirche siehe: Michael Fleet u. Brian H. Smith (1997) und Jeffrey Klaiber (1992).

Peru wurde seit den 1980er Jahren zu einem Zentrum der Arbeit des Opus Dei, jener 1928 in Spanien gegründeten katholischen Organisation, welche eine der bedeutendsten Stützen der Franco-Diktatur gewesen war. Im Jahr 2004 standen acht der 33 Bischöfe, welche das Opus Dei weltweit stellte, Diözesen in Peru vor. Damit war Peru das Land, welches die größte Dichte an Bischöfen des Opus Dei aufwies. Der Machtgewinn des Opus Dei war dabei nur Ausdruck einer allgemeinen konservativen Wende der katholischen Kirche in Peru, welche einen ihren Höhepunkte im Wahlkampf 1990 erlebte. Hier unterstütze die Kirche kaum verhüllt den Kandidaten der hauptstädtischen Oberschicht, Mario Vargas Llosa, da der aussichtsreichste Gegner, Alberto Fujimori, Verbindungen zu evangelikalen Gruppen unterhielt, und man ihm – zu Unrecht – Sympathien für die Linke und die APRA unterstellte. Höhepunkt der Kirchenkampagne für Vargas Llosa war eine Prozession der wichtigsten Heiligenfigur Limas, des *Señor de los Milagros*, welcher Ende Mai kurz vor den Stichwahlen mit großem Pomp und dem üblichen Massenauflauf durch Lima getragen wurde. Spektakulär war diese Aktion, da der Tag, an dem die Prozession regulär stattfand, im Oktober und somit nach den Wahlen lag. Den Schaden zwischen dem neuen Präsidenten und der Kirchenspitze versuchte Johannes Paul II. 1999 wieder zu beheben, indem er mit Juan Luis Cipriani (Opus Dei) eine dem Präsidenten genehme Figur zum Erzbischof Limas und Primas von Peru ernannte. Cipriani hatte sich in den 1980er Jahren einen Namen als Bischof von Ayacucho gemacht, indem er die massiven Menschenrechtsverletzungen des Militärs nicht nur nicht anklagte, sondern – genau wie das Militär selbst – rundheraus negierte. Die Wahrheitskommission, zu deren Mitarbeitern auch Geistliche gehörten, schrieb diesbezüglich u.a.: „Auf der anderen Seite registrierte die Kirche in ihren verschiedenen Menschenrechtsbüro und den Solidaritätsvikariaten im Kontakt mit den christlichen Gruppen auch die Gewalttaten, und sie wurde so eine wichtige Informationsquelle für die kollektive Erinnerung. Man muss hier aber eine schwerwiegende Ausnahme machen: Der damalige Erzbischof von Ayacucho, Monseñor Juan Luis Cipriani, der sich wiederholt gegen die Aktivitäten der *Coordinadora Nacional* [*de Derechos Humanos*, U.M.] und ganz generell gegen jene Einrichtungen wandte, welche die Menschenrechte verteidigten." (Comisión de la Verdad y Reconciliación: 393). Da nach 27-jährigem Pontifikat Johannes' Pauls II. der personelle Wechsel an der Spitze der katholischen Kirche in Peru fast vollständig vollzogen ist, kann man für die nächsten Jahre kaum erwarten, dass die Kirchenspitze sich wieder stärker den Armen und den Rechten der Marginalisierten zuwendet. Vielmehr wird sie vermutlich auch in den nächsten Jahren kein Gegengewicht zu einer im Politischen repressiven und im Ökonomischen neoliberalen Politik darstellen.

8   Die neoliberale und autoritäre Wende unter Alberto Fujimori

Alberto Fujimori wurde 1990 zum Präsidenten gewählt, da die Wähler in ihm eine Alternative zu den herkömmlichen Berufspolitikern und zu der neoliberalen Politik seines wichtigsten Kontrahenten, Mario Vargas Llosa, sahen. Kaum im Amt, vergaß Fujimori seine Wahlversprechen und begann eine Schockpolitik nach den Mustern des Internationalen Währungsfonds, welche große Teile der Bevölkerung weiter verarmen ließ. Die Gesundschrumpfung der Wirtschaft stoppte zwar die Hyperinflation, der angekündigte Boom blieb dagegen weitgehend aus. Die einstigen Bündnispartner Fujimoris wurden zu dessen erbittersten Gegnern, worauf Fujimori im April 1992 in einem sogenannten Selbstputsch mit

Unterstützung des Militärs den Kongress auflöste, um kurz darauf eine verfassungsgebende Versammlung einzuberufen. Diese erarbeitete eine neue Verfassung, welche per Referendum im Oktober 1993 angenommen und im Dezember von Alberto Fujimori und der verfassungsgebenden Versammlung in Kraft gesetzt wurde. Mit einigen Änderungen ist die Verfassung von 1993 bis heute in Kraft.[9]

Die neue Verfassung unterschied sich in verschiedenen Punkten von dem Gesetzeswerk von 1979. Der Kongress besteht nun nicht mehr aus zwei, sondern lediglich aus einer Kammer mit insgesamt 120 Abgeordneten. Für ein Land mit rund 28 Millionen Einwohnern ist dies eine erstaunlich geringe Zahl. Die Schwächung des Kongresses durch Verkleinerung ging einher mit einer Ausdehnung der Macht des Präsidenten. Dieser darf nun den Kongress auflösen, wenn seinem Kabinett zwei Mal das Vertrauen verweigert wird. Außerdem sah die Verfassung von 1993 die Möglichkeit einer einmaligen Wiederwahl des Präsidenten vor. Der Selbstputsch diente Alberto Fujimori also in erster Linie zur Verlängerung seiner Amtszeit, denn er ermöglichte ihm die legale Wiederwahl 1995 und nach seiner eigenen Auffassung – nicht aber jener der Opposition – eine weitere Wiederwahl im Jahre 2000.

Die Verfassung war aber lediglich ein Element unter anderen, auf welches sich Fujimoris autoritäre Herrschaft stützte.[10] Zusammen mit seinem Berater, Vladimiro Montesinos, der zum mächtigsten Mann neben Fujimori avancierte, und in enger Kooperation mit den Streitkräften, versuchte man die politische Opposition zu zerschlagen. Hierzu wurden die Kommunikationsmedien massiv eingeschüchtert und durch das Schalten staatlicher Propaganda zum Teil gefügig gemacht. Höhepunkt war die faktische Enteignung des Fernsehsenders *Canal 5*. Oppositionspolitiker wurden zum Teil schlichtweg gekauft oder aber bedroht oder mit gefälschten Dokumenten für vermeintliche strafrechtliche oder moralische Delikte denunziert. Nachdem der Sumpf aus Korruption und Willkürherrschaft überhand nahm und die Regierung die Wahlen im Jahr 2000 massiv beeinflusst (wenn nicht gefälscht) hatte, stürzte Alberto Fujimori, als im Fernsehen ein Video ausgestrahlt wurde, in dem der genannte Berater Montesinos einem Kongressabgeordneten Geld überreichte, damit dieser die Regierungspartei unterstützte.

Die Erbschaft der Fujimori-Jahre besteht nicht in erster Linie in der Verfassung von 1993. In einigen Punkten, wie z.B. der Wiederwahl des Präsidenten, ist diese mittlerweile geändert worden. Mindestens ebenso wichtig für das politische System ist die von Fujimori betriebene Privatisierungspolitik, welche die Aufgaben des Staates erheblich reduzierte. Der endgültige Abschied vom Anspruch der Militärs, der Staat könne die gesamtgesellschaftliche Entwicklung in die Hand nehmen, fand nicht in den 1980er, sondern erst in den 1990er Jahren statt. Noch in den 1980er Jahren ging es in erster Linie um die Frage, wie und mit welchen Personen der während der Militärdiktatur aufgebaute Staatsapparat geführt werden sollte. Die Vielzahl von staatlichen Unternehmen und staatlichen Aufgaben ermöglichten zum einen, eine riesige Zahl von Anhängern zu versorgen, und zum anderen war es angesichts der Bedeutung des Staates durchaus vorstellbar, die Gesellschaft mittels staatlichen Handelns zu verändern. Durch Fujimoris Politik ist die Bedeutung des Staates radikal reduziert worden. Der Präsident kann vielleicht noch versuchen, auf ökonomische und soziale Prozesse Einfluss zu nehmen. Viel Gestaltungsspielraum hat er aber nicht mehr.

---

[9] Die Verfassung mit den Änderungen bis 2005 in http://www.georgetown.edu/pdba/Constitutions/Peru/per93.html
[10] Zur zehnjährigen Herrschaft Fujimoris siehe: Catherine M. Conaghan (2002), Carlos Iván Degregori (2000), Fernando Rospigliosi (2000).

Dies heißt auch, dass die Bedeutung von Wahlen sich verschoben hat. Heute geht es nicht mehr darum, eine politische Utopie an die Macht zu wählen, sondern im besten Fall darum, jemanden an der Spitze zu haben, der möglichst wenig Unfug treibt und sich und seine Freunde nicht allzu schamlos bereichert. Politische Macht hat sich vom Staat weg in andere Bereiche verlagert.

9   Der anomische Staat

Aufgrund seiner Schwäche könnte der heutige peruanische Staat als anomischer Staat beschrieben werden.[11] Er ist nicht in der Lage, seinen Bürgern Ordnung und Sicherheit zu gewährleisten, und auch sein Gewaltmonopol ist eher ein theoretischer Anspruch denn eine praktische Realität. Aus der Binnenperspektive kann man den anomischen Staat als einen unvollkommenen Staat bezeichnen. Das, was ein Staat leisten soll, leistet er nicht. Betrachtet man den Staat dagegen weniger als eine selbständige Institution mit spezifischen Aufgaben denn als ein Instrument im Dienste spezifischer Interessen, dann ist der anomische Staat durchaus kein mangelhaftes oder unvollständiges Gebilde. Innerhalb einer Demokratie, in der die Armen die überwältigende Mehrheit bilden, stellt er vielmehr sicher, dass die Übernahme der politischen Macht keine grundlegenden sozioökonomischen Konsequenzen hat. Die Schwäche des Staates stellt sicher, dass ertragsreiche Unternehmen und reiche Privatpersonen nicht entsprechend ihrer Möglichkeiten zur Finanzierung der Staatsaufgaben herangezogen werden. Dass dadurch auch Allgemeingüter wie z.B. die öffentliche Sicherheit oder die Instandhaltung von Straßen nur unzulänglich gewährt werden können, ist für wohlhabende Personen durchaus zu verschmerzen, ist es doch allemal billiger, Wachpersonal und ein geländegängiges Fahrzeug zu bezahlen als einen relevanten Teil seines Privateinkommens dem Fiskus abzutreten. Auch ein großer Teil der Staatsbediensteten hat wenig Interesse an einem effektiven Staatsapparat, da die Einnahmen durch Begünstigungen, Bestechungen und Unterschlagung ein durchaus staatliches Einkommen bilden. Der anomische Staat ist daher keine Fehlentwicklung, sondern vielmehr Ausdruck von Machtverhältnissen zwischen unterschiedlichen gesellschaftlichen Gruppen.[12] Daher sind auch die unter Alberto Fujimori vollzogenen Veränderungen nicht Ausdruck eines persönlichen Spleen, sondern die konsequente Reaktion auf die populistische Verteilungspolitik unter Alan García, zu der unter anderem die gescheiterte Verstaatlichung des Bankwesens zählte (1987).

10   Das Militär

Das Militär ist seit der Unabhängigkeit ein zentraler politischer Machtfaktor. Im 19. Jahrhundert waren es vor allem Einzelpersonen, die aufgrund ihrer Beziehungsnetze im zivilen und militärischen Bereich zu Schlüsselfiguren auf der politischen Bühne wurden. Im 20. Jahrhundert wuchs diese Rolle nach und nach dem Militär als Institution zu. Dem Selbstverständnis des Militärs zufolge herrschte zwischen 1968 und 1970 nicht ein einzelner General, sondern das Militär als Korporation. Velasco Alvarado wurde von seinen Waffen-

---

[11] Zu diesem Konzept siehe: Peter Waldmann (2002).
[12] Vgl. die hier durchaus anschlussfähige wenn auch anders gelagerte Staatskritik bei Hernando de Soto (1986).

brüdern 1975 unter anderem deshalb gestürzt, weil er trotz Erreichen der Altersgrenze sich nicht zurückziehen und das Amt des Präsidenten einem anderen General übergeben wollte. Auch nach 1980 blieb das Militär ein zentraler politischer Akteur. Diese Rolle verdankte es paradoxerweise dem Aufstand des Leuchtenden Pfades. Denn die Aufstandsbekämpfung wurde ab 1983 dem Militär übertragen, das in weiten Teilen des Landes auch die zivilen staatlichen Verwaltungsaufgaben übernahm oder überwachte. Nach dem Sieg über den Leuchtenden Pfad putschte das Militär zusammen mit Alberto Fujimori gegen die Demokratie und bildete das entscheidende Rückgrat der autokratischen Herrschaft Fujimoris.

Es gibt daher wenig Anlass zu hoffen, dass das Militär sich dauerhaft der zivilen Gewalt unterwerfen wird.[13] Zwar sind in den letzten Jahren einschneidende Sparmaßnahmen im Militärhaushalt beschlossen worden und auch die Grenzkonflikte mit Ekuador führten nicht zu einer Renaissance des nationalistischen Militarismus, sondern konnten durch Verhandlungen beigelegt werden. Die geringere gesamtgesellschaftliche Bedeutung des Militärs scheint aber doch eher ein weiterer Ausdruck für den Bedeutungsverlust des Staates zu sein, als eine dauerhafte Unterordnung des Militärs unter die zivile Macht auszudrücken. Der Einsatz des Heeres im Katastrophenschutz, Straßenbau, der medizinischen Versorgung usw. scheint vielmehr darauf hinzudeuten, dass das Militär gleichzeitig auch von dem Rückzug des Staates profitieren und somit Positionen besetzen kann, die in Zukunft durchaus als Rechtfertigung für innenpolitische Mitsprache angeführt werden könnten. Dass das Militär seit dem Sturz Fujimoris im Jahr 2000 einen solchen Anspruch nicht formulierte, liegt vermutlich vor allem daran, dass es aufgrund seiner Unterstützung dieses Regimes und der massiven Menschenrechtsverletzungen im Rahmen der Aufstandsbekämpfung ähnlich diskreditiert ist wie Ende der 1970er Jahre. Aber wie damals gelingt es dem Militär auch heute, die Rückkehr zur Demokratie ohne relevante strafrechtliche oder anders geartete Sanktionen zu meistern.

11 Die Verfassung von 1993

Nach dem Sturz Fujimoris verlief die Rückkehr zu demokratischeren Verhältnissen zügig und relativ reibungslos.[14] Der Kongress wählte mit Valentín Paniagua einen Übergangspräsidenten aus den eigenen Reihen. Die Verfassung von 1993 wurde mit einigen Änderungen beibehalten, und es wird bis heute diskutiert, ob man bei dieser Verfassung bleiben, zur Verfassung von 1979 zurückkehren oder eine ganz neue Verfassung schreiben soll. Die unterschiedlichen Positionen zu dieser Frage haben letztendlich dazu geführt, dass die Verfassung von 1993 weiter in Kraft ist. Dies ist möglich, da die Verfassung von 1993 trotz einiger Veränderungen gegenüber der vorhergehenden Verfassung durchaus die Grundlage einer demokratischen und rechtsstaatlichen Ordnung bilden kann. Die autoritäre Herrschaft Fujimoris ergab sich nicht aus dem Text der Verfassung, sondern im Gegenteil aus dem permanenten Bruch des Gesetzes.

Die Verfassung von 1993 besteht aus sechs Titeln, die insgesamt 206 Artikel enthalten.[15] Der erste Titel legt die Grundrechte fest. Er setzt ein mit den Individualrechten (Un-

---

[13] Diese Hoffnung im Ländergutachten der Bertelsmann-Stiftung: http://bti2003.bertelsmann-transformation-index.de/106.0.html

[14] Siehe hierzu Nicolás Lynch Gamero (2001), Andreas Steinhauf (2001), Andreas Steinhauf (2002).

[15] Die Verfassung in: http://www.georgetown.edu/pdba/Constitutions/Peru/per93.html

versehrtheit der Person, Gleichheit vor dem Gesetz usw.), sieht aber im zweiten Kapitel auch „soziale und ökonomische Rechte" vor. Hier geht es zum einen um den Schutz von Kindern und Frauen, der Familie und der Gesundheit. Zum anderen wird die Erziehung als ein Grundrecht definiert und der obligatorische und kostenlose Schulbesuch in Grund- und weiterführenden Schulen festgeschrieben. Selbst für das Universitätsstudium schreibt die Verfassung vor, dass geeignete Studienbewerber kostenlos studieren können, sofern ihre Eltern nicht über ein ausreichendes Einkommen verfügen. Schließlich garantiert das Kapitel das Recht auf die Bildung von Gewerkschaften und das Streikrecht. Es legt den 8-Stunden-Tag (bei einer 6-Tage-Woche!) fest und beschreibt noch eine Reihe anderer Arbeitsrechte, wie z.B. das Recht auf angemessene Bezahlung, den Schutz vor willkürlicher Entlassung usw. Diesen sozialen Rechten stehen die im dritten Titel („Über das Wirtschaftssystem") aufgestellten „allgemeinen Prinzipien" (Kap. I) gegenüber. Hier wird festgehalten, dass Peru eine soziale Marktwirtschaft ist. Die Unverletzlichkeit des Eigentums wird ebenso garantiert wie die Freiheit der Privatinitiative und des Wettbewerbs.

Auch wenn schon im zweiten Titel die Gewaltenteilung festgeschrieben wird, so beschäftigt sich doch erst der vierte Titel mit den drei Gewalten. Die Legislative besteht – wie oben erwähnt – aus einer einzigen Kammer, die von 120 Abgeordneten gebildet wird. Der Kongress wird – wie auch der Staatspräsident – alle fünf Jahre gewählt. Die wichtigsten Aufgaben des Kongresses sind die Gesetzgebung und die Verabschiedung des Staatshaushaltes. Gesetze können sowohl vom Staatspräsidenten, von Kongressmitgliedern als auch von anderen Staatsgewalten eingebracht werden, insbesondere den Regional- und Departmentsregierungen. Vom Kongress verabschiedete Gesetze werden vom Staatspräsidenten in Kraft gesetzt. Dieser kann jedes Gesetz dem Kongress mit der Bitte um Änderung zurückgeben. Verabschiedet der Kongress das Gesetz erneut, wird es vom Präsidenten des Kongresses in Kraft gesetzt.

Der Staatspräsident ist Staatschef. Er „personifiziert die Nation." (Art. 110) Er wird für fünf Jahre direkt gewählt, wobei er zusammen mit zwei Kandidaten für die Vizepräsidentschaft antritt. Diese Vizepräsidenten haben die Funktion von Stellvertretern im Falle von Krankheit, Tod oder andersartiger Verhinderung des Präsidenten. Erhält kein Präsidentschaftskandidat die absolute Mehrheit, gibt es eine Stichwahl zwischen den beiden Erstplatzierten. Eine direkte Wiederwahl des Präsidenten ist seit der Verfassungsänderung von 2000 nicht mehr möglich. Erlaubt ist allerdings, dass ein ehemaliger Präsident nach frühestens fünf Jahren erneut kandidiert. Der Präsident leitet die Politik der Regierung und überwacht die Beachtung der Gesetze. Er ist darüber hinaus Chef der Streitkräfte und der Polizei. Die Regierung dagegen ist nur ausführendes Organ. Der Präsident handelt durch seine Regierung. Er ernennt dazu den Chef der Regierung, welcher wiederum die einzelnen Minister ernennt. Diese sind dann – im Gegensatz zum Präsidenten – individuell verantwortlich für alle Regierungsmaßnahmen. Zur Verantwortung ziehen kann sie der Kongress durch ein Misstrauensvotum, das sich entweder auf die gesamte Regierung oder auf einzelne Minister bezieht. Auch die Regierung kann eine solche Abstimmung beantragen. Entzieht der Kongress zwei Regierungen eines Präsidenten das Vertrauen, kann der Präsident den Kongress auflösen und Neuwahlen ausschreiben.

Die Gewaltenteilung wird durch eine als unabhängig definierte Justiz vervollständigt. (Art. 138) Diese besteht aus zwei Säulen, zum einen aus dem Obersten Gerichtshof und den ihm nachgeordneten Gerichten und zum anderen aus dem Verfassungsgericht. Die Verfassungsrichter werden durch den Kongress gewählt, die übrigen Richter durch ein unabhän-

giges Organ, den *Consejo Nacional de Magistratura*, ernannt (Kap. IX). Auch die Staatsanwaltschaft wird als „autonom" beschrieben (Art. 158) und der Begriff taucht erneut bei
der *Defensoría del Pueblo* auf (Art. 161), welche eine Art Anwalt des Volkes ist, die in
erster Linie staatliche Verletzungen von Individualrechten festhalten und melden soll. Auch
die oberste Wahlbehörde ist eng mit dem Justizwesen verzahnt, da ihre Mitglieder vom
Obersten Gerichtshof, den Staatsanwälten, der Rechtsanwaltskammer und den juristischen
Fakultäten der staatlichen und privaten Universitäten gewählt werden. Auch hier wird die
„Autonomie" betont (Art. 177), was nur noch einmal darauf verweist, wie gefährdet diese
Autonomie im Justizwesen und bei den Wahlen ist.

Die Verfassung kennt auch soziale und politische Akteure. So heißt es, dass Parteien
und andere politische Bewegungen und Allianzen zur Bildung des „Volkswillen" beitragen
(Art. 35). Garantiert wird auch der gleichberechtigte Zugang zu den Medien während des
Wahlkampfes entsprechend den bei den vorhergehenden Wahlen erzielten Resultaten. Die
Verfassung stärkt aber nicht so sehr die Bedeutung der Parteien als die Bedeutung der individuellen politischen Partizipation. Denn während die Parteien als eine politische Instanz
neben undefinierten politischen Formen wie Bewegungen und Allianzen erscheinen, wird
dem nicht über Parteien oder Parlament artikulierten Volkswillen durch die Einführung
eines Referendums ein starker Hebel in die Hand gegeben. So können Verfassungsänderungen, welche der Kongress mit einfacher Mehrheit beschlossen hat, durch ein Referendum Gesetzeskraft erlangen. Ohne Referendum brauchen sie eine Zwei-Drittel-Mehrheit in
zwei aufeinander folgenden Legislaturperioden. Auch andere Gesetze können per Referendum beschlossen werden, wobei hier insbesondere an Veränderungen der inneren politischen Grenzen im Rahmen der Schaffung von Regionen gedacht war.

Neben den Parteien wird explizit die katholische Kirche als ein „wichtiges Element in
der historischen, kulturellen und moralischen Prägung Perus" genannt. (Art. 50) Der Staat
arbeitet mit ihr zusammen. Damit ist die Trennung von katholischer Kirche und Staat auch
de jure aufgehoben. Gleichzeitig heißt es, dass auch mit anderen Bekenntnissen (nicht Kirchen) Zusammenarbeit möglich sei. Die Sonderrolle der katholischen Kirche spiegelt sich
allerdings nicht in einer Einschränkung der Glaubensfreiheit wieder. Diese wird vollständig
gewährt. Die Anerkennung des heterogenen Charakters der peruanischen Bevölkerung
drückt sich schließlich auch darin aus, dass überall dort, wo Quechua, Aymara und andere
Indianersprachen vorherrschen, sie neben dem Spanischen als offizielle Sprache anerkannt
sind. Darüber hinaus werden den Bauern- und Indianergemeinden begrenzte Rechtspre-
chungsfunktionen im Rahmen ihrer Traditionen zugestanden.

12   Das politische System seit 2001

Im Jahr 2001 wurde in freien und fairen Wahlen Alejandro Toledo zum Präsidenten gewählt. Er setzte sich in der Stichwahl gegen Alan García von der APRA durch. Da auch die
2002 durchgeführten Regionalwahlen demokratischen Anforderungen entsprachen, kann
man den Transformationsprozess in diesem Bereich als gelungen bezeichnen. Nach einer
Dekade von manipulierten Wahlen ist der Wahlprozess in Peru momentan wieder demokratisch. Auch die Kongress- und Präsidentschaftswahlen im Jahre 2006 genügten strengen
Anforderungen. Da die Verfassung die unmittelbare Wiederwahl des amtierenden Präsidenten verbietet, trat Alejandro Toledo nicht an. Wie schon bei den Wahlen 2001 gab es im

ersten Wahlgang keinen klaren Gewinner. Das Gros der Stimmen verteilte sich auf drei Kandidaten. Wie 2001 repräsentierte eine Kandidatin (Flores Nano) das vor allem hauptstädtische Bürgertum, ein weiterer Kandidat wurde als Vertreter der Armen und gerade auch der Indios wahrgenommen (Ollanta Humala, 2001: Alejandro Toledo) und der dritte Kandidat stammte von der APRA (seit 1985 Alan García). Trotz der enormen Instabilität und Zersplitterung der Parteien scheint sich damit ein gewisses Muster im Wahlverhalten abzuzeichnen, welches zu der Regel, dass die Partei des amtierenden Präsidenten abgestraft wird, hinzutritt. Anders als 2001 gelang es Alan García 2006 die bürgerlichen Wähler vor allem Limas zu gewinnen und damit die Stichwahl knapp für sich zu entscheiden. Die Erinnerung an die desaströse Politik Garcías zwischen 1985 und 1990 wog dieses Mal weniger als die Angst vor einem Politik-Neuling, der sich mit radikalen Sprüchen zu profilieren suchte.

Auch was die Meinungsfreiheit anbetrifft, verlief die Rückkehr zu demokratischen Verhältnissen zügig und reibungslos. Seit 2000 gibt es keine Versuche der Regierung mehr, die Medien zu manipulieren oder zu unterdrücken. Die Grenzen der Meinungsfreiheit liegen eher in der hohen Konzentration der Presse und in den kommerziellen Interessen der Fernseh- und Radiosender. So gibt es nur eine einzige als seriös zu bezeichnende Tageszeitung (*El Comercio*) und die Fernseh- und Radiosender hüten sich, Nachrichten zu verbreiten, die negative Auswirkungen auf ihre Werbeeinnahmen haben könnten. Der Konzentrationsprozess der Medien wird seit Mitte der 1990er Jahre durch die rasante Ausbreitung des Internets konterkariert. Zwar besitzen nur die allerwenigsten Peruaner einen eigenen Computer, aber Internetcafés finden sich in großer Zahl überall dort, wo es Strom und Telefonanschlüsse gibt. Da die Nutzungspreise hier geradezu lächerlich gering sind, informieren sich gerade die jungen Leute aus ärmeren Schichten zunehmend im Internet und können dabei auch auf Informationen über Peru aus dem Ausland zugreifen (solange diese auf Spanisch verfasst sind).

Zusammen mit der Meinungsfreiheit wurde ab 2000 auch die Versammlungs- und Assoziationsfreiheit wieder in vollem Umfang gewährt. Streiks und Demonstrationen werden nicht mehr durchgängig kriminalisiert und haben – wie z.B. bei Protesten gegen die Privatisierung von Elektrizitätsgesellschaften – zum Teil auch Erfolg. Die Beschädigung der Zivilgesellschaft durch den Bürgerkrieg in den 1980er und 1990er Jahren und die anschließende Herrschaft Fujimoris kann aber nicht innerhalb weniger Jahre rückgängig gemacht werden. Hierzu bedarf es nicht nur politischer Freiheiten, sondern auch entsprechender sozialer Strukturen. Da die Liberalisierung der Wirtschaft in den 1990er Jahren den formalen Sektor weiter zugunsten des informellen Sektors hat schrumpfen lassen und nach wie vor die Mehrheit der Bevölkerung in Armut lebt, sind die Voraussetzungen für einen Aufschwung des Engagements in politischen Parteien und Vereinen schlecht. Zivilgesellschaftliche Aktivitäten lassen sich eher im täglichen Kampf gegen die Armut beobachten, sei es bei den sogenannten Volksküchen oder bei der kollektiven Besetzung von Bauland.

Auch auf anderen Politikfeldern hat der demokratische Übergang in den letzten Jahren nur sehr bescheidene Fortschritte erzielt. Dies gilt z.B. für das Justizwesen. Alberto Fujimori hatte das Urteil des Obersten Gerichtshofes von 1997, welches die Kandidatur des Präsidenten für eine weitere Amtszeit für verfassungswidrig erklärt hatte, schlichtweg ignoriert und nicht nur entgegen dem Urteil kandidiert, sondern den Gerichtshof auch mit weitgehender Entmachtung bestraft. Zwar wird im Gegensatz zu den 1990er Jahren heute auch von der Exekutive und allen voran vom Präsidenten die zentrale Rolle einer unabhängigen

Justiz gewürdigt, ob sich im Konfliktfall die Judikative aber dauerhaft behaupten können wird, ist nicht sicher. Auf mittlerer und tieferer Ebene funktioniert die Rechtsprechung heute nicht besser als in den 1980er und 1990er Jahren. Korruption und Schwierigkeiten, Urteile durchzusetzen, bleiben zentrale Mängel des Justizwesens.

Die Machtkonzentration innerhalb des Staates konnte ebenfalls nicht überwunden werden. Dem Präsident stehen keine gleichwertigen Kräfte gegenüber. Dies gilt sowohl für die weiterhin schwache Legislative als auch für die Judikative. Ein Versuch, dieses Defizit anzugehen, bildete das Regionalisierungsprojekt Alejandro Toledos.[16] Die Zersplitterung in 25 kleine und machtlose Departments sollte durch Zusammenschluss verschiedener Departments aufgehoben werden. Die Bildung von fünf Großregionen wurde in einer Volksabstimmung 2005 aber mit deutlicher Mehrheit abgelehnt. Der Regionalisierungsprozess kann somit als gescheitert betrachtet werden. Es ist darüber hinaus fraglich, ob durch Veränderung der Verwaltungseinheiten tatsächlich eine machtpolitische Dezentralisierung erreicht werden kann. Die Stellung Limas, wo etwa 30% der peruanischen Bevölkerung lebt und das einen überproportionalen Anteil am Bruttosozialprodukt erwirtschaftet, ist so übermächtig, dass es relevanter Umverteilungsmechanismen bedürfte, um die Machtkonzentration aufzubrechen. Solche Maßnahmen werden von keiner Seite geplant.[17]

13   Ausblick

Trotz der gelungenen demokratischen Transformation im Anschluss an den Sturz Fujimoris sind die Aussichten auf eine tiefergehende und dauerhafte Demokratisierung Perus nicht sehr gut. Sowohl die Schwäche der demokratischen Parteien und der Zivilgesellschaft als auch die extreme Armut, die ein idealer Nährboden sowohl für politische Gewalt als auch für Korruption darstellt, behindern die Verfestigung der Demokratie. Darüber hinaus sind jene Gruppen, die in der Vergangenheit autoritäre und diktatorische Regime stützten und Menschenrechtsverbrechen in ungeheurem Ausmaß geduldet oder begangen haben, in keiner Weise entmachtet. Allerdings ist aufgrund der internationalen Einbindung Perus der Wechsel hin zu einer offenen Diktatur (sei es unter militärischer oder ziviler Führung) nicht wahrscheinlich. Die peruanischen Regierungen haben sich in den letzten 25 Jahren darum bemüht, sowohl die Beziehungen zu den Nachbarländern als auch die Einbindung in internationale Organisationen zu verbessern. Alle Grenzfragen mit den Nachbarländern gelten mittlerweile als gelöst. Der Bau einer transkontinentalen Straße soll Peru vor allem ökonomisch enger an Brasilien anbinden. Peru bemüht sich, den Auflagen des IWF nachzukommen, und vertrat innerhalb der OAS und der UNO in den letzten 15 Jahren eine US-freundliche Haltung. Dies gilt auch für die US-amerikanische Antidrogenpolitik, in der Peru als einer der größten Produzenten von Kokablättern eine wichtige Rolle spielt. Diese internationalen Einbindungen machen Peru empfänglich für internationalen Druck, gerade von Seiten der USA. Ob diese aber in den nächsten Jahren auf eine Vertiefung der Demokratisierung drängen werden, bleibt abzuwarten.

---

[16] Siehe hierzu: Julio Gamero (2002).
[17] Zur politischen Lage in den vergangenen zwei Jahren siehe: Perú hoy (2004), Perú hoy (2005).

Literatur

Alcántara Sáez, Manuel/Flavia Freidenberg (Hrsg.) (2001): Partidos políticos de América Latina. Países andinos. Salamanca.

Aljovín de Losada, Cristóbal/Sinesio López (Hrsg.) (2005): Historia de las elecciones en el Perú. Estudios sobre el gobierno representativo. Lima.

Böttcher, Nikolaus/Galaor, Isabel/Hausberger, Bernd (Hrsg.) (2005): Los buenos, los malos y los feos. Poder y resistencia en América Latina. Madrid u. Frankfurt/M.

Comisión de la Verdad y Reconciliación (2003): Informe final. Lima (9 Bde.)

Conaghan, Catherine M. (2002): Cashing in on Authoritarianism. Media Collusion in Fujimori's Peru, in: Press/Politics, Bd. 7, Nr. 1: 115-125.

Contreras, Carlos/Marcos Cueto (1999): Historia del Perú contemporáneo. Lima.

Cotler, Julio (1978): Clases, estado y nación en el Perú. Lima.

Cotler, Julio (2001): Regierbarkeit in Peru: zwischen Autoritarismus und Demokratie, in: Sevilla, Rafael/Sobrevilla, David (Hrsg.) (2001): 20-46.

Degregori, Carlos Iván (2000): La década de la antipolítica. Auge y huida de Alberto Fujimori y Vladimiro Montesinos. Lima.

Duverger, Maurice (1959): Die politischen Parteien. Tübingen (frz. Original 1951).

Enciclopedia tematica del Perú (1997). Lima. (15 Bde.).

Fleet, Michael/Brian H. Smith (1997): The Catholic Church and Democracy in Chile and Peru. Notre Dame.

Gamero, Julio (2002): Perú hoy. Elecciones y regionalización. Lima.

Gorriti Ellenbogen (1991): Sendero: historia de la guerra milenaria en el Perú. Lima.

Huhle, Rainer (2004): „... vergessen, dass sie zu töten gelernt hatten". Perus Wege zur Aufarbeitung der Vergangenheit, in: Lateinamerika Analysen. Bd. 9: 127-154.

Hünefeldt, Christine (2004): A Brief History of Peru. New York.

Klaiber, Jeffrey (1992): The Catholic Church in Peru, 1821-1985: A Social History. Washington.

Klarén, Peter F. (2000): Peru. Society and Nationhood in the Andes. New York u. Oxford.

Koschützke, Albrecht (1980): Peru, in: Waldmann, Peter (Hrsg.) (1980).

Lynch Gamero, Nicolás (2001): Peru nach Fujimori. Welche Chance hat die Demokratie? (= Heft 8 der Ibero-Analysen. Dokumente, Berichte und Analysen aus dem Ibero-Amerikanischen Institut Preußischer Kulturbesitz Berlin).

Manrique, Nelson (2002): El tiempo del miedo. La violencia política en el Perú, 1980-1996. Lima.

Mansilla, H. C. F. (1993): Ursachen und Folgen politischer Gewalt in Kolumbien und Peru. Frankfurt/M.

Mols, Manfred (1995): Zum Staat in Lateinamerika, in: Mols, Manfred/Thesing, Josef (Hrsg.) (1995): 45-57.

Mols, Manfred/Thesing, Josef (Hrsg.) (1995): Der Staat in Lateinamerika. Mainz.

Mücke, Ulrich (2004): Political Culture in Nineteenth-Century Peru: The Rise of the Partido Civil. Pittsburgh.

Mücke, Ulrich (2005): Historia de un fracaso anunciado. Sendero Luminoso y la crisis del Perú actual (1970-1992), in: Böttcher, Nikolaus et al. (Hrsg.) (2005).

Nolte, Detlef (2002): Demokratie kann man nicht essen – Zur politischen Lage in Lateinamerika, in: Lateinamerika Analysen, Bd. 3: 49-172.

Nolte, Detlef (2004): Presidentialism revisited: Gewaltentrennung und Gewaltenverschränkung in den lateinamerikanischen Präsidialdemokratien, in: Lateinamerika Analysen, Bd. 7: 55-88.

Perú hoy. Los mil días de Toledo (2004). Lima.

Perú hoy. Un país en jaque: la gobernabilidad en cuestión (2005). Lima.

Rospigliosi, Fernando (2000): Montesinos y las Fuerzas Armadas. Cómo controló durante una década las instituciones militares. Lima.

Sevilla, Rafael/Sobrevilla, David (Hrsg.) (2001): Peru – Land des Versprechens?

Soto, Hernando de (1986) (2. Aufl.): El otro sendero. La revolución informal. Lima.

Steinhauf, Andreas (2001): Quo Vadis Peru? Wahlen und Perspektiven für einen politischen Neubeginn, in: Brennpunkt Lateinamerika. Politik. Wirtschaft. Gesellschaft, Nr. 11: 117-124.

Steinhauf, Andreas (2002): Probleme demokratischer Wiederbelebung in Peru: Eine Zwischenbilanz
der Regierung Toledo, in: Brennpunkt Lateinamerika. Politik. Wirtschaft. Gesellschaft, Nr. 23:
237-244.

Tauro, Alberto (Hrsg.) (1987): Enciclopedia ilustrda del Perú. Lima (6 Bde.).

Waldmann, Peter (Hrsg.) (1980): Politisches Lexikon Lateinamerika. München.

Waldmann, Peter (2002): Der anomische Staat. Über Recht, öffentliche Sicherheit und Alltag in
Lateinamerika. Opladen.

Werz, Nikolaus (2005): Lateinamerika. Eine Einführung. Baden-Baden.

Internetseiten

CIA-Fact Book:
    http://www.odci.gov/cia/publications/factbook/geos/pe.html
Linkliste zu verschiedenen politischenThemen:
    http://www.perulinks.com/pages/english/Government_and_Politics/
Zu verschiedenen Themen mit vielen Links:
    http://www.inwent.org/v-ez/lis/peru/seite2.htm
Verfassung von 1993 mit Änderungen bis 2005:
    http://www.georgetown.edu/pdba/Constitutions/Peru/per93.html
Alle Verfassungen:
    http://www.constperu.cjb.net/
Ländergutachten Peru der Bertelsmann-Stiftung:
    http://bti2003.bertelsmann-transformation-index.de/106.0.html
Zu Wahlen und Parteien:
    www.transparencia.org.pe

Das politische System Uruguays

Christoph Wagner

1 Überblick zur historischen Entwicklung seit der Unabhängigkeit

Uruguay erlangte mit dem Frieden von Rio de Janeiro (1828) und der ersten Verfassung von 1830 als *República Oriental del Uruguay* formal seine staatliche Unabhängigkeit. Grundlage hierfür waren *nation-building*-Prozesse, die ihren Ursprung vor allem in den Aktivitäten des Befreiungskämpfers und heutigen Nationalhelden General José Artígas sowie in der Revolution von 1825, die sich gegen die ausländische Beherrschung der damaligen *Provincia Oriental* richtete, hatten. Die Realisierung der Unabhängigkeit Uruguays wurde begünstigt durch die Interessen der britischen Hegemonialmacht. England war daran interessiert, dass Uruguay die Funktion eines Pufferstaates zwischen den regionalen Machtzentren Buenos Aires und Rio de Janeiro einnimmt, u.a. auch um so eine Gewähr für den freien Zugang zum Río de Plata und damit zum Schifffahrtsweg in das Innere des Kontinents zu haben.

Zwar geriet Uruguay in der Zeit nach den Bürgerkriegen von 1839-1852 (*Guerra Grande*) zunächst in große wirtschaftliche und politische Abhängigkeit von Brasilien (Lynch 1985: 661), doch im Laufe der Jahre wurde Brasilien als Hegemonialmacht in Uruguay immer mehr von England abgelöst. Der sich vor allem ab Mitte der 60er Jahre verstärkende britische Einfluss prägte langfristig auch die Wirtschaftsstruktur des Landes. Weltmarktintegration und Agrarexportwirtschaft wurden zu den entscheidenden Bestimmungsfaktoren der Volkswirtschaft; Uruguay entwickelte sich zu einer der dynamischsten Handelsregionen Lateinamerikas mit einer extensiven Landwirtschaft als Quelle des wirtschaftlichen Fortschritts. Der damals großen internationalen Nachfrage nach Agrargütern konnte entsprochen werden, weil in Montevideo ein Hafen existierte, der sich wegen der natürlichen und geographischen Bedingungen als Umschlagplatz für Waren sehr viel besser eignete als z.B. der Hafen von Buenos Aires. Während in diesem Kontext die städtische, auf den Handel ausgerichtete Elite die britische Vormachtstellung als Garant ihrer Interessen verstand, favorisierten Großgrundbesitzer und Viehzüchter einen nationalen Entwicklungsweg. Es gelang allerdings nicht, diese grundsätzlichen Interessendivergenzen und Konflikte zwischen rivalisierenden internen Machtgruppen erfolgreich zu kanalisieren. Uruguay lieferte im 19. Jahrhundert ein Bild von Bürgerkrieg, Anarchie und Chaos.

Zu Beginn des 20. Jahrhunderts war es im wesentlichen die Politik von José Batlle y Ordóñez, die zur Befriedung eines Landes beitrug, in dem über Jahrzehnte die Gewalt als bevorzugtes Mittel der politischen Auseinandersetzung gegolten hatte. Während seinen beiden Präsidentschaften (1903-1907 und 1911-1915) entstand das „moderne", d.h. demokratische und wohlfahrtsstaatliche Uruguay, das sich in den folgenden Jahrzehnten durch wirtschaftliche Prosperität und demokratische politische Stabilität auszeichnen sollte. Begünstigt durch das Wahlsystem gelang es den beiden in den Jahren nach der Unabhängigkeit gegründeten sog. traditionellen Parteien, *Partido Colorado* und *Partido Nacional*, auf politischer Ebene eine Monopolstellung als zentrale politische Akteure einzunehmen. Zur führenden politischen Kraft wurde der nach Batlle y Ordóñez benannte *Batllismo* als wichtigste Strömung innerhalb des *Partido Colorado.*

Unter Batlle y Ordóñez entwickelte sich das Einwanderungsland Uruguay zum ersten mittelschichtorientierten Wohlfahrtsstaat Lateinamerikas. Die von ihm initiierte umfassende und fortschrittliche Arbeits- und Sozialgesetzgebung war beispiellos für ganz Amerika.[1] Damals wurden auch die Grundlagen geschaffen für ein hoch entwickeltes und vergleichsweise egalitäres Bildungssystem; eine freie, überwiegend parteipolitisch ausgerichtete Presse wurde zur Selbstverständlichkeit. Zu den wirtschaftsideologischen Grundsätzen von Batlle y Ordóñez gehörte die verstärkte Intervention des Staates in die Wirtschaft und die Protektion der einheimischen Industrie. Sein erklärtes Ziel war es, durch Industrialisierung die Abhängigkeit vom Außenhandel bzw. vom Ausland zu verringern. Doch die Industrialisierungsanstrengungen bewirkten das Gegenteil und führten zu einer verstärkten Importabhängigkeit sowohl des Industrie- als auch des Agrarsektors, da sich der Industrialisierungsprozess komplett im Rahmen der traditionellen agrarexportorientierten Wirtschaft bewegte.

Am Ende seiner ersten Phase der industriellen Entwicklung (1875-1930) besaß Uruguay eine Wirtschaft, die zu den industrialisiertesten Lateinamerikas gehörte, übertroffen nur von Argentinien und Mexiko (Finch 1981: 171). Bereits die Entwicklungen im Gefolge des Ersten Weltkriegs zeigten aber, dass die Abhängigkeit vom Weltmarkt nicht geringer geworden, sondern die Volkswirtschaft weiterhin extrem den Schwankungen auf den internationalen Märkten ausgeliefert war. Mit der Weltwirtschaftskrise 1929 traten die Schwächen des bis dahin abgesehen von konjunkturellen Schwankungen erfolgreich funktionierenden Wirtschaftsmodells mit seiner Monoexportorientierung und einseitigen Weltmarktabhängigkeit endgültig zutage. Nicht zuletzt aufgrund der zunehmenden wirtschaftlichen Probleme kam es 1933 dazu, dass der amtierende Präsident Gabriel Terra ein autoritäres System einrichtete, das sich allerdings im Unterschied zu vielen anderen Diktaturen in Lateinamerika durch relative Liberalität und den Verzicht auf Repressionen auszeichnete. Die friedliche Reetablierung der Demokratie Ende der 30er Jahre brachte nicht nur die völlige Wiederherstellung der bürgerlichen Freiheiten, sondern auch die Rückkehr zu den wohlfahrtsstaatlichen Praktiken. Für die folgenden drei Jahrzehnte kehrte das Land – mit einer kurzen Unterbrechung 1942/43 – zur Demokratie zurück.

Der sich mit der Weltwirtschaftskrise abzeichnende wirtschaftliche Niedergang konnte noch einmal unterbrochen werden. Denn zunächst der Zweite Weltkrieg und dann der Korea-Krieg (1950-1953) schafften für Uruguay und sein trotz (beschränkter) Importsubstitution und Industrieprotektionismus prinzipiell weitgehend unverändert gebliebenes Agrarexportmodell ein günstiges Wirtschaftsklima. Die Nachkriegszeit war durch eine florierende Wirtschaft und ein dynamisches Wachstum der Industrie gekennzeichnet (Finch 1981: 175ff.), weswegen die Zeit von 1945-1955 gerne auch als „glorreiches Jahrzehnt" bezeichnet wird. Bald jedoch mündete die wirtschaftliche Stagnation in eine Krise, die auch für den Sozialstaat nicht ohne Konsequenzen bleiben konnte. Dieser war nicht mehr in der Lage,

---

[1] Siehe hierzu ausführlicher u. a. Saldain 1990. Wesentliche Errungenschaften waren 1914 die Einführung von Arbeitsunfallversicherungen als Pflichtleistung des Arbeitgebers und Abfindungen im Kündigungsfall, ein Gesetzesprojekt zur Einrichtung einer allgemeinen Altersrente ab dem 65. Lebensjahr sowie 1915 Gesetze zur Einführung des Acht-Stunden-Tages, der 48-Stunden-Woche und eines obligatorischen Ruhetages mindestens alle sieben Arbeitstage. Weitere Projekte waren Schutzbestimmungen für Frauen- und Kinderarbeit, Zahlung von Renten und Arbeitslosenunterstützung, kostenfreier Schul- und Universitätsbesuch, Schutz unehelicher Kinder, Bau staatlicher Eisenbahnen zur Vervollständigung des britischen Netzes, Staatsmonopol für Alkohol und Tabak, Mindestlöhne für Landarbeiter, Schutz der einheimischen Industrie.

seine distributiven Leistungen in der gewohnten Weise zu erbringen. Zunehmend belasteten Ineffizienz, nicht mehr finanzierbare Aufblähung des Verwaltungsapparates, Ämterpatronage und Klientelismus die öffentliche Hand. Infolge des wirtschaftlichen Niedergangs brachten die Wahlen 1958 das Ende des von vielen als gescheitert betrachteten *Batllismo*. Der *Partido Nacional* ging als Sieger aus den Wahlen hervor und übernahm erstmals nach 93 Jahren die Führung der Regierungsgeschäfte. Wirtschaftlicher Niedergang und institutioneller Verfall der Demokratie konnten allerdings nicht aufgehalten werden.

Unter Jorge Pacheco Areco, der als Vizepräsident aufgrund des plötzlichen Todes von Präsident Oscar D. Gestido Ende 1967 dessen Amt verfassungsgemäß übernommen hatte, begann der Weg in den Autoritarismus (Puhle 1996: 996). Pacheco regierte mit Notstandsgesetzen und permanentem Ausnahmezustand. Im Zuge der Verschärfung der sozialen Probleme und innergesellschaftlichen Konflikte entwickelte sich der Anfang der 60er Jahre gegründete *Movimiento de Liberación Nacional* (MLN) unter dem Namen *Tupamaros* zur Stadtguerilla. In den ersten Jahren ihrer Aktivitäten wurde den *Tupamaros* noch relativ viel Sympathie aus den Reihen der Bevölkerung entgegengebracht. Dies änderte sich, als Robin-Hood-Aktionen (z.B. die Verteilung von gestohlenen Lebensmitteln in Armenvierteln) immer mehr in Attentate und Entführungen umschlugen. Parallel zu den Guerillaaktivitäten nahm die politische Repression immer mehr zu und den bis dahin apolitischen Militärs gelang es, ihren Einflussbereich auf Kosten des demokratischen Systems auszudehnen. Daran konnten auch die Wahlen 1971 nichts ändern, die in einem Klima starker politischer Polarisierung stattfanden und in deren Vorfeld sich ein linkes Parteienbündnis unter dem Namen *Frente Amplio* formierte, das sich langfristig als dritte parteipolitische Kraft neben *Partido Colorado* und *Partido Nacional* etablieren sollte. Ein Zusammenspiel von wirtschaftlichem Niedergang, politischer Verkrustung, mangelnder Reformbereitschaft und -fähigkeit sowie einem internationalen Kontext, in dem das Militär als „ordnende Hand" Konjunktur hatte, führte dazu, dass sich trotz ausgeprägter demokratischer Tradition auch in Uruguay ein autoritäres Regime etablierte. Die Machtübernahme durch die Militärs erfolgte auf eine bis dahin für Lateinamerika einzigartige Art und Weise. Der Staatsstreich ereignete sich nicht durch einen einmaligen Akt, sondern schrittweise als „Putsch in Zeitlupe" (*golpe en cámara lenta*). Von Präsident Juan María Bordaberry selbst ging der entscheidende Schritt zur Unterordnung der zivilen unter die militärische Macht aus. Am 27. Juni 1973 verordnete er per Dekret die Auflösung von Senat und Abgeordnetenhaus; sie wurden durch den mit legislativen Kompetenzen ausgestatteten *Consejo de Estado* ersetzt. Damit war faktisch der Wechsel von der Demokratie zur Militärdiktatur vollzogen.

Ähnlich wie in anderen lateinamerikanischen Diktaturen operierten die Militärs auf der Basis der „Doktrin der Nationalen Sicherheit" (Castagnola/Mieres 1989).[2] Parlament und Gewerkschaften – Einzelgewerkschaften ebenso wie der Dachverband CNT (*Convención Nacional de Trabajadores*) – wurden aufgelöst, die Parteien entweder verboten oder deren Befugnisse und Aktivitäten beschnitten sowie Presse- und Informationsfreiheit eingeschränkt. Uruguay erlebte eine massive Repressionswelle. Das wegen wirtschaftlicher Prosperität und demokratischer Stabilität lange Zeit als die „Schweiz Südamerikas" bezeichnete Land mutierte Mitte der 70er Jahre zur „Folterkammer Nummer 1" des Subkonti-

---

[2] Das damit implizierte Ziel, einen inneren Feind, also die Stadtguerilla, abwehren zu wollen, ist als Legitimationsgrundlage für die Machtübernahme durch die Militärs aber unglaubwürdig. Denn von den *Tupamaros* ging keine ernsthafte Gefährdung der inneren Sicherheit mehr aus, da sie bereits 1972 zerschlagen worden waren (González 1991: 42f.).

nents. Erst zehn Jahre später, Mitte der 80er Jahre, kehrte Uruguay zu demokratischen Verhältnissen zurück und gilt heute wieder als das demokratischste Land Südamerikas.

2 Verfassungsentwicklung, Verfassungsprinzipien, Verfassungswirklichkeit

2.1 *Verfassungsgeschichte und Regierungssystem bis 1973*[3]

Die Verfassungsgeschichte Uruguays kennt in den ersten 140 Jahren seiner Unabhängigkeit sechs verschiedene Verfassungen, mit deren Inkrafttreten jeweils auch neue Regierungssysteme installiert wurden. Nachdem mit der ersten Verfassung von 1830 die staatliche Unabhängigkeit erreicht worden war, erhielt Uruguay mit der durch einen Volksentscheid im Jahr 1917 gebilligten Verfassung, die zum 1. März 1919 in Kraft trat, seine demokratische Grundstruktur. U.a. wurde das freie, allgemeine, geheime und gleiche Männerstimmrecht ab einem Alter von 18 Jahren eingeführt. Zwar wurde damals auch eine gesetzliche Regelung verankert, mit der Frauen das Wahlrecht zugesprochen werden konnte; die Gewährung des Stimmrechts für Frauen sollte faktisch aber erst mit der Verfassungsreform von 1934 erfolgen. Damals wurden jegliche Unterschiede zwischen Mann und Frau hinsichtlich der politischen Rechte aufgehoben (Cisa/Franco 1977: 13, 19).

Das demokratische Uruguay des 20. Jahrhunderts kennt grundsätzlich zwei verschiedene Regierungssysteme, nämlich ein präsidentielles und ein kollegiales Regierungssystem. Mit der Verfassung von 1917/1919 wurde eine bereits im Kontext der Ausarbeitung der Verfassung von 1830 diskutierte Idee umgesetzt, nämlich die Einrichtung eines Staatsrates (*Colegiado*). Ziel dieses vor allem von Batlle y Ordóñez vorangetriebenen staatspolitischen Reformkonzepts der Umwandlung des Präsidialsystems in ein kollegiales Regierungssystem war, die Machtfülle des Präsidenten und die daraus resultierende Gefahr einer Tendenz zu autoritären Regierungsformen zu beseitigen. Mit der Einrichtung des *Consejo Nacional de Administración* wurde allerdings nur ein Kompromiss umgesetzt, indem die Regierungsgewalt zwischen Präsident und Staatsrat aufgeteilt wurde. Die Mitglieder des Staatsrates rekrutierten sich zu zwei Dritteln aus der stärksten und zu einem Drittel aus der zweitstärksten Partei. Die so erreichte Einbindung der Opposition in Regierungsverantwortung und bestehende Machtstrukturen sollte die von ihnen ausgehende Umsturzgefahr mindern. Und tatsächlich bewirkte dieses als *Coparticipación* bezeichnete Prinzip eine Stabilisierung des demokratischen politischen Systems; *Coparticipación* wurde zum prägenden Strukturmerkmal der Regierungspraxis auch jenseits des kollegialen Regierungssystems.

Nach einer ersten Phase des gemäßigten *Colegiado* von 1919 bis 1933 wurde von 1952 bis 1967 der *Colegiado* „in Reinform" eingerichtet. Der Staatsrat (jetzt *Consejo Nacional de Gobierno*) bekam die alleinige Exekutivgewalt. Seine Zusammensetzung folgte erneut dem Prinzip der *Coparticipación*, die neun Mitglieder – sechs von der stärksten, drei von der zweitstärksten Partei – wurden alle vier Jahre vom Volk gewählt. Nach einer Übergangsphase in den ersten beiden Jahren, in denen der seit 1950 amtierende Präsident als Vorsitzender des Staatsrates fungierte, wurde ein Rotationsprinzip an der Spitze des Staatsrates eingeführt: ein Mitglied der Mehrheitspartei übernahm immer für ein Jahr den Vorsitz und bekleidete damit auch das Amt des Staatspräsidenten als *primus inter pares*.

---

[3] Siehe zum folgenden sehr viel ausführlicher u. a. Nahum 1988, Nahum u. a. 1988, Nahum u. a. 1990 sowie auf deutsch Puhle 1968, Kerbusch 1970 und Neschen 1972.

Die präsidentielle Zwischenphase zwischen den beiden *Colegiados* wurde 1933 eingeleitet durch einen Staatsstreich des amtierenden Präsidenten Gabriel Terra, der den Staatsrat
ausschaltete. Auslöser war die weitgehende Handlungsunfähigkeit der Regierung – Staatsrat und Präsident blockierten sich gegenseitig – in einer durch die Weltwirtschaftskrise
angespannten ökonomischen Lage. Aufgelöst werden sollte die Blockade durch die Verfassungsreform 1934, mit der ein Präsidialsystem mit parlamentarischen Zügen installiert
wurde. In der Verfassung festgeschrieben wurde erneut das Prinzip der *Coparticipación*,
indem die neun Posten im neu eingerichteten Ministerrat nach dem alten Verteilungsschlüssel an die stärkste und zweitstärkste Partei vergeben werden mussten. Die 30 Senatssitze
wurden je zur Hälfte an die beiden stärksten Parteien verteilt. Die Zeit bis zu den nächsten
Präsidentschaftswahlen 1938, die erstmals die Anforderungen an demokratische Wahlen
nach heutigen Standards komplett erfüllten, blieb Terra als Präsident eines zivil-
diktatorischen Regimes im Amt. Danach wurde das Land drei Jahrzehnte lang wieder demokratisch regiert, lediglich unterbrochen durch einen Staatssreich im Jahre 1942, mit dem
der amtierende Präsident Alfredo Baldomir seine Amtszeit um ein Jahr „verlängerte". In
diesem Zusammenhang wird allerdings von einem „guten" Staatsstreich gesprochen, weil
damit kein autoritäres System installiert, sondern der Weg zu einer erneuten Verfassungsreform mit einer Abschwächung der Regelungen der *Coparticipación* geebnet wurde.
    Da auch der zweite *Colegiado* ab 1952 nicht den erhofften Erfolg hinsichtlich Hand-
lungsfähigkeit und Performanz der Regierungspolitik brachte, wurde erneut ein Regierungssystemwechsel vollzogen. Die Rückkehr zum Präsidentialismus mit der Verfassung
1967 erfüllte jedoch erneut nicht die Erwartungen und war nur von kurzer Dauer. Der institutionelle Bruch, der 1973 mit der Auflösung von Senat und Abgeordnetenhaus vollzogen
wurde, führte zu einem neuen Regimetyp, der dem Land bis dahin fremd war: der Autoritarismus in Form einer Militärdiktatur. Die Strategie, durch Verfassungsänderungen und
Regierungssystemwechsel im demokratischen Rahmen auf Krisenerscheinungen zu reagieren, fand damit ein Ende.

Tabelle 1: Überblick über Verfassungen und Regierungssysteme 1830-1967

1. Verfassung 1830	Staatliche Unabhängigkeit, präsidentielles Regierungssystem
2. Verfassung 1919	gemäßigter Staatsrat
3. Verfassung 1934	präsidentielles Regierungssystem mit ausgeprägter *Coparticipación*
4. Verfassung 1942	präsidentielles Regierungssystem mit abgeschwächter *Coparticipación*
5. Verfassung 1952	Staatsrat „in Reinform"
6. Verfassung 1967	präsidentielles Regierungssystem

2.2 Ausgestaltung der Transition vom Autoritarismus zur Demokratie

Der Transitionsprozess in der ersten Hälfte der 80er Jahre vollzog sich im Rahmen eines
ausgehandelten Übergangs, ohne dass es den autoritären Machthabern allerdings gelang
autoritäre Enklaven zu schaffen, die die Funktionsfähigkeit der Demokratie langfristig
beeinträchtigten. Eingeleitet wurde der Demokratisierungsprozess völlig unerwartet und
von den Militärs unbeabsichtigt Ende 1980 mit einem Projekt der Streitkräfte, das ihnen

eigentlich die Macht garantieren sollte. Ein entsprechender von ihnen präsentierter Verfassungsentwurf wurde in einem Plebiszit am 26. November 1980 von der Mehrheit der Bevölkerung abgelehnt. Bei einer Wahlbeteiligung von 85% entschieden sich trotz völlig einseitiger Propaganda in den Medien 57,9% gegen eine derartige Verfassungsreform (Caetano/Rilla 1987: 63f.). Ursprünglich gedacht als neue Legitimationsbasis, bedeutete nunmehr die Niederlage in der Volksabstimmung den Anfang vom Ende des Autoritarismus. Die Militärs konnten sich aufgrund des wachsenden gesellschaftlichen Drucks einer Liberalisierung und Demokratisierung nicht länger verweigern. Es kam zu Verhandlungen mit den zwischenzeitlich wieder zugelassenen politischen Parteien. Die Machtposition der Streitkräfte war dabei insofern zusätzlich geschwächt, als Ende 1982 parteiinterne Wahlen zu den Führungsgremien der traditionellen Parteien durchgeführt wurden, aus denen eindeutig die regimekritischen Kräfte als Sieger hervorgingen. Damit hatten die Militärs nicht nur zumindest indirekt eine zweite empfindliche Niederlage per Stimmzettel erlitten, sondern ihre Gegenüber bei den folgenden Verhandlungen waren nun auch demokratisch legitimiert. Zudem wurde der Übergangsprozess von einer breiten gesellschaftlichen Mobilisierung gegen die autoritären Machthaber getragen.

Als Ergebnis des offiziellen zivil-militärischen Dialoges, der im August 1984 mit dem *Pacto del Club Naval* abgeschlossen wurde, gelang es den Streitkräften nicht, ihre Position als politischer Machtfaktor institutionell und/oder strukturell auch nur annähernd so abzusichern wie dies etwa dem chilenischen Militär gelungen ist. Ausgeklammert blieb im *Pacto del Club Naval* die Frage der strafrechtlichen Verfolgung von Militärangehörigen wegen begangener Menschenrechtsverletzungen (Gillespie 1989: 99). Allerdings lässt die Logik der Vereinbarungen und der nachfolgenden Entwicklungen auf ein stillschweigendes Übereinkommen schließen, nach dem die Verantwortlichen der Militärdiktatur weder wegen Menschenrechtsverletzungen noch wegen administrativen und finanziellen Missbrauchs zur Rechenschaft gezogen werden sollten (Rama 1987: 218f.).

Wie im *Pacto del Club Naval* festgeschrieben, wurde die demokratische Verfassung von 1967 ab Februar 1985 wieder eingesetzt, nachdem am 25. November 1984 planmäßig Wahlen durchgeführt worden waren. Diese Wahlen genügten demokratischen Anforderungen weitgehend, allerdings mit einer Einschränkung: Den Streitkräften war es in den Verhandlungen gelungen, ein Kandidaturverbot für die bereits bei den Wahlen 1971 angetretenen Präsidentschaftskandidaten durchzusetzen. Dies betraf politische Protagonisten und Symbolfiguren der drei wichtigen Parteien, nämlich Jorge Batlle (*Partido Colorado*), Wilson Ferreira Aldunate (*Partido Nacional*), der im Juni 1984 aus elfjährigem Exil nach Uruguay zurückgekehrt war, sowie den wohl bekanntesten politischen Gefangenen des Landes, Ex-General und Mitbegründer des *Frente Amplio*, Líber Seregni, der im März 1984 nach achtjähriger Haft auf freien Fuß gesetzt worden war. Aus den Wahlen 1984 ging der *Colorado*-Kandidat Julio María Sanguinetti als Sieger hervor. Dessen Amtsantritt als erster postautoritärer Präsident am 1. März 1985 markiert formal die Rückkehr zur Demokratie.

2.3 Menschenrechtsproblematik

Die Auseinandersetzung mit den von den Militärs begangenen Menschenrechtsverletzungen stellte die zentrale gesellschaftspolitische Konfliktlinie nach der Rückkehr zur Demokratie dar. Im Laufe des Jahres 1986 waren vor uruguayischen Gerichten mehrere Klagen gegen Mitglieder der Streitkräfte eingereicht worden, die sich aber öffentlich hartnäckig weigerten, für begangene Straftaten Verantwortung zu übernehmen. Im Zuge einer zunehmenden gesellschaftlichen Polarisierung bezüglich der Menschenrechtsproblematik kam aus den Reihen der Parteien die Initiative, nach einer politischen Lösung – etwa analog zum so genannten Schlusspunktgesetz in Argentinien – zu suchen. Nach intensiver öffentlicher Diskussion, heftigen parlamentarischen Auseinandersetzungen und massiven Protestaktionen wurde am 22. Dezember 1986 das Hinfälligkeitsgesetz (*Ley de Caducidad de la Pretensión Punitiva del Estado*) verabschiedet, welches Militärangehörigen für während der Diktatur begangene Menschenrechtsverletzungen Straffreiheit gewährte.

Als Antwort auf diese Entscheidung des Parlaments entstand eine breite soziale Bewegung mit dem Ziel, eine Regelung in der Verfassung zu nutzen, nach der auch ein bereits verabschiedetes Gesetz einem Volksentscheid unterworfen werden kann. In einer beispiellosen Aktion mit umfassenden gesellschaftlichen Mobilisierungen gelang es unter der Federführung der neu eingerichteten überparteilichen *Comisión Nacional pro-Referéndum* bis Ende 1987 trotz vieler Hürden, dem nationalen Wahlgerichtshof die zur Verwirklichung eines Plebiszits erforderliche Zahl an Unterschriften vorzulegen. In einem historisch bis dahin einmaligen Akt (Plebiszite sind in der Geschichte Uruguays häufiger durchgeführt worden, nicht aber ein Volksentscheid über ein Gesetz, das bereits formal in Kraft war) wurde dann am 16. April 1989 über das Hinfälligkeitsgesetz abgestimmt. Mit 56,7% der abgegebenen Stimmen (Marius 2004: 92) entschied sich die Mehrheit der Wahlpflichtigen für die Beibehaltung des Gesetzes, d.h. für die Straffreiheit der Militärs. Letztendlich folgte man mehrheitlich denjenigen – und hier allen voran der Regierung unter Präsident Sanguinetti –, die die Argumente in Richtung politischer Stabilität in den Vordergrund stellten, und nicht denjenigen, die sich für Gerechtigkeit einsetzten.[4]

Unabhängig vom Ergebnis des Referendums ist bemerkenswert, dass im Falle Uruguays die Bevölkerung in einem direktdemokratischen Verfahren selbst über die für die zukünftige Entwicklung und Gestaltung der Demokratie konstitutive Frage entscheiden konnte. Problematisch bleibt, dass sich nicht nur die erste postautoritäre Regierung, sondern auch die Nachfolgeregierungen einer Klärung des Schicksals der während der Militärdiktatur Verschwundenen und einer Aufarbeitung der Menschenrechtsverletzungen weitgehend verweigerten. Erst unter Präsident Jorge Batlle wurde im August 2000 eine entsprechende, parteiübergreifende Kommission eingesetzt.

2.4 *Verfassungswirklichkeit im postautoritären Uruguay ab 1985*

Als entscheidender Schritt im Transitionsprozess vom Autoritarismus zur Demokratie wurde 1985 die präsidiale Verfassung von 1967 wieder eingesetzt. Im bewussten und expliziten Anknüpfen an die demokratische Vergangenheit wurde Redemokratisierung im Wesentlichen gleichgesetzt mit einer Restauration der alten Demokratie mit den gewohnten institutionellen Verfahrensregeln. Nach einer ersten Zeit der Unsicherheit hinsichtlich der zukünftigen politischen Rolle der Streitkräfte kam es so auch schnell zu einer Wiederherstellung rechtsstaatlicher Verhältnisse.

---

[4] Für eine Chronologie der Ereignisse vom Amtsantritt Sanguinettis 1985 bis zum Referendum 1989 sowie für eine Diskussion hinsichtlich der Relevanz des Ergebnisses für den demokratischen Konsolidierungsprozess siehe Wagner 1991: 86-112.

Tabelle 2: Politische Rechte und bürgerliche Freiheiten in Uruguay nach *Freedom House* (1984-2005)[5]

Jahr	Politische Rechte	Bürgerliche Freiheiten	Freiheitsrechte
1984	5	4	partly free
1985	5	4	partly free
1986	2	2	free
1987	2	2	free
1988	2	2	free
1989	2	2	free
1990	1	2	free
1991	1	2	free
1992	1	2	free
1993	1	2	free
1994	2	2	free
1995	2	2	free
1996	2	2	free
1997	1	2	free
1998	1	2	free
1999	1	2	free
2000	1	2	free
2001	1	1	free
2002	1	1	free
2003	1	1	free
2004	1	1	free
2005	1	1	free

Quelle: Freedom House 2005

Für die Verfassungswirklichkeit des postautoritären Uruguay ist das Referendum zum Hinfälligkeitsgesetz 1989 vor allem in zweierlei Hinsicht bedeutsam: Zum einen wurde der zentrale gesellschaftspolitische Konflikt, der die Jahre nach der Militärdiktatur prägte, zwar auf einem ungewöhnlichen, aber verfassungskonformen Weg per Volksentscheid gelöst. Zum anderen wurde als Folge dieser Erfahrungen in den Jahren danach verstärkt die von der Verfassung gegebene Möglichkeit genutzt, auf direktdemokratischem Weg über zentrale Fragen der Ausgestaltung nationaler Politik zu entscheiden und auf die Gesetzgebung Einfluss zu nehmen (siehe ausführlicher dazu Kap. 6). Über die durch ein Plebiszit 1996 gebilligte Verfassungsänderung wurde z.B. auch die Reform des Wahlrechts und damit eine schon seit längerer Zeit überfällige institutionelle Anpassung an veränderte politische Realitäten vollzogen (zu Einzelheiten siehe Kap. 7.2). Verfassungstext und Verfassungswirklichkeit stimmen in Uruguay heute insgesamt sehr viel mehr überein als in den meisten

---

[5] Politische Rechte und bürgerliche Freiheiten werden anhand einer auf der Basis der „Allgemeinen Erklärung der Menschenrechte" der Vereinten Nationen entwickelten Checkliste jeweils auf einer Skala von 7 (schlechtester Wert) bis 1 (bester Wert) bewertet. Länder mit kombinierten Durchschnittswerten von 7,0 bis 5,5 werden als „nicht frei", von 5,0 bis 3,0 als „teilweise frei" und von 2,5 bis 1,0 als „frei" eingestuft.

anderen Ländern Lateinamerikas. Diese positive Bilanz spiegelt sich auch in den Daten von *Freedom House* wider.

3 Staatsoberhaupt

Staatsoberhaupt ist der Präsident (*Presidente de la República*), der gleichzeitig Regierungschef ist (monistische Exekutive) und alle fünf Jahre direkt gewählt wird. Im Falle einer zeitlich befristeten oder dauerhaften Vakanz des Präsidentenamtes übernimmt nach Art. 150 der Verfassung der ebenfalls für fünf Jahre gewählte Vizepräsident dessen Funktionen. Eine unmittelbare Wiederwahl des Präsidenten und des Vizepräsidenten ist nicht möglich (Wiederwahl erst nach Ablauf einer Legislaturperiode). Nach Art. 159 der Verfassung repräsentiert der Präsident das Land nach innen und nach außen. Der Präsident ist für die Regierungsbildung verantwortlich und Oberbefehlshaber der Streitkräfte. Für die Ernennung der Oberkommandierenden der Teilstreitkräfte und der Polizei benötigt er die Zustimmung des Parlaments. Er hat keinen direkten Einfluss auf die Ernennung der Obersten Richter, die vom Parlament gewählt werden. Im Unterschied zu anderen Ländern Lateinamerikas verfügt der Präsident in Uruguay über keinerlei Dekretvollmachten (Krumwiede/Nolte 2000: 84 und 136), er hat allerdings – für Präsidialsysteme untypisch – unter besonderen Bedingungen (siehe Kap. 4) das Recht zur Parlamentsauflösung. Im Rahmen der präsidial verfassten Republik stellte im 20. Jahrhundert der *Partido Colorado* bis auf eine Ausnahme (1990-1995) den Staatspräsidenten.

Tabelle 3: Staatspräsidenten Uruguays im 20. Jahrhundert bis heute

Amtszeit	Name	Parteizugehörigkeit
1897-1903	Juan Lindolfo Cuestas	(Partido Colorado)
1903-1907	José Batlle y Ordóñez	(Partido Colorado)
1907-1911	Claudio Williman	(Partido Colorado)
1911-1915	José Batlle y Ordóñez	(Partido Colorado)
1915-1919	Feliciano Viera	(Partido Colorado)
1919-1923	Baltasar Brum	(Partido Colorado)
1923-1927	José Serrato	(Partido Colorado)
1927-1931	Juan Campisteguy	(Partido Colorado)
1931-1933	Gabriel Terra	(Partido Colorado)
1933-1938	Gabriel Terra	(Partido Colorado)
1938-1943	Alfredo Baldomir	(Partido Colorado)
1943-1947	Juan José de Amézaga	(Partido Colorado)
1947	Tomás Berreta*	(Partido Colorado)
1947-1951	Luis Batlle Berres	(Partido Colorado)
1951-1952	Andrés Martínez Trueba	(Partido Colorado)
1952-1966	*Consejo Nacional de Gobierno***	

1967	Oscar D. Gestido*	(Partido Colorado)
1967-1972	Jorge Pacheco Areco	(Partido Colorado)
1972-1976	Juan María Bordaberry	(Partido Colorado)
1976	Alberto Demichelli	
1976-1981	Aparicio Méndez	
1981-1985	Gregorio C. Alvarez	
1985	Rafael Addiego	
1985-1990	Julio María Sanguinetti	(Partido Colorado)
1990-1995	Luis Alberto Lacalle	(Partido Nacional)
1995-2000	Julio María Sanguinetti	(Partido Colorado)
2000-2005	Jorge Batlle	(Partido Colorado)
2005-2010	Tabaré Vázquez	(EP-FA/NM)***

Erläuterungen:
* Während der Amtszeit verstorben
** Präsident des *Consejo Nacional de Gobierno* war von 1952-1955 Andrés Martínez Trueba; danach wechselten die Amtsinhaber jährlich.
*** *Encuentro Progresista-Frente Amplio/Nueva Mayoría*
Quellen: Rial/Klaczko 1989: 124; Calvert/Calvert 1990: 217f.; *La Mañana* vom 26.11.1989 sowie eigene Aufzeichnungen.

4   Parlament

Uruguay ist das Land „mit der längsten und lebendigsten demokratisch-parlamentarischen Tradition Lateinamerikas" (Krumwiede/Nolte 2000: 106). Volksvertretung und Legislative ist die *Asamblea General*. Sie besteht als Zweikammerparlament aus der *Cámara de Representantes* mit 99 für fünf Jahre direkt gewählten Abgeordneten und der *Cámara de Senadores* mit 31 Mitgliedern, von denen 30 ebenfalls direkt für fünf Jahre gewählt werden; der Vizepräsident gehört dem Senat *ex officio* an und ist nach Art. 150 der Verfassung zugleich Präsident des Senats und der *Asamblea General*. Als Steuerungs- und Koordinierungsorgan der parlamentarischen Arbeit fungiert das Parlamentspräsidium (*Mesa de la Cámara*), das sich aus neun jeweils für eine Legislaturperiode (fünf Jahre) gewählten Mitgliedern zusammensetzt; eine Wiederwahl ist möglich (Krumwiede/Nolte 2000: 95). Als parlamentarische Kontrollinstanz sieht die Verfassung in Art. 127 die *Comisión Permanente* vor, die aus vier Senatoren und sieben Abgeordneten besteht. Nach Art. 120 können Untersuchungsausschüsse eingerichtet werden. Seit der Verfassungsreform 1996 können Präsidentschaftskandidaten gleichzeitig für das Parlament kandidieren, so dass diese im Falle einer Niederlage ggf. ein Abgeordneten- oder Senatorenmandat übernehmen können.

Nach Art. 93 der Verfassung hat das Abgeordnetenhaus das Recht, bei Verfassungsverstößen oder anderen schwerwiegenden Delikten vor dem Senat ein Amtsenthebungsverfahren gegen den Präsidenten, den Vizepräsidenten, die Mitglieder des Obersten Gerichtshofs und andere Amtsträger anzustrengen. Für den erfolgreichen Abschluss eines solchen *Impeachment*-Verfahrens ist eine Zweidrittelmehrheit im Abgeordnetenhaus erforderlich. Zu den Kompetenzen des Parlaments zählt außerdem die Wahl der Obersten Richter mit

Zweidrittelmehrheit. Die Ernennung der Oberkommandierenden der Teilstreitkräfte und der Polizei durch den Präsidenten bedarf der Zustimmung durch das Parlament. Abweichend vom Idealtyp des präsidentiellen Regierungssystems kann das Parlament mit absoluter Mehrheit Minister zensieren und mit Zweidrittelmehrheit Minister entlassen. Ebenso untypisch für den Präsidentialismus ist die Regelung, nach der der Präsident unter einer bestimmten Bedingung über ein Auflösungsrecht des Parlaments verfügt: Nach Art. 148 der Verfassung kann er einmal in einer Legislaturperiode (allerdings nicht im letzten Jahr seiner Amtszeit) das Parlament auflösen, wenn er sich dem mit absoluter Mehrheit der Parlamentarier gefassten Beschluss der Absetzung eines Ministers oder mehrerer Minister widersetzt hat und in der daraufhin einberufenen Parlamentssitzung weniger als drei Fünftel aller Parlamentarier den Absetzungsbeschluss bestätigen.

Nach einer vergleichenden Untersuchung von Krumwiede/Nolte (2000: 89) hinsichtlich der verfassungsrechtlich vorgegebenen Kompetenzausstattung der Parlamente in elf Ländern Lateinamerikas liegt Uruguay knapp hinter Bolivien und Venezuela auf Platz drei. Zwar beurteilen die beiden Autoren die technische Kompetenz des uruguayischen Parlaments in Form von Expertise und Beratung der Parlamentarier als „schwach" (genau so wie bei sechs anderen im Vergleich berücksichtigten Ländern), dessen verfassungsmäßige Kompetenzen wie auch dessen reale politische Macht verstanden als Macht des Parlaments gegenüber der Exekutive hingegen als „stark". Damit nimmt das uruguayische Parlament in einer Gesamtbewertung hinsichtlich der Frage nach der politischen Bedeutung und der Gestaltungsmacht im Vergleich der untersuchten Länder den ersten Rang ein (Krumwiede/Nolte: 171-173).

5 Regierung, Verwaltung, Regionen

Die Regierungsgewalt auf nationaler Ebene wird nach Art. 149 der Verfassung vom Präsidenten der Republik und den Ministern bzw. dem Ministerrat (*Consejo de Ministros*) ausgeübt. Als eine besondere Form der Dezentralisierung der öffentlichen Verwaltung arbeiten verschiedene staatliche Betriebe weitgehend unabhängig von der Exekutive gemäß der Verfassung als autonome Einheiten (*Entes Autónomos*) und dezentralisierte Versorgungs- und Dienstleistungsbetriebe (*Servicios Descentralizados*), die nach Art. 185 der Verfassung jeweils von einem Generaldirektor oder einem aus drei oder fünf Personen bestehenden Direktorium geleitet werden.

Auf regionaler Ebene ist Uruguay in 19 Verwaltungseinheiten (*Departamentos*) aufgeteilt: Im Norden und Nordosten des Landes an der Grenze zu Brasilien liegen die *Departamentos* Artigas, Rivera, Cerro Largo und Treinta y Tres, im Nordwesten und Westen an der Grenze zu Argentinien Salto, Paysandú, Río Negro und Soriano, im Süden am Río de la Plata bzw. am atlantischen Ozean Colonia, San José, Canelones, Montevideo, Maldonado und Rocha sowie im Landesinnern Tacuarembó, Flores, Durazno, Florida und Lavalleja. Obwohl das Land stark zentralistisch von der Hauptstadt Montevideo, in der knapp 1,4 Millionen der rund 3,4 Millionen Einwohner leben und die politisch, wirtschaftlich und kulturell das absolute Zentrum des Landes darstellt, regiert wird, besitzen die *Departamentos* eine Teilautonomie sowie eigene Gesetzgebungs- und Verwaltungsorgane. An der Spitze der Exekutive in den *Departamentos* steht jeweils ein *Intendente*, der für fünf Jahre direkt gewählt wird und nach Art. 266 der Verfassung einmal wiedergewählt werden kann;

zusammen mit dem *Intendente* werden vier Stellvertreter gewählt. Kontrolliert wird die Exekutive in den *Departamentos* nach Art. 273 der Verfassung von der *Junta Departamental*, der auch legislative Funktionen zukommen. Die *Juntas Departamentales* bestehen jeweils aus 31 Mitgliedern, die – zusammen mit der dreifachen Zahl an Stellvertretern – ebenfalls für fünf Jahre in direkter Wahl gewählt werden.

6   Gesetzgebung und Verfassungsänderung

Im Gesetzgebungsprozess ist, wie bei Zweikammersystemen üblich, zwingend die Zustimmung beider Kammern (*Cámara de Representantes* und *Cámara de Senadores*) notwendig, damit eine Gesetzesvorlage verabschiedet und an den Präsidenten zur Unterschrift weitergeleitet werden kann. Kommt es im Gesetzgebungsprozess zu unterschiedlichen Positionen zwischen beiden Kammern, so entscheiden in einer Art Vermittlungsverfahren beide Kammern in gemeinsamer Sitzung mit Zweidrittelmehrheit (Krumwiede/Nolte 2000: 132). Der Präsident besitzt ein Veto-Recht, von dem er innerhalb einer bestimmten Frist nach der parlamentarischen Verabschiedung eines Gesetzes Gebrauch machen kann. Ein Veto des Präsidenten kann mit Dreifünftelmehrheit der bei der Abstimmung anwesenden Parlamentarier zurückgewiesen werden.

Tabelle 4:   Wichtige Volksentscheide seit 1989

16.09.1989	Billigung des Hinfälligkeitsgesetzes mit 56,7%
26.11.1989	Billigung der Verfassungsänderung, nach der eine automatische Anpassung der Renten an die Lohnerhöhungen erfolgt
13.12.1992	Ablehnung von Teilen des Privatisierungsgesetzes mit 66,6%
28.08.1994	Ablehnung der Reform verschiedener Verfassungsartikel mit 67,5%
27.11.1994	Billigung der Verfassungsänderung, nach der Modifikationen der Sozialversicherung über Haushaltsgesetze verfassungswidrig sind mit 72,3%; Ablehnung einer Verfassungsänderung zur Festschreibung der Ausgaben für den Bildungsbereich auf 27% des Staatshaushaltes
08.12.1996	Billigung der Wahlrechtsreform mit 50,4%
31.10.1999	Ablehnung von zwei Reformvorschlägen (Stärkung der finanziellen Unabhängigkeit der Justiz; Einschränkung für ehemalige Vorstandsmitglieder öffentlicher Einrichtungen bei der Bewerbung um ein öffentliches Mandat)
07.12.2003	Ablehnung eines Gesetzes zur Privatisierung von ANCAP mit 62,2%
31.10.2004	Billigung der Verfassungsänderung, die Wasser als öffentliches Gut und die Unveräußerlichkeit der Wasservorräte in der Verfassung festschreibt mit 64,6%

Quelle: Marius 2004: 92, 127, 144, 150, 196, 208, 336 und Corte Electoral 2005.

Da der Präsident über keinerlei Dekretvollmachten verfügt (Krumwiede/Nolte 2000: 136), kommt ihm – anders als z.B. in den Nachbarländern Argentinien und Brasilien – nicht die Rolle eines legislativen Konkurrenten gegenüber dem Parlament zu. Allerdings hat der Präsident neben dem Initiativrecht insofern gewisse, allerdings sehr eingeschränkte legislative Kompetenzen, als er nach Art. 168 der Verfassung die Eilbefassung mit einem Gesetz verlangen kann. Diese mit der Verfassung 1967 eingeführte Regelung sieht vor, dass ein solches Dringlichkeitsgesetz dann als gleichsam stillschweigend gebilligt gilt, wenn das Parlament innerhalb einer bestimmten Frist keine Stellung zu diesem Gesetz genommen hat. Ausgenommen von dieser Regelung sind Haushaltsgesetze und Gesetze, die mit Dreiviertel- oder Zweidrittelmehrheit im Parlament verabschiedet werden müssen. Außerdem hat jede Kammer des Parlaments die Möglichkeit, mit Zweidrittelmehrheit die vom Präsidenten verlangte Eilbefassung mit einem Gesetz abzulehnen, so dass dieses Gesetz dann den Weg der normalen Gesetzgebung gehen muss.

Verfassungsänderungen sind nach Art. 331 der Verfassung nur durch ein Plebiszit möglich. Im Zeitraum von 1917 bis 1980 wurden insgesamt 17 die Verfassung betreffende Plebiszite durchgeführt (Rial/Klaczko 1989: 101f.). Das Plebiszit 1980 stellte dabei nicht nur insofern eine Besonderheit dar, als es im zeithistorischen Kontext einer Militärdiktatur erfolgte, sondern noch viel mehr hinsichtlich der Tatsache, dass damit zum ersten Mal in der Geschichte Lateinamerikas ein Übergangsprozess vom Autoritarismus zur Demokratie durch eine Volksabstimmung eingeleitet wurde.

Die Verfassung enthält in Art. 79 einen Passus, nach dem das Volk direkt auch über die Billigung oder Ablehnung eines parlamentarisch bereits verabschiedeten Gesetzes – mit Ausnahme der Steuergesetzgebung – entscheiden kann, wenn sich innerhalb eines Jahres nach Verabschiedung des Gesetzes mindestens 25% der Wahlberechtigten mit ihrer Unterschrift für eine Volksabstimmung über dieses Gesetz aussprechen. Erstmals Gebrauch gemacht wurde von dieser Möglichkeit bei dem Hinfälligkeitsgesetz 1989. Seitdem haben direktdemokratische Mechanismen auch als Instrument oppositioneller Politik an Bedeutung gewonnen, um so Einfluss auf den Gesetzgebungsprozess und die nationale Politik nehmen zu können. So dienten die Volksentscheide im Wesentlichen auch dazu, den von den verschiedenen postautoritären Regierungen Uruguays favorisierten Privatisierungskurs, wie er in vielen Ländern eingeschlagen wurde, zu verhindern. Besonders zu erwähnen ist hier das Referendum 1992, das für die Regierung Lacalle eine herbe Niederlage bedeutete, da wesentliche Teile ihres Privatisierungsgesetzes zu Fall gebracht wurden. U.a. wurde damit die angestrebte Privatisierung des staatlichen Telekommunikationsanbieters ANTEL (*Administración Nacional de Telecomunicaciones*) verhindert. Im Dezember 2003 wurde eine von der Regierung Batlle beabsichtigte Privatisierung des größten Industriebetriebs des Landes ANCAP (*Administración Nacional de Combustibles, Alcohol y Portland*), der als staatlicher Mischkonzern u.a. Zement und Raffinerieprodukte herstellt, mehrheitlich abgelehnt. Parallel zu den nationalen Wahlen im Oktober 2004 schließlich wurde per Volksentscheid eine Verfassungsänderung beschlossen, die eine Privatisierung der Wasserversorgung untersagt. Nicht immer aber waren die Versuche, Volksentscheide herbeizuführen und damit die Regierungspolitik zu „korrigieren", erfolgreich. 2001 etwa scheiterte die Opposition mit einer von ihr initiierten Volksabstimmung gegen die Liberalisierungspolitik der Regierung Batlle (u.a. Privatisierung des Eisenbahnnetzes und des Container-Terminals im Hafen von Montevideo); die von der Verfassung festgelegte erforderliche Stimmenzahl zur Durchführung eines Referendums wurde nicht erreicht.

7   Wahlsystem und Wahlverhalten

7.1   Die Besonderheiten des „alten" Wahlsystems

Die Wiederherstellung der uruguayischen Demokratie Mitte der 80er Jahre wurde allgemein als Restauration begriffen, was im Wesentlichen damit zusammenhängt, dass eine weit reichende Rückkehr zu den vorautoritären institutionellen Rahmenbedingungen stattfand. Dazu gehörte auch die Wiedereinsetzung eines ungewöhnlichen, komplexen und im internationalen Vergleich viele Besonderheiten aufweisenden Wahlsystems, das einerseits über Jahrzehnte als Garant für das stabile Zweiparteiensystem galt, andererseits aber aufgrund seiner Schwächen auch zu den Faktoren gezählt wird, die zum institutionellen Zusammenbruch der Demokratie ab Ende der 60er Jahre beitrugen. Zentraler Bestandteil dieses Wahlsystems war der 1910 eingeführte *Doble Voto Simultáneo* (DVS), der den Interessen der beiden traditionellen Parteien zur Sicherung ihrer Vormachtstellung entgegenkam. Mit dem DVS wurden simultan eine politische Partei und untereinander konkurrierende Kandidaten (bzw. Listen von Kandidaten) dieser Partei gewählt. Mit einer Stimme entschied man sich also gleichzeitig für eine Partei (*Lema*), eine Parteifraktion (*Sublema*) und eine Personenliste (*Lista*). Die für die einzelnen Listen einer Partei abgegebenen Stimmen wurden zu einem für die Mandatsvergabe entscheidenden Gesamtergebnis der Partei zusammengezählt. Gewählt war nun derjenige Kandidat, der innerhalb der Partei mit dem größten Stimmenanteil die meisten Voten auf sich vereinigte. Dies konnte in der Praxis bedeuten, dass ein Kandidat gewählt wurde, der weniger Stimmen als ein Mitbewerber erzielt hatte, da das Gesamtergebnis seiner Partei insgesamt besser war als das seines Konkurrenten (so geschehen bei den Präsidentschaftswahlen 1930, 1946 und 1971).

Perfektioniert wurde die Möglichkeit der Stimmenakkumulation durch die Wahlgesetze 1925 und durch die *Leyes de Lema* in den 30er Jahren. Da unterschiedliche Fraktionen mit eigenen Kandidaten unter dem Dach einer gemeinsamen Partei zu den Wahlen antreten konnten, gelang es nun *Partido Colorado* und *Partido Nacional* als *Catch-all*-Parteien ihre Einheit zu bewahren, die immer wieder durch interne Konflikte und Spaltungstendenzen gefährdet gewesen war. So verhinderte das Wahlsystem auf Dauer ein Auseinanderbrechen der beiden Parteien, begünstigte aber gleichzeitig den Prozess einer internen Zersplitterung. Aufgrund der extrem fraktionellen Organisationsform und der starken ideologischen Fragmentierung von *Partido Colorado* und *Partido Nacional* wird deswegen auch von einem fragmentarischen Zweiparteiensystem (Aguiar 1983: 8ff.) gesprochen.

Als positiver Effekt des Wahlsystems wurde mit ihm eine Demokratisierung und Politisierung der Gesellschaft eingeleitet, indem das Ausmaß und die Möglichkeiten politischer Partizipation deutlich anstiegen. Die von der Wahlgesetzgebung ermöglichte Zersplitterung führte zu einer sehr viel pluralistischeren internen Struktur der traditionellen Parteien anstelle eines zentralistischen Parteiapparats, zu besseren Möglichkeiten von parteiinternen Minderheiten, sich zu artikulieren und zur Wahl anzutreten, zu einer größeren Auswahl bei der Bestimmung des politischen Führungspersonals und der Mandatsträger bzw. zu einem relativ großen Entscheidungsspielraum des Wählers innerhalb (!) seiner Parteipräferenz. Durch diese Gegebenheiten wurde auch ein Mechanismus in Gang gesetzt, der zu saubereren Wahlen, d.h. zu Wahlen ohne Wahlbetrug führte (González 1986: 45).

Zu den negativen Effekten des Wahlsystems zählt, dass damit der Klientelismus quasi institutionalisiert wurde (Bayce 1989: 20). Durch die Aufspaltung der Parteien in Fraktionen mit verschiedenen Listen, die von politischen Klubs unterstützt wurden, entstand ein weit verzweigtes klientelistisches Netz, in dem individuelle Forderungen an das politische System kanalisiert werden konnten. Die daraus resultierenden, immer weiter wachsenden Ansprüche konnten jedoch, nachdem der Zenit der wirtschaftlichen Entwicklung überschritten worden war, kaum noch befriedigt werden. Weitere zentrale Probleme im politischen Prozess, die zu einer massiven Einschränkung der Handlungsfähigkeit der Regierung führten, ergaben sich dadurch, dass das Wahlsystem die Mehrheitsbildung erschwerte und dem Präsidenten eine unzureichende Legitimationsbasis und mangelnden parlamentarischen Rückhalt verschaffte: Zudem war das Wahlsystem insofern ungerecht, als die Dominanz der beiden traditionellen Parteien durch eine gesetzliche Regelung im Rahmen der *Leyes de Lema* gesichert wurde, nach der nur Parteien, die an den vorhergehenden Wahlen teilgenommen und eine parlamentarische Repräsentation erlangt hatten, mehrere Präsidentschaftsbewerber nominieren und somit die Möglichkeit der Stimmenakkumulation nutzen konnten. Damit wurden *Partido Colorado* und *Partido Nacional* faktisch ein privilegierter Status eingeräumt; andere Parteien konnten diese Bedingung kaum erfüllen, d.h. diesen wurde der Weg zur Macht fast unmöglich gemacht.

Weitere Eigenheiten des Wahlsystems bestehen in der Verknüpfung und Gleichzeitigkeit verschiedener Wahlen und Wahlprinzipien. Die alle fünf Jahre stattfindenden Wahlen vereinigten nicht nur die Wahlen zu Exekutive und Legislative, sondern auch nationale und departamentale Wahlen. Dabei musste sich der Wähler auf nationaler und departamentaler Ebene für jeweils eine starre Kandidatenliste entscheiden. Bei der Stimmabgabe wurden gleichzeitig und mit einem Verfahren sechs Wahlakte vollzogen: Gewählt wurden auf nationaler Ebene mit einem Stimmzettel 1.) Präsident und Vizepräsident, der gleichzeitig auch Senatspräsident ist, 2.) 30 Senatoren, 3.) 99 Abgeordnete, 4.) die Mitglieder der lokalen Wahlbehörde (*Junta Electoral*) und mit einem zweiten Stimmzettel auf departamentaler Ebene 5.) der *Intendente* und 6.) die Mitglieder der *Junta Departamental*.

Die Wahlmöglichkeiten waren in der Verfassung von 1952 noch zusätzlich dadurch eingeschränkt gewesen, dass auf beiden Ebenen nur mit einem gemeinsamen Stimmzettel abgestimmt werden durfte. Die Einführung von zwei Stimmzetteln war zwar ein Fortschritt, wurde aber mit der Einschränkung versehen, dass der Wähler auf nationaler und departamentaler Ebene seine Stimme derselben Partei geben muss, also keine unterschiedlichen Parteipräferenzen artikulieren kann. Die Intransparenz und für den Wähler kaum durchschaubare Komplexität des Wahlsystems wurde noch dadurch gesteigert, dass das System der Ämtervergabe bei Präsident und *Intendente* auf dem Prinzip der Mehrheitswahl, bei Senatoren und Abgeordnete auf dem Prinzip der Verhältniswahl beruhte.

Folgende weitere Regelungen des Wahlrechts sind außerdem wichtig: Es herrscht Wahlpflicht. Bei Nichterfüllen der Wahlpflicht drohen – zumindest theoretisch – eine Geldstrafe und die Verwehrung des Zugangs zu Ämtern der öffentlichen Verwaltung für einen Zeitraum von fünf Jahren. Was den amtierenden Präsidenten anbelangt, so ist es ihm laut Verfassung untersagt, in irgendeiner Form in den Wahlkampf zu intervenieren. Ihm bleibt außerdem eine Kandidatur für eine direkt anschließende zweite Amtsperiode verwehrt; erst nach einmaligem Aussetzen ist eine erneute Kandidatur möglich.

7.2 Die Wahlrechtsreform 1996

Dass Wahlsystemfragen meist auch Machtfragen sind und es sich deswegen oft schwierig gestaltet, einen tragfähigen Konsens für eine Wahlrechtsreform herzustellen, hat sich auch in Uruguay gezeigt. Obwohl sich alle relevanten politischen Kräfte nach der Rückkehr zur Demokratie der bestehenden Schwächen des „alten" Wahlsystems mehr oder weniger bewusst waren und trotz sehr intensiv geführter Diskussionen über diese Problematik dauerte es mehrere Jahre, bis es tatsächlich zu einer Reform kam. 1996 schließlich passierte eine Reforminitiative der Regierung erfolgreich das Parlament, die notwendige Verfassungsänderung wurde im Dezember des Jahres in einem Volksentscheid mit 50,4% der Stimmen gebilligt. Im Mittelpunkt der Reform stand die – von der argentinischen Zeitung *Clarín* als für uruguayische Verhältnisse revolutionär bezeichnete – Abschaffung der *Leyes de Lema* für die Präsidentschaftswahlen. Die wichtigsten Änderungen, die sich aus Art. 77 und 151 der Verfassung ergeben, lassen sich wie folgt zusammenfassen:

- Pro Partei wird nur noch ein Präsidentschaftsbewerber zugelassen, d.h. die Möglichkeit der Stimmenakkumulation wird hier hinfällig.
- Die Präsidentschaftskandidaten der Parteien werden durch parteiinterne Vorwahlen direkt von der Bevölkerung bestimmt.
- Um siegreich aus den Wahlen hervorzugehen, muss ein Präsidentschaftskandidat die absolute Mehrheit der Stimmen erzielen. Erreicht keiner der Kandidaten im ersten Wahlgang die absolute Mehrheit, so erfolgt als zweiter Wahlgang eine Stichwahl (Ballotage) zwischen den beiden Kandidaten mit den meisten Stimmen.
- Nationale Wahlen und departamentale Wahlen werden getrennt voneinander durchgeführt, nämlich nationale Wahlen alle fünf Jahre am letzten Sonntag im Oktober und departamentale Wahlen im Folgejahr am zweiten Sonntag im Mai.

7.3 Wahlverhalten auf nationaler Ebene

Begünstigt durch das Wahlsystem gelang es *Partido Colorado* und *Partido Nacional* bis 1966 fast durchgängig über 90% der Stimmen auf sich zu vereinigen. Die Prioritäten der Wähler begannen sich erst mit den Wahlen 1971 zu einer anderen, dritten parteipolitischen Kraft zu verschieben. Dieser Trend zugunsten des *Frente Amplio* setzte sich nach der Diktatur fort: Von Wahl zu Wahl entschieden sich immer mehr Wähler für diese Partei, nämlich 1984 401.104, 1989 418.403, 1994 621.226, 1999 701.661 und 2004 1.124.761 (Marius 2004: 74, 130, 192 und 276, Corte Electoral 2005).

Mit der Wahlrechtsreform 1996 gingen entscheidende Veränderungen im Wählerverhalten einher, die Abschaffung der *Leyes de Lema* für die Präsidentschaftswahlen lieferte nun neue Konstellationen und andere Möglichkeiten der Stimmabgabe. Bei der ersten Wahl nach der Wahlrechtsreform bestätigten sich zunächst noch die Befürchtungen des – so der neue Name – *Encuentro Progresista-Frente Amplio* (EP-FA), dass sich die beiden traditionellen Parteien nunmehr auch die Regelungen des neuen Wahlsystems nutzbar machen, um ihre Vormachtstellung weiterhin zu sichern und einen linken Präsidenten zu verhindern. Im ersten Wahlgang am 31. Oktober 1999 entfielen auf den Präsidentschaftskandidaten des EP-FA, Tabaré Vázquez, die meisten Stimmen (39,2%) mit einem klaren Vorsprung vor

Jorge Batlle (32%) vom *Partido Colorado* und Ex-Präsident Luis Alberto Lacalle (21,8%) vom *Partido Nacional*. Da aber keiner der Kandidaten die absolute Mehrheit hatte erringen können, war nach der neuen Wahlgesetzgebung ein zweiter Wahlgang erforderlich. Angesichts des möglichen Sieges von Vázquez bezog nun der *Partido Nacional* eindeutig für den *Colorado*-Kandidaten Batlle Position und gab den eigenen Parteigängern eine entsprechende, klare Wahlempfehlung. Bei der Stichwahl am 28. November 1999 erzielte demzufolge Batlle 52,26% der Stimmen, Vázquez 44,53% (Marius 2004: 288); die traditionellen Parteien hatten sich so noch einmal durchgesetzt und ihre Vormachtstellung gewahrt.

Tabelle 5:   Nationale Wahlen: Ergebnisse 1926-2004 (*in %*)

Wahljahr	Partido Colorado Nacional*	Partido Amplio**	Frente	andere
1926	49,0	48,4	---	2,6
1930	52,0	47,3	---	0,7
1938	61,4	32,1	---	6,5
1942	57,2	34,5	---	8,3
1946	47,8	41,8	---	10,4
1950	52,6	38,5	---	8,9
1954	50,6	38,9	---	10,5
1958	37,7	49,7	---	12,6
1962	44,5	46,5	---	9,0
1966	49,4	40,4	---	10,2
1971	41,0	40,2	18,3	0,5
1984	41,2	35,0	21,3	2,5
1989	30,3	38,9	21,2	9,6
1994	32,3	31,2	30,6	5,9
1999	32,0	21,8	39,2	7,0
2004	10,4	34,3	50,4	4,9

Erläuterung: 1926-1950 und 1966-2004 Präsidentschaftswahlen; 1954-1962 Wahlen zum *Colegiado* (Staatsrat)
*   1942-1954 Gesamtergebnis von *Partido Nacional* und *Partido Nacional Independiente*
**   1999 angetreten als *Encuentro Progresista-Frente Amplio*, 2004 angetreten als *Encuentro Progresista-Frente Amplio/Nueva Mayoría*
Quellen: Mieres 1988; Rial/Klaczko 1989; Venturini 1989; Marius 2004; Corte Electoral 2005.

Bei den folgenden Präsidentschaftswahlen 2004 konnte ein Sieg von Vázquez allerdings nicht mehr verhindert werden. Im ersten Wahlgang am 31. Oktober 2004 erzielte dieser mit 50,4% knapp die absolute Mehrheit und war damit zum ersten Staatspräsidenten in der Geschichte Uruguays gewählt, der einer ideologisch links stehenden Partei angehört. Zusätzlich konnte das jetzt unter dem Namen *Encuentro Progresista-Frente Amplio/Nueva Mayoría* (EP-FA/NM) angetretene Parteienbündnis bei den Parlamentswahlen die absolute

Mehrheit in beiden Kammern erringen: Auf den EP-FA/NM entfielen 16 Sitze im Senat und 52 Sitze im Abgeordnetenhaus, der *Partido Nacional* kam nur noch auf elf bzw. 36 Sitze und der *Partido Colorado* erreichte mit drei Sitzen im Senat und zehn im Abgeordnetenhaus noch nicht einmal ein Drittel der parlamentarischen Repräsentation der vorangegangenen Legislaturperiode (Schonebohm 2004: 227).

8   Parteien und Parteiensystem

Das uruguayische Parteiensystem wird oft als eines der ältesten Parteiensysteme der Welt bezeichnet. Bereits wenige Jahre nach der Unabhängigkeit entstanden 1836 im Umfeld der beiden ersten Staatspräsidenten des Landes, Fructuoso Rivera und Manuel Oribe, zwei Gruppierungen, aus denen später die so genannten traditionellen Parteien, *Partido Colorado* (*Colorados*) und *Partido Nacional* (*Blancos*), hervorgingen, denen bis zu den letzten vordiktatorialen Wahlen 1971 die Rolle als zentrale politische Akteure zukam. Für die Entstehung der Parteien waren in Uruguay *Cleavages*, die sich in anderen Ländern aus ethnischen oder religiösen Problemen, aus der Rivalität verschiedener Machtzentren oder aus einem extremen sozialen Gefälle ergeben, relativ unbedeutend. Stattdessen formierten sich die beiden Parteien vor allem an einer Konfliktlinie, die in den Gegensätzen zwischen der Hafen- und Hauptstadt Montevideo und dem Binnenland ihren Ausdruck fand. Die frühe Urbanisierung trug zur Herausbildung einer städtischen politischen Elite bei, deren sozialstrukturelle Verankerung weitgehend unabhängig von der Agrarunternehmerschaft war. Obwohl *Partido Colorado* und *Partido Nacional* beide historisch durchaus als poliklassistische Parteien einzustufen sind, galten besonders seit den Bürgerkriegen 1839-1852 die *Colorados* eher als progressive Kraft, die ihre Klientel vorrangig aus den Städten bezog und deren Vertreter überwiegend die Interessen des städtischen Großbürgertums und des Handelssektors repräsentierten. Demgegenüber waren die *Blancos* konservativ orientiert, stärker in ländlichen Regionen vertreten und Interessenrepräsentant der Latifundisten. Waren beide Parteien bis etwa zur Jahrhundertwende noch vor allem Honoratiorenparteien im Sinne von Max Weber, so entwickelten sie sich danach immer mehr zu Massen- bzw. *Catch-all*-Parteien. Trotzdem blieben die *Blancos* eher in der ländlichen Bevölkerung verankert, während sich die *Colorados* mehr auf städtische Mittelschichten und die Industriearbeiterschaft stützten.

Das über Jahrzehnte existierende fragmentarische Zweiparteiensystem wurde nicht nur durch das Wahlsystem, sondern auch durch das Prinzip der *Coparticipación* (siehe Kap. 2.1) begünstigt und stabilisiert, jedoch nicht ohne negative Effekte. Denn *Coparticipación* hieß nicht nur Beteiligung an der Regierungsverantwortung in der bereits beschriebenen Form, sondern auch Besetzung der Stellen in der staatlichen Verwaltung durch die beiden traditionellen Parteien nach einem festen Verteilungsschlüssel. So entstand ein aufgeblähter öffentliche Sektor – in den 20er Jahren wuchs die staatliche Bürokratie um 50% (Calvert/Calvert 1990: 112) –, der zunehmend zur Pfründesicherung benutzt wurde; der Verwaltungsapparat degenerierte zu einem Hort der Ämterpatronage und des Klientelismus.

Im Kontext der sich immer mehr verschärfenden ökonomischen und politischen Lage schlossen sich zu den Wahlen 1971 Partido Demócrata Cristiano, Partido Comunista, Partido Socialista, Movimiento Blanco Popular y Progresista, Frente Izquierda de Liberación, jeweils eine Abspaltung aus den beiden traditionellen Parteien, nämlich Lista 58 des Partido Nacional und Lista 99 (später Partido Por el Gobierno de Pueblo) des Partido Colorado, sowie einige weitere kleinere Gruppierungen zum Linksbündnis Frente Amplio zusammen. Damit war die Entwicklung weg vom alten Zweiparteiensystem eingeleitet, die auch durch die Militärdiktatur nicht gestoppt wurde und sich 13 Jahre später bei der ersten wieder demokratischen Verfahrensregeln folgenden Auswahl des Herrschaftspersonals fortsetzte. Mit diesen Wahlen von 1984 hatte sich ein Zweieinhalbparteiensystem verfestigt, das sich in den folgenden zehn Jahren zu einem Dreiparteiensystem umgestalten sollte.

Bereits 1989 war es als ein entscheidender Schritt in diese Richtung dem vor allem in der organisierten Arbeiterschaft verankerten *Frente Amplio* gelungen, das Machtmonopol von *Colorados* und *Blancos* zu durchbrechen: Bei den departamentalen Wahlen in Montevideo wurde der Sozialist Tabaré Vázquez zum Bürgermeister gewählt, der damit das nach Meinung vieler Uruguayer nach dem Staatspräsidenten zweitwichtigste politische Amt in der *República Oriental del Uruguay* bekleidete. Dieser Wahlerfolg in Montevideo und die Tatsache, dass bei den gleichzeitig stattfindenden nationalen Wahlen der *Frente Amplio* prozentual ein fast identisches Ergebnis wie fünf Jahre zuvor erzielte, ist umso bemerkenswerter, als es im Vorfeld der Wahlen zur Spaltung des *Frente Amplio* gekommen war: Mit dem *Partido Por el Gobierno del Pueblo* und dem *Partido Demócrata Cristiano* schieden die beiden Parteien aus dem Linksbündnis aus, aus denen sich 1984 noch fast die Hälfte (!) der gesamten Wählerschaft des *Frente Amplio* rekrutiert hatte. Neu in das Bündnis aufgenommen wurde – begleitet von heftigen Diskussionen und Kritik vor allem aus den Reihen der beiden traditionellen Parteien – die ehemalige Stadtguerilla *Movimiento de Liberación Nacional-Tupamaros*.

Bei den Wahlen 1994 konnte die Linke ihre Vormachtstellung in der Hauptstadt weiter ausbauen. Zwar dominierten *Blancos* und *Colorados* weiterhin im Landesinnern, das Gesamtergebnis auf nationaler Ebene wies allerdings drei fast gleichstarke parteipolitische Kräfte aus, die noch nicht einmal zwei Prozentpunkte auseinander lagen. Was Bodemer (1995) als die Drei-Drittel-Gesellschaft bezeichnete, bedeutete hinsichtlich des Parteiensystems nichts anderes, als dass damit die Entwicklung vom Zwei- über das Zweieinhalb- zum Dreiparteiensystem faktisch vollzogen war.

Bei den beiden folgenden Wahlen mussten die beiden traditionellen Parteien erhebliche Einbußen hinnehmen: 1999 verloren die *Blancos* fast zehn Prozentpunkte im Vergleich zu den vorhergehenden Wahlen; die bei der erstmals durchgeführten Stichwahl 1999 mit Jorge Batlle als Präsidentschaftskandidat noch siegreichen *Colorados* verloren 2004 sogar über 20 Prozentpunkte und mussten eine verheerende und in der uruguayischen Geschichte beispiellose Niederlage hinnehmen. Die Partei, die im Rahmen der präsidentiell verfassten Demokratie im 20. Jahrhundert bis auf eine einzige Ausnahme immer den Staatspräsidenten gestellt hatte, war nun nur noch von jedem Zehnten gewählt worden. Der Aufwärtstrend des linken Parteienbündnisses setzte sich hingegen ungebrochen fort. Gelang es ihm bereits 1999 unter dem Namen *Encuentro Progresista-Frente Amplio* als stärkste parteipolitische Kraft aus den Wahlen hervorzugehen, der nur durch ein informelles Bündnis der beiden traditionellen Parteien bei der notwendig gewordenen Stichwahl der Weg zur Macht auf nationaler Ebene verwehrt blieb, so konnte 2004 der *Encuentro Progresista-Frente Amplio/ Nueva Mayoría* noch einmal über zehn Prozentpunkte zulegen und die absolute Mehrheit erringen. Dieses schon bei Umfragen im Vorjahr absehbare Ergebnis bedeutete das „Ende einer Dynastie" (Arocena 2003: 16) oder, wie es Dieter Schonebohm (2004: 255) schlicht formulierte: „Zum ersten Mal seit der Unabhängigkeit Uruguays vor 174 Jahren haben die beiden traditionellen Parteien [...] die Macht verloren."

Bei den Regionalwahlen am 8. Mai 2005 schließlich gelang es der Linken, auch die letzte Vormachtsstellung der beiden traditionellen Parteien zu durchbrechen. Bis dahin galt eine klare Kluft zwischen der Hauptstadt Montevideo, in der seit 1989 der *Frente Amplio* regierte, und den 18 *Departamentos* des Landesinnern, in denen weiterhin die beiden traditionellen Parteien die Oberhand hatten. 2005 konnte das Linksbündnis nicht nur zum vierten Mal in Folge die departamentalen Wahlen in Montevideo, sondern erstmals auch in sieben weiteren *Departamentos* (Canelones, Rocha, Paysandú, Maldonado, Treinta y Tres, Florida und Salto) gewinnen.

Abbildung 1:   Entwicklung des prozentualen Anteils der Parteien bei nationalen Wahlen 1926-2004

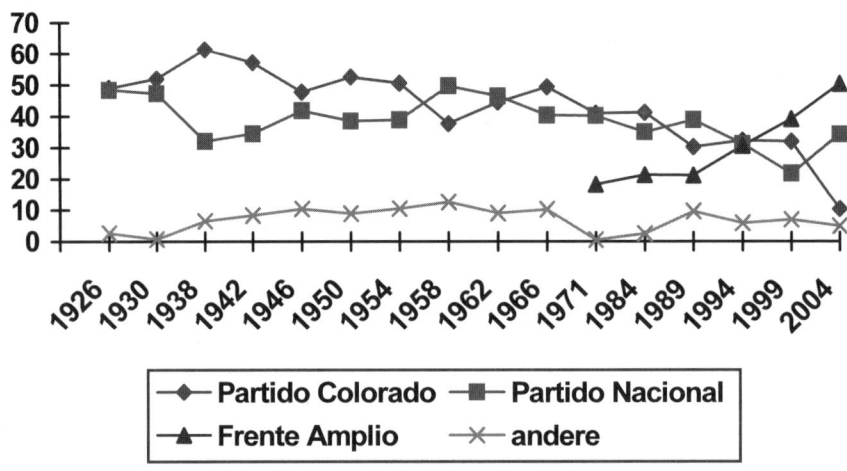

Quelle: Angaben in Tabelle 5.

9   Militär

Völlig untypisch für Lateinamerika waren in Uruguay die Streitkräfte im 20. Jahrhundert bis Ende der 60er Jahre als relevanter politischer Akteur praktisch nicht in Erscheinung getreten. Selbst bei dem diktatorischen Intermezzo in den 30er Jahren spielten sie keine nennenswerte Rolle. Auch im Zuge des Übergangs zum Autoritarismus Ende der 60er/ Anfang der 70er Jahre übernahmen sie nicht einen solch aktiven Part wie die Militärs in den Nachbarländern. Zunächst ermöglichte es Präsident Pacheco, dass die Militärs ihren Einflussbereich im Laufe der Zeit immer weiter ausdehnen und auch machtpolitisch an Bedeutung gewinnen konnten. Danach war es der 1971 gewählte Präsident Bordaberry, der zunächst versuchte, eigene Machtambitionen durchzusetzen und sich als Quasi-Diktator zu etablieren. Dieses Vorhaben scheiterte und Bordaberry degenerierte stattdessen immer mehr zu einer zivilen Marionette, die lediglich dazu diente, eine demokratische Fassade aufrecht zu erhalten, hinter der die Militärs längst als die eigentlichen Machthaber agierten (Lerin/Torres 1987: 61). Institutionell abgesichert wurde dies durch die Einrichtung eines

Nationalen Sicherheitsrates (*Consejo de Seguridad Nacional*, COSENA) im Februar 1973. Diesem kam rein formell zwar nur eine die Exekutive beratende Funktion zu, faktisch hatten sich aber die Machtverhältnisse deutlich zugunsten der Militärs verschoben.

Spätestens mit der per Dekret von Präsident Bordaberry im Juni 1973 verordneten Auflösung des Parlaments, das durch den mit legislativen Kompetenzen ausgestatten *Consejo de Estado* ersetzt wurde, war die Militärdiktatur installiert. Deren Führungsstruktur war im Unterschied etwa zur chilenischen Militärdiktatur nicht personalistisch, sondern kollektiv ausgerichtet; die längste Zeit der autoritären Herrschaft wurde kein Angehöriger der Streitkräfte mit dem Amt des Präsidenten exponiert. Erst 1981, als der Transitionsprozess vom Autoritarismus zur Demokratie durch das gescheiterte Verfassungsreformprojekt der Militärs bereits eingeleitet worden war, übernahm General Gregorio Alvarez als erster und einziger Nicht-Zivilist während der Militärdiktatur das Amt des Präsidenten.

In den Jahren nach der Machtübernahme durch die Militärs zeigte sich, dass diese dem Anspruch des „Retters der Nation" kaum gerecht wurden und nicht in der Lage waren, die Probleme des Landes in den Griff zu bekommen. Vielmehr bewiesen sie eindrucksvoll ihre Unfähigkeit, wenn es um die Umsetzung der den autoritären Regimes immer wieder gerne zugeschriebenen Modernisierungskapazitäten ging. Als Träger des sozialen Wandels, wie die Militärs vor allem in den 60er Jahren von einigen Entwicklungstheoretikern gerne gesehen wurden, waren sie gescheitert; „sozialer Wandel" bedeutete in der Realität nichts anderes als die massive Einschränkung politischer und ziviler Freiheiten sowie den Aufbau eines menschenverachtenden Repressionsapparates. Ergebnis ihrer Wirtschaftspolitik war ein ökonomisches Desaster, entsprechend verheerend hatte sich ihr Image in der Bevölkerung entwickelt.[6] Aufgrund der massiven Menschenrechtsverletzungen hatten sie sich ethisch-moralisch selbst diskreditiert; sie waren einem Regierungsstil gefolgt, der die demokratische Tradition des Landes komplett pervertierte.

Der erste wieder demokratisch gewählte Präsident Sanguinetti sah sich trotzdem nach seinem Amtsantritt im März 1985 insofern mit einer für das zur Demokratie zurückgekehrte Uruguay neuen Situation konfrontiert, als die Militärs als politischer Akteur durchaus von Bedeutung waren: So kurz nach dem Systemwechsel entzog sich deren Interventionsfähigkeit und -bereitschaft weitgehend einer verlässlichen Einschätzung. Infolgedessen zielte die Strategie Sanguinettis zur langfristigen Sicherung der demokratischen Stabilität auf Konfliktvermeidung und eine Integration der Militärs in den politischen Prozess. Ganz auf dieser Linie der Konfliktvermeidung lag das Bestreben der Regierung, mit dem Hinfälligkeitsgesetz einen „Schlussstrich" unter die Militärdiktatur zu ziehen. Ohne Zweifel war die Angst vor erneuter militärischer Gewalt und einer Gefährdung der Demokratie auch ausschlaggebend dafür, dass die Mehrheit der Bevölkerung im Referendum vom April 1989 trotz moralischer Bedenken der Amnestie auf Kosten der Gerechtigkeit zustimmte.

Die Tatsache, dass Präsident Sanguinetti den als reformorientierten Liberalisierer (Gillespie 1991: 188f.) aufgetretenen letzten Oberbefehlshaber der Streitkräfte während der Diktatur, Ex-General Hugo Medina, 1987 in das Amt des Verteidigungsministers berufen hatte, wurde damals in Uruguay und von ausländischen Beobachtern als Beleg dafür gewertet, dass die zivile Suprematie noch nicht wiederhergestellt und die Qualität der Demokratie

---

[6] Deutlich dokumentiert wird dies durch eine im August 1985 durchgeführte Meinungsumfrage, in der das Vertrauen der Bevölkerung in neun Institutionen abgefragt wurde. An erster Stelle rangierten die politischen Parteien mit einem Wert von +57, an letzter Stelle die Streitkräfte mit -73. Lediglich 5% der Befragten empfanden gegenüber den Streitkräften überhaupt noch Sympathie (Linz/Stepan 1996: 158).

durch autoritäre Enklaven beeinträchtigt sei. Aus der Amtsführung von Medina lassen sich allerdings keine Rückschlüsse ziehen, die darauf hindeuten, dass damit tatsächlich eine institutionell abgesicherte Einflusssphäre der Streitkräfte gegeben war, die diese in die Lage versetzt hätten, sich dem Primat der Politik zu entziehen. Es ergaben sich keinerlei Anhaltspunkte unzureichender Unterordnung der Streitkräfte unter die Kontrolle der Regierung. Die Entscheidung Sanguinettis, einen Angehörigen der Streitkräfte unmittelbar an der Regierungsverantwortung zu beteiligen und die Militärs in einigen Fragen in den Entscheidungsprozess der Exekutivorgane und damit auch in Verantwortlichkeiten zumindest mittelbar einzubinden, folgte vielmehr seiner Integrationsstrategie. Zu ihrer traditionell apolitischen Stellung kehrten die Militärs damit jedoch zunächst noch nicht zurück.

Allerdings schien die Strategie Sanguinettis aufzugehen: Während des Präsidentschaftswahlkampfes 1989 gab es aus den Reihen der Militärs nur eine (!) Aufsehen erregende Stellungnahme, nach der unter ähnlichen Bedingungen wie 1973 die Möglichkeit eines Putsches drohe. Medina selbst wies dies aber als traurige Initiative eines Einzelnen sofort klar zurück. Er erklärte demonstrativ die volle Loyalität der Streitkräfte gegenüber der Regierung und versicherte, dass das Wahlergebnis auf alle Fälle respektiert werden würde – und dies selbst bei einem „Worst-Case-Szenario" in Form eines Wahlsieges des *Frente Amplio*, dem nunmehr nicht nur Sozialisten und Kommunisten, sondern auch die ehemalige Stadtguerilla (also der eigentliche Erzfeind der Militärs) angehörte. Tatsächlich kam es auch zu keinen weiteren Drohgebärden aus den Reihen der Militärs nach dem Sieg des *Frente Amplio* bei den gleichzeitig mit den Präsidentschaftswahlen durchgeführten departamentalen Wahlen in Montevideo, mit denen das Linksbündnis das zweitwichtigste Regierungsamt im Land, das des *Intendente* von Montevideo, und damit erstmals in der Geschichte Uruguays Regierungsverantwortung übernahm.

In den 90er Jahren ist das Militär als politischer Akteur nicht mehr in Erscheinung getreten. Es gab weder ernsthafte explizite oder implizite Drohungen und Forderungen gegenüber dem demokratischen politischen System (Linz/Stepan 1996: 158) noch Hinweise dahingehend, dass seitens der Streitkräfte irgendeine Form der Interventionsbereitschaft besteht. Im Dezember 1997, während der zweiten Präsidentschaft von Sanguinetti, wurden die Beziehungen zwischen Exekutive und Militär allerdings noch einmal auf die Probe gestellt. Es kam zu heftiger Kritik aus den Reihen des Militärs gegenüber einer Entscheidung des Präsidenten, 41 Angehörige der Streitkräfte voll zu rehabilitieren, die während der Diktatur von einem militärischen Ehrengericht als Gegner der Militärdiktatur abgeurteilt worden waren. Der Konflikt fand sein Ende, indem Präsident Sanguinetti wie selbstverständlich bei seiner Entscheidung blieb; der Oberbefehlshaber des Heeres musste die Verantwortung für die öffentlich geäußerte Kritik an der Regierungsentscheidung übernehmen und zurücktreten (*El Observador*, Montevideo, vom 29.12.1997).

Als Fazit lässt sich ziehen, dass die zivile Suprematie im Prinzip mit der Straffreiheit der Militärs „erkauft" worden ist. Kaum anders ist es zu erklären, dass Präsident Sanguinetti auch während seiner zweiten Amtszeit seit 1995 gegen gesellschaftspolitische Widerstände hartnäckig bei seiner Strategie geblieben ist, sich der Forderung nach „Wahrheit, Erinnerung und niemals mehr"[7] zu verschließen. Strafrechtlich mit dem Referendum von 1989 geklärt, blieb die ethisch-moralische Aufgabe der Aufarbeitung der Vergangenheit

---

[7] So das Motto eines Schweigemarsches im Mai 1996, bei dem in Montevideo mehrere Zehntausend Menschen des 20. Jahrestages der Ermordung der beiden uruguayischen Politiker Zelmar Michelini und Héctor Gutiérrez Ruiz gedachten.

weiterhin ungelöst. Auch die diesbezüglichen Initiativen der Regierung Batlle (2000-2005) stellten für die Betroffenen kaum eine befriedigende Lösung dar. Wenngleich also die Militärs heute von der politischen Bühne wieder verschwunden und zu ihrer weitgehend apolitischen Rolle der Vergangenheit zurückgehrt sind, bleiben die Menschenrechtsverletzungen als belastendes Legat der Militärdiktatur bestehen.

10   Interessenverbände und Kirchen

10.1 Unternehmerverbände

Das Verbandsspektrum der Unternehmer stellt sich traditionell als sehr heterogen dar. Jenseits einer beinahe unüberschaubaren organisatorischen Vielfalt lassen sich allerdings einzelne Verbände identifizieren, die eine führende Rolle im jeweiligen Wirtschaftsbereich einnehmen. Dies sind für den Agrarsektor die *Asociación Rural del Uruguay* (gegr. 1871) und die *Federación Rural* (gegr. 1915), für den Industriesektor die *Cámara de Industrias del Uruguay* (gegr. 1898), für den Finanzsektor die *Asociación de Bancos del Uruguay* (gegr. 1945), für den Handelssektor die *Cámara Nacional de Comercio* (gegr. 1875) und – speziell für den Agrarhandel – die *Cámara Mercantil de Productos del País* (gegr. 1891) sowie für den Exportsektor die *Unión de Exportadores del Uruguay* (gegr. 1967).

Von ihrem Selbstverständnis betrachten sich die uruguayischen Unternehmerverbände traditionell als „unpolitische" Akteure. Eine Trendwende wurde unter Präsident Pacheco (1967-1972), dem Wegbereiter des Autoritarismus, eingeleitet. Mit seinem so genannten Unternehmerkabinett wurde zunehmend das berufspolitische Personal durch exponierte Unternehmer ersetzt. Während der Militärdiktatur waren es dann in erster Linie Unternehmer aus dem Finanzsektor, die politisch an Einfluss gewinnen konnten. Nach der Rückkehr zur Demokratie Mitte der 80er Jahre kehrten die Unternehmer zu ihrer traditionell relativ apolitischen Rolle zurück. Versuche vor allem unter Präsident Lacalle (1990-1995), sie zu stärkerem politischen Engagement zu bewegen, blieben zunächst weitgehend erfolglos. Erst im Gefolge der im März 1991 erfolgten Unterzeichnung des Vertrages von Asunción durch die Staatspräsidenten von Argentinien, Chile, Paraguay und Uruguay, mit dem beschlossen wurde, ab Januar 1995 dem regionalen Integrationsprozess mit der Einrichtung eines gemeinsamen Marktes *Mercado Común del Sur* (MERCOSUR) eine neue Qualität zu geben, kam es zu einer stärkeren politischen Beteiligung der Unternehmer und ihrer Interessenvertretungsorgane.[8]

10.2 Gewerkschaften

Bereits gegen Ende des 19. Jahrhunderts waren ca. 40 Gewerkschaften mit anarchistischer Ausrichtung entstanden; danach setzte die eigentliche Formierungsphase der Gewerkschaftsbewegung ein. 1964 wurde mit der *Convención Nacional de Trabajadores (CNT)* der erste Gewerkschaftsdachverband gegründet. Die Militärjunta verbot 1973 die damals rund 400.000 Mitglieder umfassende Organisation, doch gelang es trotz massivster Repressionen nicht, die Gewerkschaftsbewegung komplett zu zerschlagen. So spielten gerade die

---

[8] Ausführlich zu den Unternehmerverbänden Uruguays und deren politische Rolle siehe Wagner 1997b.

Gewerkschaften, besonders der 1983 im Untergrund gegründete *Plenario Intersindical de Trabajadores (PIT)*, eine zentrale Rolle beim Übergang zur Demokratie. Danach allerdings erlebten die sofort wieder zugelassenen Gewerkschaften einen erheblichen Bedeutungsverlust, der durch interne Auseinandersetzungen im neu gegründeten Dachverband *PIT-CNT* zwischen dem traditionell dominierenden kommunistischen Flügel und weniger dogmatischen Reformern beschleunigt wurde. Heute sind im PIT-CNT 83 Einzelgewerkschaften unterschiedlicher ideologischer Ausrichtung und 17 Föderationen organisiert. Nach offiziellen Angaben beläuft sich die Zahl der eingetragenen Mitglieder auf ca. 320.000.

10.3 Kirchen

Auf den zweimaligen Staatspräsidenten und wichtigsten Reformer in der uruguayischen Geschichte, José Batlle y Ordóñez (Präsident von 1903-1907 und 1911-1915) geht die bis zum heutigen Tag in Uruguay im Vergleich zu den meisten lateinamerikanischen Ländern unbedeutende Rolle der Kirche zurück. Bezüglich seines Vorhabens, den einzelnen, den Staat und die gesellschaftlichen Gruppen aus den Bindungen der Kirche zu lösen, setzte er bereits 1912 mit der Einführung eines Scheidungsgesetzes ein klares Zeichen, mit dem u.a. die Ehescheidung auch auf alleinigen Wunsch der Frau ermöglicht wurde (Nahum 1988: 53f.). Als konsequenter Verfechter der Säkularisierung gelang es ihm, in der Verfassung von 1917, die 1919 in Kraft trat, die vollständige Trennung von Kirche und Staat zu vollziehen. Anders als in den übrigen Ländern des *Cono Sur* war damit die Kirche als wichtiger gesellschaftspolitischer Akteur ausgeschaltet. Sie spielte in der Folgezeit politisch nie eine auch nur halbwegs bedeutsame Rolle und kam insofern auch nicht als ernsthafter gesellschaftspolitischer Bündnispartner für andere Akteure in Frage.

In Uruguay besteht nach Art. 5 der Verfassung völlige Religionsfreiheit. Nach Regierungsangaben von 2004 sind ca. 56% der Bevölkerung römisch-katholisch, 38% konfessionslos, 2% Protestanten und 2% Juden. Die katholische Kirche gliedert sich in neun Diözesen und die Erzdiözese von Montevideo. Seit 1988 gibt es eine anglikanische Gemeinschaft. Hinzu kommen Minderheiten u.a. von Baptisten, Adventisten, Methodisten und Pfingstlern. An Bedeutung haben Sekten gewonnen, darunter afro-brasilianische Religionen und Kulte wie Umbanda und Candomble. Mennoniten – vor allem auf dem Land – haben ebenso ihre Tradition wie die Bahá'ís (seit 1938). Die Moon-Sekte hat seit Anfang der 80er Jahre Uruguay zu ihrem Hauptstützpunkt in Lateinamerika ausgebaut und ist dort vor allem als potenter Wirtschaftsakteur in Erscheinung getreten.

11   Massenmedien

Meinungs- und Pressefreiheit haben in Uruguay eine lange Tradition, die durch die Militärdiktatur unterbrochen worden ist. Mit der Wiederherstellung der Demokratie 1985 und der Wiedereinsetzung der vordiktatorialen Verfassung fand auch die Rückkehr zur Pressefreiheit statt. Historisch waren die Tageszeitungen in Uruguay zu einem großen Teil parteipolitisch ausgerichtet. Dies gilt auch heute noch für *La Mañana* (gegr. 1917 und dem *Partido Colorado* nahe stehend) und *El País* (gegr. 1918 und dem *Partido Nacional* nahe stehend). Allerdings hat sich die Presselandschaft seit der Redemokratisierung Mitte der 80er Jahre verändert. Als wichtige parteiunabhängige Tageszeitungen sind 1988 *La República* und 1991 *El Observador* entstanden, die sich zwischenzeitlich einen festen Platz auf dem uruguayischen Zeitungsmarkt erobert haben. Weitere wichtige Presseerzeugnisse sind u.a. der regierungsamtliche *Diario Oficial* (gegr. 1905) sowie die beiden Boulevardblätter *El Diario* (gegr. 1923) und *Ultimas Noticias* (gegr. 1981, im Besitz der Moon-Sekte). Einen besonderen Stellenwert in der Presselandschaft genießen die beiden Wochenzeitungen *Búsqueda* (gegr. 1972) und *Brecha* (gegr. 1985). Beide sind der Hintergrundberichterstattung, Analyse und Kommentierung verpflichtet und thematisch breit angelegt. Während die renommierte, wirtschaftsliberal ausgerichtete *Búsqueda* die Aufbereitung politischer und wirtschaftlicher Themen zum Schwerpunkt hat, ist die in der Tradition der legendären, während der Militärdiktatur immer wieder verbotenen Zeitschrift *Marcha* stehende, linksorientierte *Brecha* eher auf kulturelle Themen spezialisiert.

Der Hörfunk ist fast ausschließlich privatwirtschaftlich organisiert und finanziert sich mit Ausnahme des staatlichen, 1929 gegründeten Radiosenders SODRE (*Servicio Oficial de Difusión, Radiotelevisión y Espectáculos*) überwiegend aus Werbeeinnahmen. Der Sender mit der größten Reichweite ist *Radio Montecarlo*. Bezüglich der Programminhalte heben sich vor allem *Radio Sarandí* und *El Espectador* von der breiten Masse der Radiostationen ab; beide bieten Informationsprogramme mit politischen Analysen, ausführlichen Diskussionen und aktuellen Interviews. Typisch für Uruguay wie auch für andere Länder Lateinamerikas ist die Existenz von Radioketten. Die 1933 gegründete ANDEBU (*Asociación Nacional de Broadcasters Uruguayos*) ist die älteste und wichtigste Kette des Landes.

Die stärkste Besitzkonzentration im Medienbereich liegt beim Fernsehen vor. Neben dem staatlichen Sender SODRE wird das Fernsehsystem von drei in Montevideo ansässigen, privatwirtschaftlich organisierten und vor allem aus Werbeeinnahmen finanzierten Stationen dominiert: *Canal 4 – Montecarlo*, *SAETA TV – Canal 10* und *Teledoce Televisora Color – Canal 12*. Während sich die drei privaten Anbieter auf ein massenattraktives Unterhaltungsprogramm mit einem hohen Anteil ausländischer Sendungen konzentrieren, haben bei *SODRE* eher auch Informations- und Kulturprogramme ihren Platz, die allerdings weniger nachgefragt werden.

12   Politische Kultur und Partizipation

Zu den dauerhaften Merkmalen der politischen Kultur Uruguays zählt historisch die Entwicklung einer stabilen politischen Klasse, deren stark von europäischen Einflüssen geprägte Mitglieder sich bereits zu Beginn des 20. Jahrhunderts durch einen hohen Professionalisierungsgrad und eine starke Orientierung an liberalen Grundsätzen auszeichneten. Staatliche Instanzen bevorzugten eindeutig die politischen Parteien als Gesprächs- und Verhandlungspartner und räumten ihnen einen gegenüber anderen Akteuren klar privilegierten Status ein (Caetano 1992: 18f.). Gesellschaftliche Gruppierungen wiederum suchten in der Regel die Parteien als Vermittlungsinstanzen gegenüber staatlichen Einrichtungen. Früher als etwa in Argentinien oder Chile gelang es in Uruguay bereits zu Beginn des 20. Jahrhunderts, also am Anfang der Industrialisierungsphase, nicht nur die Mittel-, sondern auch die Unterschichten über die Parteien in das politische System zu integrieren und ihnen Partizipationsmöglichkeiten einzuräumen.

Die politische Kultur Uruguays ist traditionell vom Bemühen um Konsens gekennzeichnet und folgt im Prinzip seit Batlle y Ordóñez der gesellschaftspolitischen Leitidee von der Versöhnung zwischen den Klassen (Nahum u.a. 1988: 100). Die lange Zeit stabilitätsfördernde konsensdemokratische Prägung der politischen Kultur – aus einer negativen Perspektive betrachtet auch mitverantwortlich für Blockaden und Reformunfähigkeit –, verlor unter der Präsidentschaft von Pacheco ab 1967 immer mehr an Bedeutung (Cancela/ Melgar 1986: 40) und wurde durch die Installierung der Militärdiktatur weitgehend außer Kraft gesetzt. Der Autoritarismus bedeutete einen klaren Bruch mit der traditionellen politischen Kultur und den gewohnten Partizipationskanälen.

Die unerwartete Niederlage der autoritären Machthaber im Referendum von 1980, mit der der demokratische Transitionsprozess eingeleitet wurde, lässt sich nicht zuletzt damit erklären, dass der Autoritarismus von der Bevölkerungsmehrheit als illegitime, mit der politischen Kultur unvereinbare Herrschaftsform betrachtet wurde, die klar der demokratisch geprägten Nationalidentität widersprach (Rama 1987: 51 und 133). Insofern wurde die folgende Redemokratisierung auch verstanden als Restauration im Sinne einer getreuen und gewollten Wiederherstellung der „alten" Demokratie und der in der politischen Kultur verankerten zentralen demokratischen Werte. So ist es auch kaum verwunderlich, wenn von offizieller Seite die Diktatur immer wieder gerne als „Unfall" bezeichnet wird.

Aufschluss über die politische Kultur und das traditionelle Demokratieverständnis gibt auch das Referendum zum Hinfälligkeitsgesetz von 1989. Dass trotz tief gehender Enttäuschungen der Mehrheitsentscheid mit größter Selbstverständlich von allen Teilen der Bevölkerung akzeptiert wurde, kann durchaus als ein Indikator für die Verankerung eines demokratischen Bewusstseins in der politischen Kultur des Landes gesehen werden. Mit dem Referendum von 1989 hatte die direktdemokratische Praxis auch insofern eine neue Qualität gewonnen, als hier erstmals die von der Verfassung vorgesehene Möglichkeit, über die Aufhebung eines parlamentarisch bereits verabschiedeten Gesetzes abzustimmen, realisiert wurde. Seitdem hat die Option, auf direktdemokratischem Weg Einfluss auf die Gesetzgebung zu nehmen, nicht nur als partizipatorischer Akt, sondern auch als Instrument oppositioneller Politik immer mehr an Bedeutung gewonnen (siehe dazu auch Kap. 6).

Uruguay gilt als das Land, das im südamerikanischen Vergleich im demokratischen Konsolidierungsprozess am weitesten fortgeschritten ist. Ein wichtiger Schritt im Konsolidierungsprozess wurde 1996 vollzogen, als es nach Jahren intensiver und kontroverser Diskussionen per Volksentscheid gelang, das alte, überkommene Wahlsystem grundlegend zu reformieren. Damit ist ein institutionelles Relikt der Vergangenheit an Partizipationsanforderungen moderner Demokratien angepasst worden. Abgesehen von institutionellen Faktoren ist für die Konsolidierung der Demokratie die Tatsache von zentraler Bedeutung, dass die uruguayische Demokratie in der Tradition der vorautoritären politischen Kultur über ein hohes Maß intrinsischer Legitimität (Diamond 1996: 77) verfügt. Dies wird auch durch die Umfragedaten des *Latinobarómetro* belegt. Bei der Frage, ob die Demokratie jeder anderen Regierungsform vorzuziehen sei, liegt Uruguay von 1996 bis 2004 durchgängig auf Platz eins von 17 in der Umfrage berücksichtigten lateinamerikanischen Ländern (mit einem prozentualen Anteil der Befürworter, der auf dem Niveau der Länder der Europäischen Union liegt). Diese Umfrageergebnisse deuten an, dass die Demokratie in Uruguay wie in keinem anderen Land des Subkontinents als Wert an sich geschätzt wird, also im Sinne von David Easton über diffuse, von Einzelmaßnahmen und Erfolgen bzw. Misserfolgen relativ unabhängige Unterstützung verfügt. Hinsichtlich der spezifischen Unterstützung, die sich eher an Performanzkriterien orientiert, und die in der Frage nach der Zufriedenheit mit dem Funktionieren der Demokratie zum Ausdruck kommt, ist die Bilanz nicht ganz so eindeutig, aber immer noch ausgesprochen positiv: 2003 und 2004 lag Uruguay wie schon 1997 „nur" auf Platz zwei hinter Costa Rica; in den Jahren 1996, 1998, 2000 und 2001 auf Platz eins, 2002 auf Platz vier. Der Einbruch bei den Umfragewerten 2001 ist im Kontext der sich zunehmend verschärfenden ökonomischen Schwierigkeiten im Zuge der argentinischen Wirtschaftskrise ab 2001 zu sehen. Aber auch hier liegt Uruguay immer noch mit deutlichem Abstand vor dem lateinamerikanischen Durchschnitt.

Abbildung 2:   Demokratie als Wert an sich
              „Die Demokratie ist jeder anderen Regierungsform vorzuziehen."
              (in % der Befragten)

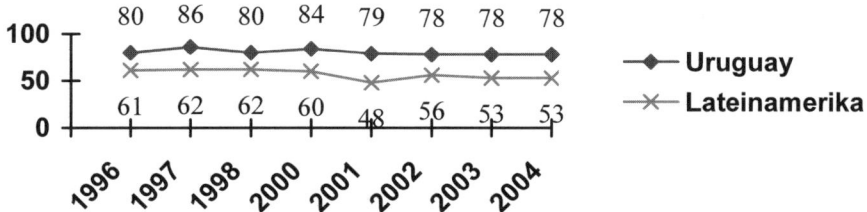

Quelle: Latinobarómetro 2004: 5 (für 1999 keine Daten verfügbar).

Abbildung 3:   Performanz der Demokratie
              „Ich bin zufrieden mit dem Funktionieren der Demokratie."
              (in % der Befragten)

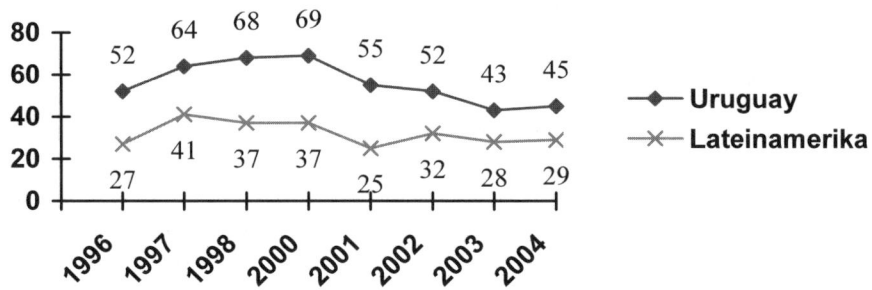

Quelle: Latinobarómetro 2004: 23 (für 1999 keine Daten verfügbar).

13   Rechtssystem

Die Unabhängigkeit der Justiz ist in der Verfassung verankert. An der Spitze des Gerichts-systems steht der Oberste Gerichtshof *Suprema Corte de Justicia* mit Sitz in Montevideo. Er setzt sich aus fünf für zehn Jahre vom Parlament mit Zweidrittelmehrheit gewählten Richtern zusammen. Seine Zuständigkeit bezieht sich auf verfassungsrechtliche Angele-genheiten (Normenkontrolle sowie Lösung von Kompetenzkonflikten zwischen der natio-nalen Exekutive und den Departamentsregierungen), Internationales Recht und Seerecht. Außerdem existieren für Zivil- und Strafprozesse sieben mit je drei Richtern besetzte Ap-pellationsgerichte. Für Verwaltungsangelegenheiten sind die ordentlichen Verwaltungsge-richte und der Oberste Verwaltungsgerichtshof zuständig. Die Hauptstädte der *Departa-mentos* verfügen jeweils über einen eigenen Gerichtshof. Vor Friedensgerichten werden kleinere Streitfälle behandelt. Rechtsstaatlichkeit ist in Uruguay weitgehend gewährleistet, Bürgerrechte sind wirksam.

14   Integration, Interamerikanische Beziehungen, Beziehungen zu Europa

Uruguay gehörte zu den elf Mitgliedern der 1960 gegründeten *Asociación Latinoamerica de Libre Comercio* (ALALC), die sich die Schaffung einer lateinamerikanischen Freihan-delszone bis 1972 zum Ziel gesetzt hatte. Als erstes ALALC-Mitglied hat Uruguay die Förderung der wirtschaftlichen und sozialen Integration Lateinamerikas in seine Verfassung (1967) aufgenommen (Neschen 1971: 102). Nach dem Scheitern von ALALC wurde 1980 in Montevideo als deren Nachfolgeorganisation das Integrationsbündnis *Asociación Lati-noamerica de Integración* (ALADI) gegründet. Gut zehn Jahre später, 1991, gehörte Uru-guay als „Juniorpartner" Argentiniens und Brasiliens zusammen mit Paraguay zu den Un-terzeichnerstaaten des *Tratado de Asunción*, mit dem die vertragsrechtliche Grundlage für den Gemeinsamen Markt des Südens (*Mercado Común del Sur*, MERCOSUR) geschaffen wurde (Ziele: freier Verkehr von Gütern und Dienstleistungen, gemeinsame Außenzölle und Koordinierung der Wirtschafts-, Währungs- und Industriepolitik). Durch das Protokoll von Ouro Preto vom Dezember 1994 hat der MERCOSUR internationale Rechtsfähigkeit und eigene Institutionen bekommen. Das Generalsekretariat des MERCOSUR hat seinen Sitz in Montevideo.

Uruguay ist Gründungsmitglied der Organisation Amerikanischer Staaten, die 1948 als ein regionales Bündnis selbstständiger Staaten Nord- und Südamerikas innerhalb der Ver-einten Nationen entstand, und Mitglied in der 1986 gegründeten Rio-Gruppe, die nicht nur als wichtigste Institution der politischen Zusammenarbeit der Länder Lateinamerikas gilt, sondern auch ein Forum bietet für regelmäßige Treffen u.a. mit den Ministern der Europäi-schen Union und Kontakte zur Europäischen Investitionsbank unterhält. Uruguay gehört außerdem der im Dezember 2004 gegründeten Südamerikanischen Staatengemeinschaft an, die eine Integration nach dem Vorbild der Europäischen Union forcieren will.

Literatur

Aguiar, César (1983): Elecciones uruguayas: un marco de análisis preliminar. CIEDUR, Documentos de Trabajo N° 17, Montevideo.

Arocena, Rodrigo (2003): Uruguay: Zwischen Niedergang und neuen Wegen. Ibero-Analysen, Heft 13, Ibero-Amerikanisches Institut, Berlin.

Barahona de Brito, Alexandra (1997): Human Rights and Democratization in Latin America. Uruguay and Chile. Oxford.

Barrios, Harald (1999): Die Außenpolitik junger Demokratien in Südamerika. Argentinien, Brasilien, Chile und Uruguay. Opladen.

Bayce, Rafael (1989): Cultura política uruguaya. Desde Batlle hasta 1988. Montevideo.

Bodemer, Klaus (1995): Überwindung der Systemblockade in der „Drei-Drittel-Gesellschaft"? Die Präsidentschafts- und Parlamentswahlen in Uruguay 1994, in: Institut für Iberoamerika-Kunde (Hrsg.): Lateinamerika. Analysen – Daten – Dokumentation. Hamburg 12, 28, 147-164.

Bodemer, Klaus/Licio, Marta/Nolte, Detlef (Hg.) (1993): Uruguay zwischen Tradition und Wandel. Hamburg.

Caetano, Gerardo (1992): Partidos, Estado y cámaras empresariales en el Uruguay contemporáneo (1900-1991), in: FESUR/CIESU/Instituto de Ciencia Política (Hrsg.): Organizaciones empresariales y políticas públicas. Montevideo, 15-48.

Caetano, Gerardo/Rilla, José (1987): Breve historia de la dictadura. CLAEH, Argumentos N° 10. Montevideo.

Caetano, Gerardo/Rilla, José (1998): Historia contemporánea del Uruguay. De la Colonia al MERCOSUR. Montevideo.

Cancela, Walter/Melgar, Alicia (1986): El desarrollo frustrado. 30 años de economía uruguaya 1955-1985. Montevideo.

Calvert, Peter/Calvert, Susan (1990): Latin America in the Twentieth Century. London.

Cason, Jeffrey (2002): Electoral reform, institutional change, and party adaptation in Uruguay, in: Latin American Politics and Society, 44, 3, 89-109.

Castagnola, José Luis/Mieres, Pablo (1989): La ideología de la dictadura. El Uruguay de la dictadura 1973-1985, N° 3. Montevideo.

Cisa, Agustín/Franco, Rolando (1977): Breve historia del sistema electoral uruguayo. CIESU, Cuaderno N° 19. Montevideo.

Corte Electoral (2005): Elecciones Nacionales, veröffentlicht unter der URL: http://www.corteelecto ral.gub.uy/nacionales20041031/, abgerufen am 22.07.2005.

Diamond, Larry (1996): Democracy in Latin America: Degrees, Illusions, and Directions for Consolidation, in: Farer, Tom (Hrsg.), Beyond Sovereignty. Collectively Defending Democracy in the Americas. Baltimore/London, 52-104.

De Sierra, Gerónimo (1977): Consolidación y crisis del „capitalismo democrático" en Uruguay, in: Casanova, Pablo González (Hrsg.): América Latina: Historia de medio siglo. 1. América del sur. Mexiko, 424-449.

Finch, Henry (1981): A Political Economy of Uruguay since 1870. London.

Freedom House (2005): Freedom in the World, veröffentlicht unter der URL: http://www.freedom house.org, abgerufen am 27.07.2005.

Gillespie, Charles Guy (1989): Democratic Consolidation in the Southern Cone and Brazil: Beyond Political Disarticulation?, in: Third World Quarterly 11, 2, 92-113.

Gillespie, Charles Guy (1991): Negotiating Democracy. Politicians and Generals in Uruguay. Cambridge.

González, Luis Eduardo (1986): Los partidos políticos y la redemocratización en Uruguay, in: Cuadernos del CLAEH N° 37 (Montevideo) 11, 1, 25-56.

González, Luis Eduardo (1991): Political Structures and Democracy in Uruguay. Notre Dame/Indiana.

Illert, Jutta (2000): Nichtregierungsorganisationen und Demokratisierung in Lateinamerika. Länderstudie Uruguay. Münster/Hamburg.

Kerbusch, Ernst-J. (1970): Das uruguayische Regierungssystem. Der Zweite Colegiado 1952-1967. Köln.

Krumwiede, Heinrich W./Nolte, Detlef (2000): Die Rolle der Parlamente in den Präsidialdemokratien Lateinamerikas. Hamburg.

Latinobarómetro (2004): Informe – Resumen Latinobarómetro 2004, Una Década de Mediciones, veröffentlicht unter der URL: http://www.latinobarometro.org/Upload/Informe%20LB%2020 04%20Final.zip, abgerufen am 10.08.2005.

Lerin, Fraois/Torres, Cristina (1987): Historia política de la dictadura uruguaya 1973-1980. Montevideo.

Linz, Juan J./Stepan, Alfred (1996): Problems of Democratic Transition and Consolidation: Southern Europe, South America, and Post-Communist Europe. Baltimore/London.

Lynch, John (1985): The River Plate Republics from Independence to the Paraguayan War, in: Bethell, Leslie (Hrsg.): The Cambridge History of Latin America, Vol. III. From Independence to 1870. Cambridge, 615-676.

Marius, Jorge Leonel (2004): Elecciones uruguayas 1980-2003. Montevideo.

Mieres, Pablo (1988): ¿Cómo votan los uruguayos? Análisis e interpretación de las elecciones de 1984. CLAEH: Argumentos N° 12. Montevideo.

Moreira, Constanza (2004): Final de juego. Del bipartidismo tradicional al triunfo de la izquierda en Uruguay. Montevideo.

Muno, Wolfgang (2002): Von der Blockade zur Reformpolitik. Vetospieler und Reformkoalitionen in Uruguay, in: Lateinamerika Analysen Nr. 3, Hamburg, 29-62

Muno, Wolfgang (2005): Reformpolitik in jungen Demokratien. Vetospieler, Politikblockaden und Reformen in Argentinien, Uruguay und Thailand. Wiesbaden.

Nahum, Benjamín (1988): 1905-1929, la época batllista. Historia uruguaya, tomo 6. Montevideo.

Nahum, Benjamín/Cocchi, Angel/Frega, Ana/Trochón, Yvette (1988): 1930-1958, crisis política y recuperación económica. Historia uruguaya, tomo 7. Montevideo.

Nahum, Benjamín/Frega, Ana/Maronna, Mónica/Trochón, Yvette (1990): 1959-1973, el fin del Uruguay liberal. Historia uruguaya, tomo 8. Montevideo.

Neschen, Josef (1972): Uruguay. Besonderheiten eines Verfassungssystems. Berlin.

Puhle, Hans-Jürgen (1968): Politik in Uruguay. Einige Bemerkungen zum uruguayischen Parteien- und Verfassungssystem. Hannover.

Puhle, Hans-Jürgen (1996): Uruguay, in: Handbuch der Geschichte Lateinamerikas. Lateinamerika im 20. Jahrhundert. Frankfurt am Main, 973-1015.

Rama, Germán W. (1987): La democracia en Uruguay. Una perspectiva de interpretación. Buenos Aires.

Rial, Juan/Klaczko, Jaime (1989): Tendencias del electorado. Resultado de las elecciones 1925-1989. Cuadernos de Orientación Electoral N° 4, Montevideo.

Saldain, Rodolfo (1990): Uruguay, in: Dixon, John/Scheurell, Robert (Hrsg.): Social Welfare in Latin America. London, 249-274.

Schonebohm, Dieter (1999): Uruguay hat entschieden: keine Experimente!, in: Brennpunkt Lateinamerika Nr. 23, 201-208.

Schonebohm, Dieter (2004): Wende in Uruguay: historischer Wahlsieg der Linken, in: Brennpunkt Lateinamerika Nr. 21, 225-235.

Thibaut, Bernhard (1996): Präsidentialismus und Demokratie in Lateinamerika. Argentinien, Brasilien, Chile und Uruguay im historischen Vergleich. Opladen.

Uggla, Fredrik (2000): Disillusioned in Democracy. Labour and the State in Post-transitional Chile and Uruguay. Uppsala.

Venturini, Angel R. (1989): Estadísticas electorales 1917-1989 y temas electorales. Montevideo.

Wagner, Christoph (1991): Politik in Uruguay 1984-1990. Probleme der demokratischen Konsolidierung. Münster.

Wagner, Christoph (1993): Die uruguayische Demokratie und ihre institutionellen Rahmenbedingungen: zu den politischen Auswirkungen des Wahlsystems, in: Bodemer, Klaus/Licio, Marta/ Nolte, Detlef (Hrsg.): Uruguay zwischen Tradition und Wandel. Hamburg, 125-153.

Wagner, Christoph (1997): Uruguay – die Musterdemokratie Südamerikas?, in: Jahrbuch Dritte Welt 1998. München, 242-267 *(zitiert als 1997a)*.

Wagner, Christoph (1997): Uruguay: Unternehmer zwischen Diktatur und Demokratie. Eine Studie zu Politik, Wirtschaft und der politischen Rolle der Unternehmerverbände. Frankfurt am Main *(zitiert als 1997b)*.

Das politische System der USA

Klaus Stüwe

1 Die Vorgeschichte der USA

Die Vorgeschichte der USA beginnt mit der Gründung englischer Kolonien auf dem nordamerikanischen Kontinent. 1584 gründete *Walter Raleigh* dort die erste britische Niederlassung Virginia. Vor allem ökonomische Interessen veranlassten das englische Engagement in Nordamerika. Das rohstoffarme Mutterland war auf Ressourcen aus Übersee angewiesen. Später ging es darum, für Wollstoffe und andere Erzeugnisse britischer Manufakturen neue Absatzmärkte zu finden. Englische Handelsgesellschaften entstanden, und mit jedem Schiff strömten mehr Einwanderer in das neue Land. Zahlreiche Engländer veranlassten aber auch die politischen und religiösen Verhältnisse im Königreich zum Verlassen ihrer Heimat. Die berühmteste Gruppe religiös motivierter Emigranten waren die „Pilgerväter", die im Jahr 1620 auf der „*Mayflower*" den Atlantik überquerten.

Im 18. Jahrhundert gab es weitere Besiedlungsaktionen, welche die Bedeutung der Kolonien weiter wachsen ließen. Im Siebenjährigen Krieg (1756-1763) gelang es den Briten, Frankreich beinahe ganz aus Nordamerika herauszudrängen. Kanada und Louisiana wurden britisch. Die Bevölkerung der amerikanischen Kolonien Englands war bis 1750 auf etwa 2,25 Millionen gewachsen (England: 6,5 Mio.). Immer mehr Tabak, Reis, Pelze, Holz und eine Vielzahl anderer Güter wurden exportiert.

Die Kolonien hatten inzwischen jeweils eigene politische Systeme entwickelt. Um die Mitte des 18. Jahrhunderts waren noch drei von ihnen (Maryland, Pennsylvania und Delaware) nach feudalem Besitzrecht organisiert, d.h. britische Lords regierten ihre Besitztümer von England aus. Connecticut und Rhode Island hatten eine gewisse Eigenständigkeit, während die übrigen acht Kolonien direkt unter königlichem Regiment standen. Dort regierte ein von der Krone ernannter Gouverneur, der die Mitglieder des als Erste Kammer der Legislative fungierenden „*Governor's Council*" ernannte. Die Gesetze der Kolonien wurden vorwiegend in den Zweiten Parlamentskammern, den so genannten „*General Assemblies*", erlassen, die gegenüber der Londoner Regierung weitgehend autonom waren – mit Ausnahme bei Handelsangelegenheiten. In den *Assemblies* konnten die Kolonisten die angelsächsische Tradition freier politischer Diskussion fortführen. In Neu-England entstand eine Art basisdemokratische Einrichtung mit dem Namen „*Town-Meeting*". Dabei handelte es sich um regelmäßige Versammlungen in den Städten und Dörfern, in denen alle örtlichen Probleme öffentlich diskutiert und erörtert wurden.

Seit der Mitte des 18. Jahrhunderts kam es immer häufiger zu Auseinandersetzungen zwischen den Kolonien und dem Mutterland, und zwar auf einem Gebiet, wo England beträchtlich in das Leben der Kolonien eingriff: dem Handel. Durch eine Reihe von Handelsgesetzen hatte England den Handel der Kolonien so reglementiert, dass sich die Kolonisten gedemütigt sahen. So führte z.B. der *Sugar Act* von 1764 zu einer Verteuerung verschiedener Importe. Gleichzeitig wurde den Siedlern die Ausfuhr bestimmter Waren verboten. Dies führte zu Widerstand in den Kolonien. Ohne auf diese Reaktion zu achten, verabschiedete das Londoner Parlament 1765 den so genannten *„Stamp Act"*, wonach alle Druckerzeugnisse in Amerika, selbst Spielkarten und Zeitungen, mit einer Steuermarke versehen werden sollten.

Waren durch die vorhergehenden Handelsgesetze in erster Linie Farmer und Händler verärgert worden, so zeigten sich nun auch weite Teile der amerikanischen Intelligenz betroffen. Der Protest richtete sich bald nicht mehr allein gegen den *Stamp Act*, sondern auch gegen die politische Benachteiligung der Kolonisten im Londoner Parlament. Mit der These *„No taxation without representation"* wurde dem englischen Parlament das Recht bestritten, Finanzgesetze für die Provinzen zu erlassen. Kaufleute boykottierten englische Waren, und auf den Straßen verbrannte man Bilder von König George III. Unter dem Druck des Boykotts wurde das umstrittene Gesetz 1766 zurückgenommen. Daraufhin beruhigte sich die Lage zunächst wieder. Der Protest brach jedoch erneut aus, als die Briten im Jahr 1767 neue Steuern auf Glas, Papier und Tee einführten. Es kam wiederum zum Aufstand und zu Sanktionen gegen englische Waren, bis auch dieses Gesetz zurückgenommen wurde. Zum letzten Stein des Anstoßes wurde der *Tea Act* des Jahres 1773. Mit ihm wollten die Engländer der *East India Company*, die vor dem Bankrott stand, Handelsvorteile verschaffen. Die Gesellschaft sollte ihren Tee nicht mehr bei Auktionen in England, sondern unter günstigen Bedingungen in den Kolonien verkaufen dürfen. Dies hätte notwendigerweise zum Ruin amerikanischer Tee-Erzeuger geführt. Nach dem Bekanntwerden des *Tea Act* nahm der Widerstand in den Kolonien gewalttätige Formen an. Agenten der *East India Company* wurden geteert und gefedert. Bei der Bostoner *„Tea-Party"* warfen als Indianer verkleidete Männer die gesamte Ladung eines Tee-Schiffes über Bord.

Diesmal nahm England das Gesetz nicht zurück, sondern reagierte mit Härte auf den gewaltsamen Protest. Der für den Seehandel wichtige Bostoner Hafen wurde gesperrt, das königliche Regiment in Massachusetts verstärkt und verhaftete Gewalttäter wurden nach England deportiert. Ferner wurde die kanadische Provinz Quebec unter einem Vizekönig zum Verdruss der Neu-Engländer nach Süden bis zum Ohio-Fluss ausgedehnt. Die Amerikaner antworteten im Gegenzug mit der Einberufung des ersten Kontinentalkongresses (1774), der von 12 Kolonien beschickt wurde. Der Kongress setzte eine Reihe britischer Gesetze außer Kraft und erneuerte den Boykott englischer Waren. Die Regierung versuchte nun, die geschlossene Front der Kolonien durch Kompromisse zu lockern, doch ehe diese Politik wirksam werden konnte, floss Blut. In Massachusetts war es zu einem Feuerwechsel zwischen Kolonisten und königlichen Truppen, die ein Waffenlager ausheben wollten, gekommen. Die Briten mussten sich unter empfindlichen Verlusten zurückziehen. Dieser Zwischenfall bildete den Anlass für die Einberufung des Zweiten Kontinentalkongresses (1775). Die Delegierten sahen nun als vordringlichste Aufgabe die Schaffung einer gemeinsamen kolonialen Armee an, die unter den Oberbefehl des Virginiers George Washington gestellt wurde. König George III. erklärte inzwischen alle 13 amerikanischen Kolonien als im Zustand der Rebellion befindlich und verbot jeglichen Handel mit Drittländern. Da nicht genügend Truppen im Mutterland zur Verfügung standen, erwarb die englische Regierung Söldner aus Kontinentaleuropa. Im Ganzen heuerte England etwa 30.000 Deutsche, die von ihren Fürsten als Truppenkontingente verkauft wurden. Allein Landgraf Friedrich II. von Hessen-Kassel veräußerte über 17.000 Untertanen.

Die Amerikaner waren schockiert über die Verwendung fremder Söldner in einem innerbritischen Konflikt. Bis jetzt hatte sich die Mehrzahl von ihnen noch immer als Briten gefühlt, die vom Mutterland freilich ungerecht behandelt wurden. Nun aber kündigte sich ein Umschwung an: die Kolonisten begannen sich, wenn auch zögernd, von England zu distanzieren. Die Bitterkeit der Amerikaner wurde im Januar 1776 durch die Schrift „Common Sense" des kurz zuvor aus England eingewanderten Thomas Paine noch gesteigert. Das Pamphlet, von dem innerhalb von drei Monaten über 120.000 Exemplare verkauft wurden, bezeichnete den König als „tierischen Tyrannen", die Monarchie als eine absurde Institution. Innerhalb der Kolonien wuchs nun immer mehr das Gefühl, dass eine Lösung innerhalb der britischen Monarchie nicht mehr wünschenswert war. South Carolina und Rhode Island gaben sich bereits republikanische Verfassungen, North Carolina und Virginia wiesen ihre Delegierten auf dem Kontinental-Kongress an, auf die Unabhängigkeit hinzuarbeiten. So war es keine Überraschung, als Richard Henry Lee aus Virginia Anfang Juni 1776 im Kongress den Antrag stellte, die Unabhängigkeit auszurufen. Der 33jährige Thomas Jefferson wurde daraufhin beauftragt, eine Unabhängigkeitserklärung auszuarbeiten. Am 4. Juli 1776 wurde die Erklärung verabschiedet: Die dreizehn „Vereinigten Staaten von Amerika" erklärten sich für unabhängig.

Die „*Declaration of Independence*" enthielt Jeffersons politische Philosophie, die stark von naturrechtlichen Elementen (vor allem von John Locke) geprägt war. Die zentrale Aussage des Textes wurde zur ersten Menschenrechtserklärung der Welt: Alle Menschen sind gleich geschaffen, sie sind mit unveräußerlichen Rechten ausgestattet. Zu diesen Rechten zählen Leben, Freiheit und das Streben nach Glück. Zur Sicherung dieser Rechte bestünden Regierungen, die ihre Macht von der Zustimmung der Regierten herleiteten. Würden die genannten Rechte verletzt, so dürfe das Volk die Regierung ändern oder abschaffen und eine neue Obrigkeit bestellen (Widerstandsrecht). Die Unabhängigkeitserklärung enthielt jedoch keine Aussagen zur Bildung einer Regierung.

Der Unabhängigkeitskampf der Vereinigten Staaten von Amerika dauerte acht Jahre (bis 1783). Nach anfänglichen Niederlagen gelang es den Amerikanern, ihre Kampfkraft durch eine verbesserte Ausbildung des Heeres (unter der Anleitung ausländischer Generäle wie des Preußen Wilhelm von Steuben und des Franzosen Ferdinand Lafayette) und durch ein Bündnis mit Frankreich entscheidend zu steigern. So gelang im Jahr 1781 ein wichtiger amerikanischer Sieg über die Armee des britischen Generals Lord Cornwallis. Großbritannien streckte daraufhin Friedensfühler aus. Im Pariser Friedensvertrag von 1783 erkannte das Mutterland die Unabhängigkeit der Vereinigten Staaten an. England behielt Kanada und trat Florida, um Gibraltar behalten zu können, an Spanien ab. Die Vereinigten Staaten sollten sich im Westen bis zum Mississippi ausdehnen dürfen. Die Revolution hatte gesiegt.

Die Träger der neuen Selbständigkeit waren die einzelnen Staaten. Die Schaffung eines größeren Verbandes musste deren Autonomie zwangsläufig erneut einschränken. Die meisten Staaten waren deshalb nach dem Ende des Krieges nicht an einer starken Zentralmacht interessiert. Man hatte nicht die britische Kolonialmacht loswerden wollen, um das Übel durch die Übertragung substantieller Kompetenzen an eine amerikanische Zentralregierung wieder hereinzulassen. Die praktische Konsequenz dieser Ansicht war die gewollte Kraftlosigkeit jener Konföderation, die der Kontinentalkongress im Jahr 1777 nach zähen Verhandlungen ins Leben rief. Die neue Verfassung, die so genannten „Articles of Confederation", enthielt der Zentralregierung wesentliche Rechte vor. Steuererhebung, Militär, Handelsgesetzgebung und Währungshoheit blieben weiterhin Befugnisse der verschiedenen Staaten. Dem Kongress, dem höchsten Organ der Konföderation, fehlte die nötige Autorität, da jeder Delegierte an die Weisungen seines Heimatstaates gebunden war. Es gab kein Staatsoberhaupt und keine effektive Regierung, welche die Staatstätigkeit koordinieren konnte. Die immensen Kriegsfolgelasten und die fehlende Steuerhoheit führten dazu, dass die Konföderation innerhalb weniger Jahre in eine schwerwiegende Finanzkrise schlitterte. Hohe Binnenzölle der Staaten und der rapide Wertverlust des neuen Papiergeldes (Dollar) verschlimmerten die Lage noch und verursachten eine ernsthafte Wirtschaftsdepression. Bald wuchs der Unmut über die schlechte wirtschaftliche Lage, teilweise kam es sogar zu bewaffneten Protesten.

2 Verfassung und Verfassungsentwicklung

Im Jahr 1786 mehrten sich die Stimmen, die eine Neuordnung der Verhältnisse und eine Stärkung der Zentralgewalt forderten. Im Februar 1787 sah sich der Kongress auf den wachsenden Druck der Reformer hin veranlasst, für den Mai einen Verfassungskonvent nach Philadelphia einzuberufen. Seine Aufgabe sollte zunächst eine bloße Revision der *Articles of Confederation* sein. Unter dem Vorsitz von George Washington war sich der Verfassungskonvent jedoch bald über sein Ziel einig: Die Konföderationsartikel sollten durch eine neue Verfassung ersetzt werden. Als sich am 17. September 1787 nach knapp vier Monaten Beratung der Schleier über dem bis dahin geheim gehaltenen Verfassungsentwurf der *Constitutional Convention* von Philadelphia lüftete, war die Spannung groß. Die Konventsteilnehmer (ursprünglich 55, von denen allerdings nur noch 41 bei der Schlussabstimmung anwesend waren) konnten sich keineswegs sicher sein, ob das neue politische System bei den Einzelstaaten Akzeptanz finden würde. Um die einzelstaatlichen Parlamente zu umgehen, hatte der Verfassungskonvent zwar die Entscheidung über die Verfassung eigens gewählten Ratifizierungskonventen übertragen. Trotzdem war höchst unsicher, ob der Entwurf die für die Ratifikation erforderliche Zustimmung von mindestens neun der dreizehn Ratifizierungskonvente erhalten würde.

Die sieben Artikel des Verfassungsentwurfs waren durchaus kontrovers, standen die USA doch nunmehr vor einem völlig anderen politischen Konzept. Die Staaten sollten auf einen Teil ihrer Souveränitätsrechte verzichten, ein vom Volk gewählter Kongress Steuern erheben, Gelder bewilligen und militärische Angelegenheiten regeln. Der Bund und seine Gesetze sollten absoluten Vorrang vor den Kompetenzen der Einzelstaaten haben (Bundesstaatsprinzip). Die Volkssouveränität wurde dadurch betont, dass die zweite Kammer des Kongresses, das Repräsentantenhaus, von den Bürgern direkt gewählt werden sollte. Auch das Staatsoberhaupt, der Präsident, sollte auf vier Jahre gewählt werden, und zwar durch Wahlmänner, deren Aufstellung den einzelstaatlichen Parlamenten obliegen sollte. Die Zuständigkeiten des Bundes waren damit beträchtlich erweitert worden. Aus Furcht vor einer Tyrannei sollte die Zentralgewalt jedoch einem System der Kontrollen und Gegengewichte (checks and balances) unterworfen sein. Dies sollte nach dem Prinzip von Montesquieu durch eine Dreiteilung der Gewalten erreicht werden: die Exekutive lag in den Händen des Präsidenten, die Legislative verkörperten Repräsentantenhaus und Senat, die Judikative lag beim Obersten Gerichtshof, dem *Supreme Court*.

Keine der drei Gewalten war unumschränkt. Trotzdem musste die neue Verfassung zu einer Stärkung der Zentralgewalt führen. Viele Amerikaner lehnten die Verfassung deshalb zunächst ab. In den Ratifizierungskonventen der meisten Staaten wurde der Entwurf heftig diskutiert. Besonders hoch gingen die Wogen in New York, wo die Reform durch eine lange Serie anonymer Zeitungsartikel, den so genannten *„Federalist Papers"* von Alexander Hamilton, James Madison und John Jay, nachhaltig unterstützt wurde. Doch bis Mitte 1788 hatten von den 13 Staaten neun ratifiziert, so dass die Verfassung 1789 in Kraft treten konnte.

Neben der Präambel besteht die „*Constitution of the United States*" aus sieben Artikeln. Artikel 1 überträgt die legislative Gewalt dem US-Kongress, der sich aus dem Senat und dem Repräsentantenhaus zusammensetzt. Artikel 2 beschreibt das Präsidentenamt, dem die exekutive Gewalt obliegt. Die Judikative mit dem Obersten Gerichtshof (*Supreme Court*) an der Spitze wird in Artikel 3 geregelt. Um die für einen Bundesstaat zentrale Frage der Beziehungen zwischen Bund und Gliedstaaten sowie zwischen den Gliedstaaten geht es in Artikel 4. Der fünfte Artikel enthält die Vorschriften zur Ergänzung der Verfassung, Artikel 6 erklärt die Verfassung und die nach ihrer Maßgabe beschlossenen Gesetze und Verträge zum höchsten Recht („supreme law of the land"), dem Gesetzgeber, Beamte und Richter verpflichtet sind. Artikel 7 schließlich regelte den Ratifikationsprozess.

Änderungen der Verfassung sind eigentlich ausgeschlossen. Artikel 5 ermöglicht lediglich Ergänzungen („*amendments*"), die jedoch mit hohen Hürden versehen sind. Erforderlich ist in einer ersten Stufe der Beschluss einer Zweidrittelmehrheit in beiden Häusern des Kongresses[1]. Kommt dieses Quorum zustande, muss die Verfassungsergänzung in einer zweiten Stufe von einer Dreiviertelmehrheit der Bundesstaaten ratifiziert werden. Artikel 5 ermächtigt den Kongress zu der Regelung, ob hierfür die Zustimmung der einzelstaatlichen Legislativen oder spezieller Konvente erforderlich ist (letzteres war lediglich bei der Abstimmung zum 21. Amendment im Jahr 1933 der Fall). Inhaltlich wird die Möglichkeit zur Verfassungsergänzung dadurch eingeschränkt, dass keinem Bundesstaat ohne seine Zustimmung das Recht auf gleiche Mitwirkung im Senat entzogen werden darf. Im Gegensatz zu den Verfassungen der meisten anderen Staaten der Welt werden die *Amendments* dem ursprünglichen Verfassungstext lediglich angehängt. Streichungen und Ergänzungen innerhalb der sieben Hauptartikel sind nicht zulässig. Auch Verfassungsergänzungen dürfen nicht nachträglich gestrichen werden; möglich sind allenfalls erneute Ergänzungen, die – wie im Falle des 18. und 21. Amendments (Prohibition) – die obsolet gewordene frühere Ergänzung aufheben.

Aufgrund dieser hohen Hürden wurde die US-Verfassung zwischen 1789 und 2007 nur 27 Mal ergänzt, zuletzt im Jahr 1992. Bereits zwischen 1789 und 1791 wurde der Verfassungstext um einen Grundrechtskatalog, die so genannte *Bill of Rights*, erweitert. Diese umfasst zehn Amendments und garantiert u.a. Rede-, Presse-, Versammlungs- und Religionsfreiheit (1st Amendment), das Recht auf Waffenbesitz (2nd Amendment), die Unverletzlichkeit der Wohnung (4th Amendment) sowie das Recht auf richterliches Gehör und Geschworenengerichte (5th-8th Amendment). Dieser Grundrechtsteil wurde als Reaktion auf die Kritik am eigentlichen Verfassungstext eingeführt, da in den Ratifizierungskonventen und von prominenten Persönlichkeiten wie Thomas Jefferson die Sorge geäußert worden war, dass ohne solche Abwehrrechte des Einzelnen gegenüber dem Staat die Gefahr einer tyrannischen Regierung drohe. Ursprünglich galt die *Bill of Rights* nur für die Ebene des Bundes und nicht für die Einzelstaaten. So konnten z.B. in den frühen Jahren der Republik einige Staaten (z.B. Massachusetts) faktisch Staatskirchen einführen, was im Widerspruch zum 1. Amendment stand. Erst im Jahr 1868 wurde durch das 14. Amendment si-

---

[1] Die Verfassung ermöglicht in Art. 5 auch den Antrag von zwei Dritteln der in einem nationalen Konvent versammelten einzelstaatlichen Legislativen; dieses Verfahren wurde jedoch noch nie praktiziert.

chergestellt, dass kein Einzelstaat die von der US-Verfassung garantierten Grundrechte außer Kraft setzen kann.

Die der *Bill of Rights* folgenden 17 Zusatzartikel dienten meistens dazu, die Grundrechte weiter zu präzisieren oder zu erweitern. So schaffte der 13. Zusatzartikel im Jahr 1865 die Sklaverei ab, der 15. verbot 1870 die Einschränkung des aktiven Wahlrechts aufgrund der Rasse, Hautfarbe oder früherem Sklavenstatus, der 19. führte 1920 das Frauenwahlrecht ein. Andere Verfassungsergänzungen befassten sich mit Fragen der Staatsorganisation des Bundes. Aufgrund negativer Erfahrungen in der Verfassungspraxis wurde z.B. schon 1804 bestimmt, dass Präsident und Vizepräsident in getrennten Wahlgängen gewählt werden müssen (12. Zusatzartikel). Der 17. Zusatzartikel legte 1913 die Direktwahl der Senatoren fest. Im Jahr 1951 wurde die Amtszeit des Präsidenten auf zwei Amtsperioden begrenzt (22. Zusatzartikel) und 1971 das Wahlalter für amerikanische Staatsbürger auf 18 herabgesetzt (26. Zusatzartikel). Im bislang letzten 27. Zusatzartikel aus dem Jahr 1992 wurde bestimmt, dass ein Gesetz, das die Diäten der Senatoren und Repräsentantenhausmitglieder verändert, erst nach der Neuwahl des Repräsentantenhauses in Kraft treten darf.

Die übrigen Verfassungsergänzungen befassten sich mit Fragen, die zwar von weniger großer Bedeutung für die Staatsstruktur waren, aber dennoch folgenreiche Festlegungen trafen. So ermöglichte etwa der 16. Zusatzartikel die Einziehung einer Einkommenssteuer durch den Bund. Der 18. Zusatzartikel verbot im Jahr 1919 Produktion, Verkauf, Transport, Import und Export alkoholischer Getränke („Prohibition"); dieses Verbot, das einer puritanischen Bewegung des 19. Jahrhunderts entsprang, musste im Wege einer Verfassungsänderung erlassen werden, da derartige Regelungen bis dahin den einzelnen Bundesstaaten vorbehalten waren und der Kongress somit auf dem Wege der normalen Gesetzgebung kein bundesweites Handelsverbot erlassen konnte. Da das Alkoholverbot nie vollständig durchgesetzt werden konnte und die negativen Folgen wie die Zunahme des organisierten Verbrechens bald drastische Formen annahmen, wurde der Druck auf die politischen Organe gegen Ende der 1920er Jahre immer größer, die Prohibition wieder abzuschaffen. Der 21. Zusatzartikel von 1933 hob den 18. Artikel schließlich wieder auf.

Sechs vom Kongress mit Zweidrittelmehrheit beschlossene Verfassungsergänzungen sind bislang an der erforderlichen Zweidrittelmehrheit der Bundesstaaten gescheitert; vier davon könnten theoretisch immer noch angenommen werden, da sie ohne Befristung eingebracht wurden. Bis heute werden immer wieder Vorschläge für weitere Verfassungsergänzungen gemacht. Beispielsweise versuchen Konservative seit dem Ende der 1960er Jahre, die physische Zerstörung der US-amerikanischen Flagge unter Strafe zu stellen (*Flag Desacration Amendment*). Seit 1995 wurde ein entsprechender Ergänzungsantrag in jeder Legislaturperiode von der erforderlichen Zweidrittelmehrheit im Repräsentantenhaus verabschiedet, verfehlte aber bislang stets das entsprechende Quorum im Senat. Von liberaler Seite wird hingegen seit langem vergeblich versucht, das im *2nd Amendment* gewährleistete Recht auf Waffenbesitz abzuschaffen.

3 Das 19. Jahrhundert: Konsolidierung der Republik

Auch die *Bill of Rights* mit ihrem Katalog von Bürgerrechten konnte den Gegensatz zwischen Befürworter und Gegnern des neuen politischen Systems kaum mildern. Diese spalteten sich in die so genannten Föderalisten, die für einen starken Zentralstaat eintraten, und die Antiföderalisten oder Republikaner, die einen solchen ablehnten. Die beiden herausragendsten Gestalten der beiden Gruppen bildeten auf der Seite der Föderalisten Alexander Hamilton, Schatzsekretär Washingtons, auf der Seite der Antiföderalisten Thomas Jefferson (Secretary of State). Hamilton erschienen Ehrgeiz und Eigennutz als hervorstechende menschliche Charaktermerkmale; deshalb war ihm Disziplin wichtiger als individueller Freiheitsdrang, darum forderte er eine starke Regierungsgewalt („*Hamiltonian Nationalism*"). Jefferson hingegen glaubte an die Leitkraft der Vernunft im Menschen. In seinem Weltbild, das sich schon in der Unabhängigkeitserklärung geäußert hatte, war der Staat nur eine Lebensform unter vielen, die dem Menschen untergeordnet waren („*Jeffersonian Democracy*"). Zwei Weltanschauungen prallten aufeinander, die bestimmend waren für die Anfangsjahre der jungen Republik. Die Anhänger der beiden Richtungen schlossen sich zusammen, zunächst in loser Form, dann enger, und sie bildeten im Lauf der Zeit Organisationen, die später als politische Parteien bezeichnet wurden.

Nach dem Ende der Amtszeit George Washingtons wurde im Jahr 1796 mit John Adams noch einmal ein Föderalist in das höchste Amt der Vereinigten Staaten gewählt. Er war auch der erste Präsident, der seine Amtsgeschäfte in der neu erbauten Hauptstadt, dem *District of Columbia*, wahrnahm. Nach ihm zog der Republikaner Thomas Jefferson im Weißen Haus ein. Die bedeutendste Aktion seiner Regierungszeit war der Kauf Louisianas von Frankreich im Jahre 1803. Für einen Kaufpreis von 15 Mio. Dollar erwarben die USA über 800.000 Quadratmeilen jenseits von St. Louis und verdoppelten so ihr Staatsgebiet. Damit standen große Gebiete im Westen der Vereinigten Staaten zur Besiedlung offen. Die Besiedlungsgrenze („*Frontier*") wurde in der Folge immer weiter nach Westen verschoben. An der Ostküste war nur noch das heutige Florida nicht im Besitz der USA. Auch dieses Gebiet wurde einige Jahre später (1819) für 5 Mio. Dollar von den Spaniern erworben. Zuvor, von 1812 bis 1815, hatten die Amerikaner noch einmal gegen die Briten gekämpft. Im wesentlichen ging es um Schifffahrtsprobleme und gegenseitige territoriale Ansprüche. Der Krieg endete ohne sichtbare Ergebnisse, hatte jedoch zur Folge, dass sich die Schulden der USA nach dem Waffengang beträchtlich erhöhten.

Die Zeit nach dem Krieg war in erster Linie von innerer Konsolidierung gekennzeichnet. Die Zeit von 1829 bis 1845 wird in der amerikanischen Geschichtsschreibung als „*The Age of Jackson*" bezeichnet. Sie war geprägt von einem Streben nach sozialer Veränderung. Die frühe Republik war noch von den politischen Privilegien einer elitären Oberschicht geprägt gewesen. Selbst meist aus unteren Bevölkerungsschichten stammend, bemühten sich Präsident Andrew Jackson und seine Anhänger nunmehr darum, die politischen Rechte des Durchschnittsbürgers zu fördern – ein Bemühen, das freilich nur in Ansätzen verwirklicht werden konnte. Dennoch wurden unter Jackson die Weichen gestellt für die typische Ausprägung der amerikanischen Demokratie. Zwar waren Schwarze und Frauen weiterhin von politischer Partizipation ausgeschlossen, aber allein die Einführung des allgemeinen Wahlrechts für weiße Männer war im Vergleich zu den europäischen Verhältnissen ein gewaltiger gesellschaftlicher Fortschritt. Zugleich entstanden in der Zeit der „*Jacksonian Democracy*" die Parteien, die bis heute das politische Leben der USA bestimmen. Nach der Auflösung der Föderalisten in den 1820er Jahren hatte sich vorübergehend ein Einparteiensystem der Republikaner ergeben. Diese spalteten sich nun in zwei Fraktionen, den linken Flügel der „*Democratic Republicans*", der später zur Demokratischen Partei wurde, und die konservativen „*National Republicans*", die späteren Republikaner. Das Zeitalter Jacksons prägte also die politische Landschaft der USA weit über dessen Amtszeit hinaus.

Bei der Ausdehnung der USA nach Westen spielte bei der Anerkennung der neuen Staaten die Frage eine große Rolle, ob Sklaverei erlaubt oder – wie in den nordöstlichen Staaten – verboten sein sollte. Der höher industrialisierte Norden trat für die Abschaffung der Sklaverei ein, während der agrarisch strukturierte Süden auf Sklavenarbeit in den Baumwollfeldern nicht verzichten wollte. Die Auseinandersetzungen nahmen zu, als einzelne Sklavenstaaten drohten, aus der Union auszutreten. Als im Jahr 1860 der Republikaner Abraham Lincoln zum Präsidenten gewählt wurde, der als erklärter Gegner der Sklaverei galt, verkündeten sechs Südstaaten ihre Unabhängigkeit und gründeten im Februar 1861 einen Sonderbund, die „*Confederate States of America*" unter dem Präsidenten Jefferson Davis. Die beteiligten Staaten glaubten kaum, dass der Norden für die Schwarzen oder die nationale Einheit kämpfen würde. Präsident Lincoln zeigte sich jedoch fest entschlossen, die Union zu erhalten. Zunächst wurde noch nach Kompromissen gesucht, da nahmen im April Küstenbatterien des Staates South Carolina einen Stützpunkt des Nordens unter Beschuss. Damit begann der harte und für beide Seiten verlustreiche Sezessionskrieg.

Er dauerte vier Jahre und endete mit einem Sieg des Nordens. Das militärische Potential des Nordens war von Anfang an höher gewesen: er verfügte über alle Vorteile einer ausgewogenen Wirtschaft mit starken Finanzen, fortgeschrittener Industrie, reicher Lebensmittelproduktion und engmaschigem Verkehrsnetz. Der Süden dagegen war noch überwiegend koloniales Agrarland; seine exportempfindlichen Güter (Baumwolle, Tabak, Zucker und Reis) konnten kaum zur Festigung der Konföderierten beitragen. Für die Nordstaaten wurde der Krieg hingegen immer mehr zu einem Kreuzzug für die Sklavenbefreiung.

Nach dem Bürgerkrieg standen die USA vor der schwierigen Aufgabe, den Süden wieder aufzubauen und die Abschaffung der Sklaverei konstitutionell zu verankern (Phase der „*Reconstruction*"). 1866 verabschiedete der Kongress die „*Civil Rights Bill*", die allen in den USA geborenen Personen außer der nicht besteuerten indigenen Bevölkerung das Bürgerrecht zusprach und den Einzelstaaten verbot, Bürger aufgrund von Rasse und Hautfarbe zu diskriminieren. Das Gesetz wurde 1868 als 14. Zusatzartikel in die Verfassung aufgenommen. Dies bedeutete jedoch nicht, dass im Süden eine tief greifende Änderung des Gesellschaftssystems stattgefunden hätte. Die Angst vor einer „schwarzen Dominanz" führte in vielen Südstaaten dazu, dass sich eine illegale Opposition gegen die Bürgerrechtspolitik gründete, die sich in Terror und Gewalt gegen Schwarze manifestierte. So hatten die Aktivitäten des Ku-Klux-Klans zur Folge, dass die Afroamerikaner bis in die 1960er Jahre vor aktiver politischer Partizipation zurückschreckten.

1890 wurde die „*Frontier*" für geschlossen erklärt: Die Gebiete im Osten und im Westen des Kontinents waren praktisch zusammengewachsen. Als Folge der nach dem Sezessionskrieg einsetzenden Industrialisierung bildeten sich riesige *Trusts* (Kartelle), die das Wirtschaftsleben dominierten und auch die Politik zu beeinflussen drohten. Daher wurde 1890 der *Antitrust Act* verabschiedet, in dessen Folge viele Großkonzerne zerschlagen wurden. Die Einwanderung erreichte gegen Ende des 19. Jahrhunderts einen Höhepunkt; zwischen 1880 und 1910 wurden über 18 Millionen Einwanderer in die USA aufgenommen. In dieser Zeit wurden die Vereinigten Staaten zur größten Industrienation der Welt.

4   Das 20. Jahrhundert: Modernisierung und politischer Wandel

Nach dem Ersten Weltkrieg umgaben sich die USA mit den höchsten Zollmauern ihrer Geschichte und isolierten sich so vom Welthandel. Dies hatte zunächst eine Wirtschaftsblüte zur Folge, die sich in den „Golden Twenties" immer mehr steigerte. Am „Black Friday" (24.10.1929) brach jedoch die Börse zusammen, was zu einer der größten Wirtschaftskrisen in der Geschichte der USA führte. Tausende Firmen meldeten Konkurs an, und am Ende (1932) gab es über 15 Millionen Arbeitslose. Der Schock, den die „Great Depression" (1929-1935) bei den Amerikanern verursachte, führte zu einem wirtschaftspolitischen Umdenken. Stimmen wurden laut, die staatliche Eingriffe in die bislang völlig freie und unkontrollierte Wirtschaft verlangten. Im Jahr 1933 wurde dann auf Initiative des demokratischen Präsidenten Franklin D. Roosevelt (1933-1945) ein Sozial- und Investitionsprogramm („New Deal") aufgelegt, das zu einer fundamentalen Veränderung der amerikanischen Gesellschaft führen sollte. Die New-Deal-Gesetze kurbelten die Wirtschaft durch Staatsaufträge an, gründeten Arbeitsbeschaffungsprojekte und förderten durch infrastrukturelle Maßnahmen Industrie und Landwirtschaft. Gleichzeitig wurde der Regierungsapparat in Washington durch die Gründung von „Government Agencies", die die Reformbestrebungen verwalten sollten, gewaltig vergrößert. Durch diese Maßnahmen konnte die Wirtschaftskrise überwunden und zugleich der Grundstein zum modernen US-amerikanischen Sozialstaat gelegt werden, der zwar selbst in seiner Weiterentwicklung in den 1960er und 1970er Jahren keine mit europäischen Modellen vergleichbaren Dimensionen erreicht hat, aber immerhin ein Minimum sozialer Sicherheit gewährleistet.

Die Euphorie des Sieges im Zweiten Weltkrieg wurde bald von sozialen und politischen Spannungen abgelöst. Mit dem Kalten Krieg wurde die Furcht vor kommunistischer Unterwanderung zum beherrschenden innenpolitischen Thema. Unter der Ägide des Senators Joseph A. McCarthy kam es in vielen Bereichen des öffentlichen Lebens zu einer Jagd nach vermeintlichen Verrätern und Kommunisten, die sich erst Mitte der 1950er Jahre wieder beruhigte. Als wesentlich zukunftsweisender erwies sich hingegen die Bürgerrechtsbewegung zur politischen und rechtlichen Gleichstellung der Afroamerikaner, die 1956 unter der Führung von Martin Luther King entscheidenden Auftrieb erhielt. In den folgenden Jahrzehnten, vor allem während der Präsidentschaft der Demokraten John F. Kennedy (1961-1963) und Lyndon B. Johnson (1963-1969) wurden hierbei deutliche Fortschritte auf diesem Weg erzielt. Unterstützt wurde diese Politik in jener Phase von einer liberalen Richtermehrheit im Supreme Court unter seinem Vorsitzenden Earl Warren (1953-1969). Dieser liberale Aufbruch führte freilich zu erbitterten Widerständen und kostete zahllose Opfer, darunter an prominentester Stelle Präsident John F. Kennedy 1963 sowie dessen Bruder Robert und Martin Luther King, die beide 1968 ermordet wurden.

Der soziokulturelle Umbruch der 1960er Jahre wurde noch verstärkt durch den wachsenden Protest zahlloser Intellektueller, Studenten und Jugendlicher gegen den Vietnamkrieg, der zu einer tiefen Spaltung der Gesellschaft führte. Präsident Richard Nixon (1969-1974) konnte diesen sozialen Konflikt durch den Rückzug der US-Truppen im Jahr 1973 zwar vorerst entschärfen. Doch die Korruptionen und Skandale der Watergate-Affäre, die 1974 unter dem Druck seiner drohenden Amtsenthebung erstmals zum Rücktritt eines US-Präsidenten führte, brachte eine erneute politische Krise, die nicht nur eine Lähmung der politischen Institutionen und einen Machtverlust des Präsidentenamtes, sondern einen nachhaltigen Vertrauensverlust gegenüber der politischen Klasse mit sich brachte.

Erst mit dem Republikaner Ronald Reagan (1981-1989), der eine Politik der „nationalen Erneuerung" versprach, kam es wieder zu einem Umschwung. Der „*Great Communicator*" verstand es, über die Rückschläge und Widersprüche seiner Politik hinweg das Gefühl zu vermitteln, dass die USA unter seiner Führung zu neuer innerer und äußerer Stärke gefunden hätten. Reagans konservative Botschaft beruhte auf den Fundamenten eines rigiden Antikommunismus und dem Kampf gegen staatliche Interventionen in der Wirtschaft. Reagans Eingriffe in die Sozialgesetzgebung und Steuersenkungen führten zunächst zu einem lang anhaltenden wirtschaftlichen Boom. Aber die „*Reagonomics*" hatten auch ihre negativen Seiten. Der Steuerrückgang und gleichzeitig steigende Verteidigungsausgaben bewirkten, dass die Vereinigten Staaten ein noch nie da gewesenes Haushaltsdefizit zu verkraften hatten (1989: 2,7 Bio. Dollar). Gleichzeitig gerieten durch die Kürzung der Sozialausgaben immer mehr Menschen in Armut.

Mit der Wahl des Demokraten Bill Clinton (1993-2001) wurde die „konservative Revolution" seiner Amtsvorgänger Reagan und Bush sen. beendet. Clinton konnte im Kongress einen Budgetplan durchsetzen, der durch eine Kombination von Steuersenkungen und drastischen Einsparungen das Haushaltsdefizit abbaute. Die davon ausgehenden Impulse wirkten sich positiv auf die wirtschaftliche Entwicklung aus. Andere innenpolitische Vorhaben wie die Verbesserung des Gesundheitswesens durch Einführung einer allgemeinen Krankenversicherung, eine Reform der Umweltpolitik mittels einer Energiesteuer und eine verbesserte Verbrechensbekämpfung scheiterten jedoch am Kongress. Außerdem geriet Clinton persönlich in das Rampenlicht der Öffentlichkeit; so ließ die Verwicklung des Ehepaars Clinton in Immobiliengeschäfte (*Whitewater*) während Clintons Amtszeit als Gouverneur von Arkansas den Verdacht auf Korruption entstehen; auf Kritik stießen auch seine Wehrdienstverweigerung während des Vietnamkrieges und sein außereheliches Sexualverhalten. Im Zusammenhang mit einer Affäre mit der Praktikantin Monica Lewinsky wurde ein Verfahren vor der Bundesanklagekammer (*Grand Jury*) gegen ihn eingeleitet. Die Affäre erreichte ihren Höhepunkt mit der Einleitung eines Amtsenthebungsverfahrens (*Impeachment*). Die für eine Amtsenthebung notwendige Zweidrittelmehrheit im Senat konnte freilich nicht erreicht werden.

Nach wochenlangen Auseinandersetzungen um die Auszählung der Stimmen gewann der Republikaner George W. Bush die Präsidentschaftswahlen des Jahres 2000 mit einem denkbar knappen Ergebnis gegen den demokratischen Kandidaten Al Gore. Bush kündigte zu Beginn seiner ersten Amtszeit ein möglichst einvernehmliches Handeln mit dem politischen Gegner an. Als Schwerpunkte nannte er eine Verbesserung des Bildungswesens, Steuersenkungen, Rechenschaftspflichten politischer Akteure gegenüber dem Volk, Stärkung des Militärs und Schaffung von Möglichkeiten für Arbeiter, Teile der Sozialversicherungsbeiträge privat zu investieren. Doch schon im ersten Jahr der Amtszeit erfuhr seine Präsidentschaft mit den Terroranschlägen vom 11. September 2001 einen tief greifenden Einschnitt. Innenpolitisch konnte sich Bush zunächst auf eine breite Unterstützung im Kampf gegen den Terrorismus stützen: Maßnahmen wie strengere Sicherheitskontrollen und Einreisebedingungen sowie Einschränkungen der bürgerlichen Rechte durch den *Patriot Act I* konnten in einem großen überparteilichen Konsens verabschiedet werden. Durch die Gründung des Heimatschutzministeriums (*Department of Homeland Security*) wurden diverse Institutionen wie der Zoll, die Küstenwache und die Katastrophenschutzbehörde *Federal Emergency Management Agency* zu einer gemeinsamen Organisation mit zusammen 180.000 Mitarbeitern zusammengefasst. George W. Bush konnte die höchsten Zustimmungswerte verzeichnen, die jemals in den USA gemessen wurden. 2002 gewann die republikanische Partei die Senatswahlen und konnte, entgegen dem normalen Trend, dass die Regierungspartei in den *Midterm Elections* Stimmen verliert, ihre Mehrheit im Kongress ausbauen. Im November 2003 gelang es Präsident Bush, die Zustimmung des Kongresses für eine umfangreiche Gesundheitsreform mit der Einführung staatlicher Zuschüsse für Medikamente im Rahmen der *Medicare*-Versicherung zu erhalten. Die Präsidentschaftswahlen von 2004 gewann George W. Bush mit großem Abstand. Bush konnte – aufgrund der für US-Verhältnisse sehr großen Wahlbeteiligung – mehr Stimmen als jeder andere zuvor gewählte US-Präsident auf sich vereinen.

In seiner zweiten Amtszeit sah sich Präsident Bush wachsender innenpolitischer Kritik ausgesetzt. Die Misserfolge in der Irakpolitik nach dem militärischen Sieg gegen Saddam Hussein, das Bekanntwerden von Misshandlungspraktiken im Bagdader Abu-Ghraib-Gefängnis und auf dem US-Stützpunkt Guantanamo Bay auf Kuba sowie weitere innenpolitische Probleme wie das Versagen der Katastrophendienste beim Hurrikan Katrina führten zu politischen Konflikten und öffentlichem Protest. Bei den Midterm-Elections 2006 erlitten die Republikaner unter Bush eine Niederlage und verloren sowohl die Mehrheit im Repräsentantenhaus als auch die Mehrheit im Senat.

5   Der Präsident

Das Amt des US-Präsidenten ist, wie Harry S. Truman einmal formulierte, „*a peculiar office*". Der Präsident stellt für die Amerikaner die Personifikation von politischer Macht schlechthin dar und hat großen Einfluss auf die Gestaltung der Politik. Aber er ist – sogar auf dem Gipfel seiner Popularität und Macht – zugleich mit großen Restriktionen konfrontiert, die seine Führungsmöglichkeiten begrenzen. Einerseits ist er das Symbol der amerikanischen Nation und der Inbegriff von politischer Führung. Andererseits unterliegt er den *checks and balances* des amerikanischen Verfassungsgefüges und muss die Macht mit einem verfassungsrechtlich unabhängigen und politisch eigenständigen Kongress, einer einflussreichen Judikative sowie den mit weit reichenden Kompetenzen ausgestatteten Bundesstaaten teilen.

Die Ursachen für diese ambivalente Stellung des Präsidenten sind in der Konstruktion der amerikanischen Verfassung und in der historischen Entwicklung der USA zu suchen. Der Verfassungskonvent von 1787 hat ein höchst komplexes System der Gewaltentrennung geschaffen. Zwar sind die politischen Organe Präsident und Kongress institutionell strikt voneinander geschieden – der Präsident darf nicht Mitglied des Kongresses sein –, aber bei der Wahrnehmung ihrer Kompetenzen sind sie in vielerlei Hinsicht auf wechselseitige Kooperation angewiesen. Der Politikwissenschaftler Richard Neustadt brachte dies auf die Kurzformel: „*separated institutions sharing powers*" (Neustadt 1991: 29).

Die verfassungsrechtlichen Kompetenzen des Präsidenten werden in Art. II Sec. 2 der US-Verfassung normiert. Er ist Oberbefehlshaber der Streitkräfte (*commander-in-chief*), vertritt die USA völkerrechtlich, schließt mit Zustimmung des Senats internationale Verträge, ernennt und empfängt Botschafter (*chief diplomat*), er hat das Begnadigungsrecht und ernennt Beamte und Offiziere. Im Bereich der Gesetzgebung hat er nach Art. I Sec. 7 gegenüber dem Kongress ein Vetorecht. Ein vom Kongress beschlossenes Gesetz tritt normalerweise nur in Kraft, wenn es vom Präsidenten unterzeichnet wird. Binnen zehn Tagen nach der Verabschiedung eines Gesetzes kann er ein förmliches Veto dagegen einlegen. Allerdings kann dieser Einspruch durch eine Zweidrittelmehrheit in beiden Häusern des Kongresses überstimmt werden. Gegen Ende einer Sitzungsperiode des Kongresses hat der Präsident mit dem so genannten „*pocket veto*" noch eine weitere Vetomöglichkeit zur Verfügung. Erhält der Präsident einen Gesetzesvorschlag nämlich erst in den letzten zehn Tagen vor einer längeren Vertagung des Kongresses übermittelt, so kann er ihn durch schlichte Nichtunterzeichnung ebenfalls unwirksam machen.

Die ersten 16 Präsidenten bis Abraham Lincoln gingen sparsam mit ihrem Vetorecht um. Insgesamt sprachen sie bis 1865 nur 36 reguläre und 23 „*pocket vetos*" aus. Die nachfolgenden Präsidenten setzten diese Waffe deutlich öfter ein. Am intensivsten machte Präsident Franklin D. Roosevelt (1933-1945) von seinem Vetorecht Gebrauch: insgesamt 635 Mal. Truman und Eisenhower waren bereits zurückhaltender: Sie belegten 250 bzw. 181 Kongressgesetze mit ihrem Veto. Danach gingen die Präsidenten deutlich restriktiver mit diesem Instrument um: Kennedy, Johnson, Nixon, Ford, Carter, Reagan, Bush sen. und Clinton zusammen setzten dieses Mittel nur 350 Mal ein.

Präsident George W. Bush sprach in seiner ersten Amtszeit (2001-2005) kein einziges Veto aus. Erst in der Mitte seiner zweiten Amtszeit, im Juli 2006, legte er gegen ein Gesetz zur staatlichen Förderung von Stammzellenforschung Einspruch ein. Zugleich aber stieg während seiner Präsidentschaft die Zahl der so genannten „*signing statements*", in denen der Präsident bei der Unterzeichnung eines Gesetzes seine Interpretation des Gesetzestextes öffentlich festschrieb, drastisch an. Bis Anfang 2006, also in fünf Amtsjahren, formulierte er über 750 solcher *signing statements*; sein Vater hatte in vier Jahren 232, Bill Clinton in acht Jahren 140 veröffentlicht. Nicht nur die Inflation *der signing statements* unter Bush jr., sondern auch dieses politische Instrument selbst erscheint problematisch, denn die Interpretation und Deutung von Gesetzen ist nicht unbedingt eine verfassungsrechtlich vorgesehene Kompetenz des Präsidenten. Die staatsrechtliche Diskussion in den USA über diese Frage dauert derzeit noch an.

An den zentralen verfassungsrechtlichen Kompetenzen des Präsidenten (*chief executive, commander-in-chief, chief diplomat*) hat sich seit 1789 nichts geändert. Aus der formalen Kompetenzausstattung allein lässt sich die politische Bedeutung des modernen Präsidentenamtes jedoch nicht erklären. Die offenkundigste Rolle des Präsidenten ist heute die der politischen Führung. Das war nicht immer so. Die Verfassung spricht nicht davon, dass der Präsident politische Programme und Visionen zu entwickeln habe. Eine Richtlinienkompetenz, wie sie der deutsche Bundeskanzler besitzt, kennt das US-amerikanische Regierungssystem nicht. Die Verfassungsväter hatten mit dem Präsidenten vielmehr ein vorwiegend ausführendes Organ vor Augen. In der Verfassung wird der Präsident erst an zweiter Stelle – nach dem Kongress – aufgeführt. Das Recht zur Gesetzesinitiative ist ihm sogar verfassungsrechtlich verwehrt. Und bis zum Beginn des 20. Jahrhunderts verhandelten die Regierungsbehörden unmittelbar, also ohne Beteiligung des Präsidenten mit dem Kongress. So erschien vielfach das Parlament als der wahre Ort politischer Führung.

Erst im Jahr 1921 führte der vom Kongress selbst initiierte *Budget and Accounting Act* zu einer Ausweitung der Führungsrolle des Präsidenten. Dieses Gesetz sollte die Effizienz der öffentlichen Verwaltung verbessern, indem der Präsident aufgefordert wurde, dem Kongress künftig einen einheitlichen Gesamthaushalt vorzulegen. Das bedeutete, dass der Präsident einen jährlichen Budgetplan erstellen musste. Bis zu diesem Zeitpunkt hatte kein Präsident ein umfassendes Regierungsprogramm entworfen. Nun war er gesetzlich dazu gezwungen. Auf den ersten Blick sah dies wie eine weitere Einschränkung der Exekutive aus.

In der Tat war das Ziel des *Budget and Accounting Acts* nur eine Verbesserung der Effizienz bei der Haushaltserstellung, nicht die Erweiterung präsidentieller Macht. Die ersten drei von dieser Neuregelung betroffenen Präsidenten – Warren G. Harding, Calvin Coolidge und Herbert Hoover – hielten sich pflichtgemäß an diese Vorgaben. Sie unterbreiteten dem Kongress ihre Haushaltspläne, kümmerten sich aber nicht selbst aktiv um deren Umsetzung. Dies änderte sich mit der Präsidentschaft Franklin D. Roosevelts, der im Jahr 1933 mit der festen Absicht das Amt übernahm, das Land aus der Großen Wirtschaftskrise zu führen. In nur 100 Tagen initiierte er eine breit angelegte Gesetzgebung, die unter dem Slogan „The New Deal" ein umfassendes Wirtschafts- und Sozialprogramm vorsah. Aktiv warb er in der Öffentlichkeit und vor dem Kongress für dieses Vorhaben und sicherte sich so die Zustimmung des Parlaments.

Seitdem haben die Präsidenten ihre politische Führungsrolle nicht mehr aus der Hand gegeben. Dies hat dazu geführt, dass der Präsident faktisch die wichtigste Rolle im Gesetzgebungsprozess übernommen hat. Obwohl ihm eine eigene Gesetzesinitiative von der Verfassung nach wie vor verweigert wird, ist es heute er, der die zentralen Politikvorhaben seiner Administration über Mittelsmänner in den Legislativprozess einbringt. Er ist damit symbolisch zugleich zum obersten Gesetzgeber geworden (*chief legislator*). Er repräsentiert eine der beiden großen politischen Parteien und ist faktisch so etwas wie deren Vorsitzender (*party leader*); vor allem aber ist er der wichtigste Politiker im Land, der gegenüber der Öffentlichkeit als motivierende und inspirierende Führungspersönlichkeit auftritt (*leader of the people, chief preacher*). (Burnham 1986: 334 ff.).

In der Außenpolitik setzte die Machtverlagerung zugunsten des Präsidenten teilweise noch früher ein als in der Innenpolitik. Bereits George Washington setzte einen Präzedenzfall, indem er ohne Abstimmung mit dem Kongress die Regierung des revolutionären Frankreich anerkannte. Die US-Amerikaner erwarten gerade in diesem Politikfeld, dass der Präsident die Initiative ergreift und amerikanische Interessen kraftvoll nach außen vertritt. Es ist empirisch leicht nachweisbar, dass sich die Amerikaner dabei sehr stark mit ihrem Präsidenten identifizieren. Die Amerikaner scharen sich hinter dem Präsidenten („*rally behind the president*"), selbst wenn sie parteipolitische Gegner des Amtsinhabers sind.

Dies ist insbesondere bei Krisen der Fall. Wann immer nationale Notfälle auftreten, wenden sich die Amerikaner an ihren Präsidenten, von dem sie sich moralischen Zuspruch, Tatkraft und Zuversicht erwarten. Dies gilt vor allem für Zeiten militärischer oder terroristischer Bedrohung wie nach den Anschlägen vom 11. September 2001 auf New York und Washington. Die von den Demoskopen gemessenen Zustimmungsraten für den Präsidenten steigen in solchen Zeiten ungewöhnlich stark an. Diese Höhenflüge in ihrer Popularität nutzen die Amtsinhaber dann nicht selten dazu, sich vom Kongress die Zustimmung zu Gesetzesvorlagen geben zu lassen, die in normalen Zeiten heftigsten parlamentarischen Widerstand erzeugt hätten. Der nur sechs Wochen nach dem Terrorangriff von Präsident George W. Bush eingebrachte *Patriot Act* von 2001, der als Anti-Terror-Gesetzespaket beträchtliche Einschnitte in die Grundrechte beinhaltete, konnte in einem solchen Klima sogar fast einstimmig im Kongress verabschiedet werden.

Die herausragende politische Funktion, die der amerikanische Präsident heute innehat, ist demnach nicht primär aus der verfassungsrechtlichen Ausstattung des Amtes zu erklären. Der Politikwissenschaftler Richard Neustadt hat deutlich gemacht, dass die Quelle der

Autorität des amerikanischen Präsidenten weniger in starken Kompetenzen als vielmehr in seiner Überzeugungskraft zu suchen ist: *„Presidential power is the power to persuade".* (Neustadt 1991: xix). Politische Führung und politische Kommunikation sind nach dieser Interpretation nicht voneinander zu trennen: Der US-Präsident regiert zu einem erheblichen Teil mittels politischer Kommunikation.

Die kommunikative Seite des Präsidentenamts entwickelte sich im 20. Jahrhundert. In den Tagen der frühen Republik war die Rolle des Präsidenten noch vorwiegend administrativer Art. Am öffentlichen politischen Diskurs nahm er kaum teil, und wenn, dann kommunizierte er nur mit den politischen Eliten. Allerdings konnte man im Verlauf des 19. Jahrhunderts die Stimme des Präsidenten immer häufiger öffentlich wahrnehmen. Während George Washington in seiner Amtszeit (1789-1797) lediglich 25 Reden hielt, sprach Abraham Lincoln (1861-1865) bereits 78 Mal, Benjamin Harrison (1889-1893) sogar fast 300 Mal.

Mit Theodore Roosevelt und Woodrow Wilson begann die für das 20. Jahrhundert typische Aufwertung der Präsidentenrhetorik zum Mittel der politischen Überredung und Beeinflussung. Theodore Roosevelt war der erste, der die Medien in diesem Sinne nutzte; seine Ansprachen wurden kontinuierlich in den Zeitungen wiedergegeben. Woodrow Wilson initiierte erstmals regelmäßige Pressekonferenzen und ließ sogar Filmaufnahmen machen, um denkwürdige Anlässe im Bild festzuhalten. Mit Franklin D. Roosevelt schließlich wurde die Nutzung von Radio und Film zu einer Selbstverständlichkeit. Seitdem suchen die Präsidenten die Unterstützung der Öffentlichkeit, die sie dazu nutzen, ihre Position gegenüber dem Kongress zu stärken. Angeblich verbringen Präsidenten fast ein Drittel ihrer Zeit damit, mit der Öffentlichkeit zu kommunizieren – in Pressekonferenzen, Ansprachen und öffentlichen Auftritten. Sie nutzen das Fernsehen als Medium, was die Form und den Inhalt der Reden nochmals verändert. Fernsehzeitalter und Fernsehrhetorik fördern Dramatisierung, Personifizierung und Simplifizierung. Politikinhalte treten in ihren Reden in den Hintergrund zu Gunsten symbolischer Sprache (Stüwe 2005: 169 f.).

Wie konnte es zur Aufwertung des Präsidentenamtes kommen? *Erstens* war schon die Struktur des Amtes als Ein-Mann-Exekutive ein Grund für den Machtzuwachs des Präsidenten. Eine Ein-Mann-Exekutive hat schon dadurch Vorteile, dass Willensbildungs- und Entscheidungsprozesse viel schneller ablaufen können als im Kongress mit seinen 538 Abgeordneten. Mit Blick auf den expressiven Teil von Politik erscheint aber noch wichtiger, dass der Präsident auch bei der dramaturgischen Darstellung seiner Aktionen einen Vorteil gegenüber dem Kongress hat, der eben nicht mit einer Stimme spricht, sondern ein ganzes Spektrum politischer Meinungen widerspiegelt.

Ein *zweiter* Grund für den Machtzuwachs des amerikanischen Präsidenten war die im 20. Jahrhundert einsetzende Internationalisierung der Politik. Anders als zur Zeit der frühen Republik hat die Außenpolitik für die USA seit mittlerweile über 100 Jahren einen wichtigen Stellenwert bekommen. Dies wiederum hat die Machtposition des verhandlungsführenden Präsidenten gegenüber dem auf bloße Zustimmung oder Ablehnung beschränkten Kongress weiter verstärkt. Der Präsident konnte sich so nach außen, aber auch gegenüber seinen Landsleuten, als Sprecher der Nation profilieren.

Drittens kann nicht übersehen werden, dass der Kongress und der Supreme Court oftmals willige Partner des Präsidenten waren. In Krisensituationen hat das Parlament den Präsidenten nicht selten freiwillig mit weit reichenden Kompetenzen ausgestattet. Jüngstes

Beispiel waren die Sondervollmachten und Finanzierungszusagen für Präsident George W. Bush nach den Anschlägen vom 11. September 2001.

Viertens hat auch das Amtsverständnis einzelner Amtsinhaber zu einer Neudefinition der Präsidentschaft geführt. Schon George Washington fuhr mit einer sechsspännigen Kutsche durch das Land. Unter seinem Nachfolger John Adams entwickelte sich ein beinahe höfisches Zeremoniell. Der dritte Präsident, Jefferson, praktizierte dann zwar wieder einen republikanischeren Stil, aber trotzdem hielten die meisten anderen Präsidenten des 19. Jahrhunderts weitgehend an einer quasimonarchischen Etikette fest. Andrew Jackson setzte in den 20er Jahren des 19. Jahrhunderts das allgemeine Männerwahlrecht durch, was zu einer Popularisierung des Präsidentenamtes führte.

Seit dem Beginn des 20. Jahrhunderts benutzen die Präsidenten routinemäßig die Medien, um direkt mit den Wählern zu kommunizieren. Präsidenten wie John F. Kennedy, Ronald Reagan und auch Bill Clinton haben geschickt die Möglichkeiten der modernen Massenkommunikationsmittel genutzt, um – an den anderen Verfassungsorganen vorbei – unmittelbar an das Volk zu appellieren. Die Ausbreitung von Funk und Fernsehen kann somit mit gutem Grund als *fünfter* Faktor für den Ausbau der symbolischen Rolle des US-Präsidenten angesehen werden.

Der entscheidende *sechste* Faktor, der den Prozess der Machtverlagerung zugunsten des Präsidenten in Gang setzte, war freilich der Ausbau der Staatstätigkeit im Rahmen wirtschafts- und sozialpolitischer Maßnahmen. Die USA sind bei dieser Entwicklung bekanntlich nicht so weit gegangen wie die europäischen Sozialstaaten, aber insbesondere seit dem von Franklin D. Roosevelt eingeleiteten *New Deal* wuchs auch in den USA die Staatstätigkeit beträchtlich. Dies führte zur Einrichtung einer Vielzahl von Behörden, die alle dem Weißen Haus unterstellt wurden. Der Mitarbeiterstab des Präsidenten wuchs damit beträchtlich. Herbert Hoover, Präsident von 1929 bis 1933, musste noch mit rund 45 Angestellten auskommen. Unter seinem Amtsnachfolger Franklin D. Roosevelt kam es dann 1939 zur Errichtung des *Executive Office of the President*, einer Art Staatskanzlei mit einer wechselnden Zahl von Mitarbeitern. Zur Verbesserung der programmatischen und planerischen Seite des Regierens richtete Ronald Reagan in den 1980er Jahren ein spezielles Planungsbüro ein, das *Office of Planning and Evaluation*. George W. Bush gründete aus den gleichen Gründen im Jahr 2001 das *Office of Strategic Initiative*. Zusammen dürfte die aktuelle Zahl der Mitarbeiter des Präsidenten bei rund 2000 liegen. Mit dem Beamtenapparat wuchs zugleich der politische Einfluss des Präsidenten. Denn die mit der Zunahme der Staatsfunktionen erforderliche Planung gelingt heute der Exekutive mit ihrem effektiveren Apparat weit besser als der Legislative. Der Präsident kann somit den Anspruch erheben, in fast allen Bereichen der Politik politische Führung auszuüben.

Der Machtzuwachs des Präsidentenamtes veranlasste den Historiker Arthur M. Schlesinger seinerzeit dazu, von einer „*Imperial Presidency*" zu sprechen (Schlesinger 1973). Die Amtszeiten der Präsidenten Johnson und Nixon markierten nach seiner Beobachtung den Höhepunkt präsidentieller Macht. Nicht wenige Kritiker erkennen auch im Amtsstil George W. Bushs imperiale Züge. Gleichwohl ist festzuhalten, dass selbst der mächtigste Präsident im System der *checks and balances* mit starken Gegenspielern und Machthemmnissen konfrontiert wird. Anders als in parlamentarischen Regierungssystemen kann der Präsident beim Gesetzgebungsprozess im Kongress nicht immer mit der Unterstützung „seiner" Parlamentsfraktion rechnen. Bei umstrittenen Gesetzgebungsprojekten müssen nicht selten auch die Präsidenten um Mehrheiten im Kongress kämpfen.

Die Senatoren und Abgeordneten des Repräsentantenhauses besitzen zugleich beträchtliche Kontrollinstrumente gegenüber der Exekutive. So kann der Senat dem Präsidenten die Ratifikation internationaler Verträge verweigern. Er besitzt ein Vetorecht bei der Besetzung von Kabinettsposten und Richterämtern. Das Repräsentantenhaus verfügt über weitgehende Rechte bei der Überwachung des Bundeshaushalts. Der Supreme Court kann Akte der Exekutive auf ihre Verfassungsmäßigkeit überprüfen. Bei der Ämterbesetzung und bei der Durchsetzung politischer Programme muss der Präsident mit erheblichem Druck von Seiten starker Interessenverbände rechnen. Mächtige Koalitionen aus Bürokratie, Kongress und Lobbygruppen, die so genannten *„iron triangles"*, können dem Präsidenten das Regieren zusätzlich erschweren. Verstärkt wurden diese Restriktionen des Präsidenten in den vergangenen Jahrzehnten durch *„divided government"*. Denn immer mehr Wähler haben in den vergangenen Jahrzehnten *ticket splitting* betrieben, also Kandidaten verschiedener Parteien für das Weiße Haus einerseits und den Kongress andererseits gewählt. Das Ergebnis war, dass die republikanischen Präsidenten Ronald Reagan und George Bush mit einem demokratisch beherrschten Kongress zusammenarbeiten mussten, der Demokrat Bill Clinton hatte es mit einem republikanisch kontrollierten Parlament zu tun. Auch George W. Bush verlor Anfang 2007 seine republikanische Mehrheit im Repräsentantenhaus.

Divided government hat einerseits die Auswirkung, dass es nicht zu radikalen Veränderungen kommt und die Politiker beider Parteien zu Kompromissen bei Gesetzesvorlagen motiviert werden. Es besteht aber auch die Gefahr einer politischen Blockade (*deadlock*). In der Amtszeit Präsident Bill Clintons wurde dies vor allem an den endlosen Auseinandersetzungen um eine Gesundheits- und Haushaltsreform sichtbar.

Mit dem *Impeachment*-Verfahren steht dem Kongress das stärkste Kontrollinstrument gegenüber dem Präsidenten zur Verfügung. Das *impeachment* ist ein in der Verfassung (Art. II Sec. 4) vorgesehenes Verfahren zur Amtsenthebung des Präsidenten sowie anderer Amtsträger, z.B. der Richter des Supreme Court, wenn diese „des Landesverrats, der Bestechung oder anderer schwerer Vergehen für schuldig befunden worden sind". Im Gegensatz zum so genannten Misstrauensvotum in parlamentarischen Regierungssystemen, in denen die Regierungschefs aus *politischen* Gründen ihres Amtes enthoben werden können, richtet sich ein *impeachment* ausschließlich gegen *rechtliche* Verfehlungen. Das Verfahren selbst ist gerichtsförmig ausgestaltet: Das Repräsentantenhaus trifft mit einfacher Mehrheit die Entscheidung über die Einleitung des Verfahrens. Die Entscheidung über die Amtsenthebung fällt dann im Senat. Der oberste Richter des Supreme Courts führt den Vorsitz; jede Seite hat das Recht, Zeugen zu vernehmen und Kreuzverhöre durchzuführen. Mit einem Schuldspruch, für den eine Zweidrittelmehrheit erforderlich ist, wird der Präsident sofort seines Amtes enthoben und der Vizepräsident zum Präsidenten ernannt.

In der Geschichte der USA ist es bislang nur zu zwei *impeachment*-Verfahren gekommen. Das erste richtete sich 1868 gegen Andrew Johnson wegen Missachtung der Rechte des Kongresses. Die notwendige Stimmenzahl wurde jedoch nicht erreicht. 1998 wurde Bill Clinton wegen Meineids und Behinderung der Justiz angeklagt. Der Meineidvorwurf wurde mit 55 zu 45 Stimmen zurückgewiesen, der der Behinderung der Justiz mit 50 zu 50 Stimmen. Clinton konnte zwar im Amt bleiben, war aber für den Rest seiner Amtszeit politisch beschädigt.

6   Parlament und Gesetzgebung

Der Kongress ist die gesetzgebende Gewalt (*legislative power*) im politischen System der Vereinigten Staaten. Er besteht aus zwei Kammern, dem Senat (*Senate*) und dem Repräsentantenhaus (*House of Representatives*). Die bikamerale Organisation des Kongresses gründet einerseits auf englischer Tradition, andererseits soll sie dem Willen der *founding fathers* dem republikanischen und dem föderalen Charakter des politischen Systems Rechnung tragen. Das Repräsentantenhaus verkörpert die Idee der Volkssouveränität: Vom Volk direkt gewählt, durch die Kürze der Amtsdauer zu ständigem Kontakt mit der Wählerschaft angehalten, soll es gewissermaßen ein plebiszitäres Element darstellen. Die (ursprünglich) indirekte Wahl, die längere Amtsdauer der Senatoren und die Überschaubarkeit der parlamentarischen Körperschaft sollten hingegen im Senat politische Sachkenntnis fördern, langfristige Planung ermöglichen, die Perspektiven politischen Nachdenkens weiten und somit ein Gegengewicht zum Repräsentantenhaus mit seiner unmittelbaren Bindung an das Volk schaffen. Darüber hinaus soll der Senat auch die Interessen der Einzelstaaten in die Entscheidungsprozesse der Bundespolitik einbringen.

Die kleineren Staaten hatten 1787/88 erfolgreich durchsetzen können, dass jeder Bundesstaat die gleiche Anzahl von Senatoren entsendet. Laut US-Verfassung besteht der Senat deshalb „aus je zwei Senatoren jedes Einzelstaates, die von dessen gesetzgebender Körperschaft auf sechs Jahre gewählt werden" (Art. I, Sec 3). 1913 trat der Zusatzartikel XVII in Kraft, wonach die stimmberechtigte Bevölkerung jedes Einzelstaates die Senatoren wählt. Um die Kontinuität der Arbeit in diesem wichtigen Verfassungsorgan zu gewährleisten, wird der Senat nicht in seiner Gesamtheit neu gewählt, sondern müssen sich alle zwei Jahre je ein Drittel der Senatoren einer Wiederwahl stellen. Den Vorsitz im Senat führt der amtierende Vizepräsident der Vereinigten Staaten, dessen Stimme allerdings nur in Pattsituationen den Ausschlag gibt. Die Parteifraktionen im Senat wählen jeweils einen Sprecher der Mehrheits- und der Minderheitspartei (*majority* und *minority leader*), einen parlamentarischen Geschäftsführer (*whip*) für jede Partei sowie den stellvertretenden Vorsitzenden des Senats (*President pro tempore*). Zusammen mit dem *Policy Committee*, das aus zwölf Senatoren besteht, setzen die Parteiführer des Senats die Geschäftsordnung fest und besprechen die Prioritätenliste für die Sitzungsperiode. Die Mehrheitspartei hat das Recht, den Vorsitz jedes Ausschusses und die Mehrheit der Ausschussmitgliedschaft für sich in Anspruch zu nehmen.

Die Legislaturperiode des Repräsentantenhauses beträgt zwei Jahre. Die Parteien sind dort in ähnlicher Weise wie im Senat organisiert. Neben dem *majority* und *minority leader* und den *whips* wird allerdings noch ein *Speaker of the House* gewählt, der gleichzeitig Fraktionsvorsitzender der Mehrheitspartei und Präsident des Repräsentantenhauses ist. Diese Doppelfunktion macht den Speaker zur potentiell mächtigsten Führungskraft im Kongress. Seine formalen Befugnisse ermöglichen es ihm, die Geschäftsordnung und die Tagesordnung sowie die Arbeitsanweisungen der Ausschüsse zu kontrollieren und Debatten und Abstimmungen im Plenum zu beeinflussen. Seine stärkste Kompetenz ist, dass er die Vorsitzendenposten der Ausschüsse (*committees*) aus den Reihen der Mehrheitspartei vergeben kann.

Der Kongress ist ein typisches Arbeitsparlament. Die ständigen Ausschüsse und Unterausschüsse bilden in Senat und Repräsentantenhaus die eigentlichen Machtzentren. Hier werden die Gesetzesvorlagen beraten, und sie sind es, die die Exekutive kontrollieren. Unter dem Republikanischen *Speaker* Newt Gingrich wurde 1994 die Zahl der Ausschüsse drastisch reduziert, um die Arbeitsfähigkeit des Kongresses zu erleichtern. Im 109. Kongress (2005/2006) gab es in beiden Häusern jeweils 20 Ausschüsse und vier gemeinsame Ausschüsse. Unangetastet blieb die Abschaffung des Anciennitätsprinzips (*seniority rule*), das bereits Teil der Reformen aus den 1970er Jahren gewesen war. Danach ist heute nicht mehr automatisch der von der Amtszeit her älteste Abgeordnete Vorsitzender eines Ausschusses oder Unterausschusses, sondern die Vorsitze können auch durch Wahl vergeben werden. Jeder Ausschuss und Unterausschuss besitzt einen Mitarbeiterstab, dessen Personalausstattung im Repräsentantenhaus von 148 beim Haushaltsausschuss bis zu elf beim Ethikausschuss, beim Senat von 91 beim Haushaltsausschuss bis zu 16 beim Ausschuss für Angelegenheiten der Kriegsveteranen reicht (Lösche 2004: 33).

Bei der Besetzung von Kongressämtern spielen die politischen Parteien demnach eine große Rolle. Fast jedes Kongressmitglied bekennt sich zu einer der beiden großen Parteien (*Independents* sind die Ausnahme: im 109. Kongress bezeichneten sich lediglich ein Senator und zwei Abgeordnete des Repräsentantenhauses als Unabhängige). Im politischen Alltag des Kongresses ist der Einfluss der Parteien hingegen viel geringer. In ihrem Abstimmungsverhalten lassen sich die Mitglieder von Senat und Repräsentantenhaus vor allem von den Interessen ihres Wahlkreises leiten, erst dann von der Position ihrer Partei oder von den Wünschen des Präsidenten. Eine strenge Fraktionsdisziplin, wie sie typisch für parlamentarische Regierungssysteme ist, ist dem US-Kongress fremd. Die Zahl der „*party votes*", also derjenigen Abstimmungen, in denen eine Mehrheit der republikanischen Abgeordneten gegen eine Mehrheit der Demokraten stimmt, hat in den vergangenen Jahren zwar zugenommen, liegt aber im Durchschnitt bei nur rund 60 Prozent. So kann selbst der Präsident nicht unbedingt auf die Unterstützung seiner Parteifreunde im Kongress zählen. Senatoren und Abgeordnete verstehen sich vielmehr weitgehend als unabhängige Vertreter der legislativen Gewalt und durchaus als Gegengewicht zum Präsidenten. Der politische Alltag gestaltet sich deshalb häufig als ein Machtkampf zwischen Präsident und Kongress. Sowohl der Präsident als auch die verschiedenen Ministerien verfügen über so genannte „liason staffs", deren einzige Aufgabe es ist, im Kongress für die Ziele der Regierung zu werben (Hübner 2001: 124).

Die Kompetenzen des Kongresses werden in Art. I Sec. 8 der Verfassung aufgezählt. Seine wichtigste Aufgabe ist die der Gesetzgebung. Jedes Kongressmitglied ist berechtigt, dem Kongress einen Gesetzesvorschlag (*bill*) vorzulegen. Der US-Präsident hat hingegen kein Recht, Gesetzesvorlagen im Kongress einzubringen. Zwar macht er in seiner jährlichen Botschaft zur Lage der Nation vor dem Kongress gesetzgeberische Anregungen (Stüwe 2004: 101 ff.), doch bleibt er im wesentlichen auf informelle Kanäle vom Weißen Haus zum Kapitol, dem Sitz des Kongresses, angewiesen, wenn er Richtung und Inhalt der parlamentarischen Gesetzgebungsarbeit bestimmen will.

Eine Gesetzesinitiative muss gleichzeitig im Senat und Repräsentantenhaus erfolgen. Der *Speaker* des Repräsentantenhauses und der Präsident des Senats entscheiden, welcher Ausschuss (*committee*) einen Gesetzesentwurf zur weiteren Behandlung zugewiesen bekommt. Im entsprechenden Ausschuss entscheidet der Vorsitzende, ob eine Gesetzesvorlage zur Weiterbearbeitung einem Unterausschuss oder dem Gesamtausschuss weitergereicht wird. Der größte Teil aller Gesetzesinitiativen wird bereits in diesem Stadium durch einfache Untätigkeit des Vorsitzenden abgelehnt. Zwar kann eine Mehrheit des Repräsentantenhauses mittels einer *discharge petition* die Weiterbearbeitung einer Gesetzesvorlage erzwingen, aber dies geschieht äußerst selten. Haushaltsgesetze müssen grundsätzlich vom Repräsentantenhaus ausgehen. Die Kammer stellt dazu einen mächtigen Finanzausschuss, das *Ways and Means Committee.*

Wenn der Gesetzesvorschlag einem Unterausschuss vorliegt, werden meist öffentliche Anhörungen (*hearings*) mit Experten und Lobbyisten durchgeführt. Die Lobbyisten spielen eine zentrale Rolle im parlamentarischen Willensbildungsprozess. Sie pflegen Kontakte zu einflussreichen Abgeordneten beider Parteien, bieten ihr Fachwissen an und versuchen, die Belange ihre Interessengruppe in den Gesetzgebungsprozess einzubringen. Nach oft langwieriger detaillierter Bearbeitung wird die Gesetzesvorlage, eventuell mit Umformulierungen (*mark-ups*) und mit Anhängen (*amendments*), an den Ausschuss zurücküberwiesen, der daraufhin durch ein Mehrheitsvotum entscheidet, ob die *bill* an das Repräsentantenhaus (oder den Senat) zur Abstimmung geleitet werden soll. Ein eindeutiges Mehrheitsvotum eines Ausschusses führt fast immer dazu, dass die Gesetzesvorlage auch im Senatsplenum verabschiedet wird.

Sobald die Gesetzesvorlage in einer der Kammern vorliegt, wird sie zur Plenardebatte und Abstimmung freigegeben. Die wichtigsten Gesetzesvorschläge (ungefähr 100 im Jahr) werden jedoch zunächst dem *Rules Committee* des Repräsentantenhauses zugeleitet. Dieser Ausschuss regelt die Rednerfolge für die Plenumsdebatte und die Form der Abstimmung im Repräsentantenhaus. Im Senat entscheidet darüber das *Policy Committee*. Verweigert das *Rules Committee* die Erlaubnis zur Plenardebatte, bedeutet dies in fast allen Fällen das Ende der Gesetzesinitiative. Der Ausschuss kann entscheiden, ob die Vorlage im Plenum weiter novelliert werden darf (*open rule*) oder nicht.

Im Senat besteht die Tradition des „*filibusters*". Als Filibuster wird eine Marathonrede bezeichnet, mit der eine Minderheit eine Beschlussfassung durch die Mehrheitsfraktion zu verhindern sucht. Möglich wird dies durch die im Vergleich zum Repräsentantenhaus sehr großzügige Geschäftsordnung des Senats: Die Senatoren haben ein unbegrenztes Rederecht. Sie können reden, so lange sie wollen, ohne dass dies mit dem zur Debatte stehenden Thema etwas zu tun haben muss. Die längste Einzelrede (24 Stunden und 18 Minuten) hielt Senator Strom Thurmond im Jahr 1957, um ein Bürgerrechtsgesetz zu verhindern. Nachdem es bis 1917 überhaupt keine Regeln gab, die die Redezeit der Senatoren beschränkten, kann inzwischen eine Debatte von 3/5 der Senatoren abgebrochen werden. Eine Änderung der Geschäftsordnung (und damit eine Abschaffung des Filibusters) könnte der Senat hingegen durch einfache Mehrheit von 51 Stimmen beschließen. Dazu ist es aus politischem Kalkül bisher aber nicht gekommen, da beide Parteien Nutzen aus dem Filibuster ziehen können. In der Praxis wird im Senat zwar oft mit einem Filibuster gedroht, wahrgenommen wird er jedoch selten.

Eine Gesetzesvorlage muss von Repräsentantenhaus und Senat mit identischem Wortlaut verabschiedet werden. Im Falle von Differenzen beider Versionen wird eine Art Vermittlungsausschuss, das *conference committee*, eingesetzt. Dieser Ausschuss, der von Mitgliedern beider Kammern besetzt wird, ist kein ständiges Gremium, sondern wird für strittige Gesetzesvorlagen jedes Mal neu berufen. Er darf sich nur mit den Unterschieden zwischen den Entwürfen befassen. Sobald eine Verständigung erzielt wurde, wird der Kompromisstext noch einmal in beiden Kammern zur Abstimmung vorgelegt. Erst dann wird die Gesetzesinitiative dem Präsidenten zur Unterschrift vorgelegt. Unterzeichnet der Präsident, tritt das Gesetz in Kraft. Unterzeichnet er nicht, wird das Gesetz nach zehn Tagen (Sonntage nicht mitgezählt) trotzdem wirksam – es sei denn, der Präsident legt ein Veto ein (s.o.). In diesem Fall muss jede Kammer den Entwurf mit zwei Dritteln der Stimmen verabschieden, um das Veto zu überstimmen.

Das finanzielle Bewilligungsrecht, die *power of the purse*, ist eine weitere zentrale Kompetenz des Kongresses. Obwohl der Kongress meistens dem Haushaltsentwurf des Budgetbüros des Präsidenten folgt, verfügt er doch über weit reichende Befugnisse im Bereich der Haushaltsgestaltung. Nur das Parlament kann den Haushalt des Bundes beschließen. Diese Kompetenz wurde von verschiedenen Präsidenten dadurch konterkariert, dass sie Gelder, die in den Haushalt eingestellt worden waren, um nach dem Willen des Kongresses bestimmte Programme zu finanzieren, stillschweigend nicht ausgegeben haben. Durch den *Budget and Impoundment Control Act* von 1974 wurde diese Praxis untersagt. Heute muss der Präsident den Kongress formell davon in Kenntnis setzen, wenn er bewilligte Gelder nicht ausgeben will; die Kongressabgeordneten können dann mit einfacher Mehrheit diese Absicht zunichte machen.

Ein weiterer Kompetenzbereich des Kongresses ist die Außenpolitik. So bedürfen nach der Verfassung alle von der Regierung ausgehandelten internationalen Verträge der Ratifizierung durch eine Zweidrittelmehrheit des Senats (*treaty power*). Die Vergangenheit hat allerdings gezeigt, dass die Exekutive diese Kompetenz des Senats oft umgeht, indem sie anstelle von völkerrechtlichen Verträgen (*treaties*) so genannte Regierungsabkommen (*executive agreements*) abschließt, die nicht der Zustimmung des Senats bedürfen. Der Kongress hat nach der Verfassung auch das Recht, „den Handel mit anderen Ländern zu regulieren", „Armeen aufzustellen und zu unterhalten", „Reglements für Führung und Dienst der Land- und Seestreitkräfte zu erlassen", „Einwanderungs- und Naturalisationsvorschriften zu fixieren", „Zölle zu erheben" und „Krieg zu erklären". Tatsächlich spielt der Senat für die Außenpolitik der USA eine so wichtige Rolle, dass bei internationalen Verhandlungen oft Senatoren einbezogen werden, z.B. die Vorsitzenden der betroffenen Ausschüsse.

Durch die verfassungsmäßige Verpflichtung, dass alle Personalstellen im Bundesdienst, sowohl für den Bereich der Innen- wie der Außenpolitik, nur mit Zustimmung des Senats besetzt werden dürfen, besitzt der Kongress breit ausgebaute Mitwirkungsrechte im Personalwesen der Exekutive. Jede Ernennung des Präsidenten – 4.000 zivile Posten pro Legislaturperiode sowie 65.000 beim Militär – muss vom Senat bestätigt werden. In der Praxis kümmert sich der Senat nicht um alle Ernennungen, sondern nur um die wichtigsten. Nach wie vor aber hat der Senat bei der Besetzung wichtiger Kabinettsposten sowie bei der Besetzung von Bundesrichterstellen ein wichtiges Mitspracherecht.

Die Kontrolle der Exekutive (*oversight*) zählt schließlich zu den bedeutendsten Kompetenzen des Kongresses. Dies geschieht mit den unterschiedlichsten Verfahren und Instrumenten. Mit dem *Impeachment*-Verfahren besitzt der Kongress die mächtigste Waffe gegenüber dem Präsidenten und „all civil officers", die damit – auf Antrag des Repräsentantenhauses und mit einer Zweidrittelmehrheit im Senat – aufgrund strafrechtlicher Verfehlungen von ihrem Amt entfernt werden können. Kontrolle kann aber auch im politischen Alltag ausgeübt werden, z.B. durch die Vorladung von Angehörigen der Exekutive zu Ausschüssen des Kongresses. Jeder Ausschuss oder Unterausschuss kann die Funktion eines Untersuchungsausschusses wahrnehmen und Mitglieder der Regierung öffentlich verhören. Auch die Einrichtung spezieller Untersuchungsausschüsse ist möglich. Diesen stehen – ähnlich Gerichten – Zwangsmittel zur Verfügung. Sie können nicht nur Zeugen vorladen und befragen, sondern die Auslieferung von Dokumenten und Akten der Exekutive verlangen und im Fall der Aussageverweigerung sogar die Bestrafung wegen Missachtung des

Kongresses beantragen. Lediglich der Präsident und sein Mitarbeiterstab im White House Office sind vor derartigen Anhörungen und Untersuchungen aufgrund des so genannten *executive privilege* geschützt.

Auch durch Gesetze kann das Handeln der Exekutive einer parlamentarischen Kontrolle unterzogen werden. Deren Wirksamkeit ist freilich oft zweifelhaft. So sollten z.B. mit dem *War Powers Act* von 1973 die Kompetenzen des Präsidenten im Zusammenhang mit kriegerischen Einsätzen der Streitkräfte eingeschränkt werden. Das Gesetz verlangt, dass der Präsident vor der Entsendung von Truppen ins Ausland im Rahmen einer Kampfhandlung in jedem Fall den Kongress schriftlich binnen 48 Stunden zu informieren hat. 60 Tage danach ist der Einsatz der Streitkräfte zu beenden, außer der Kongress hat den Krieg erklärt oder eine spezielle Ermächtigung verabschiedet oder der Kongress kann wegen eines Angriffs auf die Vereinigten Staaten nicht zusammentreten. Realistisch betrachtet, hat der *War Powers Act* jedoch eher symbolischen Charakter, denn eine wirkungsvolle Eingrenzung präsidialer Kompetenzen wird dadurch nicht gewährleistet. In Zeiten moderner Kriegsführung stellt die 60-Tage-Frist keine echte Beschränkung militärischer Aktionen mehr dar. Zudem bezweifelten nahezu alle Präsidenten die Verfassungsmäßigkeit des Gesetzes. So umgingen sie es regelmäßig dadurch, dass sie sich das Recht zum Einsatz des Militärs nicht durch eine Kriegserklärung, sondern durch eine zustimmende Resolution des Kongresses verschafften. So handhabte es auch George W. Bush, als er am 20. März 2003 Krieg gegen den Irak begann.

An diesem Beispiel werden die Grenzen der Kongressmacht deutlich. Zwar kann der Kongress aufgrund seiner Machtfülle zweifellos als mächtigstes Parlament der Welt bezeichnet werden, aber auch er unterliegt als Verfassungsorgan den *checks and balances* des amerikanischen Regierungssystems. So weist die Verfassung dem Präsidenten ein aufschiebendes Vetorecht gegen Gesetzesbeschlüsse des Kongresses zu, das nur durch Zweidrittelmehrheiten in beiden Parlamentskammern überstimmt werden kann. Dazu ist der Kongress nur selten in der Lage. Mit dem Supreme Court existiert ein weiterer Vetospieler, der mit dem Instrument der richterlichen Normenkontrolle (*judicial review*) legislative Entscheidungen ganz oder teilweise für verfassungswidrig erklären kann. Im föderalistischen System der USA wachen schließlich auch die Einzelstaaten und Kommunen stets nachdrücklich über die Einhaltung der ihnen zustehenden Rechte.

Und nicht zuletzt wirkt auch die Struktur des Kongresses selbst machtbeschränkend. Seine bikamerale Organisation, häufig unterschiedliche Mehrheiten in Senat und Repräsentantenhaus, die geringe Fraktionsdisziplin sowie die starke Orientierung der Parlamentarier auf ihre Wahlkreise verhindern, dass es zu einer Tyrannei der Legislative kommt. Mit Recht spricht der Politikwissenschaftler Roger Davidson von den „*two Congresses*": Der eine Kongress ist das kollektiv handelnde Parlament, das starke Kompetenzen besitzt und dem Präsidenten kontrollierend gegenübertritt; der andere Kongress besteht aus 535 Individuen mit ihren unterschiedlichen Biographien, Interessen und politischen Zielen (Davidson/Oleszek 2000).

7   Die öffentliche Verwaltung

Die Struktur der US-amerikanischen Bundesverwaltung ist durch extreme Fragmentierung gekennzeichnet (Shell 2004: 240). Dem Präsidenten untersteht das *Executive Office of the President*, dessen Personal den Regierungschef, nicht aber das Kabinett, unterstützt und berät. Neben den derzeit 15 Bundesministerien (*departments*) existieren fast 140 Bundes-behörden und Kommissionen (*federal agencies and commissions*). Dazu zählen Institutio-nen außerhalb der eigentlichen Regierungsorganisation wie der Auslandsgeheimdienst C.I.A. (*Central Intelligence Agency*) oder die Umweltschutzbehörde *Environmental Protec-tion Agency* (E.P.A.). Auch die Eisenbahnverwaltung (*Amtrak*) und das Postwesen (*U.S. Postal Service*) haben den Status solcher so genannten *independent agencies*. Eine andere große Gruppe von Bundesbehörden bilden die unabhängigen Regulierungsbehörden (*inde-pendent regulatory commissions*), die kritische Wirtschaftsbereiche wie Lebensmittel, Ver-kehr, Kommunikation oder Energie durch Kontrolle der Marktzulassung und der Tarife regulieren. Im Gegensatz zu den anderen Bundesbehörden werden die Regulierungskom-missionen (wie z.B. die *Food and Drug Administration FDA*, die *Federal Aviation Admi-nistration FAA* oder die *Federal Energy Regulatory Commission FERC*) nicht von einem meist durch den Präsidenten ernannten Direktor, sondern durch ein überparteiliches Gremi-um (*board*) geleitet.

Die Fragmentierung der Bundesverwaltung führt zu zahlreichen Problemen. Neben Kompetenzüberschneidungen und intransparenten Bürokratien werden seit langem vor allem Effizienzdefizite und hohe Kosten moniert. Seit der Präsidentschaft Franklin D. Roo-sevelts wurde deshalb mehrmals versucht, die Fragmentierung der Bundesverwaltung durch Reorganisationsmaßnahmen zu verringern. Solche Versuche scheiterten jedoch stets am Widerstand des Kongresses, betroffener Interessengruppen sowie der Behörden selbst. Erst nach den Terrorangriffen vom 11. September 2001 verabschiedete der Kongress auf Initia-tive von Präsident George W. Bush mit dem *Homeland Security Act* ein Gesetz, das 22 Regierungsbehörden, die in einem Zusammenhang mit der nationalen Sicherheit stehen (wie die Küstenwache und der *Secret Service*) in einem neuen Superministerium in Form des *Departments of Homeland Security* zusammenfasste.

Ein professionelles Berufsbeamtentum (*civil service*) bildet die personelle Basis der öffentlichen Verwaltung. Formale Test- und Auswahlverfahren sollen die Unabhängigkeit und Qualität der Berufsbeamten sicherstellen. Lediglich die Leitungsfunktionen in den obersten Bundesbehörden werden von politischen Beamten wahrgenommen, deren Amts-zeit in der Regel mit einem Wechsel der Administration endet.

8   Wahlsystem

Wahlen finden in den USA für fast alle Ämter an einem einzigen Tag statt, dem so genann-ten *Election Day*. Dies ist gemäß der Verfassung der Dienstag nach dem ersten Montag im November. Wahlberechtigt sind seit dem Inkrafttreten des 26. Zusatzartikels von 1971 alle Bürger der USA, die das 18. Lebensjahr vollendet haben. Das Wahlrecht kann nur derjeni-ge ausüben, der sich rechtzeitig vorher in die Wählerlisten eines Staates eintragen lässt (Ausnahme: North Dakota). Eine automatische Wählerregistrierung gibt es nicht. Da die Art der Registrierung nicht bundesweit standardisiert ist, sind in republikanisch regierten Staaten die Anforderungen der Wählerregistrierung relativ hoch, in von den Demokraten regierten Staaten eher niedrig. Die republikanische Partei rechtfertigt dies mit dem Schutz vor Wahlbetrug, während die Demokraten eine Diskriminierung ärmerer und formal weni-ger gebildeter Wähler befürchten. Das Wahlrecht kann eingeschränkt oder aberkannt wer-den. So ist es in vielen Einzelstaaten die Regel, Häftlingen sowie ehemaligen Strafgefangenen das aktive und passive Wahlrecht abzuerkennen. Dies führt ebenfalls zu überproportionalen Wahlrechtsverlusten in schwächeren sozialen Schichten.

Die Form der Stimmabgabe ist je nach Einzelstaat unterschiedlich geregelt. Fünf Methoden sind verbreitet: Im Lochkartensystem (*punch card*) werden mit einer Maschine oder Nadel Markierungen in den Stimmzetteln gestanzt; im Hebelsystem (*lever*) muss für den bevorzugten Kandidaten der seinem Namen nächstgelegene Hebel einer Maschine bewegt werden; im elektronischen System (*electronic*) wird der Kandidat durch Drücken eines Knopfes oder Berühren eines Bildschirms (*touchscreen-Verfahren*) gewählt; im optischen System (*optical*) wird für den Kandidaten ein Kreis ausgefüllt, die Auswertung erfolgt computerisiert; Im klassischen Stimmzettelsystem (*paper ballot*) schließlich wird durch eine Markierung beim Namen des Kandidaten gewählt. Aufgrund der Erfahrungen in der Präsidentschaftswahl von 2000, in der die technischen Mängel des im Staat Florida praktizierten Lochkartensystems sichtbar wurden, beschloss der Kongress im Jahr 2002 den *Help America Vote Act*, der alle Bundesstaaten zur Einführung bestimmter Wahlrechtsstandards – wie eine einheitliche Registrierung, Ausweispflicht bei der Stimmabgabe und eine zuverlässige Wahlmethode – aufforderte. Die Wahlbeteiligung in den USA ist, im internationalen Vergleich betrachtet, sehr gering. Bei den Präsidentschaftswahlen beträgt sie seit den 1970er Jahren durchschnittlich rund 50 Prozent.

Die Wahl des Präsidenten wird in Art. II Sec. 1 der US-Verfassung und einer Reihe von Zusatzartikeln geregelt. Danach müssen Kandidaten für das Präsidentenamt (ebenso wie für das Amt des Vizepräsidenten) gebürtige US-Amerikaner und mindestens 35 Jahre alt sein. Ferner müssen sie seit mindestens 14 Jahren ihren Wohnsitz in den Vereinigten Staaten haben. Die Amtszeit beträgt vier Jahre; seit 1951 schreibt der 22. Zusatzartikel vor, dass keine Person mehr als zwei Mal zum Präsidenten gewählt werden darf. Zusammen mit dem Präsidenten wird ein Vizepräsident gewählt. Scheidet der Präsident durch Tod, Rücktritt, Amtsenthebung oder Amtsunfähigkeit vorzeitig aus dem Amt aus, so wird der Vizepräsident zum Präsidenten ernannt.

Das Verfahren der Kandidatenaufstellung für das Präsidentenamt hat sich erheblich gewandelt. In der frühen Republik wurden die Präsidentschaftskandidaten von den Kongressfraktionen nominiert. Später ging dieses Recht auf die nationalen Konvente (*conventions*) der politischen Parteien über. Zu Beginn des 20. Jahrhunderts führten einige Einzelstaaten schließlich Vorwahlen (*primaries*) ein, um das Wahlverfahren zu demokratisieren. Mittlerweile bedient sich die Mehrheit der amerikanischen Einzelstaaten dieses Verfahrens – nicht nur bei der Kandidatenaufstellung für das Präsidentenamt, sondern auch für andere öffentliche Ämter wie Senatoren und Gouverneure. Es gibt verschiedene Arten von Vorwahlen: Geschlossene Vorwahlen (*closed primaries*), in denen die Wähler den Kandidaten nur derjenigen Partei bestimmen, für die sie sich als Mitglieder registrieren ließen. Andere Einzelstaaten führen offene Vorwahlen (*open primaries*) durch, in denen die Wahlberechtigten bei der Kandidatenauswahl beider Parteien mitwirken dürfen. Die Sieger der Vorwahlen haben große Chancen, tatsächlich als Kandidaten ihrer Partei im Präsidentschaftswahlkampf aufgestellt zu werden. Die endgültige Entscheidung fällt allerdings nach wie vor auf den demokratischen und republikanischen Parteikonventen, die im Sommer eines Präsidentschaftswahljahres zusammentreten.

Die eigentliche Wahl des Präsidenten erfolgt in einem indirekten Wahlverfahren durch Wahlmänner (*electors*). In jedem Einzelstaat werden von der Wahlbevölkerung so viele Wahlmänner gewählt, wie der Staat Vertreter in den Kongress entsendet, mindestens also

drei (zwei Senatoren und mindestens einen Repräsentanten). Zusammen sind es 538 Wahlmänner, 100 (für die Senatoren), 435 (für die Mitglieder des Repräsentantenhauses) und
drei Wahlmänner für den District of Columbia. Die Wahlmänner kommen nicht zu einer
bundesweiten Abstimmung zusammen, sondern stimmen jeweils in den Hauptstädten der
Einzelstaaten ab. Sie geben dabei für eines der möglichen aus Präsidentschaftskandidat und
Vizepräsidentschaftskandidat bestehenden *tickets* ihr Votum ab. Nach dem Prinzip „*the
winner takes all*" werden sämtliche Wahlmännerstimmen eines Staates für das Präsident-
schaftsticket verrechnet, das die Mehrheit der Stimmen in diesem Staat erhalten hat. Selbst
wenn die Wahlmänner eines Einzelstaates gerade einmal mit 51 Prozent für einen Kandidaten gestimmt haben, werden also bei der bundesweiten Auszählung 100 Prozent der Wahlmännerstimmen des Staates für diesen Kandidaten angerechnet[2]. Für jeden Kandidaten ist
es deshalb wichtig, diejenigen Staaten zu gewinnen, die viele Wahlmänner stellen, so Kalifornien mit 54, Texas mit 32, New York mit 33 oder Illinois mit 22. Die Wahlmänner wählen dann im Dezember des Wahljahres offiziell den neuen Präsidenten, wozu die absolute
Mehrheit der Stimmen, also 270, erforderlich sind. Sollte kein Kandidat die absolute Mehrheit der Wahlmännerstimmen erhalten, wählt das Repräsentantenhaus den Präsidenten und
der Senat den Vizepräsidenten.

Die Wahlmänner tragen ein Parteietikett, werden mithin als Republikaner oder Demokraten vom Volk gewählt und sind faktisch verpflichtet, den vom Nationalkonvent ihrer
Partei bestimmten Präsidentschaftskandidaten zu bestätigen. Einige Einzelstaaten haben
dies sogar verfassungsrechtlich festgelegt. Da die Stimmabgabe geheim erfolgt, kommt es
jedoch immer wieder vor, dass einzelne Wahlmänner entgegen ihrem Wählerauftrag stimmen. Allerdings war ein solcher *faithless elector* bislang noch nie entscheidend für das
Wahlergebnis. Aufgrund des *the winner takes all*-Prinzips kann es jedoch eintreten, dass
ein Kandidat zwar in der Volkswahl mehr Stimmen erhält als sein Kontrahent, bei den
Wahlmännerstimmen jedoch das Nachsehen hat. So konnte George W. Bush im Jahr 2000
die Präsidentschaftswahlen gewinnen, obwohl er bundesweit über eine halbe Million
Stimmen weniger als sein Gegenkandidat Al Gore hatte.

In den *Federalist Papers* No. 68 hat Alexander Hamilton die Motive der Gründerväter
zur Einführung des Wahlmännerkollegiums beschrieben: Das Staatsoberhaupt sollte nicht
von der launenhaften Masse das Volkes, sondern von erfahrenen und umsichtigen Männern
im überschaubaren Bereich der Einzelstaaten ausgewählt werden. Es war also vor allem die
Skepsis gegenüber der politischen Urteilsfähigkeit des Volkes, die 1787 zu diesem kompli-
zierten Wahlverfahren führte. Kritiker fordern deshalb seit langem, das Wahlmännerkolle-
gium zu reformieren oder ganz abzuschaffen und die direkte Volkswahl der Präsidenten
einzuführen. Zu keiner Angelegenheit wurden mehr Anträge zur Änderung der Verfassung
eingebracht – mehr als 700 in den vergangenen 200 Jahren. Bislang hat der Kongress eine
Reform des Wahlverfahrens jedoch stets abgelehnt.

Die Wahlen zum Senat und zum Repräsentantenhaus unterliegen unterschiedlichen
rechtlichen Regelungen. Der 17. Zusatzartikel der Verfassung bestimmt, dass die Senatoren
vom Volk ihrer jeweiligen Staaten gewählt werden. Er wurde 1913 verabschiedet und zum
ersten Mal bei der Wahl im Jahr 1914 angewendet. Bis dahin wurden Senatoren nach Artikel 1 Abschnitt 3 der Verfassung von der Legislative ihres Staates gewählt. Die nähere
Festlegung des Wahlrechts zum Senat liegt beim jeweiligen Bundesstaat. Die meisten Staaten praktizieren die relative Mehrheitswahl, in Louisiana und Georgia kann gemäß dem

---

[2] Nebraska und Maine sind die einzigen Staaten, in denen nicht das Prinzip „the winner takes all" gilt.

absoluten Mehrheitswahlrecht eine Stichwahl der zwei stimmenstärksten Bewerber notwendig werden. Aktiv wahlberechtigt ist jeder US-Bürger, der das 18. Lebensjahr vollendet hat und seinen Hauptwohnsitz in einem der 50 Bundesstaaten hat. Bewohner von Washington D.C., Puerto Rico, etc. sind demnach nicht wahlberechtigt. Als Senatoren wählbar sind alle Amerikaner, die das 30. Lebensjahr vollendet haben und seit mindestens 9 Jahren US-Bürger sind.

Die Abgeordneten des Repräsentantenhauses werden nach dem Prinzip der relativen Mehrheitswahl in Einerwahlkreisen gewählt. Der Kongress legt die Gesamtzahl der Sitze fest, seit 1911 liegt sie bei 435. Die Legislaturperiode beträgt zwei Jahre, und beginnt gemäß dem 20. Zusatzartikel der Verfassung jeweils am 3. Januar nach der Wahl. Wählbar sind alle Amerikaner, die mindestens 25 Jahre alt und seit mindestens sieben Jahren US-Bürger sind. Gewählt wird in 435 Einerwahlkreisen, die von den Parlamenten der Bundesstaaten nach den alle zehn Jahre stattfindenden Volkszählungen festgelegt werden. Bei der Wahlkreiseinteilung (*reapportionment*) muss der Grundsatz der Wahlgleichheit eingehalten werden. Zurzeit repräsentiert ein Angeordneter etwa 600.000 Menschen in seinem Wahlkreis. Der Supreme Court hat im Fall *Wesberry v. Sanders* festgestellt, dass grobe Unterschiede in der Zahl der Wähler zwischen Wahlkreisen im gleichen Bundesstaat verfassungswidrig sind. Außerdem verbietet der *Voting Rights Act* des Jahres 1965, dass Wahlkreise in einer Weise gezogen werden, die ethnische Minderheiten benachteiligt.

Trotz dieser Regelungen werden Wahlkreise nicht selten willkürlich gezogen, ohne auf Geographie oder politische Gliederung zu achten. Dadurch können Parteien erreichen, dass ihre Anhänger konzentriert in einem Wahlkreis wählen oder die Anhänger der Gegenpartei auf mehrere Wahlkreise verteilen. Diese Praxis wird nach dem ehemaligen Gouverneur von Massachusetts Elbridge Gerry als *Gerrymandering* bezeichnet. Solange dabei keine ethnischen Minderheiten benachteiligt werden, ist die politisch motivierte Manipulation der Wahlkreisgrenzen nicht verboten und wird in vielen Staaten praktiziert. Ein Ergebnis ist, dass bei den Wahlen zum Repräsentantenhaus über 90 Prozent der Sitze fest in der Hand der einen oder anderen Partei sind.

9 Die Parteien

Die USA gelten als Geburtsstätte des modernen Parteiwesens (Wasser/Eilfort 2004: 319). Die Gründerväter der Vereinigten Staaten waren politischen Parteien aus Furcht vor Spaltungstendenzen noch äußerst skeptisch gegenübergestanden. George Washington warnte 1796 in seiner Abschiedsbotschaft vor den Gefahren durch Parteiungen („*factions*"). Doch schon kurze Zeit nach dem gemeinsamen Kampf der Revolutionäre gegen die britische Kolonialmacht kristallisierten sich in der Verfassungsdiskussion von 1787/89 zwei politische Lager heraus: die Befürworter einer starken Zentralregierung (*Federalists*) und deren Gegner (*Anti-Federalists*). Herausragende Persönlichkeiten auf der Seite der Föderalisten waren Alexander Hamilton und George Washington, auf der Seite der Anti-Föderalisten vor allem Thomas Jefferson.

Nachdem Jefferson 1801 als erster *Anti-Federalist* zum Präsidenten gewählt worden war, verloren die *Federalists* an Bedeutung, bis sie völlig von der politischen Bildfläche verschwanden. Um 1816 waren die *Anti-Federalists*, die sich jetzt *Republicans* nannten, die einzige Partei.

Die konservativeren Vorstellungen der *Federalists* gingen jedoch nicht verloren. Nach und nach spaltete sich von den *Republicans* ein konservativerer Flügel ab, der sich zunächst „*Whigs*", später „*National Republicans*" nannte. Zur Unterscheidung bezeichneten sich die Anhänger des progressiveren Flügels als „*Democratic Republicans*". Diese Ausdifferenzierung fiel in das Zeitalter der „*Jacksonian Democracy*", in der das Wahlrecht ausgedehnt worden war. Die Sklavenfrage wurde in der Mitte des 19. Jahrhunderts entscheidend für die endgültige Ausdifferenzierung der amerikanischen Parteien. Im Jahr 1850 gründete Abraham Lincoln aus den Reihen der „*National Republicans*" die „*Republican Party*". Die andere Seite nannte sich künftig „*Democrats*". Diese Bezeichnungen existieren bis heute.

Die US-amerikanischen Parteien haben in erster Linie die Funktion der Herrschaftsbestellung und der Rekrutierung für politische Ämter. Weltanschauliche oder soziologische Konstitutionsprinzipien spielten in den USA bei der Formatierung der Parteien kaum eine Rolle. Das weitgehende Fehlen religiöser und soziokultureller Konfliktlinien (*cleavages*) begünstigte stattdessen die Herausbildung eines Zweiparteiensystems, dessen Pole nicht allzu weit voneinander entfernt sind. Zwar haben beide Parteien im Laufe der Geschichte der USA jeweils unterschiedliche historische Mythen und damit verbundene programmatische Schwerpunkte entwickelt. So sehen sich die Demokraten gern als Partei der Demokratisierung, der Gleichheit und des gesellschaftlichen Fortschritts. Die Republikaner verstehen sich hingegen eher als Partei der Freiheit, des Individualismus und traditioneller Werte wie Familie und Pioniergeist. Tiefe ideologische Gräben trennen Republikaner und Demokraten jedoch nicht.

Mehrmals in der Geschichte der USA vollzogen sich zudem Machtverschiebungen (*realignments*) im etablierten Parteiengefüge, wenn etwa neue Streitfragen (*issues*) zu sozialen Spannungen führten und in der Folge traditionelle Parteiprogramme und -gefolgschaften veränderten. Dies galt etwa für die Spaltung zwischen Nord und Süd im Zeichen der Sklavenfrage und des Bürgerkrieges. Hatten bis in die 1850er Jahre hinein die Demokraten die Politik im Lande dominiert, so gerieten sie am Ende des Bürgerkriegs als „Partei des Südens" in eine Minderheitsposition. So konnten sie zwischen 1868 und 1928 nur vier Präsidentenwahlen gewinnen, während die Republikaner zwölfmal als Sieger hervorgingen.

Ende der 1920er Jahre verursachte dann die große Wirtschaftskrise ein neues *realignment*. Der demokratische Präsidentschaftskandidat Franklin D. Roosevelt plädierte für eine aktive Rolle des Staates in der Wirtschaft und kündigte mit der Politik des „*New Deal*" ein umfangreiches Arbeitsbeschaffungsprogramm und sozialpolitische Maßnahmen an. Damit zog er neue Wählerschichten – Industriearbeiter, kleine Gewerbetreibende, Schwarze, Katholiken, ethnische Minderheiten – auf die Seite der Demokraten, die zuvor zum Wählerpotential der Republikaner gehört hatten. Zusammen mit den traditionell demokratisch wählenden Südstaaten sicherte diese *New-Deal-Coalition* den Demokraten eine mehrheitsfähige Machtbasis, die jahrzehntelang existierte und sich erst in den 1970er Jahren aufzulösen begann.

Ob danach die Vorherrschaft der Demokraten von einer Dominanz der Republikaner abgelöst wurde (erneutes *realignment*) oder eine generelle Auflösung traditioneller Parteibindungen stattgefunden hat (*dealignment*), ist unter Politikwissenschaftlern umstritten. Zwar ist es den Republikanern seit den 1980er Jahren gelungen, neue Wählerschichten wie weiße Südstaatler, Katholiken und die religiöse Rechte zu gewinnen; auch stellte die G.O.P. (*Grand Old Party*) mit Ronald Reagan, George H. W. Bush und George W. Bush seit 1980 insgesamt 20 Jahre lang den Präsidenten. Aber von einem dauerhaften politischen Umschwung zu Gunsten der Republikaner konnte angesichts längerer Perioden von *divided government* (unterschiedlicher parteipolitischer Mehrheiten im Präsidentenamt und im Kongress) nicht die Rede sein. Zuletzt verlor George W. Bush, der seit dem Beginn seiner Amtszeit über eine republikanische Mehrheit im Kongress verfügt hatte, im Herbst 2006 die Mehrheiten in beiden Häusern des Parlaments.

Dritte Parteien und unabhängige Kandidaten treten in den USA zwar von Zeit zu Zeit auf, haben es aber schwer, sich langfristig auf dem Wählermarkt zu etablieren. Das System der Vorwahlen begünstigt im Prinzip zwar Wahlerfolge unabhängiger Kandidaten, da die Kandidatenaufstellung kein Monopol der beiden großen Parteien darstellt. So konnte der texanische Milliardär Ross Perot bei den Präsidentschaftswahlen 1992 als Unabhängiger 18,9 Prozent der Wählerstimmen gewinnen. Er band viele republikanische Wähler an sich und trug so zur Niederlage des um seine Wiederwahl kämpfenden republikanischen Präsidenten George H. W. Bush bei. Langfristig jedoch haben dritte Parteien und unabhängige Kandidaten Nachteile. Das geltende Mehrheitswahlrecht begünstigt die großen Parteien, und auch das Einwerben von Wahlkampfspenden fällt den etablierten Parteien mit ihren gefestigten Strukturen und ihrer Vielzahl an Aktivisten weitaus leichter. Zudem werden die von Unabhängigen und dritten Parteien artikulierten politischen Themen später vielfach von den beiden großen Parteien übernommen und damit Wählerschichten absorbiert.

Die Parteistrukturen von Demokraten und Republikanern sind dezentral und föderalistisch. Ihre Kristallisationskerne bilden nach wie vor eine lokale Parteibasis und die Bezirksebene (*county*) sowie das Parteiwesen der Einzelstaaten. Jede dieser Parteiebenen, die sich jeweils in *committees* organisieren, achtet auf den Bestand ihrer Autonomie. Auf einzelstaatlicher Ebene koordiniert die Partei vor allem den Wahlkampf im Rahmen von Kongresswahlen, entwirft die politische Gesamtkonzeption der Partei im Staat und treibt Geld zur Finanzierung ein. Demgegenüber ist die nationale Parteiebene von geringerer Bedeutung. Hier existieren bei beiden Parteien drei zentrale Organe: Der Parteivorsitzende (*national chairman*), in der Regel vom jeweiligen Präsidentschaftskandidaten der Partei im Einvernehmen mit dem Parteivorstand ernannt, soll die Parteiarbeit auf Bundesebene koordinieren, Medienarbeit betreiben, Kontakte zu den Einzelstaatsstrukturen halten und Wahlen auf nationaler Ebene vorbereiten. Er wird dabei von dem selten tagenden Parteivorstand (*national committee*) unterstützt, der Delegierte aller fünfzig Einzelstaaten umfasst. Der Parteitag (*national convention*) tritt alle vier Jahre vor den Präsidentschaftswahlen zusammen und besteht ebenfalls aus einzelstaatlichen Delegierten. Er nominiert den Kandidaten für die Ämter des Präsidenten und Vizepräsidenten und verabschiedet das Parteiprogramm (*party platform*) sowie die Parteistatuten. Diese nationalen Parteiorgane bilden jedoch nicht die Spitze einer Hierarchie, die den einzelstaatlichen und kommunalen Parteistrukturen Weisungen erteilen könnte.

Der rechtliche Rahmen des US-amerikanischen Parteiwesens (wie Grundsätze der Kandidatenaufstellung und innerparteilicher Demokratie) wird im Wesentlichen von Gesetzen der Einzelstaaten gebildet. Der schwierige Bereich der Parteienfinanzierung wird hingegen vorwiegend von Bundesvorschriften reglementiert. In den USA gelten detaillierte Verbots- und Offenlegungsregeln für finanzielle Zuwendungen an Parteien, Kandidaten und politische Organisationen. Nur die Kandidaten von Präsidentschaftswahlen werden durch öffentliche Gelder bezuschusst. Die direkte Finanzierung der Kandidaten durch einzelne Bürger, Gruppen oder durch ihre Partei ist bei allen nationalen Wahlen begrenzt. So kann ein Bürger nach dem seit 2002 geltenden Wahlkampffinanzierungsgesetz (*Bipartisan*

Campaign Reform Act, BCRA) pro Wahl bzw. pro Vorwahl 2.000 Dollar an einen bestimmten Kandidaten spenden; für Spenden an die nationalen Parteiorganisationen gilt eine Obergrenze von 25.000 Dollar pro Jahr. Direkte Zahlungen von Wahlkampfgeldern an Kandidaten durch Aktiengesellschaften oder Gewerkschaften sind in den USA verboten. Über so genannte *Political Action Committees* (*PACs*) können Interessengruppen aber den Kandidaten indirekt bis zu 5.000 Dollar pro Vor- und pro Hauptwahl sowie den nationalen Parteiorganisationen bis zu 15.000 Dollar pro Jahr spenden

Seit 1974 wacht eine unabhängige Bundeswahlkommission (*Federal Election Committee, FEC*) über die Einhaltung der Wahlkampffinanzierungsgesetze. Die FEC besteht aus sechs Mitgliedern (je drei von Republikanern und Demokraten), die vom Präsidenten bestimmt und vom Senat bestätigt werden. Jede Spende über zehn Dollar muss der FEC angezeigt werden. Spenden von über 200 Dollar müssen darüber hinaus Namen, Adresse und Beruf des Spenders ausweisen. Außerdem müssen die Kandidaten der FEC sämtliche Wahlkampfausgaben offen legen.

Ihr eigentliches Ziel allerdings – die Begrenzung der Wahlkampfausgaben – konnten weder die Wahlkampffinanzierungsgesetze noch die FEC nicht erreichen (Hübner 2001: 91 ff.). In den 1980er und 1990er Jahren wurden die gesetzlichen Bestimmungen zunehmend durch „*soft money*", also Spenden an politische Parteien, die formal nur für die Stärkung der Parteiorganisation verwendet werden durften, unterlaufen. Da dieses Geld nicht der Aufsicht der FEC unterlag, konnten Kandidaten ihren Wahlkampf damit indirekt finanzieren lassen. Seit der Verabschiedung des BCRE im Jahr 2002 darf *soft money* nun nur noch den regionalen und lokalen Parteiorganisationen zufließen. Doch auch diese Reform hat nur eine begrenzte Reichweite; viele mit *soft money* finanzierte Aktivitäten wurden bei den Präsidentschaftswahlen des Jahres 2004 von so genannten „*527 groups*" übernommen, die z.B. zahlreiche „*issue ads*" (themenbezogene Zeitungsannoncen) zu Gunsten eines bestimmten Kandidaten veröffentlichten.

10 Militär

Die Streitkräfte der USA bestehen aus etwa 1,4 Millionen Soldaten. Mit allen Abteilungen der Reserve ergibt ihre Friedensstärke knapp 2 Millionen Mann. Das Militär besteht aus den fünf Teilstreitkräften Heer (*United States Army,* 500.000 Soldaten), Marineinfanterie (*United States Marine Corps,* 180.000 Soldaten), Marine (*United States Navy,* 375.000 Soldaten), Luftwaffe (*United States Air Force,* 360.000 Soldaten) und Küstenwache (*United States Coast Guard,* 40.000 Soldaten). Die Nationalgarde (*National Guard*) ist keine Teilstreitkraft, sondern eine Reservetruppe, die jeder amerikanische Bundesstaat, jedes Territorium sowie der District of Columbia unterhält. Sie besteht aus freiwillig Dienst leistenden Milizsoldaten. Seit 1973 setzen sich die US-Streitkräfte aus männlichen und weiblichen Freiwilligen zusammen. Die jährlichen Ausgaben für die Unterhaltung der Streitkräfte belaufen sich auf ungefähr 400 Milliarden US-Dollar, was einem Anteil von ca. 3,7 Prozent am Bruttosozialprodukt der USA entspricht.

Die USA unterhalten zurzeit rund 700 Militärbasen in 132 Ländern der Welt. Die größten Truppenkontingente sind in Deutschland (69.395), Südkorea (32.744), Japan (35.307), Italien (12258) und Großbritannien (11.093) stationiert. Mitte 2006 waren rund

150.000 US-Soldaten im Nahen und Mittleren Osten eingesetzt, die meisten im Rahmen der Operationen *Enduring Freedom* in Afghanistan sowie *Iraqi Freedom* im Irak.

Gemäß der Verfassung ist der Präsident der Oberbefehlshaber der US-Streitkräfte. Der Nationale Sicherheitsrat berät den Präsidenten in allen militärischen Angelegenheiten. Der Präsident wird in der Führung der US-Streitkräfte durch den Verteidigungsminister unterstützt. Beide werden in Fragen der Verteidigung und der Nationalen Sicherheit vom Vereinigten Generalstab (*Joint Chiefs of Staff*) beraten.

Die Streitkräfte der USA bilden gegenwärtig (2007) die schlagkräftigste und international einflussreichste Militärmacht der Welt. Die Vereinigten Staaten sind die einzige Atommacht auf dem amerikanischen Kontinent. Als einzige Nation sind sie kurzfristig in der Lage, einen größeren regionalen Krieg außerhalb der Heimat auf einem anderen Kontinent zu führen.

11 Interessenverbände

Die Vereinigten Staaten gelten als das Land der Interessenverbände schlechthin (Lösche 2004: 353). Schätzungen gehen davon aus, dass es auf Bundesebene mehr als 24.000 solcher Organisationen gibt. Werden ihre regionalen und lokalen Untergliederungen und die nur in den Einzelstaaten aktiven Organisationen hinzugerechnet, dürften es rund 200.000 sein. Die Zahl der Verbände ist seit der zweiten Hälfte des 20. Jahrhunderts kontinuierlich gewachsen. Insbesondere in den Bereichen Gesundheit, Soziales, Kultur, Freizeit, Wissenschaft und Umwelt entstanden zahlreiche neue Verbände. Vor allem solche Interessengruppen, die Bürgerinteressen artikulieren, erhalten noch immer großen Zulauf. Die US-amerikanische Verbändelandschaft wurde dadurch vielfältiger, aber auch widersprüchlicher (Sebaldt 2001).

Starke national agierende Interessenverbände gibt es nur wenige. Es gibt in den USA z.B. keine Unternehmensverbände, die etwa dem Bundesverband der Deutschen Industrie (BDI) vergleichbar wären. Die Großkonzerne nehmen ihre Interessen vielmehr selbst in die Hand und vertreten sie nach außen. Die meisten Verbände sind daher dezentral strukturiert, regional und lokal verwurzelt und entsprechend ihrer unterschiedlichen Interessen spezialisiert und aufgesplittert. Anhand ihrer Ziele lassen sie sich grob in ökonomisch und nicht ökonomisch orientierte Interessenverbände einteilen.

Zu den traditionellen Gruppen mit ökonomischer Orientierung gehören vor allem die Wirtschafts- und Unternehmensverbände, die Gewerkschaften, die Agrarorganisationen sowie die Standes- und Berufsverbände. Die wichtigsten Unternehmerdachverbände sind die *US Chamber of Commerce* und die National Association of Manufacturers (NAM). Beide sind dezentral organisiert. So gehören der US Chamber 3.000 lokale, regionale und einzelstaatliche Chambers, 800 *Trade Associations* und drei Millionen Einzelunternehmen an. Einheitlicher ist die Mitgliederstruktur der NAM, da hier nur 14.000 kleinere und mittlere Unternehmen des produzierenden Gewerbes und 350 Unternehmensverbände zusammengeschlossen sind, die sich alle fast ausschließlich am Binnenmarkt orientieren.

Auch die Gewerkschaften in den USA sind locker organisiert, föderal und dezentral aufgebaut. Der nationale Gewerkschaftsbund, die *American Federation of Labor/Congress of Industrial Organizations* (AFL/CIO) stellt eine lockere Föderation von rund 64 Einzelgewerkschaften dar. Der Anteil gewerkschaftlich Organisierter an der Gesamtzahl der Arbeitnehmer ging in den vergangenen fünf Jahrzehnten dramatisch zurück. Er betrug 1960 31,4 Prozent, 2002 hingegen nur noch 13,2 Prozent. Die Rolle der nationalen Gewerkschaften wurde zugleich immer schwächer. Tarifverträge werden in der Regel nicht zentral abgeschlossen, sondern von Betriebsgewerkschaften, die mit einzelnen Unternehmen oder lokalen Unternehmerverbänden verhandeln. Einige Gewerkschaften existierten überhaupt nur auf Betriebsebene.

Zwei große Verbände vertreten die Agrarinteressen: Die *American Farm Bureau Federation* und die *National Farmers' Union*. Die beiden Farmerverbände haben jedoch stark an Bedeutung verloren, weil der Anteil der Landwirtschaft an der Gesamtwirtschaft mittlerweile nur noch eine kleine Rolle spielt.

Standes- und Berufsverbände gehören zu den erfolgreichsten Interessengruppen. Zu den bedeutendsten gehören die Verbände der Ärzte (*American Medical Association*), der Rechtsanwälte (*American Bar Association*) und der Lehrer (*National Education Association*). Ihre homogene Mitgliedschaft und ein hoher Organisationsgrad erleichtern ihnen eine effektive Interessenvertretung. So konnte sich z.B. die *American Medical Association* seit Jahrzehnten erfolgreich gegen eine weitere staatliche Regulierung des Gesundheitswesens und die Einführung einer Allgemeinen Krankenversicherung wehren.

Die nicht ökonomisch orientierten Interessengruppen lassen sich in vier Subtypen unterteilen. Als *Single-Interest-Groups* werden Verbände bezeichnet, die ein spezifisches, eng begrenztes Interesse vertreten. Zu diesem Typus gehören die unterschiedlichsten Vereinigungen. Ein bekanntes Beispiel ist die *National Rifle Association* (NRA), ein Zusammenschluss von Schieß- und Jagdklubs mit fast drei Millionen Mitgliedern. Ursprüngliches Ziel der NRA war es, das verfassungsmäßige Recht eines jeden US-Amerikaners Waffen zu tragen, nicht einschränken zu lassen. Heute ist die NRA darüber hinaus allerdings eine konservative, die Republikaner unterstützende Organisation.

Public Interest Groups sind Verbände, die kein wirtschaftliches Eigeninteresse verfolgen, sondern sich dem Gemeinwohl verpflichtet fühlen. Eine der ersten war die 1970 entstandene *Common Cause,* die ursprünglich als Bürgerinitiative gegen den Vietnamkrieg gegründet wurde. Sie hat heute runde 300.000 Mitglieder und versteht sich als überparteiliche Vertretung von Bürgerinteressen.

Verbände, die mit bestimmten politischen Richtungen in Verbindung stehen, gelten als *ideelle Interessenverbände*. Ihre Zahl ist seit den frühen 1970er Jahren mit der Friedens-, der Frauen- und der Ökologiebewegung und mit der konservativen Gegenbewegung erheblich gestiegen. Zu diesen Gruppen gehören z.B. das *National Conservative Political Action Committee*, die *American Conservative Union* und *People for the American Way.*

Intergovernmental Lobbying Organizations schließlich sind Organisationen, die für die Interessen der Einzelstaaten und Kommunen eintreten. Beispiele sind die *National Governors' Association* als Verband der Gouverneure sowie die *United States Conference of Mayors* als Interessenvertretung der Bürgermeister der großen Städte.

Durch verschiedene Maßnahmen wird versucht, das Wirken der Interessenverbände und ihres politischen Arms, der Lobbygruppen, zu reglementieren und zu kontrollieren. Seit 1996 gilt ein neues Lobbyistengesetz, der *Lobbying Disclosure Act*, der z.B. die Offenlegung informeller Kontakte zwischen Lobbyisten und Entscheidungsträgern in Legislative und Exekutive verlangt. Darüber hinaus werden Interessenverbände z.B. durch offizielle Anhörungen (*hearings*) formell in den parlamentarischen Entscheidungsfindungsprozess eingebunden. Zudem müssen sich alle Lobbyisten registrieren lassen und dem Kongress halbjährlich einen Rechenschaftsbericht vorlegen, der ihre Auftraggeber, den Auftrag und das Honorar benennt. Solche gesetzlichen Regelungen haben freilich nur eine begrenzte Reichweite.

12 Massenmedien

Der erste Zusatzartikel zur Verfassung bestimmt: „Der Kongress darf kein Gesetz erlassen (...), das die Rede- oder Pressefreiheit einschränkt". Diese Regelung gilt, auch aufgrund der Rechtsprechung des *Supreme Courts*, als eine der Kernbestandteile der US-amerikanischen Demokratie. Zwar hat es in der Geschichte der USA immer wieder Versuche gegeben, die Pressefreiheit zu beschneiden – nicht zuletzt nach den Terrorangriffen des 11. September 2001 –, die Bundesgerichte konnten bislang jedoch alle Tendenzen zur Begrenzung der Informations- und Meinungsfreiheit immer wieder abwehren.

Seitdem im Jahr 1690 die erste Zeitung in Boston veröffentlicht wurde, haben sich die Medien rasch im ganzen Land verbreitet. Der Aufstieg des kommerziellen Hörfunks zu Beginn des 20. Jahrhunderts beendete die Monopolstellung der Printmedien. Das Fernsehen fand kurz nach dem Zweiten Weltkrieg Verbreitung. Seit den 1980er Jahren ermöglichte es die Satellitentechnologie den US-Fernsehsendern ein weltweites Publikum zu erreichen. Interaktive Medien, vor allem das Internet, stellen den vorherrschenden Trend zu Beginn des 21. Jahrhunderts dar.

Sowohl die Print- als auch die elektronischen Medien spielen eine wichtige Rolle in der US-amerikanischen Gesellschaft. 98% aller Haushalte besitzen wenigstens einen Fernseher; 84% hören regelmäßig Radio; 79% lesen Zeitung. Etwa 45% der gesamten US-amerikanischen Bevölkerung haben Zugang zum Internet.

Von einigen wenigen gemeinnützigen Organisationen abgesehen, verfolgen die meisten Medienorgane kommerzielle Interessen. Die Medien- und Kommunikationsbranche ist einer der größten Wirtschaftszweige in den USA. Im Jahr 2000 gaben US-amerikanische Konsumenten von Informations- und Unterhaltungsmedien pro Kopf 675 US-Dollar aus. Eine problematische Entwicklung stellt dabei die zunehmende Konzentration im Medien- und Pressewesen dar. Die so genannten „*chain-newspapers*", verschiedene Blätter unter einem Verlagsdach, wurden ein kennzeichnendes Merkmal der Presselandschaft des 20. Jahrhunderts. Zwei Drittel der Tageszeitungen sind großen Verlagsketten angeschlossen.

Auf dem Zeitungsmarkt dominieren bis heute die Lokalzeitungen. Es gibt ca. 20.000 verschiedene Blätter, von denen rund 1.500 täglich erscheinen. Dabei sind selbst international renommierte Zeitungen wie die „*New York Times*", die „*Washington Post*" und die „*Los Angeles Times*" zunächst einmal auf einen regionalen Leserkreis beschränkt. Die einzigen etablierten bundesweiten Publikationen sind die Wirtschaftszeitung „*Wall Street Journal*" sowie das Blatt „*USA Today*", das mit über 2 Millionen Exemplaren zu den auflagenstärksten Zeitungen zählt.

Das Radio- und Fernsehwesen wird von den großen Network-Gesellschaften, „*National Broadcasting Company*" (NBC), „*Columbia Broadcasting System*" (CBS), „*American Broadcasting Company*" (ABC) und „*Fox TV*" dominiert. Daneben senden zahlreiche kleine private Stationen (2001 etwa 13.000 Radiostationen und 1.686 TV-Stationen), die kommerziell ausgerichtet sind. Eine wachsende Zahl von nicht-kommerziellen Anbietern wird z.B. von christlichen Organisationen unterhalten und zum größten Teil aus Spenden der

Zuschauer und Mitgliedskirchen finanziert. Rundfunk und Fernsehen sind einer staatlichen Aufsicht unterworfen, die von der *Federal Communications Commission* (FCC), einer unabhängigen Regulierungsbehörde, wahrgenommen wird. Deren Hauptaufgabe besteht in der Vergabe von Sendelizenzen.

13   Politische Kultur

Im Vergleich zu den meisten europäischen Ländern erscheint die amerikanische Gesellschaft stark segmentiert und zersplittert. Diese Segmentierung ist ethnischer, aber auch kultureller, religiöser und ökonomischer Art. Der Anteil der Weißen an der ca. 290 Mio. zählenden Bevölkerung der USA ist zwar mit rund 73 Prozent der größte, bekanntlich gibt es aber auch die ständig wachsenden Bevölkerungsgruppen der Afro-Amerikaner (12 Prozent), der *Hispanics* (11 Prozent) und der Asiaten (3 Prozent). Die ethnischen Gruppen sind auch in sich keineswegs homogen, sondern identifizieren sich – je nach Abstammung – als Iren, Italiener, Deutsche, Inder oder Chinesen, oder nach ihrer Religion als Protestanten (60 Prozent), Katholiken (21 Prozent) und Muslime (2 Prozent). Es gibt zum Teil extreme soziale und wirtschaftliche Ungleichheiten.

Diese Segmentierung der Gesellschaft findet ihre Entsprechung im politischen System der Vereinigten Staaten. Die Verfassung von 1787 begründete keinen zentralistischen Einheitsstaat, sondern gliederte die Nation in relativ selbständige Bundesstaaten. Diese Fragmentierung setzt sich fort bis in die kleinsten lokalen Einheiten, wo jede Nachbarschaft oft eigene politische Aktivitäten unternimmt.

Überbrückt wird diese soziale und politische Fragmentierung durch eine gemeinsame, identitätsstiftende öffentliche Philosophie („*public philosophy*"). Über die Prinzipien dieser Philosophie besteht ein ungewöhnlicher Konsens in der US-amerikanischen Gesellschaft. Ihr kommt im Alltag und in der Politik eine Bedeutung zu, die anderen Nationen fremd ist und sie manche Phänomene amerikanischer Politik – auch der Außenpolitik – nicht verstehen lässt. Sie beruht auf bestimmten Glaubenssätzen, ist mit Ritualen und Symbolen umgeben und erfährt in weiten Kreisen der Bevölkerung eine so enthusiastische Verehrung, dass man sie auch als „Zivilreligion" (*civil religion*) bezeichnet hat.

Der Soziologe Robert N. Bellah prägte den Begriff von einer amerikanischen „Zivilreligion", in der die Vorstellung einer „Nation unter Gott" (*one nation under God*) für die Bürger identitätsstiftend wirke (Bellah 1967). Im öffentlichen Raum wird der religiöse Charakter dieser besonderen Form des Patriotismus deutlich: So erfährt die Fahne überall eine fast sakrale Verehrung; die Unabhängigkeitserklärung und die Verfassung werden in der Hauptstadt wie in einem Schrein aufbewahrt, und überlebensgroße Monumente erinnern an „Heilige" und „Märtyrer" der amerikanischen Geschichte.

In Sinne der amerikanischen Zivilreligion werden die USA als ein System gemeinsamer ideeller Prinzipien und Tugenden porträtiert, als eine Nation, die einen besonderen weltgeschichtlichen Auftrag zu erfüllen habe bei der Durchsetzung von Freiheit, Gleichheit und Demokratie. Die Idee der Freiheit (*freedom, liberty*) kam schon mit den ersten Siedlern nach Amerika: Die *Pilgrim Fathers* landeten im Jahr 1620, weil sie religiöse Freiheit suchten; Hunderttausende Abenteurer wagten die gefährliche Überfahrt in die Neue Welt, weil sie ökonomische Freiheit erhofften; die Revolution begann 1776, weil die 13 amerikanischen Kolonien politische Freiheit vom englischen Mutterland anstrebten. Thomas Jefferson schreibt in der Unabhängigkeitserklärung, dass die Freiheit eines der unveräußerlichen Rechte sei, die die Menschen von ihrem Schöpfer erhalten hätten. Um dieser Freiheit willen kämpften die Amerikaner einen blutigen Unabhängigkeitskrieg. Und seit dieser Revolutionszeit proklamiert die Nationalhymne die USA als „the land of the free".

Eng verknüpft mit der Freiheitsidee ist der Gedanke des Individualismus. Die Freiheit, anders, besser, reicher sein zu können als andere, also seine Möglichkeiten unabhängig entfalten zu können, spielt eine wichtige Rolle im Leben vieler Amerikaner. Im Unterschied zum europäischen Verständnis vom Individualismus, das eher philosophisch geprägt ist, wird Individualismus in den USA aber ganz konkret begriffen. Eine zentrale Rolle spielt dabei – nicht zuletzt im Rahmen kalvinistischer Prädestinationslehre – das Eigentum. Die Begriffe Freiheit und Individualismus werden von den Amerikanern deshalb nicht nur politisch, sondern vor allem auch wirtschaftlich verstanden. Der ehemalige Präsident Ronald Reagan machte dies 1983 in einer Pressekonferenz deutlich: „Was ich an erster Stelle sehen will, ist, dass dies ein Land bleibt, in dem man noch reich werden kann".

Die Idee der Gleichheit (*equality*) scheint nur auf den ersten Blick mit dem liberalen Freiheitsideal zu kollidieren. Denn während der liberale Gedanke auf Autonomie und individuelle Freiheit, also im Ergebnis auf Ungleichheit, zielt, ist das egalitäre Gleichheitspostulat genau entgegengesetzt gerichtet. Die US-Amerikaner umgehen dieses Dilemma, indem sie den Begriff „*equality*" präzisieren als „*equality of opportunity*", als Chancengleichheit. Auch sie wird in der Regel materialistisch interpretiert. Sie ist das, was als „*American Dream*" bezeichnet wird. Was damit gemeint ist, deutete bereits Präsident John Quincy Adams (1825-1829) als „die Chance für jeden, zu etwas größerem und besserem zu werden". Daran hat sich bis heute nichts geändert. Aus diesem Grund ist das Gleichheitsideal besonders attraktiv für den durchschnittlichen oder unterprivilegierten Bürger. Das Gleichheitsideal mutiert gewissermaßen zur „Machbarkeitsphilosophie" und vermittelt den Eindruck, dass jeder es einmal schaffen könne.

Das Prinzip der Demokratie (*democracy*) schließlich durchdringt die politische Kultur der USA in allen möglichen Bereichen des gesellschaftlichen und politischen Lebens. Dies zeigt sich in der Wahl von Richtern, Sheriffs, Bürgermeistern und Predigern ebenso, wie schon im Kindergarten bei der Wahl des Kindergarten-Präsidenten. Wie stolz die Amerikaner darauf sind, mit ihrer Verfassung von 1789 die erste funktionierende Demokratie der Welt gegründet zu haben, wird auch darin deutlich, dass von vielen Amerikanern die Begriffe Demokratie und Amerika gleichsam synonym verwendet werden. Das heißt nicht, dass alle mit den politischen Einrichtungen und den Akteuren dieser Demokratie einverstanden sind. Politiker und politische Institutionen werden vielmehr mit Skepsis beäugt, weil sie zuviel Macht anhäufen könnten, die dem demokratischen Prinzip zuwiderläuft. Auch in den USA gibt es eine Form der Politikverdrossenheit oder besser der Politikerverdrossenheit, die sich beispielsweise an der niedrigen Wahlbeteiligung bei Kongress- und Präsidentenwahlen zeigt. Bei Umfragen zeigt sich jedoch, dass die meisten Amerikaner mit dem politischen System an sich zufrieden sind; ihre Kritik richtet sich vielmehr gegen die Parteien und gegen die Politiker, die gegen das Demokratieideal Amerikas verstießen. Demokratie ist für die Amerikaner demnach ein Wertkonzept, mehr ein Auftrag als ein Zustand.

Auch die Religion spielt in der politischen Kultur der USA eine wichtige Rolle. Politik und Religion sind in den USA keineswegs voneinander isolierte Sphären. Zwar sind Staat und Kirchen verfassungsrechtlich streng voneinander getrennt, aber von jeher haben europäische Besucher in den USA den großen Stellenwert der Religion auch in politischen Fragen beobachtet. Zwei Drittel der US-Bürger haben keine Zweifel an der Existenz Gottes (Baylor Religion Survey 2006); fast drei Viertel meinen, ihr Präsident müsse starke religiöse Überzeugungen haben.

Reden US-amerikanischer Politiker enthalten deshalb meistens religiöse Bezüge. Kaum eine Ansprache endet ohne das obligatorische „*God bless America!*". Nicht nur Prediger wie Martin Luther King oder Jesse Jackson zitierten gerne und häufig aus Bibelstellen. Sogar ein Vergleich der USA mit dem „auserwählten Volk" Israels ist nicht ungewöhnlich. Ronald Reagan etwa porträtierte die USA 1974 in einer Rede vor der *Conservative Political Action Conference* als „*City upon a Hill*", eine Metapher für das biblische Jerusalem. In der gleichen Rede zitierte er Papst Pius XII: „*Into the hands of America God has placed the destinies of an afflicted mankind.*" Solche religiösen Bezüge sind nicht nur für die rund 70 Millionen Anhänger umfassende Wählerklientel der christlich-fundamentalistischen Bewegungen, sondern auch für den Durchschnittsamerikaner von Bedeutung. Religiöse Redepassagen sind deshalb nicht etwa Ausdruck der individuellen religiösen Haltung des Redners, sondern sollen integrierend wirken, indem sie an die religiöse Grundhaltung vieler Amerikaner appellieren.

Die Wirkung solcher politisch-kulturellen Vorstellungen ist auch in der Außenpolitik der USA zu suchen. Weil viele Amerikaner zutiefst von der Richtigkeit ihrer kollektiven Philosophie überzeugt sind und weil sie ihr Wertkonzept als normative Idee mit universalem Anspruch verstehen, sind sie zugleich davon überzeugt, dass dieses Konzept weltweit verwirklicht werden müsse. Die amerikanische Zivilreligion beinhaltet auch einen Missionsauftrag, der allen Völkern Freiheit, Gleichheit und Demokratie bringen soll. Auf einer Wandinschrift in den Gängen des Washingtoner Kapitols wird an die Worte Franklin D. Roosevelts erinnert: „*We defend and we build a way of life, not for America alone, but for all mankind.*" Und immer wieder ist in der politischen Rhetorik der USA auch der Kreuzzugsgedanke aufgetaucht, etwa im ersten Weltkrieg, der von den Amerikanern nicht zuletzt als ein Krieg gegen die Tyrannei der europäischen Monarchien geführt wurde.

Der Drang, allen Völkern der Welt die Ideale Amerikas bringen zu wollen, hat zweifellos zugleich eine expansive, mitunter auch aggressive Dimension. Er kann aber auch zu einer Blockade amerikanischer Außenpolitik führen. Viele US-Amerikaner konnten und können nicht verstehen, dass große Teile der Bevölkerung z.B. in Vietnam, im Irak oder auch in lateinamerikanischen Ländern von einer Demokratie US-amerikanischer Prägung gar nichts wissen wollen.

14   Rechtssystem, Gerichtswesen und Supreme Court

Das Rechts- und Gerichtswesen ist föderalistisch aufgebaut. Zivil- und Strafrecht unterliegen, von verfassungsmäßig festgelegten Ausnahmen abgesehen, der Souveränität der Einzelstaaten, die jeweils ein gegliedertes Gerichtswesen (*State Courts*) unterhalten. Dies führt zu einer Vielfalt von Rechtsauffassungen, die sich oft von Staat zu Staat unterscheiden. Begünstigt wird das noch durch die angelsächsische Tradition des ungeschriebenen Gewohnheitsrechts (*common law*), das keine an der Systematik des römischen Rechts orientierten Gesetzes- und Rechtskodifikationen kennt, sondern aus früheren Gerichtsentscheidungen (Präzedenzfällen) aktuelles Recht herleitet.

Auf der Ebene des Bundes gibt es die Bundesgerichte (*Federal Courts*), die aufgrund von Art. III, Sec. 1. Satz 1 der Verfassung der Vereinigten Staaten errichtet wurden: „The judicial Power of the United States, shall be vested in one supreme court, and in such inferior courts as the Congress may from time to time ordain and establish." Nach Artikel III, Sec. 2 sind die Bundesgerichte nur für bestimmte Verfahren zuständig. Im Strafprozess sind dies die so genannten *Federal Crimes* – Vergehen, die durch Bundesgesetz unter Strafe gestellt sind, sowie Angriffe auf Bundesbehörden oder Bundeseigentum. Hierzu gehören Entführung und Menschenhandel, Banknotenfälschung, Drogenhandel an Schulen und anderes. Im Zivilprozess sind die Bundesgerichte zuständig für Prozesse zwischen Angehörigen verschiedener Bundesstaaten (*diversity of citizenship*), ab einem bestimmten Streitwert, sowie für Prozesse, bei denen die Vereinigten Staaten eine Partei sind. Außerdem sind die Federal Courts zuständig für bestimmte Fragen des Verwaltungs- und Verfassungsrechts, so z.B. Verfahren zwischen Bundesstaaten.

Die Bundesgerichte sind dreigliedrig strukturiert: 94 Bezirksgerichte (*District Courts*) bilden die erste (Tatsachen-)Instanz für jeweils einen Gerichtsbezirk (*federal district*); 12 Berufungsgerichte (*Courts of Appeal*) stellen die zweite (Berufungs-)Instanz für jeden Bundesgerichtskreis dar; die Spitze des Gerichtswesens ist der Oberste Gerichtshof (*Supreme Court*) in Washington D.C.

Der Supreme Court setzt sich aus acht beigeordneten Richtern (*Associate Justices*) und einem Vorsitzenden (*Chief Justice*) zusammen. Die Zahl der Richter ist nicht verfassungsrechtlich vorgeschrieben, sondern wird vom Kongress bestimmt. Seit dem *Circuit Judges Act* von 1869 ist die Zahl von neun Richtern festgelegt. Nach Art. II der Verfassung ernennt der US-Präsident „*by and with the Advice and Consent of the Senate*". In der Praxis heißt das, dass der Präsident die Kandidaten vorschlägt, welche dann nach einer Befragung im Justizausschuss des Senats und der Zustimmung einer Zweidrittelmehrheit des Senats in ihr Amt berufen werden. Hat ein Kandidat die Unterstützung des Senats, dann wird er vom Präsidenten auf Lebenszeit ernannt. Da die Verfassung keine weiteren Einschränkungen macht, kann theoretisch auch ein Nicht-Jurist Oberster Richter am Supreme Court werden. Die Verfassung schreibt lediglich „*good behavior*" vor. Tatsächlich handelt es sich bei allen Richtern aber um bewährte Juristen, die von der amerikanischen Anwaltsvereinigung auf ihre fachliche Eignung hin überprüft wurden. Die Ernennung kann nur aufgehoben werden, wenn der Senat ein Amtsenthebungsverfahren („*Impeachment*") durchführt. Dies ist bisher noch nie vorgekommen.

Besonders durch die Benennung relativ junger Richterkandidaten kann ein Präsident die Rechtsprechung der USA weit über seine eigene Amtszeit hinaus beeinflussen. Daher sind diese Berufungen politisch oft heftig umstritten. Allzu extreme Kandidaten können freilich vom Senat abgelehnt werden. Zudem war die Spruchpraxis mancher Richter ganz anders als der sie nominierende Präsident eigentlich erwartet hatte. Ein berühmtes Beispiel war der frühere Chief Justice Earl Warren, von dem Präsident Dwight D. Eisenhower konservative Entscheidungen erhoffte. Stattdessen wurde er einer der liberalsten Richter in der Geschichte des Supreme Court, weshalb Eisenhower diese Richterernennung später als „the biggest damn fool mistake I ever made" bezeichnete.

Die Zuständigkeiten des Supreme Court werden zum größten Teil von der Verfassung selbst geregelt. Er ist Berufungs- oder Revisionsinstanz für Fälle von unteren Bundesgerichten bzw. den obersten Gerichten der Bundesstaaten. Die Fälle können aus allen Rechtsgebieten kommen. Eine unmittelbare Verfassungsbeschwerde durch jedermann ist nicht vorgesehen; die Bürger müssen auch in Fällen des Grundrechtsschutzes erst alle unteren Gerichtsinstanzen durchlaufen. Berufungsanträge werden von Anwälten eingereicht, die eine spezielle Zulassung für den Supreme Court besitzen müssen. Diese Anträge werden dann von den Richtern geprüft, die anschließend entscheiden, ob sie den Fall vor Gericht anhören. Maßgeblich ist dabei allein die richtungweisende Bedeutung der Sache oder ob sie eine ungeklärte Rechtsfrage aufwirft. Entscheiden die Richter, den Fall nicht anzuhören, ist das Verfahren beendet. Die meisten der jährlich rund 6.500 Anträge scheitern bereits hier. Für die zugelassenen Anträge werden stets mündliche Verhandlungen anberaumt. Entscheidungen trifft das Gericht einstimmig oder mehrheitlich. Im letzteren Fall wird die Rechtsauffassung der Mehrheit ebenso veröffentlicht wie die abweichende (*dissenting opinion*) der Minderheit. Der Supreme Court hat zudem erstinstanzliche Zuständigkeit in Fällen, in denen ein Bundesstaat oder ein Diplomat Prozessbeteiligter ist.

Die Hauptaufgabe des Gerichts sollte es zunächst sein, bei Kompetenzstreitigkeiten zwischen dem Bund und den Einzelstaaten dem Willen der Bundesverfassung verbindlich Geltung zu verschaffen. In den *Federalist Papers* entwickelte Alexander Hamilton darüber hinaus die Idee, dass der Supreme Court auch Akte des Gesetzgebers auf ihre Verfassungskonformität hin überprüfen dürfe: „Unter einer eingeschränkten Verfassung verstehe ich eine solche, die die Vollmachten der Legislative in bestimmten, einzeln aufgeführten Fällen beschränkt; (...) Einschränkungen dieser Art können in der Praxis auf keinem anderen Weg aufrechterhalten werden als durch Gerichtshöfe, deren Pflicht es sein muss, alle Beschlüsse, die dem manifesten Inhalt der Verfassung zuwiderlaufen, für null und nichtig zu erklären." (Hamilton/Madison/Jay 1993: 456)

Damit war das Grundprinzip einer Verfassungsgerichtsbarkeit erstmals formuliert. Sie beruht auf dem Gedanken, dass die Verfassung eine höhere Norm gegenüber einfachen Gesetzen und gegenüber dem Gesetzgeber darstellt. Gesetze, die der Verfassung widersprechen, können für ungültig erklärt werden. Die Entscheidung hierüber sollte nun nicht der Legislative, sondern vielmehr der richterlichen Gewalt obliegen, die allein befugt sein sollte, die Bedeutung und den Inhalt der Verfassung auszulegen. Das demokratische Mehrheitsprinzip, das einen fundamentalen Wesenszug der US-Verfassung darstellt, sollte durch diese Konzeption eine wesentliche Modifikation erfahren: Nicht die Entscheidung des Parlaments, die ja stets im Willen der Mehrheit ihrer Mitglieder zum Ausdruck kommt, sollte letztendlich über die Gültigkeit der Gesetze entscheiden, sondern der Urteilsspruch der Richter.

Zunächst konnte sich Hamilton mit seiner Idee vom richterlichen Prüfungsrecht („*judicial review*") nicht durchsetzen; in der Verfassung von 1787 war von einer richterlichen Normenkontrolle noch nicht die Rede. In der berühmten Entscheidung *Marbury vs. Madison* des Jahres 1803 erkannte sich dann unter der Federführung von Chief Justice *John Marshall* der Supreme Court selbst das Recht zu, Kongressgesetze auf ihre Verfassungsmäßigkeit zu überprüfen. Die rechtsprechende Gewalt wurde damit als gleichberechtigter Teil der staatlichen Gewalten in die staatliche Willensbildung miteinbezogen, sie wurde zu einem Instrumentarium der US-amerikanischen Demokratie, das deren Entwicklung und institutionelle Struktur entscheidend beeinflussen sollte.

In seiner mehr als 200jährigen Geschichte hat der Supreme Court verschiedene Rechtsziele mit unterschiedlichen Schwerpunktsetzungen verfolgt. Bis zum Bürgerkrieg (1861-1865) fällte er Entscheidungen, die der Bundesverfassung Geltung gegenüber den Sonderinteressen der Einzelstaaten verschaffen sollten. Von 1865 bis in die 1930er Jahre verfocht er privatwirtschaftliche Interessen gegen jede Art staatlicher Regulierung im wirtschaftlich-sozialen Bereich. Seit 1937 unterstützte er die Gesetzgebungsprogramme des New Deal, ließ also den regulierenden Eingriff des Bundes in Wirtschaft und Gesellschaft zu. Nach 1945 setzte er nach und nach die Rassentrennung außer Kraft (etwa im Bildungswesen) und erzwang die Abschaffung der Rassendiskriminierung wie z.B. bei der Wahrnehmung des Wahlrechts. In der jüngeren Vergangenheit hat der Supreme Court vor allem den Schutz individueller Freiheitsrechte und die Durchsetzung des Gleichheitsprinzips befördert (Lösche/Wasser 2004: 37).

Der Supreme Court hat im Lauf seiner Geschichte höchste Autorität gewonnen. Meinungsumfragen ergeben immer wieder, dass sein Ansehen in der Bevölkerung viel größer ist als das des Präsidenten und des Kongresses. Es gibt jedoch auch kritische Stimmen. So war in der Vergangengheit die Widersprüchlichkeit mancher Entscheidungen (z.B. in der Sklaven- und Bürgerrechtsfrage) nicht zu übersehen. Angesichts der großen Kompetenzen des Supreme Courts sprechen manche auch von einer richterlichen Vorherrschaft des Gerichts im amerikanischen Regierungssystem. Aufgrund der *Political Question Doktrin* sind die Richter des Supreme Courts zwar in der Lage, Entscheidungen in Fällen abzulehnen, die sie für politische Fragen halten. Beispiele sind außenpolitische Probleme oder Sachverhalte, in denen das am Verfassungsstreit beteiligte politische Organ im Rahmen seines Ermessensspielraums handelte. Doch diese Doktrin ist wissenschaftlich umstritten, weil eine Grenze zwischen politischen und unpolitischen Entscheidungen in der Verfassungsrechtsprechung nicht zu ziehen ist. Politisch bedeutsam ist im Grunde jede verfassungsrechtliche Frage, betrifft sie doch immer auch die Rechtsordnung eines politischen Gemeinwesens.

15 Der Föderalismus

Die Verfassung der USA konstituierte 1789 die erste bundesstaatliche Staatsorganisation der Welt. Die Zahl der ursprünglich 13 Einzelstaaten, welche die Union bilden, stieg im Lauf der Zeit durch den Beitritt neuer Staaten stetig an. Insgesamt bestehen die USA heute aus 50 Staaten. Die letzten beiden Staaten, die der Union beigetreten sind, waren im Jahre 1959 Alaska und Hawaii. Washington D.C. hat den Status eines Bundesdistrikts, Puerto Rico ist als *Commonwealth* organisiert, das mit den USA assoziiert ist. Weitere abhängige Gebiete sind American Samoa, Baker Island, Guam, Howland Island, Jarvis Island und Wake Island.

Die politischen Systeme der Einzelstaaten unterscheiden sich in einigen Details, folgen aber im allgemeinen einem Muster, das dem des Zentralstaates ähnelt. Wie der Bund besitzen auch die Gliedstaaten drei Verfassungsorgane: Exekutive, Legislative und Judikative. Der Gouverneur ist der Regierungschef eines Bundesstaates und wird durch allgemeine Wahlen in der Regel für vier Jahre gewählt (in einigen Bundesstaaten für zwei Jahre). Mit Ausnahme von Nebraska, das nur eine einzige Parlamentskammer besitzt, haben alle Staaten eine Zweikammern-Legislative mit einem Oberhaus, das in der Regel Senat heißt und einem Unterhaus, das als Repräsentantenhaus, Abgeordnetenhaus oder Generalversammlung bezeichnet wird. Die Abgeordneten der einzelstaatlichen Parlamente werden überall nach dem relativen Mehrheitswahlrecht direkt gewählt.

Die Kompetenzverteilung zwischen Bund und Einzelstaaten ist in der Verfassung geregelt. In Artikel I, Sec. 8 werden die dem bundesstaatlichen Gesetzgeber zugewiesenen

Kompetenzen aufgezählt (*enumerated powers*). Dazu gehören u.a. Auswärtige Beziehungen, Verteidigung, Außenwirtschaft, Währungswesen, Einwanderungsrecht und die Post. Der zehnte Zusatzartikel bestimmt, dass jene Zuständigkeiten, die nicht dem Bund zugewiesen sind, den Einzelstaaten oder den Bürgern zufallen. Im Allgemeinen liegen Angelegenheiten, die sich vollständig innerhalb der Grenzen der Einzelstaaten befinden, ausschließlich in deren Zuständigkeitsbereich. Dies umfasst z.B. gesetzliche Regulierungen bezüglich Eigentum, Industrie, Unternehmen sowie öffentlicher Versorgungseinrichtungen, das öffentliche Recht und das Arbeitsrecht innerhalb des Staates. Die US-Gliedstaaten besitzen damit im internationalen Vergleich eine beträchtliche Kompetenzausstattung. Die Idee des Bundesstaats verlangt allerdings, dass die Einzelstaaten keine Gesetze verabschieden, die im Widerspruch zur Verfassung oder den Gesetzen des Bundes stehen.

Die mit dem Bundesstaatskonzept verbundene Aufteilung der staatlichen Souveränität zwischen Bund und Gliedstaaten erwies sich in der Geschichte der USA von Anfang an als höchst konfliktträchtig. Schon im Unabhängigkeitskrieg (1776-1783) war die Bereitschaft der Einzelstaaten gering, der Union die notwendigen Mittel und Kompetenzen zu überlassen, um notwendige politische Entscheidungen fällen zu können. Im Bürgerkrieg (1861-65) rechtfertigten die Südstaaten ihre Sezession mit dem Hinweis, die Union habe die Souveränität der Einzelstaaten keinesfalls beseitigt.

Im 19. Jahrhundert und zu Beginn des 20. Jahrhunderts war das in der Verfassung grundgelegte Prinzip des dualen Föderalismus (*dual federalism*) stark ausgeprägt. Danach blieben die Zuständigkeiten von Bund und Einzelstaaten klar getrennt. Die Zentrale in Washington war im Wesentlichen auf die Bereiche Außenpolitik und Militär beschränkt, während die Gliedstaaten die politischen, wirtschaftlichen und sozialen Angelegenheiten jeweils vor Ort regelten. Erst mit der Politik des *New Deal* unter Präsident Franklin D. Roosevelt, als sich die Bundesregierung unter dem Eindruck der Weltwirtschaftskrise stärker wirtschafts- und sozialpolitisch engagierte, verlagerten sich seit den 1930er Jahren die Kompetenzen zunehmend auf den Bund. Damit begann eine Phase des kooperativen Föderalismus (*kooperative federalism*), in der Bund und Einzelstaaten enger miteinander kooperieren. Der Bund drang nun in Politikbereiche ein, in denen er früher nicht tätig war: Er übernahm Aufgaben der Fürsorge für Kranke, sozial Benachteiligte und alte Menschen, im Erziehungs- und Bildungswesen sowie im Bereich der Infrastruktur. Durch Zuweisungsprogramme (*grants-in-aid*) an Einzelstaaten und Kommunen sicherte sich der Bund die Mitwirkung der unteren Gebietskörperschaften. Diese finanziellen Anreize führten faktisch – wenn auch nicht verfassungsrechtlich – zu einer immer größeren Verflechtung der föderalen Ebenen. Die Verantwortlichkeiten waren bald nicht mehr klar definiert.

Seit dem Beginn der 1970er Jahre gab es deshalb wiederholt Versuche, die föderale Verflechtung wieder zu entzerren. Unter dem Motto „*New Federalism*" verwandelte die Nixon-Administration zahlreiche zweckgebundene Zuweisungsprogramme in Pauschalzuweisungen (z.B. *block grants*). In den 1980er Jahren suchte Präsident Ronald Reagan unter demselben Stichwort den Bund aus den meisten Bereichen der Innenpolitik zu entlasten. Vor allem auch soziale Dienstleistungsprogramme des Bundes waren von Kürzungen betroffen. Viele Reformziele Reagans, die im Kern eine erneuerte Form eines *dual federalism* begründen sollten, scheiterten jedoch am Widerstand des demokratisch dominierten Kongresses. Der Versuch der Clinton-Administration, in den 1990er Jahren die Sozialaufgaben auf der Ebene des Bundes zu stärken, wurde ebenfalls vom Kongress gestoppt. Mit dem Hinweis, man müsse das Washingtoner „*big government*" reduzieren und Sozialprogramme näher bei den Adressaten ansiedeln, wollte Präsident George W. Bush anfänglich die Kompetenzen der Einzelstaaten stärken. Die Maßnahmen im Kampf gegen den Terrorismus haben freilich tendenziell dazu geführt, dass eher die Macht der Regierung in Washington gestärkt wurde.

16   Internationale Beziehungen

Die Außenpolitik der USA pendelt zwischen zwei großen Traditionen, die wechselnd an Einfluss gewinnen: Dem *Isolationismus*, der dazu tendiert, die USA weitgehend aus der internationalen Politik herauszuhalten, und dem *Internationalismus*, also der Überzeugung, ein Vorreiter für Demokratie und Menschenrechte zu sein und diese auf der Welt zu verbreiten.

Im 19. Jahrhundert wurde die US-Außenpolitik im Wesentlichen von der „*Monroe-Doktrin*" bestimmt, die Präsident James Monroe 1823 in einer Botschaft an den Kongress formuliert hatte. Sie hatte zwei Zielrichtungen: Zum einen sollte den europäischen Mächten künftig die weitere Erwerbung von Kolonien und die Einmischung in inneramerikanische Angelegenheiten verwehrt sein. Zum anderen wurde aber auch der außenpolitische Einflussbereich der USA auf die beiden Amerikas beschränkt. Lateinamerika wurde damit zum Hegemonialbereich der USA; zugleich verzichteten die USA ihrerseits auf eine Einmischung in europäische Angelegenheiten.

Mit dem spanisch-amerikanischen Krieg von 1898 wurde die Monroe-Doktrin faktisch obsolet. In wenigen Wochen wurde die alte europäische Kolonialmacht Spanien besiegt, und die USA gewannen Einfluss auf neue Regionen: Kuba, die Philippinen und eine Reihe von Karibik-Inseln wurden faktisch Kolonien der USA. Unter der Präsidentschaft Theodore Roosevelts (1901-1909) verfolgten die Vereinigten Staaten gegenüber Lateinamerika zunehmend eine Politik der Stärke, sei es gegenüber Venezuela oder bei den Interventionen in der Dominikanischen Republik (1905), Nicaragua (1912) oder Mexiko (1914).

Die Amtszeit von Präsident Woodrow Wilson (1913-1921) wurde von dem in Europa ausgebrochenen Ersten Weltkrieg überschattet, aus dem Wilson die USA trotz materieller Hilfe an England und Frankreich herauszuhalten bemüht war. Als Deutschland die englische Blockade durch eine Gegenblockade beantwortete und den „uneingeschränkten U-Boot-Krieg" erklärte, traten die USA am 6. April 1917 dennoch in den Krieg gegen das Deutsche Reich ein. Die russische Märzrevolution desselben Jahres rechtfertigte aus amerikanischer Sicht den Kriegseintritt ebenso, da es nunmehr galt, die Demokratie auch in Russland gegen die Autokratien der Mittelmächte Deutschland und Österreich zu verteidigen. Obwohl sich der US-amerikanische Kriegseintritt als kriegsentscheidend herausstellte, gelang es Wilson nach 1918 nicht, die USA auf eine langfristige Verantwortung für die Nachkriegsordnung festzulegen. Der Isolationismus und der Gedanke der Monroe-Doktrin kamen wieder zum Durchbruch. Der Kongress verweigerte seine Zustimmung zum Friedensvertrag, und die Vereinigten Staaten traten auch nicht dem von Wilson selbst initiierten Völkerbund bei.

Als in Europa am 1. September 1939 der Zweite Weltkrieg ausbrach, unterstützten die Vereinigten Staaten Großbritannien und Frankreich erneut durch die Lieferung von Kriegsmaterial. Präsident Franklin D. Roosevelt versprach trotzdem, die USA nicht in den Krieg zu führen. Im Jahr 1941 unterzeichneten Roosevelt und der britische Premierminister

Winston Churchill die „*Atlantik-Charta*", die für die Zeit nach dem Krieg die Gründung der Vereinten Nationen vorsah. Am 7. Dezember 1941 begann jedoch auch für die USA der Krieg, als Japan den amerikanischen Flottenstützpunkt Pearl Harbor angriff. Nach einer gewaltigen Aufrüstung griffen die Amerikaner Japan mit überlegenen Luft- und Seestreitkräften an, bis es im Jahr 1945 nach dem Abwurf zweier Atombomben kapitulierte. In Europa unterstützten die USA zunächst massiv Russland und England, damit diese den Angriffen der Deutschen widerstehen konnten. Am 6. Juni 1944, landeten dann amerikanische Truppen selbst auf dem europäischen Kriegsschauplatz und läuteten die Niederlage der Achsenmächte ein.

Mit dem Kriegsende waren die USA nicht nur Siegermacht, sondern endgültig zur Weltmacht aufgestiegen. 1945 wurden vor allem aufgrund US-amerikanischer Initiative die „Vereinten Nationen" als internationale Institution zur Sicherung der kollektiven Sicherheit gegründet. Die Frage der Nachkriegsordnung in Europa war im selben Jahr der Gegenstand mehrerer Konferenzen der alliierten Siegermächte USA, Sowjetunion, Großbritannien und Frankreich. Doch das frühere Kriegsbündnis geriet schon bald unter den Druck der sowjetischen Expansion in Ostmitteleuropa und Asien. An die Stelle alliierter Zusammenarbeit trat eine Politik der Spannungen und des Misstrauens zwischen den USA und der zweiten Supermacht, der Sowjetunion, die unter der Bezeichnung „Kalter Krieg" die Weltpolitik für vierzig Jahre entscheidend prägte.

Während Westeuropa durch den Marshallplan (1947) und die Gründung der NATO (1949) wirtschaftlich und politisch eng an die USA gebunden wurde, gestaltete sich die US-Außenpolitik in Asien, Afrika und Lateinamerika schwieriger. China wurde 1949 kommunistisch. Nachdem es den USA gelungen war, im Koreakrieg (1950-1953) zumindest den Vorkriegszustand wiederherzustellen, bauten die Administrationen Truman und Eisenhower ein Bündnissystem zur Eindämmung („*containment*") der sowjetischen Expansion weiter aus. Dennoch konnte nicht verhindert werden, dass in den folgenden Jahren weitere Länder Anlehnung an die UdSSR und ihre Ideologie suchten, darunter einige afrikanische Länder sowie 1959 Kuba.

Seit Anfang der 1960er Jahre wurden immer mehr US-Soldaten nach Südvietnam geschickt, wo die USA einen kommunistischen Umsturz verhindern wollten. Durch den Vietnamkrieg, der die USA fast 400.000 Tote und Verwundete kostete, wurde das Land im Innern tief gespalten. Eine von Intellektuellen und der Jugend getragene Protestbewegung gegen diesen Krieg weitete sich Ende der 1960er Jahre immer mehr aus. Aufgrund dieser Proteste, aber auch in der Einsicht, dass der Krieg in Vietnam durch die USA wohl nicht zu gewinnen war, zogen die USA während der Präsidentschaft Richard Nixons ihre Truppen schrittweise zurück und unterzeichneten 1973 einen Waffenstillstand. Nach dem Abzug der Amerikaner brach der Widerstand der Südvietnamesen bis 1975 schnell zusammen, sodass die USA ihre eigenen Staatsbürger nur noch mit Mühe evakuieren konnten. Damit vollendete sich die erste Niederlage, die die Weltmacht USA in ihrer 200jährigen Geschichte erlitten hatte. Der Schock über die Niederlage führte in den Vereinigten Staaten zu einer tiefen Identitätskrise. Vietnam wurde zu einer traumatischen Erfahrung, welche die Außenpolitik der USA noch lange beeinflussen sollte. Der islamischen Revolution im Iran mit der Geiselnahme des US-Botschaftspersonals sowie der sowjetischen Besetzung Afghanistans (beides 1979) konnten die USA nichts entgegensetzen.

Dem republikanischen Präsidenten Ronald Reagan (1981-1989) blieb es vorbehalten, mit einer aktiveren und selbstbewussteren Außen- und Verteidigungspolitik die Rolle der

Klaus Stüwe

USA in der internationalen Politik neu zu festigen. Im sowjetischen Generalsekretär Michael Gorbatschow fand Reagan seit 1985 einen Verhandlungspartner, der zu einer Aufweichung der ideologischen Fronten und zu weit reichenden Abrüstungsmaßnahmen bereit war. In der Folge brachen die kommunistischen Regime in Mittel- und Osteuropa zusammen. Als daraus unter Präsident George Bush (1989-1993) die Wiedervereinigung Deutschlands, die Auflösung des Warschauer Paktes und das Auseinanderbrechen der Sowjetunion resultierten, waren die USA als einzige Supermacht verblieben.

Doch George Bushs Idee einer neuen Weltordnung *(„new world order")*, die unter US-amerikanischer Führung Sicherheit und Stabilität garantieren sollte, erwies sich als brüchig. Neue Konflikte in anderen Weltregionen und mit anderen Gegnern brachten für die US-Außenpolitik zu Beginn des 21. Jahrhunderts neue Herausforderungen. 1991 führten die Vereinigten Staaten im Auftrag der Vereinten Nationen einen erfolgreichen Krieg gegen den Irak, dessen Diktator Saddam Hussein das benachbarte, ölreiche Kuwait annektiert hatte.

Die Präsidentschaft des republikanischen Präsidenten George W. Bush führte seit 2001 zu einem außenpolitischen Strategiewechsel. Bush stieg aus dem Kyoto-Protokoll aus, das im internationalen Rahmen zur Eindämmung von Umweltimmissionen führen soll, lehnte das Protokoll zur Biowaffenkonvention ab und zog die US-amerikanische Unterschrift unter die Errichtung eines Internationalen Strafgerichtshofs zurück. Nach den Terroranschlägen des 11. September 2001 starteten die USA einen weltweiten „Krieg gegen den Terrorismus". Dieser Antiterrorkampf, der noch 2001 zu einem Feldzug gegen das Taliban-Regime in Afghanistan führte, wurde zunächst von vielen Ländern unterstützt. Im Jahr 2002 entwickelte die Bush-Regierung eine eigene außenpolitische Doktrin. Danach sollen die USA die „Hoffnung der Demokratie, der Entwicklung, der freien Marktwirtschaft und des freien Handels in jede Ecke dieser Welt bringen"[3]. Für dieses Ziel der weltweiten Demokratisierung soll die gesamte, vor allem die militärische Stärke der Vereinigten Staaten aufgeboten werden, notfalls auch präemptiv. Zu erheblichen Verstimmungen zwischen der US-Administration und einigen ihrer europäischen Verbündeten kam es in der Folge dieser Bush-Doktrin, als die USA im Jahr 2003 den Antiterrorkampf auf den Irak ausdehnten und das arabische Land ohne Rücksicht auf das Votum der Vereinten Nationen zusammen mit Großbritannien und einigen weiteren Verbündeten besetzte. Neue Akzente setzte die „Nationale Sicherheitsstrategie" vom März 2006: Neben den „klassischen" sicherheitspolitischen Elementen wie der NATO oder der Bekämpfung der Verbreitung von Massenvernichtungswaffen sind dort auch Elemente zur Förderung des Freihandels und zur (auch sicherheitspolitisch motivierten) Steigerung der Entwicklungshilfe enthalten.

Oberstes Ziel der Lateinamerika-Politik der USA ist die wirtschaftliche und politische Stabilisierung, die Bekämpfung des Drogenkomplexes sowie Handelsliberalisierung und Marktöffnung. Auch bei der Lösung unmittelbarer politischer Krisen (Haiti, Nicaragua) sind die USA engagiert, ohne derzeit jedoch die politische oder gar eine militärische Initiative zu ergreifen. Dort sieht die US-Regierung die Vereinten Nationen, regionale Organisationen wie die OAS (Organisation Amerikanischer Staaten) oder CARICOM (Karibische Gemeinschaft), oder im Falle Haitis andere Länder (Brasilien, Chile) in der Verantwortung. Linke Wahlerfolge u.a. in Brasilien, Argentinien, Uruguay und Peru haben die Beziehungen zu diesen Ländern wenig belastet. Im Gegensatz dazu hat sich das Verhältnis zu Venezuela

---

[3] The National Security Strategy of the United States of America, Washington, The White House (September 2002).

unter Präsident Chavez stark verschlechtert, die Entwicklungen in Bolivien werden kritisch beobachtet. Das Verhältnis zu Mexiko bleibt eng – trotz der ungelösten Einwanderungsfrage.

Literatur

Beck, Paul A./Hershey, Marjorie R. (2006): Party Politics in America. London (12. Aufl.).

Bellah, Robert N. (1967): Civil Religion in America, in: Daedalus 96, 1 ff.

Bibby, John (2003): Politics, Parties, and Elections in America. Belmont (5. Aufl.).

Brocker, Manfred (2005): God bless America. Politik und Religion in den USA. Darmstadt.

Burke, John P./Nelson, Michael (2000): The Institutional Presidency: Organizing and Managing the White House from FDR to Clinton. Baltimore (2. Aufl.).

Burnham, Walter Dean (1986): Democracy in the Making: American Government and Politics. Englewood Cliffs (2. Aufl.).

Burns, James MacGregor (2000): Government by the people. Upper Saddle River, N.J. (18. Aufl.).

Conway, Margaret M. (2000): Political Participation in the United States. Washington, D.C. (3. Aufl.).

Dahl, Robert A. (2001): How Democratic is the American Constitution? New Haven und London.

Davidson, Roger H./Oleszek, Walter J. (2000): Congress and Its Members. Washington D.C. (7. Aufl.).

Ehnes, Ulrike/Labriola, Patrick/Schiffer, Jürgen (2001): Politisches Wörterbuch zum Regierungssystem der USA. München (3. Aufl.).

Filzmaier, Peter/Plasser, Fritz (2001): Wahlkampf um das Weiße Haus. Presidental Elections in den USA. Opladen.

Filzmaier, Peter/Plasser, Fritz (2002): Die amerikanische Demokratie. Studentenausgabe. Regierungssystem und politischer Wettbewerb in den USA. Wien.

Filzmaier, Peter/Plasser, Fritz (2005): Politik auf amerikanisch. Wahlen und politischer Wettbewerb in den USA. Baden-Baden.

Flanigan, William H. (2005): Political Behavior of the American Electorate. Washington, D.C. (11. Aufl.).

Friedrich, Wolfgang-Uwe (2000): Vereinigte Staaten von Amerika. Eine politische Landeskunde. Opladen.

Gellner, Winand (2006): Regierungssystem der USA. Eine Einführung. Baden-Baden.

Greenstein, Fred I. (2004): The Presidential Difference. Princeton, N.J. (2. Aufl.).

Hamilton, Alexander/Madison, James/Jay, John (1993): Die Federalist Papers [1787/88]. Übersetzt von Barbara Zehnpfennig. Darmstadt.

Hartmann, Jürgen (2000): Westliche Regierungssysteme. Parlamentarismus, präsidentielles und semipräsidentielles Regierungssystem. Opladen.

Heideking, Jürgen/Christof Mauch (2006): Geschichte der USA. Stuttgart (4. überarb. Aufl.).

Hetherington, Marc J./Keefe, William J. (2006): Parties, Politics, and Public Policy in America. Washington, D.C. (10. Aufl.).

Hübner, Emil (2001): Das politische System der USA. Eine Einführung. München (4.Aufl.).

Jacobson, Gary C. (2003): The Politics of Congressional Elections. London (6. Aufl.).

Linz, Juan (1994): Presidential or Parliamentary Democracy. Does it make a Difference?, in: Linz, Juan/Valenzuela, Arturo (Hrsg.) (1994): The Failure of Presidential Democracy. Bd. 1. Baltimore: John Hopkins Univ. Press. 3-87.

Lösche, Peter/von Loeffelholz, Hans D./Ostermann, Anja (2004): Länderbericht USA. Geschichte, Politik, Wirtschaft, Gesellschaft, Kultur. Bonn (4. Aufl.).

McKeever, Robert J./Philip Davies (2005): Politics USA. London.

Mewes, Horst (2000): Einführung in das politische System der USA. Stuttgart (3. Aufl.).

Milkis, Sidney M./Nelson, Michael (2003): The American Presidency: Origins and Development, 1776-2002. Washington, D.C. (4. Aufl.).

Nelson, Michael/Suarez, Kathryn C. (2003): The Presidency A to Z. Washington, D.C. (3. Aufl.).

Neustadt, Richard (1991): Presidential Power and the Modern Presidents: The Politics of Leadership from Roosevelt to Reagan. New York [1960].

O'Brien, David M. (2005): Storm Center: The Supreme Court in American Politics. New York und London (7. Aufl.).

Oldopp, Birgit (2005): Das politische System der USA. Eine Einführung. Wiesbaden.

Oleszek, Walter J. (2004): Congressional Procedures and the Policy Process. Washington, D.C. (6. Aufl.).

Polsby, Nelson W. (2004): Presidential Elections: Strategies and Structures of American Politics. Lanham. (11. Aufl.).

Prätorius, Rainer (2003): In God We Trust. Religion und Politik in den USA. München.

Sautter, Udo (2005): Die Präsidenten der Vereinigten Staaten von Amerika. 1789 bis heute. München.

Sautter, Udo (2006): Geschichte der Vereinigten Staaten von Amerika. Stuttgart (7. Aufl.).

Sebaldt, Martin (2001): Transformation der Verbändedemokratie. Die Modernisierung des Systems organisierter Interessen in den USA. Wiesbaden.

Schlesinger, Arthur (1973): The Imperial Presidency. Boston.

Schmidt, Steffen W./Shelley, Mack C./Bardes, Barbara A. (2005): American government and politics today. The Essentials 2006-2007. Belmont u.a.

Schneider-Sliwa, Rita (2005): USA. Geographie – Geschichte – Wirtschaft – Politik. Darmstadt.

Singh, Robert (2003): American government and politics. A concise introduction. London.

Shell, Kurt L. (2004): Kongress und Präsident, in: Peter Lösche u.a. (Hrsg.), Länderbericht USA. Bonn (4. Aufl.), 202-245.

Stüwe, Klaus (2004): Die Inszenierung des Neubeginns. Antrittsreden von Regierungschefs in den USA, Großbritannien, Frankreich und Deutschland. Wiesbaden.

Stüwe, Klaus/Stüwe, Birgit (2005): American Political Speeches. Stuttgart: Philipp Reclam.

Sylvers, Malcolm (2002): Die USA – Anatomie einer Weltmacht. Zwischen Hegemonie und Krise. Köln.

Ullrich, Volker/Rudloff, Felix (2005): Der Fischer Weltalmanach aktuell. USA. Frankfurt.

Vile, M. J. (2007): Politics in the USA. London (6. Aufl.).

Wasser, Hartmut (2000): USA. Wirtschaft. Gesellschaft. Politik. Opladen (4. Aufl.).

Wasser, Hartmut/Eilfort, Michael (2004): Politische Parteien und Wahlen, in: Peter Lösche u.a. (Hrsg.), Länderbericht USA. Bonn (4. Aufl.), 319-352.

Widmer, Ted (2006): American Speeches: Political Oratory from Abraham Lincoln to Bill Clinton. New York.

Das politische System Venezuelas

Thomas Kestler

1 Historischer Überblick

Alljährlich am 5. Juli wird in Venezuela der Nationalfeiertag begangen. An diesem Tag im Jahr 1811 erklärten in Caracas die Vertreter der vereinigten Provinzen von Venezuela ihre Unabhängigkeit von Spanien und begründeten die erste Republik in den Grenzen des seit 1777 bestehenden Generalkapitanats. Die venezolanischen Unabhängigkeitsbestrebungen gelangten aber erst mit der Abspaltung von Großkolumbien im Frühjahr des Jahres 1830 zu einem Abschluss.

Der fast zwei Jahrzehnte dauernde Unabhängigkeitskrieg veränderte die gesellschaftlichen und politischen Verhältnisse grundlegend und brachte einen neuen Typus von Herrscher hervor, der bis ins 20. Jahrhundert einen zentralen Platz auf der politischen Bühne Venezuelas einnehmen sollte: Den militärischen Anführer, der in den politischen Konflikten zwischen den unterschiedlichen Fraktionen innerhalb der Elite mit seinem Reiterheer den Ausschlag zugunsten der einen oder der anderen Seite gab. Der erste in der langen Reihe dieser venezolanischen *Caudillos* war José Antonio Páez, der vom Kongress zweimal, 1830 und 1838, zum Präsidenten gewählt wurde und außerhalb seiner Amtszeiten bis 1848 als entscheidender Machtfaktor hinter den Institutionen agierte. Unter seiner Herrschaft erlebte Venezuela eine Phase relativer Stabilität. Die Ambitionen anderer Kommandanten des Unabhängigkeitskrieges konnten in die Schranken gewiesen werden, während die Exportwirtschaft eine erste Boomperiode durchlief.

Als in den 1840er Jahren die Kaffeepreise fielen, verschärften sich die Interessengegensätze zwischen den verschuldeten Plantagenbesitzern und der Handels- und Finanzoligarchie. Auch die nach wie vor bestehenden regionalen und persönlichen Rivalitäten innerhalb der Elite nahmen an Intensität zu und fanden ihren Ausdruck in der Entstehung zweier antagonistischer Parteien: Der liberalen Partei von Antonio Leocadio Guzmán und der konservativen Partei um Páez, dessen Machtbasis infolge der Wirtschaftskrise zusehends schmaler wurde.

Nach der Wahl von José Tadeo Monagas zum Präsidenten im Jahr 1847 gewannen die liberalen Teile der Oligarchie und der Ruf nach Föderalismus die Oberhand. Bis 1858 gelang es José Tadeo Monagas im Wechsel mit seinem Bruder José Gregorio, die Präsidentschaft zu vereinnahmen, bis er schließlich auch jene liberalen Parteigänger gegen sich aufbrachte, deren Interessen er vorgeblich verteidigte. Nach seinem Rücktritt spitze sich der Parteienkonflikt weiter zu und eskalierte in einen Bürgerkrieg. Dieser Föderale Krieg, der im Jahr 1863 mit dem Sieg der liberalen Partei endete, warf Venezuela in seiner politischen und wirtschaftlichen Entwicklung um Jahrzehnte zurück.

Eine staatliche Konsolidierung erfolgte erst unter dem mit kurzen Unterbrechungen von 1870 bis 1888 regierenden Antonio Guzmán Blanco, dem Sohn des liberalen Parteigründers. Nachdem die weitgehende Autonomie der nun 20 Einzelstaaten nach 1863 dem Land nur weitere Instabilität und Rivalitäten eingebracht hatte, gelang unter Guzmán Blanco – entgegen dessen föderalistischem Bekenntnis – eine Stärkung des Zentralstaats. Dank eines neuerlichen Kaffee-Booms verfügte der „Illustre Amerikaner", wie er sich nennen ließ, über finanziellen Handlungsspielraum, den er unter anderem für die Entwicklung der Infrastruktur und eine bauliche Erneuerung der Hauptstadt Caracas nutzte.

Wie sehr die relative politische Stabilität in dieser Periode an das politische und wirtschaftliche Geschick der Person Guzmán Blancos gebunden war, zeigte sich nach dessen Abtritt, als der Staat erneut zum Beuteobjekt rivalisierender Caudillos wurde. Regionale Bindungen und Eigenarten spielten dabei insofern eine Rolle, als die einflussreicheren dieser militärischen Anführer ihre Gefolgschaft in den geographischen Großräumen Venezuelas rekrutierten. Während bis Mitte des 19. Jahrhunderts Vertreter der östlichen *Llanos* dominierten, gewannen während des Föderalen Kriegs Caudillos aus den zentralen und westlichen Regionen die Oberhand. Im Jahr 1899 trat eine weitere Verschiebung des regionalen Machtgefüges ein, als Cipriano Castro mit einer Reitertruppe aus dem entlegenen Andenstaat Táchira die Regierungsgewalt in Caracas an sich bringen und in der Folge gegen rivalisierende Caudillos behaupten konnte. Er begründete damit eine bis 1945 dauernde Vorherrschaft der *Andinos* insbesondere im Militär. Wirtschaftlich hingegen war die Präsidentschaft Castros von 1899 bis 1908 von schweren Verwerfungen und wachsenden Auslandsschulden gekennzeichnet, die 1902 in einer Blockade venezolanischer Häfen durch Kriegsschiffe der Gläubigerstaaten gipfelten. Im Jahr 1908 nutzte die herrschende Kamarilla einen Auslandsaufenthalt des angeschlagenen Castro, um dessen langjährigen Weggefährten und Vizepräsidenten Juan Vicente Gómez als Präsidenten zu installieren.

Entgegen den Erwartungen schuf sich Gómez schnell eine eigene Machtbasis und errichtete eine bis zu seinem Tod im Jahr 1935 bestehende Diktatur. Obwohl seine Herkunft und sein Herrschaftsstil ihn als Vertreter des klassischen *Caudillismo* auswiesen, fanden während seiner langen Regierungszeit entscheidende wirtschaftliche, gesellschaftliche und politische Veränderungen statt, die den Übergang Venezuelas in die Moderne markierten. Die Professionalisierung und massive Vergrößerung der Streitkräfte, der Ausbau der Infrastruktur und die Verbesserung der Kommunikationswege verschafften dem Zentralstaat erstmals einen unanfechtbaren Vorrang vor allen übrigen Akteuren. Diese Modernisierungsschritte wurden durch eine günstige Exportkonjunktur ermöglicht und gewannen mit der rasch ansteigenden Ölförderung nach 1920 eine völlig neue Dynamik und Dimension. Gómez schuf durch innere Stabilität und eine liberale Wirtschaftspolitik ideale Bedingungen für ausländische Investitionen im Ölsektor, die wiederum dem Staat bis dahin ungeahnte Einnahmen bescherten. Das agrarisch geprägte Wirtschaftssystem Venezuelas veränderte sich in der Folge grundlegend. Mit dem Bedeutungsverlust der Landwirtschaft und dem Anwachsen der staatlichen Bürokratie entstanden neue gesellschaftliche Kräfte, denen das archaische Herrschaftssystem Gómez' keine Partizipationsmöglichkeiten bot.

Der Unmut der wachsenden städtischen Mittelschicht äußerte sich in mehreren erfolglosen Protestbewegungen, deren Protagonisten sich großteils aus der Studentenschaft der *Universidad Central de Venezuela* rekrutierten und die ihren Höhepunkt in den Jahren 1928/29 erreichten. In dieser Phase begann die politische Sozialisation einer Generation, die in entscheidendem Maße die spätere demokratische Entwicklung Venezuelas prägen sollte. Zu den jungen Studenten des Jahres 1928 zählten unter anderen die künftigen Parteigründer Rómulo Betancourt und Joaquín Villalba.

Nach dem Tod Gómez' im Dezember 1935 wählte der Kongress dessen Kriegsminister, General Eleazar López Contreras, zum Präsidenten. Dieser vollzog eine vorsichtige politische Öffnung, die sein Nachfolger, General Isaías Medina Angarita, von 1941 bis 1945 fortsetzte. Die Führungspersönlichkeiten der Opposition kehrten aus dem Exil zurück, gründeten neue Organisationen und diskutierten ehrgeizige Programme zur Modernisierung des Landes. Es bestanden jedoch noch tiefe Gräben zwischen den verschiedenen politischen Lagern, die einer raschen Demokratisierung entgegenstanden. Erst unter Medina Angarita wurden sämtliche politische Parteien und Interessengruppen zugelassen, unter anderen die erste venezolanische Massenpartei *Acción Democrática* (AD) unter Führung von Rómulo Betancourt. Einer Reform des Wahlrechts und einer erweiterten Partizipation verschlossen sich jedoch die herrschenden Eliten. Derweil wuchs auch im Militär die Unzufriedenheit mit verkrusteten Hierarchien und der mangelnden Professionalität der alten Gómez-Garde.

Als sich im Vorfeld der Präsidentschaftswahlen von 1945 kein Reformkandidat durchsetzte, ergriffen junge Offiziere der Militärisch-Patriotischen Union (*Unión Patriótica Militar* – UPM) zusammen mit den Führern der AD die Initiative und stürzten die Regierung Medina. In den ersten demokratischen Wahlen des Landes im Dezember 1947 wurde Rómulo Gallegos (AD) zum Präsidenten gewählt. Gestützt auf ein überwältigendes Mandat der Wähler nahm er Reformvorhaben in Angriff, die auch sensible Bereiche wie den Grundbesitz und das Erziehungswesen berührten und den Widerstand konservativer Gruppen hervorriefen. Nach nur drei Jahren intervenierte deshalb das Militär erneut und beendete im November 1948 das demokratische Zwischenspiel. Dieses Mal jedoch bestimmten die Militärs selbst die Reformagenda und behielten sich die Einsetzung einer zivilen Regierung für einen späteren Zeitpunkt vor. Dieser Zeitpunkt sollte erst im Jahr 1958, nach einer zehnjährigen, zunehmend repressiven Diktatur, eintreten. Mit General Marcos Pérez Jiménez war nach 1950 ein radikalerer Flügel des Militärs an die Macht gelangt, der jeden pluralistischen Meinungsbildungsprozess unterband und insbesondere die Anhänger der AD mit harter Repression überzog. Als Pérez Jiménez im Jahr 1957 versuchte, durch eine manipulierte Wahl seine Amtszeit zu verlängern, formierte sich eine breite Widerstandsbewegung, die *Junta Patriótica*, der es im Januar 1958 zusammen mit Teilen des Militärs gelang, den Diktator zu vertreiben.

Nach einer turbulenten Übergangsperiode unter Admiral Wolfgang Larrazábal wurde Rómulo Betancourt im Dezember 1958 zum Präsidenten gewählt. Die bitteren Erfahrungen des *Trienio* von 1945 bis 1948 und der Militärdiktatur begünstigten einen Konsens zwischen den demokratischen Kräften, die nun den Erhalt der Demokratie über die eigenen Machtambitionen zu stellen bereit waren. Bereits im Exil hatten sich die Führer der wichtigsten Parteien – Rómulo Betancourt (AD), Rafael Caldera (COPEI) und Joaquín Villalba (URD)[1] – auf eine Zusammenarbeit verständigt, die nach dem Sturz der Diktatur in einem formalen Pakt bekräftigt wurde. Dieser sogenannte *Pacto de Punto Fijo* beinhaltete die Einigung auf eine gemeinsame Koalitionsregierung und ein Minimalprogramm unter Ausklammerung umstrittener Bereiche. Auch die übrigen Machtgruppen des Landes – Unternehmer, Kirche, Militär – wurden durch programmatische und finanzielle Zugeständnisse in das demokratische System eingebunden und mit der Parteienherrschaft versöhnt. Damit war der Grundstein für eine demokratische Konsolidierung gelegt, die in den folgenden Jahrzehnten Modellcharakter für ganz Lateinamerika erlangen sollte.

Allerdings führten der Ausschluss der Kommunisten aus dem Regierungspakt und ein zunehmender Rechtskurs der Regierung Betancourt zu einer Radikalisierung der Linken.

---

[1] COPEI – Comité de Organización Política Electoral Independiente (Unabhängiges Organisationskomitee für Politik und Wahlen); URD – Unión Republicana Democrática (Republikanisch-Demokratische Union).

Der linke Parteiflügel um Domingo Alberto Rangel spaltete sich von der AD ab und eröffnete zusammen mit der Kommunistischen Partei (*Partido Comunista de Venezuela* – PCV) nach kubanischem Vorbild den bewaffneten Kampf gegen die Regierung. Zwischen 1961 und 1963, als die Aktivitäten der Guerilla ihren Höhepunkt erreichten, gewannen die Streitkräfte eine staatstragende Funktion als Verteidiger der bestehenden Ordnung. Erst zum Ausgang der 1960er Jahre, nach einem Waffenstillstand mit der Guerilla und dem ersten demokratischen Regierungswechsel in der Geschichte des Landes – die Präsidentschaftswahlen von 1968 gewann der COPEI-Kandidat Rafael Caldera – konnte die Parteiendemokratie als gefestigt gelten.

Das Parteiensystem war während der 1960er Jahre stark fragmentiert, wandelte sich dann aber immer stärker zu einem Zwei-Parteien-System mit Stimmanteilen von über 80% für die beiden Massenparteien AD und COPEI. Deren Dominanz erstreckte sich nicht nur auf den parlamentarischen Entscheidungsprozess, sondern auf das gesamte politische Leben Venezuelas. Steigende Einnahmen aus dem Ölgeschäft bewirkten einen wirtschaftlichen Wachstumsschub und erlaubten eine Verteilungspolitik, die das politische Kartell der Parteien stabilisierte. In der Wirtschaftspolitik herrschte ein Konsens über die Planbarkeit von Entwicklung und die zentrale Rolle des Staates bei der Investition der Petrodollars in Entwicklungsprojekte, deren „Saat" in Form einer diversifizierten Wirtschaft mit einer industriellen Basis aufgehen sollte.

Während der ersten Präsidentschaft von Carlos Andrés Pérez (AD) von 1974 bis 1979, als sich infolge der Ölkrise die Staatseinnahmen vervielfachten, schien diese Vision greifbar nahe. Mit der Nationalisierung der Ölindustrie konnte Pérez ein Kernelement des national-reformerischen Entwicklungsprogramms verwirklichen. Massiv gesteigerte staatliche Ausgaben beschleunigten das Wirtschaftswachstum, führten zu einer Ausweitung der Produktion und trugen zu einer breiteren Einkommensverteilung bei. Der drohenden Inflation wurde mit staatlichen Preiskontrollen begegnet und die wachsende inländische Angebotslücke (dank einer starken Währung) durch Importe geschlossen. Die venezolanische Wirtschaft stieß jedoch angesichts eines immensen Zuflusses an Devisen, zusätzlich gesteigert durch eine sorglose Verschuldungspolitik, schnell an die Grenzen ihrer Kapazität. Das eingesetzte Kapital verpuffte und führte zu keiner nachhaltigen Produktivitätssteigerung.

Bis Ende der 1970er Jahre hatten sich die makroökonomischen Ungleichgewichte bedrohlich verstärkt, das fiskalische Defizit und die Auslandsschuld erreichten gefährliche Höhen. Die neue Regierung von Luis Herrera Campíns (COPEI) versuchte 1979 mit einem Stabilisierungsprogramm gegenzusteuern und die durch staatliche Interventionen verursachten Verzerrungen zu reduzieren. Nachdem sich infolge der zweiten Ölkrise zu Beginn der 1980er Jahre die Einnahmen aus dem Ölsektor noch einmal verdoppelt hatten, folgte nach 1981 ein markanter Rückgang der Öleinnahmen. Eine steigende Inflation und fallende Ölpreise zwangen im Jahr 1983 zu einer Abwertung des *Bolívar*, womit eine Abwärtsspirale aus Kapitalflucht, wachsendem Schuldendienst und weiteren Abwertungen in Gang gesetzt wurde. Die Folgen waren eine Rezession, sinkende Reallöhne und steigende Arbeitslosigkeit. Mit der Wirtschaft geriet auch die venezolanische Demokratie in eine bis heute andauernde Krise.

Seit Beginn der 1980er Jahre wurde die öffentliche Diskussion von der Frage bestimmt, wie das politische System Venezuelas zu reformieren sei. Eine von Jaime Lusinchi (AD), dem Sieger der Wahlen von 1983, einberufene Kommission (COPRE) legte ein weitreichendes Reformprogramm vor, konnte aber die fortschreitende Entfremdung zwischen

Staat und Gesellschaft nicht aufhalten. In den Augen immer größerer Teile der Bevölkerung schwand die Legitimität der politischen Institutionen. Fehlende Kontrolle und unklare Verantwortlichkeiten führten in der aufgeblähten Verwaltung zu einem gewaltigen Ausgreifen der Korruption und in den Reihen der Sicherheitsorgane zu immer bedrohlicheren Auswüchsen an Willkür und Gewalt. Hinzu kam eine wachsende Kluft zwischen denjenigen, die sich nach wie vor ihren Teil an den schwindenden Ressourcen sichern konnten und den immer breiteren Schichten, die der Verarmung anheim fielen.

Kurz nachdem Carlos Andrés Pérez im Februar 1989 seine zweite Präsidentschaft angetreten hatte, kam es als Reaktion auf ein unerwartetes Austeritätsprogramm zu Unruhen und Plünderungen in den großen Städten des Landes, die im Nachhinein als ein Wendepunkt angesehen werden müssen, der das Ende des gesellschaftlichen Konsenses markierte. Die unteren Bevölkerungsschichten waren nicht bereit, die Lasten der makroökonomischen Stabilisierung zu tragen. Auf den Volksaufstand folgten im Jahr 1992 zwei Putschversuche links-nationalistischer Militärs und schließlich die Absetzung von Präsident Pérez in einem Amtsenthebungsverfahren. Hatte sich im Jahr 1983, nach der ersten Abwertung und dem Beginn der Krise, der Unmut noch allein gegen die regierende COPEI gerichtet, so geriet nach 1989 auch die AD und damit das bisherige Zwei-Parteien-System insgesamt in Misskredit. Der Elitenkonsens von 1958, auf dem das politische System Venezuelas begründet worden war, wurde nun für Korruption, Ungleichheit und mangelnde Partizipation verantwortlich gemacht.

Die Wahlen von 1993 gewann Rafael Caldera, der seiner Partei COPEI den Rücken gekehrt und ein eigenes Wahlbündnis gegründet hatte. Trotz populistischer Parolen gegen den Neoliberalismus blieb Caldera angesichts einer schweren Finanzkrise nichts anderes übrig, als ein weiteres Stabilisierungsprogramm einzuleiten. Sinkende Ölpreise machten auch diese Reformbemühungen zunichte. In den Präsidentschaftswahlen des Jahres 1998 entschieden sich die Wähler mit deutlicher Mehrheit für den ehemaligen Putschisten Hugo Chávez Frías und damit für einen radikalen Bruch mit dem bisherigen politischen System. Die von Chávez ausgerufene „Bolivarische Revolution" versprach eine neue Verfassung, eine größere Teilhabe der unteren Bevölkerungsschichten und eine gerechtere Verteilung der Öleinnahmen. Zu diesem Zweck sicherte er sich nach erbitterten Konflikten mit dem Management die Kontrolle über die bis dahin weitgehend unabhängig operierende staatliche Ölgesellschaft *Petróleos de Venezuela, Sociedad Anónima* (PDVSA), die seitdem maßgeblich zur Finanzierung von Regierungsprogrammen beiträgt. Entsprechend folgt die Popularitätsrate von Präsident Chávez der Preiskurve des Öls und weist nach einer ausgeprägten Depression Ende des Jahres 2001 seit 2003 wieder eine steigende Tendenz auf. Mit seiner Ölpolitik verletzte Chávez gewichtige Interessen der Wirtschaftselite und zog sich den erbitterten Widerstand einer breiten Allianz aller wichtigen politischen Akteure zu. Daneben trug auch sein konfrontativer Regierungsstil dazu bei, dass die politischen Auseinandersetzungen fanatische Züge annahmen und jeder Kompromiss unmöglich wurde. Nach einem Putschversuch und einem mehrwöchigen Generalstreik im Jahr 2002 scheiterte die Opposition im August 2004 mit einem Abberufungsreferendum gegen Chávez und konnte sich seitdem noch nicht wieder neu organisieren.

Seinem Anspruch, die fünfte venezolanische Republik zu begründen und eine neue Ära einzuläuten, konnte Chávez bis heute nicht gerecht werden. Zwar hat er die Verfassung von 1961 ersetzt und die traditionellen Parteien weitgehend aus der politischen Arena verdrängt, es ist ihm aber nicht gelungen, an die Stelle des alten Systems Verfahren und Institutionen zu setzen, die legitime Entscheidungen generieren und einen Ausgleich zwischen den verschiedenen politischen und gesellschaftlichen Kräften schaffen. Das vorangegangene System war gescheitert, weil der politische Wettbewerb ungleich ausgetragen wurde und nicht alle Akteure über dieselben Partizipationschancen verfügten. Als Reaktion auf diese Fehlentwicklung bietet Chávez nun ein Modell an, das sich nicht nur gegen die Parteienherrschaft wendet, sondern den politischen Pluralismus an sich in Frage stellt. In einer heterogenen und vergleichsweise fortschrittlichen Gesellschaft wie der venezolanischen hat dieser als „partizipativ" bezeichnete Kollektivismus – der Akzent liegt auf „Volk" und „Nation" – keine Aussicht auf dauerhaften Erfolg. Er hat aber die Grundwerte des politischen Systems und die traditionellen Akteure in einer Weise herausgefordert, die eine lange und schmerzhafte Auseinandersetzung erwarten lässt.

2   Verfassungsgeschichte

In den knapp 200 Jahren seit der Unabhängigkeitserklärung hat Venezuela nicht weniger als 26 Verfassungen hervorgebracht, die letzte und aktuell gültige im Jahr 1999. Die frühen Verfassungen orientierten sich am erfolgreichen Beispiel der USA und an der liberalen Verfassung von Cádiz aus dem Jahr 1812. Mit letzterer war in den amerikanischen Kolonien ein indirektes Wahlverfahren etabliert und der Weg in die Souveränität über einen Verfassungsprozess vorgezeichnet worden. Die venezolanische Verfassung von 1830 übernahm, wie alle folgenden, das Prinzip der Gewaltenteilung, nicht aber die liberalen Regelungen zu Bürgerschaft und Wahlrecht. Stattdessen bestätigte sie mit einem indirekten Zensuswahlrecht die restaurativen Tendenzen der Oligarchie. Erst in die föderale Verfassung des Jahres 1964 wurde ein umfangreicher Katalog der Grundrechte aufgenommen, der auch das allgemeine Wahlrecht beinhaltete.

Der Widerspruch zwischen den oft hochfliegenden Verfassungsprinzipien und der politischen Realität konnte allerdings bis heute nicht überwunden werden. Während des 19. Jahrhunderts dienten die verschiedenen Verfassungen als Feigenblatt für ein oligarchisches Herrschaftssystem, das nicht legalen Prinzipien gehorchte, sondern den Machtmitteln und Interessen einer begrenzten Schicht aus Händlern und Grundbesitzern. Die grundlegenden Auseinandersetzungen um die verfassungsmäßige Ordnung betrafen vorwiegend die Rolle des Zentralstaats gegenüber den Einzelstaaten und spiegelten gegensätzliche Interessen innerhalb der Oligarchie wider. Aus jener Zeit stammt der Ausspruch „la Constitución sirve para todo" – „die Verfassung ist gut für alles"(Kornblith 1991: 62). Nach diesem Motto verfuhr auch Juan Vicente Gómez, der mit sieben Verfassungsänderungen seine Präsidentschaft von regulär vier auf 27 Jahre verlängerte.

Die erste nach formalen und inhaltlichen Kriterien demokratische Verfassung entstand im Jahr 1947 während des *Trienio*. Sie wurde bereits 1953 von der Militärregierung ersetzt, lieferte aber die Vorlage für die Verfassung von 1961, die das Fundament für die demokratische Entwicklung Venezuelas bildete. Darin wurden Rechtsstaatlichkeit, Pluralismus und ein repräsentatives politisches Entscheidungssystem grundgelegt. Der unter Vermeidung strittiger Punkte erzielte Minimalkonsens zur Erhaltung der demokratischen Ordnung erwies sich aber als nur begrenzt belastbar. Mit dem offensichtlichen Versagen des politischen Systems bei der Bewältigung der Wirtschaftskrise der 1980er Jahre wurden auch die Rufe nach einer Verfassungsrevision lauter. Nach mehreren gescheiterten Reformversuchen setzte sich im Laufe der 1990er Jahre immer mehr die Überzeugung durch, dass es eines vollständigen Neubeginns bedurfte.

Wie angekündigt ließ Hugo Chávez deshalb nach seinem Amtsantritt eine verfassunggebende Versammlung wählen, wobei er sich auf die erst 1997 ins Wahlgesetz aufgenommene Möglichkeit eines konsultativen Referendums berief. In der neuen, „bolivarischen" Verfassung, die im Dezember 1999 ratifiziert wurde, wird der Anspruch erhoben, eine partizipative Demokratie in Abgrenzung zur repräsentativen Demokratie zu begründen, was in einer großen Bandbreite an direktdemokratischen Verfahren zum Ausdruck kommt. Unter anderem können nun per Referendum Gesetze außer Kraft gesetzt (Art. 74) und sämtliche Amtsträger nach der Hälfte ihrer Amtszeit abberufen werden (Art. 72). Die gesamte Verfassungsdebatte war aber von heftigen Kontroversen begleitet, die sich nach Abschluss der Ratifizierung fortsetzten und ein klares Indiz dafür sind, dass es mit der neuen Verfassung nicht gelungen ist, den zerbrochenen Grundkonsens von 1961 wiederherzustellen.

In der bisherigen Geschichte Venezuelas war die Verfassung häufig nicht Rahmen, sondern Gegenstand der politischen Auseinandersetzungen, was auf einen fundamentalen innergesellschaftlichen Interessengegensatz hindeutet, der keinen dauerhaften Konsens über die grundlegenden Prinzipien der politischen Ordnung zulässt. Nach einem Ende der Regierung Chávez wird wohl auch deren Verfassungsprojekt erneut zur Disposition stehen.

3 Der Präsident

Wie überall in den präsidentiellen Systemen Lateinamerikas ist in Venezuela der Staatspräsident zugleich Staatsoberhaupt und Chef der Exekutive. Auch mit der neuen Verfassung des Jahres 1999 hat sich daran nichts geändert. Der Präsident ernennt und entlässt die Minister, schließt internationale Verträge und Abkommen und entscheidet über die Verhängung des Ausnahmezustands. Er ist außerdem Oberkommandierender der Streitkräfte, deren Loyalität er durch Beförderungen innerhalb der oberen Offiziersränge sicherstellen kann (Art. 236). Mit der Verlängerung der Amtszeit des Präsidenten von fünf auf sechs Jahre und vor allem mit der Möglichkeit der einmaligen Wiederwahl wurden aber gegenüber der Verfassung von 1961 die institutionellen Rahmenbedingungen entscheidend verändert.

Der venezolanische Präsident ist gemessen an seinen verfassungsmäßigen Kompetenzen im Bereich der Gesetzgebung relativ schwach, verglichen mit anderen präsidentiellen Systemen in der Region. Dennoch nimmt er aufgrund seiner direkten Legitimation durch das Volk, der Verfügung über den Verwaltungsapparat und der speziellen Ausformung des venezolanischen Parteiensystems eine herausragende Position im politischen System ein. Bis 1999 galt das Verbot der unmittelbaren Wiederwahl, was dem Präsidenten auch gegenüber seiner Partei eine relativ unabhängige Stellung verlieh. An programmatischen Grundsatzentscheidungen und wichtigen Gesetzesinitiativen war aber in der Regel die jeweilige Parteiführung maßgeblich beteiligt.

Der aktuelle Präsident Chávez stützt sich auf die „Bewegung Fünfte Republik" (*Movimiento Quinta República* – MVR), deren Vorsitzender er ist und mit deren Hilfe er eine Mehrheit im Parlament kontrolliert. Damit hat sich in den letzten Jahren die Dominanz des Präsidenten derart verstärkt, dass von einem funktionierenden System der *checks and ba-*

lances nicht mehr gesprochen werden kann. Das Prinzip der institutionellen Gewaltentei-lung widerspricht den von Chávez verfochtenen Vorstellungen von „partizipativer" Demo-kratie, wonach der politische Prozess sich auf die möglichst unvermittelte Kommunikation zwischen Führer und Volk beschränkt.

4   Das Parlament

Das Parlament konnte in Venezuela nie die zentrale Rolle spielen, die ihm als Ort der Ge-setzgebung und als institutionelles Gegengewicht zur Exekutive formal zukommt. Der dominierende Einfluss der Parteien verhinderte einen unabhängigen Entscheidungsprozess in den Fraktionen und untergrub damit die deliberativ-vermittelnde Funktion der Volksver-tretung. Das Abstimmungsverhalten wurde von den jeweiligen Parteiführungen vorab fest-gelegt und über die Fraktionsspitze den Abgeordneten von außen diktiert. Auch den Aus-schüssen kam nur untergeordnete Bedeutung zu, da sie aufgrund ihrer beschränkten Kapa-zitäten nicht in der Lage waren, den Gesetzgebungsprozess entscheidend zu beeinflussen. In den Augen der Bevölkerung zählte das Parlament lange zu den Institutionen mit dem geringsten Prestige.

Gleichwohl sorgte der Einfluss der Parteien in der Vergangenheit auch dafür, dass par-lamentarische Mehrheiten gesichert waren und es nicht zu der von den Kritikern des Präsi-dentialismus befürchteten Blockade zwischen Exekutive und Legislative gekommen ist. Darüber hinaus hielt der *Punto-Fijo*-Pakt die oppositionellen Fraktionen im Parlament von einem scharfen Gegenkurs zur Exekutive auch dann ab, wenn die Präsidentenpartei über keine eigene Mehrheit verfügte.

Bis 1999 bestand der venezolanische Kongress aus zwei Kammern, welche in gleich langen Legislaturperioden von fünf Jahren die Gesetzgebung gemeinsam ausübten. Der Senat bildete das Oberhaus und setzte sich aus je zwei Vertretern der Bundesstaaten sowie den ehemaligen Staatspräsidenten zusammen. Im Abgeordnetenhaus waren neben den gro-ßen Massenparteien zahlreiche kleinere Parteien und Gruppierungen mit insgesamt 200 Abgeordneten vertreten. Mit der Verfassung von 1999 wurde der Senat abgeschafft und das Parlament auf 165 Sitze verkleinert. In die im Jahr 2000 neu gewählte Nationalversamm-lung zogen Abgeordnete von 14 Parteien sowie drei Vertreter von indigenen Gemeinschaf-ten ein, wobei die Wahlplattform von Hugo Chávez mit 92 Abgeordneten die mit Abstand größte Fraktion stellte. Fraktionswechsel und Abspaltungen haben inzwischen das Regie-rungslager auf 86 Abgeordnete schrumpfen lassen, womit es momentan gegenüber dem Oppositionsblock aus zehn Parteien noch eine knappe Mehrheit behauptet. Die Regierung ist nun bei der Umsetzung ihres „revolutionären" Programms auf Koalitionspartner ange-wiesen, was die Durchsetzung umstrittener Vorhaben erschwert.

Mit dem Ende des Zwei-Parteien-Systems hat sich das Erscheinungsbild des Parla-ments grundlegend verändert. Momentan überdeckt die Polarisierung zwischen Anhängern und Gegnern der Regierung Chávez die Differenzen zwischen den zahlreichen Fraktionen. Sobald sich jedoch diese starren Fronten auflösen, besteht für das Parlament die Chance – und die Notwendigkeit –, zu einer neuen Rolle im Institutionengefüge zu finden.

5   Die Gesetzgebung

Nach Maßgabe der Verfassung ist der Präsident bei der Gesetzgebung auf die Zusammenarbeit mit dem Parlament angewiesen. Er ist weder in der Lage, eine Gesetzesinitiative zu verhindern, noch ein Gesetz mittels Veto zu blockieren – das suspensive Veto des Präsidenten kann durch das Parlament mit absoluter Mehrheit überstimmt werden (Art. 215). Andererseits besitzt er keine Handhabe, um ein Gesetz ohne das Parlament in Kraft zu setzen. In der Realität zeigte sich aber, dass die hier beschriebenen Rollen häufig vertauscht wurden. Das mit durchschnittlich weniger als 30 verabschiedeten Gesetzen pro Jahr ohnehin eher unproduktive venezolanische Parlament wurde im Prozess der Gesetzgebung stark von der Exekutive beeinflusst und phasenweise dominiert. Die Gesetzesinitiative erfolgte trotz weit gefasster Regelungen meist seitens der Regierung. Darüber hinaus entäußerte sich das Parlament bisher gerade in kritischen Situationen seines wichtigsten Privilegs, indem es den Präsidenten (mit qualifizierter Mehrheit) autorisierte, in den Bereichen Wirtschaft und Finanzen Gesetze per Dekret zu erlassen.

Bis 1998 erhielten fünf Präsidenten eine solche Ermächtigung, während sich Hugo Chávez in seinen ersten drei Regierungsjahren bereits zweimal – 1999 und 2000 – eine Vollmacht zur Gesetzgebung erteilen ließ. Diese Ermächtigungsgesetze (*ley habilitante*) enthielten in der Regel genaue Bestimmungen über Dauer, Gegenstand und Reichweite der übertragenen Vollmacht, luden aber dennoch zu präsidentiellen Anmaßungen ein und waren deshalb – besonders in den letzten Jahren – Anlass für interinstitutionelle Querelen. Die Krise des Jahres 2002 war hauptsächlich auf Kompetenzüberschreitungen des Präsidenten im Rahmen eines Ermächtigungsgesetzes zurückzuführen.

Der Anspruch der Regierung Chávez, den Staat grundlegend umzugestalten, hatte eine insgesamt große Zahl an neuen Gesetzen und Gesetzesänderungen zur Folge, die in teilweise überstürzter und handwerklich mangelhafter Form zustande kamen. Der in der Verfassung geforderte Dialog mit den betroffenen Gruppen wurde dabei vernachlässigt, was zu erheblichen Widerständen insbesondere gegen die 103 präsidentiellen Gesetzesdekrete von 1999 und 2001 führte. Allerdings besteht mit der neu geschaffenen Möglichkeit, Gesetze und Dekrete per Referendum außer Kraft zu setzen (Art. 74), eine Handhabe gegen die Regierungspolitik, ohne dass diese bisher von der Opposition genutzt worden wäre.

6   Die öffentliche Verwaltung

Die längerfristigen Ursachen für die letzten Krisenerscheinungen in Venezuela sind nicht zuletzt in einem überzogenen Steuerungsanspruch des Staates und der Ineffizienz der öffentlichen Verwaltung zu suchen. Ein Großteil der allgemeinen Unzufriedenheit mit den politischen Institutionen ist nicht auf die mangelnde Qualität der politischen Entscheidungen zurückzuführen, sondern auf Defizite bei deren Implementierung. Mangelnde personelle und programmatische Kontinuität infolge von Regierungswechseln und veränderten wirtschaftlichen Rahmenbedingungen standen der Entwicklung eines professionellen und leistungsfähigen Verwaltungsapparats im Wege. Unklare Verantwortlichkeiten und ein Wildwuchs an neuen Institutionen – insbesondere während der Öl-Bonanza nach 1974 – erschwerten die Kontrolle und begünstigten die Korruption.

Bis in die 1930er Jahre hatte der venezolanische Staat nur sehr begrenzte Aufgaben wahrgenommen. Danach erfolgte mit dem Ölboom eine stetige Ausweitung staatlicher Tätigkeit und damit ein Anwachsen der Verwaltung, insbesondere in den sogenannten dezentralisierten Bereichen. Hierzu gehörten Staatsbetriebe und autonome Institute, die als Exekutivorgane der staatlichen Wirtschafts- und Sozialpolitik dienten und in die immense Mittel flossen. Dabei stand der Leistungsausweis der Verwaltung in keinem Verhältnis zu den aufgewandten Ressourcen und der Ruf nach effizienteren staatlichen Implementierungsstrukturen bildete seit den 1960er Jahren eine Konstante in der venezolanischen Politik.

Die Verwaltung war bis in die 1980er Jahre stark zentralisiert. Alle Behörden wurden von den nationalen Ministerien aus geführt – dabei von besonderer Bedeutung waren das Zentrale Planungs- und Koordinierungsamt (CORDIPLAN) und das Zentrale Personalbüro (OCP) –, welche wiederum dem Staatspräsidenten unterstanden. Im Rahmen der von COPRE empfohlenen Dezentralisierung gingen einige Bereiche in die Verantwortung der Einzelstaaten über, unter anderem die regionalen Entwicklungsprogramme. Laut Verfassung obliegt die Kontrolle der Verwaltung dem Kongress und dem nationalen Rechnungsprüfer (Art. 187, 289), welche jedoch gegen die ministeriellen Apparate keine effektive Handhabe besitzen und sich deshalb auf verbale Anklagen beschränken müssen.

Nach seinem Regierungsantritt im Jahr 1999 führte Hugo Chávez eine Verwaltungsreform durch, welche die Zahl der Ministerien auf 14 reduzierte und die zahlreichen Sozialfonds unter einem Dach zusammenführte, ohne allerdings den öffentlichen Sektor insgesamt zu verkleinern. Auf Skepsis stieß die Verwendung der Streitkräfte für gesellschaftspolitische Maßnahmen wie das Sozialprogramm *Plan Bolívar 2000* und die Berufung von Militärangehörigen in hohe Verwaltungsämter. Kritische Stimmen beklagen, dass die Verwaltung nach wie vor als Reservoir von Posten zur Vergütung politischer Gefolgschaft dient und Chávez die Chance zu einer echten Reform verpasst hat. Das Übel der Korruption besteht unverändert fort und mindert die Effizienz des Regierungshandelns erheblich.

7   Wahlsystem und Wahlverhalten

In Venezuela fanden seit 1958 regelmäßig allgemeine, freie und gleiche Wahlen statt. Eine effektive Kontrolle der Repräsentanten durch die Bürger ging damit aber nicht einher, da das Verhältniswahlrecht deren Identifizierbarkeit und damit die Zuordnung von Verantwortlichkeit erschwerte – außer dem Amt des Staatspräsidenten wurden alle Wahlämter nach anonymen Parteilisten vergeben. Die Reformkommission COPRE hatte dieses Problem erkannt und eine Reform angestoßen, die im Jahr 1993 umgesetzt wurde und seitdem eine stärker personenbezogene Wahl ermöglicht. Eine weitere Reform aus dem Jahr 1997 zielte darauf ab, den Einfluss der großen Parteien auf den Wahlprozess zu verringern.

Das Wahlgesetz von 1997 ist noch immer gültig, hat aber seither einige Modifizierungen erfahren, insbesondere die Ausweitung des Wahlrechts auf Militärangehörige und die verbesserte Repräsentation indigener Minderheiten. Nach dem momentanen Wahlrecht wird, ähnlich dem deutschen Modell, ein Teil der Parlamentsabgeordneten (60%) nach dem Mehrheitsprinzip in Wahlkreisen gewählt und der Rest nach Parteilisten, wobei der proportionale Stimmanteil einer Partei bei der Listenwahl über deren Stärke im Parlament entscheidet. Die Direktwahl des Präsidenten fand bisher zeitgleich in nur einem Wahlgang (mit relativer Mehrheit) statt. Die Regional- und Gemeindewahlen hingegen werden seit 1989 gesondert abgehalten. Sämtliche Wahlprozesse einschließlich der Wählerregistrierung organisiert und überwacht der nationale Wahlrat (CNE), dessen fünf Mitglieder von der Nationalversammlung mit qualifizierter Mehrheit auf sieben Jahre gewählt werden.

Die lange Zeit von AD und COPEI dominierten Wahlkämpfe waren völlig auf die Wahl des Staatspräsidenten ausgerichtet, während die Parlamentswahl in den Hintergrund trat. Deshalb konnte sich bis 1993 ein Zwei-Parteien-System etablieren, obwohl das Wahlrecht eigentlich die zahlreich antretenden kleinen Parteien begünstigte. Aufgrund des Majoritätsprinzips erfolgte eine Konzentration der Stimmen auf die aussichtsreichsten Präsidentschaftskandidaten, deren Parteien dann auch die Zweitstimme für die Parlamentswahl erhielten. Trotz unterschiedlicher Wahlmodi war also über weite Strecken eine parallele Abgabe der Erst- und der Zweitstimme und damit eine Konzentration auf die großen Parteien zu beobachten. Aufgrund abnehmender Parteiidentifikation besteht seit 1993 eine Tendenz zu einer stärkeren Streuung und einem *Splitting* der Stimmen, die sich mit den künftig um mindestens ein Jahr versetzt stattfindenden Präsidentschafts- und Parlamentswahlen noch verstärken dürfte.

Bereits seit längerem ist ein Anstieg der Wahlenthaltung zu verzeichnen. Die Zunahme der Wahlprozesse einschließlich der zahlreichen Referenden in den Jahren 1999 und 2000 führte zu einer Ermüdung der Wähler, für die noch immer kein klarer Zusammenhang zwischen ihrer Wahlentscheidung und den politischen Realitäten erkennbar ist. Die Wahlbeteiligung bei den Kommunalwahlen im August 2005 lag bei gerade einmal 23%.

8 Die Parteien

Die entscheidende Bedeutung, die den Parteien in einem repräsentativen politischen System als „Transmissionsriemen" zwischen Staat und Gesellschaft zukommt, wurde in Venezuela noch dadurch gesteigert, dass andere Partizipationswege verschlossen waren bzw. ebenfalls von den Parteien vereinnahmt wurden. Die politische Geschichte Venezuelas seit 1958 ist vor allem eine Geschichte der Parteien. Dabei können drei Gruppen von Parteien unterschieden werden:

1. Die einst staatstragenden, straff organisierten Massenparteien AD (sozialdemokratisch) und COPEI (christdemokratisch), die sich im Anschluss an den Pakt von *Punto Fijo* zwischen 1968 und 1993 an der Regierung abwechselten und das politische *Establishment* verkörperten. Charakteristisch für diese Parteien ist ihre hierarchische Struktur, in der sämtliche Entscheidungen durch die zentralen Führungsgremien – den sogenannten *Cogollo* („Salatkopf") – getroffen werden.
   Die 1941 gegründete AD hatte ihren Ursprung in der Studentenbewegung von 1928. Sie reagierte als erste auf den gesellschaftlichen Wandel der 1930er Jahre und griff die Forderungen des neuen Mittelstands und der Arbeiterschaft auf, deren Integration in die Partei in den 1940er Jahren mit Nachdruck betrieben wurde. In den 1960er Jahren wurde die AD durch mehrere Spaltungen erheblich geschwächt, wovon die zweite große Volkspartei, COPEI, profitierte.
   Der von Rafael Caldera im Jahr 1946 gegründete COPEI orientierte sich programmatisch an der katholischen Soziallehre und schrieb sich den Kampf gegen den Kommu-

nismus auf die Fahnen. Seinen stärksten Rückhalt hatte er in den konservativen Andenregionen, ehe er sich nach 1958 zur politischen Mitte hin orientierte und eine starke, landesweite Parteiorganisation aufbaute, die mit der AD um die Macht konkurrier-
te. Dabei näherten sich beide Parteien programmatisch so stark an, dass sie von den
Wählern nicht mehr als Alternativen wahrgenommen wurden. Mit Beginn der 1990er
Jahre verloren AD und COPEI dramatisch an Terrain, das nachfolgend von Parteien
der beiden anderen Gruppen eingenommen wurde. Die ehemaligen Staatsparteien gelten inzwischen als Inbegriff der Korruption und der Misswirtschaft, weshalb ihr Bedeutungsverlust als endgültig angesehen werden kann.

2. Eine Gruppe kleinerer oder regionaler Parteien, die durch Neugründungen, Zusammenschlüsse oder Spaltungen ein ständig wechselndes Panorama bietet. Die traditions-
reichsten unter diesen Parteien sind die *Bewegung zum Sozialismus* (*Movimiento al
Socialismo* – MAS) und die *Radikale Sache* (*La Causa Radical* – Causa R), die aus
Abspaltungen von der Kommunistischen Partei hervorgegangen sind und zur politischen Heimat vieler ehemaliger Guerilleros wurden. Sie zeichnen sich durch alternative Organisationsformen und interessante Programmentwürfe aus, die allerdings nie bei
der breiten Masse der Wählerschaft ankamen. Ihr Schwerpunkt liegt in den großen
Städten oder in bestimmten Regionen, wo sie, wie die *Causa R* im Staat Bolívar, mitunter zu beachtlicher Stärke wuchsen. Auf regionaler Ebene etablierten sich seit 1989,
begünstigt durch die Dezentralisierung, neue Organisationen wie *Gerechtigkeit zuerst*
(*Primero Justicia* – PJ) oder *Projekt Venezuela* (*Projecto Venezuela* – PV), die inzwischen den Sprung ins nationale Parlament geschafft haben. Die Gretchenfrage an alle
diese Parteien lautet im Moment: „Wie haltet ihr es mit Chávez?". Während die meisten sich dem Lager der Opposition angeschlossen haben, unterstützt eine Abspaltung
des MAS – *Podemos* – und *Heimat für alle* (*Patria Para Todos* – PPT) die Regierung.

3. Populistische Phänomene und personalistische Ad-hoc-Gruppierungen, die sich von
den etablierten Parteien absetzten und damit vor allem in den 1960er Jahren Über-
raschungserfolge feiern konnten, dann aber meist wieder verschwanden. Ein idealtypi-
scher Vertreter dieser Kategorie ist auch die links-nationalistische *Bewegung Fünfte
Republik* (MVR), die als Wahlplattform von Hugo Chávez im Jahr 1997 aus der zivil-
militärischen *Revolutionären Bolivarischen Bewegung* (*Movimiento Bolivariano Revolucionario* – MBR-200) hervorgegangen ist. Der MVR zählt laut einer aktuellen Erhebung ca. 1,5 Millionen Anhänger, die in kleinen Einheiten (*Patriotische Zirkel*) organisiert sind. Wenngleich es sich noch immer um eine stark personalistische Gruppierung handelt, verfügt sie inzwischen über eine feste Organisationsstruktur und einen
gewissen Grad an Institutionalisierung.

Gleichwohl ist es das erklärte Ziel der „bolivarischen" Bewegung, die Parteien als zentrale
politische Akteure zu beseitigen. Die Verfassung von 1999 erkennt ihnen keine privilegierte Stellung zu und spricht lediglich von „Gruppierungen mit politischen Zielen". Darüber
hinaus wurde die staatliche Parteienfinanzierung verboten (Art 67). Das venezolanische
Parteiensystem ist mit dem Ende des *Punto-Fijo*-Pakts in Bewegung geraten und weist
momentan ein hohes Maß an Volatilität, De-Institutionalisierung und Polarisierung auf.
Damit ist das demokratische System insgesamt erheblich beeinträchtigt, da die Parteien
nicht in der Lage sind, als Vermittler von Interessen im politischen Entscheidungsprozess
zu fungieren. Mit den zahlreichen Interessengruppen stehen zwar alternative Partizipati-

onsmöglichkeiten offen, sie vertreten jedoch jeweils nur eine bestimmte Gruppe und können deshalb die Parteien nicht in ihrer repräsentativen Funktion ersetzen.

9   Interessengruppen

Die wichtigsten traditionellen Interessengruppen – der Gewerkschaftsverband (*Confederación de Trabajadores de Venezuela* – CTV), der Unternehmerverband (*Fedecamaras*) und verschiedene *white-collar*-Berufsverbände – wurden Anfang der 1940er Jahre gegründet und bildeten in der Folge einen integralen Bestandteil der venezolanischen Konsensdemokratie. Die CTV, die als Dachverband ca. 9000 Einzelgewerkschaften vertritt, stand lange unter dem Einfluss der AD, mit der sie ein symbiotisches Verhältnis einging: Zugeständnisse an die Arbeitnehmer und staatliche Zuwendungen an die Gewerkschaften wurden mit Wählerstimmen und (im Falle einer AD-Regierung) dem Verzicht auf Arbeitskämpfe vergolten. Folglich versuchte die Regierung Chávez, auch diese Bastion des alten Systems einzunehmen, indem sie per Referendum im Jahr 2000 die Neuwahl der CTV-Führung durchsetzte. In einer umstrittenen Wahl im Oktober 2001 unterlag aber die Regierung mit ihrem Kandidaten und musste den CTV-Vorsitz den traditionellen Kräften überlassen. Unter Führung von Carlos Ortega bildete der Gewerkschaftsverband fortan eine treibende Kraft im Lager der Opposition – in ungewöhnlicher Allianz mit dem mächtigen Unternehmerverband Fedecamaras.

Dieser repräsentiert als Dachverband sämtliche Sektoren der Wirtschaft. Ihr Vorsitzender, Petro Carmona Estanca, wurde während des kurzlebigen Umsturzes im April 2002 zum Staatspräsidenten ernannt. In der Vergangenheit übte Fedecamaras aufgrund ihres ökonomischen Gewichts beträchtlichen Einfluss auf die Wirtschaftspolitik aus. Daneben verstanden es auch die Verbände verschiedener Berufsgruppen wie Ärzten oder Anwälten, ihre Interessen gegenüber dem Staat geltend zu machen.

Diese Partizipationskanäle blieben jedoch einem bedeutenden Teil der Bevölkerung verschlossen: Den unter der Armutsgrenze lebenden, im informellen Sektor beschäftigten Bewohnern der *Barrios*, die nicht über die organisatorischen Möglichkeiten verfügten, ihre Interessen zu artikulieren. Ihr Anteil wuchs seit den 1980er Jahren beständig, womit die Repräsentativität des politischen Systems mehr und mehr aus dem Lot geriet.

An diesem wunden Punkt setzte Chávez an, indem er gezielt die Unterschicht ansprach. Mit der Förderung eigener Nachbarschaftsorganisationen (*Bolivarische Zirkel*) und sozialen Maßnahmen versucht die Regierung nun, den Rückhalt in den *Barrios* auf Dauer abzusichern. Die zivilgesellschaftliche Organisation außerhalb des traditionellen korporatistischen Systems gewann mit nachlassender Umklammerung durch die Parteien in den 1990er Jahre an Dynamik und hat sich inzwischen zu einem wichtigen politischen Faktor entwickelt.

Ein weiterer wichtiger Akteur ist die katholische Kirche, die als Religionsgemeinschaft kein eigentlicher Interessenverband ist, sich aber zeitweise so verhielt, besonders im Zusammenhang mit ihren Privilegien im Bildungswesen. Trotz traditionell geringen Gewichts verfügt sie auch in Venezuela, wo sich 86% der Bevölkerung zum katholischen Glauben bekennen, über Autorität, die wiederholt bei politischen Konflikten in die Waagschale geworfen wurde. Augenblicklich betreibt der katholische Klerus aktiv Opposition zur Regierung Chávez, mit der er sich verbissene rhetorische Scharmützel liefert.

10 Das Militär

Die venezolanische Geschichte wurde über weite Strecken von Militärs bestimmt, welche die Unabhängigkeit erkämpft hatten und in der Folge auch die politische Führung beanspruchten. Im 19. Jahrhundert war militärische Macht für die Durchsetzung politischer Interessen unerlässlich. Mit fortschreitender Institutionalisierung und Professionalisierung nach 1920 wuchs unter jungen Offizieren darüber hinaus die Überzeugung, dass das Militär als einzige Institution über die nötigen Voraussetzungen verfüge, Reformen und staatliche Entwicklung in Gang zu setzen. Es bedurfte zweier Umstürze und einer zehnjährigen Diktatur, bis die Militärs schließlich die Grenzen ihrer politischen Gestaltungsmöglichkeiten anerkannten.

Nach dem Übergang zur Demokratie ordneten sie sich den zivilen, demokratisch legitimierten Institutionen unter und verzichteten auf eigene politische Ambitionen. Der apolitische Charakter der Streitkräfte gehörte zum Selbstverständnis des demokratischen Venezuela. Im Verlauf der Krise seit 1983 gewann jedoch, mit fortschreitendem Legitimitätsverlust der zivilen Institutionen, die militärische Option wieder an Attraktivität. Bereits zu Beginn der 1980er Jahre schlossen sich junge Offiziere mittlerer Ränge um Hugo Chávez im MBR-200 zusammen. Ähnlich der UPM in den 1940er Jahren entwickelten sie Konzepte für einen grundlegenden politischen und gesellschaftlichen Wandel, die schließlich in die Umsturzversuche des Jahres 1992 mündeten. Nach einer zweijährigen Haftstrafe beschritt Chávez, unterstützt von linken Gruppen, den institutionellen Weg und wurde als erster (ehemaliger) Militär seit 1958 Staatspräsident. Mit Chávez gelangte eine Gruppe an die Macht, die dem Militär sehr weit reichende Aufgaben auch im Bereich der Sozial- und Entwicklungspolitik zuwies und damit auf den Widerstand von Offizieren stieß, die eine politische Vereinnahmung des Militärs ablehnten. Auf diese Spannungen setzte im Jahr 2002 die zivile Opposition, indem sie versuchte, hohe Offiziere für die eigenen (verfassungswidrigen) Ziele zu gewinnen und – auch hierin liegt eine Parallele zu den 1940er Jahren – als Vehikel zur Macht zu benutzen. Folge der politischen Krise war also eine starke Politisierung der Streitkräfte und ein Ende des *Status quo* von 1961, was eine neuerliche Klärung des zivil-militärischen Verhältnisses dringend erforderlich macht.

Augenblicklich leisten in den drei Teilstreitkräften insgesamt 82.300 Wehrpflichtige und Berufssoldaten Dienst, davon 23.000 in der Nationalgarde, 34.000 im Heer, 18.300 in der Marine und 7.000 in der Luftwaffe. Der Militäretat betrug im Jahr 2004 knapp 1,7 Mrd. US-$ oder 1,5% des BIP. Für männliche Bürger über 18 Jahre ist die Registrierung zum dreißigmonatigen Wehrdienst vorgeschrieben, für Frauen ist sie freiwillig. Die tatsächliche Rekrutierung von Wehrpflichtigen erfolgt nach Quoten in den einzelnen Regionen und erfasst bei weitem nicht alle Kandidaten. Da die Streitkräfte in verhältnismäßig hohem Ansehen stehen und gewisse Aufstiegschancen bieten, ist zurzeit kein Nachwuchsmangel zu beklagen. Die Verfassung erwähnt den Zivildienst (Art. 43), für den aber bis jetzt keine gesetzliche Grundlage existiert.

11 Massenmedien

Im Gegensatz zu den staatlichen Institutionen genießen die Medien starkes Vertrauen unter den venezolanischen Bürgern. Dank eines ausgeprägten journalistischen Berufsethos und einer traditionell kritischen Haltung bilden sie eine glaubwürdige Kontrollinstanz im politischen System, wenngleich gelegentlich die Objektivität der Berichterstattung zugunsten der politischen oder wirtschaftlichen Interessen des Eigners zurücktrat. Aktuell haben viele Medien durch die direkte Beteiligung an der politischen Konfrontation und durch ihre Gegnerschaft zur Regierung ihre Unvoreingenommenheit preisgegeben und damit an Glaubwürdigkeit verloren.

Einerseits belegen die wütenden medialen Angriffe auf Chávez, dass die Pressefreiheit voll gewährleistet ist, andererseits verweist der Leitspruch der angesehen Abendzeitung *El Mundo* („Ich ziehe eine gefährliche Freiheit einer ruhigen Sklaverei vor") darauf, dass der Beruf des Journalisten auch in Venezuela mit gewissen Gefahren verbunden ist. Im Jahr 2004 zählte die Menschenrechtsorganisation *Provea* 101 Übergriffe auf Journalisten. Der gegenwärtige Kleinkrieg zwischen der Regierung und den oppositionellen Medien ging mit der Verabschiedung eines neuen Rundfunkgesetzes im Jahr 2004 in die nächste Runde. Darin werden Vorgaben zur Wahrung der „sozialen Verantwortung" in Radio und Fernsehen gemacht, die, ebenso wie einige neue Strafrechtsartikel, eine juristische Handhabe gegen unbequeme Berichterstattung bieten. Es besteht die Gefahr, dass bereits die Androhung von Verfahren zu Formen der Selbstzensur führt.

Venezuela verfügt über eine vielfältige Medienlandschaft, in der das Fernsehen klar dominiert. Neben den zwei staatlichen Sendern gibt es sieben landesweite private Fernsehanstalten, unter denen *Globovisión*, *Venevisión* und *RCTV* eine Markt beherrschende Stellung einnehmen. Hinzu kommt der von Caracas aus betriebene lateinamerikanische Nachrichtkanal *Telesur*, der im Juli 2005 seinen Sendebetrieb aufgenommen hat. Nahezu alle Haushalte verfügen über ein Fernsehgerät, womit dieses Medium die gesamte Bevölkerung abdeckt. Jeder Haushalt kann auch wenigsten einen der ca. 200 Radiosender empfangen, die aufgrund ihrer meist geringen Sendestärke vor allem ein regionales Publikum erreichen.

Druckmedien werden von 64% der Bevölkerung konsumiert, wobei die Auflagen der einzelnen Medien schwer zu ermitteln sind. Da der Vertrieb erhebliche Kosten verursacht, sind die großen, überregionalen Tageszeitungen wie *El Nacional*, *El Universal*, *El Mundo* oder *Últimas Noticias* nur in Caracas und in den großen Städten erhältlich. Darüber hinaus gibt es ca. 60 regionale und lokale Zeitungen mit kleiner Auflage und begrenztem Verteilungsgebiet. Der Zeitschriftenmarkt deckt mit ca. 75 Periodika (viele davon importiert) sämtliche Themenbereiche ab. Wachsende Bedeutung hat auch das Internet mit inzwischen zwei Millionen Nutzern.

Nach wie vor besteht für Journalisten in Venezuela die gesetzliche Verpflichtung zu einem speziellen Universitätsabschluss und zur Mitgliedschaft im Berufsverband der Journalisten (*Colegio de Periodistas*), was zwar ihre Position gegenüber den mächtigen Verlegern und Medienbaronen stärkt, andererseits aber die journalistische Betätigung einschränkt und in der Erklärung von Chapultepec als Verletzung der Meinungsfreiheit gerügt wird. Diese Erklärung wurde im Rahmen einer Konferenz der *Inter American Press Association* im Jahr 1994 in Mexiko abgegeben. In der Praxis werden Journalisten in Venezuela aber nicht nach der Mitgliedschaft im *Colegio* gefragt, außer bei der Vergabe von Ehrungen oder Stipendien.

12   Politische Kultur

Im Zusammenhang mit der seit 1989 herrschenden Instabilität in Venezuela taucht wieder häufiger der Begriff „politische Kultur" auf, der immer dann zur Hand ist, wenn die politische Entwicklung unvorhergesehene Wendungen nimmt (vgl. Romero 1999). Hat sich einmal mehr die vermeintlich essentielle Neigung der Venezolaner zu Personalismus und Autoritarismus gegen die „importierten" institutionellen Strukturen durchgesetzt? Ein solcher Rückfall der Bürgergesellschaft in die „Untertanenkultur" ist in Venezuela gerade nicht zu konstatieren, sondern im Gegenteil ein Aufbegehren gegen mangelnde Partizipation an den politischen Entscheidungen und an den staatlichen Ressourcen. Trotz verbreiteter Unzufriedenheit mit dem Funktionieren des demokratischen Systems ist die grundsätzliche Zustimmung zur demokratischen Regierungsform sehr hoch. Autoritären Alternativen wird eine klare Absage erteilt. Die wiederkehrenden Formen des Personalismus sind also nicht Ausdruck autoritärer bzw. *caudillistischer* Grundhaltungen, sondern sie bilden mangels funktionierender legaler Strukturen die einzig verbleibende Form der Interaktion zwischen Regierenden und Regierten.

Der *Caudillismo* als Ausdruck einer angeblich genuin lateinamerikanischen politischen Kultur wird aktuell auch von Hugo Chávez propagiert, der sich dabei auf das „postdemokratische" Konzept des argentinischen Autors Norberto Ceresole beruft und damit gleichsam zwei Fliegen mit einer Klappe schlägt: Zum einen legitimiert er den eigenen personalistischen Herrschaftsstil und zum anderen gibt er seinem „bolivarischen" Projekt einen kulturellen Anstrich, der auf die Gemeinsamkeiten der Lateinamerikaner und deren Distanz zur angelsächsischen Kultur der USA abhebt.

Entgegen dieser eigenwilligen Theorie zeichnet sich die politische Kultur in Venezuela aber weniger durch tradierte Herrschaftsbeziehungen aus, als durch bestimmte inhaltliche Eigenarten. Hierzu zählt ein periodisch wiederkehrender Nationalismus, der vor allem im Zusammenhang mit Territorialfragen und der Ausbeutung von Bodenschätzen auftritt. Nationalistische Rhetorik wird jedoch auch bewusst hervorgeholt, um einen gesellschaftlichen Konsens herzustellen, der auf anderer Basis oftmals nicht existiert. Eine ähnliche Funktion erfüllt der überbordende Kult um den Befreier Bolívar, der in Venezuela buchstäblich allgegenwärtig ist und momentan für die „Revolution" von Hugo Chávez vereinnahmt wird. Diese gelegentlich etwas befremdlichen Formen der venezolanischen Politik sollten aber nicht vergessen lassen, dass die langjährige demokratische Erfahrung durchaus ein solides Fundament in Form einer ausgeprägten demokratischen Kultur geschaffen hat. Venezuela zählt zu den Ländern in Lateinamerika, wo die Bürger der Freiheit ausdrücklich den Vorzug geben vor der Ordnung.

13   Das Rechtssystem

Die Dritte Gewalt führte in Venezuela lange Zeit ein Schattendasein. Sie wurde den parteipolitischen Interessen untergeordnet und litt unter massiven Missständen auf allen Ebenen – vom Obersten Gerichtshof bis zur Polizei. Den Tribunalen der ersten Instanz stand ein einzelner Richter vor, der für alle Rechtsgebiete zuständig war und dessen Leistung lediglich nach formalen oder politischen, nicht aber nach fachlichen Kriterien beurteilt wurde. Die Appellationsgerichte in Caracas und den Provinzhauptstädten waren häufig völlig überlastet, so dass ohne persönliche Verbindungen kaum ein Fall zur Entscheidung gelangte und der Rechtsweg für die unteren Schichten der Bevölkerung praktisch verschlossen war. Ein inquisitorisches, rein schriftliches Strafverfahren sprach der Unschuldsvermutung und der Rechtsstaatlichkeit Hohn. Zur Korruption der Justizorgane und einer entsprechend vernichtenden öffentlichen Reputation trug auch deren schlechte finanzielle Ausstattung bei.

Die schwerwiegendsten Auswirkungen hatte die Ineffizienz der Justiz im Bereich des Strafrechts, wo die wenigsten Anklagen zu rechtskräftigen Verurteilungen führten und als Folge dieser *impunidad* (Straflosigkeit) die Kriminalität ungehindert gedeihen konnte. Jedoch erwies es sich auch auf anderen Gebieten als nachteilig, dass keine unparteiliche Instanz existierte, die in solchen Konfliktfällen hinzugezogen werden konnte, in denen das venezolanische Konsensmodell an seine Grenzen stieß. In den 1990er Jahren wurde die Justiz deshalb unter Beteiligung der Weltbank grundlegend reformiert. In mehreren Organgesetzen aus den Jahren 1994 und 1998 wurden unter anderem auf Gemeindeebene Schlichtungsverfahren (Friedensrichter) eingeführt, die nun gerade auch Bürgern mit niedrigem Einkommen offen stehen. Die Urteilsfindung wurde durch ein mündliches Verfahren transparenter gestaltet und die richterliche Tätigkeit stärker von administrativen Aufgaben getrennt.

Der Verfassungskonvent von 1999 berief für die weitere Reform der Justiz eine Kommission, die in einem ersten Schritt den Obersten Gerichtshof (TSJ) entmachtete und ein Drittel der gesamten Richterschaft vorübergehend suspendierte. In der neuen Verfassung wird die Organisation und die Überwachung des Justizapparats dem TSJ übertragen (Art. 267). Die obersten Richter werden unter Beteiligung der Bürgergesellschaft durch das Parlament für zwölf Jahre berufen. Für die Berufung der übrigen Richter ist ein öffentliches *Concours*-Verfahren vorgesehen, das ebenfalls Verfassungsrang erhielt (Art. 255). Die finanziellen Zuweisungen an die Justiz wurden deutlich erhöht und betrugen im Jahr 2004 (wie von der Verfassung, Art. 254, gefordert) 2% des nationalen Haushalts gegenüber 0,5% im Durchschnitt der Jahre 1971 bis 1993.

Trotz dieser Fortschritte konnte sich die Dritte Gewalt noch nicht als eigenständige institutionelle Säule behaupten. Das Übel der *impunidad* besteht unverändert fort – nur 7% der Mordfälle werden juristisch geahndet, während Angehörige der Unterschicht in vielen Fällen noch immer den Gang vor Gericht scheuen. Verfahren mit politischen Implikationen sind nach wie vor Gegenstand massiver Beeinflussung. Das von Chávez verfochtene personalistische Prinzip verträgt sich schlecht mit legalen Strukturen, weshalb sich Venezuela nach beachtlichen Fortschritten in den letzten Jahren wieder weiter von einem funktionierenden Rechtsstaat entfernt hat.

14   Regionen und Kommunen

Die fragile Gestalt des unabhängigen Venezuela nach der Trennung von Großkolumbien war das Resultat eines langen Ringens zwischen föderalistischen und zentralistischen Kräften, das sich auch nach der Unabhängigkeit fortsetzte. Der von Caracas beanspruchte Vorrang vor den anderen Provinzhauptstädten, der während der Unabhängigkeitsepoche keineswegs unangefochten war, konsolidierte sich im 19. Jahrhundert, da der Außenhandel hauptsächlich über die dort ansässige Handelsoligarchie abgewickelt wurde. Noch standen aber zu diesem Zeitpunkt die Schwäche der Zentralgewalt sowie schlechte Verkehrs- und

Kommunikationsverbindungen einer vollständigen Integration des Landes entgegen. Erst mit dem Ölboom beschleunigte sich der Prozess der Zentralisierung und führte bis in die 1950er Jahre zu einer weitgehenden Konzentration der Finanzmittel und der politischen Entscheidungen auf der Ebene des Zentralstaats.

Mit den Reformbemühungen der 1980er Jahre, angesichts mangelnder Effizienz und schwindender Legitimität des politischen Systems, wurde diese Entwicklung revidiert und ein Prozess der Dezentralisierung eingeleitet. Zu den wichtigsten Neuerungen zählte die Direktwahl der Gouverneure in den 23 Gliedstaaten – der Hauptstadtbezirk wählt einen Oberbürgermeister – und der Bürgermeister in den 335 *municipios* (das Amt wurde neu geschaffen), womit kleinen Parteien und unabhängigen Kandidaten die Chance eröffnet wurde, auf regionaler Ebene Fuß zu fassen. Die Gebietskörperschaften erhielten deutlich erweiterte Zuständigkeiten und entsprechend aufgestockte Finanzmittel, die neben den obligatorischen Zuweisungen (*situado*) aus dem nationalen Budget (Verf. 1961: Art. 229; Verf. 1999: Art. 167 §4) um zusätzliche Transfers ergänzt wurden. Die eigenen Einnahmen der Einzelstaaten fallen jedoch nach wie vor kaum ins Gewicht.

Die bis dahin unzureichende Koordination zwischen den drei staatlichen Ebenen wurde in der Verfassung von 1999 einem neuen Organ, dem Föderationsrat (*Consejo Federal*), übertragen (Art. 185). Dieser Institution obliegt auch die Verwaltung eines anstelle der bisherigen Transfers eingerichteten Fonds, der Investitionen in strukturschwachen Regionen fördern soll. Allerdings hat der Föderationsrat seine Arbeit noch nicht aufgenommen, da die Verabschiedung eines entsprechenden Organgesetzes im August 2005 noch nicht abgeschlossen war.

Zahlreiche neue Regelungen in diesem inzwischen weit gediehenen Gesetz zeigen, dass sich der Prozess der Dezentralisierung noch in der Versuchsphase befindet, in der die unteren Ebenen ihre Eigenständigkeit erproben und um Kompetenzen und Mittel ringen. Von einer stabilen föderalen Ordnung in Venezuela kann somit noch keine Rede sein.

15 Internationale Beziehungen

Als Maßstab für die außenpolitische Orientierung eines lateinamerikanischen Staates können für gewöhnlich seine Beziehungen zu den USA und, am entgegengesetzten Ende der Skala, zu Kuba gelten. Die aktuelle Verortung Venezuelas fällt nach diesem Schema nicht schwer. Die traditionell guten Beziehungen zu den USA sind mit dem Amtsantritt von Hugo Chávez einem entschiedenen Antiamerikanismus gewichen, der mit einer intensiven Annäherung an Kuba einherging. Der Anspruch der venezolanischen Regierung, dem „Neoliberalismus" (in Gestalt der USA) ein sozialeres „bolivarisches" Modell entgegenzusetzen, beschränkt sich nicht auf Venezuela, sondern zielt – in der Nachfolge Bolívars – auf die politische und wirtschaftliche Integration der Staaten Südamerikas. In direkter Konkurrenz zu der von den USA angestrebten gesamtamerikanischen Freihandelszone ALCA (*Área de libre comercio de las Américas*) wirbt Chávez eifrig um Mitglieder für eine *Bolivarische Alternative für Amerika* mit dem Kürzel ALBA (*Alternativa Bolivariana para las Américas*). Auf der ideologischen Ebene ist dieses Projekt mit einer kulturellen, indigenistisch gefärbten Komponente unterlegt, die bei den einflussreichen Indio-Vetretungen in Ecuador und Bolivien durchaus Anklang findet, während mit Hilfe des Erdöls wirtschaftliche Anreize geschaffen werden, für die besonders die kleinen Staaten der Karibik empfänglich sind. Dank einer politischen Konjunktur, die in Südamerika viele linke Regierungen ans Ruder gebracht hat, wird der venezolanische Vorstoß auch in Argentinien, Brasilien und Uruguay mit Wohlwollen aufgenommen – jedenfalls auf der deklaratorischen Ebene.

Das Projekt einer südamerikanischen Integration, das seit einigen Jahren besonders von Brasilien unterstützt wird, droht durch Chávez allerdings eine stark ideologische Färbung zu bekommen und damit konservative Regierungen wie die kolumbianische abzuschrecken. Bisher scheiterten zahlreiche Integrationsabkommen in der Region aufgrund gegensätzlicher Interessen der Mitgliedsstaaten bereits an bescheideneren, rein wirtschaftlichen Zielsetzungen. Die Prognosen für das „bolivarische" Projekt ALBA müssen demnach skeptisch ausfallen.

Ihren wichtigsten außenpolitischen Erfolg konnte die Regierung Chávez mit der Stabilisierung der Ölpreise im Rahmen der OPEC verbuchen. Im Übrigen ist die venezolanische Außenpolitik der letzten Jahre jedoch von einer vorwiegend symbolischen Aufmüpfigkeit bestimmt, die gleichwohl bei einigen US-amerikanischen Akteuren antikommunistische Reflexe auslöst. Anklang findet Chávez hingegen vor allem im Lager der europäischen Linken, die in ihm eine Identifikationsfigur erblickt und bereits eine Neuauflage des chilenischen oder nicaraguanischen Freiheitskampfes heraufziehen sieht. Bisher bewahrte vor allem das Erdöl Chávez vor dem Schicksal anderer linker Populisten in Lateinamerika. Es bleibt daher abzuwarten, ob seinem Projekt nachhaltiger Erfolg beschieden ist.

Literatur

Antillano, Pablo (2002): Entre el arsénico y la cicuta, in: El Nacional. 06.07.2002.

Bigler, Gene E./Viloria, Enrique (1986): State Enterprises and the Decentralized Public Administration, in: Martz D., John/Myers, David (Hrsg.) (1986): 183-217.

Boeckh, Andreas/Graf, Patricia (2005): Der Comandante in seinem Labyrinth, in: Boeckh, Andreas/Sevilla, Rafael (Hrsg.) (2005): 81-105.

Boeckh, Andreas/Sevilla, Rafael (Hrsg.) (2005): Venezuela. Die Bolivarische Republik. Bad Honnef.

Brewer-Carías, Allan R. (1988): Problemas del Estado de Partidos. Caracas.

Cole, Richard R. (Hrsg.) (1996): Communication in Latin America. Journalism, Mass Media, and Society. Wilmington.

Burggraaff, Winfield J. (1972): The Venezuelan Armed Forces in Politics, 1935-1959. Columbia.

Ceresole, Norberto (2000): Caudillo, ejército, pueblo: la Venezuela del comandante Chávez. Madrid.

Coppedge, Michael (1994): Strong Parties and Lame Ducks. Presidential Partyarchy and Factionalism in Venezuela. Stanford.

Crisp, Brian F. (1997): Presidential Behavior in a System with Strong Parties. Venezuela, 1958-1995, in: Mainwaring, Scott/Soberg Shugart, Matthew (Hrsg.) (1997): 160-198.

Ellner, Steve (1988): Venezuela's Movimiento al Socialismo. Durham [u.a.].

Ellner, Steve (2003): Organized Labor and the Challenge of Chavismo, in: Ellner, Steve/Hellinger, Daniel (Hrsg.) (2003): 161-178.

Ellner, Steve/Hellinger, Daniel (Hrsg.) (2003): Venezuelan Politics in the Chávez Era: Class, Polarization, and Conflict. Boulder [u.a.]: 161-178.

Gilmore, Robert L. (1964): Caudillism and Militarism in Venezuela, 1810-1910. Athens.

Herman, Donald L., (1980): Christian Democracy in Venezuela. Chapel Hill.

Karl, Terry L. (1987): Petroleum and Political Pacts: The Transition to Democracy in Venezuela, in: Latin American Research Review 22:1. 63-94.

Kelly, Janet/Romero, Carlos A. (2002): The United States and Venezuela. Rethingking a Relationship. New York.

Kornblith, Miriam (1991): The Politics of Constitution-Making. Constitutions and Democracy in Venezuela, in: Journal of Latin American Studies 23:1. 61-89.

Levine, Daniel H. (1973): Conflict and Political Change in Venezuela. Princeton.

Linz, Juan J. (1994): Presidential or Parliamentary Democracy: Does It Make a Difference?, i: Linz, Juan J./Valenzuela, Arturo (Hrsg.) (1994): 3-87.

Linz, Juan J./Valenzuela, Arturo (Hrsg.) (1994): The Failure of Presidential Democracy. Baltimore [u.a.].

Lombardi, John V. (1982): Venezuela: The Search for Order, the Dream of Progress. New York.

López Maya, Margarita (2003): Hugo Chávez Frías: His Movement and His Presidency, in: Ellner, Steve/Hellinger, Daniel (Hrsg.) (2003): 73-91.

Maingón, Thaís/Baralt, Carmen Pérez/Sonntag, Heinz R. (2000): La batalla por una nueva constitución para Venezuela, in: Revista Mexicana de Sociología 62:4. 91-124.

Mainwaring, Scott/Soberg Shugart, Matthew (Hrsg.) (1997): Presidentialism and Democracy in Latin America. Cambridge [u.a.].

Martz, John D. (1966): Acción democrática: Evolution of a Modern Political Party in Venezuela. Princeton.

Martz D., John/Myers, David (Hrsg.) (1986): Venezuela. The Democratic Experience. New York.

McCoy, Jennifer/Smith, William C./Serbin, Andrés/Stambouli, Anrdrés (Hrsg.) (1995): Venezuelan Democracy Under Stress. Miami.

Norden, Deborah L. (2003): Democracy in Uniform: Chávez and the Venezuelan Armed Forces, in: Ellner, Steve/Hellinger, Daniel (Hrsg.) (2003): 93-112.

Pásara, Luis (Hrsg.) (2004): En Busca de una Justicia Distinta. Experiencias de Reforma en América Latina. Lima.

Pérez Perdomo, Rogelio (2004): Reforma Judicial, Estado de Derecho y Revolución en Venezuela, in: Pásara, Luis (Hrsg.) (2004): 335-374.

Rodríguez, Jaime E. (1998): The Independence of Spanish America. Cambridge.

Romero, Aníbal (1997): La cultura del dispotismo, in: El Universal. 19.1.1999.

Rosario, Helia I. del/Mascareño, Carlos (2001): Conflicto y cooperación entre niveles de gobierno: el federalismo venezolano, in: Cuadernos del Cendes 46. 21-54.

Salamanca, Luis (1995): The Venezuelan Political System: A View from Civil Society, in: McCoy, Jennifer/Smith, William C./Serbin, Andrés/Stambouli, Anrdrés (Hrsg.) (1995): 197-214.

Tugwell, Franklin (1975): The Politics of Oil in Venezuela. Stanford.

Turner, Frederick C./Martz, John D. (1997): Institutional Confidence and Democratic Consolidation in Latin America, in: Studies in Comparatve International Development 32:3. 65-84.

Vanden Heuvel, Jon/Everette E. Dennis (1995): Changing Patterns: Latin America's Vital Media. New York.

Welsch, Friedrich/Carrasquero, José Vicente (2001): Venezuela unter Chávez: Zwischen demokratischer Revolution und Caudillismo. Berlin.

Werz, Nikolaus (1983): Parteien, Staat und Entwicklung in Venezuela. München.

Wiarda, Howard J. (1982): Social Change, Political Development, and the Latin American Tradition, in: ders. (Hrsg.) (1992): Politics and Social Change in Latin America, Amherst: 3-25.

Wilke, Jürgen (1996): Massenmedien in Lateinamerika. Bd. 3. Frankfurt/M.

Autorinnen und Autoren

Marianne Braig (mbraig@zedat.fu-berlin.de) ist Universitätsprofessorin für Politik Lateinamerikas am Lateinamerika-Institut und am Otto-Suhr-Institut der Freien Universität Berlin. Ihre Forschungsschwerpunkte sind politische Kultur und Transition in Lateinamerika insbesondere in Mexiko, soziale und politische Integrations- und Desintegrationsprozesse, Frauen- und Geschlechterforschung sowie Entwicklungstheorien und -politik.

Dr. Falko Brede (falkobrede@gmx.de) ist wissenschaftlicher Mitarbeiter des Bundestagsabgeordneten René Röspel und Lehrbeauftragter an der Universität Augsburg. Zu seinen Forschungsschwerpunkten zählen das politische System und die Geschichte Kanadas im 20. Jahrhundert sowie Politikberatung, Gesundheitspolitik und Bioethik.

Sérgio Costa (sergio.costa@fu-berlin.de) ist Universitätsprofessor für Soziologie Lateinamerikas am Lateinamerika-Institut und am Institut für Soziologie der Freien Universität Berlin. Seine Forschungsschwerpunkte sind Demokratie und Rechtsstaatlichkeit in Lateinamerika; Politik und Ethnizität; vergleichende Soziologie.

Wolfgang Dietrich ist wissenschaftlicher Direktor des Österreichischen Lateinamerika-Instituts, Programmdirektor des Universitätslehrganges für Friedensstudien an der Universität Innsbruck und Gastprofessor für Politikwissenschaft an der Universität Wien. (wolfgang.dietrich@uibk.ac.at) Seine Forschungsschwerpunkte sind Friedens- und Konfliktforschung, die politischen Systeme Lateinamerikas und deren Beziehungen zu Europa.

Nina Elsemann (elsemann@zedat.fu-berlin.de) ist wissenschaftliche Mitarbeiterin im Bereich Geschichte am Lateinamerika-Institut der Freien Universität Berlin. Zu ihren Forschungsschwerpunkten zählen die Geschichte Lateinamerikas und Spaniens im 20. Jahrhundert, Fragen der Erinnerungskultur und -politik sowie transnationale Geschichtsansätze.

Oliver Gliech (gliech1@zedat.fu-berlin.de) ist Historiker in Berlin. Seine Forschungsgebiete sind deutsche, französische und lateinamerikanische Sozialgeschichte vom 18. bis zum 20. Jahrhundert. Gegenwärtig arbeitet er vorrangig über die karibische Sklaverei in der Ära der Französischen Revolution.

Dr. Susanne Gratius (sgratius@fride.org) ist Politikwissenschaftlerin und wissenschaftliche Mitarbeiterin bei der Fundación para las Relaciones Internacionales y el Diálogo Exterior (FRIDE) in Madrid. Forschungsschwerpunkte sind die europäisch-lateinamerikanischen Beziehungen, die politische Situation in Kuba und Venezuela, die Entwicklung des Mercosur und die brasilianische Außenpolitik.

Sebastian Grundberger (sgrundberger@yahoo.de), M.A. ist Politikwissenschaftler und Historiker. Er arbeitet als wissenschaftlicher Mitarbeiter in der Außenstelle der Konrad-

Adenauer-Stiftung für Spanien und Portugal in Madrid und promoviert im Fach Geschichte Lateinamerikas an der Freien Universität Berlin.

Lars Hänsch (larshaensch@yahoo.de), M.A. ist Politikwissenschaftler und Historiker. Er promoviert im Fach Politikwissenschaft an der Katholischen Universität Eichstätt-Ingolstadt.

Karl-Dieter Hoffmann (karl.hoffmann@ku-eichstaett.de), Dr. sc. pol., arbeitet als Politikwissenschaftler am Zentralinstitut für Lateinamerika-Studien der Katholischen Universität Eichstätt-Ingolstadt, dessen Geschäftführung er innehat. Thematische Schwerpunkte seiner Forschungsarbeit bilden u.a. die regionale Drogenhandelsproblematik sowie aktuelle Krisen und Konflikte; in bezug auf das Interesse für bestimmte Länder stehen Ecuador und Panama im Vordergrund.

Stefan Jost (pdjost_unitrier@yahoo.de) ist Jurist und Politikwissenschaftler und Privatdozent für Politikwissenschaft an der Universität Trier. Zu seinen Forschungsschwerpunkten zählt Lateinamerika (Politische Systeme, Verfassungsentwicklung) mit besonderer Berücksichtigung von Bolivien und Chile.

Thomas Kestler (thkestler@gmx.de) ist Magister in Politikwissenschaft, Geschichte Lateinamerikas und Hispanistik. Er schließt derzeit an der Katholischen Universität Eichstätt-Ingolstadt bei Prof. H.-J. König seine Dissertation zum Thema „Repräsentation durch Parteien: Eine Funktionsanalyse am Beispiel Venezuelas" ab. Sein Forschungsschwerpunkt ist die politische Entwicklung Lateinamerikas, insbesondere Venezuelas, im 20. Jahrhundert.

Hans-Joachim König (koenighj@t-online.de) war bis zu seiner Pensionierung im April 2006 Universitätsprofessor für Geschichte Lateinamerikas und Mitdirektor des Zentralinstituts für Lateinamerika-Studien an der Katholischen Universität Eichstätt-Ingolstadt. Zu seinen Forschungsschwerpunkten gehören die Folgen der Konquista, Probleme des Kulturkontakts, der Prozess der Staats- und Nationsbildung in Lateinamerika, Form und Funktion der Geschichtsschreibung sowie die Geschichte Kolumbiens.

Dr. habil. Raimund Krämer (rkraemer@uni-potsdam.de) ist Hochschuldozent für internationale und vergleichende Politik an der Universität Potsdam und zugleich Chefredakteur der außenpolitischen Zeitschrift WeltTrends. Forschungsschwerpunkte sind politische Regime in Süd- und Mittelamerika, speziell Kuba, das Verhältnis Militär und Politik sowie die internationalen Beziehungen in der Region.

Dirk Krüger (di.kru@web.de) ist Diplom-Geograf, Politologe/Historiker (MA) und Wissenschaftsredakteur. Er verfasste einen Kuba-Reiseführer und ist red. Mitarbeiter bei WeltTrends und Matices. Zu seinen thematischen Schwerpunkten zählen die soziokulturelle Genese des Tourismus, Internationale Beziehungen sowie Sozial- und Wirtschaftsgeschichte Lateinamerikas (v.a. Kuba, Mittelamerika, Venezuela).

Inga Luther (ingaluther@yahoo.de) ist Politikwissenschaftlerin, Doktorandin im Fach Geschichte am Lateinamerika-Institut und Mitarbeiterin des Paulo Freire Instituts an der Internationalen Akademie der Freien Universität Berlin. Schwerpunkte ihrer Arbeit sind Erinnerung und Friedensarbeit in Zentralamerika sowie Geschichte Guatemalas im 20. Jahrhundert.

Ulrich Mücke (ulrich.muecke@uni-hamburg.de) ist Professor für Geschichte Lateinamerikas und der Iberischen Halbinsel an der Universität Hamburg. Zu seinen Forschungsschwerpunkten zählen die Geschichte Lateinamerikas, der atlantischen Welt und der Iberischen Halbinsel im 18., 19. und 20. Jahrhundert.

Markus-Michael Müller (muellerm@zedat.fu-berlin.de) ist wissenschaftlicher Mitarbeiter am Lateinamerika-Institut der Freien Universität Berlin im Rahmen des SFB 700 „Governance in Räumen begrenzter Staatlichkeit: Neue Formen des Regierens?". Zu seinen Forschungsschwerpunkten zählen Polizei- und Sicherheitspolitiken, die Transformation von Staatlichkeit in Lateinamerika und das politische System Mexikos.

Barbara Potthast (barbara.potthast@uni-koeln.de) ist Universitätsprofessorin an der Universität zu Köln und Leiterin der Iberischen und Lateinamerikanischen Abteilung des Historischen Seminars. Ihre Forschungsschwerpunkte liegen im Bereich der Familien- und Geschlechtergeschichte sowie der allgemeinen Sozialgeschichte Lateinamerikas. Geographisch befasst sie sich vorwiegend mit der Geschichte Paraguays sowie der karibischen Küste Zentralamerikas.

Michael Riekenberg (riekenbe@rz.uni-leipzig.de) ist Universitätsprofessor für Vergleichende Geschichtswissenschaft und Geschichte Lateinamerikas am Historischen Seminar der Universität Leipzig. Zu seinen Forschungsschwerpunkten zählt die Geschichte Lateinamerikas im 19. und frühen 20. Jahrhundert, insbesondere die Geschichte der Gewalt.

Stefan Rinke (rinke@zedat.fu-berlin.de) ist Universitätsprofessor für Geschichte Lateinamerikas am Lateinamerika-Institut und am Friedrich-Meinecke-Institut der Freien Universität Berlin. Zu seinen Forschungsschwerpunkten zählen die Geschichte Lateinamerikas im 19. und 20. Jahrhundert, Lateinamerika im globalen Kontext sowie die vergleichende Geschichte der Amerikas.

Kurt Schobel (k.schobel@web.de) ist Referent am Zentrum für Lehrerbildung der Leibniz Universität Hannover. Zu seinen Arbeitsschwerpunkten zählt die Geschichte Zentralamerikas im 20. Jahrhundert, insbesondere die Geschichte Nicaraguas und Costa Ricas.

Rainer-Olaf Schultze (rainer-olaf.schultze@phil.uni-augsburg.de), Dr. phil. habil., ist Professor für Politikwissenschaft und geschäftsführender Direktor des Instituts für Kanada-Studien an der Universität Augsburg. Zahlreiche Veröffentlichungen zur vergleichenden Politikforschung, zu Föderalismusfragen und zur empirischen Wahlforschung. Mitherausgeber u.a. der Politikwissenschaftlichen Paperbacks, einiger Bände des Lexikons der Politik, der Reihe Kanada-Studien sowie des Lexikons der Politikwissenschaft.

Sven Schuster (svenzinho@web.de) ist Doktorand im Fach Geschichte Lateinamerikas an der Katholischen Universität Eichstätt-Ingolstadt. Zu seinen Forschungsschwerpunkten gehören die Vergangenheitspolitik in Mittelamerika und Kolumbien sowie die Kulturge-schichte Lateinamerikas im 19. und 20. Jahrhundert.

Artur Sosna (artur.sosna@berlitz.lu) ist Direktor der Region Grand Duchy (Luxemburg), Studium der Sprachen, Wirtschafts- und Kulturraumstudien (Schwerpunkt Spanien/Latein-amerika) und der Betriebswirtschaftslehre an der Universität Passau.

Klaus Stüwe (mail@klausstuewe.de), Dr. phil. habil., Dr. phil., M.A.; Außerplanmäßiger Professor und Fachvertreter für Politische Systemlehre und Vergleichende Politikwissen-schaft an der Katholischen Universität Eichstätt-Ingolstadt. Forschungsschwerpunkte: Die politischen Systeme der USA und Deutschlands, Politische Kommunikation, Verfassungs-gerichtsbarkeit, Demokratietheorie.

Dr. Christoph Wagner (cwagner@uni-mainz.de) ist Akademischer Direktor am Institut für Politikwissenschaft der Johannes-Gutenberg-Universität Mainz. Seine Forschungsschwer-punkte liegen vor allem in den Bereichen Demokratieforschung (Regionalschwerpunkt Lateinamerika) und Entwicklungstheorien.